認知行動療法事典
Encyclopedia of Cognitive Behavioral Therapy

日本認知・行動療法学会 編
Japanese Association of Behavioral and Cognitive Therapies

丸善出版

刊行にあたって

　今や「認知行動療法」は，保健医療分野はもちろんのこと，教育，福祉，司法・犯罪，産業・労働などの多くの実践分野において，すでに心理療法のスタンダードとなるべく大きな広がりをみせています。もちろんこの背景には，多くの実証的研究によって蓄積された「エビデンス」があることは言うまでもありません。しかしながら，見方の角度を変えれば，認知行動療法は，そもそも人間の行動や認知の基本的なありように関する行動科学的な理解に基づいているため，これまでにも人間の生活や健康に関わるさまざまな問題の解決に役立ってきたことは，認知行動療法が「新たに広がってきた」というより，ある意味で当然のことと言えるのかもしれません。

　また，「認知行動療法」というターム自体が多くの領域において確実な広がりをみせるにつれて，「認知行動療法」の名称を冠した数多くの出版物などが発刊されるようになってきました。一方で，それらの中には，「認知行動療法」の本質的理解とはほど遠い，特定のテクニックの手続きの一側面のみを強調したものが散見されるようになりました。このような社会的背景を踏まえると，表面的に理解されがちな認知行動療法が，実際にはどのような内容を指す心理療法であるのかということを，積極的に発信していくことも本学会の大きな社会的役割であると考えられます。この「認知行動療法事典」が，そのような役割を果たしうる，一つの具体的なツールとして位置づけられることを期待しております。

　現在，前身の「日本行動療法学会」時代を含めると，日本認知・行動療法学会は設立以来すでに45年以上，半世紀弱の歴史を重ねています。その間，幾度となく，本事典と同様の趣旨の学会企画・編としての出版物などの企画案がありましたが，残念ながら実現するに至りませんでした。しかしながら，2018年度の終わりに心理技術職の国家資格である「公認心理師」が初めて輩出され，この公認心理師時代を迎えるにあたり，ますますスタンダードとしての「認知行動療法」が着目されるようになることが容易に予想できます。そこで，初めて学会編を冠した出版物として「認知行動療法事典」の刊行に踏み切ることになりました。

この「認知行動療法事典」の企画，編集に際しては，前述のような背景を踏まえて，慎重なプロセスを採用しました。まず，当時の中心的な学会員が携わった『行動療法ケース研究』（行動療法ケース研究編集委員会編，岩崎学術出版社）で扱われている観点や区分，ターム，および「行動療法」あるいは「認知行動療法」を冠した事典などで扱われているタームをすべて収集し，あらためて昨今の認知行動療法を取り巻く情勢からそれらの精査を行い，内容を最新の情報にアップデートしながら，見出し項目の内容に含まれるべきキーワードとして設定しました。

　また，事典の章構成に関しては，まず，「基礎理論・総論」の章に加えて，行動療法・認知行動療法が大切にしてきた基盤である「基礎研究」の章を独立して設けました。そして，「認知行動療法の適用範囲」の章でそれらを概観し，主要な「アセスメント技法」の章，「介入技法」の章をそれぞれ設けました。さらに，公認心理師の主要5分野（保健医療分野，教育分野，福祉分野，司法・犯罪・嗜癖分野，産業・労働分野）を扱った章に加えて，歴史的に行動療法の発展の基盤を培ってきた「特別支援教育分野の認知行動療法」の章を独立して設けました。また，近年の大きな社会的関心が高まっている深刻な嗜癖の問題を「司法・犯罪・嗜癖分野の認知行動療法」の章の中で扱うこととしました。そして，認知行動療法のエビデンスを支える「認知行動療法の研究法」の章，昨今の認知行動療法の研究と実践を取り巻く「関連法規・倫理」の章を設けました。

　「認知行動療法事典」は，初学者はもとより，認知行動療法やその周辺領域の研究者や実践者にも活用していただけるような内容を意図しております。そのため一項目を見開きページでわかりやすく解説する中項目主義の特性を活かして，単なる用語解説などの辞典とも差別化ができる使い勝手のよい事典を目指しました。なお，タームの表記に関しては，今現在もなおさまざまな議論があり，「認知行動療法事典」の中では，可能な限り同一の概念には同一のタームをあてるようにしておりますが，慣例的に使用されているタームとは表記が異なることがあります（例えば，日本行動分析学会用語検討特別委員会の用語リストなど）。適宜，それらの諸資料も参照いただきながら，認知行動療法のさらなる学びに活用していただければ幸いです。

　そして，この「認知行動療法事典」の刊行の準備をしている間に，はからずも「平成」から「令和」への改元を迎えることになり，文字どおり時代を越えた新しい時代の幕開けの事典になりましたことを大変嬉しく感じております。

　最後に，ご多忙の中，多大なエネルギーを割いていただきました編集顧問，編集幹事，編集委員，執筆者の先生方の皆様に深く感謝申し上げます。また，刊行にあたっては，丸善出版株式会社企画・編集部の小林秀一郎さん，安部詩子さん，藤村斉輝さん，加藤祐子さんの献身的なご尽力をいただきました。ここに記

してあらためてお礼申し上げます。

2019年（令和元年）5月1日　令和最初の日に

一般社団法人　日本認知・行動療法学会理事長
認知行動療法事典編集委員会委員長
嶋田　洋徳

■編集委員一覧（五十音順）

編集委員長

嶋田　洋徳　　早稲田大学人間科学学術院　教授

編集顧問

熊野　宏昭　　早稲田大学人間科学学術院　教授
坂井　　誠　　中京大学心理学部　教授
坂野　雄二　　北海道医療大学心理科学部　教授
杉山　雅彦　　福島学院大学福祉学部　教授
丹野　義彦　　東京大学大学院総合文化研究科　教授
松見　淳子　　関西学院大学　名誉教授

編集幹事

飯倉　康郎　　宗仁会筑後吉井こころホスピタル　診療部長
石川　信一　　同志社大学心理学部　教授
伊藤　義徳　　琉球大学人文社会学部　准教授
金井　嘉宏　　東北学院大学教養学部　准教授
境　　泉洋　　宮崎大学教育学部　准教授
佐藤　　寛　　関西学院大学文学部　教授
清水　栄司　　千葉大学大学院医学研究院　教授
田中　恒彦　　新潟大学人文社会・教育学系　准教授
谷　　晋二　　立命館大学総合心理学部　教授

編集委員

井上 雅彦	鳥取大学大学院医学系研究科　教授
岩永　誠	広島大学大学院総合科学研究科　教授
大月　友	早稲田大学人間科学学術院　准教授
奥村 泰之	東京都医学総合研究所　主席研究員
大野 裕史	兵庫教育大学大学院学校教育研究科　教授
小野 昌彦	明治学院大学心理学部　教授
神村 栄一	新潟大学大学院教育実践学研究科　教授
鈴木 伸一	早稲田大学人間科学学術院　教授
土屋 政雄	株式会社 アドバンテッジ リスク マネジメント 調査研究部
原井 宏明	原井クリニック　院長
松永 美希	立教大学現代心理学部　准教授
米山 直樹	関西学院大学文学部　教授

編集協力

甲斐 克則	早稲田大学大学院法務研究科　教授

※所属・肩書は 2019 年 8 月現在

■執筆者一覧（五十音順）

青木　俊太郎	福島県立医科大学
浅野　憲一	目白大学
朝比奈　牧子	東京少年鑑別所
朝山　寛子	株式会社アドバンテッジリスクマネジメント
足達　淑子	あだち健康行動学研究所
安部　尚子	加古川刑務所
荒川　和歌子	南平岸内科クリニック
荒木　剛	株式会社アドバンテッジリスクマネジメント
荒木　友希子	金沢大学
飯倉　康郎	宗仁会筑後吉井こころホスピタル
家接　哲次	名古屋経済大学
五十嵐　透子	上越教育大学大学院
五十嵐　友里	東京家政大学
池田　浩之	兵庫教育大学
池田　美樹	桜美林大学
池淵　恵美	帝京平成大学大学院
井合　真海子	帝京平成大学大学院
石垣　琢麿	東京大学大学院
石川　信一	同志社大学
市倉　加奈子	北里大学
伊藤　絵美	洗足ストレスコーピング・サポートオフィス
伊藤　大輔	兵庫教育大学
伊藤　翼	横浜市立大学附属市民総合医療センター
伊藤　久志	アイズサポート
伊藤　正哉	国立精神・神経医療研究センター
伊藤　義徳	琉球大学
伊藤　理紗	東京大学
稲垣　貴彦	医療法人明和会 琵琶湖病院
稲田　尚子	帝京大学
井上　雅彦	鳥取大学大学院
今井　正司	名古屋学芸大学
今井　必生	京都大学
今村　扶美	国立精神・神経医療研究センター
今本　繁	合同会社ABC研究所
岩永　誠	広島大学
馬ノ段　梨乃	株式会社ヘルスウエイブ メンタルヘルスセンター
江川　由季	株式会社アドバンテッジリスクマネジメント
大久保　賢一	畿央大学
大河内　浩人	大阪教育大学
大澤　香織	甲南大学
大島　郁葉	千葉大学
大対　香奈子	近畿大学
大塚　明子	医療法人秀峰会 心療内科病院楽山
大月　友	早稲田大学
大坪　陽子	東京医科大学
大沼　泰枝	香川大学
大野　裕史	兵庫教育大学
大屋　藍子	同志社大学
大矢　幸弘	国立成育医療研究センター
岡島　義	東京家政大学
岡島　純子	東京医療学院大学
岡嶋　美代	BTCセンター
尾形　明子	広島大学
岡本　利子	特定医療法人嶺南こころの病院

執筆者一覧

岡安 孝弘	明治大学
小川 成	名古屋市立大学
奥田 健次	学校法人西軽井沢学園
奥村 泰之	東京都医学総合研究所
小野 昌彦	明治学院大学
小畠 秀吾	国際医療福祉大学
温泉 美雪	田園調布学園大学
笠原 諭	東京大学
樫村 正美	日本医科大学
片柳 章子	国立精神・神経医療研究センター
加藤 美朗	関西福祉科学大学
金井 嘉宏	東北学院大学
金澤 潤一郎	北海道医療大学
金田 翔太郎	原井クリニック
金丸 由佳里	株式会社 アドバンテッジ リスクマネジメント
金山 元春	天理大学
金築 智美	東京電機大学
金築 優	法政大学
金山 裕望	関西学院大学
神村 栄一	新潟大学大学院
亀岡 智美	兵庫県こころのケアセンター
蒲生 裕司	こころのホスピタル町田
輕部 雄輝	国際医療福祉大学
川島 亜紀子	山梨大学
菊池 安希子	国立精神・神経医療研究センター
岸 太一	京都橘大学
岸田 広平	同志社大学
木下 奈緒子	University of East Anglia
木村 拓磨	名古屋経営短期大学
木村 真人	大阪国際大学・大阪国際大学短期大学部
日下 菜穂子	同志社女子大学
国里 愛彦	専修大学
久能 勝	千葉大学
熊野 宏昭	早稲田大学
黒田 美保	名古屋学芸大学
甲田 宗良	徳島大学
耕野 敏樹	岡山県精神科医療センター
小関 俊祐	桜美林大学
小西 聖子	武蔵野大学
小林 奈穂美	一般社団法人新潟トラウマ支援センターさくら
小堀 修	国際医療福祉大学
今野 義孝	文教大学 名誉教授
權上 慎	医療法人翠星会 松田病院 臨床心理士
坂井 誠	中京大学
酒井 美枝	名古屋市立大学大学院
境 泉洋	宮崎大学
笹川 智子	目白大学
佐々木 淳	大阪大学
佐々木 美保	比治山大学
佐田久 真貴	兵庫教育大学
佐藤 さやか	国立精神・神経医療研究センター
佐藤 友哉	比治山大学
佐藤 秀樹	福島県立医科大学
佐藤 寛	関西学院大学
佐藤 美幸	京都教育大学
實松 寛晋	三善病院
澤 幸祐	専修大学
澤田 梢	広島県立障害者リハビリテーションセンター
沢宮 容子	筑波大学
芝田 寿美男	福岡赤十字病院
嶋田 洋徳	早稲田大学
清水 栄司	千葉大学
清水 寿代	広島大学
下山 晴彦	東京大学

執筆者一覧

首藤 祐介	広島国際大学
菅沼 慎一郎	防衛大学校
菅谷 渚	横浜市立大学
杉山 雅彦	福島学院大学
杉若 弘子	同志社大学
巣黒 慎太郎	一般財団法人住友病院
鈴木 潤也	株式会社アドバンテッジリスクマネジメント
鈴木 伸一	早稲田大学
鈴木 太	福井大学
関 陽一	千葉大学医学部附属病院
関口 由香	聖徳大学
瀬口 篤史	西知多こころのクリニック
杣取 恵太	専修大学
髙垣 耕企	広島大学
髙野 歩	東京医科歯科大学
髙橋 高人	宮崎大学
高橋 史	信州大学
高山 智史	長野県松本市山形村朝日村中学校組合立鉢盛中学校
竹澤 大史	和歌山大学
竹島 克典	ひょうご発達障害者支援センター
竹田 伸也	鳥取大学
竹林 唯	福島県立医科大学
竹林 由武	福島県立医科大学
武部 匡也	立正大学
田代 恭子	NPO法人性犯罪加害者の処遇制度を考える会
只野 智弘	臨床心理士
田中 恒彦	新潟大学
田中 秀樹	広島国際大学
田中 佑樹	和洋女子大学
谷 晋二	立命館大学
谷 真如	法務省東京保護観察所
谷口 敏淳	一般社団法人サイコロ
田上 明日香	SOMPOヘルスサポート株式会社
田村 典久	兵庫教育大学
田山 淳	早稲田大学
千田 若菜	医療法人社団ながやまメンタルクリニック
土屋 政雄	株式会社アドバンテッジリスクマネジメント
土屋垣内 晶	Laureate Institute for Brain Research
寺田 孝	府中刑務所
土井 理美	東京医科歯科大学
東條 光彦	岡山大学
道城 裕貴	神戸学院大学
戸澤 杏奈	株式会社アドバンテッジリスクマネジメント
富澤 智史	法務省大臣官房司法法制部
富田 望	早稲田大学
中尾 智博	九州大学
中川 彰子	千葉大学
永作 稔	十文字学園女子大学
中島 聡美	武蔵野大学
中村 志津香	関西学院大学
中村 菜々子	中央大学
二瓶 正登	専修大学大学院
丹羽 真一	福島県立医科大学
庭山 和貴	大阪教育大学
野田 航	大阪教育大学
野中 俊介	東京未来大学
野中 舞子	東京大学
野村 和孝	早稲田大学
野村 理朗	京都大学
野呂 浩史	南平岸内科クリニック
野呂 文行	筑波大学
橋本 優花里	長崎県立大学
橋本 塁	目白大学
長谷川 晃	東海学院大学

執筆者一覧

原井 宏明	原井クリニック
原田 隆之	筑波大学
原田 ゆきの	株式会社 Rodina
半田 健	宮崎大学
樋口 進	国立病院機構久里浜医療センター
平井 啓	大阪大学
廣中 直行	株式会社 LSI メディエンス
福井 至	東京家政大学
藤澤 大介	慶應義塾大学
藤原 裕弥	安田女子大学
藤原 慎太郎	医療法人嶺南こころの病院
古川 洋和	鳴門教育大学
北條 具仁	国立障害者リハビリテーションセンター病院
細羽 竜也	県立広島大学
堀内 聡	岩手県立大学
堀江 武	東京大学
堀越 勝	国立精神・神経医療研究センター
本田 真大	北海道教育大学
前田 ケイ	ルーテル学院大学
前田 駿太	東北大学
前田 直樹	九州保健福祉大学
松岡 勝彦	山口大学
松岡 紘史	北海道医療大学
松長 麻美	国立精神・神経医療研究センター
松永 美希	立教大学
松野 航大	武蔵野大学
松見 淳子	関西学院大学
松本 明生	福山大学
松本 和紀	東北大学
松本 圭	金沢工業大学
松本 俊彦	国立精神・神経医療研究センター
三浦 正江	東京家政大学
三田村 仰	立命館大学
三原 聡子	国立病院機構久里浜医療センター
宮 裕昭	市立福知山市立病院
宮崎 哲治	川崎医科大学
宮野 秀市	宮崎大学
武藤 崇	同志社大学
村瀬 華子	国立病院機構久里浜医療センター
村松 公美子	新潟青陵大学
村山 桂太郎	九州大学病院
毛利 伊吹	上智大学
本岡 寛子	近畿大学
元村 直靖	大阪医科大学
森田 展彰	筑波大学
柳井 優子	国立がん研究センター中央病院
山神 智子	埼玉県立精神保健福祉センター
山下 裕史朗	久留米大学
山田 幸恵	東海大学
山田 庸子	株式会社アドバンテッジリスクマネジメント
山本 彩	札幌学院大学
山本 淳一	慶應義塾大学
山本 竜也	中京大学
山本 哲也	徳島大学
山本 麻奈	国連アジア極東犯罪防止研修所
遊佐 安一郎	長谷川メンタルヘルス研究所
横光 健吾	立命館大学
横山 仁史	広島大学
吉内 一浩	東京大学
吉岡 昌子	愛知大学
吉田 未来	株式会社アドバンテッジリスクマネジメント

吉永 尚紀	宮崎大学	
吉村 晋平	追手門学院大学	
米山 直樹	関西学院大学	
若井 貴史	長岡病院	
和田 美佐子	新潟少年鑑別所	
渡辺 範雄	京都大学	
渡部 匡隆	横浜国立大学	
渡邊 由香子	帝京大学	

※所属・肩書は 2019 年 8 月現在

目　次

第1章　基礎理論・総論　[編集担当：佐藤 寛・金井嘉宏]

- 認知行動療法 …………………………… 2
- 認知行動療法におけるセラピスト–
  クライエント関係 ……………………… 6
- 行動療法と行動理論 …………………… 8
- 認知療法と認知理論 …………………… 12
- 応用行動分析の基礎理論 ……………… 16
- 問題解決療法の基礎理論 ……………… 18
- アクセプタンス＆コミットメント・
  セラピーの基礎理論 …………………… 20
- マインドフルネス認知療法の基礎理論 … 22
- 弁証法的行動療法の基礎理論 ………… 24
- 行動活性化療法の基礎理論 …………… 26
- メタ認知療法の基礎理論 ……………… 28
- ストレス–脆弱性仮説 …………………… 30
- ストレスの生理学的理解 ……………… 32
- 前頭前野と大脳辺縁系 ………………… 34
- 脳の報酬系 ……………………………… 36
- モノアミン神経系 ……………………… 38
- うつ病の脳科学 ………………………… 40
- 不安症の脳科学 ………………………… 42
- 生物–心理–社会モデル ………………… 44
- コラム　認知行動療法と行動医学 …… 46

第2章　基礎研究　[編集担当：金井嘉宏・岩永 誠]

- レスポンデント条件づけの基礎研究 … 48
- オペラント条件づけの基礎研究 ……… 50
- 恐怖条件づけの基礎研究 ……………… 52
- マウラーの2要因理論の基礎研究 …… 54
- 系統的脱感作法の基礎研究 …………… 56
- 反応指標間の関連性の基礎研究 ……… 58
- 情動処理理論の基礎研究 ……………… 60
- 制止学習アプローチの基礎研究 ……… 62
- 認知情報処理モデルの基礎研究 ……… 64
- 社会的学習理論の基礎研究 …………… 66
- 心理学的ストレスモデルの基礎研究
  ………………………………………… 68
- 刺激–生体–反応（S–O–R）理論の
  基礎研究 ………………………………… 70
- リラクセーションの基礎研究 ………… 72
- バイオフィードバックの基礎研究 …… 74
- マインドフルネスの基礎研究 ………… 76
- アクセプタンス＆コミットメント・
  セラピーの基礎研究 …………………… 78
- 学習性無力感の基礎研究 ……………… 80
- うつ病の行動モデルの基礎研究 ……… 82
- うつ病の認知モデルの基礎研究 ……… 84
- パニック症の認知行動療法の
  基盤となる研究 ………………………… 86
- 社交不安症の認知行動療法の
  基盤となる研究 ………………………… 88
- 限局性恐怖症の認知行動療法の
  基盤となる研究 ………………………… 90
- 全般性不安症の認知行動療法の
  基盤となる研究 ………………………… 92
- 強迫症の認知行動療法の
  基盤となる研究 ………………………… 94

心的外傷後ストレス障害の認知行動
　療法の基盤となる研究……………96
発達障害の認知行動療法の
　基盤となる研究………………………98
コラム　パソコンやスマートフォン
　で不安症が治るのか？……………100

第3章　認知行動療法の適用範囲　[編集担当：飯倉康郎・米山直樹]

特定の恐怖症（限局性恐怖症）……102
パニック症（パニック障害），
　広場恐怖症………………………… 104
強迫症（強迫性障害，OCD）……106
強迫関連障害…………………………108
社交不安症（社交不安障害，SAD）…110
心的外傷後ストレス障害（PTSD）…112
適応障害，ストレス…………………114
うつ病…………………………………116
双極性障害……………………………118
統合失調症……………………………120
アディクション（依存症）…………122
摂食障害………………………………124
睡眠障害………………………………126
心身症，身体症状症，病気不安症…128
行動医学………………………………130
高齢期の問題…………………………132
高次脳機能障害………………………134
パーソナリティ障害…………………136
司法・犯罪分野………………………138
災害支援………………………………140
産業・労働分野………………………142
自閉スペクトラム症（自閉症
　スペクトラム障害，ASD）………144
注意欠如・多動症（注意欠如・
　多動性障害，ADHD）……………146
知的能力障害…………………………148
遺伝性疾患……………………………150
チック症（チック障害）……………152
小児期発症流暢症（吃音）
　（小児期発症流暢障害）……………154
子どもの不安症………………………156
子どものうつ…………………………158
子どもの心身症………………………160
子どもの身体疾患……………………162
強度行動障害…………………………164
反抗挑発症（反抗挑戦性障害）……166
いじめ…………………………………168
不登校…………………………………170
ひきこもり……………………………172
コラム　認知行動療法の介入対象…174

第4章　アセスメント技法　[編集担当：原井宏明]

尺度の分類とその機能，尺度として
　認めるために必要な特性，使うべ
　き場面と実際の使用法………………176
ケースフォーミュレーション，
　機能的行動アセスメント，行動観察
　……………………………………… 178
症状や問題行動の自己評価…………180
症状や問題行動の治療者評価と
　診断鑑別………………………………182
全般的機能のアセスメント…………184
認知症の心理的アセスメント………186
アディクションのアセスメント……190

統合失調症の精神症状
　アセスメント ································ 192
双極性障害のアセスメント ············ 194
うつ病や気分のアセスメント ········ 196
恐怖症のアセスメント ···················· 200
社交不安症のアセスメント ············ 202
パニック症のアセスメント ············ 204
全般不安症のアセスメント ············ 206
強迫症のアセスメント ···················· 208
PTSD，複雑性悲嘆の
　アセスメント ································ 210
身体症状症（疼痛が主症状のもの）
　のアセスメント ···························· 212
摂食障害のアセスメント ················ 214
睡眠障害のアセスメント ················ 216
パーソナリティのアセスメント ···· 218
知的能力のアセスメント
　（WAIS，WISC） ························ 220
自閉スペクトラム症，注意欠如・
　多動症のアセスメント ················ 222

限局性学習症・発達性協調運動症の
　アセスメント ································ 224
機能的行動アセスメント ················ 226
保健医療分野のアセスメント ········ 228
教育分野のアセスメント ················ 230
司法・犯罪分野の
　リスクアセスメント ···················· 232
産業・労働分野のアセスメント ···· 234
家族・夫婦・カップルの
　アセスメント ································ 236
集団（認知行動）療法の
　アセスメント ································ 238
価値観のアセスメント ···················· 240
脳と心の機能アセスメント ············ 242
忠実性，コンピテンスの
　アセスメント ································ 244
副作用・有害事象のアセスメント ··· 246
コラム　産科医療を変えた
　アプガースコア ···························· 248

第5章　介入技法　[編集担当：伊藤義徳・清水栄司]

レスポンデント法 ···························· 250
オペラント法 ···································· 252
応用行動分析（ABA） ···················· 254
拮抗制止法 ·· 256
心身医学的技法 ································ 258
行動活性化療法（BA） ···················· 260
エクスポージャー法 ························ 262
持続エクスポージャー法（PE） ···· 264
セルフコントロール法 ···················· 266
認知行動療法の発展過程における
　認知行動変容法 ···························· 268
ストレス免疫訓練（SIT） ·············· 270
感情マネジメント訓練 ···················· 272

モデリング法 ···································· 274
ペアレントトレーニング ················ 276
ソーシャルスキルトレーニング
　（SST） ·· 278
問題解決療法（PST） ······················ 280
認知行動療法における
　イメージ諸技法 ···························· 282
認知療法 ·· 284
認知再構成法 ···································· 286
行動実験 ·· 288
Rational Emotive Behavior Therapy
　（REBT） ·· 290
スキーマ療法 ···································· 292

弁証法的行動療法 (DBT)............ 294
アクセプタンス&コミットメント・
　セラピー (ACT)................ 296
機能分析心理療法 (FAP)........... 298
メタ認知療法 (MCT)............... 300
マインドフルネスに基づく
　認知行動療法..................... 302
コンパッションフォーカストセラピー
　 (CFT)......................... 304
集団認知行動療法................... 306
インターネットを用いた
　認知行動療法..................... 308

バーチャルリアリティを用いた
　認知行動療法..................... 310
コミュニティ強化と家族訓練
　 (CRA/FT)..................... 312
動機づけ面接 (MI)................ 314
うつ病に対する新たなアプローチ... 316
PTSDに対する多様なアプローチ... 318
統合的理論に基づく認知行動療法... 320
行動理論の発展..................... 322
コラム　介入技法のパッケージ化と
　ケースフォーミュレーション...... 324

第6章　保健医療分野の認知行動療法　[編集担当：清水栄司・鈴木伸一]

保健医療分野の認知行動療法総論... 326
うつ病の認知療法・認知行動療法... 328
うつ病の行動活性化療法........... 330
パニック症の内部感覚エクスポー
　ジャー（身体感覚曝露）......... 332
パニック症の認知行動療法......... 334
嘔吐恐怖症の認知行動療法......... 336
強迫症の認知行動療法............. 338
社交不安症の認知行動療法......... 340
PTSDのトラウマに特化した
　認知行動療法..................... 342
複雑性悲嘆の認知行動療法......... 344
摂食障害の認知行動療法........... 346
統合失調症の認知行動療法（急性期）.. 348
アットリスク精神状態 (ARMS) の
　認知行動療法..................... 350
双極性障害の認知行動療法......... 352
自閉スペクトラム症の認知行動療法.. 354
チック，トゥレット症候群，ADHD
　などの行動障害の認知行動療法... 356
慢性疼痛の認知行動療法........... 358

過敏性腸症候群の認知行動療法..... 360
身体症状症，病気不安症などの
　認知行動療法..................... 362
うつ不安の疾患横断的な
　認知行動療法..................... 364
不眠症の認知行動療法............. 366
肥満や糖尿病などの生活習慣病の
　認知行動療法..................... 368
ためこみ症，醜形恐怖症の
　認知行動療法..................... 370
ニコチン依存，カフェイン依存の
　認知行動療法..................... 372
認知症および高齢者うつ病の
　認知行動療法..................... 374
高次脳機能障害の認知行動療法..... 376
精神科デイケアにおける
　認知行動療法..................... 378
地域保健や健康づくりにおける
　認知行動療法..................... 380
精神科リエゾンチームにおける
　認知行動療法..................... 382

緩和ケアにおける認知行動療法……384
プライマリケアにおける
　認知行動療法……386
救急医療における認知行動療法……388
小児医療における認知行動療法……390
コラム　英国の認知行動療法教育から見る日本の認知行動療法実践家養成の課題……392

第7章　教育分野の認知行動療法　[編集担当：石川信一・小野昌彦]

教育分野における認知行動療法の適用……394
幼児教育における認知行動療法の適用……396
小中学校における認知行動療法の適用……398
高等学校における認知行動療法の適用……400
大学等学生相談における認知行動療法の適用……402
子どもの抑うつへの支援……404
子どもの不安への支援……406
子どもの強迫への支援……410
子どもの怒り・攻撃への支援……412
自殺と自傷行為……414
子どもの心身症への支援……416
生活のくせ（習癖）……418
不登校予防・再登校支援……420
いじめ防止・対策……424
非　行……426
体　罰……428
学校ストレスとストレスマネジメント……430
進路指導……434
行動論的コーチング……436
健康教育……438
通常学級でのコンサルテーションとクラスマネジメント……440
学級単位介入……442
開発的アプローチ……444
家族に対する認知行動療法……446
教育分野における予防……448
コラム　いじめ自殺予防のために認知行動療法家がすべきこと―法的判定と機能分析によるいじめ代替行動の形成……450

第8章　発達障害支援と特別支援教育分野の認知行動療法　[編集担当：谷　晋二・井上雅彦]

自閉症への早期療育……452
ASDの早期支援としてのJASPER……454
機能的アセスメントと問題行動への対処……456
ポジティブ行動支援（PBS）……458
特別支援教育のSST……460
アサーショントレーニング……462
絵カード交換式コミュニケーションシステム（PECS®）……464
トークンエコノミー……466
教員（支援者）への支援……468
ペアレントトレーニングと保護者支援……470
ピアサポート……472
特別支援教育分野における多職種連携……474

ADHD のサマートリートメント
　プログラム……………………… 476
ASD と ADHD への認知行動療法… 478
発達障害のある人への
　マインドフルネス認知行動療法… 480
高等教育機関における発達障害学生
　への認知行動療法………………… 482
コラム　発達障害支援と特別支援教
　育分野の認知行動療法―行動を
　記録する行動の制御……………… 484

第9章　福祉分野の認知行動療法 [編集担当：境 泉洋・大野裕史]

早期療育……………………………… 486
虐　待………………………………… 488
社会的養護…………………………… 490
福祉分野での親支援………………… 492
子どものデイサービスにおける支援
　………………………………………… 494
発達障害者の兄弟姉妹支援………… 496
介護者のサポート…………………… 498
福祉分野における職員（支援者）支援
　………………………………………… 500
成人の ADHD ……………………… 502
職業リハビリテーション…………… 504
発達障害者の就労支援……………… 506
高年齢化したひきこもり…………… 508
高齢者の支援………………………… 510
認知症………………………………… 512
重度知的障害者……………………… 514
重症心身障害………………………… 516
地域生活支援………………………… 518
アウトリーチ（訪問支援）………… 520
当事者研究…………………………… 522
コラム　福祉分野における
　認知行動療法の応用可能性……… 524

第10章　司法・犯罪・嗜癖分野の認知行動療法 [編集担当：神村栄一・嶋田洋徳]

被害者支援と認知行動療法………… 526
成人犯罪・少年非行と関連諸機関… 528
触法精神障害者を取り巻く諸問題… 530
司法・犯罪分野の実践上の特徴…… 532
サイコパスによる犯罪とその
　行動論的理解……………………… 534
依存・嗜癖に関する認知行動理論… 536
否認，治療抵抗と認知行動療法…… 538
怒りとアンガーマネジメント……… 540
物質使用障害………………………… 542
性犯罪と性嗜好異常………………… 544
窃盗，万引き，クレプトマニア…… 546
ギャンブル障害……………………… 548
ネット嗜癖とゲーム障害…………… 550
プロセスおよび関係の嗜癖行動…… 552
触法行為の生物学的理解と
　薬物療法…………………………… 554
リスクアセスメント………………… 556
リラプス・プリベンション………… 558
グッド・ライブズ・モデル（GLM）… 560
セルフヘルプグループ……………… 562
環境調整・刺激性制御……………… 564
渇望と言い訳のモニターと対処…… 566
集団認知行動療法（グループワーク）
　の活用……………………………… 568
矯正教育と更生保護における SST… 570

少年院における生活指導と
　認知行動療法……………………… 572
刑事施設における性犯罪再犯防止指導
　………………………………………… 574
刑事施設における薬物依存離脱指導
　………………………………………… 576
刑事施設における暴力防止指導…… 578
保護観察における認知行動療法…… 580
医療機関における触法者に対する
　支援………………………………… 582
嗜癖行動についての生物学的理解… 584
犯罪と嗜癖の行動経済学的理解…… 586
コラム　レスポンデント学習の理解
　に基づく問題行動の変容………… 588

第11章　産業・労働分野の認知行動療法　[編集担当：松永美希・土屋政雄]

職場のストレスモデル………………… 590
ストレスチェック制度………………… 592
リラクセーションを中心とした
　ストレスマネジメント…………… 594
認知再構成法を中心とした
　ストレスマネジメント…………… 596
マインドフルネス，アクセプタンス
　＆コミットメント・セラピーを用
　いたストレスマネジメント……… 598
インターネットを用いた
　ストレスマネジメント…………… 600
復職支援………………………………… 602
職リハリワーク………………………… 604
リワークにおける集団認知行動療法… 606
職場復帰困難…………………………… 608
新規参入者に対する
　ストレスマネジメント…………… 610
キャリア支援における認知行動療法… 612
精神障害者の就労支援における
　認知行動療法……………………… 614
EAP（従業員支援プログラム）…… 616
対人援助職のストレス………………… 618
専門職におけるPTSDの二次受傷… 620
リーダーシップ・
　生産性向上にむけたコーチング… 622
コラム　ポジティブメンタルヘルス
　と健康経営………………………… 624

第12章　認知行動療法の研究法　[編集担当：佐藤　寛・奥村泰之]

エビデンスに基づく医療……………… 626
エビデンスに基づく教育……………… 628
エビデンスに基づく心理療法………… 630
診療ガイドライン……………………… 632
リサーチクエスチョン（研究疑問）
　の定式化…………………………… 634
リサーチクエスチョン（研究疑問）
　の優先づけ………………………… 636
ランダム化比較試験…………………… 638
クラスターランダム化比較試験…… 640
コホート研究…………………………… 642
シングルケースデザイン……………… 644
尺度研究………………………………… 646
診断精度研究…………………………… 648
横断研究………………………………… 650
メタアナリシス………………………… 652
医療経済評価と診療報酬改定……… 654
症例レジストリ（臨床データベース）… 656

アウトカムの重要性	658	報告ガイドライン	670
有害事象	660	臨床試験の粉飾	672
臨床試験登録	662	再現可能性	674
データシェアリング	664	コラム 認知行動療法の研究と	
バイアスの種類と対処法	666	人工知能	676
バイアスへのリスク	668		

第13章　認知行動療法における倫理と関連法規　［編集担当：田中恒彦・大月　友］

認知行動療法を実践する際の倫理	678	教育分野の関連法規	698
認知行動療法の専門資格	682	司法・犯罪分野の関連法規	700
認知行動療法の研究を行う際の倫理	684	産業・労働分野の関連法規	702
認知行動療法を教育する際の倫理	688	認知行動療法と診療報酬	704
社会・同僚に対する認知行動療法家の倫理的責任	692	合理的配慮	706
保健医療分野の関連法規	694	コラム 研究倫理と臨床実践における倫理の関係	708
福祉分野の関連法規	696		

見出し語五十音索引	xxi
和文引用文献	711
欧文引用文献	731
事項索引	771
人名索引	780

見出し語五十音索引

■A～Z

ADHD のサマートリートメントプログラム　476
ASD と ADHD への認知行動療法　478
ASD の早期支援としての JASPER　454
EAP（従業員支援プログラム）　616
PTSD，複雑性悲嘆のアセスメント　210
PTSD に対する多様なアプローチ　318
PTSD のトラウマに特化した認知行動療法　342
Rational Emotive Behavior Therapy（REBT）　290

■あ

アウトカムの重要性　658
アウトリーチ（訪問支援）　520
アクセプタンス＆コミットメント・セラピー（ACT）　296
アクセプタンス＆コミットメント・セラピーの基礎研究　78
アクセプタンス＆コミットメント・セラピーの基礎理論　20
アサーショントレーニング　462
アットリスク精神状態（ARMS）の認知行動療法　350
アディクション（依存症）　122
アディクションのアセスメント　190

怒りとアンガーマネジメント　540
いじめ　168
いじめ防止・対策　424
依存・嗜癖に関する認知行動理論　536
遺伝性疾患　150
医療機関における触法者に対する支援　582
医療経済評価と診療報酬改定　654
インターネットを用いたストレスマネジメント　600
インターネットを用いた認知行動療法　308

うつ不安の疾患横断的な認知行動療法　364
うつ病　116
うつ病に対する新たなアプローチ　316
うつ病の行動活性化療法　330
うつ病の行動モデルの基礎研究　82
うつ病の認知モデルの基礎研究　84
うつ病の認知療法・認知行動療法　328
うつ病の脳科学　40
うつ病や気分のアセスメント　196

絵カード交換式コミュニケーションシステム（PECS®）　464
エクスポージャー法　262
エビデンスに基づく医療　626
エビデンスに基づく教育　628
エビデンスに基づく心理療法　630

横断研究　650
嘔吐恐怖症の認知行動療法　336
応用行動分析（ABA）　254
応用行動分析の基礎理論　16
オペラント条件づけの基礎研究　50
オペラント法　252

■か

介護者のサポート　498
開発的アプローチ　444
学習性無力感の基礎研究　80
家族・夫婦・カップルのアセスメント　236
家族に対する認知行動療法　446
価値観のアセスメント　240
学級単位介入　442
学校ストレスとストレスマネジメント　430
渇望と言い訳のモニターと対処　566
過敏性腸症候群の認知行動療法　360
環境調整・刺激性制御　564
感情マネジメント訓練　272
緩和ケアにおける認知行動療法　384

拮抗制止法　256
機能的アセスメントと問題行動への対処　456
機能的行動アセスメント　226
機能分析心理療法（FAP）　298

虐　待　488
キャリア支援における認知行動療法　612
ギャンブル障害　548
救急医療における認知行動療法　388
教育分野における認知行動療法の適用　394
教育分野における予防　448
教育分野のアセスメント　230
教育分野の関連法規　698
教員（支援者）への支援　468
矯正教育と更生保護におけるSST　570
強度行動障害　164
強迫関連障害　108
強迫症（強迫性障害，OCD）　106
強迫症のアセスメント　208
強迫症の認知行動療法　338
強迫症の認知行動療法の基盤となる研究　94
恐怖条件づけの基礎研究　52
恐怖症のアセスメント　200

グッド・ライブズ・モデル（GLM）　560
クラスターランダム化比較試験　640

刑事施設における性犯罪再犯防止指導　574
刑事施設における暴力防止指導　578
刑事施設における薬物依存離脱指導　576
系統的脱感作法の基礎研究　56
ケースフォーミュレーション，機能的行動アセスメント，行動観察　178
限局性学習症・発達性協調運動症のアセスメント　224
限局性恐怖症の認知行動療法の基盤となる研究　90
健康教育　438

高次脳機能障害　134
高次脳機能障害の認知行動療法　376
行動医学　130
高等学校における認知行動療法の適用　400
行動活性化療法（BA）　260
行動活性化療法の基礎理論　26
高等教育機関における発達障害学生への認知行動療法　482
行動実験　288
行動療法と行動理論　8
行動理論の発展　322

行動論的コーチング　436
高年齢化したひきこもり　508
合理的配慮　706
高齢期の問題　132
高齢者の支援　510
子どもの怒り・攻撃への支援　412
子どものうつ　158
子どもの強迫への支援　410
子どもの心身症　160
子どもの心身症への支援　416
子どもの身体疾患　162
子どものデイサービスにおける支援　494
子どもの不安症　156
子どもの不安への支援　406
子どもの抑うつへの支援　404
コホート研究　642
コミュニティ強化と家族訓練（CRA/FT）　312
コンパッションフォーカストセラピー（CFT）　304

■さ

災害支援　140
再現可能性　674
サイコパスによる犯罪とその行動論的理解　534
産業・労働分野　142
産業・労働分野のアセスメント　234
産業・労働分野の関連法規　702

刺激-生体-反応（S-O-R）理論の基礎研究　70
自殺と自傷行為　414
持続エクスポージャー法（PE）　264
自閉症への早期療育　452
自閉スペクトラム症，注意欠如・多動症のアセスメント　222
自閉スペクトラム症（自閉症スペクトラム障害，ASD）　144
自閉スペクトラム症の認知行動療法　354
嗜癖行動についての生物学的理解　584
司法・犯罪分野　138
司法・犯罪分野の関連法規　700
司法・犯罪分野の実践上の特徴　532
司法・犯罪分野のリスクアセスメント　232
社会・同僚に対する認知行動療法家の倫理的責任　692
社会的学習理論の基礎研究　66
社会的養護　490

尺度研究　646
尺度の分類とその機能，尺度として認めるために
　必要な特性，使うべき場面と実際の使用法　176
社交不安症（社交不安障害，SAD）　110
社交不安のアセスメント　202
社交不安の認知行動療法　340
社交不安の認知行動療法の基盤となる研究　88
重症心身障害　516
集団（認知行動）療法のアセスメント　238
集団認知行動療法　306
集団認知行動療法（グループワーク）の活用　568
重度知的障害者　514
症状や問題行動の自己評価　180
症状や問題行動の治療者評価と診断鑑別　182
小中学校における認知行動療法の適用　398
情動処理理論の基礎研究　60
小児医療における認知行動療法　390
小児期発症流暢症（吃音）（小児期発症流暢障害）
　154
少年院における生活指導と認知行動療法　572
症例レジストリ（臨床データベース）　656
職業リハビリテーション　504
職場のストレスモデル　590
職場復帰困難　608
触法行為の生物学的理解と薬物療法　554
触法精神障害者を取り巻く諸問題　530
職リハリワーク　604
新規参入者に対するストレスマネジメント　610
シングルケースデザイン　644
心身医学的技法　258
心身症，身体症状症，病気不安　128
身体症状症，病気不安などの認知行動療法　362
身体症状症（疼痛が主症状のもの）のアセスメント　212
診断精度研究　648
心的外傷後ストレス障害（PTSD）　112
心的外傷後ストレス障害の認知行動療法の基盤となる研究　96
心理学的ストレスモデルの基礎研究　68
診療ガイドライン　632
進路指導　434
睡眠障害　126
睡眠障害のアセスメント　216
スキーマ療法　292

ストレス-脆弱性仮説　30
ストレスチェック制度　592
ストレスの生理学的理解　32
ストレス免疫訓練（SIT）　270

生活のくせ（習癖）　418
制止学習アプローチの基礎研究　62
精神科デイケアにおける認知行動療法　378
精神科リエゾンチームにおける認知行動療法　382
精神障害者の就労支援における認知行動療法　614
成人のADHD　502
成人犯罪・少年非行と関連諸機関　528
性犯罪と性嗜好異常　544
生物-心理-社会モデル　44
摂食障害　124
摂食障害のアセスメント　214
摂食障害の認知行動療法　346
窃盗，万引き，クレプトマニア　546
セルフコントロール法　266
セルフヘルプグループ　562
前頭前野と大脳辺縁系　34
全般性不安症の認知行動療法の基盤となる研究　92
全般的機能のアセスメント　184
全般不安症のアセスメント　206
専門職におけるPTSDの二次受傷　620

双極性障害　118
双極性障害のアセスメント　194
双極性障害の認知行動療法　352
早期療育　486
ソーシャルスキルトレーニング（SST）　278

■た
大学等学生相談における認知行動療法の適用　402
対人援助職のストレス　618
体　罰　428
ためこみ症，醜形恐怖症の認知行動療法　370
地域生活支援　518
地域保健や健康づくりにおける認知行動療法　380
チック，トゥレット症候群，ADHDなどの行動
　障害の認知行動療法　356
チック症（チック障害）　152
知的能力障害　148

知的能力のアセスメント（WAIS, WISC） 220
注意欠如・多動症（注意欠如・多動性障害，ADHD） 146
忠実性，コンピテンスのアセスメント 244

通常学級でのコンサルテーションとクラスマネジメント 440

適応障害，ストレス 114
データシェアリング 664

動機づけ面接（MI） 314
統合失調症 120
統合失調症の精神症状アセスメント 192
統合失調症の認知行動療法（急性期） 348
統合的理論に基づく認知行動療法 320
当事者研究 522
特定の恐怖症（限局性恐怖症） 102
特別支援教育のSST 460
特別支援教育分野における多職種連携 474
トークンエコノミー 466

■な

ニコチン依存，カフェイン依存の認知行動療法 372
認知行動療法 2
認知行動療法と診療報酬 704
認知行動療法におけるイメージ諸技法 282
認知行動療法におけるセラピスト-クライエント関係 6
認知行動療法の研究を行う際の倫理 684
認知行動療法の専門資格 682
認知行動療法の発展過程における認知行動変容法 268
認知行動療法を教育する際の倫理 688
認知行動療法を実践する際の倫理 678
認知再構成法 286
認知再構成法を中心としたストレスマネジメント 596
認知症 512
認知症および高齢者うつ病の認知行動療法 374
認知症の心理的アセスメント 186
認知情報処理モデルの基礎研究 64
認知療法 284
認知療法と認知理論 12

ネット嗜癖とゲーム障害 550

脳と心の機能アセスメント 242
脳の報酬系 36

■は

バイアスの種類と対処法 666
バイアスへのリスク 668
バイオフィードバックの基礎研究 74
パーソナリティ障害 136
パーソナリティのアセスメント 218
バーチャルリアリティを用いた認知行動療法 310
発達障害者の兄弟姉妹支援 496
発達障害者の就労支援 506
発達障害のある人へのマインドフルネス認知行動療法 480
発達障害の認知行動療法の基盤となる研究 98
パニック症のアセスメント 204
パニック症の内部感覚エクスポージャー（身体感覚曝露） 332
パニック症の認知行動療法 334
パニック症の認知行動療法の基盤となる研究 86
パニック症（パニック障害），広場恐怖症 104
反抗挑発症（反抗挑戦性障害） 166
犯罪と嗜癖の行動経済学的理解 586
反応指標間の関連性の基礎研究 58

ピアサポート 472
被害者支援と認知行動療法 526
ひきこもり 172
非行 426
否認，治療抵抗と認知行動療法 538
肥満や糖尿病などの生活習慣病への認知行動療法 368

不安症の脳科学 42
複雑性悲嘆の認知行動療法 344
副作用・有害事象のアセスメント 246
福祉分野での親支援 492
福祉分野における職員（支援者）支援 500
福祉分野の関連法規 696
復職支援 602
物質使用障害 542
不登校 170
不登校予防・再登校支援 420

不眠症の認知行動療法　366
プライマリケアにおける認知行動療法　386
プロセスおよび関係の嗜癖行動　552

ペアレントトレーニング　276
ペアレントトレーニングと保護者支援　470
弁証法的行動療法（DBT）　294
弁証法的行動療法の基礎理論　24

報告ガイドライン　670
保健医療分野のアセスメント　228
保健医療分野の関連法規　694
保健医療分野の認知行動療法総論　326
保護観察における認知行動療法　580
ポジティブ行動支援（PBS）　458

■ま

マインドフルネス，アクセプタンス＆コミットメント・セラピーを用いたストレスマネジメント　598
マインドフルネスに基づく認知行動療法　302
マインドフルネス認知療法の基礎理論　22
マインドフルネスの基礎研究　76
マウラーの2要因理論の基礎研究　54
慢性疼痛の認知行動療法　358

メタアナリシス　652
メタ認知療法（MCT）　300
メタ認知療法の基礎理論　28

モデリング法　274

モノアミン神経系　38
問題解決療法（PST）　280
問題解決療法の基礎理論　18

■や

有害事象　660

幼児教育における認知行動療法の適用　396

■ら

ランダム化比較試験　638

リサーチクエスチョン（研究疑問）の定式化　634
リサーチクエスチョン（研究疑問）の優先づけ　636
リスクアセスメント　556
リーダーシップ・生産性向上にむけたコーチング　622
リラクセーションの基礎研究　72
リラクセーションを中心としたストレスマネジメント　594
リラプス・プリベンション　558
リワークにおける集団認知行動療法　606
臨床試験登録　662
臨床試験の粉飾　672

レスポンデント条件づけの基礎研究　48
レスポンデント法　250

第1章

基礎理論・総論

［編集担当：佐藤　寛・金井嘉宏］

　認知行動療法は精神分析や森田療法といったほかの精神療法と異なる点として，1人の創始者がいるわけでもなければ，創始者が打ち立てた大きな理論があるわけでもない。米国，英国，南アフリカなどの各地域で研究者が基礎的な心理学の原理や，研究成果や臨床実践から見出した理論に基づいて治療方法を考案し，それが「認知行動療法」という名のもとにまとめられている。

　「行動療法」という名称は「行動を対象にした治療法」であるからこうした名前がついているのではなく，この技法が行動理論（学習理論）を基盤としていることに由来する。認知行動療法を構成する理論や原理には学習理論，認知理論，これらを発展させた理論が存在する。今後もさらにさまざまな理論が出てくるかもしれないが，まずは認知行動療法を認知行動療法たらしめている理論と原理を理解することが研究や臨床実践に役立つ。

　また，認知行動療法にはさまざまな技法があるが，技法の数だけ理論があるわけではなく，中核となる理論があって，疾患のメカニズムや対象に合わせて各種技法が開発されている。理論や原理を理解せずに認知行動療法の技法をただ「表面的に」用いても効果は得られない。技法が基づく理論や原理を理解してこそ，目の前にいるクライエントに合わせて「テイラーメイドで」技法を選択したり，技法の用い方をアレンジすることが可能となり，認知行動療法の効果が発揮される。

　本章ではさまざまな理論の中核である行動理論，認知理論だけではなく，その後提唱されたアクセプタンス＆コミットメントセラピーの関係フレーム理論，マインドフルネスに関する理論も取り上げている。さらに，生物学的・生理学的知見や発展が著しい認知神経科学の知見も紹介している。

　認知行動療法には冒頭で述べたように大理論があるわけではない。今後も基礎研究や臨床実践で得られたアイデアによって，従来の理論や原理を補う，あるいは発展させる研究知見が生まれアップデートされる可能性がある。研究や臨床実践を進める中で本章をその都度振り返り，認知行動療法の理論の発展につながるアイデアの源になる章になっていれば幸いである。

［金井嘉宏］

認知行動療法

☞ 行動療法と行動理論 p.8，認知療法と認知理論 p.12，応用行動分析の基礎理論 p.16，アクセプタンス＆コミットメント・セラピーの基礎理論 p.20，メタ認知療法の基礎理論 p.28

　認知行動療法（cognitive and behavioral therapies）とは，「行動科学と認知科学を臨床の諸問題へ応用したものと定義されます。複数の理論とそこから生まれた多数の技法を包含した広範な治療法として発展しています。(1) 問題を具体的な行動（思考，情緒，運動すべてを含む精神活動）としてとらえ，どのような状況でどのような精神活動が生じるのかという行動分析をします。(2) 問題解決のための治療目標を具体的に明確にし，その変容をめざします。(3)「行動」の変容のためには，どのような体験が必要であるかという考え方をします。(4) 観察可能あるいは定義可能なパラメータ（例えば，点数化した不安の程度，ある行動の頻度や持続時間，脈拍などの生理学的な測定）を用いて，試行する治療の効果を検証することができます。(5) 問題や疾患に応じた治療プログラムが多くつくられており，それらの多くで治療効果が実証されています」と説明されている（日本認知・行動療法学会「認知行動療法とは？」）。この定義は現代的でかなり幅広いものであるが，それでも認知行動療法に関わるすべての人が合意できるものとまでは言えない。日本認知・行動療法学会が2014年に法人化した際に，「認知・行動療法」（behavioral and cognitive therapies）という名称を採用した背景には，行動療法，認知療法，その両者をミックスした療法（cognitive behavioral therapy：狭義の認知行動療法）のすべてを対象領域にするという意図があったが，上記の定義には認知療法の十分な説明は含まれていない。なお，本項「認知行動療法」は広義で用いられており，学会名の「認知・行動療法」と同義であり，2018年より改称した学会誌名である「認知行動療法研究」についても同じである。

●**行動療法と認知療法の発展**　P. A. バッハとD. J. モラン（Bach & Moran, 訳2009）によれば，認知行動療法の発展は，1920年に報告されたJ. B. ワトソン（Watson）によるアルバート坊やの実験以来，心理学の発展とともに生じた3つの波の広がりとお互いの重なりで理解できる。第一の波は，系統的脱感作や拮抗条件づけのモデルのように，1920年代以降に行動科学の伝統を臨床に応用したものであり，I. P. パブロフ（Pavlov）の研究に基づく生理的反応に関わるレスポンデント条件づけモデルがその中心となった。そして，検証可能な仮説に基づいてエクスポージャーなどの臨床技法が開発されたが，社会的スキルなど社会的文脈における機能的な外顕的行動レパートリーの欠如という問題や言語と認知に関する問題は検討されなかった。次の流れには，1950年代以降に発展した応用行動分析と認知療法が含められ，S. C. ヘイズ（Hayes）はこの両者が第二の波を構成するとしたが，G. H. アイファート（Eifert）らは第二の波は認知革命を

指すとした。応用行動分析は B. F. スキナー（Skinner）の強化の原理の研究に基づくオペラント条件づけを応用したものであるが，1954 年に「行動療法」という言葉を生んだとされる O. R. リンズレイ（Lindsley）らが，適切な随伴性操作によって統合失調症患者が機能的レパートリーを獲得できることを報告したことに始まった。そして，随意的行動が動因操作-弁別刺激-反応-結果刺激事象の 4 項随伴性で維持されるとする研究成果に基づいてさまざまな臨床技法が開発されていった。第二の波のもう一翼を成す認知療法では，1958 年に A. エリス（Ellis）によって論理療法が，1963 年に A. T. ベック（Beck）によって認知療法が提案されており，自分を取り巻く世界，将来，自己に対する歪んだ認知的解釈が，否定的な感情や機能的でない行動をもたらすとする認知モデルを共通の立場にしている。そして，反駁や体験的技法を用いた非合理な信念や認知の歪みの置き換え（認知再構成法）が臨床的な問題の改善をもたらすとし，1979 年にうつ病に対する認知療法の詳細なマニュアルが出版され，ランダム化比較実験でも効果が実証されたことで広く実践されるようになった。しかし，認知療法の中でも，当初より行動活性化，エクスポージャー，スキル訓練など行動的技法は用いられており，その一方で行動療法の発展の中でも認知的変数を扱う必要性は広く認識されていたため，どちらの専門家も次第に両者をミックスした療法として認知行動療法という言葉を使うようになっていった。

●**認知行動療法のその後の展開**　認知行動療法の時代になって，行動の問題には「学習理論」に基づく行動的技法が，認知の問題には「情報処理理論」に基づく認知的技法が折衷的に使われるようになり，幅広い臨床的問題に対応ができるようになったとされたが，そこには本質的な「歪み」が，もち込まれることになった（Ramnero & Torneke, 訳 2009）。その第一は，認知行動療法全般に統一的な基礎理論がないという問題であり，その背景には，認知療法の基盤とされた「情報処理理論」が，素朴な認知媒介理論から導出された仮説構成体に依拠しており，認知心理学や認知科学による基礎研究や確立された科学的原理に基づいたものではなかったという事情がある。それに対して，行動療法は動物実験を含む基礎研究によって確立された学習理論に基づいており，この両者の間には統一的な基礎理論を構築する前提が成り立たないのである。第二に，認知行動療法を活用する場合には網羅的なケースの概念化が必要とされるが，上記の通り統一的な基礎理論が構築できないということは，どの時点でどのようなアセスメントをするか（行動と認知のどちらが主要な問題なのかをどう判断するか）の基準がないということであり，介入を進める上での効率が思いのほか悪い。第三に，認知行動療法では，うつ病に対する認知療法のように，医学モデルによる診断に基づいてマニュアルを作成し，それでランダム化比較実験を行い「エビデンスに基づく介入法」を特定してきたが，行動療法では行動の形態ではなく機能が重要であり，機

能分析(行動分析)がケースフォーミュレーションの中心である(そもそも診断横断的にアセスメントする)ことを考えれば,ここでも両者はちぐはぐな関係になる。そのような背景の中で,1990年代から第三の波に位置づけられる複数の介入方法が,行動療法,認知療法の両サイドから提案され,2000年代に入り広く使われるようになった。そこでの上記の問題点の乗り越え方は,第一に,行動療法,認知療法のそれぞれを発展させカバーできる範囲を広げる(両者を折衷する必要がなくなる),第二に,情報処理理論で注意制御やメタ認知に関する認知心理学的な基礎研究に基づいて通常の認知の内容よりもプロセスに注目するようになった一方で,学習理論でも認知を言語行動とみなして本格的に取り扱うようになったことで,認知の内容よりも機能やプロセスに注目する,そしてマインドフルネスやアクセプタンスという体験との向き合い方を重視するという基礎理論上,臨床技法上の共通基盤を確立していくというものであった。

●ケースフォーミュレーションの違い　上記のような発展の経緯をたどった結果,現状で認知行動療法には,行動療法系,認知療法系,マインドフルネス系の三つのグループがあると考えると理解しやすい。認知行動療法は「行動科学と認知科学を臨床の諸問題へ応用したもの」なので,科学的であるということが大前提になる。科学的な心理療法にとって最も基本的な必要条件は,アセスメントの結果に基づいて介入を行うということなので,それぞれの方法のエッセンスを知るためにはケースフォーミュレーションの違いに注目するとよい。熊野ほか(2016)は,上記三つの立場を対比して理解できるように,それぞれに対応する三つの章を同じ構成で解説する「認知行動療法を使いこなす」という特集を組み,ケースフォーミュレーションについても取り上げた。行動療法系では,日常の困り事のエピソードを集める中から,訴えを行動としてとらえ,出来事のシークエンスとその影響関係を見ることで,4項随伴性から行動の維持要因を明らかにする問題のフォーミュレーション(機能分析)を行う。そしてその結果を,接触機会の少なかった遅延結果へと導くロード・マップとして,フォーミュレートされたゴール(目標)に向かうクライエントの行動を支援していく。認知療法系では,状況と個人が相互的・循環的に作用し合い,個人の中でも自動思考,気分・感情,身体反応,行動が相互に作用し合いながら,スキーマが自動思考に影響を及ぼすという基本モデルを提示し,認知モデルが「状況→認知→感情・身体・行動」という一方向的なものではないことが説明される。その上で,具体的な複数のエピソードから特徴的なパターンを抽出し,主訴が維持されている相互的・循環的な悪循環を言葉や図式でまとめ(問題同定),どのように変化させていきたいかを達成可能な形で表現する(目標設定)。マインドフルネス系で,上記二つと異なるのは,あくまでも行動や認知の機能に関わる文脈の変化を目指すことである。例えば,マインドフルネス認知療法では,合理的に考え目標達成のために行動す

る「することモード」と，今の瞬間と接触し現実を感じ取る「あることモード」とを対比したアセスメントが行われ，アクセプタンス＆コミットメント・セラピー（ACT）では，ネガティブな私的出来事の回避をよしとする文脈と，あるがままに体験する（アクセプタンス）文脈とを対比し，さらには自分が望む人生の方向性（価値）が明確・不明確な文脈を対比したアセスメントが行われる。

●**日本認知・行動療法学会の動向** 本学会は1975年に日本行動療法研究会として発足し，1976年より日本行動療法学会となり「行動療法研究」が発刊されたため，その動向は学会誌の内容によってうかがい知ることができる。そこで，学会誌に収録された全論文の題名のデータに対してテキストマイニングを行い，名詞2単語からなる文字列の内，頻度が多く臨床的な含意が明瞭な26種類の文字列について，20号ごとの年代別に5件以上出現したものを集計した。1～20号（1976～86年）では，登校拒否，神経性食欲不振症，自閉症など行動療法が適用され始めた疾患名と，オペラント技法，系統的脱感作，バイオフィードバックなど第一の波に属する研究や実践の報告が多い。21～40号（1986～95年）では，自閉症，精神遅滞などの疾患名とともに，不安反応，指標間の不一致といった認知変数を含めた研究論文も現れている。41～60号（1996～2005年）では，上記疾患名は見られなくなり，行動形成，生活技能訓練，社会的スキル訓練，認知行動療法といった語が増え，第二の波に徐々にウェイトが移ってきている。そして，61～80号（2006～13年）になると，社交不安障害，発達障害などの疾患名と，認知行動療法，社会的スキル訓練が大幅に増えるとともに，尺度作成，妥当性，信頼性といった尺度作成や効果研究の論文が増えたが，81～96号（2014～18年）では，やはり尺度作成や効果研究に関わる語は多いが，ACTの症例研究の特集号を反映したもの以外には，頻度の高い語は目立たなくなっている。以上より，本学会は，行動療法学会として，第一の波を扱う研究や実践からスタートしたが，1990年前後から認知変数に取り組み始め，2000年前後からは第二の波が大きく寄せてきた。そして，2000年代半ばから一気に認知行動療法の爛熟期に入り，社交不安障害や発達障害に関心が集まり，効果研究や尺度作成の論文も増えたが，法人化し認知・行動療法学会と改称した2014年以降は，ACTが注目を集めていることの他には，若干多様性が失われているように感じられる。特に，認知療法関係の論文はほとんど認められず，2018年より学会誌の名称を変更したことも含めて，今後は認知療法や認知神経科学などの領域にも活動の場を広げていく必要があるだろう。　　　　［熊野宏昭］

📖 **さらに詳しく知るための文献**
［1］熊野宏昭　2012　新世代の認知行動療法　日本評論社．
［2］ベック，J. S.　伊藤絵美ほか訳　2015　認知行動療法実践ガイド―基礎から応用まで（第2版）星和書店．

認知行動療法におけるセラピスト-クライエント関係

☞ 行動療法と行動理論 p.8, 認知療法と認知理論 p.12, ケースフォーミュレーション, 機能的行動アセスメント, 行動観察 p.178

　認知行動療法は幅広い分野において多岐にわたって実践されている。そのため，支援の形式も，対話をベースとしたクライエント本人との個人セラピー，集団を対象としたグループセラピー，関係者に対するコンサルテーションから，必ずしも対話を用いず支援場面での課題設定や環境操作などを通して行う支援，さらには，学校や施設内などクライエントの生活環境の直接的な操作による支援まで，非常に幅広いのが特徴である。そのため，認知行動療法におけるセラピストとクライエントの関係は，その文脈に応じて多種多様となる。ただし，どのような支援文脈においても，共通してもたれるべき視点が存在する。それは，認知行動療法の実践においては，支援の場におけるセラピスト自身の行動がクライエントにとっての環境の一部になり，クライエントの行動がセラピストにとっての環境の一部になるという，相互作用の視点である（久野，1993；山上，1990）。これは，個人と環境との相互作用から行動を理解し，行動に影響を与えるという，認知行動療法の基本的な考え方に基づくものである。

●**環境としてのセラピストの行動**　認知行動療法では，クライエントが示す症状や問題を，不適応的な行動の誤学習，あるいは，適応的な行動の未学習としてとらえ，支援においてはクライエントに新たな適応的な行動の学習や再学習を促すという発想をもつ。そのため，セラピストはクライエントの症状や問題に関するさまざまな情報を収集し，どのような誤学習や未学習がきっかけとなり，それがどのようにして維持しているのかを分析し，どのような介入によって新たな学習を促すかプランを立て，実施していくことになる。情報収集では，セラピストはクライエントの"報告する"という行動を促すことになる。このとき，セラピストはさまざまな質問を行いながら，クライエントに応答していく。これらのセラピストの行動は，クライエントの"報告する"という行動に対する環境となる。当然ながら，セラピストが受容的な態度で応答すること（小林，1984），クライエントのことをわかろうとする態度で臨むこと（山上，2007）は，クライエントの報告行動を喚起し，強化する機能をもつことになる。一方，介入では，セラピストはクライエントに新たな行動の学習を促すことになる。例えば，不安やうつに苦しむクライエントに対して，自らの思考や気分に気づくという行動を促し，その思考を検討するという行動を促す，あるいは，その思考を評価せずにただ観察するという行動を促すなど，支援ではクライエントが新たな行動を学習することが目指される。このとき，セラピストは心理教育や介入の教示を行い，そして，クライエントの新たな行動の生起やその報告に対して応答しながら進めていく。

ここでもセラピストの行動は，クライエントが新たな行動を学習する際の環境となる。そのため，これらのセラピストの行動が，クライエントの新たな行動を喚起するための先行事象として，強化するための後続事象として，支援という相互作用の中で十分に機能することが重要となる。このように，認知行動療法は，セラピストとクライエントの相互作用によって支援が展開されるため，両者の協同作業があって初めて成立するといえる（久野，1993）。セラピストは，クライエントの行動変容にとって自らの行動（働きかけ）が十分に機能しているか，クライエントとの相互作用を常に分析し，柔軟に変えていく力が求められる。

●協同的実証主義（collaborative empiricism）と誘導による発見（guided discovery）　認知行動療法では，セラピストとクライエントの協同が重視されている。特に，認知療法を提唱したA. T. ベック（Beck）は，認知的技法を用いる際，セラピストとクライエントが2人の科学者として実際のクライエントのデータをもとに協同関係を築く協同的実証主義という考えを重視した。これは，クライエントとセラピストの2人が協力しながら，クライエントの現実場面での出来事や経験などのデータを振り返り，それらを検討しながら代替思考を探し出し，現実場面で検証していくという，両者の相互作用を重視した考え方である。この協同的実証主義に基づくプロセスは誘導による発見（guided discovery）とも呼ばれ，C. A. パデスキー（Padesky）は，セラピストはあくまでクライエント自身が気づくためのガイド役に徹するべきであると主張している。認知行動療法では，最終的にはクライエントが自らのセラピストになり，セルフコントロールできるようになることが目指される。そのため，セラピストの行動（働きかけ）がないと，クライエントが代替思考を検討することができない状態は望ましくない。セラピストの働きかけは，あくまでプロンプトにすぎず，徐々にフェイディングさせる必要がある。

●認知行動療法におけるセラピスト-クライエント関係　このように，認知行動療法は支援という相互作用の中で展開され，クライエントの行動変容やセルフコントロールを目指していく。その中で，セラピストとクライエントは一つのチームをつくって，協同して問題に取り組むのである（坂野，1995）。セラピストは常にクライエントとの相互作用を分析しながら，柔軟に自らの行動（働きかけ）を変えていくという，機能的な視点をもって認知行動療法を実践していくことが重要となる。

[大月　友]

📖 さらに詳しく知るための文献
［1］山上敏子　2007　方法としての行動療法　金剛出版.

行動療法と行動理論

☞ 応用行動分析の基礎理論 p.16, レスポンデント条件づけの基礎研究 p.48, オペラント条件づけの基礎研究 p.50, レスポンデント法 p.250, オペラント法 p.252

　行動療法は，実験研究から導き出された学習に関する諸原理を臨床に応用した心理療法の総称である。学習とは，経験による比較的永続的な行動の変容と定義される。学習に関する主要理論である行動理論では，運動行動のような顕在的行動だけではなく，イメージ，思考，感情のような内潜的行動を含んだ，何らかの形で客観的に把握できるすべての精神活動を，行動と呼んでいる。そして，人が不適応状態に陥っているのは，不適切な行動が学習されている（誤学習），あるいは，適切な行動が学習されていない（未学習）ためであると考える。

　治療は，不適切な行動が学習されていれば，その行動を解学習する，適切な行動が学習されていなければ，その行動を再学習する，という方略を取る。いずれの場合も，刺激と反応（行動）の連鎖を分析し，治療仮説として問題の構造と介入計画を生成し，その仮説を検証するという流れで介入を実施する。きわめて実証的なアプローチである。

　行動療法は，行動理論を中心に発展してきたが，現在は学習をキーワードにしながらも，行動科学や認知科学の知見を取り入れた，複数の理論と多数の技法で構成されている。そのために，行動療法と認知行動療法の関係に関しては，必ずしも研究者間でのコンセンサスは得られていない。本項目では現代の行動療法の特徴を，その歴史と治療のすすめ方という視点から概観し，行動理論の中核であるレスポンデント条件づけとオペラント条件づけを紹介する。その他にも，モデリングなどの技法からなる社会的学習理論や，認知再構成法などの技法からなる認知行動理論などもあるが，それらについては別項目で詳しく論じる。

●**行動療法の歴史**　行動療法の黎明期には，1900年初頭から始まるレスポンデント条件づけによる動物の実験神経症の研究や，1920年代の動物恐怖の条件づけと消去に関する研究などがある。しかし，その後は精神分析療法などの勢いに押されて停滞した。

　治療法としての行動療法の歴史は，1960年前後のB. F. スキナー（Skinner），H. J. アイゼンク（Eysenck），J. ウォルピ（Wolpe）という3人の臨床研究によって幕を開けた。アメリカのスキナーは，精神障害者へのオペラント条件づけによる行動分析研究を行った。イギリスのアイゼンクは，行動療法を現代学習理論に基づいた実験によって基礎づけられた行動修正法と定義し，精神分析療法と比較した行動療法の効果研究を行った。南アフリカ（のちにアメリカに移住）のウォルピは，系統的脱感作法を開発し，神経症の臨床研究を展開した。

　1960年代後半になると，アメリカのA. バンデューラ（Bandura）は，レス

ポンデント条件づけやオペラント条件づけに加えて，観察学習と認知の役割を強調した社会的学習理論を提唱し，認知行動療法の先駆けとなった。その後，1970年代になるとA.T.ベック（Beck）らの認知理論，1990年代からは行動療法あるいは認知行動療法の第3の波と呼ばれる，マインドフルネスとアクセプタンスのアプローチが出現してくる。

　このような歴史から明らかなように，行動療法は絶えず発展，進歩している。実証科学としての特徴を備えながらも，臨床の要請に応えて，新しい理論が加わり，対象とする領域は拡大し続けている。複数の技法を組み合わせた，パッケージプログラム化も進んでいる。行動療法とは何か，を定義するのがますます難しい時代にある。

●**治療のすすめ方**　行動療法は問題解決志向的な治療法である。クライエントの訴える問題の解決に向け，まず，行動アセスメントを行う。臨床の場にもち込まれた訴えを，行動によって操作的に定義し，記述する。クライエントが日常生活を送る上で困っていることは何か，どうなりたいと望んでいるのかを考えながら，増加させたい行動，減少させたい行動を把握し，治療目標を設定する。標的とする行動は，具体的であるほど，介入法も具体的になる。

　次に，標的行動を先行刺激—反応（行動）—結果という枠組みで分析する。どのような状況で，どのように感じたり，考えたり，振る舞い，その結果どうなっているのか，という関係を明確にしていく。このような分析を行いながら，標的行動の構造，とりわけ維持要因を明らかにし，介入計画を仮説として生成する。

　アセスメントに際しては，クライエント自身の言語報告や評価尺度，あるいは行動観察などによる情報を収集する。客観性を保つための測度としては，頻度，強度，持続時間などを，臨床の中で工夫しながら用いる。

　介入計画はクライエントと共有しながら，適切な技法を選択し，介入を実施していく。実際の臨床では，クライエントは複数の問題を抱えていることが多い。すべてが治療の対象となるが，今必要な行動は何か，変化しやすそうな行動は何かを考え，標的行動の優先順位を決める。そして，仮説どおりに介入効果が得られるかどうかを検証しながら，治療をすすめていく。

●**中核理論1．レスポンデント条件づけ**　レスポンデント条件づけ（古典的条件づけ）とは，ロシアの生理学者I.パブロフ（Pavlov）が理論化したものである。人の不安や恐怖反応に関しては，レスポンデント条件づけによる学習が関与していることが多い。

　パブロフのイヌの実験を例にしながら基本を説明する。イヌにエサを与えると生理的な反応として唾液が分泌する。このように生得的に備わった刺激-反応関係を，無条件反射と呼ぶ。この場合，エサは無条件刺激，唾液分泌は無条件反応である。また，メトロノームの音のような唾液分泌とは関係のない刺激を中性刺

激と呼ぶ。

　イヌにエサを与える直前かほとんど同時にメトロノームの音を聞かせるという，中性刺激と無条件刺激の対提示を繰り返すと，イヌはメトロノームの音だけで唾液を分泌するようになる。条件反射の形成である。もともと中性刺激であったメトロノームの音は条件刺激，この刺激によって誘発された唾液分泌は条件反応と呼ばれる。

　条件刺激と無条件刺激の対提示を繰り返し，条件刺激と条件反応の結合を強める手続きを強化と呼ぶ。しかし，いったん形成された条件反応は，条件刺激のみを単独で提示し続けると，やがては生じなくなる。これを消去という。

●レスポンデント条件づけに基づく技法　この理論に基づく技法としては，エクスポージャー（曝露法）が代表である。不安反応を引き起こす刺激に持続的に直面することで，不安反応の低減を目指す方法である。ウォルピが考案した系統的脱感作法は，不安刺激をイメージで短時間提示しながら（曝露），不安反応と拮抗するリラクセーション反応によって，不安反応を消去するという逆制止による技法である。現在，エクスポージャーにはさまざまなバリエーションがある。どのような刺激を利用するかによって，現実エクスポージャー，イメージエクスポージャー，バーチャルリアリティエクスポージャーに分けることができる。弱い刺激強度から徐々に曝露していく段階的エクスポージャー，最初から強い刺激に曝露するフラッディングに分けることもできる。対象とする症状や障害に応じても，さまざまに応用されている。例えば，パニック症に対しては身体感覚への内部感覚エクスポージャー，強迫症に対しては曝露反応妨害法，心的外傷後ストレス障害に対しては持続エクスポージャー法などがある。近年では，M.G.クラスケによって提唱された制止学習モデルを用いて，エクスポージャーの効果を最大化しようという試みがあり，不安を低減させるために八つの方略を取る（☞「制止学習アプローチの基礎研究」参照）。

●中核理論2．オペラント条件づけ　スキナーは，ラットがレバーを押すとエサが出てくる仕掛けの，いわゆるスキナー箱という実験装置で多くの実験を行った。空腹のラットをスキナー箱に入れると，最初は無目的に動き回る。そのうち偶然にレバーを押すと，エサが出てきて食餌にありつける。このような経験を繰り返すうちに，ラットはレバーを押すという行動を学習する。これがオペラント条件づけ（道具的条件づけ）の基本である。

　この理論では，どのような先行刺激状況で，どのような行動が生起し，その結果が行動にどのような影響を与えているかを分析することで，行動の予測と制御を目指す。先行刺激，行動，結果の三つの関係のことを，三項随伴性と呼ぶが，行動と結果の関係を最も重視する。ある行動に，ある結果が随伴することで，その行動が増加することを強化と呼ぶ。そして，行動を増加させる刺激を強化子

（好子）という。強化は，正の強化と負の強化に分けられる。ある行動のあとに，ある刺激が提示されたために，その行動が増加すれば正の強化である。そして，その際に提示された刺激を正の強化子という。正の強化子になりやすいものには，空腹時の食物や，のどが渇いたときの飲物など，生得的に強化力が備わった1次性強化子と，お金やおもちゃ，他人の注目，賞賛などの2次性強化子がある。一方，刺激が除去されたために，行動が増加する場合は負の強化である。そして，除去された刺激を負の強化子という。電撃のような嫌悪刺激は1次性の負の強化子，他人の悪口や非難，不快感などは2次性の負の強化子になりやすい。

　行動のあとに強化子を随伴させる規則のことを，強化スケジュールと呼ぶ。毎回強化子を与える連続強化，時々強化子を与える部分強化（間欠強化），まったく与えない消去がある。条件づけの形成には連続強化が最も適しているが，いったん形成されたあとは，部分強化に移すほうが消去しにくい。

　行動を減少させる操作を弱化（罰）と呼ぶ。そして，その行動を減少させる刺激を弱化子（嫌子）という。弱化にも正の弱化と負の弱化がある。

　なお，先行刺激は，行動の前に提示され，その行動が強化されるか弱化されるかという手がかりになるので，弁別刺激と呼ばれる。例えば，青信号で横断歩道を渡るという行動は，オペラント条件づけによる学習の例であるが，信号機の色は弁別刺激である。このような弁別刺激によって行動を制御することを，刺激制御という。

●**オペラント条件づけに基づく技法**　この理論に基づく技法は数多く，さまざまな臨床場面で活用されている。治療場面であれば治療者は強化子として機能し，クライエントの適応的な行動を強化していく。分化強化は，適応的な行動は強化し，不適応的な行動は消去していく方法である。トークンエコノミーは，適応的な行動をトークンと呼ばれる代用貨幣（得点，シールなど）で強化していく方法である。トークンは，一定量集めると事前に決めておいたバックアップ強化子と交換することができる。トークンエコノミーと併用して，不適応的な行動に対しては，トークンを没収するレスポンスコストと呼ぶ手続きもある。シェイピングは，目標となる行動が複雑で一度には形成が困難な場合に，目標行動に徐々に近づくように行動を細かく設定し，段階的に形成していく方法である。そのほかに，先行刺激を操作する方法として，プロンプティングや刺激統制などがある。

［山本竜也・坂井　誠］

📖 **さらに詳しく知るための文献**
［1］Spiegler, M. D. 2014 *Contemporary Behavior Therapy* (6th ed.) Cengage Learning.
［2］山上敏子 2016 新訂増補 方法としての行動療法 金剛出版.

認知療法と認知理論

☞ 認知行動療法におけるセラピスト－クライエント関係 p.6，うつ病の認知モデルの基礎研究 p.84，認知療法 p.284，インターネットを用いた認知行動療法 p.308，メタアナリシス p.652

　認知療法を端的に表現するならば「物は考えよう」だから「考え方を変えてみよう」とする対話療法である。当事者にも実践者にもそのエッセンスはわかりやすいが，いくつかの誤解も生まれやすい。
　(1)「考え方を変えよう」とするための技法，つまり，認知療法の表層だけを実践者が学んでしまい，認知療法の根本的な原理を見過ごしたまま実践してしまうことがある。あわせて，認知療法のコンピテンシー（自分の技能レベル）とクライエントの問題のマッチングを考慮せず，そのセラピストの技能以上に複雑な問題を抱えた人々を援助しようとしてしまう。
　(2) なぜアクティブに研究されているのか，研究の重要性が見過ごされやすい。研究を積み重ねることで理論が発展したり，治療効果を示すことができる。さらに，セラピストの教育や認知療法の普及のために必要となる資源は，研究活動を通じて確保されている。
　(3) 認知理論は心理学つまり実証的な学問として発展し続けており，認知療法もさまざまな方向に枝分かれしている（Kazantzis et al., 2010）。しかし，枝分かれした認知理論や認知療法の一部を学ぶだけでは，その適用範囲が狭く，クライエントに自分のやり方を無理に合わせてしまいかねない。
　このため，認知理論の歴史的背景や認知理論の根本的な原理を理解することが，日本の認知理論と認知療法の適切な発展に寄与するだろう。

●**認知理論の誕生と特徴**　認知理論と認知療法の発展にとって最も重要な人物は，A. T. ベック（Beck）である。認知療法には今やいくつものバージョンがあるが，どれもベックのモデルをその基盤に共有している。ベックは，体験した出来事そのものではなく，出来事に対する歪んだ解釈あるいは不適応的な行動によって，心理学的問題が維持されると提唱した（Beck, 1967, 1976；Beck et al., 1979）。
　まず，幼少期のネガティブな学習体験によって，非機能的な信念が発達する。例えば「私は役立たずだ」「私は誰からも好かれない」といったことを信じるようになる。このような信念は，すぐに問題を引き起こすことなく，しばらく潜伏しているが，人生のある時期に特定の出来事が起こると，その信念が活性化する。例えば「私は役立たずだ」と信じている人が，学校で何度も落第点をとったり，失業したりすると，この信念が活性化する。「私は誰からも好かれない」という信念をもつ人は，学校で何度もいじめられたり，離婚したりすることで，その信念が活性化する。このように，特定の出来事と信念は，鍵と鍵穴の関係をもって

いると言われている。

　信念が活性化すると，その個人はネガティブな自動思考を体験するようになる。例えば，再就職をしようとしても「こんな履歴書を送っても，面接に呼ばれることなんてないだろう」と考えたり，魅力的な人と出会っても，「私となんて話をしたがらないだろう」と考えたりする。ネガティブな自動思考は，抑うつ症状，つまり，身体感覚，不適応的な認知・感情・行動を導く。多くの場合，その個人は，苦痛な感情や不適応的な行動に気づいているが，非機能的な信念や自動思考は，誘導による発見を用いたセラピストとの対話によって明らかになる。

●**認知理論の発展と波及**　さらにベックは，異なる心理学的問題には，異なる認知的テーマがあると想定している。例えば，うつ病のテーマは喪失であり，不安障害のテーマは危険である。不安障害の認知理論では，危険に関連した信念が以下のような行動を誘発する（Beck, 2005）。

　（1）環境内で脅威刺激に選択的に注意を向ける，（2）曖昧な刺激を破局的に解釈する，（3）自分自身の対処資源や他者の援助を過小評価する，（4）非機能的な「安全確保行動」に取り組む。

　1980年代になると，この不安障害の認知理論が主にイギリスで発展していった。パニックの認知理論（Clark, 1986）は，正常な身体感覚を破局的に解釈することで不安が高まり，不安がさらに身体感覚を強めるという悪循環を想定する。さらに破局的解釈は，脅威刺激に対する選択的な注意と安全確保行動を動機づけ，これらの行動が破局的解釈を維持する。強迫性障害の認知理論（Salkovskis, 1999）によれば，正常な侵入体験や自分自身の責任を過大に評価することで不安が高まり，回避，思考抑制，儀式，再保証といった安全確保行動を通じて，自分や重要な他者への危害を防ごうとする。社交不安障害の認知理論（Clark & Wells, 1995）によれば，社交状況において他人からネガディブに評価され，拒絶されるだろうと解釈することで，自己注目が高まり，安全確保行動や認知・生理的症状が生じる。心的外傷後ストレス障害（PTSD）の認知理論（Clark & Ehlers, 2004）は，トラウマに対するネガティブな評価，トラウマによって生み出された症状に対するネガティブな評価，さらに，トラウマ的な体験が自伝的記憶に適切に統合されていないことを提唱している。認知理論はさらに，健康不安（Warwick & Salkovskis, 1990），精神病（Garety et al., 2001），摂食障害（Fairburn et al., 2003），不眠（Harvey, 2002）にも応用されていった。

　これらの認知理論には二つの共通点がある。まず，正常と異常を区別せず，両者は連続していることを想定している。誰にでもある体験が，苦痛を伴うものに変化していき，苦痛が維持されるプロセスを共有している。また，苦痛を維持する大きな要因となる安全確保行動の機能を重要視しており，その理解や対応方法が数多く研究されてきた。例えば，確認を繰り返すことで，確認したという記憶

に対する自信が低下することが，多くの実験研究によって明らかとなった（Radomsky et al., 2006；van den Hout & Kindt, 2003）。ほかにも，不快な思考やイメージを頭から追い出そうとしても舞い戻ってきてしまうという思考抑制（Purdon, 1999），同じ質問を繰り返す／他者に確認してもらう再保証を求める行動（Kobori et al., 2012），社交場面を頭の中で振り返る反すう（Rachman et al., 2000）などが活発に研究されている。

●**認知療法の原理と効果**　認知療法の根幹は協同的実証主義（collaborative empiricism）である。平易に言えば「チームワークによって仮説を検証する」アプローチである。まず「協同」では，当事者であるクライエント，担当セラピスト，家族や地域などほかのサポート資源がチームとなって，共有された問題解決に取り組む。このためセラピストは，チームメイトどうしが適切な関係を構築できるよう継続的に努力したり，クライエントがメンバーの意見に従うのではなく，少なくとも治療の終盤では，自らが主体的に問題を解決できるよう援助する。次に「実証主義」では，話し合いだけに終始せず，自動思考や信念を体験的に検証していく。比喩的に言えば「現実が思い通りになるのか」をテストすることになる。例えば「玄関のドアをいつもどおり確認しなければ，数千もの住居の中から泥棒がわが家を選び，今日，帰宅するまでにやってきて，貴重品のある場所をすぐに察知し，盗みだすことができるのか」をテストしたりする。

さらにA. T. ベックとG. エマリー（Beck & Emery, 1985）によれば，認知療法の重要な特徴として，認知療法は認知的概念化に基づくことを指摘している。認知的概念化は，ケースフォーミュレーション，日本では「見立て」と呼ばれることが多い。これは，クライエントの問題，認知理論，セラピストの臨床経験を統合することで，その問題がどのように発達したのか，問題がどのように維持されているのか，どのように解決するのか，どんな資源やレジリエンスがあるかについての見取り図である。

認知療法の効果については，A. C. バトラーほか（Butler et al., 2006）が300を超える効果研究と，16を超えるメタ分析をレビューしている。認知療法の効果が最も高くなる対象は，単極性うつ病，子どもの不安とうつ病，全般性不安障害，パニック障害と社交不安障害，強迫性障害で，大きな効果量があることが明らかとなった。一方で，結婚による苦痛，疼痛，怒りのマネージメント，子どもの身体化障害に対しては，中程度の効果量しかもたなかった。効果の大きさだけでなく，何がよりよい改善を予測するか，プロセス研究も実施されている。例えば，治療前の完全主義は，治療終了時と18か月後の低い改善率を予測する（Blatt et al., 1996）。費用対効果をさらに高める取組みも始まっており，ビデオ通話とセルフヘルプを組み合わせた認知療法（Stott et al., 2013）によって，セラピストの仕事量を下げながら，対面の認知療法と同じ効果が出ることを検証し

ている。

●**認知療法の教育と普及** イギリスなどの福祉国家では，認知療法が納税者に均等に提供されることを前提としており，収入や居住地に関係なく，同じクオリティの認知療法を提供すべく努力を続けている。このため，認知療法の普及を促進するために，近年ではインターネットを利用した，ビデオ通話とセルフヘルプを組み合わせた介入が急速に発展している。また，認知療法の教育学が発展しており，技能評価やスーパービジョンの研究が進んでいる。スーパービジョンには次の三つの目的がある（Milne, 2009）。(1) 標準化：担当ケース数の調整やクオリティの管理，(2) 回復：サポートやケアの提供，(3) 評価：バイジーの技能を維持し発展させること。スーパーバイザーは，安心感と緊張感の双方に配慮しながら，バイジーが自らの日常体験やスーパービジョン中に体験する感情に引き寄せて，クライエントの気持ちを追体験できるよう援助し，何を学んだか，次のセッションでどうするか，フィードバックをもらうようにする。バイジーに対しても以下のことが期待されている（Roth & Pilling, 2008）。(1) 相談したいことを絞り込み，資料やビデオを準備する，(2) 自分の能力に対する自己評価をバイザーに伝える，(3) 文献を読むなど，主体的な学習を続ける，(4) スーパービジョンの質を上げるための提言をする。

　認知療法では，セラピストが治療場面を録画したり，クライエントに録音したりすることを勧める。これは，セラピストがスーパービジョンを受けるときや，クライエントが治療で学んだことを復習することに役立つ。スーパービジョンや技能評価では，治療の録音や録画を，Cognitive Therapy Scale-Revised（Blackburn et al., 2001a）などを用いて評価する。評定項目としては，アジェンダ設定，ペース配分と効果的な時間の利用，対人的な効果，協働，ホームワークなどがあり，その訓練機関が設定した合計点を超えることが，資格の認定基準の一部になることが多い。さらに，クライエント，臨床実践，自分自身に対してセラピストが抱く（ネガティブな）感情や信念について自らが概念化を行い，省察しながら自己研鑽していくトレーニング（Bennett-Levy & Lee, 2014）も開発されている。

[小堀 修]

📖 **さらに詳しく知るための文献**
[1] ベック, A. T. ほか 坂野雄二ほか訳 1992 うつ病の認知療法 岩崎学術出版，pp.9-20.
[2] Kazantzis, N. et al. 2010 *Cognitive and Behavioral Theories in Clinical Practice*, Guilford press.（小堀 修ほか訳 2010 臨床実践を導く認知行動療法の10の理論 星和書店）

応用行動分析の基礎理論

☞ オペラント条件づけの基礎研究 p.50, 応用行動分析（ABA）p.254, 機能的アセスメントと問題行動への対処 p.462, シンプルケースデザイン p.644

　応用行動分析（applied behavior analysis：ABA）とは，「行動原理から導き出される戦術を，社会的に重要な行動を改善するために組織的に応用して，実験を通じて行動の改善に影響した変数を同定する科学である」と定義されている（Cooper et al., 訳2013）。この定義の中にも示されているように，応用行動分析には applied, behavioral, analytic, technological, conceptual, effective, general という七つの要素が必要とされている（Baer et al., 1968）。applied とは社会的に重要な問題に焦点をあてているということ，behavioral とは，客観的に定義された計測可能な行動を扱っているということである。analytic は操作した変数と行動変化との間の関数関係を明らかにすることができるということであり，technological はその変数操作の手順を明確に記述でき，第三者が再現可能であるということである。conceptual とは，その記述された手続きが単なる「コツの寄せ集め」ではなく，概念的に体系的であること，つまりは行動原理に関連づけて記述されていることが望ましいとされる。effective は行動変化が社会的重要性や価値の観点からも十分なものであるということであり，general は行動変化が介入場面に留まらず，生活の中に広く般化することを意味している。

●レスポンデント行動とオペラント行動　行動はレスポンデント行動とオペラント行動に分類される（Skinner, 1938）。レスポンデント行動とは反射行動とも呼ばれるもので，ある特定の刺激に対して不随意に引き起こされる反応である。熱いストーブに手が触れて，引っ込める反応や，酸っぱいものを食べて唾液がたくさん出るという反応は反射の一例である。レスポンデント行動を引き起こす誘発刺激は，先の「酸っぱい味」のような生得的なものもあれば，もとは中性的な刺激が学習の結果として誘発刺激として機能するようになる場合もある。例えば「レモン」という言葉は本来は中性刺激であるが，「酸っぱい味」を一緒に繰り返し呈示されることによって，「レモン」と聞くだけで酸っぱい味を感じているわけでもないのに唾液が口の中にあふれるようになる。この唾液が出る反応がレスポンデント行動であり，「レモン」という刺激がレスポンデント行動を引き起こす誘発刺激となる学習をレスポンデント条件づけという。

　すべての行動がレスポンデント行動のように明白な誘発刺激が存在するわけではなく，随意的あるいは自発的に生じる行動も多く存在することから，B. F. スキナー（Skinner, 1938）はこれをオペラント行動と名づけ，行動が後続する刺激変化により制御されるという原理を発見した。このようにオペラント行動と環境事象との相互作用を分析し，行動を制御する変数を同定する科学領域は行動分

析学と呼ばれ，行動分析学をヒトや動物の行動変容・修正に適用したものが応用行動分析である。1950年代から現在に至るまで，応用行動分析の実践は福祉，教育，産業，組織，スポーツなど多岐にわたって行われている。

●**オペラント条件づけ**　行動分析学の中核に位置する原理が「オペラント条件づけ」である（藤原，1997）。行動頻度を増加させる刺激を強化子（reinforcer）と呼び，行動頻度を減少させる刺激を弱化子（punisher）と呼ぶ。オペラント行動に，結果事象として刺激が随伴することで行動頻度が増加することを強化（reinforcement）といい，その随伴する結果事象には刺激の出現・呈示と刺激の撤去・停止が存在する。例えば，お小遣いをもらうことでお手伝いをするようになることは刺激の出現による強化であり，騒音がうるさいときに耳をふさぐようになることは刺激が撤去されることによる強化と言える。一方で，結果事象として刺激が随伴することにより行動頻度が減少することを弱化（punishment）といい，この場合の結果事象にも刺激の出現・呈示と刺激の撤去・停止がある。例えば，サイズが小さい靴を履いて靴擦れで痛い思いをした結果，その靴を履かなくなることは刺激の出現による弱化であり，テレビを見ている間に好きなおかずを弟に全部食べられたことから，食事中はテレビを見ないようになることは刺激の撤去・停止による弱化と言える。

　さらに知っておくべき原理として消去（extinction）がある。消去とは，一度強化により確立されたオペラント行動に対して，その強化する手続きが除去されることにより，行動が強化される前の水準にまで減少するか，まったく起こらなくなることである。先の例で言えば，お小遣いをもらうことで増えていたお手伝いの行動が，お小遣いがもらえなくなるとほとんど起こらなくなってしまうことが消去と言える。

　このように，オペラント行動に後続する結果事象としての刺激変化により，行動が増えたり減ったりする原理をオペラント条件づけという。応用行動分析ではオペラント条件づけの原理を社会的に重要な行動に適用し，意義のある十分な行動変化が起きたのか，どのような変数の操作によってその変化が起きたのかを明らかにする。また，そこに含まれる手続きを再現できるようオペラント条件づけの原理に関連づけて記述し，より広い世の中の問題の解決へと役立てるのである。

［大対香奈子］

さらに詳しく知るための文献

[1]　杉山尚子ほか　1998　行動分析学入門　産業図書.
[2]　ミルテンバーガー, R. G.　園山繁樹ほか訳　2006　行動変容法入門　二瓶社.（Miltenberger, R. G. 2001 *Behavior Modification: Principles and Procedures* (2nd ed.) Wadsworth）

問題解決療法の基礎理論

☞ 問題解決療法（PST）p.280，うつ不安の疾患横断的な認知行動療法 p.364，精神科リエゾンチームにおける認知行動療法 p.382，緩和ケアにおける認知行動療法 p.384

　精神疾患の患者のみならず，多くの慢性疾患の患者も，身体症状に加えて病気の予後に対する心配や漠然とした不安感，さらには家族や医療者との人間関係におけるストレスなど，多様な問題を抱えている。そして，患者の抱える多様な問題によってもたらされる不安や抑うつといった心理的不適応やストレス状態の改善のために，心理療法・精神療法による対応が行われている。その中でも問題解決療法（problem-solving therapy）・問題解決技法（problem-solving technique）は，問題解決過程（problem-solving process）と呼ばれる心理プロセスに基づいて，さまざまな治療的技法をパッケージした，認知行動療法の一技法である。問題解決療法の有効性は，海外では多数報告されている。問題解決療法による介入によって，患者の問題解決のための対処能力が向上し，患者が日常のさまざまな問題に対して効率的に対処することが可能となる。その結果，ストレス・マネジメントやQOLを自らの力で維持できるようになると言われている。日本においてもがん患者に対する問題解決療法プログラムが開発され，その有効性が示されている（Hirai et al., 2012）。問題解決療法は，複数セッションにより構造化された一つの心理療法として行われる必要があるが，問題解決技法は，集団精神療法のプログラムの一つのモジュールや，身体疾患の患者との診察や栄養指導におけるコミュニケーションの中に組み込んで用いることができる。

●**問題解決技法の理論**　問題解決技法の理論的背景は，社会的問題解決と呼ばれ，日常生活の中でストレスを感じるさまざまな問題に対して，その問題を取り扱うのに有効な解決策の選択肢を見つけ出し，それらの中から最も有効な手段を見つけ出そうとするプロセスと定義されている（D'Zurilla & Goldfried, 1971）。さらに，この社会的問題解決における問題とは，何らかの障害により，そうありたいと思う状態（What I want）もしくはそうあるべき状態（What should be）と現在の状態（What is）が不一致であり，効果的な解決策（コーピング）がとれない状態を指す。そして，効果的な解決策とは，ポジティブな結果（ベネフィット）を最大にし，ネガティブな結果（コスト）を最小にするように，問題に対処する（目標を達成する）ための取組みとなる。

　問題解決技法は，(1) 何が問題かを定義する問題明確化・定式化の段階，(2) 期限や難易度を調整した具体的な目標を定める目標設定の段階，(3) ブレーンストーミングにより多様で効果的な解決策を創出する解決策創出の段階，(4) 解決策のPros（ベネフィット）とCons（コスト・リスク）を客観的に明らかにし合理的な意思決定を行う意思決定の段階，(5) 解決策を実行し，結果を評価す

る実行・評価の段階の五つのステップから構成される。これを一つのフレームワークとして，患者の「問題」を系統的に整理していく。

●問題解決技法の五つの段階　問題の明確化・定式化の段階では，さきほどのWhat is「現実」と，What I want「～したい」／What should be「～すべき」とギャップを明確化していく。「どのようになりたいですか？」という介入者側の質問に対して，最初から具体的なWhat I want「～したい」を言語化できる人はほとんどおらず，あまり現実的でないWantが語られる場合もある。そのため，仮の問題の定式化をしたまま，次のプロセスに移っていく事例がほとんどである。現実的な目の前の問題に焦点をあてるためのやり取りが必要になるが，一方で，この問題の定義が「現実的でない」と否定すると，患者自身の問題解決に取り組む動機づけを低下させる可能性がある。そこで，クライエントの設定した問題をそのまま扱いつつ，それとは別に，他の小さな問題についての定式化を行う場合もある。目標設定の段階では，定式化された問題について具体的にいつまでに，どのような状態になっているべきか，すなわち状態目標を設定する。状態目標を設定する際の一つの目安として使っているのが，「SMARTゴール」(Mynors-Wallis, 2009) と呼ばれるものである。SMARTのSは「Specific：具体的である」，Mは「Measurable：測定できる」，Aは「Achievable：達成可能である」，Rは「Relevant：問題と関連している」，Tは「Timed：期限がある」である。この五つの観点に従って，設定された状態目標の調整を行う。例えば，「ダイエットをする」という目標はSMARTゴールにあてはまらないため，「これから1か月間で1kg体重を減らす」のように修正する。解決策の創出の段階では，「数のルール」「判断を遅らせるルール」「戦略-戦術の手続き」の三つのルールに従ってブレーンストーミングを行い，設定された目標に対する解決策のリストをつくる。解決策の選択と実行計画の段階では，解決策のリストの中からいくつかを選び，解決策のPros-cons分析を行う。それぞれの要素を書き出し，Pros（ベネフィット）とCons（コスト・リスク）の関係を可視化することで，合理的な意思決定を導く。最後に，解決策の実行と評価の段階では，計画された解決策を実行し，結果をモニターする。結果が満足いくものであったか，解決策に課題がなかったかを評価して，自己強化や目標の再設定を行う。さらに，そもそも問題の定式化が十分だったかどうかについても振り返り，What I want「～したい」の再言語化を行う場合が多い。

［平井　啓］

📖 さらに詳しく知るための文献
[1] Mynors-Wallis, L. 明智龍男ほか訳 2009 不安と抑うつに対する問題解決療法 金剛出版．

アクセプタンス&コミットメント・セラピーの基礎理論

☞ 行動療法と行動理論 p.8, オペラント条件づけの基礎研究 p.50, アクセプタンス&コミットメント・セラピーの基盤研究 p.78, アクセプタンス&コミットメント・セラピー (ACT) p.296

　アクセプタンス&コミットメント・セラピー (ACT) は，文脈的行動科学 (contextual behavioral science：CBS；Hayes et al., 2012) という大きな科学的営みの中で発展する心理療法の一形態である。CBS は行動分析学の世界観と方法論をもとに発展したもので，機能的文脈主義という世界観を背景としている。そして，CBS では人間の複雑な行動を予測し，その上で，人類のウェルビーイングを向上させ，苦悩を軽減することを目指している。ACT では基本的な発想として，人が苦悩する決定的な要因として，思考に縛られ（認知的フュージョン），自身の中に生じる不快な刺激を体験しないように頑なに回避を試みる傾向（体験の回避）の存在を仮定する。そこで，ACT では自らの人生に意義（価値）をつくり出し，思考と適切な距離を保ちながら，自らにとって有意義な活動に日々取り組める（コミットメント）よう支援する。ここで鍵となっているのが，人間がもつ言語もしくは象徴（シンボル）を用いる能力である。CBS ではこの言語能力について関係フレーム理論から説明し，その上でいかにして人間が言語と効果的に付き合っていくことができるかを検討している。そしてまた，この関係フレーム理論の背景にも機能的文脈主義が存在する。

●**機能的文脈主義**　機能的文脈主義 (functional contextualism) は B. F. スキナー (Skinner) による徹底的行動主義を洗練させた世界観もしくは認識論である (Hayes et al., 2012)。機能的文脈主義はプラグマティズムの哲学に由来しており，ACT の立場を含め，機能的文脈主義の立場をとることは工学的な立場をとることを意味する。機能的文脈主義においては，行動についての「予測かつ影響」に役立つことを「真理」ととらえ，「より正しく世界をとらえる（先験的に実在する真理を追求する）」といった方向性をもたない。むしろ，操作が可能な環境側に行動の理由を求めるという環境主義の立場に徹しており，この立場は関係フレーム理論でも明確に引き継がれている。

●**言語能力の核としての刺激関係の派生**　人は「A → B」であることを教えられると，直接的にそれを教えられなくとも「B → A」というように，二つの刺激関係を反転させたものを派生的に学習することが知られている。シドマンら (Sidman et al., 1989) はこの現象について体系的に検討を行った。そして，人が「A → B」と「B → C」を教えられると，「B → A」と「C → B」さらに，「A → C」と「C → A」を派生的に学習することを明らかにし，この現象を「刺激等価性」と呼んだ。刺激等価性では，複数の刺激が「等価」つまり，同じ刺激機能をもった「刺激クラス」をつくるとされるが，これはちょうど，人間が用い

る言語の中核的な特徴を説明すると考えられている。つまり，刺激関係の派生という現象は，ある言葉（シンボル）と指示対象とをあたかもイコールのものとして扱うという人間の言語能力の基礎を説明すると考えられている。

●**関係フレーム理論**　刺激関係の派生に関しては，シドマンの示した「等価（等位）」以外にもさまざまな関係性が刺激—刺激間に生成されることが明らかになっている（例：相違，反対，時間，空間，因果，階層，対称指示語的）。そこで，関係フレーム理論（relational frame theory：RFT；Hayes et al., 2001）では，刺激クラスに代わる比喩として，「関係フレーム」という比喩を用いる。そして，人があたかもさまざまな関係フレームにさまざまな刺激を入れ込み，刺激関係を派生させていくことを「関係フレームづけ（正式には「恣意的に適用可能な関係反応（arbitrarily applicable relational response：AARR）」と呼んでいる。関係フレームづけは，「学習を通じて獲得される行動であり，恣意的な文脈制御のもとで，相互内包，複合内包，刺激機能の変換という三つの主な特徴を示す」（Hayes et al., 2012：p.70）ものである。相互内包とは，「A→B」を教えられたことで「B→A」を派生させること，複合内包とは，「A→B」と「B→C」を教えられることで，「A→C」と「C→A」を派生させることを意味する。さらに，刺激機能の変換とは，派生的関係に基づいて刺激機能が変化することである。例えば，「A＞B＞C」という「比較」の関係性が教えられ，かつ，Bが恐怖を喚起する刺激であることを教えられた場合，Bを提示され場合に比べ，Aを提示されることでより大きな恐怖が喚起され，Cを提示されることでより小さな恐怖が喚起されるようになる。

　RFTの大きな特徴は，刺激関係の派生をオペラントという行動としてとらえることにある。そのうえで，RFTでは刺激関係の派生がある具体的な環境要因からの影響を受けているもの（恣意的な文脈制御）ととらえ，文脈的な手がかりをどのように操作することで，刺激関係の派生にどのような影響を与えることができるかについてプラグマティックで実証的な基礎成果を蓄積していっている。

〔三田村 仰〕

📖 **さらに詳しく知るための文献**
[1] Hayes, S. C. et al. 2012 *Acceptance and Commitment Therapy: The Process and Practice of Mindful Change*, Guilford Press.（武藤 崇ほか監訳 2014 アクセプタンス＆コミットメント・セラピー——マインドフルな変容のためのプロセスと実践（第2版）星和書店）
[2] 三田村 仰 2017 はじめてまなぶ行動療法 金剛出版.
[3] 武藤 崇 2011 ACT（アクセプタンス＆コミットメント・セラピー）ハンドブック——臨床行動分析におけるマインドフルなアプローチ 星和書店.

マインドフルネス認知療法の基礎理論

☞ マインドフルネスの基礎研究 p.76，うつ病の認知モデルの基礎研究 p.84，マインドフルネスに基づく認知行動療法 p.302

●**マインドフルネス認知療法とは**　マインドフルネス認知療法（mindfulness based cognitive therapy：MBCT）は，Z. シーガル（Segal），J. M. G. ウィリアムズ（Williams），J. D. ティーズデール（Teasdale）によって開発された，うつ病の再発予防を目的としたグループ形式の認知療法である（Segal et al., 2002a；越川訳，2007）。マインドフルネスとは，「今ここでの経験に，評価や判断を加えることなく，意図的に注意を向けること（で得られる気づき）（Kabat-Zinn, 1990）」という定義が最も一般的に引用される。本来 mindfulness とは，仏教が誕生した頃に北インド地方で用いられていたパーリ語のサティ（sati）の英語表現として充てられた用語である。Sati とは，普段は経験できない特殊な感覚を発見することではなく，今，自身が感じたり考えたりしているあたりまえのことに改めて思いを致すことで得られる体験を意味する。自分自身に今生じている思考，感情，身体感覚に目を向けて，「それがある」とあたり前に感じる経験が，最も狭義のマインドフルネスであり，その経験を中核に，体系的に認知を訓練していくのが MBCT である。

●**MBCT の効果**　MBCT のメタ分析として W. カイケン（Kuyken）は，十分な基準をクリアした九つのランダム化比較試験を対象とした分析の結果，60 か月後の再発予防効果は，非 MBCT 群と比較しても（ハザード比，0.69；95％ CI，0.58〜0.82），その他のあらゆる介入を受けた群と比較しても（ハザード比，0.79；95％ CI，0.64〜0.97）有意に高いことを示している（Kuyken et al. 2016）。また，再発経験が 1 回のグループよりも，複数回繰り返す重度のグループに対してより効果的であることが示されている。こうした成果が認められ，イギリスの国立医療技術評価機構（National Institute For Health and Clinical Excellence：NICE）によって，MBCT はうつ病の再発予防に効果的な治療法として推奨されている（NICE, 2009a）。

●**誕生までの経緯**　開発者らは，その当時うつ病の再燃性の問題に関心をもっていた。そして，うつ病の再発予防効果は認知療法が薬物療法よりも高く，一方で治療の費用対効果（単位時間あたりの治療可能人数）は薬物療法の方が優れていることから，費用対効果の高い再発予防に特化した認知療法プログラムとして，グループ形式の新しい認知療法プログラムを開発することとなった。そのために，認知療法の再発予防メカニズムについての実証的研究を重ねた結果，認知療法は認知の内容を変容することが効果の核と考えられてきたが，実際にはそうではなく，ネガティブ思考があっても「気にならなくなる」ような，「認知との関

係性の変容」が効果の中核であることを突き止めた。そうした関係性の変容は脱中心化（decentering）と呼ばれ，「自身の思考や感情を事実ではなく，心の中に浮かんでは消える出来事に過ぎないととらえること」と定義される（Teasdale et al., 2002）。この脱中心化は，従来の認知療法では明示的（explicit）に目指されることはなく，さまざまなアプローチの結果として知らず知らずのうち（implicit）に達成されていた。そこで彼らは，この脱中心化を明示的に目指す方法を探し求める中でマインドフルネスに出会い，マインドフルネス瞑想と認知療法を巧みに融合したMBCTを開発したのである。

●マインドフルネス認知療法の効果メカニズム　マインドフルネス瞑想で行われることの中核は，①自身の経験（例えば呼吸など）に注意を向け，②そこから自動的にそれる心（思考，イメージ，記憶，それらに誘発される感情など）に気づき，③どんな心の動きであってもその心の動きの「内容」にとらわれることなく，それをそっと手放し，④注意を再び自身の経験に戻す，という作業を繰り返すことである。この中でも，特に④によって，注意の持続や切り替えといった制御能力，ワーキングメモリの更新の能力が高まる（Chiesa et al., 2011）。また，特に②によって，脱中心化を反映する指標であるメタ認知的気づきが養われる（Teasdale et al., 2002）。これらの認知的スキルの向上によって，自身のネガティブな思考や情動に躍らされない，情動的（認知的）反応性の低減がもたらされる（Gu et al. 2015）ことが，効果のメカニズムと考えられる。

　しかし，MBCTは単なる注意制御の訓練ではない。脱中心化というと理性的あるいは虚無的な観察を意味する場合もあるが，MBCTで目指される脱中心化はそうしたものではない。自分自身のパターンを十分に認識しつつも，それらから目をそらしたり抑制するのではなくむしろ歓迎し，受け入れる。自身の問題を変えたりなくそうとしたりする drive doing mode（することモード）から，ありのままを受け入れる being mode（あることモード）へとモードを切り替え，その中で脱中心化した視点をもつ訓練を行うことが重要なのであり，③の段階がキーになると言える。こうしたモードの獲得に，コンパッションが重要な役割を担い，指導者がコンパッションを体現することを通して参加者のセルフコンパッションを涵養することが効果の中核を担う（Segal et al., 2013）。　　　　［伊藤義徳］

📖 さらに詳しく知るための文献
[1] Segal, Z. V. et al. 2002 *Mindfulness-Based Cognitive Therapy for Depression: A New Approach to Preventing Relapse*, Guilford Press.（越川房子監訳 2007 マインドフルネス認知療法—うつを予防する新しいアプローチ　北大路書房）

弁証法的行動療法の
基礎理論

☞ パーソナリティ障害 p.136, 弁証法的行動療法（DBT）p.294

　弁証法的行動療法（dialectical behavior therapy：DBT）は，境界性パーソナリティ障害（borderline personality disorder：BPD）の診断基準を満たす自殺関連行動を繰り返す患者を対象として，M.M.リネハン（Linehan）が中心となって開発した治療法である。リネハンは，BPD患者に対して伝統的な認知行動療法を適用することは治療中断のリスクの高さなどから難しい面があるとして，高度に構造化された包括的な治療プログラムの中で治療原則を柔軟に適用するDBTの治療戦略を考案した。DBTはマインドフルネスを取り入れるなど従来の認知行動療法を発展させた治療法であり，新世代の認知行動療法に位置づけられている。

●**生物社会的理論**　DBTの介入の中核的なターゲットは感情調節不全である。感情調節不全とは，感情のコントロールが困難になる状態で，感情反応の頻度が多く，強度が強く，持続時間が長いなどの特徴がある。この感情調節不全の状態が起因となり，攻撃的な行動，薬物依存，自傷行為，自殺企図，過食嘔吐などさまざまな衝動行動につながる。リネハンは感情調節不全を説明するモデルとして生物社会的理論を提唱し，BPDは感情的刺激に非常に敏感な神経の特性という生物学的脆弱性と，非承認的な環境という環境要因の相互作用により形成されると仮定した。非承認的な環境とは，個人的経験に関するコミュニケーションが，不安定で，不適切で，極端な反応に遭うような環境であり（Linehan, 1993a 訳 2007），言い換えれば個人的経験（主に情動体験）を表現することが妥当であると認められないような環境である。DBTでは，連鎖分析やスキル訓練などの問題解決戦略で感情調節のスキルを学ぶとともに，自身の感情体験が妥当であるとする承認戦略を用いて，クライエントの反応の中にもともと存在する強さ，正常さ，有効性をできる限り見つけるように求める（Dimeff & Koerner, 2007 訳 2014）。

●**弁証法的戦略**　DBTは従来の認知行動療法のようなプロトコル主導型ではなく，原理主導型の治療法であることが特徴の一つである。そして，その治療原理の中核が弁証法哲学である。リネハンはもともと徹底的行動主義者であり，行動療法的な手法をセラピーに用いていた。しかし，BPD患者はこうした手法を使おうとするときに，自分のことを認めてもらえないと感じ，治療者を攻撃したりひきこもって治療を中断したりしてしまう（遊佐，2007）。そこで必要だったのが，患者をあるがままに受け入れる受容の戦略である。しかし，患者に変化を促す行動療法的な戦略と，受容の戦略は一見相反するものである。そこでリネハンは，この逆説的な戦略を統合させる原理として弁証法的戦略を適用した。つまり，「変化をテーゼ，受容をアンチテーゼとしてとらえ，テーゼとアンチテーゼ

表1 DBTにおける主たる標的の優先順位

治療前段階の標的	治療への方向づけと，目標に関する合意
第一段階の標的	1. 自殺行動を減少させる
	2. セラピーの妨害行動を減少させる
	3. 生活の質を損なう行動を減少させる
	4. 行動スキルを増進する
	（マインドフルネス・スキル，対人関係スキル，感情調節スキル，苦痛耐性スキル，セルフマネジメント・スキル）
第二段階の標的	5. 外傷後ストレスを減少させる
第三段階の標的	6. 自尊心を高める
	7. 個人的な目標を達成する

［Linehan, 1993 訳 2007 を一部改変］

の緊張を通してシンテーゼとしての治療的変化が起きる」（遊佐，2007）としたのである。DBTではこの弁証法の原理に則り，変化を求める問題解決戦略と，治療者の受容的な関わりとしての承認戦略をシーソーのようにバランスをとりながら治療を進める。マインドフルネスは，承認戦略の中核としてリネハンが注目して，DBTに取り入れられた。

●治療システムと治療効果　DBTは，典型的には個人精神療法，集団スキル訓練，電話コンサルテーション，治療者によるケース・コンサルテーション・ミーティングで構成される。集団スキル訓練では，マインドフルネス・スキル，苦痛耐性スキル，対人関係スキル，感情調節スキルを学ぶ。DBTはこのような高度に構造化された治療構造を有することで効果を示している。また，DBTは治療の段階を4段階（治療前段階，第1～第3段階）に分けて，それぞれの段階で治療の標的の優先順位をつけている（表1）。この段階にあるように，DBTではBPD患者の不適切な行動を減らすことだけではなく，最終的に「患者が自分でハッピーになること」（遊佐，2007）を目指している。

　DBTはBPDのほかにも，薬物乱用，過食症，高齢者のうつ，ADHDなど，感情調節不全に関連するさまざまな疾患に対して治療効果を示している。また，DBTの集団スキル訓練のみでも，治療効果が得られることが報告されている。さらに近年では，DBTを発展させた治療法も開発されている（例えば，radically open-dialectical behavior therapy）。日本においてはDBTに関連する実証研究は未だに乏しいが，井合ほか（2017）は，DBTに基づいた集団スキル訓練を行い，6か月間のスキル訓練でBPD傾向が改善したことを報告している。

［井合真海子・遊佐安一郎］

📖 さらに詳しく知るための文献
[1] Linehan, M. M. 1993 *Cognitive-Behavioural Treatment of Borderline Personality Disorder*, Guilford Press.（大野　裕監訳 2007 境界性パーソナリティ障害の弁証法的行動療法―DBTによるBPDの治療　誠信書房）

行動活性化療法の基礎理論

☞ うつ病の行動モデルの基礎研究 p.82，行動活性化療法（BA）p.260，うつ病の行動療法 p.330

　行動活性化療法では，状況−行動−結果を常に意識しながら，クライエントが回避している嫌悪的な状況や体験からの文脈を明らかにし，回避によって生じている生活上の悪循環を断ち切る。そして，その悪循環を断ち切るために，セラピストとクライエントは回避行動からどのように維持されているかの随伴性を明らかにし，単に楽しい活動を増やすのでなく，望んでいる生活目標（価値）に向かって，行動を促進させ，行動のレパートリーを広げていけるようなアプローチを提案する（高垣ほか，2014）。

●**行動活性化療法の確立**　行動活性化療法の始まりは，B. F. スキナー（Skinner）の抑うつ症状の行動分析にまでさかのぼると考えられているが，臨床への応用可能性を提唱したのは，C. B. ファースター（Ferster）であった。ファースターは行動に対する正の強化がどのように出現するかによって抑うつ症状が生じると考え，強化されるまでに非常に多くの活動を必要とするときに抑うつ症状が生じる可能性が高くなると考えた（Ferster, 1973）。そして，そのような状況におかれると正の強化子を受ける行動は減少し，嫌悪刺激を避けるための回避的な行動パターンが増加し，行動レパートリーが減少すると主張した（Ferster, 1973）。しかしながら，スキナーからファースターへと発展してきた抑うつ症状に対する行動分析は，ファースターの時点では臨床実践へと発展しなかった。そして，これまでの流れを踏まえて，正の強化随伴性に注目したのが P. ルウィンソン（Lewinsohn）である。ルウィンソンのうつ病に対する行動モデルでは，正の強化随伴性の減少は，抑うつ的な行動を引き起こし，抑うつ症状が生じると指摘されている（Lewinsohn et al., 1980）。そこでルウィンソンは正の強化随伴性に注目した行動活性化を提唱し，その効果を示した（Lewinsohn et al., 1980）。しかしながら，うつ病に対する認知的アプローチが盛んに研究されることにより，行動活性化はうつ病に対する Beck の認知療法（Beck et al., 1979）の中に含まれ，認知を変容するための手段として行動活性化が用いられるようになった。このように，行動活性化は，認知療法の治療要素の一つとして用いられていった。その後，認知療法の治療効果を検証するために，N. S. ジェイコブソンら（Jacobson）によって要因分析研究が行われ，行動活性化群，行動活性化と自動思考の修正群，認知療法のフルパッケージ群でうつ病の治療効果を測定し，3群で治療効果に差はないことが明らかにされた（Jacobson et al., 1996）。この結果は非常に驚くべき結果であり，この研究をきっかけに行動的アプローチである行動活性化が再注目され，C. マーテル（Martell）らの行動活性化療法が確立されるように

なった (Martell et al., 2001 訳 2011)。
●**行動活性化療法の理論的基盤**　行動活性化療法には治療マニュアルである Depression in Context: Strategies for Guided Action が作成されている (Martell et al., 2001 訳 2011)。行動活性化療法は，行動分析 (Ferster, 1973) と機能的文脈主義 (Hayes et al., 1999) から影響を受けている。行動分析からは，①行動分析の実施，②負の強化随伴性による回避や逃避行動の増加，③正の強化をうける機会の減少，④行動レパートリーの制限，などに注目している。機能的文脈主義からの影響として，①行動は過去や現在の文脈から切り離して理解することができない，②行動の本質を得るためには文脈から意味を理解する必要がある，③文脈主義的な立場で行動分析を実施する，という三つをあげ，行動活性化療法の中心的な概念とされている (Martell et al., 訳 2001)。つまり，行動活性化療法では行動分析を実施し，負の強化随伴性によって生じる回避行動や逃避行動の増加，正の強化随伴性の減少，行動レパートリーの減少に注目して，過去や現在の文脈から行動の機能を理解して，単に楽しい活動を増やすのではく，クライエント自身の価値や目標に沿って，行動を促進させるようにアプローチする。

　また，うつ病患者は日常生活において問題を解決したり嫌悪的な状況から抜け出そうとしたりするが，気分がよくなることだけを望んで気分に依存した行動をとりやすくなる。このような行動パターンが維持すると，ますます気分は悪化してしまう。そこで，行動活性化療法でもアクセプタンスの要素が重要になる。さまざまな不快感情に対して積極的に対処するのではなく，受け入れるという文脈で行動を活性化させるようにアプローチする。そのために，元気になったらやってみるというような「内側から外側を変える (inside-out)」ではなく，「外側から内側を変える (outside-in)」というようにまずは活動してもらうようにクライエントを援助する。そして，活動をすることがきっかけで，気分が変化することをクライエントに理解してもらうことも重要なポイントである (Martell et al., 訳 2001)。また，行動活性化療法でもマインドフルネスが応用されており，一般的に瞑想法を指導することはないが，クライエント自身の体験への注目を促し，反すうなどからより適応的な行動へと促進させるようにアプローチする。［髙垣耕企］

📖 さらに詳しく知るための文献
[1] カンター, J. W. ほか　大野 裕・岡本泰昌監修監訳 2015 行動活性化（認知行動療法の新しい潮流）明石書店．(Kanter, J. W. et al. 2009 *Behavioral Activation: Distinctive features*, Routledge)
[2] Addis, M. & Martell, C. 2004 *Overcoming Depression One Step at A Time: The New Behavioral Activation Approach to Getting Your Life Back*, New Harbinger Publications.（大野 裕・岡本泰昌監訳 2012 うつ病を克服するための行動活性化練習帳―認知行動療法の新しい技法　創元社）

メタ認知療法の基礎理論

☞ 認知療法と認知理論 p.12, マインドフルネス認知療法の基礎理論 p.22, マインドフルネスの基礎研究 p.76, マインドフルネスに基づく認知行動療法 p.302

　メタ認知療法（metacognitive therapy：MCT）は，A. ウェルズ（Wells）が認知情報処理の理論に基づいて開発した心理療法である。従来型の認知療法とMCTが異なる点は，認知の内容ではなく機能に焦点をあてていることである。例えば，クライエントが「私は何もできない人間だ」という認知を有している場合，本当に何もできない人間であるか否かという認知内容の妥当性を検討するのが従来型の認知療法であり，何もできない人間だと考え続けることのメリットやデメリットという認知機能について検討するのがMCTである。人が考えているときの一般的な認知の状態は対象認知と呼ばれており，メタ認知は対象認知を監視・調節する機能を有した認知である。人が「私は何もできない人間だ（対象認知）」と考えていることに気づいたとき，それらの認知活動を活性化させないことはメタ認知の機能である。

● **MCTにおける二つの認知モード**　メタ認知の機能を活用して，自らの思考や感覚と距離をおけている状態（対象認知を観察できている状態）を「メタ認知モード（metacognitive mode）」と呼び，MCTにおける中核的な治療概念に据えている。一方で，通常の認知状態で考え込んでいる状態は「対象モード（objective mode）」と呼ばれ，ネガティブな自己関連刺激を対象モードで処理し続ける場合は，認知注意症候群（cognitive attentional syndrome：CAS）という不適応的な認知行動的症状を引き起こす。CASの症状は，注意バイアス，心配などの反復思考，回避行動・思考抑制，などであり，精神疾患の症状を増悪化させる処理様式を有している。CASを増強させずに減弱させるには，ネガティブな自己関連刺激をメタ認知モードで継続的に処理し，ディタッチト・マインドフルネス（detached mindfulness：DM）という心的構えを獲得することが求められる。DMは内的な認知的出来事への気づきを意味する「マインドフルネス」と，内的な出来事に反応しない（対処しない）「ディタッチメント」から構成されており，「距離を置いた注意深い観察的態度」と言い換えることができる。

　DMを涵養するMCTの技法はいくつか提唱されているが，大別するとメタ認知的信念と注意制御機能に焦点をあてたアプローチがある（今井・今井，2011）。つまり，CASとDMの活性化・減弱化は，これらの二つの認知機能によって維持されているともいえる（図1）。

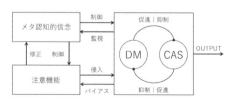

図1　DMとCASを維持させるメタ認知的信念と注意制御の関係
［Wells, 2009 訳 2012 を参考に改編］

●**メタ認知的信念と注意制御**　MCTの理論モデルの構築においては，CASやDMの活動性を維持するメタ認知的信念と注意制御に焦点があてられている。自らの認知処理に関する知識（メタ認知的信念）には，「心配をすることは危険の回避に役立つ」というポジティブなメタ認知的信念と，「心配し始めると止まらない」というネガティブなメタ認知的信念がある。ポジティブなメタ認知的信念は，メタ認知モードによる処理を結果的に抑制してしまうため，CASを発症させやすい信念である。また，ネガティブなメタ認知的信念は，CASの脅威性を高めることで心理症状を重症化させる信念である。つまり，CASを中断しDMを持続させるには，これらのメタ認知的信念の妥当性について検証することが必要である。しかしながら，CASやDMにおける活動性の制御は，メタ認知的信念などの知識レベルだけではなく，注意制御などの実行処理レベルの影響性を考慮する必要がある。自己関連刺激に対する注意は受動的に処理されやすいため，「心配することは役に立たない」というメタ認知的信念を有していても，意図せず心配事に没頭してしまっている状態（対象モード）に陥ることがある。そのため，MCTにおいては，能動的注意制御の機能促進を目的とした注意訓練（attention training：ATT）を治療の土台として実施し，受動的な注意処理に気づき，能動的な注意処理を持続させる体験を通してDMの基礎能力を涵養する。

●**MCTにおけるマインドフルネス**　MCTにおけるマインドフルネスは，ほかの心理療法におけるマインドフルネスと類似した点が多い。しかしながら，MCTで実践するDMのトレーニング（ATTなど）は，瞑想を必要としない，継続的な実践を必要としない，身体への注意を固定化しない，思考への気づきを重視する，などの違いがあるとされている（Wells, 2009 訳2012）。特に，身体感覚への注意の固定化を促すマインドフルネスについては，CASを活性化させやすいという理論的根拠から批判的にとらえられている（Wells, 2009 訳2012）。しかしながら，これらのマインドフルネスを脳機能の観点から検討した知見からは，前頭皮質を用いた感情制御を促進しているという点において共通性が見出されており（今井ほか，2017），実証的知見に基づいた効果機序に関する決定的な相違点は今のところ見出されていない。これらのマインドフルネスの相違点を明らかにするためには，共通項である注意制御とメタ認知の観点から検討することが有益であると思われる。　　　　　　　　　　　　　　　　　　［今井正司］

さらに詳しく知るための文献

[1] Wells, A. 2009 Metacognitive Therapy for Anxiety and Depression, Guilford Pub.（熊野宏昭ほか監訳 2012 メタ認知療法 日本評論社）
[2] 今井正司・今井千鶴子 2011 メタ認知療法 心身医学 51, 1098-1104.
[3] 今井正司ほか 2017 注意の心理学―マインドフルネスと注意の制御 Clinical Neuroscience, 35, 934-937.

ストレス-脆弱性仮説

☞ ストレスの生理学的理解 p.32, 心理学的ストレスモデルの基礎研究 p.68, うつ病の認知モデルの基礎研究 p.84, マインドフルネスに基づく認知行動療法 p.302, 教育分野における予防 p.448

　ストレス-脆弱性仮説（diathesis-stress hypothesis/stress-vulnerability hypothesis）は，精神疾患の病態や発症過程を説明するモデルの一つであり，精神疾患に対する脆弱性を有する個人が，ストレッサーを経験することによって，精神疾患の症状を呈するようになると考える。1960年代において，例えば，P. E. ミールなどが統合失調症の発症を説明するためにこのモデルを適用したことをきっかけとして（Meehl, 1962），精神病理学に導入されることとなった。脆弱性には，(1) リスク遺伝子や脳発達変化といった生物学的な脆弱性，(2) 情報処理バイアスといった認知的な脆弱性，(3) コーピング方略の乏しさといった心理的な脆弱性などが想定されている。仮定されるストレッサーは非特異的なものであり，その種類には人生における重大な出来事（虐待経験など）や日々の苛立ちごとといった環境ストレッサーと，ウイルスや毒素，物質使用の影響などの生物学的ストレッサーを主として，さまざまなものがある。

　このような脆弱性と対局をなす概念として，コンピテンス，保護因子，レジリエンスなどがある。いずれもストレッサーに直面した際における精神疾患に対する抵抗性を意味する概念であり，レジリエンスは特に脆弱性と連続体上にあると考えられている（Ingram et al., 2011）。個人にストレッサーが過剰に加わることによって，精神疾患の発症や再発がもたらされると想定され，そのストレッサーの許容範囲の程度は，個人が有する脆弱性とレジリエンスの程度によって異なるといえる（図1）。

●**認知行動療法とストレス-脆弱性仮説**　心理的・認知的な脆弱性を強調するストレス脆弱性モデルは，薬物療法を補助するものとして，認知行動療法の広がりを推進させることとなった。抑うつや不安，統合失調症をはじめ，多くの病態における認知行動モデルでは，ストレス-脆弱性モデルを採用している。例えば，A. T. ベック（Beck, 1987）の抑うつモデルにおいては，否定的な自己スキーマなどを有する個人がストレスフルな出来事を経験

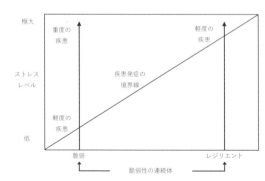

図1　疾患の発症における脆弱性，レジリエンス，ストレスの関係性［Ingram et al., 2011に基づいて作成］

することによって，抑うつを発症すると考えられている。このモデルにおいては，否定的な自己スキーマが脆弱性に当たると考えられる。なお，このような心理的問題のリスクとなる認知構造や認知バイアスは，特に認知的脆弱性と呼ばれる。

脆弱性の特徴を概観すると，①安定性（脆弱性は持続的に存在する特性である），②内在性（脆弱性は個人内にある），③潜在性（容易には観察できない）といった点があげられる。ここで重要なこととしては，脆弱性は個人の内部で安定し，変化しづらい性質を有するが，必ずしも永続的なものではない。すなわち，経験に応じて，ポジティブにもネガティブにも変化しうる。例えば，ストレスフルなライフイベントなどの有害な出来事を持続的に経験することは，非機能的な認知構造や情報処理を増悪すると考えられ，脆弱性を増大させると考えられる。一方で，有意義な人生経験や心理療法などにより，これまで有していた認知行動的な習慣を変容する経験を経ることによって，特に心理的・認知的な脆弱性を減少させることは可能であると考えられている。

●ストレス-脆弱性仮説の展開　従来は脆弱性の負の側面が強調されてきたのに対して，近年においては脆弱性の適応的な側面にも光があてられている。感受性差異仮説（差次感受性仮説）では，進化的・生物学的観点に基づきながら，環境への適応の側面を考慮しており，脆弱性を有するものは，よい環境と悪い環境の両方の影響を受けやすい（可塑性が高い）と考える（Belsky & Pluess, 2009）。すなわち，感受性が高い人々（従来，脆弱であるとされた人々）はそうでない人々に比べて，悪い環境（例えば，親からの養育行動が乏しい家庭環境）では精神的・行動的問題を示しやすくなる一方で，よい環境（例えば，親の応答性が高い家庭環境）では問題が少なく，発達上の好ましい変化を多く示すことが示唆されている（Ellis et al., 2011）。現在では，こうした感受性に影響を及ぼすものとして，遺伝子型感受性要因（5-HTTLPRやDRD4などの遺伝子多型），中間表現型感受性要因（皮膚電位やコルチゾールの反応性など），表現型感受性要因（気質的な不安傾向，感覚処理の感受性など）があげられている。今後は，こうした感受性（脆弱性）と環境，および適応の関連性を明らかにすることによって，個々人に最大限に寄与する介入方法の創出のための知見の一助となることが期待される。

［山本哲也］

📖 さらに詳しく知るための文献

[1] Ingram, R. E. et al. 2011 *Vulnerability to Depression: From Cognitive Neuroscience to Prevention and Treatment*, Guilford.
[2] フリーマン，A.　内山喜久雄ほか訳　2010　認知行動療法事典　日本評論社．
[3] ストール，S. M.　仙波ほか訳　2015　ストール精神薬理学エセンシャルズ（第4版）メディカル・サイエンス・インターナショナル．

ストレスの生理学的理解

☞ 前頭前野と大脳辺縁系 p.34

　ストレスの概念は，当初はW. B. キャノン（Cannon）やH. セリエ（Selye）による，ストレッサーに対する生理的反応に関する研究から発展しており，ストレスの理解におけるその生理的基盤の重要性は明らかであると考えられる。生体に入力されたストレッサーの情報は，大脳皮質や視床における処理を経た後，扁桃体を中心とする大脳辺縁系による評価を受ける。そして，その評価の結果は視床下部に伝達され，ストレッサーへの応答としての一連の生理的反応が生じる。このストレッサーへの応答としての主要な生理的反応経路として，自律神経系と視床下部-下垂体-副腎皮質（hypothalamus-pituitary-adrenal：HPA）系の2経路を挙げることができる（Black & Garbutt, 2002）。

●**自律神経系**　自律神経系は，生命活動の維持に必要な，循環，呼吸，消化，代謝，分泌，体温調節などの機能を調整し，生体の恒常性の維持に重要な役割を果たしている。自律神経系を構成する主要な神経系として，交感神経系と副交感神経系があげられる。両神経系は支配するほとんどの器官に相反する作用をもたらし，各器官の最終的な活動はそのバランスによって決定される。特に，生体がストレッサーに曝露された際には，視床下部からコルチコトロピン放出ホルモン（corticotropin releasing hormone：CRH）が分泌され，脳幹の青斑核への作用を介して交感神経系の活性が優位となる。活性化した交感神経の終末からはノルアドレナリンが分泌され，その刺激を受けて副腎髄質からアドレナリンを主としたカテコールアミンが分泌される。この交感神経と副腎髄質の間の生理的反応経路は交感神経-副腎髄質（sympatho-adrenomedually：SAM）系と呼ばれる。副腎髄質から分泌されたアドレナリンは，種々の臓器や血管等に作用して，血圧の上昇や，心拍の増加，発汗，消化活動の抑制などの作用をもたらす。このような作用は，危機的状況における闘争-逃走反応のために有利に働くと考えられている。

●**HPA系**　ストレッサーに対する応答として，視床下部から放出されたCRHは，交感神経系のみならず下垂体にも作用し，下垂体からの副腎皮質刺激ホルモン（adrenocorticotropic hormone：ACTH）の分泌を促す。分泌されたACTHは血流を介して副腎皮質に到達し，副腎皮質からは最終生成物としてコルチゾールが分泌される。この反応経路は一般にHPA系と呼ばれ，自律神経系と比較してストレッサーに対して比較的緩徐な応答を示す。HPA系の最終生成物であるコルチゾールは，代謝の調節，血糖値，血圧の上昇，抗炎症，免疫抑制などの作用を有する。加えて，コルチゾールは視床下部，下垂体等の中枢神経系に対して負のフィードバックを与え，ストレッサーに対する生体の応答が過度に持続しな

いように抑制する役割も担っている。

●**アロスタティック負荷**　以上のように，生体は環境の変化（ストレッサーへの曝露）に対して，生理的反応を調整することで環境に適応していると考えることができる。このように生体の恒常性を維持するために生体のシステムを変化させるメカニズムのことをアロスタシス（allostasis）と呼ぶ。一般に，ストレッサーの呈示に対して適応的な生理的反応が開始され，ストレッサーが撤去された際に生理的反応が終了する場合に，アロスタシスが適切に機能しているといえる。しかしながら，ストレッサーに反復的，慢性的に曝露されると，アロスタシスがうまく機能しなくなり，身体への負荷が蓄積される。このようなアロスタシスの機能不全は，アロスタティック負荷（allostatic load）と呼ばれ（McEwen, 1998），健康への悪影響をもたらすと考えられている。例えば，霊長類における実験では，数か月にわたる反復的な血圧上昇が心筋梗塞のリスクを高めることが明らかにされている。また，長期間に及ぶコルチゾールの高値の持続は，海馬などの神経細胞の死をもたらし，大うつ病性障害のリスクを高めることを示唆する知見も多く得られている。

●**生理的ストレス反応と認知行動療法**　生体のストレッサーに対する生理的応答，特に，HPA系の最終生成物であるコルチゾールは，単にストレス反応を反映するバイオマーカーであるのみならず，中枢神経系にフィードバックする中で生体の認知や行動を調整する作用をも有している。特に，近年の研究においては，認知行動療法による治療の効果がHPA系の活動によって左右されることを示す知見が得られつつある。例えば，S. フィッシャーほか（Fischer et al., 2017）は，治療前のコルチゾール値が心理療法（うち半数が認知行動療法）の効果に及ぼす影響をメタ分析によって検討し，心理療法開始前に安静時のコルチゾールが高値を示す者ほど治療効果が得られにくいことを明らかにしている。この結果は，コルチゾールによる認知機能の低下，特に集中力や記憶力の低下が治療に妨害的に作用していると解釈されている。また，パニック症患者に対するエクスポージャー法による治療の効果は，エクスポージャー実施中のコルチゾール値が高い者ほど大きいという知見が存在する（Meuret et al., 2015）。この結果は，コルチゾールによる恐怖記憶の想起の抑制，および消去学習の促進という観点から解釈されている。これらの知見は今後さらなる裏づけを必要とするものであるが，生理的ストレス反応のあり方が認知行動療法の実施に際して重要なアセスメントの観点になりうることを示唆していると考えられる。

［前田駿太］

📖**さらに詳しく知るための文献**

［1］岡田　隆ほか　2015　生理心理学（第2版）―脳のはたらきから見た心の世界　サイエンス社．

前頭前野と大脳辺縁系

☞ 脳の報酬系 p.36，モノアミン神経系 p.38，うつ病の脳科学 p.40，不安症の脳科学 p.42

　前頭前野（prefrontal area）は，感覚野と運動野を除いた大脳皮質の構造の中で脳の最前部に位置する連合野であり，大脳皮質の約3分の1を占めている。前頭前野の構造は，背外側前頭前皮質と腹外側前頭前皮質，内側部に位置する内側前頭前皮質，そして眼窩部に位置する眼窩前頭皮質に分類される。また，前頭前野は側頭連合野や頭頂連合野に加えて，皮質下領域や脳幹との構造的・機能的な神経連絡を有する。扁桃体，視床下部，中脳および橋との神経連絡は，感情，内臓，自律神経系などの基本的機能を前頭前野が媒介することで高次機能として処理されることを意味する。また前頭前野は視床や脳幹のモノアミン作動性の神経細胞への直接的な投射を有しており，前脳の大部分における神経伝達物質の制御に影響する特異な脳部位である。また，前頭前野と他の脳部位との連絡のほとんどは一方向性ではなく，双方向性である。

　大脳辺縁系（limbic system）は，皮質下の脳構造を示す概念の一つであり，視床を取り囲む正中部に存在する複数の構造から成り立っている。辺縁系の主要な構造は，扁桃体，海馬，脳弓，帯状回，中隔である。辺縁系の概念は，解剖学者のP. P. ブローカ（Broca）によって脳の中心部分の構造である脳梁周辺を取り囲む領域として定義された辺縁葉（limbic lobe）から発展している。ブローカは辺縁葉を嗅覚器官との関連および哺乳類に共通する構造という二つの特徴を示した。その後，辺縁葉の概念が拡張され，P. マクリーン（Maclean）によって上述した構造を含めた辺縁系の概念が確立した。しかし，辺縁系の概念が提唱されてから現代まで辺縁系の構造や概念はさらに拡大している。そのため，辺縁系を単一の機能および構造として扱うことは困難である（Le Doux, 2003）。

●**前頭前野と辺縁系の機能**　前頭前野や辺縁系はそれぞれ複数の脳構造によって規定されているため，その機能は非特異的である。前頭前野はほかの連合野と連携してさまざまな感覚情報を統合的に処理し，記憶や注意，実行機能，ワーキングメモリーなどの種々の高次認知機能およびそれらの認知機能のモニタリングを制御するシステムであると考えられている。また，前頭前野の機能に衝動性や感情のコントロールが含まれることは，フィニアス・ゲージの症例によって広く知られている（Damasio et al., 1994）。辺縁系は感情や感覚情報の処理において中継地として位置づけられていた。かつて，辺縁系はパペッツの回路と呼ばれており，パペッツの回路において感情状態は視床下部に位置する辺縁系の構造を介して感情が体験されると考えられていた。しかし，上述したような辺縁系の概念の問題と感情を一つの独立した系として扱うことの妥当性の問題が辺縁系を感情体

験の唯一の座として位置づけることを困難にしている。一方で，恐怖条件づけにおいて辺縁系に含まれる構造の一つである扁桃体は重要な役割を持つことが明らかにされている。脅威となる無条件刺激と連合した条件刺激が情報として入力されると，視床を介して皮質または扁桃体に到達する。そして，視床下部および中脳中心灰白質を介して恐怖反応が引き起こされることが聴覚性の恐怖条件づけを用いた扁桃体の損傷実験によって示されている。また，海馬は空間記憶や記憶の固定化に関わっており，条件づけに伴って海馬内のニューロンにおけるシナプス伝達の効率化（長期増強）が起きることも明らかになっている。

　感情のコントロールに関わる前頭前野と感情反応に関わる扁桃体などの皮質下領域は相互に抑制的な関係にある。脳機能画像研究からは，ヒトがネガティブ感情を喚起する刺激に曝露された時に感情の意識的なコントロールを試みると，背側から腹側の外側前頭皮質および内側前頭前皮質の活動上昇が生じるとともに，辺縁系，特に扁桃体の活動抑制が生じることが数多く報告されている（Etkin et al., 2015）。また，恐怖条件づけにおいて，内側前頭前皮質は背側の領域が恐怖反応の促進に関わり，腹側が恐怖反応の抑制に関わることが知られており，恐怖条件づけそしてその消去において前頭前野と扁桃体が相互に両方向性の機能をもつと考えられている（Gilmartin et al., 2014）。これらの前頭前野と扁桃体の連関は，学習による行動の変化や認知行動療法の技法（認知再構成法や曝露など）のメカニズムの神経基盤となる重要な知見である。

　また，前頭前野と辺縁系はストレス適応のプロセスにも関わっている。心理社会的ストレッサーは外側前頭前皮質を中心に前頭前野の機能全般を抑制する（Pittenger & Duman, 2008）。このため，ストレス状況下では注意のシフトや感情の制御が困難となる。一方で，ストレッサーを認知すると扁桃体の基底外側核を経由して中心核のニューロンが活性する。そして，視床下部や脳幹を駆動し，ノルアドレナリンやドパミンの放出レベルが上昇する。また，視床下部-下垂体-副腎皮質経路が作動し，血中にコルチゾールが放出される。コルチゾールは海馬の神経発生を阻害するため，ストレスが海馬の機能障害に影響する。また，持続的なストレッサーはコルチゾールの放出レベルを維持し，その結果として海馬および前頭前野の brain derived neurotrophic factor（BDNF）が抑制され，神経可塑性にも影響することが知られている。前頭前野と辺縁系の機能については未だ議論が続いているが，ストレス適応のプロセスに関わることから，うつ病や不安症を代表とする精神疾患の中間表現型であると考えられている。　　　［吉村晋平］

📖 さらに詳しく知るための文献
［1］カンデル，E. R. ほか　金澤一郎・宮下保司監修　2014　カンデル神経科学　メディカル・サイエンス・インターナショナル．

脳の報酬系

☞ 嗜癖行動についての生物学的理解 p.584

　脳の報酬系は，中脳の腹側被蓋野から辺縁系（側坐核，扁桃体など）に投射する経路，および腹側被蓋野より皮質系（前頭前野，前部帯状皮質，眼窩前頭皮質など）へ投射する経路を形成する。報酬系に関わる脳領域は，飲食や性行動などの本能的行動，ならびに依存性物質などを誘引として，主には腹側被蓋野から放出されるドパミンにより活性化する。そうした脳領域の活動は，報酬の獲得により快情動を生ずるのみならず，報酬予期などの動機づけ的側面との関連も深く，個体の生存や行動の持続，適応に関わる重要な基盤となる。

　その一方で，物質依存（substance use disorder）や行動嗜癖（behavioral addiction）との関わりも指摘されている。腹側被蓋野からドパミンが放出され，側坐核が活性化することにより快情動や高揚感が生じるが，その結果，反復的行動が強化されることにより，不適切な依存や嗜癖が形成されることもある。例えば，辺縁系（側頭葉深部）に位置する扁桃体は，報酬の予期と得られた報酬との連合を形成し，前頭眼窩野皮質（刺激-反応-フィードバックを表象し，刺激価値を更新する）とともに報酬の処理に関わり，海馬は，報酬的な刺激やそれが得られる状況を長期記憶として符号化する。特に物質依存や行動嗜癖の形成過程においては，実行機能の中核となる前頭前野との関わりも特徴的であり，実行機能が低下した結果，誘引に対する衝動性の制御が困難となり，上記の脳領域との関わりのもとで不適切な認知や行動が習慣化していくと説明される。

●**行動嗜癖と脳の報酬系**　行動嗜癖とはギャンブル障害（gambling disorder），自傷，暴力，インターネット・ゲーム障害（internet gaming disorder）などに見られるような，特定の刺激や行動による不快感情や不安の低減，高揚感などを報酬として反復・習慣化した行動である。その病態はスペクトラムであり，物質（ニコチンなど）や薬剤（ヘロインなど）の習慣的摂取，乱用にともなう依存や禁断症状などの物質依存と比較して，脳内基盤との関わりに不明な点が多い。一部ではあるが，インターネット嗜癖者，病的ギャンブリングなどの線条体におけるドパミン D2 受容体の密度の低下が報告されている。ここでの受容体密度の低下は，反復使用の結果としての同受容体がダウンレギュレーションされた結果であり，ここで生じている耐性（tolerance）が，当初の使用方法と同じ効果を得るために，より高頻度・長時間の衝動的ともいえよう使用につながることが示唆される。

●**衝動性とドパミン神経系**　反応時間や誤答率などを指標として，衝動性は報酬割引衝動性（reward discount impulsivity）と運動衝動性（response inhibition impulsivity）に大別される（Swann et al., 2002）。前者は，即時的に得られる小報酬を中長期的に得られる大報酬よりも優先してしまう衝動性であり，ギャンブリング課題や遅延割引課題において計測され，認知的衝動性（cognitive impulsivity）と区別されることもある（Verdejo-Garcia et al., 2008）。後者は，速やかな反応選択が求められる文脈において運動反応制御の不全を示す衝動性であり，Go／Nogo課題や停止信号課題（stop signal paradigm），ストループ課題などにより計測される。こうした課題により，例えばドパミン神経系の後シナプスにおいてドパミンを受容するD4受容体（dopamine D4 receptor：DRD4）と衝動性との関連が指摘されている。このDRD4の遺伝子多型には，長型（反復数7回：48塩基長を1反復単位）と短型（同4回）とされる二種のサブタイプが存在するが，長型の個人は短型と比べて運動衝動性が高く，外向性得点や刺激希求性得点が高いことも報告されている（Congdon et al., 1996）。

●遅延報酬割引と脳　主観的な報酬量の増加に伴いその価値が高まる。なおかつ，それは速やかに得られほどよい。課題では「今日もらえる10万円（即時報酬）」と「1週間後にもらえる10万円（遅延報酬）」のいずれかよいと思う方を選択する。この時点では，基本的に即時報酬が選択されるだろう。続いて，即時報酬の金額を減らしたカード（例えば，9万）とともに，先ほどと同額の遅延報酬「1週間後の10万」を呈示し，それらの間での選択を求める。こうして徐々に即時報酬を減額，すなわち割引いていき（temporal discounting），即時報酬から遅延報酬へと選択が移行した際の報酬価を求める。この割引の程度の大きい個人は遅延報酬の価値を低く見積もり，即時報酬を優先する衝動的な個人である。例えば，ヘロイン乱用などの物質依存者においては，非使用者と比較した割引率の大きさが顕著である。こうした遅延割引課題における短期的な報酬予測には脳の線条体（striatum）は被殻腹側部が関与し，長期的な報酬予測をするとその回路の背側部が賦活し（Tanaka et al., 2004），大脳においては腹内側前頭前野，これと神経連絡する膝下部帯状回などの神経連絡のもとで報酬衝動性が発現するなど，報酬予測の時間スケールによって応じて起動される脳の並列の回路の存在が示唆されている。

［野村理朗］

📖 さらに詳しく知るための文献

[1] カンデル，E. R. ほか　金澤一郎・宮下保司監修　2014　カンデル神経科学　メディカル・サイエンス・インターナショナル.
[2] 苧阪直行編　2014　報酬を期待する脳—ニューロエコノミクスの新展開　新陽社.

モノアミン神経系

☞ 前頭前野と大脳辺縁系 p.34,
うつ病の脳科学 p.40

　アミノ基を一つもつモノアミンによって情報伝達されるモノアミン神経系は，主にはインドール核をもつセロトニン（serotonin），カテコール核をもつドパミン（dopamine），ノルアドレナリン（noradrenaline），アドレナリン（adrenaline）に大別される。このモノアミンの神経細胞は，脳の広範な部位に軸索を投射し，神経細胞の興奮性やシナプスの可塑性に影響することにより，脳における情報処理を担っている。

　シナプス間隙において，前シナプスの神経終末からモノアミン（セロトニン，ドパミン，ノルアドレナリン，アドレナリン）が放出されると，放出されたモノアミンのシナプス間隙における濃度が上昇し，後シナプスにおいてそのモノアミンが受容されることにより情報伝達が完了する。ここで後シナプスに受容されないモノアミンの一部は，セロトニントランスポーター（SERT），ドパミントランスポーター（DAT），ノルアドレナリントランスポーター（NET）というタンパク質の働きにより，前シナプスの神経終末に再取り込みされることで，シナプス間隙のモノアミン濃度が調節される。こうしたモノアミンは精神疾患と関連することが，治療薬の作用機序から，うつ病や不安症などとの関わりにおいて，仮説レベルではあるが示唆されている。

●セロトニン　トリプトファン（tryptophan）から合成されるセロトニンの多くは末梢に存在し，血管収縮などを調節する因子として機能する。一方，中枢においては，橋，脳幹に位置する縫線核にあるセロトニン神経細胞体を起点として，その軸索によりセロトニン神経系として脳の広範な領域（大脳皮質や扁桃体，海馬など）に投射される。このセロトニンの受容体は14種類（1A, 1B, 1D, 1E, 1F, 2A, 2B, 2C, 3, 4, 5A, 5B, 6, 7）からなり，主に細胞体に存在するセロトニン1A受容体，および神経終末に存在するセロトニン1B受容体などは，セロトニン神経の活動に負のフィードバックをかけ，神経発火やセロトニン放出を抑制する自己受容体として機能する。このセロトニンの再取り込みを阻害すると，シナプス間隙におけるセロトニンの濃度が増加するが，この作用を利用したのがSSRI（selective serotonin reuptake inhibitor）などのセロトニン再取り込み阻害薬である。あるいはセロトニンの代謝分解は，細胞内にあるモノアミン酸化酵素（monoamine oxidase：MAO）によって5-HIAA（5-hydroxy-indole acetic acid）に代謝されるが，このセロトニン代謝酵素を阻害するタイプの治療薬によって，その働きが調整されうる。SSRIはセロトニン神経系に選択的に作用する抗うつ薬として開発され，現在に至るまで広く使用されている。その背景

として，うつ病患者における脳脊髄液中の 5-HIAA の濃度が低下しているなどの知見から，うつ病との関わりが仮説されていた（Coppen, 1967）。またラットの恐怖条件づけなどの実験においては SSRI の投与が抗不安作用をもたらし，扁桃体基底核への作用を通じて扁桃体の活動低下をもたらし，不安を減弱することなどが示されている。ただし，その不安の緩和に至る機序については不明な点も多く，セロトニン神経系がうつや不安などの原因，あるいは病態と直接的な関わりがあるか否かについては議論がある。

● ノルアドレナリン，アドレナリン　ノルアドレナリンはノルエピネフリン（norepinephrine），アドレナリンはエピネフリン（epinephrine）とも表記される。末梢においては，副腎髄質から放出され，交感神経系の情報を伝達する。中枢においては，ノルアドレナリンは橋にある青斑核のノルアドレナリン細胞体を起点とし脳の広範な領域に投射し，アドレナリンは後脳延髄に存在し，そこから視床下部などへ上行性投射，および脊髄への投射も形成している。

ノルアドレナリンは，チロシンからドーパ（dopa），ドパミンを経て合成され，続いてアドレナリンへと成される。またその代謝の過程においてもノルアドレナリン，およびアドレナリンともに，代謝酵素である MAO ならびにカテコール O -メチル基転移酵素（COMT）により代謝される。ノルアドレナリン再取り込み阻害薬，あるいはアトモキセチンなどの細胞外ノルアドレナリン濃度を増加させる治療薬は注意欠陥／多動性障害（ADHD）の治療薬として知られる。

なお，アドレナリンやノルアドレナリンが作用するアドレナリン受容体は，α および β に大別される 6 種がある（$\alpha 1A$-$\alpha 1D$, $\alpha 2A$-$\alpha 2C$, $\beta 1$, $\beta 2$, $\beta 3$）。

● ドパミン　ドパミンは中枢ならびに末梢神経系の情報伝達物質であり，フェニルアラニン（phenylalanine），チロシン（tyrosine），ならびにドーパから変換され，その他のモノアミンと同様，MAO ならびに COMT により代謝される。ドパミンが作用するドパミン受容体は 5 種類（D1, D2, D3, D4, D5）からなる。

ドパミン神経の投射の経路は三つに大別され，①運動に関わる黒質-線条体系（黒質から線条体（尾状核，被殻）に投射），②中脳-皮質系（腹側被蓋野（A10 細胞）から辺縁系皮質（前頭前野，前部帯状皮質，眼窩前頭皮質など）に投射），③報酬系に関わる中脳-辺縁系（腹側被蓋野から辺縁系（側坐核，扁桃体，海馬などに投射）からなる。こうした各投射系における細胞外ドパミン濃度は，ドパミン再取り込み阻害薬（メチルフェニデートなど）により調整される。

［野村理朗］

さらに詳しく知るための文献

[1] 工藤佳久 2003 神経薬理学入門（図説神経科学）朝倉書店.
[2] 渡辺雅彦 2008 みる見るわかる脳・神経科学入門講座 改訂版 羊土社.

うつ病の脳科学

☞ 前頭前野と大脳辺縁系 p.34, 脳の報酬系 p.36, モノアミン神経系 p.38, 不安症の脳科学 p.42

　うつ病は抑うつ気分や意欲低下を主症状とする精神疾患であるが，その生物学的病態は heterogeneous である。生物学的病態機序として，視床下部-下垂体-副腎皮質経路の神経内分泌学的異常と，モノアミン神経系の異常（モノアミン仮説）が提案されているが，モノアミン仮説だけでは説明できない知見が報告されるようになるにつれ，モノアミン受容体以降の神経細胞のシグナル伝達機構の変化として brain derived neurotrophic factor（BDNF）などの神経栄養因子の役割に注目が集まるようになった。BDNF は神経細胞の軸索伸長や樹状突起の再構成を促し，細胞の維持や分化を促進する。そして，うつ病患者において死後脳での BDNF 発現低下や血中 BDNF 濃度の低下が生じるという知見が集積され，BDNF を介した神経細胞の変化が神経回路全体の改変をもたらすという神経可塑性仮説が提唱されるようになった。

●**脳構造の異常**　上述したような脳内の生化学的変化だけでなく，近年はうつ病に関連した神経解剖学的変化がバイオマーカーとして注目されている。脳の構造的変化に注目した研究からは，核磁気共鳴画像法（magnetic resonance imaging：MRI）で撮像されたうつ病患者の脳構造に健常者とは異なる特徴がみられることが示されている。例えば，MRI で撮像された一人ひとりの脳構造画像から，比較的容易に構造をトレースできる海馬の体積を抽出し，うつ病患者の海馬体積には著しい減少が生じていることが報告されている（Sheline et al., 1996）。その後，全脳の形態学的解析を可能とする voxel-based morphometry（VBM）が開発され，脳構造画像に基づいて全脳の灰白質および白質の体積を探索的に評価することが可能となった。VBM によるうつ病患者の脳体積変化を検討した研究をまとめたメタ分析からは，うつ病のタイプや治療経験などの相違も含めた上で一貫した体積変化が見られる脳領域として内側前頭前皮質，前帯状皮質，海馬，視床があげられている。しかし，扁桃体の体積減少は必ずしも一貫しておらず，不安症を並存しているうつ病患者にのみ見られるという報告もある（Bora et al., 2012）。また，薬物療法や認知行動療法などの治療を受けたうつ病患者では，未治療の患者と比較して前帯状皮質の体積増加が見られると言われている（Zhao et al., 2014；Fujino et al., 2015）。

●**脳機能の異常**　脳構造の異常だけでなく，うつ病の症状には認知や感情，あるいは学習のバイアスなどの心理的プロセスが関与している。近年の神経科学の発展により，うつ病におけるこれらの心理的要因の神経基盤を解明しようとする脳機能画像研究が多く行われるようになった。手法としては，機能的磁気共鳴画像法（functional

MRI：fMRI），ポジトロン断層法（positron emission tomography：PET），近赤外分光法（near-infrared spectroscopy：NIRS）などが用いられている。相対的に知見が多いfMRIを用いたうつ病の脳機能画像研究からは，ネガティブ刺激や自己参照処理の促進と関連した扁桃体や内側前頭前野皮質，前帯状皮質活動上昇，そして認知的統制の障害と関連して背外側前頭前皮質と腹外側前頭前皮質の活動低下が報告される（Disner et al., 2011）。また，報酬感受性の低下や報酬と関連した学習の抑制は，前頭前野や側坐核などの腹側線条体の機能異常と関連している。これらの脳機能画像研究の知見を集約すると，うつ病における認知バイアスと関連する脳領域の多くは，default mode network（DMN）と呼ばれる神経回路に含まれる。DMNは安静時に顕著な神経活動の振幅がみられる脳領域（内側前頭前野，腹側前帯状回皮質，後部帯状回，頭頂葉内側部）で構成される神経回路を表す概念であり，内的状態のモニタリングや認知活動のアイドリング，または自己注目と関連した神経回路とされている。うつ病患者では，安静時でもDMNが健常者と比較して活発に機能していることが示唆されており，DMNがネガティブな自己関連づけや反芻的思考などの認知活動に関与していると考えられつつある。また，うつ病に対する認知行動療法の治療反応予測やメカニズムの検討も行われるようになった。例えば，認知行動療法の治療前後に，上述した脳領域において症状の改善と関連した変化がみられるだけでなく，前帯状皮質が治療反応を予測する機能をもっていることが明らかになっている。しかし，薬物療法と比較してこれらの脳領域の機能の変化が特異的であるかは不明瞭であり，必ずしも一貫した知見が得られていない段階である。

　うつ病も含め精神神経疾患の病態メカニズムを解明するためには，特定の脳領域の活動を研究対象とするだけでなく，脳領域間のネットワーク構造を扱う必要がある。そこで，DMNを含め，近年は脳を自律的な力学系とみなし，脳のネットワーク構造を明らかにしようとするアプローチが発展しつつある。その一つとして，Connectomeが提案されている。本来，Connectomeは個々の神経細胞の接続の総体を分析することを指すが，ヒトを対象にした研究ではfMRIによって測定された数mm単位の脳構造間の機能的ネットワークの検討を指すことが多い。また，近年の計算論的神経科学の発展により，脳内ネットワークを含めた脳の情報処理機構のモデリングあるいはシミュレーションが行われるようになっており，うつ病における特異的な認知や行動に関わる脳の情報処理機構が明らかになりつつある。今後のConnectomeや計算論的神経科学によるうつ病研究の発展は，うつ病の病態理解およびその治療に寄与すると期待されている。　［吉村晋平］

■さらに詳しく知るための文献
［1］神庭重信・加藤忠史 2010 脳科学エッセンシャル：精神疾患の生物学的理解のために 中山書店.
［2］川人光男 2016 脳ダイナミクスと精神疾患 神経心理学 32(4), 264-275.

不安症の脳科学

☞ 前頭前野と大脳辺縁系 p.34, うつ病の脳科学 p.40, 恐怖条件づけの基礎研究 p.52, 情動処理理論の基礎研究 p.60, 認知情報処理モデルの基礎研究 p.64

　不安症の病態は，恐怖条件づけに関わる神経回路，いわゆる恐怖回路（fear circuit）の機能不全としてとらえることができる。恐怖回路において中心的な役割を果たしているのが扁桃体である。扁桃体は大脳辺縁系に属するアーモンド状の神経細胞の集まりで，脅威刺激の検出，恐怖条件づけの獲得，恐怖記憶の形成・貯蔵・想起，および，恐怖反応の表出に関わっている。同じく大脳辺縁系の一部で扁桃体に近接する海馬は，恐怖条件づけを経験した場所や環境などの文脈刺激に対する条件づけ（文脈的恐怖条件づけ）の獲得に関与している。さらに恐怖条件づけの消去には，海馬と，皮質領域にあたる内側前頭前野が関与し，この部位の賦活が恐怖条件づけの消去を促している。実際に不安症全般において脅威刺激に対する扁桃体の過活動が一貫して報告されており（Shin & Liberzon, 2010），その結果として不安症患者の脅威刺激に対する過覚醒や強い恐怖反応が生じていると考えられる。上記の恐怖回路は，目下の脅威に対する「恐怖」に関わる回路であるが，不確か，もしくは空間的，時間的に遠位にある脅威に対する「不安」については，扁桃体に加え，拡張扁桃体（extended amygdala）にあたる分界条床核も関与している。分界条床核は扁桃体からの投射を受け，脅威の予期やモニターを担っているとされている。クモ恐怖症者において，クモ画像出現の予期の際に分界条床核の過活動が見られるという報告があるが，まだ臨床群を対象とした報告は限られている（Avery et al., 2016）。

●感覚情報が扁桃体に至る二つの経路

　視覚や聴覚の感覚刺激の情報は視床を経由して入力されるが，J. E. ルドゥー（LeDoux）のモデル（LeDoux, 2000）では，それらの情報が扁桃体に至る二つの経路が想定されている（図1）。一つは視床から直接扁桃体に至る低位経路（low road）であり，もう一つは視床から大脳皮質を経由して扁桃体に至る高位経路（high road）である。低位経路で伝達されるのは刺激の粗い情報に限られるが，その代わりに高位経路に比べて高速に情報が扁桃体に伝達される。一方，高位経路で

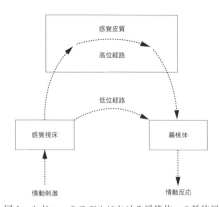

図1　ルドゥーのモデルにおける扁桃体への低位経路と高位経路［ルドゥー（2003）p.195 の図を一部改変］

伝達されるのは皮質によって処理された刺激の詳細な情報ではあるが，低位経路に比べると扁桃体に情報が伝達されるまでの時間を要する．したがって感覚情報の入力が生じると，扁桃体では，まず低位経路を経由した粗い情報に基づいて刺激の脅威性が判断される．そして脅威と判断された場合には，その刺激を意識上で認識するよりも前に，防御としての恐怖反応が準備されることになる．最終的には遅れて入力される高位経路の精緻な情報と合わせて刺激の脅威性が判断されることになるが，低位経路が存在することによって潜在的な脅威の迅速な検出と危険の回避が可能となっている．扁桃体の過活動が見られる不安症患者においては，低位経路からの情報に扁桃体が過敏に反応し，健常者では気がつかないような刺激に対しても恐怖反応が生じる可能性がある．不安症患者において閾下提示された脅威刺激に対しても注意バイアスが見られることは，そのエビデンスの一つであると考えられる（Cisler & Koster, 2010）．

●**前頭前野による情動調整の不全**　低位経路からの情報に扁桃体が過敏に反応したとしても，皮質を通る高位経路からの入力によって扁桃体の脅威性の判断が修正されれば過剰な情動反応は調整されうる．そのような扁桃体の情動調整の役割を，主に前頭前野が担っていると考えられている（Hartley & Phelps, 2010）．内側前頭前野の賦活が恐怖条件づけの消去に促進的に働くことも，前頭前野による情動調整の一つである．その他にも，脅威を低めるように刺激を解釈し直す再評価や，刺激や自分の感情反応に対して言語的なラベルづけを行う感情ラベリングなどの認知的方略も扁桃体の活動を抑制することがわかっている．これらの認知的方略の実行に際しては，主に背外側前頭前野と内側前頭前野が賦活することが報告されており，これらの部位が扁桃体の活動の抑制に寄与していると考えられる．不安症患者では，扁桃体の過活動に加え，情動調整に関わる前頭前野の活動に機能不全があり，情動反応の制御が困難となっていると想定される．

●**認知行動療法と恐怖回路の関係**　認知行動療法における行動的技法の一つであるエクスポージャーは，まさに恐怖条件づけの消去（もしくは☞「制止学習」参照）を目的とした技法であり，扁桃体の過活動の低減に直接効果をもたらすと考えられる．また認知再構成法をはじめとする認知的技法は，前頭前野による情動調整を強めるよう働きかける技法であるといえる（Clark & Beck, 2010）．実際に認知行動療法によって不安症患者の内側前頭前野の活動が増加するというエビデンスも示されており（Messina et al., 2013），不安症に対する認知行動療法の脳科学的な裏づけも蓄積されつつあるといえる．　　　　　　　　　　　　　　　［松本　圭］

📖 さらに詳しく知るための文献
[1] ルドゥー, J.E. 松本 元ほか訳 2003 エモーショナル・ブレイン 東京大学出版会.
[2] シュタイン, D.J. 田島 治・荒井まゆみ訳 2008 不安とうつの脳と心のメカニズム 星和書店.

生物-心理-社会モデル

☞ エビデンスに基づく医療 p.626, エビデンスに基づく心理療法 p.630, 認知行動療法を実践する際の倫理 p.678, 社会・同僚に対する認知行動療法家の倫理的責任 p.692

　生物-心理-社会モデル（biopsychosocial：BPS）とは，生物，心理，社会の三つの側面からクライエントの症状や生活の質を理解する枠組みである。これは，G. L. エンゲル（Engel）が1977年に提唱したモデルで，当時の主流であった生物的要因を重視する医療モデルの限界を克服するものとして登場した（Engel, 1977）。うつ病を例にあげると，従来の医療モデルでは，その症状は脳内の神経伝達物質の不足という生物的側面の理解が重視される。そのモデルでは，「生物的要因→症状」といった因果関係を前提としているため，治療法は生物的要因にアプローチする薬物もしくは手術などが主流となる。一方，生物-心理-社会モデルでは，生物的要因だけでなく，認知や感情（例：自動思考，落ち込み）といった心理的要因と，ソーシャルサポート（例：家族，職場）やライフイベント（例：死別，結婚）といった社会的要因なども含めて，より包括的にクライエントを理解するよう試みる。そのような症状の理解に基づくことで，治療者は生物的要因への治療だけでなく，認知行動療法や短期精神力動療法といった心理療法，セルフヘルプグループや休職制度の活用といった社会的援助を治療の選択肢に入れることができる。これは，インフォームドコンセントなどに代表される，クライエントのニーズや価値観を尊重する昨今の潮流でも非常に重要である。クライエントの中には，副作用や胎児への悪影響などの理由で薬物療法に難色を示す人たちが一定数存在する。その際，治療者が薬物療法だけでなく，心理療法や社会的援助といったほかの選択肢を紹介し，クライエントが自らの意思で治療法を選択できる環境を整えられれば，クライエントのニーズや価値観を尊重した上で，治療体制を築ける。生物-心理-社会モデルは，治療者主体からクライエント主体の援助を展開する上で非常に有用である。

●**専門職間における世界観の一致と多職種連携**　生物-心理-社会モデルは，専門職が有機的に連携してチームを形成する上でも有用な枠組みとなる（下山, 2010）。専門職には，それぞれ得意なアプローチがある。例えば，生物的要因に対する薬物療法もしくは手術などは，医師などの医療職・看護職が主に得意とする。同様に，心理的要因に対する心理療法では公認心理師などの心理職が，社会的要因に対する社会的援助では精神保健福祉士などの福祉職が，それぞれの得意なアプローチを駆使して，クライエントを援助する。しかし，一つの専門職の中でしか共有できない独自の世界観に基づいて援助していると，ほかの専門職とその世界観を共有できないため，チームの形成は困難になる。そのような事態を避けるためにも，専門職間で生物-心理-社会モデルが共有されていることは重要で

ある。すなわち，各専門職が生物・心理・社会の三つの視点からクライエントの全体像を理解・共有することで，一つの専門職がほかの専門職とつながって役割を分担しながら，クライエントの利益を最大にする多職種連携が実現される。また，それは，専門性の違いに対する理解を促し，お互いへの尊重と信頼を築き，チームの機能性を高める。生物-心理-社会モデルは，多くの専門職が機能性の高いチームを築く多職種連携を実現させるために，欠かすことのできない共通の枠組みといえる。

●**生物-心理-社会モデルと認知行動療法**　生物-心理-社会モデルが支えるクライエント主体の視点と多職種連携を実現させるには，各々の専門職がクライエントおよびほかの専門職に対して説明責任を果たす必要がある。つまり，相手が理解できる形で，「なぜ，やるのか（やらないのか）」「どのような効果が期待できるのか（できないのか）」といった専門職の仕事に関する説明が求められる。なぜなら，それが伝わらなければ，クライエントは治療に対して同意することが難しくなり，多職種連携でもその役割の必要性がチーム内で疑問視されるからである。心理職を例にあげると，医療現場において，「心理職自身の能力や役割に対する説明が不足している」（岩満ほか，2009）とほかの専門職から指摘されてきたこともある。そこで，認知行動療法は，クライエントおよびほかの専門職への説明責任をサポートする。

　例えば，認知行動療法は，治療効果の客観的な検証を重視する。客観的な治療評価とその蓄積によって築かれるエビデンスは，他者への説明の際に効果を発揮する。一例として，認知行動療法の効果の見通しを説明するときに，「これまでの研究から，認知行動療法は，○○という疾患に対して有効であることがわかっています」などと説明できるだろう。また，治療中では，症状などの客観的な評価を治療の開始から継続的に実施しておくことで，その変化をフィードバックすることも可能である。さらに，その変化と治療の経過（治療の中で何が起こったのか）の関連を考察することで，実施中のアプローチの有効性などの検討も容易に他者と共有することができる。数値などの客観的指標やエビデンスは，直ちに心理療法の効果すべてを説明し担保するものではない。しかし，生物-心理-社会モデルを枠組みとした多職種連携において，客観的な治療評価を重視する認知行動療法は，その実施を担う専門職の能力や役割に対する説明責任をサポートすることが期待できる。

[武部匡也]

📖 さらに詳しく知るための文献

[1] 丹野義彦ほか　2015　臨床心理学　有斐閣.
[2] 野村れいか編，国立病院機構全国心理療法士協議会監修　2017　病院で働く心理職―現場から伝えたいこと　日本評論社.

認知行動療法と行動医学

　行動医学は,「健康と疾病に関する心理・社会学的,行動科学的および医学生物学的研究を進め,これらの知見を統合のうえ,疾病の予防,病因の解明,診断,治療およびリハビリテーションに適用することを目的とする学際的学術」と定義され(国際行動医学会憲章, 1990), 1970年代に専門の団体が組織された比較的新しい学問分野である。

　行動医学は,心身医学によって行われた基礎研究が基盤の一つとなっており,予防医学的な観点と公衆衛生学的な方法論を取り入れながら拡大し,現在の行動医学につながっている。そのため対象とする疾患の一つは,心身症のような心理的問題も関連する疾患であったが,タイプA行動パターンとの関連で検討され注目を集めた心疾患をはじめ,がん,脳梗塞,肺疾患,糖尿病,HIVなどの慢性疾患を中心にその範囲は飛躍的に増加している。

　行動科学と医学生物学を統合した学問領域であることを示している行動医学の定義からも明らかなように,行動医学の発展・拡大を支えてきた重要な分野の一つが行動科学であり,認知行動療法とも関連が深い。

　医学領域では,専門コミュニティを構成するのは医師が多数で,心理学の専門家は少数派であることが多い。この傾向は,心理的要因が重視される心身医学領域においても同様であるが,行動医学では心理学の専門家の貢献度が他の医学領域よりも大きい。1977年に初めて行動医学に関する会議がイェール大学で開催され,行動医学の定義やその将来について話し合いが行われたが,参加者17名のうち10名は心理学者であった。また,米国で1978年に組織された行動医学会は,設立に向けた話し合いが米国行動療法促進協会(現在の米国認知行動療法学会)の会議上で行われたように,行動医学の領域では認知行動療法の専門家が数多く活躍していた。そのため,行動医学は,医学関係者や公衆衛生関係者とともに,心理学者,特に認知行動療法を専門とする研究者と関連が深い領域である。

　行動医学が特定の分野として確立された背景には,行動科学を医学の中に取り込むという機運の高まりが大きく関係していた。行動医学の講座をいち早く設立したこの領域の先駆者の1人であるW. S. アグラス(Agras)は,行動医学の講座設立に至るまでに,心理学者と数多くの共同研究を行っており,彼の講座からはD. H. バーロー(Barlow)をはじめとする数多くの専門家が巣立っていった。こうした心理学者とともに,アグラスは肥満や血圧などの身体疾患に対して,心理学的な基礎研究を行い,その後の予防研究や介入研究につなげていった(Agras, 2001 訳 2013)。この心理学的基礎研究に基づいた介入方法は行動科学や行動療法に基づいたものであったため,現在行動医学で行われている心理学的治療は,認知行動療法の技法と重複する部分が非常に多い。こうした意味で,認知行動療法は行動医学にとって,効果的な治療技法を提供する有力なリソースであるといえる。一方で,認知行動療法にとって行動医学は自らの研究や理論を臨床に結びつけてくれるある種の窓口になっているといえる。

[松岡紘史]

第 2 章
基礎研究

［編集担当：金井嘉宏・岩永　誠］

　認知行動療法は基礎研究を基盤として発展してきた。特に行動療法は学習理論に基づいており，その基礎研究の対象は人間に限らない。動物を対象とした研究の知見も多く，行動療法は人間を含む動物の行動原理に基づいた治療法であるといえる。例えば，系統的脱感作法はネコを対象とした研究知見を人間の恐怖症に適用したものである。
　本章は，認知行動療法の治療原理やモデルに関する基礎研究，各種治療法に関する基礎研究，代表的な疾患に対する認知行動療法の基礎研究で構成されている。特定の項目を読むだけでも基礎研究に触れることができるだろうが，複数の項目を比較しながら読むと学びの幅が広がり，理解も深まるだろう。例えば，認知行動療法の代表的な治療技法であるエクスポージャーの背景理論としては複数の考え方が提唱されている。本章ではエクスポージャーに関わる基礎研究として，レスポンデント条件づけの消去，情動処理理論，そして新たに提唱された制止学習も取り上げているため，それぞれの内容を比較しながら学ぶことができる。
　日本の科学系のノーベル賞受賞者が共通して訴えているのは，基礎研究の大切さである。基礎的な原理が理解できているからこそ，多様な応用にも適応することができるからである。認知行動療法の基礎研究の場合，その臨床的意義，あるいは臨床での気づきに基づく基礎研究が行われることも多いが，治療に直接結びつかない基礎研究，つまり「即戦力ではない」研究であっても，人の認知や行動の原理や特徴を明らかにし，その視点から人の病理的行動を理解することは，長期的には認知行動療法の発展に寄与することになるだろう。本事典が改訂されるときには，認知行動療法の基盤となる基礎研究が進み，本章のような基礎研究を構成する項目が増え，臨床への応用的展開がさらに進化していることを期待している。
　新しい理論だと思ったことが，よく調べてみると古くに見出されていることもある。基礎研究の歴史を知ることは，今自分が発想していることが，まったく新しいことなのか，古くからわかっていることを発展させたものであるのかを知ることにもなるし，さらに新しい応用へ展開させていくことにもつながる。新たな基礎研究を生み出すためにも，また新たな臨床応用を行うためのヒントとしても，本章を活用していただきたい。

　　　　　　　　　　　　　　　　　　　　　　　　　　　［金井嘉宏・岩永　誠］

レスポンデント条件づけの基礎研究

☞ 行動療法と行動理論 p.8, 恐怖条件づけの基礎研究 p.52, マウラーの2要因理論の基礎研究 p.54, 系統的脱感作法の基礎研究 p.56, 制止学習アプローチの基礎研究 p.62, レスポンデント法 p.250

　レスポンデント行動とは環境内の刺激によって誘発される行動を指す（Skinner, 1938）。このレスポンデント行動に関する学習がレスポンデント条件づけである。レスポンデント条件づけとは生得的な無条件反応（unconditioned response：UR）を引き起こす無条件刺激（unconditioned stimulus：US）と条件刺激（conditioned stimulus：CS）を対呈示することによって，CSに対して条件反応（conditioned response：CR）が引き起こされるようになる手続きを指し，古典的条件づけやパヴロフ型条件づけとも呼ばれる。その一方で，CRが獲得された後，USを伴わせずにCSのみを単独呈示し続けるとCRは減弱する。この手続きは消去と呼ばれ，曝露療法の基礎過程にとって重要な役割を担っている。

　レスポンデント条件づけに関する研究ではさまざまな手法や手続きが用いられている。例えばUSに電撃など嫌悪的な事象を用いる恐怖条件づけは，恐怖や不安を扱う認知行動療法にとって重要な手続きである。また好き・嫌いといった評価もレスポンデント条件づけと同様の手続きで形成され，これは評価条件づけと呼ばれる。

●**レスポンデント条件づけ研究の歴史と連合学習理論**　初めてレスポンデント条件づけを発見したのはI. P. パヴロフ（Pavlov, 1927）である。レスポンデント条件づけの初期の説明においては，CSとUSの時間的接近がレスポンデント条件づけの生起にとって重要であると考えられてきた。しかし1960年代以降，CRが獲得されるためには呈示される刺激間の随伴性がより重要であることが示されるようになった。それ以後，CSがUSをどの程度予測するかという"認知的"観点がレスポンデント行動の学習にとって重要であると考えられてきた。

　予測の観点を重視したモデルは多岐にわたるが，その一つがレスコーラ・ワグナーモデル（Rescorla & Wagner, 1972）である。このモデルは各試行における連合強度の変化量が「個体が予期するUSの強さ」と「実際に呈示されたUSの強さ」の差分に影響されるとするモデルである。しかしレスコーラ・ワグナーモデルでは説明できない現象が多く存在することもその後の研究で示されるようになった。例えばこのモデルではCSを単独で先行呈示するとその後のCS-USの対呈示によるCRの獲得が遅れる潜在制止と呼ばれる現象を予測できない。その後に提唱されたMackintoshのモデル（Mackintosh, 1975）は条件づけ時における注意の役割を重視したモデルであり，潜在制止を十分に予測することができる。その他にも認知的過程の関与を認める多くの理論が提唱され現在もその妥当性が検証され続けている。

●レスポンデント条件づけにおける現在の研究動向　近年注目されているレスポンデント条件づけのテーマとして，条件づけにおける文脈刺激の役割があげられる。文脈刺激とは明確な提示開始・終了がなく，セッション中に提示され続けている刺激を指し，時間経過や薬物状態，そのときの気分なども文脈に含まれる。この文脈刺激は特に消去手続きの際に重要な役割を担うことが示されてきた。例えば文脈Aのもとで条件づけを行い，次に条件づけ時とは別の文脈Bで消去手続きを行う。最後にもとの文脈Aに戻ると，減弱したはずの反応が再び出現するようになる。この現象は復元効果と呼ばれる。この現象を説明するために，CSがもつ意味の決定において文脈が重要な役割を担うとするモデルも提唱されている (Bouton, 1988)。復元効果は曝露療法後の再発と深く関連していることが指摘されており，その再発防止方略も含めて多くの研究がなされている。

　ヒトの条件づけに関する言語の役割も近年注目されている研究テーマである。多くの研究においてレスポンデント条件づけの獲得や消去といった諸現象に対して言語的な教示や事前情報が大きな影響を与えることが示されている。そこでそれらの影響を踏まえた命題アプローチと呼ばれる枠組みも展開されている。この理論においては「CSはUSの原因である」などの「CS-US間の関係性の命題」と「その個人がもつ命題に対する確信の強さ」がCRの表出にとって重要であると仮定される。この理論は上述した諸理論とは異なり，ヒトのもつ言語的な役割を重視していることから，今後認知行動療法への応用も期待される。

●レスポンデント条件づけと認知行動療法　レスポンデント条件づけを説明する学習理論はヒトがもつ「認知的側面」を軽視していると批判を受けることも多かった。しかし上述したように認知的観点を重要視している連合学習理論に対してこの批判は不適当である。しかも，レスポンデント条件づけの基礎研究の知見が認知行動療法の実践に十分に活かされているとは言いがたい。例えば曝露療法はレスポンデント条件づけの消去手続きと深い関係にあるが，それにもかかわらず消去手続き後に生じる反応の再出現を防止する方略や命題アプローチに関する諸知見といった学習心理学の近年の知見はあまり取り入れられず，その結果として介入効果が小さくなっているとする指摘もある。レスポンデント条件づけによって得られた研究知見は科学性を重視する認知行動療法の基盤として重要視されるべきものであり，介入効果を高めるためにレスポンデント条件づけに関する多くの研究知見を実践に取り入れていく必要があるだろう。　　　　　［二瓶正登］

📖 さらに詳しく知るための文献
[1]　中島定彦編　2003　学習心理学における古典的条件づけの理論—パヴロフから連合学習研究の最先端まで　培風館.
[2]　小野浩一　2016　行動の基礎—豊かな人間理解のために　培風館.

オペラント条件づけの基礎研究

☞ レスポンデント条件づけの基礎研究 p.48, 学習性無力感の基礎研究 p.80

　オペラント条件づけ（operant conditioning）あるいは道具的条件づけとは，反応の後の環境変化によってその後の反応の強度が変化することを指す。オペラント条件づけを学術的に発見したのは，E. L. ソーンダイク（Thorndike）であると言われている（坂上・井上，2018）。ソーンダイク（Thorndike, 1898）は，問題箱と呼ばれる装置をつくり，その中に，ネコを入れた。箱には仕掛けがあり，ネコがある行動，例えば紐を引っ張ったら，扉が開いて，ネコは箱を出て，外にあるエサを食べることができた。ネコが箱に入れられてから箱を出るまでの時間は，初めはかなり長いものだった（例えば160秒）が，このような試行を繰り返すと，その時間はしだいに短くなった（例えば5秒）。つまり，紐を引っ張るという反応が，その後のエサにありつけるという環境変化によって，より速やかに生じるようになったのである。なお，ある反応の後にある刺激が生じることによって，その後その反応がより頻繁に，より速やかに，より大きく，あるいはより長い時間生じたなら，その反応に後続した刺激を正の強化子という。

　反応を効果的に強めるには，正の強化子として機能する刺激を選び，それを強めたい反応の直後に随伴呈示することが肝要である（Alberto & Troutman, 1999 訳 2004）。この，オペラント条件づけの最も基本的な原則に関わる基礎研究を紹介する。

●**反応に正の強化子を随伴呈示すること**　反応の生起と強化子の生起の相関関係を反応-強化子依存性もしくは反応-強化子随伴性という。反応が生じたら正の強化子も生じ，反応が生じなければ正の強化子も生じないのは，まさに正の強化子が反応に依存していることを意味するが，このようなときには反応頻度は増加する。これに対し，反応の生起とは無関係に正の強化子が生じるのは，正の強化子が反応に依存していないことを意味し，反応頻度はほとんど増加しない。S. R. ゴールドスタイン（Goldstein, 1967）は，トウギョが水槽の中の輪をくぐったら，水槽の外の電球が20秒間消え，その間水槽の壁が鏡になり，1匹のトウギョ（実は自分の姿）が見えるようにしたら，輪をくぐっても環境が変化しないベースラインに比べて，輪くぐりの頻度が高くなった。これに対し，輪くぐりとはまったく関係なく鏡映像が出現したトウギョの輪くぐり頻度は，輪くぐりに鏡映像が随伴したトウギョのそれよりははるかに低かった。

●**反応の直後に正の強化子を呈示すること**　即時強化すなわち反応が生起したらすかさず正の強化子が呈示されるならば反応は概ね速やかに強まる。これに対して，遅延強化すなわち反応が生起してからしばらくたってから正の強化子が呈示さ

れると強化の進行は遅れる。さらに遅延時間が長すぎるとオペラント条件づけ自体が成立しない。C. T. ペリン（Perin, 1943）は，左右に動かせるレバーを用い，予備訓練で反応の少なかった方向へのラットのレバー押しを正反応とし，正反応が生じたらレバーが引っ込み，一定時間が経過したのちにエサを呈示した。図1は，第31試行から第40試行までの10試行中に，誤反応をせずに正反応をした試行の割合を，遅延時間別に百分率で表示したものである。即時に強化された（図1では0秒）25匹の平均正答率は95.2％と高かったが，遅延時間が長くなるに従い，正答率も低くなっている。

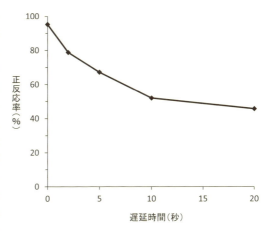

図1　強化遅延時間の関数としての正反応率［Perin, 1943, Table 3 より作成］

●**正の強化子として機能する刺激を選ぶこと**　ある刺激が正の強化子かどうかは，実際にある反応にそれを随伴呈示したのちの，その反応の生起頻度を見るまでは決定されない。ただし，遮断，すなわち摂取制限された刺激や本人が好む刺激は，正の強化子として機能する可能性が高い（Alberto & Troutman, 1999 訳 2004）。また，プレマックの原理は，生起確率のより高い反応は，その反応と独立した生起確率のより低い反応を強化すると予測する（Premack, 1962）。

　Chicko というオマキザルは，プランジャー引きと水平方向へのレバー押しのどちらか一つしかできないときは，1時間あたり78回プランジャーを引き，543回レバーを押した（Premack, 1963）。したがって，プレマックの原理に従えば，レバー押しはプランジャー引きの正の強化子になる。実際，プランジャーを1回引いたらレバーを1回押すことができ，プランジャーを引かなければレバーを押せない，という随伴性にしたところ，Chicko は，1時間あたり243回もプランジャーを引いた。　　　　　　　　　　　　　　　　　　　　［大河内浩人］

さらに詳しく知るための文献

［1］Mazur, J. E. 2006 *Learning and Behavior*（6th ed.）, Pearson Prentice Hall.（磯 博行ほか訳 2008 メイザーの学習と行動〔日本語版第3版〕二瓶社）
［2］小野浩一 2016 行動の基礎―豊かな人間理解のために（改訂版）培風館.

恐怖条件づけの基礎研究

☞ 認知行動療法 p.2, 行動療法と行動理論 p.8, レスポンデント条件づけの基礎研究 p.48, マウラーの2要因理論の基礎研究 p.54, 系統的脱感作法の基礎研究 p.56, 特定の恐怖症 p.102

恐怖条件づけとは，パブロフ型条件づけ（古典的条件づけ・レスポンデント条件づけ）の手続きを用い，「恐怖／不安」感情を条件反応（conditioned response：CR）として主体（ヒトを含む）に習得させるパラダイムを指す。

恐怖条件づけは行動心理学における単なる実験室モデルにとどまらず，恐怖症やパニック症などのいわゆる不安症や強迫スペクトラム症，心的外傷後ストレス障害など，不合理な恐怖や不安を主訴とする臨床像が形成された背景モデルの一つに位置づけられている。行動療法（behavior therapy）の初期の理論的裏づけが恐怖条件づけ研究の知見をもとに構築される（Wolpe, 1982）など，恐怖条件づけは臨床像の行動科学による理解に一定の役割を担ってきた。以来，現在に至るまでさまざまな対象や指標を用いながら，「条件づけられた恐怖／不安」の実態解明の研究は進められている。

例えば，G. C. L. ディヴィ（Davey, 2006）は恐怖条件づけ過程における主体（主にヒト）の認知（注意や記憶，期待など）が習得される恐怖反応（CR）の生起や強度に影響することを実証し，恐怖／不安を主訴とした多様な臨床像を説明するための認知媒介型の恐怖条件づけモデルを提案している。さらに近年の認知神経科学の分野では，恐怖条件づけを用いて情動記憶の形成・固着の過程を検討したり，恐怖反応（CR）の形成を脳機能の活性部位の同定に基づき検討を進めている。また不安症の形成における遺伝子の影響を恐怖条件づけの手続きを用いて検証するなど，現代に至ってなお，恐怖条件づけに基づいた臨床理解は進捗し続けている。

●アルバート坊やの実験（The Little Albert Experiment）　恐怖条件づけという研究パラダイムは，J. B. ワトソンと R. レイナー（Watson & Rayner, 1920）による「アルバート坊やの実験（The Little Albert Experiment）」により広く世に知られることになった。ワトソンらによれば，当時11か月の乳児であったアルバート坊やにパブロフ型条件づけを行った結果，「恐怖」を学習させたという。具体的には，中性刺激である白ラットに無条件刺激である大きな音を数回対提示することにより，アルバート坊やは白ラットを恐れるようになったのである（CRの習得）。さらに般化現象として，アルバート坊やは白ラットだけではなく，ウサギや犬，コートやサンタクロースまで恐れるようになった。方法論的な問題はあるが，行動主義（behaviorism）を表象する研究報告であり，ワトソンらの研究結果は「解釈は難しいが面白い（interesting but uninterpretable）」と評されている（Harris, 1979）。

アルバート坊やの実験以来，パブロフ型条件づけは，マウラーの2要因理論（Mowrer, 1947）を経て，主に恐怖症の形成・解消過程を説明する際の重要な理

論とみなされるようになった。一方，臨床的な恐怖の説明理論としては不十分であり，理論と合致しない反証の存在も指摘された。以下に二つあげる。
(1) 無条件刺激の提示に該当するような心的外傷経験を経ても不安症等の発症に至らない事例もあれば，外傷経験に該当する記憶がなくても不安症などの発症に至る場合もある。
(2) 不安症等に認められる不合理な恐怖／不安は，曝露療法など理論的には消去過程に該当する手続きを経ても低減しづらく，また一旦低減して治療が終了しても，その後のフォローアップ期間で再び反応が増大することがある。

こうした指摘に対し，これまで恐怖条件づけモデルの修正案が数多く提案された。ここではそのうち，(1) preparedness 仮説（準備態仮説）と (2) 評価条件づけモデルを紹介する。

● **preparedness 仮説（準備態仮説）** M. E. P. セリグマン（Seligman, 1971）は，恐怖症の対象になる刺激は，人類の進化の過程のうち脅威となった動物／状況であることが多いことに着目し，恐怖症の対象となる刺激（fear-relevant stimuli）は進化論的に不合理な恐怖反応を学習しやすいよう「準備されて（prepared）」いると仮定した。つまり，「準備された」刺激への恐怖反応の習得は速く，消去抵抗も著しく高くなる。実際，生理指標を用いた際の恐怖条件づけ研究において，preparedness 仮説を支持する結果が得られ，また「準備された」刺激が脅威事態と関連づけられやすいという共変性バイアス（covariation bias）の存在も明らかにされた。一方，行動指標を用いた場合は仮説の支持に至らないなど，仮説を支持するに十分な知見はまだ得られていない。

● **評価条件づけ（evaluative conditioning）** 評価条件づけ（evaluative conditioning）とは，「好き―嫌い」といった感情価をパブロフ型条件づけの手続きで学習させる方法であり（Baeyens et al., 1995），中性刺激を感情価のある刺激と対提示することで，中性刺激に条件反応（CR）として感情価が付与することになる。この条件づけの特徴として，(1) 条件刺激と無条件刺激の随伴性を認知しなくても条件反応が喚起する場合がある，(2) 評価条件づけの後，条件刺激のみを提示する消去手続きを経ても，条件刺激に付与した感情価が維持される，という2点があげられる。臨床像での不合理な恐怖／不安の習得は，パブロフ型条件づけの手続きのみによるものではなく，評価条件づけによる学習要素も含まれており，合わせて恐怖条件づけの特徴を形成している可能性が考えられる。［細羽竜也］

📖 **さらに詳しく知るための文献**
[1] ウォルピ，J. 内山喜久雄監訳 1987 神経症の行動療法 新版 行動療法の実際 黎明書房.
[2] サルコフスキス，P. M. 坂野雄二・岩本隆茂監訳 1998 認知行動療法 臨床と研究の発展 金子書房.

マウラーの2要因理論の基礎研究

☞ レスポンデント条件づけの基礎研究 p.48, オペラント条件づけの基礎研究 p.50

　O. H. マウラー（Mowrer, 1947）の2要因理論（2過程理論）は，電撃などの一次性嫌悪刺激の出現を阻止する反応，すなわち，回避反応の代表的な理論として位置づけられてきた。2要因理論では，回避反応は以下の二つのプロセスで形成・維持されると考える。①レスポンデント条件づけによって，恐怖をもたらす無条件刺激（US）に先行する中性刺激が，恐怖反応をもたらす条件刺激（CS）に変化する。②CSが喚起した恐怖は生活体にCSからの逃避を動機づけるが，その逃避反応はCSの消失に伴う恐怖反応（動因）の低減によって強化される。よってこの理論において回避反応は，「恐怖や不安を喚起するCSからの逃避反応」として定義される。

●**マウラーの2要因理論に関する基礎研究**　N. E. ミラー（Miller, 1948）はシャトル箱とよばれる実験装置（図1）を用いて，ラットを被験体とした実験を行った。シャトル箱は二つの区画で構成されており，一方の区画は白色で塗られ，床は通電可能な金属格子が設置されていた。もう一方の区画は黒色に塗られ，床は木製であった。二つの区画の中央には障壁が設置され，白い区画に設置された回転輪を回すか，レバーを押すか，もしくは実験者による操作で障壁を下げることが可能であった。まず，区画間を移動することが可能な（障壁がない）状態でラットを白い区画に入れて電撃を与えたところ，短時間（10試行）でラットは電撃が到来しない黒い区画に移動することを学習した。以降の手続きではラットに電撃は与えず，白い区画に入れるだけであったが，ラットは回転輪回しやレバー押しという回避反応を獲得して，白い区画から黒い区画に逃避した。この実験結果は，①白い区画が恐怖を喚起するCSとなり，②そのCSの除去が回避反応を強化している要因であると理解されたことから，マウラーの2要因理論を支持する研究として知られるようになった。

●**回避反応の維持・消去に関する基礎研究とその臨床応用**　2要因理論ではCSが恐怖喚起刺激として機能する必要があるとしているが，ミラーの実験手続きで電撃を用いたのは10試行のみであり，その後の手続きでは電撃を用いていない。しかし電撃を用いない試行は，レスポンデント条件づけの消去に相当すると考えられるため，2要因理論ではCSによる恐怖喚起が弱まることで回避反応も減弱すると予測するが，ミラーやその後の研究では，その予測とは逆に，回避反応は長く維持されることが報告されている。例えばR. L. ソロモンほか（Solomon et al., 1953）は，イヌを被験体としたシャトル箱実験を行っているが，電撃を受けなくなってから数百試行もの間，回避反応は維持されていたと報告している。し

かし一方で，回避反応を妨害するという実験手続き（反応妨害）によって，その消去が促進されることも知られている。H. A. ペイジと J. F. ホール（Page & Hall, 1953）は，別の区画に逃避することで電撃を回避する訓練をラットに行った後，ラットを二つの群に分け，統制群には電撃を与えない消去の手続きを行った。一方，実験群には電撃を与えないが，別の区画に逃げられないという反応妨害の手続きを 5 試行実施した後に消去の手続きを導入したところ，統制群と比較して実験群のラットの回避反応は速やかに消去されていた。この結果は，ほかの研究でも支持されており（Mazur, 2006），不安症者や強迫症者，心的外傷後ストレス障害者が示す回避反応への介入技法である曝露反応妨害法やフラッディングの基礎的なエビデンスとなっている。

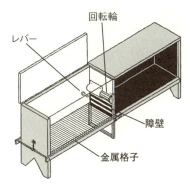

図 1　シャトル箱［Miller 1948, 一部改変］
　床が金属格子になっている手前の区画が白に塗られており，その奥の区画は黒く塗られている。区画を区切る中央部（黒と白のストライプの障壁）付近には回転輪とレバーがある。

●**回避反応理論の展開**　上述のように 2 要因理論には実際のデータと一致しない点があったため，批判や新しい理論が出てきた。その一つが，オペラント条件づけの枠組みのみで回避反応は説明可能と考える 1 要因理論である。R. J. ハーンシュタインと P. N. ハインライン（Herrnstein & Hineline, 1966）は，2 秒あたり 30％の確率で電撃が到来するタイマーを設置した実験装置の中にラットを入れた。装置にはレバーが設置され，そのレバーを押すと 2 秒あたり 10％の確率で電撃呈示されるタイマーに切り替えられた。なお，一度レバーを押すと 10％のタイマーによる電撃が生じるまでは，30％のタイマーに切り替わらない設定となっていた。この実験の結果として，彼らは 18 匹中 17 匹のラットがレバー押し反応を獲得したと報告しており，回避反応の維持は嫌悪刺激（電撃）到来の低減（オペラント条件づけの枠組み）だけで説明可能であると述べている。この他の回避反応に関する理論としては，回避反応によって嫌悪刺激が到来しないという「期待」が形成され，それが回避を持続させていると考える認知的理論や，回避反応が種に特有の防御反応である場合，速やかに回避学習が成立すると主張する生物学的理論がある（Mazur, 2006）。　　　　　　　　　　［松本明生］

📖**さらに詳しく知るための文献**

［1］Mazur, J. E. 2006 *Learning and Behavior* (6th ed.), Pearson Prentice Hall.（磯　博行ほか訳 2008 メイザーの学習と行動〔日本語版第 3 版〕二瓶社）

系統的脱感作法の
基礎研究

☞ 行動療法と行動理論 p.8, レスポンデント条件づけの基礎研究 p.48, 恐怖条件づけの基礎研究 p.52, リラクセーションの基礎研究 p.72, 拮抗制止法 p.256

　系統的脱感作法は J. ウォルピ（Wolpe）によって行動療法の創成期に開発された。レスポンデント条件づけの原理に基づいて不安や恐怖を改善する行動療法の代表的な治療法である。系統的脱感作法は主として次の3要素で構成される。(1) 不安階層表の作成，(2) イメージによる段階的曝露（イメージエクスポージャー），(3) 拮抗反応による逆制止。拮抗反応とは，不安や恐怖と同時に起こりえない反応であり，代表的な拮抗反応として主張反応，弛緩反応，性反応，運動反応があげられる。拮抗反応が不安を制止するという逆制止の考えに基づき，条件刺激と不安反応の間に形成された連合が，当該刺激と拮抗反応の連合に置き換えられることをねらいとしている。

　標準的な手続きとしては，まずは E. ジェイコブソン（Jacobson）の漸進的筋弛緩法でリラクセーション（弛緩）反応を獲得する。そして，不安を感じる刺激や場面について整理した不安階層表を作成する。治療対象となる場面や刺激を列挙し，それぞれについて不安や恐怖の程度を Subjective Unit of Disturbance（あるいは Subjective Unit of Distress: SUD：自覚的障害単位）として 0 ～ 100 で評定する。SUD の高いものから順に並べたものが不安階層表である。一つのテーマについて，10 ～ 15 ほどの場面や刺激で構成する。

　リラクセーション反応（拮抗反応）をつくった上で，弱い不安を喚起する刺激をイメージする。このイメージ曝露によって不安が喚起されたら再度筋弛緩を行う。これを繰り返し，不安が十分に減弱したら，次に強い不安の刺激に曝露を行う。イメージ曝露を行う刺激は不安階層表に基づいて段階的に行う。

●**系統的脱感作法の基礎研究**　系統的脱感作法の基本的発想と原理について詳述されている『逆制止による心理療法』（Wolpe, 1958 訳 1977）をもとに基礎研究を紹介する。

　ウォルピは南アフリカのウィットウォーターズランド大学において，ネコを対象とした神経症の形成と消去について実験的に検討し，ネコが摂食行動をとりながら不安喚起刺激に段階的に曝露されることで不安反応が改善されることを発見した。摂食行動によって不安反応を制止する発想は，シェリントン（Sherrington）によって用いられた脊髄反射に関する「逆制止」の原理に基づいている。屈筋と伸筋のように相互に制止し合っている活動を参考にして，一つの反応が生起することによってほかの反応の強さが減弱するという原理が適用された。ウォルピは拮抗する交感神経と副交感神経の関係に注目し，交感神経の活性化によって生じる不安は，副交感神経の活性化による消化によって制止され，条件刺激と不安反応との

結びつきが弱まると考えた。また，M. C. ジョーンズ（Jones, 1924）は恐怖症を抱える子どもに摂食行動をとらせることで，恐怖対象に段階的に接近できるようになった研究を報告しており，これも系統的脱感作法の開発に寄与している。

ウォルピの実験の詳細は次のとおりである。ネコが実験室Aにあるケージにいるときに電気ショックを与え，実験ケージに対する恐怖反応を形成した。対象のネコは，実験室Aに近似した実験室（B〜D，窓の数や壁の色などによって近似度が異なる）にも恐怖反応を示すようになった（般化）。例えば，実験室Aとの近似度が最も低い実験室Dにおいても恐怖反応を示すネコに対しては，まずは実験室外の通路や実験室Dで摂食行動をとらせ，その後も摂食行動を繰り返すと恐怖反応が軽くなった。その後，少しずつ近似度が高い実験室で摂食行動をとらせることを繰り返し，最終的には実験室A内のケージで食べられるようになった。手続きとして興味深いことに，最終的にはエサを食餌箱だけで提示するのではなく，ケージ内に「ばらまき」，ケージ内のどこでも摂食行動がとれるようになると，あらゆる刺激に対する不安反応の減弱が早まった。

ネコの実験結果を人間に適用するにあたり，不安反応を抑制して習慣強度を弱めるものが摂食のほかにあるか検討された。その中であげられたのが上記の拮抗反応である。また，ウォルピは当初，実際の不安喚起刺激にさらす実験を始めたが，段階的な場面を設定することが難しかったため，イメージによる曝露を思いついた。そして，イメージ曝露による効果が実際の刺激場面に転移することを重視した。

●ディスマントリング（**dismantling**）研究による治療要素の検討　1960〜1970年代には，系統的脱感作法を構成する治療要素のどれが効果をもたらしているのかを明らかにするために，治療法を分解して比較するディスマントリング研究が行われた。系統的脱感作法フルパッケージを実施する群，リラクセーションのみを実施する群，イメージ曝露のみを実施する群などを設定して効果の比較が行われた。複数の研究の結果，リラクセーション反応や，不安階層表に基づいて段階的にイメージ曝露を行うことは重要ではないことが明らかにされた。また，系統的脱感作法の治療効果が，治療への信頼度や効果への「期待」などの非特異的要因によって説明可能であるかどうかも検討された（Kazdin & Wilcoxon, 1976）。そして，I. マークス（Marks, 1978）以降，不安反応の減弱に重要な要素は，イメージよりも，現実の刺激に対する十分な曝露であると考えられるようになった。　　［金井嘉宏］

📖 さらに詳しく知るための文献
[1] O'Donohue, W. T. et al. 2001 *A History of The Behavioral Therapies: Founders' Personal Histories.* New Harbinger Publications.（坂野雄二・岡島 義監訳 2013 認知行動療法という革命—創始者たちが語る歴史　日本評論社）
[2] Wolpe, J. 1982 *The Practice of Behavior Therapy* (3rd ed.) Pergamon Press.（内山喜久雄監訳 1987 神経症の行動療法—新版行動療法の実際　黎明書房）

反応指標間の関連性の基礎研究

☞ 系統的脱感作法の基礎研究 p.56, 情動処理理論の基礎研究 p.60, モデリング法 p.274

　脅威刺激に対する恐怖反応は多様で，さまざまな指標で測定することができる。P. J. ラング（Lang, 1971）は，多様な表出形態をとる恐怖反応を主観的嫌悪感・行動的回避・生理的覚醒という3次元からとらえる3要因システムモデル（three components system model）を提唱している。これら3次元の反応は常に密接な関係にあるのではなく，「ゆるい関連性（loosely coupling）」にある。ラングは刺激と反応という関係性に加え，反応システム間の関連性にも着目すべきであると指摘している。

●**反応システム間の関連性の定義**　S. ラックマンと R. ホジソン（Rachman & Hodgson, 1974）は，恐怖反応間の関連性は治療技法などの影響を受けていると考え，concordance/discordance, synchrony/desynchrony の概念のもと，反応システム間の関連性が臨床的に有用な指標になりうる可能性を指摘している。concordance/discordance は，特定の時点における反応間の関連を指し，対象者を通して得られる相関係数が指標として用いられることが多い。関連性が認められる状態を concordance，関連性が認められない，あるいは逆の関連の場合を discordance と定義している。synchrony/desynchrony は反応の時系列変化における関連性の指標であり，反応の変化パターンが類似した傾向を示す場合を synchrony，変化パターンが類似していない，あるいは逆パターンの場合を desynchrony と定義している。concordance/synchrony が安定した状態だとされている。

●**反応システム間の関連性に関する仮説と検証**　R. ホジソンと S. ラックマン（Hodgson & Rachman, 1974）は，それまでの知見をもとに反応システム間の関連性に関する五つの仮説を提唱している。第1仮説は喚起される情動の強さに関する仮説であり，第2仮説は課される課題水準に関する仮説，第3仮説は治療技法の違いに関する仮説であり，第4仮説はフォローアップ期間に関する仮説である。第5仮説は，心拍数（HR）と皮膚電気活動（SCR）という生理指標の違いに関するものであり，synchrony の概念を検討する上で本質的な仮説とは言えない。

　岩永（1987）は，第1～4仮説に関する検証レビューを行っている。その結果，第2仮説を明確に支持する報告はなされていないが，残りの仮説については支持する知見が得られており，synchrony が治療技法のもつ特徴記述や治療効果の指標になりうると報告している。synchrony は反応の表出が安定している状態であり，良好な治療結果と関連している。従来の synchrony 研究は大人の恐怖症者・社交不安症者を用いた研究であったが，K. B. アレンほか（Allen et al.,

2015）は，動物恐怖や特定の環境恐怖の認められる児童を対象とした検討を行っている。その結果，主観的嫌悪感と行動的回避にsynchronyが認められた児童の治療効果は高いが，示さなかった児童は主観的嫌悪感の改善が悪く，治療効果は低いことを報告している。このように，対象者の年齢に関係なく，synchronyは良好な治療結果を示す指標として有用であることが示されている。

● **synchronyに影響する個人差と臨床応用**　恐怖反応の表出には，個人によって表出されやすい次元が存在する。それをリアクター（reactor）と言う。同じ恐怖症であっても，認知次元で表出しやすい患者もいれば，行動次元もしくは生理次元で表出しやすい患者もいる。このリアクターが反応システム間のdiscordanceや治療経過におけるdesynchronyを生じさせる原因となっている。

　このリアクターの存在は，症状のアセスメントにも関連する。質問紙のみを用いて症状や治療経過のアセスメントをした場合，認知的リアクターでは問題はないが，行動的・生理的リアクターにとっては恐怖の程度を低く評価される可能性があるからである。そのため，認知・行動・生理の各反応システムでの指標を用いたアセスメントを行うことが大切である。

　恐怖が獲得される過程の違いがリアクターを生じさせることから，リアクターによる反応の偏りを解消する技法が恐怖の軽減には効果的であるという考えのもと，調和技法（consonant treatment）が提案された（Öst et al., 1984）。調和技法はリアクターとして認められる反応次元に焦点をあて，その次元の反応を軽減する治療技法を用いるという方法である。例えば，認知的リアクターにはストレス摂取訓練や系統的脱感作のように認知的反応を低減させやすい技法を実施することを指す。また，生理的リアクターにはリラクセーション法が，行動的リアクターにはフラッディング法が調和技法となる。一方，ストレス摂取訓練は，生理的リアクターや行動的リアクターにとってはリアクターとの整合性の低い非調和技法（unconsonant treatment）となる。調和技法において治療効果が高く，反応が安定することからsynchronyが認められる（Öst et al., 1984）。

　リアクターに調和した技法を実施するためには3要素システムモデルに従って三つの反応システムの指標を測定することが重要であるが，多次元にわたって複数の指標を測定することは手間やコストがかかるという問題もある。しかし，リアクターを考慮したアセスメントを行うことや効果的な治療技法を選択・実施するためには，複数の指標を測定する多次元的なアセスメントは重要である。

〔岩永　誠〕

📖 **さらに詳しく知るための文献**

［1］岩永　誠　1987　不安反応の指標間synchronyに関する研究展望と問題点．行動療法研究　13，29-43．

情動処理理論の基礎研究

☞ 反応指標間の関連性の基礎研究 p.58, 制止学習アプローチの基礎研究 p.62, 心的外傷後ストレス障害の認知行動療法の基盤となる研究 p.96, 持続エクスポージャー法（PE）p.264

　情動処理理論（emotional processing theory：EPT）は，不安症の病態や治療過程を理解したり，エクスポージャー療法の作用機序を説明する理論として，E. B. フォアと M. J. コザック（Foa & Kozak, 1986）が提唱した。この理論が提唱された当時，エクスポージャー療法は，使用頻度や有効性に比して，作用機序が明らかでなく，古典的な学習理論のみの説明に限界が指摘されていた（Foa & Kozak, 1986）。

　フォアらは，病的な不安の形成・改善過程を説明するには，刺激-反応の連合だけでなく，それらに対する"意味"も組み込む必要があると考えた。そこで，P. J. ラング（Lang, 1977）の生物情報理論（bio-informational theory）を参照し，恐怖構造（fear structure）という概念を提案した。恐怖構造とは，刺激（恐怖を惹起する視聴覚情報，脅威的な出来事を経験した際の状況や文脈），反応（不安，呼吸苦や麻痺，回避行動），意味（破局的な解釈，無力感を帯びた考え方）情報の3種類の情報が一つの認知構造を成して，記憶内に表象されたものである。この概念は，恐怖の治療に際して単一の要素だけに注目するのではなく，3種類の情報を包括的に扱う必要性（Lang, 1977）を強調しており，環境と個人内過程の相互作用を観察・分析する認知行動療法の特徴とも符合する。

●**情動処理による恐怖構造の修正**　フォアとコザックは，恐怖構造の正常-異常を以下のように区別した。正常な恐怖構造では，車が接近してくると（刺激），危険だと認識し（意味），恐怖を感じ（反応），道路の脇に避ける（反応）という現実的な恐怖反応を呈する。しかし，異常な恐怖構造では，遠くの車の走行音に（刺激），驚きその場に倒れ（反応），「恐ろしい事故が起きる」と考え（意味），建物内に避難する（反応）など，非現実的で極端な恐怖を示す。異常な恐怖構造では，①刺激-反応-意味情報の連合が現実を正確に反映していない，②客観的には安全な刺激が恐怖反応を生じさせる，③恐怖反応が容易かつ過剰に喚起する，④安全な刺激や反応を危険と解釈する（誤解釈，破局視）という特徴が認められる。

　不安症などの病的な恐怖の治療は，病的な恐怖構造を，適応的な恐怖構造に修正することであり，これが情動処理とされる（Foa & Kozak, 1986）。もともと情動処理は，情動が喚起，減少，消失する過程を示す用語だったが（Rachman, 1980），フォアらは，この過程がスムーズに起きる，すなわち効果的な情動処理の条件として，①恐怖構造の活性化と，②既存の恐怖構造の情報と相容れない新しい情報を組み込むことの2点をあげた（Foa & Kozak, 1986）。

●**恐怖構造の活性化（情動の喚起）**　エクスポージャーは，まずセッション内で

ターゲットとなる情動を確実に喚起し，恐怖刺激や連合している意味情報を十分に活性化させる。エクスポージャーを繰り返すと，情動のセッション内馴化（in-session habituation：ISH）およびセッション間馴化（セッションごとに情動の喚起のピークが低下：between-session habituation：BSH）が起きる。この情動の喚起およびその後の馴化（habituation）の進展は，情動処理の指標と考えられていた（Foa & Kozak, 1986）。しかし，近年のメタ分析では，恐怖の喚起，ISH，BSH とエクスポージャー療法のアウトカムとの間に期待された関連が見出せず，EPT を支持しない結果が示された（Rupp et al., 2017）。残念ながら，これらの指標は，情動処理を適切に反映していないのかもしれない。ただ，情動の喚起とは，単なる ON-OFF ではないため，"喚起レベル"という視点が必要だろう。例えば，フォア自身，エクスポージャーにおける恐怖の"活性レベルの適切さ"に言及しているが（Foa et al., 2006），その後詳細な検討は行われていない。しかし，情動の過活性がヒトの学習に干渉的に働く可能性（Baldi & Bucherelli, 2005）や，うつ病治療では情動の喚起度とアウトカムとの関係が曲線形を示す（Carryer & Greenberg, 2010）などの知見を踏まえると，情動処理を促進する"最適な喚起レベル"の存在がうかがえる。

●新しい情報の組み込み（意味の変化）　フォアほか（Foa et al., 2006）は PTSD の自然回復過程を示す中で，恐怖構造の二つの"意味"情報の変容の重要性を指摘している。それらは，「世界は完全に危険である」と「自分が全部ダメだ」と表現される。情動処理では，既存の恐怖構造内の「世界」や「自分自身」の意味情報と相容れない情報を組み込み，情動体験の新しい意味の生成が必要である。「この道路は交通事故の危険で溢れている」には何事もなく車が数十台通り過ぎていく体験が，「自分は車から身を守れない」には安全に道路を横断する体験が，新しい情報になる。重要なことは，新しい情報は単なる言語情報や命題ではなく，既存の意味情報とは相容れない体感を伴うことである。情動体験の新しい意味の生成は，単なる意味や思考の置き換えや，一方的な説諭や指導では生じない。この考え方は，認知行動療法の認知変容の手続きにとって示唆に富んでいる。

　本項では紙幅の都合で詳細を割愛するが，情動処理を志向した治療において，適切なレベルの情動の喚起とその体験過程を重視すること，言語的命題が直接情動処理を担うのではなく，身体感覚などの体験的・含意的な情報が情動処理を促進するという考え方は，ほかの情動処理理論家も指摘している（Pascual-Leone & Greenberg, 2007；Power & Dalgleish, 1999；Teasdale, 1999）。　　　［甲田宗良］

□さらに詳しく知るための文献
[1]　Foa E. B. et al. 2007 *Prolonged Exposure Therapy for PTSD*, Oxford University Press.（金 吉晴・小西聖子訳 2009 PTSD の持続エクスポージャー療法 星和書店）

制止学習アプローチの
基礎研究

☞ レスポンデント条件づけの基礎研究 p.48, 恐怖条件づけの基礎研究 p.52, 情動処理理論の基礎研究 p.60, 持続エクスポージャー法 (PE) p.264

　エクスポージャー療法は不安症の中心的な治療法であり，高い効果を示している。制止学習アプローチは「エクスポージャー療法はなぜ有効なのか」という問いに，レスポンデント条件づけの最新知見から答え，その効果をより高めようとする取組みである。このアプローチはエクスポージャー療法の理論的な説明として馴化に依存することへ警鐘を鳴らしている。その理由は，一度のエクスポージャーセッション内での不安の減少量が治療効果を予測しないためである (Craske et al., 2012)。また，「恐れている状況に直面し続ければ，不安が一度は高まるが必ず下がる」という説明を強調しすぎると，①不安が低下しない場合にクライエントが治療は失敗したと考える，②不安を下げようとする試みが回避行動として機能するリスクがある。制止学習アプローチはエクスポージャーを通した学習を最大化することを目的としている。

●**理論的背景**　無条件刺激（US）との対呈示によって条件反応を誘発するようになった条件刺激（CS）は，US なしに単独呈示をくり返されると条件反応を誘発しなくなる（消去）。不安や恐怖といった条件反応を誘発する CS と US とのつながりを興奮性連合，消去手続きによって獲得される CS と noUS（US の非到来）のつながりを制止性連合と呼ぶ。消去手続きは興奮性連合を消し去るのではなく，もともとの興奮性連合に制止性連合を上塗りすることで不安や恐怖の出現を阻害するプロセスである。一方，消去した条件反応が再び現れることもあり，それには時間をおくこと（自発的回復），消去を行った文脈から別の文脈へ移ること（復元），これまでの学習に関連のない US が提示されること（復位）が関わっている。また，条件づけ試行を再び行うと以前より速く条件づけが獲得される（急速な再獲得）。これらの現象は治療後の不安症の再発を説明することができる。

　連合が獲得される量を説明する理論にレスコーラ・ワグナーモデルがあり，新たな体験を通した驚きが大きいほど学習が促進される。消去の過程では，「必ず恐ろしいこと（US）が起こるに違いない」という予期が明確なときに，不安を誘発する対象（CS）に向き合い，予測していた結果（US）が生じなければ，制止性連合を大きく獲得することになる。この制止性連合には文脈が影響を与える。文脈とは，実験場面を通じて存在する背景刺激である（中島・獅子見, 2003）。条件づけが行われる部屋や，そこに存在する物，さらにはホルモンや薬物などの内的な状態も文脈に含まれる。興奮性連合は CS と US の間で直接的に形成されるが，制止性連合では CS と US の間で文脈がゲートの役割を果たす（Bouton, 1994）。CS と直面した際に「消去の文脈」が記憶から検索されることによって，このゲートが開き，

恐怖や不安が制止されるのである。そのため，制止性連合の獲得を最大化し，消去文脈の検索性を高めることが重要となる。M. G. クラスケほか（Craske et al., 2014）はエクスポージャー療法を最適化するための八つの方法を提案している。

●**制止学習アプローチに基づくエクスポージャー手続き** ①予期の妨害：きっかけ（CS）があると恐れていたこと（US）が起こるという予感を明確化し，CSのみがあり US が起こらない体験（CS-noUS），つまり予期と現実とのギャップをはっきり体験する。何を恐れており，それが生じる確率がどのくらいあるのかをエクスポージャー前に述べ，その仮説を検証できる課題を行う。終了後に予期は正しかったかどうかを振り返る。②消去の深化：二つ以上の CS がある場合，各 CS に対して単独でエクスポージャーを行い，その後に二つの CS を組み合わせてエクスポージャーを行う。③時おりの強化を含む消去：消去中に，時おり CS-US の対呈示（強化）を体験する。そうすると CS の明瞭度が高まる。高い明瞭度は学習を促進し，再発を抑えることが期待される。ただし，この手続きは過呼吸といった本質的に害のない US に限られる。④安全信号・安全確保行動の除去：安心をもたらす物や不安を和らげる行為は予期を事前に低下させてしまうため使用を控える。⑤変動性：さまざまな刺激や出来事で溢れる日常のように，使用する刺激の種類や強度を変化させる。不安階層表に沿った段階的な方法ではなく，ランダムな順序で課題に取りくみ，変動性を高める。⑥検索手がかり：文脈の検索を助けるために，エクスポージャー中に身につけた刺激をほかの場面でも用いる。ただし，これが安全信号とならないよう留意する。⑦多様な文脈：文脈の変化による恐怖の復元を防ぐために，さまざまな時間帯，場所，状況でエクスポージャーを行う。曜日や天候，自宅，会社，旅先，バスの中など多様な文脈を活用する。変動性が治療の体験を多くの文脈と結びつけ，後に文脈を検索しやすくする。⑧感情ラベリング：エクスポージャー中の感情に「私は恐ろしいと感じている」といった具合に叙述する。

●**今後の研究** エクスポージャー療法と消去ほど，基礎と臨床の相互作用が盛んな領域はない。それでもなお，基礎研究の進歩を臨床実践へ橋渡しするためには課題が山積している。制止学習アプローチは完全に確立されている訳ではないのである。現在も，さらに治療効果を高めるために，エクスポージャー中にポジティブな情動を誘導すること，明瞭度を高めるための注意トレーニング，学習と記憶に影響を及ぼす薬理学的な手法（D-サイクロセリン）などの研究が進められている（Craske et al., 2018）。

[権上 慎]

📖**さらに詳しく知るための文献**
[1] 二瓶正登・澤 幸祐 2017 不安障害および曝露療法を理解するための現代の学習理論からのアプローチ 専修人間科学論文集 7, 45-53.

認知情報処理モデルの基礎研究

☞ 認知療法と認知理論 p.12, うつ病の認知モデルの基礎研究 p.84, 全般性不安症の認知行動療法の基盤となる研究 p.92

　認知心理学は，1960年代以降，コンピュータ科学の発展に伴い急速に発展し，人間の情報処理過程に関する多くの知見を蓄積してきた。同時期にエリスやベック，ラザルスなどが認知的観点から臨床的問題を説明し，認知療法の誕生につながった。1980年代以降，認知心理学の知見や技法を応用することで，感情が人間の情報処理過程に及ぼす影響について検討されるようになり，いわゆる「暖かい認知心理学」の発展へとつながった。特に不安や抑うつといった特定の情動の影響を明らかにすることは，不安症やうつ病の発症・維持メカニズムを明らかにするとともに，新しい介入技法の開発にも貢献してきた。

●**認知バイアス**　不安や抑うつで認められる情報処理過程の偏りを認知バイアスと呼び，主に注意バイアス，記憶バイアス，解釈バイアスの総称として用いられる。注意バイアスは，脅威情報に対する選択的注意を指す。注意処理は，前意識段階（情報処理の最初期の段階）で刺激を検出して注意を向け（orienting），その刺激への注意を維持する（engagement）"定位"と，対象から注意を外し（disengagement），ほかの対象に注意を向ける"解放"からなる。そのため注意バイアスは，脅威情報に対する注意の向けやすさだけでなく，注意の解放しにくさも含んでいる。記憶バイアスは，脅威情報に偏った情報が想起される現象を指し，意図的に情報を思い出す際に，脅威情報に偏って想起される顕在記憶バイアスと，以前学習した脅威情報の影響を受けて，想起意図を伴わず自動的に脅威情報に偏って想起される潜在記憶バイアスからなる。解釈バイアスは，あいまいな，あるいは多義的な出来事や情報を否定的なものとして解釈することを指す。

●**不安と抑うつの認知バイアス特異性**　これまで，各バイアスに関する研究を概観する展望論文がいくつか報告されている（不安における注意バイアスを概観したY. バーハイムほか（Bar-Haim et al., 2007）や抑うつにおける注意バイアスを概観したA. D. ペッカムほか（Peckham et al., 2010））。それらによると，不安では定位における注意バイアスが安定して認められ，効果サイズが小さいものの解放においても注意バイアスが認められる。また，注意バイアスは，不安症患者だけでなく不安傾向の高い健常者（高特性不安者）においても認められる。一方，抑うつでは，定位段階の注意バイアスは認められにくいものの，課題の条件によっては弱い効果量ながらも認められる場合がある。記憶バイアスについて，不安では顕在記憶バイアス，潜在記憶バイアスいずれも認められにくいものの，不安のサブタイプによっては，不安の内容に関連した情報に関する顕在記憶バイアスが認められるという報告もある（パニック症患者におけるパニック発作関連

情報の想起，社交不安者の社会関連情報の想起など）。一方，抑うつでは顕在記憶バイアス，潜在記憶バイアスともに認められやすい。解釈バイアスは，不安でも抑うつでも頑健な知見が得られている。特に，侵入思考に対する解釈バイアスは，PTSDや強迫性障害の深刻さを予想することが指摘されており，注意バイアスと並んで不安や抑うつに対する認知的脆弱性を構成する要素であると考えられている。このように，不安と抑うつでは認められやすい認知バイアスが異なることが明らかになっている。

●**認知バイアスモデル**　研究の初期には，個人のもつスキーマ（スキーマモデル）や，感情が喚起されることにより賦活した記憶ネットワーク（感情ネットワークモデル）の影響によって認知バイアスが生起すると説明されてきた。しかし，これらのモデルは，前述した異なる感情間での認知バイアスの違いを説明することができなかったことから，感情の違いが情報処理過程に及ぼす影響に焦点をあてた新しいモデルが提案されてきた。J. M. G. ウィリアムズほか（Williams et al., 1988, 1997）のモデルは，感情と資源配分の関連性の観点から，認知バイアスの特異性の説明を試みている。不安では前意識段階の処理に，抑うつでは精緻化段階の処理に認知資源が配分される。この認知資源配分には，不安や抑うつに対する脆弱性（特性不安，特性抑うつ）が影響しており，特性不安が高くなるほど脅威情報に対する定位が強められ，低くなるほど脅威情報を回避しようとする。同様に特性抑うつが高いほど否定的情報を高度に精緻化（刺激を詳細に処理すること）する一方，低くなると精緻化を避けるようになる。また，一時的な不安気分や抑うつ気分は，刺激評価に影響し，強い気分が喚起されるほど，刺激を脅威的，あるいは否定的に評価しやすくなり，その結果資源配分メカニズムが働きやすくなる。そのため，特性不安が高い個人の不安気分が高まるほど注意バイアスが認められやすく，特性抑うつと抑うつ気分が高いほど記憶バイアスが認められやすくなる。K. モッグとB. P. ブラッドリー（Mogg & Bradley, 1998）のモデルは，感情と目標遂行システムの関連性の観点から注意バイアスを説明している。不安・抑うつの脆弱性は，刺激の感情価評価の違いに影響し，脆弱性が強いほど刺激の脅威価を高く評価しやすい。刺激が脅威と評価されると，不安では現在の目標を中断し，脅威に注意を向ける危険モードが駆動するため注意バイアスが認められる。一方，抑うつでは外的な目標に対する関心を失う結果，注意バイアスは生じなくなる。しかしいったん脅威情報に注意が向くと，解放が困難になり，反すうなどが引き起こされる可能性があると説明されている。　　　［藤原裕弥］

📖 **さらに詳しく知るための文献**
[1] ウェルズ，A. & マシューズ，G.　箱田裕司ほか監訳　2002　心理臨床の認知心理学　培風館.

社会的学習理論の基礎研究

☞ 行動療法と行動理論 p.8, 認知療法と認知理論 p.12, 情動処理理論の基礎研究 p.60

　社会的学習理論について提唱者であるA. バンデューラ（Bandura, 監訳1979）は，「社会的学習理論は，相互作用的因果モデルによる認知的機能主義の立場に立っている。ここで，相互作用的というのは，行動と個人的要因と環境のそれぞれが互いに規定しあっているという意味で，三項間の相互決定論を含む過程を指している」と述べ，学習の新たな形態を定義した。

●**模倣学習と観察学習**　生体の行動がどのように獲得されていくのかについての基本様式は，それまでは学習者が反応を遂行してその結果を経験することによってのみ成立しうる，すなわち直接経験のみによると考えられていた。しかし，N. E. ミラーとJ. ダラード（Miller & Dollard）は1941年の *Social Learning and Imitation* で，いくつかの実験結果を紹介し，新たな学習形態について論証した。例えば，見かけは同じ菓子の入った箱とからの箱を置いておき，モデルとなる子どもにはあらかじめ入っている箱を教え，部屋に入るとその箱を開けて菓子をとるよう指示しておく。被験者は，この様子を見たうえでどちらかの箱を選ぶよう求められると，ごくわずかな試行で菓子の入った箱を選べるようになる。ミラーとダラードは，この実験で被験者の子どもはモデルと同じ行動をする，つまり模倣することにより直接強化を受けることで学習が成立したことを示し「模倣学習」という概念を提唱した。

　一方バンデューラは，学習者の模倣による直接強化経験に基づかなくても，学習が成立すると述べ，子どもの行動形成に関する次のような著名な実験を同僚のロスとともに行った。子どもを二つのグループに分け，一方にはおもちゃの部屋で1人の大人が人形に乱暴しているのを見せる。もう一方には大人が普通遊んでいるのを見せる。その後両グループの子どもを1人ずつこの部屋の中に入れ，その様子を観察した結果，前者（攻撃行動を観察した）は後者に比べ明らかに攻撃的であった。このことから，こどもは直接強化が随伴していない状況でも，モデルの行動を自発的に模倣することが明らかになった。バンデューラは，このように直接経験ではなく，他者が強化されているのを観察することを通しても学習が成立することを説明した。この過程では，観察対象の他者が学習者の代理として強化を受けているためこれを「代理強化」と呼び，この過程を「観察学習（モデリング）」とした。

●**観察学習の過程**　バンデューラによれば，観察学習（モデリング）は図1のような四つの学習過程にまとめられる。生体は，学習したことのすべてを実行するわけではないため，社会的学習理論では，習得と遂行を異なる過程として記述しているのが特徴であるといえる。まず，注意過程ではモデルの行動の重要な特徴に注

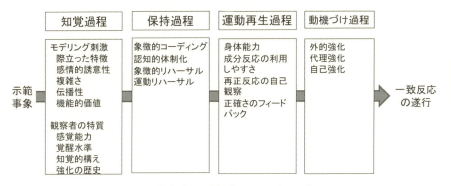

図1 観察学習の過程 [Bandura, 訳1979]

目して知覚し(「見る」),保持過程ではモデルの行動を象徴化して記憶の中に保持する(「覚える」)。運動再生過程では象徴的表象を行動として実行し(「行動する」),そして動機づけ過程においては,行動により随伴する結果によって行動を修正(「修正する」)していくステップということになる。このうち動機づけ課程で随伴する結果は,先の代理強化を含む外的強化,自己強化により次回への動機づけを形成する。強化のうち,前2者は,行動の遂行による環境変化の知覚により成立するが,自己強化は,「人々は自分に満足を与える行動は表出するが,不満を感じる行動は拒否する」というD. J. ヒックス(Hicks, 1971)の知見に基づく。そして,この四つの過程についてバンデューラは,学習そのものは,行動の実行と結果の随伴を経験しなくても注意と保持過程を経験するだけで行動が成立すると考えた。

●**社会的認知理論へ** バンデユーラは,こうした個人の学習形態に関する知見に加え,1971年の *Social learning theory*(Bandura 訳1974)において「認知的制御」に関する記述している。この中で彼が「行為は必ずしも外的要因だけから予測できるものではない。なぜなら,認知的要因が働いて(中略)行うことを部分的に決定しているからである」と示していた要因について,後に行動決定(予測)の主要な認知的変数として自己効力感(Self-efficacy)理論を発展提唱した(Bandura, 1977)。そして,前述のモデリング理論を含むその後行動の形成と維持,遂行に関する理論を包括した *Social foundation of thought and action: A social cognitive theory*(Bandura, 1986)により,社会的学習理論を発展させた「社会的認知理論」を提唱するに至った。　　　　　　　　　　　　　　　[東條光彦]

📖 **さらに詳しく知るための文献**
[1] バンデユーラ,A. 原野広太郎訳 1979 社会的学習理論 金子書房.
[2] 坂野雄二・前田基成編 2002 セルフ・エフィカシーの臨床心理学 北大路書房.

心理学的ストレスモデルの基礎研究

☞ ストレス—脆弱性仮説 p.30, ストレスの生理学的理解 p.32, 子どもの身体疾患 p.162, 学校ストレスとストレスマネジメント p.430

　心理学的ストレスモデルは，ストレッサーがどのような過程を経てストレス反応に影響を及ぼすのかを理解する上で有用である。ストレッサーとは，ストレス反応を生じさせる刺激や状況のことである。ストレス反応とは，ストレッサーに伴って生じる情緒的，認知行動的，身体的反応のことである。心理学的ストレスモデルによって，例えば同じ状況を経験しても，落ち込む人もいれば，そうでない人もいるというような個人差を説明することができる。本項では，代表的な心理学的ストレスモデルであるR. S. ラザルスとS. フォルクマン（Lazarus & Folkman, 1984 訳 1991）によるトランスアクショナル・モデルの概要を述べ，研究例や難しさを述べる。

●トランスアクショナル・モデル　このモデルによると，ストレス反応はストレッサーになる可能性のある状況（潜在的ストレッサー）に対する認知的評価とコーピングによって決定される（図1）。認知的評価は，潜在的ストレッサーをどのように認知するかに関する概念であり，1次評価と2次評価に分けられる。1次評価では，その状況がその人の幸福，信念，価値，目標を「脅かす」のかが評価される。脅かす可能性がある場合は「ストレスフル」，関係がない場合は「無関係」，害がないか好ましい場合は「無害-肯定的」という評価がなされる。「ストレスフル」評価には，さらに「害-損失」，「脅威」，そして「挑戦」という三つがある。「害-損失」評価はすでに幸福などが脅かされている場合，「脅威」評価はそうなる可能性がある場合，「挑戦」評価は状況から自分に得るものがある場合になされる。2次評価は，「ストレスフル」と評価された状況に対して行うコーピングについて，生じる結果や実行可能性などが検討される。コーピングは，ストレッサーの影響性を軽減する認知的，行動的努力の総称のことである。一般的に，コーピングは，ストレッサー自体を変化させるための問題焦点型コーピングとス

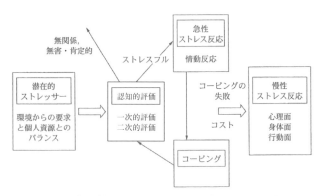

図1　心理学的ストレスモデルの概要［小杉 2002：36］

トレッサーによって生じたネガティブな情動を緩和するための情動焦点型コーピングなどがある。認知的評価とコーピングは時間経過に伴い変容する。ストレッサーは再評価され，それに応じて異なるコーピングが利用される。一連の認知的評価とコーピングの結果として，ストレス反応が生じると考えられている。なお，この過程にはソーシャルサポートなどさまざまな要因が関与する（坂野，1995）。

●**認知的評価に関する研究**　トランスアクショナル・モデルに関する基礎研究として，認知的評価に関する研究例を紹介する。手塚ほか（2007）は，認知的評価の変容（再評価）がネガティブ感情や心臓血管反応の変化などのストレス反応の持続に与える影響を検討した。実験では，参加者に対して，後にそのでき具合を評定しフィードバックする旨を伝えた上で（実際にはフィードバックはされなかった），"日常生活に心理学はどのように生かせるか"についてスピーチすることを求めた。参加者は無作為に3群に分けられ，スピーチ課題終了後に別々の教示が与えられた。脅威群の参加者は，スピーチに不明な点があるため，録画映像を見ながら質疑応答を受ける旨を伝えられた。これは状況に対する脅威性を高めるための教示であった。非脅威群の参加者は，実際には録画も評定もしていなかった旨を伝えられた。これは状況に対する脅威性を低めるための教示であった。統制群の参加者は待機するように教示された。その結果，非脅威群の参加者と比較して，脅威群の参加者は脅威性の増加と，状況が自分に関係しているという評価の増加が顕著であった。脅威群と統制群の間に差異はなかった。非脅威群はネガティブ感情が減少するとともに，心臓血管反応も課題前の水準まで速やかに回復した。他方で，脅威群と統制群は，ネガティブ感情の減少が小さく，心臓血管反応の回復も緩やかであった。これらは認知的評価の変容がストレス反応の持続に関与することを示唆している。ストレス反応の持続についても，脅威群と統制群の差異は明確ではなかった。従来の認知的評価に関する研究では，教示によって認知的評価を操作している例が多い。しかし，認知的評価は主観的経験に関する概念であり，実験的な操作が難しい。例えば，実験者の意図どおりに状況への認知が操作できないこともありうる。また，状況に対する予期などのほか変数も同時に変わる可能性もある（手塚ほか，2008）。

●**おわりに**　トランスアクショナル・モデルは広く知られているモデルであり，ストレスマネジメントの実践でも活用されている。一方で，その中核的変数が個人の主観的体験であり，モデルの妥当性を証明することは難しい面もある。研究手法の洗練化をしながら，モデルをさらに検証・発展させることが期待される。　［堀内　聡］

📖 **さらに詳しく知るための文献**
［1］小杉正太郎編　2002　ストレス心理学　川島書店．
［2］手塚洋介　2018　感情制御の精神生理学　ナカニシヤ出版．

刺激-生体-反応（S-O-R）理論の基礎研究

☞ 行動療法と行動理論 p.8, オペラント条件づけの基礎研究 p.50, 恐怖条件づけの基礎研究 p.52, マウラーの2要因理論の基礎研究 p.54

　認知行動療法の歴史を考える上で，その初期に最も影響を与えたのは行動主義の考え方である。J. B. ワトソン（Watson）によって提唱された行動主義は，それまで中心であった意識を対象とした内観法による研究手法を否定し，行動の観察を中心とする客観的な研究手法を特徴としている。ワトソンの行動主義は，主観的な意識を研究対象から除外し，外界の刺激（Stimulus：S）と生体の反応（Response：R）の関係から，行動の予測・制御を行うことを目的としたため，S-R理論が理論的基盤となる。こうしたワトソンの行動主義は，その後の基礎理論の拡大や臨床応用につながり，認知行動療法の起源である行動療法の基盤を形づくった。

　ワトソンが提唱した行動主義は，さまざまな修正を受けながら発展し，学習を中心テーマとし操作主義を取り入れた新行動主義につながっていった。操作主義は，科学で扱われる構成概念は具体的な操作手続きによって定義される必要があるとする考え方であり，新行動主義では，操作的な定義が可能であれば，刺激と反応の間をつなぐ生体内（Organism：O）に媒介変数を仮定できると考えたため，S-O-R理論が理論的基盤となる。S-R理論に媒介変数を仮定したS-O-R理論は，行動主義に認知的要因を取り入れ，認知行動理論に発展していくうえで，大きな1つの転換点であった。新行動主義を代表する研究者として，E. C. トールマン（Tolman），C. L. ハル（Hull），B. F. スキナー（Skinner）があげられる。トールマンとハルが媒介変数を仮定したのに対して，スキナーは一切の抽象的な原理や媒介変数を排除し，観察不能な構成概念の導入に反対したため，彼の考え方は徹底的行動主義と呼ばれる。スキナーの行動主義は，行動分析の形で現在も広く受け入れられ利用されている。

　本項目では，トールマンとハルの理論と研究を中心に認知行動理論の発展について解説を行う。

●**トールマンの目的的行動主義**　それまでの行動主義が，行動を筋肉や腺などの生理的反応の総和としてとらえようとしたのに対して，トールマンは行動を目的と目標をもつ行為としてとらえようとした。そのため，トールマンの考え方は目的的行動主義と呼ばれる（Tolman, 1932 訳 1977）。例えば，ネズミが迷路で目的地までたどり着き餌をえるとき，従来の行動主義では迷路という刺激と個々の反応の関係が学習されたと考えるが，トールマンは餌である目標と手段としての迷路刺激の関係が学習されると考えた。トールマンが行った有名な実験に十字型の高架式迷路を用いた実験がある。この迷路では，上下に伸びる通路の両端がスタート位置候補であり，左右に伸びる通路の両端が餌の置かれる位置の候補とな

る。実験は上下のスタート位置にかかわらず左右のどちらかに餌の設置位置が固定される場所学習条件，上下のスタート位置から右に曲がった位置に餌が設置される反応学習条件の2条件で実施された。この実験では，場所学習条件の方が成績がよく，ネズミは単純な反応を学習しているのではなく，迷路全体を学習していたといえる。こうした実験を通して，トールマンは刺激が目標への期待を生じさせるサインとして機能していると考えた。トールマンはこの学習をサイン学習と呼び，サイン学習によって，環境が目標を示すサインの集合体となり，先ほどのネズミの例では，環境に対する認知地図の形成が行われるとした。このように，トールマンは他の行動主義者とは異なり，認知的な概念を想定しており，将来の認知心理学の発展や認知行動理論の発展につながる理論であったといえる。

●ハルの動因低減説　ハルは，ワトソンの行動主義を精緻化するために，数式を用いて機械論的な行動理論の体系化を行った（Hull, 1943 訳 1965）。ハルは，こうした公式の中で仲介変数と呼ばれる概念をいくつか仮定し，それらを用いた公準と呼ばれる仮説を仮定し，実験を用いて検証していった。仲介変数のうち，最も有名で理論の中核となるのが動因（drive strength：D）と習慣強度（habituation strength：H）である。例えば，ネズミが迷路学習において事前に絶食させられている時間が長いほど飢えが激しいため餌に対する動機づけが強くなり，電気ショックからの回避学習において強い電気ショックを与えられるほど逃げようとする動機づけが強くなる。ハルはこうした発見に基づき，摂食行動や回避行動に対する動機づけを動因と呼んだ。また，動因レベルが同程度である場合，その行動を多く学習した経験をもつネズミほど，行動に対する消去抵抗が大きかったことから，過去の学習経験の量を習慣強度と名づけ，理論に組み込んだ。これら動因と習慣強度の掛け合わせは，ある行動を引き起こす潜在的な強さを表しており，反応ポテンシャル（E）と呼ばれる。この反応ポテンシャルがハルの理論の中心であり，動因が低減することで反応の生起に影響するため，動因低減説と呼ばれる。ハルの理論はその後も修正が加えられ，「$E = H \times D \times V \times K$」という式で表されるように，動因と習慣強度に加えて，刺激強度起動性（stimulus intensity dynamism：V）および誘導因（incentive motivation：K）によって反応ポテンシャルは生じるとされた。

　ハルの動因低減説は当時大きな影響力を有していたが，その後の研究で限界点も抱えていることが明らかになり，その影響力は急速に低下していった。一方で，ハルの門下生であった O. H. マウラー（Mowrer）や N. E. ミラー（Miller）が，認知行動療法の基礎理論として重要な回避学習や社会的学習理論の研究を行い，その後の認知行動療法の発展につながっている。

［松岡紘史］

📖 さらに詳しく知るための文献

［1］大芦 治　2016　心理学史　ナカニシヤ出版.

リラクセーションの基礎研究

☞ ストレスの生理学的理解 p.32, 不安症の脳科学 p.42, 認知情報処理モデルの基礎研究 p.64, 心理学的ストレスモデルの基礎研究 p.68, バイオフィードバックの基礎研究 p.74

　リラクセーションにはさまざまな方法が含まれるが，それらを症状の軽減や治療として用いるのか，ストレス・マネジメントのヘルスプロモーションやコーピングの方法として用いるのかなど，リラクセーションの方法を何のために用いるかで，用いる方法と効果測定の方法は異なる．疼痛コントロール一つでも，からだの特定部位の慢性疼痛や手術後の疼痛対応などさまざまな状態が含まれる．"こころ"と"からだ"の切り離せない密接な関係に基づき用いられる方法も異なるが，これらの臨床研究だけでなく，基礎研究も平行して進んでいる．

●**呼吸法・漸進的筋弛緩法・自律訓練法**　リラクセーションの方法には，"からだ"から"こころ"に影響を及ぼす呼吸法や漸進的筋弛緩法，"こころ"から"からだ"に影響を及ぼす自律訓練法やイメージ法などが含まれる．不安を抱いていたり緊張した状態は，交感神経系が亢進し迷走神経が不活性化する状態となり速く浅い呼吸になりやすく，呼気終末炭素濃度が減少し，動悸などもみられる．これらを自分の意思で，意図的に呼吸数や呼吸の深さを変化させることで，"こころ"も落ち着いた状態になる．不安や緊張度が高まっていなくても，吸気よりも呼気の時間をより長くした腹式呼吸を行うことで，高い覚醒状態を示すβ波の減少や血圧の低下，皮膚温の高まりなどに加え，緊張感の減少や爽快感の高まりなどが示されている．

　漸進的筋弛緩法は，1920年代にE. ジェイコブソン（Jacobson）が提唱して以降，約100年の歴史をもち，特定の筋肉の緊張と弛緩状態を繰り返すことで"からだ"のリラックス効果を得ていくものである．末梢部位にある筋肉の緊張状態を意図的につくることは身体的状態や身体的変化を意識化しやすくなり，その後筋肉を弛緩することで筋繊維から脳に信号が送られる．脳波では副交感神経系が優位な状態を表すα波とθ波の増加や，血流量や皮膚温の上昇，血圧や脈拍数の減少，筋電図による筋弛緩の高まりなどの身体面での変化，不安の低下やリラックス感覚の高まりなどが明らかになっている．

　自律訓練法は，1890年代のO. フォクト（Vogt）の催眠療法研究をJ. H. シュルツ（Shultz）が体系化して1932年に方法として公表された時点で，基礎的研究だけでなく臨床面での効果も示され，さまざまな領域で活用が拡大している．セルフ・コントロールの高まりとして，ホメオスターシスの回復により創造性の高まりや自律神経系のバランス効果も得られる．

●**効果測定**　基礎研究ではそれぞれの方法の効果の比較，複数の組合せによる効果，実施後の持続状態，習得過程や日常生活での般化，感情や気分，身体への影

響など，さまざまなものが含まれる。測定方法は客観的指標と主観的指標の2種類に区分でき，どちらか一方のみか二つを組み合わせて用いられる。客観的指標には生理・身体的側面から緊張や不安など交感神経系の状態を測定する方法が含まれ，脳波，脈拍や心拍数，呼吸数や血圧，皮膚電気反応（GSR）や皮膚温度，末梢の皮膚温度，筋電図，さらに脳の詳細な画像である機能的磁気共鳴画像法（f-MRI）や脳磁場計測法（MEG），単一光子放射断層撮影（SPECT）などに加え，脳内ホルモンのセロトニンやノルアドレナリン，毛髪のコルチゾール測定法などが含まれる。

一方，主観的指標には，不安や緊張状態，気分，ストレス反応，主観的苦痛状態や全般的な健康状態を，GHQやPOMS，STAIなどの質問紙や視覚的アナログ尺度（visual analogue scale）で測定される。これらは緊張や不安などのネガティブ感情や身体反応の低下や軽減などによる効果をみている。加えて，ウェルビーイング（subjective well-being）や主観的幸福感，満足感や適応感，セルフコントロール感などを質問紙を用いて測定する場合もある。リラクセーションが状態や目的に応じたセルフコントロールの方法であるため，ネガティブな側面での改善や低減だけでなく，ポジティブな側面の高まりという両面からの測定も求められる。加えて，客観的指標で効果がみられなくても，主観的には効果的であることも示されており，ターゲットとする状態に合わせた測定法の選択も重要である。

さらに，実施による事前・事後の比較による効果測定だけでなく，習得過程や体験の経時的変化を明らかにする（山田・今別府，2010）ことで，より効果的な実施や日常生活で活用される般化の検討も基礎研究として進んでいる。また，パーソナリティや自己観，ライフスタイルなどの個別性に応じた方法とのマッチングによる効果測定も含まれる。同時に，効果測定もより信頼性・妥当性の高い尺度開発も求められ，リラクセーション状態を多面的に評価する短縮版（榊原ほか，2014）の開発も進んでいる。介入直後の効果のみで効果的と判断するだけでなく，トランスセオレティカルモデル（transtheoretical model）のようにフォローアップとして3か月，6か月の効果測定が求められる。行動変容の持続，効果の維持という点で，今後さらに日常生活でのヘルスプロモーションの方法として知識にとどまらず取り入れられる対応の検討が期待される。　　　　［五十嵐透子］

📖 さらに詳しく知るための文献

[1] 上里一郎編　心理アセスメントハンドブック　西村書店.
[2] 五十嵐透子　リラクセーション法の理論と実際（第2版）ヘルスケア・ワーカーのための行動療法入門　医歯薬出版.
[3] 島井哲志監修，日本健康心理学会・鈴木伸一　2018　健康心理学の測定法・アセスメント　保健と健康の心理学標準テキスト，ナカニシヤ出版.

バイオフィードバックの基礎研究

☞ オペラント条件づけの基礎研究 p.50, リラクセーションの基礎研究 p.72, 心身症, 身体症状症, 病気不安症 p.128, オペラント法 p.252, 心身医学的技法 p.258

　バイオフィードバック（biofeedback）とは、「健康の増進とパフォーマンスの向上を目的として、個人が生理的活動を変化させる方法を学ぶことを可能にするプロセス」として定義される（Approved May 18, 2008, by the AAPB, the BCIA & the ISNR）。バイオフィードバックでは、脳波、心機能、筋活動、皮膚温、呼吸などといった生理的活動を、精密な機器で測定し、迅速かつ正確に使用者に情報をフィードバックする。こうした情報を提示することによって、個人が自らの生理的状態を認識することや、直接的にコントロールすることが促され、思考、感情、行動の変化をしばしば伴いながら、望ましい生理的変化をもたらす技術である。

●バイオフィードバック研究の歴史的背景　バイオフィードバック研究は、1950年代後半の米国において始まった。最も代表的なものとして、N. E. ミラー（Miller）らが実施した自律反応のオペラント条件づけに関する一連の研究があげられる。ミラーと L. ディキャラ（Miller & DiCara, 1967）は、媒介要因となりうる骨格筋系の反応を除くため、研究対象であるラットにクラーレ（骨格筋の弛緩・麻痺を生じさせる猛毒物質）を投与することで麻痺状態にした。そして、人工呼吸によって維持されたラットの心拍に対して、脳の快中枢への電気刺激を報酬としたオペラント条件づけが成功したことを報告した。当時の科学的な常識では、内臓や腺の反応をコントロールする自律神経系は、レスポンデント条件づけのみによって影響を受けると考えられており、オペラント条件づけは中枢神経系の随意反応のみに影響を及ぼすと考えられていた。そのため、オペラント条件づけが自律神経系に作用する可能性を示したミラーらのグループの研究は、大きく注目を集めることとなった。彼らの研究の追試の失敗が相次いだことから、その研究成果に疑問が呈されたものの、広範かつ緻密に構成された一連の研究は優れた研究モデルとなった。その後、ミラーと B. S. ブラッカー（Miller & Brucker, 1979）は、四肢麻痺の患者の血圧に対するオペラント条件づけの成功を報告し、内臓反応が骨格反応とは独立して条件づけられうることを主張した。さらに、E. タウブと P. J. スクール（Taub & School, 1978）は、バイオフィードバックによって実験参加者の特定部位の体温が有意に増大したことを報告し、体温の増大をもたらす弁別的な血流の変化は、筋肉の活動変化といったアーチファクトによるものではないことを結論づけた。

　こうした基礎研究の蓄積によって、自律神経系に対するオペラント条件づけが実証されたことは、臨床応用を目的としたバイオフィードバックが大きく展開する契機となった。今日では、環境の強化子や、特に認知的要因（思考や視覚化など）が有するバイオフィードバックへの影響性を視野に入れることで、ブレイ

ン・マシン・インターフェース（脳と機械を直接つなぎ，相互に作用させる技術）をはじめ，さまざまな研究領域での広範な応用につながっている。

●**認知行動療法への応用**　バイオフィードバックは，行動療法や行動医学の領域では，古くから生理的・行動的治療の介入技法の一つとしてとらえられてきた。一般的には，(1) 特定の身体的兆候に直接的に焦点をあてる方法（皮膚温のバイオフィードバックによる片頭痛症状の緩和など）と，(2) 身体的・情動的問題に対処するためのセルフコントロールのスキルを教える補助的な方法（筋緊張のバイオフィードバックによるリラクセーションの効果の可視化など）として適用される。また，認知行動療法の介入の段階に応じて，(1) 思考から注意をそらし，身体的ストレスを減弱する，(2) 注意を広げることを促し，柔軟な思考と，行動のきっかけをつくる，(3) 身体感覚の気づきを増大させ，苦悩と共に"今ここ"にとどまるスキル（マインドフルネス）を高める，などの目標のために，柔軟に適用可能である（Hamiel & Rolnick, 2017）。臨床応用を支持する実証的データが，介入対象によっては限られていることや，訓練を受けた専門家の数が少ないことなどの批判もある一方で，頭痛，不安，注意欠如・多動症（attention-deficit/hyperactivity disorder：ADHD）の症状をはじめ，さまざまな対象へのバイオフィードバックの有効性が報告されている（Tan et al., 2016）。

●**バイオフィードバックの新たな展開**　近年では，脳波に加え，機能的磁気共鳴画像法（functional magnetic resonance imaging：fMRI）や近赤外分光法などを用いた脳血流に対するバイオフィードバックは，特にニューロフィードバック（neurofeedback：NFB）と呼ばれ，注目を集めている。fMRI による NFB は，他の非侵襲的な手法では困難な脳深部における脳活動の変容可能性を有しており，うつ病や ADHD 症状への有効性が報告されるなど（Young et al., 2017），有望な介入手法となることが期待される。ほかにも，心拍の間隔のゆらぎである心拍変動（heart rate variability：HRV）を増大させることを目的とした HRV バイオフィードバックが，ストレスや不安など，さまざまな症状の緩和に有用であることが報告されている（Goessl et al., 2017）。これらの技術は，これからのバイオフィードバック研究をさらに発展させる可能性を秘めていると考えられるが，特に fMRI による NFB は近年になって実用可能となった技術であり，いずれもさらなる実証的な知見の蓄積が望まれる。

［山本哲也］

📖 さらに詳しく知るための文献

[1] Schwartz. M. S. & Andrasik, F. 2017 *Biofeedback: A Practitioner's Guide* (4th ed.), Guilfod Press.
[2] Taub, E. 2010 What psychology as a science owes neal miller: the example of his biofeedback research. *Biofeedback*, 38, 108-117.

マインドフルネスの基礎研究

☞ マインドフルネス認知療法の基礎理論 p.22, うつ病の認知モデルの基礎研究 p.84, マインドフルネスに基づく認知行動療法 p.302

　マインドフルネスとは，「意図的に，今この瞬間の体験に，判断を加えることなく注意を向けることである」と定義される（Kabat-Zinn, 1994）。今日発展している心理療法としてのマインドフルネスは，仏教にその起源をもっている。そのマインドフルネスに基づく治療法には，マインドフルネスストレス低減法とマインドフルネス認知療法がある。後者は，成人のうつ病の再発予防に効果が認められた治療法としてイギリスの NICE ガイドラインに記載されるなど，心理療法としての地位をすでに確立している。ここでは，その経緯とこれまでに実施された基礎研究の中で重要なものをあげ，紹介する。

　なお，心理療法としてのマインドフルネスと仏教の文脈で語られるマインドフルネスは乖離しているという指摘がある（藤田，2016）。ここでは心理療法としてのマインドフルネスとその基礎研究に焦点をあてるが，マインドフルネスを理解し実践する上で，その起源である仏教の視点を学ぶこともまた重要であることを示しておく。詳しくは，藤田（2016）を参照されたい。

●**マインドフルネス認知療法の効果検証**　2000 年，マインドフルネス認知療法の効果を実証した研究が発表された（Teasdale et al., 2000）。この研究では，145 名のうつ病の既往歴をもつ対象者（寛解して 3 か月以上）が，通常治療群とマインドフルネス認知療法群の二つに無作為に分けられ，それぞれ治療が提供された。その結果，うつ病の再発が 2 回以下の対象者では両者の効果に違いは認められなかった。しかし，再発を 3 回以上経験した者に着目すると，マインドフルネス認知療法は通常治療群と比較して，再発率を有意に下げる結果（通常治療群のほぼ半数）が得られた。この結果は，再発が多い者ほどうつ病経験時の気分の落ち込みとネガティブな思考が強い連合学習を起こしており（抑うつ処理活性仮説（Teasdale, 1988））, その関係性を断ち切る脱中心化を促すことでうつ病の再発が予防できるという，治療開発チームの理論と実践がうまく合致したことを支持していた。この研究によって，薬物療法よりも副作用が弱く，グループ形式の効率的な再発予防策として，うつ病に対するマインドフルネス認知療法の有効性が知れわたった。その後，うつ病から寛解した人だけでなく，うつ病を抱えている最中の人にも有効性が認められ，さらに，ほかの疾患にも適用を広げていくなど（Goldberg et al., 2018），マインドフルネス認知療法は 2000 年以降に大きなムーブメントを起こし，第三世代の認知行動療法の旗手となった。

●**マインドフルネスに基づく治療法の作用機序**　マインドフルネスに基づく治療法の効果検証が進んでいく中で，その作用機序を解明する試みも同様に進んでい

る。マインドフルネスの作用機序に関する理論的な提唱は，これまでに数多くなされている（Baer（2003）など）。それらで提唱された作用機序をレビューし，メタ分析によって明らかにしたのが J. グ（Gu）ほかである（Gu et al., 2015）。この研究は，成人を対象にマインドフルネスストレス低減法およびマインドフルネス認知療法を実施し，その媒介要因を分析した研究をレビューしている。事前に設定された包括基準をクリアした 20 個の研究のレビューとメタ分析を実施した結果，認知的・感情的反応性とマインドフルネス，反復的なネガティブ思考（反すうと心配）は，メンタルヘルス（抑うつや不安など）に対してマインドフルネスに基づく治療法が効果を発現させる際の媒介要因として機能していた。これは，これまでに提唱されてきたマインドフルネスに基づく治療法の作用機序に関する理論的背景を支持する結果であった。

●**マインドフルネスと脳画像研究**　マインドフルネスの作用機序は，機能的磁気共鳴画像法（functional magnetic resonance imaging：fMRI）を用いた脳神経基盤からも検討されている。マインドフルネスストレス低減法およびマインドフルネス認知療法の効果を，治療前後に fMRI を用いてアセスメントした研究のレビュー論文（Young et al., 2018）によると，内受容感覚（身体の生理的状態の知覚）を司る島の活動が介入後に高まっていることが一貫してこれまでに認められている。つまり，マインドフルネスに基づく治療法に多く含まれる身体感覚を用いたエクササイズ（例：レーズンエクササイズ）が，今この瞬間に体験される身体感覚への鋭敏さを高めていることを支持する結果といえる。また，この研究では島ほど頑健な結果が得られなかったものの，感情制御に強く関連する前部帯状回皮質の活動が介入後に高まったことも報告されている。ただし，個々の研究で対象にしているサンプルが異なるため（例：トップアスリートなど），その特徴によって治療効果を媒介する要因にも違いが認められる可能性があることも指摘されている。また，この研究では脳部位単体の機能に焦点化しているが，それぞれの部位がネットワーク（例：デフォルトモードネットワーク）を形成して機能している見解も近年発展しており，今後さらなる知見の積み上げが期待される。

［武部匡也］

さらに詳しく知るための文献

［1］Segal, Z. V. et al. 2002 *Mindfulness-Based Cognitive Therapy: A New Approach to Preventing Relapse*, Guilford Press.（越川房子監訳 2007 マインドフルネス認知療法　うつを予防する新しいアプローチ　北大路書房）
［2］Kabat-Zinn, J. 1990 *Full Catastrophe Living*, Delacorte Press.（春木 豊訳 2007 マインドフルネスストレス低減法　北大路書房）
［3］貝谷久宣ほか編著 2016 マインドフルネス―基礎と実践　日本評論社．

アクセプタンス&コミットメント・セラピーの基礎研究

☞ アクセプタンス&コミットメント・セラピーの基礎理論 p.20,
アクセプタンス&コミットメント・セラピー（ACT）p.296

　アクセプタンス&コミットメント・セラピー（acceptance and commitment therapy：ACT）は，非機能的な思考の変容や不快な感情の低減を目的とするのではなく，アクセプタンスや脱フュージョンといった技法を用いて，不快な思考や感情などの内的事象と距離を取ることで，それらが行動に与える影響を低減させ，個人の人生において重要な目標（価値）にそった行動の促進を目指す心理療法である（Hayes et al., 1999）。これまでに，ランダム化比較試験など，信頼性の高い科学的エビデンスによって，不安障害や抑うつ障害などの精神疾患，また慢性疼痛などの身体疾患を示す患者に対するACTの効果が実証されている。ACTは，レスポンデント条件づけやオペラント条件づけなどの伝統的な学習理論と，人間の言語や認知に対する学習理論である関係フレーム理論（relational frame theory：RFT）をベースとした心理療法であり，認知行動療法の中でも，特に行動理論に重きを置くアプローチである。これまでに発表されているRFTの基礎研究は，精神病理における人間の言語や認知の役割の理解やACTの作用機序の解明に重要な示唆を提供しており，ACTの基礎となる研究として重要な位置づけにある。

●**RFTの基礎研究**　人間は，形態的特徴（例えば，大きさ・形・数など）がまったく異なる無関連の複数の刺激の間に，恣意的に特定の関係性を確立することが可能である。さらに，単に複数の刺激を関係づけるだけでなく，直接的に学習された複数の関係性を組み合わせることで，派生的に刺激関係を学習することが可能である。例えば，BはAよりも大きく，CはBよりも大きいという関係性を学習すると，直接学習しなくても，CはAより大きいという関係性を予測することが可能である。このとき，もし刺激Aが回避行動を誘発するような嫌悪刺激であった場合，刺激Cに直接関わっていなくても，CはAよりもさらに嫌悪的な刺激である可能性が高いことを予測することが可能である。このように，複数の刺激を恣意的に関係づけ，派生的な刺激関係を学習する能力（関係フレームづけ），さらに，学習された刺激関係に応じて，特定の刺激がもつ心理的機能をほかの刺激に変換することが可能な能力（刺激機能の変換）は，人間特有の能力であり，我々の高次な精神活動と深く関連しているとされる。これを支持するエビデンスとして，これまでのRFT研究において，発達障害を呈する児童や健常な児童を対象に，関係フレームづけや刺激機能の変換といった能力が，人間の基本的な認知機能や社会的能力と関連していることが示されている。また，関係フレームづけや刺激機能の変換といった能力は，精神病理の発症と維持とも深い関連があるとされる。例えば，A, B, Cという三つの無意味記号を用いて，A＜B＜Cと

いう大小関係を実験参加者に学習させ，記号Bに対して，恐怖条件づけを行ったRFT研究などがある．この際，恐怖刺激が直接的に対呈示されていない記号AとCの前でも，実験参加者に恐怖反応が見られることが示されている．注目すべき点は，記号Cの前ではより大きな恐怖反応が確認され，記号Aの前では記号Bの場合よりも，小さな恐怖反応が確認されている点である．つまり，直接的な関わりがない刺激も，関係フレームづけによって，恐怖反応や回避反応を誘発するようになるということである．さらに，別の一連のRFT研究では，特定の条件下では，関係フレームづけを介して，恐怖反応や回避反応などを誘発する刺激機能の変換が示され，また別の条件下では，刺激機能の変換が示されないよう学習させることが可能であることが示されている．これらの研究は，関係フレームづけそのものを直接的に変容しなくても，文脈に応じて，刺激が有する恐怖反応や回避反応を誘発する機能を変容することが可能であることを示している．ACTは，思考の内容の直接的な変容を目指すのではなく，文脈に応じて，思考の機能（思考が行動に与える影響）を変えることで，個人の行動を変容することを目指すものである．これらのRFT研究は，ACTの作用機序の解明の基盤となっている．

● **RFT研究の動向**　1991年から2008年の間に発表されたRFTの基礎研究は42件あり，その多くは，「同じ」という関係フレームに焦点をあてた基礎研究であった（Dymond et al., 2010）．近年のレビュー論文によれば，その後，2009年から2016年の間に発表されたRFTの基礎研究は160件あり，「同じ」や「反対」といった基本的な研究に加え，近年，「視点取得」や「階層」といったより複雑な関係フレームに焦点をあてた研究が急速に増えている（O'Connor et al., 2017）．今後，より複雑な言語プロセスに対するRFT研究が発展することで，ACTの基礎となる研究がさらに構築されていくことが期待される．

● **ACTの基礎研究**　RFTの基礎研究に加えて，ACTの基礎研究も積極的に行われている．ACTのエビデンスを支持する研究として，ランダム化比較試験による効果検証に加え，ACTのコアプロセスである心理的柔軟性が，抑うつ・不安症状といったさまざまな心理的苦痛と関連していることを示した一連の相関研究がある．さらに，実験的に操作された心理的苦痛に対して，ACTの特定の治療コンポーネント（例えば，アクセプタンスや脱フュージョン）の効果を検証した一連の実験研究があり，これらもACTの基礎となる重要な研究である（Ruiz, 2010）．　　　　　　［木下奈緒子］

さらに詳しく知るための文献

[1] 木下奈緒子ほか　2011　人間の言語と認知に対する関係フレーム理論からの理解―刺激機能の変換に関する基礎研究の展望．行動療法研究 37，65-75．
[2] Törneke, N. 2010 Learning RFT, New Harbinger.（山本淳一監修　2013　関係フレーム理論（RFT）をまなぶ　星和書店）

学習性無力感の基礎研究

☞ オペラント条件づけの基礎研究 p.50, うつ病の認知モデルの基礎研究 p.84, うつ病 p.116, 認知再構成法 p.286, 対人援助職のストレス p.618

　一生懸命頑張っている人が何をやってもうまくいかないと感じ，無気力な状態におちいることがある。人はなぜ無力感を感じるのだろうか。この問題についてM. E. P. セリグマン（Seligman）は学習性無力感理論を提唱して説明した。

●**非随伴性**　学習性無力感理論は非随伴性という概念を中核とする。例えば，勉強すれば成績があがる場合，「勉強すること」（自分の行動）と「よい成績」（自分の行動によってもたらされた結果）との間には関係がある。このように自分の行動に結果が随伴している場合，「よい成績」という結果を得るためには「勉強する」という行動をとればよいことがわかる。よって，勉強する行動は維持され，やる気は失われない。一方，どんなに勉強しても成績があがらない場合，自分の行動と得られた結果の間には関係がない。すなわち，自分の行動に結果が随伴していないという非随伴的な出来事を繰り返し経験している。すると，「自分はどんなに勉強したってよい結果は得られない」と考えるようになり，非随伴を認知することになる。そしてその結果，勉強することをあきらめてしまい，「次もどうせうまくできないだろう」という非随伴性の予測が形成され，将来起こりうる随伴的な状況にも非随伴性の学習が般化する。そして，どうせ勉強しても成績はよくならない，なにをやってもだめだと考え，無力感へおちいる。この一連の流れが学習性無力感理論と呼ばれるものである。学習性無力感の症状としては，(1) 動機づけの低下，(2) 情緒障害，(3) 認知障害，の三つがある。

●**学習性無力感理論の基礎実験**　セリグマンはイヌを用いたオペラント条件づけの回避学習実験（Seligman & Maier, 1967）をもとに，学習性無力感理論を提唱した。この実験は前処置とテスト課題の2段階からなり，随伴群，非随伴群，および，無処置群の3群を設定するトリアディックデザインという手法が用いられる。前処置段階において，随伴群のイヌは身体をハンモックに固定された状態で足に電撃を受ける。しかしイヌは鼻先でパネルを押してその電撃を停止することができる。「パネルを押す」という行動に「電撃の停止」という結果が随伴している。一方，非随伴群のイヌはどのような行動をとっても自分で電撃を停止することはできない。随伴群のイヌと1頭ずつペアにして実験を行っており，随伴群のイヌが電撃を受けて停止するまでの間，非随伴群のイヌは隣のケージでその電撃を受け続けなければならない。この手続きをとる理由は，両群とも物理的に同じ量の電撃を受けるように統制するためである。両群で異なるのは，電撃を自分の力で止められるか否かという随伴性の有無だけである。また，無処置群は電撃を与えられなかった。この前処置を行った24時間後，テスト課題として

イヌは逃避・回避学習を行うシャトルボックスに入れられた。このボックスは中央にイヌが飛び越えられる高さの壁によって仕切られており，予告信号の提示後にイヌのいる部屋の床から電撃が与えられた。どの群のイヌも壁を飛び越えて隣の部屋に移り，電撃から逃れることができる状況におかれている。随伴群と無処置群のイヌはすぐに隣の部屋へ飛び移ることを学習した。しかし，非随伴群のイヌは，簡単に壁を飛び越えて逃げられる課題にもかかわらず，逃げずに電撃を甘受するだけであり，飛び越えることはなかった。テスト課題において電撃から逃げる方法を学習したのは，無処理群および随伴群であった。随伴群と同じ量の電撃を受けた非随伴群のイヌがテスト課題において電撃から逃げることを学習できなかったのは，電撃というネガティブな外傷経験によってではなく，前処置において「パネルを押す」という行動と「電撃の停止」という結果が非随伴的であることを学習したためであると，この理論に基づいて説明できる。非随伴群のイヌは簡単に逃げられるはずの状況においても自分の力ではどうにもできないと考えてしまい，無気力で受動的な状態におちいったのである。

●改訂学習性無力感理論　その後，認知的課題を用いて人間を対象とした学習性無力感研究が数多く行われ，非随伴的な出来事を経験しても無力感に陥る人と陥らない人が存在する個人差が指摘された。そこでセリグマンらは原因帰属の概念を導入した改訂学習性無力感理論を発表した（Abramson et al., 1978）。「客観的な非随伴性」と「認知された非随伴性」を区別し，なぜ非随伴的であったのか，その原因をどのように帰属するかによって，学習性無力感におちいると説明した。改訂理論に基づけば，ネガティブな非随伴的出来事について，その原因を内的，安定的，全体的に帰属するほど無力感におちいりやすい。例えば，頑張って勉強したのに数学のテストの成績がとても悪かったという出来事について，自分がバカだから失敗した（内的帰属），次もまたきっと失敗してしまう（安定的帰属），ほかの試験でも失敗するだろう（全体的帰属）と考えた場合，やる気がなくなり，もう勉強したくないと思うだろう。一方，問題が難しすぎて失敗した（外的帰属），今日はたまたま失敗しただけだ（非安定的帰属），失敗したのはこの試験だけだ（特殊的帰属）と考えた場合，無力感にさいなまれることはないだろう。改訂理論では，前者のような帰属スタイルをもつ人を悲観主義者，後者を楽観主義者と呼んでいる。なお，うつ病のメカニズムを説明する学習性無力感理論を提唱し，大きな議論を巻き起こしたセリグマンは，近年，人のネガティブな部分だけではなくポジティブな部分にも注目すべきであると主張するポジティブ心理学を強く推進している。　　［荒木友希子］

📖 さらに詳しく知るための文献
[1] Seligman, M. E. P. 1990 *Learned Optimism*, Knopf.（山村宜子訳 2013 オプティミストはなぜ成功するか パンローリング）

うつ病の行動モデルの基礎研究

☞ 行動活性化療法の基礎理論 p.26, オペラント条件づけの基礎研究 p.50, うつ病 p.116, 行動活性化療法（BA）p.260

　うつ病の行動モデルは，機能分析の枠組みに基づいて，抑うつ状態を持続させる行動の悪循環についての説明を試みるものである。行動モデルは，うつ病の認知モデルに並んで，うつ病の病態を理解するための臨床心理学的なモデルとしては代表的なものであり，行動活性化療法の理論的基礎を支えている。

●**うつ病の行動モデルの歴史**　現在のうつ病の行動モデルの発展は，古くは抑うつの機能分析に基づく概念化を試みたC. B. ファースター（Ferster）の理論に端を発すると考えられる（Ferster, 1973）。ファースターは，抑うつ状態を嫌悪刺激からの回避行動と逃避行動への高頻度の従事，および，これに伴う正の強化によって維持される行動の頻度の減少を中心として概念化を試みた。後にP. M. レヴィンソン（Lewinsohn）は，ファースターの理論の中でも，特に行動に随伴して正の強化が得られる確率の低下に着目して抑うつを概念化するとともに，この概念化に基づいた抑うつの構造化された治療法を初めて提案した。特に，「快活動目録（pleasant event schedule）」の利用による快活動への従事の促進は，治療の中核をなすものであった。この行動的技法の提唱は，うつ病の認知療法の発展と時期を同じくしており，このような流れの中で，行動的技法は次第に認知療法の手続きの中に取り込まれていった。そして，抑うつに対する行動的技法の効果は，信念の妥当性を検証し，認知を変容するという認知的なメカニズムに基づく説明がなされるようになった。しかしながら，1990年代のN. S. ジェイコブソン（Jacobson）らによる認知療法の要因分析研究の結果，行動的技法は単独でもフルパッケージの認知療法と同等の効果が期待できることが示されたことを契機に，行動的技法への関心は再び高まることになった。そして，行動理論に基づく治療の効果を高めることを目指して，新たなうつ病の行動活性化療法のマニュアルが作成された（Martell et al., 2001 訳 2011）。当該のマニュアルにおいては，治療における個性記述的（ideographic）な観点を重視し，行動がなされた文脈を理解したうえで機能を評価することの重要性が強調されている。これは，治療者側によって一義的に「快活動」として定められた行動を促進する，従来の治療手続きの限界を指摘するものでもあった。このような理解は，機能分析を重視したうつ病の概念化を行ったファースターの理論に結果的に回帰するものであり，現在のうつ病の行動モデルの基礎を裏づけていると考えられる。

●**うつ病の行動モデルの概要**　現在提唱されているうつ病の行動モデルの基本的な要素として，(1) 正の強化の喪失，(2) 過度の負の強化，(3) 過度の弱化，の三つがあげられる（Kanter et al., 2009 訳 2015）。まず，行動に随伴する正の

強化の喪失は，それまで生起していた行動が維持されないことにつながる。例えば，配偶者との離別や失業，転居などの重大なライフイベントは，過去に得られていた環境からの強化を喪失させる要因の一例である。一方で，強化子は依然として環境から与えられる場合でも，評価を得るために多くのノルマの達成を必要とされるような業務など，比較的強化スケジュールが固定されており，かつ強化子が得られるまでに多くの反応が必要とされる環境においては，行動は強化されにくいことから，抑うつ状態につながりやすい（Ferster, 1973）。さらに，当初は強化の機能を有していた刺激に飽和してしまうことも強化の喪失につながる。このような正の強化の喪失は，一般にネガティブな情動反応をもたらし，抑うつ状態を特徴づける悲壮感や焦燥感の生起に寄与していると考えられる。次に，正の強化によって維持される行動の減少は，しばしば負の強化によって維持される回避行動の増加を伴う。例えば，落ち込みや疲労感，倦怠感を感じるときに臥床することは，起き上がって活動することで生じる仕事や疲れの回避になりうる。このように臥床状態は短期的なメリットによって維持されるが，長期的には問題解決につながりにくく，より深刻な悪循環を生じさせかねない。さらに，このような抑うつ的な回避行動も，周囲の家族成員などからは必要な「息抜き」として理解され，同情や思いやりといった形で正の強化が与えられることもあるように，抑うつ状態は複合的な要因によって影響を受けていると考えられる。これらに加えて，弱化子刺激は正の強化の喪失と同様に自発的行動の減少につながる要因である。慢性的なうつ状態にある者からは，長期の虐待などを受けた経験が報告されることも少なくないが，コントロール不可能な弱化子を受け続けると罰を逃れるための自発的行動がみられにくくなることは，「学習性無力感」としてよく知られている。このほかに，短期的な小報酬よりも長期的な大報酬を優先するような適切なルール支配行動の欠如や，私的出来事を経験することを避ける体験の回避も抑うつ状態の維持要因であるとされている（Kanter et al., 2011）。

［前田駿太・嶋田洋徳］

さらに詳しく知るための文献

[1] Kanter, J. W. et al. 2009 *Behavioral Activations*, Routledge.（岡本泰昌監訳 2015 行動活性化 明石書店）
[2] Martell, C. R. et al. 2001 *Depression in Context: Strategies for Guided Action*, W. W. Norton.（熊野宏昭・鈴木伸一監訳 2011 うつ病の行動活性化療法―新世代の認知行動療法によるブレイクスルー 日本評論社）
[3] Peterson, C. et al. 1993 *Learned Helplessness: A Theory for The Age of Personal Control* Oxford University Press.（津田彰監訳 2000 学習性無力感―パーソナル・コントロールの時代をひらく理論 二瓶社）

うつ病の認知モデルの基礎研究

☞ 認知療法と認知理論 p.12, マインドフルネス認知療法の基礎理論 p.22, うつ病 p.116, 認知療法 p.284, 認知再構成法 p.286, マインドフルネスに基づく認知行動療法 p.302

　1900年代の半ば頃，臨床心理学の世界では無意識に注目した精神分析と，観察可能な環境と行動の相互作用に着目した行動療法が主流であった。また，精神医学では，うつ病患者に顕著に認められる認知の障害が感情の障害の結果であると考えられていた。しかし，1960年代に A. T. ベック（Beck）がうつ病における思考の重要性に着目した論文を発表して以降，徐々に認知が感情の発生を導くという発想が浸透し，認知の修正を重視した認知行動療法の発案へとつながった。1980年代に入ると，ベックが提案した理論の検証や，認知心理学の理論や手法を取り入れた研究が盛んに行われ，その結果を踏まえた新たな理論や技法の提案が行われた。

●**ベックの認知モデル**　精神分析を実施していたベックは，心理力動的な要因がうつ病の原因であるとする精神分析の発想に疑問を抱くようになった。ベックは心理療法を実施する中で，うつ病患者には特徴的な思考が認められることに気づき，その思考がうつ病の原因であるという仮説を立てるに至った。そして，ベック（Beck, 1963）はうつ病患者50名が面接の中で述べた思考と，うつ病に罹患していない31名の思考を比較し，仮説を支持する結果を見出した。

　ベックとその共同研究者（Beck, 1976 訳 1990；Beck et al., 1979 訳 1992）はこの研究結果を発展させ，抑うつの認知モデルを提唱した。この理論では，抑うつは自分，世界，未来に対する否定的な認知（思考やイメージ）によって生じると考えられた。このような認知的反応は自分の意思とは関係なく自動的に生じるため，自動思考と名づけられた。自動思考はうつ病患者が実際に経験した状況との対応関係が弱く，否定的に歪んだ考え方がなされている（推論の誤り）。さらに，以上のような認知的特徴を生む原因として，状況を解釈する際に活性化される安定した認知構造であるスキーマが仮定された。うつ病患者が保持するスキーマ（抑うつスキーマ）は，「幸せになるためには，取り組んだすべてのことで成功しなければならない」や「大切な人から愛されていなければ，自分には何の価値もない」といった条件つきの態度によって特徴づけられる。これらのスキーマを保持する者が，仕事でのミスといったスキーマと合致する出来事を経験すると，スキーマが活性化され，推論の誤りが生じ，ネガティブな自動思考を経験しやすくなると考えられた。また，仮にうつ病が寛解してもスキーマが変容していない場合，その個人はうつ病を再発しやすいとされた。ベックはこの理論に基づき，認知療法を開発した。

●**ベックの認知モデルの検証**　個々人が保持する抑うつスキーマを測定する

Dysfunctional Attitude Scale（DAS）を用いた研究では，ベックの理論を支持しない結果が得られている．例えば，薬物療法を受けて寛解したうつ病患者群は，将来うつ病を再発しやすい脆弱な群であるが，薬物療法を受けた患者群でもDAS得点が減少する（Dohr et al., 1989）．また，うつ病から寛解した者は，軽度の抑うつ気分を喚起した際にDAS得点が増加するが，この増加量がうつ病の再発を予測する（Segal et al., 2006）．以上の結果は，うつ病の脆弱性がスキーマに依存しているという当初の仮定や，「抑うつスキーマ」という概念自体に疑問を投げかけている．

● ティーズデールの抑うつ処理活性仮説

J. D. ティーズデール（Teasdale, 1988）はベックの認知モデルや改訂学習性無力感理論に加えて，抑うつによってネガティブな記憶の検索が促される気分一致記憶の研究やG. H. バウワー（Bower）の感情ネットワークモデルを参考にし，抑うつ処理活性仮説を提唱した（図1）．この仮説ではベックの認知モデルと同様に，現状を嫌悪的でコントロール不能であると解釈することによって抑うつが強まるとされた．重要な点は，うつ病の脆弱性が，抑うつが生じた際に活性化される認知処理に依存していると仮定されたことにある．うつ病の再発を繰り返す者は，抑うつとネガティブな記憶や概念（construct）の結びつきが強いため，軽度の抑うつを経験しただけでネガティブな認知処理が活性化される（図中のアクセシビリティの変化）．例えば多くのネガティブな記憶が想起され，その結果，経験の否定的な解釈が強まるのである．一方，うつ病とは無縁の者は抑うつとネガティブな記憶や概念との結びつきが弱いため，抑うつが生じてもネガティブな認知処理が活性化されず，すぐに抑うつが弱まる．この仮説を踏まえると，抑うつ気分を喚起した際に増加するDASの得点は，その時に活性化されている認知処理の一部を反映していると解釈できる．この仮説では強いストレッサーがネガティブな認知処理の活性化を促すことや，抑うつ症状自体が嫌悪的な経験となり，否定的な解釈を導くことも仮定されている．ティーズデールはその後，相互作用的認知サブシステムズの枠組みをもとに理論を発展させ（Teasdale & Barnard, 1993），その理論を踏まえ，マインドフルネス認知療法を開発した．　　　　　　　　　　　　　　　　　　　　　［長谷川晃］

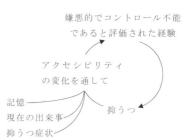

図1　抑うつ処理活性仮説［Teasdale, 1985 をもとに作成］

📖 さらに詳しく知るための文献

［1］ 杉浦義典・丹野義彦　2008　パーソナリティと臨床の心理学　培風館．

パニック症の認知行動療法の基盤となる研究

> ☞ マウラーの2要因理論の基礎研究 p.54, 制止学習アプローチの基礎研究 p.62, パニック症（パニック障害）広場恐怖症 p.104, 行動実験 p.288, パニック症の身体感覚エクスポージャー p.332

　パニック症のCBTでは，D. M. クラーク（Clark）の認知モデルに基づく認知療法（Clark & Fairburn, 1997 訳 2003）とD. H. バーロウ（Barlow）の病因モデルに基づくパニックコントロール療法（Craske & Barlow, 2007）が広く用いられている。両者はともに有効性が示されており，共通点も多く，これらのプログラムが開発されて以降，内部感覚や認知的手続きが重視されるようになった。しかし前者では，クライエントの解釈と現実の矛盾を明確にするという認知変容に重点が置かれ，後者では条件づけの説明が含まれるといった違いもある。

●**認知モデルとその基盤となる研究**　クラークの認知モデルでは，「外的な刺激（電車や人混みなど）や内的な刺激（動悸や息切れといった不安反応，パニック発作になるのではないかという思考やイメージ）が，危険のサインだと解釈され，懸念（不安）の状態を生み，その状態がさまざまな身体感覚と結びつけられる。こうした感覚が，破局的に解釈されると（コントロールができなくなる，死ぬ，発狂してしまうなど），懸念はさらに悪化し，より強い身体感覚を生み出し，パニック発作へ至る。さらに，この連鎖ができると，クライエントは自分の身体感覚に過敏になったり，安全確保行動をとったりするようになり，破局的な解釈を維持させる」と考える（図1：Clark & Ehlers, 1993）。

　身体症状の破局的解釈に関する研究では，実験参加者に「心拍音をフィードバックする」と偽り，偽の心拍音を聞かせ，突然その心拍音を速くするという実験がある。この

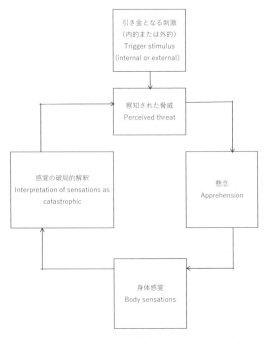

図1　パニック発作における出来事の連鎖（認知モデル）
[Clark, D. M. & Ehlers, A. 1993 An overview of the cognitive theory and treatment of panic disorder *Applied & Preventive Psychology*, 2, 131-139.]

実験では,「自分の心拍音が速くなった」と考えた結果,パニック症患者は,対照群と比較し,自己報告の不安や心拍などの増加が見られた (Ehlers et al., 1988)。また別の実験では,二酸化炭素濃度5.5%のガスを15分吸入する際に,実験参加者(パニック症患者)の前に照明が設置され,「照明点灯中は,椅子に取りつけられたダイヤルを回すと二酸化炭素量を調節できる」と教示された。実際には調節はできないのだが,実験参加者の半数の照明は点灯し,残りの半数は点灯しなかった。その結果,濃度を調節できると考えた群と比べ,そうでない群では,主観的な不安やパニック発作症状が強く報告された (Sanderson et al., 1989)。これらの実験から,破局的解釈がパニック症患者の不安や身体症状に影響を与えることが示された。

身体感覚の過敏さに関する研究では,実験参加者が,脈を取らずに心拍を数えた結果,パニック症患者はほかの群(パニック発作が不定期にある者,特定の恐怖症患者,健常者)と比較して正確であったことが示されている (Ehlers & Breuer, 1992)。また,安全確保行動の影響については,パニック症患者を対象としてエクスポージャーを行う際に,安全確保行動を止める群と行う群とで比較した結果,安全確保行動を止めた群では,破局的な信念と不安が有意に減少していたことが示された (Salkovskis et al., 1999)。

●**内部感覚エクスポージャーとその基盤となる研究** しかし,バーロウのチームは,クラークのモデルでは,睡眠中の発作や予期しない発作を説明できないが,内部感覚条件づけの概念では説明可能だと指摘している (Bouton et al., 2001)。内部感覚条件づけとは,不安時や覚醒時に生じる弱い身体感覚が,パニック発作のような強い身体感覚とともに生じた際に,条件刺激となり,強い身体症状が条件反応として生じるようになるというものである (Goldstein & Chambless, 1978)。そのため,バーロウのチームでは,内部感覚条件づけの消去のために,不安に感じている内部感覚へのエクスポージャーを重視している。この背景には,乳酸ナトリウムや二酸化炭素の吸入を繰り返すことで,パニックや不安反応が減少したという研究報告や症例報告がある (Haslam, 1974)。

このような研究をもとにしてパニック症のCBTは普及したが,その後,第3世代の行動療法の台頭や制止学習アプローチの普及により,パニック症のCBTはさらに発展している。これらの項目についてはほかの章を参照されたい。 [竹林 唯]

さらに詳しく知るための文献

[1] Clark, D. M. & Ehlers, A. 1993 An overview of the cognitive theory and treatment of panic disorder. *Applied & Preventive Psychology*, 2, 131-139.
[2] Bouton, M. E. et al. 2001 A modern learning theory perspective on the etiology of panic disorder. *Psychological Review*, 108, 4-32.

社交不安症の認知行動療法の基盤となる研究

☞ 社交不安症（社交不安障害，SAD）p.110

　社交不安症（social anxiety disorder：SAD）とは，「他者によって注視されるかもしれない社交場面に関する著明または強烈な恐怖または不安」によって特徴づけられる精神疾患である（American Psychiatric Association, 2013a 訳 2014）。現在，DSM の診断基準とは別に，社交不安症の発症および維持を記述することを試みたさまざまなモデルが存在する。その中でも代表的なモデルが，D. M. クラークと A. ウェルズの認知モデル（Clark & Wells, 1995）と，R. M. ラペーと R. G. ハイムバーグの認知行動モデル（Rapee & Heimberg, 1997）である。これらのモデルは，社交不安の発症および維持に対して認知情報処理過程の観点から説明を試みているところに特徴がある。本項ではこれらのモデルをその基盤となる基礎研究とともに紹介する。

●クラークとウェルズの認知モデル　クラークとウェルズの認知モデルでは，社交不安者が社交場面を経験する際の，一連の認知行動的プロセスがモデル化されている。本モデルの概要を説明する。まず，社交不安者が，社交場面に直面すると，「誰にも弱みを見せてはならない」といった思い込み（想定）が活性化する。すると，自分が無能で受け入れられないふるまいをしてしまい，破局的な結果（地位の損失など）が起こるのではないかと考えるようになる（社会的危機の知覚）。社会的危機を知覚した結果，行動的，認知的，身体的な不安反応が生じる。このような身体内部で生じる不安反応を知覚することによって，社会的危機（赤面によって周囲から変に思われるのではないか，など）の知覚がさらに促進されるとともに，自身の内部感覚の情報に注意が奪われることで（自己注目），自分以外の社会的手がかり（例えば，聴衆の好意的な反応など）の情報を獲得することが困難となる。その結果，社交不安の症状が維持，増悪していくということが本モデルでは想定されている。クラークとウェルズ（1995）によれば，上述した社交不安の一連の認知情報処理過程において，とりわけ重要な特徴は，(1) 自己注目，(2) 観察者視点からの自己の処理，(3) 場面内の安全確保行動，(4) 不安によるパフォーマンスの欠如，(5) 予期および事後処理，であるとされている。社交不安者は，社交場面に入ると，身体的，認知的な不安といった自己の内部感覚（interoceptive）の情報に対して注意を切り替える（自己注目）。さらに特徴的な点は，社交不安者が自己注目によって得られた内部感覚の情報を，他者が自分に対してどのような印象をもっているかを推測するための根拠として用いることである。このように自分自身の内部感覚の情報に基づいて，他者の視点から自身がどのように見えるかを想像する認知的処理は「観察者視点の自己処

理」と称される。社交不安者は自身の内部感覚の情報に基づいて他者からどのように見えるかを推測するため，この推測は，他者から実際に得られた客観的な情報との間に乖離しやすいことが本モデルでは想定されている。また，社交不安者が社交場面で示す行動的特徴として，他者からの否定的な評価のリスクを減らすために行う行動である「安全確保行動」（例えば，視線をそらす）があげられる。この安全確保行動が，社交場面内における情報の獲得を阻害し，社交不安特有の信念の反証がさまたげられることが明らかにされている（Wells et al., 1995）。加えて，社交不安が示すさまざまな身体的，行動的特徴が，結果的に社交場面でのパフォーマンスの欠如を引き起こすとされている。なお，これまでの特徴は，主に社交場面内での認知行動的特徴であったが，社交不安を示す者は，社交場面「内」に加えて，社交場面を経験する「前」や経験した「後」にも，特有の認知行動的特徴を示すとされている。具体的には，社交不安者は，社交場面を経験する前に，社交場面で起こりうることを詳細に予測し（予期：anticipatory），社交場面を経験した後であっても，当該場面で，物事がどのように進んだかを振り返る（事後分析：postmortem）傾向にあるとされている。先述したように，社交不安者は社交場面で自己注目をすることで他者からの肯定的な反応などの外的な手がかりに気づきづらいため，事後分析をしたとしても，その内容は実際よりも否定的な内容となると考えられている。

●ラペーとハイムバーグの認知行動モデル　クラークとウェルズ（Clark & Wells, 1995）と同様に，ラペーとハイムバーグ（Rapee & Heimberg, 1997）も，認知行動的観点に基づいて，SAD に関するモデルを公表している。彼らのモデルは，社交不安に特徴的な認知情報処理過程が社交不安の発症および維持に寄与していると主張している点などにおいて，クラークとウェルズのモデルと多くの点で共通している。一方で，ラペーとハイムバーグのモデルがクラークとウェルズ（1995）のモデルと異なる点は，(1) 社交不安にとって脅威となるきっかけは「聴衆（audience）」の存在であること，(2) 社交不安者はこれまでの経験などから，自身が他者からどのように見えているかについての「心的イメージ（mental representation）」をもっていること，(3) 社交不安者は聴衆が自分に対して高い基準の期待をしていると思い込む傾向にあること（Wallace & Alden, 1995），(4) 社交不安者は社交場面において内部感覚の情報のみならず，聴衆の否定的なふるまいなどの外的な脅威にも注意を配分すること，などが異なっている。［佐藤友哉］

□さらに詳しく知るための文献
[1] Antony, M. M. & Rowa, K. 2008 *Social Anxiety Disorder: Advances in Psychotherapy Evidence-Based Practice,* Hogrefe & Huber Publishers.（鈴木伸一監訳 2004 エビデンス・ベイスド 心理療法シリーズ ⑧社交不安障害 金剛出版）

限局性恐怖症の認知行動療法の基盤となる研究

☞ レスポンデント条件づけの基礎研究 p.48, オペラント条件づけの基礎研究 p.50, 恐怖条件づけの基礎研究 p.52, マウラーの2要因理論の基礎研究 p.54, 特定の恐怖症（限局性恐怖症）p.102

　限局性恐怖症（specific phobia）に対する認知行動療法（CBT）の技法としては，恐怖刺激へのエクスポージャーが主流となっている。エクスポージャーでは，恐怖対象に曝露させる手続きをとる。エクスポージャーは，レスポンデント条件づけの消去を臨床場面に応用した技法であり，その後オペラント条件づけの消去，情動処理理論，制止学習など，さまざまな理論から治療の作用機序について説明がなされている。

　これまで，限局性恐怖症に対してエクスポージャーを実施する際の治療手続きの工夫について，実験研究により検討がなされてきている。第一に，曝露刺激は想像よりも現実刺激・場面が望ましいことが指摘されている（Barlow, 1988）。第二に，曝露時間は知見の結果が一貫していないのが現状である。これまでは不安が十分に下がるまで時間をかけて曝露すべきと指摘する知見が主流であったが（Öst, 1989），近年曝露時間や不安の低減は関係ないと示す知見も認められている。具体的には，本人の予期する破局的な予期の内容と実際曝露中に起きたこととのギャップを最大化すること（本人の予期の内容が起きない体験）によって，治療効果が認められると指摘する知見が報告されている（Baker et al., 2010）。第三に，曝露の順番は，恐怖の程度に沿って段階的に進められるべきだと指摘されている（Barlow, 1988）。その一方で，先述したような予期と実際の曝露場面とのギャップに注目し，提示する恐怖刺激のレベルをランダムにする手法も提案されており，段階的な曝露と同程度の治療効果があることが示されている（Kircanski et al., 2012）。第四に，エクスポージャーのセッション数について，研究当初はおおよそ4〜8回など複数回のセッション数で設定されていた。しかしながら，その後の研究において，1回のみの集中的な治療によって十分な治療効果が認められた知見も報告されており（Öst, 1989），この知見をもとに，限局性恐怖症に対するエクスポージャーの実証的な研究が多く行われている。

●**限局性恐怖症へのエクスポージャーの代表的な研究**　限局性恐怖症に対するエクスポージャーの代表的な研究として，L. G. エスト（Öst, 1989）の研究を紹介する。この研究の目的は，限局性恐怖症に対して，短期間かつ有効な行動療法の技法と患者への効果の検討である。特徴的な点としては，①従来の不安階層表全体を患者に提示する in vivo エクスポージャーとは違い，1回の介入のみである点，②患者を不安階層表の最も高い課題に取り組ませることに加えて，モデリングを使用する点であった。

　対象者は，限局性恐怖症患者20名（平均年齢25.1 ± 7.4歳，女性20名）で，恐怖対象の内訳は，注射恐怖7名，クモ恐怖7名，ネズミ恐怖2名，ネコ恐怖2

名，鳥恐怖1名，犬恐怖1名であった。治療技法は，in vivo エクスポージャーとモデリングを用いた。エクスポージャーでは，本人の不安の最高値の50％以下になるまで恐怖対象に曝露させた（介入平均時間：2.1時間）。アウトカムは，Specific phobia scale（Spider Questionnaire; Klorman et al., 1974；クモ恐怖症患者とネズミ恐怖患者用）と The Fear Survey Schedule-Ⅲ（Wolpe & Lang, 1964；その他の恐怖症患者用）であり，エクスポージャー前後に測定した。

　その結果，各恐怖症のアウトカムの平均値をみると，エクスポージャー後のアウトカムの値が，エクスポージャー前の値と比較して，有意に低かった。加えて，Follow-up において，臨床面接を基に状態を「0＝不変」から「3＝完全寛解」の4段階で評価したところ，90％の対象者が軽快または完全寛解となった（Follow-up 平均期間：4年）。これらの改善率は，従来の4～8回のエクスポージャーセッションの治療効果に匹敵した。なお，その後の実証研究においても，1回のみの集中セッションは個人治療か集団治療かを問わず，効果的であることが確認されている（Öst et al., 1997）。

●**血液・注射・外傷型の CBT の基盤となる研究**　血液・注射・外傷型は，ほかの限局性恐怖症のサブタイプと比較して，特徴的な恐怖反応を示す。血液・注射・外傷型の者は，恐怖対象に曝露した際，心拍率と血圧がわずかな間上昇した後，急速に減少し，しばしば失神を伴うこと（血管迷走神経性失神）が指摘されている（Barlow, 2002；Schienle et al., 2003）。そのため，血液・注射・外傷型への治療を行う際，失神への対応が必要となる。

　失神への対応を考慮した技法として，応用緊張法（applied tension）がある。この技法では，恐怖対象に曝露している間，みずからの身体のさまざまな筋群を早く，高頻度で緊張させるよう教示を行う。この活動は，失神と相容れない生理学的な状態を形成する。応用緊張法の効果を検討した研究の一つに L. G. エストほか（Öst et al., 1991）の研究がある。この研究では，血液・注射・外傷型の限局性恐怖症患者を以下の三つの群に分けて治療効果を比較した：①エクスポージャー群，②応用緊張法群，③エクスポージャー＋応用緊張法群。その結果，②，③の群は①の群と比較して，有意に高い治療効果を示した。これらのことから，血液・注射・外傷型の治療においては，応用緊張法がエクスポージャーよりも重要である可能性が指摘されている。　　　　　　　　　　　　　　　　［伊藤理紗］

📖 **さらに詳しく知るための文献**

[1] Choy, Y. et al. 2007 Treatment of specific phobia in adults. *Clinical Psychology Review*, 27, 266-286.
[2] Craske, M. G. et al. 2014 Maximizing exposure therapy: An inhibitory learning approach. *Behaviour Research and Therapy*, 58, 10-23.

全般性不安症の認知行動療法の基盤となる研究

☞ メタ認知療法の基礎理論 p.28, マウラーの2要因理論の基礎研究 p.54, 全般性不安症のアセスメント p.206, 問題解決療法 (PST) p.280, メタ認知療法 (MCT) p.300

　全般性不安症（generalized anxiety disorder：GAD）は，仕事や学業などの多数の出来事または活動についての過剰な不安と心配が生じ，緊張感，疲労しやすさ，集中困難，易怒性，筋肉の緊張，睡眠障害などを伴う不安症群の一種である。GAD の中心的な認知的特徴は心配（worry）であり，DSM-Ⅳ以後，心配の制御困難性が診断基準に加えられている。ここでいう心配は，問題解決を目的とした否定的な感情を伴う考えの連鎖であると定義づけられる。認知行動療法（cognitive behavior therapy：CBT）は，GAD の効果的な治療法であることが，いくつかのメタ分析によって示されている（Hanrahan et al., 2013）。ここでは，代表的な三つの GAD の認知行動モデルを取りあげる。

●**認知的回避モデル**　GAD の認知行動モデルにおいて，後の研究に大きな影響を与えたのが，T. D. ボルコベック（Borkovec）らによる認知的回避モデル（Borkovec, 1994）である。このモデルでは，心配は，不快な身体的および感情的体験を避けること（認知的回避）につながり，結果的に GAD の慢性化をもたらすと考えられている。心配は，言語性の特徴が強く，心的イメージと比較すると，生理的および感情的体験を生じさせにくい。そのため，不安を伴う破局的な心的イメージが生じた際に，心配を用いることは，一時的に不安を低減させるが，そのことが負の強化（不安を嫌子であるとみなすと，嫌子消失の強化）となり，かえって心配の持続を招く。そして，自然に不安に直面化し情動処理されていくプロセスが阻害されるために，長期的には不安や心配が慢性化するのである。また，心配には，大きな心配事がある際に，ほかのより些細な心配をすることによって，不快情動を回避する機能があることも指摘されている。このモデルに基づく GAD の CBT には，セルフモニタリング，リラクセーション技法，回避でなく馴化を目指した対処方略として，イメージ・リハーサルを用いたり，今ここに注意を向けることなどが含まれる。

●**曖昧さへの不耐性モデル**　M. J. ドゥーガス（Dugas）らによる曖昧さへの不耐性（intolerance of uncertainty）モデル（Dugas & Robichaud, 2007）では，GAD がある者は，はっきりしない曖昧な状況を，ストレスフルであるととらえる傾向があることに焦点をあてる。このような曖昧さへの不耐性が，持続的な心配につながると考えられている。また，GAD がある者は，心配が，不安や恐怖を感じる状況に効果的に対処するのに役立ち，かつ，それらの状況が起きるのを防ぐのにも役立つと考える傾向にある。また，心配は，認知的回避とネガティブな問題解決志向を引き起こし，それらが心配を維持させる悪循環を形成する。ネ

ガティブな問題解決志向とは，自らの問題解決能力に自信がなく，問題を脅威ととらえ，問題を扱う際に，すぐにストレスになり，問題解決の努力の結果について悲観的になる傾向を指す。このモデルに基づいたGADのCBTの特徴としては，曖昧さへの想像エクスポージャーがあげられる。これは，曖昧で，恐れている状況のシナリオを作成・録音し，そのシナリオを一定期間聴き続けるといったものである。また，ネガティブな問題解決志向の改善のために，問題解決療法の技法も活用される。

●メタ認知モデル　A. ウェルズ（Wells）の研究グループは，心配を病理化させる主要な要因として，メタ認知に着目している（Wells, 1995）。メタ認知とは，認知に関する認知を指すが，心配という認知的現象に関する評価，信念，および認知的対処方略は，すべてメタ認知としてとらえられる。ウェルズのメタ認知モデルでは，GADがある者は，心配に関する特徴的なメタ認知を有しているとみなす。このモデルによると，GADがある者は，ストレッサーへの対処方略として，心配を用いやすいとされる。これは，ストレッサーが生じた際に，「心配は問題解決に役立つ」といった心配に関するポジティブなメタ認知的信念が活性化されるからである。この心配は，タイプ1の心配と呼ばれる。タイプ1の心配は，ストレッサーが解消されれば消失する。しかし，GADがある者は，「心配は，有害である」「心配は止めることができない」といった心配に関するネガティブなメタ認知的信念も有しているため，タイプ1の心配をネガティブに評価することになる。これは，タイプ2の心配（メタ心配：心配についての心配）と呼ばれ，不安を悪化させる。また，タイプ2の心配を無理にコントロールしようと，頭の中でさまざまな対処方略を試みることが，かえって不安・心配を悪化・持続させるという悪循環に陥ることにつながる。このモデルに基づいたGADのメタ認知療法では，さまざまな言語的再帰属や行動実験を通して，心配に関するネガティブなメタ認知的信念およびポジティブなメタ認知的信念の変容を目指す。

以上の三つのGADの認知行動モデルは，いずれも多くの基礎研究に基づいて構築されており，また，これらのモデルに基づいたGADのCBTの臨床研究が実施され，効果も実証されている（Behar et al., 2009）。今後も，このような基礎研究と臨床研究の積み重ねによって，GADへのCBTがより効果的かつ効率的な心理学的介入技法となることが期待される。

［金築　優］

さらに詳しく知るための文献

[1] ウェルズ, A. 熊野宏昭ほか監訳 2012 メタ認知療法―うつと不安の新しいケースフォーミュレーション 日本評論社.
[2] ジンバーグ, R. E. ほか 伊豫雅臣監訳 2018 不安や心配を克服するためのプログラム―治療者用ガイド 星和書店.

強迫症の認知行動療法の基盤となる研究

☞ 系統的脱感作法の基礎研究 p.56, 強迫症（強迫性障害）p.106, 強迫関連障害 p.108, 強迫症のアセスメント」p.208, 強迫症の認知行動療法 p.338

　1950年代，強迫症と恐怖症は連続した疾患であるととらえられており，J. ウォルピ（Wolpe）による系統的脱感作法が強迫症にも適用された。不安が下がれば，強迫行為も自然におさまるという発想であったが，不安を軽減する技法のみで強迫症を治療することは難しく，強迫症は治療困難と考えられてきた。1966年に曝露反応妨害法（exposure and response prevention/exposure and ritual prevention：ERP）と呼ばれる行動療法の一技法が V. マイヤー（Meyer）によって紹介されたことをきっかけに，強迫症は適切な治療により症状の改善が期待できる疾患であると認識されるようになった（Meyer, 1966）。ERPとは，恐れたり避けたりしている不安などの情動反応を引き起こす刺激に対して，クライエントが十分な時間直面し［曝露（exposure）］，その後，不安などの情動反応を下げるための強迫行為や儀式行為をしないですませる［反応妨害（response prevention）または儀式妨害（ritual prevention）］技法である。

●**現実曝露（in vivo exposure）と想像曝露（imaginal exposure）**　曝露に関して，現実の刺激に段階的に曝露する方法（現実曝露）と強迫行為を行わなかったら起こるであろう最悪の結末のイメージに曝露する方法（想像曝露）の比較研究が，E. フォア（Foa）らによって盛んに行われた（Foa et al., 1980）。まず，確認強迫の患者を対象に，90分の想像曝露を10回行い，その後，30分の現実曝露を行う群（想像曝露付加群）と，想像曝露を行わず120分の現実曝露を行う群（現実曝露単体群）との比較が行われた。治療終了後には，両群とも同程度の改善を示したが，フォローアップにおいて現実曝露単体群で数例再発がみられたのに対し，想像曝露付加群では治療効果が維持された。次に，フォアらは，反応妨害を治療要素に含めず，現実曝露群と想像曝露群の治療効果を直接比較する研究を行ったが，治療終了後，フォローアップともに群間に統計的な有意差は認められなかった。一連の研究から，想像曝露は治療上必要不可欠であるとは言い切れないが，長期的な治療効果の維持に寄与する可能性があると結論づけられている。

●**曝露と反応妨害**　ERPのうち，曝露と反応妨害はそれぞれどのように治療的に働いているのか，という研究も行われてきた。フォアらは洗浄強迫の患者を対象に，曝露のみを行い反応妨害を行わない曝露群と反応妨害のみを行い曝露を行わない反応妨害群，そして曝露と反応妨害の両方を行う曝露反応妨害併用群の3群で治療効果を比較した。治療終了後とフォローアップで3群とも症状の改善が認められたが，曝露群および反応妨害群よりも曝露反応妨害併用群の方が治療効果は優れていた。曝露群では，汚染の対象となる刺激に直面した時に不安をは

じめとした情動反応の程度が下がったという報告がなされ，反応妨害群では，強迫行為を行いたいという衝動が下がったという報告がなされた．このことから，曝露と反応妨害はそれぞれ治療上異なる働きをしており，どちらかが欠けると治療効果が低下することが示された．

● **ERPの有効性を示す研究**　数々の無作為化比較試験により，強迫症治療において，ERPが筋弛緩法，不安管理訓練，ピル・プラセボといったほかの治療法よりも優れた治療効果を有することが示されてきた．薬物療法とERPの治療効果について比較するために，4週間の集中ERPと8週にわたるフォローアップ（合計12週）で構成されたERP群，12週にわたる薬物療法（クロミプラミン）単体群，ERP＋薬物療法群，ピル・プラセボ群の4群で無作為化比較試験が行われた（Foa et al., 2005）．治療終了後，何らかの治療に取り組んだ3群すべてがピル・プラセボ群よりも優れた治療効果を示した．ERP群およびERP＋薬物療法群は薬物療法単体群よりも優れた治療効果を示したが，ERP＋薬物療法がERP群より優れているとは言えなかった．さらに，薬物療法単体群は，ERP群とERP＋薬物療法群よりも再発率が高いことも報告されている．日本では，中谷ほか（Nakatani et al., 2005）がERP＋ピル・プラセボ群，自律訓練法＋薬物療法（フルボキサミン）群，自律訓練法＋ピル・プラセボ群の3群で無作為化比較試験を行い，ERPの治療効果が薬物療法よりも有意に高いことが示されている．

● **認知療法とERP**　認知療法で行われる技法と行動療法で行われるERPを完全に区別することは難しい上に，認知療法がERPより優れているというエビデンスは確立されておらず，現時点では認知療法がERPにとってかわるものとは言えない．ERP導入時の動機づけやドロップアウトを防ぐ目的で認知療法のアイデアは活用されている．

● **今後の研究課題**　近年のメタアナリシスによると，強迫症患者のうち25％がERPに取り組むことを拒否し，30％は治療効果が得られず，20％がドロップアウトすることが知られている（Öst et al., 2015）．ERPの治療効果を高めるために，さまざまな増強療法（D-サイクロセリンやセロトニン再取り込み阻害薬による増強，ほかの心理療法による増強）が検討されてきたが，効果があったのは患者家族への介入による増強と動機づけ面接による増強のみであった（Guzick et al., 2018）．強迫症の認知行動療法の基盤にERPによる治療法の確立があることは明らかであるが，今後は心理社会的側面も視野に入れた介入研究の推進が期待される．　　［土屋垣内晶］

📖 さらに詳しく知るための文献
[1]　飯倉康郎　1999　強迫性障害の治療ガイド　二瓶社．
[2]　中谷江利子ほか　2016　強迫性障害（強迫症）の認知行動療法マニュアル　不安症研究　7（Special_issue），2-41．

心的外傷後ストレス障害の認知行動療法の基盤となる研究

☞ 外傷後不安障害（PTSD）p.112，持続エクスポージャー法 p.264，ストレス免疫訓練 p.270，PTSD に対する多様なアプローチ p.318，PTSD へのトラウマに特化した認知行動療法 p.342

　心的外傷後ストレス障害（PTSD）が初めて DSM-Ⅲにおいて不安障害（不安症）のカテゴリーに含まれる疾患となったことをきっかけに，その治療法の開発および効果研究がさかんに行われるようになった。同じ不安症の治療として有効性が示されていたエクスポージャー療法が PTSD の治療にも応用され，E. B. フォア（Foa）らの研究グループによって持続エクスポージャー法（PE）が開発された。PE は，アメリカ心理学会（APA）の第 12 部会（臨床心理学部会）において「強く推奨される（strongly recommended）」治療の一つとなっており，日本では 2016 年に PTSD 治療として初めて保険診療の対象となっている。

　PE が PTSD 症状の改善に有効であることを説明するものとして，「情動処理理論」（Foa & Kozak, 1986）がある。この理論では，恐怖は一つの認知構造（恐怖構造）として記憶の中で表現され，危険を回避し，生存するために私たちの中に組み込まれているものとされている。この認知構造の中で，安全な刺激にもかかわらず，恐怖にさらされたときのような生理的反応が生じたり，それに過剰に反応したりすることで，安全な刺激や反応が「危険なもの」と誤って意味づけられてしまうと，不適応を引き起こし，不安症や恐怖症へとつながる。この理論に従えば，これらの症状改善には，①安全にもかかわらず，恐怖を引き起こす刺激に曝露（エクスポージャー）することで恐怖構造を活性化し，②その中で新しい情報を獲得し，組み込まれた誤った情報と恐怖構造の修正（情報処理）が進むように介入することが有効となるが，実際にそのような手続きとなるエクスポージャー療法の有効性は複数の治療効果研究で明らかにされている。PTSD の場合，心的外傷（トラウマ）の記憶が強い恐怖や苦痛とともに断片的に想起されるために，情報処理が妨げられ，症状が持続するとされており，それを裏づける研究が複数報告されている（Amir et al., 1998 など）。よって，PE はトラウマの記憶やそれに関連した刺激に曝露し，その中で情動処理を促す介入が基盤となっている。

　PE の効果を検証した最初の研究（Foa et al., 1991）では，性的暴行の被害者を PE，ストレス免疫訓練，支持的カウンセリングのいずれかを受ける群とウェイティングリスト統制群に配置し，治療効果を比較している。その結果，PE を受けた群の PTSD 症状がフォローアップ時に最も改善したことが示された。その後，PTSD に特化したほかの治療法（EMDR など）との効果比較（Rothbaum et al., 2005 など）など，多数の治療効果研究を通じて，PE は PTSD に対して有効性の高い治療法として確立されていった。しかし，恐怖構造を活性化する手続きは患者にとって大きな苦痛や恥の感情を伴いやすく，それが PE を利用しに

くくさせる一因であるとの指摘もある（Cahill et al., 2006）。このような背景から，患者への負担が少なく，PEと同等またはそれ以上に効果のある治療法の開発が試みられてきた。その一つに，P. A. リーシック（Resick）らが開発した認知処理療法（CPT）がある。PEと同様の理論や方法をベースにしているが，PEほどの曝露時間や回数を要さず，PEと同等の効果があることが実証されている（Resick et al., 2002など）。

一方，A. エーラーズとD. M. クラーク（Ehlers & Clark, 2000）は，新たにPTSDの認知モデルを提唱した。このモデルは複数の基礎研究に基づき，①トラウマやその後遺症に対するネガティブな認知的評価，②トラウマの記憶の性質（些細な手がかりで容易に想起されるが，強い情動が伴い，記憶や出来事のもつ意味が修正されないなど），③症状を維持させる不適切な方略（思考抑制，反すうなど）がPTSD症状の維持要因となることを説明したものである。このモデルに基づき，①トラウマに関連したネガティブな認知を同定・修正し，②記憶を想起させる手がかりを同定して現実との弁別をはかり，③不適切な対処方略をやめることを目指して，慢性PTSDの症状改善をはかる認知療法プログラムが開発された。このプログラムでもトラウマの記憶を扱うが，記憶に付与された誤った情報や出来事の意味づけのアップデートを目的としており，PEほどの曝露による負担がない。そのためか，治療のドロップアウト率はほかの治療法よりはるかに低く（3％），しかもPEより高い効果量であったことが報告されている（Ehlers et al., 2005）。

ここに紹介したCPTと認知療法もまた，APA第12部会において「強く推奨される（strongly recommended）」治療にあげられている。これは，PEに代わる有効で利用しやすいCBTの可能性を探り，その効果を複数の厳密な研究によって検証してきた結果といえる。治療の選択肢があることは，患者にとって大きな希望となると考えられ，日本でもPEに限らず，PTSDに対するCBTの効果を積極的に検証していくことが求められる。　　　　　　　　［大澤香織］

さらに詳しく知るための文献

[1] Foa, E. B. et al. 2007 *Prolonged Exposure Therapy for PTSD: Emotional Processing of Traumatic Experiences, Therapist Guide*, Oxford University Press.（金 吉晴・小西聖子監訳 2009 PTSDの持続エクスポージャー療法―トラウマ体験の情動処理のために 星和書店）
[2] Resick, P. A. et al. 2017 *Cognitive Processing Therapy for PTSD: A Comprehensive Manual*, The Guilford Presss.（伊藤正哉・堀越 勝監訳 2019 トラウマへの認知処理療法―治療者のための包括手続き 創元社）
[3] クラーク，D. M. & エーラーズ，A.　丹野義彦編集・監訳 2008 対人恐怖とPTSDへの認知行動療法 ワークショップで身につける治療技法 星和書店.

発達障害の認知行動療法の基盤となる研究

☞ 応用行動分析の基礎理論 p.16, オペラント条件づけの基礎研究 p.50, 社会的学習理論の基礎研究 p.66, オペラント法 p.252

　発達障害は，発達に関するいくつかの障害の総称で，知的能力障害（intellectual developmental：ID），自閉スペクトラム症（autism spectrum disorder：ASD），注意欠如・多動症（attention deficit hyperactivity disorder：ADHD）などがある。認知行動療法の第一世代である行動療法は，観察可能な言語や行動を対象にしてそのメカニズムを機能的に分析した。特に ASD の行動様式について，他者の意図などを推測する「心の理論」の未獲得が基盤にあると提唱された 1980 年代より以前から，特定の刺激への過剰な反応についてオペラント条件づけの枠組みで説明した。ADHD に対する刺激統制やリマインドなどによる行動マネジメントはエビデンスを得ており，本人の自己の状態の理解やそれを他者に説明することによる支援希求，さらには二次障害の予防を可能にした。近年は，うつ病や社交不安症の背景に ASD が認められるようになり，その認知特性を踏まえた認知行動療法が始まっている。本項では，定型発達と認知や行動の特性が質的に異なる ASD を中心に，その中でも発達初期にあたる幼児期と学童期に焦点をあて，認知行動療法の基盤となる研究および今後の課題について述べる。

● **ID を伴う ASD 児に対する言語訓練**　ASD 児は大人との共同注意が生じにくく，言語獲得の機会を逸することが多い。また，注意の持続が短く人への関心が乏しいことから学習が成立しにくい。ロバースほか（Lovaas et al., 1966）は，こうした特徴のある ASD 児に対しオペラント条件づけを用い言語訓練を行った。言語訓練では，段階的に目標を設定するシェイピングを採用している。まずあらゆる発声にチョコなどの強化子を用い強化し，次に特定の発声を，さらに指導者の音声と同一あるいは類似の音声を強化する。音声模倣ができるようになると，物と音声の対提示により物の命名が可能になる。ASD 児は特定の刺激を過剰に選択するため，提示された物に注意が向きにくい。そこで，訓練は子どもとセラピストが向かい合うブースで行い，提示物やセラピストの声に注意が向くよう調整した。この方法は，訓練を妨害する行動の除去に嫌悪事態が導入されることがある，特定の先行刺激がなければ一度獲得した行動が再生しないなどの課題が指摘された。そこで開発されたのがフリーオペラント法である（杉山，1989）。

● **フリーオペラント法による社会的応答の形成**　フリーオペラント法は言語を含む社会的応答を形成し，それらを維持させるためのアプローチである。セラピストは子どもに何らかの行動を促すことをせず，子どもが室内の遊具や人に対して自発的に働きかけた時にくすぐるなどの強化子を伴わせ，その行動を強化する。この手続きはセラピストへの接近行動や模倣を生じさせ，自発言語を増大させ

た。また，強化子として機能する人をセラピストから親などに広げることにより，セラピー場面は家庭や地域に広がった。この取り組みは包括的フリーオペラントと呼ばれ，日常場面での言語や人との関わりの学習を確実なものにした。

●ペアレントトレーニング（parent training：PT）　ID児は余暇活動のレパートリーが少なかったり，他者の意図を理解し見通しをもつことが不得手であることから，暴力などの行動問題が起こりやすい。認知行動療法はID児の行動問題の解決に有効であるが，その効果が家庭に般化しにくいことから，日本では1991年にPTが開発された。PTは親が子どもに適した養育ができるようになることを目的としたプログラムである。PTでは構造化された教育法などを用いて適応行動を強化したり，計画的無視により問題となる行動を消去する。子どもの行動変容に伴い，親の養育上のストレスや抑うつは軽減し，PTによるこれらの効果は，PT終了後1年間維持されることが明らかになった（免田ほか，1995）。PTはその対象をADHDやIDを伴わないASDに広げ，さらに学校の教員が子どもの行動変容の方法を学ぶティーチャーズトレーニングへと発展した。

●ソーシャルスキルトレーニング（social skills training：SST）　社会的学習理論を基盤としたSSTは2000年代から学級単位で，通常学級に在籍する発達障害あるいはその特性のある子どもに適用されているが，これまでに充分な効果は得られていない。佐藤ほか（1998）はSSTの般化や維持の要因として，①社会的スキルに関する確実な概念的理解，②充分なリハーサル，③仲間が強化する環境，④スキルが不十分な子どもがスキルを実行できる環境をあげている。この指摘を受け，岡島ほか（2014）はASD児に対し，学級で機能的アセスメントを行った上で標的スキルを特定し，そのスキルの必要性を理解させた。また家庭でのリハーサルによりスキルの向上，維持，般化を果たした。小関ほか（2009）は学級の子どもの交流をモニタリングし，低スキルなどの個人の行動傾向を捉えた上で，担任によるSSTを小集団で，あるいは個別に行った。さらに，他児からの強化が少ない子どもには，学級活動の機会を利用し担任が強化した。その結果，学級の子どもたちはスキルを獲得し，仲間が強化し合う環境が形成された。

　これまでに述べた通り，認知行動療法は発達障害のある子どもの言語や適応行動を増加させ，親や教員にその実施者を広げた。また，SSTは複数の技法を組み合わせて集団で行うことにより地域に普及した。技法のパッケージには汎用性があるが，その効果を確実なものにするためには，個人や集団の特徴を機能的に捉えた上で運用し，個々の技法を担保することが求められている。　　　［温泉美雪］

📖 さらに詳しく知るための文献
［1］佐々木和義　2016　認知行動療法を生かした発達障害児・者への支援　ジーアス教育新社．

パソコンやスマートフォンで不安症が治るのか？

　不安症を抱える人の認知的特徴に注意バイアスがあり，これまで多くの研究が蓄積されてきた。注意バイアスは，こわいと感じる刺激に注意が過剰に向き，それへ固執してしまうことから，ほかの刺激に注意が向けられない状態を指す。

　注意バイアスを測定する代表的な課題に，ドットプローブ課題がある。この課題は，パソコン画面上に二つの刺激（単語ないしは写真）を呈示し，それが消えた後，いずれかの刺激の位置にドットを呈示し，どちらにドットが呈示されたかについてボタンをできるだけ早く押して答える課題である。呈示される刺激のうち，一つは脅威刺激であり，もう一つは中性刺激あるいはポジティブな刺激となっており，ドットが提示される位置はランダムになっている。脅威刺激と同じ位置にドットが提示された場合に反応が早ければ，脅威刺激に注意が向いていたことを示す。

　脅威刺激に注意を向けてしまう注意バイアスがあるために，絶えず脅威刺激が入力されることになり不安が維持されると考えられる。そのため，注意バイアスを修正することで不安症の緩和が可能かどうかが検討されている。

　注意バイアスを修正するために，ドットプローブ課題を修正して，パソコンやスマートフォンを用いて行う注意バイアス修正トレーニング（attention bias modification：ABM）が開発されている。ABMでは，ドットが提示される位置が中性刺激あるいはポジティブな刺激と同じ位置に提示される回数を多くして（試行の95％など），ネガティブではない刺激に注意を向けるようにトレーニングする。インターネットやスマートフォンのアプリで，これらの課題を「お手軽に」実施できるメリットは大きい。

　では，ABMの治療効果はどれほどあるのだろうか。ここでは研究数も多い社交不安におけるABMの効果を取り上げる。複数の先行研究で，ABMを行うだけで社交不安症の症状の尺度得点が下がったことが認められているが，治療効果の得られていない研究もあり，一貫した知見が得られているわけではない。A. ヘーレンほか（Heeren et al., 2015）は社交不安におけるABM効果のメタ分析を行っている。社交不安に対するABMは，治療直後の効果サイズは小さいものの有意であったが（Hedges's g = 0.27），長期的な効果サイズ（4か月後のフォローアップ時 g = 0.09）は有意ではなくなると報告している。P. M. G. エメルカンプ（Emmelkamp, 2012）は，社交不安症患者を対象とした無作為化比較試験でABMの効果が認められない研究が多いことから，エクスポージャーに基づく認知行動療法の効果をさらに高める価値がABMにあることを証明する研究が行われなければ，「ABMは裸の王様と言わざるをえない」と述べている。

　ABMの治療効果が認められた研究では，ABMによりさまざまな刺激に注意を向けることができるようになり，日常生活の社交場面に直面した際に，これまで気づかなかった刺激や脅威的でない刺激にも注意を向けることができたからだと考えられる。つまり，ABMのみで効果がもたらされたわけではなく，日常生活におけるエクスポージャー時の注意コントロールが向上した結果ではないかと推測できる。ABMがエクスポージャーの効果を増強するのか，ABMによって高まった注意のコントロールが媒介変数として機能しているのかを検討することでABMの効用と限界を明らかにすることができれば，「裸の王様」を脱することができるかもしれない。

［金井嘉宏・岩永　誠］

第 3 章
CBT の適用範囲

[編集担当：飯倉康郎・米山直樹]

　第3章「CBT の適用範囲」は，CBT の技術がどのような精神疾患や心理的な問題や領域に適用されているかを示すのが目的である。CBT の技術は大きく分けて問題を評価する技術と介入する技術に分かれる。問題を評価する技術には，病歴や問題の経過の聴取，行動分析（刺激—反応分析），治療対象や目標の明確化，という流れがあり，その中にはセルフモニタリングや種々の評価スケールなども含まれている。介入の技術には，曝露法，反応妨害法，認知再構成法などのように不安症状を対象にする治療技法や，教示，強化法，消去法，プロンプティング，モデリングなどのように必要な行動を形成したり，増加させたり，減少させたりするための治療技法が含まれる。さらに，これらの CBT の評価や介入の技術をプログラム化してパッケージにしている治療技法（社会技術訓練，問題解決訓練など）もある。CBT はこれらの評価や介入の技術が適用できる範囲を次々に広げて発展し続けている。

　CBT には対象となる行動の頻度や程度を具体的に把握し，それが介入によってどのように変化するのかを明らかにしていく特徴があり，効果の判定が行いやすい。アメリカ心理学会第 12 部会（1995）や S. G. ホフマンほか（Hofmann, 2012）の報告では，認知行動療法が用いられてエビデンスが得られている疾患や問題には，うつ病，発達障害，遺尿症，違糞症，頭痛，過敏性腸症候群，慢性疼痛，パニック障害，全般性不安障害，強迫性障害，社交不安障害，特定の恐怖症，統合失調症，子どもの反抗的行動，境界性人格障害，チックや神経症的習癖，過食症，物質乱用依存症，不眠症などが挙げられている。本章では，このような高い改善率が示されている項目だけでなく，問題の改善になんらかの貢献ができているものや今後さらに発展が期待できる項目についても述べることとした。その結果，この章では，子どもから老人までの精神疾患や身体疾患や心身症のみならず，学校・教育，障害児療育や司法・矯正領域，産業カウンセリング・健康支援領域，社会支援領域などの広い範囲にわたる項目をとりあげることとなった。各項目の内容としては，主に疾患や問題の特徴や疫学，診断を中心に記述することとした。介入の具体的な方法については簡単に記述して，詳細は他章を参照してもらうこととした。

[飯倉康郎]

特定の恐怖症
（限局性恐怖症）

☞ 基礎理論・総論1章, 介入技法5章

　「特定の恐怖症」とは，それほど危険でも脅威でもない対象や状況に対して，強い恐怖を生じ，患者自身はその不合理性をある程度理解しつつも，恐怖対象への曝露により不安反応としてパニック発作をきたしたり，その対象や状況を回避する病態である。恐怖の対象としては①動物（例：クモ，ヘビなど）や②自然環境（例：高所，雷など），③血液・注射・負傷，④状況（例：航空機，エレベーター，閉所など），⑤その他（嘔吐や大きい音など）に分けられる。生涯有病率は12.5％で，男女比は約2：1と女性が多いと報告されている。発症年齢の中央値は7〜11歳の間で，患者は発症のきっかけについて特定の理由を思い出すことができないことが多いといわれている（APA, 2013a 訳2014）。

●恐怖症の病因〜恐怖条件づけと進化論〜　1990年代まで恐怖症の病因は恐怖条件づけによって説明されてきた。この恐怖条件づけによる病因モデルとしてJ. ワトソン（Watson）とR. レイナ（Rayner）が1920年に報告した「アルバート坊や（Little Albert）」が有名である。この実験は生後11か月のアルバートに対して恐怖反応を引き起こさない刺激であるマウス（中性刺激）と恐怖反応（無条件反応）を引き起こす大きな音（無条件刺激）を数回同時に呈示したところ，マウスのみの呈示（条件刺激）によってもアルバートは恐怖反応（条件反応）を示すようになったという報告である。このような恐怖獲得過程に加えてO. H. マウラー（Mowrer, 1947）による二段階仮説によると，患者は安全を確保するために恐怖対象を回避するが，この回避行動によってさらに恐怖対象への回避が強化され，条件づけされた恐怖反応を消去するためのプロセスが妨げられる結果となるという。これらの理論はエクスポージャー（曝露）法による恐怖消去の手続きが治療効果を示していることから，恐怖症の中核的病理とされている。さらにS. ラックマン（Rachman, 1977）は直接的な条件づけ以外にも①他人の行動や反応の観察を通じた学習，②言語的な情報伝達，といったプロセスが恐怖獲得に関与していることをあげている。例えば嘔吐恐怖の患者は自らの嘔吐体験による学習よりも他人が嘔吐する場面を目撃することで嘔吐が対人関係や健康，感情面に及ぼした悪影響を学習し，他人の嘔吐への過剰な選択的注意や「嘔吐とは破滅的なものである」といった極端な意味づけが形成されるという（Veale et al., 2013）。一方で，多くの患者では恐怖条件づけのきっかけとなったエピソードを特定できないことから，人類の進化過程において危険な対象や状況を回避するという本能的なものが関与しているという「進化論的脆弱性」も病因として示唆されてきた。加えて近年ではmultiple pathwaysによる発症機序が説明されている

(Davey, 2007)。これは恐怖対象の違いによって発症機序が異なるというものである。例えば歯科恐怖症では、その対象と心的外傷体験との古典的な恐怖条件づけや幼少時に得た恐怖対象に関する情報によるものと説明される。クモ、ヘビといった動物を対象とした恐怖症は恐怖よりも嫌悪感（この嫌悪感は感染症の罹患に対する恐れから人類が進化させた感情ともいえる）が強く関与していると説明される。また高所恐怖症や閉所恐怖症の多くは心的外傷体験との条件づけというよりも動悸、めまい、発汗といったパニック発作様の身体的感覚との条件づけによるものと説明される。以上のように本疾患の病因としては学習体験、進化論的な遺伝的脆弱性があげられるが、加えて遺伝的要因や認知的要因、養育環境といったさまざまの要因が関わっている（米国精神医学会、2013 訳 2014）と考えられる。

●限局性恐怖症の治療　現在、治療は認知行動療法の技法のうち、エクスポージャー法が選択されることが多い。エクスポージャー法とは、望ましくない恐怖反応を引き起こす刺激に対して患者が恐怖感や不快感が低減するまで曝露されることで不適応な反応を消去するという技法である。現実の刺激を用いるエクスポージャー法を in vivo エクスポージャー法、患者にイメージさせた刺激を用いて行われるエクスポージャー法をイメージエクスポージャー法という。in vivo エクスポージャー法はイメージエクスポージャー法よりも治療効果が高いといわれているが、雷恐怖症や飛行機搭乗恐怖症のように in vivo での刺激呈示が困難なものもあり、近年ではバーチャルリアリティ技術を使用したバーチャルリアリティエクスポージャー法が開発されている。また、注射恐怖症の場合はエクスポージャー法に筋緊張を追加する方法（アプライドテンション：applied tension）が有効であることが報告されている。注射恐怖症の患者は恐怖対象により第一相では呼吸数の増加や心拍数の増加を認めるが、第二相では血管迷走神経反射により急激に血圧低下をきたして失神することから、患者は血圧低下を防ぐために上肢、下肢、腹部の筋緊張をトレーニングする。そのうえでエクスポージャー法を施行する際にこの筋緊張を追加することで血圧低下による失神を予防するという方法である。エクスポージャー法以外では恐怖対象への不合理的信念に対する認知再構成法が特に閉所恐怖において有効性があるとの報告がある（Choy, 2007）。

〔村山桂太郎〕

□さらに詳しく知るための文献
[1] 松永寿人 2013 特定の恐怖症 塩入俊樹・松永寿人編 精神科臨床エキスパート 不安障害診療のすべて 228-249.
[2] Davey, G. CL. 2007 Psychopathology and treatment of specific phobias, *Psychiatry*, 6, 247-253.
[3] Choy, Y. et al. 2007 Treatment of specific phobia in adults, *Clinical Psychology Review*, 27, 266-286.

パニック症（パニック障害），広場恐怖症

☞ パニック症の認知行動療法 p.334

　パニック症とは，突然理由もなく，動悸，呼吸困難，胸痛，めまいなどの身体症状が出現し，激しい不安に襲われるパニック発作が繰り返し起こることを特徴する精神疾患である。経過に伴い，「また同じような発作が起こるのではないか」，という「予期不安」が強くなってくる。そして発作が起こりそうな状況を回避するような「広場恐怖」が生じ，外出が困難になるなど日常生活に支障をきたす。

　パニック発作の症状は①動悸，心悸亢進，心拍数の増加，②発汗③身震い，震え，④息切れ感，息苦しさ，⑤窒息感，⑥胸痛または胸部不快感，⑦嘔気，腹部不快感，⑧めまい感，ふらつく感じ，気が遠くなる感じ，⑨寒気，のぼせ，⑩しびれ，うずき，⑪非現実感・離人感，⑫自制心を失う，気が狂う恐怖，⑬死ぬ恐怖，で四つ以上が出現するとパニック発作とされる。10分以内でピークに達し，一定の時間を過ぎるとおさまる。

　人口のおよそ1～3％がパニック症に罹患しており，女性が男性のおよそ2倍多く，典型的には青年期に突然現れる。原因は今のところはっきりしていないが，脳内の不安に関する神経系の機能異常に関連しているとされている。

　パニック障害の病名がDSMに採用されたのは1980年で比較的最近である。それまでは「不安神経症」という病名が広く用いられていたが，「神経症」という名称をやめるとともに，慢性の不安状態は「全般性不安障害（全般不安症）」，不安発作を伴うものが「パニック障害（パニック症）」と位置づけられた。

●**パニック症の仕組み**　恐怖は，動物が自らの生存を脅かす敵などに直面するときに感じるものであり，心悸亢進や呼吸促迫などの交感神経系が優位になる「闘うか逃げるか反応」が起こる。パニック発作は，恐怖を感じるものが何もないのに，恐怖に対する反応が突然起こる，「火災報知機の誤作動」が起こったような状態と考えられる（Barlow et al., 2000の「誤った警報モデル」）。パニック発作を繰り返していくと，身体感覚に注意が偏り，少しの身体感覚の変化に気づきやすくなる。身体感覚のわずかな変化を刺激としてとらえ，さらなるパニック発作が誘発される内部感覚条件づけが成立し，パニック発作が起こりやすくなっていく。

　また，動悸などの身体症状に対して「死につながるものだ」と破局的に解釈（身体感覚の破局的な誤解）することで，さらに不安は高まり，身体症状が激しくなる，という悪循環に入り込む（Clark et al., 1997）（図1）。さらに，次の発作がいつ起きるか，起きたらどうしようと過度に不安になる。これを予期不安という。「また発作が起こるのでないか」などと考えることで不安感がさらに強まるのである。

　死んでしまうような破局的（最悪）な事態を避けるために行う行動を安全確保

行動(例:ほかのことを考えようとする,何かにつかまったり寄りかかったりする)という。安全確保行動をすることで一時的に不安が下がり,その状況に対応できたとパニック症の患者は考えることも多いが,しかし実際には,安全確保行動をしなくても最悪なことには至らない(自分は死んでしまうことはない)ことを経験する機会が失われ,一次的に下げられた不安はすぐに大きな

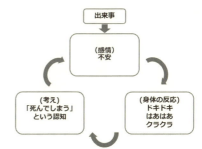

不安になると身体感覚を破局的にとらえてしまうため,さらに不安が高まり,身体の反応は強まっていく。

図1 パニックの悪循環
[関・清水,2016,94-154]

不安として戻ってくるため,結果的には不安が持続し,パニック症が悪化してしまうことになる(Sulkovskis et al., 1999)。

● **広場恐怖症** 広場恐怖の「広場」とは,発作が起きても「逃げられない,助けを求められない状況・場所」のことである。広場恐怖(agoraphobia)の,agora は古代ギリシャの人民集会,またはその集会で人が集まる場所のこと,phobia は恐怖。広場恐怖とは人が集まることや場所に対して恐怖を感じ,そこに行けなくなることである。

パニック症と密接に関連しており,パニック症の患者の多くが広場恐怖症を併存している。予期不安から行っていた回避行動から,広場恐怖症に発展していく経過も多い。DSM-5 では,①自動車,バス,電車,飛行機などの公共交通機関,②駐車場などの広い場所,③店や映画館などの囲まれた場所,④列に並ぶ,人混みの中,⑤家の外に1人でいる,など五つの状況のうち,二つ以上で不安や恐怖を感じ,その場でパニック発作のような症状が起きたときに助けを得られない,逃げられないと考えることで,その状況を恐れて回避する状態である。

回避が続くと恐怖感はより強まり,1人での外出ができなくなるなど日常生活での行動範囲が狭まり,ひどくなると外出が困難になるほど重症になる。

パニック症の治療には,認知行動療法,薬物療法が用いられる。認知行動療法では,破局的な認知を客観的・現実的にとらえなおす認知再構成法,身体感覚に偏っている注意を外部に向ける注意トレーニング,否定的な信念や予想を検証する行動実験などの技法を用いる。広場恐怖症の治療には,避けている場面に対する段階的曝露(エクスポージャー)を用いる。

[関 陽一]

📖 さらに詳しく知るための文献
[1] クラーク,D. M. & フェアバーン,C. G. 伊豫雅臣ほか訳 2003 認知行動療法の科学と実践 星和書店.
[2] 熊野宏昭・久保木富房 2008 パニック障害ハンドブック 医学書院.

強迫症
(強迫性障害, OCD)

☞ 強迫症の認知行動療法の基盤となる研究 p.94, 強迫関連障害 p.108, 強迫症の認知行動療法 p.338, 子どもの強迫への支援 p.408

　強迫症（強迫性障害）(obsessive-compulsive disorder：OCD) は，不潔恐怖や確認行為が代表的な症状である疾患であり，欧米の調査では約2％の罹患率も報告されているなど，決してまれな疾患ではない。かつては難治性の疾患と言われていたが，近年の CBT の研究と薬物療法の開発などにより治癒しうる疾患となっている。

　OCD の病態に関しては，生物学的見地から前頭葉-皮質下回路（OCD-loop）仮説をはじめとした神経回路仮説が提唱されているがまだ不明な点が多い。OCD の臨床症状を要素別に分類し，それぞれの要素に対応する脳機能の変化を fMRI などで調べる研究がさかんに行われている。

●強迫症の診断　OCD は臨床的にも生物学的にも多様性に富んだ疾患である。そのために診断概念は時代とともに大きく変遷してきた。20世紀初期からは S. フロイト（Freud）に始まる精神分析の中で「強迫神経症」として精神力動論による成因理解がなされてきたが，1980年に改訂された DSM-Ⅲ 以降，疾患概念が操作的診断基準によって明確化されるようになった。DSM-IVTR までは，不安障害のカテゴリーに属していたが，DSM-5 では不安障害から独立した形になっている（APA 2013b）。

　DSM-5 において，OCD は，強迫観念または強迫行為のどちらかまたは両方みられるものとされている。強迫観念は，「1. 反復的で持続的な思考・衝動，または心像であり，それは症状のある期間の一時期には，侵入的で望まないものとして体験されており，多くの人に強い不安や苦痛を引き起こすことがある。2. その人は，この思考・衝動，または心像を無視したり，または何か他の思考または行為（強迫行為）によって中和しようと試みる」と定義されている。　一方，強迫行為は，「1. 反復行為（例：手を洗う・確認する・順番に並べる）または心の中の行為（例：祈る・数を数える・心の中で言葉を繰り返す）であり，その人は強迫観念に反応して，または厳密に適用しなくてはならない規則に従って，それを行うように駆り立てられていると感じる。2. その行動や心の中の行為は，不安または苦痛を予防したり緩和したり，または何か恐ろしい出来事や状況を避けることを目的としている。しかし，この行動や心の中の行為は，それによって中和したり予防したりしようとしている事とは現実的関連を持っていないし，または明らかに過剰である」と定義されている。

　DSM-IVTR の診断基準までは，強迫症状の不合理性に関する洞察が一時期でも必須であったが，DSM-5 では洞察欠如・妄想的確信の強迫症状も含まれるよ

うになったことが大きな変化であり異論のある点でもある。

　強迫症状の具体的な内容は多岐にわたっている。代表的な強迫観念には，攻撃的，汚染，性的，保存や節約，宗教的，対称性や正確さの希求などに関するものがあり，強迫行為には，掃除や洗浄，確認，繰り返される儀式的行為，数える行為，整理整頓，物の収集などに関するものがある。

●**強迫症状の評価**　強迫症状に関する評価の方法として，CBTでは行動分析が中心的に用いられてきた。これによって強迫症状の構成要素である先行刺激，強迫観念，強迫行為，不安や不快感などがどのような関係になっているのかが明らかにされてきた。「強迫観念によって高まった不安や不快感が強迫行為によって軽減されるが，それは一時的な効果しかなく，結果的に強迫行為の頻度や時間が多くなる」という悪循環のパターンを呈すのが典型的なタイプであり，こうしたケースは，曝露反応妨害法やセロトニン再取り込み阻害薬（serotonin reuptake inhibitor：SRI）が有効であることが多いといわれている。

　しかし，すべての強迫症状がこのようなパターンになっているわけではなく，不安の増強や軽減に関する認知的プロセスが明らかでなく，「厳密に適用しなくてはならない規則に従って，それを行うように駆り立てられていると感じる」ことによる強迫行為が特徴であるタイプも臨床的にしばしばみられる。このタイプには，曝露反応妨害法やSRIへの反応が乏しいといわれている。

　近年のOCDに関する症状の内容や程度を評価して治療による変化を明らかにするための評価尺度としては，Y-BOCS（Yale-Brown Obsessive-Compulsive Scale）が代表的なものである（中嶋ほか，1993）。

●**強迫症の治療**　OCDの治療で高い効果が認められているものとしてはSRIを用いた薬物療法と曝露反応妨害法を中心としたCBTがあるが，ここでは曝露反応妨害法について述べる。

　曝露反応妨害法は不安を引き起こす刺激状況に長時間，持続的に直面する曝露法と，強迫観念により引き起こされる不安や不快感を一時的に軽減するための強迫行為を行わずにすませ反応妨害法を同時に組み合わせる治療法である。1966年にV. マイヤー（Meyer, 1966）らが初めて症例報告をしたのを皮切りに，以後多くの治療機関で治療プログラムが開発され，G. ステケッティー（Steketee, 1990）のまとめでは60～90％の改善率が報告されている。

　一方，OCDにはSRIや曝露反応妨害法に反応しにくいタイプや合併症をもつ複雑なケースも少なくない。それらに対する研究もさかんに行われている。［飯倉康郎］

□**さらに詳しく知るための文献**
[1]　上島国利編集代表　2010　エキスパートによる強迫性障害（OCD）治療ブック　星和書店.

強迫関連障害

☞ 強迫症（強迫性障害，OCD）
p.106

　「強迫症および関連症群（強迫関連障害，obsessive-compulsive and related disorders：OCRD）」は 2013 年に刊行された DSM-5 において，不安障害から独立する形で新設されたカテゴリーである。OCRD には，強迫症（obsessive-compulsive disorder：OCD）（☞「強迫症（強迫性障害）」参照）のほか，醜形恐怖症（body dysmorphic disorder）や抜毛症（trichotillomania），皮膚むしり症（skin-picking disorder），新設のためこみ症（hoarding disorder）などがカテゴライズされている。OCRD は，1990 年代に提唱された強迫スペクトラム障害（obsessive-compulsive spectrum disorder：OCSD）という概念（Hollander, 1995）をもとに，OCD を中心に構成される（図 1）。OCSD は OCD を中心に，強迫的な行動様式が病態の中心にあると考えられる疾患群を一つのカテゴリーとしてとらえたものである。OCRD の疾患は，不安よりも強迫，こだわりが病態の中心にあるため，認知行動療法（CBT）の実施においても疾患ごとに固有のアプローチが必要となる。本項では，OCRD の疾患のうち前項で説明されている OCD 以外のためこみ症，醜形恐怖症，抜毛症，皮膚むしり症について疾患の概略と CBT による治療について記述する。

・ためこみ症　ためこみ症の主症状は過剰なものの収集とそれらの収集物をためこみ，捨てられない，というものである。従来 OCD の一亜型と考えられていたが，OCD の特徴である侵入的で不快な思考はなく，ものを集めてとっておきたいという自我親和的な欲求を特徴とし，他者の介入を頑固に受け入れないなど OCD に比べてもより病理性が強い。OCD 以外に自閉スペクトラム症，ADHD との関連性の強さが指摘されている。治療反応に関して，M. H. ブロックほか（Bloch et al., 2014）が行ったためこみ症状の有無に基づく OCD の治療反応性のメタ分析によれば，ためこみ症状の存在は CBT，薬物療法，およびその併用療法のいずれにおいても有意に治療効果を低めていたという。ためこみ症の治療についてはまだ定見は得られていないが，D. F. トーリンほか（Tolin et al., 2007）は治療動機づけ，ものの整理を行うための意思決定や問題解決に関するスキルトレーニング，ものの所有に関する認知修正に重点をおいた CBT プログラムを考案，実施しその有効性を確認している。

・醜形恐怖症　醜形恐怖症の症状は身体上の外見において知覚される欠点や欠陥にとらわれるものであり，患者は自身の外見が醜く異常で歪んでいると確信している。実際にはその欠点は他者には認識できないかごく些細なものである。対象となるのは皮膚（瘢痕，目鼻立ちなど）や毛（薄さ，過剰さ），鼻（大きさや形）をはじめ，

目，歯，体幹，四肢，性器など身体のどの部分でも対象となりうる。あるいは対称性にこだわるものもいる。とらわれに伴う種々の過剰な繰り返し行動をとる。すなわち外見を他人の外見と比較する，欠点を鏡などでたびたび確認する，繰り返しの化粧や，嫌いな部分を帽子や服，化粧，髪の毛で隠す偽装などがこれにあたる。醜形恐怖症の治療は，OCD 同様に，不安階層表を用いた曝露反応妨害法を用いることが多いが，病識はより低く不合理感の少ない患者が多

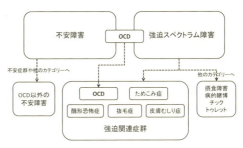

図1 強迫関連障害と不安障害・強迫スペクトラム障害
OCD は不安障害の構成疾患であると同時に強迫スペクトラム障害の中核疾患であった。
今回の強迫関連障害は OCD を中心に，強迫スペクトラム障害を構成していた一部疾患によって構成されている。[中尾智博 2017 DSM-5 の強迫関連症群の概要と臨床的意義 精神科治療学, 32, 318]

い。このため症状や治療法への心理教育を十分に行い，外見が完璧ではなくてはならないという誤った認知の修正が重要となる。

・**抜毛症** 抜毛症の症状は繰り返し体毛を引き抜くことである。部位として多いのは頭皮，眉，眼瞼である。抜毛は儀式的であり，人によっては質感，色など特定の種類の体毛を探し引き抜き，また毛根が損なわれないなど特別な方法で引き抜こうとする。また抜毛した後の体毛を視覚的に調べ，触れたり口に入れたりして弄ぶ。抜毛は不安または退屈などが引き金となる。体毛の喪失パターンは多様だが，体毛が薄い領域，まったく脱毛している領域が生じる。抜毛症は OCD の強迫観念のような先行する思考なしに衝動に伴って行為が行われる。また，行為の直前や行為に抵抗しているときに緊張感があり，行為の最中や直後には，緊張が解放されるかのようにいくらかの快感が生じる点も，OCD には見られない抜毛症特有の感情の動きである。抜毛症に有効とされる CBT の技法としてはハビット・リバーサルがあり，これは抜毛の衝動が起きそうなときに拮抗行動をとる対抗反応訓練を主体としたものである。

・**皮膚むしり症** 病態は抜毛症に類似しており，皮膚をひっかいたりはがしたりして傷つける行為を繰り返す。顔や腕，手の皮膚の健康な部分，角質化した部分，小さな凸凹，吹き出物，角質などをむしり，損傷に至る者である。　　　[中尾智博]

さらに詳しく知るための文献

[1] American Psychiatric Association（日本語版用語監修：日本精神神経学会）2014 強迫症および関連症群．DSM-5 精神疾患の診断・統計マニュアル　医学書院，pp233-261.
[2] 中尾智博 2013 強迫およびその関連障害―強迫スペクトラム障害（OCSD）を中心に　塩入俊樹・松永寿人編　不安障害診療のすべて　医学書院，pp.257-264.

社交不安症
(社交不安障害, SAD)

☞ 社交不安症の認知行動療法の基盤となる研究 p.88, 社交不安症の認知行動療法 p.340

　社交不安症／社交不安障害（social anxiety disorder：SAD）とは，人から注目されるような場面や，人との関わりをもつ場面において，自分が恥をかいたり恥ずかしい思いをするのではないか，拒絶されたり他者の迷惑になるのではないかといった否定的な評価を受けることを恐れ，そのような場面を回避したり，たとえその場にいることができたとしても強い不安や恐怖が出現し，振戦，赤面，発汗，動悸などの身体症状を引き起こす精神疾患である。治療については選択的セロトニン再取り込み阻害薬を中心とした薬物療法と認知行動療法に代表される精神療法の有効性が多くの研究により示されている。

●**ガイドラインで推奨されている治療**　National Institute for Health and Care Excellence：NICE（2013）のガイドラインでは，D. M. クラークとA. ウェルズ（Clark and Wells）やR. ハイムバーグ（Heimberg）のモデルに基づく個人対象の認知行動療法が成人のSADに対する治療の第一選択となっている。クラークとウェルズのモデルによる認知行動療法は，SADについての心理教育，自己注目と安全確保行動の悪影響を体験する課題の実践，否定的な自己イメージを修正するビデオフィードバック，外部情報へ注意を向ける体系的なトレーニング，否定的な信念を検証するための行動実験，きっかけとなった記憶の同定と書き直し，中核的な信念の検証と修正，出来事の前後で行っている問題行為の修正，再発予防からなり，このモデルを参考にして厚労省のSADの認知行動療法マニュアルは作成されている。ハイムバーグのモデルによる認知行動療法はSADについての心理教育，認知再構成法，治療セッション中とホームワークでの恐れている社交場面への段階的なエクスポージャー，中核的な信念の検証と修正，再発予防から成り立っている。集団認知行動療法の有効性も示されているが，NICEのガイドラインでは，費用や効果の観点から，個人対象の認知行動療法に優先して集団認知行動療法を行うことは推奨されていない。認知行動療法を断りほかの心理的な介入を希望した場合には，認知行動療法に基づいたサポートが含まれるセルフヘルプを行うことが推奨されている。

　B. バンデローほか（Bandelow et al., 2014）によるドイツのS3ガイドラインでは，精神療法は，認知行動療法，力動的精神療法，患者セルフヘルプグループ／家族サポートグループがあげられている。認知行動療法のエビデンスレベルはⅠa（少なくとも三つのRCTによるメタ分析からのエビデンス），推奨グレードはA（推奨しなければならない）であり，「提供すべきである」と記載されている。力動的精神療法はエビデンスレベルⅡa（少なくとも一つのRCTではない

治験からのエビデンス），推奨グレードはB（推奨すべきである）であり，「認知行動療法が提供できないか無効の場合，あるいはすべての治療法についての知識が提供された後に患者が希望した場合に提供すべきである」と記載されている。実際の臨床場面では，単純にガイドラインにあてはめるのではなく，患者の個別性も考慮し，精神療法，薬物療法ともにメリット，デメリットなどについて患者に説明した上で，患者が自分で治療法を選択することが重要である。

●治療効果　E. メイヨーウィルソンほか（Mayo-Wilson et al., 2014）はSADの成人患者に対する精神療法と薬物療法の治療効果について，システマティックレビューとネットワークメタ分析を行った。待機群との比較において，精神療法の効果量は個人対象の認知行動療法（standardized mean difference: SDM －1.19, 95％信頼区間 －1.56 to －0.36），集団認知行動療法（－0.92, －1.33 to －0.51），エクスポージャーと社会スキル訓練（－0.86, －1.42 to －0.29），サポートを伴うセルフヘルプ（－0.86, －1.36 to －0.36），サポートのないセルフヘルプ（－0.75, －1.25 to －0.26），力動的精神療法（－0.62, －0.93 to －0.31）であった（効果量が0より小さい場合は，待機群より効果が大きいことを示す）。個人対象の認知行動療法が最も効果量が大きく，個人対象の認知行動療法は，力動的精神療法，対人関係療法，支持的精神療法と比べて有意に治療効果が大きかった。

　S. スカイーニほか（Scaini et al., 2016）は児童・思春期（6歳から18歳）のSAD患者に対する認知行動療法に基づく介入について包括的なメタ分析を行い，治療前後の比較，待機群との比較，フォローアップ時と治療前および治療後との比較において，認知行動療法の有効性を明らかにした。また，ソーシャルスキルトレーニングを取り入れた介入の方が，より効果量が大きいことも示された。

●新たな認知行動療法の可能性　クラークとウェルズやハイムバーグの治療プログラムがSADにおける認知行動療法の中心であるが，近年では新たに，マインドフルネスやアクセプタント＆コミットメント・セラピーを取り入れた治療法が注目されてきている。また，SADでは社交不安症状のため医療機関を利用していない患者が少なくないと考えられていることや，認知行動療法が実施できる医療機関が少ないことなどから，自宅で実施できるインターネットによる認知行動療法に基づいた介入も注目されている。　　　　　　　　　　　　　　　　［實松寛晋］

📖 さらに詳しく知るための文献
[1] 吉永尚紀編著・清水栄司監修 2016 社交不安障害（社交不安症）の認知行動療法マニュアル（治療者用）．
[2] Stangier, U. 2016 New developments in cognitive-behavioral therapy for social anxiety disorder. *Current Psychiatry Reports*, 18, 25.

心的外傷後ストレス障害 (PTSD)

☞ 心的外傷後ストレス障害の認知行動療法の基盤となる研究 p.96, PTSD, 複雑性悲嘆のアセスメント p.210, 持続エクスポージャー法（PE）p.264

　心的外傷後ストレス障害（post-traumatic stress disorder：PTSD）とは，災害，事故，レイプ，DV などの外傷（トラウマ）的な出来事を体験した後に出現する症状による生活に多大な支障を及ぼすものである。侵入症状，回避症状，認知や気分の否定的な変化，および過覚醒・反応性の変化など，外傷後出来事を体験した後，1 か月以上継続した場合，PTSD と診断される。大規模災害の被災者，性犯罪被害者，DV 被害者，交通事故の体験もしくは目撃などによる心的外傷の後に多く見られている。

●**診断基準とその症状**　実際にまたは危うく死ぬ，重傷を負う，性的暴力を受ける出来事への曝露がある。自身が直接的に体験する，もしくは他人に起こった出来事を直に目撃する，近親者または親しい友人に起こった心的外傷的出来事を耳にする，または，心的外傷的出来事の強い不快感をいだく対象に，繰り返しまたは極端に曝露される体験をすることが診断基準にあげられている。さらに以下のような症状を体験する。

侵入症状：トラウマ体験の際の記憶がよみがえったり，悪夢をみたりする症状である。また，過去のことなのに，今現在それが起きている（再体験）ように感じることもある。これをフラッシュバックという。それが再び起こっているかのように行動する解離症状としても現れることがある。

回避症状：トラウマ体験を思い出させるような記憶，状況，思考や感情を回避する。トラウマを思い出させるような，人，場所，もの，感覚（匂い，感触など）を回避したり，トラウマ体験を語ることや考えること自体を回避したりする。

認知や気分の否定的な変化：トラウマ体験によって自己や他者に対する見方が変わってしまうことである。恥や罪悪感が生じたり，世界は危険な場所だ，他人は信用できないなどと信じてしまったりする。また，それまで楽しんでいたことを楽しめなくなったりする。また，トラウマ体験の重要な側面を想起することができない（解離性健忘によるもの）こともある。

過覚醒と反応性の変化：常に周囲に危険がないか警戒してしまったり，集中することや睡眠困難が生じたりする。もしくは，急に怒りっぽくなったり，イライラしたり，不健康な行動をする（薬物やアルコールの使用など）ようになることがある。また，人や物に対して攻撃的な行動がみられることもある。

　PTSD は，上記のような症状から，二次的に不安や抑うつ，不眠，薬物やギャンブル依存などの精神疾患を併発することが多いことや，罪責感や社会からのスティグマ，就労や経済面での困難などがある（金，2003）。

また，DSM-5では，6歳以下の子どものPTSDに対し，別基準が設けられた。子どもの場合，記憶が苦痛として現れず，再演として遊びとして表現されるということがあげられている。認知の否定的な変化に関しても，言語化することが難しい年齢であることから，遊びの抑制や，陽性の情動表出の減少がみられることもある。

また，PTSDの患者には，うつ病やパニック症などを併発することが高い率で観察されている。上記のような症状のために，活動の範囲や，活動量自体が体験前よりも減少するため，二次的に体験することになる。

● **PTSDに対する治療技法**　認知行動療法の中でも，エクスポージャー法，認知療法，ストレス免疫訓練などの技法が含まれており，これまでの研究で最もエビデンス高いものが，持続エクスポージャー法である。(Foa et al., 2009 訳 2012)

介入技法の章でも紹介するが，ここでは，持続エクスポージャーについて説明する。

持続エクスポージャー法（prolonged exposure therapy：PE）とは，E. B. フォアほか（Foa et al.）が，情動処理理論に基づき，慢性PTSD症状を緩和することに焦点をあて開発した心理療法である。PEには，二つの技法がある。

一つ目は，イメージエクスポージャー法である。トラウマ記憶を想起し，繰り返し語ることで，想起する際の情動への馴化が起きる。また，想起した後，セッション内で，過去に体験した情動や認知を再処理することによって，トラウマ体験が実際どのようなことだったのかを整理し，その体験によって生じていた否定的な認知を，認知再構成法をもちいて修正を行う。

二つ目は，現実エクスポージャー法である。トラウマを思い出すような場所，人，もの，感覚など，現実には安全であるにもかかわらず回避しているものに繰り返し自らをさらし，不安反応を妨害する。トラウマ体験以前のように，回避せずに生活していけるように，不安階層表に基づいて段階的に課題設定をし，回避対象を克服していく。

PEは，短期集中プログラムで，顕著な効果が確認されているが，他方，トラウマ記憶に繰り返し向き合うことになるため，その苦痛や不安を回避し，治療が中断することもある。そのため，治療導入時には丁寧な心理教育（治療原理の説明，トラウマ症状への理解），患者とのラポール形成はもちろんのこと，不安時に用いることができる呼吸法の教示，ホームワークの丁寧な設定とふりかえりが重要となる。患者にとって，語りたくないつらい体験を共有していることをよく自覚し，それを乗り越えていく治療への患者のモチベーションをセラピストがいかに上げることができるかが，キーとなる。　　　　　　　　　　　　［小林奈穂美］

📖 **さらに詳しく知るための文献**

[1]　エドナ・B・フォアほか著　金 吉晴ほか監訳 2009 PTSDの持続エクスポージャー療法―トラウマ体験の情動処理のために　星和書店.

適応障害，ストレス

☞ 応用行動分析（ABA）p.254，
うつ不安の疾患横断的な認知行動療法 p.362

　操作的診断基準によれば，適応障害とはストレス関連障害群に属しており，ストレス因とみなされる明確な生活上の出来事に引き続き生じる，情動および社会生活機能の障害だと定義される。ただしそこで生じる抑うつ気分，不安，社会的機能障害という問題は他の精神疾患の基準を満たすほどには重篤でなく，大うつ病や不安障害とは異なる位置づけだ。ストレス因とみなされる出来事と適応障害との相関を担保する条件として，DSM-5，ICD-10ともに問題の出現時期と持続期間に制限を設けている。ちなみにDSMでは3か月以内，ICDでは1か月以内に問題が出現していると定義し，問題の持続はストレス因の終結後6か月を越えないと共に定義する。しかし持続期間に関しては，6か月を越えれば遷延性抑うつ反応などの疾患概念をあてはめるべきとしながらも，ストレス因の終結が明確でない場合も多く，DSMでは持続性（慢性）適応障害というカテゴリーが設けられる。そして双方の診断基準ともに正常の死別反応は除外する。本疾患での個人的素質あるいは脆弱性についてはICDでのみ言及されており，ほかのストレス関連障害よりも発症の危険性と症状の形成に大きく関わる，と明言される。

　すなわち適応障害とは明確なストレス因に対する反応として生じる，情動や社会的機能の障害という問題群であり，症状や問題の重篤度が大うつ病や不安障害の診断基準を満たさない場合に用いられる，受け皿的な診断基準である。さらに病因論の排除を試みた操作的診断基準の中にあり，ストレス因による障害だと定義された数少ない疾患概念である。

●**適応障害の認知行動療法**　認知行動療法では，臨床における問題や症状群を刺激-反応の連鎖で行動分析して理解把握する。そこで問題を習慣的な不適応的行動であるととらえて，学習を用いて不適応的行動を減弱させ適応的行動を増強させることで治療する。認知行動療法の立場からは，適応障害という疾患はストレス因という先行刺激状況に後続する反応としての障害群だと読み解ける。ストレス因とみなされた刺激状況に対する反応として生じた問題群や，不適切な対処行動による問題群が，適応障害の状態像である。不安抑うつなり社会的行動障害なりの問題は，どのような刺激状況に対する反応として生じているのか行動分析して，環境調整による刺激統制でそれらの問題を減弱させる。もしくは不適切な対処行動が問題を生じさせていれば，適切な対処行動を学習させて問題を軽減させる。例えば先行刺激状況により生じた不安を回避することで社会的行動障害を招いていると行動分析できれば，エクスポージャーなど適切な治療介入で回避行動以外の適切な対処行動を学習させる。適応障害に対する認知行動療法による治療

介入は，おおむねこのようにとらえられる。

●**認知行動療法の有効性**　刺激—反応という問題のとらえ方と，ストレス因により生じた適応障害という疾患概念には親和性が高く，認知行動療法による治療有効性が期待できる。しかし実際には，適応障害に対して生物薬理学的な治療介入よりも心理精神療法的な治療介入の方が有効という報告はあるが，認知行動療法的な治療介入の優位性は示されない。適応障害に対する認知行動療法の有効性を論じた報告も少ない。ここには適応障害という疾患概念がもつ症例個別性の高さが背景にあると推察される。同一のストレス因にさらされてもすべての人に適応障害が生じるわけではなく，ICDに明記されるように個人的素質あるいは脆弱性が大きく関わる。また適応障害として生じる問題も，大うつ病や不安障害のようにある程度の強度をもち共通する症状群ではなく，個々で異なる病態像を示す。つまり認知行動療法を用いた治療対象としては，例えば強迫性障害に対する曝露反応妨害法のようには，プログラム化された治療に馴染まない。これらの特徴から，認知行動療法の統計的有意さを示す報告が得にくいと考えられる。

●**適応障害の行動分析**　むしろ適応障害に対する認知行動療法では，治療技法以前に適切かつ充分な行動分析が必要となる。治療がうまくいかない場合に，刺激状況となるストレス因の把握が不充分であるとか，不適応的行動とみなせる症例の対処行動への介入が不充分である指摘がなされる。疾患としての個別性が高い分，共通する行動分析パターンも少ないので，症例ごとに行動分析が行われ，適応障害の生じる刺激—反応の連鎖を把握できたかどうかが治療の肝となる。

　行動分析を進める上でストレス因の性質や強度をどうとらえるかは問題であり，症例本人の素質や脆弱性との相関で評価せざるをえない。ストレス因の同定はまず症例本人の訴えに準拠するが，社会一般的にストレス因としての強度が低すぎれば適応障害という診断そのものの成立が危ぶまれる。しかし，例えば通常の社交場面でも，症例が自閉症スペクトラム障害で生来対人コミュニケーションの困難を抱えていれば，通常一般では問題とならない程度の社交場面でも十分にストレス状況となりうる。現時点の行動分析だけではなく，過去の出来事や問題以外の行動分析により，症例の個別性を把握しておく必要がある。適応障害の診断基準上でも症例における病歴と人格の把握が重要視されている通りである。

［芝田寿美男］

📖 さらに詳しく知るための文献

[1] Ramnero, J. & Torneke, N. 2008 *The ABCs of Human Behavior: Behavioral Principles for the Practicing Clinician*, New Harbinger Publications.（松見淳子監修 2009 臨床行動分析のABC 日本評論社）
[2] 山上敏子 2007 方法としての行動療法 金剛出版.

うつ病

☞ うつ病の認知療法・認知行動療法 p.328, うつ病の行動活性化療法 p.330

　うつ病とは，抑うつ気分，あるいは興味・喜びの喪失を主要な症状として，食事や睡眠の変化，焦燥感や落ち着きのなさ，易疲労感，無価値観，思考力・集中力の低下，死に対する反復的思考などによって特徴づけられる。うつ病治療のエビデンスでは，適切な薬物療法に加えてCBTを併用することが有効であることが示されている。本項では，うつ病治療における認知行動療法位置づけを解説するとともに，うつ病の心理社会的病理としてこれまで検討されてきた認知行動モデルを概観した上で，うつ病の認知行動療法の概要とうつ病治療におけるCBTの展開について解説する。

●**うつ病診療ガイドラインにおける認知行動療法の位置づけ**　日本うつ病学会が2012年（2016年改訂）に策定したガイドラインでは，薬物療法とともに心理教育的アプローチを全例において系統的に行うことが推奨されている。また，併用療法として精神療法が推奨されており，中でも認知行動療法は，対人関係療法とともに有効な治療法としてあげられ，特に薬物療法単独の治療に比べて再発予防効果が高いことが立証されていると明記されている（詳しくは日本うつ病学会のウェブページ参照）。

●**うつ病の認知行動モデル**　うつ病は，抑うつ気分を主とする気分・感情の問題，自己や将来に関する否定的な思考や動機づけの低下などを主とする認知的問題，さらには活動抑制や嫌悪事象からの受動的回避を主とする行動的問題などの複合的な障害を引き起こす。これまで，うつ症状を形成・維持・悪化させる認知行動的悪循環について，さまざまな理論やモデルが提唱されてきた。

①**認知モデル**　A. T. ベックほか（Beck et al., 1979）らは，否定的な思考はうつ病の精神病理の中核であるととらえ，自己・周囲（世界）・将来について，否定的に考えることが抑うつ気分を引き起こしていると考えた（図1）。
　そして，日常的に観察される否定的な思考（認知）を自動思考と呼び，その思考の背景にあるその人の価値観や信念をスキーマ（中核信念）と呼び，この認知の階層構造の変容を行うことでうつ病の治療は可能であるとして，認知療法を体系化した。一方，J. D. ティーズデールほか（Teasdale et al.）は，抑うつ状態の悪循環に着目し，軽度の抑うつ気分が，ネガティブな認知情報処理を活性化し，さらなる抑うつ状態を促進するという抑うつスパイラルのモデルを提唱した。

②**行動モデル**　C. B. ファースター（Ferster）や P. M. レウィンソン（Lewinsohn）らは，うつ病患者は，活動性が低下することによって，それまで得られていたポジティブな体験（正の強化）を得る機会が減少する。また，嫌悪的な事態を回避

するような受動的行動が習慣化する。これら結果として，抑うつ気分が維持・増悪するという理論を提唱した。この理論は，C. R. マーテルほか（Martell et al.）によって行動活性化療法として体系化された（Martell et al., 訳 2011）。

③その他の理論　M. E. P. セリグマン（Seligman）の学習性無力感理論やG. L. クラーマンほか（Klerman et al.）は，うつ病者に見られる非機能的な人間関係に着目した対人関係などが提唱されている。

なお，本項で紹介した諸理論は脳科学の発展に伴って，近年，心理学モデルとしての妥当性を神経科学的な視点から検証しようとする試みが盛んに行われるようになっている。

●うつ病のCBTの実際　これまで，うつ病の認知行動モデルに基づくプログラムがいくつか体系化されてきた。うつ病の認知行動療法を構成する主要な構成要素は，心理教育，セルフモニタリング，ケースフォーミュレーション，活動スケジュールと行動活性化，問題解決技法，認知再構成法，再発予防などである。これらを組み合わせながら基本的な生活行動の再構築やストレス対処法の拡充をはかるとともに，それらを活用した生活体験を通して，思考の柔軟性と多様性を回復することが重要である。

日本ではうつ病の認知行動療法が診療報酬化される際して標準プログラムが策定され，厚生労働省のウェブページに公開されている。その概要は，①症状理解・心理教育と動機づけ（1〜2セッション），②症例の概念化・目標設定・行動活性化（3〜4セッション），③セルフモニタリングと自動思考の同定（5〜6セッション），④自動思考の検証（7〜12セッション），⑤スキーマの同定（13〜14セッション），⑥終結と再発予防（15〜16セッション）となっている。

●うつ病のCBTの展開　日本におけるうつ病のCBTの実践は，主に精神科や心療内科のクリニックで行われているが，うつ病による休職者の増加に伴って，デイケアや民間の産業保健支援施設などで復職支援プログラムとして積極的に導入されるようになった。また，教育分野や産業・労働分野においては，ストレスマネジメントの一環としてうつ病のCBTプログラムのエッセンスが活用されている。さらに，総合病院などでは，身体疾患の抑うつ・不安症状の改善のためのプログラムとして活用されようにもなっている（鈴木，2016）。　　　　［鈴木伸一］

📖 さらに詳しく知るための文献
[1] マーテル・アディス・ジャイコブソン　熊野宏昭・鈴木伸一監訳 2011 うつ病の行動活性化療法 日本評論社.
[2] 鈴木伸一 2016 からだの病気のこころのケア―チーム医療に活かす心理職の専門性 北大路書房.
[3] ムーリー・グリア　鈴木伸一監訳 2016 がん患者の認知行動療法―メンタルケアと生活支援のための実践ガイド 北大路書房.

双極性障害

☞ 睡眠障害 p.126, 心身症, 身体症状症, 病気不安症 p.128, 行動医学 p.130, 症状や問題行動の自己評価 p.180, セルフコントロール法 p.266

　精神科医E.クレペリン（Kraepelin）の「躁うつ病」に始まる双極性障害は，DSM-Ⅳ-TRまでうつ病とともに「気分障害」という診断カテゴリに入っていたが，DSM-5（APA, 2013a）から「抑うつ障害群」と「双極性障害および関連障害群」というカテゴリに分けられている。

　日本では1％の人が罹患しているといわれており，抑うつエピソードと躁病エピソードあるいは軽躁エピソードを繰り返すことが大きな特徴である。思春期後期から青年期前期で発症することが多く，躁病エピソードは2,3か月，軽躁エピソードや抑うつエピソードは半年以上続くため，受診時にうつ病と誤診されることも多い。

　自殺の危険性の高さから，適切な診断および早期介入や再発予防の必要性が高いが，不安症，物質依存，ADHD，PTSDなどを併発することが多いため，経過をよく把握することが重要である。つまり，行動アセスメントやセルフモニタリングの重要性が高い精神障害であるといえる。

　躁病エピソードとは，「気分が異常かつ持続的に高揚し，開放的または易怒的となり」「異常にかつ持続的に亢進した目的指向性の行動または活力がある」状態が特徴であり，1日の大半でほぼ毎日ある状態が1週間以上続く。①自尊心の肥大，または誇大，②睡眠欲求の減少，③多弁さやしゃべり続けようとする切迫感，④観念奔逸，⑤注意散漫，⑥目的指向性の活動の増加または精神運動焦燥，⑦困った結果につながる可能性が高い活動に熱中すること，のうち三つ以上の症状をもち（易怒性の場合は四つ以上），社会的・職業的機能に著しい障害をきたしていることで診断される。

　躁病エピソードと抑うつエピソードを繰り返すものを双極Ⅰ型障害と呼び，時に幻覚・妄想などの統合失調症的症状を呈することで知られる。軽躁エピソードとうつ病エピソードを繰り返すものを双極Ⅱ型障害と呼ぶ。また，1年のうちに4回以上の躁病と抑うつエピソードを繰り返すタイプはラピッドサイクラー（急速交代型）と呼ばれている。

　軽躁病エピソードは，躁病エピソードと同様だが軽度の症状を4日以上もつ期間を指すが，単なる性格ではなく，他覚的にいつもと違うことがわかる状態であり，より重症の躁病エピソードに発展することもある。抑うつエピソードや混合性エピソードの詳細については，DSM-5を参照されたい。

●**双極性障害の生物・心理・社会的側面**　双極性障害の背景には気分の周期的な揺れを引き起こす遺伝的な要因が存在しており，ストレス要因がトリガーとなり

症状が誘発されるという考え方が基本である。そのため，薬物療法をベースにした心理療法が前提である。ただし，躁的エピソードの中で服薬アドヒアランスが不良になることも多いため，心理教育で自らのことをよく知り，セルフモニタリングを行う姿勢が患者には求められる。

　心理的側面で特筆すべきは，強いストレスだけでなく，生活リズムの乱れが患者にとって負担となりエピソードを生起させてしまう点である。ここでいう生活リズムとは，睡眠，運動習慣，不規則な食事，季節の変化など，さまざまなものを含んでいる。特に，睡眠が不足するとエピソードが再発すること，あるいはエピソードの再発の前兆として睡眠の不足が現れるため，睡眠を含めた行動アセスメントを行い，どのような行動によってエピソードが生じるのか，どのような行動が症状のコントロールに作用するのかを知ることで，工夫をしていく必要がある。例えば，日本うつ病学会双極性障害委員会の「睡眠・覚醒リズム表」「ライフチャート」「ソーシャル・リズム・メトリック」などのツールを使いながら，自己の生活上のリズムや症状との関連をセルフモニタリングによって納得することは重要である。

　また，双極性障害の患者はものごとを高いレベルで達成したい，あるいは自分の身に起きることをコントロールしたい，など目標達成的な信念を強くもっていることが多い。この信念があるために，高い目標をたててそれに向かって過剰に行動するような傾向を招くと考えられるため，行動面だけでなく，認知面にも目を配る必要がある。より詳しい心理的側面については，双極性障害の認知行動療法の項で紹介する。

　社会的側面では，対人的な関わりの中でも，家族関係とエピソードの関係が指摘されている。家族が患者の病気に対して，過度に嘆いたり，悲しんだり，怒りを表出していると，エピソードが再発することが多い。D. J. ミクロウィッツ (Miklowitz, 2002) は，家族環境におけるストレスを軽減するアプローチを論じている。ここでは家族が患者とともに症状を知り，症状に対処していく姿勢や方法が提案されている。このように各側面の関連を注意深くアセスメントする態度が必要である。

[佐々木　淳]

さらに詳しく知るための文献

[1]　加藤忠史　2009　双極性障害―躁うつ病への対処と治療　筑摩書房.
[2]　レイサー，R. P. & トンプソン，L. W.　岡本泰昌監訳　2011　双極性障害（エビデンス・ベイスト心理療法シリーズ）金剛出版.
[3]　ホワイト，R. C. & プレストン，J. D.　佐々木　淳監訳　2016　双極性障害のための認知行動療法ポケットガイド　金剛出版.

統合失調症

☞ 統合失調症の認知行動療法（急性期）p.348，アットリスク精神状態（ARMS）の認知行動療法 p.348，精神科リエゾンチームにおける認知行動療法 p.380

　統合失調症は青年期に発症するのが一般的な精神障害である。症状は多岐にわたるが，幻覚や妄想などの陽性症状と，意欲低下や引きこもりなどの陰性症状の二つに大きく分類することがある。その経過はさまざまで，個人差が大きい。

　統合失調症の陽性症状と陰性症状の根本的原因は脳機能の異常だが，それが発展，持続するメカニズムには心理的要因が大きく影響を与えていると考えられている。また，自己効力感，自尊心，猜疑心などの心理的要因と，それらが原因となった不安，抑うつ，怒りという気分の問題も大きく影響しており，認知行動療法をはじめとする心理社会的介入によって，症状の改善や苦痛の緩和をある程度期待できる。

●**陽性症状への認知行動療法（CBTp）**　幻覚（特に幻聴）や妄想（特に被害妄想）のような陽性症状に対する精神療法は前世紀からさまざまなものが試されてきたが，すべての当事者に確実に有効だといえるものはない。統合失調症は複雑な精神障害であるから，生物‒心理‒社会モデルを駆使した多面的な支援が必要である。英国のNICEガイドラインでは，統合失調症への心理社会的介入法として，芸術療法や家族介入と並んで認知行動療法を推奨している。英国では，特に陽性症状への認知行動療法をCBTp（CBT for psychosis）とよぶ。CBTpでは陽性症状を当事者自身の力でマネジメントできることを目指すが，最終的な目標はあくまで当事者の生活上のニーズを達成することである。目標は当事者によってさまざまなので，症状だけでなく生活状況全般の丁寧なアセスメントとケース・フォーミュレーションが必要となる。

●**CBTpの内容と注意点**　CBTpの内容についての統一的な基準は今のところないが，英国における複数の研究・臨床グループの具体的な目標やプロセスをまとめると次のようになる。(1) 当事者との間に強固な治療関係を構築する。(2) 当事者の症状や生活上のニーズについてアセスメントし，当事者とセラピストとの間で目標を共有する。また，発達史（生活史）上の出来事もアセスメントして，ケース・フォーミュレーションに役立たせる。(3) 医学的疾患教育ではなく，ノーマライゼーションの視点に立った心理教育を重視する。(4) 当事者がすでに使っている対処法を共有し，有効な対処法を強化して，当事者の自己効力感をさらに高める。(5) 幻聴や妄想の「発生メカニズム」を，認知行動モデルとアセスメントの結果に基づき個別にフォーミュレートして，共有する。また，幻覚や妄想がコントロール可能であることを当事者が理解する。(6) 幻覚や妄想の根底にあるスキーマを取り上げ，当事者とセラピストが協働して検証する。

(7) 再発予防のために，(1) から (6) をまとめて，中長期的な生活上の目標設定を行う。

うつ病や不安障害とは異なり，統合失調症では症状自体の重症度や複雑さに加えて病識が乏しかったり欠如したりすることが多く，治療関係を結ぶことが難しいケースもある。また，強制入院となったケースも介入対象になるので，精神療法の技法を用いる以前の関係構築に時間をかけざるをえない。

一方で，自分の症状や状態を家族や友人に正直に伝えることで傷ついた経験をもつ人や，症状の体験自体が「恥ずかしいことだ」と感じる人もいる。ノーマライゼーションは，体験（症状）の特殊性や強烈さに圧倒され，絶望感や孤立感が強くなりがちな当事者に対して，体験の普遍性を強調することで苦痛を減弱する目的で行われる。当事者の症状の一部は一般人口においても体験されていることが調査研究によって明らかにされているので，その知見も伝えられる。

このように，統合失調症はほかの精神障害と多くの点で異なるが，CBTpのプロセスでは，妄想的思考を修正するために認知再構成法を用いたり，幻聴への反証を見出すために行動実験を行ったりすることもある。ただし，セラピストは，「妄想の範囲内での働きかけ」（Fowler et al., 1995 訳 2011）と呼ばれるような，非合理的思考も否定しないアプローチをとらざるをえない場合も多い。これは，セラピストが当事者の考え方を（肯定はしないが）受け入れるか，双方の見解が異なっていることを前提にして当事者が主張する枠組みの中で苦痛を軽くすることに取り組む態度を指す。

●**陰性症状への認知行動療法**　意欲低下，活動性の減少，引きこもりなどを特徴とする陰性症状は，注意や記憶のような認知機能の障害によって情報処理やストレスへの対処スキルが損なわれることによって生じると考えられている。認知行動療法の技法としては，トークンエコノミー，ソーシャルスキルトレーニング，生活スキル訓練，自己教示訓練，問題解決技法などを組み合わせて支援する（Kingdon & Turkington, 1994 訳 2002）。近年では，神経心理学に基盤を置く認知機能リハビリテーションとも協働して実施されることが増えている。陰性症状への認知行動療法は，CBTpと同様に，当事者のニーズや機能評価に基づく包括的リハビリテーション計画の一部として実施されなければならない。　　［石垣琢麿］

📖 さらに詳しく知るための文献

[1] Garety, P. & Hemsley, D. 1994 *Delusions: Investigations into The Psychology of Delusional Reasoning*, The Institute of Psychiatry.（丹野義彦監訳 2006 妄想はどのようにして立ち上がるか　ミネルヴァ書房）

[2] Morrison, A. P. et al. 2008 *Think You're Crazy? Think Again: A Resource Book for Cognitive Therapy for Psychosis*, Routledge.（菊池安希子・佐藤美奈子訳 2012 精神病かな？と思ったときに読む本―認知行動療法リソース・ブック　星和書店）

アディクション（依存症）

☞ 司法・犯罪分野 p.138, アディクションのアセスメント p.190, 行動理論の発展 p.322, ニコチン依存, カフェイン依存の認知行動療法 p.370

　アディクションとは日本語で嗜癖を指し，特定物質の使用または特定の反復行動により重大な問題が生じているにもかかわらず，その物質の使用や行動を継続することを意味する（American Psychiatric Association, 2013a 訳 2014）。アディクションと同義語のように使用される言葉に依存症がある。英語のdependence を意味する依存は，特定物質の習慣的使用により耐性や離脱を含む身体的依存や，欲求などを含む精神的依存が起こることを指し，この症候群は医学的概念に基づく。それゆえ ICD-10 では現在も物質嗜癖の診断名として依存症という用語が用いられる。一方で，アディクションは物質使用障害から嗜癖的で強迫的な行動まで広く捉えた社会学的概念に基づき（松本，2012），DSM-5 でも用いられている。嗜癖の対象として一般的に認識されるものには，アルコール，タバコ，薬物，ギャンブル，性行動（セックス，パラフィリアなど），ゲーム，インターネット，買い物などが含まれる。この中で DSM-5 がアディクションと定めるものはアルコール，タバコ，薬物を含む物質使用障害とギャンブル障害である。2022 年から使用開始予定の ICD-11 ではゲーム障害が嗜癖行動症群に，強迫的性行動症が衝動制御症群に加わる予定である。パラフィリアは DSM-5 ではパラフィリア障害群とされ，医学的にはアディクションとは異なる位置づけとなる。

●**アディクションの特質とメカニズム**　ここでは主に DSM-5 で用いられる物質使用障害および嗜癖性障害（アディクション）の特質と，認知行動療法の理論に基づくメカニズムについてまとめる。アディクションの特質として，健康被害，対人関係や仕事の業績悪化など嗜癖による問題が起きているにもかかわらずやめられない，という点が挙げられる。嗜癖を維持する理由として，嗜癖対象物質または行動がもたらす快を求める正の強化によって維持される場合と，離脱症状を含む不快を避けるための物質使用や嗜癖行動という負の強化によって維持される場合がある。行動の強化には脳の報酬系が関与している。また，長期にわたる物質使用などにより耐性がつき，以前と同じ効果を求めるために使用量や頻度が増し，依存が悪化する。

　アディクションを理解するにあたりもう一つ重要な点は渇望である。物質使用や嗜癖行動を反復するうちに，嗜癖に関わる刺激（例：コンビニ，クスリ仲間，給料日，特定の感情）が条件刺激として機能し始め，条件反射として依存対象物への渇望が生まれる。この場合の条件刺激をトリガー（引き金）と呼ぶ。渇望はスリップ（極短期間または少量の再使用・再行動）やリラプス（再発）を引き起

こすきっかけになるので,介入中に積極的に扱うべきトピックでもある。

また,嗜癖問題を抱える人には「○○を使わなければ○○できない(例:お酒を飲まなければ眠れない)」といった嗜癖対象物の効果に関する信念をはじめ,物質使用・嗜癖行動の正当化,保持,再発に影響を及ぼす認知の歪みが多くみられることも特徴である。

●アディクションへの認知行動療法　アディクションへの介入として,認知行動療法を用いた支援が医療や司法などさまざまな場所で行われている。アディクションへの認知行動療法では,依存している物質や行動に頼らずとも満足できる人生を送るために必要なスキルを習得し,再発を防ぐことを目標とする。介入の大まかな流れは,機能分析を用いてどのような状況(トリガー)において物質使用や嗜癖行動を行い,どのような結果(報酬と問題)を得ているかを理解することから始める。他者から見ると問題しか引き起こしていない行動でも,クライエントにとっては報酬をもたらす重要な機能を果たしているからだ。次に渇望の消去を促すために「クスリ仲間に会わない」など,トリガーや依存対象物を可能な限り避ける。避けられないトリガー(例:感情)と,そのトリガーが引き起こす渇望には,代替行動,思考ストップ法,認知再構成法などのコーピングスキル(対処法)を用いて対処する。

嗜癖問題への認知行動療法では,治療終了後の再発予防も行う。これはリラプスプリベンションというモデルに基づき,スリップやリラプスはコーピングスキルの不足によって起こると考える。したがって治療後半のクライエントへの心理教育として,スリップは回復過程にある多くの人が経験することであり,同時にリラプスのきっかけになることを説明する。この理解に基づき,治療終了後に起こりうるハイリスクな状況を予測して対処法を考えたり,スリップした場合に取る行動をあらかじめ用意したり,などのコーピングスキルの習得を目指す(Marlatt & George, 1984)。

●介入の際の留意点　アディクションはADHD,気分障害,不安障害,PTSD,パーソナリティ障害,不眠障害などの精神疾患やその他の医学的疾患と併存する可能性が高い。嗜癖問題を持つクライエントの重複障害だけでなく,嗜癖問題以外の理由で受診するクライエントに対して嗜癖問題のアセスメントを行うことも重要である。また,クライエントの中には自分の意思に反して治療に参加する者もいることを理解すべきである。彼らを効果的に支援するために,行動変容ステージモデルに基づいたアセスメントを行い,動機付け面接と認知行動療法を併用できるスキルや柔軟性などが介入者には求められるであろう。　　　［村瀬華子］

📖 さらに詳しく知るための文献
[1] Moss, A. C. & Dyer, K. R. 2010 *Psychology of Addictive Behavior*, Palgrave Macmillan.(橋本望訳 2017 アディクションのメカニズム 金剛出版)

摂食障害

☞ 摂食障害のアセスメント p.214,
摂食障害の認知行動療法 p.346

　Academy for Eating Disorders（2016 訳2016）によると，摂食障害（eating disorder：ED）は深刻な精神疾患であり，患者の体重にかかわらず，命を脅かすほどの内科的および精神医学的な問題を伴い，高い死亡率をもつとされている。摂食障害は主に，神経性やせ症（anorexia nervosa：AN），神経性過食症（bulimia nervosa：BN），過食性障害（binge-eating disorder：BED）を指す。ANは，その症状から，摂食制限型（AN-R），過食・排出型（AN-BP）に分類される。ANは低体重（Body Mass Index（BMI）17以下）を特徴とし，拒食症ともいわれ，体重増加への強い恐怖，ボディイメージ障害によって診断され，AN-BPは過去3か月以内の体重増加を防止する不適切な代償行動（自己誘発性嘔吐や利尿剤の乱用など）の有無により特定される。BNはいわゆる過食症といわれ，過食エピソード，体重増加を防止する不適切な代償行動，および体重や体型によって過度に影響を受ける自己評価によって診断される。BEDは，過食エピソードはあるが，反復する不適切な代償行動がみられない場合に診断される。DSM-5より，ANと同様に低体重ではあるが，体重や体型へのこだわりが強くない「回避・制限性食物摂取障害（avoidant/restrictive food intake disorder：ARFID）」も診断されるようになった。摂食障害は世代を経るごとに発症年齢が低下しており，児童青年精神科臨床では重要な問題となっている。

●**摂食障害の疫学**　National Collaborating Centre for Mental Health（2017）によると，ANの罹患率はすべての年齢層にわたって約0.3％であり，青年期では最大1.7％であると推定され，90％は女性であった。一方，BNの罹患率は約0.8％と推定され，90％が女性である。BEDは罹患率約2.2％と推定され，女性対男性比は約3：1である。

　堀田ほか（Hotta et al., 2015）によると，本邦の青年期のANの有病率は，中学校の3年間および高等学校の3年間において0～0.17％，0～0.21％，0.17～0.40％，0.05～0.56％，0.17～0.42％および0.09～0.43％であり，それぞれ顕著な性差も確認されている。

●**行動面の異常**　摂食障害のおける行動特徴として摂食行動の異常，対人関係困難，その他窃盗や自傷行動などが多く見られる。摂食行動の異常は，摂食制限，過食，代償行動，その他の異常食行動に分けられる。また，摂食障害の患者は対人関係の困難を抱えている場合が多くみられ，摂食障害の発症および維持に重要な役割を果たすと考えられている。

●**身体面の異常**　ANは低体重や低栄養状態により，尿検査や血液検査，心電図

検査などで異常がみられることがある。また、骨塩量の減少、頭部CTやMRIによる脳萎縮はしばしば認められる。さらに、低血糖症や低ナトリウム血症など致死的な転帰となりかねない身体合併症を伴うことが多い。AN-BPやBNにおいては過食による皮膚線条、代償行動による手の甲や指の付け根に吐きだこ、う歯などがある。また、低カリウム血症のため、致死性不整脈が生じ、突然死することもある。

●**心理面の異常** 痩せ願望・肥満恐怖、体重と体型に対する過大評価、ボディイメージの障害、病識欠如、完全主義、感情不耐性、自己評価の低さなどがあげられる。精神疾患との併存も目立ち、青年期に発症した摂食障害は、しばしば慢性化して、うつ病、社交不安症、強迫症、非自殺性自傷、物質使用障害などの問題と絡み合って病像を複雑にする。

●**治療法** 摂食障害患者の多くは病識欠如がみられ、治療動機が低く治療に抵抗する場合もある。そのため、疾患に対して本人の理解を確認しながら伝達する心理教育が治療の基本の一つとなる。また、児童思春期については家族介入が提供されるべきである。ANで体重のBMIが中央値の75％以下の場合やその他さまざまな身体異常を呈する場合、差し迫った生命の危機がある場合は入院治療が薦められる。入院治療では、体重を増加する事を目的とし、行動療法的な介入として行動制限療法が用いられる場合がある。行動制限療法では、目標体重に達したら行動の制限が解除される制限表を作成し、その枠組みに従い入院から退院までの見通しをつける。行動制限療法を行う上では、患者や家族等への十分な説明や同意が得られていることが重要である。患者は行動制限の枠組みを受け入れる上で葛藤が生じ、違反行為がしばしばみられる。そのため、十分な管理体制が準備できなければ治療自体が困難になる場合もある。過食に対しては摂食行動を惹起しやすい刺激を制限する刺激統制および、ゆっくりと食べるための食行動修正などが行われる。また、BNに対する外来治療では認知行動療法に強いエビデンスがあり、対人関係療法なども選択肢に含まれる。効果には限界があるが、抗うつ薬も推奨される。その他、セルフモニタリングを用いた食事療法がある。また、C. G. フェアバーン (Fairburn, 2008) は摂食行動のみならず、完全主義、感情不耐性、対人関係困難、自己評価の低さをも治療対象とする強化CBT (enhanced cognitive behavior therapy：CBT-E) を提唱し、その治療成績を報告している。

[木村拓磨]

さらに詳しく知るための文献

[1] 日本摂食障害治療ガイドライン作成委員会編、日本摂食障害監修 2012 摂食障害治療ガイドライン．
[2] 西園マーハ文 2013 摂食障害治療最前線 中山書店．

睡眠障害

☞ 睡眠障害のアセスメント p.126,
不眠症の認知行動療法 p.366

　睡眠障害とは，睡眠の質・量あるいはタイミングの異常と睡眠に関連する行動の異常の総称であり，それによって心身の問題が起こる状態を指す（高橋，2011）。そのため睡眠障害の診断には，睡眠関連症状に加えて，日中の機能障害が必須となる。2014年に発行された『睡眠障害国際分類 第3版』によれば，睡眠障害は合計64の診断名に分かれており，七つに分類（不眠障害，睡眠関連呼吸障害，中枢性過眠症群，概日リズム睡眠・覚醒障害群，睡眠時随伴症群，睡眠関連運動障害群，その他の睡眠障害）されている（American Academy of Sleep Medicine, 2014）。睡眠障害は，幅広い年齢層に共通してみられ，慢性化しやすく，多様な精神・身体症状と密接に関連するため，その予防や改善支援は急務である。本項では，睡眠障害に対する非薬物療法として高い効果が期待されている，認知行動療法の技法を活用した睡眠健康支援について，実践例を交えて紹介する。

●**生活リズム健康法の実践**　睡眠健康支援では，睡眠に関する正しい知識にあわせて，実際に良質な睡眠の取得を促す睡眠促進行動を獲得・維持させていくことが重視される。これは，不眠症の認知行動療法（cognitive behavioral therapy for insomnia：CBT-I）にも共通しており，まず睡眠教育・心理教育を通じて，良好な睡眠を促進または妨害する生活習慣（食事，運動，飲酒など）や環境要因（光，騒音，室温など）について科学的根拠に基づく正しい知識を伝達する。このうち，特に重要な項目は，①概日リズムの規則性の確保（毎朝，太陽光で生体時計を，朝食で腹時計をリセット），②日中や就床前の良好な覚醒状態の確保（昼食後の短時間仮眠の取得と夕方以降の居眠り防止），③良好な睡眠環境の整備，④就床前の脳と心身のリラックス（深部体温の低下，頭寒足熱）である。

　睡眠健康支援では，良質な睡眠の取得を促す睡眠促進行動を獲得・維持させていくための工夫として，生活リズム健康法を活用する。これは，CBT-Iの技法を日常生活の中で実践できるように具体的な行動で記述されている。例えば，

表1　生活リズム健康法

次のことで，すでにできていることには○，できていないけど頑張ればできそうなことには△，できそうにないことには×をつけましょう

1. （　）毎朝，ほぼ決まった時間に起きる
2. （　）朝食はよく噛みながら毎朝食べる
3. （　）午前中に太陽の光をしっかりと浴びる
4. （　）日中はできるだけ人と会う
5. （　）日中はたくさん歩いて活動的に過ごす
6. （　）趣味などを楽しむ
7. （　）日中は，太陽の光に当たる
8. （　）昼食後から午後3時までの間で，30分以内の昼寝をする（55歳以上の方）
9. （　）夕方に軽い運動や体操，散歩をする
10. （　）夕方以降は居眠りをしない
11. （　）夕食以降，コーヒー，お茶等は飲まない
12. （　）寝床につく1時間前はタバコを吸わない
13. （　）寝床につく1時間前は部屋の明かりを少し落とす
14. （　）ぬるめのお風呂にゆっくりつかる
15. （　）寝室でテレビを見たり，仕事をしない
16. （　）寝室は静かで適温にする
17. （　）寝る前に，リラックス体操（腹式呼吸）を行う
18. （　）眠るために，お酒を飲まない
19. （　）寝床で悩み事をしない
20. （　）眠くなってから寝床に入る
21. （　）8時間睡眠にこだわらず，自分に合った睡眠時間を規則的にする
22. （　）睡眠時間帯が不規則にならないようにする
23. （　）昼食後から午後3時までの間で，15〜20分の以内の昼寝をする（55歳未満の方）

表1の項目1, 15, 19, 20, 21は, CBT-Iの中核的技法である刺激統制法と睡眠制限法(両者を併せて睡眠スケジュール法と呼ぶ)に関わる内容である. 刺激統制法は, 寝室が睡眠を引き起こす環境となるように寝室では睡眠以外の活動を制限し, 眠くなったときだけ寝室に入るように指導する技法であり, 睡眠制限法は, 後述の睡眠日誌の記録を基に就床・起床時刻を規定し, 軽度の断眠効果を利用して睡眠の質を高め, 寝床での覚醒時間を減少させる技法である (Perlis et al., 2011 訳 2015). これらの項目に対して, できているものには○, できていないけど頑張ればできそうなものには△, できそうにないものには×で回答してもらい, 頑張ればできそうな項目(△)を指導のポイントとする. 各自が△を付けた項目の中から, 実行可能な目標を一つ~三つ選択してもらい, 週3日程度, 実践してもらうことが大切である. この時, 睡眠日誌を活用すると, より効果的である. 睡眠日誌とは, 日常の睡眠習慣や生活リズムを把握するためのツールであり, 毎日の就床・起床時刻や詳細な睡眠に関する情報を記録してもらうことで, 各自の睡眠習慣への認識を高めやすく, かつ目標行動のセルフモニタリング(自己調整法)を促しやすい. 自己調整法を通じて一つでも睡眠促進行動を獲得することができれば, それが突破口となり, 悪循環から少しずつ抜け出すことができる.

●**市町と連携した地域での睡眠健康支援** CBTは, 不眠に対する有効な支援策であるが, 近年では, 睡眠相後退障害や閉塞性睡眠時無呼吸症候群に対し, 既存の疾患に特化した治療法にCBTを併用し実施することで, 治療効果が高まることが報告されている(岡島・井上, 2012). また, 睡眠健康支援は, 子どもから高齢者まで幅広く実践されており, 不眠の軽減に加えて, 睡眠時間の増加, 睡眠不足や日中眠気の軽減, QOLの向上に効果が確認されている(Tamura & Tanaka, 2016, 2017; Tanaka & Tamura, 2016; Morimoto et al., 2015; 渡辺ら, 2018).

地域で睡眠健康支援を行う場合には, 筋弛緩法を併用することも有効な手段である. 筋弛緩法は, 不眠高齢者の過覚醒の緩和を目的としたリラクセーション法であり, 各身体部位から全身にかけて力を入れた状態と抜いた状態を交互に繰り返し, 不安・緊張と相反するリラックス状態を促進する技法である. これは単独でも入眠潜時の短縮などに効果が認められているが, 上述した睡眠健康支援と組み合わせて, 週1回4週間の快眠教室として短期集中体験型の指導を行うことで, 中途覚醒や不眠重症度の軽減にも効果が確認されている(田村・田中, 2015). 今回ここで紹介したCBTを活用した睡眠健康支援が, 今後, 睡眠障害の予防や改善の一助となることが期待される. 　　　　　　　[田村典久・田中秀樹]

📖 さらに詳しく知るための文献

[1] 三島和夫 2017 不眠症治療のパラダイムシフト―ライフスタイル改善と効果的な薬物療法 医療ジャーナル社.
[2] 大川匡子・高橋清久 2019 睡眠のなぜ?に答える本 ライフ・サイエンス.

心身症，身体症状症，病気不安症

☞ 身体症状症（疼痛が主症状のもの）のアセスメント p.212, 身体症状症，病気不安症などへの認知行動療法 p.360

　心身症（psychosomatic diseases）とは，身体疾患のなかで，その発症や経過に心理社会的因子の関与がとくに大きく，器質的ないし機能的障害が認められる病態をいう。日本心身医学会は，「心身症とは，身体疾患のなかで，その発症や経過に心理社会的因子が密接に関与し，器質的ないし機能的障害が認められる病態をいう。ただし，神経症やうつ病など，他の精神障害に伴う身体症状は除外する」と定義している（日本心身医学会教育研修委員会，1991）。心身症の中でも，摂食障害に対する認知行動療法は確立している。身体症状症，病気不安症に対しては，認知・知覚モデルから，認知行動療法は有効なアプローチであることが検証されている。

●**心身症の病態：DSM-5「他の医学的疾患に影響する心理的要因」概要（DSM-5 2014: 317）**　DSM-5（米国精神医学会）では，心身症の病態は「他の医学的疾患に影響する心理的要因 Psychological Factors Affecting Other medical conditions」に相当する。診断基準の概要は下記である。
　A．身体症状または医学的疾患が（精神疾患以外に）存在している。
　B．心理的または行動的要因が以下のうちの一つの様式で，医学的疾患に好ましくない影響を与えている。
　（1）その要因が医学的疾患の経過に影響を与えており，その心理的要因と医学的疾患の進行，悪化または回復の遅延との間に密接な時間的関連が示されている。
　（2）その要因が一般身体疾患の治療を妨げている（例：アドヒアランス不良）
　（3）その要因が，患者の健康にさらに危険要因として十分に明らかである。
　（4）その要因が，基礎的な病態生理に影響を及ぼし，症状を誘発または悪化させている。または医学的関心を余儀なくさせている。

●**身体表現性障害（DSM-Ⅳ-TR）から身体症状症および関連症群（DSM-5）への変遷（APA, 2013 訳 2014）**　DSM-Ⅳ-TR の「身体表現性障害」は，下位分類の「身体化障害，鑑別不能型身体表現性障害，心気症，疼痛性障害」などが，DSM-5 では，一つにまとめられ「身体症状症および関連症群」という新たなカテゴリーに構成され，「身体症状症，病気不安症，変換症（機能性神経症状症），他の医学的疾患に影響する心理的要因，作為症などが含まれる。DSM-Ⅳ-TR では身体表現性障害の間に多くの重複があり，診断の境界が不明瞭であった。これらの障害をもつ人が精神医療よりも身体医療（プライマリケア）を受診するにもかかわらず，プライマリケア医療者にとっての DSM-Ⅳ-TR 身体表現性障害の診断基準を理解して使いこなすことは困難であった。これらのことから，

DSM-5 では，重複している障害をまとめ，全体の障害数を減らした。
●**身体症状症および関連症群（DSM-5）における身体化（APA, 2013 訳 2014；村松，2014）** DSM-5 では，身体化の明確な基準が必要であり，身体的疾患の除外診断ではない。身体症状の原因を強調することは抑え，「症状の結果」を重視する。

もはや「医学的に説明がつかない症状」であることは不要である。身体医学の原因の存在によって身体症状症は除外されない。「心理的でも医学的でもない」という見方は誤った二分に陥る。身体医学的な説明ができないことが，過度に強調されると，おそらく，患者自身の身体症状が"本物"ではないことを意味しているととらえ，患者も医療者もそのような身体症状をもつことを軽蔑的で屈辱的なものであると考えてしまう可能性がある。DSM-5 では次のことが強調されている。

① 身体症状症および関連症群における身体症状の多くが，決定的な病因は不確かであることを認識する必要がある。
② 苦痛と障害が新たに強調され，身体症状は，過剰な苦痛［健康に悪く，嫌悪的で，侵入的であり，不快なもの］を引き起こしている。
③ 身体症状は，役割や身体的機能を過剰に損なわせ，過大な障害を引き起こしている。
④ したがって患者の対処，耐性，反応に焦点をあてる。
⑤ 身体化は，病気に関連した思考や感情，行動に表れる。

身体症状症，病気不安症の診断基準の概要は下記である。

●**身体症状症 Somatic Symptom Disorder（DSM-5）概要（DSM-5 2014: 307）**
　A. 一つ以上の過剰な身体症状（苦痛を伴う，日常生活に支障）
　B. 病気に関する過剰な思考，感情，行動
　　（1）自分の症状の深刻さについての不つり合いかつ持続する思考
　　（2）健康または症状についての持続する強い不安
　　（3）これらの症状または健康への懸念に費やされる過度の時間と労力
　C. 身体症状の持続期間：6 か月以上

●**病気不安症 Illness Anxiety Disorder（DSM-5）概要（DSM-5 2014: 311）**
　A. 重い病気である，または病気にかかりつつあるという過度なとらわれ
　B. 身体症状は存在しない，または存在してもごく軽度である
　C. 健康に関する顕著な不安：病気であるという考えに苦しむ
　D. 過度の健康関連行動を行うまたは不適切な回避を示す
　E. 持続期間：6 か月以上

［村松公美子］

🕮 **さらに詳しく知るための文献**
［1］Barsky, A. J. 原著　村松公美子監訳・著　2014　心身医療のための認知行動療法ハンドブック　新興医学出版社．

行動医学

☞ 慢性疼痛の認知行動療法 p.358, 過敏性腸症候群の認知行動療法 p.360, 肥満や糖尿病などの生活習慣病への認知行動療法 p.368

　行動医学は，一言では「認知行動療法の身体医学領域への応用」であり「健康と疾病と関する心理社会的，行動的そして生物医学的な知見を発展・統合し，その知識を予防，病因の解明，診断，治療とリハビリテーションに応用するため学際的な領域」（国際行動医学会憲章）と定義される。この定義によれば本事典の保健医療の項目はすべて行動医学に含まれる。行動医学の基本テーマに，①信頼性のある評価法と手段の開発，②専門家間のリエゾン，③治療のアドヒアレンスがある（Pearce & Wardle, 1989 訳 1995）。米国で版を重ねている行動医学のテキスト（Feldman, 2014）の章立ては①医師-患者関係，②地球規模の健康問題，③特定集団の問題，④健康関連行動，⑤精神・行動障害，⑥ほかのトピックス（痛み，HIV/AIDSなど），⑦教育とアセスメントと基礎から公衆衛生まで多岐にわたり，その背景には疾病構造の変化や全人的医療への希求がある。しかし本項では，与えられたキーワード（心臓，呼吸器，中枢神経系，過敏性腸症候群，生活習慣（病），慢性身体疾患，糖尿病，高血圧，肥満，喫煙，慢性疼痛，心理教育，セルフモニタリング，生活習慣）と日本行動医学会による『行動医学テキスト』（日本行動医学会，2015）を参考に，日本で行動医学対象と認識されている代表的な疾患・課題について述べる。

●**行動医学の沿革**　行動医学は1977年のエール会議で初めて公式に定義された。それに先立ち米国の2大学で研究センターが設立され，医学部に教育プログラムが導入された。エール会議後の行動医学研究の発展は著しく学会設立や専門雑誌の刊行が相次いだ。1990年には第1回の国際行動医学会が開催され，1995年には米国国立保健研究所に行動科学・社会科学の研究室が開設された。日本では1992年に国際行動医学会の日本支部として日本行動医学会が設立され，心身医学，健康心理学と密接な関連を保ちつつ臨床医学，予防・公衆衛生，心理学・行動科学の研究と実践を推進している。医学教育モデル・コア・カリキュラムに平成28年度改定（2017年）に「人の行動と心理」が導入され，行動医学の系統的教育の本格実施が開始された。前出の『行動医学テキスト』はその前に日本行動医学会が策定したコア・カリキュラムをもとに刊行したものである。

●**主な対象疾患と課題**　行動医学の主な対象疾患を表1に一覧した。1）の『Behavioral Medicine（Feldman, 2014）』の3版は訳書『実践行動医学（Feldman, 2008 訳 2010）』があり，監訳者は，臨床分野における行動医学的問題への対応は医療者に必須な基本スキルであると述べている。2）の『行動医学の臨床（Pearce&Wardle, 1989 訳 1995）は英国心理学会が学術研究に比して遅れがちな臨床実践を促す目的で効果が確実な臨床の方法を著したものである。3）

表1 行動医学の対象

発行年	行動医学テキスト 3 行動変容の応用 2015	Behavioral Medicine[1] 4th Eds 2014	行動医学の臨床[2] 1989	新しい治療法としての行動医学[3] 1977	基本治療としてのライフスタイル療法* 学会ガイドライン
禁煙	○	○	○		○
肥満・糖尿病	○	○	○	○	○
運動・身体活動	○				○
不眠症	○	○		○	
タイプA行動	○			○	
摂食障害	○	○			
うつ病	○	○			
不安症	○	○			
慢性痛	○	○	○	○	
緩和ケア	○	○			
アルコール依存症	○	○		○	○
HIV/AIDS		○	○		
ADHD		○			
気管支ぜん息			○	○	
頭痛				○	
本態性高血圧			○	○	○
排尿障害				○	
糞失禁				○	
不整脈				○	
心臓リハビリテーション			○		
中枢神経系の損傷			○		
月経困難／月経前症候群／閉経			○		
過敏性腸症候群			○		
呼吸器疾患			○		○
脂質異常症					○
がん予防					○

＊日本高血圧／糖尿病／動脈硬化学会のガイドラインと科学的根拠に基づくがん予防（国立がん研究センター）より

の『新しい治療法としての行動医学（Williams & Gentry, 1977 訳1981）』は1976年のデューク大学の卒後教育の内容に基づき，過去10年に発展した行動科学的アプローチの実践方法を医師，臨床心理士に紹介する目的で刊行された．本書はおそらく日本で最初の行動医学の訳書である．以上から明らかなように，行動医学に特異的な対象疾患や習慣行動があるわけではなく，行動科学的介入は全ての病態や医学的課題に必要といえる．特に日本で期待が大きいのは糖尿病，高血圧，がんなど主要な生活習慣病の予防管理の領域であり，各学会はいずれも禁煙，適正な食事，運動，適正飲酒，睡眠などの生活習慣修正を第一選択治療と位置づけている．米国ではこれらを「ライフスタイル医学」として実践普及をめざす新しい動きがある．　　　　　　　　　　　　　　　　　　　　　［足達淑子］

さらに詳しく知るための文献

[1] 日本行動医学会編 2015 行動医学テキスト 中外医学社．248.
[2] Feldman, M. D. & Christensen, J. F. eds. 2014 *Behavioral Medicine: A Guide for Clinical Practice*, McGraw Hill Education.

高齢期の問題

☞ 認知症および高齢者うつ病の認知行動療法 p.374, 高齢者の支援 p.510

●**高齢期の問題の理解**　高齢期の問題には，長い人生経験を通したさまざまな心理社会的要因と，心身機能の加齢変化が密接に関連することから，問題の現れ方に個人差が大きく広範にわたることが特徴である。高齢期の心理支援の多次元アプローチを提唱した B. J. ナイト（Knight）らは，問題の理解に配慮すべき点として，①認知機能の加齢変化の多次元性と多方向性，②高齢期のライフイベントの経験，③コホート差，④高齢者を取り巻く社会環境という四つのポイントをあげた（Knight et al., 2006）。さらに，認知行動療法の高齢者への適用にあたっては，加齢の影響を受けやすい認知-情動の関係性に注目し，認知プロセスを中心とする複数の要因の相互関連を包括的に把握する重要性を示した（Knight & Durbin, 2015）。

　このことは，高齢者の支援の目的が病気や衰退などの加齢の問題をなくすことから，生活全般の自立や主観的な満足に注目し，個別の生き方を追求できる生活の質（quality of life：QOL）の向上へと変わることを意味している。こうした変化を背景に，人のポジティブな行動を促し，さらには QOL の向上を目指すポジティブ行動支援（positive behavior support：PBS）が教育の分野などで展開されている。応用行動分析の理論を基盤とした PBS は，社会の中で必要となる行動を優先し，システムとして支援を行うことなどが特徴としてあげられ（Sugai et al., 2009），認知症の周辺症状である BPSD（behavioral and psychological symptoms of dementia）の対応への可能性も期待される。

●**高齢期のうつ病**　うつ病は認知症と並んで高齢期に多い精神疾患である。一般にうつ病は，気分の落ち込みや日常の活動での興味・喜びの喪失を主症状とする疾患であり，食欲の減退・増加や，不眠・睡眠過多，などの症状がみられる。

　うつ病は，アルツハイマー型認知症との合併など，認知症や認知症発症のリスクとの関係が深く，認知症や自殺予防の観点からも早期発見による予防や治療が重要とされる。しかし，高齢期のうつ病の症状の現れ方は非定型であり，うつ病に典型的な精神症状が目立ちにくいことから，ほかの疾患との見分けが難しいことが多い。不安の症状が前面に強く現れる場合にはうつ病だと気づかれにくいことも，発見と対応の遅れにつながる原因となっている。ほかにも，ネガティブなエイジングのステレオタイプと，その信念に基づく偏見や差別を意味するエイジズムが，うつ病に起因する高齢者の QOL の低下を「単なる歳のせい」として見過ごす原因となりやすいことも指摘されている（Applewhite, 2016）。こうした私たちの意識に潜在するエイジズムへの気づきと，高齢者の行動を制限することになるステレオタイプの修正に，認知行動療法の有効性が指摘されている

(Laidlaw et al., 2016)。

●**認知症と軽度認知障害**　認知症は，脳の働きの低下のために，さまざまな障害や症状が引き出され，生活上に支障が出ている状態をいう。厚生労働省によると，日本の認知症のある人は2012年で約460万人であり，その前段階とされる軽度認知障害（MCI：mild cognitive impairment）の人をあわせると約860万人とされている。今後，高齢化が進むにつれて認知症のある人の数はさらに増加し，団塊の世代が75歳以上となる2025年には，認知症のある人の割合が，65歳以上の高齢者の約5人に1人に達することが予測されている。

こうした認知症のある人の増加を背景に，認知症高齢者のQOLを高めるアプローチの必要性が高まっている。認知症の診断基準としてDSM-5（American Psychiatric Association, 2013）では，六つの認知領域（複雑性注意，遂行機能，学習と記憶，言語，知覚-運動，社会的認知）のうち一つ以上に障害があり，日常生活に支障をきたしていることがあげられる。

認知症の認知機能の障害は，さまざまな生活上の困難につながりやすい。特に，認知症の行動と心理症状を表すBPSDの出現は，本人だけでなく介護者の対応の負担になりがちで，認知症の人と介護者との関係を悪化させることもある。そのため，認知症高齢者の支援において，BPSDへの対応は重要な課題となっている。

BPSDへの対応は，これまで非定型抗精神病薬を用いた薬物療法を中心に，支援者の関わりや環境調整などの非薬物的なアプローチが行われていた。しかし，非定型抗精神病薬の認知症高齢者の死亡率を高めるリスクが米国食品医薬品局（US Food and Drug Administration：FDA）から報告されたことを受けて，BPSDの治療や予防への非薬物的アプローチの重要性がより認識されることとなった（FDA, 2005）。

認知症に対する非薬物的なアプローチは，American Psychiatric Association（APA, 2007）の治療ガイドラインに沿って，行動，感情，認知，感覚刺激の四つに焦点づけたアプローチに分類することができる。MCIを含む認知症の初期の段階での対応には，身体活動の調整を行う運動療法による行動面へのアプローチ，情緒の安定を目的とした回想法などの感情に焦点づけたアプローチ，記憶や注意に働きかけるリアリティーオリエンテーションなどが用いられている。認知症の症状が進む中期にはBPSDがより顕著となりやすく，高齢者の行動調整や，家族介護者のメンタルヘルスを促進するプログラム（coping strategy program）での，家族介護者の抑うつ症状の改善に効果が確認されている（Selwood et al., 2007）。家族介護者のストレスコーピングのプログラムには，認知症や介護ストレスに関する心理教育，BPSDへの対応と介護，認知再構成法，アサーティブトレーニング，アクセプタンス，行動活性化などの認知行動療法の技法が取り入れられている。

［日下菜穂子］

高次脳機能障害

☞ 脳と心の機能アセスメント p.242，高次脳機能障害の認知行動療法 p.374

　高次脳機能障害とは，脳血管障害や脳外傷などの脳の器質的損傷に起因する認知障害全般を指すが（厚生労働省，2008），どのような認知障害をその範囲に含むのかについては学術的定義と行政的定義で多少異なる．学術的定義では失語・失認・失行という巣症状を含むが，行政的定義では，主要なものとして注意障害，記憶障害，遂行機能障害，社会的行動障害の四つがあげられている．

　これは，2001（平成13）年度からの5年間，厚生労働省が高次脳機能障害支援モデル事業を実施し，脳の器質的損傷による認知障害を持つものの実態に関するデータを分析した結果，注意障害，記憶障害，遂行機能障害，社会的行動障害単症状以外のなどの認知障害をもつ者が医療・福祉サービスの狭間に置かれていることが明らかになり，当事者に対する支援体制を早急に整える必要性が示されたことによる．そしてこの結果に基づき，行政的に「高次脳機能障害」が定義されるとともに診断基準が提案され（表1），医療・福祉サービス提供の基盤が築かれた．

　表1の除外項目に示されるように，高次脳機能障害は，認知症や進行性疾患，脳性麻痺や発達障害などのほかの脳の器質的損傷や機能不全よるものと区別される．また，その特徴として，原因疾患や病巣などによって症状が不規則であること，いくつかの症状が組み合わさっており複雑であること，環境によって症状が変化すること，そして外見からはみえにくいことなどがあげられる（大橋，2002）．

　なお，本邦では高次脳機能障害という語が定着しており，その英訳として

表1　高次脳機能障害診断基準

Ⅰ. 主要症状等	1. 脳の器質的病変の原因となる事故による受傷や疾病の発症の事実が確認されている． 2. 現在，日常生活または社会生活に制約があり，その主たる原因が記憶障害，注意障害，遂行機能障害，社会的行動障害などの認知障害である．
Ⅱ. 検査所見	MRI，CT，脳波などにより認知障害の原因と考えられる脳の器質的病変の存在が確認されているか，あるいは診断書により脳の器質的病変が存在したと確認できる．
Ⅲ. 除外項目	1. 脳の器質的病変に基づく認知障害のうち，身体障害として認定可能である症状を有するが上記主要症状（1-2）を欠く者は除外する． 2. 診断にあたり，受傷または発症以前から有する症状と検査所見は除外する． 3. 先天性疾患，周産期における脳損傷，発達障害，進行性疾患を原因とするものは除外する．
Ⅳ. 診断	1. Ⅰ～Ⅲを全て満たした場合に高次脳機能障害とする． 2. 高次脳機能障害の診断は脳の器質的病変の原因となった外傷や疾病の急性期症状を脱した後において行なう． 3. 神経心理学的検査の所見を参考にすることができる．

［厚生労働省社会・援護局保健福祉部・国立障害者リハビリテーションセンター，2008 p.2 より作成］

higher brain dysfunction が用いられることもあるが，これは日本特有のものである。英語圏での表現では cognitive dysfunction や cognitive deficits，あるいは cognitive disturbance などが相当する。

●**高次脳機能障害にみられる代表的な認知機能障害と心理症状**　高次脳機能障害の中でも注意障害は出現頻度が高く，日常生活やリハビリテーション全体に大きく影響する。注意障害にはさまざまな分類があるが，注意の容量低下やコントロールの障害，あるいは空間的注意の障害などの区別が可能である。

　記憶障害においてもその分類には種々ある。時間的区分から短期記憶の障害と長期記憶の障害や前向性や逆向性健忘に分類できる。また，長期記憶の障害は，比較的近い出来事の記憶（近時記憶）と比較的遠い出来事の記憶（遠隔記憶）の障害や，意味記憶やエピソード記憶の障害などに分けることができる。さらには，ワーキングメモリの障害や展望的記憶の障害なども含まれる。

　遂行機能障害は，目的行動の計画や実行の障害であり，柔軟性や必要な情報の取捨選択，集中力，方略の発見や転換や適度な抑制などに問題が生じる。他の顕著な認知障害や知的レベルの低下を伴わず生じる場合も多いことから，パターン化された受動的な日常生活では出現しにくい反面，新奇な場面やマルチタスクを伴う場面，能動的関与を求められる場面において明らかになることも少なくない。

　社会的行動障害は問題行動の総称として理解でき，意欲・発動性の低下，情動コントロールの障害，関係の障害，依存行動，固執などがあげられる。この障害はほかの認知障害に比べ，当事者や家族に大きな困難を与えるにもかかわらず，その様相は多彩である上に，脳の損傷の直接的結果として生じているのか，あるいはその他の認知障害に伴う二次的なものであるのかの区別もつきにくい。

　以上のほか，高次脳機能障害者では抑うつ気分やイライラ感，あるいは不安などの心理症状を訴えるケースが多くある。また，自身の障害に対する認識の低下や疲れやすさも障害の1つとして考えられる。高次脳機能障害への支援においては，認知障害の回復のみならず，心理症状や病識の改善，リハビリテーションの維持・継続への関与までを含める必要がある。

●**高次脳機能障害の認知行動療法**　高次脳機能障害者が呈する心理症状には，CBTを中心とした行動論的なアプローチの有効性が示唆されている（橋本ほか，2006）。さらに近年では，動機づけ面接やアクセプタンス＆コミットメント・セラピーに関するエビデンスも蓄積されつつある（橋本・澤田，2018）。［橋本優花里］

📖 **さらに詳しく知るための文献**
[1] プリガターノ, G. P.　中村隆一監訳　2002　神経心理学的リハビリテーションの原理　医歯薬出版.
[2] 利島 保編　2006　脳神経心理学　朝倉書店.

パーソナリティ障害

☞ 弁証法的行動療法の基礎理論 p.24, パーソナリティーのアセスメント p.218, スキーマ療法 p.292, 弁証法的行動療法 (DBT) p.294

　パーソナリティ障害とは，アメリカ精神医学会の診断基準DSM-5によると，「その人の属する文化から期待されるものよりも著しく偏った，内的体験および行動の持続様式」が，認知，感情性，対人関係機能，衝動の制御のうち二つ以上の領域に現れる病態である（American Psychiatric Association, 2013b 訳 2014）。それは，奇妙で風変わりに見えるA群（猜疑性，シゾイド，統合失調型），演技的で感情的で不安定に見えるB群（反社会性，境界性，演技性，自己愛性），不安でおびえているように見えるC群（回避性，依存性，強迫性）の3群10類型に分類されているが，中でも「対人関係，自己像，感情などの不安定性および著しい衝動性の広範な様式」とされ，他のパーソナリティ障害や精神疾患の特徴も併せもつ境界性パーソナリティ障害（borderline personality disorder：BPD）が，治療に難渋することが多い。弁証法的行動療法（dialectical behavior therapy：DBT）は，そのBPDに特化した介入法としてM. M. リネハン（Linehan）によって開発されたが，1993年に治療法全体のマニュアル（Linehan, 1993a 訳 2007）とスキルトレーニングのマニュアル（Linehan, 1993b 訳 2007）が出版され，ランダム化比較実験（RCT）で効果が実証されたことで，大きく注目されるようになった。本項ではDBTにおけるBPDの病態理解や治療の進め方を参照しながら，認知行動療法の適用対象としてのBPDの特徴を概説する。

●**DBTの生物社会的理論によるBPDの理解**　DBTでは，BPDの中でも衝動的行為がコントロールできず，自殺類似行動を示す者をターゲットにしている。N. クライトマン（Kreitman）による自殺類似行動の定義は以下のとおりである。①致命的でない，故意の自傷行為で，実際の生体組織の損傷や死の危険を伴うもの，あるいは，②身体損傷や死を引き起こそうとする明確な意図を伴う，処方されていない薬物またはその他の物質の摂取，または処方薬剤の過量服薬。リネハンは，このような行動を伴う者の基本的病理を情動制御不全ととらえ，それは大脳辺縁系内の反応性と注意のコントロール障害という生物学的要因によってもたらされると考えた。そしてそれが，個人的経験を表現することが是認されないばかりか，罰せられたり，取るに足りないものだとされてしまう不認証的な環境と結びつき，両者が時間をかけて相互作用した結果，BPDというパーソナリティ障害が生じるとする生物社会的理論を提唱した。ここでは，BPD患者が示す症状のほとんどは，強烈な情動を制御しようとする試みか，情動の制御不全の二次的結果であり，特に自殺類似行動を中心とする衝動的行動は，激しい苦痛を伴うネガティブな感情の問題に対する非適応的な解決行動とみなされる。そのような考え方に

基づいて，治療マニュアル（1993a 訳2007）では，「BPD患者とそのセラピーに関して前提とすべきこと」が以下のように列挙されている。①患者はできる限りのベストを尽くしている，②患者は改善を望んでいる，③患者は変化に向けて，よりうまく行い，より懸命に取り組み，より動機づけられる必要がある，④患者の問題はすべて彼ら自身が引き起こしているのではないとしても，彼らはとにかくそれらを解決しなければならない，⑤自殺的なボーダーラインの人の現在の人生のあり方は，耐えられないほどのものである，⑥患者は関連するすべての状況において新しい行動を学習しなければならない，⑦セラピーにおいて患者の失敗はありえない，⑧ボーダーライン患者を治療するセラピストには支援が必要である。

● **DBTの介入方法を通して見えるBPDの特徴** 　DBTは詳細なマニュアルに基づくプロトコール主導の治療法に見えるが，M. A. スウェールズとH. L. ハード（Swales & Heard）は治療原理主導の治療法であることを強調している。その理由は，BPD患者では，訴えの内容がパニック発作，社会的状況の回避，過食や嘔吐，自殺の脅かしと，来談するたびに変わることが少なくないので，単一の精神疾患を対象にした従来型のCBTプロトコールでは対応しきれず，効果も上がりにくいからとされる。そして，治療原理としては，徹底的行動主義，禅の原理（根本的受容），弁証法の原理の三つがあげられており，それに主導された変化の戦略と認証戦略からなる治療が，毎週の個人療法の中で弁証法的な緊張感をもって進められていく。変化の戦略とは行動療法そのものであるが，情動制御不全による問題行動に対して機能分析に基づいて直接的に変容を進めようとすると，患者は自分のことを認めてもらえないと感じ，治療者を攻撃するか，ひきこもって治療を中断してしまう可能性がある。そこでまずは，セラピストが患者に対して，患者の反応は現在の生活の状況では当然のことであり，理解可能なものだと伝えるという認証戦略を進めることで，協同的な治療関係の確立をはかるのである。毎週のグループ療法ではスキルトレーニングが徹底的に行われるが，それは，BPDの基本的病理を情動制御不全ととらえていることや，問題行動の弁別刺激や確立操作として強烈で嫌悪的な情動状態に注目しているという事情と関係している。つまり，BPD患者が衝動行為を繰り返す行動パターンから逃れるためには，弁別刺激や確立操作となる嫌悪的な情動に対処するスキル（マインドフルネス・スキル，苦痛耐性スキル，感情調節スキル）と，衝動行為の代替行動を繰り出すスキル（対人関係保持スキル，感情調節スキル）が不可欠ということであり，そのため，個人療法とスキルトレーニング・グループが将にDBTの車の両輪とみなされている。　　　　　　　　　　　　　　　　　　　　　［熊野宏昭］

📖 **さらに詳しく知るための文献**
[1] 熊野宏昭 2012 新世代の認知行動療法 日本評論社.

司法・犯罪分野

☞ 少年院における生活改善指導と認知行動療法 p.572, 刑事施設における性犯罪再犯防止指導 p.574, 刑事施設における薬物依存離脱指導 p.576, 保護観察における認知行動療法 p.580

　司法・犯罪分野において，行動療法は伝統的な処遇技法の一つとして位置づけられてきたが，法を犯した者のより一層の改善更生を強調した法制度の改定に伴う特別改善指導の一環として認知行動療法（以下，CBT とする）が中核的に位置づけられるようになった。「性犯罪者処遇プログラム」は，その代表であり，全国の刑事施設，保護観察所等において当該プログラムが実施されるようになった。これを契機として，刑事施設の特別改善指導における薬物依存離脱指導や一般改善指導における暴力防止プログラム，そして少年施設における特定生活指導（薬物非行防止指導や性非行防止指導）などにおいても CBT が活用され，さらには，国家資格である「公認心理師」の運用においても，司法・犯罪分野では CBT を用いることが明文化されるに至っている。

　また，司法・犯罪分野においては，再犯（再非行）防止の取組みだけではなく，家事事件や被害者支援においても心理学的支援が求められており，具体的な方法論として CBT の担う役割が比較的大きい分野であると言える。

●**再犯（再非行）防止の取組み**　再犯（再非行）防止の代表的な取組みとして性犯罪者処遇プログラムをあげることができる（法務省処遇指標：R3）。このプログラムは，カナダやイギリスといった諸外国において多くの取組みが行われており，いずれも risk-need-responsivity の原則（Andrews & Bonta, 2003；以下，RNR 原則とする）に基づくリスクアセスメントを前提としている。RNR 原則は，家族環境や過去の犯罪歴などの個人の静的リスク（risk）に応じて治療の集中性を変化させ，性的な嗜好や感情統制の程度などの個人の犯罪を引き起こしそうなニーズ（need）に応じて治療内容を選定し，治療動機の程度や向犯罪的な態度などの治療に対する反応性（responsivity）に合わせて治療の形式を仕立てるという考え方を指す。静的リスクのアセスメントは，保険統計式ツールの枠組みで作成されており，再犯に関するデータを分析し，再犯を予測しうる数式を根拠としてリスクとなる要因の同定を行なっていることに特徴がある。そして，事件自体の否認やプログラム参加の拒否など動機づけの低い者のアセスメントと相応の対応の必要性は，ある程度の強制性を伴う司法・犯罪分野における支援の特徴の一つであると言える。

　RNR 原則に基づきハイリスク状況からの回避を主たる手続きとする方法論はリラプス・プリベンションと呼ばれ，プログラムの中核的な要素として位置づけられている。元来，リラプス・プリベンションは，依存症治療において考案された心理学的治療モデルであり，覚せい剤などの違法薬物の再使用の防止を目的とする薬物依存離脱指導においても採用されている。一方で，リラプス・プリベンショ

ンがハイリスク状況の回避を主たる手続きとしているために，接近目標に応じた適応行動の設定が見過ごされやすくなってしまうことから，この問題点を補うモデルとしてグッド・ライブズ・モデル（Ward et al., 2007）が提唱されている。

　また，再非行防止の取組みにおいては，第3世代の行動療法であるアクセプタンス&コミットメント・セラピーが採用されており，マインドフルネスや価値の明確化が強調された手続きが実践されている。なお，再犯（再非行）防止のいずれの取組みも集団形式で運用されており（集団認知行動療法），グループワークの適切な活用が実施者側の課題とされている。

　このような再犯（再非行）防止の取組みは次第に拡大しており，例えば，窃盗の再犯防止にも適用されている。窃盗は，女性を中心としてその背景に摂食障害を抱える者が少なくないために，窃盗ではなく摂食障害への支援に重点をおいている施設もある。また，近年は社会内処遇への展開も盛んになっており，2016年に施行された「刑の一部執行猶予制度」によって，社会内における処遇に重点がおかれることとなった。そのため，保護観察所や更生保護施設における心理学的な支援の充実化が急務とされており，薬物依存への対応はもちろんのこと，就労支援の一環としてのソーシャルスキルトレーニングなどの積極的な対応が求められるなどCBTへの期待も大きいと考えられる。

●**家事事件**　家庭裁判所では，子の福祉に沿った紛争解決を目指し，子の監護状況や子の意向・心情に関する調査が行われている。これらの調査では，子の発達状況，居住環境，家族との関係性，父母の養育態度，子自身の紛争の受け止め方や今後の生活への希望の把握が目的となる。これらの手続きにおいては，当事者に対して，調停手続きへの積極的参加を動機づけ，緊張の緩和，葛藤の沈静化，理性的，合理的な解決の支援といったことなどが心理職に求められる。これらの手続きには，CBTの果たす役割は大きく，機能分析的視点をもった働きかけを行うことで紛争解決の支援に寄与しうると考えられる。

●**被害者支援**　2004年に犯罪被害者等基本法が制定され，犯罪被害者などのための基本方針，および重点課題が定められた。この制度改正では，刑事手続への関与の拡充，損害回復や経済的支援，被害者参加制度の新設などの大幅な改正が行われた。犯罪被害の支援においては，PTSD，家庭内暴力，虐待などへの対応が代表的である。これらの犯罪被害に対してもCBTが果たす役割は大きい。

［嶋田洋徳・野村和孝］

□さらに詳しく知るための文献
[1]　田口真二ほか　2010　性犯罪の行動科学―発生と再発の防止に向けた学際的アプローチ　北大路書房.
[2]　マーシャル，W. L. ほか　小林万洋ほか訳　2010　性犯罪者の治療と処遇　川島書店.

災害支援

☞ 外傷後不安障害（PTSD）p.112，適応障害，ストレス p.114，認知再構成法 p.286，PTSD へのトラウマに特化した認知行動療法 p.342，複雑性悲嘆の認知行動療法 p.344

　災害は，個人やコミュニティにとって非日常的な出来事，すなわち非常にストレスフルな出来事の体験であるととらえることができる。したがって，災害支援では，個人やコミュニティが出来事によって生じた反応や変化に対処していく過程を支え，現在の生活において心理・社会・生物学的に良好な状態（well-being）を保てるようになることが目標であると言える。

　緊急時・災害時における精神保健・心理社会的支援について，国際的な IASC ガイドライン（IASC, 2007）では，支援ニーズに応じた支援・介入の階層構造を示し，相補的・補完的な支援の重要性とともに，支援に関わるすべての人々が用いるべき行動指針として心理的応急処置（psychological first aid：PFA）を推奨している。PFA は，世界各国にさまざまな版が存在するが，すべてに共通している要素は，危機的状況下における急性期の初期対応として，人々の安全性と安定性の確保，家族や集団，コミュニティを組織化し，ソーシャル・サポートを得やすくすること，ニーズを満たすための社会資源につなぐこと，そして被災者の自己効力感と希望を促すことである（Shultz & Forbes, 2014）。PFA は実践家のコンセンサスよる実用性は認められている一方で，定式化された介入戦略をもたず，柔軟に状況に即した支援を行うことが強調されているため，災害状況の個別性も加わり，エビデンスについては不十分であるとの批判もある。

　災害に際して人々が体験するストレスは，(1) 外傷体験によって生じる外傷性ストレス反応，(2) 個人にとって大切なもの（人，住居，職業など）を失う喪失体験に対する悲嘆反応，(3) これまでと異なった環境で生活することに対する通常の（一過性の）ストレス反応，に分けることができる。これらのストレス反応は，災害発生後の時間経過と現在のストレス体験の複合性や過去のストレス体験の影響を受ける。したがって，介入に先立ち，対象とする個人や集団の支援ニーズについて，注意深くアセスメントを行うことが大切である。CBT は，一般的に現在の適応を改善することを目標とし，通常アセスメントに応じた介入戦略を用いるという特徴を持つことから，IASC のどの支援階層においても適用可能であると考えられる。

●通常のストレス反応に対する介入　PFA は，主として急性ストレス反応への対処に対する支援者の行動原則を示したものであるが，支援者に対するセルフケアとしてのストレスマネジメント，心理教育が含まれている。一方，被災者に直接的に提供される支援方略としては，避難所や仮設住宅など，これまでとは異なった生活環境（生活ストレス）にどのように対処していくかという観点から，

同手法がよく用いられている。これらに共通した要素としては，災害後に生じるストレス反応とその対処の仕方，回復の見通し，そしてリラクセーションスキルの習得などである。さらに，サイコロジカル・リカバリー・スキル（skills for psychological recovery：SPR）は，災害後によく見受けられる問題に対する介入戦略を習得できるように構造化されている（Forbes et.al., 2010）。前述したPFAとの相違点は，個人のアセスメントと問題の同定に数セッションを費やすこと，および構造化された介入戦略が明示されている点である。主要な介入戦略としては，アセスメントと課題形成，行動活性化，認知再体制化，不安マネジメント，ソーシャル・サポートの充実，問題解決技法があげられる。

●**外傷体験に対する介入**　PTSD（post-traumatic stress disorder）の診断がつくのは発災後1か月後となる。PTSDの治療では，CBT，持続エクスポージャー療法（prolonged exposure：PE），認知処理療法（cognitive processing therapy：CPT），トラウマフォーカスト認知行動療法（TF-CBT），眼球運動による脱感作と再処理法（EMDR），感情と対人関係調整のスキルトレーニング・ナラティブセラピー（skills training in affective and Interpersonal regulation narrative therapy：STAIR-NT）がエビデンスをもつ治療法である。ただし，災害現場で治療の導入をする際には，治療構造について安全・安心感が確保できるかどうかを検討した上で行うことが必要である。例えば，地震災害の後，余震が続いている中でPEを行うことは適切ではない。

●**喪失体験に対する介入**　喪失体験に対する通常の悲嘆反応の範疇を超えて，日常生活に支障を及ぼす程度の反応が持続している場合には，複雑性悲嘆を対象とした複雑性悲嘆療法（complicated grief therapy：CGT）（Shear et al., 2005）が適用となる。CGTの治療戦略では，PE，動機付け面接，対人関係療法が修正して用いられており，喪失への適応的なプロセスを促進することを目標としている。

●**日本における実践**　災害支援におけるCBTの適用については，個別の心理療法の一環としての事例報告，そして学校教育場面における学級単位における防災教育やストレスマネジメント教育の一環として，心理教育，リラクセーション，認知再構成法を組み合わせた実践が報告されている。

　災害を契機に発症するうつや物質依存の問題に対しても，通常臨床場面で用いられているCBTが適用されるであろう。　　　　　　　　　　　　　　［池田美樹］

📖 **さらに詳しく知るための文献**

[1] シュニーダー，U. & クロワトル，M. 編　前田正治・大江美佐里監訳　2017　トラウマ関連心理療法ガイドブック―事例で見る多様性と共通性　誠信書房．

産業・労働分野

☞ 職場のストレスモデル p.590,
ストレスチェック制度 p.592,
リラクセーションを中心としたストレスマネジメント p.594

近年，職場のストレスによるメンタルヘルス不調者への対応が急務となっている。労働政策研究・研修機構による職場におけるメンタルヘルス対策に関する調査（労働政策研究・研修機構 2012）によると，約6割（56.7％）の事業所においてメンタルヘルスに問題を抱えている社員がおり，その数値は増加傾向にあった。また，社員1,000人以上規模の事業所では，メンタルヘルスの不調者のいる割合が7割以上（72.6％）であり，不調者のいない事業所の割合を大きく上回っていると報告されている。

このような背景をうけて，メンタルヘルス不調者への対応や予防の取組みがさまざまに進められてきている。認知行動療法は，心理学的ストレスモデルの枠組みにも対応している点や，低強度や短期的な介入も可能である点などから，産業労働分野においても頻繁に用いられる心理療法である。

●メンタルヘルス不調者に対する認知行動療法を用いた取組み　メンタルヘルス不調にある労働者に対する個人面接において，自分の状態を観察し，健康的に働くという目標に向けて認知・行動面の変容が必要なことも多く，認知行動療法が用いられることも多い。また休業者の多くはうつ病をはじめとした気分障害圏の病態にあるため，休業中の過ごし方や復職に向けての面談においては，セルフ・モニタリングを活用して生活リズムを整えたり，行動活性化によって活動性を増やすことで気分の安定や作業能力の回復を目指すことが多い。また休業に至った経緯を振り返る中で，仕事への取り組み方や人間関係のあり方などにおける自身の認知・行動面の特徴を理解するとともに，再度不調に陥らないように，認知再構成法や問題解決訓練などを用いて適応的な認知・行動を身につけることを目的とした心理面接が中心となってくる。

またここ数年において，病院やクリニックといった医療分野で提供する「リワークプログラム」において，休職している労働者を対象とした，集団形式での認知行動療法（集団認知行動療法）やソーシャルスキルトレーニング（social skills training：SST）も日本全国で盛んに行われるようになっている。

●予防を目的とした認知行動療法を用いた取組み　職場のメンタルヘルス対策における予防の取組みは，その対象や目的から1次から3次のレベルに分けられる。1次予防は，職場の環境改善やセルフケアをはじめとしたメンタルヘルス研修などを実施して，職場のストレスによって精神疾患を発症しないようにするための取組みを指している。職場ストレスモデルでは，ストレッサーへの認知的評価や対処行動（コーピング）といった個人要因もストレス反応の発生に影響する

と考えるため，1次予防の取組みとしてストレッサーへの適切な認知・行動的対処を身に着けられるようにメンタルヘルス研修などで認知行動療法の技法を援用することも多い。具体的には，リラクセーション法や認知再構成法を指導・提供するストレスマネジメントがある。また近年は，マインドフルネストレーニングを取り入れたストレスマネジメントや e-learning などインターネットを活用したストレスマネジメントを行う場面も増えつつある。

2次予防は，うつ病をはじめとした精神疾患の高リスク者に対して，早期発見・介入を促す取組みである。2015年より開始されたストレスチェック制度は2次予防の代表的な取組みの一つである。ストレスチェックの実施者は，これまで産業医や保健師などとされていたが，2018年の労働安全衛生規則の改正により，公認心理師も実施者に追加された。今後はストレスチェック制度やその面接指導においても認知行動療法の活用が期待されている。

3次予防は，すでに精神疾患を発症し，治療を受けている人が，職場に復帰したり，復帰後に再発を防ぐための取組みである。前述したように，メンタルヘルス不調によって休業した労働者への復職支援において認知行動療法は活用されている。また近年は，制度改正や障害者雇用の意識の高まりから，精神障害者の雇用率も増加しているが，その一方で，精神障害者における職場定着の困難さや職場適応のための支援が課題となっている。発達障害に代表されるように，障害の特徴を理解し，特徴に応じた職務遂行や職場適応を支援するために，障害者を対象とした就労支援や，ジョブコーチなどの職場訓練においても認知行動療法が活用されている。

●キャリア形成を目的とした取組み　メンタルヘルスの問題のみならず，個人がキャリアや職業選択を考える過程においても認知行動療法の技法が用いられることもある。例えば，キャリア・カウンセリングでは，就労や転職に向けての具体的な目標や行動計画を話し合いながら，それらの達成や実行を認知行動論的に支援することもある。また若年無業者（ニート）や引きこもりなどに対するキャリア・カウンセリングでは，就職活動に必要な日常生活やコミュニケーションのスキルを身に着けるために，ソーシャルスキルトレーニングなどが用いられることもある。

［松永美希］

📖 さらに詳しく知りための文献
［1］厚生労働省 2017 職場における心の健康づくり―労働者の心の健康保持増進のための指針　https://www.mhlw.go.jp/file/06-Seisakujouhou-11300000-Roudoukijunkyokuanzeneiseibu/0000153859.pdf
［2］川上憲人 2017 基礎からはじめる職場のメンタルヘルス―事例で学ぶ考え方と実践ポイント　大修館書店.

自閉スペクトラム症
(自閉症スペクトラム障害, ASD)

☞ 自閉スペクトラム症の認知行動療法 p.352, 自閉症への早期療育 p.452, Jasper p.454, PBS p.458, PECS® p.464, ASDとADHDへの認知行動療法 p.478

　自閉スペクトラム症／自閉症スペクトラム障害（autism spectrum disorder：ASD）とは，米国精神医学会の『精神障害の診断と統計の手引き（Diagnostic and Statistical Manual of Mental Disorders：DSM）第5版（DSM-5）』における診断分類基準によれば，「社会的コミュニケーションおよび相互関係における持続的障害」「限定された反復する様式の行動，興味，活動」を中核的症状とする神経発達症群に分類される精神障害である。

●**診断**　ASDの確定診断のためには，前述した二つの中核症状が「社会や職業その他の重要な機能に重大な障害を引き起こしている」ことが明記されており，症状の存在だけでなくそれが社会参加への阻害要因となっていることが基準となっている。さらにDSM-5では支援の必要性に応じてレベル1～3の3段階での重症度評価が導入されている。このように最新の診断基準では，本人特性のみではなく，社会的状況をも考慮される傾向にある。

　症状の出現時期についてDSM-5では，DSM-Ⅳ-TRの「36か月以前」から「発達早期の段階で必ず出現するが，後になって明らかになるものもある」とされ，幅をもたせている。ASDの診断は，生理学的検査による診断が困難なため，行動や発達の観察を主軸にした複数のアセスメントを用い，総合的に診断される。代表的なツールとしてADI-R（autism diagnosis interview-revised）やADOS（autism diagnostic observation schedule）があり，本邦でも標準化・出版されている。

●**原因とリスク要因**　現在，ASDの原因についてすべてが明らかになっているわけではない。多くの先行研究は，複数のタイプのASDにさまざまな原因の可能性を示しているが，これはスペクトラム（連続体）という疾病概念が複数の異なる生物学的原因による個を内包していることに関連すると考えられる。1943年のL.カナー（Kanner）による自閉症の症例報告から1960年代にかけての心因説（心理的ストレスや育て方）は現在では否定され，中枢神経系の機能的障害が主因とされ，遺伝子が高リスク因子として関与することが認められている。例えば，ASDの兄弟姉妹がいる子どもはASDをもつリスクが高くなること，さらに一卵性双生児のうち，1人の子どもにASDがあれば，もう1人は36～95％の確率で罹患するといった研究がある。ASDの中核的症状は，遺伝的リスクおよび出生前からの環境事象に関連して発現すると考えられている。

●**疫学**　スペクトラムという用語は自閉的特徴が一般集団まで連続的に分布することを意味しており，ASDはすべての人種，民族，社会経済的集団に存在する。ASDのほぼ半数が平均から平均以上の知的能力をもち，性差として男児は女児の約4倍とされている。ASDの推定有病率は年々上昇し，米国疾病管理セ

ンター (CDC) の ASD および発達障害監視ネットワーク (ADDM) によれば子どもの59人に1人とされ，アジア・ヨーロッパ・北米の研究での平均有病率は1%～2%とされている。ASDの増加については，診断基準の拡大，人々の意識の高まり，スクリーニングの改善などの支援システムの発展によるのか，実際に増加しているのかは不明である。

●**治療的介入**　ASDの治療法は存在せず，生涯にわたってその症状が持続することから，行動的な症状を抑制する薬物療法とともに，心理・社会的アプローチとしての療育や教育，支援が重視されている。それらのゴールは中核症状および関連症状を最小化し，対象児者のQOLを最大化することにある。ASDに対する治療研究が，確立したエビデンスを得られにくい要因として，ASDが対人的な行動，言語，認知，社会性や適応スキル，感情理解や表出といった複数の症状の総体としての疾病概念であること，さらにそれが成長過程において時系列的にも変化していくということが指摘されている（井上，2015）。

　早期療育はASDの治療的介入に最も高い有効性を示す分野である。特にO. I. ロヴァス（Lovaas）による早期集中行動介入（early intensive behavioral intervention：EIBI）は，現在まで最も多くのエビデンスが蓄積されているプログラムである。しかし重度の知的障害を伴うASD児の場合，必ずしもそのすべてがEIBIによって音声言語の獲得に至るわけではなく，絵や写真選択を利用したPECS®（picture exchange communication）に代表される補助代替コミュニケーションの指導を併用することが望まれる。近年は応用行動分析学と発達心理学から得られた前言語発達に関する知見を融合した日常環境発達行動支援法（naturalistic developmental behavioral interventions：NDBI）に関する研究が発展してきている。

　またASDにおいてはその多くが自傷行動，他傷行動，破壊的行動といった行動上の問題を示すことが報告されており，その治療については，応用行動分析を基盤とした機能分析（functional analysis）や機能的コミュニケーション訓練（functional communication training：FCT）によるアプローチのエビデンスが認められてきている。さらに学校教育に関してはSWPBS（school wide positive behavioral support）という学校システムの中に応用行動分析を取り入れたプログラムが普及してきている。

　知的障害のないASDにおいてはソーシャルスキルトレーニングが特別支援教育の中で実施されている。また併存症としての気分障害，不安障害を対象としたCBTの研究も盛んになってきている。　　　　　　　　　　　　　　　　［井上雅彦］

さらに詳しく知るための文献
[1] イヴァ・ロヴァース　中野良顯訳　2011　自閉症児の教育マニュアル　ダイヤモンド社．
[2] 井上雅彦　2015　行動論的アプローチはASD治療の到達点として何を目指すのか　精神療法　41，498-504．

注意欠如・多動症
(注意欠如・多動性障害, ADHD)

☞ 限局性学習症, 発達性協調運動症のアセスメント p.226, 応用行動分析（ABA）p.254, ペアレントトレーニング p.276, ASDとADHDへの認知行動療法 p.478

　注意欠如・多動症（attention-deficit/hyperactivity disorder：以下, ADHD）とは, アメリカ精神医学会の診断基準であるDSM-5によると不注意と多動性-衝動性が継続的に見られ, そのために学業的活動や職業的活動に悪影響が及んでいる状態のことである（American Psychiatric Association, 2013a）。不注意は活動中に注意を持続することが難しいため, 課題や指示を理解できない, やらなければいけないことを終わらせることができないという状態が生じる。また, 活動を順序立てて進めることが苦手で, 時間管理ができず遅刻をする, 締め切りを守ることができない, 必要なものを片づけることができずなくしものが多いといった状態になることもある。多動性-衝動性は体をそわそわと動かす, じっと座っていることができない, 話しすぎる, 順番を待つことができないなどの状態で表れる。これらの症状は12歳になる前から, 学校と家庭など二つ以上の場面で見られる。

　ADHDには不注意と多動性-衝動性を併せもつタイプと, 不注意が目立つタイプ, 多動性-衝動性が目立つタイプがある。海外ではADHDの子どもの有病率は約5％, ADHDの成人は約2.5％であることが報告されている。日本では文部科学省（2012）が全国の小中学校で行った調査で, ADHDの診断は受けていないが通常学級において行動面（「不注意」「多動性-衝動性」）で著しい困難を示す児童生徒の割合が4.5％であったことが報告されている。

●**ADHDの心理社会的介入**　アメリカ心理学会の臨床児童青年心理学会（第53部会）は, 児童青年期に見られる精神疾患を対象とした治療のエビデンスをまとめており, Effective Child Therapyというホームページで情報を公開している。表1はEffective Child TherapyのホームページとS. エバンスほか（Evans et al., 2014）をもとにADHDの介入のエビデンスをまとめたものである。表1をみると, 行動的ペアレントトレーニング, 行動的クラスマネジメント, 行動的仲間介入, 行動的介入のいずれかを組み合わせた介入, オーガナイゼーショントレーニングが最もエビデンスとして頑健な水準にある「十分に確立された治療法（well-established treatment）」に分類されている。行動的ペアレントトレーニングではADHDの子どもの親を対象にグループ形式で強化や消去など行動論に基づく子どもへの対応方法を学ぶ。行動的クラスマネジメントは, 対象の子どもに対して先行子操作や随伴性マネジメントをすることで問題行動を減らし適切な行動を増やす方法であり, 多くの研究でADHDに対する効果が示されてきた。さらに, 学校と家庭間の毎日の報告カード（Dairy Report Card：

表1 ADHDの介入のエビデンス

エビデンスのレベル	介入方法
十分に確立された治療法	✓行動的介入（行動的介入の組み合わせも含む） ・行動的ペアレントトレーニング ・行動的クラスマネジメント ・行動的仲間介入 ✓オーガナイゼーショントレーニング
おそらく効果がある治療法	✓オーガナイゼーション，学業，社会的機能を向上させる複合的なトレーニング
効果がある可能性がある治療法	✓ニューロフィードバックトレーニング
試験的な治療法	✓認知トレーニング
効果なし	✓ソーシャルスキルトレーニング

[Effective Child Therapy と Evens et al. (2014) をもとに筆者が作成]

DRC）と教師を対象としたコンサルテーションの組合せや，児童生徒と教師の相互作用などに焦点をあてた Making Socially Accepting Inclusive Classrooms（MOSAIC）も行動的クラスマネジメントの中で十分に確立された治療法として紹介されている（Evans et al., 2014）。行動的仲間介入は遊び場面において随伴性マネジメントを用いて適切な社会的行動を身につける方法であり，Summer Treatment Program（STP）などのプログラムが開発されている。オーガナイゼーショントレーニングは秩序立てること，時間の管理，計画性を身につけるための行動的介入であり，ADHDの人の生活機能を向上させることができる。また ADHD の場合，ソーシャルスキルトレーニングは効果なしに分類されている。

●**ADHDの薬物療法** 日本において ADHD の治療として用いることが承認されている薬には，アトモキセチン塩酸塩（販売名：ストラテラ），メチルフェニデート塩酸塩（販売名：コンサータ），グアンファシン塩酸塩（販売名：インチュニブ）がある。ストラテラについては2018年にジェネリック医薬品も承認されている。ADHDの診断・治療指針に関する研究会（2016）はADHDの診断・治療ガイドラインの中で，まず心理社会的治療を実施すべきであるが，ADHDの症状が重度である場合や心理社会的治療を2～3か月実施しても十分な効果が見られない場合などに薬物療法導入の検討を始めるとしている。

[佐藤美幸]

📖 さらに詳しく知るための文献

[1] Evens, S. W. et al. 2014 Evidence-based psychosocial treatments for children and adolescents with attention-deficit/hyperactivity disorder. *Journal of Clinical Child & Adolescent Psychology*, 43, 527-551.
[2] ADHDの診断・治療指針に関する研究会・齋藤万比古編 2016 注意欠如・多動症-ADHD-の診断・治療ガイドライン（第4版）じほう．

知的能力障害

☞ 応用行動分析の基礎理論 p.16,
自閉スペクトラム症（自閉症スペクトラム障害, ASD) p.144, 重度知的障害者 p.514

　知的能力障害 (intellectual disability) は, 知的発達症あるいは知的発達障害 (intellectual developmental disorder) とも呼ばれ, 知的機能のみならず, 適応機能の発達にも課題がみられる障害であるとされている。アメリカ精神医学会による DSM-5 (Diagnostic and Statistical Manual of Mental Disorders, Fifth Edition) においては, DSM-Ⅳまで「精神遅滞」と呼ばれていたものをこのような疾患名に改めた。

●**知的能力障害の定義と教育の場**　DSM-5 によれば, 以下の三つの基準を満たした場合, 知的能力障害とされ, これは神経発達症群に位置づけられている (DSM-5 2014: 33)。

A. 臨床的評価および個別化, 標準化された知能検査によって確かめられる, 論理的思考, 問題解決, 計画, 抽象的思考, 判断, 学校での学習, および経験からの学習など, 知的機能の欠陥。

B. 個人の自立や社会的責任において発達的および社会文化的な水準を満たすことができなくなるという適応機能の欠陥。継続的な支援がなければ, 適応上の欠陥は, 家庭, 学校, 職場, および地域社会といった多岐にわたる環境において, コミュニケーション, 社会参加, および自立した生活といった複数の日常生活活動における機能を限定する。

C. 知的および適応の欠陥は, 発達期の間に発症する。

　なお, 知的能力障害という用語は, 医学, 教育, その他の専門職, また一般市民や支援団体によって広く使用されている。知的能力障害の「重症度」については, 軽度, 中等度, 重度, 最重度の四つに分けられるが, 知能指数は参考にとどまり, 適応機能により判断するよう変更された (DSM-5)。

　日本において, 知的能力障害のある児童生徒は, 特別支援学校, 特別支援学級において指導を受けたり, あるいは, 通常の学級において指導を受けているケースもある。通常の学級においては, 個別に特別な指導内容などを設定することが難しいことから, 単元などの指導計画において指導内容を焦点化したり重点化したりして, 基礎的・基本的な事項の定着に留意することが大切である。また, 近年では, 少子化にもかかわらず, 特別支援学校などにおいて指導を受けている児童生徒数は上昇傾向にある。

●**知的能力障害のある人たちへの合理的配慮**　合理的配慮とは, 障害のある子どもが, ほかの子どもと平等に「教育を受ける権利」を享有・行使することを確保するために, 学校の設置者および学校が必要かつ適当な変更・調整を行うこと, 障害のある子どもに対し, その状況に応じて, 学校教育を受ける場合に, 個別に必要とされるもの, 学校の設置者および学校に対して, 体制面, 財政面におい

て，均衡を失したまたは過度の負担を課さないものとされている（中教審初中分科会報告，2012）。合理的配慮の実現のために学校は，学校長のリーダーシップのもと，教育委員会，特別支援学校における「センター的機能」等と十分に連携をはかっていくことが大切である。

　知的能力障害のある児童生徒は認知・言語に関する知的機能の発達に課題があり，コミュニケーション，日常生活，余暇などの適応能力が十分に育っていないことが多い。このようなことから，抽象的な学習内容の理解が困難である，物事を身につけるのに時間がかかる，パニックを起こすことがある，成功体験の乏しさや自己肯定感の低さによる自発的行動が困難であるなどをはじめ，いくつかの困難性が指摘されている。このような点に鑑み，知的能力障害のある児童生徒への対応については，例えば，以下のような配慮をするとよいといわれている。

1　さまざまな伝達手段を活用する。知的能力障害のある人に対して，周囲の人が音声言語にばかり頼ってコミュニケーションをはかろうとすると，伝わりにくいことがある。その場合には，絵カードや写真カードなどの視覚支援を用いると伝わりやすい。これとは逆に，知的能力障害のある人が自分の気持ちを表出する際にも，周囲に伝わりにくいことがある。その場合にも絵カードなどを含めた，拡大・代替コミュニケーション手段を用いると伝わりやすくなる。なお，パニックなどの行動問題を通してコミュニケーションをはかる場合などには，その行動の機能的アセスメント（機能分析）に基づいた支援方略が有効である。
2　短い言葉で区切って指示を出す。知的能力障害のある人たちの記憶量はあまり多くないことが指摘されていることから，一度に複数の指示を出すと指示に従うことが難しい場合がある。例えば，「①体操着に着替えて，②靴を履き替え，③グラウンドに行って，④背の順に並びなさい」という四つの指示を一度に出してしまうと，①を遂行した後に動作が止まってしまったり，④だけは記憶していたけれど，最初に何をすべきだったか思い出せなかったりする場合がある。このような場合，まず，①を指示し，それが遂行できたら，②の指示を出す，という具合に，一つずつ指示を出すと成功する確率が高まる。
3　自己肯定感を高める。自己肯定感を高めるためには，物事に挑戦して成功した体験や周囲の人たちから誉められる経験を増やしていくことが肝要である。知的能力障害のある人たちは，コミュニケーションがうまくいかなかったり，物事をスムーズにこなせなかったりなど，失敗経験や被叱責経験が多くなりがちである。このような経験が蓄積してくると「どうせ自分なんて……」と自分への評価が低くなってしまう。それを防ぐ意味でも，また，何かあってもへこたれないようにするためも，彼らの自己肯定感を高めるような配慮が周囲には求められる。［松岡勝彦］

📖 さらに詳しく知るための文献
[1] 日本LD学会　2016　発達障害事典　丸善出版.

遺伝性疾患

☞ 応用行動分析の基礎理論 p.16,
知的能力障害 p.148

　遺伝性疾患（genetic disease）とは，発症に遺伝子の何らかの変化が関わっている疾患の総称であり（新川・太田，2014），病因により単一遺伝病，染色体異常症，多因子病，ミトコンドリア病，体細胞遺伝病，エピジェネティクス異常に分けられる（渡邉，2017）。これら疾患の中には，知的能力障害との関連性の高い（病因となるリスクの高い）ものが1,600以上あり（水野，2016），身体的特徴や医学的問題といった生物医学的問題から，認知発達やコミュニケーション能力における困難，あるいは情動面，精神医学的な問題や行動問題といった心理学的問題に至るまで，それぞれの症候群が多岐にわたる困難を抱えるリスクを有する。

●**知的能力障害との関連性の高い遺伝性疾患**　知的能力障害を対象とした欧米の心理社会的支援分野では1990年代以降遺伝性疾患を対象とした文献数が増え，それぞれの疾患の障害特性に関する情報を，教育や支援に生かすことで，本人および家族のQOL向上がめざされている。これら疾患はダウン症候群など一部を除けば発症率が著しく低く，家族や支援者が情報不足に陥ることも少なくない。なかでも行動問題の支援ニーズが高いアンジェルマン症候群，プラダー・ウィリ症候群，ウィリアムズ症候群，スミス・マゲニス症候群，レット症候群，コルネリア・デ・ランゲ症候群，5p-症候群（第5番染色体短腕欠失症候群，以前は猫なき症候群と呼ばれていた）は発症率が1万人～2万人に1人以下である。また，ダウン症候群以外で発症率が比較的高い症候群として，成人までに亡くなる確率の高い18トリソミーや精神疾患との関連性の高い22q11.2欠失症候群（口唇心臓顔貌症候群やディジョージ症候群などを含む），欧米では行動面に関する研究数が多いが日本での診断例が非常に限られている脆弱X症候群がある。

●**行動表現型**　海外の知的能力障害の心理社会的支援分野では，病因ごとで異なる特徴的な行動や認知機能の特性の理解に基づく行動的介入や支援（etiology-based approach）の重要性が示唆され，「行動表現型（behavioral phenotype）」という用語が用いられている（Harris, 2010）。行動表現型とは，生物学的の疾患ごとに一貫してみられる運動，認知，言語および社会的側面に関する特徴的パターンを指し（Flint & Yule, 1994），特定の症候群の人々が，その症候群を有しない人々と比較して発達に伴って高い確率で現わす特定の行動（Dykens, 1995）と定義される。行動表現型研究は，それぞれの症候群において高頻度で発現する確率の高い行動の特定（症候群間比較），サブタイプや性差，知的発達レベル，年代といった同じ症候群内での比較研究（症候群内比較），および介入研究に分けて行われている（Hodapp & Dykens, 2001）。これら研究の結果，症候群特有

の行動問題の存在や認知面でのストレングスあるいはウィークネスが明らかとなれば，これら情報を早期療育や教育的支援，あるいは行動問題の予防や対応へと役立てることが可能となる。また，それぞれの症候群に特徴的とされる行動のほぼすべてが100％の確率で発現する訳ではなく，あくまでも高い確率で発現するに過ぎないこと，行動問題については，その生起や維持について環境との相互作用の影響を強く受けることが明らかとなっている（Tunnicliffe & Oliver, 2011）。

●**心理社会的介入**　遺伝性疾患のある人を対象とした支援については，適応的な行動の形成および行動問題への介入のどちらについても応用行動分析の効果が認められている（Tunnicliffe & Oliver, 2011）。その効果をさらに高めるために，行動表現型に関する情報や，生物医学的症状の認知面や行動面への影響を，セッティング事象としてなど組み入れることが近年推奨されている（Griffiths et al., 2014; Kennedy et al., 2001）。支援の目標や技法としては，不適応行動の生起を予防するための環境調整を含む先行子操作，ストレングスを活用した競合的能力の構築あるいは行動問題と同等の機能を有する代替行動の習得，ソーシャルスキルの育成などである（Griffiths et al., 2014）。

　例えば環境調整として，聴覚過敏の顕著なウィリアムズ症候群では，イヤーマフのようなセルフヘルプ用具の使用や，教室内での騒音の軽減，チャイムの予告などが考えられる。また，難しい課題だと回避行動の生じる可能性の高いダウン症候群の場合には，先行子操作として行動の選択肢の提供や，難しい課題の後に得意な課題をいくつか設定するなどが推奨される。発話が限られているコルネリア・デ・ランゲ症候群やアンジェルマン症候群の場合には絵カードや写真の利用，あるいはジェスチャーやサイン言語といった拡大代替コミュニケーション手段の活用が有効である。また，レット症候群では機能的コミュニケーション訓練に一定の効果が示されている。スミス・マゲニス症候群やプラダー・ウィリ症候群の深刻な自傷行動では，他行動分化強化やセルフモニタリングが効果をあげている。さらに，ウィリアムズ症候群では，対人関係の抑制困難や消費者被害リスクが成長後に高まるため，ソーシャルスキルトレーニングが必要とされる（Griffiths et al., 2014；加藤・嶋﨑，2015）。

　なお，遺伝性という用語や概念が，知的障害と同様に，誤ったスティグマや優生思想に安易につながりうるものであることに常に留意する必要がある。

[加藤美朗]

さらに詳しく知るための文献
[1]　水野誠司　2016　先天性異常症候群に見られる行動発達の特徴．神経眼科 33, 222-228.
[2]　新川詔夫・太田　亨　2014　遺伝医学への招待　南江堂．

チック症（チック障害）

☞ リラクセーションの基礎研究 p.72，強迫関連障害 p.108，機能分析心理療法（FAP）p.298，チック，トゥレット症候群，ADHDなどの行動障害 p.356，生活のくせ（習癖）p.418

　チックとは，突発的，急速，反復性，非律動性の運動あるいは発声である。チックにはいくつか種類があるが，一般的に以下の4種類に分類される。単純運動チック（急速で，突発的で，意味のない運動：瞬きや肩すくめなど），単純音声チック（素早く，意味のない発声：咳払い，「アッ」など無意味な発声），複雑運動チック（曖昧で，目的のあるように見える動き：目の動きや書字チック，屈曲など），複雑音声チック（単語，コプロラリア，エコラリアなど）。チック症の中でも，18歳以前に発症し，複数の運動チックと一つ以上の音声チックが1年以上続いている場合，トゥレット症（Tourette's Disorder）と診断される。トゥレット症をはじめとしたチック症は，DSM-5において神経発達症群に位置づけられており，日本の発達障害者支援法においても支援の対象とされている。注意欠如・多動症や強迫症などとの併発率も高いことから，チック症状のみにとらわれず，患者一人ひとりの特性を理解して，総合的にアセスメントして支援にあたる必要がある。

●**チックへの行動療法の理論的背景**　以前は心因性のものととらえられることが多かったチック症であるが，現在では器質的な要因によって発生すると考えられており，特に皮質-線条体-視床-皮質回路の機能異常が指摘され，ドパミン系の関与が明らかとなっている。こうした生理学的な理解が進む中で，前駆衝動（premonitory urge）の存在がチックの発生・維持に影響していると近年では考えられている。前駆衝動とは，チックの前に発生するなんだかむずむずする感覚や違和感のことであり感覚現象の一つである。チックを行うと，この感覚現象が軽減する患者が一定数いることが明らかとなっており，前駆衝動を自覚する者の割合は年齢が上がるにつれて高くなる。そのため，ある程度年齢が高い（おおよそ10歳以上）チック症患者に対しては，チックを抑えようとしたときに前駆衝動が発生する可能性や，そのためにチックをやめたくともやめられないという悪循環が続いている可能性も考慮して，行動療法的に介入をしていく必要がある。

　さて，チックに対する行動療法にはさまざまなものがあり，条件性制止法やリラクセーション，随伴性マネジメントなどさまざまな方法について効果の検証がなされてきた。条件性制止法はチックに対しての代表的な行動療法の一つであり，A. J. イエーツ（Yates）によって開発された技法である。負の練習の技法を応用したものであり，1分間できるだけ正確にチックを反復することと，1分間休憩することを一つの組合せとして，決まった回数・時間繰り返すという手続きをとる。かつては，チックに対する代表的な行動療法であったが，近年では理論

的な裏づけの乏しさと十分なエビデンスがみられないことから，あまり実施はなされていない。C. R. クックと J. ブランチャー（Cook & Blancher, 2007）による体系的なレビューによると，現在最もエビデンスが確認されている方法として，ハビット・リバーサル・トレーニング（habit reversal training：HRT）および曝露反応妨害法（exposure and response prevention：ERP）があげられている。この二つの行動療法は，ヨーロッパのチック症への治療ガイドラインにおいても推奨されている（Verdellen et al., 2011）。

● **HRTの手続き** HRT は N. H. アズリンと R. G. ヌーン（Azrin & Nuun, 1973）により提唱された習癖異常に対して用いられていた技法である。現在においても HRT の手続きは，アズリンとヌーン（1973）で提唱された方法と基本的には変わりはなく，①患者自身によるチックのセルフモニタリング（特定の時間の中で，発生したチックを数えるなど），②気づきの訓練（チックが生じる直前の感覚や体の動き，どんな状況でチックが出やすいかなどへの気づきを高める），③拮抗反応訓練（チックと物理的にあいれず社会的には受け入れられやすい動きの実施），④コントロールへの動機づけ（不便さの振り返りや賞賛），⑤一般化に向けた訓練（さまざまな状況を想定した練習）によって構成されている。複数の効果研究で HRT の有効性が明らかとなり，さらに HRT を中心技法とする包括的なチックに対する行動療法（comprehensive behavioral intervention for tics：CBIT）の有効性が，成人・子どもともに，比較的大規模な無作為化比較試験によって確認されている（9〜17 歳のうち 52.5％，16〜69 歳のうち 38.1％が改善，Piacentini et al., 2010；Wihlelm et al., 2012）。CBIT では，上述した HRT に加え，チックの機能に基づいた介入（チックが発生しやすい状況において先行因子・後続因子をその患者内外から検討し，必要な介入を行う），リラクセーション（チックをしばしば増強させる不安や緊張への対処）が行われる。

● **対象となる症例** HRT のプロセスからは，チックをセルフモニタリングする能力の高さが求められるため，ある程度年齢が高い対象へ有効だといえる。前述した J. ピアセンティーニほか（Piacentini et al., 2010）で対象となった年齢は 9 歳〜17 歳であり，より低年齢の場合の有効性の検討は不十分である。しかしながら，HRT を直接適用できなくとも，チックの機能に基づいた介入によって症状改善を目指すこともでき，幼少期のチックに対しても行動療法的に援助することは可能だといえる。

［野中舞子］

📖 **さらに詳しく知るための文献**

［1］浅井逸郎・金生由紀子監訳 2018 チックのための包括的行動的介入（CBIT）セラピストガイド 丸善出版.
［2］アンバー・キャロル・メアリー・ロバートソン，NPO 法人日本トゥレット協会監修，高木道人訳 2007 トゥレット症候群の子どもの理解とケア―教師と親のためのガイド 明石書店.

小児期発症流暢症（吃音）（小児期発症流暢障害）

☞ 行動療法と行動理論 p.8, 認知療法と認知理論 p.12, 社交不安症（社交不安障害, SAD）p.110, うつ病 p.116

　小児期発症流暢症（吃音）は，発声発語器官に問題がないにもかかわらず，中核症状と呼ばれる発話症状が正常な発話に比べると高頻度かつ持続時間が長く生じる症状を指す。中核症状とは，①語頭の音・単語の一部分を繰り返す（連発），②語頭の音が伸びる（伸発），③語頭の音がでない（阻止），の三つである。発症は2〜4歳の幼児期が好発である。幼児期の発症率は5〜8％であるが，就学前後までに7割程度が自然回復し，有病率は1％程度である。男女比は幼児期で概ね2：1，成人で概ね4：1と男性が多い（Yairi & Seery, 2014）。遺伝子や脳構造の特徴などが原因としてあげられ，親が子の吃音を指摘することで吃音を発症するといった養育者の育て方が吃音の原因であるかのような従来の通説は否定されている。鑑別疾患は早口言語症（クラタリング cluttering），場面緘黙症，痙攣性発声障害などである。また合併疾患はダウン症候群，トゥレット症候群，自閉症スペクトラム障害，社交不安障害やうつ病などである。

●**二次的行動**　二次的行動は，逃避行動と回避行動に分類される。逃避行動は特に阻止が出た際に，瞬きをする，足や手を動かすなど，吃音から抜け出すために勢いをつける行動である。どもることから抜け出せた経験が逃避行動を強化する。一方，回避行動とは，どもると予期したり，吃音に伴う否定的な経験を思い出した際に，そのことばや場面を避けようとして生じる行動である。「えーと」「あの」などの間投詞を入れる，苦手な音で始まる単語や苦手な単語を言わない，別の単語に言い換える，話す機会を避けるなどがそれにあたる。どもらずに済んだ安堵感から強い習慣となり，さまざまな回避行動を発展させる。

●**吃音に対する感情・態度**　何度もどもったり，周囲から指摘やからかいを受ける経験を重ねることで，否定的な感情，羞恥心，無力感が生じ，次もどもるかもしれないという恐れも現れる。さらにこの感情が，どもることは恥ずかしいことといった吃音についての偏った考えや，どもるとばかにされるだろうというような周囲の反応を否定的にとらえることにもつながり，やがて強固な認知の歪みとなる。

●**吃音の進展段階**　O.ブラッドシュタイン（Bloodstein, 1960）は吃音症状の進展を，吃音症状，吃音症状が生起する場，自覚や情緒的反応の観点から第1層（主に幼児期），第2層（主に学齢期），第3層（主に学齢中期から後期），そして第4層（主に青年期以降）へと進展するモデルを示した。個人によって様相は異なるが，進展段階が進むにつれ，吃音症状は悪化し，吃音症状が生起する人や場面は非限定的なものから限定的なものに変わる。また，自覚は徐々に増し，情緒面も否定的になっていく。

●**治療** 先に述べたように吃音は単に発話症状に限らず，二次的症状，吃音に対する感情と態度が相互に関連しながら悪化し，さらにライフステージごとで重要となる交友，学業，就業，社交の場面での望ましい参加を困難にし，自己実現にも悪影響を及ぼすものである。治療対象となる吃音児（者）の年齢，ライフステージの段階を考慮した包括的なアプローチが必要となる。幼児期から学齢期は養育者や教育現場の者に対する指導が中心である。環境調整法は生活の中で流暢な発話が可能となるような環境を整備し，からかいやまねを受けることがないよう周囲にも周知と理解を促す。リッカム・プログラムは行動療法に基づいて養育者が中心となり流暢性を促進するプログラムである（Onslow et al., 2003）。学齢期以降になると吃音児（者）に対して直接治療を行う。伝統的な吃音の治療法には，発話症状に直接アプローチする流暢性形成法（fluency shaping therapy）と吃音緩和法（stuttering modification therapy）がある。流暢性形成法は発話の流暢性を促進する話し方，すなわち抑揚は保ちながら，発話速度の低下，軟起声，発声発語器官の軟らかい接触，柔軟な呼気調整などを系統的に指導し，治療場面から日常場面へと徐々に汎化を促す。一方，吃音緩和法は苦しいどもり方（阻止）をより楽などもり方（連発）へ変容させ，随意吃や吃音の開示，回避を減らすことで吃音に対する恐れと不安の軽減をはかる。1980 年代からは流暢性形成法と吃音緩和法のそれぞれの特徴を取り込んだ統合的アプローチや，2000 年代からは認知行動療法（CBT）を用いたアプローチが開始された。その他には遅延聴覚フィードバック（delayed auditory feedback：DAF）やメトロノームなど機器を用いたアプローチがある。また日本独自の治療法として，自然で無意識な発話への遡及的アプローチ（retrospective approach to spontaneous speech：RASS）がある（都筑，2015）。

●**吃音治療における認知行動療法の可能性** 伝統的な吃音の治療では，治療の重点を発話の流暢性促進に置いたため，吃音の恐怖や不安，認知の歪みが解決されず治療後に再発することも少なくない。一方，吃音に対して CBT を用いると二次的行動や認知の歪みに改善を示すが，社交不安に焦点をあてた CBT 単独では発話症状の改善にはつながらないとされる（Menzie et al., 2008）。一方で，完璧主義に焦点を当てた CBT は発話症状の改善につながる可能性があることが予備的に示されている。今後は発話面にも効果がある CBT，及び発話面へのアプローチと心理面に対する CBT の両者を組み合わせたハイブリッドなアプローチと，その効果研究が期待される。　　　　　　　　　　　　　　　　［北條具仁］

📖 **さらに詳しく知るための文献**

[1] Guitar, B. 2006 *Stuttering: An Integrated Approach to Its Nature and Treatment*（3rd ed.）, Lippincott Williams & Wilkins.（長澤泰子監訳 2007 吃音の基礎と臨床〔初版〕学苑社）

子どもの不安症

☞ 子どもの不安への支援 p.404, 持続エクスポージャー法（PE）p.264, 問題解決療法（PST）p.280, 認知再構成法 p.286, エビデンスに基づく心理療法 p.630

　不安はすべての子どもが有する情緒状態であるため，それ自体は通常の体験である。しかしながら，発達水準を大きく逸脱するほどの強い不安を感じ，そのことにより日常生活に支障を来す場合がある。このような問題を子どもの不安症と呼ぶ。子どもの不安症は，子ども心理的問題の中でも最も有病率の高い問題であることが指摘されている（Higa-MacMillan et al., 2012）。例えば，子どもの不安症の時点有病率や3か月有病率は2.2～3.8％，6～12か月有病率は約10％と報告されている（石川，2013）。にもかかわらず，子どもの不安症は周囲の大人から見過ごされることが多く（Ollendick & Ishikawa, 2013），適切な支援がされないままになってしまうことが少なくない。子どもの不安症を放置してしまうと，不安症の継続を招いたり，別の不安症に発展したり，成長してからのうつ病や薬物の問題などにつながってしまうことが明らかにされている（Weems & Silverman, 2012）。そのため，子どもの不安症に対しては，早期の発見と支援が必要不可欠であるといえる。

●**子どもの不安症の分類**　主な子どもの不安症には，分離不安症，社交不安症，全般不安症，限局性恐怖症が含まれる。近年ではこれらに加えて，選択性緘黙（場面緘黙症）が追加されることとなった。一方で，強迫症（OCD）や心的外傷後ストレス障害（PTSD）は，より特化した心理社会的技法の手続きの有効性が証明されていることから別に取り扱うことが多い。分離不安症は，親しい大人（多くの場合は親）と離れることについて，とてもこわがったり心配したりする症状に特徴がある。分離不安症を示す子どもは，親と二度と会えなくなるのではないかと考えたり，離れてもすぐに携帯電話に電話をしたりする。社交不安症は，他人と交流する場面について不安を感じる問題である。人からどう思われているのかといった懸念を抱えているため，授業中に自ら手をあげることは少ない。例えば，新しい友人をつくることを苦手としており，音楽や体育の実技試験を苦痛に感じたりする。選択性緘黙は，話す力はあるにもかかわらず，特定の場面で話すことができないことに特徴がある。典型的には，自宅では普通に話しているのに，学級で一言も発しない，もしくは簡単な相づちしかうたないといった形で観察されることが多い。選択性緘黙は社交不安症に関連した問題であると考えられている一方で，さまざまなタイプが存在することも指摘されている（Mulligan & Christner, 2012）。全般不安症の特徴は心配である。心配の対象は多岐にわたっており，過去に起きたことや，ちょっとした間違えをいつまでも気にしていることも多い。時間に間に合わなければいけない，一度決めた計画は守

●**子どもの不安症に対する心理社会的技法** 子どもの不安症に対しては認知行動療法（CBT）の有効性が実証されている。コクランレビュー（Cochrane review）によると，ITT 分析に基づいて，主要アウトカムである不安症の診断を満たさなくなる子どもの割合を算出したところ，認知行動療法では 59.4% であるのに対して，統制群では 17.5% であることが示されている（James et al., 2013）。アメリカ心理学会の第 53 部会を中心とした実証に基づく心理社会的技法の評価に基づくと，認知行動療法に属する心理社会的技法は，研究で最も頑健に支持されていることを意味する「十分に確立された治療法」に分類されている（Higa-McMillan et al., 2016）。そのため，子どもの不安症に対する心理社会的技法の第一選択肢は，認知行動療法であると考えられる。子どもの不安症に対する認知行動療法は，Coping Cat（Kendall & Hedtke, 2006），FRIENDS（Barrett, 2004；2005），Cool Kids（Rappe et al., 2006）など，世界中でさまざまな治療プロトコルが開発されているが，主な構成要素には，心理教育，リラクセーション，認知再構成法，問題解決訓練，モデリング法，随伴性マネジメント，エクスポージャーが含まれる（石川，2013）。中でも，エクスポージャーは最も多くのプロトコルに含まれる構成要素であることから（Higa-McMillan et al., 2016），子どもの場合は現実場面でのエクスポージャーの実施が認知行動療法の中心的役割を果たすことになる。また，社交不安症を対象とした場合は，ソーシャルスキルトレーニング（SST）が加えられることがある。いずれのプロトコルにおいても，効果的に各構成要素を組み合わせられるようにデザインされているが，ケースフォーミュレーションに基づいて柔軟に活用することが肝要である。その一方で，個人への実施のみならず，集団認知行動療法の効果についても数多くの研究が積み重ねられている（Hudson et al., 2009）。さらに，幼い子どもに対する早期介入（Rapee et al., 2005），不安を伴う不登校への支援（King et al., 1998），1 セッションでのエクスポージャー療法（Ollendick et al., 2009）などさまざまな適用も展開されている。日本においても，子どもの不安症に対する認知行動療法の効果研究が継続されており，上記の研究に認められるような成果が得られている（Ishikawa et al., 2012）。　　　　　　　　　　　　［石川信一］

📖 **さらに詳しく知るための文献**

[1] 石川信一 2013 子どもの不安と抑うつに対する認知行動療法―理論と実践 金子書房.
[2] 石川信一 2018 イラストでわかる子どもの認知行動療法―困ったときの解決スキル 36 合同出版.
[3] カーニー，C. A. & アルバーノ，A. M. 佐藤容子・佐藤 寛監訳 2014 不登校の認知行動療法 岩崎学術出版社.

子どものうつ

☞ うつ病 p.116, 子どもの不安症 p.156, ソーシャルスキルトレーニング p.278, 抑うつ-子ども p.410, 学級単位介入 p.442

　うつ病を含む抑うつ障害群の有病率は，児童期で2.8％，青年期で5.6％とされている（Costello et al., 2006）。日本で行われた有病率調査においても，一般中学生の抑うつ障害群の有病率は4.9％であることが報告されている（佐藤ほか，2008）。アメリカ心理学会第53部会（臨床児童青年心理学部会）のエビデンス評価基準に基づいた近年のレビューでは（Weersing et al., 2017），児童期のうつ病に対する心理療法の第一選択肢は認知行動療法であるものの，その有効性は必ずしも一貫していないことが報告されている。また，青年期のうつ病への心理療法の第一選択肢は認知行動療法と対人関係療法であり，こちらはほぼ一貫して有効性が認められている。

●児童を対象とした認知行動療法　K. D. スタークほか（Stark et al., 2010）のランダム化比較試験によれば，うつ病の児童への集団認知行動療法の寛解率は80％，最小限の治療的関与のみを実施した対照群の寛解率は47％であり，認知行動療法が著効を示すことが報告されている。しかしながら，ほかのランダム化比較試験では対照群との間に差が認められなかったものも報告されており（Weisz et al., 2009），児童期のうつ病への認知行動療法は心理療法の第一選択肢ではあるものの，エビデンスの水準としては5段階中の上から3段階目（possibly efficacious treatment：効果のある可能性がある治療法）であり，大きな課題が残されているのが現状である。

　日本においてうつ病の児童を対象とした認知行動療法のランダム化比較試験は行われていないが，抑うつ予防を目的とした心理学的プログラムとして児童を対象に認知行動療法を応用した効果研究はいくつか行われている。たとえば，佐藤ほか（2009）は小学5～6年生を対象とした学級規模の集団認知行動療法プログラムを実施し，介入群の児童は対照群の児童に比べて抑うつ症状が低減することを報告している。また，石川ほか（2010）は小学3年生を対象にソーシャルスキルトレーニングを中心としたプログラムを実施した上で，介入群の児童は対照群よりも抑うつ症状が低減するだけでなく，その効果は1年後にも維持されることを示している。

●青年を対象とした認知行動療法　G. N. クラークほか（Clarke et al., 1999）のランダム化比較試験において，うつ病の成年への集団認知行動療法の寛解率は65％であり，無治療対照群の寛解率（48％）よりも大きな改善効果が認められている。青年期のうつ病に対する認知行動療法については，児童期に比べて有効性を示した研究の数は多い。ただし，より重篤なうつ病を対象とした場合には，

認知行動療法は必ずしも良好な治療成績を示すとは限らない。例えば、"TADS"と呼ばれるランダム化比較試験では、中等度から重度のうつ病の青年に対する認知行動療法の治療反応率は43％であり、プラセボ条件（35％）と比べて大きな差はないことが報告されている（TADS Team, 2004）。青年期のうつ病への認知行動療法は、対人関係療法と並んで心理療法の第一選択肢であり、エビデンスの水準としては5段階中の最も高水準（well-established treatment：十分に確立された治療法）に該当する。しかしながら、より重篤なうつ病に対しては、認知行動療法を含む心理療法よりも、抗うつ剤による薬物療法が優先される。

●子どものうつに対する認知行動療法の技技　子どものうつに対する認知行動療法では、①心理教育、②ソーシャルスキルトレーニング、③認知再構成法、④行動活性化、⑤問題解決訓練といった技法が用いられる。①心理教育では、抑うつ気分を含む感情に関する基本的な知識や、認知行動療法の技法を使うとネガティブな感情に対処可能であることを知ってもらう。②ソーシャルスキルトレーニングでは、上手に主張性を発揮するためのスキルや、他者とのポジティブなやり取りを続けられるようになるためのスキル、初対面の人と接する際によい印象をもってもらうためのスキルなどを習得する。これらの社会的スキルは座学だけでなく、モデリングやロールプレイといった体験的な技法も使いながら、適切なフィードバックを受けられるようにデザインされる。③認知再構成法では、子どもにもわかりやすいようなマンガやイラストなどを用いながら、ネガティブな考えとネガティブな感情のつながりへの気づきを高める。ネガティブな考えの代わりになるポジティブ・ニュートラルな考えを見つけることで、ネガティブな感情に陥らないようなパターンを見つけていく。④行動活性化では、うつに陥りにくくなるような楽しい活動の頻度を効果的に高めることに取り組む。例えば、ほかの人と一緒にできるような活動、成功体験を得ることのできる活動、体を動かす活動などに焦点をあてながら、本人にとっての楽しい活動を計画的に高めることを目指す。⑤問題解決訓練では、具体的な対人トラブル場面（ケンカをした、など）を取り上げながら、その解決のための適切な目標設定や、より多くの解決法の案出、解決法を実行した場合の結果の予測、といった問題解決スキルを練習して身につけることを目指す。

［佐藤 寛］

📖 さらに詳しく知るための文献
［1］ 佐藤正二ほか 2013 学校でできる認知行動療法 子どもの抑うつ予防プログラム（小学校編）日本評論社.
［2］ Weersing, V. R. et al., 2017 Evidence base update of psychosocial treatments for child and adolescent depression. *Journal of Clinical Child and Adolescent Psychology*, 46, 11-43.
［3］ 石川信一・佐藤正二編 2015 臨床児童心理学 ミネルヴァ書房.

子どもの心身症

☞ 心身症，身体症状症，病気不安症 p.128，子どもの身体疾患 p.162，小児医療における認知行動療法 p.390

　心身症は，「身体症状・身体疾患において，その発症や経過に心理社会的因子が密接に関与し，器質的・機能的障害が認められる病態」で，「神経症やうつ病など他の精神障害に伴う身体症状は除外する」と定義されている（大矢，2018）。本来は精神科以外の診療科以外が扱う疾患が対象となるはずであるが，実際の臨床現場では，精神障害に伴うものも含めて心理社会的な問題を背景にして出現する身体症状としてとらえられることが多い。ただ，子どもの場合，成人のような精神障害は希であるため，多くは小児科が扱う疾患・症状が主となる。具体的には，気管支ぜん息，アトピー性皮膚炎などのアレルギー疾患や，腹痛，頭痛などの不定愁訴が多い。これらの疾患や症状は，心身症的機序にて長期化・難治化するため，原疾患の病理だけでなく，子どもの心身症に共通する病理をよく把握しておくことが大切である。

●**気管支喘息，声帯機能不全（vocal cord dysfunction：VCD），心因性咳嗽などの呼吸器症状を呈する心身症**　気管支喘息はアトピー性皮膚炎（別名神経性皮膚炎）と並んで古典的な七つの心身症に含まれているが，乳幼児は気道が狭く，気道感染に伴い喘鳴を呈しやすいことから気管支喘息の正確な診断が難しい。気管支喘息であれば，慢性的な気道炎症の治療や気道刺激をもたらす曝露因子を減らす環境整備が必要になるが，喘鳴発作が条件づけで難治化する機序は，ほかの呼吸器疾患と共通している。小児に特徴的な条件づけは，親の注目獲得によるオペラント条件づけである。特に兄弟葛藤があるケースでは顕著となる。何も症状がないときには，親や周囲の養育者が患児に特に関心を払う行動はせず，患児に何か問題が起こったときだけ注目する，という環境に置かれた子どもは，問題を起こすと親や周囲の養育者からの関心を引くことができることを学習する。典型的なケースは，下の子どもができて親の愛情を独り占めできなくなった状況で出現する。小児の気管支喘息の約9割が5歳頃までに発症するので，下の兄弟姉妹が誕生する頃は喘息発症のリスクが高い時期でもある。発作自体は苦しいので弱化子として機能するはずであるが，親の注目を集め愛情を独り占めできるという点では強化子として機能する。発作を繰り返す中で弱化子よりも強化子の機能が強まるとオペラント条件づけが成立する。発作が起こったときだけ注目したり優しくするのではなく，日頃から発作がない状態のときに一緒に遊んで楽しい時間を過ごすようにすることが大切である。

　難治性喘息やVCDでは，オペラント条件づけだけではなく，不安と発作がレスポンデント条件づけされていることが多い。不安が惹起される場面は患者ごとに異なるので，不安階層表を作成し，リラクセーション訓練を行って系統的脱感

作を行うと克服することができる。

●**アトピー性皮膚炎などの皮膚の搔破(そうは)行動を呈する心身症**　皮膚症状を呈する心身症も呼吸器症状を呈する心身症と同様に条件づけの存在が治療を難治化するが，子どもの場合はオペラント条件づけへの対処で改善することが多い。子どものアトピー性皮膚炎はステロイド外用薬で皮疹の完璧なコントロールが成人に較べると容易である。もし very strong クラスの外用薬を適切な量使用しても搔破が続くようであれば条件づけの関与を疑うべきである。子どもが痒がると親は優しく掻いてあげたり，逆に子どもがひどく引っ掻くときには制止しようとする。いずれも子どもにとっては親の注目獲得という強化子として機能する。就寝中には搔破行動が消失しているのに，覚醒時だけ掻くようなケースがそうである。強化子を随伴させるのを止めると（子どもを掻いてあげたり子どもの搔破行動を制止する行動を止める），一時的にバーストを起こして搔破行動の頻度が増して悪化するので，搔破行動の代替行動による分化強化をはかることが大切である。

●**腹痛，嘔気，頭痛，倦怠感，などの不定愁訴を呈する心身症**　こうした症状はストレス反応としての身体症状で誰にでも起こることであるが，慢性化した子どもの場合は親が無意識に強化子を随伴させオペラント条件づけされていることが多い。兄弟葛藤がある場合，こうした不定愁訴を表出すると親の注目を自分に惹くことに成功するため，オペラント条件づけが成立しやすい。また，学校で嫌なことがあると何らかの体調不良を来しやすいが，身体症状を呈することで欠席すると弱化子の消失が随伴するためオペラント条件づけが成立しやすくなる。こうした子どもの不定愁訴に随伴する好子の出現や弱化子の消失に着目すると，的確な対策を立てやすくなる。

●**兄弟葛藤への対処と家庭生活の変化への配慮**　お兄ちゃん（お姉ちゃん）だから我慢しなさい」というようなことは決して言ってはならない。例えば下の子に授乳しているときには，「あなたも，こうやっておっぱいを飲んでいたんだよ。今は，自分で食べられるようになってえらいね」と言って，成長したことを認めてもらえるという強化子を随伴させるようにすると，赤ちゃん返りを防ぐことができる。

　さらに，こうした機能分析だけではなく，背後にある問題にも留意することでが大切である。いままで，健康だった子どもが体調を崩して長引くような場合は，家庭の事情に変化が生じた可能性が高い。例えば両親の離婚話や祖父母との同居話がもち上がっているなど，子どもの安定した家庭環境に危機的変化が迫っているときに，子どもの体調が悪化することが多い。そんなときは，「もしかして，最近お子さんにとってストレスになるような出来事がありませんでしたか？」などとさりげなく心身相関の関与を親に気づいてもらうような配慮をしてみるのがよい。　　［大矢幸弘］

📖 **さらに詳しく知るための文献**

［1］　大矢幸広　2018　アレルギー疾患の心身医学　心身医学　58，376-383.

子どもの身体疾患

☞ 子どもの心身症 p.160, 小児医療における認知行動療法 p.390

　小児医療の発展により，子どもの身体疾患のうち感染症といった急性疾患は減り，以前は致命的であった疾患でも長期生存が可能となり，慢性疾患が増加した。身体疾患を抱える子どもの数について，日本では，慢性疾患の中でも特に長期的な療養と高額な医療費が必要となる小児慢性特定疾患の患者数が10万6,937人（平成25年度）とされている（国立成育医療研究センター小児慢性特定疾病情報室，2016）。しかし，上記の数に含まれるのは，その重症度や治療強度が一定の基準を満たした場合であり，その基準を満たさない子どもも多く，小児慢性特定疾患に指定されていない身体疾患も多くあることから，実際には，より多くの子どもが身体疾患を抱えているといえる。海外の研究のレビューでは15%の子どもが慢性的な健康問題を抱えていると報告されている（van der Lee et al., 2007）。短期的で問題解決的である認知行動療法は，身体疾患を抱える子どもの心理的問題に対する介入として多く用いられ，その有効性が欧米を中心に示されている。

●子どもの身体疾患と心理的適応　小児期に身体疾患を抱えることは，抑うつや不安，学校不適応などの心理的不適応の危険因子とされている。特に慢性疾患は，完治が困難であったり，完治までの期間を予測しづらいことも多く，子どもにとって見通しのもちづらいストレスフルな状況となる。さらに，疾患によるつらい症状，治療に伴う生活制限，脱毛や嘔気などの治療の副作用も，子どもにとって大きなストレスとなる。そして，心理的ストレスを抱えることが，内分泌や代謝といった生理的メカニズムを介し，その疾患の症状を直接的に悪化させることもある。また，ストレスによって抑うつや不安といった心理的不適応が生じ，治療に必要なセルフケアや生活習慣が乱れ，その結果，症状が悪化することもある。したがって，身体疾患を抱えた子どもの心理的適応については，身体疾患の種類や治療内容はもちろんのこと，子どもの心理社会的ストレスも包括的に理解することが必要となる。そのため，身体疾患を抱えた子どもに対しては，セルフモニタリングや行動的技法，問題解決療法などの子どものうつや不安に対する一般的な認知行動療法の要素を主としながら，身体疾患と気分の関係といった心理教育や，身体疾患に関連したストレッサーを扱ったストレスマネジメントが行われている。

●アドヒアランスの問題　アドヒアランスとは，患者が自分の病気や治療について十分に理解し，治療方針の決定に積極的，主体的に参加し，納得した上で，その決定に沿って治療を受けることを指す。「ヘルスケアに対する子どもの権利に関する世界オタワ宣言」では，子どもにも「自分の病気について年齢や理解度に応じた方法で説明を受け，選択を決定する権利」があるとされ，子どもなりに納

得したかたちで治療に取り組めるようにすることが重要である。ただし，良好なアドヒアランスであっても症状の改善や完治につながるとは限らない。治療期間が長い場合や治療の効果がすぐに得られない場合，苦痛な副作用が生じる場合には，アドヒアランスが不良となる傾向にある。また，アドヒアランスの問題は，思春期に生じやすい。この年代は，服薬といったセルフケアが親から子どもへ移行する時期であり，セルフケア行動の獲得が重要である。また友人関係や学校といった思春期にとって重要な社会的場面において，食事制限や運動などの生活制限や治療の副作用による外見の変化は問題となることもあり，服薬や通院を拒むなどセルフケアへの取組みが困難になることがある。アドヒアランスの問題については，疾患についての知識や治療の必要性を伝える教育的介入に加え，セルフモニタリング，目標設定，服薬行動の形成，認知再構成法や問題解決療法といった介入を行うことが効果的とされている。

●小児がん患者の心理的問題　小児がんは，年間約2,000人，小児人口の1万人に1人が発症する小児期における生命を脅かす代表的な疾患である。治療法の進歩により75〜80％の患者が治癒し，日本の20〜30代の成人の約700人に1人が小児がん経験者といわれている。2012年6月に発表された「がん対策推進基本計画」では，小児がんは，がん医療における重点的に取り組むべき課題としてあげられ，政策として患者や家族の心理的支援が推進されている。治療中の子どもに対しては，痛みを伴う処置に対する不安を緩和するためにリラクセーションや行動リハーサル，正の強化といった行動的技法による心理的介入が有用とされている。また強力な治療によって治癒後も晩期合併症（低身長や不妊といった成長発達の異常，てんかんや学習障害といった中枢神経系の異常，免疫機能や心機能といった臓器の異常，二次がんなど）や心的外傷後ストレス障害（post-traumatic stress disorder：PTSD）症状や学校適応や就労における心理社会的不適応が問題となっており，長期フォローアップが重要視されている。欧米では，治療後のPTSD症状に対する認知行動療法や学校適応のためのソーシャルスキルトレーニングが注目されている。また，治療成績が向上しているものの，小児がんには，患者の約20％，年間約500人が亡くなっている。欧米では，終末期において子どもとの死に関するオープンコミュニケーションが重要視されているが，日本では終末期におけるコミュニケーションのあり方や効果的な支援方法は十分に明らかとなっていない。今後，長期フォローアップや終末期における有効な心理学的介入について研究や実践のエビデンスが積み重ねられていくであろう。　　　［尾形明子］

□さらに詳しく知るための文献
[1] 尾形明子　2015　子どもの身体疾患　佐藤正二・石川信一編著　臨床児童心理学　ミネルヴァ書房．pp.269-296.

強度行動障害

☞ 機能的アセスメントと問題行動
への対処 p.462

　強度行動障害は医学上の診断・分類ではなく，日本の福祉行政において定義された用語である。行動障害児（者）研究会（1989）は，直接的他害（嚙みつき，頭つき，など）や間接的他害（睡眠の乱れ，同一性保持，器物損壊など），自傷行為などが，通常考えられない頻度と形式で出現し，著しく処遇の困難なものを強度行動障害として行動的に定義した。

　1980年代後半に指摘されたこれらの問題を受けて，厚生省（当時）が「強度行動障害特別処遇事業」（1993〜1997年）を施策として打ち出し，その後，「強度行動障害特別処遇加算費」（1998〜2005年）として一般予算化を経て，2006年の障害者自立支援法以降は重度障害者支援加算（Ⅱ）として，入所施設における重複加算が引き継がれることとなった。

　1993年の強度行動障害の判定基準では「ひどい自傷」「強い多傷」「激しいこだわり」「激しいもの壊し」「睡眠の大きな乱れ」「食事関係の強い障害」「排泄関係の強い障害」「著しい多動」「著しい騒がしさ」「パニックでひどく指導困難」「粗暴で恐怖感を与え，指導困難」の項目で判定された。現在では，「コミュニケーション」「説明の理解」「大声・奇声を出す」「異食行動」「多動・行動停止」「不安定な行動」「自らを傷つける行為」「他人を傷つける行為」「不適切な行為」「突発的な行動」「過食・反すう等」「てんかん発作の頻度」の項目から重篤さを得点化し，判定される。加算の根拠となっているため，実際の臨床像と判定との乖離を小さくした基準が開発されると，判定基準も改定されていくと考えられる。

　奥田（2001a）は，強度行動障害への対応においてTEACCHプログラムに代表されるような環境調整，応用行動分析，薬物療法のアプローチを効果的な方法として取り上げるとともに，処遇や支援の諸課題を指摘した。その後，井上（2011）は全国的な調査を展開し，エビデンスのある行動援護サービスのニーズが明確になった。

●**有効な支援方法について**　以上のように，強度行動障害は日本の福祉施策として制度構造が変更されてきた。国や施設の財政上の事情などにより，今後も制度が改変されていくであろうが，当事者や関係者に対する支援や援護のニーズに応じていくことは不変の課題といえる。

　強度行動障害処遇において効果が示された支援例をあげると，重度知的障害を伴う自閉症成人に対してトイレットトレーニングを行った研究（奥田，2001b），激しい攻撃行動を示した自閉症成人に対して固定時間スケジュール（fixed-time schedule：FT）を用いて攻撃行動を0にした研究（奥田ほか，2005），自閉症

成人に絵カード交換式コミュニケーションシステム（picture exchange communication system：PECS®）を用いて代替行動を形成することで多飲行動を減少させた研究（村本・園山，2010）などがある。支援者を対象とした研究では，強度行動障害行動援護スタッフの態度変容を目指した研究（奥田・川上，2003）がある。

また，行動援護の方法論としてポジティブ行動支援（positive behavior support：PBS）が重要となる。PBSでは望ましくない行動の低減を目指すと同時に，あるいはそれに先だって，望ましい行動の増加を目指した支援を行う。さらに，非随伴性強化による介入は，望ましくない行動を大幅に減少しうる方法として数多くの研究が行われている（Vollmer et al., 1993 など）。

これらの介入方法は，嫌悪刺激を用いない方法の代表格であり，嫌悪的な刺激を用いない介入を基本軸に行動援護を計画していくことが望ましい。そのためには，相当な専門的知識と技能が求められる。有効な支援方法が福祉や教育の現場に導入され活用されるためには，施設や学校などで働く支援者を養成しサポートする制度や，行動援護コンサルタントなどの育成が必要とされている。国や自治体による予算化などの措置はもちろん，行動援護を専門とする教員のいる大学等と福祉施設との協働関係構築の推進なども期待される（奥田，2010）。

●**強度行動障害の予防について**　強度行動障害を予防する観点も重要である。例えば，ある攻撃行動が激しい成人について幼児期からの特徴を検討すると，2歳を過ぎた頃にはすでに激しいかんしゃく行動が確認された。それが長期間，間欠強化を経て現在に至っているのであれば，当時のかんしゃく行動に適切な早期介入を行っておくと大幅に予後が変わっていたかもしれない。逆に，こうした予後を想定して幼児期から適切なコミュニケーション指導を行った結果，長期的に安定した生活を送っている事例もある。すなわち，幼児期からみられる行動のうち，どのような行動が強度行動障害となるリスクがあるのか，そういった知見の積み重ねが必要である。幼児期からの子育て支援，教育支援，ペアレントトレーニングなどが重要といえる。

［奥田健次］

📖 さらに詳しく知るための文献

[1] 英国行動障害支援協会編　清水直治監訳　2015　行動障害の理解と適切行動支援―英国における行動問題への対処アプローチ　ジアース教育新社.
[2] ジェームズ，K. ほか　園山繁樹ほか訳　2001　挑戦的行動の先行子操作―問題行動への新しい援助アプローチ　二瓶社.
[3] シガフーズ，J. ほか　園山繁樹訳　2004　挑戦的行動と発達障害　コレール社.

反抗挑発症
(反抗挑戦性障害)

☞ 注意欠如・多動症(注意欠如・多動性障害, ADHD) p.146, ペアレントトレーニング p.276, 子どもの怒り・攻撃への支援 p.412, 非行 p.426, 怒りとアンガーマネジメント p.586

　反抗挑発症(反抗挑戦性障害：oppositional defiant disorder：ODD)とは, DSM-5における「破壊的・衝動制御・および行為の障害」カテゴリーに含まれる精神疾患の一つであり, 怒りやイライラした気分, 反抗的／挑戦的な行動, および執念深さが, 頻繁かつ長期にわたって見られることを特徴とする。素行症とは異なり, 他者や動物に対する攻撃行動, 器物損壊, 盗みや嘘をつくこと, 冷淡さなどは診断基準に明確には含まれておらず, 感情コントロールの困難が主症状となっている。有病率の推定値はおよそ1～11%(平均3.3%)であり, 日本国内の7～9歳における有病率は, 男性で7.0%, 女性で5.3%, 全体で6.1%である(Sugawara et al., 1999)。ODDと併発しやすい主な問題は, 注意欠如・多動症, うつ病, 双極性障害, 不安症, 物質使用障害などである。怒りやイライラした気分を主な診断基準に含む精神疾患として, 重篤気分調節症や間欠爆発症もODDと密接な関係がある。

●**発症要因と予後**　ODDはさまざまな要因が複合的に絡み合うことで生じると考えられている。環境要因には, 胎児期の母体のアルコール摂取, 世帯年収の低さ, 家族成員のうつ病や薬物使用障害, 親や教師からの批判的・懲罰的・冷淡で一貫しない関わりなどがある。個体要因には, 衝動性の高さ, 行動賦活システムの過活性と行動抑制システムの不活性, 社会的情報処理のエラーなどがある。また, ODDのある子どもは, 扁桃体, 前頭前皮質, 前帯状回, 島皮質などに特徴的な反応を示す。いずれの要因についても, ODDの原因であるのか結果であるのかは明確ではなく, ODDの原因は特定されていない。

　ODDの発生とその予後は, 個人の発達プロセスの観点から理解される。R. ルーバーほか(Loeber et al., 1993)が提唱した反社会的行動の発展経路モデルによると, 軽微な反抗が, 徐々にエスカレートして, 手に負えないほどの反抗や非行へと発展していくとされる。このモデルでは, 反社会的行動の形成において(a) 顕在行動経路, (b) 潜在行動経路, (c) 目上の人との対立経路という三つの経路が想定されており, 特に(c) 目上の人との対立経路がODDの特徴と類似している。(a) 顕在行動経路と(b) 潜在行動経路については, 素行症と類似する特徴が描かれている。ODDの診断を受けた子どもが必ず素行症に発展するわけではないものの, 素行症の診断を受けた子どものほとんどが以前にODDの診断基準を満たすことが知られており, 両者には密接な関連性がある。日本国内においても, 幼児期における注意欠如・多動症からODD, 素行症へと移行していくプロセスを「DBD (disruptive behavior disorder：破壊的行動障害)マー

チ」と命名することで，早期介入の重要性を強調する動きがある。素行症に至ると治療の有効性が低くなるため，改善の見通しが比較的立てやすいODDの段階での早期介入が重要となる。

●**治療法**　薬物を用いた治療の有効性は確立していない。向精神薬や精神刺激薬，抗躁薬などの有効性を示す研究は散見され，これらには，ODDと併発しやすい注意欠如・多動症や双極性障害などに対する有効な治療薬も含まれる。

　有効とされる心理社会的介入法は，対象者の年代によってやや異なる。幼児期から学童期のODDに対しては，保護者を対象とした個別形式または集団形式の行動療法（ペアレントトレーニング）が最も確立された介入法である（Kaminski & Claussen, 2017）。また，保護者の感情コントロールや認知変容を促進する認知行動療法も有効であり，セルフヘルプ本などを用いたペアレントトレーニングや家族での協働問題解決，教師向けの行動療法（ティーチャートレーニング）を併用することもある。このように，幼児期から学童期のODDに対しては，保護者や教師など周囲の大人による積極的な介入が重要な役割を担う。それに加えて，子ども自身の対処スキル向上を目指す認知行動療法を主として，セッションへの保護者の同席やティーチャートレーニングを併用する方法の有効性も支持されている。非指示的で温かく安全な環境を子どもに提供することで子どもの感情表出を促す遊戯療法の効果も，実証的に支持されつつある。家族の協働問題解決を促進する介入は，単独実施した場合の有効性は確立されていない。

　学童期後半から青年期のODDに対しては，保護者の感情調節や認知変容を促進する認知行動療法が最も確立された介入法であり，セルフヘルプ形式で実施されることもある（McCart & Sheidow, 2016）。また，幼児期・学童期と同様に，ティーチャートレーニングや子ども向けの認知行動療法，遊戯療法も有効であるとされる。一方，幼児期・学童期とは異なり，ペアレントトレーニングは効果が確立された治療法に含まれない。青年期においては，保護者による環境調整よりも，保護者と子どもの双方における認知行動的対処スキルの促進を狙った介入の有効性が確立されている。

［高橋 史］

📖 **さらに詳しく知るための文献**

[1] 石川信一・佐藤正二 2015 臨床児童心理学：実証に基づく子ども支援のあり方 ミネルヴァ書房.
[2] Kaminski, J. W. & Claussen, A. H. 2017 Evidence base update for psychosocial treatments for disruptive behaviors in children. *Journal of Clinical Child and Adolescent Psychology*, 46, 477-499.
[3] McCart, M. R. & Sheidow, A. J. 2016 Evidence-based psychosocial treatments for adolescents with disruptive behavior. *Journal of Clinical Child & Adolescent Psychology*, 45, 529-563.

いじめ

☞ 小中学校における認知行動療法の適用 p.398, 非行 p.426, 学級単位介入 p.442, ポジティブ行動支援(PBS) p.478, 成人犯罪・少年非行と関連諸機関 p.528

　いじめ防止対策推進法の施行に伴い，2013（平成25）年度から以下のとおり定義されている。「いじめ」とは，「児童生徒に対して，当該児童生徒が在籍する学校に在籍している等当該児童生徒と一定の人的関係のある他の児童生徒が行う心理的又は物理的な影響を与える行為（インターネットを通じて行われるものも含む。）であって，当該行為の対象となった児童生徒が心身の苦痛を感じているもの」とする。なお，起こった場所は学校の内外を問わない。上記の日本のいじめの定義は，現時点で何が起こっているかという定義であり，発生あるいは維持要因および，その過程に関しては定めていない。しかしいじめは類型化でき，その成員にも特徴が認められることが指摘されている。またいじめに関与する者は学業に関するストレッサーの経験頻度が高く，また教師との関係がよくなかったりすることが指摘されるなど社会的強化との関連が示されている（岡安・高山，2000）。すなわち，臨床的にはいじめという行動の型よりも行動の機能のコントロールが重要と考えられる。

●**いじめの維持とエスカレート**　ある集団の中で生じた攻撃行動や粗暴な行動が維持されるいくつかの要因が指摘されている。一つはいじめには直接加わらないが，いじめの現場ではやし立てる児童生徒の存在である。このような児童生徒は直接は加わらないものの，はやし立てることによって，いじめを社会的に強化する可能性がある。いじめにはいくつかのパターンがあるものの，いじめる側いじめられる側双方とも日常的に社会的な強化を多く受けていない場合が多く（杉山，2006），エスカレートする要因になる。またいじめが続くことによっていじめる側は強化を得ることになり，行動は維持されていくことになる。さらに教師がいじめを発見して罰を提示すると，確かに抑制はされるであろうが罰を回避して行動は生起することになる，罰を提示するのは大人であるため，大人を回避する形で行動が生じ，可視性が低下する（森田・清永，1986）。したがって大人から見えにくくなりエスカレートするという状況が生じることになる。

●**いじめへの対応と予防**　いじめが生じていることが確認された場合，まずやらなければならないことはいじめを止めることであろう。何があっても，まずいじめられている（暴力を受けた）児童生徒を守らなければならない。監視を強めて抑制すれば一時的にいじめは収まるように見える。しかしそれだけでは単に嫌悪統制をかけたに過ぎず，罰が提示されない状況ではまた生じる可能性が高くなる。抑制をかけた上で，検討する必要があるのは，クラス内のいじめあるいは暴力に関して競合する反応の形成および，いじめられている本人の行動のレベルを

上げ，いじめに対決しうる行動を形成することである．暴力行為と競合するのは幸せや喜び，あるいは悲しみへの決意などの反応である．例えばクラスの中で戦争について議論する戦争がいけないという意見が多くなってきたところで教師が個人的な意見として「戦争はいやだ，大切な人を奪い悲しみだけを残していく．でもそれは戦争だけではない，暴力はみんなそうなんだ，悲しみだけを残していく」と発言するなどがこれに当たる．こうした対応により少なくともいじめが生じた際いじめる生徒に同調する児童生徒は出にくくなり（はやしたてる等の行動が生じにくくなり），いじめを止め，いじめを維持している要因を減らすことが可能となる．

周囲からはなぜ抵抗しないのかなどと言われたりするが，いじめの対象になっている児童生徒に恐怖が生じているとすると，自発的反応の低下と恐怖に関連した状況に関する認知が生じていると考えられ，例えいじめている児童生徒がいなくなったとしても恐怖反応は生じ続けることが多い．したがってまず自発的な行動すべてを強化するといった方法で行動のレベルを上昇させ，その後行動実験を通して抵抗するレパートリーを形成し，さらには機能させていくことが望ましい．このことは成人の企業内での問題に関しても同様であり，いじめを行っていた上司を異動させたので，もう通常業務に就けるだろうと考えるのは誤りである．むしろ，その後の強化操作や認知再構成がより重要になる．

●**いじめの予防**　いじめの出発点が何らかのストレッサーであるとするならば教室内のストレスを下げることを検討しなければならない．学級単位でのソーシャルスキルトレーニングを用いて児童生徒が相互に認め合うスキルを形成するなどは有効な方法といえる．しかし，まず考えなければならないことは，教師が児童生徒のポジティブな部分に積極的に対応すること（例えばできている部分や，興味があることなどを積極的に明確に認めるなど）である．生徒が教師から正の強化を受けることで自発的な行動のレベルが上昇してストレスのレベルが低下するということである．強化されることによって社会的な接近行動も増加し，いじめという負の相互作用も生じにくくなる．すべての生徒が教師から強化されるということが，いじめ予防として機能すると考えられる．

［杉山雅彦］

📖 **さらに詳しく知るための文献**

［1］オルウェーズ，D. 1995 いじめ こうすれば防げる―ノルウェーにおける成功例 川島書店．
［2］神村栄一編 2010 子どもの認知行動療法入門 児童心理臨時増刊 No.924．金子書房．

不登校

☞ 行動療法と行動理論 p.8, レスポンデント条件づけの基礎研究 p.48, オペラント条件づけの基礎研究 p.50, 不登校予防・再登校支援 p.420

　不登校（non-attendance at school）は，「基本的には，家庭－学校－家庭という往復パターンが家庭で停滞し，継続してしまった状態」（小林ほか，1989）であると定義される。不登校は，不安・恐怖が先行条件になっている回避行動タイプ，不安・恐怖が見られないタイプなどがある（小野，1997）。また，不登校が長期化すると長期未支援，学力及び体力の低下などの2次的問題が生じる（小林，1980）。

　以上のように，不登校には大幅な個人差が存在することから，個人差を前提としたシングルケーススタディ・少数例研究法（小林，1997）の適用が要請される。

　また，不登校の再登校行動の再学習および登校維持を支援するためには，単一の症状や形成メカニズムの解明による単独技法の適用だけでは不十分であり，系統的な行動アセスメントに基づいた発現メカニズムの解明，認知行動療法の技法の選択適用と学習指導，体力指導といった技法以外の対応を含めた個別の支援計画の立案，遂行が効果的である（小林，1980）。このような総合的治療プログラムともいえる認知・行動療法の立場からの包括的支援アプローチは，多様なタイプの不登校の再登校支援および学校・町・市単位の不登校発現予防に顕著な成果をあげながら構築されている（小野，2014；小野，2017c）。

●**不登校の多様な発現メカニズムと行動アセスメント**　不登校状態が継続していることになれば，完全に学校が回避すべき対象となっており，学校に向けて家庭を離れることが不可能となっていると考えられる。この状態は，不登校行動によって学校または登校行動に関連する刺激によって誘発された不安・恐怖などの不快状態が低減していることが問題であり，回避行動としての不登校と考えられるものであった（小林ほか，1989）。これは，伝統的には不安反応としての学校恐怖症と命名されてきたものと対応する（Johnson et al., 1941）。

　ところが，1980年代以降，不安・恐怖感が言語応答や客観的尺度に現れないタイプの不登校が増加してきた（茨木，1986）。これらは，無気力，学業不振，怠学傾向などが先行条件や随伴症状となっていた。これらのタイプは，学校場面での学習困難などにより学校を回避するようになる。そして，家庭に閉じこもり，好みの活動（ゲーム，兄弟交流など）に従事することでその状態が維持する。このように不快状態を避けることと，家に滞在することが積極的に強化刺激を受けることと結びつくことにより慢性化へと進むことになる（小野，2010）。

　以上のように，臨床現場で不登校の再登校支援を行うためには，系統的な行動アセスメントが要請された（小林ほか，1989）。不登校の行動アセスメントとは，

「不登校状態を形成,維持してきた条件を過去,現在にわたる生態学的調査で明らかにし,将来的な環境の情報,再登校および登校維持支援開始後の情報も加えて再登校行動のシェイピングおよび維持に必要な情報を収集すること」(小野,2017a)と定義される。

●**不登校の再登校行動の再学習と個別の支援計画**　以上のように多様なタイプの不登校に対する再登校行動の再学習のためには,系統的脱感作法といった単独技法適用では限界があることから積極的アプローチやその後の包括的アプローチの開発が開始された(小林ほか,1989)。この包括的アプローチは,行動アセスメントに基づいて,慎重に技法を選択し,さらに再登校行動の再学習に必要な学習,運動指導などを含んだ個別の支援計画の立案および実施,再登校以降の追跡研究という方法で再登校した事例の知見を蓄積して構築されている。

現時点での到達点として小野(2017a),小野(2017b)がある。不安のある／ない不登校,長期不登校(6か月以上5年間以下),保護者の支援拒否による長期未支援の問題解決が可能である。これらの研究は,通常時間割生活リズムの2週間継続が再登校開始必要条件であること,長期未支援維持条件解除には校長から保護者への卒業要件提示が有効な事例があることを示した。小野(2017b)の概要を示す。

〈ステップ1〉支援関係の設定:(1)支援契約,(2)初期対応プログラム(長期未支援の問題への対応),〈ステップ2〉個別の支援計画の設定,〈ステップ3〉再登校支援計画の作成と実施:不登校状態の行動アセスメントの着眼点,(1)不登校発現前の行動特性,(2)不登校発現の経過,(3)不登校発現後の状況,(4)行動アセスメントとしての情報統合,(5)個別の支援計画の立案:①基礎的アプローチ(学習,運動,社会性指導),②個々の状況に応じた支援(不安反応の変容のための技法選択),③登校行動形成プログラムの実施:継時近接法などの登校方法の技法選択,〈ステップ4〉再登校以降の支援計画の設定,〈ステップ5〉登校活性化支援の実施:(1)登校活性化プログラムの実施,(2)不登校発現・維持条件低減プログラムの実施,〈ステップ6〉計画的支援の終結,〈ステップ7〉追跡調査。

なお,この包括支援アプローチは学校や市町村単位の不登校問題解消に適用されて顕著な成果をあげている(小野,2006;小野,2014)。小野(2006)は,不登校発現率が全国平均の2倍であったA町(1中学校,3小学校)に包括的支援アプローチに基づく不登校減少対策を1年間適用し不登校ゼロを達成した。

[小野昌彦]

◻**さらに詳しく知るための文献**
[1]　小野昌彦　2017　不登校の本質―不登校問題で悩める保護者の皆さんのために　風間書房.

ひきこもり

☞ ケースフォーミュレーション, 機能的行動アセスメント, 行動観察 p.178, ソーシャルスキルトレーニング (SST) p.278, 家族に対する認知行動療法 p.446, 高年齢化したひきこもり p.508

　ひきこもりとは，厚生労働省によると「様々な原因の結果として社会的参加（義務教育を含む就学，非常勤職を含む就労，家庭外での交遊など）を回避し，原則的には6か月以上にわたって概ね家庭にとどまり続けている状態（他者と交わらない形での外出をしていてもよい）を指す現象概念である。なお，ひきこもりは原則として統合失調症の陽性あるいは陰性症状に基づくひきこもり状態とは一線を画した非精神病性の現象とするが，実際には確定診断がなされる前の統合失調症が含まれている可能性は低くないことに留意すべきである」とされている（厚生労働省，2010a）。

●**現状**　ひきこもりに関する実態調査がいくつか行われている。小山ほか（Koyama et al., 2010）によると，ひきこもり状態にある人がいる世帯は，低めに見積もって約23.3万世帯であるとされている。また，内閣府が15歳から39歳を対象に行った調査によると，趣味の用事のときだけ外出する「準ひきこもり」を含めた広義のひきこもりの推計は2010年点で69.6万人であったが，2015年時点で54万人に減少したと報告されている（内閣府，2016）。厚生労働省（2010a）は，ひきこもりの評価・支援のガイドラインを作成しており，地域連携ネットワークによる支援，家族への支援，当事者への支援という三つの観点からの支援が提唱されている。

●**認知行動療法の活用**　家族支援においては，認知行動療法の技法であるコミュニティ強化と家族訓練（community reinforcement and family training：CRAFT）を応用した支援がメタ分析によって効果が実証されている。メタ分析の結果によると，家族がCRAFTを応用した支援を受けることで，61.5％の事例においてひきこもり状態にある人が受療，または社会参加に至っているとされている（野中・境，2015）。

　境・野中（2013）は，ひきこもり状態にある人（以下，ひきこもり本人）の家族に対するCRAFTとして，STEPによる実施方法を提唱している。

STEP1　深刻な家庭内暴力はないか——STEP1では，ひきこもり本人に深刻な家庭内暴力がないかを確認する。家庭内暴力の深刻度は，その程度や頻度から判断し，家庭内暴力が深刻と判断される場合，家庭内暴力への対応を優先して実施する。過去に家庭内暴力があり，現在はある程度収まっているものの，家庭内暴力の危険性が排除できない場合，家庭内暴力の予防を実施しておく。

STEP2　家族が気持ちにゆとりをもてているか——家族が気持ちにゆとりをもてていない場合，気持ちにゆとりを取り戻し，家族が本来の力を発揮できるように支援する。ただし，このSTEPで停滞する場合，次のSTEPに進むことでも家

族の負担も減っていく可能性があることを伝え，次の STEP も試みるようにする。

STEP3　ひきこもり本人と家族の関係は良好か——関係を改善するために，会話の基盤づくりとコミュニケーションスキルを用いる。会話の基盤づくりは，家族がひきこもり本人にとって弱化子となっているときに特に重要となる。こういった場合，家族がひきこもり本人にとって弱化子でなくなるまで，ひきこもり本人が嫌がることをやめて，ひきこもり本人が安心できることをするようにする。

コミュニケーションスキルに関しては，短く，肯定的に，言及している行動を特定する，自分の感情を明確にする，部分的に自分の責任を受け入れる，思いやりのある発言をする，援助を申し出るという七つのポイントが実施できるようにソーシャルスキルトレーニングを行っていく。

STEP4　ひきこもり本人の活動性は回復しているか——ひきこもり本人の活動性を回復するために，まず，望ましい行動を増やすことに取り組んでいく。望ましい行動を見つける練習をし，望ましい行動の機能分析を行う。望ましい行動の機能分析では，外的先行条件，内的先行条件，短期的結果，長期的結果について分析を行っていく。望ましい行動の機能分析を踏まえて，望ましい行動が生起しやすい外的先行条件を再現し，望ましい行動の短期的結果において生じる弱化子の除去，望ましい行動の長期的結果において生じる強化子への随伴性認知を高める関わりを行っていく。

次に，望ましくない行動を減らす方法について検討していく。望ましくない行動を減らすために，望ましくない行動を特定し，機能分析を行う。機能分析を実施した上で，望ましくない行動が起こりにくい工夫について検討していく。

STEP5　ひきこもり本人と今後の取組みについて話し合えているか——ひきこもり本人と今後の取組みについて話す中で治療の提案を行う。治療の提案では，提案するタイミングが重要となることを家族に理解してもらう。提案するタイミングとしては，ひきこもり本人が重大な問題を起こして後悔しているとき，家族の行動が変化した理由をひきこもり本人から尋ねられたときが代表例としてあげられている。これらがひきこもり本人に治療を提案する絶好のタイミングであることを説明した上で，相談を促す際のポイントを実行していく。ポイントとしては，①ひきこもり本人が相談機関の利用に同意した場合に，利用できる場所を事前に確保しておく，②ひきこもり本人が相談機関の利用に同意した後は即座に動く，③軽く誘ってもひきこもり本人が同意しない場合は，次のタイミングを伺うという3点があげられている。　　［境　泉洋］

□ さらに詳しく知るための文献
[1] 齋藤万比古編 2012 ひきこもりに出会ったら—こころの医療と支援　中外医学社.
[2] ジェーン・E・スミス&ロバート・J・メイヤーズ 2012 CRAFT 依存症患者への治療動機づけ—家族と治療者のためのプログラムとマニュアル　金剛出版.

認知行動療法の介入対象

　アメリカ心理学会（American Psychological Association：APA）の臨床心理学部会である第12部会（Division 12）では，心理学的手法普及促進委員会（Task Force on Promotion and Dissemination of Psychological Procedure）を組織し，経験的に支持された治療（empirically supported treatments：EST）のリストの作成を行ない，その結果をAPAのホームページで公開している。さらにそのリストは日々更新が続けられており，2018年10月現在において1998年段階と2015年段階でのESTのステータスが公表されている。

　これらのリストの公表の目的は，科学者－実践家モデル（scientist-practitioner model）に基づく心理学実践と，エビデンスに基づく治療の普及にある。普及という観点からすれば，消費者であるクライエントは自らが受けた診断に対する効果的な治療法を調べることができ，そのリストを基に治療者であるセラピストと自身の治療計画についてディスカッションを行なうことが可能となる。また，それにより効果の乏しい治療法を受けることによる不利益を回避することも可能となる。

　しかし一方でこうしたESTのリスト化に対する批判もなされている。それは特定の診断名に対し，効果があるとされるリストの中のいずれかの治療を施せば良いのだという誤解が生じるというものである。これは一般的には医学モデルに基づく誤解といえるが，DSMの普及とともにこうした誤解は増えていっているように思われる。

　本章では「CBTの適用範囲」として，DSMに掲載されているような統合失調症やうつ病や自閉スペクトラム症といった診断名だけでなく，司法・犯罪分野や産業労働分野といった領域，およびいじめやひきこもりといった社会的な事象までを含む幅広い適用範囲を取り上げている。これは，CBTが特定の診断名に対してエビデンスが認められる技法を単純に適用するような形で用いられる訳ではなく，クライエントを取り巻く文脈や環境全体に対してCBTが適用されることを示すためである。

　例えば生活習慣病のような疾患に対する支援は病気そのものへの治療だけでなく，ライフスタイル全般において行動変化をもたらすような技術の提供も含まれる。ライフスタイルは当然患者によって大きく異なるので，治療者は疾患だけではなく，そうした状態を招いている環境要因や生活習慣を十分にアセスメントする必要がでてくる。こうした状態像を把握するための方法がケースフォーミュレーションである。生活習慣病を悪化させる要因である過食や運動不足も行動として捉えれば，それが生じやすい理由や生じにくい理由を文脈や環境要因から推測することが可能となる。また同様に精神疾患におけるさまざまな症状や発達障害児が示す問題行動も，文脈や環境要因から切り離すことはできない。さらには学級内で生じるいじめなども，そうした行為が継続する何らかの要因が環境内に存在しているはずである。CBTにおいては，セラピストはなぜそうした状況や症状や行動が維持され続けているのかを，環境と個人との相互作用の中で分析し，介入方略を立案していく。つまりCBTの介入対象は個人だけでなく，文脈や環境を含んだ包括的なものなのである。

［米山直樹］

第 4 章

アセスメント技法

[編集担当：原井宏明]

　認知行動療法（cognitive behavioral therapy：CBT）を CBT らしくしているものの一つがアセスメントである。CBT の概念やモデル，技法は数えきれない。今後さらに新しい概念や技法が CBT の範疇に入れられるだろうから，概念・技法だけで CBT かどうかを判断することはできない。
　一方，CBT の知見を専門家の前で発表するとき，聴衆が必ず尋ねるのは「データは？」である。CBT の基礎哲学は行動主義であり，それは内観に基づく主観的なデータの排除を主張する。治療者が「CBT が奏功したと思う」「効果のメカニズムは○○だと思う」としか言えないなら，それは CBT ではない。患者には「客観的な見方を身につけよう」と指導しながら，自分自身は内観に基づく主観的な評価しか使わないなら不公平と言うしかない。
　評価方法は誰にでもアクセスでき，再現可能な方法であるべきであり（透明性），診断や予後，治療反応などの評価がもつ意味を説明できなければならない（説明責任）。投影法を CBT が使わないのは透明性と説明責任を担保できないからである。
　第 4 章の目的は「データは？」という質問に対して答えられるようにすることである。実臨床における介入法の選択は事後の思いつきによることが多いだろう。治療が計画どおりに進むことは例外的である。しかし，アセスメントは思いつきであってはならない。治療終了後とってつけたようにデータを取ることは治療者の思い入れを盛り込むのと同じだ。病気が治れば治療がよかったから，失敗すれば患者が悪かったからとしたくなるのは人間の性だが，事後のデータ収集は確証バイアスを強めるだけである。したがって，治療でも研究でも事前のデータ収集計画が欠かせず，本章で取り上げられた方法を事前に習得していることは治療者になるための第一歩と言えるだろう。
　最初に事例の全体をアセスメントする方法を取り上げた。次に診断別・疾患別の尺度（症状プロフィール，重症度），分野別・課題別の尺度を扱う。ある疾患に対してCBT のエビデンスがあるということは，その疾患の重症度の減少度がほかの治療よりも CBT によったときの方が大きいことを意味している。CBT の効果を説明するとき，どの尺度でそうなるのかも説明できる方がよいだろう。最後に治療者自身を評価する尺度，治療の副作用を評価する尺度も取り上げた。治療者自身もまた CBT の対象であり，評価の対象である。
[原井宏明]

尺度の分類とその機能，尺度として認めるために必要な特性，使うべき場面と実際の使用法

☞ 認知行動療法 p.2

　認知行動療法（cognitive behavioral therapy，以下 CBT）の強みは生産性である。新たな構成概念を生み出してはそれに合わせた尺度をつくって測定可能にし，研究対象とする。ここにある尺度の大半はそうした構成概念の測定と精神疾患診断・問題行動分類，重症度判定の目的でつくられたものである。一方，行動療法の伝統は外から観察可能な行動にフォーカスしようとする。誰もが知っている"自閉症"概念であっても，そのままでは受け入れない。明らかな自閉症でも細かな行動上の特性に分けてアセスメントする。さらに行動の原因を脳の異常には求めず，できる限り環境刺激とのやりとりの中で理解する。

●**尺度の分類**　尺度は次の三つに分けることができる。
1. CBT の中から生じた構成概念を測定しようとするもの
　　恐怖調査票（fear survey schedule：FSS）や否定的評価懸念尺度（fear of negative evaluation：FNE）などである。恐怖症関連が多いのは CBT の臨床応用が恐怖症から始まったからである。
2. 精神疾患診断・問題行動分類，重症度判定のためにつくられたもの
　　DSM（精神障害の診断と統計マニュアル）に基づいて開発されたものが代表的である。統合失調症や気分障害の重症度尺度の大半は薬物の効果判定の必要性に迫られた薬物療法開発者がつくっている。
3. 行動アセスメント
　　機能分析，行動観察が代表的である。うつ病などの重症度判定の中には行動観察が含まれている。

　尺度のとり方からも分類できる。
1. 自記式
　　所定の質問紙を用意し，対象者が 1 人で回答できるようにしたものである。利用する側としては最も簡便かつ効率的に大量のデータを収集できる方法である。開発も容易で，種類も豊富である。スクリーニングテストの大半は自記式である。
2. 面接式
　　評価者が行う質問が定式化されている場合は特に半構造化面接と呼ぶ。精神疾患の診断面接，重症度判定の大半がこの中に含まれる。
3. 行動観察
　　自然観察法と独立変数と従属変数を特定し，実験的な操作を加える実験観察法がある。

　尺度を利用する側も分けられる。

1. 尺度の開発を目指す研究者

新規尺度の開発や既存尺度の改良を狙う。先行研究で頻用されている尺度と新規尺度による測定を並行して行い，信頼性・妥当性を検討する。

2. ほかの目的のために尺度を利用しようとする研究者

治療法開発・疫学調査が目的になる。極力，先行研究で頻用される尺度を使う。

3. 治療スキルを高めようとする臨床家

対象疾患や治療法に合わせて既存の尺度を利用する。一方，産科におけるアプガースコアのように簡便かつ広く使われている臨床的なパフォーマンス指標が精神医療にはないため，自分自身の工夫でデータを集めざるをえないこともある。

●**使える尺度** 使われた実績が乏しい尺度は，それ自体は完璧でも比較データがないので利用価値に欠ける。逆に実績が豊富な尺度は利用価値がある。使える尺度にはほかにも次のような特性がある。

1. 信頼性が高い

同じ条件で同じ測定をしたとき，同じ値が得られる程度である。複数項目からなる尺度の場合は内的整合性を示すクロンバックの α 係数をよく使う。

2. 妥当性が高い

内容的妥当性，構成概念を狙いどおりに測定できている程度と基準関連妥当性，ほかの尺度や外的な基準と相関する程度の二つがある。

3. 疫学データがある

広く使われている尺度にはデータの蓄積がある。地域・年代・性別による標準データと患者のデータを比較できる。疫学データによる基準関連妥当性が十分な尺度の場合，陽性適中率・陰性適中率，感度・特異度が明確になっているものがある。

●**尺度を使える利用者と使えない利用者** 使えない利用者は閾値を気にする。例えばうつ病の自記式尺度であれば何点以上なら病気かを知ろうとする。しかし，自記式尺度は偽陽性も多い。例えば，うつ病の患者の8割には不眠がある。不眠があればうつ病と診断したくなるが，実は不眠を訴えることが多いのは不安症や統合失調症もそうである (Breslau, 1996)。患者全体でのある症状を示す割合，基準率を頭に入れておかないと基準率の誤謬に陥ることになる。

自記式でも面接でも測定する行動自体が環境刺激になる。うつ病が疑われる患者に対して30ページもある自記式を1時間過ぎても書かせている治療者と，自記式に記入する様子を行動観察し，反応速度の遅延からうつ病と診断して途中で打ち切らせる治療者のどちらが尺度を上手に使えているだろうか？　　［原井宏明］

📖 さらに詳しく知るための文献

[1] 北村俊則 1995 精神症状測定の理論と実際 海鳴社.
[2] セドラー, L. L. & ディッキー, B. 伊藤弘人ほか訳 2000 精神科医療アセスメントツール 医学書院.

ケースフォーミュレーション，機能的行動アセスメント，行動観察

☞ 機能的アセスメントと問題行動への対処 p.456，シングルケースデザイン p.644

　ケース・フォーミュレーション（case formulation：CF）とは，1人のクライエントが抱える認知行動上の問題（群）を心理学の理論とエビデンスに基づき統合的に理解し，個に適した効果的な介入を導く臨床活動のプロセスである。邦訳には事例定式化が用いられる。CFが提唱された背景には，長らく認知行動療法（CBT）の発展を支えてきた標準化された治療マニュアルと介入技法の限界が，臨床家の間で共有されるようになったことがある。DSM-IVに代表される症状別の診断分類に合わせてつくられた治療マニュアルのもとでは，それから逸脱せずにクライエントの状況（学習ヒストリーや治療に対するニーズ，周囲の環境など）を考慮し，臨床家が介入を改良することは困難であった。また，症状の記述に焦点をおく精神医学的な分類は，問題の発生や維持の要因を明らかにするものではない。そのため，問題の学習過程を科学的に理解したうえで，エビデンスに基づいて治療を組み立てようとする臨床家は異なるアプローチを必要とした。こうした課題に対応すべく1980年代にI. D. ターカット（Turkat, 1985）が導入した枠組みがCFである。CFの基本的な流れには問題のアセスメント，仮説の生成，介入計画の立案という作業が含まれる。

●アセスメントと行動観察　CFのアプローチではクライエントが呈する問題の機能的行動アセスメント（functional behavior assessment）が行われる。その目的はクライエントにとって困難な行動（感情や思考，感覚を含む）がどのような先行事象により引き起こされ，結果事象により維持されているのか（機能）を査定することである。困難な行動の生起状況を客観的に調べる方法として，基本的に行動観察が用いられる。行動観察の実施にあたって重要となるのが，事前のデータ収集計画である。この計画には，データの信頼性を確保するため少なくとも次の項目が含まれる。行動の操作的定義，指標（頻度や持続時間，潜時など），記録する場面・時間（自然場面，実験室的場面など），記録法（連続記録法やインターバル記録法など），記録の媒体や用具（筆記具と記録用紙，スマートフォンのアプリケーション，各種のセンサなど），観察者訓練の手続き，記録の信頼性や正確性を示す方法である。本観察の前に予備観察を行い，手続きの実現性や不備の有無を確認することも推奨される。また，観察は一度きりではなく，反復測定を基本とする。その主な目的は，対象となる行動のトレンド（傾向）や変動を調べることである。介入効果の評価に一事例実験デザインを用いる場合，アセスメント期のデータはベースラインを兼ねる場合もある。加えて，アセスメントではクライエントが抱える困難だけでなく，本人の強みや価値，利用できる資源

など問題解決の促進につながる情報も合わせて収集することが求められる。特にクライエントの価値は治療全体を方向づける文脈として近年，重視されており，アクセプタンス＆コミットメント・セラピーのCFには価値のアセスメントが含まれる（武藤，2012）。

●仮説の生成と介入計画の立案　アセスメントで必要な情報が得られたら，次に行うCFの作業は，困難な行動を維持する共通の要因を調べ，クライエントの現在の生活において問題が果たす中核的な機能を明らかにすることである。この検討を通して，臨床家はなぜクライエントの問題が生じ，継続しているのかという問いに対する仮説（一つ以上）を生成する。科学性を重視するCBTの観点から求められることは，それぞれの仮説が検証可能性と節約性を備えることである。仮説が得られたら，具体的な治療の標的とゴールが設定され，その達成を効果的に導く介入計画が立案される。一連の過程でCBTの理論と介入技法の効果に関する実証的知見は臨床家の判断を合理的に導く参照枠・基準となる。介入に先立って，CFのアプローチで欠かせないプロセスがもう一つある。それは臨床家がクライエントとCFを共有し，必要に応じて調整し，本人の合意を得ることである。また，クライエントは介入後もCFを見直し，発展させる作業に参加する。その意義の一つは，問題解決に取り組む過程を継続的に俯瞰することを通して，セルフモニタリングを含むセルフヘルプスキルの向上が見込まれることである。

●CFに関する今後の課題　CFの考え方や方法が発展する一方で，その妥当性や信頼性の評価に関する研究は不足している（Huisman & Kangas, 2018）。例えば，CFの導入がCBTの介入効果に与える影響やマニュアルに基づく治療と比較した効果の差異についての系統的データは少なく，統一的な知見が得られていない。また，広範囲の高度なスキル（認知行動の理論や介入技法，実験的手法に関する知識，臨床の技能など）と時間を要するCFはそれ自体困難な課題であり（Wilson, 1996a），経験的な判断に頼っているのが現実であるとの指摘もある（Gyani & Shafran, 2014）。そのため，今後は効果や信頼性に関する研究に加え，CFを実践するスキルの訓練やスーパービジョンの整備が求められる。また，臨床家がさらされる現実の状況を考えると，アセスメントのデータ収集やグラフ化，統計的処理を補助するディバイスやアプリケーションの開発も有益である。

［吉岡昌子］

さらに詳しく知るための文献

[1] 下山晴彦編　2007　認知行動療法　理論から実践的活用まで　金剛出版.
[2] ブルフ, M. & ボンド, F. W.　下山晴彦ほか訳　2006　認知行動療法ケースフォーミュレーション入門　金剛出版.
[3] 三浦麻子・佐藤　寛　2018　なるほど！　心理学観察法　北大路書房.

症状や問題行動の自己評価

☞ ケースフォーミュレーション，機能的行動アセスメント，行動観察 p.178，身体症状症（疼痛が主症状のもの）のアセスメント p.212，シングルケースデザイン p.644

ここでは，クライエントが感情や感覚，行動について自己評価するための方法として，不安や痛みを主観的に評価する方法（SUD，VAS）と，行動の頻度や時間などを客観的に評価する方法（行動指標）を説明する。また，クライエントが自身の反応を観察する際に有用なセルフモニタリングについて説明する。

● **SUD・VAS** SUD（subjective unit of disturbance：自覚的障害単位）とは，特定の刺激に対する不安の程度を表す単位のことである。通常，0を「まったく穏やかな状態」とし，100を「これまでに経験した，あるいは想像されうる最も強い不安」として，刺激に対する主観的な不安の程度を0から100でクライエントに報告してもらう（Wolpe, 1982 訳 2005）。もともとSUDは，J. ウォルピ（Wolpe）が系統的脱感作法を行う際に考案したものだが，今日ではエクスポージャーや曝露反応妨害法を行う際にも用いられている。

一方，VAS（visual analogue scale）とは，主にクライエントが感じる痛みの程度を表す際に用いられる尺度である。これは，白紙に100 mmの直線を水平に1本引いてクライエントに提示し，左端は「痛みがない状態」，右端は「これまで経験した最も激しい痛み」として，クライエントが感じる痛みの程度と対応する位置に縦線を引いてもらう方法である。

● **行動指標** クライエントの行動を客観的に評価する方法として，行動指標による測定があげられる。行動指標による測定とは，対象とする行動を頻度や時間，強度といった行動の次元において継続的に測定する方法である。ここでは，クライエントが行動を自己評価する場合に焦点をあてて説明する。

行動を測定するためには，まず測定の対象とする行動を具体的に定義する必要がある。その際，問題が行動の過剰なのか不足なのかを区別すること，能動態で記述すること，観察可能な行動を設定すること，複数の人が聞いても同一の行動とわかること，といった基準を満たすことが求められる（Miltenberger, 2001 訳 2006）。

次に，測定を行う行動の次元を選択する。測定可能な行動の次元には，(1)再現性に基づく次元，(2)時間の広がりに基づく次元，(3)時間上の場所に基づく次元，(4)定義的次元などがある（Cooper et al., 2007 訳 2013）。

(1) 再現性に基づく次元には，頻度や反応率がある。頻度とは，観察時間内に行動を自発した回数であり，反応率とは，頻度を観察時間で割った値である。ただし，頻度と反応率は互換的に使われることがある。また，派生した次元として，百分率や基準達成試行数などがある。

(2) 時間の広がりに基づく次元としては，持続時間があげられる。持続時間とは，その行動をし始めてから終結するまでの時間である。
(3) 時間上の場所に基づく次元としては，反応潜時や反応間時間があげられる。反応潜時とは，刺激が与えられてから行動を自発するまでの経過時間であり，反応間時間とは，ある行動を終結してから次にその行動を自発するまでに経過した時間である。
(4) 定義的次元には，トポグラフィーやマグニチュード（強度）がある。トポグラフィーとは，行動の物理的形態ないし外形であり，マグニチュードとは，行動を自発したときの強さ，ないし激しさである。

　次に，行動を記録する方法を選択する。クライエントが自身の行動を記録する方法としては，事象記録や産物記録などがあげられる。事象記録としては，例えば対象とする自分の行動の頻度をカウンターを使ってカウントすることや，手帳や記録シートに記録することがあげられる。また産物記録とは，行動によって産出されたものを記録する方法であり，例えば行動が生起したことがわかる物の写真を撮ることや，レシートやポイントカードなどを行動の産物として用いることがあげられる。

　これらの記録をもとに，用いられた介入の効果を検証するためには，一事例実験デザインが必要である。一事例実験デザインとは，データを収集し，分析する方法を構造化した様式であり，介入期と非介入期を繰り返す「反転デザイン」や，複数の行動，場面，対象者に時期をずらして介入を行う「多層ベースラインデザイン」などが代表的である。

●セルフモニタリング　ここまで述べてきたように，クライエントが自分の反応を観察記録する手続きは，セルフモニタリングと呼ばれる。セルフモニタリングは，セラピストが直接観察できないクライエントの日常場面の反応をアセスメントする際に役立つ方法であり，セルフモニタリング自体が行動変容を促進させる効果をもちうるものである（Haynes, 1978）。

　セルフモニタリングは，クライエント本人以外の観察者を必要としないため，反応が生起する度にいつでも記録が可能となる利点があるが，一方で記録の客観性や正確性が劣る場合がある。セルフモニタリングの正確性を高めるために，反応が生起したらすぐに記録をしてもらうことや，事象のどこからどこまでを記録するのかを特定しておくこと，記録内容の裏づけを行うこと，などの工夫を行うことが望ましい（Critchfield et al., 1998）。

［瀬口篤史・三田村　仰］

📖 さらに詳しく知るための文献
[1] Cooper, J. O. et al. 2006 *Applied Behavior Analysis* (2nd ed.), Pearson.（中野良顯訳 2013 応用行動分析学〔第2版〕明石書店）

症状や問題行動の
治療者評価と診断鑑別

☞ 症状や問題行動の自己評価
p.180

　事例に向き合うとき，まず最も適切な介入が何であるのかを検討しなくてはならない。事例に対する認知行動療法の適用が是なのか非なのかのみならず，薬物療法をはじめとするほかの治療法の適否をも判断する必要がある。より効果的と思われる治療法がある場合には，認知行動療法とその治療法を併用することもある。認知行動療法をすることなく，その治療法を紹介するにとどめる場合もある。治療者としてどのような選択が適切であるのか判断するためには，症状・問題行動の適切な治療者評価とそれに基づく診断鑑別が必要である。

●**症状・問題行動の理解**　事例の症状・問題行動を理解するために，記述精神病理学が有用である。記述精神病理学では，患者の陳述や行動観察に基づく異常体験の正確な描写やカテゴリー化が行われ，精神的な出来事に関する理論的な説明は避ける。心理的もしくは身体的な出来事の，原因やその意味の説明を付け加えない考察である（Sims, 2003 訳 2009）。事例を観察し，その症状・問題行動をありのままに評価検討するためにその手法が有用である。

●**診断体系**　系統的な診断体系を用いることは，精神疾患すべてをもれなく評価するために必要である。このような体系には世界保健機関（World Health Organization：WHO）が出版する国際疾病分類（International Classification of Diseases：ICD）とアメリカ精神医学会（American Psychiatric Association：APA）が出版する精神障害の診断と統計マニュアル（Diagnostic and Statistical Manual of Mental Disorders：DSM）が代表的である。また睡眠障害のみに関する系統的診断体系としてアメリカ睡眠医学会（American Academy of Sleep Medicine：AASM）の出版する睡眠障害国際分類（International Classification of Sleep Disorders：ICSD）がある。

●**操作的診断基準**　精神疾患は，原因が不明であるために，臨床症状に依存して診断せざるをえない。診断に信頼性を与えるために明確な基準を設けたものが操作的診断基準である。診断信頼性を減少させる要因として①情報分散，②観察／解釈分散，③基準分散の三つが知られている。操作的診断基準は，診断のためにどのような情報が必要かを提示し，その観察や解釈についての説明を明記し，得られた情報から診断が下されるための基準を明確に定義することで，これらの要因を最小限にしようという試みである。特に情報分散，基準分散が操作的診断基準によって大きく改善される。観察／解釈分散の改善については症状学に対する十分な理解と研修が必要であり（塩入，2013），前述の記述精神病理学の手法が有用である。

●**精神症状の把握**　鑑別診断のために，合併症の評価も含め，すべての精神症状

の有無・性状・経過について，客観的で信頼性の高い評価を行わなくてはならない。治療者評価に高い客観性を与えるために記述精神病理学の理解が，高い信頼性を与えるために操作的診断基準の理解が重要である。

自記式尺度などの自己評価では客観性に欠け，症状の隠蔽・誇張が生じる可能性がある。一方で，治療者評価においても高い信頼性を得るのは容易でないことがかねてより指摘されてきた。

精神症状を客観的なだけではなく漏れなく把握し信頼性も高く評価するために，構造化面接・半構造化面接を理解することが有用である。これらは，操作的診断基準の情報分散，基準分散に対する改善効果をさらに高めるために作成されたものであり，その使用により，さらに診断信頼性を高めることができる。

SCID（structured clinical interview for DSM）はDSMで扱う精神疾患のほとんどを診断する半構造化面接であり，日本語版の入手が可能である。「これらは施行に45〜180分と時間を要し，方法も煩雑でわかりにくく，トレーニングに数日〜数週間かかる」（大坪，2010：43-48）。

より簡便なものとして簡易構造化面接法があり，精神疾患簡易構造化面接法（mini-international neuropsychiatric interview：M. I. N. I），PRIME-MD（primary care evaluation of mental disorders）の日本語版の入手が可能である。実施に15分程度の短時間しか要しない利点はあるが，一方で精神疾患を部分的にしか網羅していないという欠点がある。

またこれらの面接法の最新版の日本語訳が入手できない難点がある。したがって，実際の臨床場面において，そのまま事例に適用するのは難しい。しかし，内容を理解しどの精神症状を把握するためにどのような質問をすればよいのか，その返答をどう評価すればよいのかを知ることで，個々の事例に対して応用し，治療者評価の客観性，信頼性を高めることは可能である。

●**重症度の評価**　重症度の評価は現状の理解と治療効果判定のために重要である。治療者が行う手法として機能の全体的評定尺度（global assessment of functioning scale：GAF），CGI（clinical global impression）などがあり，CGIには重症度を示すCGI-S（clinical global impression—severity），治療効果を示すCGI-I（clinical global impression—improvement）の二つがある。重症度の評価に関しては治療者が評定に恣意的になりがちで有用ではないとの指摘があり，治療評価には自己評価を使用するのが一般的である。　　　　　　　　　　［稲垣貴彦］

📖 さらに詳しく知るための文献
［1］「臨床精神医学」編集委員会　2016　精神科臨床評価マニュアル　2016年版
［2］北村俊則　2013　精神・心理症状学ハンドブック（第3版）平文社．

全般的機能のアセスメント ☞「福祉分野の関連法規」p.696

● **GHQ：精神健康調査票** D. P. ゴールドバーグほかによって開発されたメンタルヘルス全般を評価する自記式尺度であり、一般集団から精神疾患を有する者をスクリーニングすることを目的として開発された。原版の60項目版のほか、短縮版の30項目版、28項目版、12項目版があり、いずれも日本語版が開発されている。そもそもは神経症を有する者の発見を主な目的として作成されたが、その後統合失調症、内因性うつ病においてもGHQ得点が高値を示すことが明らかになっている。質問項目は（a）一般的健康と中枢神経系、（b）心臓脈管系、筋神経系、消化器系、（c）睡眠と覚醒、（d）個人独自の行動、（e）客観的行動―他者との関係ある行動、（f）自覚的感情―充足感欠如、緊張、（g）自覚的感情―主としてうつ感情、不安、の各領域に関するものであり、これらについて回答者の状態、感情などを「まったくなかった」「なかった」「あった」「たびたびあった」の4段階で回答する。採点法にはリッカート採点法とGHQ採点法の2種類が用意されており、リッカート採点法は「まったくなかった」の0点〜「たびたびあった」の3点で採点する方法、GHQ採点法は「まったくなかった」「なかった」を0点、「あった」「たびたびあった」を1点とする採点法である。なお、日本版はGHQ採点法を使用している。本尺度では精神疾患を精神機能の不適応とし、健常（適応）から疾患（不適応）という1次元で、かつ質的に異なる健常群と症状群の分布を有する範疇的な現象であると考えている。日本におけるカットオフ値は60項目版で16/17点とされ、その場合の感度は79.7％、特異度は96.4％と報告されている（中川・大坊、2013）。なお、臨床的な使用においては12/13点が望ましいとされており、この場合の感度は約95％とされている（中川・大坊、2013）。

● **WHODAS 2.0** 健康と障害状態の評価のためにWHOによって開発された尺度で、国際生活機能分類（ICF）との対応がはかられている点を特徴としている。開発の過程において、文化横断的かつ疾病横断的な適用可能性が検証されており、さまざまな集団において統一的に用いることが可能である。本尺度では過去30日間における認知、可動性、セルフケア、他者との交流、日常活動、社会への参加の6領域での機能を評価する。具体的には各項目で尋ねられている内容（例：自分で服を着る）がどれほど困難であったかについての回答（「全く問題なし」から「全く何もできない」まで）をもって評価するが、補助器具や他者からの支援を普段から得て問題なく実施している場合「問題なし」と評価する。これは、ICFにおける生物、心理、社会的モデルが障害を個人の問題ではなく、健

康状態と社会的文脈因子の間の相互作用の結果と規定していることを反映している（WHO, 2015）。さらに，本尺度は 36 項目版，12 項目版および 12 + 24 項目版の 3 種類が用意されており，それぞれに面接評価，自記式評価，代理人による評価のバージョンが用意されている。36 項目版が最も詳細な版であり，12 項目版はその短縮版となっている。12 + 24 項目版は，初めの 12 項目についての回答の結果から，詳細な評価が必要な部分について最大 24 項目まで追加して用いることができるように作成されている。なお，日本語版のスコアリングは未開発であるが，QALY（質調整生存年）の算出にも用いることが可能となっている。WHO は QOL 評価表（WHOQOL）も開発しているが，WHODAS は機能（客観的パフォーマンス）を評価し，WHOQOL は主観的満足状態（パフォーマンスに関する満足感）を測定するものと位置づけられている（WHO, 田崎ほか訳 2015）。

●**障害年金の認定基準**　障害年金は一定の障害の状態があり，かつその状態が長期にわたり存在する場合に支給対象となり，程度によって 1 級〜3 級あるいは障害手当金として等級が認定される（障害基礎年金は 1 級，2 級のみ）。精神の障害の場合，一般的に 1 級は症状によって日常生活が著しく障害され，常時の援助を要する程度の障害を有するもの，2 級は症状によって日常生活が著しい制限を受けるもの，3 級は認知機能，人格障害は著しくないがその他の精神神経症状があり，労働が制限を受ける，あるいは認知障害のため，労働が著しい制限を受けるもの，障害手当金は認知障害のために労働が制限を受けるものとの基準がある（日本年金機構，2017）。したがって，認定にあたっては精神疾患の症状やその重症度と，日常生活および社会生活上の制限の度合いの確認が重要となる（厚生労働省・日本年金機構，2016）。精神の障害の場合，「統合失調症，統合失調症型障害及び妄想性障害」「症状性を含む器質性精神障害」「てんかん」「知的障害」「発達障害」に区分され，各区分において等級ごとの具体的な障害の状態が示されている。また，障害年金申請時の診断書における「日常生活の程度」の 5 段階評価および「日常生活能力の判定」の 4 段階評価の判定平均の組合せを用いた障害等級の目安も示されている（日本年金機構，2016）。なお，障害年金の障害認定においては請求する傷病の初診日から起算して 1 年 6 か月を経過した日または 1 年 6 か月以内にその傷病が治った場合はその治った日（症状が固定し，治療の効果が期待できない状態に至った日を含む）を障害認定日としており，初診から障害認定までにはある程度の期間を要する。

［松長麻美］

📖 **さらに詳しく知るための文献**
[1] 中川泰彬・大坊郁夫 2013 日本版 GHQ 精神健康調査票手引（増補版）日本文化科学社．
[2] WHO 2010 Measuring Health and Disability: Manual for WHO Disability Assesment Schedule WHODAS 2.0, WHO.

認知症の心理的アセスメント

☞ 高齢期の問題 p.132, 認知症および高齢者うつ病への認知行動療法 p.374, 認知症 p.512

　75歳以上人口の増加に伴い，加齢を危険因子とする認知症を患う人は，今後ますます増えることが予想される。認知症の心理的アセスメントは，中核症状である認知機能障害を評価するために神経心理学検査を行うこともあれば，中核症状や BPSD（behavioral and psychological symptoms of dementia）の程度を評価するために観察評価尺度を用いることもある。しかし，それだけではなく，認知症の人の行動をアセスメントすることは，対象者の全体像をとらえるうえで重要であり，それゆえ認知行動療法の貢献が強く期待されている。本節では，認知症の心理的アセスメントとして，スクリーニング，介入効果の評価，機能分析の三つの視点から論じる。

●**認知症のスクリーニング**　抗認知症薬の開発により，主に軽度アルツハイマー病（Alzheimer's disease：AD）の一定期間の進行遅延が期待できるようになり，認知症の早期発見が重要な意味をもつようになった。認知症のスクリーニングは，神経心理学検査による手法と，対象者の状況をよく知る人からの情報に基づいて評価する観察評価尺度による手法がある。

　このうち，神経心理学検査によるスクリーニングは，改定長谷川式簡易知能評価スケール（HDS-R）や Mini-Mental State Examination（MMSE）に代表され，いずれも「操作が容易な認知機能検査（80点）」として診療報酬の算定ができる。HDS-Rは，記銘，見当識，遅延再生，言語の流暢性など九つの言語性課題からなるのに対し，MMSE は七つの言語性課題に加え，3段階の口頭指示，読解，書字，図形模写からなる四つの動作性課題も含んでいる。両検査とも，所要時間は10分程度であり，得点範囲は0〜30点で点数が低いほど認知機能障害が重度である。結果の評価に際しては，得点のみで判断するのではなく，教育歴や職業歴などの生活背景，受検態度，身体状態などを踏まえて総合的に判断することが重要である。特に，MMSE では教育歴が短いと得点が低くなる傾向があり，高学歴や頭脳労働者ではカットオフ値を上回っても軽度認知症が存在することがあるので注意が必要である。また，結果によって認知症の診断ができるのではなく，得点は認知症の重症度を決めるものでもない。正解した項目は本人の残存能力を表しており，対象者の強みが自然な随伴性で発揮できる環境調整を検討するなど，後述する応用行動分析（ABA）による支援方針の立案に資することができる。ただし，両検査は中等度から重度の認知症例をサンプルに含めて標準化しており，軽度または病初期段階の認知症例における感度は低下する。

　一方，健常と認知症の境界領域である軽度認知障害（mild cognitive

impairment：MCI）をスクリーニングする検査の開発も進んでいる。このうちMontreal Cognitive Assessment（MoCA）は国際的に認知されている検査である。10分程度で実施でき，視空間認知，記憶，注意，実行機能，見当識など，短時間のうちに認知機能を多面的に評価することができる。日本語版として作成されたMoCA-Jでは，MCIを対象とした感度が93％，特異度が89％と報告されている（鈴木・藤原，2010）。ただし，MCIは全例が認知症に移行するわけではないため，認知症に移行しやすいMCIを選択的に検出するスクリーニング検査の開発が望まれている。

これに対して，観察評価尺度として多用されるのは，clinical dementia rating（CDR）である。CDRは，記憶，見当識，判断力と問題解決，地域社会活動，家庭生活および趣味・関心，介護状況の6項目に基づいて認知症の重症度を評価する尺度である。このうち，CDRが0.5と評価された場合，そのプロットの仕方によってMCIもしくは極軽度の認知症と考えられ，認知症早期発見のためのスクリーニング指標として用いることができる（Morris et al., 2001）。

●**認知症の人への介入効果の評価**　認知症の人への介入は，薬物療法と非薬物療法に大別できる。いくつかの原因疾患を除き，認知症の多くは未だ根本的治療法は確立されていないため，非薬物療法，とりわけ認知行動療法による貢献は重要である。認知症の人への介入効果を評価するアセスメントは，中核症状である認知機能の評価と，行動や心理面の症状を示すBPSDの評価が行われる。認知機能の評価として，HDS-RやMMSEが用いられることがあるが，これは適切ではない。なぜなら，これらの検査はスクリーニングを主な目的としているため，認知症の人の短期間の状態変化をとらえることが難しいからである。

認知機能に対する介入効果の評価として国際的に用いられるのは，Alzheimer's Disease Assessment Scale（ADAS）である。ADASは，もともとADの治験における効果指標として考案され，このうち認知機能をとらえる日本語版検査はADAS-Jcogとして日本で用いられている。ADAS-Jcogは，単語再生，単語再認，構成行為，観念運動など11項目からなり，「操作と処理がきわめて複雑な認知機能検査（450点）」として診療報酬の算定ができる。所要時間は1時間程度であり，得点範囲は0～70点で点数が高いほど認知機能障害が重度である。ADASは，軽度から中等度の認知症を評価するために作成されており，重度認知症の認知機能の評価はSevere Impairment Battery（SIB）が用いられる。SIBは記憶，社会的相互行為，注意，視空間認知など9項目からなり，得点範囲は0～100点で点数が低いほど認知機能障害が重度である。

一方，BPSDに対する介入効果の評価として頻用される尺度に，Behavioral Pathology in Alzheimer's Disease（Behave-AD）がある。Behave-ADは，妄想，幻覚，行動異常，感情障害など七つの下位尺度25項目からなり，対象者の

最近2週間の様子について介護者等から半構造化された面接を通して聴取することで評価を行う。認知症の全般的な症状を総合して評価するために考案されたClinician's Interview-Based Impression of Change（CIBIC）plusの日本語版であるCIBIC plus-Jでは，精神症状・行動障害を評価する際にBehave-ADが用いられる。

　さて，ここまで述べた介入効果の評価には，ある大きな限界がある。それは，認知機能の障害にせよBPSDの程度にせよ，対象者の病態をとらえるというマイナスを見つける営みに偏っている点である。認知症の有無にかかわらず，我々は幸せを求める権利が保障されており，幸せを実現するための力を有している。認知症の人への介入は，認知機能低下の抑制やBPSDの改善だけが主要な評価項目となるのではない。かつて，ある認知症の人が次のようなことを語っている。「『困ったことがあれば何でも言ってください』と言われるよりも，『やってみたいことがあれば何でも言ってください』と言ってほしいのです」と。対象者の大切にしている価値を理解し，その方向にかなう行動を引き出す環境を整える。認知症の人の尊厳を支えるとかQOLを高めるという支援の具体的営みは，このような実践によって駆動し，それを可能にするのが認知行動療法なのである。したがって，認知症の人への介入効果を評価するために，対象者にとって望ましいターゲット行動を定義し，その行動を測定することも重要となる。高頻度行動や長時間続く行動に対応し，インターバル記録法やタイムサンプリング法などの測定法を用いることも推奨される。認知症が重度になるにつれ，言葉によるコミュニケーションが困難となるが，行動観察は言葉を介さずとも実践できるので，介入効果の指標として専門職はぜひとも身につけておきたい。いずれにせよ，認知症の人への介入効果を評価するアセスメントは，スクリーニング検査の開発と併せて未だ発展途上にある。

●**認知症に対する機能分析**　認知症の心理的アセスメントで最も大切なことは，「認知症」や「BPSD」という枠を通して対象者を見すぎないようにすることである。認知症という病名を通して相手を見ると，それにあてはまる特徴を選択的にとらえてしまう注意バイアスが生じる。認知症の人が示す行動のうち，周囲を困らせる影響を与えるものを「BPSD」と呼ぶことが多い。しかし，その行動は当該状況下では誰もが行う反応であることはあまりにも多い。「認知症」や「BPSD（徘徊や自発性低下などの症状名も含む）」という言葉を用いた段階で，あたかも対象者のことがわかったつもりになり，専門職を思考停止へと誘う。BPSDは，薬剤や身体合併症のほかに，環境要因によって悪化する。すなわち，認知症の人の示す行動も，環境との相互作用によって生じると考えることができる。

　BPSDを含め，認知症の人の示す行動は，彼らにとって必要だから生じている。しかし，周囲にはBPSDに基づく行動は問題として理解され，必要ないも

のと判断される。そのため，BPSDを単になくそうとすれば，そうした対応は認知症の人からみると「必要なものを奪い去ろうとする関わり」と映る。そうなると，認知症の人はそのような対応をする援助者に激しく抵抗し，援助者はそうした相手の行動をさらなる問題行動ととらえ，それをなくすために力を傾注するという悪循環に陥る（竹田，2013）。認知症の人への対応で大切なことは，認知症の人の行動に表れた「必要性」，つまり彼らの意図をくみ取り，そうした意図が適切に表現できる環境を整えることである。認知症の人の示す行動の意図をアセスメントするスキルとして有効なのが，ABAによる機能分析である。機能分析では，行動が生じるきっかけとなる事象（先行事象）と，その行動によってどのような環境変化が生じたかという結果事象に注目し，行動のもつ機能を推定する。

機能分析を用いた認知症の人のアセスメントの一例を紹介したい。施設入所中のAさんは，水道水を流しっぱなしにして，隠しもっていた食べ残しを流し台に置くという行動を繰り返していた。機能分析を行ったところ，この行動は夕方の時間帯に起こり（先行事象），その行動によって特定の男性職員が関わると落ち着くが，それ以外の職員が関わると抵抗していた（結果事象）。Aさんには，専業主婦として家庭を守り，夫との温かい関係のなかで家事を担ってきたという生活歴があった。機能分析により明らかとなった情報に彼女の生活歴を重ねると，この人の示した行動には「私も何か役割をもちたい」という意図（機能）が備わっていると推定できる。そこで，当該行動が生じる時間帯に利用者の湯呑にお茶を入れることを職員からAさんに依頼した。それ以来，Aさんは夕方の時間帯になると，利用者の前に並べられた湯呑にお茶を入れるようになり，利用者や職員から心のこもった感謝の言葉をもらい，それまでみられた行動は消失した。Aさんの行動をBPSDのうちの「不潔行動」と理解すると，そうした行動を注意するか食べ残しを取り上げるといった対応に陥りやすい。それによって仮に行動が消失することがあっても，行動に託したAさんの意図がくみ取られることはない。しかし，機能分析を用いて認知症の人の行動の意図を理解することで，認知症の人が求める対応を行うことは可能である。それゆえABAを代表的な理論モデルとして内包する認知行動療法は，今後認知症の人への支援に不可欠なアプローチとなろう。

［竹田伸也］

さらに詳しく知るための文献

[1] 竹田伸也 2016 心理学者に聞くみんなが笑顔になる認知症の話―正しい知識から予防・対応まで 遠見書房.
[2] Shulman, K. & Feinstein, A. 2003 *Quick Cognitive Screening for Clinicians*, Taylor & Francis.（福居顯二監訳 2006 臨床家のための認知症スクリーニング 新興医学出版社）

アディクションの
アセスメント

☞ アディクション（依存症）p.122

　アルコール・薬物依存は，DSM-5 においては「物質使用障害」，ICD-10 においては「精神作用物質使用による精神及び行動の障害」に分類されている。物質（または精神作用物質）とは，アルコールや精神刺激薬（覚せい剤など），鎮痛薬・睡眠薬・抗不安薬などの脳内報酬系を直接活性化する薬物を指し，診断の際にはどの物質による障害なのか特定する必要がある。どちらの操作的診断においても，過去 12 か月における状態を診断基準としており，問題となっている物質の使用をコントロールすることができない状態が中核症状とされている。使用障害（精神及び行動の障害）に該当する状態像は幅広く，時間経過や治療効果に伴い変化する。問題となっている物質や障害の重症度に応じて治療が異なるため，それらを面接や質問紙を用いてアセスメントすることが重要である。また，アルコールや薬物の使用に関する質問は，対象者に不快な感情を引き起こす可能性があり，回答には社会的望ましさバイアスがかかりやすい。面接者には①スクリーニングの目的を正しく説明すること，②先入観や偏見のない態度で接することが求められる。

● **Alcohol Use Disorder Identification Test（AUDIT）**　AUDIT（アルコール使用障害特定テスト）は，世界保健機構（WHO）が作成した危険な飲酒，有害な飲酒，アルコール依存症の有無を対面，または質問紙を用いてスクリーニングする尺度である。同じく WHO が作成した「AUDIT 使用マニュアル」において，AUDIT の使用方法やスコアに応じた介入方法が記載されている（WHO, 2001）。AUDIT は，10 項目，5 件法（0 ～ 4 点）であり，項目 1 ～ 3 で過去 1 年間における平均的な飲酒量や飲酒頻度を，項目 4 ～ 10 で過去 1 年間における飲酒に関連した問題の有無を確認し，各項目の得点を合計する。飲酒量を尋ねる際には，純アルコール約 10g を 1 飲酒単位（a standard drink）として換算する。口頭で尋ねる際にはその国や地域で一般的なアルコール飲料の飲酒単位について説明し，質問紙を用いる際には飲酒単位のイラストなどを用いて補足説明するのがよいとされている。8 点以上で危険な飲酒・有害な飲酒，アルコール依存症の可能性が高いことが明らかになっており，スコアに応じて「8 ～ 15 点：危険な飲酒を減らすための簡単なアドバイス」「16 ～ 19 点：簡易カウンセリングと継続的な観察」「20 ～ 40 点：診断的評価と治療のために専門家に紹介」といった介入が推奨されている。

● **CAGE**　CAGE はアルコール依存のスクリーニング尺度で，4 項目で構成される。各項目の要素，減酒（cut down）の必要性，他者からの批判への煩わし

さ（annoyed），飲酒への罪悪感（guilty），朝の迎え酒（eye-opener）の頭文字を取って CAGE と呼ばれている。4 項目の生涯経験について「はい」「いいえ」で回答を求め，「はい」が二つ以上ある場合はアルコール依存の疑いありと判定される。項目数が少ないため実施が容易であるが，スクリーニングの対象集団によって感度・特異度が異なることが指摘されている（Aertgeerts et al., 2004）。

● **Drug Abuse Screening Test（DAST）**　DAST は，過去 12 か月における違法薬物の使用および処方薬・市販薬の乱用（本来の用法・用量外の使用）について自記式質問紙で尋ね，薬物問題の重症度をスクリーニングする尺度である。20 項目版（DAST-20）の日本語版が開発されており，各項目について「はい」「いいえ」で回答を求め，逆転項目を処理した後，合計得点を算出する（嶋根ほか，2015）。得点が高いほど薬物問題の重症度が高いことを示し，海外の研究において 6 点以上で使用障害の可能性が高いと言われている（Yudko et al., 2007）。

● **CRAFFT**　CRAFFT は若者における物質使用に関連する問題をスクリーニングする尺度である。物質影響下での運転（Car），リラックスのための物質使用（Relax），一人での物質使用（Alone），健忘（Forget），家族友人から物質使用を減らすよう助言される（Friends），トラブルに遭う（Trouble）の頭文字をとって CRAFFT と呼ばれている（Knight et al., 1999）。自記式質問紙または専門家が面接で使用するバージョンがある。パート A で過去 12 か月におけるアルコールまたは薬物使用の有無を尋ね，使用ありの場合はパート B で上記 6 項目の経験の有無について，使用なしの場合はパート B で Car の項目の経験の有無について，「はい」「いいえ」で回答を求める。パート B において「はい」が二つ以上ある場合に物質乱用・依存の疑いありと判定される。

● **Timeline Followback Method（TLFB）**　TLFB は一定期間における飲酒頻度や飲酒パターン，飲酒した日における飲酒量について把握するためのツールである（Sobell et al., 1979）。アセスメント期間は 30 日から最大 360 日まで設定可能である。過去の記憶を可能な限り正しく思い出すために，飲酒に関連した出来事などを頼りに記入するよう促す。自記式質問紙，面接，コンピューターにより調査可能で，薬物使用や嗜癖行動のアセスメントにも応用されている。

［高野　歩，松本俊彦］

さらに詳しく知るための文献

[1] 小松知己・吉本　尚監訳・監修　アルコール使用障害特定テスト使用マニュアル　http://apps.who.int/iris/bitstream/handle/10665/67205/WHO_MSD_MSB_01.6a_jpn.pdf
[2] Paul, M. G. E. & Ellen, V. 2006 *Evidence-Based Treatment for Alcohol and Drug Abuse*. Routledge.（小林桜児・松本俊彦 2010 アルコール・薬物依存臨床ガイド─エビデンスにもとづく理論と治療　金剛出版）

統合失調症の精神症状アセスメント

☞ 統合失調症 p.120

統合失調症は，陽性症状，陰性症状，認知機能障害，感情症状などに分類される多彩な症状を呈し，患者によって重症度や症状プロフィールが異なるといった不均質な病像をもつ疾患である。統合失調症の病状評価として，1960年代から簡易精神症状評価尺度（brief psychiatric rating scale：BPRS）が薬物療法の効果判定や臨床研究などを中心に広く使用された。しかし1980年代のT.クロウほか（Crow et al.）による統合失調症の二症候群仮説に代表されるように，病像概念が従来よりも明確化されるにつれ，BPRSでは陽性症状，陰性症状，その他の症状に対する評価が不十分との指摘もみられるようになった。そこで，BPRSを発展させる形で陽性・陰性症状評価尺度（Positive And Negative Syndrome Scale：PANSS）が開発され，標準化された。

●**簡易精神症状評価尺度**　対象疾患を限定しない全般的な精神症状評価尺度として，J. E. オーバーオール（Overall）とD. R. ゴーハム（Gorham）により1962年に原版が作成された。評価項目は当初16項目であったが，1966年に「興奮」「失見当識」が原著者によって追加され18項目の構成となった。その後，複数の著者らによって改訂版が開発され，代表的なものとして，日本語版が普及しているECDEU版や，オックスフォード大学版，Bech版などが作成された。改訂版にはそれぞれで評価方法や採点法に若干の差異があるため，使用や解釈の際には注意を払う必要がある。BPRS日本語版の評価項目を表1に示した。評価は患者との面接に基づいて行われ，面接は1期（ラポールの確立），2期（非支持的相互作用：自発的な発言を引き出し重症度を明らかにする），3期（直接的な質問）からなる。被験者への質問とその回答によって評価される項目（表1＊印なし）と，面接者による観察に基づく評価項目（表1＊印）とがある。重症度の判定は，1点（症状なし）から7点（非常に重度）の7段階で，合計得点は18〜126点となる。全般的にBPRSは，信頼性が検証されており，短時間（約20分）で包括的な精神症状評価が行える利点から，現在でも有用視する意見がみられる。

●**陽性・陰性症状評価尺度（positive and negative syndrome scale：PANSS）**　統合失調症の包括的な病状評価を目的として1987年にS. R. カ

表1　BPRS日本語版の評価項目

1	心気症	10	敵意
2	不安	11	猜疑心
3	情動的引きこもり＊	12	幻覚による行動
4	概念の統合障害＊	13	運動減退＊
5	罪責感	14	非協調性＊
6	緊張＊	15	不自然な思考内容
7	衒奇症と不自然な姿勢＊	16	情動の平板化＊
8	誇大性	17	興奮＊
9	抑うつ気分	18	失見当識

表2 PANSSの評価項目

陽性症状尺度（P）		陰性症状尺度（N）	
P1	妄想	N1	感情の平板化
P2	概念の統合障害	N2	情緒的引きこもり
P3	幻覚による行動	N3	疎通性／ラポールの貧困さ
P4	興奮	N4	受動性／意欲低下による社会的引きこもり
P5	誇大性	N5	抽象思考の困難さ
P6	猜疑心／迫害感	N6	会話の自発性と流暢さの欠如
P7	敵意	N7	常同的思考

全般的精神症状尺度（G）			
G1	身体についての懸念	G9	異常な思考内容
G2	不安	G10	失見当識
G3	罪責感	G11	注意の障害
G4	緊張	G12	判断力と病識の欠如
G5	反復・常同的な動作と姿勢	G13	意志の障害
G6	抑うつ	G14	衝動制御の障害
G7	運動減退	G15	没入性
G8	非協調性	G16	自主的な社会回避

イほか（Kay et al.）らによって開発された。構成は，陽性症状尺度（P）7項目，陰性症状尺度（N）7項目，全般的精神症状尺度（G）16項目の計30項目からなり（表2）。すべての項目に定義や評価の基準といった明確なアンカーポイントが示され，重症度を1（なし）から7（最重度）の7段階で評価する。よって採点は，陽性および陰性症状尺度で各7～49点，全般的精神症状尺度で16～92点，合計点は23～210点となり，得点が高いほど重度である。評価は，評価時点までの直近1週間の情報を，評価者による臨床面接と，医療スタッフおよび家族からの情報によって総合的に行い，評価の所要時間はおおよそ40～50分である。評価者は精神科における臨床経験をもち，PANSSの訓練を受けた専門家が望ましい。検査の信頼性，再現性をより高めるための構造化面接ガイド（structured clinical interview for the positive and negative syndrome scale：SCI-PANSS）や，家族や医療スタッフなど情報提供者への質問表（informant questionnaire for the positive and negative syndrome scale：IQ-PANSS）も開発されている。PANSSは，信頼および妥当性が検証されており，現在統合失調症関連の臨床試験において最も汎用される評価尺度の一つで，薬物療法のみならず非薬物療法における効果判定にも用いられる。ただし，社会生活機能やリカバリーに関連する評価に関してはほかの評価尺度を併用する必要がある。

［渡邊由香子・池淵恵美］

□ さらに詳しく知るための文献
[1] 熊谷直樹ほか 1990 簡易精神症状評価尺度（BPRS）精神科診断学 1, 547-566.
[2] 福田正人ほか 日本統合失調症学会監修 2013 統合失調症 医学書院.

双極性障害のアセスメント

☞うつ病や気分のアセスメント p.196

　本項では，双極性障害の診断やスクリーニングのための代表的な評価尺度，症状に関する代表的な評価尺度，およびライフチャートについて概説する。

●**診断やスクリーニングのための評価尺度**　Structured Clinical Interview for DSM-Ⅳ Axis I Disorder（SCID-Ⅰ）（Spitzer et al., 1997）は DSM-Ⅳの I 軸疾患の診断をするための構造化面接であり，双極性障害にも適応される。十分な訓練を受けた精神科医が構造化面接を行うことが，双極性障害の最も正確な診断をする方法である。しかしながら，双極性障害のスクリーニングツールとして，Mood Disorder Questionnaire（MDQ），Bipolar Spectrum Diagnostic Scale（BSDS），Hypomania Checklist-32（HCL-32）などの自記式評価尺度がその簡便さのため開発されている。ただし，双極性障害の診断の確定は精神科医の総合的な判断のもとになされるもので，スクリーニングツールがこれに代わりえないことは言うまでもない。MDQ は軽躁または躁症状の生涯歴や，双極性障害スペクトラムをスクリーニングするために開発された自記式評価尺度である（岩本ほか，2012）。MDQ は，双極Ⅰ型障害に比べて，双極Ⅱ型障害では感度が劣ることが指摘されている。BSDS は，双極スペクトラムの診断の一助となることを目的とした自記式スクリーニングツールであり，双極Ⅰ型・Ⅱ型・特定不能といった亜型によらず，ほぼ同等の感度を有しているが，質問文のボリューム（文字数）が MDQ よりも多く，精神運動抑制の強い患者では施行が困難なときがある（田中，2015）。HCL-32 は，軽躁症状の病歴のための自記式評価尺度で，うつ病と診断された患者の軽躁症状をスクリーニングするために開発されたという背景がある（阿部ほか，2012）。

●**抑うつエピソードの症状に関する評価尺度**　DSM-5 の抑うつエピソードの診断基準は双極でも単極でも同じであるので，双極性障害の抑うつエピソードの症状は，ハミルトンうつ病評価尺度（Hamilton Depression Scale：HAM-D）やモンゴメリ・アスベルグうつ病評価尺度（Montgomery-Åsberg Depression Rating Scale：MADRS）のようなうつ病と同じ評価尺度で評価される（Grande et al., 2016）。うつ病の評価尺度については，☞「うつ病・気分のアセスメント」参照。

●**（軽）躁病エピソードの症状に関する評価尺度**　（軽）躁病エピソードの症状に関する観察者評価尺度としては，ヤング躁病評価尺度（Young Mania Rating scale：YMRS）が最も標準的で，その他，ベック・ラッフェルソン躁病尺度（Bech-Rafaelsen Mania Scal：BeRaMaS），ベイゲル躁病尺度（Beigel Mania

Scale : BeiMS) などがある。また，自記式評価尺度としては，Altman Self-Rating Mania Scale (ASRM)，Internal State Scale (ISS)，Self-Report Manic Inventory (SRMI) などがある。YMRS は，気分高揚，活動の量的-質的増加，性的関心，睡眠，易怒性，会話（速度と量），言語-思考障害，思考内容，破壊的-攻撃的行為，身なり，病識の 11 項目で構成される（稲田ほか，2012）。各項目は 5 段階で評価が行われるが，易怒性，会話，思考内容，破壊的-攻撃的行為の 4 項目は，躁病エピソードが重症で面接に協力が得られない場合を補うため，その他の項目より 2 倍の重みづけがなされている（稲田ほか，2012）。DVD（日本精神科評価尺度研究会のホームページから購入可）などによってトレーニングを受けたうえで，15〜30 分程度の評価面接を実施する。BeRaMaS は，活動性（運動），活動性（言語），観念奔逸，音声／騒音レベル，敵意／破壊性，気分（満ち足りた感覚），自尊心，接触性，睡眠（最近 3 日間の平均），性的関心，仕事（初診時の評価と週間の評価）の 11 項目からなり，各項目は 5 段階で評価が行われる。BeiMS は 26 項目からなり，トレーニングを受けた看護師によって評価されることが想定されている。各項目では頻度と程度の双方が評価され，頻度は 6 段階，程度は 5 段階で評価される。ASRM は，気分の高揚，自尊心の肥大，睡眠欲求の減少，多弁，活動の増加に該当する 5 項目からなり，各項目は 5 段階で評価が行われる。ISS は躁症状だけではなく，うつ症状も同時に評価する。ISS には自記式の 100 mm ビジュアル・アナログスケールによって評価される 17 の項目がある。SRMI は，はい・いいえで答える 47 の項目があり，活動力，浪費，性的衝動，多弁，高揚感，易怒性，観念奔逸と集中力低下，誇大性，妄想または精神病症状の経験を評価する。

●ライフチャート　ライフチャートは，横軸は時間（時期）とし，縦軸にその時期に応じた躁状態またはうつ状態の程度を記し，そして，躁状態あるいはうつ状態の誘因となったと推測できるエピソードや投薬内容を含む治療状況をも記した図である。ライフチャートを作成することは，双極性障害の経過，誘因，どのような治療が効果的だったのかを患者や治療者が理解する手助けになる。

●評価尺度を使用する際の留意点　症状に関する評価尺度によって躁病エピソードの改善を認めた場合，抑うつエピソードが生じていないかを確認しておく必要がある。同様に，抑うつエピソードの改善を認めた場合は，躁病エピソードが生じていないかを確認しておく必要がある。

[宮崎哲治]

📖 さらに詳しく知るための文献
[1] 稲田俊也編　2012　YMRS を使いこなす　じほう．
[2] 山内俊雄・鹿島晴雄編　精神・心理機能評価ハンドブック　中山書店．

うつ病や気分の
アセスメント

☞ うつ病 p.116, うつ病の認知療法・認知行動療法 p.328, うつ病の行動活性化療法 p.330, エビデンスに基づく心理療法 p.630

　実証に基づく研究や臨床実践を行うためには，うつ病や気分といった精神症状を適切かつ量的にアセスメントを行う必要がある。一般に，心理アセスメントでは他者評価尺度と自己評価尺度があり，これはうつ病や気分に関する心理アセスメントでも同様である。そこで本項では，他者評価尺度と自己評価尺度の観点から，うつ病や気分に関するさまざまなアセスメントツールの基本構成や特徴，使用する際の注意点などを紹介する。

●ハミルトンうつ病評価尺度（hamilton depression rating scale：HAM-D）　HAM-Dとは，M. ハミルトン（Hamilton）が自らの臨床経験をもとに1967年に開発した他者評価尺度であり，過去1週間のうつ病の重症度を測定するための尺度である。HAM-Dの原版は21項目の質問から構成されているが，重症度評価は最初の17項目で行い，残りの4項目（日内変動，現実感喪失・離人症，妄想症状，強迫症状）はうつ病の特徴を表す症状項目として位置づけられている。各項目の重症度は，0～2点の3件法もしくは0～4点の5件法で構成される。HAM-Dには実証的なカットオフポイントは設定させていないものの，0～7点は正常，20点以上は中等症以上であることを示唆し，この状態は，しばしば臨床試験の参加登録の基準として用いられる。なお，HAM-Dは稲田ほか（2014）によって日本語版が作成されている。

　HAM-Dの特徴として，この尺度はうつ病を診断する者やうつ病の可能性がある者を対象にしたものではなく，すでにうつ病と診断された者に対してその重症度を評価するために開発された尺度である。そのため，アメリカ精神医学会による精神疾患の診断・統計マニュアル（DSM）などのうつ病の診断基準には含まれないが，うつ病にみられる不安の身体症状，一般的な身体症状，消化器系の身体症状などの自立神経症状や心気症，不安の精神症状といった不安症にみられる症状が評価項目に含まれている。また，HAM-Dでは，入眠障害・熟眠障害・早朝睡眠障害という三つの睡眠症状を評価するため，ほかのうつ病の評価尺度と比べて，これらの睡眠症状によってうつ症状の重症度が左右されやすいという特徴がある。なお，HAM-Dは日本語版のトレーニングDVDが作成されているため，事前に具体的な評価方法を習得したうえで，評価面接を実施することが望ましい。

　HAM-Dを使用する際の注意点として，HAM-D自体は構造化面接ではないため，評価者間信頼性や施設間信頼性が低くなる可能性がある。またM. ジマーマンほか（Zimmerman et al., 2005）は，(1) DSMで定義される大うつ病性障害の診断基準と一致しない項目が含まれていること，(2) 非定型うつ病の特徴

が評価項目に含まれていないこと，(3) 不安・精神症状の項目は易怒性と不安症状を含んでおり，複数の構成概念を含む項目があること，(4) 症状の重度をもとに評価する項目と頻度をもとに評価する項目が混在し，さらに 3 件法と 5 件法の評価項目も混在しているため，評価者間で得点に違いが生じる可能性があることを指摘している。そのため，HAM-D を用いる場合にはこれらの点について留意する必要がある。

● **HAM-D 構造化面接（structured interview guide for the hamilton depression rating scale：SIGH-D）** SIGH-D とは，HAM-D によるうつ病の重症度評価における信頼性の問題を解決するために開発された HAM-D の構造化面接である。SIGH-D は過去 1 週間の様子を聴取するなかで，異なる評価者でも一定の信頼性を保つために，標準質問文とアンカーポイントが明示されている。SIGH-D のカットオフポイントとして，N. P. カーンズほか（Kearns et al., 1982）は 17 項目版で，0 〜 7 点を正常，8 〜 13 点を軽症，14 〜 18 点を中等症，19 〜 22 点を重症，23 点以上を最重症とそれぞれ設定している。また，SIGH-D は中根・J. B. W. ウイリアムズ（Williamns, 2004）によって日本語版が作成されており，原版では評価者間の信頼性が確認されている。

　SIGH-D の特徴として，この尺度はさまざまな修正版が開発されている。具体的には，原版の 17 項目版や 21 項目版だけでなく，HAM-D と DSM で定義される大うつ病性障害の診断基準の乖離を修正するために，ふがいなさ（無力感），絶望感，無力感の項目を加えた 24 項目版が開発されている。そのため，研究間での比較を行う際には SIGH-D のバージョンについて確認する必要がある。なお，SIGH-D 以外の HAM-D の構造化面接として，症状の程度と頻度のクロス表によって評点される GRID HAM-D 構造化面接や，うつ病治療の検証を行うためにアメリカで実施された大規模臨床試験である STAR*D 試験で用いられた STAR*D 版 HAM-D 構造化面接があり，いずれも日本語版が作成されている。

● **モンゴメリ・アスベルグうつ病評価尺度（Montgomery–Åsberg depression rating scale：MADRS）** MADRS とは，S. A. モンゴメリ（Montgomery）と M. アスベルグ（Åsberg）が 1979 年に開発した他者評価尺度であり，過去 1 週間のうつ病の重症度を測定するための尺度である。MADRS が開発されるまでの経緯として，まず，1978 年にアスベルグとモンゴメリによって開発された，主観的精神病理症状と客観的精神病理症状で構成される包括的精神病理評価尺度（comprehensive psychopathological rating scale：CPRS）の 65 項目のうち，うつ病によくみられる症状が 17 項目抽出された。その中から，三環系抗うつ薬の薬物療法によって鋭敏に反応する症状であり，かつ全体の重症度と関連が強い症状が 10 項目抽出され，各項目を 0 〜 6 点の 7 件法で評価する尺度として MADRS が開発された。なお，MADRS は稲田ほか（2013）に

よって日本語版が作成されている。

MADRS の特徴として，この尺度では重症度を示す具体的なアンカーポイントは偶数点のみに定義されている。同じくうつ病の重症度を評価する尺度である HAM-D との違いとして，HAM-D では不安を含むさまざまな身体症状が評価対象であるのに対し，MADRS ではそうした身体症状の評価項目は少なく，精神症状としての抑うつ症状と快感消失（anhedonia）の評価が重視されている。また，HAM-D と同様に，MADRS にも日本語版のトレーニング DVD が作成されている。

MADRS を使用する際の注意点として，HAM-D 同様に MADRS 自体は構造化面接ではないため，評価者間信頼性や施設間信頼性が低くなる可能性がある。一方で，MADRS にも構造化面接（Structured Interview Guide for MADRS：SIGMA）が作成されており，稲田ほか（2013）によって日本語版が作成されている。また，構造化奇数点のアンカーポイントの評価基準がないため，評価者ごとにさまざまな基準を設けて評価すると，一致率が低くなる可能性がある。さらに，MADRS 作成の経緯から，精神運動性制止・激超・自律神経症状などのうつ病でしばしばみられる症状が含まれていない点も留意する必要がある。

●**ベック抑うつ質問票（Beck depression inventory：BDI）** BDI とは，A. T. ベック（Beck）らが 1961 年に開発した尺度であり，うつ病の重症度を測定するための 21 項目，0〜3 点の 4 件法の自記式尺度である。なかでも，最も頻繁に用いられる自記式尺度の一つである BDI-II は，アメリカ精神医学会（1994）による精神疾患の診断・統計マニュアル第 4 版（DSM-IV）の診断基準に沿ってうつ症状を評価することができる尺度である。そのため，BDI-II は DSM-IV の大うつ病性障害の診断基準に従い，「今日を含めて過去 2 週間」の症状を評価対象としている。なお，BDI-II は小嶋・古川（2003）によって日本語版が作成されており，信頼性と妥当性ならびに治療による症状変化の鋭敏性が確認されている。BDI-II の適用年齢は 13 歳以上とされている。

BDI-II の特徴として，ほかのうつ病に関連する尺度と比べると，BDI-II に含まれる項目は気分や認知に関連する症状の評価が重視されており，身体症状に関する項目は比較的少ない。また，BDI-II はカットオフポイントが設定されており，0〜13 点をごく軽症，14〜19 点を軽症，20〜28 点を中等症，29〜63 点を重症とそれぞれ設定されている。加えて，日本語版 BDI-II はうつ病患者だけでなく定期健康診断に受診した者も対象として作成されているため，うつ病の重症度評価だけでなく，うつ病のスクリーニングのために用いられることもある。

●**うつ性自己評価尺度（Zung self-rating depression Scale：SDS）** SDS とは，W. W. K. ツング（Zung）が 1965 年に開発した尺度であり，うつ病のスクリーニングや重症度を評価するための 20 項目，1〜4 点の 4 件法の自記式尺度である。SDS は福田・小林（1973）によって日本語版が作成されており，適

用年齢は18歳以上とされている。

　SDSの特徴として，第1項目と第3項目は感情面，第4項目～第10項目は生理面，第11～第20項目は心理面の症状に関する評価項目であることから，生理面と心理面に関する評価項目が比較的多い。また，ツングの分類では，SDSの合計点が20～39点を正常，40～47点を軽度うつ状態，48～55点を中等度うつ状態，56点以上を重度うつ状態とそれぞれ位置づけられている。その一方で，日本語版SDSでは，正常対象（健常）群・神経症患者群・うつ病患者群の3群の平均点と標準偏差から，正常は23～47点，神経症は39～59点，うつ病は53～67点を目安として示されている。また，SDSは海外と本邦のデータに違いがあることが指摘されている。ツングの調査での平均値は，健常群では26.0点，神経症群では46.2点，うつ病群では59.0点であった。一方で，福田の調査では，健常群では35.0点，神経症群では49.0点，うつ病群では60.0点であったことから，日本では海外よりも健常群の得点が高い可能性がある。

●気分プロフィール検査（profile of mood states：POMS）　POMSとは，D. M. マクネアほか（McNair et al.）が1971年に開発した尺度であり，過去1週間もしくは今現在の気分や感情状態を評価するための65項目，0～4点の5件法の自記式尺度である。中でも，POMS2（横山，2015）では，「緊張-不安」「抑うつ-落ち込み」「怒り-敵意」「活気」「疲労」「混乱」という旧版のPOMSに含まれる下位尺度に加えて，「友愛」を追加した七つの下位尺度で構成されている。また，POMS2では，18歳以上が対象の成人用と，13～17歳が対象の青少年用が開発されており，それぞれ35項目の短縮版も作成されている。加えて，POMS2では従来のPOMSでは標準化されていなかった総合的気分状態（TMD）得点が標準化されている。

　POMSの特徴として，この尺度では抑うつに限らず，気分や感情状態を幅広く評価することができるため，さまざまな精神疾患の症状評価だけでなく，身体疾患者や職場でのスクリーニング，スポーツやリラクセーションの効果測定などにも応用することができる。そのうえで，健康な一般男女の年齢別の得点をもとに，これらの下位尺度ごとに平均値±1標準偏差を「健常」，平均値±1～2.5標準偏差を「他の訴えとあわせ，専門医を受診させるか否かを判断する」，平均値±2.5標準偏差を超えるものを「専門医の受診を考慮する必要あり」という判断基準が示されている。しかしながら，精神疾患の診断の基準となるようなカットオフ値は設けられていない。これらのことからも，POMSはうつ病に関するほかの尺度よりも現在の気分や感情状態を幅広く評価するため尺度であるといえる。

［佐藤秀樹・鈴木伸一］

□さらに詳しく知るための文献
［1］上里一郎監修　2001　心理アセスメントハンドブック（第2版）西村書店．

恐怖症のアセスメント

☞ 社交不安症の認知行動療法の基盤となる研究 p.88, 限局性恐怖症の認知行動療法の基盤となる研究 p.90, 特定の恐怖症（限局性恐怖症）p.102, 持続エクスポージャー法（PE）p.264, 嘔吐恐怖症の認知行動療法 p.336

　恐怖症は，ある対象によって耐えがたい恐怖が喚起されることを特徴とする疾患で，その反応は大きく，不快刺激に対する不安や恐怖などの情動応答，交感神経興奮症状や視床下部-下垂体-副腎系の亢進といった生理学的反応，回避・逃避行動といった行動学的反応の三つから説明される。恐怖の対象となるものはさまざまであり，DSM-5 によれば，よく知らない人たちの前で注視を浴びるかもしれない社会的状況や行為に対する恐怖を特徴とする社交不安症，特定の対象（高所，動物など）に対する恐怖を特徴とする限局性恐怖症とに大きく分けられる。これら恐怖症の症状を評価する際には，主に自記式尺度と行動評価が用いられ，前者としては，Fear Survey Schedule（FSS）および Fear Questionnaire（FQ），後者としては，Behavior Avoidance Task（BATs）が代表的である。

●**自記式尺度**　特定の恐怖症における自記式尺度は，P. J. ラング（Lang）が作成した恐怖調査票（The Fear Survey Schedule：FSS）に始まり，その後，系統的脱感作法を考案した J. ウォルピ（Wolpe）によって臨床用に改良された FSS-Ⅲが広く用いられている。FSS-Ⅲでは，動物，社会・対人場面，けがや病気，騒音，未知や失敗に該当する出来事，その他の恐怖対象の六つの分類から構成される各アイテムに対して，どの程度恐怖や不快感を抱くかについて，「全く感じない（0）」から「とても感じる（4）」の5件法で回答が求められる。刺激語への回答から，回答者の神経症的感受性とそのカテゴリー，恐怖反応の具体的内容が調査される。今日では，子ども向けの恐怖症状の評価尺度である「FSS-C（fear survey schedule for children）」や日本語版の FSS も作成されている。I. M. マークス（Marks）によって開発された恐怖症状質問票（the fear questionnaire：FQ）は，FSS よりも広く恐怖・回避対象を検査する質問票であり，以下の三つの部分から構成される。まず，クライエントが最も恐れる対象をクライエント自身の言葉で書いてもらい，続いて広場恐怖，血液・外傷恐怖，社会恐怖に関して恐怖対象となる事物や状況をそれぞれ五つ，さらに，それ以外の恐怖対象について具体的にあげてもらう。次に，それらすべてに「全く回避しない（0）」から「常に回避する（8）」までの9段階で評価を求める。最後に，不安と抑うつの程度を測定する五つの質問とクライエントの具体的な悩みを加えた六つの項目に対して，「ほとんど悩まない（0）」から「非常に強く悩む（8）」までの9段階で評価を求める。以上の FSS や FQ などの自記式尺度は妥当性の担保が難しく，特に動物や自然環境のように，状況によって喚起される反応が変動する可能性のある対象への恐怖を評価する場合は測定上の限界が指摘されており

(Cutshall & Watson, 2004),現在もその改良が試みられている。

●**行動の評価** 上述した自記式尺度は基本的にクライエントの主観に基づく自己報告形式での症状評価となるが,外国の実験的手法を用いた臨床研究では,恐怖対象となる場面での行動の評価も併せて行われることが多い(Choy et al., 2007)。行動を評価するアセスメント手法としては,Behavior Avoidance Task (Behavior Approach Tests:BATs とも呼ばれる)が用いられる。BATsでは,恐怖対象や不安が喚起される場面にどの程度接近できるのかを測定する実験的課題によって,恐怖の程度および対象からの回避の程度が評定される。BATsは,P. J. ラングと A. D. ラゾビッチ(Lang & Lazovik, 1963)がヘビ恐怖患者への系統的脱感作の効果を検討するために行った実験が最初であるとされており,本物のヘビを用いてどこまで接近できるのか,接近したときの恐怖度がどの程度かについての測定が行われた。その後,評価段階を細かくすることや実験者によるモデリングを行わないことなどの手続き上の改良がなされ,今日では,接近の程度は 12〜27,主観的な苦痛度は 9 の段階で評定が行われている。しかしながら,研究間で BATs の内容や段階数が異なるという指標の標準化の問題や,本物の刺激を呈示することへの倫理的な問題なども指摘され,刺激や手続きの改良がはかられている現状である。

●**適用の実際** 上述した自記式尺度や行動評価の手法を用いることによって,回答者の恐怖対象および当該対象からの回避の程度が多角的に評定される。実際の事例では,恐怖状況からの回避行動および予期不安によってクライエントの社会生活が障害されていることがほとんどであり,クライエント自身,恐怖の過剰さや不合理さを認識しているケースも多い。そのため,治療場面では,基本的に認知行動療法的アプローチによって,対象に慣れることが目標とされる。ケース・フォーミュレーションの手続きの例としては,FSS および FQ などの自記式尺度を用いて恐怖症状のスクリーニングを行い,クライエントの自己報告が難しい一部のケースでは BATs における行動的側面の評価を用いて,症状の詳細なアセスメントに基づき介入計画を立案する。具体的な治療法としては,エクスポージャー,ロールプレイ,アクセプタンス&コミットメントセラピーなどが選択されることが多い。また,恐怖症は,クライエントによっては持続性抑うつ障害やアルコール使用障害といった合併症を併発しているケースも多いため,合併症の治療を念頭においた薬物療法やカウンセリングも並行される。　　　　　　　　　　［輕部雄輝・嶋田洋徳］

📖 さらに詳しく知るための文献
[1] Marks, I. M. 1987 *Fears, Phobias, and Rituals: Panic, Anxiety, and Their Disorderss*, Oxford University Press.
[2] 石川信一 2011 児童青年の内在化障害における心理査定 心理臨床科学 1, 65-81.

社交不安症のアセスメント

☞ 社交不安症の認知行動療法の基盤となる研究 p.88, 社交不安症（社交不安障害, SAD）p.110, 社交不安症の認知行動療法 p.340

● **Social Phobia Scale（SPS）と Social Interaction Anxiety Scale（SIAS）**　R. P. マティックと J. C. クラーク（Mattick & Clark, 1998）によって開発された1組の尺度であり，SPS は日常的な活動（飲食など）において他者から見られることへの恐れを，SIAS は社交状況における不安の程度を評価する。他者から見られることや社交的な交流は，社交不安症者が症状を呈する代表的な場面である。SPS は20項目，SIAS は19項目として発表された。その公刊以前より20項目版の SIAS が，社交不安症に対する治療効果の測定などに用いられてきた経緯があり（e.g., Heimberg et al., 1992），20項目版は広く使用されている。SPS と SIAS ともに5件法で被検者に回答を求める自記式の尺度である。信頼性は，Cronbach の α 係数がいずれも 0.94，また検査の間隔を12週としての再検査信頼性は SPS が 0.93，SIAS が 0.92 であった。妥当性に関する検討として，これらの尺度とほかの社交不安尺度（FNE, SADS など）との間に有意な正の相関（$r = 0.54$ から 0.69）が得られている。エクスポージャー法や認知再構成法などの介入により SPS と SIAS の得点低下が認められ，また，社交不安症における SPS と SIAS の得点は，広場恐怖症や限局性恐怖症，健常群より高い値を示していた（Mattick & Clark, 1998）。SPS と SIAS の日本語版は金井ほか（2004）によって報告されている。

● **Liebowitz Social Anxiety Scale（LSAS）**　社交不安症の症状を評価する尺度であり，薬物や心理療法による治療の効果を評価する際にも用いられてきた。LSAS は2種類の対人状況（社交状況とパフォーマンス状況）における恐怖や不安，そして回避の程度をそれぞれ測定する。得られる得点は，社交状況恐怖／不安得点，パフォーマンス状況恐怖／不安得点，恐怖／不安合計得点，社交状況回避得点，パフォーマンス状況回避得点，回避合計得点の六つである（Heimberg et al., 1999）。社交状況は11項目（「権威ある人と話をする」など），パフォーマンス状況は13項目（「会議で意見を言う」など）から構成され，臨床上重要な対人状況が取り上げられている。被検者にそれぞれの状況における，過去1週間の不安の程度や状況を回避する確率について尋ね，4件法で評価する他者評価式の尺度である。もし，項目に記載された状況を経験していない場合，被検者は想像して答えるよう求められる。Cronbach の α 係数は，社交状況における不安と回避がいずれも 0.89，パフォーマンス状況への不安は 0.81，パフォーマンス状況の回避が 0.83 である。妥当性として，既存の社交不安症尺度（SADS, SPS, SIAS, FNE など）との間に有意な相関が認められ（$r = 0.35$

から0.77），薬物治療への感受性も示された（Heimberg et al., 1999）。LSASの日本語版は朝倉ほか（2002）により報告されている。

● **Social Avoidance and Distress Scale（SADS）** と **Fear of Negative Evaluation Scale（FNE）** いずれもD. ワトソンとR. フレンド（Watson & Friend, 1969）によって開発され，社会的状況に対する不安を測定する代表的な一組の尺度である。1980年にDSM-Ⅲにおいて社会不安障害（現在の社交不安症）の診断基準が示される以前から存在しており，社交不安症に限らず一般にも認められる社交不安を測定する。ワトソンとフレンドは，社交不安反応の構成要素として①社会的状況において感じる苦痛や不快，恐れ，不安，②社会的状況の回避，③他者からの否定的な評価への恐れの三つをあげた。①と②を測定する尺度としてSADS，③を測定する尺度としてFNEが作成された。いずれも「はい」「いいえ」の2件法で回答を求める自記式の尺度である。日本版は石川ほか（1992）によって標準化が行われた。SADSは28項目から構成され，社会的状況における不安に関する14項目と，社会的状況からの回避行動に関する14項目を含むが，それらを分けて扱うのではなく，全28項目の合計点を分析に用いることが一般的である。信頼性は，KR-20が0.94であり，1か月の間隔をおいて行われた再検査法による検討での信頼性係数は0.68であった。妥当性としては，H. アルコウィッツほかが，SADS得点とソーシャルスキル得点との間に有意な負の相関が報告している（Arkowitz et al., 1975）。また，本来の2件法ではなく，5件法として使用された研究もあり，5件法として用いた場合のCronbachのα係数はおよそ0.90である（Leary, 1991）。FNEは他者からの否定的評価への不安を測定する尺度であり，30項目から構成される。信頼性は，KR-20が0.94，1か月の間隔をおいて行われた再検査法での信頼性係数は0.78であった。妥当性については，FNE得点高群では否定的評価を受けるのをより悪いことと感じ，否定的評価を受ける可能性をより高く見積もる（Smith & Sarason, 1975）。また，FNE得点の高い人は，脅威的な社会的比較の状況を避ける（Friend & Gilbert, 1973）。治療への感受性では，社交不安症において治療的に意味のある臨床的変化とFNE得点の減少とに関連が認められた（Gelernter et al., 1991）。Leary（1983）によって，12項目の短縮版（5件法）が開発され，Cronbachのα係数は0.90，再検査法（4週間）による信頼性係数は0.75であった。FNE短縮版の日本語版は，笹川ほか（2004）により報告されている。

［毛利伊吹］

📖 **さらに詳しく知るための文献**
［1］山内俊雄・鹿島晴雄編 2015 精神・心理機能評価ハンドブック 中山書店.
［2］クラーク, D. A. & ベック, A. T 2013 不安障害の認知療法 科学的知見と実践的介入 明石書店.

パニック症のアセスメント

☞ パニック症の認知行動療法の基盤となる研究 p.86，パニック症（パニック障害），広場恐怖症 p.104，パニック症の内部感覚エクスポージャー（身体感覚曝露）p.332，パニック症の認知行動療法 p.334

　パニック症とは，予期しない状況で，突然，激しい恐怖または強烈な不快感が生じ，それに，動悸，震え，息苦しさなどの身体症状と現実感消失や死の恐怖などの精神症状が伴うパニック発作を繰り返す不安症である。パニック発作が繰り返されることで，発作に関わる持続的な懸念または心配（予期不安）を募らせるようになる。さらに，運動や不慣れな場所を回避するなど，発作を避けるための行動上の不適応的変化も特徴的であり，発作が起きたときにすぐに逃げることや助けを得ることが困難な場所を避けるようになる「広場恐怖症」を合併することも多い。したがって，パニック症をアセスメントする際には，広場恐怖の有無についても確認することが必須となる。本項では，パニック症のアセスメントツールについて概説する。

● **Panic Disorder Severity Scale（PDSS）**　パニック障害重症度尺度（PDSS）は，M. K. シーアほか（Shear et al., 1997）によって開発された，パニック症における中核的な症状の重症度を評価する7項目の臨床面接評価尺度である。7項目とは，過去4週間における，①パニック発作と症状限定エピソード（Limited symptom episode: LSE）の頻度，②パニック発作とLSEによる苦痛度，③予期不安の重症度，④広場恐怖と回避の重症度，⑤パニック症に関連した感覚への恐怖と回避の重症度，⑥職業上の機能障害，⑦社会生活上の機能障害から構成される。LSEとは，パニック発作の随伴症状が三つ以下しかない場合を指している。各項目は評価者によって0〜4の5段階で評価され，最高得点は28点であり，得点が高いほど重症とされる。評価に要する臨床面接の時間は10〜15分である（稲田ほか，2013）。PDSSの日本語版であるPDSS-Japanese（以下，PDSS-J）は古川ほか（2003）によって作成され，山本ほか（Yamamoto et al., 2004）によって1因子構造であることや良好な内的・外的信頼性と併存的妥当性を有することが確認されている。さらに，治療反応性の評価尺度として妥当性を有することも報告されている（高塩ほか，2004）。

　PDSSはパニック症に精通した専門家により使用されるように開発され，日本語版PDSSに関するトレーニングDVDも公表されている（稲田ほか，2006）。一方で，訓練を受けた評価者を必要としない，より簡便に施行が可能な自記式Panic Disorder Severity Scale（PDSS-SR）が開発され（Houck et al., 2002），片上（2007）によってPDSS-SR日本語版（PDSS-SR-J）も作成された。PDSSとの相違点としては，パニック症患者自らが各症状を評価することを可能とするため，各項目の内容を容易に理解できるように修正が加えられており，また，想起上の

問題からより正確な症状把握を行うために，対象となる時間枠が1週間に縮小されていることである（Houck et al., 2002）。したがって，日常臨床において，患者と治療者が毎週の症状変化を簡便にとらえることが可能である。片上（2007）によると，PDSS-SR-J においても1因子構造からなることが示され，高い信頼性と妥当性を有する尺度であることが報告されている。また，カットオフ値については，PDSS-SR の 0〜9 点は精神疾患の重症度を評価する Clinical Global Impression-severity（CGI-S）の軽症と，10〜14 点は中等症と，15 点以上は重症と対応することが示唆された。PDSS ならびに PDSS-SR は，日常臨床および多くの臨床試験において使用されている，パニック症の代表的な尺度といえる。

● **Mobility Inventory for Agoraphobia（MIA）**　MIA は，D. L. チャンブレスほか（Chambless et al., 1985）によって開発された，回避行動を評価する自記式の質問紙である。26 種類の状況について，1 人だけの場合（Alone）と付き添いがいる場合（Accompanied）に分けて回避行動の程度を 1〜5 の 5 段階で評価するものである。26 の状況は，場所（劇場など），広いところ，乗り物，車の運転・乗車状況，その他の状況（長い行列など）の五つのカテゴリーから構成されており，各項目の回答後に特に不快な状況を五つ選択する形式となっている。得点化は，Alone と Accompanied の下位尺度ごとに行われる。また，過去 1 週間におけるパニック発作の頻度についても測定する。十分な信頼性と妥当性を有しており（Chambless et al., 2011），さまざまな状況における回避の頻度を網羅的に測定できることから，エクスポージャー法といった行動的治療の計画をたてる上で有用な尺度と考えられている。なお，MIA の日本語版は小川ほか（2005）によって作成され，各下位尺度について，いずれも十分な信頼性，中等度の併存妥当性，良好な治療反応性が示されている。

　MIA は，パニック症に関するさまざまな研究で用いられてきたが，同様に具体的な回避場面を選択できる尺度として，Panic and Agoraphobia Scale（PAS：Bandelow et al., 1995；貝谷ほか，2008）もあげられる。PAS は，パニック発作，恐怖性回避，予期不安，人間関係および職業上の障害，身体疾患へのとらわれの五つの要素から重症度を測定する尺度である。観察者評価尺度と自記式尺度があり，いずれも治療反応性を評価する上で有用であることが報告されている。近年におけるパニック症を対象とした臨床試験では PDSS と PAS が使用されることが多く（貝谷ほか，2008），パニック症の認知行動療法マニュアル（関・清水，2016）においても両者の使用が提案されている。

［富田　望］

📖 **さらに詳しく知るための文献**
[1]　熊野宏昭ほか 2008 パニック障害ハンドブック 医学書院.

全般不安症のアセスメント

☞ 全般性不安症の認知行動療法の基盤となる研究 p.92, 子どもの不安への支援 p.406

●ハミルトン不安評価尺度（Hamilton Rating Scale for Anxiety, HRSA；Hamilton Anxiety Rating Scale, HARS or HAM-A）　パニック症，社交不安症，全般不安症などの不安症と診断された患者において，その不安症状の程度を測定するための尺度であり，M. A. X. ハミルトン（Hamilton, 1959）によって開発され，薬の臨床試験における評価でも中心的な役割を果たしてきた。不安の症状に関する 14 項目から構成されており，被検者にそれぞれの症状について尋ねて，5 段階で評定する他者評価式の尺度である。各項目は，精神症状が 6 項目（不安気分，緊張，恐怖，不眠，認知機能の変化，抑うつ気分），身体症状が 7 項目（筋肉に関する症状，感覚に関する症状，心血管系症状，呼吸器症状，胃腸症状，生殖器尿路系症状，自律神経症状）であり，14 項目目は，面接中に被検者が示す行動（手の震えなど）を観察して評価する。評定者間信頼性について，HRSA の合計点では 0.74 だが，呼吸器症状，自律神経症状，行動の 3 項目については，0.30 に満たない値であった。また，パニック症の患者を対象とした研究で，ほかの不安尺度との間に 0.63 の相関が認められている。その一方で抗不安薬と抗うつ薬の効果の弁別が不十分であると報告された（Maier et al., 1988）。この尺度は，各症状について被検者にどのように尋ねるのかが定められておらず，評価の具体的な基準も示されていない。その点を補うために構造化面接のマニュアルとして Hamilton Anxiety Rating Scale Interview Guide：HARS-IG（Bruss et al., 1994）が開発され，日本語版は大坪ほか（2005）により報告された。その後，全般不安症の治験において，プラセボと薬物の効果の差を適切に検出できるよう，Interview Guide for the Hamilton Anxiety Rating Scale：SIGH-A（Shear et al., 2001）が開発されている。この日本語版は社団法人日本精神科評価尺度研究会より入手可能である。また，この尺度から派生して，Clinical Anxiety Scale：CAS（Snaith et al., 1982）が開発された。これは，HRSA から抑うつや不眠などの症状に関する項目を除いて 6 項目から構成され，現在の不安症状を 5 件法で評定する他者評価尺度である。

●STAI（State-Trait Anxiety Inventory：状態・特性不安検査）　C. D. スピルバーガー（Spilberger, 1966）によって概念化された特性不安と状態不安を測定する，二つの尺度で構成されている。特性不安はパーソナリティ特性としての不安であり，比較的安定した個人の反応傾向とみなされ，状態不安は状況に反応して生じる一過性の不安と位置づけられる。特性不安は脅威となる刺激への評価に影響を与え，その評価が状態不安に影響すると仮定されている。特性不安尺度と

状態不安尺度は、それぞれ20項目から構成され、回答者に4段階での評定を求める自記式の質問紙であり、スペイン語やアラビア語などにも訳され、各国で広く用いられてきた。STAIには、STAI FormX（STAI-X）と、それを改訂したSTAI FormY（STAI-Y）とが存在する。STAI-XからSTAI-Yへの主な改訂箇所は、(1)不安を抑うつからより弁別して測定できるよう、不安よりも抑うつに関連の強い項目を変更、(2)若年者などによって、異なる意味に読み取られてしまうことの多い項目を変更、(3)因子構造改善のために不安の存在を問う項目を減らして逆転項目を増やし両者のバランスを考慮した点、である（Spilberger et al., 1983）。STAI-XとSTAI-Yは高い相関を有している（r = 0.96から0.98）。STAI-Yの内的一貫性について、α係数が状態不安尺度では0.86から0.95、特性不安尺度では0.89から091であった。再検査信頼性は、検査の間隔を30日間としたときに、特性不安については、男子高校生0.71、女子高校生0.75、状態不安では男子高校生0.62、女子高校生0.34である。STAI-Xの日本語版（日本版STAI）は三京房より、STAI-Yをもとに日本の文化適要因を考慮して作成された日本語版（新版STAI：State-Trait Anxiety Inventory-Form JYZ）は、実務教育出版より入手可能である。口腔外科処置前の患者の不安を日本版STAIと新版STAIとで測定した研究では、新版STAIの方が高不安群と判定される割合がより小さかった（林田ほか，2011）。なお、子ども用STAI（STAIC）の日本版も検討されている（曽我，1983）。

● **Penn State Worry Questionnaire（PSWQ）** 心配の程度を測定する尺度としてT. J. メイヤーほか（Meyer et al., 1990）によって開発され、心配や全般不安症の研究に広く用いられている。心配は、全般不安症の主症状だが、健常者にも認められる一般的な体験でもある。項目数は16であり1因子で構成された5件法の自記式尺度となっている。Chronbachのα係数は0.91から0.95、再検査信頼性（1カ月）の係数は0.93であった。妥当性については、特性不安を測定するSTAI-Iとの相関係数が0.64、状態不安を測定するSTAI-Tとは0.49である。また、ほかの種類の不安症患者よりも全般不安症の患者のPSWQ得点の方が高いとの結果が得られている（Brown, Antony & Barlow, 1992）。子どもを対象とするPSWQ-C（Chorpita et al., 1997）や5項目の短縮版（Topper et al., 2014）も開発された。日本語版は、杉浦・丹野（2000）および、本岡ほか（2009）によって報告されている。　　　　　　　　　　　　　　　　　　　[毛利伊吹]

📖 さらに詳しく知るための文献
[1] 山内俊雄・鹿島晴雄編 2015 精神・心理機能評価ハンドブック 中山書店．
[2] クラーク，D. A. & ベック，A. T 2013 不安障害の認知療法 科学的知見と実践的介入 明石書店．

強迫症のアセスメント

☞ 強迫症（強迫性障害, OCD）p.106

　強迫観念による不安に対してそれを強迫行為で中和したり打ち消すことにより症状が維持増悪される典型例に曝露反応妨害法が著効を示すため，認知行動療法は強迫症の心理療法として推奨されてきた。しかし，本疾患の特徴に強迫症状の多様性があり，その難治性とも関連することがわかってきた。その病態に不安の関与が明らかでないものもあり，DSM-5 からは不安障害から独立して「強迫症および関連症群」に分類された。現在では，強迫症は汚染にまつわる観念と洗浄行為のように関連する強迫観念と強迫行為のセットからなるいくつかのディメンジョンから構成され，その一つひとつには神経遺伝学的基盤の違いがあることが解明されつつあり，曝露反応妨害法の適応の可否など治療技法の選択も異なってきている。

　現在，主として臨床研究領域で日本でも頻用されているものを以下に紹介する。治療者は丁寧な症状の把握ができ，患者はさまざまな強迫症状に同様に苦しんでいる人の存在を知ることができ，臨床上も有用である。

●診断面接

・Structured Clinical Interview for DSM-IV Axis I Disorders (SCID-I) (Spitzer et al., 1997)

　DSM-IVのI軸疾患の診断が可能である。施行に時間を要し，訓練された評価者が必要である。強迫症状はほかの精神疾患でもみられ，併存疾患の影響も受けるため，強迫症の診断であるかどうか，ほかの疾患が併存しているのかどうかを診断することは，治療方針を立てる上でまず必要である。特に，近年神経発達障害の併存例の難治性，および両疾患の病因の異同についての研究が進んでおり，発達障害の正確なアセスメントも治療上，研究上ともに重要になっている。

●質問紙による強迫症状の評価

（1）臨床家による評価尺度

・Yale-Brown Obsessive-Compulsive Scale (Y-BOCS) (Goodman et al., 1989)

　成人の強迫症の重症度評価のゴールドスタンダードとされ，強迫症の研究で国際的に使用されている。①強迫観念，行為の内容について，それぞれの下位項目ごとの症状の有無を評価する症状チェックリスト，②強迫観念，行為についてそれぞれ費やす時間，障害，苦痛，抵抗，コントロールの程度の5項目を0～4点で評価する重症度評価尺度などからなる。重症度は治療効果を鋭敏に反映することが実証されている。熟達した臨床家による半構造化面接で行われる必要があり，かなりの評価時間を要する。子ども版には Children's Y-BOCS が開発された。

(2) 自記式評価尺度

・Obsessive-Compulsive Inventory (OCI) (Foa et al., 1998)

成人の強迫症によくみられる洗浄，確認，疑念，順序強迫，強迫観念，溜め込み，中和の七つの下位項目に分かれる42の症状について苦痛と頻度を0～4点で問う。下位分類ごとの質問数が均等でない，通常臨床で用いるには質問項目が多すぎることなどから下記の短縮版が開発された。子ども用にOCI-Child Versionがある。

・Obsessive-Compulsive Inventory –Revised (OCI-R) (Foa et al., 2002)

上記のOCIの欠点を補うために作成されたOCIの短縮版。OCIの七つの下位項目のうち疑念を除き6項目とし，1項目3問で合計18問と下位項目ごとに均等にした。カットオフ値を設け，より正確に強迫症をスクリーニングでき，OCIの苦痛と頻度の二つの評価のうち頻度を省き，より簡便に短時間で施行できる。

(3) 患者と臨床家で評価する尺度

・Dimensional Yale-Brown Obsessive Compulsive Scale (DY-BOCS) (Rosario-Campus et al., 2006)

Y-BOCSをもとに開発された。攻撃性，性／宗教性，対称性，汚染，保存に関する観念と行為，その他の六つの症状ディメンション（88項目）から構成され，子どもから老人まで使用可能。これ以前に開発されたLeyton Obsessional Inventory, Maudsley Obsessional-Compulsive Inventoryなどの尺度よりも尺度構造的に優れている。Y-BOCS, CY-BOCSとも優れた妥当性を示す。各ディメンジョン得点は互いに独立している。この尺度は，患者および臨床家が評価する二つの部分からなっている。使用上優れた点は以下がある。質問項目に患者にわかりやすい例が添えられていること，各ディメンジョンで関連する観念と行為に関しての情報が一緒に集められること，重症度に寄与しない項目を除去し評価の段階を増やすことでY-BOCSではできなかった臨床閾値以下の症状の同定も可能となり，遺伝学的研究に役立てられることである。また，回避の質問がすべてのディメンジョンおよび総合評価に含まれるため，認知行動療法を行う上で有用である。評価に長時間を要し大人数のスクリーニングには向いていないが，治療初期に治療者が患者の強迫症状の種類と重症度をディメンジョンの視点で把握することができる。

また，海外では次々に新しく尺度が開発されており，本邦でも国際的に評価されるものの使用が求められるが，必ずしも日本語版の標準化がなされているとはいえないのが現状である。日本での研究基盤を迅速に整える対応が必要である。

［中川彰子］

📖 さらに詳しく知るための文献

[1] Grabill, K. et al. 2008 Assessment of obsessive-compulsive disorder: A review. *Journal of Anxiety Disorder*.

PTSD, 複雑性悲嘆のアセスメント

☞ 持続エクスポージャー療法（PE）p.264

●**心的外傷後ストレス障害（post-taumatic stress disorder：PTSD）** Post-traumatic Stress Disorder（PTSD）とは，災害や事故や犯罪などを経験した後，一定の症状が見られることが知られており，過覚醒，再体験および回避の三つのスペクトラムを中心とした症状が出現する精神障害である。これは，元来，ベトナム戦争帰還兵が示す症状と性被害患者に診られる症状が類似することから，1980年のDSM-Ⅲの診断基準に新たな精神障害として現れたものであるが，その診断はあくまで操作的なものである。現在，DSM-5が最新である。PTSDに対してはさまざまな治療法が行われているが，現在，薬物療法と心理療法がよくもちいられる。このうち心理療法としては，E. B. フォアほか（Foa et al.）によって開発された認知行動療法プログラムである持続エクスポージャー法が用いられている。PE療法は成人のPTSDの治療にエビデンスが認められる。恐怖を覚える事物，状況，記憶に安全向き合うことができるようにデザインされている。具体的には心理教育，呼吸法，実生活内曝露，イメージ曝露およびプロセシングなどを用いる。

●**複雑性悲嘆（persistent complex bereavement disorder）** 複雑性悲嘆とは，近親者の死や事件などの暴力的な死の際に起こる悲嘆反応が通常6か月以上続き，日常生活に影響を及ぼしている状態を言う。悲嘆反応は死別に関連して起こる反応である。通常，時間の経過によって反応が変化する。数週間から数か月の経過をたどり，少しずつ回復が見られるが，この悲嘆反応が長期化する場合を複雑性悲嘆という。複雑性悲嘆は，うつ病と症状が似ているが，抗うつ薬は効果が薄く治療は難しい。持続性複雑性死別障害は2013年に改訂されたDSM-5において，持続性複雑性死別障害（persistent complex bereavement disorder）の臨床単位が取り上げられた。これは，故人への思慕が12か月以上にわたり持続する近親者に特化した状態であり，うつ病やPTSDとは近似点はあるものの別種と考えられている。複雑性悲嘆に対して近年K. シーアほかが，複雑性悲嘆の認知行動療法（complicated grief treatment：CGT）プログラムを開発した。この治療法では，症状が長引いている理由はつらかった記憶を思い出さないようにせき止めていること，苦痛な思いに妨げられて故人の思い出を振り返ることができず，亡くなった人を自分の心の中に新たに位置づけることができないこと，そのために故人のいない生活を受け入れられず適応できないことにあると考えられている。そのため，治療という安全な枠組みの中で，その記憶を表現し，思い出を整理することが，有効であるといわれている。治療のプログラムには，複雑性悲嘆の症状とそれが生じる心の仕組みの理解，苦痛のために避けて

いる状況や記憶に向き合うこと，亡くなった方についての感情を整理すること，新たな人生の目標の設定，などの項目が含まれる。

● **CAPS-5（clinical administered PTSD scale）** 心的外傷後ストレス障害（PTSD）の診断基準には，DSM-5とICDとの二つあるが研究に汎用されるのは，DSMである。また，評価尺度は大きく自記式質問紙法（The PTSD checklist for DSM-5など）を述べたものと半構造化面接であるが，ここでは半構造化面接（CAPS）と自記式質問紙法を紹介する。自記式質問紙法は簡便であるが診断精度には一定の限界がある。一方，半構造化面接（CAPS）は一定の時間と労力がかかるが診断精度が高く，日常では両者を使い分けている。半構造化面接（CAPS）は米国のNaional Center for PTSDにより開発された構造化診断面接法である。現在，CAPS-5が最新であり，面接時点より遡る1か月間の症状評価とさらに外傷的出来事から現在までの期間の症状評価障害が可能である。

● **The PTSD checklist for DSM-5** PTSDの症状尺度として，簡便な症状尺度であるPCL-5について述べる。

PCL-5はPTSDの20項目の自記式質問紙法であり，PTSDの20のDSM-5症状を評価する。PCL-5は，治療中および治療後の症状の変化のモニタリングを行い，PTSDの個人をスクリーニングをし，暫定的なPTSD診断の作成である。

PTSDを診断するためのゴールドスタンダードは，Clinician-Administered PTSD Scale（CAPS-5）のような半構造化面接である。必要に応じて，PCL-5をスコアリングして，暫定的なPTSD診断を提供する。DSM-Ⅳ以前のPCLからの変更点PCLをDSM-5用に更新する際にいくつかの重要な改訂が行われた。PCL-DSM-Ⅳには，PCL-M（軍用），PCL-C（民間用），およびPCL-S（特定）の三つのバージョンがある。PCL-5は，PCL-S（特定）バージョンに最もよく似ている。対応するPCL-MまたはPCL-CバージョンのPCL-5はない。PCL-5項目のバージョンは一つしかないが，基準A成分を含まないもの，基準A成分を有するもの，LEC-5および拡張基準を有するものを含む，PCL-5測定の三つのフォーマットがあるコンポーネントである。PCL-5は20項目の自記式アンケートで，PTSDのDSM-5症状基準に対応している。PCL-5項目の表現は，既存の症状の変化とDSM-5の新しい症状の追加の両方を反映している。自己報告の評価尺度は，症状ごとに0〜4であり，DSM-ⅣバージョンのPCL1-5からの変化を反映している。評価尺度記述子は，「まったくありません」「ちょっと」「中程度」「かなり」，および「非常に」と同じである。評価尺度の変更と，17から20項目への増加とを合わせると，PCL-5スコアはDSL-ⅣスコアのPCLと互換性がなく，互換的に使用することができない　　　　　　　　　　［元村直靖］

📖 さらに詳しく知るための文献
[1] 飛鳥井 望 2011 心的外傷後ストレス障害（PTSD）最新医学．

身体症状症（疼痛が主症状のもの）のアセスメント

☞ 心身症, 身体症状症, 病気不安症 p.128, 行動医学 p.130, オペラント法 p.252, 心身医学的技法 p.258, 慢性疼痛の認知行動療法 p.358, 身体症状症, 病気不安症などの認知行動療法 p.362

　身体症状症（身体表現性障害）・疼痛障害などの慢性疼痛患者に対する自己報告式のアセスメントとして，一般的に評価されているのは疼痛と生活機能障害，情緒的な苦痛（うつ・不安・怒りなど），対処方法（痛みの破局化など）についてであり，多数の評価尺度が開発されている。その中でも臨床的に特に有用なのは，治療の効果判定に有用となる"痛みの定量のための尺度"と，治療方針を決定するための"多面的で包括的な痛み評価尺度"であり，この二つの尺度の違いを区別することが重要である。本項では，その代表的な尺度として"痛みの定量のための尺度"の Visual Analogue Scale（VAS）/ Numerical Rating Scale（NRS）と，"多面的で包括的な痛み評価尺度"の Multidimensional Pain Inventory（MPI）について述べる。

● **NRS/VAS**　痛みの強さを定量するための尺度である VAS と NRS は信頼性，妥当性ともに検証され，臨床・研究における痛みの評価として広く使用されている（Turk, D. C. and Melzack, 2011）（図1）。VAS と NRS の得点は，通常高く相関するため，臨床や研究の必要性に応じて選択され

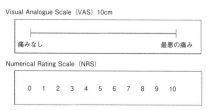

図1

る。痛みの強さは，治療効果判定の意味からも初診時に評価しておくことが重要である。一番強いときの痛み，一番弱いときの痛み，1日の平均の痛みに分けて VAS/NRS を評価するとよい。VAS は，紙に印刷された 100 mm の線の左端を「痛みなし」，右端を「最悪の痛み」とした場合，患者の痛みの強さを表すところに印を付けてもらうものである。VAS の長所は，100 mm を 0～100 の 101 段階で評価するため非常に小さな変化を検出できることと，比率で表す尺度であるため VAS 得点 60 から 30 への変化は，患者が感じている痛みの強さも半減したと解釈できることである。VAS の短所は，筆記用具を使用できるだけの運動機能が必要とされ，NRS と比べて（特に高齢者では）理解が難しいためミスが生じやすく，説明・採点に時間・労力を要することである。NRS は，痛みを 0 から 10 の 11 段階に分け，「痛みなし」を 0，「最悪の痛み」を 10 として，痛みの点数を問うものである。口頭で点数を回答するだけの方法や，紙に左から順に 0～10 の数字が印刷され，患者の痛みの強さを表す数字に丸印を記入する方法もある。NRS の長所は口頭で実施する場合には筆記用具を必要とせず，患者が直

感的に意味を理解しやすく，採点が容易であることである．NRS の短所は，尺度の区間の距離が等間隔ではない場合があり，比率で表す尺度ではないため NRS 得点 6 から 3 への変化は，必ずしも患者が感じている痛みの強さが半減したとは解釈できない点である．このような VAS と NRS の特徴から，一般的には NRS が推奨されている．これらの痛みの強さを定量する尺度の重要な欠点は，患者が評価を受けた特定の時点での痛みしか反映していないことである．

● **MPI** 多面的で包括的な痛み評価尺度とは，痛みだけでなく，痛みが患者の人生にもたらす影響，痛みに対する対処方法，他者の患者に対する接し方，痛みに対する患者の考えや気分・行動，身体的活動性を総合的に評価し治療方針を提案しうるもので，その代表的な尺度が MPI である（Kerns et al., 1985）．MPI は，慢性疼痛の患者には標準的な治療に対して異なる反応性を示す三つのサブグループが存在する，という研究結果をもとに開発された包括的な心理社会的要因の評価尺度である．慢性腰痛に対して認知行動療法を行った場合の調整要因に関して，さまざまな心理尺度の中でも MPI を用いた 3 分類が重要であることが示されている（van der Hulst et al., 2005）．MPI は治療結果を予測するのにきわめて優れた方法であり，すべての慢性疼痛患者の包括的評価の一つとして採用されるべきとされている（Mikail. SF et al., 1993）．MPI は自記式の全 61 項目からなり，"痛みの影響"を評価する「痛みの強度」「機能障害」「生活の制御」「感情的な苦痛」「社会的な支援」の 5 下位尺度，家族を代表とする"重要な他者からの痛みに対する反応"を評価する「否定的反応」「気遣いする反応」「気を逸らさせる反応」の 3 下位尺度，"患者の活動"を評価する「家事」「屋外の仕事」「家庭外の活動」「社会的活動」の 4 下位尺度で構成される．MPI では回答を専用の解析ソフトウェアを用いて（McKillop, 2010），三つのサブグループに層化する．三つのサブグループには，痛みや痛み行動の程度が強く，機能障害が重篤で，家族から保護的環境が提供されやすい「dysfunctional：DYS」と，痛みや機能障害は DYS に類似するが，家族からの援助レベルが低く他者から叱責されやすい「interpersonally distressed：ID」，疼痛レベルは低く，情動的な苦痛や生活面での機能障害もあまり大きくない「adaptive copers：AC」がある．DYS 型にはオペラント行動療法，ID 型にはアサーショントレーニング，AC 型には健康的活動を促す指導で治療効果が得られやすいと考えられている． ［笠原諭・丹羽真一］

📖 **さらに詳しく知るための文献**

[1] Flor, H. & Turk, D. C. 2011 *Chronic Pain,* IASP Press.（柴田政彦・北原雅樹監訳 2014 慢性痛）http://ebooks.iasp-pain.org/b98a14/1
[2] 笠原 諭ほか 2017 慢性疼痛の臨床に必要な心理社会的評価尺度―MPI 最新精神医学 22, 103-108.

摂食障害のアセスメント

☞ 摂食障害の認知行動療法 p.346

　摂食障害は，極端な摂食制限，自己統制のできない過食やそれに引き続く自己誘発性嘔吐や下痢または利尿薬の乱用などの食行動異常と，肥満恐怖，ボディイメージのゆがみ，自己評価に対する体重や体形の過剰な影響といった認知や情動の障害を主徴とした疾患であり，主に神経性やせ症（anorexia nervosa：AN）・神経性過食症（bulimia nervosa：BN）・過食性障害（binge eating disorder：BED）に分類される。アセスメントや治療においては，体重や食行動の頻度だけではなく，心理面の評価が重要であり，さまざまな評価尺度や心理療法が開発されている。摂食障害に対する認知行動療法（enhanced cognitive behavior therapy：CBT-E）は，オックスフォード大学の C. G. フェアバーンほか（Fairburn et al.）によって開発された治療法である。神経性過食症に対して有効性が証明されていた CBT-BN を発展させたもので，「超診断的」理論に基づいて摂食障害の共通の精神病理を扱い，下位分類に関わらずすべての摂食障害に適用することができる。英国の NICE ガイドライン 2017 では，神経性やせ症，神経性過食症，過食性障害の成人あるいは小児に対しての治療法として，いずれも第一選択あるいは第二選択に位置づけられており，現在，最も有効性のエビデンスが確立された治療法であると言える。摂食障害のスクリーニングや重症度評価に用いられる尺度には，面接によって評価者が実施する評価者評価尺度と，自記式の質問紙を用いて患者自身が回答する自記式尺度がある。ここでは，CBT-E で評価に用いられる一つの評価者評価尺度と二つの自記式尺度，その他の日本語版がよく用いられる自記式尺度二つについて概説する。

● **EDE（eating disorder examination）**　1987 年にフェアバーンらが作成した半構造化面接であり，摂食障害の診断と重症度評価に用いられる。2014 年に改訂された第 17 版が最新である。過去 28 日間に焦点をあてた面接であり，摂食制限・食への関心・体重への関心・体形への関心の四つの下位尺度を有し，摂食障害特有の行動や精神病理の評価を行う。信頼性・妥当性についても確認されており，さまざまな介入研究にも広く用いられている評価者評価尺度である。多くの言語に翻訳されており，日本語版も信頼性や妥当性が確認されている。ただし，質問項目が多く，施行に 45 分程度を要すること，評価者は専門的な訓練を受ける必要があることが難点である。

● **EDE-Q（eating disorder examination questionnaire）**　1994 年にフェアバーンらが作成した，EDE の自記式版であり，スクリーニングと重症度評価に用いられる。2008 年に改訂された第 6 版が最新である。EDE と同様，過去

28日間について,四つの下位尺度からなる22項目と,異常な食行動や代償行為の頻度について回答を求める6項目からなる。10分程度で実施可能であるため,CBT-Eにおいても複数回にわたって評価に用いられる。原版は信頼性・妥当性についても確認されており,日常診療や疫学研究においても広く用いられている。日本語版の信頼性・妥当性の検証が現在行われている(2019年4月現在)。

● **CIA (clinical impairment assessment questionnaire)**　2008年にフェアバーンらが作成した,16項目からなる自記式尺度で,摂食障害症状による二次的な心理社会的障害の重篤度の評価に用いられる。EDE-Qとともに使用するように設計されており,過去28日間に焦点をあてている。個人の障害,社会的障害,認知の障害の三つの下位尺度からなるが,CIAは二次的な心理社会的障害の全体的な重症度を測定するのが目的であるため,合計点で評価する。原版は信頼性や妥当性についても確認されており,海外ではCBT-Eでの評価法としてだけでなく,疫学研究にも広く用いられている。日本語版の信頼性・妥当性の検証が現在行なわれている(2019年4月現在)。

● **EDI (eating disorder inventory)**　1983年にD. M. ガーナーほか(Garner et al.)が作成した,64項目からなる自記式尺度で,1991年に改訂された第2版からは91項目となり,2004年に作成された第3版が最新である。摂食障害に特化した項目だけでなく,一般的な心理状態についての項目も設けられているのが特徴である。質問項目が多いため実施に20分程度要するが,摂食障害の心理評価の尺度として広く用いられている。日本語版は第2版(EDI-2)で作成され,信頼性・妥当性が確認されている。EDI-2の下位尺度は,やせ願望,過食,身体不満足,無力感,完全癖,対人不信,内界への気づき障害,成熟不安,禁欲的態度,衝動統制,社会不安からなる。日本では現在も,このEDI-2が最も用いられている。

● **EAT(eating attitude test)**　1979年にガーナーらが40項目からなる尺度を作成し,1982年に26項目にしぼった(EAT-26)自記式尺度である。摂食障害のスクリーニングと簡便な重症度評価に用いられる。摂食制限,過食と食事コントロール,肥満恐怖の三つの下位尺度からなる。日本語版も信頼性・妥当性が確認されており,日本においては,摂食障害の評価尺度のうち,唯一診療報酬を算定することができる(2019年4月現在)というのが大きな特徴である。

〔堀江　武〕

📖 さらに詳しく知るための文献

[1] Fairburn, C. G.　切池信夫監訳　2010　摂食障害の認知行動療法　医学書院.

睡眠障害のアセスメント

☞ 睡眠障害 p.126

　睡眠障害にはさまざまな病態があり，診断には睡眠障害国際分類第 3 版（ISCD-3；AASM 2014；訳 2018）や精神疾患の診断・統計マニュアル第 5 版（DSM-5；APA 2013a；訳 2014）が利用される。

　睡眠障害は，医師による問診のほかに，客観的な睡眠状態と主観的な睡眠状態を測定する検査を用いて診断される。客観的な睡眠状態を測定する検査には，(1) 睡眠ポリグラフ検査（PSG：polysomnography），(2) 反復睡眠潜時検査（MSLT：multiple sleep latency test），(3) アクチグラフ検査（Act：actigraphy）が代表的である。主観的な睡眠状態を測定する検査には，(1) 睡眠日誌（Sleep diary），(2) 質問紙検査が代表的である。

●**客観的な睡眠状態を測定する検査**　客観的な睡眠状態を測定するのは，主に確定診断が目的である。しかし，睡眠障害の中には，睡眠中に特徴的な脳波が認められないもの（例えば，不眠障害，睡眠覚醒リズム障害など）があり，その場合は鑑別診断を目的として利用される。

(1) PSG は一晩の脳波，筋電図，心電図，呼吸，体位などを測定し，睡眠時の特徴を把握する。PSG による判定が最も重要であるが，睡眠環境の違いによる睡眠変化が一夜目に生じる，第一夜効果（first night effect）の問題がある。

(2) MSLT は，日中に数回（1 回につき最大 20 分間）にわたって行われる脳波検査であり，寝つきの早さを測定することで眠気の強さを判定する。通常は PSG 後に引き続き行われ，特に，日中の耐えがたい眠気を訴える睡眠障害（例えば，ナルコレプシー）の診断のために実施される。

(3) Act は活動計であり，夜間の活動計の記録から睡眠状態を割り出す検査である。いつもの睡眠環境での睡眠状態を測定したい場合や，後述する睡眠日誌と併用して，主観的評価と客観的評価のズレを比較したい場合は，Act を利用することが多い。

●**主観的な睡眠状態を測定する検査**　主観的な睡眠状態を測定するのは，主に睡眠習慣の把握と改善，睡眠障害の重症度の判定，治療前後の変化の測定を目的として利用される。

(1) 睡眠日誌は，クライエントの睡眠問題を把握する上で必ず利用される。これは，いわゆるセルフモニタリングであり，毎日の睡眠状態と日中の活動を記録していくものである。また，カウンセリングによる効果検証にも有用である。夜間睡眠に関するものとして，①就床時刻，②就寝時刻，③中途覚醒回数，④中途覚醒時間（再入眠に要した合計時間），⑤最終覚醒時刻，⑥起床時

刻，⑦服用役の種類・量に関する項目，日中に関するものとして，⑧起床時の熟睡感，⑨昼寝した時間，⑩睡眠による日中の支障度に関する項目で構成される。これらの項目を利用して，入眠潜時（SOL：sleep onset latency；②-①），中途覚醒時間（WASO：wake after sleep onset；④），臥床時間（TIB：time in bed；⑥-①），睡眠時間（TST：total sleep time；⑤-②-④），睡眠効率（SE：sleep efficiency；睡眠時間／臥床時間×100）を算出する。

(2) 自記式質問紙は，症状に合わせてさまざまな尺度が開発されているが，ここでは比較的よく用いられている検査を取り上げる。

　総合的な睡眠の質とそれによる日中機能の障害を測定する尺度としてピッツバーグ睡眠質問票（PSQI：pittsburgh sleep quality Index）が用いられる（Doi et al., 2000）。この尺度は，19項目で構成されており，七つの下位カテゴリ（睡眠の質，入眠時間，睡眠時間，睡眠効率，睡眠困難，眠剤の使用，日中覚醒困難）および総合得点（0～21点）で評価される。6点以上の場合，臨床レベルの睡眠問題を有しているとされる。

　日中の耐えがたい眠気を測定する尺度として，エプワース眠気尺度（ESS：epworth sleepiness scale）がある（福原ほか，2006）。この尺度は8項目3件法（0～24点）で構成されており，11点以上の場合に臨床レベルの眠気問題を有しているとされる。不眠障害の重症度を測定する尺度として不眠重症度質問票（ISI：insomnia. severity index）とアテネ不眠尺度（AIS：athens insomnia scale）がある。ISIは7項目4件法（0～28点）で評価され，7点以下が疑いなし，8～14点が軽症，15～21点が中等症，22点以上が重症と評価される（宗澤ほか，2009）。AISは，8項目4件法（0～32点）で評価され，6点以上の場合に臨床レベルの不眠の問題を有しているとされる（Okajima et al., 2013）。

　一方，子どもの睡眠習慣を把握するために，養育者が自記式で評価する尺度として，子どもの睡眠習慣質問票（CSHQ：children's sleep habits questionnaire）がある（土井ほか，2007）。この尺度は，52項目で構成されており，そのうち33項目用いて得点化される。原版では41点以上の場合に臨床レベルの睡眠問題を有しているとされている。その他にも，睡眠障害と関連のある認知行動的指標としては，睡眠に関する非機能的信念（DBAS：dysfunctional beliefs and attitudes about sleep scale），入眠前過覚醒（PSAS：pre-sleep arousal scale），ストレスによる睡眠反応性（FIRST：ford insomnia response to stress test），睡眠に関する安全確保行動（SRBQ：sleep-related behaviorurs questionnaire）を測定する尺度などが用いられる（岡島，2017）。

［岡島　義］

◾️さらに詳しく知るための文献
［1］日本睡眠学会 2015 臨床睡眠検査マニュアル（改訂版）ライフ・サイエンス．

パーソナリティのアセスメント

☞ パーソナリティ障害 p.136

　パーソナリティとは人の振る舞いや言葉，認知，判断，感情，好き嫌いなどについて，幼い頃からどのような状況でも一貫して見られる，その人らしさとして定義される。日常語では人柄や気性，性格，人格のことである。専門用語としてはパーソナリティと呼ぶ。「人格者」のような価値判断を避けるためである。学問としての心理学とは無関係に，人は人のタイプ分けを長く，広く行ってきた。ギリシャ時代の多血質・胆汁質に始まり，クレッチマーが体型と性格を結びつけた循環気質や分裂気質，日本特有の血液型性格診断に至るまで多様な性格類型論がある。心理学専門家の中でも類型論志向は根強い。日本の臨床心理学ではロールシャッハ法などの投影法が広く使われている。

　一方，実証科学としての心理学に基づくCBTにおいては対象がパーソナリティであっても客観的な手法を用い，信頼性と妥当性が確認されたアセスメント法を使う。類型にあてはめることよりもIQのように連続する次元としてとらえて数値化する。パラノイドや"ボーダー"などの概念は日常用語の性格類型であり，一生変わらないその人らしさであると同時に，CBTにおいては数値で評価し，治療で変えることもできる具体的な行動である。

●**性格類型を評価するもの**　多種多様な性格類型論があるが決定的なものはない。その中で最もコンセンサスを得ているものはDSM-5の分類である（DSM-5 2014，635-676を参考に作成）。3群10類型に分類している。

　A群　猜疑性，シゾイド，統合失調型
　これらの障害をもつ人は奇妙で風変わりに見えることが多い
　B群　反社会性，境界性，演技性，自己愛性
　これらの障害をもつ人は演技的で情緒的，移り気に見えることが多い
　C群　回避性，依存性，強迫性
　これらの障害をもつ人は不安または恐怖を感じているように見える

　DSM-5診断には半構造化面接を使うことになっており，パーソナリティ診断のためにはSCID-5-PD（First et al., 2017）が用意されている。事前スクリーニングのための106項目の自記式質問紙が付属しており，これであてはまる項目が少なければ，評価に要する時間は30分程度である。多い場合は2，3時間である。評価者は事前のトレーニングを受ける必要がある。そして模擬患者の面接を評価し，所定の標準と一致するまで反復するようにする。

　もう一つの標準がICD-10である。こちらにはABCのような群別はない。妄想性と統合失調症質性，非社会性，情緒不安定性，衝動型，境界型，その他の情

緒不安定性，演技性，強迫性，不安性（回避性），依存性，その他に分類している。

●**特定のパーソナリティを評価するもの**　反社会性については Hare PCL-R (Hare psychopathy checklist-revised)（Hare, 2004）が標準である。125 の質問からなる半構造化面接である。評価者は PCL-R 日本事務局が行う研修を受講する必要がある。

境界性については DIB (diagnostic interview for borderline patients)（John, Kolb, & Austin, 1981）が標準である。132 の質問からなる半構造化面接である。

●**多次元に基づく評価**　複数の次元の複合体からパーソナリティが構成されるという考えに基づく。現在，一般に使われているものはすべて自記式尺度である。行動療法の創始者としても知られる H. J. アイゼンク (Eysenk) がつくった尺度がよく知られている。MPI (maudsley personality inventory)，EPI (eysenck personality inventory)，EPQ (eysenck personality questionnaire) の順に改定されている。EPQ は外向性-内向性，神経症性-安定性，精神病性-社会性の3次元に加えて，虚偽発見尺度がある。現在はさらに二つの次元を加えた，NEO Personality Inventory-Revised (NEO-PI-R)（下仲ほか，1998）が主流である。これは，パーソナリティの次元は五つ（神経症傾向，外向性，開放性，調和性，誠実性）あるとするものである。240 の質問からなる。60 項目に短縮した NEO-FFI もある。NEO-PI-R は 30 分強，FFI は 10 分の時間がかかる。

DSM-5 においてもパーソナリティ障害の代替 DSM-5 モデルと呼ばれる多次元に基づく評価を提案している。特定のパーソナリティ障害の診断基準を満たす典型的な患者が，他の障害の診断基準を満たすことが多いなどの現行の診断方法の欠点に対応するためのものである。自己の同一性と志向性，対人関係の共感性と親密さ，5つの病的パーソナリティ特性について5段階で評価するようになっている。

●**パーソナリティアセスメントの未来**　スマートフォンが普及し，ビッグデータを活用できるようになった，例えば SNS での投稿やクリック行動から選挙での投票行動を予測可能である (Kristensen et al., 2017)。またヒトゲノム計画の結果，遺伝がパーソナリティに与える影響をデータに基づいて調べることが可能になった。行動遺伝学と結びついて遺伝情報と環境，行動の間の相互関係を調べる研究が盛んになっている (Bleidorn et al., 2014)。　　　　　　　　　　　　［原井宏明］

📖 **さらに詳しく知るための文献**
[1]　日本パーソナリティ心理学会　2013　パーソナリティ心理学ハンドブック　福村出版．

知的能力のアセスメント (WAIS, WISC)

☞ 知的能力障害 p.148

　WAIS (wechsler adult intelligence scale)，および WISC (wechsler intelligence scale for children) は，WPPSI (wechsler preschool and primary scale on intelligence) とともにウェクスラー式知能検査と呼ばれる。知能を「目的的に行動し，合理的に思考し，能率的にその環境を処理しうる総合的・全体的能力」と定義した D. ウェクスラー (Wechsler) が，1949 年に児童用の WISC を開発し，その後，幼児用の WPPSI，成人用の WAIS と適用範囲の拡大と改訂を重ね，現在，日本では WISC と WAIS がそれぞれ第 4 版 (WISC-Ⅳ，WAIS-Ⅳ)，WPPSI は第 3 版 (WPPSI-Ⅲ) が刊行されている。

● **WAIS，WISC の特徴**　ウェクスラー式知能検査に共通する最も大きな特徴は，1 人の人間の知的発達の状態をプロフィールで表示し，個人内差という観点から分析的に診断するところにある。そのため，例えば WISC-Ⅳ は，15 の下位検査（基本検査 10，補助検査 5）から構成されているが，一般的には 10 の基本検査を実施することで，児童（5 歳 0 か月～16 歳 11 か月）の知的発達の実態を多面的に理解できるようになっている。

　具体的には，全体的な知的発達の水準を示す全検査 IQ (FSIQ) と四つの指標得点を算出する。指標得点には言語の理解力や表現力，言語による推理力や思考力を示す言語理解 (VCI)，非言語，すなわち視覚や空間の認知や視覚 - 運動協応，非言語による推理力や思考力を示す知覚推理 (PRI)，作業中の一時的記憶保持や注意力・集中力を示すワーキングメモリー (WMI)，視覚刺激を速く正確に処理する力や注意の持続性，視覚的ワーキングメモリーを示す処理速度 (PSI) がある。全検査 IQ に加え，指標得点間や下位検査間のディスクレパンシー（差異），下位検査レベルでの強い能力と弱い能力，低得点の原因を明らかにするプロセス分析から個人内の特徴を詳細に理解することができる。

　例として，小学 1 年生で通常の学級に在籍している A 児の WISC-Ⅳ の結果を示した。A 児は乳幼児期から感覚刺激への過敏さ，人への関心の弱さや関わりにくさ，コミュニケーションの困難さがみられていた。

　全検査 IQ は 100 であったが，四つの指標

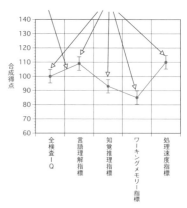

図 1　6 歳 8 か月時の WISC-Ⅳ の結果

得点間に1.5標準偏差（23ポイント）を上回る差異が認められたため一般知的能力指標（GAI）として全般的な知的能力を推定した。その結果，GAIは102となり標準の知的発達の範囲にあると認められた。知覚推理（PRI）と処理速度（PSI）も標準の範囲にあり，ワーキングメモリー（WMI）は標準からすると弱い範囲にあった。言語理解（VCI）は，言語理解を構成する下位検査間にバラツキがみられたことから解釈を保留している。

次に，指標間，下位検査間，そしてプロセス分析のディスクレパンシー比較を行った。指標間では，言語理解（VCI）は知覚推理（PRI），およびワーキングメモリー（WMI）よりも有意に高かった。また処理速度（PSI）は知覚推理（PRI），およびワーキングメモリー（WMI）よりも有意に高かった。特に，言語理解（VCI）とワーキングメモリー（WMI），処理速度（PSI）とワーキングメモリー（WMI）は「まれ」と言えるほど大きな差異であった。それらの結果から，言語理解（VCI）や処理速度（PSI）は個人内の強い能力であり，ワーキングメモリー（WMI）は個人内の弱い能力と解釈された。それらの結果から，A児は言葉の理解や操作，視覚的な情報を正確にとらえたり記憶したりすることに強みがある一方で，空間的な情報の把握や処理，それに聴覚的な記憶は弱さがあると考えられた。下位検査では，類似が強く，数唱が弱い能力と認められた。また，数唱と語音整理，類似と絵の概念に有意差が示された。プロセス分析では，数唱の順唱最長スパンは4であったが逆唱最長スパンは2であり，聴覚的な短期記憶はかなり配慮を要すると考えられた。

● **WAIS，WISCの活用** 全検査IQ，ないし一般知的能力指標（GAI）は，知的障害の有無を判断する一つの目安となり，全検査IQが69以下の場合，日常的な学習や生活の困難さは全般的な知的発達の遅れから生じていると考えられる。

対象者の実態をできるだけ的確に捉え，日常生活の困難さをもたらしている要因とともに対象者の強い能力を含めて多面的に理解し，必要な指導・支援や合理的配慮を行っていくための客観的な根拠として活用していくことが期待される。

● **WAIS，WISCの適用上の留意点** ほかの心理検査とも共通するが，一つの検査から得られる情報は限定されておりこの限界を超えて拡大解釈をしないことや，テストバッテリーとしていくつかの検査を組み合わせて実施し結果の妥当性を確かめていく必要がある。特に，行動観察や聞き取りなどのインフォーマルなアセスメントから得られた情報と照らし合わせて総合的に理解していくことが正確な実態把握を可能にする。

［渡部匡隆］

さらに詳しく知るための文献
[1] 前川久男ほか編 2013 発達障害の理解と支援のためのアセスメント 日本文化科学社.

自閉スペクトラム症，注意欠如・多動症のアセスメント

☞ 自閉スペクトラム症（自閉症スペクトラム障害，ASD）p.144，注意欠如・多動症（注意欠如・多動性障害，ADHD）p.146，成人のADHD p.512

　発達障害のアセスメントツールは，何らかの障害や問題を抱えている可能性を発見する「スクリーニング」と，対象者の特性をより細やかに見る「診断・評価」に分類される（黒田，2016b）。アセスメント実施者は，自分がどのレベルでアセスメントを行っているのか意識することが重要である。

●**自閉スペクトラム症のアセスメント**　自閉スペクトラム症（Autism Spectrum Disorder：ASD）のアセスメントのうち，「スクリーニング」に該当するアセスメントとして，Modified Checklist for Autism in Toddlers（M-CHAT），Autism-Spectrum Quotient（AQ），The High-Functioning Autism Spectrum Screening Questionnaire（ASSQ）があげられる。M-CHATは16～30か月までの乳幼児の養育者を対象とした質問紙である。M-CHATは養育者に質問紙に回答してもらう第1段階と，基準得点を超えた陽性ケースを対象とし不通過項目を中心に発達状態を確認する電話面接の第2段階から構成されている（稲田・神尾，2008）。AQは成人を対象とした自己評定の質問紙である（Baron-Cohen et al., 2001）。日本においては若林ほか（2004）が翻訳したものと栗田ほか（2003）が翻訳を行ったものとが存在する。また短縮版AQや養育者評定の青年期用AQも存在する（Baron-Cohen et al., 2006；Kurita et al., 2005；若林ほか，2007）。ASSQは児童の養育者および教師を対象とした質問紙である。原版では24項目から構成されており6～17歳の児童を対象としていたが（Ehlers et al., 1999）。日本においては7～15歳を対象とした検討（伊藤ほか，2014）や，11項目から構成される短縮版の妥当性および対象者に5歳の児童を含めた妥当性が検証されている（伊藤ほか，2014；足立ほか，2016）。

　「診断・評価」に分類されるものとして，Autism Diagnostic Interview-Revised（ADI-R）とAutism Diagnostic Observation Schedule Second Edition（ADOS-2）があげられる。ADI-Rは，ASDを疑われる精神年齢2歳以上の人の養育者を対象とした半構造化面接である（Lord et al. 1994 訳2015；Tsuchiya et al., 2013）。ADI-Rは93項目についてASDが疑われる人の養育者に検査者が尋ね，評定を行う。ADOS-2はASDを疑われる月齢12か月以上の乳幼児から成人を対象とした半構造化面接である（Lord et al., 2012；稲田・黒田監訳，2015）。ADOSは指定されたおもちゃや検査者からの質問に対する対象者の反応を検査者が観察し評定する。なおADI-Rは「過去の行動特性」から，ADOS-2は「現在の行動特性」から診断と評価を実施するため，両者は相補的役割を果たしている（黒田，2016a）。ADI-RおよびADOSの臨床用使用にお

いては研修会に参加することが強く推奨されており，研究用使用においては研究用研修会に参加し研究用資格を修得することが必須である。その他にスクリーニングに該当するものとして，養育者に質問紙への回答を求める Social Communication Questionnaire（SCQ），養育者か教師に質問紙への回答を求める Social Responsiveness Scale Second Edition（SRS-2），養育者に半構造化面接を行う Parent-interview ASD Rating Scale-Text Revision（PARS-TR）などが存在する。

●注意欠如・多動症のアセスメント　注意欠如・多動症（attention deficit/hyperactivity disorder：ADHD）のアセスメントのうち，「スクリーニング」に該当するアセスメントとして adult ADHD self-report scale-v1（ASRS-v1.1）と ADHD-RS-Ⅳ があげられる。ASRS-v1.1 は，世界保健機関（WHO）と Adler らによって作成された，成人を対象とした自己評定の質問紙である。ASRS-v1.1 は DSM-Ⅳ の ADHD の診断基準である A 基準にあげられている 18 の症状についての記述をもとに作成されている（Kessler et al., 2005）。ADHD-RS-Ⅳ は対象となる成人について養育者や教師が評定を行う質問紙である（DuPaul et al., 1998 訳 2008）。ADHD-RS-Ⅳ には養育者が回答する家庭版と教師が回答する学校版が存在し，いずれも不注意についての 9 項目と多動性・衝動性についての 9 項目の計 18 項目から構成されている。その他，「スクリーニング」に該当するアセスメントとして，ADHD を疑われる 18 歳以上の人または観察者が評定を行う質問紙である Conners' Adult ADHD Rating Scales（CAARS™）や，ADHD が疑われる児童青年を対象とした自己評定および他者（養育者および教師）評定の質問紙である Conners3™ があげられる。

「評価・診断」に該当するアセスメントとして，ADHD が疑われる 18 歳以上の人を対象とした Conners' Adult ADHD Diagnostic Interview for DSM-Ⅳ（CAADID™）があげられる。CAADID™ は二つのパートから成り立っている。一つめのパートでは生活歴について専門家と ADHD が疑われる人による面接，もしくは ADHD が疑われる人に質問紙に回答を求める。二つめのパートでは専門家と ADHD が疑われる人が面接を行い，小児期のエピソードと現在のエピソードの聞き取り，および面接場面での行動観察を行う。CAADID™ は短い自己報告と面接に基づく診断面接ツールであるため，総合的なアセスメントの一環として利用されるべきである（高柳, 2016）。　　　　　　　　　　［金山裕望・佐藤 寛］

📖 さらに詳しく知るための文献
[1] 下山晴彦・黒田美保編 2016 臨床心理学 発達障害のアセスメント 金剛出版.
[2] 辻井正次監修 2014 発達障害児者支援とアセスメントのガイドライン 金子書房.

限局性学習症・発達性協調運動症のアセスメント

☞ 福祉分野の関連法規 p.696,
教育分野の関連法規 p.698

　限局性学習症（specific learning disorder：SLD）は，神経発達症群の一つである（APA, 2013）。SLDは医学上の概念と教育上の概念があることに留意が必要である。医学的診断としてのSLDは，対象となる学業スキルとして読字，文章理解，書字，文章記述，数の操作，数学的推論が含まれている。文部科学省の学習障害の定義によると，全般的な知的発達に遅れがなく，聞く，話す，読む，書く，計算するまたは推論する能力のうち特定のものの習得と使用に著しい困難を示す状態である。発達性協調運動症（developmental coordination disorder：DCD）は，神経発達症群の中の運動症（motor disorder）に位置づけられる。ボールを投げる，自転車を運転するといった粗大運動，ボタンをはめるなどの微細運動の協調運動に問題があり，極端に不器用であると言える。本項では，これらの障害のアセスメントについて紹介する。

●**LDのアセスメント**　LDは，全般的知能が正常であることが条件であるため，LDのスクリーニングの前段階として，WISC-IVやKABC-IIなどの知能検査を実施する必要がある。LDのスクリーニングツールとしては，LDI-R（learning disabilities inventory-revised；LD判断のための調査票，上野ほか，2008）がある。小学校1年生〜中学校3年生を対象とし，対象の学習状況を熟知した教師などが評定する質問紙である。基礎的学力（聞く，話す，読む，書く，計算する，推論する，中学生はこれらに加え英語，数学）と行動，社会性を合わせた小学生計8領域，中学生計10領域で構成される。各領域12項目（数学ので8項目）の質問項目があり，その特徴が「ない」から「よくある」までの4件法で回答する。得点が高いほど学習面のつまずきがあることを示し，一般母集団を対象に標準化され，領域別にパーセンタイル値が示されている。カットオフ値は2段階あり，50〜74パーセンタイル値はLDの中度リスク群，75パーセンタイル以上はLDの高リスク群であることが示唆される。各領域のパーセンタイル値の段階に基づき，A型からG型までプロフィール判定を行い，LDの可能性を判断する。

　その他，LDの個別の側面についてのアセスメントツールとして，読み書き能力を評価するSTRAW（screening test of reading and writing for japanese primary school children；小学生の読み書きスクリーニング検査，宇野ほか，2006）とSTRAW-R（standardized test for assessing the reading and writing ability of japanese children and adolescents；標準読み書きスクリーニング検査，宇野ほか，2015）がある。小中学生の読み書き速度を評価し，読み書きが苦手な子どもたちに支援技術などを活用した支援を行うために開発された

URAWSS（understanding reading and writing skills of schoolchildren）がある。流暢性を評価する特異的発達障害診断・治療のための実践ガイドライン（特異的発達障害の臨床診断と治療指針作成に関する研究チーム，2010），受容性語彙を評価するSCTAW（standardized comprehension test of abstract word；標準抽象語理解力検査，春原ほか，2002），PVT-R（picture vocabulary test-revised；絵画語い発達検査，上野ほか，2008）などがある。LDには多くの側面があり，現時点では標準化されたアセスメントツールは十分な状態とはいえない。したがって，開発されてきている日本語用のツールなどを利用しつつ，実際の学力検査なども含めて多角的にアセスメントすることが肝要である。

● **DCDのアセスメント**　DCDのスクリーニング尺度として，DCDQ-R（developmental coordination disorder questionnaire 2007；発達性協調運動障害評価尺度，Wilson et al., 2009；Nakai et al., 2011），Little DCDQ（little developmental coordination disorder questionnaire; 発達性協調運動障害評価尺度幼児用）がある。DCDQ-Rは，5〜14.6歳（日本語版では15歳）を対象とした親評定式質問紙である。15項目から構成され，「動作における身体統制」「書字・微細運動」「全般的協応性」の三つの下位尺度に分かれ，5件法で親が回答する。得点が高いほど，協調運動機能が高いことを示す。原版は，一般母集団を対象に年齢別に標準化されている。カットオフ値は2段階設定され，5パーセンタイル値以下はDCDの高リスク群，6〜15パーセンタイル値はDCDの中度リスク群であることが示唆される。DCDQ-Rの日本語版は，学年別だけでなく，男女別に標準化されている（Nakai et al., 2011）。Little DCDQは，より年少の3〜4歳の子どもを対象として開発された。その日本語版は，保育所・幼稚園での利用を考慮し，年少〜年長児（3〜6歳）を対象に開発中である。

診断尺度としてM-ABC2（movement assessment battery for children - second edition, Henderson et al., 2007）があり，対象児に直接検査を実施する。現在日本語版は開発中である。

その他，理学療法士が用いるJMAP（Japanese miller assessment for preschoolers；日本版ミラー幼児発達スクリーニング検査，日本感覚統合障害研究会，1989）および日本版の感覚統合検査であるJPAN（Japanese playful assessment for neuropsychological abilities; 日本版感覚処理・行為機能検査，日本感覚統合学会，2011）がある。　　　　　　　　　　　　　　　　　　［稲田尚子］

📖 **さらに詳しく知るための文献**
［1］黒田美保　2015　これからの発達障害のアセスメント―支援の一歩となるために　金子書房．
［2］黒田美保　2018　公認心理師のための発達障害入門　金子書房．

機能的行動アセスメント

☞ 自閉スペクトラム症（自閉症スペクトラム障害，ASD）p.144，知的能力障害 p.148，機能的アセスメントと問題行動への対処 p.456

　問題行動は，環境のほかの出来事と法則的に関係している。機能的行動アセスメント（functional behavior analysis：FBA）により，特定の種類の環境事象と行動との間の関係について仮説が生成でき，介入と予防が可能となる。FBAは，行動の機能をアセスメントする方法の総称であり，間接的FBA，記述的FBA，機能分析（Functional Analysis：FA）の大きく三つに分けられる。現在日本では，機能分析という用語が使用されることが多いが，FAは実験的に因果関係を証明する方法とされ，FBAの一部である。本項では，FBAの三つの方法を概観し，とりわけ日本で実施されることが少ないFAについて紹介する。

●**FBAの3つの方法の概観**　間接的FBAの「間接的」は，行動の直接観察をしないことを意味する。行動インタビュー（機能査定面接［functional assessment interview］，O'Neill et al., 1997など）を実施したり，行動評価尺度（機能アセスメントスクリーニング検査［functional assessment screening test, FAST］，Iwata et al., 2013など）を用いる。間接的FBAは，問題行動の直接観察を必要としないため実施しやすいが，情報提供者が正確にバイアスをかけずに思い出すことが難しい可能性がある。

　記述的FBAでは，行動の直接観察を行う。ABCナラティブ記録法（ABC narrative recording）は，現在日本で最も多く用いられている。対象となる行動が観察されたときのみ記録する。時間的負荷は比較的軽いが，主観的印象（イライラさせられたなど）を書かないよう，観察者には適切なトレーニングが必要である。ABC連続記録法（ABC continuous recording）では，間接的FBAおよびABCナラティブ記録法などで得られた事前情報をもとに，あらかじめ先行事象，問題行動，結果事象を記録するコードを決める。標的となる環境事象（先行事象と結果事象）は，問題行動の生起に関係なく，起これば必ず記録する。個人の日課を中断させることなく観察が可能であり，因果関係を表す場合がある。このほか，ある標的行動が特定の時間帯で頻繁に起こる程度を記録する散布図法（scatterplot）もある。

　FAは，問題行動を維持すると思われる環境上の出来事を実験デザイン内で組織的に操作し，問題行動の生起に関連する変数の因果関係を直接的に証明するものである。岩田ほか（Iwata et al., 1994）による伝統的な手続きでは，四つの機能条件（注目，逃避，有形物，遊び）が用いられる。設定された部屋で，1セッションを10分とし，セッションごとにいずれか一つの機能条件を提示する。これにより，因果関係を明確にできる反面，望ましくない行動を一時的に増加させるリスク

がある。機能条件が適切に統制できていない場合，機能が未分化であると示されることになる。倫理面に十分に配慮し，訓練された行動分析士のもとで実施する。
●**臨床場面におけるFAの適用** 伝統的なFAは，問題行動を生起させる変数について明確な因果関係をもたらすが，倫理的な課題や限界があるため臨床場面では実施されることが多くはない。臨床場面で実施できる簡便かつ安全な方法が検討されてきた。短期（brief）FAは，伝統的なFAでは各機能条件を複数回繰り返し投入するのに対し，各条件を投入するのはそれぞれ1セッションのみである。この短期FAと伝統的FAの結果の一致率は66％であり，一定の妥当性が示されている（Kahng & Iwata, 1999）。

　試行ベースFA（trial based FA：TBFA）は，児童に対して教師が教室などの日常環境の中で実施することを目的として開発された（Bloom et al., 2011；Sigafoos & Saggers, 1995）。20試行実施し，1試行は二つの条件（統制条件とテスト条件）から構成され，各条件は2分または問題行動が生起するまで持続する。問題行動が生起するとその試行は打ち切り，次の試行に進む。例えば有形物および注目条件は，学校の自由遊びの場面で実施し，要求条件は教示場面で実施する。要求および注目条件は必ず実施するが，有形物条件はその機能が疑われる対象にのみ実施する。標的行動が攻撃的行動である場合，無視条件は実施しない。TBFAの結果と標準的FAの結果は60％〜100％一致する（Bloom et al., 2011；Bloom & Irvin, 2012）。TBFAは行動が生起した率を視覚分析するが，TBFAにおいて反応潜時を計測し，視覚分析する方法としてTBLFA（trial based latency functional analysis）も開発されている（Neidert et al., 2013）。

　統合的随伴性FA（synthesized-contingency functional analysis, Hanley et al., 2014）は，まず対象の保護者に対してオープンエンドの機能的アセスメント面接（open-ended functional assessment interview, Hanley, 2009）（30〜45分）および短時間の直接観察（15〜30分）を実施し，問題行動に影響を与える可能性のある要因を絞り込む。その後，選択した条件を用いてFAを実施し，強化随伴性を調べる。面接と観察は十分に情報提供的であり，適切に組み合わせることで短時間に効率よくFAが実施できる。

　FAは，FBAのプロセスとして必ず実施するとは限らない。FAは時間もコストもかかるために，臨床現場では，緊急に介入が必要な場合は間接的FBAおよび記述的FBAに基づき，介入方針を定めることも少なくない。他方，それらだけでは機能が特定できない場合などは，FAの社会的妥当性を十分に検討した上で実施することができ，近年開発された簡便な方法が利用できる。　　　［稲田尚子］

📖 さらに詳しく知るための文献
[1] クーパー，J. O. ほか　中野良顯訳　2013　応用行動分析学　明石書店．

保健医療分野のアセスメント

☞ 行動医学 p.130

　「アセスメント」は主に臨床心理領域では心理検査，面接，過去の記録，臨床観察などからなる「心理査定」として用いられるが，保健医療分野で一般的用語して採用されるようになったのは2000年以降と比較的新しい。それは行動医学の発展と軌跡を一にしており，背景要因として疾病構造の変化による生活習慣の重要性の増大，医学の細分化・専門化の反動としての心身相関や全人的医療への希求の高まり，治療者-患者関係の複雑化などがあげられる。『行動科学』では「保健行動アセスメント」（渡邊，2009）が，『栄養教育論』では「栄養アセスメント」（斎藤，2017）が章立てされた。厚生労働省（2018）の「標準的な健診・保健指導プログラム」の第3期改訂版は「対象者の課題の明確化のために，身体状況，生活習慣，生活環境，健康に関する意識，家族の状況，仕事の状況等についてのアセスメントを行う」ことを行動変容指導の基礎としている。本事業は2008年に開始された全国民を対象とする法定の保健事業である。したがって，上述の内容が現在の保健医療分野におけるアセスメントの公式的見解と推察できる。

　ちなみに『最新医学大事典第2版』（1997），『行動医学テキスト』（2016），『認知行動療法事典』（2010），『シンプル公衆衛生学』（2004）の各書にはアセスメントの記述はない。『ストレス科学事典』（2011）ではケアマネジメントと組織的介入の2項目において課題分析（アセスメント）と無作為割り付けのための事前アセスメントの記載がある。以上より，アセスメントは医学的な診断や心理学的な行動分析よりも包括的な概念であり，治療・援助・介入に際して対象者を全人的，系統的，統合的に理解するための方法（足達，2016）と言い換えることができる。評価（evaluation）とは区別して混同しないよう注意したい。なお，変化や効果の判定に必要な評価指標は事前のアセスメントに含めておく必要がある。

●**全人的な理解と系統的アセスメント**　アセスメントの内容はこのように複雑多岐にわたるため，身体面，行動（習慣）面，心理社会面の三つの側面に分けると抜けが少ない（足達，2017）。

　身体面には，病歴，家族歴，現在症や検査値などの身体的状況，主として医学的診断や評価に用いられる項目が含まれる。検査値については，身長，体重，体格指数（BMI），血圧値，脈拍数などの一般的な基本的な項目に加えて，例えば糖尿病では血糖値やグリコヘモグロビン値（HbA1c）などのように，対象とする疾患に特異的な必須項目が選択される。行動面には食事，運動，睡眠などの基本的生活習慣をはじめ，職業，学校，地域活動，交友関係などの社会活動，心理社会面には抑うつや不安などの感情，意欲，病態の受け止め方（認識，健康信念）か

らストレス因や対人関係パターンなども含まれる。*Behavioral Medicine*（4th ed.）（Telerant, 2014）では，高齢者のアセスメントとして病歴，身体アセスメント，精神・認知状態の検査，機能アセスメント，社会・家族アセスメントとあり，これはリハビリテーションにおけるアセスメントと共通している。渡邊（2009）によると「保健（健康）行動アセスメント」の目的は①疾病・原因の探究，②保健行動自体の分析と③介入効果の評価の3点にあり，その内容は前述の行動面と心理社会面を包括している。健康信念モデル，トランスセオレティカルモデル），プリシード・プロシードモデル，生態学的モデルなど，保健行動の代表的なモデルにおいては，それぞれ固有の指標のアセスメントが用いられる。

●**保健行動アセスメントの手段**　質問紙法（自記式，他記式），面接法，観察法，実測法（医学生理学検査，食事調査）などが用いられる。質問紙法は最も一般的であるが自己報告からくる制約があり，妥当性や信頼性が問題となる。質問者と回答者の解釈の食い違いを避けるために質問紙の作成にあたっては，具体的で簡潔な記述に徹する，回答しやすさを重視するなどの配慮が必要である。一定期間の健康状態や行動を記録する方法（ダイアリー形式，カレンダー形式）はセルフモニタリングとして自己観察，自己評価，自己強化の要素を含む自己コントロール法ともなる。

　面接法（聞取り法）は質問紙より詳しく深く尋ねることが可能であるが，時間や人手がかかり費用も高くなり，面接者の主観が反映されやすい。面接者の個人要素の影響を少なくする方法として，一定のアルゴリズムに従う半構造化面接がある。観察法には，観察者が対象者の行動を直接観察する方法，対象者の記録などをもとに後から行動を類推する方法，特定の場所で一定期間内に生じる特定の行動を記録する方法がある。糖尿病における血糖値の自己測定や，高血圧の家庭血圧測定のように医療機器の進歩とともに患者自身による自己管理の比重が大きくなっている。これらは実測法でもあり，その記録は質問紙法でもある。治療者がそれを参考にするときは観察法となる。

　公衆衛生的観点から行う集団の保健行動のアセスメントには，各種の公的な保健医療統計の指標が用いられる。国民生活基礎調査，国民健康・栄養調査，学校保健統計調査，患者調査，受療行動調査などがその主なものであり，いずれもウェブ上で公表されている。『国民衛生の動向』にはその概要と要点が簡潔に記載されている。健康日本21（二次）では，重要な指標についてそれぞれ到達目標値が設定されている。日本の統計調査の質は世界の最高水準にあり信頼性が高い。個人や一定集団のアセスメントを行う際の重要な背景となるだけでなく，保健医療の今日的課題の抽出や時間的推移の観察にきわめて有用である。　　　　［足達淑子］

📖 **さらに詳しく知るための文献**
[1] 渡邊正樹 2009 保健行動アセスメント 畑 栄一・土井由利子編 行動科学—健康づくりのための理論と応用（第2版）南江堂，pp.51-56.

教育分野のアセスメント

☞ 適応障害, ストレス p.114, 不登校 p.170, ソーシャルスキルトレーニング（SST）p.278, 小中学校における認知行動療法の適用 p.398, 子どもの不安への支援 p.406

　児童生徒の心理社会的支援では，年齢や就学期間，支援環境などに一定の制約があるため，効率のよいアセスメントやアプローチが求められる。ここでは学校現場で使用しやすいアセスメントツールを紹介する。

●**不登校のアセスメント**　不登校とは学校に登校できないもしくは丸1日授業が受けられない状態を指す（Kearney, 2002）。不登校の状態が継続すると，学力低下の問題，家族関係悪化の問題，対人関係の問題，進学就職の問題，精神疾患のリスクの問題へとつながっていくことが指摘されている（Heyne et al., 2011）。不登校のアセスメントは一般的に生徒だけでなく，保護者や教師に対しても行われる。

　SRAS-R は C. A. カーニー（Kearney, 2002）によって作成された不登校行動のアセスメント尺度である。児童生徒用，保護者用があり，不登校行動を維持する次の四つの要因を測定することができる。
　① 特定の恐怖もしくは全般的な不安を引き起こす刺激からの回避
　② 嫌悪的な社会的場面や評価を伴う状況からの回避
　③ 重要な他者からの注目や関心を得るための行動
　④ 物理的報酬を得るための行動

　質問項目は24項目であり，それぞれの質問に対して0（まったくない）から6（いつもある）のリッカート法が用いられている。四つの要因のうち最も得点の高いものが不登校行動維持の第1要因とみなされる。Kearney（2003）は，SRAS の結果で得られたそれぞれの要因に対する適切な認知行動論的アプローチを提供しており，それらのアプローチは臨床，教育の現場で幅広く用いられている。

●**ソーシャルスキルのアセスメント**　ソーシャルスキルとは，対人関係を円滑に行うための社会的技術であり，子どもたちが学校という社会に適応していくために必要なものである。スキルは訓練することにより必要な技術を獲得したり向上させたりすることが可能であり，この訓練のことをソーシャルスキルトレーニング（SST）という。学校で必要とされるソーシャルスキルが欠如すると，子どもは学校不適応状態に陥る可能性があり，そのような場合，SST による支援は有効である。ソーシャルスキルにはさまざまなターゲットスキルがあり，SST を効果的に行う場合，その子どもに必要なソーシャルスキルを正確に把握しておく必要がある。

　Achenbach らによって開発された CBCL, TRF は，幼児期から青年期（CBCL：4〜18歳，TRF：5〜18歳）の内的・外的行動を測定するために作成された行

動チェックリスト尺度である（井潤, 2015）。保護者用は CBCL, 教師用は TRF であり，両尺度はほぼ同じ測定内容である。113項目の質問で構成され，それぞれの質問に対して，0（あてはまらない），1（ややまたはときどきあてはまる）2（よくあてはまる）の3件法で回答し，二つの上位尺度である内向・外向尺度と八つの下位尺度（Ⅰ ひきこもり，Ⅱ 身体的訴え，Ⅲ 不安／抑うつ，Ⅳ 社会性の問題，Ⅴ 思考の問題，Ⅵ 注意の問題，Ⅶ 非行的行動，Ⅷ 攻撃的行動）を測定することができる。保護者用では6か月間の子どもの状態について保護者が回答し，教師用は2か月間の子どもの状態について，教師や子どもの学校の様子を知る関係者が回答する。検査結果は，性別，年齢群別に粗点およびT得点を上位尺度と下位尺度のプロフィール表にそれぞれ記入する。この尺度では，学校現場において子どもに必要な社会的スキルを客観的に把握することができ，その結果をもとに子どもに対して適切な SST を行うことが可能になる。

●**教師の技能のアセスメント**　教師の技能を把握する上で，EQ（emotional intelligence quotient）の概念は非常に役に立つ。EQ とは情動の知能であり，自己や他人の感情を知覚し，自分の感情をコントロールする能力である（内山，1997）。教師の EQ が毎日直接関わる児童生徒の心理的な問題に大きな影響を及ぼすことは言うまでもない。

ESQ（情動知能スケール）　内山ほか（2015）によって開発された情動知能（EQ）を測定するための尺度である。65項目の5件法（0. まったくあてはまらない；1. 少しあてはまる；2. あてはまる；3. よくあてはまる；4. 非常によくあてはまる）からなる質問紙で，回答の信頼性を判定する2項目が含まれている。採点結果は下位因子（A 感情察知；B 自己効力；C 粘り；D 熱意；E 自己決定；F 自制心；G 目標追及；H 喜びの共感；I 悩みの共感；J 配慮；K 自発的援助；L 人材活用力；M 人づきあい；N 協力；O 決断；P 楽天主義；Q 気配り；R 集団指導；S 危機管理；T 機転性；U 適応性），対応因子（a 自己洞察；b 自己動機づけ；c 自己コントロール；d 共感性；e 愛他心；f 対人コントロール；g 状況洞察；h リーダーシップ；I 状況コントロール），領域（自己対応，対人対応，状況対応）に分けられ，それぞれのプロフィール表を作成して個人の EQ の特徴を判断する。EQ は教育，学習，経験などで獲得できるという特徴がある。したがって，教師が自らの EQ を客観的に把握し，必要な感情的スキルを高めていくことで自己をコントロールし，よりよい教育につながっていくと思われる。　　　　［前田直樹］

◻ さらに詳しく知るための文献

[1] 辻井正次監修 明翫光宜編集代表 2014 発達障害児者支援とアセスメントのガイドライン 金子書房.
[2] 内山喜久雄 1997 EQ その潜在力の伸ばし方 講談社.

司法・犯罪分野の
リスクアセスメント

☞ リスクアセスメント p.556

　日本における司法・犯罪分野のアセスメントは，従来は非行少年や犯罪者の人格査定が中心であった。面接調査のほか，質問紙調査や投影法などを用いて，人格の理解をはかり，家庭や社会的環境などの背景との関連において犯罪・非行を理解することがその目的であった。しかし，このような専門家判断に頼るアセスメントは，ともすれば主観的になりやすい。J. ボンタと D. A. アンドリュース (Bonta & Andrews, 2017) は，これら専門家判断に頼るアセスメントを第1世代のアセスメントと呼び，信頼性や妥当性の問題が大きいことを指摘した。その後，再犯のリスク要因の研究が進むにつれ，人格査定にとどまらず，再犯のリスク要因を定量的にアセスメントすることによって，再犯リスクを把握し，さらにはその情報をその後の処遇に活用して，臨床的意思決定の根拠とすることが，世界的に今日の司法・犯罪場面でのアセスメントの中核となりつつある。

●**保険数理的アセスメント**　初期のリスクアセスメントは，保険数理的方法を用いた履歴的項目による査定が主流であり，これは第2世代のアセスメントと呼ばれている。代表的なツールに暴力犯罪のリスクアセスメントである Violence Risk Appraisal Guide-Revised (VRAG-R) (Harris et al., 2016)，性犯罪のリスクアセスメントである Static-99 (Hanson & Thornton, 2000) などがある。Static-99 は，年齢，一般犯罪歴，性犯罪歴，被害者との関係などの10項目からなっており，第1世代のアセスメントと比較して，再犯の予測精度が格段に向上している。

●**セントラルエイト**　ボンタとアンドリュースは，犯罪のリスク要因に関する膨大な疫学研究のメタアナリシスの結果から，8種類の主要なリスク要因を導き出し，それを「セントラルエイト」(central eight) と呼んだ。具体的には，犯罪歴，反社会的交友，反社会的態度，反社会的パーソナリティ，家庭問題，仕事・学校の問題，物質乱用，余暇活用である。ここで重要な点は，犯罪歴を除く7種類のリスク要因はいずれも動的な (dynamic) 要因であり，介入によって変化させることが可能だということである。保険数理的アセスメントにおける項目は，すべて静的な (static) 項目であり，再犯予測には役立つが，その後の処遇や再犯防止に関する情報を提供することができなかった。しかし，動的要因を査定することによって，これらを変化させることを処遇目標として同定することが可能となり，リスクアセスメントが処遇上の意思決定にも役立つようになった。

●**RNR 原則**　アセスメントを処遇に活用するうえでの重要な原則として，ボンタとアンドリュースによる RNR 原則がある。これは，リスク (risk)，ニーズ

(need), 反応性 (responsivity) の頭文字を取ったものである。リスク原則とは，「誰」を処遇の対象にするかを示す原則であり，リスクの大きい者こそを処遇対象とすべきだと説く。ニーズ原則は，「何」を処遇の標的にすべきかを示す原則であり，査定によって明らかになったリスク要因を治療ニーズとしてとらえ直し，それを処遇の標的にすべきということである。反応性原則は，「どのような」処遇を提供すべきかを示す原則で，具体的には認知行動療法を用いるべきとされている。これら3原則すべてに従った場合は，再犯率を約30％低下させる効果があるが，どれにも従わなかった場合は，わずかではあるが再犯率が上昇することがわかっている（Bonta & Andrews, 2017）。

●**第3，第4世代アセスメント**　セントラルエイトをアセスメントするための質問紙としてアンドリュースとボンタ（Andrews & Bonta, 1995）によって開発されたのが，処遇レベル質問紙（level of service inventory-revised：LSI-R）である。全54項目からなり，セントラルエイトのリスク要因に加えて，反応性を査定する項目も組み込まれている。これは第3世代リスクアセスメントの代表的なものである。また，セントラルエイトに含まれる反社会的パーソナリティをアセスメントするものとして，R. D. ヘア（Hare, 1991）によって開発されたサイコパス・チェックリスト（psychopathy checklist-revised：PCL-R）がある。一方，日本においては，法務省式ケースアセスメントツール（ministry of justice case assessment tool：MJCA）が開発され，少年鑑別所で活用されている。これらには，いずれもすぐれた予測的妥当性が認められている。第4世代のアセスメントは，これらに加えてケースマネジメントの要素を組み込んだものであり，ケースマネジメントのために処遇目標，経過，評価などを縦断的に査定するようにデザインされている。代表的なものにLSIを基にしたLS/CMI（level of service / case management inventory）がある（Andrews et al., 2004）。

このように，現在のリスクアセスメントは，単なる再犯リスクの査定にとどまらず，処遇にあたって，科学的根拠に基づいた処遇目標や方法の設定，処遇効果の検証などが可能となるような工夫がなされている。一方，リスクアセスメントにおいては，単にアセスメントの数字のみを拠りどころとして意志決定をすることがないよう注意が必要である。場面によっては，専門家判断を加えて柔軟に対応することも求められる。とはいえ，その際も恣意的に行うのではなく，明確な根拠をもって抑制的に活用することが重要である。　　　　　　　　　　［原田隆之］

さらに詳しく知るための文献
[1] ボンタ, J. & アンドリュース, D. A.　原田隆之訳　2018　犯罪行動の心理学　北大路書房.
[2] ヘア, R. D.　小林宏明訳　2000　診断名サイコパス　ハヤカワ文庫.

産業・労働分野のアセスメント

☞ 産業・労働分野 p.142, 職場のストレスモデル p.590, ストレスチェック制度 p.592, 復職支援 p.602, リワークにおける集団認知行動療法 p.606, 職場復帰困難 p.608

　職場において，労働者が自身の最大限のパフォーマンスを発揮するためには，職場に適応することが必要である。職場に適応できない場合，適応障害やうつ病などの精神疾患を引き起こす一因ともなる。それだけでなく，職務に従事することができても本来の働き方ができなくなり，生産効率が低下するプレゼンティーズムの状態や，欠勤や休職によって勤務することができなくなるアブセンティーズムの状態となるため，組織にとっても大きな損失となる。

　したがって，産業・労働分野における心理的支援を行う際には，職場への適応状態についてアセスメントを行うことが重要である。職場に適応している状態とは，職場という環境の中で，労働者が自己実現をするために環境に適合し，環境をつくり変え，職場との良好な相互作用をもつ状態をさす。先述のとおり，実際の労働場面では，労働者と職場環境との良好な相互作用を保持することができていない職場不適応の状態が問題となる場合がほとんどである。疾病休職に至るような職場環境に対するトラウマティックな体験は，うつ病回復の遷延化を招き，薬物療法のみでは職場復帰が望めないこともある。うつ病休職者において，職場復帰に必要なものは労働者と環境の相互作用を指す社会機能を回復することであるといわれており，その回復には心理士が実施する集団認知行動療法が効果的であることが示されている（田上ほか，2012）。以上を踏まえると，個人と環境の相互作用への介入として，認知行動療法は有効であることを理解することができ，また労働者の適応状況をアセスメントすることは，労働者を対象とした認知行動療法を行ううえで必要不可欠である。では，どうすれば労働者と職場環境との関係をアセスメントすることができるだろうか。まず，職場環境とは，作業環境，作業方法，仕事の量と質といった仕事そのものの要因や，職場の人間関係や人事労務体制などといった職場の文化や風土のことを指す（厚生労働省，2015a）。この職場環境を評価するためのツールには，2015年12月より施行されたストレスチェック制度にも用いられている職業性ストレス簡易調査票が有用である。こうした調査票を活用しながら，具体的な職場環境や個人の状況について面接で聞き取り，治療計画を立てていくことが必要であるといえよう。

　職場環境が労働者個人にとって資源となるか，ストレッサーとなるかは状況によって異なり，そのプロセスについてはいくつかのモデルが構築されている。

● **仕事の要求度-資源モデル**　仕事の要求度-資源（job demands-resources）モデルでは，すべての職務特性は仕事の要求度（仕事の量的・質的な負担，顧客との間で生じる感情的な相互作用，など）と仕事の資源（裁量権，技能の活用度，

成長の機会があること，など）のいずれかに分類することができると考え，これらがモチベーションやストレス反応に影響を与えると考える（Bakker & Demerouti, 2017：図1）。このモデルでは，過剰な仕事の量的・質的負担はストレス反応の予測因子となり（健康障害プロセス），仕事に対して裁量権があったり，専門的な技能を活用することができていたりすることは，モチベーションの予測因子であるとする（動機づけプロセス）。さらに，仕事の資源には，仕事の要求度とストレス反応の関係を緩衝する効果があるため，たとえ過剰な仕事の負担や強い感情労働を行っている場合であったとしても，ソーシャルサポートが十分であるなどの資源を得られていればストレス反応の生起をおさえることができたり，いきいきと働くことができる。

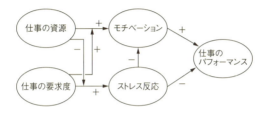

図1　仕事の要求度-資源モデル［Bakker & Demerouti（2017）を参考に作成］

●**努力-報酬不均衡モデル**　努力-報酬不均衡（effort-reward imbalance）モデルでは，職務遂行のために費やされる努力（業務の負担，責任など）と，そこから得られる報酬（給与，正当な評価，雇用の安定性など）が釣り合わない状態である場合，ストレス反応が生じると考え，反対に，これらのバランスが保たれている状態であれば，ストレス反応は生じにくいと考える（Siegrist, 1996）。また，過度に仕事にのめりこんでしまう労働者の態度や行動パターンは，良好とは言えない就業状況であったとしてもそれを受け入れたり，報酬に見合わない過剰な努力をしたりすることにより，努力と報酬が不均衡な状態による悪影響を増悪させうるとしている。さらに，高努力／低報酬の状態にあると，心血管疾患のリスクを高めることも指摘されている。このモデルでは，労働に対する報酬を広くとらえており，経済的報酬はもちろんのこと，心理的報酬やキャリアなどを含んでいることが特徴的である。

［中村志津香］

📖 **さらに詳しく知るための文献**
［1］川上憲人　2017　基礎からはじめる　職場のメンタルヘルス―事例で学ぶ考え方と実践ポイント　大修館書店.
［2］島津明人編．島井哲志監修　2017　保健と健康の心理学　標準テキスト　第5巻　産業保健心理学　ナカニシヤ出版.

家族・夫婦・カップルの
アセスメント

☞ 尺度の分類とその機能，尺度として認めるために必要な特性，使うべき場面と実際の使用法 p.176，ペアレントトレーニング p.276

　家族の多様性が増しても，家族・夫婦（パートナー）関係の問題は，子どもを含む家族内個人の不適応の発生・維持に関連している（Cummings et al., 2002；訳 2006）。家族・夫婦関係のアセスメントは，家族全体への介入を目的とする場合や，介入時点での家族内個人の問題を理解するのに役立つだけでなく，個人に対する介入効果の予測にも役立つ（Sperry, 2014）。家族・夫婦・カップル関係のアセスメントにおいては，家族全体をシステムとしてとらえ（家族システム），家族内個人の認知，感情，行動，発達に関するアセスメントに加え，それが二者間，核家族（もしくは同居家族），近親者を含む拡大家族，さらにはコミュニティや文化といった下位システムにおける相互作用や機能状態について評価する（Jordan, 2004）。個人に対するアセスメントと同様に，家族・夫婦・カップルのアセスメントには，質的アセスメント，標準化されたアセスメント，自己評価によるアセスメント，観察によるアセスメントが存在し，それぞれ信頼性と妥当性が検証されている。複数の情報源からさまざまなアセスメント方法によって多角的に家族・夫婦・カップル関係をとらえることが推奨される（Sperry, 2014）。

●**子どもの養育アセスメント**　子どもの養育は，(1) 養育者の特性，(2) 子どもの特性，(3) 養育者−子ども関係の特性，(4) 養育者のサポートシステムから多面的に評価できる（Sperry, 2014）。いずれの側面も，生育歴の聞き取りのような非構造化面接や観察を通じた査定と一部標準化された検査が作成されている。(1) 養育者の特性としては，養育者自身の生育歴や教育歴・職歴，認知スタイル（子どもに対する認知を含む），精神的・身体的健康状態や喫煙・飲酒などを含む健康関連行動，過去・現在の対人関係スタイルといった個人特性に加え，養育態度（権威的，権威主義的，放任）や養育スキルを評価する。性格や健康状態，養育態度については標準化された自己式検査用紙がある（各種性格検査や親子関係検査など）。養育に関連する調査項目は論文等にて多数公表されている。(2) 子どもの発達段階，行動特徴や問題行動，特に子どもの気質や発達特性による養育困難さは，養育行動と関わる重要な因子である。面接・観察に加え，養育者による記入式発達検査や検査者によって行われる個別式発達検査・知能検査などが使用される。(3) 養育者―子ども関係は，DSM-5（American Psychiatric Association, 2013a 訳 2014: 709）においては「臨床的関与の対象となることのあるほかの症状」内の「親子関係の問題」というカテゴリーに記載される。面接・観察や描画法などを含む心理検査，育児ストレスなど親評定による自記式検査，子どもが検査用紙に回答できれば，親子関係検査によって親子の

認知を測定することも可能である。(4) 子どもを持つ夫婦のように，子どもを共同で養育するパートナーが存在する場合，その関係性も養育行動に影響を及ぼす。夫婦（パートナー）関係は肯定的なサポート関係や愛情関係，否定的な不和や葛藤の側面からの評価できる。その他にも祖父母世代や保健医療・教育機関，福祉サービスを含むコミュニティのサポート体制の有無や，それらと養育者との関係性についての評価も問題理解につながる。

●**愛着のアセスメント**　愛着理論はイギリスの精神分析医 J. ボウルビィ（Bowlby）によって体制化されたもので，愛着とは不安や危険が生じたときに安全や保護を求めて特定他者（安全基地）に近づこうとする行動と定義される（Farnfield & Holmes, 2014）。この行動の個人差を実験的観察によって測定するのが M. エインズワース（Ainsworth）によって開発されたストレンジ・シチュエーション法であり，乳幼児の愛着の安定性を評価する。愛着の安定性は，養育者と子どもの関係性評価のみならず，対人関係イメージの基礎となることで人生を通じて発達に関連する。愛着のアセスメントには観察法（Qソート法），構造化面接，自記式検査法があり，子どもの愛着行動の特徴や養育行動，子どもや成人の愛着パターンを測定する。標準化された愛着のアセスメントを行うには，一定の訓練が必要である。DSM-5 では，不適切な養育の結果として生じる愛着の障害は反応性愛着障害，脱抑制型対人交流障害とし，診断基準が設けてられている（American Psychiatric Association, 2013 訳 2014）。

●**性機能アセスメント**　DSM-5（American Psychiatric Association, 2013 訳 2014: 415）では，性機能不全とは「個人が性的に反応する能力，または性的な喜びを体験する能力における臨床的に意味のある障害」である。性機能の問題には，診断基準を満たすような障害だけでなく，自分の性的指向性やパートナー間での性生活に関する不一致のような問題，そして自分やパートナーの性的ニーズに関する懸念や不安があり，いずれもパートナー関係の質やそれぞれの QOL と関連する（Levine et al., 2003）。性機能のアセスメントを行う場合には，その時点での性機能問題のみに焦点をあてるのではなく，どのような文脈の中で生じているのか，性的発達プロセスの中でアセスメントしていくことが望ましい。ただし，性に関する内容はきわめてデリケートな話題であるため，内容によってパートナー同席としない，主観的な判断は避けるなど，公平でオープンな態度が重要である。

[川島亜紀子]

📖 **さらに詳しく知るための文献**
[1] プライア, V. & グレイサー, D. 加藤和生監訳 2008 愛着と愛着障害 北大路書房.
[2] バニンク, F. 津川秀夫・大野裕史監訳 2015 ポジティブ認知行動療法 北大路書房.

集団(認知行動)療法のアセスメント

☞ 集団認知行動療法 p.306

　本節では集団(認知行動)療法(cognitive behavioral group therapy：CBGT)における認知行動療法(cognitive behavioral therapy：CBT)の諸技法の効果およびグループ・プロセスのアセスメント方法について述べる。

● **CBGT開始前のアセスメント**　他の集団療法と同様にCBGTにおいてもCBTの理論や技法を実践するうえで集団凝集性などの構成要素が重視されている。CBGTの開始前には参加者の症状や治療への動機づけ、合併症などを評価するスクリーニングの段階がある。同じような症状を抱える集団であれば、より凝集性は高まるとされている。また、CBGTでは目的や対象が明確で、毎回の参加が前提になっていることが多いため、継続参加の可能性も評価する必要があるだろう。

● **各回の評価方法**　CBGTの治療効果の測定方法は治療目標に応じて用いられる。個人CBTと同様に技法を実施し、その結果を測定することが中心である。例えば、うつ病患者の症状改善を目指す集団であればBDIやSDS、DASといった症状重症度評価を用いることが多い。その他に集団への適応を判断するために認知機能検査を導入する場合や、個人面接を定期的に行うこともある。そのため、治療効果の測定方法は治療者が設定した目標によって異なる。

● **治療効果の測定**　CBGTや集団療法におけるアセスメントには、前述のような治療の結果を測定する視点と治療プロセスにおける治療者―患者関係や患者間の関係などのグループ自体の変化を評価する視点がある。患者同士の相互作用や変動を治療要因として重視している集団療法においては、グループの変化をアセスメントすることが一般的である。アメリカ集団精神療法学会(American Group Psycho Therapy Association：AGPA)では、治療要因としてI. D. ヤーロムとM. レスチ(Yalom & Leszcz, 2005 訳2012)の提唱した「普遍性」「愛他主義」「希望をもたらすこと」「情報の伝達」「原家族経験のやり直し」「ソーシャルスキルの発達」「模倣行動」「凝集性」「実存的要因」「カタルシス」「対人学習-インプット」「対人学習-アウトプット」「自己理解」を挙げている。

　CBGTでは上記のような患者個人を評価対象にしたものや個人と集団のつながり、治療者自身の熟達度を測定する指標が使われる。以下にグループにおける治療関係と治療者自身を評価するための尺度を具体的に挙げる。

● **治療関係の変化を測定する**
・COREバッテリー改訂版(Burlingame et al., 2006)
　グループの3つの構成要素とされる陽性の関係の絆(positive bonding

relationship），陽性の作業関係（positive working relationship），陰性の関係（negative relationship）を評価することができる。この測定用具は，作業同盟目録（working alliance inventory），共感尺度（empathy scale），グループ風土質問紙（group climate questionnaire），治療要因目録（therapeutic factors inventory），セラピストとの凝集性尺度（cohesion to the therapist scale）からなる。

・グループ質問紙：group questionnaire（Krogel et al., 2013）
　治療者と患者の関係や他の患者との関係性について評価する質問紙である。グループにかかわる人間関係のフィードバックによって症状の低減が期待できるため，症状だけでなく治療者やメンバー間の関係性をアセスメントすることも重要である。

●治療者を評価する
・集団認知行動療法治療者評価尺度：G-CTS（中島ほか，2017）
　G-CTSは個人向けの認知療法評価尺度：CTS（Young & Beck, 1980；Vallis et al., 1986；Wright et al, 2006）をもとに作成されている。「共同作業」「ペースの調整および時間の有効活用」などのグループに即した項目が追加されている。

・assessment of motivational interviewing groups – observer scale：AMIGOS（Wagner & Ingersoll, 2018）．
　AMIGOSは集団に対して行う動機づけ面接（MI）の評価に用いられる。治療結果を導いたプロセスやグループリーダーの介入について，コード表を参照しつつ評価する。セッション中に見られた行動をチェックし，各6項目から成る「グループ・プロセス」「クライアント中心スタイル」「MI変化の焦点」の3つの視点に基づいてコード化する。理想とする基準が設定されており，スーパービジョンにも応用できる。

　CBGTは明確な目標が設定されるなど，構造化されており，凝集性が高めやすい。その一方で，言語的なかかわりが中心であり，集団療法で重視されている治療要因の扱い方とは隔たりがある。CBT＋集団療法という観点からは，アウトカムの評価に加えて集団自体の関係性の変化を扱う必要もあるだろう。

［金田翔太郎］

さらに詳しく知るための文献
[1] 集団認知行動療法研究会 2011 さあ！やってみよう集団認知行動療法―うつ・不安への支援のために 医学映像教育センター．
[2] American Group Psychotherapy Association 2007 *Clinical Practice Guidelines for Psychotherapy*．（西村 馨・藤 信子訳 2014 AGPA集団精神療法実践ガイドライン 創元社）

価値観のアセスメント

☞ 行動活性化療法（BA）p.260, アクセプタンス＆コミットメント・セラピー（ACT）p.296, 行動理論の発展 p.322

　心理臨床においてクライエントの価値観をアセスメントすることは，クライエントが自らの人生において大切にしていることを明らかにし，生活の質（quality of life）を高める道筋をつけるために役立つ。また，それと同時に，クライエントの価値観に焦点をあてることそれ自体が，彼らの行動変容への動機づけを高める可能性があるだろう。
　価値観のアセスメントについて，具体的に取り入れている心理療法とその手続きとしては，動機づけ面接（motivational interviewing）における Value Card Sorting，行動活性化（behavioral activation）における快活動目録（pleasant event schedule），アクセプタンス＆コミットメント・セラピー（acceptance and commitment therapy：ACT）における「価値」に関する尺度，に代表される。

● **Value Card Sorting**　W. R. ミラー（Miller）によって，M. ロキーチ（Rokeach）の価値観並べ替えエクササイズをもとに開発されたものであり，動機づけ面接の中で活用されてきた手法である。クライエントに複数の価値観（例：チャレンジ，心のやすらぎ，親密さ）が書かれたカードの束を見てもらい，各々のカードを「大切でない」と「大切である」のグループに振り分けてもらう。さらに，「大切である」に振り分けられたカードの中から「とても大切」なものを五つ以内であげてもらう。その後，クライエントには，各々の価値が自分にとって何を意味しているのか，どのような順番でもよいので話してもらう。そして，クライエントにその価値について実際にどのように実現しているか，どのようにまだ実現していないかを尋ね，問題となる行動と価値とのつながり，またはその不足に注目してもらう。さらに，選んだ価値を思いどおりに実現するために何をする必要があるかを検討してもらう，という手続きを踏むのが一般的である。なお，こうした一連の手続きの中で，動機づけ面接における基本スキルが活用される（Rosengren, 2009 訳 2013）。

● **快活動目録**　P. M. レウィンソンほか（Lewinsohn et al., 1978）による一連の研究によって検討され，主に行動活性化の中で活用されてきた手法である。人々が一般に，日常生活の中で楽しみを感じる活動（快活動）（例：本を読む，友達と会う）のリストをクライエントに提示し，各々の活動に対して，過去1か月間において行った「頻度」と「満足度（楽しさ）」について，各々3段階で評価してもらう。次に，その「頻度」と「満足度」の平均値を算出する。さらに，その「頻度」と「満足度」をかけ合わせた「娯楽指数」とその平均値を算出する。

その結果をもとに，三つのパターン（「頻度」も「満足度」も低い，「頻度」は平均かそれ以上なのに「満足度」が低い，「満足度」は平均かそれ以上なのに「頻度」が低い）のいずれに該当するかを見極め，快活動を増やす計画を立てる形で活用することができる（Lewinsohn et al., 1978 訳 1995）。なお，この目録については，信頼性と妥当性が検討されている（MacPhillamy & Lewinsohn, 1982）。

●その他（ACTにおける価値尺度）　現在，ACTにおける「価値」に関する尺度の中で，日本語版が作成されている代表的なものに，J. T. ブラックレッジほか（Blackledge et al.）による Personal Values Questionnaire-Ⅱ：PVQ-Ⅱ（土井ほか，2014）や M. スマウトほか（Smout et al.）による Valuing Questionnaire：VQ（土井ほか，2017）がある。

　PVQ-Ⅱは，価値を多面的に評価することのできる尺度であり，クライエントに人生における九つの領域（家族関係，友人／社会関係，恋人／恋愛関係，仕事／キャリア，教育／個人的成長，レクリエーション／レジャー／スポーツ，スピリチュアリティ／宗教，地域性／国民性，健康／身体的ウェルビーイング）の中から個人的に重要な領域における価値を記述してもらい，その価値に沿ってどの程度生活できているか，どのような理由でその価値を選んだかを評価してもらう。

　一方，VQでは，特定の人生の領域を設定せず，価値に沿ってどの程度生活ができているかを評価してもらう。

　VQについては，心理的介入の前後でのアセスメントを比較することで，クライエントがどの程度，自らの価値観に沿って生活することができるようになっているか，というクライエントの変化を評価することができる。

　その他，Bull's eye という手法では，四つの領域（仕事・勉強，レジャー，人間関係，個人的成長・健康）における価値を明確にし，その価値にどの程度近づいているかを，アーチェリーの的に見立て，視覚的に位置づける点が特徴である。この尺度は，実臨床での使いやすさと，さまざまな教育・知的レベルのクライエントに適応することを考慮して作成されたものである（Lundgren, et al., 2012）。

[酒井美枝]

さらに詳しく知るための文献

[1] Miller, W. R. & Rollnick, S. 2002 *Motivational Interviewing: Preparing People for Change*. Gilford Press.（松島義博ほか訳 2007 動機づけ面接法―応用編 星和書店）
[2] Kanter, J. W. et al. 2009 *Behavioral Activation*. Routledge.（大野 裕監修 2015 行動活性化―認知行動療法の新しい潮流 明石書店）
[3] 武藤 崇 2009 価値とACT 熊野宏昭・武藤 崇編 こころのりんしょうa・la・carte―特集 ACT＝ことばの力をスルリとかわす新次元の認知行動療法 28, 105-110. 星和書店.

脳と心の機能アセスメント

☞ 自閉スペクトラム症，注意欠如・多動症のアセスメント p.222

　認知や記憶，学習，意思決定，社会的な行動，他者の感情認知などは，日常生活を送る上で重要な機能である。これらをつかさどる脳の高次機能の未発達や障害によって低下した程度を評価するのが神経心理学的検査である。また，他者の心を推測する能力を測定するのが，心の理論に基づいた誤信念課題や心の理論課題である。本項では，用いられることの多い神経心理学的検査である「ウィスコンシンカード分類検査」と，誤信念課題である「サリーとアン課題」を紹介する。

●**ウィスコンシンカード分類検査**　脳には感覚器で得た情報を脳に伝える一次機能と，それらの情報を統合して空間認識や記憶，認知，情動などの処理を行う高次脳機能がある。高次脳機能障害により，衝動的に攻撃が高まるという社会的行動上の障害や，言葉が出てこないとか読み書きができなくなるという失語，周囲のことが過度に気になるとか二つのことを同時にできなくなる注意障害，物忘れがひどくなる記憶障害，決断できないという遂行障害などが起きる。高次脳機能障害には，脳卒中などの内因性損傷や脳挫傷のような外傷性脳損傷ほか，認知症や発達障害が関係している。神経心理学的検査は，障害に伴う認知機能や情緒の機能の低下を調べる検査法で，検査の対象は全般的知的機能，前向性記憶，行動記憶，逆行性記憶，注意，視空間認知，遂行，前頭葉機能，意思決定などである（小海，2015）。生じた機能障害を評価することで，対象者の理解を深め，適切なケアの実施につなげることができる。また，神経心理学的検査で得られた資料は，精神保険及び精神障害者福祉に関する法律に基づく障害の程度認定判定のためにも用いられる。

　代表的な神経心理学的検査として，前頭葉機能を測定するウィスコンシンカード分類検査（wisconsin card sort test：WCST）がある。WCSTは，前頭葉機能，中でも思考の柔軟性に関する実行機能の評価に用いられる。対象者は，脳卒中や頭部外傷といった後天性脳損傷，パーキンソン病などの神経変性疾患，統合失調症，発達障害領域などと幅広い。WCSTは刺激カードの分類カテゴリーに基づいて反応カードを分類する課題（Berg, 1948）で，記号の色や数，形が異なるカードを参加者に配布し，反応カードの3種類のカテゴリーに基づいて分類することが求められ，基準変更に対する柔軟性が評価される。

　本邦においては，鹿島・加藤（1995）が慶応版WCST（KWCST）を開発し，幅広く用いられている。KWCSTでは2段階の教示がなされ，第1段階では色・数・形の三つの分類カテゴリーがあり，分類が正しいか否かが伝えられること，第2段階では一定の分類カテゴリーを続けていると分類カテゴリーが変更され

ることが告げられる。KWCSTの評価指標として，達成カテゴリー数，第1カテゴリーまでに使用された反応カード数，直前の誤反応と同じ誤りを行うネルソン型保続の誤り，直前の達成カテゴリーに固執するミルナー型保続の誤り，セットの維持困難，全反応数となっている。WSCTの実施条件として，対象者に言語性理解があり，動作性知能も正常範囲にあること，半側空間無視がないことがあげられる。

●サリーとアン課題　社会生活を送る上で他者の心を推測することは大切である。この他者の心を推測する機能を心の理論と呼び，他者にも心が宿っていること，他者の心の働きを理解すること，行動の予測ができるという三つの機能が含まれる。心の理論は，プレマックとウッドルフ（Prewack & Woodruff, 1978）が「チンパンジーは心の理論を持つか？」と題する霊長類を対象とした研究から始まり，幼児の心の理論および心の理解に関する研究，自閉症児の心の理論に関する研究へと展開されてきた。心の理論を測定するのに最もよく用いられてきた課題が，誤信念課題の「サリーとアン課題」である（Baron-Cohen et al., 1985）。

　サリーとアン課題では，対象児に2体の人形（サリーとアン）を提示し，以下のことを行う。①サリーは宝物であるおはじきをカゴに入れて，部屋から立ち去る。②アンはサリーのいない間に，おはじきをカゴから箱に移し替えて，その場から立ち去る。③その後サリーが帰ってくる。ここで，対象児に「サリーはおはじきを見つけるためにどこを探しますか」と質問する。サリーが最初におはじきを入れたカゴと回答すれば正答で，サリーの視点に立って考えることができたことを意味する。一方，現実におはじきが入っている箱と回答したら，自分の視点からしか物事を理解していないことを意味する。さらに，実験課題の内容を理解できているかを調べるために，「おはじきは実際どこにありますか」という事実に関する質問と，「おはじきは最初どこにありましたか」という記憶に関する質問が用意されている。

　サリーとアン課題に対する自閉症児の正答率が低いことから，自閉症児は心の理論の獲得が困難であるとされてきた。しかしその後，誤信念課題に正答する自閉症児の存在が報告されるようになったことから，自閉症児は心の理論が欠如しているのではなく，通常よりもかなり遅く発達するからだと考えられるようになった。誤信念課題はいくつかの改訂版が考案されているが，それらが心の理論を評価しうるものであるのかを疑問視する指摘もなされている（山本，2014）。

［岩永　誠］

📖 さらに詳しく知るための文献
［1］小海宏之　2015　神経心理学的アセスメント・ハンドブック　金剛出版.
［2］子安増生・郷式　徹　2016　心の理論　第2世代の研究へ　新曜社.

忠実性，コンピテンスの アセスメント

☞ エビデンスに基づく医療 p.626，
エビデンスに基づく教育 p.628，
エビデンスに基づく心理療法 p.630，尺度研究 p.646

　医療の質を評価する際には，構造・過程・結果をそれぞれ評価することが望ましいと考えられており（Donabedian, 1966），治療忠実性（treatment fidelity）は，このうち治療過程の適切さを指す用語である。治療忠実性はまた，治療整合性（treatment integrity）とも呼ばれることがある。

　治療忠実性には二つの要素が含まれる。それは，臨床家が特定の治療に必須とされる要素（認知行動療法で言えば，例えばアジェンダ設定）を実施したかどうか（アドヒアランス：adherence）と，セラピーの文脈の中で必須とされる要素を実施するにあたり適時・適切な運用能力が十分示されていたかどうか（コンピタンス：competence）である（Barber J. P. et al, 2007）。

　治療忠実性を測定することは，臨床家個人の課題発見のみならず，技量の向上のためのトレーニング方法を開発・評価する際にも役立つ。さらに，特定の治療の効果を検証する研究においても，治療忠実性を評価し，「実施した治療が真に意図した治療と言えるものであったか？」という疑問を払拭できるようにしておくことは，論文化の際に役立つ。

　Adherence と Competence が十分であることを証明するためには，尺度を用いて臨床家のスキルが一定の基準を満たすことを提示することが有用である。

　さまざまな治療について，治療忠実性を提示するための尺度が存在する。認知行動療法についても評価尺度が多く開発されてきた。

　以下に認知行動療法に関する治療整合性尺度の例（2018年8月現在で被引回数が20を超える尺度・被引用数は少ないが臨床上重要な尺度）を取り上げた。

●**認知療法を総合的に評価する尺度**　認知療法の原理・原則となる項目を評価する尺度として，認知療法尺度（cognitive therapy scale：CTS）とその派生尺度がある。CTS は認知療法に関する臨床家の実践能力（competency）を測定する尺度である。J. E. ヤングと A. T. ベック（Young & Beck）は，スーパービジョンの際の参考となる基準として CTS を開発した。評価対象となる素材は，認知療法に基づく実際の面談場面の動画，音声，直接観察のいずれかである。認知療法尺度改訂版（cognitive therapy scale revised: CTS-R: Blackburn et al., 2001b）はその改訂版で，4領域（一般的な面接の手順，対人的な能力，特定の認知療法的な技法，精神療法におけるその他の要因）13項目から成り，採点はそれぞれの項目に対して7段階（0〜6点）で行う。CTS-R に関しては日本語訳が利用可能である（Freeman et al., 1990 訳 1993）。さらに，臨床家の言動をより詳細にとらえることを目指して CTS を発展させた尺度として cognitive therapy adherence and competence scale（CTACS: Barber, 2007）がある。

●**精神病の患者に対する認知行動療法の実践内容を評価する尺度**　CTS のバリエーションとして，cognitive behavior therapy scale for psychoses（CTS-Psy: Haddock, 2001）が開発された。CTS から時間配分や概念統合の項目を除いている。また，各項目の得点判断基準を CTS よりもさらに具体的に記載している。

●**小児に対する認知療法の実践内容を評価する尺度**　the cognitive behaviour therapy scale for children and young people（CBTS-CYP: Stallard, 2014）が開発された。CBTS-CYP の評価項目には例えば発達段階に合わせた対応が行われたかどうか，クライエントの関心を引く工夫が行われていたかどうかなどが含まれている。本尺度も CTS のバリエーションである。

●**認知行動療法の対人関係スキルに着目した尺度**　W. R. ミラーほか（Miller et al., 1980）は，認知行動療法とほかの治療の効果を比較した研究の中で，臨床家個人の対人関係スキルが効果に大きな影響を与えることを見出した。その研究から生まれた対人関係スキルは動機づけ面接と呼ばれ，認知行動療法以外の治療にも広く利用されている。動機づけ面接治療整合性尺度　motivational interviewing treatment integrity code（MITI: Moyers et al., 2005）は動機づけ面接の実践を評価する尺度である。対人関係の Competency を測定する項目は CTS-R にも含まれているが，MITI ではさらに具体的に評価することができる。ウェブ上で日本語版が公開されている。

●**その他の派生技法に関する尺度**　近年ではマインドフルネスを基礎とする認知療法が広く実践・研究されている。マインドフルネスを基礎とする認知療法の質を測定する尺度として mindfulness-based cognitive therapy adherence scale（MBCT-AS: Segal Z. V. et al., 2002b）や，the mindfulness-based relapse prevention adherence and competence scale（MBRP-AC: Chawla N. et al., 2010）が多く引用されている。その他アクセプタンスアンドコミットメントセラピーやスキーマ療法に関する尺度は管見の限りにおいて見あたらなかった。

［大坪陽子］

📖 さらに詳しく知るための文献

[1] Barber, J. P. et al. 2007 Assessing intervention competence and its relation to therapy outcome: a selected review derived from the outcome literature. *Professional Psychology: Research and Practice*, 38, 493-500.

[2] フリーマン，A. ほか　高橋祥友訳　1990　認知療法臨床ハンドブック　金剛出版，pp. 432-437.

[3] Blackburn, I. M. et al. 2001 The revised cognitive therapy scale（CTS-R）: Psychometric properties, *Behavioural and Cognitive Psychotherapy*, 29, 431-446.

副作用・有害事象の
アセスメント

☞ 認知行動療法を実践する際の倫理 p.678

　心理療法の副作用・有害事象の研究は1960年代から2000年代に至るまで大きく進んでいないと言われている。これは，心理療法での副作用・有害事象の認識・定義・評価に色々な視点があることと，報告の際の用語の統一の問題が大きい。

●**心理療法の副作用・有害事象が認識されてきた歴史的背景**　1950年代頃から心理療法に否定的な研究が報告され始める。1950年代にH. J. アイゼンク（Eysenck, 1952）は心理療法を受けた患者の状態は，受けない患者の自然経過と同じだというセンセーショナルな論文を発表した。同時期には同様の結果を示す研究や，むしろ心理療法群の結果が悪かったという報告が散見される。1970年代には精神分析施設で7か月の治療を受けて改善がなかった患者が，転院して数週間の薬物療法で改善し，精神分析施設を訴え勝訴するという出来事もあった（オシェロフ裁判）。これらは，心理療法の効果に疑問を投げかけるものだった。

　一方，A. E. バーギン（Bergin）は心理療法がむしろネガティブな効果をもたらす可能性があることを述べた。心理療法を受けない群は，多少のばらつきはあるものの一塊として同じような平均に回帰していくが，心理療法の介入を受けた群は，非常に改善するものから非常に悪化するものまで分布し，総合すると非介入群の平均に近くなるのだと主張した。ここで彼は心理療法は効果がないといったアイゼンクの主張を否定し，心理療法は効果がある場合と，ネガティブな結果をもたらす場合があるということを論じた。

　その後，バーギンは心理療法の効果とともにネガティブな効果についての研究の必要性を訴えた。年月が経過し，標準的なクリニカルガイドラインの必要性が高まり，心理療法の副作用・有害事象の報告が必要と主張されるようになった。しかし，現在まで大きな進歩はない。これには，心理療法特有の問題や分類の難しさが関連しているものと考えられる。

●**副作用・有害事象を認識・定義する際に現れる心理療法特有の問題**　M. リンデン（Linden）は心理療法の副作用を認識する際の障壁に次のものをあげた。1. 治療経過，治療の失敗・悪化が認識しづらく，治療の産物というより患者の変化ととらえられる可能性がある，2. 治療者自身が治療を生み出すので，副作用があった場合それが直に治療者の問題につながりうるので治療者が隠すことがありうる，3. 副作用と症状の区別がしづらい，4. 効果と副作用の区別がしづらい，5. 標準化された方法が少なく，正しい治療の結果なのか，間違った治療の結果なのか区別しづらい，6. 副作用のモニタリングが欠けていることが多い，

7．定義と分類にコンセンサスがない。これらの問題に加えて，何をネガティブな効果とするかも意見が分かれる。S. W. ハドリーほか（Hadley et al., 1976）はスティグマ，依存など広範なものを含めた。しかし，治療期間中に起こった機能低下をすべて含めるとするものや，治療に反応しないこと，脱落を含めるものもいる。H. H. シュトルップほか（Strupp et al., 1977）は社会，患者，医療者のそれぞれの視点から効果とネガティブな効果を評価すべきと主張した。想定される要因も多様である。G. D. パリー（Parry, 2016）は患者-治療者関係，治療者の技量など治療者要因，患者要因，治療者と患者のミスマッチ，心理療法の種類による要因，組織の問題をあげている。リンデンは原因によりネガティブな効果を以下のように分類した。望まれないイベント（治療中に起こったすべてのネガティブなイベント，unwanted event = UE），治療反応（UE のうち治療によって起こったもの，treatment-emergent reactions），治療副作用（UE のうち正しい治療によって起こったもの，adverse treatment reactions），医療過誤による反応（UE のうち間違った治療によって起こったもの，malpractice reaction），治療無反応（治療により改善しないこと treatment non-response），病状悪化（deterioration of illness）。このように，副作用・有害事象を認識，定義するにはさまざまな視点や問題がある。しかし，標準化された評価・報告方法は模索されている。

●代表的な評価・報告方法　experiences of therapy questionnaire（ETQ）（Parker et al., 2013）は患者が評価する尺度で，63 項目，五つの因子から構成される（治療者へのネガティブな感情，治療への過剰な没頭，治療の利益，治療者の理想化，治療者の消極性）。unwanted to adverse treatment reaction checklist（UE-ATR）は研究者や治療者が治療の問題や副作用を体系的に観察するために作成されたもので，尺度ではない。16 の UE 分類とともに，どの過程で発生したか，治療との関連，重症度を評価する。inventory for the assessment of negative effects of psychotherapy（INEP）（Ladwig et al., 2014）は患者が評価する尺度で，52 項目 7 因子からなる尺度である（対人関係の変化，親密な関係，スティグマ，情緒，仕事，医療過誤，家族と友人）。negative effects questionnaire（NEQ）（Rozental et al., 2016）で，患者が評価する 32 項目 6 因子からなる尺度である（症状，治療・治療者の質，依存，スティグマ，失望，自信欠如）。NEQ は日本語版がありウェブページからダウンロードできる。　　　　　　　　　　　　　　　　　　　　　　　　［今井必生］

📖 さらに詳しく知るための文献

[1] Barlow, D. H. 2010 Negative effects from psychological treatments. *American Psychologist*, 65, 13-20.

産科医療を変えたアプガースコア

　この数十年間に医療が大きく進歩したことは誰も疑わない。平均寿命は30年以上長くなった。ではどんな医療が最も大きく進歩したのだろうか？　産科を例にあげよう。1975年の周産期死亡率は出生1,000人あたり16.0だったが2005年に3.3になった。30年間でほぼ1/5に減った。これは日本だけでなくすべての先進国で起こった変化である。なぜこのような劇的な変化が起こったのだろうか？

　その答えはアプガースコアである。1953年，アメリカのV. アプガー（Apgar）が発表した，出生後1分，5分後に10点満点で新生児の状態を評価する技法である。点数が新生児死亡率と高い相関を示す疫学研究が続いた。世界中に普及し，アプガースコアを上げることが国を問わず産科全体の目標になった。

　この30年間に新生児を救う画期的な技法や薬が発明されたわけではない。30年間にランダム化比較実験によって効果が証明された心理療法や薬を数えれば産科医学よりも精神医学の方がはるかに多い。しかし，新生児を救うための地道な一つひとつの工夫がアプガースコアという数字で誰の目にもはっきりとわかるようになったこと，データを共有し比較するようになったことが死亡率を減らした。世界共通の成績表ができたことで産科医がパフォーマンスの向上を競い合うようになったのである。

　常識的な発想に従えば，エビデンスの裏づけがある新しい心理療法・薬の開発が治療成績の向上に必要だと考える。アセスメント技法の開発が治療成績の向上につながるとは思いつかない。アプガースコアの成功はそうした常識が偏見だと教えてくれる。

　このスコアが産科医療を変える道具になった理由を後から考えると次のようになるだろう。5項目を0から2で評価し，合計点は最大10で集計がしやすい，項目を覚えやすい。またアプガー自身は産科医ではなく麻酔科医である。アウトサイダー性がこのスコアの普及に役立ったのかもしれない。

　評価しやすく，覚えやすく，繰り返しやすいアセスメント技法は間違いが少ない。これは信頼性の基本である。そして実際の予測妥当性が繰り返し証明されればアセスメント技法としては成功したことになる。さらにそれが幅広く使われ，相互にデータを比較できるようになり，治療者がパフォーマンスの向上を競い合うようになれば開発者も考えていなかったような大成功ということになる。しかし，常識的発想は根強い。アセスメント技法の開発が治療成績の向上につながると信じる人は少なく，画期的な治療法に希望を託す人の方が圧倒的である。精神医療がなぜ産科医療のようにならないかと考えれば，常識的発想が強すぎるからといえるかもしれない。

　精神医療の領域にはアセスメント技法が数多くある。中にはハミルトンうつ病評価尺度のように信頼性と妥当性がよく検討されたものもある。問題はアプガースコアほどの簡便さがないこと，そして，データを共有し比較し合えるようなところまでには届いていないことだろう。精神医療がパフォーマンスの向上を競い合っているのは精神科病院における入院日数，長期在院患者数ぐらいである。外来診療におけるパフォーマンス成績表として普及しているものはまだない。もしそのような時代がくれば，日本の精神医療も新生児死亡率の改善と並ぶようなものになるだろう（Gawande, 2007 訳2013）。　　　　［原井宏明］

第5章
介入技法

［編集担当：伊藤義徳・清水栄司］

　認知行動療法には多様な技法がある。ドナルド・H・マイケンバウム（Meichenbaum, D. H.）はストレス免疫訓練を考案し，その中で，クライエント個人が抱える問題を解決するために適した技法を組み合わせて適用する，「パッケージ療法」という考え方を提案した。これがその時代に大いに受け入れられ，認知行動療法といえばパッケージ療法であると理解されるほどに定着した。認知行動療法で用いられる技法の多くは，学習理論や認知理論に基づいて開発されている。しかし，実際の認知行動療法の現場では，学習理論や認知理論に基づいてクライエントが抱える問題の解決に有効と考えられる方法であれば，そうした技法にとらわれずどのようなものも取り入れてかまわない。ここで紹介される技法を使用したから認知行動療法ということではなく，どのような理論を背景にケースフォーミュレーションを行い，技法を選択したかが，認知行動療法であるか否かを決定するのである。

　本章には，それそのものが独自の理論と治療体系をもつ心理療法として位置づけられるもの（例えば，認知療法や論理情動行動療法など）から，そうした心理療法の中で用いられる一訓練技法（例えば，エクスポージャー法など）まで，多様な水準のものを「技法」として紹介している。それらはいずれも，認知行動療法を構成する主要な「価値観」を反映しており，本章は各技法の具体的な手続きを紹介することよりも，そうした価値観が理解されることを意図して選出されている。本章を通読いただくことで，認知行動療法の「守備範囲」がおおよそ理解できるであろう。

　また，認知行動療法も考案されて現在に至るまで，刻々と進化を遂げている。学習理論が全盛であった1950年代に考案された技法もあれば，認知療法が台頭し，パッケージ療法が主流となる1970～80年代に開発された技法もある。近年は第3世代の認知行動療法が流行している。本章では，その当時主流であったが，現在ではそれほど使用されなくなった技法も紹介している。それは，時代の価値観に呼応して発展して来た認知行動療法の歴史的変遷を知っていただきたいからである。認知行動療法は一日にしてならず。今この瞬間も進化し続ける認知行動療法を正しく理解するためにも，その発展の歴史にも思いを致していただきたい。

［伊藤義徳］

レスポンデント法

☞ 行動療法と行動理論 p.8, レスポンデント条件づけの基礎研究 p.48, 恐怖条件づけの基礎研究 p.52, 系統的脱感作法の基礎研究 p.56, 制止学習アプローチの基礎研究 p.62

　レスポンデント法とは，レスポンデント行動に関する学習であるレスポンデント条件づけの手法を用いた行動変容技法である。I. P. パブロフ（Pavlov）によって発見された古典的条件づけの手続きでは（Pavlov, 1927），生得的に無条件反応（Unconditioned Response：UR）を喚起する無条件刺激（unconditioned stimulus：US）に先行して中性的な条件刺激（conditioned stimulus：CS）を対提示することにより，条件刺激に対して条件反応（conditioned response；CR）が獲得される。また，B. F. スキナー（Skinner）は，刺激によって誘発される行動をレスポンデント行動，レスポンデント行動に関する条件づけをレスポンデント条件づけと呼び，生活体の随意的行動に関する学習であるオペラント条件づけと並んで生活体の行動変容を支える基盤に据えた。古典的条件づけとレスポンデント条件づけはおおむね同じものを指す用語であるが，レスポンデント条件づけでは「刺激に誘発される行動に関する学習」という意味が強い。レスポンデント法では，レスポンデント条件づけの基礎研究によって確認されたさまざまな現象，理論的基盤を踏まえつつ介入を行う。レスポンデント条件づけによって獲得された，恐怖や不安といった情動反応および発汗や血圧変動といった生理的反応が主な介入の対象であるが，オペラント行動の不適応にレスポンデント行動が関与していることもあり，介入の対象は多岐にわたる。

●**レスポンデント法の手続き的背景**　レスポンデント条件づけが成立する基本的な手続きはCSとUSの対提示であり，その際にはCSとUSの時間的・空間的な接近性，およびCSがUSの到来（あるいは非到来）を信号するという随伴性（Rescorla, 1968）が重要な要因である。時空間的接近性や随伴性の条件が満たされた場合，CSとUSのあいだ，あるいはCSと反応のあいだに興奮や制止の連合が形成され，連合強度に応じたCRが喚起される。なお，CSとUSの組み合わせには進化的背景に基づいた準備性（Seligman, 1970）が存在し，学習されやすい組み合わせがある。レスポンデント条件づけそのものはCSとUSの対提示が基盤であるものの，USと対提示されるCSとあらかじめ連合した刺激があった場合には，この刺激に対してもCRが観察されることがある（感性予備条件づけ）。また，CSとUSの対提示の後に，このCSと対提示された別の刺激に対してもCRが観察される（二次条件づけ）など，USと直接対提示されていない刺激に対してもレスポンデント反応が誘発されることがある。

●**レスポンデント行動の増加・減少に関わる要因**　レスポンデント反応に対する介入としては，介入対象であるCRの直接的な減少・低減を目指す場合と，拮抗

的な適応的反応の獲得を目指す場合が考えられる。対象となる CR を減少させるにせよ新たな反応を獲得させるにせよ，CS と US の連合強度の変化を必要とする場合には，予測誤差が重要となる。例えば「電車に乗っていたときに事故に遭遇し，電車に乗るのが怖くなった」というケースを考えてみよう。この場合，「電車」が CS，「事故」が US であり，「電車に対する恐怖反応（すくみ，動悸など）」が CR である。CS と US の興奮連合が恐怖反応を喚起する。この状況で「電車に乗っても事故にあわない」という経験をすることができれば，予測と現実のギャップ，予測誤差が生じるために，CS と US のあいだの興奮連合の減少や CS と US のあいだの制止連合の増加が起こり，結果的に CR が減少する。一方で，「お守りをもつと事故にあわない」という経験があると，「お守り」は「事故」という US，あるいは「恐怖」という CR を制止する安全信号としての機能をもつ CS となる。この場合，「電車に乗っても事故にあわない」という経験をしても「お守り」の存在が US 予期や CR を制止してしまうため，予測誤差を小さくしてしまい，「電車」が獲得している連合強度そのものの変化が起こりにくい。また，レスポンデント反応の変化は，こうした連合強度の変化だけでなく，US 表象の変化によっても起こる。CS 経験によって US の予測が生じているあいだに US に対する馴化が生じることは，CR を減少させる要因となりうる。CR を増加させてしまう要因としては，消去からの時間経過による自発的回復や消去手続きを受けた文脈から別の文脈への移動に伴う復元効果などがあり，レスポンデント条件づけの再訓練なしに CR が再発することがある。自発的回復を抑制するために，例えば消去手続き中に US を単独提示する方法などが近年報告されている（Thompson et al., 2018）。

●**レスポンデント法の種類** 認知行動療法や行動療法の領域で，レスポンデント行動の増加あるいは減少によって行動変容をはかるものはレスポンデント法に分類可能である。例えばエクスポージャー法は，レスポンデント条件づけの消去手続きを基盤にしている。エクスポージャー法を効果的に進めるためには，前項で述べた予測誤差が重要であり，安全信号や安全確保行動の除去が必要となり，これが曝露反応妨害法の基盤である。介入対象の CR を直接消去するのではなく，別の反応を学習させる方法としては系統的脱感作や拮抗条件づけといった方法があげられる。　　　　　　　　　　　　　　　　　　　　　　　　　［澤　幸祐］

📖 **さらに詳しく知るための文献**

[1] 今田　寛監修・中島定彦編 2003 学習心理学における古典的条件づけの理論—パヴロフから連合学習研究の最先端まで　培風館.
[2] 小野浩一 2016 行動の基礎—豊かな人間理解のために　培風館.
[3] 三田村　仰 2017 はじめてまなぶ行動療法　金剛出版.

オペラント法

☞ 応用行動分析の基礎理論 p.16, オペラント条件づけの基礎研究 p.50, 応用行動分析（ABA）p.254 トークンエコノミー p.466

　オペラントとは B. F. スキナー（Skinner）による operate（働く，作用する，影響を及ぼす）を語源とした造語である。オペラント法は，行動と環境の間の関係を扱うオペラント行動の理論に基づく援助手続きの総称であり，行動随伴性，すなわち行動と結果の関係の観点からアセスメントと介入を行う点を特徴とする。

●**オペラント法の歴史と現在**　スキナーは I. P. パブロフ（Pavlov）の研究した条件反射に関連するレスポンデント条件づけと，E. L. ソーンダイク（Thorndike）が発見した効果の法則に関連するオペラント条件づけの二つを整理し区別した。

　オペラント条件づけの研究は，初期には主にハトやラットなどの動物を対象に実験室で研究された。だが，1950年代中頃から1960年代初頭にかけ，D. M. ベア（Bear, 1960）による就学前児童に対する逃避と回避行動の研究，C. B. ファースターと M. K. デマイヤー（Ferster & DeMyer, 1962）による重度自閉症児に対するオペラント行動の原理適用に関する研究，T. アイロンと N. H. アズリン（Ayllon & Azrin, 1964）によるオペラント法を用いた統合失調症者の行動変容に関する研究など，それまでの研究により蓄積されたオペラント行動の原理が人間行動にも有効であることを実証する研究が積極的に行われるようになった。その結果，健常者，あるいは発達障害や統合失調症をもつ人の環境に働きかける援助手続きであるオペラント法が発展した。

　現在では，オペラント法は発達障害や精神障害をもつ人への援助にとどまらず，教育，リハビリテーション，コミュニティ，産業，予防や健康増進，高齢者などさまざまな領域に応用され，活用されている。

●**オペラント法の基礎**　オペラント行動は，行動とその結果の関係により将来の生起頻度が変化する行動である。結果によって行動の頻度が増加あるいは維持することを強化，反対に減少することを弱化と呼ぶ。また，出現することで行動の頻度を増加させる結果を強化子，減少させる結果を弱化子という。一方で，行動に結果が随伴しないこともある。このような手続きは消去と呼ばれ，行動の頻度が減少したり強度が弱まる。ただし，消去プロセスの最初の段階では，その行動の頻度や強度が一時的に増大する消去バーストが生じる。したがって，消去による援助を行う際は消去バーストを予測し対応を検討しておく必要がある。

　行動前の環境変化である先行刺激も行動に影響を与える。先行刺激は，その刺激の存在下で特定の行動が強化あるいは弱化される刺激である弁別刺激と，ある刺激の強化子や弱化子としての有効性を変える，あるいはその刺激によって強化されてきた行動の現在の生起頻度を変える動機づけ操作に分けることができる。代表的な動機づけ操作には，特定の強化子を制限しその強化子の効力を強くする

5. 介入技法

遮断，反対に豊富に強化子を与えその強化子の効力を弱くする飽和などがある。

●オペラント法による援助　オペラント法による援助を行う際には，行動の機能を明らかにする機能的アセスメントを行う必要がある。この手続きを通じてターゲット行動の機能を明確にし，問題行動に影響を与える環境要因を明らかにする。

援助では機能的アセスメントに基づき先行刺激，行動，結果のいずれか，または複数に介入を行う。先行刺激に対する介入では，適切な行動に対する弁別刺激を導入する，あるいは不適切な行動に対する弁別刺激を除去する。例えば，クラス全体に指示を出しても適切な行動が取れない児童には個別に指示を出す，授業中に他児が対象児に干渉するため逸脱行動が生じるのであれば，その他児と対象児の席を離す，などがその例にあたる。あるいは，適切な行動に対する強化子が有効になるよう遮断，あるいは不適切な行動の強化子が無効になるよう飽和などの動機づけ操作を行う。兄弟に対する暴力行為が母親からの注目によって強化されている場合，普段から対象児に頻繁に注目することは飽和の例である。

適切な行動が習得されていないため不適切な行動が生じている場合，適切な行動を教えることが援助になる。例えば，休憩が欲しいときに暴れることで課題を中断させている児童には，「休憩したい」という言葉やサインを教える。

結果に対する介入では，適切な行動に対して強化子が提示されるように，あるいは不適切な行動に対して強化子が提示されないように環境を整える。例えば，授業中ほとんど着席せず立ち歩く児童の場合，着席した時に担任の教師が声かけなどを行い注目する一方，立ち歩いているときはできるだけ注目しないよう淡々と自分の席に戻るよう指示する。

●オペラント法に属する技法　適切な行動を形成するための技法を紹介する。分化強化は，望ましい行動を強化し望ましくない行動を消去する手続きであり，不適応行動を消去し適応行動を形成するのに用いられる。前述の授業中立ち歩く児童への援助例は分化強化による介入である。シェイピングは，オペラント行動の頻度が低い場合や行動レパートリーを有していない場合，目標となる行動に近い行動を漸次的に分化強化し目標行動を形成する手続きである。未習得の新しい行動を形成する際に使用される。トークンエコノミーは，後で特定の品物や活動と交換できるトークン（ポイントやシールなど）を望ましい行動に随伴させることで，その行動の頻度を高める手続きである。トークンと交換できる品物や活動をバックアップ強化子と呼ぶ。

［首藤祐介］

📖 さらに詳しく知るための文献

[1] クーパー，O. J. ほか　中野良顯訳　応用行動分析学　明石書店．
[2] ミルテンバーガー，R. G.　園山繁樹ほか訳　2006　行動変容法入門　二瓶社．
[3] 杉山尚子ほか　1998　行動分析学入門　産業図書．

応用行動分析（ABA）

☞ セルフコントロール法 p.266, モデリング法 p.274, ソーシャルスキルトレーニング（SST）p.278, PBS p.478, トークンエコノミー p.480, シングルケースデザイン p.644

　行動分析学（behavior analysis）は生活体の行動と環境との相互作用を分析し，行動を予測し，行動に影響を与える環境要因を明らかにしていくことを目的としている。行動分析学は理論的行動分析（theoretical behavior analysis），実験的行動分析（experimental behavior analysis），応用行動分析（applied behavior analysis：ABA）に分けられる。実験的行動分析に関する研究の多くは Journal of the Experimental Analysis of Behavior（JEAB）や言語行動に関する実験的，理論的な論文は The Analysis of Verbal Behavior（TAVB）に掲載される。応用行動分析に関する研究は Journal of Applied Behavior Analysis（JABA）や Behavior Analysis in Practice（BAP）などで公開されることが多い。産業，組織領域で用いられる ABA は，Journal of Organizational Behavior Management でも検索することができる。

●**応用行動分析の定義**　応用行動分析とは「時には，仮説的な行動の原理を特定の行動の改善のために適用し，同時にそこで生じた変化が確かにその原理を適用したためのものかを確かめる過程」である（Baer et al., 1968: 91）。応用行動分析はさまざまな人間の行動に適用されてきた。障害のある人への言語行動，困った行動，ソーシャルスキルトレーニング（SST）に適用されてきただけでなく，スポーツ，子育て，セルフコントロール，安全確保行動（交通，工場，病院などでの）にも適用されてきた（山本ほか，2015）。どのような行動でも応用行動分析では共通の枠組み（随伴性や行動の機能）を使って分析，介入を行う。随伴性（contingency）は時間的な関係性の中で環境の出来事と行動を記述したものである。随伴性の分析は先行事象（antecedent event）-行動（behavior）-結果事象（Consequent event）を記述することで，ABC 分析と呼ばれる。随伴性は正の強化あるいは強化子出現による強化（positive reinforcement），負の強化あるいは弱化子消失による強化（negative reinforcement），消去あるいは強化子消失による弱化（extinction），罰あるいは弱化子出現による弱化（punishment）に分類される。行動と環境との相互作用は随伴性の記述に基づいて機能的に分析される。人間の行動には顕在的な行動（overt behavior）だけでなく認知や感情などの直接観察できない行動（covert behavior）も含まれる。認知や感情もまた随伴性に基づいて記述，分析される。

●**介入の手続き**　セラピストは先行事象と結果事象を操作することで行動に影響を与えようとする。先行事象の操作には，行動を自発させる手がかりとなる刺激の提示（絵や写真，映像，文字言葉かけなど）が含まれる。困った行動に影響を

与えようとする場合には，困った行動の出現の手がかりとなっている刺激を環境から取り除くことが行われる。適切な行動の出現を手助けするためにプロンプト＆フェイディング手続きが用いられたり，新しい行動を形成する方法としてシェイピングやモデリング手続きが用いられたりする。結果事象の操作には，強化刺激（強化子）の提示や撤去が中心に行われる。褒め言葉，注目，ハグをすること，トークン，食べ物や飲み物，お金，ポイント，情報のフィードバックなどが強化刺激として用いられる。行動を維持している強化刺激を取り除く（消去）方法には，計画的な無視が用いられることが多い。不適切な行動を減少させる方法として，分化強化を応用した技法がある（対立行動分化強化 DRI：differential reinforcement of incompatible behavior，他行動強化 DRO：differential reinforcement of other behavior，代替行動分化強化 DRA：differential reinforcement of alternative behavior，低頻度行動分化強化 DRL：differential reinforcement of lower rates behavior）。

通常，ABA を用いた介入場面では，先行事象の操作と結果事象の操作を組み合わせて行う。セラピストは介入の方法を随伴性で（どのような刺激を提示し，どのような行動が見られた時に，どのように対応するのか）記述する。形成された行動の般化や維持を促進することが介入プログラムの中に前もって計画されていることが重要である。介入で実施された操作が行動に与える影響を検討するために一事例実験デザインを用いた介入計画が用いられる。ABC 分析（Antecedent 先行事象-Behavior 行動-Consequence 結果事象という随伴性を分析する）に基づいて先行事象と結果事象を実験的に操作し（例えば ABAB デザイン），行動の変化を測定することで行動の機能を明らかにしていく方法は機能分析と呼ばれる。

●**応用行動分析と積極的行動支援**　1960 年代の ABA では，問題となる行動の修正が最初のターゲットとされることが多く，時には侵襲的な手続きが用いられることもあった。適応的な行動を教える場合でも強制的な（強い刺激制御を用いる）方法が用いられることがあったが，1980 年代以降は自発的で，般化を促進する技法が開発されてきている（谷，2012）。発達障害児者の支援の領域では，PBS：positive behavior support（積極的行動支援，Koegel et al., 1996）と融合しながら ABA は，問題となる行動の修正から，クライエントのライフスタイルの改善や個人の好みや価値を尊重し，自己決定を高めていくような介入へと変化している（平澤，2003）。

［谷　晋二］

📖 さらに詳しく知るための文献
[1]　小野浩一　2005　行動の基礎　培風館．

拮抗制止法

☞ 系統的脱感作法の基礎研究 p.56, 制止学習アプローチの基礎研究 p.62, リラクセーションの基礎研究 p.72, 持続エクスポージャー法（PE）p.264, アサーショントレーニング p.462

　拮抗制止法（reciprocal inhibition）とは，逆制止法とも呼ばれ，レスポンデント条件づけ（respondent conditioning）の手続きの一つである拮抗条件づけ（counterconditioning）に基盤を置いた介入技法である。過剰な不安といった不適応な情動や反応に対して，これと拮抗，あるいはこれを制止する反応を学習させるようなさまざまな手続きが含まれる。

●**拮抗条件づけの基礎**　拮抗条件づけとは，すでに獲得されている条件反応（conditioned response：CR）と競合する別の反応を条件づける手続きを指す。嫌悪性（aversive）の無条件刺激（unconditioned stimulus：US）と対提示された条件刺激（conditioned stimulus：CS）に対して食餌性（appetitive）のUSを対提示することと，食餌性USと対提示されたCSを嫌悪性USと対提示することの両方を含む。例えば，音刺激と電撃の対提示によって音刺激に対して恐怖反応が獲得されたあとに，音刺激とエサの対提示を行い，恐怖を低減するような手続きが拮抗条件づけである。この手続きでは，音刺激とエサの対提示手続きに加えて音刺激と電撃の非対提示が内包されることになり，音刺激とエサの間に興奮の連合が形成されるだけでなく，音刺激と電撃の連合が消去されることになる。消去手続きを含むため，音刺激と電撃の間には制止性の連合が形成されることが考えられる。一般的な消去手続きと同様に，拮抗条件づけによる反応減弱は，時間の経過による自発的回復や文脈の変化による復元効果の影響によって先に獲得されていた反応が復活することが知られている（Bouton & Peck, 1992）。拮抗条件づけは，学習されたCRを低減するのみでなく，USの効果を弱めることも知られており，電撃とエサを対提示することで，その後に中性刺激と電撃を対提示したときに獲得される恐怖反応が低減する（Pearce & Dickinson, 1975）。このことは，一般的な拮抗条件づけ手続きにおいては，CSとUSの連合構造のみでなく，US表象の処理に関しても何らかの変化が起こりうることを示唆する。

●**拮抗条件づけの応用**　拮抗条件づけの臨床的応用については，M. C. ジョーンズ（Jones）によるピーター坊やのウサギ恐怖への介入（Jones, 1924）に端を発する。ジョーンズは，どのような経緯で形成されたかは不明だがウサギ恐怖を呈するピーター坊やに対して，ウサギとお菓子の対提示によって恐怖反応の低減を試みた。お菓子によって喚起されるポジティブな反応がウサギによって喚起される恐怖と拮抗し，またウサギと恐怖刺激の非対提示が行われたことによる消去が起こったことによって，結果的にウサギに対する恐怖反応が低減された。また，ウサギに対する恐怖反応の低減は，刺激般化によって同じく恐怖反応を示してい

たネズミや毛布に対しても確認された。このような拮抗条件づけ手続きはさまざまな行動に適用されている。例えば，アルコールの摂取行動を抑制するために，アルコールを摂取すると気分が悪くなるような薬物を投与することで拮抗的な反応を形成するという試みもある（Revusky, 2009）。

●**系統的脱感作** お菓子のような刺激を用いた拮抗条件づけは，大人に対してはうまく機能しないことがある。それに対して，J. ウォルピ（Wolpe）は，筋弛緩法によるリラクセーションを不安と拮抗する反応として用いることが不安の低減に効果的であることを示し，系統的脱感作（systematic desensitization）の方法を考案した（Wolpe, 1958）。系統的脱感作では，クライエントの不安の高さに応じて不安階層表を作成したうえで，筋弛緩法に基づいて不安と拮抗するようなリラクセーション状態をクライエントに学習させる。不安階層表に基づいて不安の小さい状況のイメージを想起させ，経験される不安と拮抗するようなリラクセーション状態を筋弛緩法によってつくり出し，不安の低減を目指す。不安の小さい状況において不安が低減されることで，より強い不安状況についてもある程度の不安低減が起こり，より強い不安状況を想起しながら筋弛緩法によるリラクセーション状態を経験していくことで，不適応な不安状態を解消していく。この方法は，一般的な拮抗条件づけと同様に潜在的には消去手続きを含んでおり，不安対象に対する制止性の学習の獲得が背景に存在する可能性を示す。しかし，筋弛緩法による不安との拮抗過程が必ずしも治療効果につながらないこと，拮抗的な過程が不安や恐怖に対する安全確保行動となって消去に伴う制止性の学習獲得を阻害してしまう可能性を受け，不安と拮抗するようなリラクセーション状態の導入を行わずに不安対象へと段階的に曝露するエクスポージャー法が注目されるようになった（遠座・中島，2018）。

●**主張訓練** 不安と拮抗するような状態としての筋弛緩法に加えて，ウォルピは主張反応（assertive response）が不安と拮抗する有効な反応であると考え，主張訓練（アサーショントレーニング：assertion training）を考案した（主張訓練の歴史的展開についての総説としては，三田村（2008）などを参照）。主張反応は当初，怒りの表出を伴うものとしてとらえられ，こうした情動の表出を含む自己主張が不安と拮抗すると考えられていた。しかし，怒りの表出の一つとされる攻撃行動は社会的には不適切な自己主張であること，あまりに率直な自己主張は社会文化的に受け入れられない場面があることなどから，聞き手に受け入れられやすく，目的の達成が期待できるような機能的アサーションなども提案されている。

［澤 幸祐］

さらに詳しく知るための文献
[1] 三田村 仰 2017 はじめてまなぶ行動療法 金剛出版.
[2] 實森正子・中島定彦 2000 学習の心理 サイエンス社.

心身医学的技法

☞ オペラント法 p.252, セルフコントロール法 p.266, リラクセーションを中心としたストレスマネジメント p.594

　心身医学的技法とは，心身医学的評価に基づいて実施される介入技法である（日本心身医学会教育研修委員会，1991）。心身医学的評価とは，従来の医学モデルに基づく評価ではなく，生物・心理・社会モデルに基づく，全人的な評価のことである。つまり，身体面の医学的評価に加えて，生活史や心理面，行動面，およびソーシャルサポートや環境面をも含めた側面の評価に基づいて，病態の把握を行うものである。そして，病態把握の中でも心身相関の評価を重視するものである。心身医学的技法は，心身症という身体疾患の治療に付加するさまざまな心理療法から構成され，主に身体的な側面へ介入を行うものと，主に心理的な側面に介入を行うものが存在する。前者には，自律訓練法，漸進的筋弛緩法，バイオフィードバック療法などのリラクセーション法などが該当し，後者には，認知行動療法，交流分析，精神分析，森田療法などが該当する。心身医学が主たる対象としている心身症の患者には，アレキシサイミア傾向を示す患者が存在し，心理的な側面への介入にも抵抗を示す場合があるため，心身医学的技法の中でも，身体的な側面への介入法が役立つ場合が少なくない。ちなみに，日本における診療報酬の「心身医学療法」には，「自律訓練法，カウンセリング，行動療法，催眠療法，バイオフィードバック療法，交流分析，ゲシュタルト療法，生体エネルギー療法，森田療法，絶食療法，一般心理療法及び簡便型精神分析療法が含まれる」とある。本項では，他項に含まれない，自律訓練法，バイオフィードバック，漸進的筋弛緩法，リラクセーション法について概説する。

●**自律訓練法**　自律訓練法（富岡，2017）は，1930年代にドイツの精神医学者J. H. シュルツ（Schultz）が発表したもので，催眠をもとに心身ともにリラックスした状態を導くために作成された。ストレス状態にあると，心身が緊張状態に陥ってしまい，さまざまな精神症状，身体症状が起こることが知られているが，その状況の改善を目指して，自律訓練法が考案された。自律訓練法は，一種の自己催眠として分類されることも多い。標準練習では，言語公式と呼ばれる決まった文章を頭の中で反復暗唱する。言語公式には背景公式，第一公式（四肢重感練習），第二公式（四肢温感練習），第三公式（心臓調整練習），第四公式（呼吸調整練習），第五公式（腹部温感練習），第六公式（額部涼感練習）がある。自律訓練法をマスターするためのポイントとしては，受動的注意集中があげられる。受動的集中とは，公式内容にさりげない注意を向けることをいう。自律訓練法の標準練習の効果に関しては，不安や抑うつの軽減や自己効力感の増大などの心理面の変化に加えて，心拍数の減少や血圧の低下，皮膚血流量の増加などの生理学的

な変化も認められ，心身両面に変化を及ぼすことが示されている。対象疾患の応用範囲も広く，通常の精神疾患，心身症だけでなく，がん患者のように，向精神薬が使用しづらい状況においても，不安，抑うつ，不眠に効果が期待できる。

●**バイオフィードバック**　通常，知覚することができない生体情報を工学的な手法を用いて知覚可能な信号とし，その信号を随意的にコントロールすることにより，リラクセーションを得る方法である（中尾，2011）。コントロールする生体信号としては，筋電図，皮膚温，血圧，心拍変動，脳波などが用いられている。適応疾患としては，片頭痛（皮膚温），緊張型頭痛（筋電図），書痙（筋電図），不眠（筋電図，脳波），本態性高血圧（血圧），気管支喘息（心拍変動）などがあげられる。実際には，生体信号をコントロールするために，自律訓練法や漸進的筋弛緩法などのリラクセーション法が併用されることが多い。

●**漸進的筋弛緩法**　1920年代にアメリカのE. ジェイコブソン（Jacobson）により体系化された技法で，全身の筋肉を部位ごとに一つひとつ緊張と弛緩させることを繰り返し，弛緩した状態を体得させることにより，リラクセーションを得る方法である（富岡，2017）。具体的には，各部位の筋肉を10秒間力を入れて緊張させ，その後，15～20秒間脱力・弛緩させる。簡便法の例としては，両手，上腕，背中，肩，首，顔，腹部，足，全身の順番に，緊張と弛緩を繰り返す方法がある。また，漸進的筋弛緩法は，さまざまな認知行動療法のモジュールとして組み込まれている。

●**リラクセーション法**　自律訓練法や漸進的筋肉以外のリラクセーション法としては，呼吸法がある。特に腹式呼吸法では，副交感神経系の活動を賦活させることが医学的に証明されている。もう一つの呼吸法であるリラクセーション反応（ベンソン法）では，呼吸に意識を向け，吐くときに「ひとつ」と言い，吸うときに「ひとつ」と言う方法を繰り返す（中尾，2011）。ちなみに，H. ベンソン（Benson）は，リラクセーション反応を引き起こす基本要素として以下の四つをあげている。第1は静かな環境，第2は心を向けるための対象である。つまり，雑念が湧いたときに，呼吸に注意を向けたり，決まった語句を心の中で繰り返すことが重要である。第3は受け身の態度で，さまざまな雑念が生じても，「あるがままに任せる」といった態度で，「心を向ける対象」としたものに注意を向け続けることが重要である。そして，最後は楽な姿勢である。　　　　　　［吉内一浩］

📖 **さらに詳しく知るための文献**

[1] 吉内一浩　2017　心身医学　矢崎義雄総編集　内科学　第11版　朝倉書店，pp.57-64.
[2] 末松弘行編　1995　新版心身医学　朝倉書店．
[3] 吉内一浩編　2018　今日から実践！日常診療に役立つ行動医学・心身医学アプローチ　医歯薬出版．

行動活性化療法（BA）

☞ 行動活性化療法の基礎理論 p.26, うつ病の行動モデルの基礎研究 p.82, うつ病の行動療法 p.330

　行動活性化療法（behavioral activation：BA）は，C. B. ファースター（Ferster）の行動分析理論が基礎となっており（Ferster, 1973），機能的文脈主義（Hayes et al., 1999）の観点が加えられ，C. マーテル（Martell）らによって「うつ病の行動活性化療法（Depression in Context）」のマニュアルが出版された（Martell et al., 2001／熊野・鈴木訳, 2011）。行動活性化療法では，随伴性を常に意識しながら，クライエントが嫌悪的な状況や体験から回避している文脈を明らかにし，単に楽しい活動を増やすのではなく，クライエント自身の価値や目標に沿って行動を促進させ，行動のレパートリーを広げるようにアプローチする心理療法である。

●価値と目標設定から活動スケジュール　行動活性化療法では，まず心理教育を行い，価値と目標を明確化させることから始める。価値とはクライエントの生活の中で何を大事にしたいかということであり，生活の指針となるものである。価値を明確化することで，長期目標や短期目標を設定しやすくなるだけでなく，価値に沿った行動を特定することも可能になる。うつ病に対する行動活性化療法の実施においては，段階的に実施する方法も提案されており（Kanter et al., 2009／大野・岡本訳, 2015），まずは普段の生活の中で楽しみや達成感を感じることができるような単純な行動活性化療法から実施する。楽しみや達成感を感じることができると予想される活動を特定するには，活動記録表を使用したり，一般的に楽しみや達成感を感じることができる活動のリストをあらかじめ用意してもよい。クライエントにとって楽しみや達成感を感じることができると予想した活動であっても，実際にそれを試してみないと本当に楽しみや達成感を感じることができるかはわからない。そのために，活動スケジュールを立てて実際に試し，活動した後にどのような結果になったか，行動することでどのように気分が変化したかを評価することが重要となる。もしうまく活動できない場合には，何が障壁となっていたかを検討し，障壁に対する対抗策を一緒に考え，クライエントが再度取り組めるように工夫し支援する。

　活動スケジュールを立てる上で注意すべきこととして，「元気になったらやります」のようにネガティブな気分に依存して活動するのではなく，活動に伴い気分が変化するか否かを確認することが目的であることをしっかりと理解してもらうことが重要である。また，積極的で理想的な行動を設定すればよいのではなく，クライエントの現状に合った活動を選択することが大切である。目標に向けて活動を促進させるためには，リラックスできるような活動を含めることでさらに活動が活性化する可能性もある。

●回避パターンへのアプローチ　回避行動を変容させるために，行動活性化療法では"trigger","responce","avoidance-pattern"(TRAP) を同定し，このavoidance pattern をいかにして"alternative-coping"(TRAC)にするか，という観点から機能分析を行う（Addis & Martell, 2004／大野・岡本訳 2012；Martell et al., 2001／熊野・鈴木訳 2011）。まずどのような状況で，どの様な反応（不快感情）が生じているか，そしてそれを取り除くための回避行動がいかにして維持されているかを明らかにする。そして，TRACではクライエントが望んでいる生活目標（価値）に向かっていくために，回避行動に代わる適応的な行動を明らかにしていく。TRACによって適応的な行動が明らかになったなら，次はその適応的な行動を試してみる。この時，回避行動を変化させるために，ACTIONのステップが重要となる。最初に，行動している文脈から，行動の機能を検討する。その行動が回避行動として機能していないかを評価し（assess：評価），回避行動に変わる行動を選択する（choose：選択）。次に選んだ行動をとりあえず試し（try out：挑戦），それが実際に気分の改善に役立ちそうであれば，日課に取り入れさせる（integrate：取り入れ）。行動した後は常に結果を観察し，検討する（observe：観察）。このプロセスをあきらめず（never give up：あきらめない）何度も繰り返すのである。

　反すうへのアプローチでは，反すうの内容に焦点をあてるのではなく，反すうの機能に注目する。何らかの持続的思考が生じた際，その結果，①問題解決の方向に進んだか？，②以前は理解できなかった問題が理解できるようになったか？，③自分を責める気持ちや抑うつ気分が減少したか？を評価する。①から③のうち一つもあてはまらなければ，その思考は反すうの危険性がある。反すうをしているということは，問題解決に至っていない証拠である。反すうの機能を理解し，反すうであるとラベルづけができるようになった後は，反すうを合図にして目標に沿った適応的な行動をとれるよう訓練する（Rumination Cues Action：RCA；Addis & Martell., 2004／大野・岡本訳 2012；Martell et al., 2001／熊野・鈴木訳 2011）。それでも反すうが持続する際には，マインドフルネスの技法なども用いられる。一般的に瞑想法を指導することはないが，クライエント自身の体験への注目，目の前の課題への再注目などを促すようにアプローチする（Martell et al., 2010；坂井・大野訳 2013）。

［高垣耕企］

📖 さらに詳しく知るための文献

[1] 岡島 義ほか 2011 うつ病に対する行動活性化療法―歴史的展望とメタ分析．心理学評論 54, 473-488.

[2] Kanter, J. W. et al. 2010 What is behavioral activation? A review of the empirical literature. *Clinical Psychology Review*, 30, 608-620.

エクスポージャー法

☞ 制止学習アプローチの基礎研究 p.62, 認知情報処理モデルの基礎研究 p.64, 外傷後不安障害（PTSD）p.112, 持続エクスポージャー法（PE）p.264

　エクスポージャーは不適応的な行動や反応を起こす刺激にクライエントをさらすあらゆる方法を指す。ほかの方法と同時に用いることが普通である。不安階層表を使うことをほとんどの治療ガイドラインが指示している。飽和技法の場合は同じ言語刺激を再生機器で反復する。系統的脱感作では筋弛緩や主張行動などの不安拮抗反応をさせる。強迫症に対するERP（exposure & ritual prevention, エクスポージャーと儀式妨害）の場合は，エクスポージャー後の儀式行為を禁止する。逆に言えばエクスポージャーはそれ単体で独立した治療技法ではなく，さまざまな治療パッケージの中に頻繁に含まれる一つの要素である。本事典の中でも"エクスポージャー"が100回以上出現する。

●エクスポージャーの歴史　恐怖を克服するためには恐怖の対象に立ち向かわなければならないということは古代から知られている。森田療法には恐怖突入，フランクルのロゴセラピーには逆説志向という考え方があり，いずれも自発的に自らを恐怖にさらすことを含んでいる。学習心理学によって情動条件づけのメカニズムが明らかになり，恐怖に対する治療法として行動療法が1950年代に始まった。この時点では脱感作やフラッディング，インプロージョンなどさまざまな名称で呼ばれていた。1969年にマークスがこうしたさまざまな概念をエクスポージャーとしてひとくくりにすることを提唱した（Marks, 1969）。CBT研究法の一つが治療パッケージの中から一つひとつの部品を外して効果を比較する解体研究（dismantling study）である。例えば最初に成立したCBTの治療パッケージの一つである系統的脱感作について解体研究を行った結果，例えばパニック症については筋弛緩をしない方が効果が高いことがわかった（Barlow et al., 1989）。現在では脱感作などの用語は使われなくなり，エクスポージャーに持続やイメージなどの形容句を付け加えることが普通である。

　一方，エクスポージャーは単に手続きを意味するだけであり，これだけで治療になるとは限らない。逆に不安を条件づけ，悪化させる場合もある。十分な時間をかけなかった場合，安全確保行動などの見えない回避行動をそのままにさせていた場合によく起こる。強迫症の場合，儀式妨害が強調されるのはエクスポージャーのセッションが終わった後の手洗い・確認を自由にさせると症状を悪化させることになるからである。

●エクスポージャーと認知　エクスポージャーの中でも期待やセルフエフィカシー，安全確保行動などの認知的要素が扱われる。心の中の儀式を行っている強迫症の場合には認知的エクスポージャーと儀式妨害を行うことになる。こうした

技術はベックの認知療法はまだ世にない1950年代から使われていた。CBTでいう"認知"と認知療法で言う"認知"は意味が異なる。

●**治療の妨げ**　エクスポージャーに対する最も大きな障害あるいは誤解は今まで避けていたものや経験，情動にさらされることで過去に経験したことがない大変なことが起こるかもしれないという予期不安である。この不安は治療者側の中にもあり，精神病を発症する，PTSDになると思い込んでいる専門家がよくいる。治療者自身が実際のエクスポージャー場面を見学して根拠のない予期不安を払しょくすること，エクスポージャーの必要性を自身自分が理解していながら予期不安のために前に進めない患者に対して動機づけ面接を使えるようになることが必要だろう（原井，2012）。

●**さまざまなエクスポージャーのスタイル**　エクスポージャーだけでもさまざまなやり方がある。表1ではエクスポージャー（exposure）は省略して‐と表記している。

表1　さまざまなエクスポージャーのスタイル

刺激の種類	
現実の場面・事物を使うもの	現実‐（‐ in vivo）
想像だけを使うもの	イメージ‐（image‐）
ITなどを利用した仮想現実を使うもの	仮想‐（virtual‐）
クライエント自身の情動や身体感覚，内部感覚を使うもの	内部感覚‐（interoceptive‐），情動‐（emotional‐）
治療場面	
個人，集団で他人がエクスポージャーする場面を観察する。	代理‐（vicarious‐）
セッション内‐（in session‐）　治療者同伴中に行う	
セッション間‐（between session‐）　セッション終了後クライエントが自分で行い，次に進捗を報告する	

●**エクスポージャーの新しい理論**　従来は馴化モデルだけであったが，現代学習理論は制止学習や予期違反（expectancy-violation），深化消去（deepened-extinction）を重視するようになった。治療の効果を上げるためにはセッション中の不安減弱はむしろ不要だと考えられるようになった（Craske et al., 2014）。

［原井宏明］

📖 **さらに詳しく知るための文献**

[1] Sisemore, T. A.　坂井　誠ほか訳　2015　セラピストのためのエクスポージャー療法ガイドブック—その実践とCBT，DBT，ACTへの統合　創元社.
[2] Richard, D. and Lauterbach, D.　2016　*Handbook of Exposure Therapies*, Elsevier.

持続エクスポージャー法 (PE)

☞ 行動療法と行動理論 p.8, 制止学習アプローチの基礎研究 p.62, エクスポージャー法 p.262

　持続エクスポージャー法（prolonged exposure therapy：PE）は，E. B. フォアほか（Foa et al., 2007 訳 2009）が開発した，心的外傷後ストレス障害（PTSD）を呈しているものに対する認知行動療法である。トラウマ体験の後，1 か月が経過しても，さまざまな不安反応（侵入症状，回避症状，認知と感情の否定的な変化，および過覚醒）が認められ，PTSD と診断されているもの，もしくは，明らかな PTSD 症状が存在しており，苦痛や生活への障害が生じていれば適応になる。これまでに 20 年以上にわたる研究において，慢性 PTSD の患者の 80％に顕著な改善が見られたという報告がなされており，効果の高い治療法として活用されている。
　PE では，イメージエクスポージャーと現実エクスポージャーという主に二つの技法があり，治療はマニュアルに沿って行われる。

●**PE の特徴**　その名前の通り「持続的に」恐怖対象に曝されることである。「持続的に」エクスポージャーが行われることで，トラウマ体験時に記憶した情動に積極的に近づき，過剰で非現実的な情動や認知の修正が可能となる。セッション内では，イメージエクスポージャーを行う際に，記憶を現在形で語り，「今まさにそこにいるかのように」語ってもらうが，クライアントの情動が過剰に賦活されコントロールを失っているかのようにみられることを『オーバーエンゲージメント』と呼ぶ。このような場合は，記憶は危険ではないということや，不安は永遠に続くものではないということを説明する。他方，記憶を語る際に，トラウマ体験をした際の情動に接近することが困難である状態を『アンダーエンゲージメント』という。主に，情動を賦活することが恐怖で回避してしまう状態である。クライアントが，記憶を語るものの情動を伴っていない様子や，トラウマを体験した場面のイメージを浮かべることが困難である状態である。このような場合は，クライアントが情動に接近できるよう，セラピストが「今，何が見えますか」「体の感じはどうですか」「今，どこにいますか」など，当時の記憶をより鮮明に想起し，そこに触れることができるように促すことばがけを行うなどの工夫をする。

●**PE の実施方法**　PE を実施する際に重要なことは，トラウマを体験した後によくある反応について，丁寧に心理教育を行うことである。トラウマ反応を体験している患者は，自らが体験している不安反応や否定的認知が，トラウマ体験によって引き起こされているのだということに気づいていない，もしくは，そのような反応をする自分自身に対し，否定的な評価をしている場合が多い。多くの患者にとって，自分の反応や行動をトラウマ体験の中で理解できるようになることは，助けになると同時に，それが治療できるものであるという希望をもたせる（For et al., 2007 訳 2009）。次に，治療中や生活場面で用いる呼吸法について教

示する．PEのセッションは週1回10週間，1回90分というものがオリジナルの設定であるが，患者の症状の重症度，解離症状の度合いなどによって調整する．

セッションの流れは，マニュアル（Foa et al., 2007 訳 2009）が設定されており，それに従う．セッション内では，イメージエクスポージャーを用いて，過去のトラウマとなったできごとを繰り返し語り，その後に，「語ってみて何を感じたか，何に気づいたか，身体の感覚はどうだったか」などをたずね，患者がトラウマ体験以来，恐怖や不安から回避していた情動や感覚が，今現在は恐れる必要のないものであることを再学習していく．語る際には，トラウマ体験が今まさにそこでおきているかのように，感情を伴ったイメージを浮かばせながら，現在形で語ってもらう．セラピストは，患者が語る際の感情表出をよく観察しながら，5分おきに主観的評価尺度（SUDs：subjective units of distress）による不安を点数化し，語っている最中の不安や恐怖の度合いをみながらセッションを進めていく．また，語りの後に行うプロセッシングでは，患者がもっている否定的な認知（例えば，「あんな目にあったのは，私が弱かったからだ」「私は逃げ出せたはずだ」「こんな風にいろいろなことができなくなっているのは，私が弱いからだ」）などと思い込んでいることに対して，ソクラテス式質問をし，否定的に変化した認知を，より現実的なものに再構成していく．セッションは毎回録音され，次のセッションまでに毎回その録音を聴いて復習を重ねる．

また，毎回，不安階層表に基づき，現実エクスポージャーの課題を設定し，次のセッションまでに，トラウマ体験による恐怖や不安で回避している場面，人，もの，感覚などに対して生活内でのエクスポージャーをホームワークとして行う．今現在，それらに触れても危険ではない，ということを再学習し，トラウマ体験前のように回避せず生活していけるようにしてゆく．

● **PEの適応分野**　PTSDおよびトラウマ反応に対する治療法であるため，自然災害，交通事故，性的被害，虐待，DVなどの体験によって，トラウマ反応を呈している患者が対象となる．DSM-Ⅳまでは，PTSDの診断基準に，「実際にまたは危うく死ぬ，または重傷を負うような出来事を体験していること」，が基準とされていたが，DSM-Vでは，自身が直接体験することに加えて，他人に起こった出来事を直に目撃することも含められた．今後は，阪神淡路大震災や，東北大震災の被災者など，大規模災害によるPTSDや，性犯罪被害者，DV被害者などのケースのほかに，近年さらに増加している児童虐待やいじめなど，複雑性トラウマ症状を呈するものに対する適応も期待される．　　　　　　　[小林奈穂美]

📖 さらに詳しく知るための文献

[1] フォア，E. B. ほか　金 吉晴・小西聖子監訳 2009 PTSDの持続エクスポージャー療法　星和書店．
[2] フォア，E. B. ほか　金 吉晴ほか訳 2014 青年期PTSDの持続エクスポージャー療法　星和書店．

セルフコントロール法

☞ オペラント条件づけの基礎研究 p.50, 社会的学習理論の基礎研究 p.66, 症状や問題行動の自己評価 p.180, モデリング法 p.274

　セルフコントロールは「意志力」の問題と広く流布しているが，それを示すエビデンスはない。行動論的立場から，C. E. ソレセン & M. J. マホーニィ (Thoresen & Mahoney, 1974 訳 1978) は，セルフコントロール (self-control) は，直接的な外的強制が比較的欠如している状況下において，二者択一的行動のうち，それまでの生起確率が低い行動に従事することを定義した。セルフコントロールが行われているは即時的には不快であるが，最終的には望ましい結果を包含していることが多い。

　マホーニィは従来のさまざまな認知的変数は先行刺激，反応，結果の行動分析の正当な要素となりうることを示した。また，A. バンデューラ (Baudura) は，人間行動を理解するのに，認知的変数を理解することが不可欠であることを示唆し，行動は予期機能によってコントロールされることを強調し，行動変容のセルフエフィカシー (self-efficacy) の概念を提出した。このように，行動あるいは情動的側面のみならず認知もセルフコントロールの対象になりうることから，セルフコントロール法は，行動的，情動的，認知的技法を系統的に使うことにより，自分の行動，情動，認知をコントロールできるように訓練することであるといえる。

●**セルフコントロール法の分類**　内山 (1986) によると，セルフコントロール法は，レスポンデントタイプ（情動的技法），オペラントタイプ（行動的技法），コグニティブタイプ（認知的技法）に大別される。

　レスポンデントタイプのセルフコントロールは，不安や緊張などの情動や心拍数や皮膚温などの自律反応のセルフコントロールを行い，心身のリラックスした状態を導くものである。代表的なものとして，身体感覚への特有の受動的注意集中状態を通して自律神経系の興奮を静める自律訓練法や，筋肉の緊張を緩めてリラクセーションを導く漸進的筋弛緩法，逆制止の原理を適用した系統的脱感作法，不随意反応の筋電位や脳波を生体に還元するバイオフィードバック法などがある。

　オペラントタイプのセルフコントロール法は環境調整と行動調整に分類される。環境調整には，目標行動の生起に影響する刺激（環境）を変える刺激統制 (stimulus control) や，セルフコントロール行動の成果である報酬（例えば自分にとっての貴重品）や罰（罰金など）を前もって手配することで，問題行動が生起する前に誘惑的状況の変容や除去をする随伴性契約 (contingency contracting) などがある。行動調整には，セルフモニタリング，自己強化（あるいは自己報酬），自己処罰などがある。セルフモニタリングはコントロールされる反応に関連ある情報を記録，図表化し，示すことである。例えば，体重のグ

ラフをつくることや学習記録の表をつくることなどがある（Thoresen & Mahoney, 1974 訳 1978）。

　コグニティブタイプのセルフコントロールには次のものがある。内潜条件づけは，イメージの中で標的行動のコントロールを試みることである。内潜強化法は，オペラント条件づけの手続きをイメージで行う技法であり，内潜消去法は，不適切な行動には何の強化も随伴しない場面をイメージさせるものである。内潜モデリングは，イメージによってモデリングの効果をもたらすことで行動の変容を目指すものである。言語誘導法は，ことばやイメージという認知的なものを用いて行動をコントロールするもので，代表的なものに D. マイケンバウム（Meichenbaum）の自己教示訓練がある。自己教示（self-instruction）とは内言あるいは外言で対処的で理性的なことばを言い聞かせて自らの行動・情動・認知などを変容する技法である。また，否定的で非理性的な認知を適切で対処的なものに置き換えるという，認知的再体制化も認知的技法に含まれる。

　セルフコントロール法は複数の技法を組み合わせるとより効果的である。

●セルフコントロール法の適用と限界　セルフコントロール法は，さまざまな成人の問題，喫煙，アルコール嗜癖，肥満，デートスキル，不安，恐怖症，夫婦間の問題，チック，不眠，頭痛，服薬アドヒアランス，強迫観念などに対して成果をあげてきた。セルフコントロール法の適用の利点については，不眠や強迫観念など不眠や強迫観念など，治療者が簡単に観察できない行動において，伝統的治療法より優れているといえる（Bellack & Hersen, 1985 訳1987）。

　セルフコントロール法の問題点としては，セルフコントロール法単独の効果が測定しにくいことや，効果測定における必要なコントロール群の値が得にくいことなど，セルフコントロールに関する諸変数のエビデンスを検証することの事実上の大きな制約があげられる。また，長期フォローアップ効果については明らかにされていないことも指摘される。セルフコントロールだけに頼りすぎたり，過度にストレスフルな状況でセルフコントロール法を行うことは，セルフコントロール法の効果が低下したり，「早く寝なければ」と考えるほど眠れなくなってしまうといった努力と反対の効果である皮肉な効果（ironic effect）が生じる可能性も念頭において適用することが重要である（根建ほか，2001）。［関口由香］

📖 **さらに詳しく知るための文献**
[1] Thoresen, C. E. & Mahoney, M. J. 1974 *Behavioral Self-Control*. Holt, Rinehart & Winston.（上里一郎監訳 1978 セルフコントロール　福村出版）
[2] 内山喜久雄編著 1986 講座サイコセラピー　第4巻　セルフコントロール　日本文化科学社.

認知行動療法の発展過程における認知行動変容法

☞ レスポンデント条件づけの基礎研究 p.48, オペラント条件づけの基礎研究 p.50, 反応指標間の基礎研究 p.58, 社会的学習理論の基礎研究 p.66

　認知行動療法は，1950年代に発祥した行動療法が1960年代に出現した認知療法と融合する形で発展してきた。当初，行動療法は外部からの観察可能な行動のみを対象とし認知的要因を積極的に取り上げることがなかったが，認知に対応した技法が徐々に出現してきた。その代表例がカベラント・コントロールや内潜条件づけといった概念である。また，認知療法や論理情動行動療法の有効性が明らかになるにつれて，認知療法と行動療法の利点を融合する認知行動アプローチが数多く提唱されるようになった。こうしたアプローチを支える理論の代表例が3システムズ・モデルや社会的学習理論である。認知行動療法が発展していく歴史的経緯の中で，認知的活動に働きかけることによって人間の行動を変容させようとする技法は総称して認知行動変容法と呼ばれる。

　本項目では，こうした認知行動変容法について，行動療法を基盤とした技法であるカベラント・コントロールと内潜条件づけおよび認知療法と行動療法の融合を目指したアプローチである3システムズ・セラピーを中心に解説を行う。

●**行動療法を基盤とする認知行動変容法**　思考やイメージのような内的な認知的出来事もオペラント反応であることから，内潜的という意味のカバラントとオペラントを組み合わせてカベラントという言葉がつくられた。この内的認知的出来事をオペラント条件づけの技法によってコントロールすること，つまりカベラントに対して，何らかの強化を随伴させることによって，その頻度をコントロールする方法を，総称してカベラント・コントロールと呼ぶ（Homme, 1965）。カベラント・コントロールの具体的な手続きの一つとして，プレマックの原理に基づいた方法がある。この中では，好ましいカベラント，好ましくないカベラントの順に実施した後，より高い頻度のオペラント行動が実施される。

　内潜条件づけとは，イメージを用いて，標的とする行動とその変化を想像することで，行動の頻度をコントロールする理論モデルおよびその方法である（Cautela & Kearney, 1986）。具体的な手続きには，内潜的感作法，内潜的強化，内潜的消去，内潜的負の強化，内潜的レスポンスコスト，内潜的モデリング，などがある。内潜的強化とは，クライエントに標的である望ましい行動を行っている場面をイメージを用いて想起させ，その行動の頻度を増加させる強化子をイメージによって随伴させ，行動をコントロールする方法である。また，内潜的感作法は，オペラント技法の弱化子に類似した技法であり，性的な攻撃行動のような不適切な近接行動をイメージによって想起させ，この行動に不快な刺激を随伴させる。一般的に，認知行動療法では行動をコントロールするために使用する嫌

悪的方法は最小限にすることが推奨される。内潜的感作法は，外部からの嫌悪刺激を用いる方法に比べて嫌悪度が低く，セルフコントロール技法として用いることで適用が可能となる。

このように，カベラント・コントロールおよび内潜条件づけは，認知的要因を扱うアプローチであったが，あくまで理論的な基盤はS-R理論を中心とする行動理論であり，認知的要因への介入が重要である患者に対しても行動面の症状に焦点をあてることが多く，認知的要因を説明・治療できる理論的基盤が求められた。

● **3 システムズ・セラピー**　P. J. ラング（Lang）は，認知的システム，行動的システム，生理的システムという三つの独立したシステムが相互に関連していることを想定する，3 システムズ・モデルを提唱した（Lang, 1971）。このモデルでは，三つのシステムに機能障害が起こった状態が臨床的問題となって現れると考える。例えば，予期不安を強く訴える患者では認知的システムで機能障害が強く，強迫行為に問題がある患者では行動的システムに問題があり，パニック発作では生理的システムが強く活性化していると考えられる。三つのシステムは，ゆるやかにつながっているが，同時に変化する必要はなく，時にはその方向すら異なっている場合がある。不安の問題を抱える患者の中には，認知的システム上の状態としては問題ないことが理解できているものの，行動システム上では回避行動を示したり，生理的システム上では強い反応を経験する場合もある。

3 システムズ・モデルを基盤としたアセスメントや治療法が，3 システムズ・セラピーであり（Haug et al., 1987），患者の状態を 3 システムズ・モデルの観点からアセスメントすることによって，患者の状態に合わせた適切な治療法の選択が可能となる。前述したように，患者は三つのシステムすべてに同一の機能障害を示していない場合もある。生理的システムの機能障害が顕著な患者に対しては，リラクセーションをはじめとする生理的治療が効果的であり，認知的システムの機能障害がある場合には，認知再構成法などの認知的治療が効果的である。

このように，3 システムズ・アプローチは行動的要因だけでなく，認知的要因にも焦点をあてた理論であり，その後の認知行動療法の発展に大きく貢献した。

［松岡紘史］

さらに詳しく知るための文献

[1] Dryden, W. & Rentoul, R. 1991 *Adult Clinical Problems: A Cognitive-Behavioural Approach*, Routledge.（丹野義彦監訳　1996　認知臨床心理学入門―認知行動アプローチの実践的理解のために　東京大学出版会）
[2] Bellack, A. S. & Hersen, M. 1985 *Dictionary of Behavior Therapy Techniques*, Pergamon Press.（山上敏子監訳　1987　行動療法事典　岩崎学術出版社）

ストレス免疫訓練（SIT）

☞ 認知療法と認知理論 p.12, ストレス-脆弱性仮説 p.30, 社会的学習理論の基礎研究 p.66, 心理学的ストレスモデルの基礎研究 p.68, 認知再構成法 p.286, 行動実験 p.288

　D. マイケンバウム（Meichenbaum, 1977 訳1992）によって開発されたストレス免疫訓練（stress inoculation training：SIT）は，第二世代の認知行動療法を代表する治療法に位置づけられる。SIT はこれまでに，不安・恐怖，抑うつ，怒り，ストレス反応や健康に関するさまざまな問題に効果的であることが実証されている。また，SIT の適用対象者は，児童から青年期にある大学生，テロや性被害による犠牲者や専門家集団（看護師，介護者，教師，警察官，アスリートなど）と多岐にわたる。このことから，SIT は，臨床的対象はもちろんのこと，非臨床的対象であっても，ストレスに対処する必要性がある人には誰にでも適用しうる有効な援助方法であるといえる。

●**SIT の理論的背景**　SIT は，"ストレスは個人と環境の相互作用によって生じる"というラザルスによるストレスの相互作用説に強い影響を受けている。また，SIT では，全てのストレスを取り除くことを目標とするのではなく，ストレスに対する「免疫」，つまり心理的抵抗力をつけることを目指す。そして，ストレスとは解決できる問題であり，挑戦するべきものであると理解し，ストレスへの対処技能を身につけることを SIT の最終目標とする（Meichenbaum, 1985訳1989）。ストレスへの対処技能の獲得を目指す際には，ストレス刺激とストレス反応を媒介する認知的評価（考え方，受け止め方）とストレスコーピング（対処）という個人内要因を考慮する。また，SIT は，"人は個人的，社会的現実を積極的に創造し，構成する"ととらえる認識論である構成主義の考え方を重視する（Meichenbaum & Fitzpatrick, 1993）。構成主義の観点から SIT に取り組む際には，"クライエントが私的な苦悩を理解し，説明するに足る物語を構成できる"ように，援助者が手助けする（根建・金築，2004）。

●**SIT を構成する三つの段階**　SIT は，基本的に 12 ～ 15 セッションで実施され，訓練終結から 6 ～ 12 か月後に，フォロースルーとフォローアップ評定を行うとされる。この一連の過程の中に，三つの段階，すなわち，(1) ストレスの概念把握の段階，(2) 技能獲得とリハーサルの段階，(3) 適用とフォロースルーの段階が含まれる。ただし，これらの段階は一定の順序で進むとは限らず，互いに混じり合うこともある。最初のストレスの概念把握の段階は，心理教育的な役割を果たす。ここでは，ストレスと対処が相互作用すること，また，認知と感情がストレスの発生と持続に影響を与えていることを説明する。そして，構成主義的な物語の視点から，援助者は，クライエントが自分のペースで自分の物語を語れるような条件づくりをし，物語の修復を促す。つまり，援助者は，クライエン

トが自身のストレス反応を，"失敗や弱さの兆候ではなく，正常で自発的な，あるいは自然で回復的な適応過程である"ととらえ直す手助けを行う。

次の技能獲得とリハーサルの段階では，対処技能を効果的に用いる能力を身につけることが目標となる。援助者は，クライエントのストレスに関する記述を，行動的に規定されるストレス状況に分解するように促し，クライエントが自分自身に語ることばを書き直せるよう援助する。その上で，クライエントは，最初は面接場面において，続いて現実場面においてといったように段階を経ながら，認知的，行動的，対人的な対処技能を学び，リハーサルするよう励まされる。また，新しい対処技能を身につけるために，面接場面で繰り返しリハーサルする。この段階で活用される主な技法には，自己教示訓練，認知的再体制化，リラクセーション技法，セルフモニタリングがある。

最後の適用とフォロースルーの段階では，クライエントが，日常生活の中でさまざまな対処技能を活用し，日常場面で望ましい変化を経験できるようになることを目指す。援助者は，例えばクライエントが"獲得した技能を使う"や，"今までに行ったことのないことに挑戦する"といったような自分なりの実験を徐々に進められるよう働きかける。その際，クライエントがその実験結果を評価したり，自らをほめる（強化する）ことも重視される。また，モデリングや現実場面での段階的練習も行う。なお，SIT では，その後のつまずきの可能性や障壁を予測しながら，訓練の中に再発防止の要素を盛り込む工夫も行う。

● **SIT の主要技法としての自己教示訓練**　SIT を特徴づける主要技法は，自己教示訓練といっても過言ではない。自己教示とは，心の中でまたは声に出して，自分自身に言葉を言いきかせることを意味する。自己教示を体系的に活用して，感情や行動上の問題の改善を目指すのが自己教示訓練である。SIT の自己教示訓練は，次の手順で進められる。①ストレスのさまざまな段階（例えば，ストレッサーに備えている，または直面するとき，ネガティブな感情が生じているときなど）で，クライエントが自分に言いきかせている言葉（自己陳述やイメージ）と感情を同定する。②それらの自己陳述がどのようにストレスを悪化させ，適切な対処行動を妨げるのかについて，クライエントと援助者がともに考える。③ストレスの各段階における適応的な自己陳述のリストを作成し，それらをリハーサルする（根建・金築，2004）。自己教示訓練の取組みの中でも，クライエントにとっての苦悩を，クライエント自身が自分の物語を経験的に書き直すといった構成主義の視点を重んじた関わりが求められる。

［金築　優］

📖 **さらに詳しく知るための文献**

[1] Meichenbaum, D. 1985 *Stress Inoculation Training*, Pergamon Press.（上里一郎監訳　1989　ストレス免疫訓練―認知的行動療法の手引き　岩崎学術出版社）

感情マネジメント訓練

☞ 系統的脱感作法の基礎研究 p.56, リラクセーションの基礎研究 p.72, セルフコントロール法 p.266, 認知行動療法におけるイメージ諸技法 p.282, 怒りとアンガーマネジメント p.540

　環境からの外的強制力がなくとも，自発的に自己の行動を制御することを意味するセルフコントロールの考え方は，感情のコントロールにも適用されてきた。とりわけ，我々人間の心理・社会的，身体的側面に悪影響を与える不安や怒りといった否定的感情をセルフコントロール可能な対象としてとらえ，最終的にはそれらを自分でマネジメント（管理）することが可能となることを目指すさまざまなプログラムが開発されている（Suinn, 2001）。ここでは，感情マネジメント訓練の代表格である R. M. スウィン（Suinn & Richardson, 1971）が考案した不安管理訓練（anxiety management training：AMT）と，このアプローチを怒りに適用させた怒りの認知行動療法についてとりあげる。

● **AMT の理論的背景**　スウィンは，不安喚起場面の特定が困難な反面，不安経験に伴う認知的，身体的，情動的，行動的反応については如実に報告する全般性不安障害のクライエントらの特徴に着目し，彼らが経験するさまざまな不安反応を積極的に取り上げ，それらを活用する形で，自身の不安経験をセルフコントロールできることを目指した AMT のプログラムを開発し，その効果を検証している。このプログラムは，不安を主症状に含む恐怖症，心的外傷後ストレス障害，緊張性頭痛といった問題に対しても有効であることが明らかにされている。AMT の中核的理論は学習理論にある。AMT では，不安を喚起する出来事や状況そのものに注目するのではなく，それらによって生じた不安反応自体を刺激としてとらえ，それらに伴う反応としてリラクセーションを行うことを身につけていく。つまり，不安が喚起すると，それを手がかりに対処行動としてのリラクセーションが連なるということを学習することがねらいとなる。したがって，不安の予兆となるサインを，認知的，身体的，情動的，行動的側面から詳細に特定することが重視される。また，リラクセーションを深化させるために活用するリラックス場面を鮮明に描写できるようになることにも力点を置く。このような特徴から，系統的脱感作と混同されやすいが，系統的脱感作は拮抗条件づけの理論に基づいており，不安階層表によって不安・恐怖場面を特定することが必要とされるという点では，AMT とは似て非なる方法であることに留意したい。

● **AMT の基本的構成と主な技法**　AMT は，導入面接及び6〜8セッションから構成される非常に短期かつ構造化された方法である。AMT の一連のセッションにおいて，駆使される主要な技法が幾つかある。まず，その人にとってのリラックス場面の開発及びリラクセーション技法の獲得に十分時間を費やすことを重視する。リラクセーション技法として用いられる方法は，緊張と弛緩を交互

に行う筋弛緩法を基本とするが，弛緩のみの方法や瞑想といった方法を代用することも可能とされており，この訓練を行う人に適したやり方を優先する。また，導入の段階より，セルフモニタリングを積極的に取り入れる。セルフモニタリングを行うことで，不安が喚起した際の行動や思考パターンの把握が可能となり，それらの変容過程を追跡することを通して，自身の不安経験に対する洞察を深めることを目指す。さらに，不安を喚起させたり，リラックス場面を想起したりする際に用いるのが誘導イメージ法である。セッションの初期段階から，誘導イメージ法を積極的に取り入れ，トレーナーの教示に従って不安の覚醒水準を高める練習を行う。そして，不安の初期の覚醒に対する気づきが高まるにつれて，不安反応の特定が素早くできるようになることを目指す。トレーナーの関与の程度を徐々に減らし，最終的には日常場面で経験される実際の不安喚起場面において，クライエントが自身の不安反応を合図にリラクセーションを導くことができるよう，セッションを重ねながら段階的にリハーサルを行う。既述した技法の訓練をホームワークとして課すことも重視される。

●**怒りに AMT を適用した認知行動療法**　独立した診断カテゴリーはなくとも，怒りのコントロール不全による否定的な結果をもたらしかねない怒りの問題性を鑑み，J. ディッフェンバッファ（Deffenbacher et al., 1986）は，AMT を怒りに適用させた認知行動療法を開発し，特性怒りが高い大学生に対して6回のグループセッションを実施している。まず，セルフコントロールに関する心理教育とリラクセーション技法の訓練を十分に行った後に，怒り喚起場面に伴う内的覚醒への気づきを手がかりとしたリラクセーション訓練を複数回行う。次第に訓練者自身が一連の手続きをセルフコントロールできるように促す。各セッション間には，怒りのセルフモニタリング，誘導イメージ法とリラクセーション技法のホームワークを課す。プログラムの終了直後では，怒りのコントロール感が改善し，一年後の時点でも特性怒りの低減効果が維持していた。このプログラムは，ロードレイジの問題を抱える対象者に対しても実施されており，認知再構成法の要素を加えなくとも，敵意的で違法な運転行為や特性怒りの低減効果が実証されており（Deffenbacher et al., 2000），有効な怒りのマネジメント訓練であるといえる。

　本邦では，不安や怒りに対する AMT の普及はそれほど進んでいないのが現状であるが，臨床場面はもちろんのこと，教育分野や産業領域におけるストレス予防の介入法や健康増進法として活用されることが期待される。　　　　　［金築智美］

📖 **さらに詳しく知るための文献**

[1] Suinn, R. M. *Anxiety Management Training*, Plenum Press.（梅津耕作監訳，赤木　稔ほか訳 1996 不安管理訓練（AMT）―不安をのりこなす方法　岩崎学術出版社）

モデリング法

☞ 社会的学習理論の基礎研究 p.66, アサーショントレーニング p.462, ペアレントトレーニングと保護者支援 p.470

　未学習の行動を学習したり，誤学習の行動を修正したりするために，お手本となるモデルの示範であるモデリング（modeling）を利用する方法をモデリング法（modeling technique）という。行動変容のためには，学習者が条件づけを直接経験する方法と，学習者が他者の行動を見聞する代理経験による方法がある。直接経験による方法は，オペラント条件づけやレスポンデント条件づけであるが，代理経験による方法は社会的学習（social learning）と呼ばれ，その際にお手本の示範であるモデリングが用いられる。ところで社会的学習には観察学習（observational learning）と，模倣学習（imitative learning）の二つがある。観察学習とは，モデリングを観察するだけで成立する学習のことである。また，模倣学習（imitative learning）とは，観察学習で学んだ行動を学習者が実際にやってみて，結果をフィードバックされて修正していく段階も含めた学習のことである。

　モデリング法は，日常の幅広い分野の学習で利用されており，子どもの言葉の習得から，スポーツといった技能学習などでも用いられている。また，挨拶などのソーシャル・スキル（social skill）の習得においても，周囲の年上の人の行動がモデリングとなっている。さらに，物の見方や感じ方などの思考・認知様式においても，周囲の年長者のモデリングの影響は大きいであろう。ところで，モデリングの効果として，①子どもたちがアニメの主人公の話し方などをまねる，観察学習効果，②年長の兄弟が褒められた行動は真似をして，逆に罰された行動はしないようにするという，制止・脱制止効果，③流行のファッションのように，観察によって模倣行動が促進される，反応促進効果の三つが指摘されている（内山，1988）。

●**モデリング法の理論的背景**　社会的学習を説明するためにA.バンデューラ（Bandura）は，社会的学習理論を提唱している（Bandura, 1971）。バンデューラは，①注意過程，②保持過程，③運動再生過程，④動機づけ過程という4つの段階により社会的学習を説明し，さらに，それぞれの段階で，社会的学習の成立に影響する要因を指摘した。モデリング法においては，それらの各種要因を，学習が促進されるように利用する必要がある。例えば，①注意過程においては，学習者が信頼できたり親近感をいだけるモデルを採用する方がいい。また，目標行動を最初からうまく遂行するマスタリーモデルと，最初はうまくいかないが徐々にうまくなっていくコーピング・モデルがある。この二つのモデルでは，一般的にはコーピング・モデルの方が行動変容の効果が大きいことが明らかになっ

ている（坂野，1995）。また，②保持過程においては，観察したモデルの行動を印象深く記憶に残せるように，言語化したり，イメージ化したりすることが，行動変容効果が高い。さらに，③運動再生過程に関しては，徐々にシェイピングしながらモデルの行動に近づけていくフィードバックが，より適切な行動の形成を促進する。そして最後の④動機づけ過程においては，外的強化と代理強化，および自己強化が行動変容に影響する。つまり，観察した行動を実行すると褒められるかどうかという外的強化に関する予期が，習得行動の実行の有無に影響する。また，モデルがその行動をしたことで褒められる場面を観察する代理強化があれば，さらに習得行動を実行する可能性は高まる。さらに，観察した行動をすることを，学習者がどう自己強化するか次第で，習得行動の実行の可能性は変動する。ところで，バンデューラは上述のような強化の有無のような結果の予期だけでなく，自分がどの程度その観察した行動ができると思うかという効力予期が，行動変容に影響するとした。そして，この効力予期である自己効力感（self-efficacy）を高めることが，認知行動変容において重要であると指摘している（Bandura, 1977 訳 1979）。

このモデリング法は，アサーショントレーニング（assertion training）やソーシャル・スキル・トレーニング（social skills training）の1要素として組み込まれたり，エクスポージャー法を実施する上での1要素として組み込まれたりし，以下のような分野で広く利用されている。

●**医療・保健分野におけるモデリング法**　日本では1980年代から恐怖症や強迫症の治療にモデリング法が用いられ始めた（古賀，1983・坂野，1981）。その後，1994年に「入院生活技能訓練」が診療報酬化されてからは生活技能訓練（social skills training：SST）の1要素として広く利用されている（皿田，2004）。

●**教育分野におけるモデリング法**　日本においては，教育場面においても1980年代から，場面緘黙（井原ほか，1982）や神経発達症（佐藤ほか，1986）などにモデリング法が用いられ始めた。その後，幼児や児童の，引っ込み思案すぎる行動や攻撃行動などの修正のためのソーシャルスキルトレーニングにモデリング法が用いられている（後藤ほか，2000）。さらに近年では，いじめ予防のためのSSTにモデリング法が用いられている（神村，2011）。　　　　　　　　　　［福井　至］

📖**さらに詳しく知るための文献**

[1] Bandura, A. 1971 Analysis of modeling processes. In Bandura, A. ed., *Psychological Modeling: Conflicting Theories,* Aldine Atherton.（原野広太郎・福島脩美訳 1975 モデリングの心理学　金子書房）
[2] 坂野雄二 1995 認知行動療法　日本評論社．
[3] 内山喜久雄 1988 行動療法　日本文化科学社．

ペアレントトレーニング

☞ 注意欠如・多動症（注意欠如・多動性障害，ADHD）p.146，応用行動分析（ABA）p.254，ASDとADHDへの認知行動療法 p.458，ペアレントトレーニングと保護者支援 p.470

　ペアレントトレーニング（以下PTと略）とは，子どもの行動に影響を与えることを目的に，親に対してなされる訓練であり，認知・行動理論に基づいている。対象となる領域としては，性癖障害（睡眠障害，チック・吃音，一次性遺尿症），行為障害（注意欠如・多動症，反抗挑戦症，言語発達遅滞の問題行動），不安・抑うつ（暗闇恐怖症，うつ，学校恐怖症），発達障害（精神病，医学的身体的障害，自閉スペクトラム症），親子関係障害（成長不全，愛着の失敗，被虐待児，里親）などがある（Schaefer & Briesmeister, 1989 訳1996）。

　PTのねらいは，大きく二つある。子どもの行動変容と，親子関係の改善である。前者は発達障害のある児童への療育から発生した。親を共同治療者・補助治療者とする目的である。通常の養育では子どもの発達が十分に促進されなかったり，問題行動が生じたりすることで，親は療育などによる行動変容を求める。専門機関で専門家が療育にあたることで，その場では子どもの行動が改善したとしても，その効果が家庭まで般化するとは限らない。そこで親に療育の技法（行動マネジメント・スキル）を教授し，親が共同治療者・補助治療者となることで，家庭場面への般化を意図した。専門家が子どもを療育するのではなく，親にコンサルテーションをすることで，家庭での発達促進をめざすこともある。親へのスキル教授は，クリニックや親の自宅で個別に行なうことも，類似した問題をもつ親集団に対して行なうこともできる。集団で実施すれば，少ない専門家で多くの親子に療育を提供でき，コストパフォーマンスがよい。上林（2009），山上（1998）を初めとする現在刊行されているPTマニュアルの多くは，集団を対象に一定期間集中して実施されるもの（集団集中型PT）である。

　養育上の困難・ストレスを抱えている親にとって，適切な養育スキルはコーピングとして機能し，ストレス軽減に役立つ。親が効果的な行動マネジメント・スキルを覚えることで，親子の相互作用（親子関係）が変わる。行動マネジメント・スキルの教授は，親子関係の変化やストレス軽減を目的として実施することもできる。

●**集団集中型PT**　これらの概要は次のとおりである。

　①親に行動マネジメント技法の知識（適切な行動を増やす；正の強化，不適切な行動を減らす；代替行動の強化，無視，明確な指示の仕方，援助の仕方，環境設定など）を提供し，それらの技法を用いて家庭で子どもの行動変容を実践すること（ホームワーク：以下HWと略）を目的とする。家庭での実践を指導者（ファシリテーター）に報告するために，子どもの行動の観察・記録法も教授さ

れる。②PTの参加者は2～8名程度の親集団と，2名以上のファシリテーターである。③全6～10回で，1回60～120分のセッションが毎週～隔週実施される。④初回と最終回を除く毎回のセッションで，知識提供（講義）と前セッションで課されたHWの振り返り，次セッションまでのHWの設定を行うので，全回参加するのが原則である。RCTの研究では，HWを実施できない，全回参加できない，精神的問題がある親は除外されることがある。

●**集団集中型PTのエビデンス**　集団集中型PTの効果についてはいくつかのメタアナリシスがある。それらによれば，統制群に比して，PTは子どもの外在化問題行動（多動性，癇癪など）の軽減には小～中程度の効果量を示したが，内在化問題行動（不安，抑うつなど）に対する効果はほとんど認められなかった（Buchanan-Pascall et al., 2018）。親に対する効果としては，適切な養育技能が促進し（効果量中），不適切で子どもに厳しくあたる養育は減少した（効果量大）（Furlong et al., 2012）。また親の精神衛生を改善し，親の抑うつ，不安，ストレス，怒り，罪悪感に対しては中～大きな効果量を，親としての自信，夫婦関係満足度に対しては小さな効果量を示した。自尊心への効果は認められなかった。ストレス，自信は半年後も維持されたが，1年後まで維持された項目はなかった。PTによる攻撃性の増大や，ネガティブな副作用は報告されなかった（Barlow et al., 2014）。

●**今後の課題**　集団集中型PTでは次の課題が指摘されている（井上，2012）。①参加者が限られる。継続して参加しHWを実施でき，精神的な問題を抱えていない者だけが参加可能となる。②HWが負担になる。③対象児の多くは小学生以下であり，対象が限られている。④PTを実施できるファシリテーターが少なく，受講機会が限られる。

　これに対して，次の工夫が提案されている。①全セッション数を短縮化・簡易化する。②親の心理的な問題を扱う要素を必要に応じて加える。③記録を簡便化する。また記録が示す子どもの行動変容が親の実施行動の強化子となるような記録方法を工夫する。④ライフステージに応じてプログラム内容を変える，また開発する。⑤ファシリテーターを養成する。　　　　　　　　　　　　　　　　［大野裕史］

📖 **さらに詳しく知るための文献**

[1] 上林靖子監修　2009　こうすればうまくいく発達障害のペアレント・トレーニング実践マニュアル　中央法規出版.

[2] Schaefer, C. E. & Briesmeister, J. M. eds. 1989 *Handbook of Parent Training*, John Wiley & Sons.（山上敏子・大熊紘子監訳　1996　共同治療者としての親訓練ハンドブック（上・下）二瓶社）

[3] 山上敏子監修　1998　お母さんの学習室—発達障害児を育てる人のための親訓練プログラム　二瓶社.

ソーシャルスキルトレーニング（SST）

☞ オペラント条件づけの基礎研究 p.50，社会的学習理論の基礎研究 p.66，モデリング法 p.274，学級単位介入 p.442，機能的アセスメントと問題行動への対処 p.456

　ソーシャルスキルトレーニング（social skills training：SST）は，ソーシャルスキルの獲得や，遂行の促進，すでに学習済みのスキルの修正などを目的とした，一連の訓練技法である。ソーシャルスキルは，適用の範囲が多岐にわたっており，その定義も多様である。相川（2000）によると，対人関係を円滑にするための知識とそれに裏打ちされた具体的なスキルやコツの総称とされている。また，M. L. コムズと D. A. スレービー（Combs & Slaby, 1977）は，社会的に受け入れられている，もしくは社会的に価値が高いとされている方法で，社会的な場面において，本人にも相手にも利益が生じるように相互作用する能力としている。これらのことから，適応的なソーシャルスキルとは，適応すべき環境や相手によって異なることがわかる。このようなソーシャルスキルには，スキルをまだ身につけていない，すなわち未学習の状態と，一時的には有効だが長期的には不適用につながりうるような不適切なスキルを身につけてしまった，すなわち誤学習の状態がある。未学習の場合には，新しいスキルの学習の補助を，誤学習の場合には，より適切なスキルの再学習を補助することがSSTの一般的な目的である。また，ソーシャルスキルを獲得しているが緊張や不安などによって阻害され，うまくソーシャルスキルを発揮できない，すなわちスキルの遂行困難の場合には，阻害要因の緩和を目的としたスキルの獲得を目指す場合もある。

● **SSTの実施方法と理論的背景**　SSTを実施する際に最初に重視することは，どのようなソーシャルスキルを学習させるか，すなわち標的スキルの選定である。特に，誤学習が想定される対象に対するSSTを実施する際には，すでに獲得されている問題行動と「機能的に等しく」，より望ましい行動を標的スキルとして設定することが求められる。そのためには機能分析などの手続きによって，問題行動の機能を理解した上で，かつ，環境との相互作用を考慮した上で，標的スキルを設定する。また，対象者の理解度や想定される環境に応じて，目標となるソーシャルスキルをスモールステップで段階的に習得させたり，複数の環境に応じて，機能の等しい複数の標的スキルを使い分けたりする手続きを踏むことも必要となる。SSTの基本的な流れとして，まず，獲得を目指すソーシャルスキルの具体的内容について共有したり，ソーシャルスキル獲得によって得られる強化子を予測させたりする，言語的教示を行う。その後，モデリング法を用いてソーシャルスキルを学習させ，ロールプレイを用いて行動リハーサルを行い，それに対して分化強化の手続きによって習熟させる。さらに日常生活において活用できるように，維持と般化のための課題を設定して，環境への適応を促す。ソー

シャルスキルを遂行することによって，環境から期待した反応を得ることができた，というような強化事態が随伴するという枠組みは，オペラント条件づけによって理解することができる。また，モデリング法は，A. バンデューラ（Bandura, 1977）の社会的学習理論の原理に基づいている。

●**医療・保健分野におけるSST** SST は，1970年代頃から，統合失調症やうつ病の患者の，社会的スキルの欠如を改善することを目的として実施されてきた。日本では，1980年代後半に精神障害者を対象とした治療技法として紹介され，1994年に「入院生活技能訓練療法」として診療報酬化されたことなどを契機として，急速に広まった。SSTの導入当初は，成人が主な対象であったこともあり，標的スキルとして選択される行動は，社会的に望ましいとされるような，いわゆる定型的な行動に重きが置かれていた。それに対して，環境との相互作用が重視されることで，必ずしも型にはまった行動だけではなく，相手に合わせて行動の型を選択することにも重きが置かれている。今日では，デイケアや精神科リハビリテーション，院内学級などが，代表的なSST実施の場となっている。

●**教育分野におけるSST** 日本においては，1990年代頃から，引っ込み思案の子どもや攻撃性の高い子ども，不登校の子どもなどを対象として，個別や小集団でのSSTが実践され，適応行動の獲得や問題行動の減少が報告されてきた。2000年代に入ると，学級集団を対象とした集団SSTが盛んに実施され，不適応問題の早期介入や予防的な位置づけで効果研究が行われ，目的や形式はさまざまではあるものの，現在では学級活動や道徳の時間などを用いて，広く教育分野に用いられる手続きとなっている。合わせて，特別支援学級や通級指導などでは，発達障害や知的障害のある児童生徒などを対象として，個別や小集団でのSSTが盛んに実施されている。2010年代頃からは，SSTに加えてリラクセーションや認知再構成（再体制化）法，問題解決訓練などと組み合わせた，介入プログラムの一つの介入要素として位置づけられることも増えている。学級集団を対象としたSSTの効果についてメタ分析を行った高橋・小関（2011）によると，SSTは社会的スキルを高める効果をもっており，その中でも特に小学1年生から小学3年生を対象とした場合に，有効性が顕著であることを報告している。その一方で，セッション回数と効果についての明確な関連はないこと，実施者が担任教師かどうか，セッション以外に補助的な介入を行うかどうかなどの手続きの違いが，SSTの効果に影響を及ぼすことは少ないことも示している。　　［小関俊祐］

□**さらに詳しく知るための文献**
[1] 相川 充・津村俊充 1996 社会的スキルと対人関係 誠信書房．
[2] キング，C. A. & キルシェンバウム，D. S. 佐藤正二ほか訳 1996 子ども援助の社会的スキル 川島書店．

問題解決療法（PST）

☞ 問題解決療法の基礎理論 p.18, うつ病の行動モデルの基礎研究 p.82, 認知療法 p.284, 認知再構成法 p.286

　1960年代終盤から，社会的コンピテンスの促進に重点を置いた臨床的介入の研究が盛んに行われるようになった。その動向を受けて，1980年代にT. J. ズリラとA. M. ネズ（D'Zurilla & Nezu）は，社会的問題解決能力を教育的に指導するための体系化されたプログラムとして，問題解決療法（problem solving therapy：以下，PST）を考案した。社会的問題解決は，「毎日の生活の中で直面する問題場面を処理するための効果的手段を識別し，発見する認知行動的（メタ認知）プロセス」と定義されている。PSTは，うつ病をはじめ（D'Zurilla & Nezu, 1999；D'Zurilla, 1986），社交不安症，統合失調症，知的障害者，薬物依存等の心理的問題を抱えた者や，肥満，がん，冠動脈疾患などの身体疾患に伴う苦痛の緩和，ストレス・マネジメント，人間関係などに有効であることが示されている。日本においても，1990年代からうつ病やがん患者などを対象とした効果検証研究が進んでいる（Akechi et al., 2008；本岡，2012）。

●**社会的問題解決プロセス**　ディズリラとネズらは，問題解決の結果は，①問題理解の姿勢，②問題解決スタイルという二つのプロセスによって決定されると仮定している。①問題解決の姿勢は，効果的な問題解決を促進する積極的問題志向性（例：問題解決は成長の機会である，自分には問題を乗り越える力がある）と，消極的問題志向性（例：こんな問題が起こるなんてもうおしまいだ，自分にはどうすることもできない）がある。また，②問題解決スタイルにも，効果的な解決を導き出す建設的な問題解決である合理的問題解決と，衝動的・不注意（急ぎ過ぎて不十分な問題解決）／回避（問題を避ける・先延ばし）である非機能的問題解決があるとされている。

●**問題解決療法**　Step1の問題解決志向性は積極的な問題理解の姿勢を，Step2〜5は効果的な問題解決スタイルを段階的・教育的に指導する（図1）。PSTは，五つのスキル（問題解決志向性，問題の明確化／目標設定，問題解決策の創出，問題解決策の選択と意思決定，問題解決策の実行と評価）から構成されている。

●**問題解決療法の手続き**　(1) 問題解決志向性：「問題解決志向性」は，問題場面に遭遇した際に生じる，認知や感情を含む一連の反応である。積極的な問題解決を促す認知・感情

図1　D'Zurilla(1986)；D'Zurilla & Nezu（1982；1999）の問題解決療法

として，自己効力感についての思考（「自分にはこの問題に立ち向かい，解決できる力がある」，問題は非脅威であるという思考（「問題はこわいものではなく，誰にも起こりうることである」，気分の変化などを手がかりに問題を正確に明らかにしようとする力，回避的・衝動的反応を引き起こす感情を抑制する力，などがある。これらを養うために，認知再構成法や認知療法の技法が用いられる。(2) 問題の明確化／目標の設定：ディズリラとゴールドフリード（D'Zullira & Goldfried, 1971）は，『問題（Problem）とは，What I want「～でありたい」／What should be「～であるべき」という「理想の状態」と，What is「現在の状態」の差（ギャップ）であり，何かしらの障害によって有効な解決策をとることのできない状態』と定義している。つまり，問題を明確にする際，「現在の状態」を把握するだけでは不十分であり，「これを問題であるととらえるのは，自分がどうありたい，どうあるべきと考えているからか」についても明らかにする必要がある。(3) 代替可能な問題解決策の創出：「ブレーンストーミング」の三つのルールを用いて解決策を創出する。現在の体力や気分，サポート資源や経済状況等により実行可能か否かを判断することなく（判断延期のルール），可能な限り多く（数のルール），バラエティ豊か（多様性のルール）に解決策を考える。(4) 問題解決策の意思決定：解決策のリストの中から実行するものを選択し，実行に移すことのできるよう，①解決策のコスト－ベネフィット分析，②SMART目標の設定，などが役立つ。コスト－ベネフィット分析は，その解決策を実行することによって生じるコスト（負担・損失）とベネフィット（利益）を書き出し，それらが現在の自分にとって，どれぐらい重要であるかを評定する。SMART目標のSは，「specific：明確できる」であり，その行動を実行している自分の姿がイメージできるぐらい具体的にする。Mは「measurable：測定できる」であり，実行できたか否かを確認できる表現にする。Aは「achievable：達成可能である」であり，スケジュールや体調等を考慮して，達成できる自信が6割～8割程度ある量や内容にする。Rは「relevant：問題と関連している」であり，達成可能な解決策あっても，問題解決に有効か確認しておく。Tは「timed：時間制限がある」であり，時間制限を設定して行動目標を立てる。(5) 問題解決策の結果の評価：解決策を実行した結果，現在の状態と理想の状態とのギャップに意味のある変動をもたらしたかどうかを評価する。Step1からStep5までのプロセスが導き出した「よかったこと・よい影響」と「困難だったこと・課題」をモニタし評価する。　　　　　　　　　　　　　　　　　　　［本岡寛子］

さらに詳しく知るための文献

[1] 明智龍男ほか 2009 不安と抑うつに対する問題解決療法 金剛出版．
[2] ズリラ，T. J.　丸山 普監訳 1995 問題解決療法―臨床的介入への社会的コンピテンス・アプローチ 金剛出版．

認知行動療法における
イメージ諸技法

> 持続エクスポージャー法 (PE) p.264, アクセプタンス&コミットメント・セラピー (ACT) p.296, コンパッションフォーカストセラピー (CFT) p.304

　認知行動療法（CBT）におけるイメージ諸技法は，心的イメージと情緒的な反応の条件づけを変えていく手続きである。代表的なものは系統的脱感作法である。克服したい不安や恐怖の状況に対する不安階層表を作り段階的に嫌悪的なイメージと向き合うようにするもので，筋弛緩や種々のリラクセーションを逆制止として用いる（Miltenberger, 2001　訳2006）。例えば，鳥恐怖に関する不安階層表を考え，窓の外の電線に鳥がいる 30，窓が少し開いている 60，その窓辺に鳥がいる 80，部屋に入ってくる 100 とする。まず，SUDs30 の状況を想起しながら筋弛緩法や呼吸法などを数回行い SUDs の変化を体験する。30 が 10 に変化したら，40 から 60 の範囲にある状況をイメージしながら同様に繰り返し，高い SUDs の状況への接近行動を作っていく。

　イメージ技法を用いるメリットは過去の出来事のように現実には再現や調達が難しいもの（記憶など）に対し行えることや，動物の動きのようにセラピスト（TH）からコントロールしづらいものでも距離を安定させた状態で，クライエント（CL）自身のタイミングに合わせて接近し馴化を促進できる。驚愕反射を起こさせないように工夫する。一方，イメージを描きにくい CL には画像や動画を見せながら行うこともある。

●**イメージの用られ方**　ポジティブなものでは，スポーツ競技や芸術ステージにおける実技や実演のためのメンタル・リハーサルがある。失敗や気がかりな点に注意を向けるのではなく，パフォーマンスが思い通りにできているイメージを繰り返して本番に臨む。吃音や社交不安の治療に用いられることがある。自律訓練法は重感や温感をイメージさせて身体を穏やかにしたり，Compassion focused Therapy では慈愛に満ちたイメージを描くエクササイズやスキーマ療法では記憶の書き換え技法（後述）などがある。

　ネガティブ・イメージを用いる代表はイメージエクスポージャー療法（以下，IE）である（Sisemore, 2012　訳 2015）。IE の要素は，弁証法的行動療法，統一プロトコル，持続エクスポージャー療法（以下，PE），EMDR，Rumination focused CBT などさまざまなプロトコルに組み込まれている。

　心理教育に使われるメタファーもイメージ技法である。「傷口を一度こじ開けて中の汚れや膿を消毒して，かさぶたの下から健康な皮膚が再生するような根本的な解決で正しく処理が進む」などとトラウマに向き合う必要性をメタファーで解説する。アクセプタンス&コミットメント・セラピー（以下，ACT）でもメタファーは多用される。心理教育では CL とのイメージの共有が欠かせない。

●**記憶に関するイメージ技法**　記憶も心的イメージの一つといえる。例えば，PEではトラウマとなった場面をCLに閉眼で想起させ，この場で起こっているかのように現在形で詳述を求める。THはCLが没入しすぎないようSUDsを尋ねたり開眼させたりしながら情動処理を進める。その場面は録音されCLの自宅で繰り返し聞く課題となる。ネガティブな記憶であっても詳細な想起を繰り返すことで情動に対する馴化を促進し，かつ非機能的認知の修正によって記憶と感情・思考をつなぐ記憶の組織化を行う。

一方，馴化という視点ではなく認知療法の枠組みの中でイメージ処理に関する実証的研究を近年盛んに行ってきたのがHolmesとその研究グループである。HolmesらはPTSDのトラウマ・イメージに関する研究に始まり，感情障害とネガティブ・イメージの研究，そしてポジティブ・イメージを用いた認知療法的介入研究を行ってきた（Holmes & Mathews, 2010）。ネガティブな記憶をポジティブなイメージで上書きをする記憶の書き換え技法や治療的再養育法はスキーマ療法にも取り入れられており，Holmesと共同研究したArntzの貢献によるところが大きい（Holmes et al, 2007）。

●**ACTの文脈におけるイメージ**　本来，襲ってくるはずのない鳥やヒトや過去のできごとを回避し続けることで，嫌悪的な感情や思考と結びつけてしまうことがある。体験の回避に対するエクササイズに「マインド・トレイン」がある。これは「感覚」「思考」「衝動」の3つの線路を並走する何両ものコンテナにさまざまな回避したい言葉が載っており，それを鉄橋の上から観察するというイメージを用いている。エクスポージャーの要素を含みながら言葉から距離を取る方法は情動処理に欠かせない。PEのIEでは不快感に自ら接近しさらされながらも観察者としての自己の機能を保つように促される。IE中の二重注意の中でしか再統合できないとするEMDRにも同様の機序が存在する。

一方で，突然わいてくる感情や思考に反応することを弱化するならば瞑想がよい。ACTのエクササイズで行われる「流れに漂う葉っぱ」の瞑想は，川べりに腰を下ろして，穏やかな呼吸で，湧いてくる考えが川面に浮かぶ葉っぱに載って通りすぎるのを眺めるものである。あえてポジティブなイメージやネガティブなイメージというテーマを持つのではなく，ただ自然の流れに任せて待つようにする。思考に対して何の価値判断もせず，すべての考えから距離を取る時間を持つ（Hayes & Smith. 2005 訳2010）。

［岡嶋美代］

📖 **さらに詳しく知るための文献**

[1] Sheikh, A. A. ed. 2002 *Handbook of Therapeutic Imagery Techniques*, Baywood Publishing Company.（成瀬悟策監訳 2003 イメージ療法ハンドブック 誠信書房）

認知療法

☞ 認知療法と認知理論 p.12, うつ病の認知モデルの基礎研究 p.82, うつ病 p.116, 認知再構成法 p.286, うつ病の認知療法・認知行動療法 p.328

　認知療法（cognitive therapy）は，A. T. ベック（Beck）が1960年代に開発した心理療法の一つである。認知療法は，うつや不安といった感情障害（emotional disorders）には，個人の思考やイメージ，解釈である認知によって規定されるという"認知モデル"に基づいており，さまざまな体験を通して認知に働きかけ，不快な感情を改善することをはかる技法である（Beck et al., 1979）。初めは，うつ病に対する心理的支援法として考案された認知療法であったが，適応疾患の拡大に伴い行動的技法を積極的に取り入れ，現在では，単体で認知行動療法と呼ばれることもある。また，マニュアルに基づいた疾患ごとの治療プロトコルが確立しており，「認知療法」という言葉が単体の技法を指すものではなくなっている（Enright, 1997）。そのため紹介する介入技法としては他項と重複する項目が多数みられるが，本項では認知への働きかけという視点からそれらの技法のもつ役割について論ずることとする。

●**認知療法における精神病理理論**　認知療法では，うつや不安といった感情障害とそれによって起こる行動問題の背景に特有の非機能的認知があることを想定する（井上，2006）。ベックが呈示した非機能的認知は自動思考，媒介信念，スキーマという三つの層をもつとされている。幼少期からの学習体験によって形成されたスキーマは，ルールや思い込みである媒介信念を経由して自動思考を生み出す。このような認知モデルは疾患ごとに定められており，例えばうつ病の場合は，否定的な認知の三徴候として，「自己の無価値化」「世界や環境への敵意」「未来への絶望」といった特徴がみられる。認知療法のモデルによれば，クライエント（CL）とセラピスト（TH）が同定された自動思考の内容について検討を行うことを通して，対象者が持つ信念への検証が行われる。具体的には，CLは自身の解釈を裏づける証拠と否定する証拠を検討し，別の解釈や行動を探っていくことから，より適応的な思考や行動をとれるようになると考えられている。

●**認知療法の実施方法**　認知療法では1回あたり30分〜50分でセッションが行われる。セッションでは，THとCLがともに問題解決に尽力するという協同的経験主義の原則が重要視される。実際に治療が開始されると，まずTHはCLから詳細な情報を収集しながらケースフォーミュレーションを行う。この際，CLが体験したある出来事を話題にしながら，認知モデルに基づき思考，行動，感情の関連を明らかにしていく。具体的には，例えばうつ病CLの場合，CLの訴える具体的な問題に焦点をあて，それがどのように生じ，どのように維持されているかを明らかにし，その際にどのような非機能的な自動思考が生起しているか，その結果どのよ

うな感情的、身体的、行動的反応が出現するかを明らかにする。ある程度情報が集まったところで、心理教育を行う。心理教育では、CLのもつ疾患についての教育や認知療法についてCLに情報を提供する。特に中心的問題となる認知の特徴についてしっかりと理解を促す。うつや不安を引き起こしやすい認知の偏りとして①感情的決めつけ、②選択的注目、③過度の一般化、④過大解釈と過小評価、⑤白黒思考、などがある。認知の偏りが明らかになったところで、同定された自動思考の検証を通して認知の偏りに挑戦したり、適応的な思考を発見したりすることを通して感情問題の改善をはかる。気分や非機能的自動思考への介入に関しては、コラム法やメリット・デメリット分析などの認知再構成法を用いて行う。認知再構成では、自動思考の根拠や反証を検討しながら、適応的な思考をつくり上げていく。適応的思考ができたところで、感情の変化を確認する。認知再構成を行う際には、THが異なる認知について一方的に説明をしても効果が上がらないことが多い。むしろ質問を投げかけることでCL本人に新しい可能性を発見してもらうように働きかける。このように質問を通じて介入する方法をソクラテスの質問法と呼ぶ。

認知療法では行動への介入も行う。認知療法における行動的介入は、行動を通して認知に働きかけることを目的として行われる。行動的介入として代表的なものに行動活性化と行動実験などがある。行動的介入の詳細については他項に譲るが、先にも示したとおり行動的介入はCLの不合理な信念の妥当性を実験的手法によって検証することが目的として行われる。例えば社交不安症のCLの場合、不合理な信念として「おかしな髪型で買い物をすれば店員や客が自分を見て笑ったりバカにしたりする」という認知が報告されていたとする。そこで実際に髪型をおかしなものにして買い物に行ってもらい、周囲の人間がどのような反応をしたかを検証する。その結果を通してCLの持つ不合理な信念の修正が図られる。

認知療法では認知的介入/行動的介入を通してCLの持つ媒介信念やスキーマを同定し可能ならば変容を確認していく。回数限定型の介入の場合にはスキーマへの介入は、CLのもつスキーマを同定すること程度で終わることもある。認知への働きかけが自身でできるようになったことが確認できれば治療は終結となる。治療を振り返り、再発予防について話し合われたうえで治療は終了となる。

認知療法の治療パッケージは、ほかにもさまざまな技法が存在する。しかし、いずれも認知内容に働きかけたり、認知次元の切り替えを促すことを目的に行われるという点で共通している。Beckは「CLが良くなる時認知は変容している」と述べている。認知療法とは、さまざまな方法で認知に働きかけることを通して、CLの問題解決や生活の質の向上を目指す方法の総称であるともいえるだろう。

[田中恒彦]

さら詳しく知るための文献

[1] ベック, J. S. 伊藤絵美ほか訳 2015 認知行動療法実践ガイド（第2版）星和書店.

認知再構成法

☞ 認知療法と認知理論 p.12，うつ病 p.116，認知療法 p.284，認知再構成（法）を中心としたストレスマネジメント p.596

　認知再構成法とは，ある状況下の人間の感情は，その状況に対する意味づけ・解釈である認知によって規定されるという認知モデルに基づき，認知の仕方を修正することによって，不快感情の改善をはかろうとする技法である。認知は思考として自覚されることもあれば，イメージとして体験されることもある。認知モデルとそれに基づく認知再構成法は，A. T. ベックほか（Beck et al., 1979, 訳1992）がうつ病治療の中で開発したものであり，ここではうつ病にみられるさまざまな精神・身体症状が認知の障害という視点から説明される。

●**目的**　井上（2006）によると認知再構成法の目的は，歪んだ認知を正しい認知に変えることではない。すなわち，認知の障害そのものを修正することが目的なのではない。そうではなく，認知を変えることを通して過剰な不快感情を適正化することが目的なのである。あくまでも不快感情の改善をはかるための手段として，認知の修正を試みるのである。また，認知の修正といっても，単純に否定的思考を肯定的思考に転換することが重要なのではない。ある状況の見方はいくつも存在し，その中にはより適応的でより現実的な見方が存在するのだということを自覚できるように介入するのである。長期的には，セルフヘルプも目的となる。以下に述べるような認知再構成法の方法をクライエントが自ら学んで身につけていくことによって，セラピストの援助がなくても，自分で自分の認知を修正し，自分の不快感情の適正化をはかれるようになることが最終目的であるといえる。

●**対象**　認知再構成法の対象となる認知は自動思考と呼ばれている（Beck et al., 1979, 訳1992）。これは，何らかの状況において自動的に，自然に脳裏に浮かぶ思考やイメージのことであり，一過性のいわば表層部にある認知である。これに対してスキーマとは，自動思考の基底にある，より恒常的な認知のことであるとされている。不快感情をもたらす自動思考にはいくつかの種類がある。まず感情別にみると，抑うつ感情をもたらす自動思考は，何か大切なものをなくしてしまったという喪失をテーマとすることが多い。不安をもたらす自動思考は，迫りくる危険や脅威に対処できないというテーマである。怒りをもたらす自動思考は，現実とは一致しない，「こうすべきだ」という過剰な期待をテーマにしていることが多い。次に認知の種類で区別すると，認知再構成法の対象となりうるのは，認知の歪み，原因帰属，効力予期と結果予期などである。認知の歪みとは，論理的に不合理な認知のことである（井上，2006）。明確な根拠がないのに決めつけてしまう「恣意的推論」，限られた経験から得た結論をほかの状況にも広げてあてはめてしまう「過度の一般化」「～するべき」という主観的な期待を無条

件に自分や相手に押しつけてしまう「べき思考」などがある。認知の歪みがある場合，合理的な認知に修正できれば，不快感情は適正化できる。原因帰属とは，ある状況の原因についての説明のことであり，認知の一種である。ネガティブな状況の原因を自己の能力だけに帰属すれば，不快感情が生じうる。ネガティブな状況をもたらした原因は一つとは限らないから，自己の努力，体調，他人，時期，運など他の要因にも原因帰属できるようになれば，不快感情を適正化できる。効力予期とは，自分は問題にどのくらい対処することができるかという自信を表し，結果予期とは，その対処をすれば問題がどのくらい軽減する可能性があるかという予期を意味する（Bandura, 1977）。両者の予期が低すぎると不快感情が喚起されるため，それを適正化するためには，これらの予期を妥当なものに変えていく介入が必要となる。

●**方法** ある状況下で過剰な不快感情をもたらした自動思考をホットな認知とよぶ。これを同定できれば，次にその思考の検討・修正を行う。その際，セラピストが一方的に説き伏せても奏効しないことが多い。ではどのような方法で自動思考を検討し修正していくのか。それはソクラテスの質問法と呼ばれる質問を用いる方法である。古代ギリシャの哲学者ソクラテスと同じように，自分は答えを知らないことを自覚しているという無知の知を前提として，相手が気づけるように質問していくのである。例えば，「自動思考を支持する根拠は何か」「自動思考に反する根拠は何か」「ほかに何か別の見方はないだろうか」などと問いかけたりして，自動思考に代わる新しい認知にクライエント自身が気づけるように援助する。ためにならない認知をもち続けることのメリットとデメリットを尋ねる損得分析が用いられることもある。損得分析はスキーマの修正のために実施されることもある。ソクラテスの質問法に答えていくことによって自動思考の確信度が低下したり，自動思考とは別のより適応的でより現実的な見方が引き出されたりすれば，自動思考の影響力が低下して，その自動思考がもたらしていた不快感情も緩和される。セラピストが繰り返し質問していると，やがてクライエントはセラピストをモデルとして，自分で自分に質問するようになる。ソクラテスの質問法が内在化すれば，自問自答することによって自分で自分に治療ができるようになるのである。このようにしてセルフヘルプが実現する。なお，この過程で，思考記録用紙やコラムと呼ばれる用紙に記入しながら，自動思考の同定・検討・修正を行うことが多い。また，原因帰属に関する認知再構成法は，特に再帰属法と呼ばれる。これはネガティブな状況に対して，自分の内的なものにだけ原因帰属するのではなく，ほかの要因にも責任を分散する方法であるといえる。　［若井貴史］

📖 **さらに詳しく知るための文献**
[1] 井上和臣 2006 認知療法への招待 金芳堂．

行動実験

☞ エクスポージャー法 p.262, 認知再構成 p.286, パニック症の認知行動療法 p.334, 社交不安症の認知行動療法 p.340

　行動実験は，クライエントが自分の思考や信念の妥当性や真偽のほどを明らかにするために，それらを実際に試してみる（テストする）ことを助ける目的で，クライエントとセラピストで共同してデザインされた「実験」のことで，自動思考記録表と同様に，重要な認知療法の一技法とされている（Bennett-Levy, 2003）。一般的には，第一に，クライエントは実験の結果を予測するように求められ，第二にその実験を現実に行い，第三に，その結果を評価することで，予測した自分の認知のパターンが偏ったものであり，バランスのとれた考え方がどのようなものかを実感することになる。クライエントは「科学者」としての日常の見方が身につけられる。特に，パニック症，社交不安症，強迫症，PTSDなどの不安に関連した疾患の認知療法の中心的な技法として用いられ，その有効性が証明されてきた。

●**行動実験の実践方法**　クライエントとセラピストで共同して行動実験をデザインするために，五つの欄（コラム）からなる行動実験シートをツールとして用いることと前述の手順で進めやすい（Salkovskis, 1991）。五つの欄は，①状況（出来事），②予測（認知），③実験（行動），④結果（現実），⑤考察（学んだこと）となる。第一の欄には「状況」を記載するが，不安症の場合は，不安を引き起こすような状況（パニック症では7階まで階段を昇って動悸や息切れが起こる状況，社交不安症では知らない人に道を尋ねる状況など）となる。第二の欄には「予測」を記載するが，「どのような結果になると予測されるのか」「正確には何が起こると思ったか」「それはどのようにしてわかるのか」といった一連の質問によって明確化し，予測（信念）の確信度を0から100％で評価する（パニック症では，動悸や息切れのために，また発作が起きて死にそうになるという予測が浮かび，正確にはその場に倒れこんでしまうという信念が80％，社交不安症では，知らない人から変な人だと思われ，嫌われるという予測が浮かび，自分の顔を凝視され，罵倒されるという信念が90％など）。第三の欄には「実験」を記載するが，第二の欄に記載した「『予測』をテストするために何をするべきか？」を念頭に，実験の際には，「安全確保行動（安全行動）」を止めることに注意した実験の計画をたてる。ここで述べる「安全行動（safety behaviors）」とは，安全確保行動（safety seeking behaviors）とも呼ばれ，クライエント自身は不安を減らすために有用であると信じ，安全のために行っている対処行動のことであるが，特に治療プロトコルで取り扱われるのは，機能的な安全確保行動ではなく，症状を維持する悪循環を形成する非機能的な安全確保行動を指す。安全確保

行動は，パニック症では，心拍や呼吸を確認するために，立ち止まったり休んだりする行動，社交不安症では，赤面を隠すために下を向いたり，ふるえを隠すために体に力を入れたりする行動を指す。よって，それらの安全確保行動をしないように，行動実験をデザインすることが重要である。（パニック症では，7階まで階段を昇るときに，途中で立ち止まって心拍を確認したりしないで，前に見える階の壁を集中して見るようにして進む。社交不安症では，知らない人に話しかけるときに，下を向いて自分がどう見られているか考えることよりも，前を向いて相手の顔の特徴（かけているメガネや髪の毛の色など）に集中するようにして話すなど）ここで，行動実験シートの作成を一度止めて，クライエントとセラピストでセッション中に行動実験を行う。モデリングとして，セラピストが見本に1回目の試行をし，そこで観察学習したクライエントが2回目の試行を行うなども可能である。実験が終了した後，シートの第四の欄には「結果」を記載するが，「実際には何が起きたか？」「自分の予測が正しかったか？」について科学的に観察した事実を報告することになる（パニック症では，倒れこむことはなかったし，死ぬこともなかったので，予測は誤っていた，社交不安症では，凝視されもしなかったし，罵倒もされなかったので，予測は誤っていたなど）。第五の欄には「考察」を記載するが，「バランスの取れた見方」について自由に討論し，「予測したことが今後起こる可能性はどれくらいか」について確信度を0から100％で評価したり，「もとの予測をさらにテストするにはどうしたらよいか」のように，さらなる行動実験を計画するなどする（パニック症では，次は過呼吸をして倒れるかどうかを実験するなど，社交不安症では，次はお店で返品をしたいと店員さんに話しかけて罵倒されるかを実験するなど）。

●**エクスポージャー法（曝露療法）との違い**　曝露反応妨害法とは，不安な状況に直面し，安全確保行動（反応）をしないという点で同じであるが，曝露反応妨害法が不安が時間により低下していく馴化を基盤とするのに対して，行動実験は予測を裏切られた体験（確信の不一致（belief disconfirmation））を基盤とする点が異なる。不安症の治療のシステマティックレビューで，認知的要素を含めた行動実験は単純な曝露より有効性が高いという報告（McMillan & Lee, 2010）と行動実験の優位性は社交不安症に限定されるとする報告がある（Ougrin, 2011）。［清水栄司］

📖 さらに詳しく知るための文献

[1] 清水栄司 2014 自分で治す「社交不安症」法研．
[2] 吉永尚紀・清水栄司 2016 社交不安障害（社交不安症）の認知行動療法マニュアル 不安症研究（7）42-93．
[3] 関 陽一・清水栄司 2016 パニック障害（パニック症）の認知行動療法マニュアル（7）94-154．

Rational Emotive Behavior Therapy (REBT)

[☞] 認知行動療法 p.2, 認知療法と認知理論 p.12, ストレス免疫訓練（SIT）p.270, 認知療法 p.284, 認知再構成法 p.286

　Rational Emotive Behavior Therapy（REBT）は当初，Rational Therapy（RT）として誕生した（Ellis, 1957）。

● **RT から REBT へ**　その後，1960 年代には「情動」の側面を強調し，Rational Emotive Therapy（RET）（Ellis, 1969），さらに 1990 年代には「行動」の側面を強調して，Rational Emotive Behavior Therapy（REBT）と名称を変更してきている。また日本語の訳出も多様であり，「論理療法」「論理情動行動療法」「理性感情行動療法」「人生哲学感情心理療法」「認知感情行動療法」など多様である。

　REBT は，1955 年に米国の臨床心理学者である A. エリス（Ellis）によって創始された。REBT では，人間の悩み，不安などのネガティブな感情は，自分の身に起きた出来事（刺激）そのものではなく，出来事をどうとらえるか，つまり出来事の受け取り方（認知）に左右されると考える。この受け取り方を，REBT ではビリーフ（belief）あるいは信念と呼ぶ。古代ギリシャの哲学者エピクテートス（Epictetus）は，「人間は，出来事そのものによって悩むのではなく，その受け取り方によって悩むのである」と述べているが，これが REBT の基本理念となっている。

図1　ABC モデル

● **ABC モデル**　REBT の特徴は，その基礎理論である ABC モデルに集約される（図1）。A（activating event）はクライエントの周りで生じている「出来事」，B（belief）は「ビリーフ」すなわち個人のもつ信念や考え（認知），C（consequence）はビリーフの「結果として生じる感情や行動（感情的結果・行動的結果）」のことである。REBT の目的は，この「感情や行動の問題を解決すること」である。この ABC モデルに，D（dispute：議論），E（effectiveness：効果）を加えたものが，ABCDE モデルである。

● **ビリーフ**　ビリーフには，クライエントを助ける機能的なラショナルビリーフ（rational belief）とクライエントを傷つける非機能的なイラショナルビリーフ（irrational belief）とがある。REBT では，後者のイラショナルビリーフが，抑うつ，不安，羞恥，激怒などを含む，不健康な感情の混乱を導くと考えている。したがってカウンセラーは，クライエントのイラショナルビリーフに注目し，援助にあたる。

なお，イラショナルビリーフには次の四つのタイプがある（Ellis, 1999）。①「私は認めてもらわなければならない」などの過剰で硬直した要求（demandingness），②「もし認めてもらえなければ，もう終わりだ」などの最悪で破滅的な考え（awfulizing），③「認めてもらえないことには耐えられない」などの低い欲求不満耐性（frustration intolerance），④「もし認めてもらえなければ，私は無価値な人間だ」などの人間的価値に対する包括的でネガティブな評価（global condemnation of human worth）。

REBTがめざすのは，クライエントが将来同じような問題や場面に直面したとき，このようなイラショナルビリーフを自力で発見し，それに対し自ら反論することによって，柔軟で機能的なラショナルビリーフを導き出せるようになることである。すなわち，自力で自分の問題を解決できるようになることにより，不健康でネガティブな感情から解放され，最終的により健康な人間になることがREBTの目的なのである。

● **CBTとREBT**　エリスはREBTの父，認知行動療法（CBT）の祖父とも呼ばれる（DiGiuseppe, 2010；石隈，1994）。ベックによる認知療法，マイケンバウムによるストレス免疫訓練と並び，それまでの行動療法との融合を通じ，今日の認知行動療法の発展に寄与した「認知御三家」の一つとされる（神村，2008）。神村は，認知療法とREBTを比較したうえで，認知療法では「疑問を重ねていく対話（ソクラテス式対話，誘導による発見）」，REBTでは「論駁（議論）」というように，合理性を付与する手法が異なること，また認知療法は協同実証主義のもとで具体的な事実の実証を進めるのに対し，REBTでは哲学的なアプローチを目指す傾向が強いことを，相違点としてあげている。なお，REBTはCBTの中では研究によるエビデンスの蓄積が乏しいのが現状であり，今後，さらなる治療効果研究の充実が望まれる（DiGiuseppe, 2010）。

● **REBTの特徴**　REBTの特徴は，①シンプルなモデル，②強い哲学的要素，③他のアプローチと組み合わせやすい柔軟性，④多様な介入技法，⑤認知-情動-行動における相互作用機能の強調，の5点に集約される（DiGiuseppe, 2010；菅沼，2010）。また，REBTは人間がより健康になることを目標とした心理療法であり，創始者のエリスは「ポジティブ心理学の陰の功労者（unsung hero of positive psychology）」と評されている（Bernard et al., 2010）。心の健康の保持増進を目的とする心理教育プログラム，心の健康教育などにおけるREBTの有用性が強調される所以である。

[沢宮容子]

📖 さらに詳しく知るための文献
[1] 菅沼憲治・人生哲学感情心理療法編 2013 人生哲学感情心理療法入門 アルバート・エリス博士のREBTを学ぶ 静岡学術出版．

スキーマ療法

☞ 認知行動療法 p.2, 認知療法と認知理論 p.12, パーソナリティ障害 p.136, 認知療法 p.284, 認知再構成法 p.286

　スキーマ療法（schema therapy：ST）は，米国の心理学者 J. E. ヤング（Young）が 2000 年前後に構築した心理療法である。ヤングは，主にうつや不安に対して構築された認知行動療法（Cognitive Behavior Therapy：CBT）をパーソナリティ障害に適用するために，アタッチメント理論，ゲシュタルト療法，力動的アプローチなどを CBT に有機的に組み込み，「スキーマ療法」とした。したがって ST は非常に統合的である。ST が世界的に注目され，適用されるようになったのは，今世紀に入ってからである。ヤングらの包括的な治療マニュアルが出版され，それが世界中で翻訳，出版されたこと（Young et al., 2003 訳 2008），そしてオランダにて，境界性パーソナリティ障害に対する大規模なランダム化比較実験を通じて，そのエビデンスが明らかにされたこと（Giesen-Bloo et al., 2006），この 2 点が起爆剤となったと言われている。

● **ST の理論モデル**　ST の柱となる理論モデルは「早期不適応的スキーマ」というものである。このモデルの元には，「中核的感情欲求」という概念がある。これは，幼少期，学童期，思春期にある子どもが，周囲の人たち（特に養育者）に対して抱く感情的な欲求のことで，例えば「愛されたい」「理解されたい」「守ってほしい」「上手にできるよう導いてほしい」「楽しみたい」「一人の人間として尊重してほしい」といったものである。これらの欲求は，ある程度健全な養育環境であれば自然と満たされるが，一方で，例えば虐待的な家庭環境で育ち，ケアされなかった子どもや，学校でいじめられているにもかかわらず誰にも助けてもらえなかった子どもは，満たされないままになってしまう。中核的感情欲求が満たされないまま育った結果，形成されるのが早期不適応的スキーマである。スキーマという用語は古くから発達心理学や認知心理学で用いられてきたもので，「認知構造」と訳すことが多いが，CBT のモデルに関連づけると，状況に対する個人の反応のうち，自動思考（その場面で瞬間的に頭をよぎる一時的な思考やイメージ）の背景にあるその人なりの「深い思い」ととらえることができる（図 1）。

　ヤングは 18 の早期不適応的スキーマを定式化した。具体的には，①情緒的剥奪，②見捨てられ／不安定，③不信／虐待，④欠陥／恥，⑤社会的孤立／疎外，⑦依存／

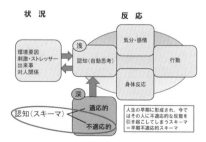

図 1　CBT のモデルとスキーマとの関連
［伊藤ほか，2013］

無能，⑧損害と疾病に対する脆弱性，⑨失敗，⑩巻き込まれ，⑪服従，⑫自己犠牲，⑬評価と承認の希求，⑭否定／悲観，⑮感情抑制，⑮厳密な基準／過度の批判，⑯罰，⑰権利要求／尊大，⑱自制と自律の欠如，というスキーマである。幼少期や思春期においてすべての中核的感情欲求が完全に満たされ続ける，ということは想定しづらい。つまり誰しもがその人なりの「感情欲求が満たされなかった傷つき体験」をもつことになる。したがって人は誰でも 18 の早期不適応的スキーマのいくつかを大なり小なり有することになるが，特に多大な生きづらさを感じていたり，パーソナリティのレベルに問題を抱えていたりするなどして，社会適応が難しかったり，生きるうえでの不全感や虚無感を抱いている人は，これらの 18 の早期不適応的スキーマがより多く，より強く形成されている，というのがスキーマ療法の考え方である。

ところでその時々の状況や対人関係によって活性化されるスキーマは異なる。また活性化されたスキーマにどう反応するかによって（服従，回避，過剰補償といった反応が想定されている），その時々に生じる自動思考や感情は異なる。スキーマ療法ではそれを「スキーマモード」と呼び，重視している。モードは，①チャイルドモード，②不適応的コーピングモード，③非機能的ペアレントモード，④ヘルシーアダルトモードに分類されるが，スキーマが活性化されたときの「今・ここ」の自動思考や感情をモニターする際にこの分類が役に立つ。

● **スキーマ療法の進め方**　スキーマ療法を実施するにあたって重要なのが，治療関係である。協同作業を重視する CBT とは異なり，スキーマ療法では子ども時代の傷つき体験を扱い，早期不適応的スキーマを乗り越えるためには，セラピストが養育的にクライエントに関わることが求められる。これを「治療的再養育法」と言う。治療的再養育法を通じて，まずはセラピストがクライエントの傷ついたチャイルドモードを癒し，不適応的コーピングモードや非機能的ペアレントモードを減らし，ヘルシーアダルトモードを育む。そのようなセラピストのあり方がクライエントに内在化されることによって，今度は同様のことをクライエントが自分自身でできるようになる。その結果，早期不適応的スキーマが緩和され，より適応的なスキーマが形成される。最終的にはクライエントの行動や対人関係のパターンがより健全な方向へと変化し，生きづらさが解消される。終結に至るまでにかかる期間はケースによって異なるが，CBT に比べてかなり時間をかける必要があり，通常は年単位での回復となる。　　［伊藤絵美］

📖 **さらに詳しく知るための文献**
[1] ヤングほか　伊藤絵美監訳　2008　スキーマ療法―パーソナリティの問題に対する統合的認知行動療法アプローチ　金剛出版．
[2] 伊藤絵美ほか　2013　スキーマ療法入門―理論と事例で学ぶスキーマ療法の基礎と応用　星和書店．

弁証法的行動療法（DBT）

☞ 弁証法的行動療法の基礎理論 p.24，パーソナリティ障害 p.136

　弁証法的行動療法（dialectical behavior therapy：DBT）は，M. M. リネハン（Linehan）によって開発された認知行動療法である。境界性パーソナリティ障害（borderline personality disorder：BPD）に対して数多くのエビデンスが示されている心理療法として知られており，近年では，抑うつ，物質関連障害，過食性障害，心的外傷後ストレス障害などのさまざまな心理的問題に対しても効果が示されている（Linehan, 2015）。

　DBT では多種多様な治療戦略が用いられるが，もっとも代表的な治療戦略としては，承認戦略（validation strategies），問題解決戦略（problem solving strategies），弁証法的戦略（dialectical strategies）が挙げられる。承認戦略とは直接的な受容戦略であり，一方，問題解決戦略とは直接的な変化の戦略である。そして，弁証法的戦略とは治療全体に関わるものであり，承認戦略や問題解決戦略などといった一見相反する特徴のバランスをとるための戦略である。承認戦略と問題解決戦略は，DBT において核となる戦略として位置づけられており，弁証法的戦略と並ぶ治療の根幹であるとされる。

●**承認戦略**　承認とは，「患者に対し，患者の行動は現在の状況の中で当然のことで，理解可能であると明瞭に伝えること」と定義される（Linehan, 1993a 訳 2007）。この承認を実現するには，3つのステップを踏む。第一が，積極的な観察（active observing）である。これは，セラピストが患者に生じたこと，あるいはこの瞬間に患者に起ころうとしていることについての情報を集め，患者の感情，認知，行動，身体感覚などについて患者から聴いたり，観察したりすることである。第二は，映し返し（reflection）である。これは，セラピストが患者に対し，患者自身の感情，認知，行動，身体感覚などを正確に表現し返すことである。そして，第三の直接的な承認（direct validation）は，セラピストが患者の反応の中にある知恵や妥当性を探し出して，表現し，その反応が真に理解可能であると伝えることである。承認によってセラピストは，患者が自分自身を理解しようとするのを助けることが可能となる。

●**問題解決戦略**　問題解決戦略は，問題解決のための実用的なアプローチを促進することを目的とした中核的な変化に向けた戦略である。問題解決戦略は，問題を理解し受容する段階と，新たな解決法を作り出し，評価し，実行を試みる段階の二段階からなる。受容に焦点を当てる第一段階では行動分析（behavioral analysis）などが用いられ，変化に焦点を当てる第二段階では解決法分析（solution analysis）などが用いられる。行動分析は DBT の中でももっとも重要

な戦略のひとつとされる。行動分析では，まず分析対象となる問題を患者が同定し，その後，連鎖分析（chain analysis）という技法を用いて，問題を検証していく。そして，この行動分析に基づき解決法分析が行われる。解決法分析では，特定の変化の手法が期待する変化をもたらすことを患者に示し，変化の手法に対する患者のかかわりを引き出し，それを強化する。

その他，スキル訓練（skills training），不測の事態への手続き（contingency procedures），曝露（exposure），認知の修正（cognitive modification）などのさまざまな手法が問題解決戦略に含まれている。

●治療形態　DBT では，このようなさまざまな治療戦略が 4 つの治療形態に組み込まれている。すなわち，個人精神療法，集団スキル訓練，電話コンサルテーション，セラピストのためのケース・コンサルテーション・ミーティングである。個人精神療法では，あらゆる戦略を用いて，患者の不適応的な行動を抑制し，それらを適応的な行動（心理社会的スキルなど）に置き換えていく。不適応的な行動を誘発し，強化している個人的・環境的な要因や動機の問題についても詳細に扱われる。集団スキル訓練では，自分自身の心の中に入って，自分自身を観察するマインドフルネス・スキル，苦痛に耐える種々の手法からなる苦痛耐性スキル，対立的な状況の対処方法および要求の仕方や断り方などを含む対人関係スキル，感情のコントロールに関わる技法群からなる感情調節スキルといった 4 つの心理社会的スキルの獲得が目標とされ，心理教育的な介入が行われる。また，セッションとセッションの間に，患者が 24 時間利用できるものが電話コンサルテーションである。電話コンサルテーションは，援助希求の練習，心理社会的スキルの般化，治療関係の修復などで用いられる。最後はケース・コンサルテーション・ミーティングである。これは，DBT に関わる全てのセラピストが参加する。治療経過中に生じた問題を検討すると同時に，セラピストの動機づけや能力を改善し，バーンアウトを防ぐ。これら 4 つの治療形態がそれぞれ有機的に連動することにより包括的な治療が展開される。　　　［松野航大・遊佐安一郎］

さらに詳しく知るための文献

[1] Linehan, M. M. 1993 *Cognitive-Behavioral Treatment of Borderline Personality Disorder*, The Guilford Press.（大野　裕監訳 2007 境界性パーソナリティ障害の弁証法的行動療法 誠信書房）

[2] Linehan, M. M. 2015 *DBT Skills Training Manual Second Edition*, The Guilford Press.

アクセプタンス＆コミットメント・セラピー（ACT）

☞ 応用行動分析の基礎理論 p.16, アクセプタンス＆コミットメント・セラピーの基礎理論 p.20, アクセプタンス＆コミットメント・セラピーの基礎研究 p.78

アクセプタンス＆コミットメント・セラピー（acceptance and commitment therapy：以下，ACTとする）は，第三世代（第三の波）の行動療法と呼ばれるとトリートメント群のうちの一つである（Heyes et al., 2012 訳 2014）。このトリートメントは，「アクセプタンスとマインドフルネス」および「コミットメントと行動変容」という二つの大きなプロセスを使って，心理的柔軟性（psychological flexibility）の促進を目的としている。

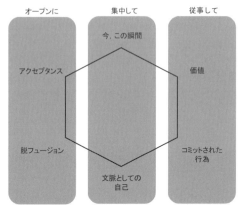

図1 心理的柔軟性モデル ［ヘイズほか（2014）の図3.3.を一部改変］

その心理的柔軟性とは，図1のように視覚的にモデル化され，図の左側から，「オープンに（open）」「集中して（centered）」「従事して（engaged）」という三つの反応スタイルによって構成されている（図1）。

そして，この「オープンに」という反応スタイルには「①アクセプタンス」と「②脱フュージョン（defusion）」というプロセスが，「集中して」という反応スタイルには「③今，この瞬間（present moment）」と「④文脈としての自己（self-as-context）」というプロセスが，さらに「従事して」という反応スタイルには「⑤価値（values）」と「⑥コミットされた行為（committed action）」というプロセスが含まれる。また，この心理的柔軟性モデルは，上述のように六つのプロセスによって構成されることから，ヘキサフレックス（hexaflex：hexagon（六角形）と flexibility（柔軟性）という単語による造語）と呼ばれている。

●**心理的柔軟性モデルの六つのプロセス** ①アクセプタンスとは，ウィリングネス（willingness）とも呼ばれ，嫌悪的な思考，感情，身体感覚などの心理的体験を避けたり，取り除こうとしたりせずに，意図的に「抱える」ことである。②脱フュージョンとは，思考を額面どおり（字義どおり）に受け取ってしまう傾向を減少させ，思考自体を現在進行中のプロセスとして体験することである。③「今，この瞬間」との接触とは，過去や未来に関する思考にとらわれず，現在進行中の内的・外的体験に注意を向けたり，記述したりすることである。④文脈と

しての自己とは，「自分は〜である」といった自己概念にとらわれずに，単なる「視座」として自己をとらえることである。また⑤価値とは，進行中の行動がもっているポジティブな質（ただし，物質的なものではない）のことである。⑥コミットされた行為とは，同定された価値に基づいた具体的なアクションを持続的に生起させ続けることである。

この六つのプロセスに関連した多くの技法が存在している。そして，それらの技法は，メタファーやエクササイズといった体験的な（間接的な）特徴をもつものが多い。そのような技法を使用する理由は，言語がもつネガティブな機能を賦活させない必要だからである。

図2　文脈的行動科学とその次元間の相互連関［武藤（2014）の図3を一部改変］

● **ACTと文脈的行動科学**　ACTは，(1) 行動分析学によって長年蓄積されてきたさまざまな行動原理，(2) 近年の集中的な基礎実験によって帰納的に構築されてきた関係フレーム理論（relational frame theory：以下，RFTとする），そして (3) 機能的文脈主義（functional contextualism）という哲学を背景に成立している。特に，RFTとは，従来の行動分析学に欠けていた言語と認知に対する行動原理の探究とその応用を行う領域を指す。また，機能的行動主義とは，徹底的行動主義が潜在的に抱えていた機械主義的な側面を意識的に排除した認識論的立場を指す（図2）。そして，図2のような「哲学-理論-実験研究-臨床研究-臨床実践-普及・浸透」の首尾一貫した有機的な研究次元の動的な連関は，文脈的行動科学（contextual behavioral science）と呼ばれる。つまり，ACTとは，文脈的行動科学による成果の一例に過ぎないのである（武藤，2014）。

● **ACTの適用範囲とエビデンス**　ACTは，ある特定の精神疾患に特化した治療パッケージではなく，心理的柔軟性を著しく欠くことで生じる心理・社会的問題に対する治療モデルである。そのため，結果として，診断横断的アプローチのように捉えることもできる。現時点において，その診断横断的な「推奨範囲」は，慢性疼痛，うつ病，混合型不安症，強迫スペクトラム障害，そして精神病症状とされている（Society of Clinical Psychology Division 12 of the American Psychological Association, 2018）。［武藤　崇］

📖 **さらに詳しく知るための文献**

[1] 武藤　崇編　2011　ACT（アクセプタンス＆コミットメント・セラピー）ハンドブック―臨床行動分析によるマインドフルなアプローチ　星和書店.
[2] 武藤　崇　2017　55歳からのアクセプタンス＆コミットメント・セラピー（ACT）―超高齢化社会のための認知行動療法の新展開　ratik. https://ratik.org/7288/907438265/

機能分析心理療法（FAP）

☞ 応用行動分析（ABA）p.254,
行動活性化療法（BA）p.260,
アクセプタンス&コミットメント・セラピー（ACT）p.296,

　機能分析心理療法（functional analytic psychotherapy：FAP）は，米国の心理学者 R. J. コーレンバーグと M. サイ（Kohlenberg & Tsai, 1987）によって開発された。セッション中のクライエントの行動の中で，日常で問題となっている行動と機能的に類似している行動を臨床関連行動（clinically relevant behavior：CRB）1，CRB1 の代わりとなる望ましい行動を CRB2 という。FAP は CRB1 を弱め，CRB2 を強めることで，クライエントの日常での行動問題の解決をはかるものである。

●**機能分析心理療法の前提**　FAP には二つの前提がある。一つは，日常で問題となっている行動は治療室でも生じる，つまり CRB1 は生じる，ということであり，もう一つは，治療室で学習した行動，例えば CRB2 と機能的に類似した行動は，日常場面でも生じる，ということである。これらの前提が成立するならば，CRB1 を弱め，CRB2 を強めるという治療行為が，クライエントの日常での行動問題の解決につながると考える。

　治療の成否に関わる上記二つの前提は，FAP にとって決定的に重要である。むろん，これらの前提が常に無条件で成立するとは考えていない。前提が成立するよう治療者は，能動的に活動する。例えば，FAP は，治療関係すなわちクライエント−治療者関係を非常に重視するが，これも二つの前提を成立させる活動の一環ととらえることができる。コーレンバーグとサイ（Kohlenberg & Tsai, 1991；大河内監訳，2007：40）は，「理想的なクライエント−セラピスト関係というものは，CRB1 を喚起」すると述べている。クライエントの問題が対人的なものと関わりがあるならば，その対人関係とクライエント−治療者関係が機能的に類似するようにすれば，刺激般化として，クライエントの日常で問題となっている行動と機能的に類似している行動（CRB1）がセッション中に生じやすくなる。以上は第 1 の前提に関わることであるが，第 2 の前提の成立もこれと同じ原理で説明される。すなわち，クライエントの問題が対人的なものと関わりがあるならば，その対人関係とクライエント−治療者関係が機能的に類似するようにすれば，CRB2 と機能的に類似している行動が日常場面でも生じやすくなる。

●**機能分析心理療法とは何か？**　ほかの心理療法と比べて FAP にはどのような特徴があるのだろうか？　何の特徴も見出せない方は，FAP を何か特有の技法であると思い込んでいるのかもしれない。コーレンバーグとサイが自らの本について「本書はテクニックについても書かれているが，それらの単なる寄せ集めではない。むしろ，セラピストの活動をガイドするための概念的枠組みを述べたも

のである」(Kohlenberg & Tsai, 1991 訳 2007：5) と述べているように，FAPは形態的（topographical）に定義される何か一つの技法あるいは複数の技法群を意味するものではない。

FAPとは，広義には，機能的な視点で行われる成人外来心理療法の総称である。そのため，例えば，形の上ではソーシャルスキルトレーニングとみなされる行為も，FAPに含まれる場合と含まれない場合がありうる。コーレンバーグとサイ（Kohlenberg & Tsai, 1991 訳 2007）は，主張性を獲得するために行われるソーシャルスキルトレーニングが，時として，「主張的になるように」という治療者の教示に従うことで，クライエントにとっては，かえって主張的でなくなるように機能する可能性を指摘している。もし実際にそのようになっていたなら，そのソーシャルスキルトレーニングはFAPには含まれない。他方，自由連想法といったおそらく多くの認知行動療法家は用いないであろう技法も，使い方次第でFAPに含まれる。例えば，誘発刺激や弁別刺激といった先行刺激がない環境下でクライエントが言語反応を自発する機会を設定するために自由連想法を用いる場合がそれに該当する（Kohlenberg & Tsai, 1991 訳 2007）。冒頭で述べた「CRB1を弱め，CRB2を強めることで，クライエントの日常での行動問題の解決をはかる」というFAPの要点も，成人の外来心理療法という制約のもと，クライエントの支援に最も機能する治療行為を模索した末の着地点であるといえる。

● **FAPに高められた治療法**　このようにFAPは，ほかの既存の心理療法とは異なる次元で分類される。そのためか，ほかの治療法，例えば，認知療法（Kohlenberg et al., 2002）や行動活性化療法（Manos et al., 2009），アクセプタンス＆コミットメントセラピー（Dougher & Hackbert, 1994）などと組み合わせて用いられることが多い。それらは，FAPに高められた認知療法（FAP-enhanced cognitive therapy）のように，組み合わせる治療法の名前の前にFAP-enhancedという語をつけて呼ばれている。　　　　　　　　　　　　　　　［大河内浩人］

📖 さらに詳しく知るための文献
［1］Kohlenberg, R. J. & Tsai, M. 1991 *Functional Analytic Psychotherapy: Creating Intense and Curative Therapeutic Relationships*, Plenum Press.（大河内浩人監訳 2007 機能分析心理療法―徹底的行動主義の果て，精神分析と行動療法の架け橋 金剛出版）
［2］大河内浩人 2008 機能分析心理療法と心理療法の統合 臨床心理学 8．123-129.

メタ認知療法（MCT）

☞ 認知療法と認知理論 p.12, マインドフルネス認知療法の基礎理論 p.22, 情動処理理論の基礎研究 p.60, 認知情報処理モデルの基礎研究 p.64, 認知療法 p.284

　メタ認知療法（metacognitive therapy：MCT）の基礎理論は認知情報処理に関する実証的知見に基づいているのが特徴的である。MCTの開発者であるA. ウェルズ（Wells）は，メタ認知と注意の認知機能に焦点をあてた理論モデルに基づいた10技法の提唱をしている（Wells, 2009）。ここでは，メタ認知と注意にアプローチするそれぞれの代表的な方法について概略する。

●**メタ認知的信念へのアプローチ**　MCTの特徴は認知の内容よりも機能に焦点をあてることである。多くの精神疾患における基礎症状である心配や反芻を過剰に行うクライエントに対して，その心配や反芻の内容が妥当かどうかを検討するのが従来型の認知療法であるのに対し，MCTにおいては，「心配や反芻をすることがどのように役立っているか／役立っていないか」という認知（心配・反芻）の機能的側面に焦点をあてる。心配や反芻という認知に対する信念（認知）はメタ認知的信念と呼ばれており，「心配は役に立つ」というポジティブなメタ認知的信念と，「心配を始めると止められない」というネガティブなメタ認知的信念に大別することができる。特に，制御不能と危険に関するネガティブなメタ認知的信念は，ケースの概念化と治療において主要な位置を占める。メタ認知的信念を変容するためには，ソクラテス問答法や行動実験を用いてメタ認知的信念の妥当性を検討する。例えば，「心配は制御できない」というメタ認知的信念を変容するための行動実験では，心配を10分だけ自由にできる時間を任意に設定し，その時間までは心配することを先延ばしにするというホームワークを行うことで，心配の制御可能性を経験させるものがある。また，思考対処方略を行うこと自体が思考の制御不可能性を招くということを理解するために，「青いウサギを思い浮かべないでください」という思考抑制の実験を行うこともある。このような行動実験の目的は，メタ認知的信念の変容を促すことを目的としており，「心配は役に立たない」「心配は制御できる」というメタ認知的信念（知識）が得られることが重要である。

●**注意制御機能へのアプローチ**　自己の感覚や思考に注意を向け続ける自己注目の状態は，思考と現実を混同させ，それらの感覚や思考を増悪化させる「認知注意症候群（cognitive attention syndrome：CAS）」を発症させやすい。これらの自己関連刺激から適切に距離をおくことができる状態は「ディタッチト・マインドフルネス（detached mindfulness：DM）」と呼ばれ，注意制御機能が果たしている役割が大きい（今井, 2013）。能動的な注意制御の能力を涵養する方法として，ウェルズは注意訓練（attention training：ATT）を開発している。ATTは

「選択的注意（5分）」「転換的注意（5分）」「分割的注意（2分）」のフェーズで構成されており，複数の日常生活音（中性刺激）を用いる。日常生活音の音源は空間的配置（近い音源・遠い音源／左側・右側など）に配慮することと中性刺激であることがポイントとなる。選択的注意のフェーズでは，複数の音刺激の中から一つの音刺激に注意を向ける訓練を行う。1分間程度一つの音に集中させたのち，別の一つの音に1分間程度の注意を向けさせる。これを数回繰り返す。転換的注意のフェーズでは，選択的注意のフェーズで注意を向けた音刺激に対して10秒間隔程度で一つずつ注意を向けさせる。分割的注意のフェーズでは，これまでのフェーズで使用した音刺激のすべてに対して同時に注意を向けることを訓練する。ATTはホームワークとして1日2回実施することと，定期的に訓練の評価をすることを推奨している。例えば，「眠くなった」や「リラックスできた」という報告があった場合は，注意の覚醒が弱い状態でATTを実施していることが考えられるため，ATTの意図や方法に関する心理教育を再び行うことが必要である。また，「他ごとを考えていたら終わっていた」という報告についても，ATTが適切に行われていないため，「自分の思考や感覚」に素早く気づき，対象となる音刺激に注意をすぐに向け直すことが重要であることを再び心理教育する必要がある。ATTの効果は多くの実証研究で確認されており，認知療法を開始する前にATTを実施しておくと，介入効果が高まることが報告されていることから，心理的介入の効果基盤としても重要視できる介入技法であるといえる（今井・熊野，2011）。

● **MCTにおける技法** CASからDMへの変容を促すために，MCTではメタ認知や注意に焦点をあてたアプローチを用いる。認知の内容ではなく機能に着目する点や注意制御を治療基盤にする点は，瞑想などを用いたマインドフルネス・トレーニングと多くの共通点を見出すことができる。また，MCTにはATTのほかにも，状況への再評価法（situational attention refocusing：SAR）や虎のイメージ課題（tiger task），自由連想課題（free association task），メタ認知的ガイダンス（metacognitive guidance）などユニークな方法が提案されており，第3世代認知行動療法と類似した介入方法や治療概念をみてとれる。しかしながら，これらの多くの技法の効果性や機序に関する実証的知見は頑健ではないのが現状である。今後はこれらの実証的知見を蓄積することで，クライアントに特徴的な認知情報処理に合わせた介入方法を提供することが期待できる。　　　　　［今井正司］

📖 **さらに詳しく知るための文献**

[1] 今井正司・熊野宏昭 2011 注意訓練がうつ病の認知行動療法に対する認知療法の増強効果に及ぼす影響．Depression Frontier 9, 66-71.
[2] 今井正司 2013 注意訓練とメタ認知療法 臨床心理学 13, 212-216.

マインドフルネスに基づく認知行動療法

☞ マインドフルネス認知療法の基礎理論 p.22, マインドフルネスの基礎研究 p.76, マインドフルネス, アクセプタンス＆コミットメントセラピーを用いたストレスマネジメント p.598

近年，仏教から派生したマインドフルネス（意図的に，今のこの瞬間に，評価せずに，注意を向けることで生じる気づき）が臨床現場や効果研究において注目されており，それに伴い第三世代の行動療法とも呼ばれている「マインドフルネスに基づいた認知行動療法（Mindfulness-based Cognitive Behavioral Therapy：MbCBT）」の開発が盛んに行われている。その発端となったのが，マインドフルネス・ストレス低減法（mindfulness based stress reduction：MBSR）と認知行動療法（cognitive behavioral therapy：CBT）を組み合わせたマインドフルネス認知療法の登場である。

●マインドフルネス認知療法　このアプローチは，うつ病再発予防のために開発された期間限定（8セッション：各2時間）のグループ療法である（Segal et al., 2002a 訳2007）。MBCTは独特なアプローチ（各セッションの約半分を瞑想に費やしたり，思考よりも直接体験を重視したりするなど）のため，理解を深めてから受講できるように事前面接が個別で実施される。MBCTのプログラムは，下記の五つの大きな要素から構成されている。(1) 瞑想：MBSRと同様，食べる瞑想（レーズンエクササイズ），ボディスキャン瞑想，静座瞑想，歩行瞑想が実施される。MBCTでは三つのステップ（①気づく，②集中する，③広げる）から構成されている3ステップ呼吸空間法も実施される。これらの瞑想を通して，心身で体験されること（思考，感情，痛みなど）を観察する力を養い，脱中心化（思考や感情を，心の中の一時的な出来事としてとらえること）を促す。(2) マインドフルムーブメント：身体の柔軟性向上を主目的とはせず，動いているときの身体感覚への気づきを高めるために実施する。この練習を深めることで，日常生活でのさまざまな活動（例：窓を開ける）を行っているときの身体感覚に気づきが得られるようになる。(3) CBTの技法：MBCTでは，CBTのように認知の歪みの修正を目指さない。むしろ，認知・感情・身体・行動のつながりを理解し，脱中心化を促すためにCBTの技法が用いられる。例えば，第2セッションで実施される「思考と感情のエクササイズ」において，思考の内容は必ずしも事実ではない等を学んでいく。また他のセッションでは，うつ病に関する一連の心理教育も行う。(4) ホームワーク：受講者は自宅でもマインドフルネス練習（フォーマル練習とインフォーマル練習）をすることが期待される（毎日約45分間）。フォーマル練習とは決められた時間に瞑想をすることであり，インフォーマル練習は日常生活の活動（例：掃除）をマインドフルに（意図的に，今のこの瞬間に，評価せずに，注意を向けて）行うことである。スポーツで

いうと，フォーマル練習は筋トレであり，インフォーマル練習は試合のようなもので，両者は有機的に関連し合っており，どちらもおろそかにすることができない。(5) インクワイアリー：MBCTでは体験を通して得られる理解が重視されている。そのため，セッションやホームワークで受講者が体験した内容に関する振り返りを頻繁に実施している。その際，受講者が感想を言うだけのシェアリングやインストラクターが受講者の感想に対してコメントを言って終わってしまうのではなく，インストラクターが積極的に質問を重ねながら，受講者の気づきを深めたり広げたりしていくインクワイアリーが必要不可欠とされている。

● **マインドフルネス嗜癖再発予防法（mindfulness-based relapse prevention：MBRP）** アルコールや薬物乱用などの嗜癖行動の再発予防のためにMBCTを修正したアプローチを総称してMBRPと呼ばれている。そのため，プログラムの構成は基本的にMBCTと同じである。MBRPで指導されるSOBER呼吸法は，MBCTの3ステップ呼吸空間法を応用したもので，止まる（Stop），観察する（Observe），呼吸する（Breath），広げる（Expand），対応する（Respond）の五つのステップを経ることで，嗜癖行動に巻き込まれないようにするものである。

● **マインドフルネス・イーティング・アウェアネス・トレーニング（mindfulness-based eating awareness training：MB-EAT）** 過食性障害の治療のために，MBSRとCBTを組み合わせたグループアプローチである。プログラムは約10セッションで構成されており，各セッションでは，瞑想に加え，食べることに対する練習を行う。レーズンから始まり，チョコレート，果物，野菜などを練習材料にしながら，最終的にはビュッフェスタイルの食事を通して適応的な食事の練習をしていく。また，このプログラムではCBTの技法も導入されている。例えば，食事制限を続けていた人が一口ケーキを食べてしまったことで自暴自棄になり，むちゃ食いをしてしまうような破禁自棄効果（MBRPでも重視されている）に見られる認知の歪みに対して用いられている。

［家接哲次］

📖 **さらに詳しく知るための文献**
[1] Baer, R. 2014 *Mindfulness-Based Treatment Approaches*（2nd ed.），Academic Press.
[2] Segal, Z. V. et al. 2002 *Mindfulness-Based Cognitive Behavioral Therapy for Depression*, Guilford Press.（越川房子監訳 2007 マインドフルネス認知療法―うつを予防する新しいアプローチ 北大路書房）
[3] ボウエン，S. ほか 檜原広大訳 2016 マインドフルネスに基づく嗜癖行動の再発予防―臨床家のための手引き 日本評論社.

コンパッションフォーカストセラピー（CFT）

☞ 認知行動療法におけるイメージ諸技法 p.282, マインドフルネスに基づく認知行動療法 p.302

　コンパッションフォーカストセラピー（compassion focused therapy：CFT）は，特に恥と自己批判が強いクライエントや患者を支援するために開発された心理療法である。P. ギルバート（Gilbert, 2000）は恥や自己批判が高いクライエントや患者は，認知的な課題や行動的な課題に取り組むものの，治療への反応が十分ではないことに着目し，その要因として自分自身に優しく温かな声を向けることが難しいことをあげた。CFT はこうした特徴に対して，自分自身を承認する感情や慈悲的な態度をもてるよう支援していく。ここでいう慈悲とは，「自他の苦しみに対する感受性と，それを和らげ防ごうとするコミットメント」という二つの側面をもつものとして定義している（Gilbert, 2014）。また，理論的背景として進化心理学，神経科学，社会心理学，発達心理学などの知見を援用した仮説をもとに，慈悲を活性化するためのさまざまな介入を行っていく。

● **Not Your Fault のための心理教育**　CFT ではまず，恥や自己批判が高いクライエントや患者に対して進化心理学，神経科学などに基づく心理教育を行い，慈悲とはどういったものであるか，我々がなぜ悩み苦しんだり，自分を責めてしまう状態に陥るのかについての理解を深めてもらう。こうした心理教育は慈悲的な理解（Koltz et al., 2016）と呼ばれ，慈悲を高めていく際の基礎となる。心理教育の中では，厄介な脳のモデルと感情制御の三つの円のモデル（図1）が用いられる。

　厄介な脳のモデルでは，我々の脳を進化的により古い部分（古い脳）と進化に伴い大きく成長した部分（新しい脳）に分けて考えていく。古い脳は怒り，不安，喜びといった感情や動機づけに関わるより動物的で本能的な機能を有している。一方，新しい脳は想像，計画，反芻に加え，自己概念といったより高度な機能を有する。古い脳の感情的な反応と新しい脳の想像や反芻の機能が悪循環することで，我々の苦悩は持続し，心理状態が悪化し続けてしまう。

　三つの円のモデルは，感情制御について紹介するものであり，それぞれの円が脅威システム，獲得システム，沈静システムと呼ばれる。脅威システムは防衛のために不安・恐怖あるいは怒りといった感情を喚起させ，関連する

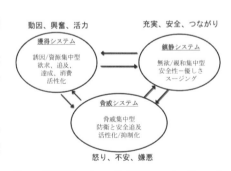

図1　感情制御の三つの円［浅野　マインドフルネスを医学的にゼロから解読する本　日本医事新報社］

身体的反応，思考，行動を促す。獲得システムは生存のために必要な衣食住などの物質的なものや，愛情や友情といった対人的な資源を獲得した際に，興奮や達成感，喜びといった感情を経験させる。鎮静システムは気持ちを静め，安心感や充足感を喚起させ，感情調節を促す。慈悲を高めることによって鎮静システムは活性化されるため，三つの円のモデルでは感情制御のメカニズムを紹介するとともに，鎮静システムを使って，脅威システムや獲得システムの過活性調整する必要があることを心理教育する。

●**CFTで用いられる主たる技法**　CFTで用いられる代表的な技法の一つとして，心地よいリズムの呼吸（soothing rhythm breezing：SRB）があげられる。SRBでは呼吸に対して意識を向けるとともに，そのペースが徐々にゆっくりとなっていくこと，それに応じて心身がゆったりとしていくことを教示していく。SRBによって情動調節が可能になると，後述の慈悲を高めるためのエクササイズの実施もより容易となるため，治療開始の早期から用いられる。また，慈悲的な他者および自己のイメージエクササイズも代表的な技法のうちの一つである。慈悲的な自己のイメージエクササイズは，その名の通り，慈悲的な態度をもった自分をイメージしてみるというものである。ここでいう慈悲的な態度とは，思いやりがあり，苦しみを理解し，温かく，力強く自分を助けてくれようとする態度である。その人によって他者の方がイメージしやすいこともあれば，自己の方がイメージしやすいこともあるし，そもそも慈悲的なイメージに対して抵抗感を示すことも少なくない。

●**実践上の留意点**　こうした抵抗感や実施上の困難感はイメージエクササイズだけでなくSRBにおいても生じる。治療者はそうした困難さに対して慈悲的に接する必要がある。R. L. コルツほか（Koltz et al., 2016）は，CFTは四つの層からなる多層構造であるとし，そのうちの一つとして治療的関係性をあげている。そして，治療者が慈悲的な関係性を提供することがほかの三つの層（慈悲的な理解，マインドフルな気づき，慈悲の実践）を促進するとしている。また，CFTの開発者であるPaul Gilbertは慈悲を高めるための特定の技法のみが抜き出して用いられた場合，CFTのもつ多層的な治療構造とは異なったものになることを強調している。CFTでは治療者がCFTの多層的な構造を理解し用いることが求められる。

［浅野憲一］

📖 さらに詳しく知るための文献

[1] 浅野憲一ほか　2018　コンパッション・フォーカスト・セラピーの理論と実践．認知療法研究．
[2] 浅野憲一　2018　コンパッション・フォーカスト・セラピー　佐渡充洋・藤澤大介編著　マインドフルネスを医学的にゼロから解説する本　日本医事新報社．
[3] メアリー・ウェルフォード　石村郁夫・野村俊明訳　2016　実践セルフ・コンパッション　誠信書房．

集団認知行動療法

☞ 学級単位介入 p.442, セルフヘルプグループ p.562, リワークにおける集団認知行動療法 p.606.

　集団認知行動療法（cognitive behavioral group therapy）とは，集団形式で行われる認知行動療法の理論や方法に基づいた心理療法の総称である。一般的に，対象となる集団に合わせた複数の治療要素（例えば，心理教育，ソーシャルスキル訓練，認知再構成法，行動活性化，リラクセーション技法，マインドフルネス技法など）が含まれたいくつかのセッションから構成されるプログラムが行われる。例えば，中等症のうつ病に対して推奨されている集団認知行動療法では，①構造化されたうつ病治療の内容を，②訓練された2名の治療スタッフにより，③参加者8～10名，セッション数10～12回で，④10～16週にわたって提供し，フォローすることが推奨されている（National Institute for Health and Clinical Excellence：NICE, 2009b）。個人で行われる認知行動療法と大きな差異はないとされているが，プログラムや各セッションの内容や手続きが事前に明確に構造化されており，集団機能を活かした介入を展開できることが特徴である。また，集団認知行動療法の利点の一つは，治療スタッフが複数の患者を同時に治療できるため，効率性や費用対効果が高いことである。そのため，認知行動療法を実践する施設や専門家の不足によって，患者のニーズに十分に対応できていないという課題を解決するための介入方法の一つとして注目されている。

●**集団認知行動療法の適用と効果**　集団認知行動療法の適用範囲は広く，うつ病や不安症，発達障害，引きこもり，慢性疼痛，薬物依存，性犯処遇といった医療や福祉，教育，司法などのさまざまな領域の問題に対して行われている。そして，これまでにうつ病，強迫性障害，統合失調症，物質使用障害といった特定の対象疾患に対する集団認知行動療法の効果研究が進められてきた。国際的なガイドラインでは，うつ病と強迫性障害に対して有効性の認められた治療法として集団認知行動療法が推奨されている（NICE, 2009）。またメタ分析によると，これらの集団認知行動療法は，ほかの精神療法と比較して特別優れているわけではないが，精神療法を実施しないような通常診療と比較すれば，効果的であることが示されており，エビデンスの蓄積がなされている。

　一方で，特定の対象疾患に対する集団認知行動療法の効果研究の場合，一般的には除外基準を用いて，併存疾患のない患者を対象としている。そのため，実際の臨床現場で数多く認められる重複診断を有する患者に対して，研究結果を一般化することが困難であることが指摘されている。そのため，近年では各疾患の特異性に着目するのではなく，さまざまな精神疾患の共通した問題を明らかにし，それらを治療ターゲットとする診断横断的アプローチに基づいた集団認知行動療

法の開発や治療効果の検証が進められている。また，マインドフルネスストレス低減法，マインドフルネス認知療法，メタ認知療法，弁証法的行動療法といった比較的新しい認知行動療法の体系や介入技法を含んだ集団認知行動療法が行われるようになっており，発展を続けている。

●**集団認知行動療法の利点と留意点**　集団認知行動療法の利点は，効率性や費用対効果が高いだけではなく，集団機能を活かした高い治療効果が期待できることである。例えば，①参加者同士が支え合うことのできる「サポート機能」，②参加者同士が発言や振る舞いから学ぶことができる「教育やモデリング機能」，③参加者同士が機能的な行動に着目し，フィードバックすることで得られるような「強化機能」といった個人療法では得られにくい効果がある（鈴木ほか，2011）。その他にも，参加者同士で問題を共有することで，孤独感の緩和や問題解決に対する動機づけが高まることや，さまざまな協同作業を通して参加者の非機能的な対人相互パターンの修正が促進されることもある（Bieling et al., 2006）。そのため，治療スタッフは，集団機能について理解した上で，治療効果にポジティブに作用するように，参加者の相互作用をアセスメントしながら，プログラムを展開したり，各参加者に働きかける必要がある。

　一方，精神療法を集団形式で実施することによって，ネガティブな影響が生じる可能性にも留意する必要がある。そのため，治療スタッフは，ルールの尊守（例えば，グループで見聞きした内容を外部に漏らさない，参加者に対して誹謗中傷をしない，時間を守ること）を集団認知行動療法への参加要件として，書面で同意を得ることも必要である。また，パーソナリティや自殺念慮の問題を抱える参加者は，集団への影響を考慮して，個人療法で対応するといった配慮も求められる。このような集団によるリスクマネージメントを行うことが，集団機能の利点を発揮するための基盤となる。そして，治療スタッフが集団認知行動療法を展開する上で留意しなければならないのは，各参加者個人のケースフォーミュレーションを欠かさないことである。一般的に，集団認知行動療法は，構造化されたプログラムに沿って展開されるため，各参加者の状況や状態よりも，プログラムの進行に注意が払われやすい傾向にある。しかし，当然，プログラムを滞りなく実施してさえいれば自ずと効果がみられるわけではないため，個人のケースフォーミュレーションを実施し続けた上で，集団機能を活かした関わりが求められる。

〔伊藤大輔〕

📖 **さらに詳しく知るための文献**

[1] Bieling, P. J. et al. 2006 *Cognitive-Behavioral Therapy in Groups*, Guilford Press.（嶋田洋徳ほか監訳　2018　集団認知行動療法の理論と実践　金子書房）
[2] 関東集団認知行動療法研究会　2011　集団認知行動療法実践マニュアル　星和書店.

インターネットを用いた認知行動療法

☞ ひきこもり p.172，バーチャルリアリティを用いた認知行動療法 p.310，ネットの嗜癖とゲーム障害 p.550，インターネットを用いたストレスマネジメント p.600，エビデンスに基づく心理療法 p.630

　インターネット認知行動療法は，インターネット上で提供される認知行動療法（CBT）を指し，情報通信技術（ICT）の発達と普及とともに近年台頭してきた技法である。基本的にはCBTの提供側も受け手側もコンピューターを用いるため，この点を強調しコンピューター化CBTと呼ばれることもある。従来の対面で行われるCBTと最も異なる点はCBTの提供方法であり，クライエントはスマートフォン・タブレット・パーソナルコンピューターなどの端末を介してCBTの提供を受ける。1990年代から研究が進められており，2000年代には効果が一般に認められ，2010年代には商用サービスとして運用されることも多くなっている。当初はウェブサイト上のコンテンツにインターネットブラウザでアクセスする形式であったが，個人端末の所有が進んだ現在では，スマートフォン用のモバイルアプリケーションとして提供されることも一般的である。うつ病や不安障害をはじめとするさまざまな心理／精神的問題のアセスメントや介入に用いられている。

●**インターネット介在CBTの特徴と留意点**　対面で実施されるCBTに比して，インターネット介在CBTを選択する第1の利点は，アクセシビリティの高さである。インターネットを介在することにより，いつでも，どこでも，誰でも，CBTに触れられるようになり，必要な際に必要な人がサービスを利用することが可能になる。メンタルヘルスの問題があっても受診・相談に至らないという問題は古くから存在し，サービスギャップ，すなわちサービスの需要と利用率の間の乖離の問題として研究されてきた（Stefl & Prosperi, 1985）。インターネットを活用することでこのサービスギャップを埋め，援助を必要としていながらも対面でのCBTには繋がることが難しかった群へのアプローチが可能になる。第2の利点としては，コストの低下である。物理的な場所ではなくインターネット上でCBTを実施することで，CBTの実施側（家賃や人件費），クライエント側（相談費や交通費）双方の費用を抑えることができる。また，プログラムとして自動化された場合，大勢に対して一定の質のサービスを安価で提供しやすい。一方で，コンピューターを介するという性質上，対面でのCBTに比べて画一的になりやすく，きめ細やかなサービスを提供することは難しくなる。また，実施者とクライエントが同じ場所にいないことで危機介入などの緊急の対応が難しく，実施にあたっては十分な配慮が求められる。加えて，個人情報やプライバシー，セキュリティの問題にも留意する必要がある。また，インターネット介在CBTの実施・運用にあたってはCBTの実施スキルだけでなく一定のICTスキルが必要となる。

●**インターネット介在 CBT の類型とエビデンス**　インターネット介在 CBT は「ガイドなし」と「ガイドあり」に大別される。ガイドとは CBT の実施者を指し，CBT が有人で行われるか無人で行われるかの違いである。ガイドなしインターネット介在 CBT では，コンピューターのみが対応する。一方，ガイドありインターネット介在 CBT ではコンピューターとのやりとりに加えて，インターネット，電話，対面で実施者とのやりとりを併用する。ガイドありインターネット介在 CBT における人の関与の度合いはさまざまであり，コンピューターとのやりとりが主になる場合もあれば，補助的にコンピューターとのやりとりを用いる場合もある。エビデンスについても数多くの蓄積がされており，RCT によってその効果が確認されたインターネット介在 CBT も数多く存在している。G. アンダーソン（Andersson, 2014）によれば，ガイドありインターネット介在 CBT はうつ病・不安障害・身体症状という代表的な三つの領域のいずれにおいても対面での CBT とほぼ同程度の効果がある一方で，ガイドなしインターネット介在 CBT は効果が低く，ドロップアウト率も高い。

●**インターネット介在 CBT の課題と展望**　インターネット介在 CBT は未だ発展途上であり，個々のサービスも玉石混交の様相を呈している（Huguet et al., 2016）。大きな課題の一つとしてはガイドなしインターネット介在 CBT の効果の低さとドロップアウト率の高さである。ガイドありインターネット介在 CBT が一定の効果を有することは，インターネットの活用によるアクセシビリティの増加の観点から大きな意義があるが，コンピューターの活用による自動化の観点からいえば不十分である。この課題を克服するために，ゲーミフィケーションや人工知能技術といった情報工学の知見を取り入れたインターネット介在 CBT が開発されている。また，スマートスピーカーやウェアラブルコンピューターなどの提供媒体面に着目した研究も実施されている。ガイドなしインターネット介在 CBT はコストの観点からガイドありに比べて優位性が高く，効果やモチベーションの向上に向けた学際的な研究が必要である。また，大半のインターネット介在 CBT は未だ研究・開発段階にある。クライエントの日常生活環境にインターネット介在 CBT を実際に位置づけ，サービスとして長期にわたって運用していく社会実装が求められる。

〔菅沼慎一郎・下山晴彦〕

📖 **さらに詳しく知るための文献**
［1］Andersson, G. 2014 *The Internet and CBT: A Clinical Guide* Boca Raton, CRC Press.（長江信和訳 2016 ICBT インターネット認知行動療法ガイドブック　創元社）
［2］菅沼慎一郎・下山晴彦監修 2018〈前向きな諦め〉を促すインターネット認知行動療法――日本文化にそくした心理支援のために　ミネルヴァ書房.

バーチャルリアリティを用いた認知行動療法

☞ 特定の恐怖症（限局性恐怖症）p.102, パニック症（パニック障害），広場恐怖症 p.104, 社交不安症（社交不安障害 SAD）p.110, 心的外傷後ストレス障害（PTSD）p.112, 持続エクスポージャー法（PE）p.264

　VPL リサーチ社の J. ラニアー（Lanier）がバーチャルリアリティ（virtual reality：VR）という言葉を広めたのは 1989 年のことである。頭部搭載型ディスプレイ（head mounted display：HMD）や手指による入力装置であるデータグローブなどから構成される，インタラクティブなコンピュータグラフィックス（computer graphics：CG）を利用した世界初の商用 VR システムである同社の「RB2（reality built for two の意）」を発表した際のことである。VR とは，人工的な手段を用いて生成された現実のことであり，実体そのものではないが，本質的あるいは効果として実体であるものを意味する（舘，2000）。VR 技術は 1990 年代半ばより，不安障害を治療するためのエクスポージャー療法に用いられるようになった。

● **VR を用いた不安障害のエクスポージャー療法**　エクスポージャー療法とは，望ましくない恐怖反応を引き起こしている恐怖刺激に不安や不快感が低減されるまでクライエントを曝露し，不適応な反応を消去する治療手続きである。現実の恐怖刺激を用いる現実エクスポージャー，クライエントにイメージさせた恐怖刺激を用いるイメージエクスポージャーに対して VR の技術を用いて恐怖刺激を呈示するエクスポージャーは VR エクスポージャーと呼ばれる。VR エクスポージャー療法では，ほとんどの場合，クライエントに HMD が装着され，そこへ出力されるインタラクティブな CG で恐怖刺激が呈示される。HMD の動きは位置センサで検出され，装着者の頭の向きに連動して CG がリアルタイムに描画される仕組みになっている。したがって，クライエントは仮想環境（Virtual Environment：VE）の中を見回すことができ，その中に自分が存在しているかのような臨場感を得ることができる。恐怖刺激を CG で制作することには利点がある。例えば，飛行恐怖の治療では，実際に飛行場に行く，あるいは飛行機に乗るなどの現実エクスポージャーの必要があっても，時間やコストの問題から実施が困難であった。しかしながら，機内に座っている状況などを CG で制作することで，治療室の中でバーチャルフライトを体験させるエクスポージャーが可能となる。さらに，VR は，恐怖刺激をイメージすることが困難なためにイメージを利用できないクライエントに対する呈示手段としても有効である。VR エクスポージャー療法による最初の治療研究論文の対象は高所恐怖症であった（Lamson, 1994）。その報告では，構築された VE や効果を測定した測度などの詳細な記述はないが，VR エクスポージャー療法が高所恐怖に対する有効な治療技法であることが示唆されたとされている。この報告の後，高所恐怖症や飛行恐

怖症などの特定の恐怖症，社交不安障害，広場恐怖を伴うパニック障害，外傷後ストレス障害（PTSD）などの不安障害を対象として，VR エクスポージャー療法による多くの症例研究やランダム化比較実験が行われてきた。不安障害を対象とした VR エクスポージャー療法のメタアナリシスによると，VR エクスポージャー療法は，現実エクスポージャー療法と同程度の効果があり（Carl et al., 2019），治療中のドロップアウト率にも差がない（Benbow & Anderson, 2019）ことが明らかになっている。

●**不安障害以外の精神疾患への VR の適用**　VR を利用した心理療法は不安障害を対象としたエクスポージャー療法への適用がほとんどであったが，2010 年代の半ば以降，その他の精神疾患への適用例もみられるようになってきた。例えば，神経性無食欲症の患者自身の分身であるアバターを VE に呈示することによるボディイメージの歪みのアセスメント（Mölbert et al., 2017），神経性大食症やむちゃ食い障害の患者を対象とした，むちゃ食いを誘発する状況をシミュレートした VE へのキューエクスポージャー療法（Ferrer-García et al., 2017）など摂食障害領域への応用がある。また，統合失調症患者を苦しめている人物に似せて制作されたアバターと VE の中で適切に会話することで幻聴や抑うつ症状に改善が認められたという報告（du Sert et al., 2018）や，妄想的観念を生じさせる社会的状を模した VE の中で適切な行動を経験させることで妄想性障害の患者の妄想的観念が低減したという報告（Pot-Kolder et al., 2018）もある。その他には，弁証法的行動療法におけるマインドフルネススキルトレーニング，コンパッション・フォーカスト・セラピー，ストレスマネジメント，ソーシャルスキルトレーニングなどへの VR の応用が試みられている。

●**VR の普及**　初期の VR は，高価なグラフィックワークステーション，位置センサ，および HMD を使用して VE を構築していた。やがて VR コンテンツの再生にはパーソナルコンピュータが使われるようになったが，多くの心理療法家にとって VE の構築はやはり困難であり，VR を心理療法へ応用することは現実的な選択肢ではなかった。しかしながら，2010 年代の中頃から，位置センサを内蔵し高性能な CPU を搭載した処理速度の速い高画質なスマートフォンが普及し，これを用いて CG や全周囲動画などの VR コンテンツの再生と呈示を行うことが可能となった。今や VR は誰もが利用できる身近な技術である。心理療法家の工夫しだいで，VR をさまざまな方法で心理療法へ応用することが可能であろう。

［宮野秀市］

📖 さらにくわしく知るための文献
［1］宮野秀市 2006 VR の心理療法への応用 日本バーチャリティ学会 VR 心理学圏友委員会編 だまされる脳―バーチャルリアリティと知覚心理学入門 講談社．pp.157-187.

コミュニティ強化と家族訓練（CRA/FT）

☞ オペラント条件づけの基礎研究 p.50

コミュニティ強化アプローチ（community reinforcement approach：CRA）は対象者の生活全体の環境調整を系統的に行うことで問題行動の弱化と他行動の強化を達成することである。コミュニティ強化と家族訓練（community reinforcement and family training：CRA/FT）は同じ方法を家族などに応用したものである。CRAとCRA/FTは物質依存症および関連する暴力などの問題に対する治療として発展してきたが，ほかの問題にも容易に適用できる。例えば，家族がどれだけ促しても家から出ようとしない"引きこもり"に対してである。日本では依存症に対するCRAが知られるよりも先に"引きこもり"に対する介入としてのCRA/FTが知られることになった。

●**アズリンの仕事としてのCRA**　1973年，アルコール依存症に対するオペラント条件づけに基づく治療法としてCRAが提唱された（Hunt & Azrin, 1973）。N. アズリン（Azrin）はB.F. スキナー（Skinner）の指導を受けた心理士であり，オペラント条件づけの原理を多方面に応用したことで知られる。CRA以外にもトークンエコノミーやシェイピング，習慣逆転法（habit-reversal training），逐次接近法（successive approximation），トイレットトレーニングなどの功績である。このようなほかの仕事と合わせて考えるとCRAの理解が進む。

CRAは随伴性制御や問題解決訓練，快行動計画法，ソーシャルスキルトレーニング，失業者に対する就労支援，家族問題には家族行動療法など，さまざまな方法を機能分析に基づいて包括的に用いる。飲酒以外の多様な行動が強化されるように好子を獲得できるチャンスを増やす。社会的強化子としてバディ・システム（回復途上の依存症仲間とペアをつくり，相互に非飲酒行動を強化する）も用いる。集団療法にすることで効率化も同時に達成できる。

エビデンスから次のことがわかっている。1) 重装備のCRAが特に単身の患者に対して有益である，2) 既婚の患者の場合には，もっと簡便に抗酒剤の服用を動機づけるだけでもCRAと同等の効果がある。

社会的なサポートがない無職の単身者に対しては，環境からの好子を再構築するCRAの意義が特に大きい。言い換えれば，依存症が慢性化すればするほど，失ったものが大きければ大きいほどほかの介入法と比べたときのCRAの有用性が増してくる。

●**依存症治療成績のメタアナリシス**　CRAは慢性のアルコール依存患者の治療には確実な方法である。CRAの有効性はランダム化比較試験によって強く支持されており，ほかの治療アプローチと比較すると差は如実である。入院でも通院

でも，断酒目的にも節酒目的にも，さらに個人にもグループにも適用できる。

● **CRA の欠点**　CRA の禁忌はほとんどない。特にほかの治療法と比較すれば CRA による副作用もほとんどない。ただし，費用対効果の問題はある。すなわち，社会的に安定し，家族ともよい関係を保っている患者に対しては CRA のプログラムは過剰サービスのように見える。

さらにメディアや地域のような社会全体が CRA をどうみるかはまた別の問題になる。CRA は罰を避ける。社会からみればこれが CRA の欠点である。飲酒や物資関連問題に対する社会的対応の厳罰化は世界で共通して起こっている。社会全体が厳罰化に向かっているときに，その真逆を提唱するのは社会的"反逆"である。このような事情からか 1973 年に出現しその後も臨床試験での効果が繰り返し確認されているにもかかわらず，現在も依存症に対する治療としての CRA は異端のままである。

● **CRA/FT—コミュニティ強化アプローチと家族トレーニング**　CRA/FT もアズリンらによって 1986 年に発表された（Sisson & Azrin, 1986）。原理は同じだが介入対象が異なる。CRA は患者がすでに治療に参加している場合に使う。CRA/FT は患者が治療を拒み，家族や関係者だけが相談に訪れている場合に使う。罰コントロールに頼ろうとするのは家族も社会と同じである。家で飲んで暴れる夫に対して「治療を受けなければ離婚する」と脅す妻は普通の人である。罰が上手く行かず困り果てた家族は，家族会や断酒会，アラノン（Al-Anon，アルコホーリクス・アノニマスと同じ 12 ステップ方式で運営される家族会）に行くが，そこで強調されることは，1）家族も依存症に対して無力だと自覚しなさい，2）距離を取って"底つき"をさせなさい，である。こうすれば暴力に家族が巻き込まれることは減るが，家族を無力化しても本人の飲酒行動は変わらない。

CRA/FT は 1）家族にもできることがある，2）距離を取るタイミングを変えれば"底つき"も不要になる，と家族に教える。

CRA/FT も家族療法の一種である。家族療法では患者のことを IP（identified patient, 患者とみなされた人）と呼ぶ。また家族の中に恋人や同居人が含まれることもあることから CSO（concerned significant others, 主な関係者）と呼ぶ。CRA/FT は本人が参加せず，CSO のみであることから，一方向的家族療法（unilateral family therapy）に分類される。　　　　　　　　　　　　［原井宏明］

📖 **さらに詳しく知るための文献**

[1] Smith, J. E. & Meyers, R. K. 2004 *Motivating Substance Abusers to Enter Treatment : Working with Family Members,* Guilford Press.（境 泉洋ほか訳 2012 CRAFT 依存症患者への治療動機づけ―家族と治療者のためのプログラムとマニュアル　金剛出版）

動機づけ面接（MI）

☞ 認知行動療法におけるセラピスト−クライエント関係 p.6, アディクション（依存症）p.122, ランダム化比較試験 p.650

　アルコール依存症に対する行動療法の RCT を行っていたアメリカの W. R. ミラー（Miller）は，マニュアルの良し悪しよりも，どう患者と接するかの方が治療結果に大きな影響を与えることを発見した。この知見を，S. ロルニック（Rollnick）と共に四つのプロセスとして概念化したのが，動機づけ面接（motivational interviewing：MI）である。

● **MI の定義**　患者自身の内発的動機づけを治療者が積極的に引き出し，関わることによって，行動変化が生じるようにする特定のコミュニケーション・スタイルである。ゴール志向的でありながら，クライエント中心のカウンセリング・スタイルをもち続ける。患者の矛盾した行動に寄り添いながら，隠された感情や背景を探り，矛盾を解消して前に進むようにしていく。

　非指示的を旨とするクライエント中心アプローチと比べると MI はフォーカスとゴールが明確である。MI では患者が自らの行動についての何らかの決定にたどりつけるように誘導する。患者が決断に迷い，堂々巡りを繰り返すことをそのまま放置することはない。患者が自ら判断し，コミットすることの大切さを治療者が強調し，決めやすいように選択肢を提示したり，情報提供したりする。

　一般的な認知行動療法とも違う。MI は特定の認知モデルをもたず，"動機づけ不足"を病理的とはしない。同一診断名・重症度の患者の間でも変化への準備性はさまざまであり，また患者がすべき行動は一つだけではなく，そして 1 人の患者の中にさまざまな変化の段階が共存するのが普通である。MI は人をこのように矛盾と両価性に満ちた存在とみなしている。

● **MI のエビデンス**　MI のエビデンスは動機づけが必要なすべての領域に及んでいる。システマティックレビューは 200 以上ある。主な対象にはアルコールや覚せい剤などの嗜癖領域，気分障害や摂食障害，強迫症などの精神疾患がある。また，糖尿病などの生活習慣病や性感染症予防のような公衆衛生領域にもエビデンスがある。関節リウマチ患者における薬物アドヒアランスの向上など，身体疾患の治療にも役立つ。司法領域にも応用できる。薬物事犯や性犯罪などは再犯が多い。こうした犯罪は厳罰化しても刑期が長くなるだけで，再犯予防にも治安維持にも役立たない。矯正施設で MI を使うと再犯を減らせる（McMurran, 2009）。

● **四つの基本的スキル OARS**

・O（open ended question, 開かれた質問）：患者が先入観なく自由に自分の行動や感情を話せるように促す。

- A（affirmation, 是認）：変化の方向につながる発言を聞いたら，是認する。矛盾した発言や表面的にはネガティブな発言の中から是認できるポイントを発見し，認め，変化の発言を強化する。
- R（reflective listening, 聞き返し）：オウム返しから，増幅した聞き返しや両面をもった聞き返し，リフレーム，比喩などのさまざまな複雑な聞き返しを使う。単純な聞き返しも戦略的に使えば患者の複雑な感情が浮き彫りになる。
- S（summarize, サマライズ）：出てきた話をまとめ，今どこにいるのか，これからどこに行こうとしているのかを患者と治療者の間で共有できるようにする。患者が次のステップに進みやすいようにする。

● MI のスピリット
- 協同：collaboration, 治療者は患者に対するガイド役として振る舞う。
- 受容：acceptance, 人はそれぞれ固有の価値観をもっている。違いを受け入れ，患者が自ら判断することをサポートし，変化に向かうことを是認する。
- 喚起：evocation, MI を MI らしくさせている部分である。治療者が戦略的に患者から変化に向かう発言が生じるように働きかける。
- 慈悲：compassion, カウンセリングの最終的な目標は患者の福祉である。治療者の野心や利得，研究の進歩など患者の利益とは無関係なものはほかに置く。

● MI の四つのプロセス
- 関わる：患者と治療者間の作業同盟を作る。他のプロセス基盤になる。
- フォーカスする：話の対象を特定のものに絞る。
- 引き出す：患者自身から変化への動機づけを引き出す。なぜ・どうやってそうするかについての患者自身の考えや感情を活用する。
- 計画する：動機づけが高まると患者はなぜ変わるのかよりも，いつ・どのように変わるかについて考え始める。この時に情報や助言が必要になる。適宜，情報を提供し，それをもとに患者の判断をさらに引き出していく。

● MI の習得

　MI には習得に関する研究が多い。次のようなエビデンスがある。1）治療者の教育歴や過去のトレーニングがどのようなものであっても MI の使用には支障がない，2）マニュアルではなく文脈に合わせて行う方がよい，3）人並みの共感・言語能力があれば職種や学歴，経験を問わず，誰でも身につけられる，4）実際に行えるようになるためには合計で数日間の集団ワークショップ参加と1年程度の個人スーパービジョンなどが必要である（原井，2012）。　　［原井宏明］

📖 さらに詳しく知るための文献

[1] Miller, W. R. & Rollnick, S. 2012 Motivational Interviewing（3rd ed.）, Guilford Press.（原井宏明ほか訳 2019 動機づけ面接〔上・下〕星和書店）

うつ病に対する新たなアプローチ

☞ 応用行動分析の基礎理論 p.16, 問題解決療法の基礎理論 p.18, うつ病 p.116, 双極性障害 p.118, 双極性障害のアセスメント p.194, 問題解決療法 (PST) p.280

　認知行動療法はその限界点を乗り越えるためにさまざまな発展を遂げた。ここではその例となる二つの心理療法を取り上げる。

●**認知行動分析システム精神療法（cognitive-behavioral analysis system of psychotherapy：CBASP）**　慢性うつ病の罹患者は，薬物療法や心理療法に対する反応が悪い。また，過去に虐待を受けていた者が多く，社会的適応が悪い。うつ病に対する有効性が確認されている既存の心理療法は，慢性うつ病に特化した手続きから構成されていない。このような背景を踏まえ，J. P. マカロウ（McCullough, 2000　訳 2005）は慢性うつ病の症状の改善に特化した心理療法である CBASP を開発した。CBASP はクライエントの対人関係に焦点をあて，自身の行動と環境の随伴性の理解を促すことに着目する。そして，社会的問題解決能力や他者との共感的な交流の促進を治療の目標とする。

　CBASP において，慢性うつ病はストレッサーへの対処に失敗し続けてきた結果であるとみなされる。つまり，クライエントが環境に対して効果的な対処を行えるかどうかが重要であり，クライエントは自分の人生に対する責任を負う必要がある。そのため，CBASP の中では一貫して，クライエントが自身の行動の変化を引き起こす主体となり，セラピストはクライエントの行動を変化させる責任を引き受けてはならないことが強調される。

　CBASP の主要な技法は状況分析である。状況分析では，クライエントが最近経験した苦痛な対人場面について検討が行われ，対人行動の変化が促される。最初に行われる明確化段階は以下のステップから構成される。①対人場面を一つ特定し，その状況を記述する。②その状況に対するクライエントの解釈を特定する。③その状況でクライエントが取った行動を特定する。④その状況における現実の結果を特定する。⑤その状況における期待した結果を特定する。⑥現実の結果と期待した結果を比較する。続いて行われる修正段階は以下のステップから構成される。①不適正ないし不正確な解釈を修正する。②適切な行動を案出する。③状況分析の要約を行う。④状況分析を通して学習したことを日常生活で活用する方法を検討する。また，治療目標を達成するために，治療関係も積極的に利用される。

　CBASP は 2000 年に報告された臨床試験の結果（Keller et al., 2000）により，一躍注目を集めた。この研究では慢性うつ病に罹患する 681 名の成人が，CBASP を受ける群，抗うつ薬の一種である nefazodone による治療を受ける群，およびその二つの併用療法を受ける群に割り振られた。12 週間の治療を最後ま

で受けた者を対象とした場合，CBASPとnefazodoneの単独療法を受けた群では症状の改善が認められた者が52％と55％であり，併用療法を受けた群では85％であった。メタ分析でも同様の結果が得られている（Negt et al., 2016）。

●**対人関係・社会リズム療法（interpersonal and social rhythm therapy：IPSRT）**　IPSRTはE.フランク（Frank, 2005 訳2016）が開発した，双極性障害の罹患者の気分の安定化をはかるための心理療法であり，クライエントの社会リズムを整える手続きと対人関係療法の要素から構成される。

　人間には24時間周期で変動する睡眠・覚醒や体温などの生体リズムがあり，これを概日リズムと呼ぶ。概日リズムは光を浴びる時間帯によって左右され，例えば海外旅行に行くと概日リズムが大きく乱れるが，特に遺伝的な脆弱性を持つ者が概日リズムの乱れを経験すると，（軽）躁病エピソードや抑うつエピソードの発症や再発を起こしやすい。概日リズムは普段の起床，就寝，食事の時間や，学校・仕事に行っている時間帯といった社会リズムと密接に関わっており，社会リズムの乱れが概日リズムの乱れを招く。そのため，IPSRTでは双極性障害の罹患者の社会リズムのモニタリングを行った上で，その安定化や環境から受ける刺激の量の調整がなされる。また，ストレスフルな出来事が社会リズムの乱れを引き起こしやすいため，主要なストレッサーである対人関係についても介入の標的とする。IPSRTでは，対人関係療法で取り上げられる未解決の悲哀，社会的役割の変化，対人関係上の役割をめぐる不和，および全般的な対人関係の欠如に加えて，健康な自己の喪失という悲哀を含めた五つの問題領域に焦点をあて，クライエントが抱えるいずれかの領域の解決に取り組む。さらに，IPSRTはリチウムなどによる薬物療法と併用され，面接中にクライエントの服薬の継続が促される。

　E.フランクほか（Frank et al., 2005）が行った臨床試験では，双極Ⅰ型障害に罹患する成人が薬物療法に加えてIPSRTを受ける群と，障害，薬物療法，睡眠に関する心理教育や，症状や服薬の確認などから構成される集中的臨床マネジメントを受ける群に振り分けられた。その結果，躁病エピソードや抑うつエピソードから寛解するまでの期間に差が認められなかったが，IPSRTを受けた群の方が寛解した状態を維持できる期間が長かった。その後，IPSRTが若年層の患者や双極Ⅱ型障害の罹患者に及ぼす効果についても検討されている（Haynes et al., 2016）。

［長谷川　晃］

📖 **さらに詳しく知るための文献**

[1] McCullough, J. P., Jr. 2000 *Treatment for Chronic Depression*, Guilford Press.（古川壽亮ほか監訳 2005 慢性うつ病の精神療法 医学書院）
[2] Frank, E. 2005 *Treating Bipolar Disorder*, Guilford Press.（阿部又一郎監訳 2016 双極性障害の対人関係社会リズム療法 星和書店）

PTSDに対する
多様なアプローチ

☞ 心的外傷後ストレス障害のCBTの基盤となる研究 p.96, 心的外傷後ストレス障害(PTSD) p.112, PTSDへのトラウマに特化したCBT p.342

　英国国立臨床技術評価機構などの診療ガイドラインでは，トラウマに関連する認知行動的なアプローチで介入する治療法を総称してトラウマに焦点をあてた認知行動療法（trauma focused cognitive behavior therapies：TF-CBT）と呼び，これには認知療法，認知処理療法，コンパッションフォーカストセラピー，エクスポージャー療法／持続エクスポージャー，バーチャルリアリティエクスポージャー療法，Imaginary Rehearsal Therapy，マインドフルネス認知療法，ナラティブ・エクスポージャー・セラピーが含まれる。本項では，認知処理療法（cognitive processing therapy：CPT），眼球運動による脱感作と再処理法（Eye movement desensitization and reprocessing：EMDR），トラウマフォーカスト認知行動療法（trauma-focused cognitive behavioral therapy：TF-CBT）について紹介する。

●**認知処理療法**　CPTはP. A. リーシックほか（Recick et al., 2017）によって開発された，認知再構成を中心的な介入とする認知行動療法である。これまでに20のランダム化比較実験によりその有効性が示されている。CPTは個人療法としても，集団療法としても，その組み合わせでも実施可能である。個人療法の場合は週1回，50〜60分のセッションを原則12回実施する。治療では，トラウマティックな出来事に関して回復を滞らせている認知，すなわちスタックポイントを同定し，その考え直しを行っていく。導入期にはPTSDやCPTの治療原理について心理教育を行い，トラウマティックな出来事が自分の人生にどう影響したかについて筆記する課題に取り組む（出来事の意味筆記）。次に，出来事-認知-感情のつながりを理解しモニタリングできるようになるために，ABC用紙に取り組む。自らの認知と感情のつながりが観察できるようになれば，トラウマティックな出来事に関する過去の認知，特に自責感や罪悪感を生み出している認知についての考え直しに取り組む。セッションでは，セラピストはソクラテス式問答というコミュニケーションスタイルをとり，クライエント本人が自分の考えを明確にした上で，それについて客観的に考え直していけるよう対話を進める。さらに，トラウマ体験によって影響を受けやすい五つのテーマ（安全，信頼，力とコントロール，価値，親密さ）について認知再構成に取り組む。最終セッションでは，新たに記述した"出来事の意味筆記"を読み上げ，以前の筆記との違いや考え方の変化に気づき，治療の成果や今後の課題，学んだスキルの継続を促す。近年では，クライエントの治療反応に応じてセッション数を増減する実施法も確立しつつある（Resick et al., 2017）。

●**眼球運動による脱感作と再処理**　EMDR は F. シャピロ（Shapiro, 1989）により考案された治療技法で，精神病理は人生におけるトラウマティックな出来事の記憶が十分に処理されず，その時に生じる強い感情や解離に影響され，不完全に処理されたことにより生じると仮定されている（Shapiro, 2012）。患者は，均等な間隔で左右に振られる指を目で追いながら，不快な思いや記憶に対する考え，イメージ，感覚を思い出す。この両側に注意を向ける動作が，トラウマ記憶の情報処理を促すと考えられている。成育歴・現病歴の聴取，治療準備，評価，脱感作，植え付け，ボディスキャン，終了，再評価の 8 段階で構成されている。介入の主な部分は，評価と脱感作，ボディスキャンの過程で行われ，トラウマ体験記憶が処理されるまで繰り返される。EMDR は人生のトラウマ記憶を再処理して，情動，認知，身体感覚，行動変容を促し，良好な心身状態を取り戻すことを目的としている。

●**子どものためのトラウマフォーカスト認知行動療法**　子どものためのトラウマフォーカスト認知行動療法（TF-CBT）は J. A. コーエンほか（Cohen et al., 2004）により開発された子どもに対する心理社会的治療であり，子どもとのセッション，保護者とのセッション，子と保護者の合同セッションから構成され，12 セッションで実施できる短期の治療アプローチである（コーエンほか, 2015）。治療は心理教育（保護者とともにトラウマ反応について学ぶ），ペアレンティングスキル（保護者が子どもの感情や行動に対応する方法を学ぶ），リラクセーション，感情の表現と調整（感情に気づき対処する方法を学ぶ），認知対処と処理（認知再構成），トラウマナラティブ（トラウマ体験について表現する），実生活でのトラウマの克服（回避せずに日常生活を送れるように支援する），合同セッション（子どもの体験したトラウマについて保護者と子どもとで話し合う），将来の安全と発達の強化（子どもが発達力を取り戻し，社会生活上必要なスキルを身につける）といった治療要素で構成されている。また，トラウマティックな悲嘆症状を有する場合に適用できる要素も含まれる。

●**ほかの多様なアプローチ**　ほかにも，複雑性 PTSD に対する Skills Training in Affect and Interpersonal Regulation/Narrative Story Telling（STAIR/NST）という段階的な治療もある。エビデンスの強さや有効性・安全性にばらつきがあるが，それ以外の心理社会的介入法や薬物療法等でも PTSD に対して有効性が示されている治療法がある（Watts et al., 2013；NICE, 2018）。　　　［伊藤正哉・片柳章子］

📖 さらに詳しく知るための文献

［1］シュニーダー, U. & クロワトル, M.　前田正治・大江美佐里監訳　2017　トラウマ関連疾患心理療法ガイドブック　誠信書房.
［2］フリードマン, M. J. ほか編　金 吉晴監訳　2014　PTSD ハンドブック　金剛出版.

統合的理論に基づく認知行動療法

☞ 系統的脱感作法の基礎研究 p.56, 認知情報処理モデルの基礎研究 p.64, ストレス免疫訓練（SIT）p.270

　認知行動療法（CBT）の技法の多くは，学習理論と認知理論に依拠している。しかし，中にはそれらの理論を包含したより統合的な理論に基づき考案された心理療法もある。ここでは，CBTの思想と技術の拡大や発展に大きく貢献した主な統合的心理療法を紹介する。

●**マルチモード療法**　A. A. ラザルス（Lazarus）は，J. ウォルピ（Wolpe）らとともに系統的脱感作法の研究と実践を行う行動療法家であったが，エリスの論理療法などの影響を受け，認知やイメージの重要性を理解した（O'Donohue et al., 2001）。そして，有効性が実証された技法なら，どんな理論的出自をもつ技法でも積極的に取り入れるべき，という技法的折衷主義に基づき，独自の心理療法を考案した。1960年代に発表された broad-spectrum behavior therapy は，1973年には multimodal behavior therapy へと発展し，1989年にはさらなる理論的拡大を果たした統合的心理療法として，マルチモード療法（multimodal therapy: Lazarus, 1989）が誕生した。マルチモード療法の中核は，クライエントのパーソナリティを「行動（behavior）」「感情（affect）」「感覚（sensory）」「イメージ（images）」「認知（cognition）」「対人関係（interpersonal relationships）」「薬物／生物学（drug/biology）」の頭文字を取った，「BASIC I.D.」という七つのモードの構成体ととらえることにある。そして，これらの状態をアセスメントし，問題のあるモードに適切な技法を適用していく。心理教育や，対人関係のモードに適合した治療関係づくりも重視される。

●**パーソナル・コンストラクト療法**　J. A. ケリー（Kelly）が提唱したパーソナル・コンストラクト心理学（Kelly, 1955）に基づく実践方法をまとめたものが，パーソナル・コンストラクト療法である。パーソナル・コンストラクト理論（personal construct theory：PCT）は，人は誰もが科学者のように仮説を立て，それを検証することをくりかえしながら生きているとする，「人は科学者（man-the-scientist）」モデルを根幹におく。そしてその過程で生成される，世界との関わり方のパターンを「コンストラクト」と呼ぶ。PCTは，科学者とはいえ我々が行っている知覚はすべて疑わしく再検討の余地があることから，あらゆるコンストラクトは別のコンストラクトによって代替可能である，とする「コンストラクティブ・オルタナティヴィズム（constructive alternativism）」の前提に立つ（Fransella, 1995）。個人の精神過程は，その人が物事をどう予測するかによって心理的に方向づけられるのであり，個人がどのような内容のコンストラクトをもつか，またそれがどのような構造をなしているかを理解することにより，個人

のパーソナリティが理解される。そして，生活に不具合を生じているとき，その個人のコンストラクトの再構成（reconstruct）あるいは再理解（reconstruing）を促すことが，パーソナル・コンストラクト療法の目的となる。本療法に特徴的な技法として，2週間ほど自分以外の誰かを演じてみる固定役割療法がある。また，パーソナル・コンストラクト心理学を代表する測定法として，レパートリー・グリッド法（Repテストなどとも呼ばれる）がある。パーソナル・コンストラクト療法は構成主義的心理療法の代表であり，その後の認知心理学や認知療法の発展に大きな影響を及ぼしている（Mahoney, 1995）。

●**感情焦点化療法** 1980年代より，感情心理学における感情と記憶の研究，神経科学，哲学などの多様な知見を統合し，心理療法における感情（emotion）の重要性についての主張と実証的研究を重ねてきたJ. D. サフラン（Safran）とL. S. グリーンバーグ（Greenberg）は，認知療法家の感情の扱いに大きな影響を与えた（Greenberg & Safran, 1987）。2000年以降二人は道を分かつが，グリーンバーグとその共同研究者は，感情科学を土台に，パーソン・センタード・アプローチ，ゲシュタルト療法，体験療法，実存療法を発展させた感情焦点化療法（emotion-focused therapy）を開発した（Greenberg, 2002）。感情は本来適応的であるが，さまざまな理由から問題へと転じうる。そこで，感情コンピテンスを高めるため，①感情体験への接触，②感情調整能力の向上，③肯定的なアイデンティティの語り促進といったことを目指す。弁証法的構成主義（dialectical constructivism）の観点から感情を理解し，今ここでの体験過程を重視する。また，精神分析家であるサフランも，MBCTの開発者であるシーガルとともに，今ここの感情と，対人スキーマや治療関係の重要性に焦点化した，短期関係療法（brief relational therapy）を開発し，クラスターC群のパーソナリティ障害などを対象に効果を実証している（Kazantzis et al., 2010）。　　　　　　［伊藤義徳］

📖 さらに詳しく知るための文献

［1］Greenberg, L. S. 2011 *Emotion-Focused Therapy*, American Psychological Association.（岩壁 茂ほか監訳 2013 エモーション・フォーカスト・セラピー入門 金剛出版）
［2］Fransella, F. 1995 *George Kelly* Sage Publications.（菅村玄二監訳 2017 認知臨床心理学の父 ジョージケリーを読む―パーソナル・コンストラクト理論への招待 北大路書房）
［3］Lazarusu, A. A. 1989 *Practice of Multimodal Therapy: Systematic, Comprehensive, and Effective Psychotherapy*, Johns Hopkins University.（高石 昇監訳 1999 マルチモード・アプローチ―行動療法の展開 二瓶社）

行動理論の発展

☞ 認知行動療法 p.2, 行動療法と行動理論 p.8

　現代の行動理論は認知を含む。普通なら心と体，認知と行動という区別"心身二元論"をもとにして考えるだろう。行動理論はこの常識への挑戦である。

●**常識心理学（folk psychology）**　常識的発想には因果論とパターン重視の二つの特徴がある。何かが起こるのは原因ゆえだと考えるのが因果論である。認知モデルでは不合理な認知のような心の状態が原因であり，その結果として病的行動が現れるとする。治療の最初のステップは患者の心の中にある原因を同定することであり，次は原因を変えることである。結果を先に変えるという発想はない。治療者はパニック症の患者において身体感覚に対する解釈に独特のパターンがあることに気づくと"破局的解釈"という名前をつけてほかにもあてはめようとする。パターンが生じる場合と生じない場合の頻度をカウントしてデータにまとめるようなことはしない。パターンを見つけるのは得意だが，量や頻度の変化を経時的に把握することは苦手である。因果論で物事をとらえ，心の出来事をパターンにあてはめることは子どもから老人までどんな人でも日々の習慣にしていることである。日常生活はそれでなんとかなっている。これを常識心理学と呼ぶ（Rips & Conrad, 1989）。

●**心の哲学，比較認知科学**　常識では行動理論は行動だけを扱う。100年前の行動主義者もそのとおりだと答えていた。現代の行動理論はそうではない。考えること自体も対象にするようになった。この領域を特に心の哲学と呼ぶ。研究の基礎は昔と同じく動物実験にある。昔との違いはコンピューターなどを使って工夫し，動物がゲームのように楽しんで知的な実験に参加するようになったことである。この結果，言語をもたない動物の"心"を——これを認知と呼ぶことにしよう——詳しく解明できるようになった。動物の認知研究を比較認知科学と呼ぶ（松沢，1992）。行動理論では，言語があるからヒトがチンパンジーよりも複雑な思考ができるとか，大脳新皮質があるから哺乳類は鳥類よりも賢いとは考えない。それぞれの種，それぞれの個体がそれぞれの環境の中で賢い行動をしており，その行動には環境からの学習によって生じる部分がある。大脳新皮質だけ与え，適切な学習環境は与えないとしたら人も動物も認知を発達させることはできない。

　しかし，少し前まで行動理論は賞味期限切れだと思われていた。数十年前にさかのぼってみよう。

●**20世紀半ばの認知革命**　スタート時点の行動主義者の主張は常識心理学を排除することだった。排除しても行動を予測し，制御できることを実証し，アカデミックな心理学は行動主義一色になった。論文からも"心"や"認知"を排除するようになった。

しかし，記憶や価値判断，因果推論を昔の水準のパブロフ条件づけやオペラント条件づけで予測・制御できたわけではない。行動理論が臨床に応用された初期の一例が恐怖症に対するエクスポージャー療法である。応用を広げようとすると動機づけや言語に縛られるルール支配行動も扱わざるをえない。一方，行動理論側は"認知回避"を続け，動機づけなどに対する答えをもたなかった。それが20世紀後半の"認知革命"を呼び込む結果になり，そして実験心理学上の認知革命は臨床にも広がり，行動療法は認知行動療法に名前を変えた（Miller, 2014）。

●**今，起きつつある変化** 「行動主義は終わった」という主張がある（加藤, 2017）。たしかに認知を排除する行動主義は終わった。しかし，認知を排除する行動主義の終わりは，"認知主義"の始まりではない。実験心理学は認知を正面から扱うようになった。2014年，"Journal of Experimental Psychology: Animal Behavior Processes"誌は下の名前を"Animal Learning and Cognition"に変えた。

常識心理学に従えば"言語があるから考えられる"と考える。デカルトの「我思う，ゆえに我あり」が常識である。現代行動理論はその先を行く。行動経済学のD. カーネマンとA. トベルスキー（Kahneman & Tversky）はプロスペクト理論を立ち上げた。思考バイアスの点で人と実験用マウスは変わらないと考える。環境条件を記憶し行動を変えるということであれば一個の細胞でもできると考える。言葉や脳のあるなしと"認知"は実は無関係なのだ。

●**行動主義のスタートに戻る** 行動理論のスタートは正常な動物の生理現象の研究である。パブロフは犬の唾液腺の働きから条件反射を見出した。E. L. ソーンダイク（Thorndike）はネコの非反射的行動が経験を通してどう変化するのかを研究するうちに効果の法則を見出した。どちらも今は創始者には想像もつかないほどはるかに拡張された概念になっている。ここまで拡張されても100年前と変わらないものがある。病理ではなく生理に，原因探しではなく予測と制御に焦点をあてることである。

行動理論は正常と異常を分けない。犬と人も分けない。なぜ犬は言葉をしゃべれないのか？という問いではなく，どうすれば犬と人との間のコミュニケーションが成立するのか？という問いをたてる。犬と人の間で機能的に等価な行動は何かを考える。実は犬はアイコンタクト行動の点で人にとても近い。

行動理論は犬のトレーニングにも実績を出している。犬の分離不安や強迫症に認知療法をしようという人はいないだろう。犬の行動はもちろん，表情認知も扱える行動理論が人の認知を扱うのは当然ではある。

［原井宏明］

📖 **さらに詳しく知るための文献**
[1] 原井宏明 2010 対人援助職のための認知・行動療法 金剛出版.
[2] ピアース, J. M. 石田雅人ほか訳 1990 動物の認知学習心理学 北大路書房.
[3] カーネマン, D. 村井章子訳 2012 ファスト＆スロー（上・下）早川書房.

介入技法のパッケージ化とケースフォーミュレーション

　限局性恐怖症に対する段階的エクスポージャー療法，強迫症に対する曝露反応妨害法のように，疾患に対する認知行動療法の介入を一つの技法で表現できる場合もあるが，複数の介入技法をパッケージ化した疾患の治療プロトコルで改善効果を検証する場合が多くなってきている。うつ病に関しては，認知再構成法のみで行う場合，行動活性化療法のみで行う場合がそれぞれあり，効果の比較も行われているが，両者を組み合わせた治療プロトコルも存在する。また，強迫症の治療で，曝露反応妨害法に認知的方法を加えるか，PTSDの治療で，持続エクスポージャー法に認知的方法を加えるかなどの行動的方法と認知的方法を組み合わせた介入技法を用いるかは，個別に検討に値する。精神疾患の事例は，複数の精神疾患を合併していたり，重症度も軽症から最重症までの多様性の幅が大きかったりするため，単一の技法の患者にとってのわかりやすさを優先するか，複数の技法を組み合わせて効果を高めることを優先するかは，患者との Shared Decision Making を経た上での重要な治療の選択肢になる。

　複数の技法を組み合わせる場合，各技法を独立してばらばらに提供する場合と概念的に統合した上で各技法が有機的に結合した形で提供する場合が考えられる。概念的統合（conceptual integration）は，認知行動療法のゴールにつながるような，患者に問題を引き起こすような状況と感情，認知，行動の悪循環についてのケースフォーミュレーション（case formulation）を行うと理解しやすい。

　セラピストのコンピテンスを測定する認知療法尺度―改訂版（Revised Cognitive Therapy Scale：CTS-R）（Blackburn et al., 2001b 訳 2012）の12項目のうち，第10項目が概念的統合であり，第11項目が Application of Change Methods（変化の技法の応用）になっているが，CTS-Rでは，概念的統合と変化の技法が連続している。

　第11項目の変化の技法として，**認知的方法**〔①思考変化記録日記（cognitive change diaries），②1から100の連続（continua），③距離をとる（distancing），④責任の円グラフ（responsibility charts），⑤別の考え方の評価（evaluating alternatives），⑥損得分析（examining pros and cons），⑦意味づけの決定（determining meanings），⑧イメージの再構成（imagery restructuring）など〕および**行動的方法**〔⑨行動日記（behavioural diaries），⑩行動テスト（behavioural tests），⑪ロールプレイ（role play），⑫段階的課題割りあて（graded task assignments），⑬反応妨害（response prevention），⑭患者の作業の強化（reinforcement of patient's work），⑮モデリング（modelling），⑯応用リラクセーション（applied relaxation），⑰呼吸法（controlled breathing）など〕があげられている。

　これらを概念的統合のもとに用いることになっている。

　　　　　　　　　　　　　　　　　　　　　　　　　　　　　　　　　　　［清水栄司］

第6章
保健医療分野の認知行動療法

[編集担当：清水栄司・鈴木伸一]

　標準的な認知行動療法は，マンツーマンで週1回50分〜1時間，全16回程度でうつ病，不安症患者の約50％を回復させる治療成功率であることから，英国では医療経済的にも優れていると認められ，NICE（国立医療技術評価機構）のガイドラインで，うつ病，不安症をはじめとする多くの精神疾患に関して認知行動療法が推奨されている。しかし，認知行動療法を提供する人材不足のため，希望者へ届けることができないアクセスの問題が指摘されたため，英国では，2008年から3年間で363億円を投じ，Improving Access to Psychological Therapies（IAPT：心理療法アクセス改善）政策を開始し，2年半で3,660人の認知行動療法士を養成し，60万人の患者への提供に成功した。加えて，patient-reported outcome（PRO）として，うつ尺度や不安尺度が有意に改善するというビッグデータを収集し，さらに改善率を高める研究を進めている。一方，日本での医療分野の認知行動療法は，強迫症（Nakatani et al., Psychother Psychosom, 2005），PTSD（Asukai et al., J Trauma Stress. 2010），社交不安症（Yoshinaga et al., Psychother Psychosom, 2016），うつ病（Nakagawa et al., J Clin Psychiatry, 2017）などに対する認知行動療法がランダム化比較実験にて有効性が実証されてきている。そして，公的医療保険制度の中で，医師が行う認知行動療法に関して，2010年度に，うつ病などの気分障害が，自殺対策の一環として保険適応とされたのを皮切りに，2016年度に，強迫症，社交不安症，パニック症，心的外傷後ストレス障害（PTSD）の四つの不安関連疾患，2018年度に過食症に対して，保険適応が拡大された。また，2016年度から看護師による30分を超える面接が一定の条件下で，保険適応とされた。2020年度には，公認心理師による認知行動モデルを用いた外来指導のような形で保険適応とされることが期待される。そのためにも，症状改善の成績（アウトカム）を簡便な自記式質問紙を用いてルーティンに測定（ROM：routine outcome measurement）し，英国同様に，数十万人単位の臨床研究ビッグデータとして蓄積していく必要がある。　　　　　[清水栄司]

保健医療分野の認知行動療法総論

☞ エビデンスに基づく医療 p.626, 診療ガイドライン p.632, 保健医療分野の関連法規 p.694, 認知行動療法と診療報酬 p.704

　保健医療分野における認知行動療法（CBT）は，教育，福祉，産業などの関連する他領域に比べて，かなり普及が進んでいるといえるだろう。その背景には，保健医療分野においてはEBM（evidence based medicine）を基本理念とした実践が重要視される状況において，それに耐えうるエビデンスを有する心理療法としてCBTが定着しているといえるだろう。本項では，保健医療分野の主要な領域におけるCBTの現状についてまとめる。

●**精神医療におけるCBT**　A. T. ベックほか（Beck et al., 1979）がうつ病に対するプログラムを体系化して以来，各種不安症（パニック症，社交不安症，全般不安症など），強迫症，心的外傷後ストレス障害などの気分・感情障害，摂食障害や過敏性腸症候群，慢性疼痛などの心身症，さらには統合失調症などの精神病性障害へのプログラムも開発されている。また，CBTの活用領域は，精神科・心療内科などの診療所や精神科病院の外来，入院病棟，さらにはデイケアにおける退院促進プログラムや職場復帰プログラムなどでも広く運用されている。

　これらのCBTプログラムについては，ランダム化比較実験による効果検証，さらにはそれらを統合したメタ分析などが精力的に行われており，各プログラムのエビデンスが蓄積されている。表1は，主要な精神疾患に対するCBTの有効性をまとめたものであるが，効果量（effect size）には幅があるものの，おおむね高い数値が示されている。

　一方，日本における精神疾患に対するCBTの保険診療化も着実に進んでおり，2018年現在において，うつ病，パニック症，社交不安症，強迫症，心的外傷後ストレス障害，過食症がそれぞれ保険収載されている。また，これに伴い，標準プロトコルも整備され，厚生労働省のウェブページにて公開されるようになった。

●**一般医療（身体疾患）におけるCBT**　身体疾患患者のメンタルヘルス問題（特にうつ病）の発生率は，一般人口に比べて高いことが知られている。この現状を背景として，身体疾患の治療プロセスにおいて，患者のメンタル・スクリーニングを恒常的に実施

表1　認知行動療法の効果に関するメタ分析結果

疾　患	比較内容	effect size
成人うつ病	待機群またはプラセボ	0.82
思春期うつ病	待機群	1.11
全般性不安障害	プラセボ	1.26
パニック障害	プラセボ	0.65
社交不安障害	待機群またはプラセボ	0.93
強迫障害	治療前後の改善度	1.86
PTSD	待機群	1.7
統合失調症	治療前後の改善度	1.28
	治療前後の改善度	0.91
怒り感情	未治療群	0.7
神経性大食症	治療前後の改善度	1.35
慢性疼痛	待機群	0.33

［Butler, et al., (2006) を参考に作成］

し，ケアが必要な患者に対して，身体治療と並行してメンタルケアを適宜実施していくことの重要性が指摘されるようになった．特に，がんや心疾患，脳血管疾患などの重篤な患者，糖尿病や腎疾患などの長期療法が必要とされる慢性疾患患者，さらには ALS（筋萎縮性側索硬化症）などの神経難病や HIV，遺伝性疾患など，さまざまな疾患に対するメンタルケアが推進されるようになった（鈴木，2008，2016）．中でも CBT は，不安や抑うつといった心理的症状の改善のみならず，服薬管理や生活習慣の改善，意思決定支援や患者-医療者間コミュニケーションの改善など，患者を取り巻くさまざまな心理社会的問題に認知・行動的アプローチを提供することが可能であるため，チーム医療における統合的ケアの有効な手段の一つとして期待が高まっている．さらに，身体疾患患者への CBT プログラムに関するエビデンスも蓄積されつつある．

●**地域保健・疾病予防における CBT**　2000 年にスタートした 21 世紀における国民健康づくり運動（健康日本 21）が実施されて以来，地域の保健指導においては，国民一人ひとりが疾病予防や健康増進のための具体的な健康行動を身につけることが重視され，その支援のための行動科学に基づく保健指導が展開されるようになった．また，2008 年から制度化された特定検診・特定保健指導においては，中高年における健康リスクを層別化し，その状態像に応じて生活習慣改善のための動機づけ支援や，行動変容のための保健指導が行われるようになった．これらの保健指導において，中核的なプログラムとして活用されているのが CBT（認知行動療法）に基づく行動科学アプローチである．主な構成要素としては，自分の生活を振り返るためのセルフモニタリング，上手な目標設定，行動遂行のための環境調整や動機づけの向上，自己強化とトラブルシューティングなどが組み込まれている（足達，2014）．

●**保健医療分野における CBT の今後**　これまで述べてきたように保健医療分野における CBT への期待は非常に大きい．一方，今後さらに発展していくためには，さまざまな疾患の治療において CBT 実践が保健診療として認められるように制度を整えていく必要がある．日本における各領域での CBT 実践のエビデンスを蓄積するとともに，関連諸学会と連携して保健収載を推進していくことが重要である．

［鈴木伸一］

さらに詳しく知るための文献
[1]　鈴木伸一　2008　医療心理学の新展開　北大路書房．
[2]　鈴木伸一　2016　からだの病気のこころのケア　北大路書房．
[3]　足達淑子　2014　ライフスタイル療法 I　医歯薬出版．

うつ病の認知療法・認知行動療法

☞ 認知療法と認知理論 p.12, うつ病の認知モデルの基礎研究 p.84, うつ病 p.116, うつ病や気分のアセスメント p.196

　うつ病に対する認知療法・認知行動療法は，2010年に本邦において初めて保険診療報酬に収載された認知行動療法である。同療法（1回30分以上，全16回まで）の診療報酬を算定するためには，厚生労働省の認知行動療法マニュアルに準じて治療を行うことが必須となっている。マニュアルは厚生労働省ホームページならびに日本認知療法・認知行動療法学会ウェブサイトから無料ダウンロード可能である。

●**マニュアルの概要**　このマニュアルは，A. T. ベック（Beck），の現法（Beck, 1979 訳2007）に準じて作成され，その概要は表1に示すとおりである。マニュアルはあくまで治療を進める上でのガイドであり，患者背景や臨床状況によって進捗は柔軟にすることを想定して，各セッションは「ステージ」と称し，柔軟に適用できるようにした。本来，認知行動療法などの専門的心理療法は，十分な診断，アセスメント（症例の概念化）の上で実施される（Beck, 2011 訳2015）と想定されているが，本邦において，アセスメントが不十分なままで認知行動療法の導入がなされることを危惧して，最初の2～4回はアセスメントに費やすステージとしている点は本マニュアルの特徴の一つである。その背景には，第3セッションまでに治療者と患者の間で治療目標の共有が十分にできることが治療成功の適否に関連するという先行研究がある。第1ステージは，ラポールの形成，病歴や問題点の聴取，心理教育が主眼である。第2ステージは第1ステージを踏まえて，症例の概念化を行い，それを患者と共有し治療目標を協働的に設定するとともに，行動的介入（活動モニタリング，行動活性化）を行う。第3・4ステージは認知的介入（認知再構成法）である。第5ステージはスキーマ教育であるが，実際は認知的介入の中や，次の第6ステージで触れる程度で終わることが多い。これは単純なうつ病症例の場合，スキーマを深く扱わずとも症状改善には十分なことと，ほかの介入に時間を十分に費やすほうが優先度が高いからである。第6ステージは治療の終結に向けて，患者が治療内で学んだことを実践し続けられるようにする。また，問題解決技法と対人関係に関する心理教育はモジュールとして，必要に応じて随時利用できるようになっている。

●**実証研究**　本マニュアルに基づいた認知行動療法は，本邦の難治性うつ病（抗うつ薬治療を8週間受けた後でも中等度以上の抑うつ症状が残存している大うつ病精神療法患者を対象に検証試験が行われ，対照群（通常治療の継続）と比較して有意な改善を認めた。優位性は12か月後も維持された（Nakagawa, et al., 2017）。

表1 うつ病の認知行動療法の構成

※患者の病態・理解度により，進展は異なる

ステージ	セッション	目的	アジェンダ	使用ツール・配布物
1	1-2	症例を理解する 心理教育と動機づけ 認知療法へsocialization	症状・経過・発達歴などの問診 うつ病，認知モデル，治療構造の心理教育	うつ病とは 認知行動療法とは
2	3-4	症例の概念化 治療目標の設定 患者を活性化する	治療目標（患者の期待）を話し合う 治療目標についての話し合い 活動スケジュール表など	問題リスト 活動記録表
3	5-6	気分・自動思考の同定	3つのコラム	コラム法 ～考えを切り替えましょう
4	7-12	自動思考の検証 （対人関係の解決） （問題解決技法）	コラム法 （オプション：人間関係を改善する） （オプション：問題解決）	バランス思考のコツ 認知のかたよりとは 人間関係モジュール 問題解決モジュール
5	13-14	スキーマの同定	上記の継続 スキーマについての話し合い	「心の法則」とは 心の法則リスト
6	15-16	終結と再発予防	治療のふりかえり 再発予防 ブースター・セッションの準備 治療期間延長について決定する	治療を終了するにあたって

［大野 裕 2010 認知療法・認知行動療法治療者用マニュアルガイド 星和書店, p.39］

●**普及・研修** 2011年から，同マニュアルに基づいた認知療法・認知行動療法の研修事業（厚生労働省）が実施されており，2018年現在，300人以上の医療従事者に普及している．研修は2日間のワークショップから始まり，受講者自身の受けもち患者に対してマニュアルに基づいた認知療法・認知行動療法を実施し，それを，Skypeなどを利用して厚生労働省認定のスーパーバイザーからスーパービジョンを毎週×全16回受ける形である．国際認知療法協会 Academy of Cognitive Therapy の有資格者によってセッションの第3者評価を受ける体制もできている．

［藤澤大介］

◻ さらに詳しく知るための文献
[1] 大野 裕 2010 認知療法・認知行動療法 治療者用マニュアルガイド 星和書店.
[2] Beck, A.T. et al. 1979 *Cognitive Therapy of Depression*, Guilford Press.（坂野雄二 監訳 2007 うつ病の認知療法 新版 岩崎学術出版社）
[3] Beck, J. 2011 *Cognitive Behavioral Therapy*（2nd ed.）, Guilford Press.（伊藤絵美ほか訳 2015 認知行動療法実践テキスト（第2版）星和書店）

うつ病の行動活性化療法

▶うつ病 p.116, うつ病の行動モデルの基礎研究 p.82, うつ病や気分のアセスメント p.196

　うつ病の行動療法（行動活性化）は，1960年代から1970年代にP.M.レウィンソン（Lewinsohn）がうつ病の行動理論を臨床適用したことに始まる。彼は反応に随伴する正の強化（response-contingent positive reinforcement：RCPR）を受ける機会の不足がうつ病に陥る主要な原因であると考えた。RCPRを受けられず，行動が消去あるいは弱化されると，抑うつ気分が生じ，うつ病の症状が認められるようになる。RCPRが変動する要因として，個人にとって潜在的に強化を受ける事象の数，環境中の強化の利用可能性，強化を得るために必要なスキル，嫌悪的な事象の四つがあげられる。こうした考えに基づき，多くの患者に認められる典型的な快事象の欠損と不快事象の増加に関する大まかな目録を作成し，快事象を増やして不快事象を減らす治療を行った。その後，うつ病の行動療法はA.T.ベック（Beck）によって認知療法に統合され，認知を変容する一手段として採用された。しかし，うつ病の認知療法の構成要素に関する研究を契機として，うつ病の行動療法は再び注目を集めることになった。うつ病に対する行動療法の有効性は，多数のランダム化比較実験およびメタアナリシスによって証明されており，薬物治療や認知療法，認知行動療法と同等の効果をもたらすことが示されている。

　今日，うつ病の行動療法には，大きく分けて二つの流れが存在する。一つはC.R.マーテルほか（Martell et al., 2001 訳2011）による行動活性化（behavioral activation：BA），もう一つはC.W.レジュエツほか（Lejuez et al., 2001）によるうつ病に対する短期行動活性化療法（brief behavioral activation treatment for depression：BATD）である。さらに，J.W.カンターほか（Kanter et al., 2009 訳2015）は，最初にシンプルな活性化を行い，それが有効ではない場合により複雑な技法を適用するという段階的な行動活性化の実施を提案している。

●BAの理論的背景と実施方法　マーテルによるBAの特徴は，個々人に作用する強化随伴性の機能分析を強調し，個性記述的であるという点にある。また，抑うつ行動の多くは回避機能を有しているという考えに基づいている点も大きな特徴である。回避行動が優勢になると行動レパートリーが縮小しRCPRを受けられなくなる。したがって，BAではRCPRを受けられるような行動（抗うつ行動）を活性化させるだけでなく，回避行動に代表されるRCPRを受けることを阻害する行動（抑うつ行動）を減少させる手続きをとる。具体的には，活動記録表を用いた行動の記録が多用される。これにより，抗うつ行動を同定し，次回までのセッションの間に行うホームワークとして頻度や強度を設定し，活動スケジュールとして組み込む。活動記録表を用いた方法以外にも，目標や価値に沿っ

た行動を抗うつ行動として取り入れることもできる（Martell et al., 2010 訳 2013）。抑うつ行動に関しては，観察や得られた情報に基づいて機能分析を行う。また，治療者だけではなく，クライエントにも回避行動の機能分析ができるように支援し，回避行動に代わる抗うつ行動をすることができるように支援していく。

● **BATDの理論的背景と実施方法**　BATDは，対応法則に基づいている。対応法則によれば，抗うつ行動と比較したときの抑うつ行動の相対的な頻度は，抗うつ行動と比較したときの抑うつ行動に提供される相対的な強化価と比例関係にある。すなわち，うつ病が維持するのは，抗うつ行動に対する利用可能な強化が少なく，抑うつ行動に対する強化を受ける機会が多いためであり，抑うつ行動のほうが強化を効率的に受けられる環境になっている。したがって，BATDでは抗うつ行動を行ったときにポジティブな結果が得られるようにしていく。BATDはBAと比較するとより簡略化されており，構造化されている。セッションの回数は10回程度と定められ，各セッションで行う治療的介入も決まっている。セッションで取り扱われる具体的な内容としては，①活動記録表を用いた毎日の行動の記録があげられる。その後，②生活の領域，価値，活動に関するアセスメントを行い，③行動の選択と順位づけで，価値に基づいた複数の行動について，実行可能性という観点から難易度の評価を行う。最後に，④行動の計画を行う。行動の計画では，難易度の低いいくつかの行動を選択し，その行動を実行する日時を決め，活動記録表に記載してもらい，実際に行ったときの楽しさや重要度について評価を行ってもらう。

● **段階的な行動活性化の実施**　カンターは，行動活性化の段階的な実施を提案している。治療の初期に行われる単純で強力な活性化による介入（単純活性化）を行い，それが有効でない場合より複雑な介入を行う。単純活性化は，C. R. マーテルらのものと一致しており，レジュエツらのものと重なる部分が大きい。単純活性化が成功しなかった場合に，それを妨げる要因について機能的な評価を行っていく。この機能的評価に基づき，先行刺激の問題に対しては抗うつ行動が誘発しやすいように刺激統制を行う。また，行動に関する問題，例えば，抗うつ行動が複雑な場合には患者のスキル不足が認められることがある。この場合スキル訓練が必要となる。結果に関する問題では，他者からの反応というような環境的な結果に関するものである場合，随伴性マネジメントが必要になる。嫌悪的な結果を避けるために回避行動が優勢になるというような個人的な結果に関するものである場合，マインドフルネスに重点を置いた活性化を行う。　　　　　　　　［山本竜也］

📖 さらに詳しく知るための文献

[1] Kanter, J. W. et al. 2009 *Behavioral Activation: The CBT Distinctive Features Series*, Routledge.（大野 裕監修 2015 行動活性化 明石書店）

パニック症の内部感覚エクスポージャー（身体感覚曝露）

☞ パニック症（パニック障害） 広場恐怖症 p.104, パニック症の認知行動療法の基盤となる研究 p.86, パニック症のアセスメント p.204

　身体感覚曝露とは，パニック発作時に身体に出現するような過呼吸や動悸などの感覚を，治療の枠組みの中で人工的に出現させ曝露する方法である。パニック症の本質は，認知行動療法的な観点からは，動悸や窒息感，めまいなどの身体感覚に対する破局的な認知とこれによる不合理な恐怖にあるとされている（Andrews et al., 2002 訳2003）。身体感覚曝露はこの中心的な精神病理にアプローチする介入ということになる。

　身体感覚に関する不合理な恐怖は，クライエントがこれに曝露することで馴化（恐怖の対象に持続してまたは繰り返して直面することにより恐怖感が軽減されること）もしくは制止学習（恐怖を喚起する刺激があるときでも何も起こらない場合があることを学習すること）が起こることにより軽減される。また，身体感覚に関する破局的な認知についても，クライエントの曝露が行動実験（恐怖に直面しても破局的な認知の内容が実現されるわけではないことを発見すること）として作用すれば，認知が新たに恐怖を惹起する機能を低下させることができる。

　パニック症に対する認知行動療法プログラムを構成する治療要素（リラクセーション，呼吸法，認知再構成法，身体感覚曝露，状況曝露など）につき，ネットワークメタアナリシスにより各介入の効果を検証したところ，身体感覚曝露は認知再構成法とともに有効性の高い治療要素とされている（Pompoli et al., 2018）。

●施行方法　具体例として，G.アンドリュースほか（Andrews et al.）のマニュアルの曝露の方法を示す（表1）。パニック発作と同様の身体感覚を引き起こすものであればやり方は表1にあげたものに限定されない。上記マニュアルでは，口渇が不快であればガーゼや脱脂綿で唾液をふき取る，嘔気を引き起こすため舌圧子を用いるなどの方法を紹介している。これらの介入により人工的に惹起され

表1　身体感覚曝露の方法

①1分間過呼吸を行う
②30秒間ずっと頭を横に振り続ける
③30秒間ずっと頭を自分の両足に挟んでおいて，その後急激に立ち上がる
④階段や箱を使って踏み台昇降を1分間続ける
⑤30秒間ずっと鼻をつまんで呼吸を止める
⑥1分間全身の筋緊張を最大にする
⑦30秒間立ったままぐるぐる回る
⑧1分間ストローで呼吸をする
⑨1分間胸式呼吸を行う

［アンドリューズ，G.ほか　古川壽亮ほか訳 2003 不安障害の認知行動療法（1）パニック障害と広場恐怖 星和書店，p.193を参考に作成］

表2 身体感覚曝露と関連する身体症状

身体感覚曝露	引き起こされる身体症状（上位3つ）
① 過呼吸を行う	1. 窒息感 2. めまい／失神 3. 動悸
② 頭を横に振り続ける	1. めまい／失神 2. 動悸 3. 窒息感
③ 頭を両足に挟んでおいて，その後急激に立ち上がる	1. めまい／失神 2. 窒息感 3. しびれ
④ その場で走り続ける	1. 動悸 2. 窒息感 3. 胸痛
⑤ 呼吸を止める	1. 窒息感 2. 動悸 3. めまい／失神
⑥ 全身の筋緊張	1. ふるえ 2. 窒息感 3. 動悸
⑦ ぐるぐる回る	1. めまい 2. 動悸 3. 窒息感
⑧ ストローで呼吸する	1. 窒息感 2. 動悸 3. 喉が詰まる
⑨ 舌を押さえる	1. 喉が詰まる 2. 窒息感 3. 吐気

［Antony et al. 2006を参考に作成］

た不快な身体感覚は，基本的には長時間続くことはなく，短時間で自然に消褪する。M. M. アントニーほか（Antony et al.）は，各曝露の方法とこれにより引き起こされる身体症状上位三つを示している。主なものを示す（表2）。セッション内で表1のすべての身体感覚曝露をクライエントに施行してもらい，不安度，苦痛度，自身のパニック発作時の身体症状との類似度を0％から100％の数値で申告してもらう。次に，類似度が高いものを選択し，その中の不安度が低いものから順次ホームワークとして繰り返し曝露してもらう。これにより不快度は変化しないが不安度が徐々に下がっていくことを学習することになる。不安度が30％以下になればその身体感覚曝露は終了とし，別の曝露に取り組んでもらう。

セッション内ですべてを施行する時間的余裕がない際は，「ぐるぐる回る」「ストローで呼吸をする」「過呼吸を行う」が best exercise として推奨されている（Antony et al., 2006）。

●**安全性** 介入の内容からして有害事象のリスクは気になるところであり，リスクを恐れるあまりこの介入の施行を控える治療者も少なくないと言われている（Abramowitz et al., 2011）。B. J. ディーコンほか（Deacon et al.）は6,545名のパニック症のクライエントに身体感覚曝露を施行したデータから，有害事象が起こったケースを集計している。6,545名のうち何も有害事象が起こらなかったのが6,445名（98.5％），治療中断を含め何らかの有害事象が起こったのは100名（1.5％）であった。有害事象の内訳は吐き気7名（0.1％），意識消失2名（0.03％），けいれん2名（0.03％）で，最も多かったのが治療中断の89名（1.4％）であった（Deacon et al. 2013）。施行の際の参考にしていただきたい。［小川 成］

🔲 さらに詳しく知るための文献

[1] Andrews, G. et al. 2002 *The Treatment of Anxiety Disorders: Cliniciar's Guide and Patient Manuals* (2nd ed), Cambridge University Press.（古川壽亮ほか訳 2003 不安障害の認知行動療法（1）パニック障害と広場恐怖 星和書店）

パニック症の認知行動療法

☞ パニック症（パニック障害）広場恐怖症 p.104，パニック症の認知行動療法の基盤となる研究 p.86，パニック症のアセスメント 204

　パニック症に対する認知行動療法（CBT）は，薬物療法と同等かそれ以上を超える効果が示されている。実際の治療では，パニック症を維持していると考えられている心理学的な要因に焦点をあてながら，必要なスキルを練習しながら治療を進めていく。マニュアル（関・清水，2016）は D. M. クラークほか（Clark et al.）が提唱する認知モデルの「身体感覚の破局的な誤った解釈」を中心に，P. M. サルコフスキスほか（Salkovskis et al.）が提唱する安全確保行動，イメージの再構成，行動実験，再発予防の技法を加えることによって，不安症に関する理論を統合したものとなっている（厚生労働省と日本不安症学会のHPからダウンロードできる）。①心理教育(パニック症と症状を維持する仕組みを理解する)，②症状に対する対処スキルの練習（安全確保行動への介入，注意トレーニングなど），③認知再構成法（破局的な思考に対する現実的な見方を検討），④実際場面での練習（行動実験を通して破局的な結果が実際には起こりにくいことを経験）となる。全16セッションが予定されている。

●マニュアルの内容（16セッション）

「CBT1 アセスメント面接」　アセスメントでは，クライエントの主訴や関連する情報を把握し，横断的・縦断的な見立てを行い，優先して取り組むべき課題と目標の設定を行う。このセッションで大事なことは，クライエントとの信頼関係を構築することである。

「CBT2 心理教育」　パニック症の症状を維持する仕組み，予期不安や広場恐怖，認知行動療法とはどのような治療かについて，患者-治療者間で双方向的に話し合いをしながら理解を深めていく。

「CBT3 個別モデルの作成（ケースフォーミュレーション）」　ケースフォーミュレーションの図を使い，パニック症を維持する悪循環や否定的な信念を明らかにしていく（図1）。パニック症では，①内的な情報（身体感覚）への注意のシフト，②内的な情報に基づいて，破局的な死のイメージをもつこと，③安全確保行動（回避を含む）を続けること，以上三つの要素と各要素の関連が症状を維持する悪循環となっている。

「CBT4 安全確保行動と注意の検討」　安全確保行動は，患者が破局的な事態を防ぐために意味があると思って行っているが，実際は，反証の機会を失うことで不安を持続させているのである。セッションでは，不安を誘発する身体感覚を実際にイメージし，安全確保行動をとらないパターンを体験する。

「CBT5 破局的な身体感覚イメージの修正」　患者は，「心臓がどきどきしている，

表1 行動実験の例

状況	予想	実験方法	結果	学んだこと
セラピストと一緒に病院の1階から5階まで駆け上がる。	胸がどきどきして心臓発作を起こし、死んでしまう。 90% 拍動を確認することで確認できる	病院の1階に行く。その前に胸がどきどきしても心臓発作を起こさないことを自分自身に思い出させる。5階まで駆け上がり、胸がどきどきしても、その感覚をコントロールしようとしない。どきどきしたままにしておく。	5階まで駆け上がったら、胸がどきどきし、呼吸も速くなった。でもしゃがみこまず、立ったままでいた。心臓発作は起こらなかった。	胸がどきどきするのは、正常な身体反応であり、心臓発作を起こすことを意味するものではない。もとの予測は20%になった。 今度は一人で、病院の1階から5階まで駆け上がり、胸をどきどきさせることでさらにテストすることができる。

[関・清水 2016]

このまま続けば心臓発作で死んでしまう」と，現実の脅威よりも過大に解釈している。セラピストが助けになって，現実的で，肯定的なイメージを引き出すことにより，破局的なイメージを修正する（イメージに関する認知再構成法）。

「CBT6 注意トレーニング」 患者は自分の身体感覚に注意が偏っているため，少しの身体感覚の変化に気づきやすくなっている。そこで，注意を身体感覚と外部に交互にシフト（注意シフト）させる練習を行い，身体感覚への内的な注意を減らし，注意を柔軟にすることを目指す。

「CBT7〜10 行動実験」 個別モデルで同定した，否定的な信念や予想を実際に行動することで検証する。これまでに身につけてきたスキルを用いる総括的なセッションになる。行動実験の目的は，パニック場面において患者の持つ特定の予測を実験して検証することである。最初の2回は身体感覚刺激への曝露（胸のドキドキ，過呼吸）を行い，以降は患者のテーマに沿った行動実験にして，段階的にハードルを上げていく（表1）。

「CBT 11〜16」 ここからは後半部分で，残っている症状に影響する否定的な信念などを検討し，再発予防に向けて取り組んでいく。過去のパニック場面でのトラウマ記憶の書き直し，パニック場面の前後における適応的な行動の検討などを行い，より柔軟な見方・行動でできるようにしていく。

これらの技法を会得することで「不安になっても大丈夫」との感覚を得ることが治療の目標であり，結果的に発作が起きなくなるということをクライエントと治療者で共有することが大切である。　　　　　　　　　　　　　　　　　　[関 陽一]

さらに詳しく知るための文献

[1] クラーク，D. M. & フェアバーン，C. G. 伊豫雅臣ほか訳 2003 認知行動療法の科学と実践 星和書店．

嘔吐恐怖症の認知行動療法

☞ 限局性恐怖症の認知行動療法の基盤となる研究 p.90, 恐怖症のアセスメント p.200

　嘔吐恐怖症（emetophobia：EP）とは「自身が嘔吐することや，他者の嘔吐を目撃すること，あるいは自身が他者の前で嘔吐することを過度に恐れ苦痛を伴いながら耐え忍んでいる状態」である。本症はDSM-5において，限局性恐怖症のその他の型の一つに分類される。本症の特徴として女性に多いこと，幼少期に発症した後，慢性の経過をたどること，食事摂取量の著しい減少を認めること，不安はときにパニック発作の形をとることなどがあげられる。本症に併存する疾患としてはほかの不安症群，抑うつ障害群が報告されているが，これらの中でもパニック症および広場恐怖症は特に多く報告されている。野呂ほか（2009）はパニック症と嘔吐恐怖症との関連性の検討から以下の三つのタイプを提唱した。すなわち，タイプⅠ：パニック発作の症状としての嘔気症状が強く，その後発症するもの，タイプⅡ：パニック発作と関係のない感冒や胃腸炎などの身体症状による嘔吐体験，あるいは窒息体験の後に発症するもの，タイプⅢ：主に幼少期に嘔吐した際の羞恥心や他者からの拒絶体験により発症するもの。本症をもつ人の回避の対象として以下のものがある。酔っ払い，ノロウイルスなどに起因する胃腸炎に罹患している人，飲酒など。一方，安全確保行動としては，制酸剤やミントの服用，食品の新鮮さの確認，過度な手洗い，過度な掃除や食品の洗浄，他者からの保証を求めることなどを認める。これらの行動は，日常生活および社会生活において広汎な苦痛と支障の原因となる。本症は女性に多いため，婚姻や出産を躊躇する原因となり，育児への支障も大きい。

●**EPの治療総論**　EPの治療の基本は薬物療法と精神療法を各症状に対し有機的に組み合わせることである。具体的には，薬物療法と支持的精神療法および認知行動療法を併用する例が多いのが現状である。心的外傷的なエピソードが根底にある場合にはEMDR（眼球運動による脱感作と再処理）の導入を検討することもある（図1）。

●**EPの認知行動モデル**　清水（2013）によるとEPの場合，悪循環のトリガーとしての侵入思考は，吐き気のような身体感覚を契機に頭の中に浮かんでくる，自分が嘔吐しているイメージである。このイメージを脅威として解釈すると，一方では感情と身体反応として，不安・緊張・胃部不快感，咽頭部絞扼感，唾液分泌などが出現してくる。他方では回避行動，安全確保行動，吐き気を警戒し常にのどや胃の感覚に注意を向けたり（注意のバイアス），吐いた場合の対策を繰り返し考え続けたり（反芻）などをしてしまっている。このような認知と感情と行動の悪循環がEPを悪化させる，あるいは維持させている問題であるというのが

このモデルである。このような悪循環を断ち切っていくのが認知行動療法である。

● **EPに対するエクスポージャー**　EPの治療が成功する要因は、恐怖刺激にしっかりと曝露されることである。エクスポージャーは、望ましくない恐怖反応を引き起こしている刺激に患者を曝す手続きであり、恐怖症の治療には有効であるといわれている。小松ほか（2013）

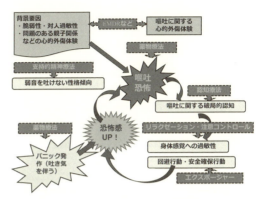

図1　治療アプローチの概要

はEPの治療ソフトを作成し、課題内容として「Auto」「おうと」「嘔吐」といった文字や、嘔吐をしている人物を描いたイラストや写真、実際に嘔吐している音や動画をそれぞれ刺激レベルの強弱をつけて用意し、エクスポージャーを行っている。

● **EPに対する認知療法**　小堀（2013）はEPに対する認知療法として以下の六つの過程を実践し、著効例を発表した。(1) ケースフォーミュレーション、(2) 理論A理論B、(3) 注意訓練、(4) 行動実験、(5) 世論調査（opinion survey）、(6) 再発予防。また、小堀（2013）は奏効機序として以下の三つをあげている。すなわち①ケースフォーミュレーションを通じて自分の問題に関して新たな理解が可能となった、②注意訓練を通じて注意の役割を理解し、身体の内側へ固着していた注意を柔軟にすることができた、③行動実験に取り組むことでこれまでの見方、つまり「満腹感が嘔吐をもたらす」という信念に対する確信度を下げ、回避や安全確保行動を減らしていき悪循環を断ち切っていくことができた。

● **小児期・児童期のEP治療**　野呂ほか（2011）によると、治療の第一段階は児や家族への心理教育や家族を含めた環境調整である。次の段階は、母子同席面接を基本とした家族療法を含む心理療法である。治療者は親子関係や症例を取り巻くさまざまな人間関係を把握し、葛藤を共有し支持的に接することが重要である。小学校高学年以上で心身の状態が比較的安定した場合、認知行動療法の導入も考慮する。特に、回避行動、安全確保行動に対してはエクスポージャーを主体とした行動療法を親子で共同して施行すると効果は大きい。森・森（2018）は、EMDRが奏効したEPの女児例を発表した。

　　　　　　　　　　　　　　　　　　　　　　　　　［野呂浩史・荒川和歌子］

📖 **さらに詳しく知るための文献**

[1] 貝谷久宣監修・野呂浩史編　2013　嘔吐恐怖症　金剛出版．

強迫症の認知行動療法

☞ 強迫症（強迫性障害，OCD）p.106，強迫関連障害 p.108，強迫症の認知行動療法の基盤となる研究 p.94，強迫症のアセスメント p.208

　強迫症は，その特徴である洗浄強迫，確認強迫，反復強迫といった強迫症状により生活に重大な影響を与える疾患である。気分障害やほかの不安障害と比して薬物療法の効果が得られにくいとされているが，その一方で曝露反応妨害法（ERP）（☞「持続エクスポージャー法」参照）を主体とする認知行動療法（CBT）は症状の改善に高い有効性を示すことが知られており，2016年から強迫症に対するCBT（☞「強迫症（強迫性障害）」参照）は診療報酬算定の対象となった。本邦では，これまで強迫症に対するCBTを実施可能な施設は一部の専門医療機関に限られてきた。その原因の一つとして，本治療について系統的に学べる機会が不足しており，実施するためのスキルを獲得している医師，心理士の絶対的な数が少ないことがあげられる。研修体制の充実を目的として，2016年から，厚生労働科学研究班によって作成された「強迫症の認知行動療法マニュアル（以下マニュアル）」（中谷ほか，2015）を用いた研修会が実施されるようになった。上述した診療報酬算定においても，「研修を受講するなどCBTに習熟した医師がマニュアルに沿って実施すること」と規定されている。

●**強迫症の認知行動療法マニュアル**　本マニュアルによる治療は16セッションが想定され，症例の理解，診断面接，心理教育，行動分析，ERPの説明や実施についてセッションごとに，具体的な進め方が解説されている（表1）。セッション開始前から初期1～4セッションでは，病態の把握に始まり，Y-BOCSを用いた（☞「強迫症のアセスメント」参照）強迫による症状評価，症状が維持されるメカニズム，ERPの果たす役割，ホームワークの重要性についての説明が重点的になされる。これらは治療の成否を左右する重要なポイントであるので，通常の治療と同様に患者の十分な理解が得られるまで行われる。特に，症状の成立しているメカニズムを患者が十分理解し，強迫観念と強迫行為が，不安を媒介として悪循環しながら増幅する模式図を患者本人が書けるようになることが重要である。さらに，どのような状況でどのようなことを心配して，どのような症状が生じるか，症状発現状況についても本人に記載してもらい，対象の把握と行動分析を治療者と患者が共同で行っていく。それをもとに，セッション5でERPの課題を話し合いながら設定する。一般的には，頻度がそれなりに多く，困っていて，かつ課題として取り組みやすい症状を取り上げる。その後はホームワークを主体としたERPが6～14セッションまで週1回の外来面接を通して評価と修正，ステップアップを繰り返しながら行われる。最後の15・16セッションは治療終結と再燃予防のセッションである。ここでは，生活状況がどれだけ変わったかを患

者と治療者が一緒に確認し，治療効果を患者本人にフィードバックする。またY-BOCSによる評価や不合理感についても治療開始時と終了時での変化を確認し，治療効果をフィードバックする。さらに再発防止のため，症状が悪化した場合の対処法を前もって考えてもらうようにしている。セッションを重ねながら，最初は治療者主体の治療から徐々に患者主体の治療，セルフコントロールへと移行していくことを重視している。16セッション終了時の改善度合いに応じて追加セッションを行うかどうかを検討し，さらにフォローアップセッションについて確認の上，治療終了とする。

表1　強迫症の認知行動療法マニュアル 全体の流れ

セッション	目的	概要	資料・シート
1 初回面接	症例の理解 診断 心理教育（疾患）	困っていることを尋ね，患者の人となりを把握	強迫障害とは Y-BOCS-SC 治療ノート準備
2 対象の把握（1）	症状の把握・評価 心理教育（不合理感）	Y-BOCSを用いて強迫症状の評価（内容，重症度，巻き込み，回避まで）	強迫性障害とは Y-BOCS 一日の生活活動記録表
3 対象の把握（2） 行動分析	生活の把握 生活と症状の関係を把握 心理教育 動機付け	社会生活状況と症状との関係，適応を把握	巻き込み・回避の図 症状発現状況記載例 避けている行動・過剰な行動記載例 悪循環の図
4 行動分析	ERP適応の確認 ERPの説明 動機付け	心理教育（症状の仕組みとERPの適用，内容，効果について） 治療目標設定	目標設定記載例 ハビチュエーション SUD 不安階層表
5 治療開始	ERP適応と治療同意の最終確認 最初の課題決め	ERPの説明を含む心理教育の復習 Y-BOCS重症度再評価 ERP課題決定と開始	ERPの宿題記録表 ハビチュエーション Y-BOCS
6～14 治療	ERPの実施	効果の検証 課題の修正，ステップアップの繰り返し	宿題記録表
15～16 治療終結	終結と再燃予防	治療の振り返り，感想 再燃予防 治療期間延長・フォローアップの話し合い	一日の生活活動記録表 Y-BOCS-SC（治療前との比較） 再燃予防記載例 治療感想記載例

Y-BOCS : Yale-Brown Obsessive Compulsive Scale
Y-BOCS-SC : Y-BOCS Symptom Checklist

［中谷ほか 2015］

●**本マニュアル使用に際しての留意点**　本マニュアルに基づく治療の実施にあたってはその適応を慎重に検討する必要がある。ERPは不安を媒介として強迫症状が成立している場合に，曝露によってその不安を低減するための解学習の手続きである。しかしながら現代における強迫症の概念はかなり多様化しており，必ずしも不安の介在が見られるわけではなく，すべての強迫症が本マニュアルの適応となるわけではないことに留意する。特に強迫性緩慢や自閉スペクトラム症（ASD）に併存する強迫症などは不安の介在が少ない場合が多く，強迫観念に伴う不安を下げるというより"しっくり感"や"すっきり感"をもとめることが強迫行為の主たる目的となっている。本マニュアルではERPの適応の問題以外にも治療意欲や曝露の方法に問題がある場合への具体的な対処法を示している。詳しくは実際のマニュアルを精読することを推奨する。

［中尾智博］

📖 **さらに詳しく知るための文献**
[1] 飯倉康郎ほか 2012 強迫性障害のための身につける行動療法 岩崎学術出版社．

社交不安症の認知行動療法

☞ 社交不安症(社交不安障害, SAD) p.110, 社交不安症の認知行動療法の基盤となる研究 p.88, 社交不安症のアセスメント p.202

　本邦で厚生労働省が公開した社交不安症の認知行動療法マニュアル(吉永・清水,2016)は,D. M. クラークとA. ウェルズ(Clark & Wells, 1995)の個人認知行動療法をもとに作成されている。本項では,このマニュアルに含まれる主な技法を概説する。

●**悪循環を理解する**　クラークとウェルズの認知モデルでは,社交不安の3つの維持要因が提唱されている。一つ目は,内的な情報に注意が向けられることである。患者は不安を感じると,注意の焦点が社交状況ではなく内的情報(不安感や身体症状など)に向けられる。注意の内的シフトが起こると自意識過剰となり,たとえ聴衆を前にしたスピーチが上手くいったとしても,相手からのポジティブな反応に気づくことができない。二つ目は,この偏った情報をもとに,自分が他者にどう見られているかを判断することである。患者は自分が不安を「感じている」のだから他人からも不安そうに「見えている」と考え,現実よりも否定的な自己イメージを頭に描く。三つ目は,恐れる結果を防ごうと過剰な対処行動(安全確保行動)を試みることである。ある患者は,会議の場面で手の震えに気づかれないようにするために,震えを抑えようと力を入れる,ハンカチを握りしめるなどの行動をしていた。実際の場面で患者は,震えを抑えようと手元ばかり意識するあまり,わずかな不安症状にも敏感になっていた。そのため,会議の流れについていくことができず,意見を求められて困ることもあった。つまり,安全確保行動は恐れる結果を防ぐための対策であったはずが,実際には様々な問題を引き起こす結果になっていた。こうした悪循環に気づくために,患者の体験をもとに個別の社交不安モデルを作成する(図1)。

●**悪循環を断ち切る**　つぎに,面接室や実際の社交場面で様々な行動実験に取り組む。ここでは代表的なものを3つ紹介する。一つ目は,安全確保行動と注意の焦点を扱う実験で,患者は2パターンのロールプレイに取り組む。具体的には,すべての安全確保行動をとり自分自身に注目する場合と,安全確保行動をせずに注意を外に向ける場合での不安の程度を比較する。すると患者は,安全確保行動と自己注目をやめると,それほど不安を感じないことに気づく。この実験に加え,注意の焦点を自分の内的世界から外部の現実世界に向けるスキルも磨いていく(注意トレーニング)。二つ目は,ビデオを用いて自己イメージを検討する実験である(ビデオフィードバック)。患者は「感じたこと」をもとに自己イメージを形成しているため,この実験では「頭に描いている自分の姿」と「ビデオを通して見た客観的な自分の姿」を比較し,両者を区別できるよう働きかけ

る。3つ目は、これまでの安全確保行動をやめたときに、恐れていることが現実になるかについて、実際の社交場面で検証していく実験である（表1）。患者は実験に取り組む状況を思い浮かべ、予想を立て、その予想を検証するための方法を考える。実験に取り組む際には、安全確保行動と自己注目をやめ、他者の反応を注意深く観察する

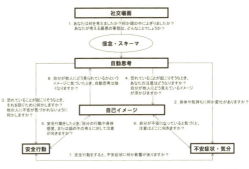

図1　社交不安の認知モデル〔Clark & Wells（1995）〕

ことが重要となる。実験後は、結果を振り返り、得られた学びをまとめ、納得がいかないことがあればそれを次の行動実験で検証していく。マニュアルにはその他、社交場面に関するトラウマ記憶を扱う技法なども紹介されている。これらすべての技法は、決して患者が不安を感じなくなることや社交的な人間になることを目指しているわけではない。患者が社交場面で不安を感じたとしても、「ありのままの自分」でいられる手助けをすることがこの治療の最大の目的であることを、患者と治療者で共有することが何よりも大切である。

表1　行動実験の例

1. 状況	仲の良い同僚と昼食を食べる。
2. 予想	同僚は私の震えにすぐ気がつくだろう。 ・手元にみんなの視線が集まる＝100％ ・手の震えのことを指摘される＝80％ ・馬鹿にされたり茶化されたりする＝40％
3. 実験方法	・会話の最中に、ペットボトルを口元に近づけて手を震わせる。 ・同僚の目線を観察する。 ・手を震わせた後の同僚の反応・会話の内容を注意深く聞く。
4. 結果	・最初は誰も気づかなかったので、少し大げさに震わせたところ、こぼれてしまったお茶を2人が見た（1人は私の手元を見た）。 ・でも、誰も私の震えやお茶がこぼれたことにツッコみを入れなかった。
5. 学んだこと	・手元を一人だけ見たが、震えている最中ではなかったので、震えには気がついたわけではないと思う。 ・「気づいてほしい」と思いはじめると、逆にどれだけ自分が注目されていないかが分かった。 ・手元を見たあの子は、本当は気づいていたけど指摘しなかっただけかも。今度は何でも言い合える家族との場面で実験をしてみよう。

〔吉永尚紀〕

さらに詳しく知るための文献
[1] クラーク, D. M. & エーラーズ, A.　丹野義彦監訳　2008　対人恐怖とPTSDへの認知行動療法—ワークショップで身につける治療技法　星和書店.

PTSDのトラウマに特化した認知行動療法

☞ 心的外傷後ストレス障害（PTSD）p.112，PTSD，複雑性悲嘆のアセスメント p.210，被害者支援と認知行動療法 p.526，心的外傷後ストレス障害の認知行動療法の基盤となる研究 p.96

　PTSD（posttraumatic stress disorder，心的外傷後ストレス障害）は，自分の対応能力を超えるような非常にショッキングなできごとを体験した後，体験時の恐怖が条件づけられてしまう（レスポンデント条件づけ）ために生じる病態である。そのため，その体験を思い出させる無害な刺激（リマインダー）に対しても，体験時の記憶が自分の意図とは関係なく想起され，体験時と同じような心理反応や身体反応などを呈するのである。人は，対処可能な程度の恐怖を体験した場合，その後の日常生活の中で自然な形でリマインダーに曝露することによって，恐怖が消去され回復過程をたどる。例えば，交通事故を起こした人は，一時的に車の運転に恐怖を感じるが，こわごわ運転してみることによって，安全感を取り戻し，徐々にそれほど恐怖を感じずに運転することができるようになる。しかし，交通事故によって命に関わるような重傷を負い，PTSDを発症した人の場合，リマインダーに向き合うことで著しい恐怖や苦痛を感じるために，それを回避しようとする反応が生じる。回避することによって一時的に苦痛が軽減されるため，回避行動が強化されていく（オペラント条件づけ）。さらに，トラウマによる認知や感情の陰性変化のために，リマインダーに向き合うことが難しくなる（運転すればきっと事故が起きるに違いない，自分はダメな人間だから運転などできない，など）。トラウマに特化したCBTは，安全な治療の枠組みの中で，あえてトラウマ記憶に向き合うことで，PTSD症状を克服することを目指す。

●**さまざまなトラウマに特化した認知行動療法（CBT）（trauma-specific CBT）**　アメリカ心理学会（American Psychological Association, 2017）の「PTSD治療のための診療ガイドライン」では，成人へのPTSD治療のうち，効果が実証されているとして最も強く推奨されるプログラムは，PE療法（prolonged exposure therapy，持続エクスポージャー法）とCPT（cognitive processing therapy，認知処理療法）である。PE療法は，日本の医療保険の対象としても認められている。一方，子どものPTSDへの心理治療については，米国児童青年精神医学会（American Academy of Child & Adolescent Psychiatry, 2010）が発行したガイドラインなどにおいて，TF-CBT（Trauma-Focused Cognitive Behavioral Therapy，トラウマフォーカスト認知行動療法）が第一選択治療として推奨されている。ここではこの中から，PE療法（成人対象）とTF-CBT（子ども対象）を紹介する。両者とも，技法の習得には認定トレーナーによる研修を受講し，ケース進行中のスーパービジョンやコンサルテーションを受ける必要がある。

● **PE療法** ペンシルベニア大学不安治療研究センターのE. B. フォア（Foa）により開発された治療法である。日本でもランダム化比較実験において，成人のPTSDへの有効性が実証されている（飛鳥井，2015）。1回約90分，週1～2回，合計10～15セッションの個別面接で構成される。「イメージ曝露」と「実生活内曝露」という技法によって，安全な環境においてトラウマ記憶に向き合うことを目指す。「イメージ曝露」は，トラウマ体験場面を繰り返し想起させ，そのときの身体感覚や感情・非機能的認知を表出するように励ましながら，繰り返し語ることで馴化を促す。「実生活内曝露」は，現実の生活の中で，恐怖が惹起されるために回避している無害なリマインダーに向き合う（段階的曝露）ことで，馴化を促す。このように過去のトラウマ体験時の恐怖に繰り返し直面する作業を通して，危険な過去と安全な現在とを区別し，非機能的な認知をよりバランスのとれた認知へと修正することが目標である。PE療法によって，過去のトラウマ記憶が消去されるわけではないが，トラウマ記憶を想起することは危険ではないことが確認されることによって，トラウマ体験が，その人の人生に統合されていくのである。

● **TF-CBT** ローワン大学子ども虐待研究教育サービスセンターのE. デブリンジャー（Deblinger）と，アレゲニー総合病院精神科児童青年期トラウマティック・ストレスセンターのJ. A. コーエン（Cohen），A. P. マナリノ（Mannarino）によって開発された治療法である。日本においても，いくつかの機関での実施可能性が報告されている（Kameoka et al., 2015）。TF-CBTは，さまざまな治療技法を取り入れて構成される複合的なプログラムである。3歳から18歳の子どもと主たる養育者（子ども虐待ケースでは非虐待親）を対象とする。毎週1回，1回約60～90分，8～16週の構造化された枠組みで実施される。トラウマ記憶に向き合うまえに，いくつかの教育的な治療要素（心理教育，リラクセーション，感情表出と調整，認知コーピング）に取り組むことで，より段階的に曝露できるように工夫されている。子どもがトラウマを体験するとき，その養育者も強いストレスあるいはトラウマを体験していることが多いため，養育者も治療に参加し，子どもと同様のスキルを学ぶことにより，養育者自身のストレスや子どものトラウマ症状への対応能力の向上を目ざす。プログラムの中盤では，子どもが自らのトラウマ体験を何らかの形で表出し（語る，作文，描画，詩など），トラウマにまつわる非機能的認知を修正していく（トラウマナラティブ＆プロセシング）。

[亀岡智美]

📖 さらに詳しく知るための文献
［1］飛鳥井望編 2011 心的外傷後ストレス障害（PTSD）最新医学社.
［2］コーエン，J. A. ほか　亀岡智美ほか監訳 2015 子どものためのトラウマフォーカスト認知行動療法　岩崎学術出版.

複雑性悲嘆の認知行動療法

☞ PTSD, 複雑性悲嘆のアセスメント p.210, 被害者支援と認知行動療法 p.526

●**複雑性悲嘆とは**　複雑性悲嘆（complicated grief）は，大切な人を失った後，強い悲嘆反応が長期に持続し，著しい苦痛や社会機能への障害を来す状態である。悲嘆そのものは，本来は自然で正常な反応ではあるが，複雑性悲嘆は心身の健康の悪化やQOLの低下，自殺行動の増加などのリスクがあることが報告されている。DSM-5（2013）では，持続性複雑死別障害（persistent complex bereavement disorder）として精神障害に含まれた。しかし，診断基準については研究者間のコンセンサスが得られておらず，診断基準は「今後の研究のための病態」とされている。ICD-11（2018）では，Prolonged Grief Disorder（遷延性悲嘆障害，筆者訳）として，6か月以上に強い悲嘆反応が持続している状態と定義されている。本項では，このような悲嘆の総称として従来から使われている複雑性悲嘆の呼称を用いている。複雑性悲嘆の診断名や基準についてはまだ十分コンセンサスが得られてはいないものの，治療が必要な病態として1990年代から薬物療法や精神療法についての研究が報告されるようになった。

●**複雑性悲嘆の治療と認知行動療法（CBT）**　複雑性悲嘆に対して抗うつ剤を用いた薬物療法が実施されてきているが，今のところ効果について十分なエビデンスは得られていない。精神療法については，メタアナリシス（Wittouck et al.,2011）で，複雑性悲嘆に焦点化したCBTの有効性が報告されている。この研究の段階では，複雑性悲嘆の予防介入については十分な有効性のあるものはないとされた。

●**CGT**　K. シアほか（Shear et al., 2005, 2014）は，複雑性悲嘆治療（complicated grief treatment：CGT）を開発し，対人関係療法（interpersonal psychotherapy：IPT）より治療反応性が高いことを示した。CGTは，アタッチメント理論に基づき，悲嘆のプロセスを妨害している要因（死の否認，回避，過度の罪悪感など否定的な認知）を解決することで，自然な悲嘆のプロセスに導くことを目的としている。また，CGTは二重過程モデル（dual process model）（Stroebe & Schut, 1999）を悲嘆の回復モデルとし，IPTや動機づけ面接，PTSDのCBTなどから，喪失志向と回復志向に必要な要素を取り入れている。治療要素として，①複雑性悲嘆とCGTの心理教育，②悲嘆のモニタリング，③個人の目標，④想像再訪問（imaginal revisiting），⑤状況再訪問（situational revisiting），⑥思い出と写真，⑦想像上の会話（imaginal conversation）があり，16回で実施される対面の治療プログラムである。シアらは，PTSDの持続エクスポージャー法（prolonged exposure therapy：PE）から曝露（exposure）の要素を再訪問とし

て取り入れ，死を知ったときのことを想起し，視覚化しながら詳細に語ることとした。PEと異なるのは，ターゲットが恐怖感情ではないため馴化にあまり焦点をあてず，死を一貫したストーリーとして認知できることを目的としており，15分程度と短い。

●**その他の複雑性悲嘆のCBT**　その他にも，B. ワグナーほか（Wagner et al., 2006），P. A. ボーレンほか（Boelen et al., 2007），R. A. ブライアントほか（Bryant et al., 2014）がRCTでの有効性を報告している。ワグナーらのプログラムは，週2回，5週間にわたって電子メールによって筆記をやりとりするインテラピー（interapy）である。このプログラムも二重過程モデルに準拠し，死の状況に関する思考や感情を詳細に記述する想像曝露や罪悪感などの認知再構成など喪失に向き合う要素と，社会的ネットワークの強化など回復志向の要素が含まれている。ボーレンらは，複雑性悲嘆の中核的プロセスとして，死別体験の自叙伝的記憶への統合不全，悲嘆についての誤った信念や解釈，不安・抑うつ的回避を取り上げ，認知再構成を重視したプログラムを開発したが，その中でも死別体験を再整理するために曝露の要素を取り入れている。この研究では，認知再構成に先立って曝露を行った場合に治療の効果量が大きいことが報告されている。ブライアントらは，個人療法（4回）と集団療法（10回）を組み合わせたプログラムを開発した。集団療法では，否定的な認知の再構成，手紙の筆記による故人の記憶の想起，今後の目標への取組みがなされる。2回の集団療法の後行われる個人療法では，死の状況について語りを用いた曝露（40分）が行われる。ブライアントらも，CBTのみの治療と比較して，曝露の要素のあるCBTがより有効であることを示した。

複雑性悲嘆の治療においては，現在のところ，二重過程理論をベースに，死の状況等回避されている喪失に向き合うための曝露の要素をもつCBTが有効であることが示されている。複雑性悲嘆の治療では，その出来事（死別）は現実世界で持続するため，死の受容によって生じる喪失の痛みと共存できるようにすることが治療の目的となる。したがって，単に死を受け入れるだけでなく，死別後の故人のいない世界の意味づけや生活の再建が必要であり，そのための治療要素が多く複雑であることが課題であろう。複雑性悲嘆が精神障害に位置づけられたことで，今後より有効な治療の開発が推進されることが期待される。　　　　[中島聡美]

📖 **さらに詳しく知るための文献**
[1] シュニーダー，U. & クロワトル，M. 編　前田正治・大江美佐里監修　2017　トラウマ関連疾患　心理療法ガイドブック　誠信書房.
[2] 中島聡美ほか　2012　災害による死別の遺族の悲嘆に対する心理的介入，トラウマティック・ストレス　10，71-76.
[3] 伊藤正哉・中島聡美　2009　複雑性悲嘆に対する認知行動療法—治療プロセスとアウトカム　精神保健研究　55，95-100.

摂食障害の認知行動療法

☞ 摂食障害 p.124, 摂食障害のアセスメント p.214

　摂食障害（eating disorder；ED）は，DSM-5（APA，2013）および国際疾病分類第10版（ICD-10；WHO，1992）の定義によると，自己評価の手段としての体重と外見に対する極端な依存を伴う，摂食または摂食に関連した行動の持続的な障害によって特徴づけられる精神疾患である。EDは，健康および心理社会的機能の著しい障害，そして神経性無食欲症（anorexia nervosa：AN）においては著しく高い死亡率につながる。DSM-5においては，過食を繰り返すが，神経性過食症（bulimia nervosa：BN）のような厳格な体重調節行動を認めない者に対して，過食性障害／むちゃ食い障害（binge eating disorder：BED）が新たな診断基準として記載されている。ほかの精神疾患と異なる特徴として，有効性が示された薬物治療がほとんどなく，心理療法が中心になる点があげられる。

● **Fairburn の認知行動モデルと ED 治療**　C. G. フェアバーン（Fairburn）は，EDの中でも，BNに対する治療のためのCBTを開発している（Cooper et al., 2000；Fairburn et al., 1993）。初期は，スキーマ理論（scheme theory）と食事の制限理論（dietary restraint theory）を基盤にした認知行動モデルをもとに，過度の食事制限，自己，体型，食べ物に関する非機能的な信念を修正し，認知的な柔軟性，問題解決スキル，再発予防スキルを強化することが目的とされていた。BNのためのCBTは，症状改善に役立ち，対人関係療法（interpersonal psychotherapy：IPT）と並んで効果的な治療法であることが示されている。一方で，完全にBN症状が消失するのはCBTを受けた患者の約50％であり，CBTの有効性を改善することが求められていた。そこでフェアバーンは，症状の亜型に囚われない超診断学的（transdiagnostic）理論と，摂食障害に直接関連する病理だけでなく，完全主義，低い自尊心，対人関係の困難さ，感情不耐性までを含めた強化CBT（enhanced-cognitive behavior therapy：CBT-E）を提唱した（Fairburn, 2008）。超診断学的理論では，「体重や体型，これらのコントロールについての過大評価−過度な食事制限−過食と自浄行為（嘔吐や下剤乱用）もしくは著しい低体重」といったサイクルが無限に繰り返され，EDが悪化していくと仮定する。この悪循環を断ち切り，食行動を正常化するために，治療は20セッション，4段階に分かれて実施される。第1段階では，EDの心理教育，個人の状況に合わせた認知行動モデルの作成を行い，体重測定や規則正しい食事などの行動療法的介入を行う。第2段階では，知識の整理，進行状況の確認とモデルの再検討を行う。第3段階では，EDの維持要因（体系や体重への過大評価，摂食をコントロールすることへの過大評価，摂食抑制，食事制限など）に取

り組む。第4段階では，改善された状態の維持と再発予防を行う。

近年行われたランダム化比較実験（RCT）においては，外来通院中の摂食障害患者130名を対象に，強化CBTとIPTを受ける群にランダムに振り分け，大規模な治療効果比較を実施している。この研究では，治療終了時の寛解率66%（IPTは33%），さらに60週間後のフォローアップ時も69%の寛解率を維持していた（IPTは49%）（Fairburn et al., 2015）。このことから，CBTはBNだけでなく，ED全般に対して有効な治療選択肢であると言える。しかしながら，本邦では，EDに対するCBTのトレーニングをしっかり受けた治療者が少ないことや，治療資源の乏しさから，臨床現場で強化CBTのプロトコルを実施するのは難しい状況にある。治療効果の拡大とともに，実践できる専門家の育成が今後の課題である。

● ANに対する認知行動モデルと治療　ANは自ら援助を求めないことから，特に参加者の確保という点で，RCTの実施が難しく，その治療の発展や評価はほかの摂食障害に比べて遅れている。長期的な調査においては，AN患者の50%弱が寛解，20〜30%が残存症状がある状態，10〜20%は症状が有意に残っており，5〜10%は死に至る（Steinhausen, 2002）ことが示されており，ANに対する有効な治療法の確立は喫緊の課題である。ANに対するCBTの治療方略は，患者の動機づけと身体的健康に重点が置かれ，第1段階では，強い治療同盟の構築と，変化に対する患者の動機づけを高めることに焦点があてられる。第2段階は食事のパターンと体重の正常化，第3段階は，体重や食べ物，そして自己に関する信念，評価の変容に焦点をあて，第4段階では，治療終結に向けて改善された状態の維持と再発予防を行う。これらの治療段階は1, 2年かかるとされており，治療者は根気強く，諦めないことが求められる。ANに対するCBTの系統的なレビューにおいては，RCT研究5編を含めた16編の研究が含まれている。このレビューでは，CBTはAN患者のドロップアウトを最小化する手段として効果的であり，重要なアウトカム（BMI，摂食障害の症状，より広範囲の精神病理）においてはある程度の改善が示されているが，ほかの治療法（ダイエットカウンセリング，不特定の支持的マネジメント，対人関係療法，行動的家族療法）と比較してより優れているとは言えないことが示されている（Galsworthy-Francis & Allan, 2014）。しかしながら，動機づけが著しく低いAN患者に対して，CBTの脱落率がほかの治療法に比べて低いということは注目すべき知見であり，今後も継続的な研究が望まれる。　　　　　　　　　　　［田代恭子］

📖 さらに詳しく知るための文献
[1] Fairburn, C. G. 2008 *Cognitive Behavior Therapy and Eating Disorders*, Guilford Press.（切池信夫監訳 2010 摂食障害の認知行動療法 医学書院）

統合失調症の認知行動療法（急性期）

☞ 統合失調症 p.120，統合失調症の精神症状アセスメント p.192，アットリスク精神状態（ARMS）の認知行動療法 p.350，精神障害者の就労支援における認知行動療法 p.614

　統合失調症の急性期に認知行動療法を提供する上では，入院などの状況が大きく変化することに対して十分配慮することが求められる。場合によっては，切迫した状況のため自殺や暴力の危険が差し迫っている患者もいるかもしれず，そうした患者に対してはクライシスインターベンションが必要になることもある。そのため，統合失調症の急性期においては十分に暴力・自殺のリスクのアセスメントを行いつつ，特別に配慮が必要な問題（併存障害，物質乱用，外傷体験，法的問題）」に対応していく。さらには，2018年現在でいえば，「精神保健及び精神障害者福祉に関する法律」や，「心神喪失等の状態で重大な他害行為を行った者の医療及び観察等に関する法律」といった法制度への周知と理解が治療者には必要である。大枠の治療構造はそういった法制度を基に決定されるのであり，より細部の治療構造として認知行動療法を提供することを検討せねばならない。このように，急性期の統合失調症に関わる認知行動療法家は法律の知識と，同時に患者に関わる治療チームと円滑な協議を行うというコンピテンシーが不可欠である。

　この時期の認知行動療法の目的は，こうした問題へのアセスメントと対応を丁寧に行いつつ，治療的な関与（エンゲージメント）を用いてその後のリカバリーに進んでいく入り口として治療関係を構築することである。

●**患者が共通して体験するスティグマ・セルフスティグマへの理解**　急性期の認知行動療法では，患者が症状に圧倒されうまく体験を語れない中で対話していくための工夫が必要であり，エビデンスをもとに統合失調症の患者で共通してみられる体験，スティグマの問題を念頭においておくとよい。スティグマとは，ガフマン（Gaffman, 1963）による古典的な定義に従えば，「深くその人の尊厳を貶めるような特性で，その対象となる人が一般的な全人的な人としての理解から，品位の低い欠陥のある人のように見下されることになる」こととされている。近年では周囲の人から患者が受けるスティグマだけでなく，自己肯定感や自尊心の低下を含むセルフ・スティグマが注目されている。こうしたセルフ・スティグマは患者のQOLや抑うつ，不安などへ大きな影響を与えかねない。現在のスティグマ研究の限界（対照群が設定された研究が少ない）はあるが，患者にスティグマの問題がある可能性を念頭に置き，ノーマライゼーションを意識して面接を進める。

●**積極的な関与（エンゲージメント）を目指す**　さらに，統合失調症の患者を理解する上で鍵となる心理学的要素として近年注目されている要素として特定の中核信念の影響がある。例えば敗北主義的信念は陰性症状と神経認知学的機能障害，あるいは抑うつなどと関連が深いことが統計学的な手法を用いた研究の中で

わかっている（Grant & Beck, 2009）。そして，社会機能や職業機能の低下に対しては，陽性症状よりも陰性症状や神経認知学的機能障害のほうが影響が強い（Bromet et al., 2005）。つまりこうした中核信念は統合失調症の予後に大きく影響する陰性症状や社会機能障害に対する介入可能な心理学的ターゲットになりうる。そのため，統合失調症の急性期の段階から陰性症状や神経認知学的機能障害をターゲットにした治療を提供しリカバリーを目指すことが重要となり，早期から個別の患者の認知的概念化を行い介入を検討していく。A. T. ベックと E. A. P. ハイ（Beck & Haigh, 2014）は，特定の認知，感情，動機づけ，行動といった要素がネットワークとして繋がった状態をモードという概念で表し，自己を存続する上でモードが一定のスキーマを強固に維持していると推定している。前述したような中核信念が活性化され，特定のモードに陥った患者に対しては，ラポールを築くだけでなく，積極的な関与（エンゲージメント）を行うことによって中核信念にあてはまらない体験や別の肯定的な中核信念を賦活するような体験を提供していくという介入が必要である。

●急性期初期からシンプルギフトを届ける　ここまで提示したような，統合失調症患者におけるスティグマの問題や非機能的な中核信念の存在を考えると，こうした患者は精神療法に対する反応性が悪い対象である可能性が示唆される。階層型社会進化理論をもとに考えれば，こうした高度な恥と自己批判を有する人はしばしば治療への反応が乏しく，他者との人間関係で安心感や平等感を感じることができない（Gilbert, 2009）。そこで P. ギルバート（Gulbert）はコンパッションという心の状態に注目し，自己との間で生じる否定的な相互作用に対してより気づきを深めるような技法を集めた「コンパッションマインド・トレーニング」を提供することで，ゆっくりと時間をかけて，自らに対する非難や自己批判的な態度から，健康や感性，思いやり，苦痛への耐性，共感，そして非断定的な態度，といった心を鎮めるようなアプローチへと移行していく治療を提唱している。そして N. P. ライトほか（Wright et al., 2009）は，伝統的な認知行動療法といわゆる第3世代の認知行動療法をコンパッションという概念を軸に，オリエンテーションの垣根を超えて統合失調症の治療に統合していくことの有用性について提案している。このアプローチを用いることで，治療者が患者のリカバリーに向けて提案できる治療体験や技法の幅は大幅に広がることになる。

　以上の認知行動療法における工夫を意識することで，統合失調症の急性期から患者に希望を感じてもらいながら，患者の強みを活かし，患者が自分自身の治療者であるという感覚（エンパワメント）を培っていくことができる。　　［耕野敏樹］

さらに詳しく知るための文献
[1] ベック，A. T. ほか 2018 ベックの統合失調症の認知療法 岩崎学術出版社．

アットリスク精神状態（ARMS）の認知行動療法

☞ 統合失調症 p.120，統合失調症の精神症状アセスメント p.192，統合失調症の認知行動療法（急性期）p.348

　アットリスク精神状態（at-risk mental state：ARMS）とは，近い将来に統合失調症などの明らかな精神病（≒精神病状態）に移行するリスクが高い精神状態である。ARMSを規定する基準としては，現在，超ハイリスク基準が最も一般的である。この基準は，①弱い精神病症状（attenuated psychotic symptoms：APS），②自然寛解する短期間欠性精神病症状，③遺伝的リスクと機能低下症候群のいずれかに該当することが要件とされている。また，一般的には，こうした症状による苦痛や社会的な困難を来して支援を求めていることも要件に加えられる。実際の臨床現場では，APSの基準を満たしてARMSと判定される者が多い。

● **ARMSの臨床的な特徴**　APSは明らかな精神病状態で現れる精神病症状と比べ，症状の質的な重症度が軽かったり，頻度が少なかったり，一度の持続期間が短いなどの理由で精神病の閾値下にあるとされる。APSでは，原則，症状に対する洞察力や現実との接触性は保たれている。例えば，「週に数回，自分の名前を呼ぶ声が，はっきり聞こえる」とか，「見知らぬ人が，自分を監視していると思うが確信はもてない，という体験が週に数回ある」などである。また，ARMSの多くは，APSのほかにも，抑うつや不安などの情動と関連した症状を示し，うつ病，社交不安症，強迫性症，PTSDなどの診断を併存することも多い。なかには，こうした精神疾患を主診断として治療した方がよい者も含まれる。

　経過の中でARMSから精神病に移行する割合は1/5～1/3程度で，一般人口と比べ明らかに高い割合で精神病に移行するが，一方で精神病に移行しない者も多い。しかし，精神病に移行しない場合でも，APSが慢性化したり，双極性障害やうつ病，不安障害など，その他の精神疾患として経過したり，機能低下が続く者も多い。このため，ARMSは統合失調症のみならず，あらゆる重症・慢性精神疾患のリスク状態として適切な早期介入が必要な状態像だと考えられている。

● **ARMSの認知行動療法（CBT）の臨床的位置づけ**　ARMSには，支持的精神療法，家族支援や環境調整，あるいは，抗うつ薬や抗不安薬などの薬物療法にも一定の治療効果が見込める。抗精神病薬については，副作用や低い服薬アドヒアランスなどの問題があり，通常は治療の第一選択とは考えられていない。CBTは，ARMSに対する治療として最もエビデンスが蓄積されており，ARMSで認められるAPS，抑うつ，不安などの症状の軽減や現実的な問題の解決法として効果が期待できる。ARMSのCBTについてのランダム化対照試験のメタ分析では，ARMSにCBTを行った場合，12か月後の精神病への移行リスクは対照群と比べておよそ46％低下することが示されている。このため，ARMSの

CBTは，ARMSに対する治療の第一選択の一つと考えられている。

●ARMSのCBTの特徴と技法　ARMSを含めた精神疾患の早期段階では，さまざまな理由のために治療から脱落するリスクが高い。このため，ARMSの治療で最優先すべきことは治療者とクライエントが信頼関係を構築し，安定した治療関係を維持することである。また，ARMSのCBTでは，クライエントが主観的に苦痛や困難を感じる問題に焦点をあてる問題指向的アプローチが強調される。この際，APSが問題として優先されるとは限らず，抑うつや不安，あるいは学校，職場，友人・家族関係などの現実的問題の解決が優先されることも多い。このように，ARMSでは，さまざまな症状や問題が標的となる可能性があるため，一人ひとりの問題に合わせて認知モデルを適用し，個別的な概念化を行うケース・フォーミュレーションが重要になる。ノーマライゼーションは，精神病のCBTで特に重視されるが，ARMSにおいても有用な技法である。クライエントの体験に伴う苦痛を真摯に受け止めると同時に，クライエントの症状について，正常体験との連続性に関わる情報提供や心理教育を行うなどして，症状をより柔軟にとらえられるように促す。日常生活の中での出来事，あるいは，当事者が経験する症状や体験に対して誤った解釈をしたり，非機能的な信念に囚われてしまう場合には，ほかの疾患と同様に認知再構成法の適用を検討する。また，不安や恐怖を惹起するおそれのある場面や状況を回避するために安全確保行動が用いられることも多いが，これは，クライエントの誤った思い込みなどの非機能的な解釈を持続させ，病状を慢性化させる要因となる。このため，猜疑心や被害妄想性の症状と関連する安全確保行動に対しても，行動実験を試みることがある。ARMSでは「自分は人と違っている」「自分はおかしい，変わっている」という中核信念がしばしば認められる。こうした信念そのものの修正が必ずしも必要となるわけではないが，そのような信念をもつに至った個人的体験やその意味を同定し理解する過程は重要である。ARMSの経過は多様であるため，個々の経過に合わせて再発予防の取組みを行う。再発予防には，症状再燃と精神病の発症を予防する目的がある。ケース・フォーミュレーションを用いて治療全体を振り返ったり，早期徴候の同定や症状が再出現した場合の対処法を確認したりする。また，併存する精神疾患の治療が優先される場合には，これら疾患の治療モデルを取り入れた治療が行われる。　　　　　　　　　　　　　　　　　［松本和紀］

さらに詳しく知るための文献
[1] French, P. & Morrison, A. P.　松本和紀・宮腰哲生訳　2006　統合失調症の早期発見と認知療法―発症リスクの高い状態への治療的アプローチ　星和書店．
[2] 松本和紀　2018　ARMS（アットリスク精神状態）に対する認知行動療法の現状　最新精神医学　23，105-112．

双極性障害の認知行動療法

☞ 双極性障害 p.118, 双極性障害のアセスメント p.194

　双極性障害には生物学的脆弱性が関係しているため，その治療には薬物療法が重要な位置を占めるが，心理療法を行うことで症状の再燃をよりおさえることができる（Scott et al., 2007）。中でも認知行動療法は，患者のエピソードの予防・再発に効果的であることが知られている。

　周知のように，認知行動療法は刺激に対する反応としての認知や行動にアプローチすることで症状のコントロールを目指す。躁と抑うつエピソードにおいては，ポジティブすぎる考え方や，ネガティブすぎる考え方などの認知的側面が存在しており，それらのエピソードを繰り返させる要因となっている。そして，楽観的な判断という認知的側面が，リスクの高い行動をとらせるもととなり，食欲，睡眠，活動レベルを乱す結果となり，生活機能が低下しエピソードが生起する。こうした一般的な特徴をセルフモニタリングし，対処法を知り，身につけることでさらなるエピソードの生起をとどめることが，双極性障害への認知行動療法の基本である。

　そのため，双極性障害とその対処法についてよく知ってもらうための情報提供を心理教育として行うことがとりわけ重要となる。実際，薬物療法のみと比べると，心理教育を組み合わせて実施した際に，再燃がよりおさえられることが知られている。心理教育は個別で行う場合と集団で行う場合がある。F. コロムと E. ヴィエタ（Colom & Vieta, 2006 訳 2012）では，8-12名の患者に対して2名以上の治療者による集団心理教育を紹介している。この心理教育は「障害への気づき」「薬物アドヒアランス」「精神活性物質乱用の回避」「再発の早期発見」「規則正しい生活習慣とストレスマネジメント」といった5つのユニットから構成されている。

　ここでは R. P. レイサーと L. W. トンプソン（Reiser & Thompson, 2005 訳 2011）を参考に主要な三つの認知行動療法を紹介する。それぞれの認知行動モデルにおいて重視される点は異なるものの，双極性障害への心理的援助をイメージしやすくさせる。

　双極性障害の最初の包括的マニュアルを作成した M. R. バスコと A. J. ラッシュ（Basco & Rush, 1996）は，気分と思考の変化と行動の変化が相互作用することによって機能障害が生じ，エピソードが発生するとしており，悪循環という側面を重視している。つまり，判断力の低下，過度な楽観視，誇大的な思考が生じ，リスクの高い行動や睡眠・食欲・活動レベルの変化につながり，それがさらに認知的な変化を強め，エピソードに至る。このことから，彼らの認知行動療

法では，双極性障害とそれが起こす問題に対する心理教育，気分や症状をモニタリングする方法の教示，服薬コンプライアンスへの介入，認知・気分・行動に生じる変化に対応するためのスキルの習得，ストレスを軽減するためのコーピングスキルや問題解決法の習得などを主な目的としている。

次の D. H. ラムほか（Lam et al., 1999）は素因ストレスモデルに基づく認知行動療法を展開している。つまりこのモデルでは，上述の生物学的脆弱性を素因として，心理社会的な要因がストレスとなってエピソードを引き起こしていると考えている。ストレスとは，生活の中で体験する強いストレスだけでなく，概日リズムの乱れや日常生活での活動の乱れなど，生活のリズムの乱れについても，エピソードを生起するストレスとされる。そのため，前駆症状の段階でそれを見つけ，適切にコーピングすることを重視している。ラムらの認知行動療法では，患者と治療者との協働的作業関係の構築を通じ，ストレス対処のための問題解決を目指した素因ストレスモデルの心理教育を行い，先駆症状のモニタリングおよび対処スキルを習得することを目指す。症状のコントロールだけでなく，日常生活のリズムを維持すること，睡眠を確保することを重視し，また将来的にエピソードを生起させる脆弱性となる過度の目標志向行動などの要因にも対処する。

最後の C. F. ニューマン（Newman et al., 2002）は，エピソードの生起において認知的要因を重視している。認知的要因といえば，情報処理の仕方，判断の歪みなどを含むが，そうした要因の前提となる中核信念の修正を視野に入れていることが特徴である。この脆弱性への介入によって効果的なコーピングや問題解決能力が育まれ，躁と抑うつエピソードの悪循環を抑えることができる。ニューマンらの認知行動療法は，躁病や軽躁病エピソードに対しては，適応不良の認識，判断，行動に対処すること，過度にポジティブな信念の効果を相殺し，躁病・軽躁病的志向を和らげること，行動を遅らせることを助け，衝動性を和らげることなどを目的としており，抑うつエピソードに対しては，非適応的な認識，判断，行動への対処，コントロール感や喜びを高めることなどを目的としている。

［佐々木 淳］

📖 さらに詳しく知るための文献
[1] 加藤忠史 2009 双極性障害——躁うつ病への対処と治療 筑摩書房．
[2] レイサー, R. P. & トンプソン, L. W. 岡本泰昌監訳 2011 双極性障害 エビデンス・ベイスト心理療法シリーズ，金剛出版．
[3] ホワイト, R. C. & プレストン, J. D. 佐々木 淳監訳 2016 双極性障害のための認知行動療法ポケットガイド 金剛出版．

自閉スペクトラム症の認知行動療法

☞ 発達障害の認知行動療法の基盤となる研究 p.98, 自閉スペクトラム症（自閉症スペクトラム障害, ASD）p.144, 自閉スペクトラム症, 注意欠如・多動症のアセスメント p.222

　自閉スペクトラム症（autism spectrum disorder：ASD）は「社会的コミュニケーションおよび対人的相互反応の持続的な欠陥」と「行動，興味，活動の限局された反復的な様式」の二つを主症状とする神経発達症の一つである（American Psychiatric Association, 2013a）。ASD の診断においては，DSM-5 によると，「これらの症状が社会的，職業的，その他の重要な領域で臨床的に意義のある障害を引き起こしている」ことが前提となる。つまり ASD という診断は，生物学的な ASD の特性をもつこと，さらに，環境とのマッチングによる心理社会的要因によって決まる。ASD 児・者の臨床像は多様で，年齢や性別や知性などの他の生物学的要因や，社会的役割や職業選択といった環境因子によって大きく異なる。

●自閉スペクトラム症児・者の心理的介入　ASD 児・者の中核症状に対する心理的介入としては応用行動分析（applied behavior analysis：ABA）の理論に基づく行動療法の技法を主としたアプローチが取られている。ABA は，教育，スポーツ，企業コンサルティング，リハビリ，老年学などに幅広く活用されており，とりわけ自閉スペクトラム症児の問題行動を改善するのに用いられることが多い。ABA のアプローチは，主にコミュニケーションスキルや社会的スキルの向上を目的としており，行動療法の理論に基づき自閉スペクトラム症児が定型発達児に近いコミュニケーションスタイルを身につけることで，社会適応の向上をはかるというものである。これまでの研究によると，ASD の乳幼児や児童に対する介入として，ASD の中核症状に焦点をあてた ABA やその関連技法が有益であると考えられている。このような介入は「苦手なことをトレーニングによって底上げする」というボトムアップ式のアプローチと言える。いっぽう，年齢が上がった ASD 児・者は，すでに長期間にわたって対人関係の軋轢または遂行機能障害から，慢性的な社会不適応感を呈していることが多い。そのため，ASD の中核症状に対しては，その人の ASD の特性を理解し，特性の強みは伸ばし，特性の弱みは何らかの対処方略を用いて補完するといったトップダウン型のアプローチを取ることが多い。例えば，話し言葉でのコミュニケーションに問題がある場合，メールなどの文字媒体を使うという対処方略がこれにあてはまる。また，ASD 児・者の社会適応は，必ずしも定型発達者の価値観やふるまいに近づけることが目的であるわけではないため，ASD 児・者に対してのみ変容を促すアプローチを行うだけではなく，親や学校の教員，会社の上司に対するコンサルテーションを行うことで，ASD 児・者を取り巻く環境の調整（たとえば指示に視覚的なカードを用いる資格支援など）を行うことも，社会適応の向上を助ける上で重要な支援

となる。これらは，環境調整や合理的配慮と呼ばれる。

　上記はASDの中核症状である対人スキルや遂行機能障害に対しての改善を目的とした介入である。いっぽうで，ASD児・者がASDの中核症状からくる対人的・社会的な困難さに直面することで，不安や抑うつなどの心理的問題が二次的に併発する可能性があり，それを二次障害と呼ぶ。ASDの不安やうつなどの二次障害に関しては，認知行動療法（cognitive behavior therapy：CBT）の実施による改善の効果が報告されている。

●**自閉スペクトラム症児・者の認知行動療法**　これまで，ASDからくる二次障害としての抑うつや不安などの症状の改善に対して，国内外の複数の研究においてCBTの効果がすでに示されている。ASD児・者に対するCBTは，自閉スペクトラム症児・者のもつ不安などの症状に焦点づけをし，その症状に対しモニタリングを行い症状への気づきを高め，その後，段階的エクスポージャーを行って，ゆっくりと症状を軽減していく取組みをしているものが多い。これらのCBTは通常のCBTに比べ，CBTの治療構造や枠組みやアジェンダをより明示すること，自動思考や感情など目に見えない内的な個人の反応を書き出して，視覚的関りをもつこと，個人ではなく小集団のCBTを行うことで，意図的に対人的関りを促進させること，保護者に対するASDの心理教育を含むことがある。このようにして，ASD児・者のCBTは，よりASD児・者の特性に配慮したプログラムやパッケージとなっている。

　一方で，ASDの中核症状に対する認知行動療法の取組みは多くはないが，中核症状に対するCBTの実践もいくつか国内外でなされている。V. ガウス（Gaus, 2007）は，成人の高機能ASDの感情調節や実行機能障害といった中核的な諸問題に対するCBTの実践を行っている。T. アトウッドとM. ガーネット（Attwood & Garnett, 2013）は，ASDをもつ若者のためのコミュニケーションの改善を目的とした認知行動療法を開発した。国内では黒田ほか（Kuroda et al., 2013）が感情調節を目的とした成人のASD者に対するCBTのランダム化比較実験の実践報告を行っている。また，筆者らも，児童思春期のASD者に対し，ASDをもちつつも，その特性に対し機能的な対処方略を高めることでの社会適応の向上を目的としたCBTを使用した親子参加型の心理教育プログラム「ASDに気づいてケアするプログラム」を開発し，ランダム化比較実験にて効果検証を行っている（大島，2017）。これらの研究によって，ASD児・者に対するCBTのエビデンスが蓄積されつつある。

［大島郁葉］

📖 **さらに詳しく知るための文献**

[1]　ガウス，V. L.　伊藤絵美ほか訳　2012　成人アスペルガー症候群の認知行動療法　星和書店.

チック，トゥレット症候群，ADHD などの行動障害の認知行動療法

☞ 注意欠如・多動症（注意欠如・多動性障害，ADHD）p.146, 自閉スペクトラム症，注意欠如・多動症のアセスメント p.222, ADHD のサマートリートメントプログラム p.476, 成人の ADHD p.502

　チック，トゥレット症候群（以下 TS）の合併症には，小児期の ADHD（注意欠如・多動症）が約 50％，強迫症が 30〜40％（Dedmon，1990）と衝動調節の障害がみられる。ここでチックを例に述べている治療方略は他の衝動調節障害に対しても応用可能である。

　チックは小児期に始まり，ピークは 10 代前半ごろで，成人期までにある程度改善する（Leckman ら，1998）。チック症状は，瞬きチックに代表されるような突然・急速に繰り返される"動き"である。顔の各部位に出る小さく単純な動きから，首振りや肩すくめ，腰ねじりのように多数の筋肉を使う複雑な動きや不自然な姿勢を呈するものまである。TS には音声チックを伴う。重症度は，頻度や持続時間，動きの大きさや複雑性によって判断される。問題となるのは，動きや声が大きすぎて周囲への迷惑や他人に見られて恥ずかしいことや作業に集中できずに社会生活が営めないなどである。複雑性音声チックには人前で言ってはならない卑猥な言葉や暴言を意図せず声に出してしまう汚言症がある。

●ハビット・リバーサル（**HR**）による治療　　TS の治療ではハビット・リバーサル（以下 HR）が用いられる。HR はチックの治療パッケージとして 5 つの要素で開発され（Azrin & Nunn，1973），その後，他の治療法と組み合わせられながら有効性の検証が行われてきた（野中，2015）。皮膚むしり症や抜毛など衝動調節に問題がある症状には特に有用である（岡嶋，2016）。本来，ストレス対処行動であったが過度な繰り返しに発展したものと，正常ではない稀な動き（汚言を声に出すなど）が頻回になり自動化したチックとがある。

　自動化した動きに対し HR ではその行為の先行刺激や行動を弁別する意識化訓練の手続きと，非両立行動を提示して分化強化する。チックが生じていないときに強化をうける社会的支援も HR の要素である。吃音も非流暢性の運動と音声チックの複合と考えると HR は有効である。一方，知的障害のある習癖障害には，HR より他行動分化強化やレスポンスコストなどがよい（Miltenberger，2001）。

●意識化訓練　　意識化訓練では習癖をうっかりやっているときには静かに気づかせ，自発的に気づいたら褒める。注意する・叱るなどの罰（弱化）は用いない。気づいたら，数秒間，意図的に制止する動作をセッション内で教示する。セルフモニタリング・シートを作り経過を記録する。

　ここにマインドフルネス・トレーニング（以下 MT）を導入すると競合反応訓練（後述）も同時に行うことになる。瞼をゆっくりと閉じると，眼輪筋が緩み，

瞼の裏側が暖かいことに気づくと，眼球を動かす外眼筋も緩み，眉間やこめかみの緊張に気づく。さらに緩めていくといつの間にか衝動が変化するのを意識できる，というように瞬きに新しい感覚を盛り込む。意識化のためにはスローモーションの動画を見るように解説し，気づきを増やすようにする。

●**競合反応訓練** 拮抗筋，逆転の動き，スローな動きなどを用いて非両立行動を教示する。瞬きチックに対して首を緊張させたり，顔面から遠い上腕を1-3分緊張させたりするなどが知られているが，近年ではMTを代替行動として用いることもある。代替行動分化強化による制御とは別に過剰修正法も競合反応訓練の一つである。例えば瞬きチックならばより早く多く瞬きをさせて，疲れるという嫌悪的な状況を随伴させる。汚言を止めようと口を強く閉じるのではなく，逆に口周囲の筋肉群は緩ませて舌がリラックスするポジションを意識させて，口とは関係のない肛門括約筋を緊張させるようにする。意識化訓練と競合反応訓練は合わせて使うことで有効性が認められている。

一方，流れる葉っぱの瞑想やボディ・スキャン瞑想のようなMTは五感だけでなく，内臓感覚や体幹バランスのような固有知覚も意識させるとよい。自動化した動きに対して，感覚・思考・感情・行動の連なりを解体し新たな刺激として弁別訓練を行う。行動がパターン化せず新しい行動の選択肢に気づけるようになる。

●**衝動制御の技法** 意識化訓練と競合反応訓練は強迫症の儀式妨害にも応用できる。衝動的な洗浄行為に対し，そっとゆっくり中途半端な洗いや力の抜けたチラ見の確認作業など，行動のトポグラフィーを変える。多動児には姿勢を意識させるバランスボールに座らせたり，初動時の早期にプロンプトして動きを制する。注意欠如も意識化訓練と順行連鎖化訓練で修正が可能である。ただし，ADHDでは強迫症のようにパターン化しにくく，刺激強度を高める方向へ希求しがちである。強迫症とADHDでは過剰な注意の集中と過剰な注意の拡散という逆方向の衝動性を持つ。そこでMTにおける五感の活性化課題では注意の集中と拡散を繰り返しながらバランスを整えていく。

［岡嶋美代］

📖 **さらに詳しく知るための文献**

[1] Woods, D. W. ed. 2008 *Managing Tourette Syndrome A Behavioral Intervention for Children and Adults Therapist Guide*, Oxford University Press.（金生由紀子ほか訳 2018 チックのための包括的行動的介入（CBIT）セラピストガイド トゥレット症との付き合い方 丸善出版）

[2] Miltenberger, R. G. 2001 *Behavior Modification: Principles and Procedures*（2nd ed.）Wadsworth.（野田文行訳 2006 習慣逆転法 園山繁樹ほか訳 行動変容法入門，pp.367-378）

慢性疼痛の認知行動療法

☞ 身体症状症（疼痛が主症状のもの）のアセスメント p.212, 身体症状症, 病気不安症などの認知行動療法 p.362

　慢性疼痛は，通常の治癒の期間を超えて（3〜6か月以上）持続し，生理学的な痛覚の急性期の警告の機能を失っている痛みとして理解され，世界の20％の人が罹患し，医療機関を受診する人の15％から20％を占める（Treede et al., 2015）。本邦の『慢性疼痛治療ガイドライン』（真興交易，2018）では，薬物療法，インターベンショナル治療（ブロックなど），心理的アプローチ（認知行動療法（CBT）など），リハビリテーション，集学的治療の章立てにより解説されており，現在では生物 - 心理 - 社会的なモデルに基づいた集学的（multidisciplinary）な治療が重要とされている。慢性疼痛は，精神医学的にはDSM-5の「身体症状症，疼痛が主症状のもの」Somatic Symptom Disorder, With predominant pain（DSM-Ⅳまでの疼痛性障害 pain disorder という用語がなくなった）として診断されうる。身体症状症では，「医学的に説明のできる症状であるか否か」は重要視されておらず，「身体症状に関連する過剰な考え・心配・感情・行動」が主要な症状を形成する要因としてとらえられている。また，ICD-11の身体的苦痛症（bodily distress disorder）という診断名と関連する。

●**慢性疼痛の認知行動療法のエビデンス**　頭痛や悪性腫瘍を除く慢性疼痛に対する心理療法の35件（4788人の被験者）の臨床試験のシステマティック・レビュー（Williams et al., 2012）で，行動療法ではなく，認知行動療法（CBT）は，積極的治療（active control）群に比べ，介入直後に「生活機能障害」と「破局的思考」に小さな効果が見られたが，「痛み」「気分」に有意差は認められなかった。一方，通常治療群・待機群と比較すると，CBTは「痛み」「生活機能障害」「気分」「破局的思考」に小〜中等度の効果が示された。

●**慢性疼痛に見られる破局的な認知**　慢性疼痛に対するCBTは，急性の痛みを軽減するための外科手術，薬物療法などの治療が無効である場合に，提供されることが多い。よって，治療の目標を急性期の痛みの除去に固執することなく，慢性期の痛みの管理（pain management）へと考え方を変容していく点を患者とセラピストの間で早期から共有していく必要がある。患者の痛みを評価するため，Numerical Rating Scale（NRS）で主観的な痛みの強さを0〜10点（10点が最大の痛み）で点数化し，毎日記録してもらう。一方で，痛みを破局的にとらえる認知の偏りを評価するために，Pain Catastrophizing Scale（PCS；Sullivan, 1995；松岡 & 坂野，2007）を用いる。13項目，0〜4点の5件法の52点満点で点が高いほど，痛みを破局的に認知しており，原著者は31点以上をカットオフ値としている。下位項目として，「もう何もできないと感じる」など

のHelplessness（無力），「痛みがひどくなるのではないかと怖くなる」などのMagnification（過大視），「痛みについて考えないようにすることはできないと思う」などのRumination（反芻）の認知の歪みを問うている．以上のPCSで測定される破局的な認知が，感情，身体反応，行動と相互に関連し，悪循環を形成し，慢性疼痛とそれに伴う日常機能障害とQOL（生活の質）の低下を遷延化，持続させているという認知行動モデルが治療の理論的根拠となる．認知行動モデルを図式化し，よい循環へと変えていくために，種々の技法による介入を行っていくことを患者と共有することが最初のステップとなる．

●**慢性疼痛の認知行動療法の実際**　オーティス著の「慢性疼痛の治療」ワークブックでは，12回のセッションで，1. 情報収集による患者の理解，治療契約と信頼関係の構築，2. 性疼痛についての教育と目標設定，3. 痛みの理論と腹式呼吸，4. 漸進的筋弛緩法と視覚イメージ法，5. 自動思考と痛み，6. 認知の再構成，7. ストレスマネジメント，8. 時間に基づいたペース配分，9. 楽しい活動の計画を立てる，10. 怒りの管理，11. 睡眠管理法，12. 再発予防と再燃への備えというパッケージになっている．慢性疼痛に特徴的なセッションを以下に紹介する．第2回の「目標設定」では，前述したように，「痛みの消失」を目指すのではなく，「痛みの管理」を目指して，痛みの恐怖に立ち向かいながら，段階的に身体活動量の増加（行動活性化）と日常生活範囲の拡大を目標とする．第3回の「痛みの理論」で心理教育として，ゲートコントロール理論を紹介する．これは，脊髄後角の痛みの「ゲート」が，中枢神経系の興奮性神経と抑制性神経の活動バランスによって緩和もしくは増強するという内容であり，痛みのゲートを閉じる（痛みを和らげる）行動と開く（痛みを強める）行動を患者が区別して理解することを助ける．第8回の「時間に基づいたペース配分」では，痛みが軽い日に，家事や仕事のまとまった作業をいったん始めると，途中で止められず，オーバーペースで取り組んでしまい，翌日に痛みを悪化させ，動けなくなるような悪循環を見つけて，痛みが軽い日でもペース配分を行って，必要な休息をとる行動パターンへの変容を行う．第12回の「怒りの管理」では，怒りと痛みの関係に焦点をあて，怒りを感じても，怒りの感情を適切に表現せず，痛み行動の表現で代用している可能性を考え，怒りの感情を適切に主張するアサーティブネス・トレーニングを行う．

［清水栄司］

📖 **さらに詳しく知るための文献**

[1] オーティス，J. D.　伊豫雅臣・清水栄司監訳　2011　慢性疼痛の治療：治療者向けガイド―認知行動療法によるアプローチ　星和書店．
[2] 伊豫雅臣ほか編　2016　慢性疼痛の認知行動療法 "消えない痛み" へのアプローチ　日本医事新報社．

過敏性腸症候群の認知行動療法

☞ 心身症，身体症状症，病気不安症 p.128，身体症状症（疼痛が主症状のもの）のアセスメント p.212，子どもの心身症への支援 p.416

●**過敏性腸症候群の特徴と診断・治療**　過敏性腸症候群（irritable bowel syndrome：IBS）は機能性消化管障害の一つである。また，ストレスを機に発症・悪化することの多い消化器系心身症であり，うつ病や不安症などを伴うことも多いことから，心身両面からの治療が重要である。IBSに関連する多くの先行研究において，中枢神経系から腸へ，あるいは腸から中枢神経系へ双方向的に影響しあい，それらの関連を視床下部-下垂体-副腎系や自律神経系，免疫系などが媒介する可能性が示唆されてきており，近年では腸内細菌叢にも注目が集まっている。

IBSの診断基準としてRome基準が国際的に用いられてきた。2016年にRome基準Ⅳに改訂されており，IBSを「最近3か月のうち平均して1週間に少なくとも1日以上繰り返しの腹痛が存在し，①排便と関連している，②便の頻度の変化を伴う，③便形状（便の見た目）の変化を伴う，のうち2項目以上の特徴を伴う」と定義されている（Lacy et al., 2016）。

本邦においてIBSの診療ガイドラインが制定されている（日本消化器病学会，2014）。第1段階として食事などの生活習慣改善と消化管に対する薬物療法を主体とした治療が行われ，改善しない場合は第2段階として心理社会的ストレスを考慮した薬物療法や簡易精神療法が行われる。それらによって改善しない場合は第3段階として認知行動療法，催眠療法，弛緩法等の心理療法を主体とした治療を行う。

●**IBSに対する認知行動療法**　メタ分析を行った研究によると認知行動療法を含む心理療法がIBS症状の改善に効果があり（Ford et al., 2014），短期および長期的に有効性があること（Laird et al., 2015）が報告されている。

B. B. トナーほか（Toner et al., 1999 訳2011）はIBSに対する認知行動療法のアプローチの目的は①クライエントが，無力や絶望といった見方から，臨機応変さや希望といった見方にIBSを再概念化することへの支援，②クライエントが思考，感情，行動，環境とIBS症状との関係を同定することへの支援，③Quality of Life（QOL）増進のための，IBSに対処するより効果的な方法の習得と実行のための支援であると要約している。彼らのプログラムでは，表1のとおり，初回と中盤1回ずつ個人セッションと12回の集団セッションが含まれる（1回90分）。各集団セッションの流れは①リラクセーション，②前回セッションとホームワークの振り返り，③各テーマの導入，④個人の課題項目についての議論，⑤新たなホームワーク，⑥セッションの要約，⑦今回セッションに対する反応の確認である。

表1 Tonerら（1999）によるIBSの認知行動療法プログラム

回	形式	テーマ（内容）
1	個人	認知行動療法の理論的根拠，個人の治療目標の確認
2, 3	集団	思考，感情，行動，腸症状の関連（思考記録表の導入）
4	集団	痛みのマネジメント（気ぞらし，リラクセーション，イメージの使用）
5	集団	腸症状に関する不安（回避場面と自動思考の同定，認知的免疫，不安階層表の作成）
6	集団	IBSに付随する恥（恥の社会的起源の同定，認知的要因（胃腸症状に対する許容基準や一つの問題から全人格への過剰な一般化）の同定）
7	集団	怒りとアサーション（怒りの認知的誘因・思考パターンの同定，アサーションスキルトレーニング）
8	個人	集団セッションでの個人の進捗状況の評価
9	集団	自己効力感（自己効力に関する信念の同定）
10	集団	社会的承認と完全主義（社会的承認への高い要求と完全主義に関わる信念を同定し反論する）
11	集団	コントロール（コントロール喪失に対する信念の検討）
12, 13	集団	グループのニーズに合わせたテーマ
14	集団	終結（終結不安への対処）

　M. G. クラスケほか（Craske et al., 2011）は内部感覚エクスポージャーを主体とした認知行動療法がIBS症状やQOLを改善することを報告している。彼らのプログラムは1回50分で，IBSに関する心理教育，注意コントロール，認知再構成法，内部感覚および現実場面へのエクスポージャーで構成されている。内部感覚エクスポージャーは自身が恐れている腹痛や腹部膨満感などの身体感覚を意図的に惹起させ，その状況で何が起こるのかを観察する。このことにより自身が恐れ回避してきた身体感覚や状況が考えていたよりも危険ではなく，対処可能な状況であることを認識することで，IBS症状に対する認知が変容し，不安が低減すると考えられている。

　また，マインドフルネスは慢性疼痛における有効性が報告されており，IBSも腹痛を主とする病態であることや，腹部症状とそれに関連する思考や感情を回避する傾向があることから，マインドフルネスのIBSに対する有効性が期待される。例えば，マインドフルネス・ストレス低減法がIBS症状の改善に寄与することが報告されている（Zernicke et al., 2013）。アクセプタンス＆コミットメント・セラピーについてもIBS患者における腹部症状，IBSに由来する回避行動，QOL，消化器症状に関する不安の改善（Ferreira, 2011）が示されている。これらの技法はまだIBSにおける知見が少ないため，エビデンスの蓄積が待たれる。　　［菅谷　渚］

さらに詳しく知るための文献

[1] Toner, B. B. et al. 1999 *Cognitive-Behavioral Treatment of Irritable Bowel Syndrome: The Brain-Gut Connection*, Guilford Press.（野村　忍監訳 2011 過敏性腸症候群の認知行動療法 脳腸相関の視点から 星和書店）

身体症状症，病気不安症などの認知行動療法

☞ 心身症, 身体症状症, 病気不安症 p.128, 身体症状症（疼痛が主症状のもの）のアセスメント p.212, 子どもの心身症への支援 p.416

　身体症状症，病気不安症は，従来の日本の精神疾患の分類では，心因性疾患である「心気症」の病気に相当する。A. J. バースキー（Barsky）は，心気症患者の本態について，(1) 自分自身で感じた身体知覚と自己流に解釈した病気の認知を正当化し続けている，(2) 診断がついてない病気の存在を確信している信念や健康に関する不安，身体について関心をもち続けることであることを概念化した。このような心気症の病態は，操作的診断基準であるDSM-5 においては，身体症状症，病気不安症として診断される。心気症患者は，苦痛感をもたらし，その結果，日常生活，社会生活に慢性的に支障を来し，一般外来診療の現場では5％もみられ，身体的検索を求めて，さまざまな診療科を頻回に受診することから，保健医療システム面からもコストがかかる疾患である。しかし症状軽減のための確固とした妥当性のある治療手段がなかったことから，バースキーは，心気症（身体症状症，病気不安症）における機能性身体症状や心気症状を管理するために「身体感覚増幅の認知・知覚モデル」を基盤に認知行動療法を開発している。

●**心気症の病態の機序：認知・知覚モデル**　① 自分自身の生活を脅かす出来事が起こると，自分が病気になってしまったという疑念を患者の中に生じさせる。② もともと患者の中に存在していた良性の身体感覚に選択的に注意を向けさせる。③ 患者は，この疑念の確証になる健康情報に選択的に注意を払い，確証にならない情報は無視する。④ 良性の身体感覚は，ますます増幅し続ける。この現象を「身体感覚増幅（somatosensory amplification）」という。⑤ 患者は，自分自身の疑念を実証する「仮想の病気」を増長させる。

　この①〜⑤の一連の連鎖の悪循環が「心気症サイクル」の病態を形成していく（村松，2014；村松，2016）。

●**心気症への認知行動療法の概要**　病気の疑念と身体症状の増幅を増長させる「心気症サイクル」における「良性の身体感覚の増幅」に特別にターゲットをあてた認知行動療法である。① 認知/知覚モデルに基づいている。② 治療は原因に焦点をあてるのではなく，症状を増幅させ，維持し，悪化させているものに焦点をあてる。③ ターゲットとなる五つの増幅因子：1. 注意，2. 信念，3. 行動，4. 状況，5. 気分。④ エレメント：1. 説明／教育，2. 例証しながらの練習（エクササイズ），3. ある題材を個人に関連づけるための話し合い，4. ホームワーク（村松，2014；村松，2016）

●**心気症（機能性身体症状・心気症状）を自己管理するための認知行動療法**　治療セッションは，教育的な題材の説明が最初になされ，クライアントがそれを自身の話題として話し合い，自分の具体的な場合における最も適切な自分なりのや

り方を見出すことができるように構造化されている。教育的な情報を説明するため，また理解を手助けするための簡単な課題が含まれている。これらの治療セッションには教育的な意味合いがあり，各セッションの間にホームワークの課題が毎回ありセラピストがフィードバックを行う（村松，2014；村松，2016）。

Ⅰ．セッション１：導入　態度を変化させる　ターゲットにする１～３個の症状
　　セッション２：注意　気をそらすスキル　簡単なリラクセーション
　　セッション３：認知　症状に対する誤った態度，思考，予期の変容
　　セッション４：文脈　文脈とものの見方　認知的再体制化
　　セッション５：行動　逆効果を招く健康行動
　　セッション６：気分　不安・抑うつの管理と仕上げ

Ⅱ．各セッション
　① 教育的カウンセリング（構造化した治療者マニュアルに従う）
　② 腹式呼吸（１日２回，10分間）
　③ ホームワーク
　④ フィードバック

●**心気症の認知行動療法の有効性**　心気症の機能性身体症状・心気症状に対して，認知行動療法の介入を行うことにより下記の有効性がある（村松，2014；Barsky & Alen, 2004；村松，2016）。
（1）自分自身の症状についての誤った認知が是正される。
（2）健康と病気についての信念と見立てが再構成される。
（3）症状の誤った理解に基づいて，必要のない治療や検査を求める過程が是正される。
（4）選択的注意と症状開放の技法習得により不適切な受診行動が修正される。

●**心気症の認知行動療法の有効性の検証**　バースキーと D. K. アレン（Barsky & Alen）らは，心気症患者に対し，「認知行動療法の介入」により，「通常の医学的治療」を受けるよりも，「心気症の症状を軽減する効果」について，ランダム化比較対照試験により検証している（Barsky & Alen, 2004）。

●**心気症への認知行動療法による治療目標**　心気症に対する認知行動療法による治療的介入は，「身体の症状」を徹底的に治癒させることではない。「身体の症状」に対するコーピング（対処方法）を改善させることを意図しており，「治癒 cure」よりも「ケア care」を治療目標にしている。すなわち，心気症の現実的な治療目標は，「身体の症状」それ自体を除去しようとするよりも，むしろ，患者を苦しめている病気に対する恐怖感や病気の存在を確信する信念を軽減すること，また対処方法（コーピング）を改善させることにある。　　　　　［村松公美子］

📖 **さらに詳しく知るための文献**

[1] Barsky, A. J.　村松公美子監訳・著　2014　心身医療のための認知行動療法ハンドブック　新興医学出版社．

うつ不安の疾患横断的な認知行動療法

☞うつ病 p.116, うつ病や気分のアセスメント p.196, 全般不安症のアセスメント p.206

　疾患横断的な認知行動療法（cognitive behavioral therapy：CBT）とは，標準的な診断基準（DSMなど）に示されるうつ病と不安症などの診断を跨いで介入するCBTのことを指す。同じ介入アプローチに対して「診断を越えた」を意味する診断横断的（transdiagnostic）という用語が使われる場合もある。
　疾患横断的なCBTの代表的なものとしては以下の三つをあげることができる。
① C. G. フェアバーンほか（Fairburn et al.）が開発した摂食障害に対するCBTがそれに該当する。摂食障害における神経性無食欲症と神経性大食症の二つの診断に共通する心理過程に焦点をあて，診断を越えた形で介入する。"疾患横断的"，または"診断横断的"という用語を広く認知させた療法として知られている（Fairburn et al., 2003）。
② 従来の疾患特異的（disorder-specific）なCBTと異なる治療原理や介入手法を用いるアクセプタンス＆コミットメント・セラピー（acceptance & commitment therapy：ACT）も疾患横断的なCBTの一つと考えられている。S. C. ヘイズ（Heyse）が開発したACTでは，うつ病や不安症などの心理的な苦しみは体験の回避，認知的な巻き込まれによって起こると考える（Hayes et al., 2012）。回避や巻き込まれは心理的柔軟性の低下を生み，結果的に人は自分の価値に沿った行動が取れなくなる。従来型のCBTが個人の思考や感情，感覚，記憶などをより現実的に，そして機能する方向に変容しようとするのに対し，ACTでは苦痛をありのままに受容することを促したり，自分の価値に基づいた行動が取れるように手助けしたりすることで心理的柔軟性の向上をはかったり，人生に活力や意義を見出すことを目指す。
③ 疾患横断的なCBTの中でも診断を越えることに最も重点を置いているのはD. H. バーローほか（Barlow et al., 2011　訳2012）の統一プロトコル（unified pratol：UP）であろう。UPではうつ病や不安症はともに感情調整不全が病因と想定される感情障害群（emotional disorders）に属するととらえ，その感情障害に共通する病理に焦点をあてるとともに疾患特異的なプロトコルの有効で共通な点を一つにまとめた形のプロトコルを用いて介入する。バーローは診断基準で分断された"疾患特異的"な治療から，診断基準にとらわれない"疾患横断的"な介入についての先駆的な提唱者である。UPは三つの脆弱性理論を基盤として組み立てられている。精神疾患の発症と維持には生物学的脆弱性（遺伝的要因），全般的心理学的脆弱性（神経症傾向など），さらに特定の心理学的脆弱性（個人の学習体験）が関与すると考える（Barlow, 1988）。そして，UPでは特に感情体験に注目し，全般的

心理学的脆弱性として神経症傾向（ネガティブ感情を体験しやすく，感情体験をコントロール不能なものとする傾向）と行動活性（ポジティブ感情を体験しやすい傾向）を診断横断的な要因として介入する。具体的には，全般的心理学的脆弱性に影響する構成概念として，不安感受性の増加，マインドフルネスの低下，体験の回避，ネガティブな評価と帰属を想定する。そして，それぞれに対して内部感覚曝露，マインドフルな感情への気づき，感情駆動行動と回避に対する代替行動，認知再評価などを実施する。

●**疾患横断的な認知行動療法が生まれた背景**　こうした疾患横断的なCBTが登場する背後には疾病分類学や病因論などの問題点が存在する。まず，疾病分類学的な問題としては，従来のカテゴリカルな診断体系では，患者が複数の診断をもつ併存（comorbidity）の問題を説明できないとする意見が多い。実際に精神疾患をもつ者の少なくとも45％が二つ以上の診断に該当すると報告されているだけでなく（Lewinsohn et al., 1997），閾値下の症状までを含めた場合には，併存を示す患者の割合はさらに大きくなると考えられる。つまり，既存のカテゴリカルな診断システムの枠組みでは精神機能の理解に限界があり，必然的に，診断を越えた介入法を求める声が高まってきた。

二つ目の問題点としては，病因論的な疑問である。近年の研究では，因子分析によりうつ病やさまざまな不安症を説明する潜在構造を示す研究があったり（Brown et al., 1998），ネットワーク解析によって別個の精神疾患の診断基準に含まれる症状が関連し合っていることが見出されつつある（Hofmann et al., 2016）。さらに，脳神経科学の研究では，診断横断的な神経伝達物質，脳構造，機能上の特徴が指摘されている（McNaughton & Corr, 2016）。このような疾病分類学や病因論などの知見を踏まえ，うつ病や不安症などの複数の診断にまたがった心理過程が考えられると同時に，その診断横断的な要因を治療標的とする共有機序治療が求められるようになった。

疾患横断的なCBTは単なるよいとこ取りの折衷的なCBTではない。既存のカテゴリカルな診断システムの限界やより正確な病因論に基づく精神機能の理解に合わせて登場してきた介入法ということができる。疾病分類学や病因論の領域では，米国精神保健研究所（NIMH）は従来のカテゴリカルな診断基準に代わる分類法として，研究領域基準（research domain criteria：RDoc）を提唱し，五つの領域での機序をより重視した見方を推奨するなど（Insel et al., 2010），従来型の疾患理解を越えた診断方法や介入への模索が続いており，今後の疾患横断的なCBTの発展も期待できる。　　　　　　　　　　　　　　　　　　　　　　　［堀越　勝］

📖 **さらに詳しく知るための文献**

[1]　バーロウ，D. H.　伊藤正哉・堀越　勝訳　2012　不安とうつの統一プロトコル（セラピストガイド）診断と治療社．

不眠症の認知行動療法

☞ 睡眠障害 p.126, 睡眠障害のアセスメント p.216

　睡眠障害の中でも特に不眠障害に対しては，不眠症の認知行動療法（cognitive behavior therapy for insomnia：CBT-I）のエビデンスが確立されており，欧米の不眠治療ガイドラインでは第一選択として推奨されている（Qaseem et al., 2016；Riemann et al., 2017）。日本では，薬物療法が無効もしくは部分寛解の場合，および休薬する際の併用療法としてCBT-Iの実施を推奨している（三島, 2014）。また，CBT-Iによって睡眠薬の長期服用者の減薬についても促進効果が期待できるし，精神疾患や身体疾患に伴う不眠症の改善および精神／身体症状の軽減効果も期待できることが，メタ分析によって示されている（Okajima et al., 2018）。

●**CBT-Iの歴史**　不眠症に対する心理学的アプローチは，1970年代から盛んに報告されるようになった。当初はリラクセーション法を用いた研究が多かったが，1980年代に入り，条件づけ理論に基づく刺激制御療法や睡眠覚醒リズムの調整を目的とした睡眠制限療法が提唱され，その有効性が示されてきた。1990年代に入ると，これらの行動的技法に加えて，認知再構成法を組み合わせた治療マニュアルが発行され（Morin et al., 1993），認知行動療法として体系化された。近年では，不眠に対するマインドフルネス療法なども提案されている。

●**CBT-Iの構成**　CBT-Iは，（1）セルフモニタリング，（2）睡眠教育，睡眠衛生指導，（3）刺激制御療法，睡眠制限療法，（4）漸進的筋弛緩法，（5）認知再構成法を，すべてもしくは複数を組み合わせて用いられる。4〜8セッションで実施されることが多いが，セッション数別の効果を検討した研究では，4セッションを隔週で実施する場合が総合的に見て効果が高いことを示している（Edinger et al., 2007）。

　（1）セルフモニタリングは，主に睡眠日誌を用いて行われ，睡眠状態と日常生活の関係性や，治療技法の実践効果について検討していく。

　（2）睡眠教育，睡眠衛生指導は，睡眠に関する正しい理解およびノーマライゼーションとして重要な役割を担う。内容としては，睡眠の基礎メカニズムであるホメオスタシス，概日リズム，深部体温の変化についての説明，一晩の睡眠段階（ノンレム睡眠，レム睡眠）の変動と加齢による睡眠内容の変化，不眠症状の経過と維持要因，さらには，覚醒度を高めてしまう睡眠妨害要因（たとえば，カフェインやアルコールの摂取，寝床で時計を見る）などについての情報を提供し，新しい習慣を獲得するための手段を考える。

　（3）刺激制御療法と睡眠制限療法は，睡眠スケジュール法として組み合わさ

れて用いられることが多い。それぞれの単独治療と併用治療を比較した研究では，症状の変化については大差がないものの，併用治療の方が寛解者が多いことが示されている（Epstein et al., 2012）。臥床時間を規則的かつ制限することで，概日リズムとホメオスタシスを調整し，さらには，寝床での覚醒を引き起こす活動を制限することで「寝床＝覚醒」という条件づけを消去し，睡眠の質を高めることを目的とした治療技法である。CBT-Iの中核技法である。睡眠日誌を利用し，1週間の睡眠効率（平均睡眠時間／平均臥床時間×100）が85％以上になるように臥床時間を調整していく。

（4）漸進的筋弛緩法　不安や緊張と相反するリラックス状態を作り出すことで，質の高い睡眠を促すことを目的とした治療技法である。具体的には，身体の各部位（手，腕，肩，腹部，背部，脚，など）に8割くらいの力を入れて抜くことを繰り返していく。不眠症患者は，昼夜問わず過覚醒状態が持続していることが明らかにされているため，その鎮静を目指して就寝前や日中に実践してもらう。

（5）認知再構成法は，不眠による破局的な結果に関する思考や信念（例：病気になってしまう，仕事をクビになってしまう）へ過度に注目し，それらが不眠の維持要因となっている場合（例：不安感情が高まり覚醒してしまう，早めに就床する）に実施される。実践方法としては，うつ病の認知療法と同様にコラム表を用いながら，感情や行動の変化につながる思考を選択し，効果を検証する。他にも，例えば，「一晩中起きていることになる」という破局的思考について，出来事が起こった実数（①；例えば，1日），これまでの不眠の日数（②；例えば，1500日），破局的な思考の確信度（③；例えば，85％）について話し合い，①と確信度から推測される出来事の発生数（④＝②×③；例えば，1275日）とを比較する方法も提案されている（岡島・福田，2015）。①と④を比較することで，いかに実現性の低い破局的な思考に振り回されてしまっているかを認識する機会を得る。

● **CBT-I の提供方法**　個人もしくは集団による対面形式で実施されることが多いが，セルフ・ヘルプ形式（メール配信，書籍など）を用いた方法もある。近年では，低強度のCBT-Iとして，睡眠スケジュール法を中心に行う簡易行動療法（brief behavioral therapy for insomnia：BBTI）やICT技術を用いたCBT-Iも開発され，その有効性が数多く報告されている。

［岡島 義］

📖 **さらに詳しく知るための文献**
[1] 岡島 義・井上雄一 2012 認知行動療法で改善する不眠症 すばる舎.
[2] エディンガー，J・D ＆ カーニィ，C・E　北村俊則監訳 2009 不眠症の認知行動療法 日本評論社.

肥満や糖尿病などの生活習慣病への認知行動療法

☞ 保健医療分野のアセスメント p.228，セルフコントロール法 p.266，リラプス・プリベンション p.540，環境調整・刺激性制御 p.550

　生活習慣病は飲酒，喫煙，食行動，身体活動などの生活習慣が発症と進行に関与する疾患の総称であり，その発症予防から治療，ならびに重症化や合併症への進展を防ぐためには生活習慣の改善すなわちセルフケア行動（適正な食事，禁酒，禁煙，運動，病態によっては服薬行動やインスリン自己注射，血糖自己測定）を形成し維持することが必要である。代表的な生活習慣病である肥満，高血圧症，脂質異常症，糖尿病などは各々が動脈硬化性疾患の危険因子であり，内臓脂肪の蓄積を基にこれらのリスクが多重に集積した病態をメタボリックシンドロームととらえ，下流の動脈硬化に対し上流で内臓脂肪肥満を減少させる予防的意義がある。

●アドヒアランスの課題　日常の生活習慣を患者自らが主体的に改善するというアドヒアランスが肝要であり，自身に生じている問題として関心を向けること（検査異常値を指摘されても生活に支障する自覚症状がないため生活改善の必要が感じられない），体重や血糖値を適正に保つためセルフケア行動を絶えず維持するという慢性疾患ゆえの困難や負担が生じやすい。したがって患者自らが健康と病に向き合いセルフケア行動と健康をセルフコントロールしていけるように，援助者は生活改善への準備性を評価し，最適化した援助介入を提供する。例えばJ. O. プロチャスカ（Prochaska）の多理論統合モデルでは変化ステージにおいて行動変容を始める前段階ほど認知的，感情的技法を用い，生活習慣を変え始めようとしている段階以降は行動的技法が有用となる。

　セルフモニタリング（自己観察記録）食事内容記録や体重測定（グラフ）などは古くから肥満への行動療法に適用されてきた。生活上の問題点やパターンに目を向け客観的に気づけるよう，食事内容，飲酒量，喫煙本数などありのままの実態を記録してみるよう導入する。巣黒（2016，2019）は，行動の機能をクライエントが記録から発見できるようガイドすることが協同的な関係を築き，治療に対するクライエントの主体性も育むことにつながると医療多職種に提案している。

　損益分析により現在の生活習慣を変えるデメリットを減らしメリットを増やすことで動機が明確化され実行に移す準備が整う。セルフケア行動を増やすことが自分の生活に恩恵をもたらすというメリットを発見，再確認できるように引き出す。一方で，健康にリスクのある生活習慣（過食，間食，欠食，多量飲酒など）を続けることのメリット／デメリットをリストアップし吟味する。また，短期的／長期的視点に分けて整理することで長期的なメリット（自分が大切にしたい事柄）に目を向けることにもなる（価値の明確化）。

●セルフケア行動の形成と促進　刺激統制はセルフケア行動の先行刺激を増やし

て行動を生じさせやすくする。または不健康的な行動の先行刺激を減らして行動の生じる頻度を減らす。例えば，飲食のきっかけを減らす（お菓子を目と手が届かない所にしまう）。誘惑となる場所や人に近づかず避ける。食べる分だけ提示する（大袋でなく小分け包装の食材利用，大皿から好きなだけ取り分けでなくあらかじめ1人分を盛りつける）。

　身体活動量（歩数）など達成可能な目標を設定し，実際に成功体験を得て効力感をもつ。適正基準に向けてスモールステップで漸減，漸増していく。また，心身疲労や陰性感情の緩和手段が飲食に偏っている場合には，ストレスマネジメントとしてストレス対処行動の強化が重要であり，飲食（間食，飲酒，喫煙）の機能分析に基づいて，同等の機能でより健康にリスクの少ない対処行動を習得する。ほかには，食べ物への関わり方自体を変えるスキルを習得する。早食い傾向の肥満者には咀嚼法（一口30回よく噛む）が活用されてきた。加えて，作業の片手間や，TV・スマホを観ながら食べる「ながら食べ」は食べ物に注意が向けられず過食を招く恐れもあるため，マインドフルに食べる（五感を十分に働かせて食べ物や摂食の体験に注意を注ぐ）ことで，満腹感ではなく少量でも満足感を得る。

●**つまづきを防ぐ**　G. A. マーラットほか（Marlatt et al., 2005 訳 2011）の考案した再発予防訓練であるリラプス・プリベンションでは，逸脱（1回限りの問題行動）が生じるのを防ぎ，逸脱が再発（もとの不適切な状態に逆戻り）に進展するのを防ぐことを目的としている。過食や間食が生じやすいハイリスク状況（例えば，陰性感情，渇望，孤独，退屈，会食場面など）を明らかにしておき，刺激統制や効果的な対処行動を習得して逸脱が生じることを防ぐ。なお，Z. クーパーほか（Cooper et al., 2003 訳 2006）の肥満に対するプログラムではリバウンドを防ぐよう，減量期と減量した体重を維持する体重維持期に分けてモジュールが組まれている。

●**うつ病の併発**　うつ病による活動性の低下に伴い，糖尿病へのセルフケア行動も疎かとなり血糖コントロール増悪にもつながりうる。S. A. サフレンほか（Safen et al., 2014）による慢性疾患とうつのための認知行動療法（cognitive-behavioral therapy for adherence and depression：CBT-AD）ではアドヒアランス向上を目的としたモジュールが組まれている。受療行動からセルフケアのスケジュール作成，再発を防ぐために失敗へ適切に対処するなど，目標や阻害要因を明らかにし解決するよう考案されており，うつ病と2型糖尿病を抱える患者のRCTにおいて，CBT-AD治療群は抑うつ度や血糖コントロールに臨床的に有意な改善が示されている。

［巣黒慎太郎］

📖 さらに詳しく知るための文献

[1] 足達淑子編 2014 ライフスタイル療法 I（第4版）医歯薬出版.

ためこみ症，醜形恐怖症の認知行動療法

☞ 強迫関連障害 p.108，強迫症の認知行動療法の基盤となる研究 p.94，強迫症の認知行動療法 p.338

　ためこみ症（hoarding disorder）は，DSM-5で"強迫症および関連疾患群"の一つに加えられた。1990年代から研究が進められてきたが，当初は強迫症の症状の一つとして位置づけられていた。強迫症でもためこみ症状がない場合には予後が良好であったり，強迫症とは異なる病態であることが疫学調査や臨床研究で明らかになり，精神疾患の一つとして位置づけられている。とらわれやこだわりとこれらに伴う行動は，主症状の過度のモノの入手，整理の困難さ，処分の困難さにつながり，乱雑に散らかった状態（クラッター：clutter）になる。台所を調理に，浴室を入浴になど，空間が本来目的とする方法で使用できない状態になっているだけでなく，自宅外のスペースに大量のモノが乱雑に置かれ美化的にも衛生的にも所有者や同居家族メンバーだけでなく，隣近所にも多大なネガティブな影響を及ぼす。

●**かなりの人が抱えている状態**　アメリカの疫学調査では人口の2～5%がためこみ症や付随する状態で苦しんでいる（Steketee & Frost, 2006 訳2013）。このデータから推定すると，国内には200万～600万人がためこみ状態に関連する何らかの困難さを体験していることが考えられる。ためこみ対象はモノだけでなく猫や犬などの動物も含まれる（多頭飼育）。加えて，ためこみ症は発達とともに増悪化するが，初発年齢が20歳以下は全体の44.1%との報告（Grisham et al., 2006）もあり，学童期から思春期における早期発見と早期対応は非常に重要である。加えて，併存疾患にはうつ病や社交不安症だけでなくADHDもみられ，トラマティックな体験後にためこみ症状が出現することもある。しかし，ためこみ症を主訴とした平均受診年齢は50歳を超えること（Steketee & Frost, 2006 訳2013）が示されており，早期対応が容易ではない。専門機関を受診した場合にも，ためこみ症状が背後に隠れている場合もあり，確認することも必要である。これは，洞察の乏しさから病識の乏しさや現状を変えることへの動機の低さが課題となる

●**個人内要因の影響**　モノや動物をためこみ続ける状態には，幼少期のアタッチメントや家庭環境の影響，喪失体験やトラウマティック体験などからの自己の【脆弱性】をもつとともに，【所有物に対する意味づけ】としてモノの実用性や責任感，愛着やコントロールに加え，自身の記憶に対する過小評価や完璧主義とミスを犯すことに対する【中核信念】の状態，脳機能の【情報処理プロセス】，これらへの対処行動とそれにより得られることと複合的な理解とそれぞれへの個別性に応じた対応が求められる。

●**介入の困難さと留意点**　ためこみ症では，動機づけインタビューの活用や現状

をどうにかしようとする思いと処分への強い抵抗感を抱くアンビバレントな状態を理解した対応が不可欠である。何らかの対応をしようと決意した場合には，許可なしに所有物に触れたり動かさないことなどを約束して進めることが重要であり，行動実験をしてアイテムを処分しても最悪のことは起きないことを体験してもらったり，整理や片づけなどをルーティーン化していくことなど，認知面・行動面でのかかわりを続けることが求められる。1人で対応できると主張したり，圧倒される量に先延ばししやすいことも生じやすい。医療・保健・福祉領域の専門家以外に，オーガナイザーや清掃業者，ボランティア，家族，友人などの協力を得て"一掃"することも大切な方法の一つである。さらに，行政代執行を受けた後には，その状態を維持する周囲からの強化子の提供も求められる。

● **醜形恐怖症（body dysmorphic disorder：BDD）** 特定のことに"とらわれる"状態には，自分のからだの一部が「醜い」「おかしい」と1日何時間も考え続けたり，対処行動を取り続ける状態がある。DSM-5で身体醜形障害から【醜形恐怖症身体醜形障害】と2診断各並列され診断名が変わり，認知面と行動面での障害とされている。0.7〜2.4％の有病率（Koran, et al., 2008）で，18歳以下で発症し，最も多いのは皮膚で，髪と鼻が続き，皮膚科や形成外科の受診も少なくない。しかし，外科的治療を受けても改善しない場合が少なくない。強迫症や社交不安症などを併存していることもあり，とらわれの状態が妄想性であったり内省の乏しさもみられる。社会機能への支障は多大で，他者から否定されたりネガティブな評価を回避するために孤立化した生活や，外出前のカモフラージュのために多大な時間を費やしやすい。薬物療法とCBTの併用の効果が示されており，認知再構成法による些細なことやからだの一部に対する思い込みや信念の修正と，過度な行動や安全確保行動に対する曝露反応妨害（exposure-response prevention：ERP）が効果的である。動機づけへの働きかけとともに対人関係療法も効果的である。　　　　　　　　　　　　　　　　　　　　　　　　　　[五十嵐透子]

📖 さらに詳しく知るための文献

[1] 水島広子 2010 対人関係療法でなおす社交不安障害—自分の中の「社会恐怖」とどう向き合うか 創元社.

[2] Steketee, G. & Frost, R. O. 2006 *Compulsive Hoarding and Acquiring: Therapist Guide (Treatments That Works)*. Oxford University Press. (五十嵐透子訳 2013 ホーディングへの適切な理解と対応 認知行動療法的アプローチ—セラピストガイド 金子書房)

[3] Tolin, D. F. et al. 2013 *Buried in Treasures: Help for Compulsive Acquiring, Saving and Hoarding* (2nd ed.) Oxford University Press. (坂野雄二監訳 2017 片付けられない自分が気になるあなたへ—ためこみ症のセルフヘルプ・ワークブック 金剛出版)

ニコチン依存，カフェイン依存の認知行動療法

☞ アディクションのアセスメント p.190, 依存・嗜癖に関する認知行動理論 p.536, 渇望と言い訳のモニターと対処 p.566, 嗜癖行動についての生物学的理解 p.584, 環境調整・刺激性制御 p.564, 物質使用障害 p.542

　DSM-5の物質関連障害および嗜癖性障害群には，ニコチンおよびカフェイン依存に関連する精神疾患が含まれる。ニコチン依存では，タバコ使用障害（tobacco use disorder）が最も関連のある疾患となる。タバコ使用障害は，タバコの使用によって社会的・身体的・精神的な問題が続いていながらも，その使用を継続することや耐性，離脱などを代表的な症状とする疾患である。カフェイン依存では，カフェイン使用障害（caffeine use disorder）が最も関連のある疾患となる。カフェイン使用障害は，①カフェイン摂取の減量と制限に対する持続的な欲求またはその努力の不成功，②カフェインの使用による身体的または精神的問題がありながらも，その使用を続ける，③離脱を診断に必須の症状としており，ほかの物質関連障害よりも厳しい基準が設けられている。その理由は，問題とならない日常的なカフェインの使用と臨床レベルの使用の弁別が困難であるため，過剰診断を防ぐ狙いが背景にある。

●治療法と選択肢の一つとしての認知行動療法の役割　ニコチン依存に対する治療法について紹介する。カフェイン依存は，十分に研究知見が積み上がっておらず，治療法がまだ確立していない。しかし，ほかの物質関連障害で有効性が認められた治療法を適用することによって，一定の改善は期待できるため，今後の研究が待たれる。

　ニコチン依存の治療法として，薬物療法（禁煙補助薬）と認知行動療法があげられる。薬物療法は2006年度の診療報酬改定で保険適用となったため，禁煙外来などで現在最もよく用いられる。保険適用となっている薬物療法には，医療用ニコチンパッチとバレニクリンが含まれているが，それらの併用は認められていない。ニコチンパッチは，喫煙ではなくパッチによるニコチン摂取を代替法として用い，摂取量を漸減していく。バレニクリンは，ニコチンが含まれておらず，ドパミンなどの神経伝達物質に作用する。

　認知行動療法は，①治療効果の増強，②薬物の投与が困難な対象への支援といった点で優れている。薬物療法に認知行動療法を組み合わせた場合，禁煙効果は増強されることから，それらの組合せによる治療が推奨されている（AHRQ, 2008）。また，薬物療法は保険適用による費用対効果に優れるのが長所である一方で，副作用や投与に慎重を期すべき対象（例：精神疾患の既往歴や妊婦など）が存在するなどの短所もある。認知行動療法は，さまざまな精神疾患に対して治療効果が実証されており，薬物療法と比較して副作用が小さいという特徴を有している。そのため，認知行動療法は薬物療法での支援が届けにくい領域を補完す

る役割を担うことができる。

●**リラプス・プリベンション（relapse prevention）**　ニコチン依存に対する認知行動療法として有効性が認められているのがリラプス・プリベンションである。リラプス・プリベンションには，二つの中核要素がある。一つはハイリスク状況のアセスメントと刺激統制，もう一つはそのハイリスク状況に対する対処法の学習である（原田，2014）。ハイリスク状況の同定と刺激統制では，日常生活の中に潜む，喫煙行動の引き金となる状況や刺激をまずアセスメントする。アセスメントによって明らかにされた状況や刺激を，物理的に除去・回避するのが刺激統制である。テーブルから灰皿を取り除く，喫煙席のある飲食店には入らないなどがその代表例となる。そして，ハイリスク状況の除去や回避が困難な場合においては，その状況に対する対処法を学習することでハイリスク状況を乗り越えることを目指す。対処法には，リラクセーションや認知再構成法などさまざまな方法があり，それらを練習しハイリスク状況で実行できるように支援する。

●**行動療法の第三の波**　うつ病の再発予防として有効性が認められたマインドフルネスの影響は，マインドフルネス嗜癖再発予防法（MBRP；Bowen et al., 2010）を生み出した。これは，その名のとおりリラプス・プリベンションにマインドフルネス・アプローチを組み合わせた治療法である。具体的には，ハイリスク状況における対処法としてマインドフルネスを用いる。身体感覚を用いたエクササイズなどはマインドフルネス認知療法などと共通しているが，ニコチンに対する渇望に焦点をあて，それに付随する感情や思考を価値判断せずに観察することで自然に渇望が落ち着くことを体験し，渇望に対するコントロール感を養う点が特徴的である。この手法は渇望サーフィンと呼ばれ，MBRPの中核要素となっている。MBRPは，リラプス・プリベンションと比較して，禁煙効果に違いは認められないものの（Maglione et al., 2017），コントロール感の上昇や怒りの低減がより強く認められたことが報告されるなど（Spears et al., 2017），ニコチン依存に対する新しい治療法として研究が進められている。

　ニコチンおよびカフェイン依存は，依存症の中でも心理学的支援の普及に遅れが目立つ。本邦において，それは特に顕著となる。薬物療法の治療効果増強や治療の選択肢を広げるという点でも認知行動療法の果たせる役割は大きいと考えられることから，今後の研究と現場への普及が期待される。　　　　　　　　［武部匡也］

さらに詳しく知るための文献
[1]　原田隆之　2014　認知行動療法・禁煙ワークブック―Re-Freshプログラム　金剛出版．
[2]　Marlatt, G. A. & Donovan, D. M. eds. 2005 *Relapse Prevention: Maintenance Strategies in the Treatment of Addictive Behaviors*（2nd ed.）Guilford Press.（原田隆之訳　2011　リラプス・プリベンション―依存症の新しい治療　日本評論社）

認知症および高齢者うつ病の認知行動療法

☞ 認知症の心理的アセスメント p.186，高齢期の問題 p.132

　不安やうつ，不眠といった症状は認知症に限らず，広く高齢者にみられる。高齢者への向精神薬によるさまざまな有害事象が報告されていることから，高齢者の精神症状治療の第一選択肢としては，重症度やせん妄などの意識障害の評価を踏まえた上で，可能な限り非薬物療法が選択されることが望ましい。認知行動療法（CBT）に限らず，高齢者を対象とした心理療法はこれまで注目されることが少なかった。高齢者への心理療法の価値や有用性に対する悲観的な見方があり，例えば高齢者に新規の学習は難しい，高齢者は心理療法を求めない，高齢者には具体的な介入の方が必要だ，利益よりもコストが高くつくといった，治療者側に迷信やステレオタイプがあったためでもあると考えられている（Laidlaw et al., 2003）。現時点では，これらについてすべて誤りであることがさまざまな研究報告で明らかとなっており，記憶や注意，実行機能などの認知機能障害を伴う認知症の高齢者であっても学習は可能であることが示されている。

●高齢者を対象とする場合の理論と実施方法　高齢者の場合でも治療構造は一般的なCBTと大きな変わりはない。高齢者を対象とする際，CBTの一般的な症例の概念化に加え，コホート信念（ある世代生まれの人々の考え方），役割投資の移行（社会とのつながりの程度と喪失），世代間の結びつき（家族関係や家族内の役割），社会文化的な文脈（加齢に対する社会の価値観，エイジズム），そして身体の健康（身体疾患の有無や病気の認識）といった高齢者特有の側面のアセスメントを通して当該高齢者を理解する（Laidlaw et al., 2003）。特に，治療者側の高齢者に対する偏見や思い込みは治療の質に大きく影響する（Knight, 1996）。実施の際には，情報提供や進行はゆっくり行い，繰り返しやまとめ，復習を多用する，メモを取るように促す，新しい情報は当該高齢者の体験に落として理解させる，そして視覚的な資料を準備する（見やすいフォントサイズ，シンプルな表現）。セッションに家族を参加させることも有用である。また，必要に応じてセッション間に治療者から電話をかけ，ホームワークの確認，質疑応答，助言や励ましを行い，次回のリマインドを行う。認知症の高齢者を対象とする場合，1セッションにおける情報量は極力少なくし，進行を柔軟に変更したり，セッションの時短や休憩を入れる配慮も必要である。家族の同席によって，次回予約やホームワーク実施のリマインダー役，あるいは自宅でのコーチ役を期待することもできる（Charlesworth et al., 2015；Spector et al., 2015）。認知症の有無にかかわらず，高齢者へのCBTではうつや不安，生活の質を主な治療標的とすることが多い。

●**高齢者を対象としたCBT** 高齢者の不安やうつ症状，不眠に対する認知的・行動的な介入の有効性が報告されるようになったのは1980～90年代頃からである。介入は個人形式と集団形式のそれぞれが有効であることも示されている。一方，高齢者へのCBTでは介入によって示される効果量が低く，ランダム化比較実験においてCBT介入群と運動などのアクティブコントロール群との比較では差がないという報告もある。60歳以上の軽度から中等度のうつ症状を治療標的としたCBT（Laidlaw et al., 2008）では，平均8セッション（最大17セッション，週1回），介入では導入（治療同盟の構築，認知行動モデルの紹介，目標設定など）に数セッション，うつの認知行動モデルに関する心理教育や気分のモニタリング，認知的介入（認知再構成法，下向き矢印法），行動的介入（行動実験，活動スケジュール，リラクセーション法），そして最後の数セッションを用いて終結と再発予防のためのブースターセッションが設定されていた。また，高齢者の不安に対するCBT（Stanley et al., 2009）では，平均7セッション（最大10セッション，週1回），介入には不安の心理教育，不安のセルフモニタリング，動機づけ面接，エクスポージャー，問題解決法，行動的な睡眠管理法が含まれていた。

●**認知症のうつ・不安へのCBT** 1990年代から認知症のうつ症状への行動的介入（行動実験，活動スケジュール）の有効性が報告されるようになり，近年では不安症状への有効性も報告されている。また，認知症の介護家族の介護負担感や不安やうつ症状の軽減をはかることを目的とした，CBTに基づく心理教育プログラムの有効性も示されている。軽度認知障害（mild cognitive impairment：MCI）から軽度・中等度の認知症高齢者（MMSE = 16～25点）にみられる不安症状を治療標的としたCBT（Spector et al., 2015）では，全10セッション（介入期間10～15週，6～9セッションの早期終結率は全体の約30%），1セッションあたり1時間で実施する（必要に応じて時短，休憩を入れる）。セッションは，フェーズ1（認知行動モデルの導入，患者の能力のアセスメント，心理教育や目標設定など，1～4セッション），フェーズ2（認知再構成法や行動実験などの介入，4～8セッション），そしてフェーズ3（まとめのセッション，8～10セッション）の三部構成で行われる。フェーズ2では，四つのモジュール（自律神経系の反応への対処，現実的な自動思考への対処，生活の知恵探し，対人関係葛藤への対処）が用意されており，患者のニーズに合わせて必要なモジュールが選択される。認知症の重症度が中等度の場合，認知的な介入よりも行動的な介入を重視したり，家族の関与度を強める工夫が必要とされている。　　　［樫村正美］

📖 **さらに詳しく知るための文献**
[1] 大野　裕 2006 高齢者のうつ病 金子書房.
[2] ナイト，B. G. 長田久雄監訳 2002 高齢者のための心理療法入門 中央法規出版.

高次脳機能障害の認知行動療法

☞ 高次脳機能障害 p.134

　高次脳機能障害とは，外傷性脳損傷，脳血管障害などによる器質的病変により生じた後遺症の中で，失行，失認，失語，記憶障害，注意障害，遂行機能障害，社会的行動障害などの認知障害のことを指す。2001年度から始まった厚生労働省による高次脳機能障害支援モデル事業においては，特に記憶障害，注意障害，遂行機能障害，社会的行動障害などの認知障害を主たる要因として，日常生活および社会生活への適応に困難を有する一群が存在するとされ，これらについて診断，リハビリテーション，生活支援などの手法を確立するための取組みが行われている（中島，2006）。

　高次脳機能障害に対するリハビリテーションは，認知リハビリテーションと呼ばれる。認知リハビリテーションの基本的なアプローチは，回復と補償の二つに大別される。

　回復的アプローチとは，反復訓練によって失われた機能を回復させることを目的とし，特定の認知機能の改善に焦点をあてている。そして，補償的アプローチは，障害にとっての内的代替，あるいは外的な補助を発展させることを目的とし，認知障害の存在に適応することに焦点をあてている。

　認知リハビリテーションは，回復的アプローチと補償的アプローチを用い，高次脳機能障害全般の機能回復および能力回復を目指し，かつ障害を適切に管理できるようにし，社会復帰を目指す過程である。つまり，障害を認知するための支援，心理的ストレスの低減，障害受容へのはたらきかけや社会復帰のためのコーディネートなども認知リハビリテーションの役割であり，その対象は，患者のみならず家族や周囲の環境をも含む。

●**社会的行動障害に対する認知行動療法**　高次脳機能障害の症状の中には，依存，退行，欲求コントロールの低下，感情コントロールの低下，対人技能拙劣，固執性，意欲の低下，抑うつなど，社会的場面・対人場面での行動にさまざまな影響をもたらす問題が含まれる。これらは，社会的行動障害と呼ばれる。社会的行動障害は，脳損傷に伴う身体障害や社会的困難に対する心理的反応などとして理解できる場合もあるが，脳損傷の直接の結果として理解する方が妥当と考えられる場合もある（村井，2009）。B. ドーリングとC. エクスナー（Doering & Exner, 2011）は，高次脳機能障害の中でも合併する精神障害や社会的行動障害に対して，認知行動療法（CBT）が有効であると述べており，近年，日本においても広がりをみせている。

●**認知リハビリテーションの各側面に活かす認知行動療法**　高次脳機能障害の

CBTの適用は，上述の社会的行動障害のみにとどまらない。M. M. ギャラガーほか（Gallagher et al., 2016）は，CBTの一般的な構成要素は，脳損傷後のさまざまな変化を支援することに優れていると述べている。鈴木ほか（2015）で紹介されている症例では，患者の補償行動形成のためにCBTの枠組みで患者の問題をフォーミュレーションし，介入がなされている。

さらに，ドーリングとエクスナー（Doering & Exner, 2011）は，CBTの問題解決的なアプローチが認知リハビリテーションプロセスの中でメタモデルとして機能するという展望を述べている。

このように高次脳機能障害者への認知リハビリテーションの各側面において，CBTは障害の改善や適応を促進するのみならず，リハビリテーションプロセスそのものを概念化し，目標達成に向けた道筋を考えるツールとしても活用できる。

●高次脳機能障害者の認知障害に留意する　高次脳機能障害にCBTを適用する際には，患者のもつ認知機能への個別の配慮が必須である。高次脳機能障害患者にCBTを実施する際にどのような修正がなされているかという点について，ギャラガーほか（Gallagher et al., 2016）は，次の五つのカテゴリーに分類した。

(1) 脳損傷についての心理教育とフォーミュレーションについては，認知機能障害のアセスメントから得意，不得意を明らかにすること，脳損傷の影響について明確な情報を提供すること
(2) 注意，集中，アラートネスに対しては，セッション中の休憩を確保したり，1セッションの時間を短く設定したり，セッションの頻度を増やすこと
(3) コミュニケーションに対しては，明確な質問を行うこと，セッションの内容を視覚的にも示し理解を促すこと
(4) 記憶に対してはノートやファイルなどを用意し，重要なポイントをそこに落とし込んでいくこと，ポイントを繰り返し伝えること，治療過程に家族や介護者を巻き込むこと
(5) 遂行機能に対しては，情報をゆっくり提示し応答時間を多くとること，より具体的な事象に焦点をあてていくことなどがあげられている。　　［澤田　梢］

📖 さらに詳しく知るための文献

[1] Wood, R. l. & Fussey, L.　清水　一ほか訳 1998 認知障害のリハビリテーション　医歯薬出版.
[2] Sohlberg, M. M. & Mateer, C. A.　尾関　誠・上田幸彦監訳 2012 高次脳機能障害のための認知リハビリテーション　協同医書出版社.

精神科デイケアにおける認知行動療法

☞ ソーシャルスキルトレーニング (SST) p.278, 地域生活支援 p.514, 訪問支援 p.520, 精神障害者の就労支援における認知行動療法 p.614

　診療報酬上，精神科デイ・ケアは「精神疾患を有するものの社会生活機能の回復を目的として個々の患者に応じたプログラムに従ってグループごとに治療するもの」と定義されており，利用時間に応じて診療報酬が算定される。障害者総合支援法下の障害福祉サービスが充実しつつある近年は，デイケア（つまり医療機関）に利用者を長くとどめておくのではなく，短時間・短期間の利用によって，より本人のニーズにあった自然な社会的環境に送り出す，という考え方から短い利用時間でも算定可能なショート・ケアが積極的に利用されるようになっている。

　「集団」による支援としては何らかのプログラムが提供される。関東近郊の400か所あまりのデイケアを対象とした調査では，176種類ものプログラムが実施されていたことが報告されている（岩崎ほか，2006）。筆者の所属先でも「体づくり」「生活支援」「心理教育」「ピアサポート」「レク活動」などに分類されたさまざまなプログラムが用意されており，学校の時間割を組むように，利用者が自身の希望に合ったものを選んで参加するシステムとなっている。

●**精神科デイケアにおける認知行動療法**　現状，精神科デイ・ケアで最も提供されている認知行動療法はUCLAのR. P. リバーマンほか（Liberman et al.）の方式によるソーシャルスキルトレーニング（social skills training：SST）である。その詳細は別稿にあるため，本項ではこれ以外の認知行動療法に関わりが深く，かつ構造化されているプログラムを紹介する。

・精神障害をもつ人のための退院準備プログラム（佐藤・森田，2006）：モジュール形式のSSTの一つで，UCLA Social and Independent Living Skills Program (Liberman et al., 1995 訳 1998)の一部である「Community re-entry program」を日本の精神保健福祉システムに合わせて改変したものである。ツールとしてリーダー用マニュアル，参加者用のワークブック，DVDが用意されている。食生活や金銭管理に必要なスキルトレーニング，疾患や服薬に関する心理教育，注意サイン（悪化の前駆症状）の同定とそのモニタリング，地域生活におけるストレスマネジメント，支援者との相談を促すSSTなどの支援要素で構成されている。統合失調症をもつ長期入院患者49名を対象としたランダム化比較実験で，質問紙を用いた他者評価で測定する退院困難要因のうち，病識や服薬コンプライアンスや自閉的な行動，また病気や服薬に関する知識度について介入群のみに有意な改善がみられたことが報告されている（Sato, 2012）。入院病棟における退院支援活動の一環として利用されることが多いプログラムであるが，精神障害者に対する地

域ケアが一層活発になる中，疾患に関連する心理教育的な項目を入院中に病棟で実施し，地域生活に関連するスキルトレーニング的な項目を退院後にデイケアで実施する，といった実施方法も一案と思われる。
- Illness Management and Recovery（IMR）：統合失調症や大うつ病のような精神障害をもつ人が，個人のリカバリーゴールを設定してそこに到達すること，またよりよく自分の精神疾患を管理するための知識やスキルを獲得することを助ける目的で開発された心理社会的介入法である（Mueser & Gingerich, 2002）。米国の連邦保健省薬物依存精神保健サービス部（SAMHSA）が作成したツールキットによれば，プログラムの過程では，強化，シェイピング，モデリング，練習とロールプレイ，ホームワーク，認知的再構成などの認知行動的技法の使用が強く推奨されており，フィデリティ尺度によれば90％の参加者に対して3か月間に週1回の頻度でプログラムが提供されることが最も望ましいとされている（Mueser & Gingerich, 2002）。支援者側に行動療法や認知行動療法のスキルがあることが前提となっているプログラムと言える。国内では統合失調症をもつ外来/入院患者合計81名を対象とした前後比較試験において全般的機能，精神症状のほかに，精神の健康管理への積極性，QOL，生活満足度，地域生活に対するセルフエフィカシーの改善がみられたことが報告されている（藤田ほか，2013）。

●**今後の展望** 浅野（2008）は精神科デイケアの歴史的な発展の経緯を振り返り，アウトリーチ支援や多職種による個別性の高いケアを今後のデイケアにおける望ましい支援としてあげている。また鷲見（2007）は，デイケア通所者の疾病構造の変化を踏まえ，今後日本のデイケアが地域ケア時代に対応するために必要なこととして，従来の統合失調症中心の支援モデルから脱却し，疾病別・状態別に有効なプログラムや支援を提供するような機能分化を目指すことをあげている。2018年4月から始まった第7次医療計画では精神障害にも対応できる地域包括ケアシステムの構築が謳われている。現行の制度を大きく変えることなく支援を提供する工夫として，デイケアを中心に同法人内に障害福祉サービス事業所等を抱え，包括的な地域生活支援を提供する「多機能型デイケア」の試みも始まっている（窪田，2015）。こうした多職種による包括的ケアの中で適時適切にCBTを提供するには，クライエントの来談を待つ枠組みの中で実施するCBTとは異なるスキルが必要と思われる。また，その期待は非常に大きい。公認心理師には地域ケア時代に対応できる知見とスキルの集積も求められている。　　　［佐藤さやか］

📖 **さらに詳しく知るための文献**
[1] 長谷川直実監修，笠井利佳ほか編 2011 精神科デイケア必携マニュアル—地域の中で生き残れるデイケア 金剛出版．

地域保健や健康づくりにおける認知行動療法

☞ ストレスの生理学的理解 p.32, 心理学的ストレスモデルの基礎研究 p.68, うつ病 p.116, 行動医学 p.130, 保健医療分野のアセスメント p.228

　保健とは，健康をまもり保つことを意味する。保健の種類は多岐にわたるが，例えば，労働者の健康管理であれば職域保健，児童・生徒の健康管理であれば学校保健などがある。地域保健（community health）とは，対人保健と対物保健を直接的には示す。法律的には，数ある法律の中の地域保健法が核となる。地域保健の実施機関は，保健所，市町村保健センター，地域衛生研究所，大学内保健管理センターなどである。地域保健は，医療・福祉領域とも関連があることから，これまでも多くの心理職の者が地域の方々の健康づくりに寄与してきた。

　現在，日本では，生活習慣病（lifestyle-related diseases）や非感染性疾患の増加，高齢化などに関連する健康問題を有している。これらの健康問題の顕在化に呼応して，国民の医療ニーズも高度化・多様化している。日本では，GDPに占める医療支出の割合は，OECD加盟国の中で上位であり決して少なくはない。しかしながら，地域保健という観点から，今後喫緊に取り組まなくてはならない問題が山積している。地域保健に関わる心理職の者にとって，保健という枠組みにおける健康づくりはその取組みの中心をなす。保健領域における健康づくりの一手法として，認知行動療法は薬物療法よりも選択の優先順位は高い。

●**地域保健と心理的援助ニーズ**　地域保健において心理的援助を行う場合，その前提として地域差や地域の特徴などを十分に知っておく必要がある。例えば，地方と都市部のストレスイベント（stress event）は，質的にも量的にも異なる。地方であれば，買い物ができるスーパーが自宅から遠いことが社会的なストレスになっているかもしれない。また，都市部であれば，自宅にいるときの自動車の騒音が社会的なストレスになっているかもしれない。また，地域保健を考える上で把握しておくべきなのが，地域の人口構造である。今後の日本社会では，少子高齢化により生産年齢人口（15歳〜64歳）の減少が加速的に生じる。なお，生産年齢人口の割合が低い都道府県では，通院者の割合が高く，逆に，生産年齢人口の割合が高い都道府県では，通院者の割合が低い傾向がある（厚生労働省，2016）。地域保健で重要なのは，このような人口構造の差異によって，地域ごとに支援の対象疾患，年齢などの属性に違いが生じてくることである。このような理由に考慮して，地域保健を担うスタッフの配置，数，職種などが決定される。認知行動療法を含む心理的援助の対象者が住む地域が，どのような心理的援助ニーズがある地域であるのか，顕在的な疾病罹患率や潜在的な罹患率がどの程度であるかなどを十分に理解しておく必要がある。

●**適用の対象となる状態や疾患**　認知行動療法の適用対象となる疾患を二つに分

けると，精神疾患（mental disorder）と身体疾患（physical disorder）に分類される。前者の精神疾患は，感情障害，不安障害などの有病率の高い疾患が対象となる。うつ症状，鬱病の方にはスタンダードな認知行動療法プログラムが適用となる。なお，地域保健の枠組みでは，認知行動療法の実施者は医療従事者の一員であるため，医師との連携のもと，薬物療法の実施の有無などにも配慮しながらプログラムを構成する。一方，後者の身体疾患には，多くの身体疾患で抑うつ症状が伴う（田山・宗像，2007）。身体疾患のある患者の症状マネジメントの第一目的は身体症状の緩和である。しかしながら，身体疾患に伴う精神症状の軽減は，間接的に身体症状の緩和を促進する可能性がある。それゆえ，メンタルヘルス不良を伴う身体疾患患者へ認知行動療法を導入する意義は大きい。身体疾患患者において，抑うつ症状などのメンタルヘルスのセルフコントロール感を身につけるというアプローチは，彼らの生活の質（quality of life）向上のためにはきわめて重要なアプローチである。

●**健康づくりの分野における認知行動療法**　先に述べた身体疾患と認知行動療法の話と関連して，認知行動療法を生活習慣病の症状マネジメントに活かすアプローチが増えている。なお，生活習慣病とは，肥満，高血圧，糖尿病，脂質異常症など，何らかの生活習慣が関与して発症するとされる疾患群のことである。これらの生活習慣病には，遺伝素因（genetic predisposition）が関与するものの，やはり人それぞれの生活習慣が少なからず関係する。そして，先に述べた身体疾患の者と同様に，生活習慣病の者はメンタルヘルス不良を引き起こす割合が健常者に比べて高い（Evans et al., 2005）。例えば，特定健診・特定保健指導の対象となる未治療のメタボリックシンドローム（metabolic syndrome）やその予備群には，食生活，強いては食行動面のズレやクセなどがみられる（Tayama et al., 2017）。代謝が落ちている20時以降に間食をとる頻度が多いことや，長い休暇中に過度のご褒美食いをするなどの食事面の行動異常である。認知行動理論に基づけば，このような生活習慣病者の行動面の問題は，認知面の問題とセットである。ダイエットに失敗する人の認知としては，ダイエットを妨害する認知がある。例えば，食べると幸せになる，食べると健康でいられるなどの認知は，多くの生活習慣病の方々の症状を悪化させる認知である。地域保健分野においては，対象数でいうと精神疾患患者に比べて身体疾患患者のほうが多い。地域住民の生活に関連した疾患−行動−認知を踏まえた認知行動療法の導入が必要である。

［田山　淳］

📖 **さらに詳しく知るための文献**

［1］鈴木伸一編集代表　2018　公認心理師養成のための保健・医療系実習ガイドブック　北大路書房.

精神科リエゾンチームにおける認知行動療法

☞ 慢性疼痛の認知行動療法 p.356, 肥満や糖尿病などの生活習慣病への認知行動療法 p.366, 救急医療における認知行動療法 p.386, 小児医療における認知行動療法 p.388

　身体疾患の診療では，治療に伴ってさまざまな精神症状や心理的問題に関連した事態が発生しうる（表1）。精神科リエゾンチームは，院内の他科病棟で発生するこれらの問題に対して，主科のスタッフがよりよくケアでき，身体疾患への治療が円滑に進むように支援することを目的とする。患者自身の希望による依頼だけではなく医療者が困っていることによる依頼も多く，主科チームや病棟のニーズをアセスメントすることが重要である。リエゾンチームは，精神科医と精神看護の経験を有する看護師を必須とし，精神保健福祉士，薬剤師，作業療法士，臨床心理技術者のいずれかが専従として参画することとなっており，専門職種それぞれのアセスメントを統合して介入方針を検討する。

●**問題全体のアセスメントと認知行動療法**　行動療法の技法は，対象をどう把握するか（対象認識把握技術）とどう援助するか（問題の変容技術）の二つの技術群としてとらえることができ，行動療法における対象認識把握技術は，問題や症状の機能分析である（山上，2007）。同様に認知療法も，どのような認知フィルターで状況をとらえているかを理解する対象認識把握技術をもつ。表1にあるような病棟で生じる問題には，患者の症状や問題行動自体だけではなく，環境や医療スタッフの反応や対応，それらによって形成される循環が関係していることがある。そのような場合，背景にある環境や患者，医療者との相互作用を具体的に理解する視点が重要であり，対象認識把握技術は非常に有益である。また，精神科リエゾンチームにおける患者への支援プランは，①他科スタッフによる支援（間接支援），②精神科リエゾンチームによる直接支援と他科スタッフによる間接支援との協働，③専門的な精神科治療（直接支援）の三つに分けられる。認知行動療法は，クライエントとセラピストが問題を解決していくための共同作業者として問題解決を目指していく特徴があり，リエゾンチーム活動でも，この考え方を援用することが役立つ。他科の医療者とリエゾンチームが「問題を解決していくための共同作業者」となって問題解決に向けて一緒に考え，対象認識把握技術により得られたアセスメントを多職種と

表1　精神科リエゾンチームがかかわる主な事例［福嶋，2017］

①	認知症を含む精神疾患の既往歴
②	抗精神病薬，気分安定薬，抗うつ薬，抗てんかん役の服用歴
③	興奮を伴う意識障害（せん妄）
④	迷惑行為・暴言・暴力
⑤	身体疾患に伴う不安，抑うつ状態
⑥	自殺企図・希死念慮
⑦	行動化・身体化
⑧	身体拘束の施行
⑨	興奮を伴わない意識障害
⑩	診断を受けていない軽度の認知症

表2　CLにおいて心理職が主として関わりうるテーマ［小林, 2018］

テーマ	例
疾患への罹患やその症状のともなう問題	・疾病の経過とその受容プロセスにおける心理的反応 　（例：疾患の告知・病状の悪化・終末期） ・症状に対する不安反応・回避行動 　（例：不整脈患者の発作恐怖／糖尿病患者の低血糖恐怖）
疾患の治療にともなう問題	・治療・処置時の苦痛，副作用への反応 　（例：がん化学療法時の嘔吐恐怖／透析の穿刺痛への恐怖） ・治療の結果に対する懸念（例：治療が無効・再発／再燃） ・入院・治療環境への不適応 　（例：病棟での生活リズム・無菌室などの隔離環境）
社会的側面への影響にともなう問題	・学業や就労の中断・逸脱，再参加に伴う課題 　（例：治療と仕事の両立，職場にどう理解を求めるか） ・社会や家庭での役割の喪失 ・経済的損失にまつわる懸念 　（例：医療費の負担・収入の減少）　など
身体疾患の治療を妨げる問題	・不十分な服薬アドヒアランス・食事療法・運動療法 ・家族の疾患に対する理解と療養への協力の問題
個人特性に関する問題	・認知機能の低下や能力のアンバランスの存在 ・コミュニケーションスタイルや認知の構えなど
周囲との相互作用に関する問題	・医療者との関係（対立・不信・依存・怒りなど）

共有し，それに基づいた介入方針を立てることが必要となる。

●**患者における心理的問題と認知行動療法**　次に，リエゾンチームの活動の中で臨床心理技術者が主として関わりうるテーマを表2に引用する（主に表1における④〜⑦に検討されうる詳細と考えられる）。非常に多様なテーマが含まれるが，これらに対しては，上述の対象認識把握技術による問題の理解と同時に，認知行動療法による変容技術も用いられるだろう。例えば，リラクセーションや問題解決技法，行動活性化療法，アサーション訓練，認知的再体制化，マインドフルネス，アクセプタンス＆コミットメント・セラピーなど，認知行動療法における具体的な技術の適用が検討される。しかしながら，リエゾンチームは患者が入院中の介入となるため，疾患の状況や治療形態によって従来の認知行動的介入が難しい場面も数多く存在する。例えば，入院期間が短いことや，患者の内省を促したりすることに足る十分な集中力や認知能力が乏しい場合，または，治療状況や治療上の限界設定で長時間の面接時間が困難であるなど，治療構造に関わる問題も生じうる。したがって，少しでも問題や症状が生じにくくなるような環境調整をまず検討することや，短期的に変化の望めることに取り組むことなど，数々の制限の中で認知行動的技術を用いるための工夫を行い，柔軟な介入計画を検討することが不可欠である（五十嵐，2014）。

［五十嵐友里］

📖 **さらに詳しく知るための文献**
[1] 秋山　剛・宇佐美しおり　2017　精神科リエゾンチームガイドブック　医歯薬出版．
[2] 鈴木伸一　2016　からだの病気のこころのケア　北大路書房．

緩和ケアにおける認知行動療法

☞ 外傷後不安障害（PTSD）p.112，適応障害，ストレス p.114，うつ病 p.116，心身医学的技法 p.258，慢性疼痛の認知行動療法 p.356

　緩和ケアとは，生命を脅かす疾患による問題に直面している患者と家族に対して，痛みやその他の身体的，心理社会的，スピリチュアルな問題を早期に発見し，的確なアセスメントと対処を行うことによって，苦痛を予防し，緩和することで，Quality of Life（QOL）を改善する取組みである（WHO, 2002）。日本では，がん患者を中心に緩和ケアが導入・展開されてきたが，"生命を脅かす疾患"としては，がんのほかにも，心不全，慢性閉塞性肺疾患（COPD），慢性腎不全，後天性免疫不全症候群（AIDS）などさまざまな疾患があり，近年，非がん疾患への緩和ケアの拡充が課題とされている。また，過去には終末期医療や痛みのコントロールと緩和ケアが同義と考えられていた時代もあったが，現在では，診断早期から治療と並行して緩和ケアを提供するべきものと認識が変化しつつある。実際に，がん患者を対象とした早期からの緩和ケアの提供は，QOL の改善や抑うつの減少だけでなく，生存期間も改善するという報告がある（Temel et al., 2010）。

●**緩和ケアの対象となる症状**　米国の全米総合がんネットワーク（national comprehensive cancer network：NCCN）ガイドラインでは，緩和ケアのゴールは，患者・家族が経験する苦痛の予測・予防・軽減であるとしている。苦痛とは，身体的苦痛（physical pain），精神的苦痛（psychological pain），社会的苦痛（social pain），スピリチュアルな苦痛（spiritual pain）に分類され，これらを総称して全人的苦痛（total pain）と呼ぶ。身体的苦痛は，疼痛，倦怠感，食欲不振，呼吸苦などの身体症状や，歩行困難など身体機能の障害がある。精神的苦痛は，不安，いらだち，せん妄，抑うつなどの精神症状がある。社会的な苦痛は，就労困難や家族の役割変化，経済的な問題などがある。スピリチュアルな苦痛は，自分の存在や人生の意味を問うことに伴う苦痛で生きる意味への問い，死への恐怖，自責の念といった苦悩が含まれる。この4要素は互いに切り離せない関係であるが，患者や家族が直接訴えることもあれば，病気の治療とは関係ないからと自身で抱え込んでしまうこともある。そのため，患者家族の抱える多種多様な苦痛に対して包括的アセスメントを行い，多職種連携しながらアプローチを行っていくことが重要である。

●**がん患者の身体症状に対する認知行動療法**　がん患者の身体症状に対する認知行動療法の効果はこれまで多くの研究で示されている。例えば，疼痛に対する認知行動療法では，心理教育，目標設定，リラクセーション，問題解決，注意訓練，認知再構成法，ストレス免疫訓練法などのモジュールが含まれており，その効果は十分なエビデンスがあると評価されている。特に，痛みに対する非機能的

な思考（「痛みを軽減するためにできることは何もない」「痛みは必然的であり我慢すべきことである」などの強い思い込み）は，痛みの持続や悪化に影響を及ぼすため，丁寧にアセスメントすることが大切である。倦怠感に対しては，ストレスマネジメント訓練，コーピングスキルトレーニングやリラクセーションなどが有効である。その他，呼吸苦や不眠などに対しても認知行動的介入の有効性が示されている。

● **がん患者の精神症状に対する認知行動療法**　認知行動療法は，うつ病，不安症，心的外傷後ストレス障害などに対する治療として十分に効果が確立されており，がん患者の精神症状の改善に対しても有用性が高いと考えられている。実際に，がん患者を対象とした認知行動療法の効果に関するメタ分析において，抑うつ，不安，緊張，敵意などに効果が見られたことが報告されている（Tatrow & Montgomer, 2006；Beltman et al., 2010）。伝統的な認知行動的技法は，不安や回避につながる非現実的で過度に否定的な認知を扱い，それらが引き起こされる状況に段階的に曝露しながら，より適応的な認知や対処を獲得させる。しかし，がん患者の場合，治療の副作用，病状の変化や死の恐怖など「現実的な認知」であることが多く，通常のアプローチが必ずしもあてはまるわけではないということを考慮する必要がある。がん患者を対象とした認知行動的介入として，J. A. グリアほか（Greer et al., 2010）は，①心理教育と目標設定（がんという文脈における不安についての認知・行動モデルを示し，治療目標を確立する），②リラクセーショントレーニング，③がんの恐怖に対するコーピング（がんに関する自動思考の同定，現実的な心配と非現実的な心配の区別，認知再構成法，問題解決技法など），④活動計画の立案とペース配分という四つのモジュールからなる介入法を開発している。

　これまで，認知行動療法は初期のがん患者に対して効果が示されてきたが，近年では，進行がん患者や終末期がん患者に対しても役立つことが示唆されている。一方で，がん患者の精神症状に対しては，支持的精神療法，意味づけに基づく介入，情動焦点型療法など，さまざまな心理療法が用いられており，現時点で，認知行動療法がほかの心理療法と比較して効果が高いという実証は薄い。患者の状況や状態に応じて適切な介入法を検討することが重要である。　［栁井優子］

📖 **さらに詳しく知るための文献**
[1] Chochinov, H. & Breitbart, W. 2000 *Handbook of Psychiatry in Palliative Medicine*, Oxford University Press.（内富庸介監訳 2001 緩和医療における精神医学ハンドブック　星和書店）
[2] Moorey, S. & Greer, S. 2012 *Oxford Guide to CBT for People with Cancer*（2nd ed.）, Oxford University Press.（鈴木伸一監訳 2016 がん患者の認知行動療法　メンタルケアと生活支援のための実践ガイド　北大路書房）

プライマリケアにおける認知行動療法

☞ 心身症、身体症状症、病気不安症 p.128, 行動医学 p.130, 緩和ケアにおける認知行動療法 p.382

　日本ではプライマリケアの概念として1996年の米国科学アカデミーの定義が用いられ、患者の抱える問題の大部分に対処でき、かつ継続的なパートナーシップを築き、家族および地域という枠組みの中で責任をもって診療する臨床医によって提供される、総合性と受診のしやすさを特徴とするヘルスケアサービス」と説明されている。このような特徴を持つプライマリケアに必要な心理療法の要件を坂野（2011）はACCCAとして知られる5本の柱、①Accessibility（近接性）、②Comprehensiveness（包括性）、③Coordination（協調性）、④Continuity（継続性）、⑤Accountability（責任性）を用いて表1のようにまとめ、実証的に患者の問題を把握し、問題解決に向けて働きかけを行うことのできる認知行動療法（CBT）はこれらを満たしていると述べている。

●**プライマリケアにおけるCBTの有用性**　一般の外来を訪れる患者の50％から80％は精神疾患、または何らかの心理的要因の関与した疾患であると言われており、これはプライマリケアを求めて一般の外来を受診する患者の中に心理的な対応が必要となる患者がかなり含まれていることを意味する。実際にプライマリケア施設において、過敏性腸症候群、緊張型頭痛、書痙、高血圧、自律神経失調症などの心身症に加えて、社交不安症、パニック症、広場恐怖症、うつ状態、適応障害などの精神疾患をもつ患者にCBTを適用し、良好な治療効果が得られたことが示されている（大塚ほか、2002）。加えて、多くの一般的な慢性身体疾患（糖尿病、心血管疾患、呼吸器疾患、消化官疾患、慢性疼痛など）において、CBTが身体的および心理的な転帰の改善や生活の質（quality of life：QOL）を向上するために効果的なアプローチである、というエビデンスが増えつつある。

●**プライマリケアにおけるCBTの特徴**　CBTでは必ずアセスメントが必要であり、症状や問題の維持要因を明らかにして介入するという特徴を有するが、一般的には情動や外顕的行動にはレスポンデント技法とオペラント技法が、そして認知の問題にはセルフモニタリングや認知再構成法を中心とする認知的技法が用いら

表1　プライマリケアの特徴と心理療法

近接性	身近な医療機関で活用されている。誰にでも行うことができる
包括性	さまざまな問題に対処できる汎用性がある
協調性	患者と治療者が共同して進めることができる
継続性	患者のコンプライアンスが高い
責任性	何をやっているか患者が理解できる

［坂野（2011a）より引用］

れている。大塚ほか（2002）は，プライマリケア施設で個々のケースごとに診断によらず行動分析（機能分析）に基づいてCBTを適用した事例（121例）について，改めて診断名と治療法の関係を集計した結果，抑うつ障害には段階的タスク割りあて，認知行動論的カウンセリング，不安症にはエクスポージャー，自律訓練法，その他のリラクセーション法，身体症状症，睡眠-覚醒障害，他の医学的疾患に影響する心理的要因には自律訓練法，適応障害には認知行動論的カウンセリングが多く適用されているという比較的規則的な対応関係が見られることを示した。

●**プライマリケアでCBTを生かすための工夫** 疾患や介入方法を問わず，治療に影響を与える重要な要因として考えられる患者との治療関係，および治療課題の設定・実施について述べる。患者にとって，症状や問題行動に向き合うことは恐怖や苦痛を伴う大変な作業である。治療の開始と継続には，患者と治療者間で信頼関係の構築ができるかどうかが影響する。この実現のためには，常に患者と治療者が合意したうえで共同作業を進めていくことが鍵となる。CBTでは，患者が治療に主体的に取り組むことへの意識づけや動機づけを行い，治療者の質問に導かれながら，患者自身が答えを出し，実践することを原則とする。その際，多くの患者は焦りや過剰な自己期待，過剰適応，現実検討の乏しさによって高い目標を設定しがちであるため，治療者がイニシアチブを取り，現実的に達成可能で具体的な目標とスモールステップの課題を立てることができるように導く。そしてその課題についてはその後の診療（面接）場面で必ず取り上げ，その成果にかかわらず肯定的な評価を行う。その上でうまくいった点，うまくいかなかった点のそれぞれについて検討し，再度対策を練ったり，目標達成に向けた新たな課題を設定することが重要である。

●**プライマリケアにおけるCBTの新たな展開** 現在CBTは行動療法，認知療法に加えてマインドフルネスを取り込んで発展してきている。認知療法の伝統の中から発展してきたマインドフルネス認知療法，マインドフルネスストレス低減法，メタ認知療法，行動療法の伝統に位置づけられる行動活性化療法，弁証法的行動療法，アクセプタンス＆コミットメント・セラピーなどについてもその効果が検証され，CBTはさらに適用範囲を広げている（熊野，2012）。プライマリケアに必要な心理療法の要件を満たしているCBTは医師，臨床心理士，公認心理師，看護師，保健師，助産師，薬剤師，作業療法士，理学療法士，言語聴覚士など，患者の治療に携わるすべての医療従事者の専門性を生かす上での利点があり，かつ治療者と患者の双方に多くの有益性がある。今後，プライマリケアにおけるCBTのより一層の活用と貢献が期待される。　　　　　　　　［大塚明子］

📖 さらに詳しく知るための文献
[1] 坂野雄二 2011 認知行動療法の基礎 金剛出版.

救急医療における
認知行動療法

☞ オペラント法 p.252, 行動実験 p.288, スキーマ療法 p.292, 精神科リエゾンチームにおける認知行動療法 p.380, 自殺と自傷行為 p.414

　近年，精神科リエゾン診療の領域において，精神科専門職によるチーム医療の実践が求められている。対象となる症状は，既存精神疾患による精神症状や不眠・せん妄などがあげられ，症状によっては認知行動療法（以下，CBT）が活用される場合もある。救急医療現場からの精神科リエゾン診療依頼理由のうち，頻度が高いものとして自殺未遂と自傷行為がある。これらはしばしばストレスへの対処として行動に移されることがあるが，健康的な対処とは言いがたい。一般的な自殺に関する知識については文献を参照していただき（末木，2013；Shea, 2012），ここでは救急医療現場における自傷・自殺未遂患者（以下，患者）へのCBTの活用について概説する。

●**前提条件**　救急医療現場は時間的，空間的にさまざまな制約があり，臨機応変に患者に対応することが求められる。型どおりの構造化されたCBTを提供することは難しく，多職種による支援の一部に，CBTの知見をツールとして用いることになる。また，患者の心身の状態が，①身体は回復傾向にある，②意識障害がない，③精神症状・希死念慮が切迫してない，④高次脳機能障害がないか，軽度である，⑤知的能力の制限がないなど，言葉によるやりとりをスムーズに行える状態にあることが前提となる。患者は心身ともに疲弊しているため，シンプルでわかりやすい形で支援を提供する必要がある。患者との面接がその場限りになることもあるため，支援者主体の指導的な治療関係となる場合もある。また，患者はスキーマレベルで傷ついていることも多く，スキーマ療法の治療的再養育法という治療関係も応用することがある。

●**CBTの導入**　救急医療現場では，初期の段階で家族や関係機関などから先に情報を収集し，生活歴や病歴を確認する。その後，身体の状態が回復し，会話が可能になった患者と面接し，救急医療受療前後のエピソードをうかがい，アセスメントを行う。通常のCBTであれば，協同的実証主義に則り，CBTに関する心理教育を行い，問題の同定，目標の設定，技法の選択と実践，効果検証と進む。しかし，前述のとおり構造化されたCBTの実施は難しいため，一般的な精神科リエゾン診療の対話の中でCBTの考え方や技法を用いていくことになる。CBTをアセスメントツールの一つとして用い，得られた範囲内での限られた情報からケースフォーミュレーションを行い，患者の問題や認知・行動パターンを同定し，そのパターンを患者と共有する。そして，どういう場合に自殺未遂や自傷行為という対処パターンに陥るのかを，患者のエピソードに合わせて振り返っていく。

●**心理教育**　患者への介入は心理教育が中心となる。患者は援助希求性に乏し

い。その背景には，相談することで迷惑をかけてしまう・自分の問題は自分でやらなければならない・過去に相談しても助けにならなかった，といった他者や支援に対する遠慮や不信感，孤独感がある。患者は他者を頼らず自身で問題の解決をはかろうとするが，患者の従来の対処パターンで対処できなかったからこそ，最終的に残る対処方法が自殺未遂や自傷行為になるのである。自殺未遂や自傷行為を行動に移すとき，患者は心理的視野狭窄に陥り，この苦しみから解放されるためには死ぬしかないといった思考や，絶望感などの負の感情に支配されているため，冷静な判断ができない。しかし，本来であれば，自殺未遂や自傷行為といった手段に至る前に，自身の状態・状況を客観視し，適切な知識や方法によって問題へ対処できることが望ましい。自殺の対人関係理論（Joiner Jr., 2011）において変化しやすいとされる，所属感の減弱と負担感の知覚に焦点をあて，患者の認知・行動パターンや患者自身の特性を踏まえて心理教育を行う。心理教育の内容としては，自殺未遂や自傷行為に陥りやすい一般的なパターン，個々のエピソードに応じた適切な対処の取り方や支援の求め方などである。救急医療現場での短い介入であったとしても，患者と丁寧にやりとりすることで患者の視野は広がり，ともに考えてくれる支援者の存在を認識し，負担感の知覚と所属感の減弱をゆるめていけるのである。

●**実践**　患者の抱える問題の多くは，救急医療後の支援により解決をはかることになる。そのため，患者が自らの意思で適切な対処を選択し，救急医療後の支援に結びつけるようになることが重要である。そこで，患者が救急医療の場にいる間に，CBTの考え方と技法を用いたセルフコントロールと援助希求性の向上がはかれるとよい。心理教育の内容をもとに，患者が実践できそうな対処法をともに探り，検討した対処法やCBTの技法を実践し，それらが患者にとって有効かを確認していく。例えば，①日記やメモを用いて自動思考や気持ちの外在化とセルフモニタリング，②援助希求を妨げる思い込みが妥当か，医療スタッフに相談して確かめるという行動実験，③気分転換法やリラクセーション，④対話の中での問題解決技法・認知再構成法の応用，といった具合である。患者が自分の状態を把握し，現実的な思考で，適切な対処行動を取れた時には，そのことを労ったり，さらなる対処を一緒に考えるなどして強化し，適切な対処行動を増やしていくという，オペラント条件づけの考え方が有効である。こうした実践から成功体験を積み重ねて援助希求性を高め，自殺未遂や自傷行為以外の方法で問題を解決する方法を身につけてもらう。このように，CBTは患者の援助希求性の向上に応用でき，救急医療においても有用なツールなのである。

［伊藤　翼］

📖 さらに詳しく知るための文献

[1] 日本臨床救急医学会 2018 救急現場における精神科的問題の初期対応 PEEC ガイドブック（改訂第2版）へるす出版.

小児医療における認知行動療法

☞「子どもの身体疾患」p.162

　小児医療では，身体疾患，心身症，抑うつや不安，不登校，チックや夜尿，発達障害，さらには養育の問題など幅広い範囲の心身の問題が扱われる。子どもが訴える身体症状の背景に心理的問題が隠れていたり，身体疾患の治療経過において心理的問題が生じることも多く，小児医療における心理的支援は非常に重要である。上記にあげたような小児医療で扱われる多様な心理的問題に対する認知行動療法の有効性は，それぞれに実証されている。ここでは，小児医療に特有な身体疾患を抱える子どもに対する認知行動療法について扱う。身体疾患を抱える子どもの心理的問題についても，短期的で問題解決的である認知行動療法や行動的技法が多く用いられ，その有効性が示されている（Kibby et al., 1998）。

●**医学的処置に伴う苦痛を緩和するための認知行動療法**　医学的処置には，採血や予防接種，骨髄穿刺や腰椎穿刺，外科的手術など痛みを伴うものが多くある。処置に伴う痛みや不安は，どの子どもにも生じるものであるが，そのときだけでなく，長期的に生理的，身体的，心理的な影響を引き起こす。例えば，痛みの伴う処置を経験すると，その後の処置の際に痛みが増大し，成人になってからも医療的ケアを避けることがある。そのため，医学的処置に伴う苦痛を緩和することは非常に重要である。医療処置における苦痛や不安に対しては認知行動療法の有効性が実証されており，認知行動療法は麻酔と同様，あるいはそれ以上の苦痛緩和効果があり，費用対効果に優れているとされている（Cohen et al., 1999）。具体的な内容としては，リラクセーションやディストラクション，脱感作，行動リハーサル，モデリング，行動の正の強化（賞賛やごほうびを与える）といった技法が用いられる。

●**身体疾患を抱える子どもの家族に対する認知行動療法**　身体疾患を抱えることは子どもにとっても大きなストレスとなるが，その家族もまたさまざまな心理社会的問題を抱える。特に，親は，子どもの心身のサポートを行いながら，子どもの代わりに治療方針に関わる重要な意思決定を担う。また，親は子どもが病気になったことに対する罪悪感を抱えていることも多く，罹患前後で子どもに対する関わり方が年齢不相応に過保護的になったり，親子のコミュニケーションが変化することもある。そのため，親の認知や養育行動へのアプローチが必要となる。また，親の心理的問題には問題解決療法が用いられることが多い（Eccleston et al., 2012）。小児がんや小児肥満など多くの疾患において，問題解決療法が親の問題解決能力を向上させ抑うつや育児ストレスといった問題を緩和することが示されている。さらに，身体疾患をもつ子どもに対する認知行動療法では，親を含

めた介入が有用とされている。例えば，思春期の糖尿病患者のアドヒアランスの問題に対する行動療法的家族療法は，治療の必要性を伝える教育的介入よりも有効であることがわかっている（Wysocki et al., 2007）。患児のきょうだいも，親の注目が患児に向けられることで寂しさや不安を感じたり，世話をしてくれる人が親から祖父母に代わるなどの日常生活の変化を経験することになる。きょうだいに対してもストレスマネジメントなどの介入が有用である。

●**発達段階や病期を考慮した支援の必要性**　小児医療の対象は0歳からおおむね15歳くらいまでであるが，乳幼児期から長期的なフォローアップが必要な場合は成人も対象とすることもある。そのため，身体疾患を抱える子どもの心理的問題の内容は，その子どもの身体的，認知的，社会的な発達段階によって異なり，発達段階を考慮した支援が求められる。幼児は「悪い子だったから病気になった」「罰として注射をうけなければならない」と誤って自分の病気を認知していることがある。幼児であっても不必要な不安を感じさせることなく，病気や治療の必要性についての理解を促し，治療への協力を得ることが重要であり，子どもの認知や対処能力のアセスメントは不可欠である。また，「発症」「治療期」「寛解期・サバイバー」「終末期」「死別」といった治療段階によって生じる問題も異なる。侵襲的な治療が必要な小児がんでは，サバイバーのPTSD症状などの心理不適応が指摘されている。しかし，その一方で，病気を経験したことでPost Traumatic Growthといった心理的成長が生じることも報告されている。病気の経験を前向きにとらえ直すことや，病気により失ったものだけではなく，病気を経験しても失わなかったものやできることがあることを認知することは，その後の人生の適応に関わる要因の一つである。また，子どもの意思決定能力やコミュニケーションの問題から，終末期や死別は成人とは異なる難しさがある。痛みや不安を緩和するためのリラクセーションや親子のコミュニケーションを促進する介入，死別後の家族の精神症状や生活への介入は有用である。疾患の発症や経過は，子どもや親が努力してもどうにもできない側面があり，セルフコントロール感が得にくい状況である。その中で，子どもや家族の認知や行動を支援し，セルフコントロール感を高めることは，心理適応やQOLの向上に寄与する。小児医療において構造化された認知行動療法は実施しづらいことも多いが，段階や病状，病期に応じて，認知行動療法の要素を取り入れることが非常に役立つといえる。　　［尾形明子］

📖 **さらに詳しく知るための文献**
[1]　ロバーツ，M. C.　奥山真紀子・丸 光惠監訳　2007　小児医療心理学　エルゼビア・ジャパン．
[2]　尾形明子　2015　子どもの身体疾患　佐藤正二・石川信一編著　臨床児童心理学　ミネルヴァ書房．pp.269-296.

英国の認知行動療法教育から見る日本の認知行動療法実践家養成の課題

　英国は，臨床心理学の実践家養成とその活動に関する社会システムが世界で最も整備されている国の一つである。また，行動療法発祥の地であり，認知行動療法の発展の歴史において，常に先進的取り組みを行ってきた国でもある。

　その英国では，洗練された系統的な CBT の教育研修が行われている。例えば，Improving Access to Psychological Therapies (IAPT) という国家施策の一環として行われている認知行動療法の実践家養成では，学部卒レベルを対象とした1年間の CBT 教育プログラム (postgraduate diploma) が心理学系大学院などに設置され，厳格に定められたガイドラインに基づいてトレーニングが展開されている。また，臨床心理学に関する高度専門職の養成としては，臨床心理学の専門職を養成する博士課程 (DClinPsy) が設置されている。この博士課程のカリキュラムでは，臨床心理学に関する多様な講義科目に加え，①成人，②児童思春期，③発達障害，④高齢者，⑤その他の5領域が必須の実習科目として設定され，3年間を通して週の半分は臨床実習に配置される。また，担当した症例は継続的にスーパービジョンを受けながら技能を高めていく。臨床オリエンテーションとしては，認知行動療法が必須とされ，それに加えて少なくとも一つ以上のオリエンテーションの習得が義務づけられている。さらに，実証的データに基づく臨床研究も必須とされており，科学者-実践家モデルの発想と技能を系統的に学習できるシステムとなっている。

　そして，これらの制度における認知行動療法トレーニングにおける標準カリキュラムや実習内容については，英国認知行動療法学会 (British Association For Behavioural & Cognitive Psychotherapies：BABCP) がトレーニング・ガイドライン (BABCP, 2008) を作成し，そのカリキュラムに沿ったトレーニングを行っているコースに BABCP が認証を与えるという制度を構築している (BABCP のガイドラインを部分的に採用しているコースには Level 1，網羅的に踏襲したコースには Level 2 の認証が与えられる)。このような国家レベルの包括的・組織的取組みによって，英国の CBT の普及とその質保証がなされている。

　日本においても認知行動療法の普及が進んでいるが，CBT 実践家の養成は非常に俗人的であり，スタンダートといえるものは共有されていない。今後さらなる普及に向けて，認知行動療法トレーニングのミニマムエッセンシャルと質保証のための到達目標の策定を行っていくことが喫緊の課題である。

　一社日本認知・行動療法学会では，2019 年に認知行動療法トレーニングガイドラインを作成し，我が国の認知行動療法の実践家が備えておくべき知識と技能に関する指針を公表した。その概要は，認知行動療法の基礎として「認知行動療法の理論と発展」「アセスメントとケースフォーミュレーション」「面接の構造化と基本的態度・応答技術」「基本技法」，「スーパービジョンの活用」「臨床研究の方法論と倫理」が挙げられており，それに加えて，特定の疾患や問題に関する各論が示されている (詳しくは，日本認知・行動療法学会のウェブページ参照)。

［鈴木伸一］

第7章
教育分野の認知行動療法

[編集担当：石川信一・小野昌彦]

　教育は，人が成長していく過程において，その基礎を築き上げていくことに貢献する取組みにほかならない。本章の扱う範囲には幼児教育から高等教育までが含まれる。各学校などに在籍する幼児，児童，生徒，学生の発達段階は大きく異なる。そのため，教育分野における効果的な実践には，各発達段階や各種学校などにおける基礎的知識が求められる。加えて，当該学年の情報のみならず，支援の対象となるクライエントが以前どのような支援や配慮を受けてきたのか，そして，将来の進路における支援や配慮にはどのようなものがありえるのか，といった長期的な展望が求められる。

　教育分野においては扱うべき問題も多岐にわたっている。不登校やいじめなど生徒指導・教育相談の中で取り扱われることが多い問題に加えて，それらと密接に関連する心理的問題や発達的問題についても見すごすことはできない。不安や抑うつ，怒り・攻撃の問題を示すクライエントは数多く見られる上，自傷行為や心身症などの問題への対処を求められることも少なくない。また，支援者についての多様性も考慮しなければならない。学齢期では学級担任が児童生徒と関わる機会が最も多いが，子どもが進級，進学するにつれて，さらに数多くの教職員が関わることになる。いずれの学年においても，管理職，学年主任などの支援や，特別支援コーディネーター，養護教諭などさまざまな専門性を有する教職員の協力が必要不可欠となるだろう。さらに，教育分野における学校内外の連携のみならず，保健医療分野，発達障害支援分野，福祉分野，ならびに司法分野における専門家，および専門機関との綿密な連携が必要となることも少なくない。

　加えて，幼児，児童，生徒，学生の一人ひとりのリスク状態も多様である。義務教育期間であれば，教育機関は事実上すべての児童生徒に関わりをもつことができる。高等学校やその他の高等教育機関への進学率を考えれば，その期間は事実上さらに伸びることになるかもしれない。そのため，抱えている問題や弱みだけでなく，子ども一人ひとりの強みにも焦点をあてた丁寧なアセスメントとケースフォーミュレーションが求められる。一方で，ある時点で既に問題を抱えている子どもだけでなく，将来問題を抱える可能性がある対象者に対して予防・開発的に関わることができるのは，教育分野固有の特長である。問題が起こってしまう前に提供できる知識，技術，資源を有する認知行動療法は，教育分野での展開において大きな可能性を有しているといえる。教育分野の認知行動療法においては，個人や集団の発達を視野に入れた縦断的展開と，学際的協同を目指した横断的展開が求められている。

[石川信一]

教育分野における
認知行動療法の適用

☞ 教員（支援者）への支援 p.468，早期療育 p.486，成人犯罪・少年非行と関連諸機関 p.528，エビデンスに基づく教育 p.628，教育分野の関連法規 p.698

　教育現場においては，子どもや若者の能力を最大限発揮できるよう日々さまざまな取組みが行われている。総合的な人間の伸長を促進するという目的を考慮すると，教育領域において用いられる方法論は必然的に多種多様なものとなる。共通の目的をもつほかの取組みと建設的な相互作用をもちながら，認知行動療法もまた，子どもや若者の健やかな心身の発達に貢献することが期待されている。

●**教育機関における認知行動療法の適用範囲**　幼児教育から始まり，小中学校，高等学校，高等教育機関，そして特別支援学校などを含めれば，教育領域における認知行動療法の適用は広範囲にわたる。そのため，認知行動療法を実施する際には，それぞれの領域において求められる知識や技能に習熟しておかなければならない。まず，学校教育の根幹を担う学校においての認知行動療法の適用が期待される。例えば，教育相談・生徒指導活動を通じた支援，スクールカウンセラーやスクールソーシャルワーカーによる相談，養護教諭による相談指導活動など，その適用可能範囲は多岐にわたる。さらに，学校においては現在問題を抱えている児童生徒のみならず，将来の予防を目指した開発・予防アプローチの導入や，幼児児童生徒に直接関わる教師や保護者に対する行動コンサルテーションの活用も可能である。学校外に目を移せば，教育支援センターや適応指導教室といった教育相談施設，児童相談所，児童養護施設，あるいは児童発達支援センターなどの児童福祉施設，小児科や児童思春期精神科などの医療施設，さらには私的相談機関やNPOといった民間組織など，教育を支えるあらゆる機関に，認知行動療法の活躍の場は広がっている。高等教育以降においては，学生相談や大学の相談施設等も認知行動療法の適用が求められている領域であるといえる。以上のように，学内外の多職種間連携という観点から，教育分野において認知行動療法は大きな役割を果たすことが期待される。

●**教育領域に見られる問題と理解**　教育領域においては扱うべき問題も非常に多様である。すべての児童生徒に関わりをもつことになる学校では，事実上すべての問題に何らかの対処が求められることになる。そこには，生徒指導・教育相談上の主たる問題である不登校，いじめ，暴力行為のみならず，児童虐待，自殺，貧困など学校外の専門機関との連携が必要不可欠な問題まで，あらゆる問題が含まれる。教育領域において認知行動療法を適用する際には，制度上の問題分類とそのメカニズムについては区別してとらえることが重要である。例えば，同じ不登校に分類されていたとしても，それぞれの児童生徒において問題を継続させているメカニズムは異なることが予想される。そのため，画一的な支援を実施して

いても有益な成果が必ずしも得られるとは限らない。この課題を解決するためには，ケースフォーミュレーションの考え方が有益となる。ケースフォーミュレーションとは，個人の現在の問題や，これまでの問題，さまざまな症状，そして現実的な生活における適応状態や機能といった要因の関連を明らかにするために立案される概念化モデルである（Nezu et al., 2004）。的確なケースフォーミュレーションは，支援計画を自ずと導き出すことにつながる。この考え方は，子ども一人ひとりの個性を大切にする教育理念に通じるものがあるが，ケースフォーミュレーションは問題を必要以上に複雑にとらえるのではなく，最低限の臨床的推測に基づいて行われなくてはならない（Finch et al., 2012）。そして，ある時点での理解は仮説的なものにすぎないため，支援プロセスを通し継続的に検討され，常に更新，洗練されていかなければならない（Persons, 2008）。また，ケースフォーミュレーションは支援に関わる全員に理解可能でなければ意味をなさないため，現実的，具体的で，かつ共有性を備えた概念化モデルが求められることになる。

●認知行動療法の導入・実施・評価　年度ごとに体制が刷新される教育機関では，常に，計画・実行・評価・改善というPDCAサイクルを定められた期間内に遂行することが求められる。まず，計画段階においては，個別介入では個別の支援計画，集団介入では指導案を作成することを通じて綿密な計画を立案することが求められる。そして，実行段階においては，その計画に従って支援，相談，助言，介入が実施されることになる。この段階においては，治療プロトコルや介入マニュアルは有意義な資源となるだろう。さらに，評価・改善の段階においては，信頼性と妥当性が確認された自己報告式質問紙，他者報告式質問紙，行動観察，面接などを通じて行われるアセスメント技法の考え方を活用することができる。他領域の動向を鑑みれば，教育領域でも今後はエビデンスに基づく心理社会的介入の導入がますます求められることが予測される。そのようなニーズに応えるためにも，体系的な評価方法の導入が必要不可欠となる。一方，教育領域においては年度単位で体制が刷新されることが多いため，長期的目標を念頭におきながらも，実現可能性が高く，変容を具体的にとらえる短期的目標の設定が求められることになる。そのため，認知行動療法の現実的，かつ具体的な目標を立てるという評価の観点は有用となる。以上のように，教育領域において認知行動療法を活用する際には，提供者，提供機関，参加者，対象となる問題などを明確にするとともに，共有可能な問題の理解に基づき，現実的，具体的な目標を定め，計画・実行・評価・改善のサイクルに従って実施することが肝要といえる。　　　　［石川信一］

📖 さらに詳しく知るための文献

［1］メヌッティ, R. B. ほか　石川信一ほか訳　2018　子どもの心の問題支援ガイド―教育の現場に活かす認知行動療法　金剛出版.

幼児教育における
認知行動療法の適用

☞ 早期療育 p.486

　日本では，ノーマライゼーション理念の普及を経て，各地の保育園や幼稚園で障害児の受け入れが進んでいる。そのような統合保育においては，子どもの障害や発達に関する専門的な知見を導入して，質の高い保育実践を行うことが求められている。そのため，保育園や幼稚園では，専門家が保育場面を観察し，保育者に助言を行う支援制度を利用している。この支援制度は，一般に巡回相談と呼ばれている。巡回相談という用語は，保育行政や障害児の療育制度において慣習的に使用されており，その定義は，「専門機関のスタッフが保育園・幼稚園を訪問して，子どもの保育園での生活を実際に見たうえで，それにそくして専門的な援助を行うこと」が引用されることが多い（浜谷，2009）。

　浜谷（2009）は，巡回相談の実務的な手順として以下の過程を掲げている。①相談依頼書の作成：担任保育者と職員が相談依頼書を作成し提出する。担任は対象児の状況（育ちと障害に関する内容・療育歴・入園時の状況など），クラスの状況（担任と担当者の役割，子どもたちの状況など），家庭状況と保護者の考えなどを記載した依頼書を作成する。特に，対象児の状況については，最近の様子，それまでの保育の取組み，指導上困っていること，を詳細に記載する。また，保護者からは，生育歴，入園前の様子，家庭を含む園外での様子，園に望むことに関する記録と意見が提出される。②相談員による仮説の立案：相談員は，相談日の前に依頼書を読み，相談主訴がどのように生じているかに関する仮説を立てて相談当日に望む。③観察場面の打ち合わせ：相談当日の最初に，担任などから最近の状況の変化について聴き取りを行い，仮説を精緻化したり修正したりする。また，担任保育者の主訴に合わせて当日の保育のどういう状況を観察するのかについて打ち合わせする。④情報収集：相談員は，保育場面（設定場面・自由遊び・生活場面の異なる三つの場面など）の行動観察を行い，対象児の発達と障害，保育者の関わり，対象児とほかの子どもの関係等について情報を収集する。⑤発達検査の実施：担任保育者の同席のもとで，別室で発達検査を実施する。⑥相談と話し合い：相談員は，対象児とクラスの状態に関する詳しい所見（行動観察，発達検査，聞き取りなどによるアセスメントを総合した判断）と，その所見に基づき担任保育者の主訴に関する助言（介入案）を記載した報告書を作成する。後日，報告書に基づき，関係者はカンファレンスをもつ。カンファレンスでは，所見について意見交換を行い，確認や修正を行う。次に，助言について意見交換を行い，介入案を確認・修正・決定・具体化する。

●**コンサルテーションとしての巡回相談**　コンサルテーションとは，コンサルタ

ント（例えば，心理士や保育カウンセラー）が，相談者（例えば，保育士や親）を介してクライエント（子ども）に行う間接的サービスのことである。コンサルテーションは，コンサルタントと相談者の間で行われる問題解決の過程であり，現在問題となっている環境を望ましい方向に変えるための試みでもある。したがって，コンサルテーションとしての巡回相談とは，巡回相談員（コンサルタント）が，何らかの問題を抱えている幼児の保育に携わっている保育者（コンサルティ）に対して，幼児をどのように援助したらよいのかを支援することである。そして，最終的な目的は，幼児の行動を変えることである。

●**行動コンサルテーション（behavioral consultation）** 行動コンサルテーションは，行動理論に基づいており，応用行動分析や認知行動療法の考え方や諸技法を生かして行われる北米で考案された間接援助モデルの総称である（Mueller & Nkosi, 2009）。その特長は，エビデンスに基づく系統的な介入と高い効果であり，肯定的な結果が得られる理由として，系統的な教育訓練および研修システムや介入の受容性・妥当性・整合性を絶えず評価していることがあげられている（Erchul & Martens, 2002）。

行動コンサルテーションは，4段階の介入を指している場合が多く，この4段階とは，①問題同定，②問題分析，③介入実行，④効果評価である。問題同定段階では標的行動の選定と選考の評価を行い，問題分析段階では機能的アセスメントを行う。介入実行段階では包括的行動支援計画の立案と介入の整合性の評価を行い，効果評価段階では行動変容と維持・般化の測定，社会的妥当性の評価を行う（大石，2016）。行動問題の改善を目指す研究と実践が行動コンサルテーションの典型的な形であり，保育園や幼稚園においても行動コンサルテーションが実施されている（平澤・藤原，2001）。

●**地域における関連機関との連携** 子どもの障害や発達，保護者の状況によっては，地域の関連機関との連携が必要になる。例えば，専門的な療育を継続的に受ける場合は，地域の発達支援センターや療育センターとの連携が必要となり，保護者に子育ての悩みや心身疾患などがある場合は，地域子育て支援センターや医療機関との連携が必要となる。さらに，近年，小1プロブレムの問題から幼稚園・保育園・認定子ども園と小学校との接続が課題とされていることからも，幼児教育において巡回相談が果たす役割は大きいといえる。　　　　　　　　　　［清水寿代］

📖**さらに詳しく知るための文献**
[1] 加藤哲文・大石幸二 2004 特別支援教育を支える行動コンサルテーション―連携と協働を実現するためのシステムと技法 学苑社．
[2] 野呂文行 2006 園での「気になる子」対応ガイド―保育場面別 Q&A・保護者他との関わり・問題行動への対応など ひかりのくに．

小中学校における認知行動療法の適用

☞ 不登校 p.170, 教育分野のアセスメント p.230, ソーシャルスキルトレーニング (SST) p.278, アサーショントレーニング p.462

　小中学校のスクールカウンセリングにおいて，認知行動療法は多く活用されている（神村，2014）。スクールカウンセリングでは，子どもたちあるいは保護者からさまざまな相談が寄せられる。スクールカウンセラーは，教育相談などにおいてクライエントが抱える問題に対して，認知行動療法の基礎的技法を用いて支援を行うことがある。具体的には，問題行動がなぜ生じているかといった行動の機能を明らかにすること，環境設定，エクスポージャーなどである。例えば，LINE（コミュニケーションアプリ）での対人トラブルを訴えてきた中学生がいたとしよう。時々，既読スルー（既読のサインが付くが，返事がない状態）をする友人に苛立ち，衝動的に攻撃的なメールを送ってしまうことに悩んでいる。既読スルーは強化をしないこと，つまり消去に該当し，今まで強化されていた行動が強化されなくなると消去抵抗が生じ，連続強化された行動よりも部分強化された行動の方が消去されにくいことが明らかとなっている。つまり，このような攻撃的なメールを送ってしまう行動の機能を本人にわかりやすい形で伝え，代替行動を一緒に考えるなどの支援を行う。環境設定は，適切な行動を起こりやすくするような行動のきっかけをつくることであり，例えば夜中に一人でスマートフォンを触る時間を減らすなどである。「チーム学校」として，校内連携はもちろんのこと，外部専門家などとの校外連携も重要である。

●**不登校への応用**　学校支援においては，不登校の相談を受けることも多い。認知行動療法的アプローチは不登校の支援に対しても有効である。文部科学省（2003）も不登校の児童生徒に対して積極的な支援の必要性を主張しており，これまでの受容的なアプローチから，認知行動療法などを活用した積極的なアプローチに移行してきている。具体的には，まず不登校行動に対する生態学的アセスメントにより，不登校行動を維持している要因（機能）を明らかにし，登校行動が生じるような環境設定を行う。例えば昼夜逆転しているような生活状況があれば，規則正しい生活を送れるように保護者に働きかけるなど，家庭のサポートを行い，登校行動を生じさせるような環境設定を行う。さらに，登校行動に関する不安階層表を作成し，「家の中でランドセルをもつ」といった段階から取り組む。家の中でランドセルをもち，不安が下がるのを確認し，次の段階「玄関でランドセルを背負う」などに移っていく。

●**心理教育プログラム**　小中学校などの学校場面において，認知行動療法を学級集団に適用する心理教育プログラムがいくつかある。例えば，怒りや攻撃性に対するマネジメント（アンガーマネジメント），不安や緊張に対するプログラム，ソーシャルスキルトレーニング（social skills training：SST），アサーティブト

レーニングなどである。不安や怒りなどへの対処を学ぶことで、学校生活のサポートはもちろん、不登校やいじめを予防する取組みである。認知行動療法では自分の感情や考え方をモニタリングする必要があり、ある程度の認知、言語能力を必要とする。障害がある子どもたちにも適用可能であるが、一般的には7歳以上の子どもには適切な技法を採用すれば成果が得られるとされている。子ども達に適用する際には、ゲーム、人形劇、例え話、物語、キャラクターなどを適宜使うことが求められ、視覚化も重要となる。例えば、怒りを掃除機にたとえ、「掃除機に吸い込まれたくなかったら方法は二つある、一つはスイッチを切ること、吸い込む力が強くなる前に掃除機から離れること」などとイラストとともに説明する（ヒューブナー、2009）。認知療法のモデルを適用した例では、野球ベースを「からだ」「気持ち」「すること」「考え」として、それぞれに該当するものを理解し、またそれぞれがつながっていることを学ぶなどである（フリードバーグら、2006）。

　SSTは、発達障害がある子どもたちへの個人、あるいは集団（学級）におけるトレーニングが有名であるが、多様な分野で実践されている。標的行動も多様であり、「あいさつ」「仲間入り」などの基礎的なスキルから、「お金を下ろす」などのライフスキルに近いもの、対人関係スキル、SNSでの対応などの応用スキルなどがある。いじめ予防においても、学級単位のSSTがいじめや暴力行為の防止に役立つといった研究などもある。SSTの基本的な流れは、①教員による教示（例えば、いじめを許さない学校づくりの重要性）、②いじめを止める方法を学習するためのロールプレイ、③いじめの場面の呈示（生徒からの聞き取りによる「無視」「悪口」「ばい菌扱い」などのストーリー）、④いじめを止める方法リストを作成（例えば、被害者に話しかける、なぐさめる、誰かを止めに入る、先生を呼びに行くなど）、⑤フィードバックなどとなっている。SSTはいじめの加害者、被害者だけでなく、傍観者や聴衆といったいじめに直接関わっていない児童生徒に対しても効果が期待できる。SSTに関しては、学級での導入など、さまざまな実施マニュアルを参照されたい。

　アサーティブトレーニングは、日本で最も広く受け入れられているコミュニケーショントレーニングの一つである（平木、2004）。自分も相手も尊重するコミュニケーションを身につけることが目的であり、①話し手の目指す対象や目標を得る課題達成、②相手や集団との間に協調的な関係や親密な関係を維持、向上する、③自分自身に対する誠実性を維持、向上させるといった機能的変化を重視している。対人援助職に対するトレーニングとして有名だが、学校場面においても重視され始めており、日本の文化に適応するよう、工夫が必要であるとされている。　　[道城裕貴]

さらに詳しく知るための文献

[1] 神村栄一 2014 学校でフル活用する認知行動療法 遠見書房.

高等学校における
認知行動療法の適用

☞ 学校ストレスとストレスマネジメント p.430, 学級単位介入 p.442

　ヘルスプロモーションに関する知識や方法の習得，日常生活での活用は高等学校学習指導要領（文部科学省，2018）でも取り入れられている。"保健"教科では個人レベルだけでなく社会全体の健康の保持増進に関与する環境づくりが，"体育"では"体つくり運動"の一つに"体ほぐしの運動"が継続して含まれ，"こころ"と"からだ"の相互関係の理解と気づきとともに，仲間との主体的な関わりを生涯にわたり実生活で思考力と実践力を活用することが強調されている。これらの前提には小中学校の"心の健康"教育の"不安や悩みへの対処"に体ほぐしや呼吸法の対処行動教育があり，高等学校でさらに日常生活で柔軟かつ効果的に用いられる教育が求められる。

●**ユニバーサルデザイン教育**　初等教育からの連続性かつより専門化した学習には，ユニバーサルデザイン教育（universal design education）の考え方に基づいた実践も求められる。国内では特別支援を要する児童生徒たちを統合化する意味で用いられやすいが，Center for Applied Special Technology の創始者で"学習のユニバーサルデザイン（UDL）"を提唱した脳科学者の Rose & Meyer (2002) は，一つの方法がすべての学習者に合うことなく，一人ひとりの個別性やユニークさに合わせて，有する能力を最大限発揮するような教育を提唱した。ガイドライン2版では，①提示方法，②行動と表出方法，③取り組み方法の三つに関する多様なオプションの指針が示されている（CAST, 2011）。生徒誰もが，柔軟かつわかりやすく容易に使え，必要なことが理解しやすく，効果的にいかなかったことも許容し身体面での負担も少なく，アクセスしやすさと使用しやすい大きさと空間が確保されていることが含まれた内容である。これらに即する教育実践に認知行動療法は最適なアプローチといえる。

●**発達段階**　特に高校生は，第二次性徴に伴う不安定な状態から「何をしたいのか」「自分と何か？」など，アイデンティティを模索し，自律・自立と他律や依存の間で揺れ動く時期である。高校入学という環境移行事象だけでなく，自分の意思で進学した高校であっても，入学後の生活がイメージしている状態とは異なったり，「このようにありたい」と描いている理想像と現実像のギャップに直面したり，慣れ親しんだ仲間関係から拡大した新しい友人関係の確立，それまでとは異なる自由度の高まる状態，就職や進学などの選択肢など，さまざまな選択というストレッサーを体験している。その状態に対し，ヘルスプロモーションとしての予防的心理教育は高校生の学校適応状態を高めるだけでなく，その後の人生を送る上でも大きな意味をもつ。

●**長期欠席や中途退学**　特に高校生の長期欠席は2016年度で48,579人（全生徒の1.5％），その中で中途退学になる割合は30％弱を占めている（文部科学省，2018）。中途退学は，ピーク時の1990年度の12万3千人強（2.2％）から2016年度には47,623人（1.4％）と減少しているが，長期欠席と中途退学ともに1年生が最も多く，学年進行とともに減少傾向にある。課程別では，定時制が最も多く，通信制，全日制総合学科，全日制専門学科，全日制普通科の順になっている。中途退学の理由には，学校生活や学業不適応が34.9％，進路変更が32.9％，学業不振が8.5％を含まれている。

●**認知行動療法を用いた教育実践**　長期欠席や中途退学の理由にはその個人が自分に合った進路を選択するという前向きな場合もみられるが，学校生活はもとより生活全般への適応の困難さによるものが多く，この状態への対応は急務といえる。実際，認知行動療法を用いたストレスマネジメントを中心とした心理教育は高等学校でも行われ，拡大している。そこには，"信念"や"メタ認知"，さまざまなコーピングの理解に基づき，授業中だけでなく日常生活での活用への橋渡しが求められる。確実かつ効果的に行うためには，実施者である教員はそれぞれの理論や原則を理解し，一人ひとりの生徒が自分に合った方法に柔軟に変容できるようにする提示が求められる。特に体験を通した学習（learning by doing）は効果を実際に体験し，日常生活への般化を促進する。加えて，教員が生徒の主体性を尊重しながら，活動を通し一緒に学んでいくという点において，認知行動療法の協同的経験主義（collaborative empiricism）は有益である。人はその人なりに何らかの対応をしている。生徒たちが情報や知識を受け身的に教えてもらうという形態ではなく，生徒たち一人ひとりがすでに用いているストレス対処行動をワークシートなどに書き込み，内容を参加者と共有することで，生徒の強さやよさ，行えていることなど【できていること】を一緒に考え，共有し，それぞれ認め合うことが協同的関係づくりの確立にもつながる効果をもつ。

　これらの実践において，実施時間の確保と同時に実施対象を希望者のみで行うのか学年や全校生徒を対象に行うのか，そして生徒たちの興味関心を高めるタイトルの工夫などは学びに対する動機づけを高めるうえでも重要な要素である。

［五十嵐透子］

📖 さらに詳しく知るための文献

［1］伊藤絵美　2016　イラスト版　子どものストレスマネジメント―自分で自分を上手に助ける45の練習　合同出版．
［2］竹田伸也　2012　マイナス思考と上手につきあう認知療法トレーニング・ブック―心の柔軟体操でつらい気持ちと折り合う力をつける　遠見書房．
［3］竹田伸也　2015　クラスで使える！　ストレスマネジメント授業プログラム―心のメッセージを変えて気持ちの温度計を挙げよう　遠見書房．

大学等学生相談における認知行動療法の適用

☞ 高等教育機関における発達障害学生への認知行動療法 p.482

　学生相談の役割とは,「学業・進路・学生生活・性格・対人関係などに関する学生の悩みや困難に対して,カウンセリングを中心とした専門的な適応支援・教育的支援を行い,学生の心理社会的回復・成長・発達を促進すること」(日本学生支援機構,2007：15)である。日本学生相談学会のガイドライン(日本学生相談学会,2013)によると,学生相談機関の活動(業務)は,①学生を対象とする活動(個別あるいはグループでの心理的支援,予防・啓発の活動),②教職員を対象とする活動(コンサルテーションおよび教職員研修),③保護者を対象とする活動(コンサルテーションおよびガイダンス),④全学コミュニティを対象とする活動(広報,アウトリーチ,学内委員会への関与,調査・研究),⑤活動の向上と社会貢献のための活動(研修,自己点検評価,他の高等教育機関との協力)に分類され,その内容は多岐にわたる。今回は上記の内,①学生を対象とする活動における認知行動療法の適用について述べる。

●**近年の学生相談の動向**　高等教育機関における学生相談に関する調査結果を見ると(日本学生支援機構,2017),学生相談の件数は2010年度から2014年度にかけて,大学・短期大学では増加傾向が続いている。学生の悩みなどについて2013年度調査と比較して2015年度に件数が増加している項目としては,大学および高等専門学校では「発達障害」が最も多く,次に多かったのは「対人関係」であった。短期大学では,「対人関係」,「発達障害」の順に件数の増加がみられた。2016年4月に障害者差別解消法が施行され,現在多くの大学では,障害のある学生に対して合理的配慮の提供を行っている。障害のある学生の高等教育機関における在籍者数は年々増加しており,学生相談機関と障害のある学生の支援担当部署(障害学生支援室,バリアフリー支援室など)との連携が重要となっている。

●**個別支援における認知行動療法**　学生相談の中心的活動は個別面接であるが,来談した学生にどのようなアプローチをとるのかは,学生相談機関の方針や相談担当者の判断によるところが大きい。学生相談機関の中には,精神科医が在籍し医療的アプローチを行う場合もあるが,そのような対応が困難な機関も多い。

　学生生活上の悩みへの対応において,認知行動療法の技法を活用できる場面は多い。例えば,不安が高い学生に対してリラクセーションを指導したり,教員とのコミュニケーションに困難を抱えている学生に対してソーシャルスキルトレーニングを実施したり,サークルの仲間関係で抑うつ気分が高い学生に認知再構成法を用いることもできる。来談する学生の中には,漠然とした悩みをただ聞いて

欲しく，面接を通じて自らの行動や考え方を変容することに消極的な学生もいるため，来談した学生のニーズにあったアプローチを選択し，十分な説明を行い，学生から同意を得た上で認知行動療法の技法を用いることが重要である。

●**グループ支援における認知行動療法**　学生相談機関の中には，個別面接以外に学生のメンタルヘルスの向上を目的にグループを対象とした支援を実施している機関もある。学生相談機関で実施されているグループを対象とした取組みをまとめた早坂（2010）は，グループを対象とした心理教育プログラムの内容として，構成的グループエンカウンター，人間関係スキルトレーニング，リラクセーション，自己分析・自己表現を紹介している。その内，人間関係スキルトレーニングやリラクセーションにおいては，認知行動療法の技法を活用することができる。伊藤ほか（2013）は，英国，米国の学生相談機関の行っている集団形式のプログラムについてまとめた上で，日本の学生相談機関において精神的不適応の予防を目指した集団式のプログラムを導入する際は，不安や抑うつ気分の予防をターゲットとし，認知行動療法のモデルに基づくことや学生が参加しやすい方法を取り入れることを推奨している。

●**予防・啓発活動における認知行動療法**　近年，学生のメンタルヘルスの問題の予防を目的に，学生相談機関の教員やカウンセラーが授業を担当する取組みが行われている。教員やカウンセラーが専門とする分野の科目だけでなく，新入生を対象とした授業や全学共通の授業などを担当することによって，普段は学生相談機関に来ない多くの学生と接点をもつことができる。学生側としては，授業担当者として学生相談機関の教員やカウンセラーと接することにより，学生相談を身近に感じる機会となる。吉武（2010）は，カウンセラーが行う授業として，新入生を対象とした予防教育で扱われるテーマを複数紹介しているが，その中でも友人関係や異性との付き合いなどの対人関係のテーマ，ひきこもり，ストレスへの対処などの心理的テーマでは，認知行動療法の知見を活用できると考えられる。

●**認知行動療法を取り入れるメリット**　今回は，学生相談と認知行動療法について，「個別支援」，「グループ支援」，「予防・啓発活動」の三つの観点から概観した。それらに共通する学生に認知行動療法を用いるメリットとしては，社会に出る一歩手前の青年期に，認知行動療法の観点から自己理解を深め，ストレスへの対処や感情のコントロールの方法を身につけることにより，自ら問題解決できる力をつけることにあると考えられる。

　　　　　　　　　　　　　　　　　　　　　　　　　　　　　　　　　　　　［大沼泰枝］

📖 **さらに詳しく知るための文献**

[1]　下山晴彦ほか　2012　学生相談 必携 GUIDEBOOK　大学と協働して学生を支援する　金剛出版．
[2]　高石恭子・岩田淳子　2012　学生相談と発達障害　学苑社．

子どもの抑うつへの支援

☞子どものうつ p.158, 行動活性化療法（BA）p.260, ソーシャルスキルトレーニング（SST）p.278, 問題解決療法（PST）p.280「認知再構成法 p.286

　抑うつは，成人だけの問題ではなく，子どもにもみられる深刻な適応問題として認識されるようになった。子どもの抑うつは，不登校や学業不振，家族・仲間関係の悪化などの問題とも関連する。青年期以降の自殺との関連も深刻である。

●**子どもの抑うつと疫学的知見**　抑うつという用語には複数の意味が含まれており，誰もが日常で経験する悲しみや憂うつ等の抑うつ気分，抑うつに関連する症状のまとまりがある場合の抑うつ症候群，気分障害としてのうつ病という分類がなされる。抑うつ症状には抑うつ気分のほか，興味・楽しみの減退，イライラ，食欲や体重の変化，疲れやすさ，自殺念慮などが含まれる。子どもの場合は抑うつ気分を言葉で訴えることが少なく，頭痛や腹痛などの身体面，落ち着きのなさなどの行動面の問題がみられることも多い。抑うつ症状が複数で一定期間以上続き，社会生活に支障をきたす場合にはうつ病と診断される。

　2013年に改訂されたDSM-5では，抑うつ障害群の中に新たな下位分類が設けられたが，特に子どもに関するものとして重篤気分調節症が追加された。重篤気分調節症は，主に児童期に見られる，慢性的で極端ないら立ちと激しいかんしゃくが頻回に起こる状態とされ，後のうつ病との関連が示されている。気分変調症は，抑うつ気分がほとんど1日中存在する状態が1年間継続している障害であり，DSM-5では慢性の大うつ病性障害と統合され持続性抑うつ障害とされた。

　うつ病の疫学的研究からは，児童期では時点有病率が1～2％と比較的低いが，青年期では1～7％に増加することが明らかになっている。また，青年期までに4～24％の子どもがうつ病を経験するという報告もある（Abela & Hankin, 2008）。日本の一般児童生徒を対象とした抑うつ症状の実態調査の結果では，小学生の7.8～11.6％，中学生の22.8％が抑うつ尺度の臨床基準値を超える得点を示した。うつ病や抑うつ症状は，適切な治療を受けない場合には長期間持続したり，再発を繰り返したりすることが多いという特徴も示されている。

●**原因論と認知行動療法の理論的背景**　1990年代に入り，児童青年期の抑うつに関わる心理社会的要因の解明が進み，実証的な理論モデルの構築につながった。抑うつに対する認知行動療法の理論的背景には，主に認知理論と行動理論という異なる理論の有機的な統合がある。社会的環境と子どもとの相互作用を機能的に捉えることで，抑うつに関与する具体的な認知・行動的要因が明らかにされた。

　認知理論（Beck et al., 1979 訳 1992）では，否定的な信念や情報処理方略などの認知が抑うつの脆弱性となり，ストレスと合わさることで抑うつが発生するとされる。認知理論に基づく治療技法として，子ども自身が抑うつにつながる否定的

な認知に気づき現実的かつ適応的なものに修正する認知再構成法が用いられる。

行動理論（Lewinsohn, 1975）によると，環境変化やソーシャルスキルの乏しさなどから，個人の社会的行動に随伴する正の強化が減少することで抑うつが発生する。そして，抑うつ症状により生活の中で回避行動（例えば，家族や仲間との交流を避ける）が増えることでさらに正の強化子を得る機会が減り，症状が維持，悪化するとしている。治療技法では生活の中に正の強化随伴性を増やすことを目的として，ソーシャルスキルトレーニングや問題の文脈的・機能的側面に注目し，回避行動の代わりに正の強化子を得られる活動を促進する行動活性化が用いられる。

これらの他にも認知行動療法の中心的な構成要素に問題解決訓練がある。問題解決訓練では，子どもが日常生活で直面する問題を効果的に解決できるように，問題志向性，問題の明確化，多様な解決法の案出，解決法の選択，解決法の実行と効果の評価についての認知・行動的スキルを具体的に習得する。

●**認知行動療法のエビデンスと課題**　子どもの抑うつに対するエビデンスに基づく心理療法において，認知行動療法プログラムは最も多くの検証がなされ，有効性が明らかにされている。日本では，学校を基盤とした治療介入研究や予防研究が過去10年間で大きく発展した。これらの研究からは，小学生や中学生が介入プログラムを受けることで，ソーシャルスキルや感情調整スキルなどを身につけ，認知的誤りの修正をすることができるようになり，長期にわたって統制群よりも有意に抑うつ症状を低減させることが示されている（佐藤ほか，2009）。

子どもの抑うつに対する心理社会的治療のレビュー（Weersing et al., 2017）では，青年期を対象とした認知行動療法は「十分に確立された治療法」とされている。児童に対する認知行動療法は「効果のある可能性のある治療法」と位置づけられた。青年期の抑うつに対する認知行動療法の有効性は頑健なものであるといえよう。しかし，児童期の抑うつに対しては，これまでに考えられていたよりもエビデンスの水準は弱いものであった。この要因としては，レビューの対象として厳密な方法を用いた研究のみが含まれたことが大きいが，治療要素の問題に関する指摘もある。例えば，児童を対象とする場合には親を媒介とした介入など，環境へのアプローチに重点を置くことの重要性が示唆されている。認知行動療法が，どのような特徴を持つ子どもに対して，どのようなプロセスを経て効果をもたらすのかを明らかにし，その効果を一層高めていくことが期待される。

[竹島克典]

📖 さらに詳しく知るための文献

[1] 石川信一　2013　子どもの不安と抑うつに対する認知行動療法　金子書房．
[2] 佐藤正二ほか　2013　学校でできる認知行動療法―子どもの抑うつ予防プログラム　日本評論社．

子どもの不安への支援

☞ 子どもの不安症 p.156, 学級単位介入 p.442, 教育分野における予防 p.448

　教育分野においては，教室内での離席や，ほかの児童への暴力行動など，いわゆる外在化の問題（externalizing probrem）の行動的特徴が問題視されることが多い。しかし，子ども自身が抱える不適応という観点からは，抑うつや不安などの内在化の問題（internalizing probrem）に関連した問題の影響は大きく，認知行動論に基づく介入の実施が期待される領域である。以下では子どもの不安の問題について解説するとともに，認知行動論に基づく介入の現状について概観する。

●**子どもの不安**　アメリカ精神医学会は，DSM-5 において分離不安症，選択性緘黙，限局性恐怖症，社交不安症，パニック症，広場恐怖症，および全般不安を「不安症群」という一つの疾患単位としてまとめている。これらに共通するのは，不安や恐怖が過剰に強い状態にあり，しかもその状態が持続的に存在することによって，日常生活上の支障が引き起こされている点である。つまり，不安症は発達上の一過程として発現する正常な不安と，強度や持続期間，生活支障度の点において区別されるものである。各々の不安症はいずれも小児期から発症する可能性があるが，パニック症と広場恐怖症はほかの不安症と比べると初発の年齢が高いこと，また選択性緘黙は治療の手続きに独自性があることから，特に分離不安症，限局性恐怖症，社交不安症，全般不安症の四つを狭義の「子どもの不安症」とまとめることがある。

　「不安症」という診断がつくほど深刻でなくとも，不安の問題を抱える子どもは多く，石川（Ishikawa et al., 2009）の調査では，6％ほどの子どもが平均より1.5標準偏差以上の高い値を示すことが明らかになっている。こうした子どもは何か表立ったトラブルを起こすようなことは少ないため，学校生活の中ではよほど極端な症状を示さない限り，周囲からは問題を抱えていることに気づかれにくく，本人だけが不適応感を抱えている状態が長く続く。また，症状が顕在化する場合にも，「不安の問題」という形では理解されず，不登校や自律神経失調症として扱われたり，引っ込み思案などの性格の問題と認識されることが多い。不安症の症状は適切な援助によって克服できるため，正しい知識を普及させることが，早期発見・早期介入のためには不可欠である。

●**不安の問題に共通する背景**　分離不安症では愛着の対象との別離，限局性恐怖症では虫や注射などの特定のものや状況，社交不安症では対人場面，全般不安症ではさまざまな心配事というように，対象の違いはあれど，各々の不安症において症状が生起する背景には共通のメカニズムが働いている。一般に，不安症には生物学的・気質的基盤があることが知られており，行動抑制などの神経生理学的

特徴が，遺伝などのメカニズムを通じて伝達され，不安を感じやすい性格として発現すると考えられている。さらに，不安場面における直接的な条件づけ，親や周囲の人間からの情報伝達，および行動のモデリングを介して，不安を引き起こす刺激が脅威であるという学習が起こり，それを回避することを学ぶ。このような脅威性の認知と回避行動は，その先起こりうる同様の不安場面に対する予期不安を高める。結果として，脅威刺激が実際にはそれほど危険ではないということを体験する機会がもてないままに，不安や回避行動は維持される。また，安全確保行動と呼ばれる，不安場面における誤った対処行動をとることによって，脅威刺激にさらされる数少ない機会も適切な再学習の契機とはならず，さらなる不安や回避の悪循環に陥ってしまう。

このような悪循環を打開するためには，不安場面において，適応的な行動がとれるような学習を新たに行う必要がある。このため，不安症に対する治療的・予防的介入では，不安そのものを低減するというよりも，不安場面にとどまり続け，その状況を乗り越えるための技術の獲得に力点が置かれる。そして，不安が生じても大丈夫であったいう体験を繰り返すことで，最終的には不安を手放すことができるようになるのである。

●**不安症に対する介入技法**　子どもの不安に対する認知行動療法では，心理教育，リラクセーション，エクスポージャー法，および認知再構成法（☞「認知再構成法」参照）が主たる介入技法として用いられる。また，近年ではマインドフルネス（☞「マインドフルネスに基づく認知行動療法」参照）やアクセプタンス＆コミットメント・セラピー（ACT）（☞「アクセプタンス＆コミットメント・セラピー（ACT）」参照），行動活性化療法（☞「行動活性化療法」参照）など，第三世代の認知行動療法に分類される介入技法も適用されるようになった。

心理教育では，子ども自身や周囲の大人（保護者や教師など）に対して，不安の生じる背景や，不安がすべての人に起こる普遍的な現象であること，効果的な対処法や認知行動療法の基礎理論などについて，情報を提供していく。正しい情報を伝えることによって，介入についての見通しをもつことができ，治療に対する動機づけの向上にもつながる。

リラクセーションは，不安に対する身体的な反応を和らげることを目的に行われる介入の総称である。代表的なものとして呼吸法，漸進的筋弛緩法，自律訓練法があげられる。一般に，子どもは成人に比して，不安の問題を抱えた際に身体症状を訴えやすいため，対処スキルを身に着けることは子ども自身の困り感を減じる上で有効な場合が多い。

エクスポージャー法は，不安を引き起こす刺激に段階的にさらすことによって不適応反応を消去する技法である。不安症に対して用いられるさまざまな介入要素の中でも，最も介入効果が高い。子どもの場合には，大人よりも問題意識や動

機づけが希薄であることが多いため，いきなり不安刺激にさらすのではなく，事前に何らかの対処手段をもたせた上で不安場面に臨むことで，介入に取り組みやすくなる。その際の手続きとしては，系統的脱感作法がしばしば用いられる。系統的脱感作法では，エクスポージャーと同じく，対象を不安場面に段階的にさらしていくが，その際に不安反応と拮抗する反応をもたらす手続き（多くはリラクセーションやイメージ技法）を併用することで，場面と不安反応の結びつきを弱めていく。不安の水準が低い場面から順にターゲットにしていくことによって，無理なく治療を進めることが可能である。

　認知再構成法は，不安場面で生じる非機能的な認知を同定し，そのような認知に代わる考え方を模索する中から，思考に柔軟性をもたせていく技法である。子どもにおいては認知発達が不完全であり，その発達水準には個人差もあることから，成人と同じ技法を用いることが困難であることも多い。しかし，視覚的な呈示の仕方（例えば漫画の吹き出し）を工夫したり，自己教示訓練の手続きを応用したりなど，配慮を十分に行うことで，成人の場合と同じような介入効果をあげることができる。

●**不安症に対する介入パッケージ**　上述したさまざまな介入技法を組み合わせることで，不安症に対する標準的なパッケージも組まれている。代表的なプログラム例としてはCoping Cat（Kendall et al., 1990）やフレンズプログラム（FRIENDS；Barrett et al., 1999）などがあげられる。Coping Catは世界で初めて開発された，子どもの不安症に対する体系的な治療プログラムである。心理教育，リラクセーション，認知再構成法，エクスポージャー法という基本要素以外に，問題解決療法や自己強化に関するセッションが行われる。開発当初は個人治療の形で16〜20セッションを実施する形態だったが，その後集団でも実施できるように拡張され，セッション数の少ない8セッション版や，オンラインで実施される12セッション版など，さまざまなニーズに合わせた開発が進んでいる。

　FRIENDSは，子どもの不安症に対する一次予防効果が示された世界初のプログラムである。予防以外に，早期介入や治療をターゲットとした際の有効性も確立されており，介入のフェーズにかかわらず子どもの不安症状の低減に効果がある。10セッション＋2回のブースターセッションから構成され，先のCoping Catに含まれる要素に加えて，注意訓練の内容が盛り込まれている。ポジティブ心理学の考え方に基づきレジリエンスを高めることを目指すものであり，抑うつに対しても効果のあることが示されている。

　近年では日本においても子どもの不安症に対する独自の介入プログラムが開発されている。先駆的な取組みとして，石川ほか（2008）による"いっちゃが教室"がある。日本の児童生徒のために開発された，全8セッション＋最短で2〜3回程度のブースターセッションからなる，不安症に対する集団療法である。介入は心理教育，認知再構成法，エクスポージャーで構成される。欧米で開発された同様

のプログラムとの比較において，高い効果サイズを示し，個人療法に応用された際の治療効果も良好であることが示されている。さらに，この研究を拡張する形で，不安以外に怒りや抑うつも対象とした，より広いメンタルヘルス予防プログラムの開発も始まっている（岡ほか，2018）。この予防プログラムでは，FRIENDS と同様にレジリエンスを高めることを目的としており，ソーシャルスキルトレーニングや行動活性化，問題解決療法などの多様な要素が盛り込まれている。

　不安症に特化した予防プログラムという観点からは，Urao et al. (2016) による"勇者の旅"プログラムの実践が報告されている。FRIENDS と同じく 10 セッション＋2 回のブースターセッションから構成されており，心理教育，リラクセーション，認知再構成法，エクスポージャー法の基本要素に加えて，アサーションスキルに関するセッションが設けられている。浦尾（Urao et al., 2016）のパイロット研究においては，保護者の評定による介入群の不安得点が統制群と比べて有意に減少したことが示されている。子ども自身の評定においては有意な差は認められなかったものの，サンプル数の限られた研究であったことから，今後さらなるデータを蓄積することによって，学級ベースの予防プログラムとして発展していくことが期待される。

●**教育分野における不安の問題への取組み**　不安症に対する治療や予防が確立されたアメリカやオーストラリアなどと比べて，現状日本の教育現場において不安に対する体系的な介入が行われる機会はほとんどない。しかし，学級ベースのプログラムは近年少しずつ広まりを見せており，今後教育現場が不安の問題へのアプローチの場としてますます重要性を増していくことが予想される。オーストラリアで近年行われたメタアナリシスによると，学校で実施される不安の予防プログラムの効果量は小さいものの，プログラム終了 6〜12 か月後にも効果量は維持されており，概して学校ベースのプログラムが不安の問題の改善に役立つことが実証されている（Werner-Seidler et al., 2017）。さらに，すべての子どもに介入を実施するユニバーサルレベルの介入と，何らかの兆候を示す子どもに対するセレクティブ，インディケイテッドレベルの介入の間で効果量に有意差は見出されず，介入を実施する側の属性（心理の専門家，学校の教員など）によっても効果の違いは検出されなかった。このことから，汎用性の高いプログラムを教育現場に普及させ，長く維持していくための仕組みづくりこそが，子どもの不安の問題の解決に向けて重要であることが示唆される。本邦においても，有効性に関するエビデンスの蓄積とともに，社会実装に向けての取組みを強化していくことが必要である。

[笹川智子]

🗒 **さらに詳しく知るための文献**
[1] 石川信一　2013　子どもの不安と抑うつに対する認知行動療法―理論と実践　金子書房．
[2] 笹川智子　2015　子どもの不安症　石川信一・佐藤正二編著　臨床児童心理学―実証に基づく子ども支援のあり方　ミネルヴァ書房，pp. 217-241．

子どもの強迫への支援

☞ 強迫症（強迫性障害, OCD）p.106, 強迫関連障害 p.108, チック症（チック障害）p.152

　強迫症（強迫性障害）(obsessive-compulsive disorder：OCD) とは，意思とは無関係に繰り返し頭に浮かび，不快感を生じさせる強迫観念と，強迫観念を振り払うために繰り返し行われる強迫行為からなる。WHO（世界保健機関）によれば，OCD は生活上に不自由をきたす疾患にあげられており，クライエントの社会生活を著しく阻害する。子どものクライエントは，症状についての罪悪感や，周囲に知られるのが恥ずかしいという羞恥心などから，支援や治療につながるまでに時間がかかることが多い。その間，強迫症状のために社会的経験や学業が妨げられると，将来の社会生活に影響を及ぼすことがある。

　アメリカにおける平均発症年齢は 19.5 歳であり，25% は 14 歳までに発症する（APA, 2014）。児童期発症の OCD の約 40% は成人期にも症状が持続するが（Maia, 2008），40% は寛解する可能性がある（APA, 2014）。児童期の発症では成人期に比べ，男性に多く，より家族性が強く（第 1 度親族での強迫症の発症率は 10 倍になる），チック症の発症が多い（APA, 2013b；Maia, 2008）。

●**症状**　よく見られる症状は，子どもと成人には共通するものが多い（汚染，対称性，強迫観念など）が，子どもでは魔術的な思考や行動に特徴づけられる迷信の症状群（例えば，道路の黒いしみを見て宇宙と交信するためのサインではないかと思い，その考えを打ち消すためにしみの前を決まった回数行き来する／ドアを開けると異世界につながっているのではないか，との考えを打ち消すためにドアを何度も開け閉めする，など）が存在している（Ivarsson & Valderhaug, 2006）。

●**併存症**　併存症としては，チック症（26%），特異的発達障害（24%）（ICD-10），注意欠如・多動症（34 〜 51%）が成人に比べ多い。その他の併存症は成人と共通しており，大うつ病，不安症，恐怖症などが見られる（齋藤ほか，2010）。近年は，OCD と自閉スペクトラム症（autism spectrum disorder：ASD）との間に，症状，疫学，家族研究などから近縁性が指摘されている。ASD に関連する症状（同一性保持，反復癖など）は強迫症状と似た形を取ることがあり，また実際に，OCD と ASD が併存している例もみられる。

●**治療**　子どもの強迫症は，児童期の発達や日常生活への影響が大きく，成人期への移行も多いため，早期に発見し，治療することが重要である。子ども OCD の治療として，認知行動療法が推奨されており，重症の場合には選択的セロトニン再取り込み阻害薬（selective serotonin re-uptake inhibitors：SSRIs）の併用が有用とされる。子どもに認知行動療法を実施するにあたっては，子どもの治療に対する気持ちの準備と動機づけの程度を十分に評価し，対応していく必要があ

る。

　子どもの多くは，自発的でなく他者に（主に親に）連れられて治療の場に来る。また自分が何に困っているのか，どうして困っているのか，治療の場でこれから何をするのか，治療をすることで何が変わるのか，などのことをよく理解できていない場合がある。それに加えて，新たな場所に来ることや，知らない大人と話すこと対する不安を抱いていることも多い。そのため，子どもにCBTを実施する際には，子どもの治療に対する気持ちの準備と動機付けの程度を十分に評価し，対応していく必要がある。

　子どもは，強迫症状への不合理感が乏しく，症状のために羞恥心や罪悪感をもちやすい。そのような特徴も踏まえながら，発達段階に合わせた心理教育を継続的に行い，症状を外在化しながら治療を進める（March, 1998）。OCDに対する認知行動療法では，曝露反応妨害法（exposure and response prevention；ERP）が有効であるケースが多いが，ERPの適応があるかどうか，また全体的な治療プロセスの中でERPをどのように導入するのかについての十分な検討が必要であり，詳細な行動分析とそれに沿った治療が求められる。

　家庭や学校など，子どもを取り巻く生活場面での不適応があれば，強迫症状に対する治療とともに，家庭や学校に働きかけ，環境調整を行なって，適応的な生活環境を整えていくことが重要である。対人関係上の問題を抱えている子どもには，そのことを家族や学校と共有し，具体的な解決策を講じていくとともに，必要に応じて子どもにも対人関係の持ち方について心理教育をする。学業面での問題の有無についても，本人，家族，学校から詳細な聞き取りを行う。知能検査をはじめとする各種心理検査によって子どもが抱えている学業上の問題が明らかになることも多く，その場合には本人，家族，学校に心理検査をフィードバックして適切な学習支援を行い，本人の負担の軽減を図る。生活場面での不適応の評価を進めていく過程で，その背景に自閉スペクトラム症，注意欠如・多動症，限局性学習症などの特性が明らかになることもあり，その場合にはそれら併存症の評価，診断，治療，また支援を行っていく必要がある。生活場面での負担が軽減されることで，症状が改善することも多い。

　家庭においては，強迫行為が十分かどうか親に繰り返し確認したり，家族にも強迫行為を強いるなどの巻き込みが多く見られる。そのため，家族に対しても，治療的な対応ができるように心理教育をしていくとともに，学校との連携を担う共同治療者として支援をしていく必要がある。　　　　　　　［久能　勝・中川彰子］

□ さらに詳しく知るための文献
[1]　ウェイト，P. & ウィリアムズ，T.　下山晴彦・高橋　洋訳　2013　子どもと家族の認知行動療法5―強迫性障害　誠信書房．

子どもの怒り・攻撃への支援

☞ 反抗挑発症（反抗挑戦性障害）p.166, ペアレントトレーニング p.276, 問題解決療法（PST）p.280, 子どもの抑うつへの支援 p.404, 怒りとアンガーマネジメント p.540

　子どもの怒りや攻撃行動は，主に DSM-5 における秩序破壊的・衝動制御・素行症群にまとめられている。この障害群は，情動や行動の自己制御に問題がある状態を含む障害群であり，その問題が他者の権利を侵害したり，社会的規範や権威のある人物との間で意味のある葛藤を生むにいたる行動として現れるという点が特徴である。主な診断基準には，反抗挑発症，間欠爆発症，素行症がある。各診断基準は情動と行動の自己制御の問題のどちらに重きをおくかに違いがある。例えば，素行症の基準では，他者の権利や社会的規範の侵害という乏しい行動の制御に焦点がある。一方，間欠爆発症の基準では，心理社会的ストレス因から見て不釣り合いな怒りの爆発という乏しい情動の制御に焦点がある。この二つの障害の中間に位置づけられるのが反抗挑発症であり，その基準は，情動（怒りや易怒性）と行動（口論好きで挑発的態度）の両方に焦点がある。以上のように，秩序破壊的・衝動制御・素行症群は情動制御と行動制御の問題に関する精神疾患であり，子どもの怒りと攻撃行動に関する障害群であると考えられる。

●**エビデンスに基づく心理療法**　近年では，反抗挑発症と素行症といった主に行動制御の問題に関する診断基準に基づいて，子どもの破壊的行動に対するエビデンスに基づく心理療法が提唱されている（Kaminski & Claussen, 2017；McCart & Sheidow, 2016）。まず，児童（12歳以下）の破壊的行動については，集団または個別のペアレントトレーニング（parent behavior therapy）が「十分に確立された治療法」として提唱されている。ペアレントトレーニングとは，行動療法の考え方に基づいて，効果的な子どもの行動のマネジメント戦略を親に教えることを目指したアプローチである。次に，青年（12〜19歳）においては，反抗挑発症と素行症に関連するような破壊的行動に加えて，少年司法制度（juvenile justice system）に関連する重症度の高い破壊的行動も検討の対象となっている。その結果，少年司法制度に関連する青年の破壊的行動には，マルチシステミックセラピー（multisystemic therapy）や里親ケアによる多元的療法（multidimensional treatment foster care）といった行動療法，認知行動療法，そして家族療法を組み合わせた包括的な治療法が「十分に確立された治療法」として提唱されている。一方，少年司法制度に関連しない重症度の低い青年の破壊的行動に対しては，マルチシステミックセラピーのみが「おそらく効果のある治療法」として提唱されている。以上のように，子どもの反抗挑発症や素行症といった主に行動制御の問題に対しては有効な心理療法に関する知見が数多く蓄積されてきている。

●**社会的情報処理モデル**　子どもが攻撃行動に至るプロセスは個人の認知過程の歪みとして議論されることが多い。代表的なモデルに社会的情報処理モデルがある（Crick & Dodge, 1994）。このモデルによると，攻撃行動などの社会的行動は，外部から得た情報の認知，解釈，および行動の意思決定を含む一連の情報処理プロセスを通して実行される。具体的には，手がかりの符号化，手がかりの解釈，目標の明確化，反応の検索または構築，反応の決定，行動の実行という情報処理プロセスが仮定されている。そして，これらの情報処理プロセスの欠如や歪みによって，攻撃行動が選択されていると考えられている。加えて，社会的情報処理モデルには，特徴的な認知や攻撃行動の分類が存在する。まず，特徴的な認知としては，相手の行動の意図を敵意的に解釈する敵意帰属バイアスがあげられる。敵意帰属バイアスを有する子どもは，強い怒りを喚起しやすいために，攻撃行動にいたる可能性が高まると考えられる。次に，特徴的な攻撃行動の分類として反応的攻撃や能動的攻撃があげられる。反応的攻撃とは，知覚された脅威に直面したときの怒りに動機づけられる情動的な攻撃をさす。一方，能動的攻撃とは，他者を支配し道具的または関係的目標を得るために行われる怒りを伴わない攻撃を指す。社会的情報処理モデルに基づく研究では，相対的に，敵意帰属バイアスや反応的攻撃は手がかりの符号化や手がかりの解釈といったより早い情報処理プロセスに関連し，能動的攻撃は目標の明確化や反応の決定といったより遅い情報処理プロセスに関連することが示されている。

●**学校教育現場での実践**　本邦の学校教育現場における子どもの怒りや攻撃行動に対しては，問題解決療法に基づくプログラムが実践されている。問題解決療法では，問題の定式化，解決策の案出，意思決定，解決策の実行と評価，といった一連のプロセスを学習する。例えば，高橋ほか（2010）は中学生に対して問題解決療法プログラムを実施し，怒り感情や攻撃行動への有効性を示している。また，田中ほか（2016）は小学生に対して問題解決療法プログラムを実施し，ストレス反応のうち不機嫌・怒りへの低減効果を示している。こうした学校教育現場での実践は，通常の授業時間を用いてすべての子どもを対象に実施されている。そのため，反抗挑発症や素行症の診断を有する臨床群を対象とするものではなく，健常群における怒りや攻撃行動を対象としており，問題が発生する前の一次予防的な介入であると考えられている。

［岸田広平・石川信一］

📖 さらに詳しく知るための文献

［1］スコドルスキー，D. G. & スケイヒル，L.　大野　裕監修　2015　子どもの怒りに対する認知行動療法ワークブック　金剛出版．
［2］高橋　史　2015　子どものODD/CD　石川信一・佐藤正二編著　臨床児童心理学　ミネルヴァ書房．pp.189-215.

自殺と自傷行為

☞ 問題解決療法（PST）p.280，認知再構成法 p.286，弁証法的行動療法（DBT）p.294，教育分野における予防 p.448

　自殺は「故意に自ら命を断つ行為」と定義され，世界中では毎年80万人以上が自殺によって自らの命を落としている（World Health Organization：WHO, 2013）。自殺予防に関する国際動向としては，WHOによるメンタルヘルスアクションプランが公表され，2020年までに自殺率を減少させることが世界全体の目標として掲げられている（WHO, 2013）。日本においては，自殺率がG8（主要国首脳会議）の中でロシアに次いで2番目に高い値であることに加えて，年間2万人以上が自殺によって自らの命を落としていることから，自殺予防のための効果的対策を立案することは喫緊の課題であるといえる。特に，日本においては，自殺対策基本法と当該法に基づく自殺総合対策大綱が策定され，自殺予防対策としての取組みが数多く行われ始めている。そして，本項に関連する教育領域においては，児童期および青年期は自殺者数が増加し始める年齢層であることと，自殺完遂者の自殺念慮や自殺企図は児童期あるいは青年期から持続していることが報告されていることから，児童および青年を対象とした心理社会的介入が必要な対策の一つとして指摘されている（Nock et al., 2008）。

●**自殺予防のための介入形態**　自殺予防のための介入形態には，①全体的予防介入，②選択的予防介入，③個別的予防介入，の三つの枠組みが提唱されている（Gordon, 1983）。全体的予防介入は，自殺リスクならびに自殺の訴えの有無にかかわらずすべての人口集団を対象とした対策であり，自殺予防啓発などが含まれる。選択的予防介入は，自殺リスクを有した人口集団を対象とした対策であり，うつ病罹患者に対する集団形式での自殺予防プログラムなどが含まれる。個別的予防介入は，自殺リスクを有した個人を対象とした対策であり，すでに自殺のサインを表出していたり，自殺企図歴のある個人への個別カウンセリングなどが含まれる。三つの介入形態のいずれにおいても後述する認知行動モデルによる理解と介入プランの立案が有益である。

●**自殺に関する認知行動モデル**　自殺予防のための対策を立案・実行するうえで，自殺関連行動について理解することが重要である。自殺関連行動は自殺企図（服毒，自傷行為などの自発行動）と自殺念慮（「死んでしまった方が楽になる」などの自殺に関する考え）を含めたものとされている（WHO, 2013）。認知行動モデルの中で，自殺企図は行動的変数，自殺念慮は認知的変数として扱われることが多く，自殺に関する認知行動モデルの大半がストレスフルな出来事に遭遇した際に自殺企図ならびに自殺念慮が発現するという機序を想定したストレス脆弱性モデルを採用している。特に，自殺に関する認知行動モデルにおいては，自殺企図

ならびに自殺念慮は学習によって獲得された問題解決スタイルとして機能することが強調されている。具体的には、ストレスフルな出来事によって否定的感情が惹起され、否定的感情を和らげるための問題解決スタイルとして自殺企図ならびに自殺念慮が採用されるものの、自殺企図ならびに自殺念慮は否定的感情に対する短期的効果しか有しておらず、長期的には否定的感情が強まることによって再び自殺企図ならびに自殺念慮といった問題解決スタイルが採用されるという機序が想定されている。そして、現在では、自殺企図ならびに自殺念慮の機序を断ち切るためのさまざまな認知行動療法プログラムについて効果研究が行われている。

●**自殺予防のための認知行動療法プログラム** 自殺予防のための認知行動療法プログラムを用いて実施された介入効果研究に関するメタ分析の結果が報告されている（Tarrier et al., 2008）。N. タリエル（Tarrier）によるメタ分析の対象となった論文では、認知行動療法プログラムとして、ストレスフルな出来事に対する問題解決スキルの形成および感情調整スキルの形成を中核とした弁証法的行動療法が最も多く用いられており、認知行動療法プログラムは自殺関連行動のセルフコントロールを促進できることが明らかにされている（Hedges's $g = -0.59$, 95% CI = -0.81 to -0.37）。しかしながら、対象者の年齢層を区分としたサブグループ解析を行うと、成人の自殺関連行動に対する効果は有意であるものの、児童あるいは青年の自殺関連行動に対する効果は有意ではないことが報告されている（成人に対する効果：Hedges's $g = -0.78$, 95% CI = -1.05 to -0.50；児童あるいは青年に対する効果：Hedges's $g = -0.26$, 95% CI = -0.64 to 0.12）。つまり、タリエルによるメタ分析が公刊された時点においては、児童ならびに青年の自殺関連行動に対して有効な認知行動療法プログラムは不十分なままであった。近年では、うつ病に苦しむ青年の自殺予防に特化した認知行動療法プログラム（cognitive behavior therapy for suicide prevention：CBT-SP）が提唱され、若年層の自殺予防のための認知行動療法プログラムに関する研究が進展している（Stanley et al., 2009）。CBT-SPは、①自殺関連行動に関する連鎖分析、②自殺関連行動を惹起する要因への対処、③将来のストレスフルな出来事に対する対処、の3点が介入実施者にとって重要なターゲットであり、感情調整スキルならびに苦悩耐性スキルの形成、非機能的思考に対する認知再構成法、ソーシャルサポートの生成、および家族のスキル形成といった技法や目標が含まれている。今後は、CBT-SPのように児童ならびに青年を対象とした自殺予防を目的とした認知行動療法プログラムを精緻化するために、自殺関連行動に関する認知行動モデルを構築し、当該モデルに基づいた介入戦略を発展させる必要があるといえる。　　　　　　　　　　［古川洋和］

□**さらに詳しく知るための文献**
[1] チャイルズ，J. A. & ストローサル，K. D.　高橋祥友訳　2008　自殺予防臨床マニュアル　星和書店．

子どもの心身症への支援

☞ ストレスの生理学的理解 p.32, 心身症, 身体症状症, 病気不安症 p.128, 子どもの心身症 p.160, 心身医学的技法 p.258, 認知再構成法 p.286, 小児医療における認知行動療法 p.390

　心身症とは日本心身医学会によると，「身体疾患の中で，その発症や経過に心理社会的因子が密接に関与し，器質的ないし機能的障害のみとめられる病態をいう。ただし，神経症やうつ病など他の精神障害にともなう身体症状は除外する」と定義されている（日本心身医学会，1991）。つまり，ある身体疾患に罹患している患者がすべて心身症というわけではなく，ここに定義された条件にあてはまるもののみが心身症ということである。自律神経系，内分泌系，免疫系などを介して特定の器官系統に身体疾患が出現しやすい器質的身体病変（消化性潰瘍など）を呈する場合と，病態生理的に説明可能な機能的障害（片頭痛，過敏性腸症候群など）を呈する場合とに大別される。思春期，青年期においては機能障害としての心身症の頻度が多く，成人期，初老期，老年期になるにつれて器質的障害としての心身症の頻度が増加する傾向にある（日本心身医学会，1991）。教育現場でよく遭遇する心身症としては，過敏性腸症候群，起立性調節性障害，喘息，頭痛などがあげられる。

●**心身症の治療と臨床心理学的支援**　心身症は身体疾患であるため，身体症状そのものに対する医学的治療が必要となる。一方で，その身体疾患の発症や経過には心理社会的要因が密接に関与しているため，患者の不適応的な生活習慣や行動パターンなどが改善されなければ，医学的治療も対処療法にすぎず症状が再燃・悪化してしまうことになる。特に子どもの心身症には，親をはじめとした保護者や養育者との関係，家庭での生活習慣や行動パターンなどが密接に関連している。そのため，家族を含めたアセスメントを行い，子どもの症状の発症や経過に関与している心理社会的要因を明らかにし，悪循環を説明できるようなケースフォーミュレーションを行い，支援策を立案していく。つまり，患者の身体的症状とそれに関連する心理社会的要因について，常に心身相関のメカニズムを念頭に置き，支援を行っていくことが肝要であるといえる。具体的には，過剰なストレス反応を軽減するためのリラクセーション，ストレッサーに対する考え方やコーピングの変容を目的としたストレスマネジメントなどが有効と考えられる。

●**教育現場で心身症の子どもを支援する際のポイント**　心身が未分化な状態である小児期においては，大人の場合と異なり全身的な反応を呈する場合が多い（日本心身医学会，1991）こともあり，子ども達の心身症による症状やそれに伴う生活困難感を周囲に十分に理解されづらいことがしばしばある。例えば，クライエント本人が心身症による苦痛を抱えながらも保健室利用や遅刻・早退など，可能な範囲で学校に登校していたとしても，そうしたことが繰り返されることで学校

教諭やクラスメイト,部活の先輩などからは,ずる休みや仮病なのではないかと症状を疑われ,心ない言葉をかけられてしまうことも少なくない。もしくは,クライエント自身が評価懸念や周囲への不信感を強めてしまった結果,不調を訴えにくくなり,不登校に陥ってしまったり,自尊心の低下や抑うつ気分・不安症状の増悪など二次的障害が生じてしまうことも珍しくない。そこで,カウンセリングでは,不安や評価懸念の生じる場面における認知を取り上げ,認知再構成法や行動実験を行うなどしてより現実的な柔軟な認知への変容を目指すことで学校から足が遠のいてしまわないようにサポートしていく。また,自分の病気について友人や先輩などにどのように説明すると伝わりやすいか,そのタイミングや説明内容などについてロールプレイを行いながら説明スキルを高めていくことなども有効な一助となる。また,担任教諭や養護教諭など学校でのキーパーソンに対しても,どのように病状について説明し,就学上の配慮を求めるかなどについて本人も含めて相談し対応を検討していくことも必要である。このように,子どもの心身症を支援する際には,学校や保護者との連携なども予後を操作するファクターとなりうることを念頭に置き,理解や支援の方針を共有することがポイントとなる。併せて,情報共有の際には,そのメリットや必要性について説明しつつ,伝えられることによるクライエントの不安や懸念などについても丁寧に扱い,誰にどのような情報を伝えるかなどの守秘の問題については常に留意し進めていく必要がある。

●**医療現場における支援のポイント** 心身症は身体疾患であり,器質的アプローチが必要である。そのため,心身症によって社会適応に問題を来たしている患者のカウンセリングに際しては,その疾患に関わる主治の医師は精神科医や心療内科医ではなく,内科医や小児科医であることが多い。したがって,主治医の指示を仰いだり,心理学的理解と方針を伝えたりするなど,多職種との連携をほかの疾患以上に行う必要があることは留意しておくべきである。また,心理学的支援による身体症状の変化については,患者からの主観的な報告だけでなく,医学的なデータを主治医や看護師に適宜確認したり,逆に心理カウンセリングで明らかになった情報を共有したりするなど,症状の経過に関連する心理社会的要因をチーム医療に関わるスタッフ間で的確に把握できるような連携をはかることがポイントとなる。なお,こうした場面では,臨床心理学が専門ではない他の職種に対して,いかにわかりやすい説明や情報提供を行うことができるかが重要である。

[佐々木美保]

📖 **さらに詳しく知るための文献**
[1] 日本心身医学会教育研修委員会編 1991 心身医学の新しい治療指針 心身医学 31, 540-542.

生活のくせ（習癖）

☞ チック症（チック障害）p.152, 小児期発症流暢症（吃音）（小児期発症流暢障害）p.154, チック, トゥレット症候群, ADHD などの行動障害 p.356

　くせとは，日常生活の中で繰り返されることで身につき固定された行動を指す包括的用語で，「習癖」とも呼ばれる。狭義には，指しゃぶり，爪かみなど習慣的に身体をいじる癖（身体玩弄癖），頭突き，歯ぎしり，チック，抜毛など身体の動きを伴う癖（運動性習癖）がある。また，広義には，偏食，異食，過食など食事に関する問題，夜驚症，夢中歩行などの睡眠に関する問題，遺尿や遺糞など排泄に関する問題，吃音や緘黙など言語に関する問題，虚言や盗みなど行動に関する問題など日常生活行為全般に及び，その定義や範囲は幅広い。国際的な診断分類において「習癖」としてのカテゴリーは存在しないが，例えばDSM-5では，神経発達症群に小児期発症流暢症，常同運動症，暫定的チック症，持続性運動または音声チック症，トゥレット症が，強迫症および関連症群に抜毛症や皮膚むしり症が，食行動障害および摂食障害群に異食症や反芻症などが，排泄症群に遺尿症や遺糞症が，睡眠-覚醒障害群にノンレム睡眠からの覚醒障害などがそれぞれ規定されている。

●**症状の発展と経過**　生活のくせは，通常の発達過程で見られ，その後消失していくことが多い。例えば，吃音は大半が6歳までに発症するが，65〜85％の子どもが自然に治るといわれている（APA, 2013b）。チックは小児期の子どもの10〜20％に認められるが，その大多数が一過性である（金生，2006）。このように，発達過程でみられるさまざまな生活のくせは，必ずしも積極的な治療が必要なわけではなく，経過観察で改善する場合も少なくない。一方で，軽快や増悪を繰り返し慢性的な経過をたどる場合や，単なる癖として観察し続けることが不適切であり，二次的な問題が派生してしまう場合もある。くせが生じる要因については，これまで，子どもが何らかの心理的葛藤を抱え情緒不安定になることが原因でくせが生じるという心理的要因，養育者の子育てのあり方や性格傾向などが関与していると考えられてきた。しかし近年では，子ども自身の体質的要因や脳の成熟過程としての発達との関連，脳器質的要因なども原因として考えられている。

●**生活のくせに関するアセスメント**　生活のくせに対して治療を行う際，まずは適切な診断と，背景に存在する心理社会的要因を把握することが重要である。くせの中には，不安症，うつ病，精神病性障害，発達障害などの症状の一つである場合や，これらの精神障害に合併している場合，薬物による副作用として生じている場合，器質的疾患から生じている場合などがある。例えば，常同運動症は自閉スペクトラム症の症状を表している場合がある。また，チックは注意欠陥・多動症や強迫症および関連症群を，抜毛症はうつ病や皮膚むしり症を合併すること

が多い。吃音は聴覚障害や他の感覚器の欠陥に伴うかもしれないし，遺尿症は尿路感染などほかの医学的疾患や，利尿薬などの薬物が影響している可能性もある。そのため，くせとほかの疾患を鑑別し，多面的なアセスメントを行いながら見立てていく必要がある。また，先述したように，心理社会的要因がくせの唯一の直接原因になることは少ないが，くせが持続したり，悪化するなど，症状の変動に影響を及ぼす可能性は大いにあると考えられる。アセスメントを行う際は，①くせそのものの重症度（くせによってどの程度生活に支障を来しているか），②くせによる悪影響の程度（くせが自己評価や社会適応にどの程度悪影響を及ぼしているか），③併発症状の有無や重症度，④本人および家族をはじめとする周囲の認識，対処能力や環境などを評価するとよいだろう。

●**生活のくせに対する治療**　生活のくせに対する治療の基本として，心理教育，環境調整，心理社会的要因の軽減が重要である。具体的には，本人や家族，周囲（学校や職場の人など）の人に対して病態と予後を説明することで不安の軽減を促したり，周囲の人の過度な注目や叱責が有効ではないことを説明する，明確なストレス因子が示唆されればその軽減を試みるなどがあげられる。くせにより日常生活行動が著しく制限されていたり，何らかの精神障害を有するときには，薬物療法も適応となる。さらに，近年では認知行動療法の有効性も指摘されている（Bate et al. 2011；Bruce et al. 2005；Azrin & Nunn 1973）。具体的には，リマインダー（くせが出そうなときに本人が気づけるように援助する方法）やトークンエコノミー法（あらかじめ決めておいた期間にくせが生じなかった場合にシールやポイントを与え，一定数たまったら本人の喜ぶご褒美を与えることでくせを改善する方法），ハビットリバーサル法（くせに対する気づきを促し，くせと相反する，あるいは，同時に行うことのできない動作を練習し，その動作をくせを行いたい衝動に駆られた際に行うよう習慣づける方法）などが用いられている。

　生活のくせの多くは成長過程で一過性に認められたり，その年代ではよくみられたりするため，病的といえないものが多い。しかし，本人や家族が気にして戸惑っている場合や，日常生活において支障を来している場合，単に「一時的なものだから，心配しすぎなくてよい。」と伝えるだけでは不十分である。本人や家族の心配を聞き取り，くせに関する心理教育や介入を行いながら，適切にサポートを提供していく姿勢が大切である。

［柳井優子］

📖さらに詳しく知るための文献

［1］ドーン・ヒューブナー　上田勢子訳　2010　子どもの認知行動療法イラスト版6　だいじょうぶ自分でできる悪いくせのカギの外し方ワークブック　明石書店．

［2］小野善郎ほか　2017　子どものクセ・大人の癖──その心理・生理的背景の諸相，児童心理10月号臨時増刊　金子書房．

不登校予防・再登校支援

☞ 系統的脱感作法の基礎研究 p.56, 制止学習アプローチの基礎研究 p.62, 不登校 p.170, レスポンデント法 p.250, オペラント法 p.252, ソーシャルスキルトレーニング（SST）p.278

不登校（school non-attendance）は，「基本的には，家庭-学校-家庭という往復パターンが家庭で停滞し，継続してしまった状態」（小林ほか，1989）であると定義される。不登校状態に対する法制度などが国々で異なることから，本項では主に日本の不登校支援について述べることとする。

不登校は，発現・維持メカニズムが多様である（小野，1997）。したがって，不登校には大幅な個人差が存在することから，臨床・研究の場においては，シングルケーススタディ・少数例研究法（小林，1997）の適用が要請される。必然的に，対象個々の等質を前提とした特定集団における全般的な特徴を明らかにすることを目的とする多数例研究法（例えば，ランダム化比較実験）の適用は，不登校臨床・研究にはなじまない。

多様なタイプの不登校を対象として系統的再登校支援アプローチを構築するためには，それぞれの不登校事例の再登校および再登校維持という従属変数と因果関係のある独立変数を明らかにすることが要請される。不登校の場合，再登校という従属変数の達成のためには，ほかの条件，例えば，体力の向上，不安の低減といった従属変数の達成も要請される。これらの従属変数およびその独立変数（例えば，体力訓練，不安低減技法など）を選択するために行動アセスメントに基づいた作業仮説が立案される。その行動アセスメントの着眼点は，先行研究において再登校との因果関係を検証済みの着眼点を参考活用すると同時に，慎重な行動アセスメントにより新しい着眼点が追加されることもある。そして，仮説を実証するために方法が考察される。方法は，先行事例を参考にして各事例の条件に対応して選択適用される場合もあれば，新たな方法を適用する場合もある。

そして，不登校事例に方法を適用し，再登校支援および追跡研究から再登校および再登校維持に因果関係があった行動アセスメントの着眼点の蓄積によって汎用性のある行動アセスメントの領域，着眼点群を構築していく。また，いくつかの再登校事例に適用したプログラム内容を整理して技法およびそれ以外のプログラムの選択基準，再登校開始基準，再登校維持基準，そして，プログラムの妥当性を明らかにしていくという方法で系統的再登校支援アプローチを構築する。

このような方法によって実施された不登校への再登校行動の再学習のための再登校支援アプローチの構築は，主に不安・恐怖による不登校に対する不安・恐怖低減のための技法適用期（小林，1969），長期化した不安・恐怖による不登校に対する技法適用と長期不登校によって2次的に生じた問題への対処（例えば，学習指導，運動指導など）を並行実施した総合的アプローチ適用期（小林，

1980）を経て不安・恐怖の見られる／見られないタイプに対して行動アセスメントを実施し，それに基づいて総合的アプローチを実施する積極的アプローチ適用期（小林ほか，1989）へと発展を遂げた。さらに，この積極的アプローチに不安・恐怖の見られる／見られないタイプの長期未支援，長期不登校，登校維持といった問題に対する行動アセスメントと対応を追加した包括的支援アプローチ期（小野，2010）と推移している。

●単独技法適用から総合的アプローチ適用へ　日本における認知行動療法の立場からの再登校支援は，1960年代後半から行われた。この時期の不登校は，回避行動モデルとしての不登校，すなわち，不登校行動によって学校または登校行動に関連する刺激によって誘発された不安・恐怖などの不快状態が低減している状態であった。これは，「学校恐怖症」（Johnson et al., 1941）といわれているものと対応する。

このタイプの不登校に対して，不登校を誘発している症状を除去する症状除去モデルを使用する傾向があった。小林（1969）は，男子中学2年生の頭痛，腹痛による不登校に症状除去法を適用し再登校した事例であった。この事例は，登校時間に関連した頭痛等の症状除去に自律訓練法，催眠法を適用している。

1970年代以降になると，登校行動に関連する刺激によって対象に誘発される不安・恐怖の程度に合わせて技法が選択されるようになった。すなわち，不安が顕著な事例の場合，フラッディング法（園田，1971），逆制止による系統的脱感作法（前田，1985）や主張反応法（小林，1985）などの適用が試みられ，その技法適用条件が検討された。小林（1985）は，主張反応法の不登校への適用条件として，以下の3点をあげている。(1) 不登校が長期にわたって持続していないこと，そして学力・体力に極端な低下が認められないこと。(2) 不登校の問題が生じるまでは反抗的なところの少ない「よい子」であり，不登校の問題が生じた後も，その問題さえなければ依然として「よい子」であること。(3) 家庭内で家族とのコミュニケーションが存在すること，そして，治療者と面接事態を設定できること。

また，不安が顕著でない不登校事例の場合，オペラント条件づけ法による継時近接法とシェイピング法（内山ほか，1972）などが適用された。

このほかに不登校に対するソーシャルスキルトレーニング（高石・東，1985），認知再構成法（神村，1993）の適用も実施された。

小林（1980）は，回避行動モデルによる不登校で最も支援に困難性を伴う事例は6か月以上不登校状態が継続している場合であるとしている。この場合は，日中変動や，週間変動も消失し，不登校状態も慢性化していることが多い。積極的に治療を受ける態度も消失し，症状除去法や不安低減技法の適用が困難となっている。そこで考案されたのが，総合的アプローチである。これは，治療関係の

構築から，具体的な登校までを計画的に展開するものである。この総合的アプローチの全体の構成・流れは，オペラント条件づけ法によるシェイピングの過程に対応するが，長期不登校の再登校行動の再学習のためには，技法適用と学習指導，体力指導，社会性指導といった支援の並行実施が必要であることが明らかになった。

●**行動アセスメントに基づく積極的アプローチ**　1980年代以降，不安・恐怖感が言語応答や客観的尺度に現れないタイプ，すなわち不安・恐怖感の見られない不登校が増加してきた（茨木，1986）。これらは，無気力，学業不振，怠学傾向などが先行条件や随伴症状となっていた（小林ほか，1989）。これらの先行条件により，学校の不快状態を避けることと，家にいることが積極的に強化刺激を受けることと結びつくことにより慢性化へと進むことになる。

以上のように，臨床現場で不登校の再登校支援を行うためには，単一の症状や形成メカニズムの解明だけでは不十分であり，系統的な「行動アセスメント」が要請される（小林ほか，1989）。不登校の行動アセスメントとは，「不登校状態を形成し，それを維持している条件を明らかにし，再登校行動のシェイピングにあたって必要な情報を収集することである」と定義される（小林，1988）。

そこで，不登校に対する行動アセスメントとトリートメントで構成された積極的アプローチ（小林ほか，1989）が提案された。これ以降の不登校への支援アプローチは，この積極的アプローチを基礎とし，新しいタイプの不登校および問題に対しては，アセスメント領域を拡大し，慎重な技法選択および学習，運動指導などの実施による再登校支援，追跡研究という方法論で構築された。

●**不登校への包括的支援アプローチの構築**　以上のような方法論で構築されたのが，包括的支援アプローチ（小野，2010）である。このアプローチに基づいて，学校および家庭が不登校誘発・維持に強く関連している不登校（小野，2010），保護者が学校関係者を完全に回避した長期未支援（小野，2017a），5年間にわたる長期不登校（小野，2017b）といった問題解決のために適用された。そして，不登校の行動アセスメントは，「不登校状態を形成，維持してきた条件を過去，現在にわたる生態学的調査で明らかにし，将来的な環境の情報，再登校及び登校維持支援開始後の情報も加えて再登校行動のシェイピング及び維持に必要な情報を収集すること」（小野，2017b）と再定義された。

以下に小野（2017b）の概要を示す。ステップ1〈支援関係の設定〉（1）支援契約，（2）初期対応プログラム（長期未支援の問題への対応），ステップ2〈個別の支援計画の設定〉，ステップ3〈再登校支援計画の作成と実施：不登校状態の行動アセスメントの着眼点〉，（1）不登校発現前の行動特性，（2）不登校発現の経過，（3）不登校発現後の状況，（4）行動アセスメントとしての情報統合，（5）個別の支援計画の立案：①基礎的アプローチ，②個々の状況に応じた支援

（不安反応の変容のための技法選択），③登校行動形成プログラムの実施（登校方法の技法選択），ステップ4〈再登校以降の支援計画の設定〉，ステップ5〈登校活性化支援の実施〉（1）登校活性化プログラムの実施，（2）不登校発現・維持条件低減プログラムの実施，ステップ6〈計画的支援の終結：セルフコントロールの実施〉，ステップ7〈追跡調査〉．

現時点において，再登校準備・維持基準としては，対象不登校の単独通所，同級生および担任教師との接触，再登校前の学校内滞在，在籍学年相応の学力，在籍学年シャトルラン全国平均値程度の達成，登校時生活リズムの2週間継続，CLISP-dd（トップダウン編）（伊藤ほか，2015）における就労継続基準レベル以上の社会性，体調不調時に体温をはかり医者に行き欠席の指示があった場合学校を休む（親が学校に欠席連絡を入れる）という欠席の遂行などであることが明らかになっている．

また，技法選択に関しては，唾液アミラーゼ評価による30KIU/Lがオペラント条件づけ技法とレスポンデント技法の選択基準となる可能性が示唆されている．

今後は，包括的支援アプローチの技法選択基準，再登校開始および再登校維持基準，プログラム内容の妥当性のさらなる検討が必要である（小野，2017a）．

●**不登校予防** 不登校予防は，不登校状態を生じさせないことを目標とする．認知・行動療法の立場からの不登校予防支援も顕著な成果を上げている．包括的支援アプローチ（小野，2010）の市単位，学校規模（スクールワイド），学級規模（クラスワイド）での応用適用で顕著な成果をあげている．対象となる地域，学校の典型的不登校の行動アセスメントにより不登校発現・維持条件を解明し，その不登校発現・維持条件を低減する方法を組み込んだ対策を立案，実施することが効果的である．代表的な不登校予防例としては，小野（2014）がある．この研究は，東京都東大和市内全中学校を対象として，対象学校の不登校典型事例を包括的支援アプローチの行動アセスメントによって分析し，曖昧な理由による欠席に対する対処が不登校誘発条件であるとし，この不登校誘発条件を減少させる目的で保護者の欠席電話受付時の教員の対応随伴性を変化させた手順を全中学校に導入した．4年間の実施の結果，東大和市の全教員の不登校認定手順の実施率が90％となり，新規不登校発現率が，2.87％から1.3％，新規不登校数59人から28人となり，新規不登校発現率および新規不登校数ともに半減した．これは，前例のない優れた成果であった．

[小野昌彦]

◻ さらに詳しく知るための文献

[1] 小野昌彦 2006 不登校ゼロの達成 明治図書．
[2] 小野昌彦編著 2007 発達障害のある子／ない子の学級適応・不登校対応 柘植雅義監修 ハンディシリーズ第9巻 金子書房．

いじめ防止・対策

☞ いじめ p.168, 感情マネジメント訓練 p.272, ソーシャルスキルトレーニング（SST）p.278, 問題解決療法（PST）p.280, 子どもの怒り・攻撃への支援 p.412, アサーショントレーニング p.462

　文部科学省によると，いじめは「児童生徒に対して，当該児童生徒が在籍する学校に在籍している等当該児童生徒と一定の人的関係のある他の児童生徒が行う心理的又は物理的な影響を与える行為（インターネットを通じて行われるものも含む。）であって，当該行為の対象となった児童生徒が心身の苦痛を感じているもの。」と定義されている。2016年度において，いじめを認知した学校数は全国の学校の約68％にあたる25,700校であり，認知件数は約320,000件にのぼっている。いじめ被害によって自殺に至る事例もあるように，いじめはうつ病や不安症などの重篤な精神保健上の問題を引き起こす大きな原因となる。したがって，実際に起きているいじめを解決するだけでなく，いじめを未然に防止することは，学校における教育相談および精神保健上の喫緊の課題である。学校や学級単位で実施されているいじめ防止プログラムは，いじめに対する意識を高めるためのプログラム，子どもの社会的問題解決能力を育成するためのプログラム，ピアサポートプログラムの三つに分類することができる（松尾，2002）。

●**いじめに対する意識を高めるプログラム**　個々の子ども，教師，保護者のいじめに対する認識のずれが，いじめ発生の原因やいじめ解決の障害になるという考え方に基づいて，学校全体でいじめに対する正しい理解を共有することを目的とするプログラムである。具体的には，いじめ問題に対する討論の機会を設け，「いじめを克服することによって子どもは成長する」のようないじめを助長する認知の偏りを修正したり，いじめに関する裁判の判決文を利用した授業を通して，いじめの定義やいじめがもたらす不幸な結果等を正しく認識させたりするような活動が実践されている。また，いじめ防止のために子ども自身が何をなすべきかについて，抽象的な言葉ではなく，行動ベースの言葉を用いた反いじめポリシーを制定し，それを子ども自身が運用するよう促す取組みも行われている。そのようなプログラムのひとつであるピースパック（P.E.A.C.E. Pack）（Slee, 1997；岡安・高山，2004）は，いじめを発生させない学校環境を構築することを目的としており，準備（Preparation：プログラムの企画や運営方針，運営スタッフを決定する），教育（Education：いじめ問題についての共通認識を形成する），行動（Action：共通認識を高めるための具体的な活動を行う），対処（Coping：いじめの発生に備えたサポートシステムを構築する），評価（Evaluation：プログラムの効果を評価する）の5段階の実践を通して，学校全体で年間を通していじめ防止活動を実践するものである。

●**子どもの社会的問題解決能力を育成するためのプログラム**　子どもがいじめに

直面した場合に，社会的に望ましい方略を用いて解決する能力を育成することによって，いじめを防止しようとするものである。ソーシャルスキルトレーニング（SST）は最もよく用いられる方法の一つである。他者に好意的な働きかけをするスキルや互いに協力するスキルを子どもに教えることは，向社会的行動を増やすことによっていじめの発生を未然に防止する効果があり，また主張スキルを教えることによって，いじめ受けたときに被害の拡大や長期化を防止できる可能性がある。社会的問題解決訓練も有効な方法の一つである。何が問題なのかを正しく認識した上で多くの解決法を考案し，その中から最も効果的な方法を選択，実行するスキルを育てることは，適切な問題解決行動の出現頻度を増加させる効果が期待でき，いじめの早期解決の可能性を高める。また，怒りのマネジメントプログラムは，リラクセーション法の習得や他者の行動に対する偏った認知を修正するための認知再構成法などを用いて，怒り感情を攻撃的行動に直結させずに，社会的に望ましい方法で怒り感情に対処することを習得させることによって，反応的攻撃によるいじめ加害を抑制する効果がある。

●ピアサポートプログラム　子どもたち自身がいじめ防止活動を行ったり，いじめ被害者のカウンセリングをしたり，いじめ問題の解決のために介入したりすることによって，いじめに対する子どもの意識を高めることを目指すプログラムである。そのような活動を通して，いじめの直接的な加害者ではない観衆者や傍観者であった子どもが，いじめの仲裁者の役割を果たしてもらうことによっていじめ問題の解決をはかることを目的としている。

　近年では，スマートフォンの普及によって，誰もが容易にインターネットにアクセスすることが可能になったことに伴い，SNSを介した誹謗や中傷による，いわゆる「ネットいじめ」が従来型のいじめと同様に深刻な問題となっており，ネットいじめ防止対策も喫緊の課題である。ネットいじめは，ネット上において攻撃が急速に拡大していくことや学校以外でも常にいじめにさらされるなど，従来型のいじめと異なる特徴をもつ。しかしながら，ネットいじめの被害者および加害者は従来型のいじめ被害者および加害者と重複するケースが多く，いずれの被害者も自尊感情が低く，仲間関係に問題があること，またいずれの加害者も攻撃性が高く，共感性が低いなど，その心理的特徴には共通点が多い（Vollink, et al., 2016）。したがって，ネットいじめの防止対策においても，従来型いじめと同様の対策が有効であるとも考えられるが，まだ実践例が少ないことから，今後の実践的介入研究の蓄積が必要とされる。

〔岡安孝弘〕

📖 さらに詳しく知るための文献
[1]　オルヴェウス, D. 2013 オルヴェウス・いじめ防止プログラム　現代人文社.
[2]　山本 奨ほか 2018 いじめ問題解決ハンドブック　金子書房.

非 行

☞ いじめ p.168, 教育分野のアセスメント p.230, ソーシャルスキルトレーニング p.278, ポジティブ行動支援（PBS）p.458, 成人犯罪・少年非行と関連諸機関 p.528

　少年非行とは，少年法に規定されているように，20歳未満のぐ犯行為，14歳未満の触法行為，14歳以上20歳未満の犯罪行為を指している。しかし，一般的には学校で，あるいは学校に所属する児童生徒に関して生じる暴力行為などの反社会的やそれに伴う非社会的行為も非行ということばでよばれることが多い。
　学校内における暴力行為に関しては，向社会的な価値を教えること，そして向社会的行動を形成することがこれまで試みられてきており，それらはしばしば有効に機能した（ゴールドシュタインほか，1984）。しかし，一方では期待されたほどではなかったとの評価もあり，その原因として暴力行為を維持する要因のコントロールがはかられたものの，周囲の随伴状況の分析とそれに関する対応が十分ではなかったと考えられる。暴力的な行為は単純な攻撃行動ではなく，しばしば環境の状況と相互に関連して生じ維持されるため，その問題のみではなく，環境の分析が重要な要因となる。
　日本では，非行は70年代に状況は変化し，教育問題として語られることが多くなった（石川，1991）。①問題が高頻度に起こるようになり，どのような地域，学校でも生じるようになった。②重大な事件が多く見られるようになり，その多くが学校における人間関係と関連している。③近年低年齢化が著しく，小中学校で生じることも，例外的ではなくなっており，その対応が急がれている。

●**学校における非行という問題**　学校における臨床という意味では主として，法的な対象とはなっていない反社会的行動の改善，予防が標的となる。反社会的行動とは社会的規範や，そのときの社会的関係を破壊するような行動をいい，暴力，盗みといった問題から，家出，夜間徘徊，未成年の飲酒喫煙などまで指す。
　非行と呼ばれる行為は，単に反社会的行動がたまたま学校という場に関連して生じているわけではない。少なくとも維持する要因に関しては，状況により大きく異なり，改善のためには詳細な分析が必要になる。

●**非行という行動の分析**　学校とは単純な集団ではない。生徒と教師，生徒間，家庭と学校との関係など複雑な相互作用が存在する。学校に「行く」という状況そのものに強制が伴い，授業場面やルールなどを含め，嫌悪的に機能する状況が少なからずある。したがって例えば社会的な関係（友人や教師との関係）や学業などの行動のパフォーマンスに嫌悪的な状況（わからないとか結果が低下するなど，その結果叱られることが多くなるなど）が続くと，強いストレスに曝されることになり，学校という場の評価という認知も嫌悪的になり，学校が嫌いになる，あるいは抵抗が生じやすくなるといえる（学校の中でうまくいかないという

不安が強くなる)。つまり，攻撃行動としての暴力行為や抑制が生じる可能性が高くなり，学校という場に関する回避行動も生じ，これらは相互作用の中で強化されていく。こういった行動の総体が非行という型を取ることになる。したがって改善のためのアプローチは，当該生徒のみではなく，相互作用を構成する要素（教師やほかの生徒）が対象になる。

暴力行為や粗暴行為などの不良行為は基本的に不適切な行動であり，容認することはできない。しかしそれをただ抑制しようとして罰刺激の提示のみを行うと問題がエスカレートしたり，学校からの回避が強くなったりする。また当該生徒個人への（うまくいかないという）不安の低減のためのカウンセリング（認知再構成法）や社会的強化を受けるためのソーシャルスキルトレーニングといったアプローチは当然検討される必要がある。しかしながら多くの場合，問題が生じている当該生徒には改善に関する動機づけは低く，その結果カウンセリング場面を提供すること自体が嫌悪統制として機能し強い回避反応が生じることが考えられる。したがって標的としてはより適切な行動を増加させ，環境内での強化子を増加させるコントロールが必要であるといえ，少なくとも環境内の強化子が増加したあるいは増加させることができる見通しの後（すなわち当該生徒が強化され改善に関して反応する可能性が高まった後），個々の生徒への対応を強めるべきといえる。

●**教師から見た非行**　しかし，相互作用の一方を構成する教師にとって，非行は，「理由のない」「急激な変化」に見えるし，冷静な対応がとりにくく，必要以上に大問題に見える。生徒の行動を結果として抑制しようとする傾向が強くなる。それは生徒にとっては，新たな嫌悪事態が生じることにほかならない。教師が当該生徒を強化することが可能になるためには生徒の行動に関する評価の改善と見通しが（すなわち学校状況に関する認知の変容）必要になり，生徒にとって正の強化として機能するために教師に新たなスキルを形成する必要もある（杉山，2016）。すなわち当該生徒の適切な行動に周囲が反応するスクールワイドPBS（positive behavior support：PBS）による支援を構成するための，教師へのコンサルテーションが必要である。当該生徒が教師から社会的強化子を得ることが出来れば，教師や学校への接近行動の生起頻度も上昇すると考えられ，そのことによって強化される機会も生じると考えられ，相互作用が大きく改善されることになり，学校における非行の予防にもつながっていくと考えられる。

[杉山雅彦]

📖 **さらに詳しく知るための文献**
[1]　小林寿一　2008　少年非行の行動科学―学際的アプローチと実践への応用　北大路書房.

体罰

☞ オペラント法 p.252，ポジティブ行動支援（PBS）p.458，教育分野の関連法規 p.698

　日本では，学校教育法の第11条において，校長や教員は，懲戒として体罰を加えることはできないと定められており，学校教育の場における体罰は，法律上，明確に禁じられている。ここでいう体罰とは，懲戒の内容が身体的性質のもの，すなわち，身体に対する侵害を伴うもの（殴る，蹴るなど），および被罰者に肉体的苦痛を与えるもの（特定の姿勢を長時間にわたって保持させる正座，直立など）を指しており，児童生徒の暴力に対する正当防衛や正当行為とは区別されるものである（文部科学省，2013）。日本における学校体罰の法禁は，明治期にその原型が確認され，世界的にみてもかなり早い時期に属することが知られる（添田，2013）。だが，体罰ほどに法禁と実態が乖離している教育事象は珍しく，「教鞭を執る」という表現があたかも字義通りに実行されたかのような事例は未だ後を絶たない。

●体罰の「有用性」と副次的な弊害　なぜ，体罰はなくならないのか。その理由の一つは，体罰を与えるという行為そのものが強化されることがあるためであり，もう一つは，教え手がほかのより望ましい教え方を習得して効果を生み出すまでには相応の時間がかかるためだと考えられている（日本行動分析学会，2014）。その場限りの，一時的な効果であったとしても，教え手にとって即効性のある加罰行動は，その「有用性」ゆえに維持されてしまうのである。しかしながら，体罰をはじめとする強い嫌悪刺激を呈示する手続きには，不快な情動反応や攻撃行動の喚起など，数多くの望ましくない副次的効果が伴うことが知られる（吉野，2015）。さらに，幼少期から青年期にかけて家庭や学校で体罰にさらされた人々は，そうでない人々に比べて，成人後に，抑うつや不安障害，さまざまな依存症などの精神的な問題を抱えるリスクが高まることがわかっている（Afifi et al., 2012；Österman et al., 2014）。体罰に限らず，嫌悪刺激を用いる方法には，一般に信じられているほどの効果はなく，むしろ副次的な弊害が多いことは明らかである。

●「罰」に代わる教育的な方法　認知行動療法に包含される教育実践領域では，嫌悪刺激を適用する弱化（いわゆる「罰」）に代わりうる方法を広く検討してきた。今日，その導入が推奨されているのは，「行動問題が減少するとともに，より望ましい行動が生じやすくなる」という，本来的な教育的効果を生み出す手続きの導入である。表1に示す行動の原理を活用した方法をいくつか紹介してみよう。

　まず検討すべきは，教育的にも，倫理的にも最も望ましいとされる正の強化にもとづく方法である。たとえ望ましくない行動であっても，自発され，維持されているのは，その行動が何らかの形で強化されているためである。そこで，正の

強化子は用いるのだが，強化される行動の頻度や形態を工夫するという視点の転換が考えられる．例えば，特定の期間に対象行動が出現しなければ強化するという他行動分化強化（DRO）は，その一例である．あるいは，より積極的に，強化される行動の置き換えを目指して，対象行動とは並立不可能な行動を強化する対立行動分化強化（DRI）や，より適切な行動を強化する代替行動分化強化（DRA）という方法がある．DRIやDRAによって置き換えられる行動は，置き換え以前の行動と同等以上の強化を得られることが大切である．なお，正の強化を基盤とする方法は，個別的な支援だけでなく，スクールワイドPBS（positive behavior support：PBS）において学校規模の支援を構築し，多くの研究成果を得ている（平澤，2015）．

表1　強化と弱化（罰）

強　化：行動が増加する原理

正の強化：行動の後に刺激が出現することで行動が増加
負の強化：行動の後に刺激が消失することで行動が増加

弱化（罰）：行動が減少する原理

正の弱化：行動の後に刺激が出現することで行動が減少
負の弱化：行動の後に刺激が消失することで行動が減少

次に，負の弱化（罰）にもとづく方法としては，対象行動が生起すると，それまでに獲得できていた強化子が一定量取り去られる反応コスト法や，対象行動に続く一定期間は正の強化を得る機会を失うというタイムアウト法がある．これら2つの方法は，嫌悪刺激や苦痛刺激の警告を要する負の強化や，それらの刺激の呈示を伴う正の弱化（罰）よりは副作用や反作用が少ないものの，先に紹介した正の強化にもとづく手続きに比べれば，対象者にとっての嫌悪性が高まることは明らかである．

なお，行動と結果の随伴性をなくすことによって，行動問題を減少させるという方法も存在する．その一つが，対象行動に随伴していた正の強化子の呈示を中止する消去手続きである．また，近年，その実践が注目を集めているのが，行動問題を維持している強化子を，本人の行動とは無関係に豊富に提供することで行動問題を減らしていく非随伴性強化（NCR）である．NCRでは，それまでの随伴性が崩されることによって，行動問題が生じにくくなると考えられている．

●留意すべき点　いずれにおいても，行動問題を減少させる手続きを適用する際には，（1）効果がある中で最も侵襲性（嫌悪性）の低い方法を選択する，（2）減少や除去の対象となる行動と同等以上の強化を得られるほかの行動への置き換え，すなわち機能的代替を提供する，（3）必要に応じたインフォームド・コンセントを得るという，三つの原則を重視すべきである．　　　　　　［杉若弘子］

📖 さらに詳しく知るための文献

[1] Alberto, P. A. & Troutman, A. C. 2012 *Applied Behavior Analysis for Teachers*, (9th ed.), Prentice Hall.

学校ストレスと
ストレスマネジメント

☞ 心理学的ストレスモデルの基礎研究 p.68, リラクセーションの基礎研究 p.72, ストレス免疫訓練 p.270, ソーシャルスキルトレーニング (SST) p.278, アサーショントレーニング p.462

　日本では，不登校をはじめとした学校不適応を規定する重要な要因の一つとして，1990年代から児童生徒の学校生活におけるストレスが注目されるようになり，数多くの研究が盛んに行われるようになった。具体的には，児童生徒を対象として，学校ストレッサー，ストレス反応，認知的評価，コーピングに着目し，主にR. S. ラザルスとS. フォルクマン（Lazarus & Folkman, 1984）の心理学的ストレスモデルに基づいた調査研究が実施された。また，児童生徒の学校ストレスと学校不適応の関連性や学校ストレスを規定する諸要因の検討も盛んに行われている。さらに2000年頃から，児童生徒に対する予防的な心理支援の一環として，学校教育現場におけるストレスマネジメントの実践報告が増加していった。これらは，学校不適応の一次予防的な位置づけとして学級集団に対して実施されたり，不適応などの問題を抱えた児童生徒を対象とした臨床的な心理支援法の一つとして用いられている。近年では，災害ストレスに対する児童生徒の心のケアの一手法としても活用されている。

●**心理学的ストレスモデル**　ラザルスらが提唱した心理学的ストレスモデル（トランスアクショナルモデル）は，ストレス研究に多大な影響を及ぼした。日本の学校ストレス研究やストレスマネジメントの多くは，この理論を概念的枠組みとして用いている。この理論では，個人のストレス反応が表出されるまでに「ストレッサーの経験」→「認知的評価」→「コーピングの実行」→「ストレス反応の表出」といった一連のプロセスが想定されている。中でも，認知的評価とコーピングといった個人差変数が重視されており，同じストレッサーを経験してもこれらの違いによって表出されるストレス反応が異なると考えられている。

　認知的評価とはストレッサーに対するとらえ方（認知）であり，ストレッサーが自身にとってどの程度の影響力や脅威性をもつできごとであるかという「一次的評価」と，ストレッサーへの対処可能性に関する「二次的評価」から構成される。一次的評価を強く抱くほどストレス反応の表出は高くなり，何らかのコーピングを実行しようと動機づけられる。また，二次的評価はストレス反応の表出を軽減する機能をもち，同時に問題解決的なコーピングの実行を促進すると考えられている。

　もう一つの個人差変数であるコーピングとは，ラザルスらによると，個人の心理的・社会的資源に負荷をかけたり，あるいは資源を超えると評価されるようなさまざまな内的・外的な要請を処理するために行われる認知的・行動的努力のことである。ラザルスらは，コーピングを問題焦点型対処と情動焦点型対処に大別

しているが，その後の研究ではより多くの種類のコーピングが見出されている。コーピングの有効性は，ストレッサーやストレス反応の内容・強度などによって異なるため，どのような場合にも有効に機能するコーピングを特定することは難しい。また，多くの場合，あるストレッサーに対して複数のコーピングを組み合わせて用いるため，どの種類のコーピングを組み合わせるか，どのような順番で行うかなどによっても効果が異なると考えられる。そのため，コーピングのレパートリーの豊富さや柔軟性など，ストレッサーを経験した際のコーピングの用い方（多様な種類のコーピングを実行する，複数のコーピングを組み合わせるなど）や実行プロセス（あるコーピングを実行しても効果が得られない場合には別のコーピングに変更するなど）が重要であると考えられている。

このような心理学的ストレスの理論的枠組みに基づき，個人のストレスを効果的にマネジメントしようという試みがストレスマネジメントである。具体的には，ストレッサーの減少・除去を目的とした環境調整，認知の変容，効果的なコーピングスキルの獲得，ストレス反応の軽減を目的としたリラクセーション技法の習得などである。

●**日本における児童生徒の学校ストレス**　学校ストレスとは，学校教育現場におけるストレスを指し，学校で生活する児童生徒や教師が経験するストレスのことである。しかし，教師を対象としたストレス研究は職業ストレス研究の枠組みで取り上げられることが多く，一般的に「学校ストレス研究」という場合には，その多くが児童生徒を対象としたものを指す。

日本の学校ストレス研究は，ラザルスらの心理学的ストレスモデルに基づいて行われているものが主流であり，児童生徒の学校ストレッサー，ストレス反応，あるいはコーピングの種類が明らかにされている。学校ストレッサーについては「学業活動」「友人関係」「教師との人間関係」が発達段階にかかわらず一貫して見出され，これらに加えて中学生以上になると，「部活動」「校則」「進路」なども学校ストレッサーとなることがわかっている。また，ストレス反応については発達段階による違いはあまり見られず，抑うつ，不安，不機嫌・怒り，無気力，身体的反応が認められている。数多くの研究において，発達段階や性別にかかわらず，学校ストレッサーの経験が多い児童生徒ほどストレス反応の表出が高いことが一貫して報告されている。

コーピングについては，一般的に発達段階によって分化していくことが指摘されている。中学生以上では，問題に対して積極的に取り組む「問題解決的対処」，あきらめや考えないようにするなどの「回避的対処」，他者に助言や援助を求める「サポート希求対処」，前向きにとらえるなどの「認知的対処」，ストレス気分を軽減する「気分転換」などが主要なものとして見出されているが，小学生では，問題解決的な対処とあきらめや思考回避的な対処のみを報告している研究も

ある。前述したようにストレッサーの内容・強度あるいは組み合わせ方などによってコーピングの効果が異なるため、コーピングとストレス反応との関連性については一貫した研究結果が示されているとは言いがたい。しかしその中でも、回避的対処を多く行う児童生徒のストレス反応が高い傾向については、比較的多くの報告がなされている。

　その後、ソーシャルサポート、ソーシャルスキル、セルフエフィカシーなどの多様な変数が取り上げられるようになり、学校ストレス研究は広がりをみせた。これらはストレス反応や学校不適応感を低減することに加えて、適応的な認知やコーピングを促す機能をもつと考えられている。このような研究の積み重ねによって、学校ストレスの軽減が学校不適応の予防に寄与する可能性が示され、児童生徒を対象としたストレスマネジメントを行う意義が明確にされた。同時に、研究によって得られた知見は、効果的なストレスマネジメントを実施する際の有用な情報資源となっている。

●**教育現場におけるストレスマネジメント**　学校教育現場における代表的なストレスマネジメントの一つは、学級単位で保健体育や総合的な学習の時間などに実施されるものであり、学校不適応の一次予防的な心理支援法として位置づけられる。不安、緊張、怒りなどを低減するためにリラクセーション技法（呼吸法、筋弛緩法、自律訓練法等）を指導するなど、ストレス反応にのみ働きかけるものもあるが、近年では、ラザルスらの心理学的ストレスモデルの枠組みに従い、認知的評価やコーピングといった個人差変数の変容を積極的に取り上げた包括的なアプローチが主流である。

　内容は、ストレスの生起メカニズムの理解（ストレッサーの種類やそれによって種々のストレス反応が生じること）、認知的評価の理解（できごとのとらえ方によってストレス反応が規定されること）と変容、コーピングの理解（コーピングの種類や機能、レパートリーや組合せの重要性）と新たなコーピング方略の獲得、リラクセーション技法の習得などから構成されている。ストレスに対する対処能力を高めてストレスと適切に付き合うためのスキル習得をねらいとしており、ワークシートを用いた演習形式や多様な意見を出し合うグループワーク、リラクセーション技法の実践といった参加型の形態で行われることが多い。また、学習内容をまとめて教室内に掲示したり、学習内容の実施をホームワークにするなど、ストレスマネジメントに有効なスキルを日常生活場面で積極的に活用させるための工夫も行われる。

　さらに、対人ストレスに焦点をあてて適切なスキル獲得をねらいとする「ソーシャルスキルトレーニング」や「アサーティブトレーニング」、ストレス反応の中でも抑うつをターゲットとして認知変容を主な構成要素とする「抑うつ予防教育」も広義のストレスマネジメントとしてとらえることができる。また近年で

は，マインドフルネス技法を取り上げたものも試みられている。これらの心理支援法はラザルスらのモデルとは異なる理論的枠組みに基づいているが，多くの場合，学校ストレス研究の中でストレス反応や学校不適応との関連性が見出された要因が取り上げられている。

　さらに，災害時に被災児童生徒を対象として行われるストレスマネジメントもある。日本では阪神・淡路大震災以降に注目されるようになり，東日本大震災の被災地においても，学級集団を対象とした実践が複数報告された。災害というライフイベントを経験してストレスフルな状態にある児童生徒に対して，急性ストレス症状の軽減やその後の不安症発症の予防といった意味をもつ。内容は，ストレッサーを経験することで心身にさまざまな反応が生じることの理解やリラクセーション技法の習得が主流である。一般的なストレスマネジメントでは，実施時に児童生徒がイメージしやすい身近なストレス場面を取り上げることが多いが，災害後まもなくの時期に行うストレスマネジメントでは，心理的侵襲性が高くならないように，あえて災害体験を直接的には扱わないなどの配慮をしながら実施される。

　このような学級集団を対象とした予防的なストレスマネジメントだけでなく，臨床的な心理支援法の一つとして，不登校などの学校不適応に陥った児童生徒を対象とした個別支援としてのストレスマネジメントもある。この場合には，学級単位で実施されるストレスマネジメントに比べて，対象となる児童生徒の抱える問題や特徴を踏まえた上で，取り上げる構成要素やテーマを設定する必要がある。例えば，学業ストレスが強い場合であっても，よい成績へのこだわりが過度である場合には認知の変容を取り上げ，適切な学習スキルが未学習の場合には問題解決的対処をはじめとしたコーピングの獲得をねらいとするなどが考えられる。効果的なストレスマネジメントを行うためには，事前に十分なアセスメントを行った上で，適切な内容を吟味することが重要である。

　また，適応指導教室や特別支援学級における小集団を対象とした実践もみられる。特に，対人関係におけるストレスやトラブルの軽減をねらいとしたソーシャルスキルトレーニングは比較的多くの現場で取り上げられている。この場合も，対象となる児童生徒に応じたターゲットスキルの選定や実施の工夫が必要となる。

[三浦正江]

📖 さらに詳しく知るための文献
[1] 嶋田洋徳・鈴木伸一編著 2004 学校，職場，地域におけるストレスマネジメント実践マニュアル 北大路書房.
[2] 服部祥子・山田冨美雄 2011 阪神・淡路大震災と子どもの心身 名古屋大学出版.
[3] 佐藤正二ほか 2013 学校でできる認知行動療法 子どもの抑うつ予防プログラム 日本評論社.

進路指導

☞ 産業・労働分野のアセスメント p.234, 教育分野における認知行動療法の適用 p.394, キャリア支援における認知行動療法 p.612

　進路指導は「生徒の一人ひとりが，自分の将来への関心を深め，自分の能力・適性等の発見と開発に努め，進路の世界への知見を広くかつ深いものとし，やがて自分の将来への展望を持ち，進路の選択・計画をし，卒業後の生活によりよく適応し，社会的・職業的自己実現を達成していくことに必要な，生徒の自己指導能力の伸長を目指す，教師の計画的，組織的，継続的な指導・援助の過程」と定義されている（文部省，1983）。このような進路指導を遂行していくために必要な教育活動は六つあるとされており，それぞれ生徒（自己）理解，進路情報，啓発的経験，進路相談，進路決定，追指導に関する教育活動である。なお，追指導とは生徒が卒業後の生活によりよく適応しているかを確かめ，必要に応じて指導，援助を行うことを言う。つまり進路指導は出口指導（進路先を決定させるだけの指導）では不十分なのである。十分な決定に至るよう，自己理解や進路情報の収集，進路の指針に関与するような気づきの経験（啓発的経験）を促す指導を行いながら，必要ならば相談に応じ，卒業後もうまく適応することができるように指導していくことまでを含むのが進路指導であるといえる。ところで，2011年に大学の設置基準が改訂されすべての大学はキャリアガイダンスを行うことが必要とされた。進路指導を英訳するとキャリアガイダンスになるため，近年では大学生に向けても進路指導は必要な教育活動とみなされるようになっている。また，中高一貫校の増加など社会的背景の変化によって，小学校においても児童への進路指導の必要性が高まってきている。

●**進路指導とキャリア教育**　進路指導と似た概念にキャリア教育がある。これは，「一人一人の社会的・職業的自立に向け，必要な基盤となる能力や態度を育てることを通して，キャリア発達を促す教育」とされている（中教審，2011）。そして生活指導や教科指導などの枠組みにとらわれず，幼児教育から子どもたちの発達段階に応じて，学校全体で，また地域と連携しながら進めていく教育活動である。キャリア教育で育むべきとされる能力には，人間関係形成・社会形成能力，自己理解・自己管理能力，課題対応能力，キャリアプランニング能力があり，これらは基礎的・汎用的能力と呼ばれている。キャリア教育と進路指導は多くの点で重なり合うが，その歴史や導入の経緯，具体的な展開には違いもある。

●**選択→移行→適応のキャリア発達モデル**　進路指導・キャリア教育のそれぞれに重要な概念としてキャリア発達がある。キャリア発達を促すことで，子どもたちの将来の適応や自己実現がはかられると考えられるからである。したがって，キャリア発達を促すことは予防開発的な指導，援助として重要な教育活動である

といえる。中教審（2011）はキャリア発達を「社会の中で自分の役割を果たしながら、自分らしい生き方を実現していく過程」と説明している。一方、キャロル（Carole, 1992）は、「人生経路における選択と適応の連続がキャリア発達であり、選択内容とその過程、適応内容とその過程がキャリア発達の中核である」と説明している。さらに、永作（2012）はキャロルの考えと進路指導の六つの活動を融合させ、移行の前後における選択と適応という課題を乗り越える【選択→移行→適応のキャリア発達モデル】を紹介している。ここでは、このモデルをもとにキャリア教育の基礎的・汎用的能力を組み入れた新たなモデルを紹介する（図1）。図1から読み取れるように、進路指導においては、教師による六つの活動を通じて児童生徒の基礎的・汎用的能力を高めることを目指し、さらにそれらの能力が高まることでよりよい進路選択と将来の適応を促すということが重要である。

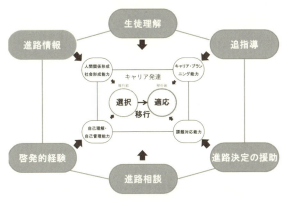

図1　進路指導における、選択→移行→適応のキャリア発達モデル

●進路指導と認知行動療法アプローチ　「やりたいことがみつからない」という訴えは進路指導場面でよくみられるものである。たとえ進路指導やキャリア教育が十分に行われたとしても、まだ社会経験の少ない若者にとっては至極当然の感覚かもしれない。このような問題は、キャリア心理学の領域ではキャリア未決定（career indecision）キャリア逡巡傾向（career indecisiveness）という概念で研究されてきた。これらは特性不安の高さと関連があることが知られており、非機能的思考の修正や問題解決スキルの伸長によって問題が軽減されることが示されている。なお、キャリア未決定は発達的な問題として扱われる一方で、キャリア逡巡傾向は臨床的な問題であり、より深刻な問題であるととらえられることが多い。また、動機づけ面接もこのような訴えのある生徒の支援に適用できる可能性があるだろう。ほかにも、障害のある生徒の就労支援場面では、機能分析に基づく就労環境の整備やコンサルテーションにより、生徒の職業移行後の適応を促すことが期待できる。　　　　　　　　　　　　　　　　　　　　　［永作　稔］

□さらに詳しく知るための文献
［1］新井邦二郎編　2012　進路指導（教職シリーズ7）培風館．
［2］文部科学省　2012　高等学校キャリア教育の手引き　教育出版．

行動論的コーチング

☞ 応用行動分析の基礎理論 p.16,
応用行動分析（ABA）p.254,
体罰 p.428

　昨今は，教員の時間外勤務の是正や選手の傷害予防の観点からこれまでの長時間にわたる部活動が見直されている。また指導者の体罰が問題視されている。このような背景から，スポーツ現場では体罰に頼らない効果的な指導と指導の説明責任が一層求められている。

　一般的にスポーツパフォーマンスの問題には，①技術そのものを身に付けていない状態，②ぎこちないフォームのように誤った技術が定着している状態，③望ましい技術を維持できない状態，④練習では遂行できる技術を大会では発揮できない状態，⑤「おしゃべりに興じて練習に注力できない」というような低い動機づけの状態などがある。行動論的コーチング（behavioral coaching）とは，行動分析学の諸技法を用いてこのようなニーズの改善を目的とする指導手続きである。

●**行動論的コーチングの推進手順**　行動論的コーチングを推進する際には以下六つの手順を重視する（Tkachuk et al., 2003）。第1段階として，選手との会話などから改善したい行動（標的行動）を明確にする。第2段階として，介入効果を検証するために標的行動を測定できるようにする。具体的には，行動所作を課題分析したり，行動所産を用いたりする。ゴルフを例にすると，行動所作とはスウィングなどの技術であり，課題分析とはこの技術を，ゴルフクラブの握り方，上半身の動かし方など，遂行すべき構成要素（下位スキル）に細分化することである。一連の技術を課題分析することで，改善すべき下位スキルを特定でき，正しく行えたかを判断できる。行動所産とは行動所作の遂行結果として得られる記録や順位などの産物である。第3段階として，標的行動の観察方法を検討する。例えばスウィングを，直接観察する，ビデオ録画してモニターで観察するなどの方法がある。行動分析学は，スウィングのように他者の目で確認できる行動（顕在的行動）だけでなく，不安や緊張などの感情，発汗や震えなどの身体的反応，否定的な考え方といった他者から容易に確認できない私的な行動（内潜的行動）も分析対象とする。内潜的行動の観察と測定には，ビデオ録画した試合映像から当時の状況を回顧し，潜時（行動が生起するまでに要する時間），強度，頻度，持続時間を記述する方法がある。第4段階として，標的行動はなぜ生起するのか（あるいは生起しないのか）を検討する。練習中の「おしゃべり」を標的行動と想定した場合，指導者が明瞭で端的な指示を出した直後には「おしゃべり」は生起せず，曖昧で連発した指示の直後には生起する可能性もある。あるいは陸上競技選手を例にすると，自己ベスト記録を更新できず練習行動の生起頻度が減少

しているところに，仲間との「おしゃべり」によって練習行動で得る以上のワクワク感を得ている可能性もある。このように標的行動（ここではおしゃべり）を基軸として，直前に生じる状況（ここでは指導者の指示）や直後に得られる結果（ここではワクワク感）を理解する行動分析を行い，加えて標的行動の直前と直後の状況を実際に操作する実験的機能分析を行うことで，標的行動が生起し維持するメカニズムの仮説を立てる。第5段階として，選手にとって受け入れやすく実行しやすい技法を選択し介入する。具体的な技法は，教示法，自己教示法（キューワードやセルフトーク），目標設定法，シェイピング法，強化法，消去法などがある。第6段階として，指導手続きの効果を評価する。そのために標的行動に関するデータを継時的にグラフ化し，介入に対する選手の評価（社会的妥当性）を加味する。

●**行動論的コーチングの具体例**　D. スコットほか（Scott et al., 1997）は，行動を段階的に形成するシェイピング法を用いて，国際レベルの棒高跳び選手の記録を向上させた。ポール（棒）を突き離す前に腕が十分に伸びれば記録はさらに向上すると仮説を立てた。そこでまずは現行の腕の平均的な高さ 2 m 25 cm の位置に，基準値を超えるとブザー音が鳴る光センサーを設置した。腕が届けばそのフォームはブザー音で強化された。選手がこの高さを安定して達成できるようになったら，光センサーの位置を 5 cm 高くすることで今までのフォームではブザー音はならなくなる，つまり標的行動に強化子が提示されない消去の手続きをとった。消去された行動はその強度や頻度が一時的に増加するバーストを生じることが知られている。この原理を利用して腕をより伸ばすフォームを引き出し，5 cm 高くした基準に到達するフォームをブザー音で強化した。このように強化と消去を繰り返しながら腕をより伸ばす理想のフォームに段階的に近付けていくシェイピング法を用いることで，最終的に光センサーは 2 m 52 cm まで上がり，棒高跳びの記録は 5 m 15 cm から 5 m 37 cm にまで向上した。

●**行動論的コーチング研究の争点**　過度の不安や緊張，否定的な考え方によって，練習場面では発揮できていたパフォーマンスが重要な大会場面では表出できないことがある。内潜的行動を場面般化の阻害要因としてとらえ解決の糸口を探る研究は，主にスポーツ心理学のメンタルトレーニングで行われている。近年はパフォーマンス向上に及ぼすマインドフルネスの効果が注目されている。しかし本邦ではこれらの実証研究はほとんど進展していないため今後の研究推進が期待される（高山・高橋，2017）。

［高山智史］

📖 **さらに詳しく知るための文献**
[1] 高山智史・加藤哲文 2012 スポーツパフォーマンスにおける行動コーチング（behavioral coaching）研究の現状と課題　上越教育大学心理教育相談研究 11, 83-96.

健康教育

☞ 地域保健や健康づくりにおける認知行動療法 p.380, プライマリケアにおける認知行動療法 p.386, 教育分野における予防 p.448, インターネットを用いたストレスマネジメント p.600

　健康教育とは，個人や地域の健康に貢献を目指すような，知識・ライフスキルを含むヘルスリテラシーを向上するために実施される，一定のコミュニケーションを伴って意識的に構築される学習機会のことである（WHO, 1998）。健康の増進と疾病の予防を進めるために重要な要素である。健康教育の概念が世界的に重要視されたのは，1986年の「ヘルスプロモーションに関するオタワ憲章」でヘルスプロモーションが提唱されてからである。オタワ憲章を受け，日本でも健康政策として健康日本21が実施されるようになった。こうした流れは心の健康においても例外ではない。公認心理師法第2条第4項によると，公認心理師の業務の一つは「心の健康に関する知識の普及を図るための教育及び情報の提供を行うこと」と定められている。心理専門職は，心に関する問題を抱える個々のクライエントだけでなく，社会全体に対し健康教育という形で積極的に関わることが求められている。

●健康教育とメンタルヘルスリテラシー　健康教育の目的は，ヘルスリテラシーの向上である。心の健康領域ではメンタルヘルスリテラシー（mental health literacy）の向上を目指す。ジョーム（Jorm, 2000）によるとメンタルヘルスリテラシーは以下の六つの要素で構成される。(a) 精神疾患または通常のストレス反応と違う状態であると認識する能力，(b) 疾患のリスクファクターや原因についての知識，(c) セルフヘルプに関する知識，(d) 利用可能な専門的援助に関する知識，(e) 適切な援助探索を実行する態度，(f) メンタルヘルスに関する情報の入手方法の知識。

　つまり，健康増進と精神疾患の予防のためには，適切な知識やセルフヘルプスキルの獲得，また援助探索を実行できる態度などのメンタルヘルスリテラシーの獲得を支援する必要がある。しかし，未だ多くの国でメンタルヘルスリテラシーは不十分な状況である（Jorm, 2000）。小池・伊藤（2012）によると，精神科受診意図を高めるには，疾患についての単なる情報ではなく情報探索行動を助ける具体的な内容を伝える必要がある。具体的な教育内容を提供するための有効な手法の一つとして認知行動的アプローチがあげられる。複数のメタ分析やレビューによると，認知行動的アプローチは，精神疾患の予防に効果を示す教育的介入プログラムの中心的な要素となっている（Conejo-Cerón, et al., 2017）。不機能的な思考・行動パターンを同定し代替行動のトレーニングを行う認知行動的アプローチは，具体的かつ実用的なメンタルヘルスリテラシーの獲得を促進することが期待される。

●**健康教育のレベルと内容**　健康教育は，精神疾患の予防的アプローチととらえることができる。予防的アプローチは，米国医学研究所（institute of medicine: IOM）が対象者の疾病リスクによってユニバーサル（universal），セレクティブ（selective），インディケイティッド（indicated）の三つのレベル分類を行っている（Mrazek & Haggerty, 1994）。ユニバーサルレベルは一般的な人すべてを対象とし，セレクティブレベルは精神疾患のリスクが健常者と比較して高い人を対象とし，インディケイティッドレベルは精神疾患の症状が見られる人を対象とする。例えば，児童・青年のうつ病を予防するためのセレクティブレベル・インディケイティッドレベルの健康教育では，その時点で抑うつ的な思考パターンや抑うつ症状があることをうつ病のリスク要因ととらえアプローチが行われる。反すうや破滅的思考といった抑うつ的な思考パターンの同定を行い，機能的な思考や問題解決スキルのトレーニングを行う。ほかにもリラクセーションやソーシャルスキルのトレーニングも含まれる場合がある。そうした介入が，抑うつ症状の改善やうつ病の発症率の減少に効果を示すことが明らかにされている（O'Connell, Boat, & Warner, 2009）。また，近年，健康教育はさまざまな精神疾患リスクに対して実施され効果を上げている。例えば，不安症，周産期の女性のうつ病，高齢者のうつ病，さらに児童・青年の物質乱用やアルコール乱用といったリスクをターゲットとした教育的アプローチが展開されている（Conejo-Cerón et al. 2016；O'Connell et al. 2009）。

●**健康教育の実施方法**　実施方法の工夫が健康教育の展開を支えている。佐藤ほか（2009）は小学5〜6年生を対象に，心理教育，ソーシャルスキルトレーニング，認知再構成法を中心要素として構成されたプログラムを実施し，抑うつ症状や認知の誤りの改善を実現した。このプログラムの特徴の一つとして，学校の担任教師が実施した点があげられる。担任教師は学級で児童と継続的に関わるため，プログラムで獲得したスキルの般化や維持を促すために効果的な実施者といえる。海外の保健分野では，ほかにもソーシャルワーカーや看護師がプログラムを実施する例もある。また，近年はインターネットを用いてウェブ上で配信されるプログラムの効果も示されている。認知行動的アプローチは，エビデンスに基づきプログラムが構造化されている。このため，援助者に依存せず一定の介入効果を示すことができる。このように，健康教育が広く対象者に提供され効果を示すためには，心理専門職と同時にほかの専門職でも実施しやすい，効率的なアプローチが今後重要となるだろう。健康教育はさまざまなツールの活用や実施方法の工夫によって発展し，人々の健康増進と精神疾患の予防を目指している。　　［大屋藍子］

◻ さらに詳しく知るための文献
［1］World Health Organization 1998 *Health Promotion Glossary*, WHO.

通常学級でのコンサルテーションとクラスマネジメント

☞ 教育分野における認知行動療法の適用 p.394,学級単位介入 p.442,教育分野における予防 p.448, PBS p.478,福祉分野における(支援者)支援 p.500

　異なった専門性や役割をもつ者同士が子どもの問題状況について検討し，今後の援助のあり方について話し合うプロセスをコンサルテーション（consultation）と呼ぶ。通常学級でのコンサルテーションにおいては，コンサルタントは外部専門家，コンサルティは教師あるいは保護者，クライエントは児童生徒となる。コンサルテーションの中でも，ほかのコンサルテーションに比べて，行動コンサルテーション（behavioral consultation）が広く実施されていることが海外の展望研究から明らかとなっている。行動コンサルテーションとは，クライエント（例えば児童生徒）の示す行動上の問題に対してコンサルティ（例えば教員）とコンサルタント（例えば専門家）が協働し，問題解決をはかっていく支援の一形態である（加藤・大石，2004）。具体的には，①問題解決志向であり，問題解決のための段階を設けている，②行動アセスメントの方法論を採用している，③行動論的介入方略を適用している，④指導介入の結果や効果の評価に行動論的方法を用いる，といった四つの特徴がある。その中でも，協働型（conjoint）行動コンサルテーションは，コンサルティが保護者と児童生徒いずれもを対象とするものをいう。行動論的介入方略としては，例えばトークンエコノミー法，環境設定，確率操作，代替行動分化強化，目標設定などさまざまなものがある。

　行動コンサルテーションでは，コンサルタントが示した介入案をコンサルティがそのままクライエントに実施したかといったことが重要となる。介入の厳密性あるいは整合性（treatment integrity）は，①コンサルタントによる介入計画と，コンサルティの計画の実行度との間の整合性，あるいは②コンサルテーションによって策定された介入（間接的・直接的）の計画や内容がコンサルティによって正確（厳密）に継続的に実行される程度と定義されている（加藤・大石，2011）。介入の厳密性あるいは整合性は，介入の忠実性（treatment fidelity）とも呼ばれる。介入の厳密性を高めるためのバックアップ手法として，コンサルティがコンサルタントのサポートを直接受けるダイレクト・トレーニング，手続きを視覚的に示すなどのスクリプトやセルフチェック，コンサルタントによるパフォーマンス・フィードバックなどがあげられる。

●スクールワイドPBS　クローン&ホーナー（2003）は，スクールワイドPBS（positive behavior support）において学校における支援の段階を設けた。まず，学校内で80〜85%を占める問題行動のない児童生徒，あるいは軽微な問題行動のある児童生徒が第1層であり，彼らにはユニバーサルな介入が行われる。例えば「挨拶をする」「服装を整える」などの校内のルールを再確認し，周

知することなどがあげられる。クラスマネジメントも重要であり，発達障害等の学習面あるいは行動面に特別な教育的ニーズがある児童生徒にわかりやすい授業は，すべての児童生徒の理解を助けるものである。具体的には，座席設定，教材，課題などの物理的環境や周囲の対人的な状況，指示や言葉かけなどの行動のきっかけとなる刺激などの工夫が考えられる。PBS は，いじめ，学級崩壊を未然に防ぐ効果もあるとされている（ストーモントほか，2016）。続いて，第 2 層には 5 ～ 15％の問題行動を示すリスクのある児童生徒が該当し，特定の集団に合わせた集団介入が適切とされている。例えば遅刻やホームワークの未提出などに対して，学年や校内で対応を決めておくなどがあげられる。さらに，第 3 層は，慢性的で深刻な問題行動を起こす児童生徒（3 ～ 7％）および危険な問題行動を起こす児童生徒（1 ～ 2％）である。第 3 層の児童生徒に対しては，場合によっては外部専門家や外部機関との連携を含めた，特定の個人に合わせた個別的介入を行うべきとされている。

●**集団随伴性**　通常学級という集団場面において行われる学級介入には，集団随伴性（group contingency/group-oriented contingency）も関連する。集団随伴性とは，ある特定の個人または集団の全員の遂行基準に応じて集団への強化が随伴されることをいう（Litow & Pumriy, 1975）。集団随伴性は，相互依存型，非依存型，依存型の三つがある。相互依存型は，グループの全員に対して同じ強化随伴性が適用され，グループ全体の遂行成績によって全員の強化が決定される。例えば漢字テストにおいて学級全員が 70 点以上を取ったら，合格シールがもらえる，などがあげられる。遂行成績は，全員の遂行成績の合計点，平均点などがある。依存型は，ある選ばれた者（あるいはグループ）の遂行成績によって，グループ全員の強化が決定される。例えば，グループリーダーの漢字テストが 70 点以上である場合に，グループメンバー 4 人とも合格シールがもらえるなどである。つまり，グループメンバーの強化は，選出された者の行動遂行に依存している。非依存型は，個人依存性のことであり，各人の遂行成績に基づいて個人の強化が決定される。つまり，通常学級のなかで漢字テストの成績が 70 点以上だった者だけが合格シールをもらえるということである。同じグループのメンバーや，学級全体の成績は関係しない。集団随伴性は，通常学級の学級経営に加え，発達障害などの特別な教育的ニーズがある児童生徒に対しても多く適用されている。さらに，集団随伴性の介入によって生じる付随的効果についても研究がなされており，仲間同士の援助的行動や叱責，圧力などが生じることが報告されている。［道城裕貴］

📖 **さらに詳しく知るための文献**

［1］加藤哲文・大石幸二　2011　学校支援に活かす行動コンサルテーション実践ハンドブック──特別支援教育を踏まえた生徒指導・教育相談への展開　学苑社．

学級単位介入

☞ ソーシャルスキルトレーニング（SST）p.278, 通常学級でのコンサルテーションとクラスマネジメント p.440, 開発的アプローチ p.444, 教育分野における予防 p.448

　日本の学校では，授業はもちろん，あらゆる活動が学級単位で行われる。生活時間のほとんどを学校で過ごす子どもにとって，学級は生活環境そのものなのである。一方，認知行動療法は，問題や障害ととらえられている状況を個人と環境との相互作用から分析し，そのいずれか，あるいは両面から介入することで問題状況や障害状況の変化をはかる点に特徴がある。これらの点を踏まえると，認知行動療法の観点による学級単位介入には次の3つの場合があると考えられる。

●**問題状況にある子どもにとっての生活環境である学級に介入する場合**　例えば，ある子どもが授業中に頻繁に立ち歩く状況を，その子の個人特性のみからとらえるのではなく，学級の物理的環境（座席の位置や課題の内容・量など）や人的環境（教師，支援者，級友など）との相互作用としてとらえ，その子が着席し課題に従事する行動が自発されるように環境を変化させていくような場合である。そうした取り組みは合理的配慮ともいえるものであり，ある子どもにとって必要な合理的配慮について検討することは，すべての子どもの教育環境を整備するユニバーサルデザインの推進につながるものである（☞「合理的配慮」参照）。そして，これは次に述べる学級経営とも関わることである。

●**学級経営に活かす場合**　学級環境によって子どもの学力の定着度やいじめの発生率は大きく異なる（河村，2010）。ゆえに教師にはどの子にとっても過ごしやすく学びやすい環境を実現するための学級経営が求められる。この点に関して，認知行動療法の知識とスキルは，教師が子どもの行動をマネジメントし，落ち着きのある協調的な学級を作るために活用できる（Webster-Stratton, 1999 訳 2013）。

●**予防的・開発的な取組みとして学級集団に介入する場合**　学級はメンタルヘルスの問題を予防したり，さらにメンタルヘルスの増進をはかったりする取組みを行うのに最適な場である。佐藤（2004）は，メンタルヘルスにとって重要な資源となるソーシャルスキルの獲得を目的とした学級集団介入の利点を次の5点にまとめている。①自然な環境の中で，学習したスキルを強化する機会が多く，スキルの日常場面への定着化が期待できる。②社会的地位の異なる子どもがいっしょに学ぶ場である学級は，仲間内の地位の低い子どもと高い子どもとが相互作用する場を多く設定できる。相互作用を通して，仲間同士の受容の高まりが期待できる。③学級担任教師が介入の主体となる学級集団介入は，介入期間のあらゆる機会を通して，獲得したスキルの実行を促すことができるので，定着化を促進できる。④学級集団介入では，小集団介入のように，ある特定の子どもを抽出し

て学級の仲間と切り離した介入を必要としないので，スティグマ（偏見）の問題を回避できる。⑤学級集団介入は，学級全体の子どもを対象とするので費用対効果が高い。学級集団介入によって，学級全員のメンタルヘルスが向上すれば，後の社会適応上の問題や行動上の問題の発生を予防できる。

●**学級単位のソーシャルスキルトレーニング**　日本の子どもに対する認知行動療法として最も広く実践されているのは，予防的・開発的な取組みとしての学級単位（クラスワイド）のソーシャルスキルトレーニング（social skills training：SST）である（石川ほか，2016）。「ソーシャルスキル教育」とも呼ばれるこの取組みでは，子どもの人間関係において基本的かつ重要なもの，また将来を見通して基礎となるスキルであり，学齢期において習得しておくことが望ましいもの，さらに教室をベースに集団で教えることができるという条件も考慮に入れた「基本ソーシャルスキル」（國分ほか，1999）が提案されている。これには，あいさつなどの基本的かかわりに関するスキル，温かい言葉かけなどの仲間関係を発展させるスキル，やさしい頼み方などの主張スキルが含まれる。また，相手の反応の解読，対人目標と対人反応についての意思決定といった認知過程や感情の統制に関するスキル，さらにはそうした過程を制御するための問題解決スキルが取り上げられることもある。

●**学級集団介入の成果と課題**　学級集団介入の計画と効果検証には「学校適応アセスメントの三水準（①個人の行動特徴，②個人と環境との相互作用，③環境に対する主観的な適応感）モデル」（大対ほか，2007）が有用である。このモデルで学級単位SSTの成果を整理すると，①に関しては向社会的行動の増加，反社会的行動（攻撃など）や非社会的行動（引っ込み思案・孤立など）の減少，②に関してはソシオメトリーにおける仲間内地位の向上，③に関しては心理的ストレス反応や孤独感の減少などが報告されている。これらの実績を踏まえ，近年ではSSTや認知再構成法などからなる包括的認知行動療法プログラムが学級単位で実施され，抑うつ予防などの子どものメンタルヘルスの保持増進に成果をあげている。

　今後の課題としては，介入効果の般化と維持を生みだす要因を明らかにする必要がある。また，集団介入においては介入効果に個人差が生じるため，これへの対応が求められる。この点に関連して，介入前から不適応状態にある，もしくはその兆候を示す個人に対して集団介入がどの程度の効果をもつのかを分析し，そうした個人への対応について検討する必要がある。　　　　　　　　　　［金山元春］

🕮 **さらに詳しく知るための文献**
[1]　佐藤正二・相川　充編　2005　実践！ソーシャルスキル教育　小学校　図書文化社．

開発的アプローチ

☞ 感情マネジメント訓練 p.272, ソーシャルスキルトレーニング (SST) p.278, 学級単位介入 p.442, アサーショントレーニング p.462

　教育相談とは児童生徒それぞれの発達に即して好ましい人間関係を育て，生活への適応と自己理解の深化を促進し，人格の成長への援助をはかるものである。生徒指導とは一人ひとりの児童生徒の人格を尊重し，個性の伸長をはかりながら社会的資質や行動力の向上を目指す教育活動である。日本の学校教育において教育相談は生徒指導の一環であるとともに，生徒指導の中心的な役割を担うものであるとされる（文部科学省，2010）。教育相談や学校カウンセリングは予防的，開発的（発達促進的，成長促進的），問題解決的（治療的），という三つのアプローチに分類される。それらの中でも開発的なアプローチは，問題行動や不適応状態を呈していない子どもも含めたすべての子どもの個性の伸長や発達の援助を志向し教育成果をより高く獲得できるように支援すること，子どもの能力を現在よりも高めて学校生活をより意欲的に送れるように支援することなどを目的とする（河村，2012）。

　主な開発的アプローチ（developmental approach）の方法は生徒指導提要（文部科学省，2010）の中で八つ紹介されている。それらの中でソーシャルスキルトレーニング（social skill training：SST），アサーティブトレーニング，アンガーマネジメント，ストレスマネジメント教育の四つは認知行動療法の技法であり，それぞれの実施方法やエビデンスは各項目に示されている通りである。

●**学校で行う開発的アプローチの利点**　開発的アプローチは学級集団対象（クラスワイド）に実施されることが多く，集団介入ならではの利点が多い。例えば，学級集団の中には学校生活が充実している子どもやソーシャルスキルが高い子ども，認知が柔軟な子どもなど，開発的アプローチを通して目指したい姿をすでに体現している子どもたちもおり，ニーズの高い子どもたちにとってよいモデルとなり得る。また，学校生活の多くの時間を学級集団の構成員と過ごすため，良好な人間関係づくりの方法やスキルの学習が学校生活の質に直接影響を与えると期待される。

　さらに，特にニーズの高い子どもにとっては開発的アプローチが（対人的）環境を改善することになる。開発的アプローチの研究ではないが，C. カサリ（Kasari et al., 2012）はASD児60名を15名ずつ4グループに分け，6週間の介入（①本人へのSST，②周囲の子どもへのSST，③①と②の両方，④何もしない）を行ったRCTを報告している。その結果，②と③の介入を行ったグループは3か月後の時点でASD児と他児の関係改善が確認された。この結果より，ニーズの高いASD児本人のみでなく，環境要因としての周囲の他児のソーシャルスキルの向上が良好な人間関係の形成・維持に効果的であると言える。また，

本田ほか（2009）は開発的アプローチとして学級集団対象（クラスワイド）のソーシャルスキルトレーニング（上手な聴き方スキルとあたたかい言葉かけスキル）を中学1,3年生の合計6学級228名に行い，ニーズの高い（学級内の他生徒からの承認感が低く，被侵害感が高い）生徒の仲間評定のスキル得点と仲間からの受容得点が増加したと報告している。これらの研究から，ニーズの高い特定の子どものみでなく，周囲の他児にとってもさまざまな対人関係を形成するスキルを学習することに教育的価値があると考えられる。

●**心理職が学校で行う開発的アプローチの課題**　開発的アプローチの課題の一つは参加者の動機づけである。子どもにとって開発的アプローチは学校の「授業」として行われ，参加したいかどうかを問われることはほとんどなく受講する。そのため集団内の子ども間で動機づけの程度に差が大きくなりやすく，拒否的・反抗的な態度を示す子どもがいる場合もある。そこで，実践前の心理職と担任教師の入念な打ち合わせ（個々の子どもの反応の予想と援助方法の検討），学級集団のアセスメントに基づいた魅力的な内容の精選，心理職の開発的アプローチに関する高い技量，などが求められる。また，担任教師の希望よりも学校としての決定が優先されて開発的アプローチが導入される場合には，開発的アプローチを実施すること自体が目的化する恐れがある。担任教師の動機づけが低いと意図的・計画的に子どもたちが学習したスキルの般化を促すことが困難になると懸念される。

　心理職が学校教師とよりよく協働して開発的アプローチを行うには，スタート（学級集団の実態）とゴール（担任教師の学級経営の目標や子どもたちへの願い）を共有し，適切なアプローチ（開発的アプローチの諸技法）を選択した上でカスタマイズ（学級集団の実態や，特にニーズの高い子どもに合わせた微修正）を行い，具体的な方法を提案するというプロセスが重要である（本田，2015）。このプロセスを通して子どもたちにより適合した開発的アプローチを創出するのみでなく，担任教師がより主体的に心理職と協働しやすくなるであろう。学校で働く心理職は適切なアプローチを選択しカスタマイズするために，効果が見込まれる認知行動療法に基づく開発的アプローチに習熟すること，特別支援教育やインクルーシブ教育，いじめ被害や不登校から復帰して間もない子どもなど，ニーズの高い子どもへの（相談室での1対1の場面ではなく）学級集団内での個別の援助方法について研鑽を積むこと，などが欠かせない。　　　　　　　　　　　［本田真大］

📖 **さらに詳しく知るための文献**
[1] 相川　充・佐藤正二　2006　実践！　ソーシャルスキル教育　中学校　図書文化．
[2] 嶋田洋徳ほか　2010　人間関係スキルアップ・ワークシート　学事出版．

家族に対する認知行動療法

☞ペアレントトレーニング p.276, ペアレントトレーニングと保護者支援 p.470, ASDとADHDへの認知行動療法 p.478, 福祉分野での親支援 p.492, 虐待 p.516

　子どもに対する認知行動療法（cognitive behavioral therapy：CBT）は，自閉スペクトラム症（autism spectrum disorder：ASD），うつ病，不安症，行動障害，注意欠如・多動症，摂食障害，薬物依存について有効性が示されている。子どもに対してCBTを行う場合，子どもと家族との相互作用を考慮することが不可欠である。例えば，親から離れるのを非常に怖がる子どもの親が，子どもへの対応を悩んでいたとする。子どもがお母さんに「お願い!!行かないで!!」と訴えた場合，親は「子どもがこんなに嫌がっているのに，こんな目に合わせるなんて。なんてひどい親だ。」と感じるだろう。しかし，次の瞬間には，「他の子は平気なのに，こんなに，嫌がるなんて理解できない，大丈夫なのだろうか」と多くの親の心は揺れ動く。親が困惑した状態で，子どもにエクスポージャー法を適用させるとしたら，うまくいかないかもしれない。また，親が特定の物や事象について非常に怖がっている場合，観察学習をした子どもは同じようにその特定の物や事象を怖がることは十分に考えられる。このように子どもに対してCBTを実施する際，子どもを取り巻く家族の状態が関連し合っていることは明らかである。

●**不安症をもつ子どものCBTにおける家族の影響**　不安症をもつ子どもにCBTを行う場合，治療後，おおよそ3分の1の子どもは不安症の診断基準にあてはまっていると言われている。効果の予測因子として，さまざまな親や子どもの要因が報告されている。子どもの要因として，年齢，内面的な精神病理，治療前の合併症，うつや特性不安が挙げられている。親の要因として，親の不安やうつ，敵意，パラノイア（妄想症）が挙げられている。つまり，子どもの状態とともに親の状態を考慮することが，不安症の子どもに対するCBTの効果を向上させることにつながる。一方で，両親が不安症を有している場合において，家族CBTは，個人CBTよりも優れているが，そうでない場合，家族のCBT参加が個人CBTの効果に影響がないと報告している論文もある（Kendall et al., 2008）。子どもが発達障害である場合，プログラムへの家族の関与がCBTの効果に大きく影響すると報告されている。不安症を持ちかつ，ASDの特徴を中程度持つ子どもは，個人CBTを受けるより家族CBTを受けるほうが有意に効果が高く，さらに，家でのエクスポージャー法の完遂は家族CBTの方が優れている（Puelo & Kendall, 2010）。

●**ASD児の不安に対する認知行動療法**　ASD児の不安に対するCBTでは，親や家族の要因の重要性が強調されている（van Steensel et al., 2017）。

K. ソフロノフ（Sofronoff et al., 2005）は，アスペルガー症候群の 10 〜 12 歳の子どもとその保護者 71 組を 3 群に無作為割り付けしたうえで CBT を実施した（1 回 120 分；全 6 回）。3 群とは，CBT-C 群，CPT-CP 群，統制群であった。CBT-C 群では，子どもに対してのみ心理教育を行った後，保護者に内容をフィードバックした。CBT-CP 群では，子どもへの介入に加えて，保護者が共同治療者となれるようペアレントトレーニングを実施した。その結果，CBT-C 群，CBT-CP 群の両介入群において保護者評定による不安の改善が示された。さらに，CBT-CP 群は，他の群と比較してより高い改善の効果が報告された。プログラムの内容は，2 つのポジティブな情緒である幸せとリラックスを探す，不安と認知，身体，行動の変化について認識する，情緒の大きさを温度計を用いて測定する，個々人が不安をマネジメントするためのプログラムを計画するなどが含まれる。

　J. J. ウッド（Wood et al., 2009）は，7 〜 11 歳の ASD の子どもとその親 40 組を対象に CBT を行った。週に一度 16 セッション行われ，それぞれのセッションは 90 分（30 分：子ども，60 分：親）で構成されている。子どもには，認知再構成法，エクスポージャー法が行われ，親には，コミュニケーションスキルを身に着けるための訓練が行われた。その結果，定型発達の不安症の子どもに対する CBT と同程度の効果が得られた。さらに，半分以上の子どもが変化を維持していた。

●**家族の協力を得る**　石川ほか（2012）は，エクスポージャー法の実行や成果を子ども本人が報告することが難しい点を考慮すると，治療方針に対する家族の理解や協力が必要であると述べている。CBT に含まれる認知再構成法では，特に，不安に感じた状況やそのときの気持ち，考えについて思いを巡らせながら記載する。その際に，ASD 児の場合，不安に感じた場面の特定が難しいことがある。親も巻き込んだプログラムの場合，親から「1 週間後の林間学校，うちの子，今から心配しているんです」，「私が買い物に行くだけでも，何かあったらどうしようと考えているみたいです」等の情報が得られる。これらの情報から，どのような状況の時に不安になるか，何を怖がっているのか，こだわりからくる苦痛や不安なのか実施者が一緒に考え，子どもが思い出したり整理するための手がかりを与えることができる。

　　　　　　　　　　　　　　　　　　　　　　　　　　　　　　　　［岡島純子］

📖 さらに詳しく知るための文献

[1] コイン，L. W. & マレル，A. R.　谷　晋二訳 2014 やさしいみんなのペアレント・トレーニング入門　金剛出版．
[2] 石川信一 2013 子どもの不安と抑うつに対する認知行動療法　理論と実践　金子出版．
[3] トニー・アトウッド・マイケル・ガーネット　下山晴彦監訳 2017 自閉スペクトラム症の子どものための認知行動療法ワークブック　金剛出版．

教育分野における予防

☞ 子どもの不安症 p.156, 子どものうつ p.158, ソーシャルスキルトレーニング（SST）p.278, 認知再構成 p.286, 学級単位介入 p.442

　教育分野における予防（prevention）は，子どもの心身の不調に関わる問題を未然に防ぐ，またはそのリスク要因を低減させる，さらには問題および疾病に対する保護要因を習得・向上させる取組みであると位置づけられる。メンタルヘルスにおける予防介入は「個人や集団全体に対して，障害・疾病・社会的な問題のリスクを減らすことを目的として行われる行動的・生物学的・社会的介入」と定義されている（VandenBos, 2007）。児童青年期において，およそ2割の子どもが不安もしくは抑うつの問題を経験することがわかっている（☞「子どもの不安症」「子どものうつ」参照）。そして，その不安や抑うつの問題が，数年後もしくは成人期におけるメンタルヘルスの問題のリスクを高めることが報告されている。これらを考えると教育領域における子どものメンタルヘルスの予防に関する取組みは，現存する問題，症状の改善のみでなく，将来の不調を予防するために重要な意義をもつといえる。

　子どもの予防研究において，精神疾患にかからないだけでなく，個人がより適応した状態を目指すことが重要であると指摘されている。この予防の目的である問題を未然に防ぎ，より適応した状態になるためには，リスク要因の低減と保護要因の習得・向上が重要になる。リスク要因と保護要因について，レジリエンスといった要因も注目され，研究数も増加している。レジリエンスは，「回復力」と訳され，適応の維持や健康を取り戻す力といえる。予防プログラムに用いられている各技法は，このリスク要因と保護要因に働きかけることを目指しており，その多くが認知行動的な技法である。不安・抑うつなどの内在化の問題，攻撃性・暴力行為など外在化の問題に対して，認知行動的な技法は，症状の改善だけでなくリスク要因の軽減と保護要因の習得・向上を目指している。しかしながら，子どもの予防研究におけるリスク要因と保護要因に関する実証的データの蓄積は不足しており，今後の用語の整理や定義など，さらなる研究が必要になる。

●**予防のレベル**　米国医学研究所（Institute of Medicine：IOM）では，予防的介入を対象者と疾病のリスクに焦点をあて，ユニバーサルレベル，セレクティブレベル，インディケイティッドレベルの三つに分類している。ユニバーサルレベルの介入は，リスクとは関係なくすべての人々に適用され，セレクティブレベルの介入は，個人内要因や環境要因のために心理的問題を抱える人に適用される。インディケイティッドレベルの介入は，すでに中程度の症状を呈しており，将来的に障害の危険性が高いと判断された人に適用される。この三つのレベルのうち，セレクティブレベルとインディケイディッドレベルの介入は，対象者を絞る

介入であり，ターゲットタイプとも呼ばれる。一方で，ユニバーサルレベルの介入は，すべての子どもを対象とするため特定の子どもを絞る必要がなく，学校のクラス単位で集団介入が行えるという利点をもつ。

●**予防の実践例** 先行研究から有効性に関するデータが蓄積された予防プログラムを概観する。まず，うつ病の青年のための認知行動療法プログラム（adolescent coping with depression course；Clarke et al., 1990）を紹介する。このプログラムは，オレゴン研究所（Oregon Research Institute：ORI）の研究者たちによって作成され，青年の抑うつに対するターゲットタイプの介入として有効性を示してきたプログラムである。CWDAは，行動活性化，ソーシャルスキル訓練，リラクセーション，認知再構成法，問題解決訓練で構成されている。このプログラムを基本にして，うつ病のリスクをもつ青年を対象とした予防プログラムの有効性も示されている（Stice et al., 2010）。

次に，ペンレジリエンス・プログラム（penn resilience program：PRP）があげられる。PRPは，ペンシルバニア大学の研究者グループによって開発され，認知行動的技法と主に社会的問題解決スキルから構成される。対象者は，「考え，感情，行動のつながり」「悲観的な認知のスタイル」「否定的な考えに挑戦するための認知再構成法」「コーピングと問題解決のための技法」を学び，ディスカッションとホームワークを通して個人の生活に応用させていく。ユニバーサルレベルとターゲットタイプのどちらの介入研究も実践されており，予防レベルごとのメタ分析も行われている（Brunwasser et al., 2009）。

3つ目にフレンズ（FRIEND）を紹介する。フレンズは，バレットら（Barrett et al., 1999）が開発した子どもの不安症のためのプログラムであり，生理学的・認知的・行動的な技法を総合した認知行動的プログラムである。このフレンズを予防プログラムとして活用した実践も行われている。プログラムは集団介入であり，思考と感情のつながり，感情の特定，リラクセーション，認知再構成法，注意訓練，問題解決，自己報酬，日常の不安・心配に向き合うためのスキルなどで構成されている。

最後に，日本おける実践研究も紹介する。日本でもスクールベイスドによる予防介入は実践されており，小学校（佐藤ほか，2009），中学校（髙橋ほか，2018）において，抑うつ予防を目的とした認知行動的プログラムの有効性が報告されている。心理教育，ソーシャルスキル訓練，認知再構成法から構成したプログラムを行い，抑うつの低減，社会的スキル，認知の誤りにも効果が確認されている。

［髙橋高人］

📖 **さらに詳しく知るための文献**
[1] 佐藤正二ほか 2013 学校でできる認知行動療法 日本評論社.

いじめ自殺予防のために認知行動療法家がすべきこと
――法的判定と機能分析によるいじめ代替行動の形成

　日本の教育現場では，児童生徒がいじめで自殺という痛ましい事件の報道が後を絶たない。児童生徒が，いじめで自殺するという事態をゼロとするために認知行動療法家は何をすべきであろうか。私は，この自殺に至るいじめの未然防止および早期対応，再発防止には，認知行動療法家が犯罪に関する知識を習得し，犯罪の疑いがあった場合は直ちに警察と連携する，それと同時にいじめ行為の機能分析を実施して，いじめられている子のケアと同時に，いじめっ子の攻撃行動（いじめの行為）の代替行動を習得させることが必要であると考える。すなわち，これからの認知行動療法家は，いじめ問題に関して司法と教育の2領域を横断する観点をもつことが重要である。

　全国的に報道されたいじめ自殺事件，例えば，2011年の大津いじめ自殺事件の第3者委員会資料を調べると，いじめられた生徒が自殺に至る前に受けていたいじめ行為は明らかに犯罪行為であった。これらの事件でいじめといわれている行為，例えば，顔を殴る，他者に対して死ねという，お葬式ごっこをするという行為は，それぞれ暴行罪，脅迫罪，自殺幇助罪に該当する。すなわち，これらの行為は，学校内での生徒指導で対応すべきではなかったのである。しかしながら，これらの事件において，その行為を見たり，報告を受けたりした教職員，校長，保護者は，その行為を喧嘩か，いじめかという視点での検討は実施したが，犯罪という視点からの検討をまったく実施していなかった。その結果として，いじめられている子に長期間にわたり犯罪行為が継続している状態となっていた。この理由としては，教職員の犯罪に関する知識が少ないこと，学校が警察や弁護士をできるだけ校内に入れないことを善しとする風潮があることが考えられる。

　また，いじめ自殺事件のいじめっ子たちは，その行為を実施中に行為を犯罪として判定されることもなく，さらに，その行為を修正されることもなかった。そして，自殺発生後，いじめっ子たちは，法的措置，教員，保護者，警察関係者たちからの説教，被害者家族への謝罪，反省文の作成，カウンセリングなどの事後対応をされていた。

　認知行動論の立場から，その継続している攻撃行為を機能分析して，注目要求，関心引き要求，回避要求，自己刺激かを明らかにして，その代替行動をいじめっ子に習得させることにより暴力行為，いじめ行為を消去することが可能である。例えば，小野（2015）は，対教師暴力の事例で小学生の攻撃行動を機能分析し，代替行動の獲得によって攻撃行動の消去に成功している。

　認知行動療法家が，スクールカウンセラーや学校のスーパーバイザーであった場合，教員，児童生徒，保護者に対して犯罪に関する研修を実施すると同時に，学校サポートセンター，警察と事前に犯罪事案発生時の対応の打ち合わせを実施しておく。校内で犯罪に該当する行為があった場合，その状況を発見者は校長および認知行動療法家に伝える。警察などの対応による犯罪の認定と対応，認知行動療法家によるいじめっ子の攻撃行為の機能分析に基づく支援の実施により，攻撃行動が消去されると同時に適切な関わり形成を試みる。

　司法と教育の両領域に精通し，発生したいじめ事案を生徒指導対応範囲か，犯罪行為なのかを判断し，必要であれば学外連携をしながら攻撃行動の機能分析が可能な認知行動療法家が，本質的にいじめ自殺をゼロにできる唯一の人材と考える。

〔小野昌彦〕

第 8 章

発達障害支援と特別支援教育分野の認知行動療法

[編集担当：谷 晋二・井上雅彦]

　発達障害支援と特別支援教育の分野での認知行動療法（CBT）のニーズが高まってきている。一つには ASD や ADHD などの障害をもつ人の課題には，言語と認知が深く関与するものがあるからである。自己認識（自己肯定感や自己効力感）や言語的なルール，他者や自己への共感やパースペクティブ・テイキング，ソーシャルスキルなどである。これらの課題に対する行動的な観点からの研究と，課題へのアプローチについてこの章で取り扱っている。

　もう一つは，障害のある人たちの家族と支援者への支援に，CBT が大きな貢献をしてきていることである。障害のある人たちの家族（兄弟を含めて）は，さまざまな社会的，心理的なストレスにさらされている。行動的ペアレントトレーニング（BPT）は，家族に子育てのスキルを教える有用なプログラムであり，認知行動療法の要素を統合したプログラムの作成が望まれている。また，特別支援教育に従事する教師の 65％が精神的な健康上の問題を抱えていることを示す調査（森・田中，2012）や障害者施設や病院で勤務する医師や看護師，ヘルパーなどの対人支援職では約 35 ～ 45％がバーンアウト傾向を示す（佐藤・中島，1995；堀口，2000）という調査結果が報告されている。教師を含めた対人支援職のメンタルヘルスをサポートするプログラムが早急に求められている。これらの領域に CBT は大きな貢献をすることが期待される。そのためには，言語と認知に関する行動的な理論からの研究が必要である。

　マインドフルネスに基づく CBT（mindfulness based CBT）の発達障害児者への適用可能性を検討する研究も近年増えてきている。マインドフルネスを ADHD をもつ人への適用した研究が海外で行われ，実証的なデータが積み上げられてきているが，アスペルガー障害への適用可能性も探求され始めている。

　現在多くの発達障害のある学生が大学，大学院で学んでいる。多くの大学，大学院においても彼らの支援を大学全体の取組みとして開始し始めた。支援のための仕組みづくりや支援に携わる専門職員の雇用や養成，学生への直接的な支援（レポートの書き方や生活に関わるスキルの指導），学生の指導教員への支援，就労に向けた支援など，包括的な支援の仕組みづくりが行われている。　　　　　　　　　　　　　　　　　　[谷 晋二]

自閉症への早期療育

☞ 応用行動分析の基礎理論 p.16, 自閉スペクトラム症（自閉症スペクトラム障害, ASD）p.144, 応用行動分析（ABA）p.254

　エビデンスに基づいた自閉スペクトラム症児（自閉症児）の早期療育には，大人が主導する方法で重要なスキル（行動レパートリー）を着実に習得させていく「個別試行支援法（discrete trial teaching：DTT）」（Smith, 2010）と，日常環境の中での相互作用を基盤にスキル習得を目指す「日常環境発達行動支援法（naturalistic developmental behavioral intervention：NDBI）」（Schreibman, et al., 2015）がある。双方とも，行動の法則に基づいてつくられた支援カリキュラムと膨大な研究によって実証された技法の体系からなり，獲得したスキルの自発化，機能化，般化，維持を目指している。

●**個別試行支援法**　歴史的な経緯をたどると，自閉症児への早期療育の効果を，系統的な研究計画によって明らかにし，その後の支援方法の体系化のもとになった研究は，アメリカ心理学会（american psychological association：APA）が発行している Journal of Consulting and Clinical Psychology 誌に掲載されたロヴァース（Lovaas, 1987）の研究である。彼は，平均38か月の自閉症児（発達年齢の平均は18か月）について，週40時間の療育を受ける対照群（19名）と週10時間の療育を受ける対照群（19名）とで群構成を行い，3年後の知能指数の比較を行った。開始から1年間，療育は訓練を受けたセラピストが家庭で実施した。「言語による要求に従う行動（理解言語）」「模倣」「適切なオモチャでの遊び」を教え，自己刺激，自傷，攻撃行動などを減らしていった。2年目では，「表出言語」「園での機能的行動」「仲間との相互作用的な遊び」を教え，コミュニティでの発達支援も行った。3年目では，般化を促すと同時に，就学に向けて「適切で多様な情動の表出方法」「読み，書き，算数の基礎」「観察学習」を教えた。その結果，IQの平均は，週40時間療育群では，83となり，100以上を示した子どもは9名となった。一方，週10時間指導群では，IQの平均は52とあまり変化が見られず，100以上を示した子どもはいなかった。

　J. マッキーチンほか（McEachin et al., 1993）は，この結果は，一過的なものでないことを追跡研究で実証した。実験群の中で最も大きな成果を得た9名の参加児は，定型発達児と同様の知能と適応機能を維持していた。T. スミスほか（Smith et al., 2000）は，O. I. ロヴァース（Lovaas, 1987）の結果を，ランダム比較実験を用いて検証し，ほぼ同様の結果を得ている。さらに，G. サローズとT. グラープナー（Sallows & Graupner, 2005）は，ロヴァース（Lovaas, 2002）の療育方法を，実践現場の中で多様なプロファイルの自閉症児に適用し，ほぼ同様の結果を得ている。

サローズとグラープナー（Sallows & Graupner, 2005）では，指導する行動と支援カリキュラムを以下のように体系化した。ポジティブな相互作用，視覚的注意，遊び，受容言語，表出言語，模倣，要求機能，命名機能，社会的相互作用，協力遊び，社会スキル，会話，認知スキル，アカデミックスキル，学校生活スキル，インクルーシブ教育。療育のために活用した技法はプロンプト＆フェイディング，時間遅延法，モデリング，行動形成，行動連鎖化，正の強化，役割交替，ビデオモデリング，社会ストーリー，社会的ルールの討議，現実場面でのプロンプト，行動スクリプトである。応用行動分析の支援技法（Cooper et al., 2007 訳 2013）を全て活用している。

●**日常環境発達行動支援法**　G. ドーソンほか（Dawson et al., 2010）は，日常生活の中での発達を促すためのカリキュラムを開発し，The Early Start Denver Model（ESDM）と名づけた。ドーソンほか（Dawson et al., 2010）は，アメリカ小児科学会の学術誌である Pediatrics 誌に，ESDM の効果に関するランダム化比較試験の結果を発表した。18 〜 30 か月の自閉症児を，ESDM を受ける群（24 名）と通常の支援のみの群（21 名）に分け，1 年後，2 年後にアセスメントを行った。その結果，2 年後の発達指数は，ESDM 群では 17.6 ポイント上昇し，対照群は 7.0 ポイントにとどまった。また適応行動スコアが安定し，診断においても変化が見られた。著者たちも述べているように，療育方法は，発達促進に重要なステップを構成し，応用行動分析学の技法でその一つひとつを形成していくという点で，サローズとグラープナー（Sallows & Graupner, 2005）と同様の行動的手法である。L. ヴィスマラほか（Vismara et al., 2016）は，ESDM を，ペアレントトレーニングプログラム，ウェブを使った遠隔地支援（telehealth）に組み込むことで，その普及と活用の効果検証を行っている。

　行動分析家の L. シュライブマンほか（Schreibman et al., 2015）は，ESDM を含めた 2010 年以降のエビデンスに基づいた支援技法を統括し，共同注意，模倣，言語，行動の同期など発達の軸となるターゲット行動と技法の選択決定の体系化を進めた。

●**今後の発展**　山本・澁谷（2009）は，エビデンスに基づいた発達支援を実現するための方略をまとめている。石塚・山本（Ishizuka & Yamamoto, 2016）は，支援者がすぐに運用できる発達促進方法を開発し，松﨑・山本は，支援者育成の効果を実証している（松﨑・山本，2015；Yamamoto & Matsuzaki, 2016）。今後は，支援方法の実現可能性研究（feasibility study）を積み上げていく必要がある。

　　　　　　　　　　　　　　　　　　　　　　　　　　　　　　　　［山本淳一］

📖 **さらに詳しく知るための文献**

[1] 山本淳一・池田聡子 2005 応用行動分析で特別支援教育が変わる 図書文化社.

ASDの早期支援としてJASPER

☞ 発達障害の認知行動療法の基盤となる研究 p.98, 自閉症スペクトラム症（自閉症スペクトラム障害, ASD）p.144, 早期療育 p.486

　JASPER（ジャスパー）は，Joint Attention（共同注意），Symbolic Play（象徴遊び），Engagement（関わり合い），and Regulation（感情調整）の頭文字をとったもので，カルフォルニア大学ロサンゼルス校（UCLA）のConnie Kasari教授らが自閉スペクトラム症（autism spectrum disorder：ASD）の幼児への介入法として開発したものである。Naturalistic Developmental Behavioral Intervention（NDBI：自然な発達的行動介入）の一つで，子どもにとって自然な文脈の中で発達支援を行っていく。セラピーは遊びの形態で行われ，共同注意，象徴遊び，相互的な関わりと感情調整に焦点をあてることで，ASDの中核的障害である，対人コミュニケーションの障害の改善を目指すものである。対象は，1歳台から6歳くらいまでであり，比較的広い年齢層に適応できる。心理士による個別のセラピーに加え，家庭で保護者が実施したり，幼稚園や小学校で教師などによっても実施され，それぞれの効果が報告されている。

● **JASPERの具体的な方略**

1. 環境設定：JASPERを実施する場所について，慎重に環境設定を行う。遊びの空間を構造化する（遊ぶ場所がよくわかるように，敷物を敷く，椅子とテーブルをおくなど，玩具をすぐ取れる位置と，少し離れた位置におくなど）。また，常に子どもへの刺激の大きさを考えながら，玩具を片づけたり提示したりする。

2. 模倣とモデリング：子どもの自発性を尊重し，子どもが何か適切な遊びをすると大人はすぐにそれに反応して同じ遊びを繰り返す。子どもが遊びを自発的に始められない場合は，大人がモデルを示し，子どもがモデルを取り込んで遊べば，大人はすぐに子どもの模倣をする。こうして相互的なやりとりをつくっていく。

3. プレイ・ルーティン：単純な遊びの水準から象徴的遊びまでを含む遊びのパターンを作る。例えば，ピースに分かれるケーキの玩具を用意し，①ケーキのピースを組み合わせるという単純な遊び，②ケーキにトッピングをするという機能的な遊び，③できたケーキを子ども自身が食べるという前象徴遊び，④人形が食べるという象徴遊びで，一つのケーキ遊びのルーティンができあがる。ASDの子どもは，象徴遊びを苦手とすることが多いのだが，こうしたルーティンを増やし，組み合わせることで，遊びの水準をあげるだけでなく多様性を増やしていく。

4. 対人コミュニケーションの促進：子どものコミュニケーションを，単語から長い発話へと指導していく，また，ジェスチャーについても指導する。発話やジェスチャーが機能的であることも大切にし，自然な文脈の中で教えていく。そのために，セラピストは，子どものコミュニケーションへの反応性を高め，モデ

ルを示したり，発話のある子どもに対しては，話題を拡大したりする。
5. 遊びの拡大：遊びにおいて，新しいステップをすでにあるルーティンに付加して発展させていく。具体的には，現在の遊びの水準に次の段階の遊びをいれていくが，両方がとても重要である。拡大のタイミングは，遊びのルーティンが確立した時や子どもが一つのルーティンに飽きてきたときである。遊びのルーティンどうしを結合し，より複雑なルーティンをつくる。
6. 共同注意や要求行動を引き出す：子どものコミュニケーションに言語，ジェスチャー，行動，いろいろな方法で応えていく。応え方は以下のとおり，①自発の共同注意行動が出た場合の対応は，例えば，子どもが指さしをすればセラピストも共同注意の指さしをする，②自発の共同注意がない場合，モデルを示したり（興味の対象を指さししたり，子どもの手をとって指さしをさせる，「興味の対象を見せる」のジェスチャープロンプト），共同注意がでやすい機会を意識してつくっていく，③要求行動の形成には，選択場面を設定し指差しや手を伸ばす行動を促進する。

　以上の六つを組み合わせて，「関わり合い（engagement）」「コミュニケーション」「遊び」の水準を引き上げて，これらを融合していくことでJASPERスキルを育てていく。

　感情調整（regulation）であるが，以下のような方法で，子どもの感情調整を行う。①環境の評価：玩具が多すぎたり近すぎたりしないようにする，つまり刺激が多すぎて，子どもが混乱していないかどうかを考え，環境を調整する，②選択を与える：玩具や遊びを選択することで，意識を遊びへ戻す，③遊びのモデル：セラピストが遊びのモデルを見せることで，意識を遊びに戻す，④対人的な調整：手遊びなどの対人的遊びを使って落ち着かせる。

● **JASPERで実施されるアセスメントとエビデンスの検証**　JASPERでは，ASDへの既存の検査と同時に，行動改善を調べるための既存のアセスメントや独自に開発したアセスメントを実施する。既存の検査であるが，子どものASD特性や発達水準などを調べるために，ADOS-2（自閉症観察診断検査 第2版）やムレン早期学習検査をはじめ多くの検査が実施される。また，行動の変化をとらえるために，介入前後で，ESCS（early social communication scales：8〜30か月の子どもの非言語的なコミュニケーションスキルをアセスメントする），SPA（structured play assessment：子どもの遊びの水準をアセスメントする）や，独自に開発したspace（short play and communication evaluation：子どもの遊びの水準と共同注意のタイプやスキルをアセスメントする）を実施する。

〔黒田美保〕

📖 さらに詳しく知るための文献
[1] 黒田美保 2018 公認心理士のための発達障害入門 金子書房.

機能的アセスメントと
問題行動への対処

☞ 応用行動分析の基礎理論 p.16, オペラント条件づけの基礎研究 p.50, 発達障害の認知行動療法の基盤となる研究 p.98, オペラント法 p.252, 応用行動分析（ABA）p.254

　問題行動にもほかの行動と同じく目的があり，問題行動の機能を理解した上での援助が不可欠である。しかし，行動の機能とは行動とその結果の関係であり，目に見えるものではない。また，ある形態の行動が複数の機能をもつことや，反対に複数の行動が同一の機能をもつこともあり，その機能を理解することは容易ではない。このような行動の機能を明確にする手続きが機能的アセスメントである。

●**機能的アセスメント**　1980年代より機能的アセスメントのさまざまな方法が開発されてきた。D. B. レノックスとR. G. ミルテンバーガー（Lennox & Miltenberger, 1989）はこの方法を3種類に分類している。

　情報提供者によるアセスメントは，本人や対象者をよく知る人物に尋ねる方法である。この方法によって次に行う直接観察によるアセスメントで対象とする行動を絞り込み，機能分析で確認する仮説を生成することができる。よく用いられるのは構造化された面接であるが，動機づけアセスメント尺度（Durand & Crimmins, 1992）などの質問紙が用いられることもある。この方法は簡便で実施の負担が少ないという長所があるが，信頼性の面で限界がある。

　直接観察によるアセスメントは行動を直接観察，記録しデータを集める方法である。さまざまな情報が記録されるが，行動とその前後の環境変化についての情報が中心となる。データ収集後は行動に特定のパターンがないか検討し，問題行動の機能について仮説を立てる。観察の負担はあるが正確な情報を得ることができる。

　機能分析は実験的分析とも呼ばれる準実験的な方法である。問題行動に関連すると想定される結果や先行刺激を操作し，行動変容が生じることを確認することで問題行動の発生・維持要因を特定する。問題行動と環境の相互作用を明確にすることができ援助における重要な情報をもたらすが，実施者にも専門知識と技術が必要になる（Miltenberger, 2001 訳2006）。

●**機能的アセスメントに基づく問題行動への介入**　行動の先行刺激に対する介入として，問題行動のきっかけとなる弁別刺激の除去や，適切な行動に対する弁別刺激の導入が行われる。確立操作に属する方法に非随伴性強化（non-contingent reinforcement：NCR）があり，問題行動を維持している強化子を行動とは関係なく豊富に与えることで問題行動を減らすことができる。例えば，教師の注目により授業中の離席が続いている場合，離席と関係なく頻繁に児童に注目する。

　P. A. アルバートとA. C. トルートマン（Alberto & Troutman, 1999 訳2004）は，行動の結果に対する介入を四つのレベルに分類した。レベル1は分化強化

である．最初に検討すべき手続きであり，いくつか種類がある．対立行動分化強化（differential reinforcement of incompatible：DRI）は問題行動と同時に行うことができない行動を強化し，問題行動を消去する分化強化である．問題行動と相互排他的な行動が選択される．代替行動分化強化（differential reinforcement of alternative behavior：DRA）も DRI 同様に問題行動に置き換わる行動を強化するが，相互排他的である必要はない．しかし，問題行動と等価な機能を有し，かつより効率的な行動である必要がある．他行動分化強化（differential reinforcement of other behavior：DRO）は，問題行動が一定の期間見られなかったときに強化子を提示する方法である．決められた期間に問題行動を起こさなければ強化する間隔 DRO と，特定の瞬間だけ起こさなければ強化子を提示する瞬間 DRO に分類される．

　レベル2は消去である．効果的な手続きであるが，問題行動の頻度が減少する前に行動の頻度や強度が上昇したり，あるいは強化されなくなってもしばらくの間は問題行動が維持されたりすることが知られている．

　レベル3は好ましい刺激を取り除く負の弱化である．レスポンスコストでは特定の行動が発生したときに，それに随伴して強化子を没収する．例えば，問題行動に応じてトークンの除去を行うことがこれにあたる．タイムアウトでは特定の行動が発生したときに，短時間だけ強化子に触れる機会をなくす．隔離型と非隔離型があり，隔離型では問題行動を起こした者を別の部屋に移すが，非隔離型ではその部屋の中で強化子に接触できない場所へ引き離す．

　レベル4は正の弱化手続きである．過剰修正法は問題行動に随伴して努力を要する形で適切な行動の訓練を行う．そのバリエーションである現状回復型は問題行動により生じた状況の混乱をもとの水準以上に戻すことを要求する．例えば暴れて部屋を汚した場合，もとの部屋以上にきれいに掃除することを求められる．一方，積極的練習型は正しい行動を特定の時間や回数繰り返すことを求める．例えば，暴言に随伴して正しい言い方を繰り返し練習させることがこれにあたる．

　問題行動に対処する際に，まず嫌悪的な方法を用いず行動を形成することを検討すべきである．特にレベル3，4は罰の手続きであり，介入の受容性や社会的妥当性を考慮に入れなければならない．　　　　　　　　　　　　　［首藤祐介］

さらに詳しく知るための文献

[1] アルバート, P. A. & トルートマン, A. C.　佐久間 徹ほか訳　2004　はじめての応用行動分析（日本語版第2版）二瓶社.
[2] ジェームズ, E. C. & デイビッド, A. W.　園山繁樹訳　2002　入門 問題行動の機能的アセスメントと介入　二瓶社.

ポジティブ行動支援（PBS）

☞ 機能的行動アセスメント p.226，
応用行動分析（ABA）p.254

　ポジティブ行動支援（以下，PBS）には複数の定義やその歴史的変遷があり，それらのすべてについて述べると誌面の限界を超えてしまう。しかし，G. ダンラップほか（Dunlap et al., 2009）が述べる，①研究によって効果が裏づけられている行動科学を応用する，②生態学的に妥当で，実際的なサポートを提供するために複数の介入要素を統合する，③実質的で持続的なライフスタイルにおける成果にコミットする，④持続的な実行と効果を促進させる組織システムを整備する，というPBSの特徴は，ほかの定義とも共通点が多い一般性のある説明であるといえる。なお，「PBS」は略語であるが，そのもとの表記については"Positive Behavior Support"，"Positive Behavioral Support"，"Positive Behavior Interventions and Supports（この場合はPBIS）"などと，文献や法律の条文によって差異が認められる。

　ダンラップほかは，文脈に合わせた用語のバリエーションは認めつつ（例えば，法律の条文においては"Public Broadcasting Service：PBS"という公共放送の名称との混同を避けるために，"PBS"ではなく"PBIS"という用語が用いられたという経緯があった），PBSの「ポジティブな行動を」「ポジティブに支援する」という理念や実践的特徴から"Positive Behavior Support"の表記が最も適切で一般性をもつと述べている（Dunlap et al., 2014）。

●**PBSの歴史的背景**　「PBS」という用語が初めて文献の中で用いられたのは，R. H. ホーナーほか（Horner et al, 1990）においてである。ホーナーほかはこの中で①さまざまな手続きが開発されたこと，②受け入れ度を検討するために，社会的妥当性の概念が加えられたこと，③過度に嫌悪的であったり，尊厳を奪うような手続きが禁止されたり規制が定められてきたことの三つの背景を基盤として，テクノロジーと価値観を統合したものがPBSであると述べている。PBSは，当初は主に知的障害や発達障害のある者の行動問題の解決を目的として発展するが，その背景には，「嫌悪的な手続きの使用に対する懸念が募ったこと」や「複雑な地域場面において意義深く実質的な成果を生み出すことへの熱望」（Dunlap et al., 2008），あるいはPBSの三つの主な起源（応用行動分析学，ノーマライゼーションとインクルージョンの運動，本人中心の価値観）の発展（Carr et al., 2002）があった。

●**応用行動分析学（ABA）との関連性**　PBSにおける機能的アセスメントなどの行動変容に関わる技術的な根幹に応用行動分析学があることは間違いない。しかし，PBSとABAの関係性については，さまざまな見解があり単純ではない。

例えば，ABAに対する批判を展開しながら「PBSはABAから進化した新しい科学である」とPBSの独自性を主張する立場もあれば，技術的要求事項を最少にして普及を優先させるPBSを批判し，「PBSが新しい科学であるという根拠はなく，ABAから切り離すことはできない」「PBSは社会運動，もしくはマーケティング戦略に過ぎない」といった見解もある（Johnston et al., 2006）。

●実践の特徴と傾向　例えばPBSの専門誌であるJournal of Positive Behavior Intervention（JPBI）に掲載されている実践をABAの専門誌であるJournal of Applied Behavior Analysis（JABA）に掲載されているものと比較すると，JPBIに掲載されている実践研究の方が，より対象者にとって日常的な場面，日常的な活動や文脈，日常にいる人々（教師や家族など）によって実施されている（Clarke and Dunlap, 2008）。また，S. クラークほかはJPBIへ1999年から2016年に掲載された実証データのある介入研究についてレビューしており（Clarke et al., 2018），学校全体において実施される全校規模ポジティブ行動支援（school-wide PBS：SWPBS）の報告が増加したことにより，①診断名や障害名が明記されていない対象者が増加した，②支援者の行動を標的とした実践が増加した，③通常教育場面における実践が増加した，といった傾向が近年顕著であることを報告している。一方で，重度障害がある者を対象にした実践，重篤な問題行動（他傷，自傷，器物破壊など）を標的とした実践，あるいは当事者の家庭場面をフィールドにした実践が近年減少しているという指摘がある（Dunlap & Lee, 2018）。

●生態学的アプローチの重要性　CBTは医学モデル的な視点が含まれる「治療法」の一種であると考えられるが，対象者が示す不適応の「原因の一部」となるものには（例えば，発達障害など），現在のところ根本的な治療が不可能なものもある。そもそも「障害」を社会モデルでとらえれば，さまざまな障害を「治療」の対象とすべきか否かという点にも議論が必要とされるであろう。

クライエントの適応を支援するためには，本人に対する「治療」と併せ，本人を取り巻く環境を改善させる生態学的アプローチについて検討することもまた重要である。PBSとCBTは共存可能であると考えられ，またPBSはある問題や症状を一次的に改善させる役割を果たすことによって，真にCBTを必要とする者をスクリーニングする機能をもつのではないかと考えられる。　　［大久保賢一］

📖 さらに詳しく知るための文献

[1] Crone, D. A. & Horner, R. H. 2003 *Building Positive Behavior Support Systems in Schools: Functional Behavioral Assessment*, The Guilford Press.（野呂文行ほか訳 2013 スクールワイドPBS 二瓶社）
[2] Sailor, W. et al. eds. 2009 *Handbook of Positive Behavior Support*, Springer.

特別支援教育の SST

☞ モデリング法 p.274, ソーシャルスキルトレーニング (SST) p.278, 機能的アセスメントと問題行動への対処 p.456, ポジティブ行動支援 (PBS) p.458

　ソーシャルスキルとは，効果的な対人コミュニケーションに必要な言語的および非言語的行動である (Rao et al., 2008)。ソーシャルスキルの例として，自分から挨拶する，人の話を積極的に聞く，わからないことがあれば質問する，仲間に誘う，人に頼みごとをするなどがあげられる。自閉スペクトラム症や注意欠如・多動症，限局性学習症などの特別な教育的ニーズのある幼児児童生徒は，同年齢の定型発達児と比べてソーシャルスキルの低さが指摘されている (岡島ほか，2017)。ソーシャルスキルの獲得状況は，不安などの精神的健康に影響を与えることが指摘されており (石川・坂野，2005)，特別な教育的ニーズのある幼児児童生徒もソーシャルスキルが低いことで仲間からの孤立や拒否を経験している (Fisher & Meyer, 2002)。これらのことから，特別な教育的ニーズのある幼児児童生徒に対し，ソーシャルスキルの獲得に向けた指導が必要である。

　ソーシャルスキルトレーニング (social skills training：SST) は，ソーシャルスキルの獲得を目的とした訓練技法である。主な訓練要素は，①モデリングや言語的教示といったスキル提示，②ロールプレイや行動リハーサルといったスキル練習，③訓練者や相手からのフィードバックといった遂行フィードバック，④ホームワークや新しい場面での練習といった般化促進から構成される。

●**特別支援教育での SST の実際**　学校における SST は，特別な教育的ニーズのある幼児児童生徒に対し，特別支援学校や特別支援学級，通級指導教室，通常の学級といった多様な学びの場で実施されている。国立特別支援教育総合研究所 (2016) は，小・中学校の自閉症・情緒障害特別支援学級と知的障害特別支援学級に在籍する自閉スペクトラム症の児童生徒を対象とした自立活動の指導について全国調査を行っている。その結果，両学級の約半数で「他者に関わる際の約束やルールに関すること」や「友達との関係作りに関すること」といったソーシャルスキルに関する内容が指導されていた。また，それら人間関係の形成に関わる指導方法として，SST が主流になっていると報告された。

　一方，その指導効果には課題が指摘されている。半田・野呂 (2015) は，小学校の自閉症・情緒障害特別支援学級担任を対象に，SST の指導効果に関する調査を行っている。その結果，調査回答者の約 6 割が児童のスキルの獲得に効果を感じていると示された。しかし，スキルの場面般化や対人般化，維持について効果を感じている調査回答者は全体の 3 割に満たなかった。その理由として，「特別支援学級で指導したとしても通常の学級で指導されないため，指導したスキルを忘れてしまう児童がみられる」など，SST 場面以外の場面における指導不足に関す

るものが多くみられた。W. マチャリセク（Machalicek et al., 2008）は，指導場面以外の場面において標的行動に対する強化随伴性を整備しなければ標的行動が消去されてしまい，般化や維持が生じないことを指摘している。これらのことから，特別支援学級等でのSSTで獲得したスキルを般化・維持させるためには，特別な教育的ニーズのある幼児児童生徒の日常生活におけるスキルの遂行に対し，手がかりや強化随伴性の整備といった指導を組み込む必要があると考えられる。

●**特別支援教育でのSSTの具体例**　岡島ほか（2014）は，通常の学級で仲間関係をうまく形成できない自閉スペクトラム症の児童1名に対し，相談室でのSSTを実施している。SSTは1か月に2回の頻度で，50分間の訓練を計10回実施している。SSTの標的スキルは，児童の問題行動に対して機能的アセスメントを実施し，問題行動の機能と等価な代替行動を選定している。児童の級友をつつくという問題行動が級友からの注目という機能を有すると推定されたことから，標的スキルに注目獲得の機能をもつ「会話への入り方」「あたたかい言葉かけ」「やさしい頼み方」などが選定されている。訓練要素は，①児童が学校で遭遇しやすい問題場面の提示，②問題場面で効果的なスキルの教示と指導者によるモデリング，③児童のスキルの行動リハーサルとそれに対する指導者の遂行フィードバック，④家庭でのホームワークである。家庭でのホームワークは，児童が標的スキルについて保護者と行動リハーサルを毎日実施し，保護者が児童のスキル遂行を評価するものである。加えて，児童は標的スキルを学校で遂行できたか評価した。その結果，学校や家庭でのエピソード，教師によるソーシャルスキル評定から，児童のソーシャルスキルの改善とその維持，SST場面以外への般化が確認された。岡島ほか（2014）では，SSTにホームワークを組み込むことによって，児童の家庭や学校でのスキル遂行に対する手がかりや強化随伴性の整備をはかっている。その他，日常生活に手がかりや強化随伴性を組み込む方法として，トークンエコノミーやセルフモニタリング，行動契約などがあげられる。また，国外では，School-wide Positive Behavior Support（SWPBS）の階層的支援にSSTを組み込んだ実践もなされている。例えば，学校・学級全体を対象とする集団随伴性を用いた支援（第1層支援）と小集団でのSST（第2層支援）を相互に関連づけることで，スキルの遂行に対する手がかりや強化随伴性を整備している。このような学校の行動支援システムにSSTを組み込むこともスキルの般化・維持を促すと考えられる。

　　　　　　　　　　　　　　　　　　　　　　　　　　　　　　　　　　［半田　健］

📖 **さらに詳しく知るための文献**

［1］佐藤正二・佐藤容子　2006　学校におけるSST実践ガイド　金剛出版．
［2］小貫　悟　2017　SST（ソーシャルスキルトレーニング）の指導　柘植雅義「インクルーシブ教育の未来研究会」編　特別支援教育の到達点と可能性　金剛出版，pp. 62-65.

アサーショントレーニング

☞ 拮抗制止法 p.256, モデリング法 p.274, ソーシャルスキルトレーニング（SST）p.278, 認知再構成法 p.286, 機能的アセスメントと問題行動への対処 p.456, 特別支援教育の SST p.460

　アサーション（assertiveness/assertion）とは，米国の人権運動の流れに乗り発展した概念で，自他を尊重した対人コミュニケーションのことである。アサーションのスキルを高めるためのトレーニングはアサーショントレーニング（assertiveness training/assertion training：以下，AT）と呼ばれる。その適応対象は多岐にわたり，統合失調症，アルコール依存症，性的逸脱，夫婦間葛藤，うつ病，社交不安障害，境界性パーソナリティ障害などに対し効果検証が行われてきた。AT は J. ウォルピ（Wolpe, 1958　訳 1977）が体系化した，認知行動療法における伝統的な技法もしくは介入パッケージであり，認知行動療法の発展をなぞるように発展してきている。AT では認知行動療法の技法全般が用いられ，例えば，心理教育，モデリング，ロールプレイ，フィードバック，認知再構成法，体験的エクササイズが使われる。

　認知行動療法の各種技法の中での AT の特徴としては，AT が人間主義的心理療法や人権教育，対人社会心理学といった領域でも並行して発展し，特に，非専門家である一般人に広く親しまれている点にある。その背景として，コミュニケーションにおける自他尊重という発想に，人が社会で生きるうえでのユニバーサルな必要性もしくは理想の存在が考えられる。したがって，AT の発展は認知行動療法の発展の縮図であり，同時に AT は隣接領域と重なり合いながら発展してきた学際的な領域である。

●「率直な自己表現」に付随するリスク　伝統的にアサーションの概念は，「率直な自己主張（ただし社会的に認められるもの）」と定義され，これ自体が「よいこと」であり，人権であるととらえられてきた。一方で，この価値観は明確に米国の文化に由来しており，この価値観に同意できるかどうかは文化的背景によっても変わってくる（三田村・松見，2010）。さらに，米国内での研究も含め，率直な自己主張が対人場面でのネガティブな影響を生じさせうることがすでに1970年代には多くの研究から指摘されている（Wilson & Gallois, 1998）。したがって，率直な自己主張を文脈抜きに「良い」と参加者に教えるような AT を行うことは，参加者の社会生活に大きなリスクを負わせる可能性もある。とりわけ，言葉を字義的に受け取る傾向のあるような自閉スペクトラムを抱える個人に対しては，伝統的な AT をそのまま適応することは慎重であるべきと考えられる。

●機能としてのアサーション　アサーションはこれまで，さまざまに定義が試みられてきた。中でも最も有用と考えられる定義の仕方は，アサーションを「どのように自己主張すべきか」（例：明確に，胸を張って，目を合わせて）というト

ポグラフィからではなく,「どのような役割をもつべきか」(例:相手に動いてもらう,相手に理解してもらう)という機能によって定義する方法である。すでに述べたように伝統的にアサーションは「率直であること」と定義されるが,アサーションの本質は「自他を尊重する」というその機能にある(三田村・松見,2010)。三田村・松見(2009)は,行動分析学と社会言語学の枠組みを援用した機能的アサーション(functional assertiveness)を提案している。機能的アサーションとは,話し手にとって効果的で聞き手にとってより適切な対人コミュニケーションである。機能的アサーションは,自他を尊重する対人コミュニケーションというアサーションのもつ本質的側面は維持しつつも,それを達成するために先験的に設定される一切のトポグラフィを排除したことで,アサーションが孕むリスクの回避を可能にする。実際に,機能的アサーションに基づいて,発達障害支援と特別支援教育分野を対象に開発されたプログラムを次に紹介したい。

●発達障害児の保護者向け機能的アサーショントレーニング　発達障害児の保護者は我が子への一層効果的な支援を依頼すべく,小学校に足を運び子どもの担任教師との面接を求めることがある。しかしながら,多くの場合,こうした依頼場面は非常にデリケートな対人的文脈であり,面談によってかえって保護者と教師との関係性を複雑にさせてしまうことがある。三田村・松見(2009)は,発達障害児の保護者がより効果的に子どもの担任教師に対し,わが子への一層効果的な支援についての依頼や相談を行うことができるよう,機能的ATプログラムを開発した。プログラム開発にあたっては,まず,保護者と教師とのコミュニケーションに関連する行動とその文脈についての機能的アセスメントを実施し,保護者における「具体的で丁寧な依頼・相談」を目指すべき標的行動として選択した。トレーニングすべき対人コミュニケーションのトポグラフィを決め打ちで設定するのではなく,機能的アセスメントを通して予測することが機能的ATの特徴である。実際のプログラムは2時間×3セッションであり,いずれのセッションでもロールプレイが行われた。第1セッションでは,機能的アサーションについての心理教育や標的行動を生起させるための確立操作的手続きが実施された。第2セッションでは,担任教師との面談における保護者側の目的の明確化が促された。第3セッションでは,より困難な面談場面を想定してのロールプレイが行われた。このプログラムについてはパイロットスタディによってその効果が示唆されている(三田村・松見,2009)。　　　　　　　　　　　　　　　　[三田村　仰]

📖さらに詳しく知るための文献
[1] 三田村 仰 2011 機能的アサーションに関する心理学的研究—アサーションにおける機能と文脈 関西学院大学リポジトリ.

絵カード交換式コミュニケーションシステム（PECS®）

☞ 応用行動分析の基礎知識 p.16，知的能力障害 p.148，応用行動分析（ABA）p.254

　PECS®は Picture Exchange Communication System（絵カード交換式コミュニケーションシステム）の略である。PECS®は，自閉スペクトラム症と関連する発達障害の人のために，1985年に行動分析家のA. ボンディ（Bondy）と言語聴覚士のL. フロスト（Frost）によって開発された，絵カードを使った拡大・代替コミュニケーション（AAC）の指導法を体系化したものである。デラウエア州自閉症療育プログラム（Delaware Autistic Program；DAP；Bondy & Frost, 1995）で最初に導入されてから，PECS®はコミュニケーションの自発に焦点をあてた指導法として世界中に認知されている。

●**PECS®の理論的背景と実施方法**　PECS®の理論的背景は，B. F. スキナー（Skinner）の言語行動論であり，最初に取り組むのは，要求言語行動（マンド）からであり，最後に叙述言語行動（タクト）に取り組む。それは自閉スペクトラム症者にとって結果が具体的でわかりやすく動機づけが高いからである。指導法は，応用行動分析の研究分野で発展してきたプロンプト & フェイディングなどを使って体系化している。指導の前に，まず準備することは，指導の対象者の具体的な要求対象物を探る（強化子アセスメント）。そして強化子に応じて絵カードをつくり，それを収めるバインダーなどの教材を用意する。最初の指導は，コミュニケーション相手である支援者1に自発的に絵カードを渡し，強化子と交換することを教える（フェイズⅠ）。このとき，別の支援者2が，対象者が絵カードを渡すように身体プロンプトを行う。このとき，支援者2は逆行連鎖で絵カード交換の行動形成を行い，プロンプトをフェイディングしていく。コミュニケーション相手である支援者1とプロンプトを行う支援者2が別々であることで，対象者の自発的な絵カードの交換の習得がスムースに進む。対象者が，自立して絵カードを交換できるようになったら，コミュニケーション相手までの距離，絵カードを収めているバインダーまでの距離などをスモールステップで伸ばしていき，シェイピング法を使って指導を行う（フェイズⅡ）。シェイピングがうまくいかないときは，支援者2がプロンプト & フェイディングを行う。数枚の絵カードの交換が自立してできるようになると，絵カードの弁別訓練を行い，選択に取り組む（フェイズⅢ）。弁別を間違えたときのエラー修正法も体系化されている。フェイズⅢからは，対象者の自発性が身についていると考えられるので，支援者1だけで教えられる。複数枚の絵カードを弁別してコミュニケーション相手に渡せるようになったら，要求対象の絵カードと要求の述語カード「ください」の2枚のカードを文カード上に並べて文構成を教える（フェイズⅣ）。文

構成は連鎖化で教える。2語文での絵カードの構成が可能になると，色や形などの形容詞や「を」などの助詞を加えて文の拡張に取り組む（属性語の指導）。言語行動論でいうと，フェイズⅠはタクト-マンド，フェイズⅡはマンド，文構成や属性語の指導は，オートクリティックに相当する。さらに，質問への応答の形で要求することを教える（フェイズⅤ）。最後の指導段階は，対象者の興味を引くような目の前で見えるものや聞こえるものを提示して，「〇〇みえます」や「〇〇きこえます」といったコメントの指導を行う（フェイズⅥ）質問への応答はイントラバーバルであり，マンドからタクトへの移行の役割を果たしている。

● **PECSの指導の効果**　PECSは，機能的代替コミュニケーション手段の一つであり，幼児から高齢者まで適用範囲が広い。デラウエア州のDAPでは，2歳頃から自閉スペクトラム症児にPECS®が適用されており，発話の出現率や認知機能の向上などで早期療育の効果が確認されている（Bondy & Frost, 1995）。就学期までに約半数の子どもが発話を発達させた結果，PECS®を使わなくなり通常学級に移行したと言われている。現在までに，世界中でPECS®の実践例や研究例が多数報告されている。大規模なPECS®の適用による効果研究でも同様の効果が確認されている（Howlin et al., 2007）。シングルケーススタディによるPECSの実践研究では，発話の促進，認知機能の向上以外に，アイコンタクトの増加や行動問題の減少などの効果が報告されている（Charlop-Christy et al., 2002）。また近年は，タブレット端末でも使えるアプリ版のPECS®も開発されており，携帯性に優れ，語彙数の増加に伴う絵カードの増加やバインダーの重量化，絵カード作成の手間の軽減などに利益をもたらしている。

● **日本におけるPECSの動向**　日本においては，2006年に，ピラミッド教育コンサルタントオブジャパン（株）が設立され，本格的にPECS®の導入が始まった。これまで，早期療育における効果研究（山根・今本，2015）や家庭や施設におけるシングルケーススタディ（伊藤ほか，2011）などが盛んに行われるようになった。また，商店街の店舗と提携して買い物でPECS®を活用した例やあるファミリーレストランと提携してPECS®のタブレット端末で注文できるようにした例など地域で取り組んでいる実践事例も出て来ている。指導法を学ぶための研修会，書籍，アプリ，教材にはコストがかかり，一部の熱心な教員や支援者の間でしか普及していないことが課題である。　　　　　　　　　　［今本　繁］

📖 **さらに詳しく知るための文献**

［1］Frost, L. & Bondy, A. 2002 *The Picture Exchange Communication System Training Manual*（2nd ed.），Pyramid Educational Products Newark.（門眞一郎監訳　2005　絵カード交換式コミュニケーション・システム・トレーニング・マニュアル（第2版）ピラミッド教育コンサルタントオブジャパン）
［2］Bondy, A. 2010 A Clear Picture　児童青年精神医学とその近接領域　51, 255-265.

トークンエコノミー

☞ オペラント条件づけの基礎研究 p.50、応用行動分析（ABA）p.254、体罰 p.428、機能的アセスメントと問題行動への対処 p.456

　トークンエコノミー（token economy）とは、標的行動を増加させることを目的とした正の強化に基づく介入方法であり、標的行動を増加させるために、本来強化子として機能しない代用物であるトークンを標的行動の生起に対して提示し、貯めたトークンとバックアップ強化子をあらかじめ決めた条件で交換できる手続きである。貯めたトークンとバックアップ強化子の交換を実施するにつれて、トークンは条件性強化子として機能するようになる。トークンの使用の利点には、①トークンは強力な強化子となり、ほかの強化子よりも標的行動を高い水準で維持できる、②標的行動の生起とバックアップ強化子の交換の間の時間的遅延を橋渡しする、③さまざまなバックアップ強化子と交換できるため飽和しにくい、などがある。

●**トークンエコノミーの方法**　R. G. ミルテンバーガー（Miltenberger, 2001 訳 2006）はトークンエコノミーにおける七つの基本的な構成要素を示している。支援を計画する際は、それぞれの構成要素について検討する必要がある。そしてそれらの構成要素に関して記述し、獲得したトークンを提示できるようにするためにトークン表を作成することが多い。

(1) **標的行動を定義する**　ほかの行動変容技法と同様に、まずは増加させたい標的行動を決めて定義する必要がある。行動の結果（例えばテストの点数）を標的にしないこと、プログラム実施途中に標的行動を気まぐれに追加しないことが重要である。

(2) **トークンとして使うアイテムを決める**　例えば、シール・星印・コインなどがトークンとして用いられる。標的行動が生起した直後にトークンを提示しなければならない。そのため、トークンには携帯性と利便性が必要である。支援者がトークンを提示するのと同時に言語賞賛も行うことによって、トークンエコノミーをフェイディングしやすくなる。対象者のこだわりに関連した物（例えば、対象児が特に好きなキャラクターのシールなど）をトークンとして用いると効果がさらに上がる。

(3) **バックアップ強化子を決める**　強化子アセスメントに基づき、対象者にとって強化価の高い強化子をバックアップ強化子として決める必要がある。

(4) **強化スケジュールを決める**　標的行動に対してトークンを提示する際の強化スケジュールに関して、まずは、標的行動が生起する度にトークンを提示する連続強化スケジュールで実施することが重要である。なぜなら、それによってトークンが早く貯まり、バックアップ強化子と交換する機会も増えるからである。そして、標的行動の増加が定着したら、間欠（間歇）強化スケジュールに移行していく。

(5) **トークンの交換比率を決める**　支援者は対象者が一定期間（例えば、1日や

1週間) に獲得可能なトークンの最大数を決め，その数に見合った交換比率を決定する必要がある．交換比率の設定においては，対象者ごとに，このバランスを見つけなければならない．

(6) トークンを交換する時間と場所を決める　あらかじめ貯めたトークンとバックアップ強化子を交換する時間と場所を決めることによって，プログラムを一貫性のある形で実行することができる．

(7) レスポンスコストを適用するかどうかを決める　もし標的行動に競合する問題行動が存在しているのであれば，トークンエコノミーとともに，レスポンスコストを併用することもできる．レスポンスコストでは，問題行動が生起したらトークンを除去するなどの手続きを実施する．レスポンスコストによって減少するトークンが多くなりすぎないように条件を設定する必要がある．

　上記の七つの構成要素を検討・実施しても標的行動に変化が見られない場合，まずはバックアップ強化子を対象者にとって価値の高いものに変更することやトークンとの交換比率を変更することを検討する必要がある．

●トークンエコノミーの具体例　トークンエコノミーの適用は多岐にわたるが，精神科病棟，矯正施設，小学校教室の三つの現場で適用されることが多い．そして，本邦における発達障害支援・特別支援教育分野でのトークンエコノミーの適用は，学校や施設での問題行動支援において適応行動を形成するための技法として用いられることが多い．

　トークンエコノミーの具体例として，ミルテンバーガーがあげた七つの構成要素に沿って，奥田（2005）と小笠原ほか（2013）のトークンエコノミーの手続きに関して説明する．

　奥田（2005）では，不登校に対する保護者コンサルテーションにおいて，学校参加行動を標的行動として，参加行動のたびにお気に入りのシールをトークンとして提示され，週1回下校後の自宅にて，事前に定めた達成基準を満たすと好きな活動を実施できた．

　小笠原ほか（2013）では，特別支援学校に通う児童に対する支援において，授業における課題従事を標的行動として，標的行動に従事した場合シールをトークンとして提示され，その日の帰りの会の前に他児とは別室にて，事前に定めた達成基準以上トークンを獲得しているとあらかじめ決めていた好きな活動を実施できた．

[伊藤久志]

📖さらに詳しく知るための文献

[1] Gillis, J. M. & Pence, S. T. 2015 Token economy for individuals with autism spectrum disorder. in reed, F. D. D. G. & Reed, D. D. *Autism Service Delivery*, Springer, pp.257-277.
[2] Kazdin, A. 2007 *The Token Economy: A Review and Evaluation*, Springer.

教員（支援者）への支援

☞ 応用行動分析（ABA）p.254, ペアレントトレーニングと保護者支援 p.276, 特別支援教育分野における多職種連携 p.474, 福祉分野における職員（支援者）支援 p.500

　障害のある子どもに関わる教員や支援者は，障害のある子どもを生涯にわたって支援できるように個別の支援計画を策定することが義務づけられている。小学校，中学校，高校，特別支援学校の教員は各学習指導要領において個別の教育支援計画を作成して長期的な視点で障害のある児童生徒への教育的支援を行うことが定められている。放課後等デイサービスなど指定障害児通所支援事業者は厚生労働省省令の児童福祉法に基づく指定通所支援の事業などの人員，設備および運営に関する基準において「事業所を利用する障害児及びその保護者の意向，障害児の適性，障害の特性等を踏まえ，提供するサービスの適切な支援内容等について検討し，作成する」ことが定められている（厚生労働省，2012）。

●個別の支援計画　図1に「個別の支援計画」と「個別の教育支援計画」の違いを示した。個別の支援計画は障害のある子どもに対して医療，保健，福祉，教育，労働などの機関が，乳幼児期から学校卒業後まで一貫した支援を行うことができるようにするための計画である。個別の教育支援計画は個別の支援計画の中に含まれるものであり，教育機関が中心となって個別の支援計画を作成する場合に個別の教育支援計画と呼ばれる。個別の教育支援計画は多くの自治体や教育委員会が記入例を公開しており，子どもの実態やニーズ，保護者のニーズ，支援目標，場面別の具体的な指導，連携機関の情報，指導の評価などを記入する。個別の支援計画も個別の教育支援計画も作成にあたっては保護者の参加を促すなどして保護者の意見を十分に聞き，計画に保護者のニーズを反映させるようにする。個別の教育支援計画作成にあたっては，一人ひとりの教育的ニーズを把握すること，関係機関と適切に連携し効果的に教育的支援を実施すること，計画の作成-実施-評価（Plan-Do-See）を行うことが重要である（西牧，2006）。また，2016年に施行された障害者差別解消法で，学校などの公的機関は障害のある児童生徒に合理的配慮をすることが義務となった。そのため，合理的配慮の内容を個別の教育支援計画に明記することが望ましいとされている（中央教育審議会，2012）。

　学校では個別の教育支援計画のほかに個別の指導計画の作成も求められる。もともと学校では年間，学期，月，週，単元などの単位で指導内容や形態，授業時間，指導上の配慮を含む指導計画を作成するが，障害のある児童生徒についてはこの指導計画を個別に作成する。このように個別の指導計画は学校で個別のニーズに合わせた指導を行うための計画である。一方，個別の教育支援計画は就学前から学校卒業後までの長期的な計画を学校が中心となって作成するものであり，

作成にあたっては関係機関との連携や保護者の参加が求められる。

●**教員への支援**　個別の支援計画などの作成にあたっては，子どもや親のニーズを把握し対応方法を検討するためのアセスメントのスキル，具体的な指導の案出，指導の評価が求められる。その際に認知行動療法の中でも応

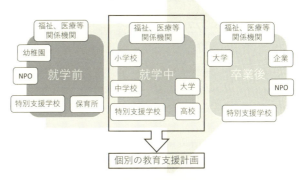

図1　個別の支援計画と個別の教育支援計画
［西牧，2006を参考に筆者が作成］

用行動分析の手法が役に立つ。例えば，先行事象-行動-結果の三項随伴性の分析はどのような場面で問題行動や適切な行動が生じやすいかというアセスメントになり，適切な行動が生じやすい場面を特定することは具体的な指導を検討する際に重要な情報をもたらしてくれる。また，行動は増減がわかりやすいため指導に効果があったかどうか評価しやすくなる。

　教員を対象にした応用行動分析を習得するプログラムとして，ティーチャートレーニングがある。ティーチャートレーニングは保護者向けに開発されたペアレントトレーニングを教員向けに作成したものであり，三項随伴性，行動を「好ましい行動」「見逃す行動」「許しがたい行動」の三つに分ける，ほめる（強化），見過ごす（消去），指示の出し方，トークンエコノミーなどを学んでもらう（今西ほか，2014）。また，ほめることや適切な指示をすることの必要性がわかっていても実際に行動に移すのが難しい場合，教員が児童生徒を指導している場面でライブコーチングをしてスキルを身につけてもらう Teacher-Child Interaction Training（TCIT）というプログラムも開発されている。TCITもティーチャートレーニングと同様保護者向けの Parent-Child Interaction Therapy（PCIT）を教員向けに作成したものである。教員支援の試みは始まったばかりであり，今後さらなる実践や研究でその効果を検証していく必要がある。　　　　［佐藤美幸］

さらに詳しく知るための文献

[1] 今西満子ほか 2014 学級経営・生徒指導に活かすティーチャー・トレーニングの試み　奈良教育大学教育実践開発研究センター研究紀要 23, 219-225.

[2] Gershenson, R. et al. 2010 Promoting positive interactions in the classroom: adapting parent-child interaction therapy as a universal prevention program. *Education and Treatment of Children*, 33, 261-287.

ペアレントトレーニングと保護者支援

☞ ペアレントトレーニング p.276,
社会的擁護 p.490

　ペアレントトレーニング（parent training：PT）は，行動変容の学習を通して親の養育行動を変容させることにより，子どもの健全な成長発達の促進や不適切行動の改善を目的とした行動理論に基づく心理教育的アプローチの総称である（井上，2017）。PTの概念を広義にとらえると定型発達幼児を対象としたノーバディーズ パーフェクトや，虐待傾向のある親を対象としたコモンセンス ペアレンティングなどの親教育プログラムを含むものとなるが，ここでは発達障害の親や，子育て困難のある親を対象とした，行動理論に基づいたペアレントトレーニング（behavioral parent training：BPT）を取り上げる。

●**目的と効果**　PTの目的は，親の養育スキルの獲得，親子関係改善，子育てストレスや抑うつ状態の軽減といった親の心理・認知・行動面の改善と，子どもの行動変容として，生活スキルやコミュニケーション行動などの適応行動の獲得，問題行動の減弱や改善など，親子両者の行動変容がある。これらの効果は質問紙尺度や実際の行動観察から得られた行動データによって示される。発達障害のある子どもをもつ親の養育ストレスや抑うつ状態，孤立感は，定型群と比べて高く，その改善はPTの大きな役割の一つである。

●**発達障害に対するPT**　L. ブルックマン・フラジーほか（Brookman-Frazee et al., 2006）は，発達障害に対するPTはその内容から破壊的行動障害（disruptive behavior disorder：DBD）を対象にしたPT（以下，DBD-PT）と自閉スペクトラム症（autism spectrum disorder）を対象にしたPT（以下，ASD-PT）に大別できるとした。DBT-PTの多くはグループ形式で実施されるのに対し，ASD-PTの多くは個別で実施される傾向にあり，効果指標についてもDBD-PTでは問題行動やストレスなどの質問紙尺度が用いられるのに対し，ASD-PTでは行動観察による行動の生起頻度が用いられるなどの違いがあるとしている。DBD-PTは，問題行動の改善が主要なニーズであり，問題行動の要因となる親のストレスや夫婦の機能などを評価し，親の関わり方の変容やストレスマネジメントを含めたプログラムとして発展してきた。これは現在の注意欠如・多動症に対するPTへと発展した。これに対してASD-PTは，知的障害を伴うASDに対する行動療法の治療効果の向上や維持と般化促進のため，親を「共同治療者」と位置づける形で開始された。問題行動の低減を目的としたプログラムもあるが，大半は身辺自立スキル，コミュニケーションスキル，社会的スキル，学習スキルなど適応的なスキルの獲得を目指す。特に近年のASD-PTは，ASDの中核症状の一つである社会的コミュニケーションの改善に焦点をあてたものが多い。T. R. シュルツほか（Schultz et al., 2011）のレビューでは，30件の研究のほぼ半分が，I. P. オーノほか（Oono et al., 2013) のレビューにおいても 75% 以上が社会的コミュニケーションを標的としていたことが示されている。また近年では PT は，早期集中行動介入（EIBI）などの包括的な治療プログラムの中に組み込まれることも多くなってきた。

●**PT の実際**　日本における発達障害の親に対する PT の実態調査（松尾ほか，2012）によると，多くはグループ形式での連続講座として実施されており，小学生以下の発達障害のある子どもの親を対象としていることが示されている。プログラム内容は，「ほめ方」やトークンエコノミーなどの強化に関する事項，「環境調整」や「視覚支援」などの先行条件の整備に関する事項，問題行動への対応に関する事項などがあげられた。グループ形式の場合，その多くは１回のセッションは１〜２時間で，期間としては３か月から半年にかけて行われることが多く，講義に加えて，グループ討議やモデリング，ロールプレイなどが参加者の実態に合わせて適時実施され，ホームワークが出されることが多い。

　井上ほか（2008）のプログラムは，知的障害，ASD，その他の発達障害など幅広い障害のある幼児から学齢児までの子どもをもつ親を幅広く対象にしている。特に子どもとの関わり方の学習だけでなく，家庭での課題を発見し，実際にスタッフと指導プログラムを立てて実践することを特徴としている。参加人数は 10 名程度で 8〜9 回の隔週の連続講座で構成され，１回のセッションは２時間で講義とグループ演習からなる。１グループに対して指導者１名と補助スタッフ数名で運営し，補助スタッフには先輩保護者であるペアレント・メンターが入る場合もある。ワークブックに基づいて「ほめ上手」（強化方法），「整え上手」（視覚化と構造化），「伝え上手」（指示の出し方），「観察上手」（行動の見方と問題行動への対応），「教え上手」（課題分析と家庭での指導方法）などが実施される。

●**課題**　現在，厚生労働省は PT を発達障害の家族支援施策の柱の一つとして位置づけているが，支援者養成など普及にはいくつかの課題が存在する。また PT の効果の長期の維持は，実施の先にある重要な課題の一つである。M. R. ダッドほか（Dadds et al., 1987）は，PT の 6 か月後のフォローアップ時において，夫婦不和群でかつ夫婦セッションの追加がなかった群においてプログラムの効果の維持が見られなかったことを報告している。PT 実施後のフォローアップ体制については，実施機関のみで担っていくことは困難と考えられることから，今後親の適切な養育行動を強化する環境条件について，さらに研究していく必要がある。　　　［井上雅彦］

さらに詳しく知るための文献
[1] 井上雅彦 2012 自閉症スペクトラム（ASD）へのペアレントトレーニング（PT）発達障害医学の進歩 24 診断と治療社．pp.30-36.
[2] 岩坂英巳 2012 困っている子をほめて育てる ペアレント・トレーニングガイドブック じほう．
[3] ウィッタム，C. 上林靖子訳 2002 読んで学べる ADHD のペアレントトレーニング―むずかしい子にやさしい子育て 明石書店．

ピアサポート

☞ 教育分野における予防 p.448, ペアレントトレーニングと保護者支援 p.470, 早期療育 p.486, 発達障害者の兄弟姉妹支援 p.496

　ピアサポート（peer support）は，年齢や能力，立場などが同等な者による自発的で相互的な支援を意味し，「仲間支援」や「同輩支援」と訳される。「仲間たちがお互いを慰めたり，なだめたり，友情を与えあったりする能力を，疎遠になった個々人の和解や葛藤の調停といった仕事に活かしていこうとする系統だった動き」（コウイー＆シャープ，1996）や，「仲間による対人関係を利用した支援活動の総称」（西山・山本，2002）と定義される。また「同じ課題や環境を体験する人がその体験からくる感情を共有することで専門職による支援では得難い安心感や自己肯定感を得られること」といった，ソーシャルサポート（social support）の下位概念ととらえる考え方もある。同義語あるいは類似・下位概念として，自助／セルフヘルプ（self help），ピアヘルピング（peer helping），ピアカウンセリング（peer counseling），ピアチュータリング（peer tutoring）などがある。ピアサポートは，イギリスやカナダ，アメリカなどにおいて，教育・福祉・心理・保健などの領域で，障害のある人のセルフヘルプグループによる活動や，学生同士の支援など，専門家によらない援助のメリットを活かしながら発展してきた。日本でも1960年代から障害のある人のセルフヘルプグループや親の会などによる活動が展開された。

●**障害児・者支援におけるピアサポート**　仲間関係（peer relation）は，「年齢が近く興味・関心をともにする者との関係」（堀野ほか，2000）と定義される。子どもの仲間関係の支援方法の一つとして，仲間媒介法（peer-mediated intervention）がある。仲間媒介法は，仲間との交流を通して，障害児の社会的な相互作用の機会を増やすことを目的としており，インクルーシブ（inclusive）な環境において最も効果を発揮すると考えられている。仲間に社会的スキル（social skills）を使用させ障害児との社会的交流を促す方法（Odom & Watts, 1991）や，環境調整により障害児の社会的スキルの獲得を支援する方法などがある。これらの方法は，障害児の社会的スキルの獲得と般化（generalization）に有効だと考えられている（Roeyers, 1996）。

●**障害児のきょうだいへの支援におけるピアサポート**　障害児（以下，「同胞」）の兄弟姉妹（以下，「きょうだい」）は，「特有の経験」をもつと考えられている（Lobato, 1990）。ほかのきょうだいでは得がたい肯定的な経験として，我慢強さや寛容な態度，同胞への配慮，家族への誇り，職業選択などがあげられる。一方，羞恥心や嫉妬，罪悪感，負担感，重圧，将来の不安など「特有の悩み」や，時には心理的な課題を抱えることもある。きょうだいの「特有な経験」に影響を

与える要因として，きょうだいの属性や親の同胞への態度・受容，周囲の理解や支援などがあげられる。例えば，ASDなど発達障害児のきょうだいは，障害理解や問題への対処スキル，親や仲間による同胞への反応が良好な場合，同胞との関係性を肯定的に捉える傾向がある（McHale et al., 1986）。

　きょうだいへの支援について，米国では1960年代から家族以外からの支援の有効性が指摘されており，公的機関などによる支援活動が実施されている。D. J. メイヤーとP. F. バダシー（Meyer & Vadasy, 2008）は，心理的支援プログラムの開発を通して，きょうだいが参加できる活動やピアサポートの場を提供している。日本では1980年代以降，障害のある子どもの親の会やきょうだい会などのセルフヘルプグループによる支援が行われてきた。井上ほか（2014）は，メイヤーらのプログラムを参考に，発達障害児などのきょうだいを対象とした予防的・集団的な介入プログラムを実施した。プログラムでは，「先輩きょうだい」がファシリテータとして重要な役割を果たした。その結果，きょうだいの障害児に対する意識や態度に改善がみられ，また両親の不安が軽減されたことを報告している。

●**障害児の親・養育者への支援におけるピアサポート**　障害児を育てた経験をもとに，ほかの親の悩みを聞き情報提供を行うなどの支援に従事する親は，サポーティング・ペアレント（supporting parent）やペアレント・メンター（parent mentor）と呼ばれている。障害児の親・家族による支え合いは「親から親へ」（parent to parent）などと呼ばれ，1980年代に北米で発展した。P. A. ソイツ（Thoits, 1986）は，親・家族による支え合いの重要な要素として「類似性」をあげ，「自分と同じ状況にあるほかの親が悩みや気持ちを理解してくれると感じるとき，ほかの親からの助言が信頼性，確実性をもって伝わり，より困難な状況に対処しようとする気力が生まれる」と，その有効性を指摘している。ペアレント・メンターによる相談においては，親・家族同士だからこそ得られる親近感や信頼感が，相談者の心理的な抵抗感を小さくすると考えられる。この「共感」は，専門家による相談支援では得ることが難しい効果の一つである。アメリカでは，ペアレント・メンターによる支援プログラムに参加した親のエンパワーメント（empowerment）や効力感（efficacy）などの向上を示唆する研究成果が報告されている（Singer et al., 1999）。日本でも親の会を中心に障害のある子どもの親同士の支え合いが行われてきたが，2010年以降，厚生労働省の発達障害支援事業の一環として，各地でペアレント・メンターの活動や養成研修が実施されるようになった。

［竹澤大史］

📖 **さらに詳しく知るための文献**

[1] コウイー, H. & シャープ, S.編　高橋通子訳　1996　学校でのピア・カウンセリング　川島書店．

特別支援教育における多職種連携

☞ 教育分野における認知行動療法の適用 p.394, 通常学級でのコンサルテーションとクラスマネジメント p.440, 特別支援教育のSST p.460, 教員(支援者)への支援 p.468, 合理的配慮 p.706

　2007年に特殊教育から発展的に転換された特別支援教育の対象は，従来からの対象であるとされてきた，盲・ろう・養護学校，障害児学級の児童生徒に加え，自閉スペクトラム症，注意欠如・多動症，限局性学習症など，発達障害者支援法で規定される発達障害のある児童生徒も支援の対象となっている。そのような中，小中学校に関しては，障害のある児童生徒に対して特別支援学級での指導や，障害の状態などに留意しながら通常学級での指導，あるいは通常学級に在籍しながら個別の指導を受ける通級による指導（通級指導）が行われてきた。しかしながら，学校生活全般を1人の教員が担う小学校に比べて，中学校や高等学校では教科担任制を取り，支援体制づくりにおいても，困難な面がある。その一方で，2016年に「障害を理由とする差別の解消の推進に関する法律」（障害者差別解消法）が施行され，公立学校は学校教育において合理的配慮を行うことが義務となった。さらに2018年からは，高等学校における通級による指導が実施され，特別支援教育の推進が加速している。通級指導の内容は，障害のある生徒が自立と社会参加を目指し，障害による学習または生活上の困難を主体的に改善，克服するための指導とし，特別支援学校自立活動に相当するものと，文部科学省が定めている。現行の特別支援学校学習指導要領（文部科学省，2013）によると，自立活動の目標は，「個々の生徒が自立を目指し，障害による学習上又は生活上の困難を主体的に改善・克服するために必要な知識，技能，態度及び習慣を養い，もって心身の調和的発達の基盤を培う」ことである。このような視点に基づいても，特別支援教育における認知行動療法の担う役割は大きく，特に行動に着目したアセスメントに基づく状態像の理解と共有は，他職種との連携において不可欠となっている。

●**特別支援教育における認知行動療法**　特別支援教育において，社会的スキル訓練や，感情のコントロールに焦点をあてたアプローチなどで構成されている認知行動療法の導入が積極的に進められている。例えば，公立学校の特別支援学級の児童を対象とした個別の社会的スキル訓練と，同学年の交流学級の児童集団を対象とした社会的スキル訓練を組み合わせて実施することで，児童間の相互作用が増加し，特に特別支援学級の児童の適応行動が観察の生起頻度が高まるという成果が報告されている（小関ほか，2016）を示している。また，特に教育領域において，行動コンサルテーションを用いた支援が行われることが増えている。行動コンサルテーションは，主として行動分析学に基づいた方法を用いたコンサルテーションの総称であり，問題の同定，問題の分析，介入の実施，介入の評価と

いう四つの手続きを経て行われる（加藤・大石，2004）。例えば道城（2012）は，小学校の通常学級において担任教員をコンサルティとし，特別な支援を必要とする児童の授業離脱，授業中の立ち歩きなど，授業に関する問題行動への支援で効果をあげている。このように，特別支援教育においても，認知行動療法は有効性が実証されている。

●**特別支援教育における多職種連携**　特別支援教育が実施される中心は，教育領域であり，教員との連携が不可欠である。その中でも特に，担任，教科担任，特別支援コーディネーターは連携上のキーパーソンとなることが多い。また，特別支援教育の対象となっている児童生徒に関するケース会議が，定期的に開催され，公認心理師が同席することもある。そのメンバーは，学校内の教員に限らず，教育委員会に所属する指導主事や，心理職，スクールソーシャルワーカーなどが加わることもある。また，対象となる児童生徒の抱える問題や家族背景などによっては，児童相談所の職員や，児童養護施設，放課後等デイサービスなどの外部機関の職員も加わることもある。上記に加えて，チームとしての学校には，地域社会も含まれる。特別支援教育が十分に浸透していない場合には，地域に対する啓発的な活動も求められる。学校支援ボランティアに対する地域社会の貢献が大きいため，発達障害などに対する正しい知識や対応を周知させることも，特別支援教育における連携の一端となる。

●**連携の具体例**　公認心理師や臨床心理士は，スクールカウンセラーや巡回相談員などの立場で，特別支援教育に関わることが多い。その際，担任や特別支援コーディネーターを主とした教員からの情報の収集や，参与観察など行動観察に基づく情報の収集に加え，これまでの指導歴や保護者からの情報収集を適宜加え，アセスメントを行っていく。アセスメントにおいては，児童生徒の状況だけではなく，保護者や担任，教科担任，学年および学校のニーズを適切に聴取することが重要となる。中学校以降では，教科担任制をとるため，学年や学校全体を対象とした，集団コンサルテーションを実施することも視野に入れつつ，教員が個別の指導計画と教育支援計画を作成するための支援をすることとなる。また，ケース会議等の場では，複数の立場の者が，複数の視点で1人の児童生徒について検討する際には，検討の焦点を定める上でも，問題行動や適応行動の明確化と機能分析が必須である。加えて，他職種間で適切に共通理解がはかれるよう，用語の選択や説明に配慮を行う役割も求められる。　　　　　　　　　　　［小関俊祐］

📖 さらに詳しく知るための文献
[1] 国立特別支援教育総合研究所　2015　特別支援教育の基礎・基本　ジアース教育新社.
[2] 佐々木和義監修　2016　認知行動療法を生かした発達障害児・者への支援　就学前から就学時，就労まで　ジアース教育新社.

ADHDのサマートリートメントプログラム

☞ ソーシャルスキルトレーニング (SST) p.278

　サマートリートメントプログラム（summer treatment program：STP）は，注意・欠如多動症（attention deficit hyperactivity disorder：ADHD）児の問題行動を減らし，適応スキルを増やす行動修正療法である。応用行動分析学と社会的学習理論をベースとして報酬やトークンエコノミー，タイムアウトなどを用いた子ども自身に対する治療法である。1980年代から W. E. ペルハム（Pelham）によって開発され，全米の主要都市で実施されている治療エビデンスが確立したプログラムである。STPには，①治療，②研究，③教育の三つの機能がある。参加した子どもたちにエビデンスに基づく効果的な治療法を提供するだけでなく，行動療法，薬物療法，両者の併用療法の効果検証など米国国立精神衛生研究所（NIMH）主催のMTA研究（Multimodal Treatment of ADHD Study）などADHDの理解に貢献する莫大な研究が行われてきた（Pelham WE et al., 2010）。STPは，36以上の臨床研究および二つのシステマティックレビューにおいて治療エビデンスが確立したプログラムであり，ADHD児の代表的治療法である。

● **STPの目的と概要**　STPの目標は，問題解決スキルやソーシャルスキルを育てること，学習スキルを改善すること，指示に従う，課題を遂行できる，大人の要求に応じるなどの能力を育てること，日常生活で必要な能力を伸ばすことでセルフエスティームを高めること，子どものポジティブな変化を維持・強化するための方法を保護者に教えること，行動療法や薬物療法の効果をSTPで評価することである。子どもたちは夏休み中の6〜9週間，デイキャンプ形式で学校に通う。医師，心理士，看護師，教師スタッフの指導のもと，研修を受けた大学生カウンセラーが子どもたちを直接指導する。子どもたちは，同年齢の子ども12〜15名のグループの中で，毎日9時間を学習センターやレクリエーション活動で過ごし，グループとして行動することや友達づくり，大人との適切な関わり方を学ぶ。3時間を学習センターで教師と過ごし，行動修正プログラムは終日行われる。

　学習センターでの活動は，①個別学習（算数，国語などのプリント課題），②友達と教え合うピアチュータリング，③パソコンを用いた個別学習の三つに分かれており，それぞれ後述するポイントシステムで行動や学習が評価される。そのほかの時間は，ソーシャルスキルトレーニング（SST），スポーツスキルトレーニング，スポーツの練習・試合，水泳など行う。STPで用いられる主な手法として，ポイントシステム，デイリーレポートカード，タイムアウトがある。米国STPでは，保護者もクラス別に週1回ペアレントトレーニングにSTPスタート

数か月前から参加し，STP期間中も継続する（山下2005，山下・向笠，2010）．

ポイントシステム　子どもが適切な行動をとると報酬としてポイントがもらえ，不適切な行動をとるとポイントを失う．子どもが獲得したポイントによって，金曜日のお楽しみ会への参加権やさまざまな特権が与えられる．すべての活動には，「活動の決まり」があり，活動の終わりの「ポイントチェック」の時間に各自の獲得したポイントをアナウンスする．正の強化子としては，上記のポイントだけでなく，各自のSTPでの到達目標を記載したデイリーレポートカードの目標達成度に応じて保護者が家庭で毎日与えるごほうび，金曜日のお楽しみ遠足，スタッフや保護者からの褒め言葉，みんなの前での表彰など社会的強化子も用いる．

デイリーレポートカード（daily report card：DRC）　STPでは，ADHDに特徴的かつ最も困っている標的行動と，目標到達基準（通常80％）が最初に決められる．標的行動は，教室とレクレーション活動の両方から通常3個選ばれる．よく取り上げられる標的行動は，友達をからかう，活動ルールを破る，言葉による悪口，不満・不平を言うなどである．DRCは保護者にSTPの治療効果について毎日フィードバックするもので，家庭とSTPスタッフ間の優れたコミュニケーション手段になる．DRCは子どもの行動改善に役立つ有用な方法であり，学校でも使える簡単な方法である．

タイムアウト　他人への攻撃，物を壊す，繰り返し先生の言ったとおりにしない場合は，ポイントの減点とともに，タイムアウトが課せられる．タイムアウトの時間は年齢によって10〜30分であるが，素直にタイムアウトに従えば半分の時間に短縮される．

　福岡県久留米市では，2005年から毎年STPを実践してきた．日本の実情に合わせて2週間のくるめSTPを確立し，すでに315名が参加した．子どもの行動改善だけでなく，スタッフや学生の臨床研修・教育，研究にも多大な貢献をしてきた．STPは，地域での医療，心理，教育の多職種協働・連携システムの新しいモデルになっている．

［山下裕史朗］

さらに詳しく知るための文献

[1] Pelham, W. E. et al. 2010 Summer treatment programs for attention deficit/hyperactivity disorder. In Kazdin, A. E. & Weisz, J. R. (eds.) *Evidence-Based Psychotherapies for Children and Adolescents*, The Guilford Press, pp.277-292.

[2] 山下裕史朗　2005　ニューヨーク州立大バッファロー校におけるADHDの子どもと家族に対する包括的治療　日本小児科学会雑誌　109, 1301-1307.

[3] 山下裕史朗・向笠章子編著　2010　くるめSTP実行委員会書籍出版部：夏休みで変わるADHDをもつこどものための支援プログラム—くるめサマートリートメントプログラムの実際　遠見書房．

ASDとADHDへの認知行動療法

☞ 摂食障害 p.124, 注意欠如・多動症（注意欠如・多動性障害, ADHD）146, 応用行動分析（ABA）p.254

　ASD（自閉スペクトラム症：autism spectrum disorder）とADHD（注意欠如・多動症：attention-deficit/hyperactivity disorder）は，それぞれ神経発達症（neurodevelopmental disorders：NDD）の一つである。ASDは主に「社会的コミュニケーションおよび対人的相互反応の持続的な欠陥」と「行動，興味，活動の限局された反復的な様式」の二つを主症状とする。一方でADHDは，多動性，不注意，衝動性などの行動面における症状を特徴とし，明らかな身体異常所見を示さないため，行動の特徴から同定される。これらの症状は個人差が大きく，さらには性別や年齢や環境によって大きく臨床像が左右されるが，ASDもADHDも，これらの特徴によって，社会的，認知的，学業面，家庭内，情緒的な発達や適応の側面でさまざまな問題を生じる場合に診断がなされる。

●**ASDとADHDの併存率と特性の差異**　ASDとADHDは，これまでの国内外の研究において，14～78％もの合併率があることが指摘されている（Holtmann et al., 2007；Yoshida & Uchiyama, 2004）。なお，ASDの診断において最も併存疾患としてあげられるのがADHDである（Gargaro et al., 2008）。ASDとADHDの中核症状を比較すると，社会的コミュニケーションやこだわり，感覚の過敏性などはASDに特異的な症状であるが，易刺激性，感情調節の難しさ，注意の散漫さなどの認知機能の問題に加え，実行機能障害，処理速度の遅さなどの行動上の問題においてはいくつもの共通点があることが指摘される。具体的には，ASDもADHDも，日常生活において無計画な行動をする，物事の優先順位をつけられなく，物事が進められない，いきあたりばったりな行動になってしまう，効率よく仕事ができない，指示されないと行動が開始できないなどの症状がみられることがある。それゆえ，ASDとADHDは診断分類上ではっきりと鑑別することは難しいことから，実際の臨床上の診断ではあまり区別せず，「発達障害」としてとらえることも多い。

●**ASDとADHDの支援**　ASDとADHDの支援には，子どもの場合，応用行動分析学（applied behavior analysis：ABA）に基づく療育を行うことが多い。ABAは，人間の行動を個人と環境の相互作用の枠組みの中で分析し，実社会の諸問題の解決に応用していく理論と実践の体系である。ABAを利用した療育は，ASDとADHD児者に対して直接アプローチする方法のほか，親を通して行う方法がある。エビデンスのあるABAに基づくアプローチとしては，アーリースタートデンバーモデル（early start denver model：ESDM）がある。ESDMは，2歳前に開始でき5歳までの介入指導プログラムとしてエビデンスが証明された

ABAを基本とする介入指導プログラムである。このように，ABAに基づくプログラムは幼少期のASDとADHD児に多くみられ，基本的にはASDとADHD児・者の行動を定型発達に近づけるというアプローチである。いっぽう思春期以降にかけては，自己や周囲がASDとADHDの発達特性を理解し，できるところは伸ばしできないところは補完するというトップダウン型のアプローチに変容していくことが多く，これらのアプローチは対立構造となっている。前者は個人のスキルを伸ばす支援，後者は環境を調節するという支援となる。また，ADHDの場合は，薬物治療が有効であることが示されている。

● **ASDとADHD児・者への支援としての認知行動療法** ASDとADHD児・者のライフスキル・ソーシャルスキルを伸ばす支援としての認知行動療法（CBT）がある。CBTは，ASDとADHDの個人のスキルを伸ばす支援の一つとして使われる代表的な心理療法である。ASDとADHDのCBTの実践報告は国内外で散見されるが，ASDまたはADHDの認知行動療法における治療ターゲットはそれぞれ異なる。ASDに対する認知行動療法の場合，ASDの中核症状に対する対処方略の増強を目指すというよりは，ASDに併存する単一の不安症，社交不安症，強迫症などの不安のコントロールの獲得をターゲットとする臨床研究が多数存在する（Reaven et al., 2012）。このような不安症を合併するASDのCBTにおいてよく使用される技法としては，曝露法，曝露反応妨害法など，行動的な技法が多く使われる。ASDとADHD児・者にCBTを使用する場合，多くは，通常のCBTの手続きに加え，ASDとADHD児・者が取り組みやすいよう，視覚的に構造化したテキストを用いることや，CBTの回数やアジェンダを明確に設定し，治療の見通しをはっきりさせるなど，CBTとしての取組みが，ASDとADHDの特性に対する工夫をしているものがほとんどである。ADHDのCBTは，ADHDの中核症状である実行機能障害や衝動性，不注意に対してのセルフコントロールをターゲットとして施行される場合が多くみられる（Safren et al., 2010）。一方，ASDの中核症状を扱うCBTはまだ数は少ないが，コミュニケーションスキルを向上させるためのプログラムやASDの特性理解を深めるのプログラムなどが国内外で実践されている。

このようなASDとADHD児・者の個人のスキルや対処方略を増強し，社会適応を上げるCBTは重要な取組みと言える。CBTを行う大前提として，個人のASDとADHD児・者の特性に対する正確な心理アセスメントと，その特性に見合った合理的配慮や環境調整がなされている，もしくはCBTと同時にそれらがセッティングされるべきである。　　　　　　　　　　　　　　　　　[大島郁葉]

📖 さらに詳しく知るための文献
[1] 本田秀夫 2017 自閉症スペクトラム症の理解と支援 星和書店.

発達障害のある人へのマインドフルネス認知行動療法

☞ アクセプタンス＆コミットメント・セラピー（ACT）p.296，マインドフルネスに基づく認知行動療法」p.302

　発達障害のある人へのマインドフルネス認知行動療法（mindfulness-based cognitive behavioral therapy）の取り組みは，発達障害の種類・症状やターゲットとするアウトカム，介入方法が多岐にわたるという特徴がある。現在，発達障害のある人へのマインドフルネスを取り入れた心理療法の効果については，定量的統計がなされていないものの，システマティック・レビューが複数件報告されている（Cachia et al., 2016；Hwang & Kearney, 2013；Hourston & Atchley, 2017；Lee et al., 2017）。

　それらのレビューで対象とされている発達障害の種類としては，限局性学習症（specific learning disorder），知的能力障害（intellectual disabilities），自閉スペクトラム症（autism spectrum disorder：ASD），注意欠如・多動症（attention-deficit/hyperactivity disorder：ADHD）があり，児童期，青年期，成人期という発達時期の特徴に合わせた介入も存在する。また，アウトカムとしては，問題行動（例：攻撃行動），心理的ストレス（例：不安，抑うつ，反すう），症状の程度（例：ADHD 症状）の改善や，生活の質（quality of life），ウェルビーイングの向上を狙いとしたものが存在する。また，当事者の自己評価だけでなく，当事者の問題行動に対する保護者や観察者による評価を用いたり，保護者自身のストレスの程度をアウトカムとしている研究も存在する。

　介入方法としては，マインドフルネス・トレーニングを主としたもののほかに，マインドフルネスストレス低減法（mindfulness based stress reduction：MBSR），マインドフルネス認知療法（mindfulness based cognitive therapy：MBCT），アクセプタンス＆コミットメント・セラピー（acceptance and commitment therapy：ACT）などが代表的なものである。

●**発達障害のある人へのマインドフルネス認知行動療法のエビデンス**　この領域における介入は，準実験研究や多層ベースライン法を用いた研究が多く存在し，メタ分析などの定量的統計の取り組みは整っていない現状にある。このような中で，現在，ASD や ADHD のある人を対象とした取り組みについては，ランダム化比較実験（randomized control trial）がいくつか報告されている。例えば，ASD のある人を対象とした研究では，抑うつや不安，ポジティブ感情，反すうの改善が報告されている（Spek et al, 2013）。また，ADHD のある人を対象とした研究では，ADHD 症状の改善が報告されている（Lee et al., 2017）。

●**発達障害のある人へのマインドフルネス認知行動療法の実際と工夫**　発達障害のある人には，特徴的な情報処理の仕方があるため，マインドフルネス認知行動

療法を行う際には，それらの特性に合わせた工夫が必要とされる。特に ASD のある人を対象とした場合には，グループ形式で行う際には少人数の構成にしたり，個別形式によるセッションを加える，曖昧で想像力を必要とする言語表現やメタファーをできるだけ使わず，代わりに視覚教材（写真，図など）を活用する，認知的要素（認知再構成法など）の介入を省略する，各セッションで要点となる事柄を提示する，などの工夫が検討されている。また，マインドフルネス・トレーニングを導入する際の工夫としては，1回のトレーニング時間やセッション数を調節する，障害特性（感覚過敏など）に焦点をあてたマインドフルネス・エクササイズを追加する，ホーム・ワークを定着させるための方法を検討する，などの工夫がなされている（Pahnke et al., 2014；Spek et al., 2013）。

この他，知的能力障害のある人を対象とした介入では，N. N. シング（Singh）らによって，中性的な身体感覚（足裏の感覚）をよりどころとしたエクササイズ（Meditation on the soles of the feet：SoF）の取り組みが多数報告されている。このエクササイズでは，対象者に自然に呼吸することから始めてもらい，次に不快感（主に怒りが対象とされることが多い）を引き起こす出来事を思い出してもらう。その際に，自らの注意を中性的な身体部位に向けることによって，そうした不快感の身体的なサインに気づき，その不快感に対応することを促す，というのが一般的な練習方法である（Hwang & Kearney, 2013）。

●**大人に対するマインドフルネストレーニング**　発達障害を抱える子ども本人だけでなく，その親も困難を抱えるほか，親子関係が症状を悪化させることも懸念される。そこで，子どものトレーニングと並行して親もマインドフルネスの訓練を行い，最後に一緒に瞑想を行うことで関係を深めるプログラムが開発されている（Bögel & Restifo, 2014）。また，当事者の親がトレーナーとなったり（Cachia et al., 3016），担任教師が慣れた教室で指導を行う取り組み（Hwang & Kearney, 2013）も行われている。このほか，大人の ADHD のためのマインドフルネストレーニングプログラムも開発されている（Zylowska et al., 2008）。

［酒井美枝］

さらに詳しく知るための文献

[1] Cachia, R. L. et al. 2016 Mindfulness in individuals with autism spectrum disorder: a systematic review and narrative analysis. *Review Journal of Autism and Developmental Disorders*, 3, 165-178.

[2] Hwang, Y. S. & Kearney, P. 2013 A systematic review of mindfulness intervention for individuals with developmental disabilities: long-term practice and long lasting effects. *Research in Developmental Disabilities*, 34, 314-326.

[3] Lee, C. S. et al. 2017 The effectiveness of mindfulness-based intervention in attention on individuals with ADHD: A systematic review. *Hong Kong Journal of Occupational Therapy*, 30, 33-41.

高等教育機関における
発達障害学生への認知行動療法

☞ 発達障害の認知行動療法の基盤となる研究 p.98, 自閉スペクトラム症の認知行動療法 p.354, 大学等学生相談における認知行動療法の適用 p.402, 特別支援教育のSST p.460, 合理的配慮 p.706

　日本の高等教育機関を対象とした障害のある学生に関する調査によれば（日本学生支援機構，2019），2018年度の日本の高等教育機関における障害のある学生は全学生の1%を超え，高等教育機関で学ぶ障害学生は年々増加している。2016年4月に施行された「障害を理由とする差別の解消の推進に関する法律」（「障害者差別解消法」）では，差別的取り扱いの禁止や合理的配慮の提供が義務化され，高等教育機関における障害学生支援体制の整備が進められてきている。

　上述の調査によると，発達障害の学生，あるいは発達障害の診断書はないが，学校が何らかの支援を提供している学生が在籍する学校は，全学校の6割を超える。支援内容としては，授業に関わる支援では「配慮依頼文書の配布」「学習指導」「履修支援」の実施率が高く，授業以外の支援では，「専門家によるカウンセリング」「対人関係配慮」「自己管理指導」の実施率が高い。発達障害学生への支援は，障害のある学生のための支援（合理的配慮）と，障害の有無にかかわらず，誰もが利用できる学生サービスとしての支援がある。これらの発達障害学生に提供されている支援においては，認知行動療法（CBT）に基づくアプローチも用いられている。

●**発達障害学生を支えるCBTに基づく支援**　入学後，発達障害のある学生は，初等・中等教育までとは異なる高等教育機関の自由度の高さ・構造化の度合いの低さ（例えば，授業ごとに教室・教員・受講生・授業形態が異なる，自分自身で履修計画を立てるなど）に，まず戸惑うことが多い。さらには，大学生活を送る上では，スタディスキル，自己管理スキル，対人関係スキルといったさまざまなスキルが求められるが，発達障害学生の場合，その障害特性のために，それらのスキルの獲得が困難な場合がある。したがって，大学生活で必要となるスキルや自立に向けたスキルの獲得が発達障害学生の支援において必要となる。このような具体的なスキルの習得をねらいとしたアプローチとしては，ソーシャルスキルトレーニング（SST）があげられる。発達障害学生を対象としたSSTとして，参加学生のニーズに基づき標的スキルを選定し，集団での1セッションによるプログラム（中島ほか，2015），大学生活への適応に加え，一般社会や就労で求められるライフスキルを重視したトレーニングのSTARTプログラム（工藤・小笠原，2016）があげられる。しかしながら，SSTにおいては，発達障害の特性ゆえに，獲得したスキルの般化の問題が指摘されている（中島ほか，2015）。

　スキルトレーニングは集団で実施されることが多いが，個別のアプローチでは，CBTに基づくコーチングがあげられる。ADHDの大学生を対象とした，実行機

能の改善に焦点をあてた，CBTと心理教育を組み合わせた週1回，8週間の個別セッションによるADHDコーチングにより，学習方略や自尊感情の向上，心理的苦痛が改善した（Prevatt & Yelland, 2015）。このADHDコーチングでは，初回セッションにADHDの特性についての心理教育や目標設定，2回目以降の各セッションでは毎週の目標設定とその達成に向けた次回までのホームワークの設定，予想される課題とその問題解決の検討などの構造化されたプログラムであった。

　発達障害学生への支援として，障害特性に応じた支援に加え，二次的に生じるメンタルヘルスなどの問題への支援も求められる。社会性とコミュニケーション，想像力の障害といったASDの特性のために，人間関係につまずいたり，学業場面での教員からのあいまいな指示に混乱し，学業成績が振るわず，そのことで不安や抑うつ症状を呈することがある。うつや不安はASDに併発しやすい二次障害であり，事実，ASDの学生が，ASDの特性が弱い学生と比べてと抑うつや不安といった症状が強いことが報告されている（White et al., 2011）。発達障害学生が抱えるメンタルヘルスの問題に対して，うつや不安に対するエビデンスが確立しているCBTが適用される。CBTの特徴でもある構造化，視覚的なツールの活用は，発達障害のある学生に有効である。

●意思決定・意思表明を支えるCBT　合理的配慮の提供は，原則として「本人からの意思表明」が前提となる。しかし，発達障害の学生にとって，その意思表明が困難な場合があり，自分自身が困っている状況に気づいたり，他者に相談したり，ニーズを伝えることが苦手であることも少なくない。したがって発達障害学生の支援では，援助要請や合理的配慮に関わる意思決定・意思表明の一連のプロセスを支援してくことも重要となる。学生生活上の具体的な困りごとを手がかりに，それがどんな出来事で，どのような状況で生じたのか，そのときの自分自身の認知・感情・行動はどうであったのか，どのような対処行動をとったのか，その結果，どうなったのか，といったCBTに基づくアセスメントを，支援者が学生とともに取り組みながら，合理的配慮に関わる意思決定・意志表明を支援していく。このプロセスを通して，学生自身が障害特性を含めた自己理解を深め，他者に自分のことを説明し，必要な支援を求めるという，自立に向けて必要なセルフアドボカシーを身につけていく。合理的配慮に関わる意思決定・意思表明へのCBTを用いた支援の実践・研究は少なく，前述のCBTに基づくコーチングや援助要請スキルのトレーニングの効果検証は課題といえる。　　　　［木村真人］

◻ さらに詳しく知るための文献
[1] 小貫 悟・村山光子監修 2013 明星大学版 社会移行支援プログラム 領域別ライフスキルトレーニングの事例 中島映像教材出版．
[2] 高橋知音 2012 発達障害のある大学生のキャンパスライフサポートブック 大学・本人・家族にできること 学研教育出版．

発達障害支援と特別支援教育分野の認知行動療法
―行動を記録する行動の制御

　機能分析（functional analysis）に基づくアプローチは，アメリカの普通学校においてはPBS（positive behavioral support）という形で個別障害者教育法（individuals disabilities education Act : IDEA）にも明記され，学校区や学校全体の介入システムとして広く取り組まれるようになった。またその動きはカナダやオーストラリア，ヨーロッパなど世界に拡大してきている。しかしながら日本においては機能分析に基づくアプローチやPBSを推進している自治体や学校は少なく，特別支援学校においてもそのような取組みは少ないのが現状である。

　機能分析をベースとしたアプローチを日本の学校制度に適合した形で実装していくためには，教師教育，評価システム，加配配置，巡回相談によるスーパーバイズシステムなどさまざまなシステムの整備が必要になるが，導入を促進するためのさまざまなツール開発は普及の重要な要素となると考えられる。機能分析によるアプローチに限らず，学校や施設といった組織もしくは家庭に行動的アプローチを導入する場合の最初の壁は，治療の指標となる行動記録である。教師や親に記録用紙を渡しても継続的な記録が困難であったという事例は少なくないであろう。

　このような問題を解決する手段の一つがテクノロジーの導入である。我々の研究グループは，日常場面において非専門家が行う行動記録を援助するアプリケーションとして「Observations」を開発した（図1）。このアプリケーションは，Android（アンドロイド機器用）とiOS（iPhone，iPad用）の二つのOS版があり，各OSの配布サイトから無料でダウンロードし，スマートフォンやタブレットなどのデバイスで利用可能である。記録者は観察時間や標的行動などを設定し，行動の出現に合わせてカテゴリーをタップすることで記録される。入力された行動観察データは即時にグラフ化して表示させることが可能である。データは各デバイス内に格納蓄積され，必要に応じてcsv形式でメール送信可能なため，パソコンなどでのデータの編集加工が可能となっている。まだ改良点も多く，今後のバージョンアップも必要となるが，行動を記録する行動の制御に関する研究の進展は，認知行動療法を含め行動論的アプローチの普及にとって重要な鍵となると考える。　　　　　　［井上雅彦］

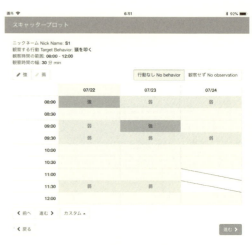

図1　Observationsのデータ入力画面

第9章
福祉分野の認知行動療法

［編集担当：大野裕史・境　泉洋］

　福祉分野における認知行動療法の活用は，医療・保健，教育に次ぐ，主要な活用分野であると考えられる。しかし，医療・保健，教育，司法と比較して，福祉分野におけるエビデンスに基づく活用が立ち後れている感は否めない。本章では，そうした中でも国内の福祉領域で認知行動療法が活用されているテーマを取り上げている。このリード文では，本章で取り上げたテーマについて，生涯発達の観点と地域援助の観点から整理することで本章の概要を示したい。

　生涯発達の観点からは，幼少期から老年期までを取り上げている。幼少期に関しては，早期療育について温泉美雪氏が執筆されている。また，米山直樹氏が子どものデイサービスにおける支援，大澤香織氏が虐待について執筆されている。さらに，社会的養護について岡島純子氏が執筆されている。成人期に関しては，高年齢化したひきこもりについて境　泉洋氏，成人のADHDについて金澤潤一郎氏が執筆されている。成人期における重要な課題となる就労に関して，池田浩之氏が発達障害者の就労支援，千田若菜氏が職業リハビリテーションについて執筆されている。今後，大きな活用領域となることが期待される老年期に関しては，宮　裕昭氏が高齢者の支援，認知症における認知行動療法の活用について執筆されている。また，介護者のサポートについて山田幸恵氏が執筆されている。

　本章においては，生涯発達を網羅したテーマに関して，認知行動療法をどのように活用するかを学ぶことができる。また，特定の障害として，渡部匡隆氏が重度知的障害者，今野義孝氏が重症心身障害について執筆されている。

　次に地域援助の観点からは，当事者の関係者への支援として，野呂文行氏が福祉領域での親支援，山本　彩氏が発達障害者の兄弟姉妹支援について執筆されている。また，地域における支援のあり方として，野呂文行氏が福祉領域における職員支援，伊藤絵美氏が当事者研究，山本　彩氏が地域生活支援，岡本利子氏が訪問支援について執筆されている。

　これらの多彩な項目は，すでに認知行動療法がある程度実践され始めているテーマであるが，今後，福祉領域の関連施設において認知行動療法がどのように応用可能かについて，大野裕史氏がコラムを執筆されている。

　本章を通して，福祉領域における認知行動療法の活用の実際と展望について，生涯発達，地域援助といった時間と空間の軸から網羅的に学ぶことができると考えられる。［境　泉洋］

早期療育

☞ 自閉スペクトラム症（自閉症スペクトラム障害，ASD）p.144，知的能力障害 p.148，オペラント法 p.252，自閉スペクトラム症の認知行動療法 p.354，自閉症への早期療育 p.452

　療育とは「医療」と「教育」を合わせた造語である。宮田（2001）は「療育とは障害のある子どもとその家族を援助しようとする努力のすべてである」と述べており，療育には子どもの機能を高めるだけでなく，地域の暮らしを支えるジェネラリズムが根底にある。日本では乳幼児健康診査が行われ，発達障害の疑いのある子どもを早期発見する場として機能している。発達障害の疑いを指摘された子どもは，医師により療育の必要性が認められた場合に，児童発達支援センターなどで療育を受けることができる。療育場面で親は子どもが集団活動に参加しない場面などに直面するため，親が子どものできていることや伸びしろを感じとれるようにし，療育が負担にならないよう配慮する。本項では，1歳6か月児健康診査の後にリファーされた中重度の知的能力障害あるいは自閉スペクトラム症（autism spectrum disorder：ASD）の子どもに対する早期療育について言及する。

●**遊びを形成するための支援**　認知機能が感覚運動段階にある子どもには，遊びを通し外界の認識を促す。ペットボトルに水とビーズが入っていて揺らすとビーズが光り移動する手製玩具や，ボタンを押すと人形などが音とともに出てくる玩具は，手で物を操作することにより視覚や聴覚の感覚を得る結果をもたらし，これが感覚遊びとなり，自分の行動とその結果の関係を見出す好機となる。複数の斜傾レールに玉が転がる様子を見る玩具は，玉がレールをつたい落ちることが好まれ，繰り返される。子どもは注意を持続しにくいため，ブースをつくり，固定して遊べる玩具は机に固定させて探索操作の頻度と時間を増やし，遊びを成立させ維持しやすくする。遊びの形成は目的的な行動をとることや，行動問題を予防する働きをもつ。

●**こだわり行動への対応**　ASD児はイマジネーションが制限されているため，他者からの働きかけはその意図がくめずに回避する傾向がある。これに対し，水や回転するなど物への過剰な接近——いわゆるこだわり行動が生起しやすい。本田（2015）は，こだわり行動は止めさせようとする程維持されることを指摘している。親には，こだわり行動は規則的な行動を求める原動力であり，規則正しい生活や身辺自立を獲得する基盤になることを伝え，その保障の仕方を模索する。こだわり行動はその行動の始まり方と終わり方，そして次の行動に移行する手続きを学習させることにより，日常生活に支障のない範囲にとどめることができる。例えば図1のように，扇風機が回転するのを見たい子どもは扇風機の描かれた絵カードと交換で扇風機を得る。そして，時間の終わりは次の予定（例えば給食）が描かれた絵カードの提示により知らされ，子どもは「おわり」の箱に

扇風機を入れる。また，複数の活動をスケジュールに示して見通しをもたせ，好みの活動が保障されていることを認識させる。

●**他者への応答性を高める支援**
療育では子どもの他者への応答性を高めるために，フリーオペラント法を集団場面に適用する。プレイルームにおいて円形の大きな布の端を数人の療育者がもち，空気で布を膨らませたりしぼめたりして，子どもが布

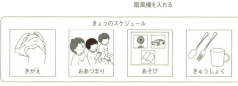

図1 こだわりを保障する構造化のアイディア

の下にもぐったり布を操作するきっかけを用意する。あるいは，トランポリンなど体勢が不安定になり子ども1人では成立しにくい遊具を配置し，子どもが療育者に両手を向けたときに子どもをトランポリンに乗せて揺らす。他児の布遊びやトランポリン遊びを傍観していた子どもが，その遊具や療育者に接近してきたときには遊具を介した活動に応じ，他者への応答性を高めていく。

●**育児支援としての療育**　療育では子どもに合った育児が家庭や地域でも行われるように支援する。療育場面では，親は療育者が行う子どもへの対応をモデリングし，効果的な対応を学ぶ。また，療育で知りえた子どもの特性や子どもに適した対応をまとめたサポートブックは，地域に子どもの理解や支援を移行させることを可能にする。さらに，障害のある子どもをもつ家庭は，家族の育児観の違いが顕在化することがあるので，必要に応じ家族間の意見調整を支援する。療育を受けながら保育園や幼稚園を併行利用している場合には園の巡回相談を行い，自立活動を増やす環境の構造化，わかりやすく伝える視覚的指示，混乱を予防する活動の予告などを検討する。中田（2017）によると，障害受容は直線的な適応過程の先にあるゴールではなく，適応過程のすべてが障害受容ないしは障害受容の過程であり，障害受容を前提あるいは課題としない支援が求められる。親が子どもはどのように物的人的環境の影響を受け行動を変化させるのかを知り，子どもの行動に見通しをもちながら対応していくことは子どもと親の適応過程であり，早期療育は障害受容の過程を支援する一端を担っている。

　　　　　　　　　　　　　　　　　　　　　　　　　　　　　　　　　　［温泉美雪］

📖 さらに詳しく知るための文献
［1］本田秀夫・柘植雅義　2016　発達障害の早期発見・早期療育・親支援（ハンディシリーズ発達障害支援・特別支援教育ナビ）金子書房．

虐 待

☞ 心的外傷後ストレス障害の認知行動療法の基盤となる研究 p.96, 心的外傷後ストレス障害 (PTSD) p.112, 適応障害, ストレス p.114, PTSD のトラウマに特化した認知行動療法 p.342, 福祉分野の関連法規 p.696

　虐待は，子どもや高齢者，障害者など，社会的弱者といわれる人々がその被害者（被虐待児・者）となりやすい。特に，近年では親などの養育者から子ども（18 歳未満の者）への虐待（児童虐待）が深刻な社会問題となっており，2017 年度の児童相談所における児童虐待相談応対件数は 13 万 3,778 件と，過去最多であったことが報告されている（厚生労働省，2018a）。このような社会的背景から，「児童虐待防止法」などの法規に則り，虐待防止や虐待発生時の措置等がとられている。また，児童虐待は配偶者暴力と合わせて発生するケースもあるため，「配偶者暴力防止法」にその内容が加えられるようにもなった。それでもなお，児童虐待の相談件数は増加の一途をたどっている。

●**虐待の種類**　虐待行為は主に，殴る蹴るなどによって身体に傷やあざなどを与える「身体的虐待」，脅迫や侮蔑などの言葉，無視，差別的扱いなどによる「心理的虐待」，被虐待者の同意を得ないままに及ぶ性的行為とその強要，性行為をわざと見せるなどの「性的虐待」，被虐待者の財産を勝手に使う，金銭の使用を制限するなどの「経済的虐待」，食事を与えない，病気になっても病院に連れて行かないなどの「ネグレクト（放棄，放任）」の五つに大別される。身体的虐待には，被虐待児・者が外部と接触することを断つこと（学校に行かせない，携帯電話などの連絡手段を没収するなど）も含まれる。配偶者暴力防止法では，子どもに意図的に DV 場面を見せることも虐待行為にあたるとしている。

●**被虐待児・者に対する心理的支援**　まずは被虐待児・者の安全を確保し，保障することが最優先となる。児童虐待防止法第 6 条では，虐待を受けたと思われる児童を発見した場合は，速やかに児童相談所などに通告することが義務づけられている。通告後，深刻な虐待ケースについては，児童相談所が一定期間子どもを保護することができ，必要に応じて，子どもを家庭から離して施設措置や里親委託を行うこともできる。しかし，一時保護されても家庭に戻れば虐待が再発してしまうケースや，近年増えている心理的虐待（厚生労働省，2018a）や性的虐待などのように一見するだけでは発見が難しく，保護までにタイムラグが発生するケースもあり，被虐待児の保護には課題が多い。

　被虐待児・者の安全が守られたとしても，虐待を受けた経験がその後心的外傷（トラウマ）となり，被虐待児・者の心理的健康や社会機能（学業や就業，対人関係等）に深刻な影響を及ぼす可能性が考えられる（例えば，心的外傷後ストレス障害（PTSD），愛着の問題など）。児童虐待の場合，虐待していない側の養育者にとっても虐待がトラウマとなり，心理的支援が必要となる場合がある。子ど

表1 TF-CBT における "PRACTICE" の各治療要素

P： Psychoeducation（心理教育）
　　Parenting skills（養育スキル）
R： Relaxation（リラクセーション）
A： Affective expression and modulation（感情の表出・調節）
C： Cognitive coping and processing（認知的対処・処理）
T： Trauma narrative（トラウマに関するナラティブ）
I： In vivo mastery of trauma reminders（現実上のリマインダーの統制）
C： Conjoint child-parent sessions（親子合同セッション）
E： Enhancing future safety and development（将来の安全感と発達の促進）

［大澤（2011）を一部改変して出典］

もを守ってあげられなかった自責感等から，子どもと良好な関係を築けず，それが子どもの発達にも悪影響を及ぼす可能性があるため，親子関係の再構築も含めた支援が重要となる。これらの観点から，被虐待児とその養育者に対する包括的な治療プログラムとして，トラウマフォーカスト認知行動療法（TF-CBT）が開発された。TF-CBT は米国児童青年精神科学会（AACAP）などの治療ガイドラインにおいて，子どものトラウマに対する治療の第一選択肢として推奨されている。PRACTICE と呼ばれる八つの治療要素で構成されており（表1），その主となる治療要素は出来事の記憶に対する「段階的エクスポージャー」である。虐待についての語り（ナラティブ）や遊びなどを通じて，その記憶に対する曝露を段階的に行い，虐待の記憶や虐待関連刺激に対するセルフエフィカシーを高めていく。ほかにも，子どもと養育者がともにトラウマに対する対処スキルを学ぶ合同セッションなどが用意されている。日本でも TF-CBT を提供する機関はあるが，その数はまだ少なく，治療者の養成が課題である。

●**虐待ハイリスク群に対する支援**　経済的困窮や疾病，望まない妊娠，育児における孤立感などにより，児童虐待のリスクを抱えた家庭（虐待ハイリスク群）に対しては，地域での子育て支援や母子保健活動，福祉サービスがその早期発見・早期介入と虐待防止に重要な役割を果たす。虐待ハイリスク群には，電話相談や家庭訪問などを通じて虐待防止に必要な支援を行うことが必要であるが，これらのサービスや支援を利用しない（しにくい）家庭も少なからず存在する。実態に即した虐待防止支援体制の検討とその効果検証が急務となる。　　　　［大澤香織］

📖 さらに詳しく知るための文献

[1] Cohen, J. A. et al. 2012 *Trauma-Focused CBT for Children and Adolescents: Treatment Applications.* Guilford Press.（亀岡智美ほか監訳 2015 子どものためのトラウマフォーカスト認知行動療法―さまざまな臨床現場における TF-CBT 実践ガイド 岩崎学術出版社）

社会的養護

☞ ペアレントトレーニング p.276, 家族に対する認知行動療法 p.446, ペアレントトレーニングと保護者支援 p.470, 福祉分野での親支援 p.492, 虐待 p.488

　社会的養護とは，保護者のない児童や，保護者に監護させることが適当でない児童を，公的責任で社会的に養育し，保護するとともに，養育に大きな困難を抱える家庭への支援を行うことをいう。児童相談所の介入を経て，保護者と過ごすことが不適切であると判断された児童は，児童福祉施設（乳児院，児童養護施設，児童心理治療施設，児童自立支援施設，母子生活支援施設，自立援助ホーム）にて施設養護を受けるか，家庭養護（里親）を受けることになる。里親には，家庭的な生活を送るための養育里親や虐待を受けていた子どもなど，きめ細やかな配慮や専門的知識が必要な専門里親，養育者の住居で複数の子どもを受け入れて一定期間養育を行うファミリーホーム（小規模住居型児童養育事業）がある。里親委託は，親権は実親にあり，里親と子どもとの戸籍上のつながりはない一方で，家庭裁判所の審判を通して戸籍上養親の子どもになる特別養子縁組という制度もある。里親に委託されている子どものうち約3割，乳児院に入所している子どものうち約4割，児童養護施設に入所している子どものうち約6割は，虐待を受けた経験を持っている。さらに，社会的養護を必要とする児童においては，知的障害，発達障害，心身障害等の障害のある児童が増加している。そのため，近年の社会的養護において，子どもの心理的なケアや障害に対する療育的な関わりといった専門性が求められている。

　社会的養護を受けている児童を養育する施設職員や里親に適用されているペアレントトレーニングプログラムを以下に紹介する。

●コモン・センス・ペアレンティング（common sense parenting：CSP）

　CSPは，アメリカのネブラスカ州オマハに本拠地をもつ全米最大の児童養護施設で開発されたプログラムである。子どもの問題行動を減らし，望ましい行動を効果的に増やすためのスキルを習得することを目標にロールプレイやモデリングから構成されている。2時間のプログラムを6回，2～3か月かけて行う。内容は，①わかりやすいコミュニケーション（具体的に伝える，行動観察と表現のスキル），②ポジティブな結果とネガティブな結果（望ましい行動の増やし方，望ましくない行動の減らし方），③効果的なほめ方，④落ち着くヒント，⑤子どもの成長と親の役割（子どもの発達と親の期待），⑥自分自身をコントロールする教育法（子どもが感情的になったりする時の対処）である。野口（2002）は，児童養護施設と乳児院に身体的虐待を主訴として入所した児童の家庭復帰を目指して児童の親にCPSを行った。その結果，3事例において親のしつけのスキルが向上し，親子関係が改善し，その後，虐待の通報がなかったと報告している。

●トリプルP　トリプルPとは，Positive Parenting Program（前向き子育てプログラム）と呼ばれるプログラムのことである。オーストラリアのクイーンズランド大学家族支援センターのM. R. サンダース（Sanders）により開発された。トリプルPの対象は，幼児（2歳位）〜児童期（12歳位）の子どもを持つすべての両親である。前向き子育て5原則として，①安全で活動的な環境づくり，②積極的に学べる環境づくり，③一貫した子育て，④現実的な期待，⑤親としての自分をケアするということが謳われている。これらは，認知行動理論に基づく17の技法から構成されている。

● PCITとCARE　PCIT（prent-child interaction therapy：親子相互交流療法）は，親子を対象としていて，実際に子どもと遊んでいる親に，トランシーバーを使い，マジックミラー越しに，部屋の外にいるセラピストからどうすればよいかをわかりやすく具体的に伝える方法（ライブコーチング）を用いている。プログラム内容は，前半は子どもとの関係を築くために子どものリードについていくことの意義やそのために大切な三つのスキル（会話の繰り返し，適切な行動を言葉にする，具体的にほめる）とできるだけ減らしたいスキル（質問，命令，禁止や否定的な言葉）を具体的なロールプレイ，実践を通して習得する。後半は，子どもが親に従うことが必要な場面において，子どもがいうことをきけるように一貫した態度で効率的かつ，適切に指示が出せるように学んでいく。CARE（child-adult relationship enhancement）は，PCITを基礎に短期間で実施可能な心理教育的介入プログラムである。福丸（2011）は，コミュニケーションに焦点をあてた心理教育的介入プログラムを里親に向けて実践した。里子との関係をふりかえったり，関係性のとらえ方において変化が見られた一方で，具体的な行動においては変化がみられなかった。

● AF-CBT（alternatives for families：a cognitive-behavioral therapy／家族のための代替案：認知行動療法）　ピッツバーグ大学のD. J. コルコ（Kolko）により，開発されたプログラムである（Kolko & Swenson, 2002）。家庭内の暴力にさらされていたり，過度な体罰によるしつけや虐待的なかかわりを受けてきたりした子どもとその家族の回復を助けることを目的としている。親だけでなく子ども（5〜17歳）も治療に参加するため，親子関係に対して，それぞれ治療的な介入ができることが特徴的である。　　　　　　　　　　　　［岡島純子］

📖 さらに詳しく知るための文献
［1］野口啓示　2008　被虐待児の家族支援　福村出版.
［2］野口啓示　2009　むずかしい子を育てるペアレント・トレーニング　明石書店.
［3］加藤則子・柳川敏彦　2010　トリプルP前向き子育て17の技術―「ちょっと気になる」から「軽度発達障害まで」診断と治療社.

福祉分野での親支援

☞ ペアレントトレーニング p.276, ペアレントトレーニングと保護者支援 p.470, 虐待 p.488, 社会的養護 p.490, アウトリーチ（訪問支援）p.520

　2018年8月時点で厚生労働省が実施している，相談・指導・助言を伴う親支援（保護者支援，子育て支援を含む）事業には次のものがある。①乳児家庭全戸訪問事業（こんにちは赤ちゃん事業）：生後4か月までの乳児のいるすべての家庭を訪問し，親子の心身の状況や養育環境等を把握し，子育て支援に関する情報提供や助言を行い，支援が必要な家庭を適切なサービス提供につなげる。②養育支援訪問事業：子育てに関しての不安や孤立感等を抱える家庭や，養育支援が必要な家庭を訪問して，育児・家事の援助や養育に関する指導・助言をする。③地域子育て支援事業：子育て中の親子が交流し，子育ての不安・悩みを互いに相談できる場を提供する。

　これらの事業は児童虐待防止対策にも位置づけられている。虐待のリスク要因としては以下の点が指摘されている（厚生労働省，2013）。保護者側の要因としては，妊娠そのものを受容することが困難（若年の妊娠，望まない妊娠），精神的に不安定な状況（マタニティーブルー・産後うつ病・精神障害・慢性疾患など），育児の知識・技術の不足による育児に対する不安，物質依存，特異な育児観（体罰容認などの暴力への親和性，子どもの発達を無視した過度な要求）などである。子ども側の要因としては，保護者にとって何らかの育てにくさをもっている子ども（未熟児，障害児，多胎児）。養育環境の要因では，経済的な不安定さ，親族や地域社会からの孤立，夫婦間不和，配偶者からの暴力などが指摘されている。①〜③の事業は，これらのリスクに気づき，ハイリスクな家族にいち早く支援を提供し，虐待を予防する目的がある。

●**親支援の分野**　親支援は三つの分野に分けられる（厚生労働省，2013）。まずは養育環境調整・支援分野であり，社会資源，公的扶助の受給などの提供と，それらに関する情報提供である。二つめは子育てのスキルを高めるもので，ペアレントトレーニング（以下PTと略）などがこれに相当する。三つめは親自身の心理面（薬物・アルコール・ギャンブルなどへの依存，精神疾患，人格的偏り，暴力や性に関する逸脱した価値観，トラウマ体験など）に焦点をあてるものである。厚労省による「子ども虐待対応の手引き（平成25年8月改訂版）（厚生労働省，2013）」や「児童虐待防止対策の強化に向けた緊急総合対策（厚生労働省，2018）」には，虐待により親子分離の生活状態になった家族を再統合する際に，また虐待の予防に，PTの提供が盛り込まれている。

　虐待に対して北米，ヨーロッパ，ニュージーランド，オーストラリアなどで実施された介入のメタアナリシス（van der Put et al., 2018）では，コーディング

の際に先行研究の介入領域を，親の改善対象として養育スキル，個人的スキル，養育に関する自信，養育態度・期待，パートナーとの関係，子どもとの関係，精神衛生上の問題，変化への動機づけ，定型発達の知識，社会的ネットワークに分類し，また親に提供するものとして，エンパワーメント，社会的／情緒的サポート，実際的サポートの項目を立てている。すなわち養育スキルだけではなく，親自身の心理的要因や，親へのサポートに関する支援が多く行われている。

●ペアレントプログラム　ハイリスクな親に対する支援プログラムは，日本では主に児童相談所で提供されている。児童相談所を対象にした調査（政策基礎研究所，2018）では，サインズ・オブ・セーフティ，ボーイズタウン・コモンセンス・ペアレンティング，精研式PT，CARE，動機づけ面接，その他のプログラムが実施されていた。実施上の問題点として，プログラムを実施する研修を受けていたり専門的知識をもつスタッフの数が少ないこと，研修を行う際の時間的・経済的な負担が指摘された。親の問題としては，参加意識が低いこと，精神的問題を抱えていること，参加者が集まらないこと，長期間の参加が難しいことなどがあった。

　これらの問題を改善するために，PTを簡略化し，PTへの導入版ともいえるペアレントプログラム（以下PPと略）が開発されている（アスペ・エルデの会，2014）。PPは，もともとは発達障害のある子どもをもつ親の支援を目的に開発されたものであるが，発達障害の有無にかかわらず，育児に困難・不安を感じる親への支援として利用することができる。PPの目標は，行動的に考えること，叱るのではなく誉めて対応すること，保護者同士の仲間を作ることである。プログラムは全6回からなり，1回60～90分，2～3週に1回開催され，ホームワークも課される。PTのホームワークでは学んだ行動マネジメント・スキルを子どもの特定の行動の変容を目的に親が実践するのに対して，PPでは講義で学んだ知識を体験的に理解することを目的に，子どもや親自身の行動を記述し分類したり，子どもや家人を誉めた時の反応の観察などが行われる。　　　　　［大野裕史］

さらに詳しく知るための文献

[1] アスペ・エルデの会　2014　楽しい子育てのためのペアレント・プログラムマニュアル（平成25年度障害者総合福祉推進事業マニュアル）（2018年8月20日参照）．
[2] 厚生労働省（雇用均等・児童家庭局総務課）2013　子ども虐待対応の手引き（平成25年8月改正版）（2018年8月20日参照）．
[3] 政策基礎研究所　2018　保護者支援プログラムの効果的な実施に向けたマニュアル（平成29年度子ども・子育て支援推進調査研究事業「保護者支援プログラムの充実に関する調査研究」）（2018年8月20日参照）．

子どものデイサービスにおける支援

☞ 応用行動分析（ABA）p.254，福祉分野での親支援 p.492，福祉分野の関連法規 p.696

　放課後等デイサービスとは，2012年4月に児童福祉法に基づき位置づけられた支援で，それまで，障害者自立支援法に位置づけられていた児童デイサービスや児童福祉法に位置づけられていた知的障害児通園施設などの支援を，通所・入所の利用形態別に分類し，障害児通所支援として新たに児童発達支援や保育所等訪問支援などとともに一元化したものである。

　設置目的としては，支援を必要とする障害児に対して「学校や家庭とは異なる時間，空間，人，体験等を通じて，個々の子どもの状況に応じた発達支援を行なうことにより，子どもの最善の利益の保障と健全な育成を図る」とされており，放課後や休日などに「生活能力の向上のために必要な訓練，社会との交流の促進その他の便宜を供与すること」と定められている。また，放課後の居場所づくりとしても位置づけられている（厚生労働省，2015b）。

　支援対象となるのは学校教育法に規定する学校（幼稚園，大学を除く）に就学している障害児とされており，児童発達支援と同じく「身体に障害のある児童，知的障害のある児童または精神に障害のある児童（発達障害児を含む）であり，手帳の有無は問わず，児童相談所，市町村保健センター，医師等により療育の必要性が認められた児童も加えて，特例により20歳に達するまで」の者となっている（障害者福祉・支援制度研究会，2018）。

　厚生労働省（2015b）が提示している「放課後等デイサービスガイドライン」では，その基本的役割として，次の三つがあげられている（文中の表現は筆者の方で意図を変えない程度に改変している）。

① 子どもの最善の利益の保障：普段の生活で接することのできない環境や体験を通じて子どもの発達支援を保障する。
② 共生社会の実現に向けた後方支援：子どもの地域社会への参加・包容（インクルージョン）を進めるため，放課後児童クラブ等の一般的な子育て支援施策を専門的知識と経験に基づきバックアップするとともに，必要に応じて当該機関との連携をはかる。
③ 保護者支援：保護者を社会的に支援するために，子育ての相談に応じるほか，ペアレントトレーニングやレスパイトケア（子どもを一時的に預かることで，保護者にリフレッシュしてもらうこと）を行う。

　このうち①については，応用行動分析の技法を用いた個別療育に基づく学習支援や言語訓練，運動訓練などが実際の支援内容としてあげられる。施設内の環境を構造化したり視覚支援を用いたりするなどして，不適切行動が出にくく，適切

行動が出やすい環境をつくり出すことができれば，その成果を学校や家庭でも実践してもらうことで，その子どもの普段の生活にもよい般化をもたらすことが期待される。また買い物指導や調理指導も放課後等デイサービスのプログラムとしてよく取り入れられており，課題分析等の専門的指導によってさまざまな生活スキルを習得することが目指されている。

②については集団場面や社会的行動，コミュニケーションといった部分に関する支援に該当する。具体的には放課後等デイサービスに来所している子どもでゲームなどの集団活動を設定し役割交代を経験させるなどして，ルールに従って行動することや勝敗理解の促進をはかることが考えられる。また，応答行動を指導することでほかの子どもとのコミュニケーション場面への般化が促進されることも期待される。

③の保護者支援については，近年アクセプタンス＆コミットメント・セラピー（ACT）によるペアレントトレーニング（PT）が注目を浴びている。従来のPTが保護者の育児スキルの習得に主眼が置かれていたのに対して，ACTによるPTでは保護者自身の思考と感情を受け入れる（アクセプトする）ことが結果的に子ども自身をよく見ることにもつながるとしている（Coyne & Murrell, 2009）。

2012年以降，放課後等デイサービスへの事業参入者は大幅に増加し，総費用額も2012年段階で476億円程度だったものが2015年段階で1,446億円と障害児支援全体の64.9％を占めるまでに増大した。一方，その弊害として国からの給付金を目的とした利潤追求型の事業所や専門性が欠如した不適切な支援（テレビを見せているだけ，ゲームなどを渡して遊ばせているだけ）を行う事業所も増加し，質の低下が指摘されるようになった（厚生労働省，2016a）。そこで，こうした不適切な状態を改善すべく2017年4月に運用の見直し（障害児支援などの経験者の配置・「放課後等デイサービスガイドライン」の遵守および自己評価結果公表の義務づけ）が行われたほか，2018年4月には報酬改定がなされることとなった。しかし一方で，報酬改定によって経営に困難を来す事業所も出てきており，人員削減や人件費の切り下げ，場合によっては施設が閉鎖されるなど，結果的に障害児に対するサービスの低下を招いているとの指摘もある。今後も本制度については紆余曲折が予想されるが，利用主体である子どもや保護者のニーズに沿った形での改定が行われることが望まれる。

[米山直樹]

さらに詳しく知るための文献
[1] 藤野 博編著 2008 障害のある子との遊びサポートブック—達人の技から学ぶ楽しいコミュニケーション 学苑社．

発達障害者の兄弟姉妹支援

☞ 自閉スペクトラム症の認知行動療法 p.354, チック, トゥレット症候群, ADHDなどの行動障害 p.356, 家族に対する認知行動療法 p.446, ピアサポート p.472, 福祉分野の関連法規 p.696

　障害がある人の兄弟姉妹研究において，兄弟姉妹は「きょうだい」，障害がある人は「同胞」と表記される。きょうだい研究やきょうだい支援の実際を振り返ると，「きょうだいの位置づけは，教育者・支援者，または親亡き後の養育代行者から当事者に変化してきたことがうかがえる（高瀬・井上，2007）」。背景としては，K. S. ホルト（Holt, 1958）が同胞の診察をした際にきょうだいがストレスにさらされているのではないかと感じ家族の抱える負担について分析を行ったことに始まり，障害や同胞がきょうだいに与える影響や，きょうだいの適応および適応に影響する要因の検討が多数されてきたことがある。

　障害の中でも特に発達障害についてはその特性と特性のわかりづらさから，きょうだいがほかの障害とは異なる影響を受けたり経過をたどったりすることが多いと指摘されている（大瀧，2011）。ただし発達障害といってもその様相はさまざまであり，またきょうだいに影響する要因は単一ではなく相互に関連しあっていることから，個別の特性や事情，経過にあわせたきょうだい支援が必要である。

　きょうだい研究およびきょうだい支援全般に言えることとして，「きょうだいは同胞からよい影響を受けたか—悪い影響を受けたか」「適応的か—適応的でないか」といった「単一数直線で」きょうだいを論じるべきではない（高瀬・井上，2007；大瀧，2011）。「長い日常生活を同胞と共に生きる中で，きょうだいが何を感じ，どのように気持ちの揺れ動きを経験し，どのような変化を辿ったのか」（大瀧，2011）という心理プロセスを理解する必要がある。

　発達障害のきょうだい支援の代表的なものには米国ワシントン州シアトルを拠点に展開されている「シブショップ（Sibshop：sibling workshop）」（Meyer & Vadasy, 1994）や米国および英国自閉症協会によるきょうだい支援があり，欧米では公的・組織的な活動としてきょうだい支援が実施されているのが特徴である。一方日本では親の会や当事者同士の会といったセルフヘルプグループの割合が多い（大瀧，2011）。

●**発達障害ときょうだいの関連**　上記のように単一的・二項対立的・静的にきょうだいをとらえてしまわぬよう注意しながら，発達障害がある同胞をもつきょうだいについて，先行研究を丁寧にレビューした報告がいくつかある（川上，2009；高瀬・井上，2007；大瀧，2011）。それらによるときょうだいへの影響因として，同胞との直接的な関係，親からの影響，家族属性，ソーシャルサポート，が大別され，それらときょうだいの困りや適応との関連が調べられているこ

とが多い．同胞との直接的な関係としては，同胞から受ける身体的攻撃や所有物の破損，または同胞への対応の苦慮などがある．親からの影響としては，確定診断時期の遅れや親の混乱，夫婦間のストレス，きょうだいへの障害の説明の仕方などがある．家族属性としては，性別，兄弟姉妹の人数や位置，同胞の障害種などがある．ソーシャルサポートとしては，公的なサポートや私的なサポート，ピアサポートプログラムなどがあるが，よりマクロな視点から少子化や高齢化といった社会情勢やノーマライゼーションの普及といった視点も加えて検討する必要がある．これら要因の相互作用やそのプロセスを知ることで，よりよい支援につなげることができるだろう．

●発達障害のきょうだい支援　上述のようにきょうだいへの支援は個別のプロセスに合わせて柔軟になされるべきと考えられるが，ここでは主なものを紹介しておきたい．前述のシブショップは広く組織的に行われており，また日本でもこれを参考にプログラムが展開されることが多い．このプログラムの目的は（1）特別なニーズのある子どものきょうだいが，リラックスした楽しい雰囲気の中で仲間と出会う機会を提供する，（2）きょうだいに共通した喜びや心配事を話し合う機会を提供する，（3）特別なニーズのあるきょうだいがよく経験する状況に，他のきょうだいがどう対処しているかを知る機会を提供する，（4）きょうだいに特別なニーズをもつ子どもがいることで起こるさまざまなことについて知る機会をきょうだいに提供する，（5）きょうだいに共通する心配事について理解を深める機会を，親やサービス提供者に提供する，である．

　ほかにも，同胞からきょうだいへの攻撃行動に介入する行動理論に基づくアプローチや（高瀬・井上，2007），セルフヘルプグループなどの取組みが行われている．

　日本では公的事業としてのきょうだい支援はあまり例がなく，研究機関における支援や親の会や当事者によるセルフヘルプグループでの実践が多い．きょうだいが必要なときに的確なサポートにつながることができるよう，支援体制の多様性と充実が望まれる．また当然，きょうだいと同胞，親は切り離されたものではなく互いに関係している．家族全体を視野にいれた支援が必要である．[山本　彩]

📖 さらに詳しく知るための文献

[1] 大瀧玲子　2011　発達障害児・者のきょうだいに関する研究の概観．東京大学大学院教育学研究科紀要，51，235-243．

[2] Meyer D. J. & Vadasy, P. F. 1994 *Sibshops: Workshops for Siblings of Children with Special Needs*, Paul H Brookes Pub.Co.

[3] Harris, S. 1994 *Siblings of Children with Autism a Guide for Families*, Woodbine House.（遠矢浩一訳　2003　自閉症児の「きょうだい」のために―お母さんへのアドバイス　ナカニシヤ出版）

介護者のサポート

☞ リラクセーションを中心としたストレスマネジメント p.594, 認知再構成（法）を中心としたストレスマネジメント p.596, マインドフルネス，アクセプタンス・コミットメントセラピーを用いたストレスマネジメント p.598

　介護とは，生理的機能の低下や障害などにより日常生活機能が衰えた者に対する日常生活支援である。介護者には，施設などにおける介護者（介護職員）と家庭における家族介護者が存在する。介護が必要となる理由はさまざまであるが，最も必要とされている介護は，今後ますます増加が見込まれている認知症の介護である。

　厚生労働省は，国家戦略として「認知症施策推進総合戦略（新オレンジプラン）」を策定した（厚生労働省，2015）。この新施策は，厚生労働省を含む関係府省庁が連携して認知症高齢者等の日常生活全体を支える取組みである。このプランでは，①認知症の理解を深めるための普及・啓発の推進，②認知症の容態に応じた適時・適切な医療・介護などの提供，③若年性認知症施策の強化，④認知症の人の介護者への支援，⑤認知症の人を含む高齢者にやさしい地域づくりの推進，⑥認知症の予防法，診断法，治療法，リハビリテーションモデル，介護モデルなどの研究開発およびその成果の普及の推進，⑦認知症の人やその家族の視点の重視，の七つを柱としている。介護者のサポートは上記の④および⑦と考えられるが，具体的な支援策については認知症カフェが提示されるにとどまっている。

●**介護者のストレスの理解**　介護者のサポートには，介護者のストレスの理解が欠かせない。対人援助職である施設の介護職員は，要支援者に対して受容的かつ共感的に専門職として介護を提供することが求められる。介護職員のストレスには，介護それ自体のストレスだけではなく，職業性ストレスやバーンアウトの理解も必要となる。職業性ストレスには，職務の量の多さや質的困難さ，要支援者との関係性，職場の人間関係などが考えられる。バーンアウトは，情緒的消耗感，脱人間化，個人的達成感の低下，という三つの特徴をもつ（Maslach & Jackson, 1981）。つまり，介護職員のサポートには，これら多次元からの理解とサポートが期待される。

　家族介護者のストレスは，日常の介護それ自体のストレスだけではなく，家族の障害の受容，家族関係の変化，介護者の社会的活動の拘束，介護者の身体的健康，経済的問題，将来への不安，人間関係の問題など多岐にわたる。家族介護者のストレスモデルは，R. S. ラザルスとS. フォルクマン（Lazarus & Folkman, 1984 本明ほか監訳 1991）の心理学的ストレスモデルやL. I. パーリンほか（Pearlin et al., 1990）のストレスプロセスモデルがある。心理学的ストレスモデルでは，ストレス反応をストレッサー（環境）と個人の相互作用によって説明する。山田ほか（2011）は心理的ストレス反応と自動思考の関連を示している。ス

トレスプロセスモデルは，介護に伴う困難とその結果としてもたらされる介護者の精神的・身体的健康の低下との関連だけではなく，その困難が介護者の社会生活に波及・拡散する過程やストレスの防護壁となる心理社会的資源も組み込んでいる。複数の研究で情緒的サポートとソーシャルサポートの有用性が示されている。

施設の介護スタッフと家族介護者ともに向き合う大きなストレスが，死別による悲嘆である。悲嘆は誰にでも起こる正常なプロセスであるが，プロセスが滞ると複雑化してしまう。複雑化した悲嘆には認知行動療法の一つである複雑性悲嘆治療（complicated grief therapy：CGT）の有効性が示されている。

●さまざまな介護者のサポート　介護職員のサポートには，施設の環境整備やシステム構築によるアプローチ，ストレッチ運動の導入など身体的なアプローチなどがあり，心理的アプローチとしてはストレスマネジメント教育やセルフ・ケアなどの取組みが行われている。心理的サポートプログラムの多くに，認知行動療法の技法が用いられている。認知療法を取り入れたプログラムの他にも，近年マインドフルネスの概念を導入した心理介入的アプローチも提案されている。

家族介護者の公的サポートとして介護保険サービスによるレスパイトケアがあるが，介護者を直接対象としたサポートはほとんどない。地方自治体を中心に家族介護者支援の取組み（ピアグループや個別相談，研修事業など）もあるが，地域ごとの差も大きく十分とはいえない。

家族介護者の心理的サポートとしては，心理教育プログラム，ストレスマネジメントプログラム，家族教室，個別カウンセリング，ピアカウンセリング，セルフ・ケアなどさまざまな試みがなされている。これらのサポートプログラムの多くに，認知行動療法のさまざまな技法が取り入れられている。例えば，要支援者の疾病の理解と対応に関する心理教育，家族介護者自身のストレスに関する心理教育，認知再構成法，アサーショントレーニング（他者に助けを求める），リラクセーション，行動活性化（楽しい活動を増やす），不眠への認知行動療法，などがあげられる。また，有効性が実証されている非薬物療法的介入として，認知行動療法とアクセプタンス＆コミットメント・セラピー（ACT）があげられている（Gallagher-Thompson et al., 2012）。

日本における介護者のサポートに関する実証的な研究は十分とはいえない。一方で，家族介護者や介護職員のメンタルヘルスケアや相談援助の需要は高まっている。対象者のセルフコントロールを目指す認知行動療法は，介護者のサポートにおいてますます重要な役割を果たしていくだろう。

　　　　　　　　　　　　　　　　　　　　　　　　　　　　　　［山田幸恵］

📖 さらに詳しく知るための文献

[1] 竹田伸也ほか　2015　対人援助職者に対する認知療法によるストレスマネジメントプログラムの効果　ストレス科学研究，30，44-51．

福祉分野における職員（支援者）支援

☞ ケースフォーミュレーション，機能的行動アセスメント，行動観察 p.178，応用行動分析（ABA）p.254，教員（支援者）への支援 p.468

　福祉領域の支援現場は，対象者の支援ニーズの幅が広く，その年齢もさまざまである。つまり施設などに勤務する職員は，それぞれ独自の専門的な知識・技能を習得することが求められている。その一方で，いずれの職員にも共通して役に立つ知識・技能もある。認知行動療法，とりわけ応用行動分析学に関する知識・技能は，福祉施設等の多くの職員において，その職務遂行能力の向上に寄与する可能性がある。応用行動分析学の枠組みを活かした職員支援には，施設利用者の問題解決に焦点化している「行動コンサルテーション（behavioral consultation）」（Kratochwill & Bergan, 1990），および職員の知識・技能の習得，職員の支援遂行行動の管理・促進に焦点化している「職員の研修・マネジメント（staff training and management）」（Reid et al., 2011）がある。さらに，「職員の研修・マネジメント」は支援対象となる職員の課題に合わせて，2種類の内容に分けることができる（Reid & Parsons, 2000）。その一つは，職員が応用行動分析学に関する専門知識・技能を習得していない「技能欠如」が課題の場合である。この場合，必要な知識・技能を身につけるための職員支援が必要となる。もう一つは，必要な知識・技能は習得しているものの，実際の対象者支援の現場でそれが十分に活用されない「遂行欠如」が課題の場合である。この場合は，実際の対象者支援の現場における職員支援が必要となる。ここでは応用行動分析学に基づく職員支援について，「行動コンサルテーション」「知識・技能の習得のための職員支援」と「現場での支援遂行促進のための職員支援」の三つに分けて，その概要を示す。

●行動コンサルテーションによる職員支援　行動コンサルテーションとは，対象者（施設利用者等）の問題解決に向けて，コンサルタントがコンサルティ（職員）に対して行動理論に基づく助言アドバイスを行う方法である。行動コンサルテーションには，①問題の同定，②問題の分析，③介入の実施，④介入効果の評価という4段階のプロセスがある。このプロセスにおいて，応用行動分析学に基づくアセスメント・介入・評価の手法が用いられる。行動コンサルテーションにおけるキーとなる概念の一つに，介入整合性（treatment integrity；あるいは介入厳密性）がある。これは，コンサルタントの提案した介入手続きが，コンサルティによって継続的かつ正確に実行されているかどうかを示す指標である。また行動コンサルテーションでは，問題の分析や介入方法の決定など，重要なプロセスを外部コンサルタントが担っている場合が多く，そのコンサルタントがプロセスに関与しなくなった場合には，職員だけでは問題解決が困難になる可能性も

指摘されている。

●**知識・技能の習得のための職員支援**　福祉施設等に勤務する職員のほとんどは，応用行動分析学に関する専門知識をもたない。応用行動分析学を初めて学ぶ職員を対象として，講義・ロールプレイ，あるいは実践現場におけるモデリングや指示（口頭・書面），遂行練習やフィードバックなど多様な方法を用いて，基礎的な知識・技能を教授する支援が行われている。また近年では機能的行動アセスメント（functional behavioral assessment）に関する研修が実施され，その成果が報告されている。機能的行動アセスメントとは，施設利用者等が示す行動問題に関して，それが生起する環境条件を強化随伴性に基づいて分析する方法である。具体的な研修内容としては，関係者に対するインタビュー，直接行動観察を通じた情報収集，そしてその情報を集約した上での行動問題の機能推定，さらにその機能推定に基づく支援案の作成などの一連の手順について，保育士や福祉施設職員等に対して，演習を交えて行う。それに加えて，実際の支援現場での実行度を高めていくために，研修で学んだ知識・技能を，実際に担当している対象者（事例）へと適用することがホームワークとされる場合もある。その宿題を教材にして，ケース検討会も組み合わせて実行する運営方法もある。

●**現場での支援遂行促進のための職員支援**　応用行動分析学においては，すでに習得した行動が発揮されない，いわゆる遂行欠如の場合，その行動が生起すべき場面の先行事象と結果事象の調整を行うことで，行動の生起を促すことになる。つまり，知識・技能をもっているが，適切な支援行動が生起しない職員の場合，その生起を促す先行事象と結果事象をいかに支援現場に配置するかが課題となる。このような支援現場に配置された先行事象の例としては，「介入手続きが書かれたマニュアル」「介入項目が示されたチェックリスト」「介入手続きが組み込まれた職員のスケジュール」などがある。一方で結果事象の例として代表的なものには「パフォーマンス・フィードバック」がある。パフォーマンス・フィードバックとは，支援行動の遂行状況を口語・文章・グラフなどのさまざまな形態で支援職員に提示する方法である。パフォーマンス・フィードバックで提示される情報は，支援が実際に遂行された場合には強化子として機能する一方で，支援が実行されなかった場合には弱化子として機能する。さらに，パフォーマンスが示されたグラフなどが公的に掲示された場合には，支援行動の弁別刺激としても機能する。また職員全員がそのグラフを見ることが可能になるので，お互いに励まし合ったり，助言し合ったりするなどの社会的随伴性が派生する効果もある。

［野呂文行］

📖 **さらに詳しく知るための文献**

[1] 日本行動分析学会編　2015　ケースで学ぶ行動分析学による問題解決　金剛出版．

成人のADHD

☞ 注意欠如・多動症（注意欠如・多動性障害，ADHD）p.146，自閉スペクトラム症，注意欠如・多動症のアセスメント p.224，ASDとADHDへの認知行動療法 p.478

　注意欠如・多動症（ADHD）は発達障害者支援法第2条（国及び地方公共団体の責務）において，「この法律において『発達障害』とは，自閉症，アスペルガー症候群その他の広汎性発達障害，学習障害，注意欠陥多動性障害その他これに類する脳機能の障害であってその症状が通常低年齢において発現するものとして政令で定めるものをいう。この法律において『発達障害者』とは，発達障害を有するために日常生活又は社会生活に制限を受ける者をいい，『発達障害児』とは，発達障害者のうち十八歳未満のものをいう」とあり，子どもだけでなく成人のADHD者も存在する。また，成人のADHD患者のうち，児童期に診断を受けた者はわずか25％であるという報告（Faraone et al., 2004）もなされていることから，成人となって初めて受診する群にもADHDと診断される者が一定数認められることが明らかとなっている。世界保健機構が行った研究（Fayyad et al., 2007）では，成人期のADHDの有病率は3.4％（範囲1.2-7.3％）とされている。したがって，児童・思春期のみならず，成人においてもADHDによって日常生活または社会生活で制限を受けない，あるいは受けにくくするような支援が求められている。

●成人のADHDへの認知行動療法　成人のADHDへの心理療法としては，成人の精神科問題に関するエビデンスに基づいた心理療法を掲載しているアメリカ心理学会の第12部門で，成人期の発達障害の中では成人期のADHDへ認知行動療法が効果がある支援法として記載されている。この成人のADHDに特化した認知行動モデル（Safren et al., 2004；図1）も考案されている。この成人のADHDの認知行動モデルでは，神経生物学的なADHD主症状が直接的に機能障害に悪影響を及ぼすのではない。機能障害が起きる経路の一つとして，さまざまな行動的対処法である補償方略を有効に活用できないことがある。もう一方の経路では，ADHD主症状によって幼少期から失敗経験を繰り返すために非機能的な認知・信念を抱えやすくなり，その結果として抑うつ，不安，怒りなどの否定的な気分状態に陥りやすくなる。そのために補償方略をうまく活用できなくなり，結果として機能障害が悪化すると説明される。そして二つの経路が相まって日常生活が一旦悪化すると，それ自体が失敗経験となって悪循環が形成される。したがって，Safren et al.（2004）では，ADHD主症状は薬物療法で抑制しながら，精神療法では個人に適した補償方略を身につけて習慣化すること，あるいは非機能的な認知や信念を柔軟にすることによる気分変動の改善を通じて機能障害の緩和をはかる。補償方略の習得が機能障害を緩和する効果についても研究が

なされている（金澤・岡島・坂野，2014）。

●**成人のADHDへの認知行動療法の留意点** 心理教育でこの認知モデルを患者に図示し，説明をしながら患者の問題について話し合うことは，心理療法における治療目標の共有や患者の自己理解を促す上で有用である。補償方略は自己管理（課題を手帳などに書き出す，カレンダーに予定を書き込むなど），環境調整（集中できる静かな場所を見つけるなど），他者からのサポート（他人にやるべきことを促してもらう，特性を理解して協力してくれる友人をつくるなど）の3種類に大別される。患者はすでに自分なりの対処法を試みているが，多くの場合，特定の対処法に偏っている。患者の話を聞きながら，自己管理，環境調整，他者からのサポートの3種類のどれにあてはまるかを紙面に書き出していくことで，患者は自ら工夫が偏っていることに気づき，自ら今まで行ってこなかったタイプの工夫を自発的に見出していく。ADHD患者は指示しても行動が生じにくいが，自発的な行動を促す視点をもち続けることが重要である。

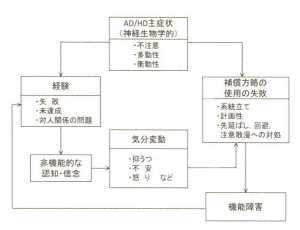

図1　成人のADHDの認知行動モデル［Safren et al. (2004) を元に作成］

成人のADHDへの薬物療法では，不注意症状や動機づけが低い事例も多数あり，服薬アドヒアランスが不良となりやすいことも念頭に置く必要がある。

全国各地で成人のADHDのセルフヘルプグループの活動も広がってきている。セルフヘルプグループでは参加者同士での双方を体験することができる。薬物療法やセルフヘルプグループを併用することで，成人のADHDへの認知行動療法の効果が高まることも期待される。

［金澤潤一郎］

さらに詳しく知るための文献

［1］ 米国心理学会第12部会　成人期のADHDへの心理療法　https://www.div12.org/treatment/cognitive-behavioral-therapy-for-adult-adhd/（2019年3月17日参照）.
［2］ 樋口輝彦・齊藤万比古監修　2013　成人期ADHD診療ガイドブック　じほう.
［3］ 中村和彦編　2016　大人のADHD臨床―アセスメントから治療まで　金子書房.

職業リハビリテーション

☞ 発達障害者の就労支援 p.506, 精神障害者の就労支援における認知行動療法 p.614, 福祉分野の関連法規 p.696, 産業・労働分野の関連法規 p.702

　職業リハビリテーション（vocational rehabilitation）は，リハビリテーションの一分野であり，障害のある人に対して，職業を通じた社会参加と自己実現，経済的自立の機会をつくり出していく取組みのことを指す。国際的には，ILO（国際労働機関）が第159号条約においてその目的を「障害者が適当な職業に就き，これを継続し及びその職業において向上することを可能にし，それにより障害者の社会における統合又は再統合の促進を図ること」と定義している。日本では，障害者雇用促進法において「障害者に対して職業指導，職業訓練，職業紹介その他この法律に定める措置を講じ，その職業生活における自立を図ること」と定められているほか，福祉分野を中心に用いられる就労支援と同義語として使用されることが多い。ILOの定義の「職業」がemploymentの訳語であり，通常の労働市場での雇用を指していることを踏まえると，労働法規が適用されない福祉就労も含める就労支援と同義でよいのかについては，議論が残されている。

●**職業リハビリテーションの対象**　ILOではその対象を「身体的または精神的障害のため，適当な職業に就き，これを継続し及びその職業において向上する見通しが相当に減少している人」とし，障害の種類・程度ではなく障害が現在あるいは将来の就労に対して実質的な不利となっている場合は，その対象としてとらえるべきとしている。近年，WHO（世界保健機関）のICF（国際生活機能分類）による障害概念の周知や社会的な要請も伴い，日本でも障害者手帳の所持者にとどまらず，若年者，生活困窮者，ひとり親，外国人，疾病による休職者など「働きにくさを感じている人」を包括する考え方が主流になり，多様な対象者への働きかけが求められるようになった。

●**職業リハビリテーションの方法**　ILOはその基本的な構成要素に，①職業評価，②職業指導，③職業準備訓練と職業訓練，④職業紹介，⑤保護雇用，⑥フォローアップを定めている。今日では，職業リハビリテーションの最終目標である，職業的自立と社会的統合に向けた一連のプロセス，すなわち「職業相談，職業評価，職業準備訓練，職業紹介，職場適応支援，継続と向上への支援」が，その方法として知られるようになった。経過を追い場面が変わっても支援が提供され続けるものであること，さらに個人とそれを取り巻くさまざまな環境条件の双方に均等に焦点をあてる支援技術の視点が，特徴とされている。

●**認知行動療法との接点**　「個人と環境の双方に焦点をあてる」という職業リハビリテーションの方法論は，行動・認知・感情・身体・環境の相互作用に着目して個人を理解しようとするCBT（認知行動療法）とは相性がよかったのであろ

う。主にはアメリカからの影響を受け，1990年前後よりCBTの技法は職業リハビリテーションの方法論に適用され，同年代に急速な広がりを見せた。一つ目には，SST（ソーシャルスキルトレーニング）があげられる。R. P. リバーマン（Liberman）のSSTが日本に紹介されて間もなく1990年代前半には，職業準備訓練にSSTを活用する実践がいくつか報告されている。その対象は精神障害のある人にとどまらず，当時雇用義務化を控えていた知的障害の職業準備訓練にも適用された（梅永，1994）。二つ目には，ABA（応用行動分析）と機能分析があげられる。療育・教育分野では当時すでに発達障害への指導に用いられていたが，職業リハビリテーション分野では，1980年代後半に米国から援助つき雇用の理念と方法論が紹介されたことに関連して広がりを見せた。Place then trainという職場適応支援の考え方とともに，その中心的な役割を担うジョブコーチが職場の中で対象者に仕事やマナーの習得を促す際に用いる支援技術として，課題分析をもとにした系統的教授法が紹介されてから，そのわかりやすさが評価され，ABAの視点やノウハウは，職場適応支援にとどまらず職業評価や職業訓練のプロセスでも用いられるようになり（小川・佐々木，1996），職場での問題行動の改善，職業自立のためのセルフマネジメントスキルの形成，そして地域ネットワークの形成などにも適用されていった。SSTもABAも，心理の専門家の直接介入だけでなく，助言やコンサルテーションにより職業指導員や福祉職が実施・報告者となる実践が見られるのが，興味深い点である。

●**今日の認知行動療法実践と課題**　2000年代に入り，障害者雇用促進法の改正による障害者就業・生活支援センターの設置やジョブコーチの配置，障害者総合支援法による就労移行支援事業所の位置づけなどにより，職業リハビリテーションの実践の場は一気に地域に広がった。さらに，リワーク支援，学生・若者支援，困窮者支援など対象者も広がり，認知リハビリテーションやマインドフルネスを取り入れたプログラムや，担い手の広がりにより急務となった人材育成にCBTを活用する実践も見られている。一方で，SSTやABA導入の背景にわかりやすさがあったように，今日ではその理論的背景や効果検証はさておき，パッケージ化された方法論の形式的な実施も，実践現場でよく見られる光景となっている。SSTの般化の困難の課題も，未だ解決されているとは言い難い。職業リハビリテーションが，段階や場面が変わっても続く性質をもつことを活かせば，従事者同士の連携による刺激統制も可能で，個別性に応じた環境調整・刺激性制御などCBTが寄与する側面はたくさんある。職業リハビリテーションとCBTの専門性のさらなる融合が切に望まれる。

［千田若菜］

📖 さらに詳しく知るための文献
[1]　日本職業リハビリテーション学会編　2012　職業リハビリテーションの基礎と実践　中央法規出版．

発達障害者の就労支援

☞ ソーシャルスキルトレーニング (SST) p.278, 認知再構成法 p.286, 高等教育機関における発達障害学生への認知行動療法 p.482, 職業リハビリテーション p.504

　発達障害者の就労支援は，支援機関が行う就労のための相談から，就労を行うための準備支援，企業とのマッチング，職場への定着支援を主に指す（小関ほか，2016）。ここでは発達障害者の就労支援に関する法体制と現場で主に用いられる認知行動療法的支援について概観する。

●**発達障害者の就労支援に関する法体制**　理念法である2005年の発達障害者支援法の施行に伴い，障害者自立支援法（現：障害者総合支援法）の改正によって発達障害のある者は精神障害者（発達障害）として福祉サービス上は位置づけられるようになった。発達障害のある者は，精神障害者として精神保健福祉手帳を取得するようになっている（自治体によっては，知的障害のある者が交付される療育手帳を取得する場合もある）。さらに2018年度には，精神障害者の雇用の義務化がなされている。また，企業の従業員数（非常勤職員を含む）に対して障害者を雇用する割合である法定雇用率も，2018年度には2.2％となり向こう5年間にさらに上昇することが予定されている。このような背景を踏まえて，発達障害者の就労支援は相談から，就労支援，職場への定着支援を，発達障害者支援センター，公共職業安定所専門援助窓口，障害者職業センター，障害者就業・生活支援センター，相談支援事業所，障害者就労支援機関（就労移行支援・就労継続支援A型・就労継続支援B型）がその主な役割を担っている。また上述は障害者施策に基づいたものであるが，一般施策として公共職業安定所の一般窓口や若者サポートステーションも近年発達障害者を想定した就職および就労支援を展開するようになっている。

●**発達障害者の就労支援の現状**　厚生労働省では障害者雇用統計を毎年6月1日に発表している。その中で精神障害のある者（以下，発達障害のある者を含む）の伸びは著しく，2015年度以降，従来障害者雇用数として一番多かった身体障害のある者の雇用数を精神障害のある者が上回り続けている現状にある。その一方で，独立行政法人高齢・障害・求職者支援機構（2010）においては，精神障害のある者の就労継続に関する実態調査が報告されている。その中で，精神障害のある者は，就職後支援がなければ半年以内に半数近くが離職するという結果が示されている。池田（2016）において，発達障害のある者が職場でつまずきやすい例も述べられている（表1）。

●**発達障害者の就労支援における認知行動療法の適応**　就労支援の現場では，発達障害の障害特性に関するアセスメントについて知能検査などを用いながら詳細に行うことを前提にした上で認知行動療法の適応がなされている。

表1　発達障害のある者の職場でのつまずき例（池田, 2016）

	社会性	コミュニケーション	想像力
学童期	・友達付き合いが上手くいかない。 ・学級のルールが理解できない。 ・グループ活動に入れない。	・自分の言いたいことが上手く表現できず、行動などで示してしまう（伝えたいことが伝えられず大声をあげてしまう、など）。 ・先生の指示を上手く聞けない（比喩などを字義通りにとってしまう、など）。	・授業に集中できず、関心のある事ばかり行ってしまう。 ・一人で遊んでばかりいる。 ・学校行事に上手く参加できない（予定に合わせられない、など）。
成人期	・職場の同僚との付き合いが上手くいかない（公私の区別がつきにくい）。 ・チームでの業務が上手くできない（他の同僚とのペースが合わせられない、など）。	・相談することが上手くできない（何に困っているかが伝えられない、など）。 ・作業指示を上手く理解できない（復唱できない、など）。	・業務をバランスよく上手く行えない（得意な仕事ばかりしてしまう、など）。 ・自分の仕事の段取りが上手く組めない。

　発達障害のある者が職場への定着をしていく上で，上述のような対人関係や業務遂行面でのつまずきが起こりやすくなっている背景があるため，そのような現状の解消や予防を目的として認知行動療法が導入されている。主な技法としては機能分析に基づいたSST（ソーシャルスキルトレーニング）や問題解決訓練が用いられている。二次障害として併発されやすい精神症状に対して認知再構成法なども適応されることもある（池田ほか，2012；屋敷ほか，2016）。また職場では雇用管理側からは障害特性がわかりづらいこともあり，職場の定着のためにセルフモニタリングを用いた支援ツールも次々と開発され，導入されつつある。

　発達障害のある者の個別性の高い障害特性を詳細に明らかにしながら，支援側は企業環境が求める安定した就労のための水準をしっかりと把握し，企業環境との適切なマッチングをはかることを念頭に支援をすることが求められる。また，2018年度より就労定着支援事業が創設され，国内の就労支援も，職場への定着に主眼を置いた支援が，展開されるようになっている。場合によっては発達障害のある者の社会的スキルや問題解決スキルの向上，作業遂行能力の向上をはかったり，企業側に対して，入職した発達障害のある者に該当する障害特性の研修を行ったり，企業と本人を交えた業務に関する定期的な振り返りを行うなど，個人への支援効果を高めるためのケースワークが必要となる。医療機関との定期的な情報共有も重要となるだろう。

［池田浩之］

◨ さらに詳しく知るための文献
［1］　小関俊祐ほか監修　2016　認知行動療法を生かした発達障害児・者への支援―就学前から就学期，就労まで　ジアース教育新社.

高年齢化したひきこもり

☞ ひきこもり p.172，発達障害者の兄弟姉妹支援 p.496

　高年齢化とは，ひきこもり状態にある人の年齢が40歳を越えた事例を指している。高年齢化したひきこもりが問題となる背景には，40歳を越えると法律上，「若者」ではなくなるということがある。ひきこもり支援の法律的根拠の一つとなっている「子ども・若者育成支援推進法（以下，子若法）」では，「「青少年」を0歳からおおむね30歳未満の者ととらえた上で，雇用など特定の施策分野においては30代も対象として施策を推進」としている。つまり，子若法で対象としている年齢の上限は39歳となっている。子若法に基づくならば，40歳を越えたひきこもり本人は，「子ども・若者」ではなくなる。40歳を超えて高年齢化することは，利用できる支援機関の減少につながる。例えば，子若法に基づいて設置されている子ども・若者地域協議会や厚生労働省が設置している地域若者サポートステーションは，現時点では39歳までを対象としており，40歳を越えると利用が難しくなる。

●**高年齢化の現状**　ひきこもりに関する代表的な疫学調査として内閣府が15～39歳を対象に2010年（内閣府）と2016年に行った調査（以下，内閣府調査）がある。内閣府調査とほぼ同じ方法を使って，対象者に40～64歳までを加えて横浜市が行った疫学調査が2018年3月に公表されている。横浜市調査によると，ひきこもり状態にある15～39歳の推計人数は約15,000人（平成24年度横浜子若調査：約8,000人），40～64歳の推計人数は約12,000人とされている。この結果を踏まえるならば，2015年の内閣府調査で示された，15～39歳のひきこもり状態にある人が約54万人という推計値をもとにすると，40～64歳の高年齢化したひきこもりは約43人存在することになり，15～64歳のひきこもりは約97万人と推計される。

　高年齢化事例の特徴として，横浜市調査では，15～39歳と40～64歳のひきこもり群の比較を行い，40～64歳のひきこもり群の方が，身の周りのことを自分でしている，15～39歳のひきこもり群の方が，昼夜逆転しているといった特徴があることを示している。また，KHJ全国ひきこもり家族会連合会（2018）が行った実態調査からも，高年齢化した事例の方が，外出ができている人が多いといった特徴が示されている。このことに関して，境（2018）は，人生の大半をひきこもった生活をすることによって，ひきこもりながら生活するスキルを身につけることで，安定した生活を送るようになっている可能性があるが，安定した生活の中では支援ニーズが生じにくくなり，高年齢化した事例ほど支援につながりにくくなることが予想されるとしている。

●**高年齢化を踏まえた支援**　ひきこもり支援においては，高年齢化を踏まえた多

機関連携，多職種連携といった分野横断的支援が必要となる。高年齢化を踏まえた支援として，まず考えられるのが家族支援のあり方の変化である。ひきこもり本人の高年齢化は，家族支援の中心であった親の高齢化と直結する。そのため，親を対象とした家族支援は奏功しにくくなり，兄弟姉妹が家族支援の対象となってくる。ただし，兄弟姉妹には，ひきこもり本人との関わりをもちたくない人もおり，そうした兄弟姉妹の意向を尊重した家族支援が必要となる。

また，高年齢化を踏まえた支援においては福祉制度の活用も重要となる。親の高齢化により，ひきこもり本人の生活基盤が維持できなくなった場合に利用できる福祉的制度としては，経済的なものとして生活保護，障害基礎年金などがある。親の高齢化には高齢基礎年金，介護保険制度，成年後見制度などがある。これらに加えて，高年齢化した事例への支援として期待されている制度に，生活困窮者自立支援制度がある。この制度は1992年度から開始され，相談窓口が全国の市町村に設置されている。具体的な支援としては，支援プランを作成する「自立相談支援事業」を始め，離職などにより住居を失った人，または失うおそれの高い人には，就職に向けた活動をするなどを条件に，一定期間，家賃相当額を支給する「住居確保給付金の支給」が行われている。また，直ちに就労が困難な人には6カ月から1年の間，プログラムにそって，一般就労に向けた基礎能力を養いながら就労に向けた支援や就労機会の提供する「就労準備支援事業」，直ちに一般就労することが難しい方のために，その人に合った作業機会を提供しながら，個別の就労支援プログラムに基づき，一般就労に向けた支援を中・長期的に実施する「就労訓練事業」が行われている。さらに，住居をもたない人，またはネットカフェ等の不安定な住居形態にある人に，一定期間，宿泊場所や衣食を提供する「一時生活支援事業」などが行われている。

さらに，境（2018）は支援につながりにくい高年齢化事例への対応において，「繋がり続ける」ことの重要性を指摘している。「繋がり続ける」とは，拙速に支援ニーズを引き出そうとするのではなく，支援ニーズが生じた時に迅速に支援を提供できる関係性を保ち続けるということを意味している。そうした「繋がり続ける」関係の中で，信頼関係を構築し，ひきこもり本人と家族のペースで支援ニーズを表明できるようにしてくことが重要となる。そして，「繋がり続ける」中では，親亡き後に遭遇する危機に備えることにも当然見据えておく必要があるとしている。

[境　泉洋]

さらに詳しく知るための文献

[1] 境　泉洋編 2017 地域におけるひきこもり支援ガイドブック―長期高年齢化による生活困窮を防ぐ　金剛出版.

高齢者の支援

☞ うつ病の行動モデルの基礎研究 p.82, うつ病の認知モデルの基礎研究 p.84, 高齢期の問題 p.132, 行動活性化療法(BA) p.260, 認知再構成法 p.286

　個人差はあるものの，加齢に伴う身体機能や臓器機能の低下は万人に生じる。その結果，日常生活に他者の支援を必要とするようになるが，この健康障害や生活機能障害に至る前の段階をフレイル（frail）と呼ぶ。語源は「虚弱」を示すfrailtyであり，これは「高齢期に生理的予備能が低下することでストレスに対する脆弱性が亢進し，生活機能障害，要介護状態，死亡などの転機に陥りやすい状態」を意味する（日本老年医学会，2014）。従来，「歳のせい」と不可逆的に理解されてきた概念だが，「しかるべき介入によって再び健常な状態に戻るという可逆性」が抱合されており，早期発見と適切な介入が重要視されている。主に身体面の脆弱性を表す概念だったが，日本老年医学会は2014年，「身体的，精神・心理的，社会的側面のニュアンスを表現する」概念としてフレイルを定義した（日本老年医学会，2014）。

●**喪失体験と行動原理**　フレイルをより詳細にみていくと，体力や筋骨格系機能，感覚・知覚，記憶・学習，認知・流動性知能については概ね加齢に伴って低下することがわかっている（谷口・佐藤，2007）。また，フレイル高齢者にはうつ症状の並存する割合が多いことも報告されている（Fried et al, 2001）。これらのことは，高齢者が心身の健康を喪失しやすいことを示しているが，ほかにも配偶者や友人との死別によって人間関係を喪失したり，職業生活からの引退によって経済基盤や人間関係，日々の課題や目標を喪失したりするなど，高齢者はほかの年代と比べて種々の喪失を体験しやすい。これらの喪失体験は，人によっては「何をしても以前より疲れやすくなった，うまくいかなくなった，楽しめなかった」といったように，その人らしい活動的な行動を減少する一因となるかもしれない。また，「馴染みでない人と一緒に活動してみたが，以前のようには盛り上がらなかった。家で寝ていた方がマシだった」「退屈で何もすることがない。イライラして，口を開けばつい愚痴をこぼしてしまう。そんな自分が情けない。」といったように，その人らしくない陰鬱な行動を増加する一因となるかもしれない。すなわち，喪失体験は高齢者の肯定的な自発行動に対する弱化力を強めたり，否定的な自発行動に対する強化力を強めたりする確立操作になる場合がある。

●**体操を通じた支援**　体操を通じたフレイル対策が多くの地域で行われているが，ここでは2016年5月時点で全国40都道府県220市町村にて実践されている「いきいき百歳体操」を紹介する。これは日常生活動作の維持を趣旨とした筋力向上のための体操プログラムである。高齢者20名程度を1グループとし，1週間に1～2回，3か月以上にわたって実施する。その結果，身体機能の改善がみられ，

参加者の94％に介護度の維持や改善をもたらした。適切な体操に伴う一時的な筋力向上は身体生理機構の結果であるが，興味深いのはそれを維持する心理社会的な仕組みである。安全で効果的な体操内容，高齢者は誰でも参加可能，会場は徒歩圏ときわめて参加しやすい。これは参加行動への確立操作となるだろう。そして，体操に参加すれば，同時に催される種々の対人交流やレクリエーション活動にも参加できる。皆勤賞の設定や定期的な体力測定・指導も行われる。これは参加行動への強化子となるだろう。ほかにも，本人が辞退するまで参加可能であり（強化機会の保障），顔見知りゆえの誘い合わせ（プロンプト）も生じやすい。これらの結果，「気持ちが明るくなった」「友人・知人ができた」「体操以外の楽しみが増えた」「体操以外の日にも出かけるようになった」など，非うつ的な実感を参加者にもたらした（高知市高齢者支援課，2016）。よって，このプログラムは"体操を道具としたうつ予防の行動療法"という側面を有していると理解できる。

●**生きがい創造を通じた支援**　高齢者のうつは自身の加齢変化に対する誤った先入観が背景因の一つになっていると仮定し，そのような否定的なステレオタイプの修正や加齢に関する正しい知識の獲得，そして生きがい創造を支援することで，うつを予防しようとする認知行動変容プログラムを紹介する。これは自身の強みや長所に注目し，それを活かしてより充実した人生を志向するポジティブ心理学の思想に基づいている。自発的に参加した高齢者15名程度を1グループとし，週に1回，2時間程度の介入を10セッション行う。研修を受けたファシリテータが間に入り，参加者の言動を共感的に傾聴しながら①自分をとらえ直す，②人生目標を見つける，③人生目標の実現に向けて，④人とつながる，⑤人生目標を追及する，といった5段階のテーマに沿ったディスカッションやワークを行う。高齢者のうつ状態を評価する簡易版 GDS（geriatric depression scale）を含む複数の心理尺度で介入効果を検討した結果，「希望」「自己効力」「自律性」「人生満足」「うつ」「積極的な他者関係」といった項目で改善がみられた。また，軽度うつ者の半数以上が非うつ状態に改善した一方，重度うつ者については改善がみられなかった（生きがい創造プロジェクト，2013）。よって，高齢者のうつは生きがいの喪失やそれに伴う否定的なステレオタイプに依存する側面があり，自己像への肯定的な認知操作や生きがい創造を支援することで，軽度うつについては予防が期待できる。

［宮　裕昭］

さらに詳しく知るための文献
［1］川村明範　2014　いきいき百歳体操の取り組み　市町村セミナー 105th　HP掲載用資料（閲覧日：2018年6月22日）
［2］日下菜穂子　2011　ワンダフル・エイジング―人生後半を豊かに生きるポジティブ心理学　ナカニシヤ出版．

認知症

☞ 高齢期の問題 p.132, 認知症の心理的アセスメント p.186, 応用行動分析（ABA）p.254, 認知症および高齢者うつ病の認知行動療法 p.374, 高齢者の支援 p.510

　認知症とは一般的に何らかの疾患によって生じる症状であり，「一つ以上の認知領域（複雑性注意，実行機能，学習および記憶，言語，知覚-運動，社会的認知）において，以前の行為水準から有意な認知の低下」をきたした結果，「毎日の活動において，認知欠損が自立を阻害する」状態である（American Psychiatric Association, 2013b）。一部には治療可能な疾患によって生じるものもあるが，多くはアルツハイマー病に代表される脳の変性疾患や，脳梗塞や脳出血といった脳血管障害など，現在の医療技術では治療困難な疾患によって生じることから，不可逆的で進行的な経過をたどることが一般的である。

●**認知症の中核症状と周辺症状**　上記の認知領域の障害は多くの認知症者に共通してみられることから，中核症状と呼ばれる。薬物療法や認知活性化療法（山中ほか，2015）などが有効だが，原因疾患の治療法が未確立のため，長期的な改善は見込めない。一方，認知症には徘徊や攻撃的言動といった行動症状や，抑うつや不安といった心理症状がみられる場合がある。これらは「認知症の行動・心理症状（behavioral and psychological symptoms of dementia：BPSD）」と呼ばれるが，すべての認知症者に共通してみられるわけではないことから，周辺症状とされている。

●**認知症者本人に対する認知行動療法**　A. スペクターほか（Spector et al., 2015）は認知症の程度が中等度までの地域在住高齢者に対し，不安低減を目的とした認知行動療法を行った。この療法は三つのフェイズから構成され，フェイズ1では協力関係づくり，認知行動療法や不安が認知症に及ぼす悪影響に関する心理教育，セルフモニタリング，諸症状の類型化と目標設定を行う。一方，介護者にも関わり方も助言する。フェイズ2では対象者が安心感を得られるよう，彼らのニーズや長所を考慮し，不安を惹起する認知の確認，否定的自動思考への対処，行動実験を実施する。フェイズ3ではこれまでに学んだ手法を再確認し，日常生活への反映方法や今後の介護者たちの関わり方について検討する。このような療法を10セッション，概ね10週にわたって行った結果，対照群と比べて有意な不安低減効果が確認され，それは6か月後も維持されたことが報告されている。

●**介護者を通じた応用行動分析学的介入**　BPSDには，それが習慣化することで認知症者本人や他者の健康被害のリスクを高めたり，認知症者が支援を受ける介護環境を破綻させるリスクを高めたりするような行動がある。これらは認知症者の安全で安心できる生活を妨げることから，早急な改善が求められる。その方法論として，国際老年精神医学会は心理社会的な非薬物的介入を第一選択とし，

治療的原則にはABCアプローチ，すなわち応用行動分析学（applied behavior analysis：ABA）的な理解と対応を推奨している。この方法論の特徴は，BPSDが認知症者の否定的な心情，例えば何らかの不安によって誘発された行動であると洞察するのではなく，BPSDを生じたことで何らかの利得が介護環境から随伴された結果，強化された行動であると考えることにある。このため，対応としては否定的な心情の緩和ではなく，BPSDを生じても利得が得られないようにする消去を基本とし，BPSDとは同時に起こせない適切な行動が生じた際に利得を得られるようにする強化と先述の消去とを併用する分化強化，BPSDを生じなくても定時的に利得が得られるようにする非随伴性強化といった技法を，介護者が日々のケアに反映させることが求められる。なお，L. D. バルジオとJ. シノット（Burgio & Sinnott, 1990）はBPSDを生じた際に受ける可能性のある以下の対応について，実際に施設でケアを受けている高齢者を対象に，彼らの容認性を調べた。①抗精神病薬による薬物療法，②分化強化，③罰の一種であるタイムアウト，の三つの対応について問うた結果，特に分化強化の容認性が薬物療法やタイムアウトよりも高かったことが報告されている。

● **BPSDに対するABAの実際**　徘徊行動は一般的なBPSDの一つであるが，ハードとワトソン（Heard & Watson, 1999）は介護施設に入所中の，徘徊癖のある4名の認知症者に介入を行った。対象者が徘徊しているときには介護者は関わりを控え，徘徊してないときには個別の嗜好刺激を与えて徘徊の低減を試みた。これは他行動分化強化と呼ばれる技法であるが，2回にわたって介入効果を検証した結果，いずれの介入期においても全対象者の徘徊時間が減少したことを報告している。この他にも1973年から海外において「自傷行動」や「不適切な言動（被害妄想様言動，大声の独語，暴言，脳卒中による言語障害，奇声，場違いな発言，同じことを繰り返し言う，卑猥な発言）」「暴力」「放尿」「介護拒否・抵抗」「不穏」といったBPSDへの実践が報告されるようになった。日本では1998年に「大声での頻回な要求行動」への実践が報告され，以来，これまで記載した以外にも「介護者への不適切な性行動」や「収集癖」，「弄便」，「食行動異常（拒食・異食・盗食）」，「妻の仕事の妨害」など，多彩なBPSDへの実践が報告されている（宮，2015）。

　　　　　　　　　　　　　　　　　　　　　　　　　　　　　　　　　　　［宮　裕昭］

さらに詳しく知るための文献
[1] 日本老年精神医学会監訳 2013（第2版）認知症の行動と心理症状BPSD　アルタ出版.
[2] ピンクストン, E. M. ほか 1992 高齢者の在宅ケア―家族に対する新しいアプローチ　ミネルヴァ書房.
[3] 宮 裕昭 2018 認知症における行動分析（特集　もっと知りたいあなたのための認知行動療法ガイド）臨床心理学, 18, 12-15.

重度知的障害者

☞ 行動療法と行動理論 p.8，応用行動分析の基礎知識 p.16，オペラント条件づけの基礎理論 p.50，知的能力障害 p.148，オペラント法 p.252，応用行動分析（ABA）p.254

　知的障害は，18歳までに生じる知的機能と適応行動の双方の明らかな制約によって特徴づけられる能力障害である（米国知的・発達障害協会（American Association on Intellectual and Developmental Disabilities：AAIDD）用語・分類特別委員会編，2012）。一般に，それらの能力障害の程度が重度の場合に，重度知的障害（severe intellectual disability）とされる。現在，障害の軽重は日常生活の困難性や制限といった観点や必要なサポートの程度からとらえられている。そのため，重度知的障害は，知的機能と適応行動双方の明らかな制約により，日常生活に相当の困難や制限があり，個別化された支援をさまざまな生活の領域において頻繁に，継続的に必要としている状態とされる。

●**重度知的障害者の支援ニーズ**　重度知的障害者の日常生活の相当の困難や制限は，全般的な知的発達の遅れやそれに伴う適応行動の制約といった個人の能力だけではなく，その人が生活している環境条件が強く関係する。例えば，毎日のように利用しているスーパーマーケットで重度知的障害のある人がお金の支払いに困ったときに，支払いの補助具となる計数版を用いたり，計数版を使って店員と一緒にお金を数えたりすることで，その人の生活のしやすさは大きく変化する。AAIDD（2012）では，知的障害のある人の支援ニーズは，個人の能力と環境条件とのミスマッチの結果であり，個人のもてる力とその人が暮らしている環境条件とのミスマッチを軽減することに焦点をあてることで，その人の生活の変容や個人的受益を高められるとしている。

●**重度知的障害者への認知行動療法（CBT）の適用**　認知行動療法は，個人の能力と環境条件とのミスマッチ，すなわち，個人と環境との相互作用の不調をもたらす環境的な原因や，その人の生活の質の向上に必要な支援を分析的に応用することに長けている。分析的に応用するとは，それまでに知られた原理技法を現実場面に単に適用するのではなく，適用された諸原理が，当該の問題への対処に対して適切な枠組みを与え，必要な効果を及ぼしたか評価する作業をさしている（望月，1996）。

●**重度知的障害者へのCBTの支援事例**　重度知的障害と聴覚障害を併せ有する2名の成人を参加者として，知的障害者福祉施設の職員やほかの利用者とのコミュニケーション行動の実現を目指した支援が行われた（望月ほか，1988）。支援開始時，参加者はわずかな身振りをしたり，絵や写真を見せるといくつかの物品は名前を書いたりすることが可能であったため，日常生活で自分の必要に応じて，書字か簡単な手話で物品名を自発的に要求することをねらいにした。

最初，福祉施設の特定の環境で，日用品の要求ができるように要求言語行動を形成した。ところが，8か月経過した時点で，日常場面への般化は見られなかった。そこで，般化を促す環境設定を日常場面に導入することを試みた。具体的には，参加者が職員に要求に来たと思われるとき，職員が「なーに？」という手話をしたり，職員の手のひらに指で文字を書けるように手のひらを差し出したりするようにした。その手続きが有効であることが確認されたため，全職員で行うように協力を依頼した。その結果，参加者とほかの利用者，職員との言語的なやりとりが見られるようになった。しかし，それから半年が経過すると，職員による促しは行われなくなり，参加者の言語的な要求も消失していった。

そこで，施設全体に手話を導入するようにした。参加者を含むすべての利用者を対象に，日常生活でよく用いられることばを選び，絵と文字と手話の写真をセットにしたポスターを作成し，おやつの時間帯に職員による手話講習を行なった。講習後には，ポスターを廊下に掲示した。さらに4か月後，新たに10単語を増やして手話講習を行い，ポスターを掲示した。加えて，一部の利用者が手話の写真のモデルとなった「手話の本」を作成し，すべての利用者と職員に配布した。その結果，日常生活の中で参加者，ほかの利用者，職員それぞれの交流が促進され，日常生活の中で手話によるやりとりが定着していった。

●**重度知的障害者への支援の留意点**　重度知的障害者の日常生活の相当の困難や制限は，基本的には全般的な知的発達の遅れによる適応行動の制約からもたらされる。しかし，適応行動の制約には，適応スキルが十分に習得されていないという獲得の欠如に加え，適応スキルをいつ，どのように実行したらよいかわからない実行の欠如や実行への意欲の欠如といった側面もある。望月ら（1988）の事例は，必要な適応スキルが獲得されたとしても，実行に必要な環境設定が不備であったため般化されなかったと言える。加えて，周囲が絶えず適応スキルの実現に必要な環境設定を整えるように働きかけなければ，その実現は期待できないことも示している。最終的に，参加者の要求言語行動は，それらが強化される環境を日常的に整えていくことによって維持された。重度知的障害者へのCBTの適用では，個人と環境との相互作用の不調をもたらしている原因を行動の分析枠である3項強化随伴性の観点でアセスメントし，周囲との社会的な相互作用が正の強化で維持される環境を重度知的障害者が生活している自然な環境に整えていくことが重要となる。それらの支援によって，重度知的障害者の日常生活の困難や制限の軽減・解消と個人的受益の向上が期待できる。

［渡部匡隆］

📖 さらに詳しく知るための文献

[1] レミントン，B.　小林重雄監訳　1999　重度知的障害への挑戦　二瓶社．
[2] 米国知的・発達障害協会用語・分類特別委員会編　太田俊己訳　2012　知的障害―定義，分類および支援体系　日本発達障害福祉連盟．

重症心身障害

☞ 知的能力障害 p.148，重度知的能力障害者 p.514

　重症心身障害とは，重度の肢体不自由と重度の知的障害とが重複した状態のことである。児童は重症心身障害児といい，成人では重症心身障害者という。また，両者を併せて重症心身障害児（者）と呼ぶ。この呼び方は医学的な診断名ではなく，児童福祉法による行政上の措置を行うための呼び方である。ただし，国による重症心身障害の明確な判定基準はなく，現在では，元東京都立府中療育センター院長の大島一郎（1971）が発表した「大島分類」の方法によって判定するのが一般的である。この方法は，表1のように，運動機能（「走れる」，「歩ける」，「歩けない」，「座れる」，「寝たきり」）を横軸にとり，IQを縦軸にとった場合の組合せから心身障害の状態を判定するものである。重症心身障害児（者）は，この表の1，2，3，4の範囲に相当する。また，1の中でも特に重い状態にある場合は，「超重症児（者）」とされる。ちなみに，5，6，7，8，9は，重症心身障害児の定義には該当しないが，常に医学的な管理を必要としたり，障害の状態が進行的と思われたり，合併症があったりすることなどから周辺児と呼ばれている。

●**重症心身障害児（者）の特徴**　重症心身障害児（者）は，姿勢・移動に関しては，ほとんど寝たままで，自力では起きあがることができない。自力での移動や寝返りも困難である。排泄も全介助が必要である。食事は自力ではできず，スプーン介助を必要とする。咀嚼が困難なため，食形態はきざみ食や流動食が多く，誤嚥にも注意が必要である。身体の緊張が強く，思うように手足を動かすことができない。また，手足の変形や拘縮，側彎や胸郭の変形などを伴うことが多い。健康面では，肺炎や気管支炎を起こしやすく，痰の吸引が必要なことが多

表1　大島の分類

					(IQ)
21	22	23	24	25	80
20	13	14	15	16	70
19	12	7	8	9	50
18	11	6	3	4	35
17	10	5	2	1	20
走れる	歩ける	歩行障害	座れる	寝たきり	0

1．1，2，3，4の範囲に入るものが重症心身障害児

い。てんかん発作を伴うことも多い。コミュニケーションでは，言語による理解や意思の伝達は困難なことが多いが，呼びかけに対して表情で応答したり，表情で意思を伝達したりする。

　超重症児（者）は，呼吸や栄養摂取においても常に医学的な管理が必要である。呼吸管理では，レスピレーター（人口呼吸器）装着や気管に酸素を送るための気管内挿管，気管切開によるカニューレ設置などを必要とする。食事に関しては，経管や経口による栄養補給を要するが，口から栄養を摂取することができない場合は，静脈などから点滴投与する中心静脈栄養の処置を行う。

●**重症身障害の原因**　重症心身障害の発生原因は，生理的要因，病理的要因，心理・社会的要因に大別できる。また，胎内感染症や脳奇形，染色体異常などの出生前の原因，分娩異常や極小未熟児などの出産時・新生児期の原因，脳炎など中枢神経感染症といった周生期以降の原因に分類することもできる。

　日本には，およそ4万3,000人の重症心身障害児（者）がいるとされ，発生数は増加の傾向にある。その理由として，医学や医療の進歩によって，超低出生体重児や重症仮死産児などの命が救えるようになったことが要因と考えられている。

●**重症心身障害児（者）への福祉サービス**　国は障害者総合支援法に基づいて重症心身障害児（者）とその家族が安心して地域で暮らしていくための支援を行っている。そのうち，在宅の重症心身障害児（者）の支援に関係する福祉サービスとしては，「居宅介護（ホームヘルプ）」「重度訪問介護」「養護介護」「生活介護」「短期入所」「重度障害者等包括支援」などがある。

●**重症心身障害児への教育支援**　重度心身障害児は，学校教育法では重度重複障害児に相当する。「重度重複障害児」に対しては，特別支援教育によって一人ひとりのニーズに応じたきめ細かな教育的支援が行われている。中でもICF（国際生活機能分類）の考えに基づき，個々の児童の満足感や幸福感などの生活の質（QOL）の向上を目指した教育的支援に重点が置かれている。その一つが，人工知能やコンピュータ技術の進歩に伴って急速に発展したAAC（拡大・代替コミュニケーション）によるコミュニケーションの支援である。この支援によって，自分の意思の表出が可能になり，コミュニケーションの拡大に伴って，内的な世界にもが大きな広がりが見られている。

[今野義孝]

📖 **さらに詳しく知るための文献**

[1] 岡田喜篤監修　2015　新版重症心身障害療育マニュアル　医歯薬出版．
[2] 中邑賢龍　2002　AAC入門（改定版）拡大・代替コミュニケーションとは？　こころリソースブック出版会．
[3] 大島一郎　1971　重症心身障害の基本的問題　公衆衛生，35，648-655．

地域生活支援

☞ アウトリーチ（訪問支援）p.520, 福祉分野の関連法規 p.696, 合理的配慮 p.706

　地域生活支援とは文字どおり"地域での生活を支援すること"であるが，認知行動療法の文脈の中でこの言葉の意味を理解するためには，この言葉が心理学の中で使われるようになった歴史的経過や科学者−実践家モデル，脱施設化，急性期ケアなどの関連する言葉を知る必要があるだろう。

　現在地域生活支援は，自立生活支援，地域生活支援，地域支援の三つの要素の相互作用として整理されており，その相互作用に介入する方法論としてケアマネジメント，危機介入，ミクロ実践とマクロ実践の連結などが開発されている。

●**心理学における地域生活支援の誕生**　心理学が地域生活支援を学問の対象とするに至った歴史的経過として少なくとも以下の三つの影響があると言える。

　一つ目は第二次世界大戦中期以降，アメリカ政府がアメリカ心理学会に帰還兵対応の協力要請をしたことである。戦地からの帰還兵の半数近くが専門的な精神科的治療を必要としたが当時のアメリカにはそれに対応するだけの臨床家はいなかった。また当時アメリカの心理学は実験心理学を主流としており臨床分野は一線を画されていた。こういった経緯からアメリカ心理学会は，1949年「科学者−実践家モデル（scientist-practitioner models）」を展開するに至り，心理学を学んだ後に心理臨床家としてトレーニングを受けるという形をつくっていった。心理学が地域生活支援を学問対象とする必要性と，その効果を科学的に吟味する姿勢の素地が誕生した時期と言える。

　二つ目は1960年代のアフリカ系アメリカ人による公民権運動や，ケネディ大統領による精神障害や知的障害の脱施設化，ジョンソン大統領による「貧困との戦い（the war on poverty）」宣言など，それまで人権について注目されてこなかった部分に光があたり，急速に教育や保健，福祉など地域支援に関する制度が整えられていったことである。これらの動きに伴って社会から求められる責任を果たす心理臨床家をどのように養成すべきかが議論となり，1965年「地域精神保健のための心理学者教育に関するボストン会議（Boston conference on the education of psychologists for community mental health）」で初めてコミュニティ心理学という言葉が正式に使われた（日本コミュニティ心理学会，2007）。またこの時期に社会の変革と個人の変革の相互作用が注目され，どの部分に注目しどのようにアプローチするかによって，コミュニティ心理学のほかにも臨床心理学，地域精神保健，社会福祉学などが発展し，互いの異同を議論するようになった。

　三つ目は1970年代に始まった重度身体障害をもつ人たち自身による「自立生

活運動（independent living movement）」である。彼らの運動の重要な理念は二つあり，その一つは最大限の医療やリハビリテーションがインテンシブになされるべき急性期ケアと，そこから続く長期ケアの方法論を分けることの必要性であり，もう一つは障害当事者の力や仲間の力を活用する必要性であった。これにより地域生活支援に欠かすことのできない本人主体の視点や当事者性が包含されていった。

このように，心理学が次第に取り入れていった地域生活支援の領域は，「自立生活支援」（本人の主体形成への支援など本人に対する支援），「地域生活支援」（本人が地域で暮らすための住居や余暇などの社会資源の調整支援），「地域支援」（住民が互いに支えあう地域づくりなど社会への支援）の三つを主要要素として整理されていった。

●ケアマネジメントと危機介入　ケアマネジメントとは複合的なニーズを抱える人に対して，縦割り行政や支援の公的私的の枠組みなどを超え必要な支援などを調整する手法である。ケアマネジメント実行のために本人中心支援計画（person-centered support plan）が立てられる。

一方地域で生活していると，災害や事故，人生上の大きな出来事など，それまでのやり方では対処できない事態に遭遇することがある。システム論では個体や組織がそれまでのやり方で対処できない事態を危機（crisis）と呼ぶ。危機についての重要な視点は危機場面では本人の日常の安定した状態での対処能力が損なわれ，本人が感情的に混乱している可能性があるということである。本人自ら危機前に危機対応（crisis plan）を考えておくことなどさまざまな危機介入の方法が開発されている。

●ミクロ実践とマクロ実践の連結　ある個人への支援は，多かれ少なかれ世論や社会資源など社会情勢の影響を受けている。一方社会情勢も，個人への支援の積み重ねにより，不足していた社会資源の開発や法整備など変化しうるものである。個人への支援というミクロな実践と，社会情勢への働きかけといったマクロ実践を連結させ循環させることが重要であり，そのための方法論が開発されている。

［山本　彩］

さらに詳しく知るための文献

[1] 仲村優一ほか監修　2007　エンサイクロペディア社会福祉学　中央法規出版.
[2] コミュニティ心理学会編　2007　コミュニティ心理学ハンドブック　東京大学出版会.
[3] Hepworth, D. H. et al. 2006 *Direct Social Work Practice* Brooks/Cole, Cengage Learning.（武田信子監修　2015　ダイレクト・ソーシャルワークハンドブック　明石書店）

アウトリーチ（訪問支援）

☞ 双極性障害 p.118，統合失調症 p.120，ひきこもり p.172，地域生活支援 p.518，精神障害者の復職支援における認知行動療法 p.614

　アウトリーチ（訪問支援）とは，「積極的に対象者のいる場所に出向いて働きかけること」（自立相談支援事業従事者養成研修テキスト）である。日本では年齢や障害の有無などに関係なく安全に安心して暮らせる「共生社会」を目指して，保健・医療・福祉等の各領域で政策に基づく整備がなされ，訪問支援が実施されている。

●**各領域における法と事業**　厚生労働省は2004年「精神保健医療福祉の改革ビジョン」において，「入院医療から地域生活中心へ」という基本的な方策を示し，退院可能精神障害者について精神保健医療福祉体系の再編と基盤強化を開始した。2008年度「精神障害者地域移行支援特別対策事業」，2010年度「精神障害者地域移行・地域定着支援事業」において，精神障害者の地域移行に必要な体制を整え，2011年には包括的地域生活支援（assertive community treatment：ACT）をモデルとして2011年には「精神障害者アウトリーチ推進事業」を開始した。2014年「精神保健および精神障害者福祉に関する法律」を整備し，訪問支援の一部を診療報酬化し，保健所や社会福祉施設と連携した地域移行支援を推進している。他方，ニートやひきこもりなどに対しては2010年「子ども・若者育成推進法」において，生活困窮者に対しては2015年「生活困窮者自立支援法」において，訪問支援事業を展開して彼らの社会参加の促進を計った。また，特別な支援ニーズのある児童に対して，2012年「改正児童福祉法」においてその発達支援に関わるスタッフが集団生活の場（園・学校・施設など）へ訪問支援を行うサービスを創設し，対象児童に対する直接支援やその場の職員に対する間接支援を推進している。2018年度からは既存の地域生活支援事業（広域調整等事業）における訪問支援事業に，新たに地域生活支援促進事業（精神障害にも対応した地域包括ケアシステムの構築推進事業）を追加し，支援対象を精神障害者（疑いの者も含む）とその家族等で訪問支援が有効であると自治体が判断した者とした。

●**包括的地域生活支援（ACT）**　ACTは1960年代初頭の米国において，脱施設化と地域ケアへの展開がもたらした重度精神障害者の回転ドア現象やホームレス化に対して，L. スタイン（Stein）らが開発した支援プログラムである。彼らは「精神障害をもつ人たちが呈する対処技能の欠損と依存性は頻回の再入院に由来するもので，必要な対処技能と自律性の獲得は現に生活している地域の中で最もよくなされ得る」という考えのもと，家庭や職場での24時間365日対応の集中的な治療，リハビリテーション，サポートサービスを提供した（西尾，2008）。その後現在のACT（表1）へ発展して，諸国で実践され，入院期間の減少・居住安定性の

表1　ACTの構造上の特徴

[ACTの構造]
・対象を重い精神障害をもつ人に絞る
・多職種の専門家でチームを構成する
・集中的なサービスを提供できるよう利用者の上限を設定する
（スタッフ10名のチームでは100名程度）
・サービスの統合性をはかるために必要な保健・医療・福祉・就労支援サービスのほとんどをチームが責任をもって直接提供する
・1日24時間・365日体制で危機介入に対応する
・自宅や職場などへの積極的な訪問によって利用者が実際に暮らしている環境の中で効果的な相談・支援を行う
※標準モデルへの適合度評価尺度（fidelity scale）が開発されており，各プログラムが適切に運営されているかどうかを評価することができる

[西尾（2008）]

改善・サービス満足度の向上などの効果が諸国で実証されている。日本では2003年5月から国立精神・神経センター国府台地区において試行的なACTプログラム（ACT-J）が開始され（心の健康科学事業），各地で中核となるACTチームが成長していった。2008年度からはNPO法人地域精神保健福祉機構（community mental health & welfare bounding organization：COMBO）が実施主体となり，普及啓発が進められている（厚生労働省障害者保健福祉推進事業）。その中では個別就労支援プログラム（individual placement and support：IPS）も実施され，本人の好みや長所に注目した求職活動と同伴的な支援が継続されている。

●訪問支援における認知行動療法（cognitive behavioral therapy：CBT）
考え方や行動の悪循環に注目してセルフコントロールにつなげるCBTは，疾患を問わず，生活の中で生じる困りごとに対して応用的に用いることができる。統合失調症に対するCBTは，近年ではCBTp（cognitive behavioral therapy for psychosis）と呼ばれ，一つの分野として確立されつつある。治療関係や治療バイアスに特に気をつけて関わる必要はあるが，①協働的実証主義の重視，②認知と行動の適応性・柔軟性の向上，対処法の学習・強化，③詳細なアセスメントと個別フォーミュレーション，④ノーマライゼーション，⑤再発予防，の五つを治療指針として関わることができ（石垣，2013），症状自己管理モジュールなどの定められた方法を使いつつ個別のバリエーションやニーズにきめ細かく対応できるとされている（山崎，2013）。また，ひきこもりをはじめとした治療抵抗性の高い人の家族への支援として，コミュニティ強化と家族訓練（community reinforcement and family training：CRAFT）の普及が近年進んでおり（境・大野，2015），支援者教育を含む種々の研究がなされている。

[岡本利子]

📖 さらに詳しく知るための文献
[1] 西尾雅明　2004　ACT入門　金剛出版．

当事者研究

☞ 統合失調症 p.120, ケースフォーミュレーション, 機能的行動アセスメント, 行動観察 p.178, ソーシャルスキルトレーニング (SST) p.278

　当事者研究は，北海道浦河郡における統合失調症をはじめとする精神障害者とその援助者からなるコミュニティである「浦河べてるの家（以下，べてるの家）」で開始されたユニークな実践である。べてるの家ではほかに，ソーシャルスキルトレーニング（SST）などのグループミーティング，昆布販売などの経済活動，日本および海外での講演活動，書籍や映像作品の出版などが，当事者中心に幅広く行われており，注目を集めている。中でも毎年開催される「べてる祭り」には，日本中から参加者が集まり，町おこしに一役買っている。べてる祭りにおけるメインイベントは「幻覚＆妄想大賞」と呼ばれるもので，その年で最もユニークな幻覚や妄想に賞が与えられる。これは「統合失調症の症状は薬剤で取り除くべきものである」という従来の医学的常識に衝撃を与えるものである。

●**当事者研究の進め方と認知行動療法との異同**　当事者研究は2001年に始まった。ソーシャルワーカーの向谷地生良は，精神科に入院中の河崎寛と出会った。河崎は親に要求を断られた腹いせで病院の設備を破壊してさらに落ち込む，ということを繰り返していた。向谷地はそんな河崎に向かって「一緒に"爆発"の研究をしないか」ともちかけ，河崎が応じた（浦河べてるの家，2005）。

　当事者研究の進め方は以下のとおりである。①〈問題〉と人との，切り離し作業（外在化）。②自己病名をつける（医学的な病名ではなく，自らの抱えている苦労の意味や状況を反映した「病名」を自分でつける。例：「統合失調症"週末金欠型"」「幻聴さんにジャックされる人，されない人の謎」）。③苦労のパターン，プロセス，構造の解明。これら①②③のプロセスを経て，④自分の助け方や守り方の具体的な方法を考え，場面をつくって練習する。⑤結果の検証。ただし，④や⑤は当事者研究というよりSSTの文脈で行われることが多い。これらのプロセスは当事者と援助者からなるグループミーティングにて行われ，研究内容はホワイトボードやノートなどに文章や図やイラストを使って外在化され，メンバーに共有される。「自分自身で，ともに」というキャッチフレーズからもわかるとおり，当事者研究は1人の孤独な作業ではなく，仲間とともに行う「共同作業」であり，研究を通じて人とのつながりを取り戻す，という目的も有する。

　べてるの家の実践はさまざまな意味でユニークだが，認知行動療法（CBT）の文脈では，当事者研究とSSTが特に参考になる。伊藤・向谷地（2007）は，べてるの家とCBTのインタフェースとして，「問題志向＝アセスメント」「当事者研究＝ケース・フォーミュレーション」「日常生活の重視＝ホームワーク」「手を動かすより口を動かせ＝双方向的なコミュニケーション」といった項目をあげて考察してい

るが，中でも当事者研究はCBTにおいて不可欠なプロセスである「ケース・フォーミュレーション」と関連づけられるため，特に重要だと思われる。

CBTは「解決志向」のアプローチとは異なり，まずはセラピーで扱うべきテーマ（問題）を設定し，CBTの基本モデル（環境状況要因，認知，気分感情，身体反応，行動）に基づき，問題のメカニズムを循環的に理解するプロセスを重視する。そのうえで問題を解決するための目標を立て，具体的な技法を選択する。この流れがケースフォーミュレーション（CF）である。特定の問題に対して，適切な技法を選択し，介入に結びつけるためには，ある程度じっくりと時間をかけてCFを行う必要がある。そしてこのCFと限りなく重なり合うだけでなく，CBTにおけるCFにさまざまなヒントをくれるのが，べてるの家の当事者研究なのである（図1）。特にCBTがグループ形式で行われることが増えている昨今において，べてるの家の取組みの重要性はさらに増すものと思われる。

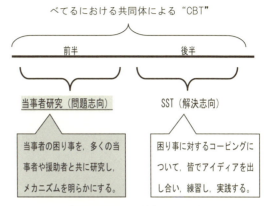

図1　べてるの家の実践における当事者研究の位置づけ［伊藤・向谷地（2007）を改変］

しかし当事者研究とCBTのCFがすべてぴたりと一致するわけではない。石原（2013）によると，両者の主たる違いは，前者が必ずしも問題解決を目指さないこと，認知や行動の変容よりむしろ環境の変容を目指すこと，援助者のみならず当事者が名前と顔を出すこと，などをあげている。

●**広がる当事者研究とその効果研究**　現在当事者研究は，べてるの家から多領域に広がり，特に発達障害，薬物依存，吃音，子ども，認知症など幅広い当事者を対象に，セルフヘルプグループ，医療機関，司法機関などで広く実践され，日本発のアプローチとして「tojisha kenkyu」という日本語の呼び名のまま，海外にも広まりつつある。同時に，その効果を検証しエビデンスとして科学的知見に結びつける試みが開始されており，今後の展開と広がりがさらに期待される。

［伊藤絵美］

📖 **さらに詳しく知るための文献**
[1]　浦河べてるの家　2005　べてるの家の「当事者研究」医学書院．
[2]　伊藤絵美・向谷地生良　2007　認知行動療法，べてる式　医学書院．

福祉分野における認知行動療法の応用可能性

表1は「認知行動療法 AND 福祉」のキーワードで NII 学術情報ナビゲータ（CiNii Articles）を検索した結果の一部である（2017年11月3日検索）。キーワードで抽出された論文をハンドサーチし87本を内容的にキーワードに合致すると認めた。このうち，約86％が行動療法学会，認知・行動療法学会で報告・掲載されたものであった。乳幼児期から老年期までの各発達段階で認知行動療法が適用されている。対象は主に児童や障害のある人，高齢者であり，適応行動の形成や不適応行動の低減が目的とされている。また，それらの人々の関係者（親，教師，スタッフなど）への支援も行われている。その他，引きこもり支援，就労・復職支援などが実施されていた。これらに加え，今後，以下の分野で CBT の利用が期待されるだろう。

●トラウマ回復支援　乳児院，母子生活支援施設，児童養護施設，児童自立支援施設，児童心理治療施設の児童福祉施設，児童相談所，そして婦人相談所には心理療法担当職員が配置されており，子どもに対しては虐待・いじめ被害のケア，母親・婦人に対してはドメスティック・バイオレンス・性暴力被害のケアが求められている。実際，児童養護施設に入所している子どもの約6割は虐待を受けていたとの報告がある（厚生労働省，2015c）。また母親・婦人のケアには，トラウマフォーカスト CBT，家族のための代替案 CBT などの認知行動療法が推奨されている（厚生労働省，2018）

●スキルトレーニング　日常生活・社会生活の自立に関連したスキルの教授は，児童福祉施設入居児のみならず，更生保護施設（刑務所，少年院などの退所者の社会的経済的な自立支援を主目的とした施設）での生活指導，生活困窮者自立支援事業での就労準備支援事業などでも必要である。生活指導においては行動マネジメントが利用できるだろう。

●実施者　CBT は心理職や医療職だけではなく，保育士，各種指導員・相談員・支援員が実施することができる。

その他，関連項目（☞「地域生活支援」，「虐待」，「訪問支援」）も御覧頂きたい。［大野裕史］

表1　福祉領域における CBT 実践

乳幼児期（就学前）	・行動分析による早期療育 ・育児不安の低減 ・ペアレントトレーニング ・家族支援（デリバリー療育の事後調査，ペアプロ） ・保育者・スタッフトレーニング
児童期（小学校）	・発達障害児への SST ・児童デイサービスでの療育支援 ・放課後等デイサービスでの積極的行動支援 ・母子生活施設の児童へのトークエコノミーを用いた介入 ・ティーチャーズトレーニング ・スタッフトレーニング
青年期（中〜大学）	・引きこもり支援 ・雇用前の知的障害者へのセルフマネジメント支援
成人期	・重度知的障害者へのコミュニケーション支援 ・高次脳機能障害者へのアセスメント支援 ・障害者相談支援事業での CBT ・復職支援 ・職業リハビリテーションでの実践
老年期	・介護スタッフへの介入 ・アルツハイマー型認知症への支援 ・（フレイル関連要因の調査）

第 10 章

司法・犯罪・嗜癖分野の認知行動療法

[編集担当：神村栄一・嶋田洋徳]

　「やめられない・とまらない」が困難の中核となる問題行動，症状に対して，認知行動療法への期待が高まっている。同時に，認知行動療法が「アメとムチ」による行動や認知の「無理矢理な矯正」でも「科学的の名の下での押しつけ」でもない手続きからなることが，広く認識されてきた。要支援者にとって意味ある変化は，内側からなのかそれとも外側からなのか，という不毛な議論もほとんどなくなった。

　振る舞いも思考も，感情や衝動，身体反応も，生きた人間に自発する反応であり常に内外の環境と相互作用し，展開している。認知行動療法のターゲットは，個々の反応そのものでなくそこにある悪循環である。内面と外面という対立図式は，要支援者とその困難を固定的な対象物としてとらえた結果であり，命あるものとして寄り添えていない一つの証と言える。

　法を犯した者の改善更生を強調した法制度の改定に伴い「性犯罪者処遇プログラム」が全国の刑事施設，保護観察所などで展開されるようになった。これを契機として，「性犯罪者処遇プログラム」の基盤に位置づけられる認知行動療法が，司法・犯罪分野において注目されるようになった。薬物依存からの離脱指導，暴力防止プログラム，および少年施設における取組みなどにおいてもこの治療的であり教育的でもあるアプローチが積極的に導入されるようになった。国家資格である「公認心理師」の運用においては，司法・犯罪分野でも認知行動療法をベースとした心理学的支援が推奨されることが明文化されるに至った。

　心理療法の多くは，ある心理学的潜在変数でさまざまな症状や問題行動を理解するという，独特の理解の枠組みによって立つ。対して認知行動療法では，そのような潜在変数を想定せず「行動の原理」によって具体的に説明する。それだけに，性加害や薬物事犯など多様な犯罪形態のバリエーション，それぞれに応じた支援方法の理解，処遇の流れを十分理解し，基本となる理論とアセスメント手法について熟知しておくことで，このアプローチはより実効あるものとなる。

　本章でも，処遇の流れ，理論・アセスメント・基本援助技法，犯罪，非行，嗜癖の理解，支援方法について可能な限り紹介することとした。加害行動の理解だけではなく被害者の理解と適切な支援についても扱うこととした。

　司法・犯罪分野においては，深刻な嗜癖の障害が併存し，それらが触法行為に影響している場合も多い。物質および，行為への嗜癖の問題は，医療領域においても重要なテーマであるが，触法の問題との関連性の強さと認知行動療法の支援の枠組みにおける共通性を考慮し，本章で合わせて扱うこととした。

[神村栄一・野村和孝]

被害者支援と認知行動療法

☞ 災害支援 p.140, PTSD, 複雑性悲嘆のアセスメント p.210, 持続エクスポージャー法（PE）p.264, PTSDに対する多様なアプローチ p.318

　現在多くの国で行われている被害者支援活動の萌芽は，1960年代後半から，一部の欧米先進国で見られる。まずは，それまで無視されていた被害者が発見され，声をあげることが第一歩となった。子どもへの虐待や性暴力被害，DV，犯罪被害などに関して，当事者が組織的に声を上げ，支援が始まるのは70年代前半である。米国では1980年代には被害者支援運動は「法と秩序」の運動と関連をもち，犯罪の重罰化とともに，被害者の苦痛への配慮や権利の保障の取組みが行われた（Karmen, 2016）。

　一方精神医学では，1980年DSM-Ⅲに，心的外傷後ストレス障害（post traumatic stress disorder：PTSD）の概念が登場した。ベトナム戦争がPTSD概念登場に大きく影響を与えたことはよく知られている。第一次世界大戦で明らかとなった兵士の「戦争神経症」の概念，特に精神科医であったA. カーディナー（Kardiner）が観察し提唱した戦争神経症の概念を源としてPTSDの診断基準は誕生した。

　さらに70年代から80年代にかけて，レイプやDVの被害者，児童虐待の被害者，事故や災害，犯罪の被害者や遺族などが，被害の後，精神的にもさまざまな困難を抱えることが知られるようになり，その一部はPTSDと診断されることが明らかになった。このように，被害者支援とPTSD概念はその成り立ちから深い関連をもっていた。人権を擁護する立場からの支援と，医学的治療の概念は，一部重なりながらも視点が異なるが，当時の大きな社会的思潮が両者を見出し，さらに相互的に二つが支えあう形で発展したのである。

　日本では1980年に犯罪被害者等給付金支給法が成立したが，心理的犯罪被害者支援の実践では先進諸国には大きく後れていた。犯罪被害者の心理的支援の必要性は一部では90年ころから認識されていたが，日本の社会に被害者支援の概念が受け入れられるようになったのは，1995年の阪神・淡路大震災からである。災害の被害者には生活支援だけでなくメンタルヘルスに関する支援が必要という認識はここから始まっている。PTSDという病気の名前も一気に広がりを見せた。

　2018年にはICD-11に複雑性PTSD（C-PTSD）が記載された。1992年にJ. L. ハーマン（Herman）によってはじめて主張された虐待やDVなどによる繰り返し，持続する極度のトラウマによるPTSD（Herman, 1992）が，概念化されたと言える。治療やケアの需要が増加すると思われるが，現在の日本では専門的な治療の供給不足が明らかである。

●**被害者感情の理解**　心理的被害者支援は，いつどこでどのような関わりをもっ

て行うかによって方法が異なる（WHO, 2011）。どのような状況でも被害者の感情を理解し，尊重しなければならないことは不変である。

　PTSDの症状についての理解は言うまでもないが，犯罪被害後の人がさまざまなことで深く傷ついていることを知る必要がある。また恐怖によって，あるいはそれを避けようとする回避や，時には解離によって影響され，必ずしも合理的な行動を取らないことがある。性犯罪の被害を受けたのに，そのことを話せなかったり，DVや虐待で，周りが助けようと思っても，本人が虐待やDVであることを否認することもある。被虐待者が分離直後から妙に明るい印象を与えたり，加害者の機嫌がよくなることや加害者に自分を認めてもらうことを常に第一に考えている印象を与えたりすることは少なくない。また客観的には自責を感じる必要がないのに，被害について自分を厳しく責めていることもある。激しい怒りを抱え，それ以外の感情がもてなくなることもある。さらに裁判や取材などで二次被害を受けることもある。複雑な被害者の感情を理解し，共感をもって接することが必要である。

　被害後に自然に回復する人もいるし，治療が必要な人もいる。災害のトラウマ体験の後ではPTSDの発症率は比較的低いが，性犯罪では高いことが知られている（Kessler et al., 1995）。自然な回復に役立つものはソーシャルサポートである。家族や周囲の人とのつながりを増進し，これまで行われていた生活を回復するように支援者は努めることが必要である。

● **PTSDの認知行動療法，複雑性悲嘆の認知行動療法**　PTSDの症状が診断される場合は，PTSDに特化した認知行動療法が推奨される。認知行動療法が確固とした効果をもつことが，アメリカでは，被害者支援の中での政策的なPTSDの位置づけを支えている。E. B. フォア（Foa）は1985年に恐怖記憶について感情処理理論を発表（Foa et al., 1985）し，持続エクスポージャー療法を開発した。P. A. リーシック（Resick）の認知処理療法（CPT），F. シャピロ（Shapiro）の眼球運動による脱感作と再処理法（EMDR），トラウマを体験した子どもを対象としたL. R. コーエン（Cohen）らのトラウマフォーカスト認知行動療法（TF-CBT）など，いくつかの心理療法が開発され，その効果が検証されている。

　もう一つの心理的被害者支援のポイントとして複雑性悲嘆 complicated grief の問題がある。被害を受けた本人だけではなく，その遺族も強いストレスを受ける。何年にもわたって苦痛が続き，生活も阻害されることもある。エクスポージャー法と対人関係療法を組み合わせたK. シア（Shear）の複雑性悲嘆療法CGTがエビデンスのある治療法として日本でも紹介されている。災害後の支援では，複雑性悲嘆に対する取組みが必須である。

［小西聖子］

📖 **さらに詳しく知るための文献**

[1] Karmen, A. 2016 *Crimevictims: An Introduction to Victimology*（9th ed.），Cengage Learning, pp.39–65.

成人犯罪・少年非行と関連諸機関

☞ 少年院における生活指導と認知行動療法 p.572，保護観察における認知行動療法 p.580

　日本における刑事司法手続きの流れと各段階における処理人員の公的統計数値は犯罪白書（法務省，2017）に掲載されている「刑事司法手続きの流れ」および「非行少年に対する手続きの流れ」に整理されている。以下，この流れに沿って各段階の関係諸機関について概説する。

●**警察**　2016（平成28）年現在，全国47都道府県警察所に，警察本部や警察学校のほか，1,163の警察署が置かれており，警察官の定員は25万9,766人である。(警察庁，2017)。ここで少年非行に関しては，全国の都道府県警察にある少年課のほか，「少年サポートセンター」が非行防止に向けた活動を行っている。少年サポートセンターでは，少年補導職員を中心に，①少年相談活動，②街頭補導活動，③継続補導・立ち直り支援活動，④広報啓発活動が行われている。

●**検察庁・裁判所**　警察などが検挙した事件は，刑事訴訟法246条ただし書に基づき，検察官が指定した，犯情・被害金額の特に軽微な窃盗・詐欺・横領事件，盗品などに関する罪の事件などの成人の事件として微罪処分の対象となったものや，交通反則通告制度に基づく反則金の納付があった道路交通法違反を除き，全て検察官に送致される。送致された事件について，検察官は，捜査を行い，犯罪の成否，処罰の要否などを考慮して，起訴・不起訴を決める。

　刑事裁判の第一審は原則として地方裁判所または簡易裁判所で行われる。第一審判決に対しては高等裁判所に控訴することができ，控訴審判決に対しては最高裁判所に上告することができる。

　一方警察等が犯罪少年（少年法第3条1項参照）を検挙した場合，交通反則通告制度に基づく反則金の納付があった道路交通法違反を除き，罰金以下の刑にあたる犯罪の被疑事件は家庭裁判所に送致し，それ以外の刑にあたる犯罪の被疑事件は検察官に送致する。検察官は，捜査を行い，犯罪の嫌疑があると認めるとき，または家庭裁判所の審判に付すべき事由があると認めるときは，事件を家庭裁判所に送致する（その他，家庭裁判所には少年法第3条2項に定める触法少年と同3項に定める虞犯少年も，それぞれの要件に応じて家庭裁判所に送致される）。

　家庭裁判所は，検察官などから事件の送致などを受けたときは事件について調査しなければならず，家庭裁判所調査官に命じて必要な調査を行わせることができる。また，家庭裁判所は審判を行うため必要があるときは，観護措置の決定により少年を少年鑑別所に送致する。

●**少年鑑別所**　少年鑑別所は，送致された少年を収容し，医学，心理学，教育学，社会学その他の専門的知識および技術に基づいて，家庭裁判所の求めによる鑑別

および必要な観護処遇を行う。また，2015年6月に少年鑑別所法が施行され，地域の犯罪および非行の防止に関する活動（地域援助）が本来業務として明文化された。これを受けて，全国の少年鑑別所に「法務少年支援センター」が設置された。その活動は，個人相談はもとより，警察，検察，学校，児童相談所，児童自立支援施設，福祉事務所，地方自治体など多様な関係機関からの依頼に応じ，面接，心理検査のほか，問題行動別のワークブックによる心理教育的な支援を行うなど，多岐にわたっており，依頼件数は新法施行後毎年増加している。

●少年院　主として，家庭裁判所が少年院送致の決定をした少年を収容し，矯正教育を行う施設である。2015（平成27）年6月に新少年院法が施行され，少年院の種類が第1種から第4種までに整理された。少年院処遇の中核は矯正教育であり，在院者には生活指導，職業指導，教科指導，体育指導および特別活動指導の五つの分野にわたる指導が行われる。ここで，特定生活指導については，薬物，性，暴力などの問題に応じたプログラム指導などが行われている。

●刑事施設　刑事施設には，刑務所，少年刑務所および拘置所の3種類がある。刑務所および少年刑務所は主として受刑者を収容する施設であり，拘置所は主として未決拘禁者を収容する施設である。施設は，2017（平成29）年4月1日現在で，本所が77庁（刑務所62庁，少年刑務所7庁，拘置所8庁），支所が111庁（刑務支所8庁，拘置支所103庁）である。受刑者処遇の中核は，矯正処遇としての作業，改善指導，教科指導である。矯正処遇は個々の受刑者の資質および環境に応じて適切な内容と方法で実施しなければならないとされており，各刑事施設では医学，心理学，教育学，社会学その他の専門的知識および技術を活用し，受刑者の資質及び環境の調査（処遇調査）を行っている。ここで，改善指導につき，薬物依存や性犯罪などの問題を有する受刑者には必要に応じ，特別改善指導として，認知行動療法などを背景としたプログラムによる綿密な処遇が行われている。

●保護観察所　保護観察は，保護観察対象者の再犯・再非行を防ぎ，その改善更生をはかることを目的として，その者に通常の社会生活を営ませながら，保護観察官と，法務大臣から委嘱を受けた民間ボランティアである保護司が協同して実施するものである。保護観察対象者は，家庭裁判所の決定により保護観察に付されている者（1号観察），少年院仮退院者（2号観察），刑事施設からの仮釈放者（3号観察），保護観察付執行猶予者（4号観察），婦人補導員仮退院者（5号観察）の5種類である。性，薬物，暴力，飲酒運転等，犯罪類型に応じ，認知行動療法を理論的基盤として開発された専門的処遇プログラムを実施している。

[只野智弘]

📖 さらに詳しく知るための文献
[1] 法務省 2019 再犯防止推進白書 日経印刷.

触法精神障害者を取り巻く諸問題

☞ 触法行為の生物学的理解と薬物療法 p.554, 医療機関における触法者に対する支援 p.582

　触法精神障害者とは，法律に触れる行為をした，精神障害のある者を指す。日本における触法精神障害者に対する精神医療は，①一般精神医療，②心神喪失等の状態で重大な他害行為を行った者の医療及び観察等に関する法律（以下，医療観察法）に基づく医療，③矯正医療の3形態で提供されている（中谷，2011）。

●**一般精神医療**　一般精神医療では，主に措置入院により触法精神障害者に対する医療が提供されている。措置入院とは，精神保健及び精神障害者福祉に関する法律（以下，精神保健福祉法）に基づき，その者が精神障害者であり，医療および保護のために入院させなければ自傷他害のおそれがあると2名の精神保健指定医が診察して判断した場合に，都道府県知事が国もしくは都道府県立の精神科病院または指定病院に非自発的に入院させる制度である。

　措置入院は，1950年の精神衛生法制定時に創設されて以来，いくつかの改正があったものの，基本骨格はそのまま維持されてきた。しかし，2016年7月26日に元措置入院患者により引き起こされた相模原市の障害者支援施設における大量殺傷事件をきっかけとして，措置入院患者の退院後支援体制の不十分さが注目された。2019年1月現在，措置入院患者が退院後に医療・福祉などの継続的な支援を確実に受けられる仕組みを盛り込んだ精神保健福祉法改正は未だ実現していないが，2018年3月には厚生労働省からの通知として「地方公共団体による精神障害者の退院後支援に関するガイドラインについて」（障発0327第16号）が発出され，措置入院患者に限らず，臨床的に退院後支援が必要と判断された患者に対する標準的な支援の手順が示された。このガイドラインによれば，地方公共団体が主体となって，退院後支援が必要と認められた者のうち，計画に基づく支援を受けることに同意した者のニーズアセスメントを行い，その意向を踏まえた支援計画を作成することが推奨されている（藤井，2018）。

●**医療観察法に基づく医療**　医療観察法は，対象者の「社会復帰を促進する（第1条）」ことを目的としている。対象となるのは，心神喪失または心神耗弱の状態で重大な他害行為（殺人，放火，強盗，強制性交等，強制わいせつ，傷害。未遂を含む）を行った者である。検察官が申し立てを行い，地方裁判所の審判において，裁判官と精神保健審判員から成る合議体が，精神鑑定書や保護観察所が行った生活環境調査および精神保健参与員の意見を参考にして，対象者の処遇を決定する。医療観察法上の処遇には，入院処遇と通院処遇がある。

　医療観察法に基づく司法精神医療は，厚生労働省が指定した指定入院医療機関，指定通院医療機関で実施され，多職種チーム（MDT）で提供される。特に

人員配置の手厚い指定入院医療機関では，服薬を中心とした狭義の精神科治療に加えて，認知行動療法をはじめとした各種心理社会的介入が行われている（菊池ほか，2007）。また，保護観察所の社会復帰調整官が対象者の医療観察法処遇の開始から終了まで関わり，医療・福祉などを含めた多機関連携によるケアの調整をはかっている（通院処遇中のこうした働きかけを「精神保健観察」と呼ぶ）。

医療観察法指定入院医療機関を退院した対象者の追跡調査によれば退院後3年間の推定再他害行為率は3％未満であり，諸外国と比べても低い水準にある（永田ほか，2016）。しかし，少ないながら退院困難な対象者もおり，目安とされる1年半を大幅に超えて入院が長期化するため，処遇上の課題となっている。

●**矯正医療**　刑事施設（刑務所，少年刑務所，および拘置所）における医療は，刑事収容施設及び被収容者等の処遇に関する法律（刑事収容施設法）に定める被収容者の健康診断や診療に関する規定に則って提供されている。各種研究により，刑事施設内には福祉の支援を必要とする者が多く存在し，釈放後の福祉の支援がないことが犯罪を繰り返す要因になることが明らかになってきた。2009年4月より，高齢または障害があり，適当な帰住先のない受刑者について，釈放後速やかに適切な福祉サービスを受けることができるようにするために，「特別調整」が実施されるようになった。矯正施設および保護観察所は，厚生労働省の地域生活定着促進事業により設置された「地域生活定着支援センター」をはじめとする福祉・医療などの関係機関と連携し，対象者が必要なサービスを受けられるように取り組んでいる。全国の矯正施設および一部の更生保護施設（指定更生保護施設）には社会福祉士などの福祉専門職が配置され，移行先の調整や，矯正施設や更生保護施設内での福祉的処遇を担っている（法務総合研究所，2017）。

●**触法精神障害者への治療的介入に共通する問題**　触法精神障害者の医療における共通の問題は司法と医療の責任分担が曖昧な事例（グレーゾーン事例）が存在することである。英国などには司法と医療の制度間を移行するダイバージョンの仕組みがあるが，日本には存在しない。そのため他害行為が精神病理によるものでないと判明した者を司法手続きに戻すことも，重篤患者を矯正施設から専門的精神医療機関に移送して治療を行うことも困難であり，課題となっている。

触法精神障害者は精神科治療だけでなく，心理社会的介入のニーズも高いが，現場によって研究同意能力の問題や，人員配置による個別的処遇の制約などがあるため，特定の介入法に対する無作為化割付試験に基づくエビデンスが非常に限定的なのが現状である。

［菊池安希子］

📖 **さらに詳しく知るための文献**

[1]　中谷陽二　2011　触法精神障害者医療はいかにあるべきか—矯正精神医療を中心に　精神神経学雑誌　113, 458-467.

司法・犯罪分野の実践上の特徴

☞ リスクアセスメント p.556, リラプス・プリベンション p.558, 集団認知行動療法（グループワーク）の活用 p.568, 刑事施設における性犯罪再犯防止指導 p.574, 刑事施設における薬物依存離脱指導 p.576

●**犯罪者処遇における認知行動療法**　2007年に改正された刑事収容施設法に基づき，成人矯正施設では，犯罪者の更生および社会復帰に向けた処遇の充実がはかられ，その一環として，認知行動療法に基づく処遇プログラムが導入されている。認知行動療法は，海外でその効果が実証されており，集団で実施することにより，再犯防止効果及び費用対効果の面から最も適していると判断され，処遇プログラムの基本実施形式として採用されるに至っている。受刑者には，一人ひとりの問題性に応じてプログラムの受講が義務づけられている。代表的なものとしては，法改正後にいち早く実践，体系化がなされてきた性犯罪再犯防止指導や薬物依存離脱指導があげられる。その後も，アルコール依存回復プログラムや暴力防止プログラム等が開発されている。各プログラムの効果検証が進められており，性犯罪再犯防止指導については，開始してから6年が経過したところで，一定の再犯防止効果があることが示された（法務省矯正局，2012）。今後，さらなる結果の公表が待たれるところである。

●**実践上の特徴**　司法・犯罪分野の処遇は，再犯防止に効果を発揮するための条件とされているRNR原則（risk-need-responsivity principle）（Andrews & Bonta, 2010）に則って行われている。具体的には，家庭環境や犯罪歴などの対象者の静的リスクに応じて治療の密度を変え（危険性），再犯に関連する，変容可能なリスク要因に焦点をあてた介入を行い（必要性），対象者の特性に応じた（反応性）処遇を選択し，実施している。

　プログラムの実施にあたっては，患者自らが症状の改善を目指して心理療法を受けようとするものとは異なり，上述のとおり，司法・犯罪分野においては，罰金や執行猶予のみの処分を除き，処遇プログラムの受講は義務である。そのため受講に対する動機づけが低い場合が少なくない。中には著しく拒否的な態度を取る者もおり，個別に動機付け面接を綿密に行うなど，受講意欲を高めるような働きかけが行われている。また，プログラムは，セラピストとクライエントによる協働として進められるべきであるが，かたやプログラムの指導者は職員，かたや受講者は被収容者という，言わば，管理する側とされる側という側面をもっており，実施する上では，その点が強調されないよう指導者側が配慮していく必要がある。

　実施形式については，社会内では，クローズド形式よりもオープン形式やローリング形式でプログラムを実施することが多い一方で，矯正施設では，基本はクローズド形式で実施している。どの形式もそれぞれ長所と短所があろうが，クローズド形式の場合は，グループのメンバーが固定されることで互いに信頼する

関係の中で率直な意見を言い合える場となり，グループの凝集性が高まる。こうした「グループの力」を活用し，指導者だけではなく，メンバー同士でフィードバックし合うことが非常に効果的となっている。また，プログラム内で学んだことを日常生活の中で実践できているかどうかを観察できることも，拘禁下の強みと言える。その一方で，保護観察所では，矯正施設ですでに処遇プログラムを受講した者と保護観察に付されて初めて受講する者といった治療経過の異なる者が一緒に参加することで多様性が生まれ，グループの活性化につながっている。

受講時期については，受刑者によって施設収容期間はさまざまであり，期間が比較的短い者については，受刑生活開始後の比較的早期からプログラムを受講することになる。その一方で，無期懲役等の長期受刑者に対しては，受刑開始後すぐに受講するということはなく，適宜のタイミングで受講している。また，受講後から出所まで一定期間ある者については，メンテナンスを実施してもいる。

なお，嶋田・野村（2018）が指摘しているように，司法・犯罪分野においては，支援の際に，加害者としての責任を取るべきであるとの認識に基づいた「社会的望ましさ」が強調されることが少なくない。しかし，加害者に被害者の心情を理解させようとするアプローチの効果を示す知見はこれまでのところほとんど見出せておらず，かえって加害行動を促進する場合もあり，社会的に望ましいかどうかという観点よりも，加害行為を促進または抑止する方向に機能しているかどうかといった観点が非常に重要である。

●**今後の課題**　矯正施設出所後も継続した支援を行うことが非常に重要であり，更生保護官署へ受刑中に実施したプログラムに係る情報を引き継ぐことで，施設内処遇と社会内処遇との一貫性を保つためのシステムが構築されている。また，これまでは仮釈放者は残りの刑期で保護観察所に通いながら指導を受ける一方で，満期出所者にはそうした機会がなかったが，満期出所者に対して薬物療法や認知行動療法を国費で受けさせる制度を整備する方針が示される等，切れ目のない支援体制が整備されつつある。2016年6月には，薬物事犯等の「刑の一部執行猶予制度」が導入され，本来言い渡された施設収容期間を短縮する代わりに，相当期間，保護観察所の監督下で薬物乱用防止プログラムを受講させるといった施設内処遇から社会内処遇への転換を進める試みが開始されている。今後は，保護観察終了後の再犯リスクを防ぐため，その後の支援につなげていくことが重要となってくる。また，早期介入がより効果的であることを踏まえれば，罰金や執行猶予の段階で治療を提供できる仕組みを整備していくことが求められる。［和田美佐子］

📖 **さらに詳しく知るための文献**
［1］門本　泉・嶋田洋徳編　2017　性犯罪者への治療的・教育的アプローチ　金剛出版.
［2］川島ゆか編　2017　犯罪・非行臨床を学ぼう　臨床心理学　17.

サイコパスによる犯罪とその行動論的理解

☞ 否認，治療抵抗と認知行動療法 p.538，リラプス・プリベンション p.558

　サイコパスは，「情動面，対人関係面，行動面においてそれぞれスペクトラムをなす複合的な成分から構成される障害」（Blair et al., 2005）であり，良心の呵責や共感性がなく，自己中心的・衝動的で，外見上は魅力的だが他者に対してきわめて搾取的な人物として描写される。研究や司法の実務では，R. D. ヘア（Hare, 2003）の開発したPCL-R（図1）などの構造化されたアセスメントツールによる査定を行い，カットオフ得点を上回った者をサイコパスと定義する。DSM-5における反社会性パーソナリティ障害（ASPD）とは診断特性の一部を共有しているものの異なる概念であり，ASPDはサイコパスの社会的逸脱（第2因子）の構成要素と強く関連するが，対人/感情面（第1因子）との関連は弱い。

　サイコパスと犯罪の関係は多くの研究により実証されている。刑務所の受刑者におけるサイコパスの比率は，サンプルを抽出する刑務所の性質などに左右され，研究により幅があるが，いずれにせよ一般人口に比べて大幅に高い。殺人犯では約3割がサイコパスであるとする報告があり，サイコパスの殺人では，高レベルの情動を伴わない道具的な犯行が非サイコパスの2倍近く見られ，殺人の前後に被害者をレイプするなど性的に攻撃したり，不必要な痛みや苦しみを引き起こす過度の暴力を振るったりする可能性が有意に高い。サイコパスの犯罪者が再び犯罪をじゃっ起する可能性は，非サイコパスに比べ，種類を問わない犯罪で3倍，暴力犯罪で4倍であり，きわめて高い再犯リスクを有する。また，サイコパス特性が性犯罪の再犯を強く予測することを示すメタ分析もある。

●**サイコパスの原因と行動論的理解**　サイコパスについて，近年，脳の機能障害という観点から多くの研究が進められ，脳の複数の部位に異常が見られることが明らかになっている。扁桃体は情動処理に関わる神経回路のうち最も重要な構成要素の一つとされるが，サイコパスの扁桃体の体積は非サイコパスに比べ小さ

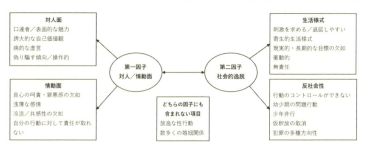

図1　PCL-R（サイコパシーチェックリスト改訂版）の項目と因子

く，対人／感情面の得点と顕著な負の相関関係が見られる。このような扁桃体の機能不全により，サイコパスは暴力行為による被害者の恐怖や苦痛といった嫌悪刺激からの学習（正の弱化）が妨げられ，反社会的行動や暴力の常習化につながるとの仮説が提唱されている。実際，長期追跡研究では，20年後犯罪者となった群は対照群に比べ，さまざまな社会的要因を統計的に統制してなお3歳時点での恐怖条件付けに対する反応の低さが見られる。さらに，サイコパス特性を有する青少年では，逆転学習課題において前頭前皮質腹内側部の異常な反応が見られ，こうした脳の機能不全ゆえ，報酬が失われた後も当初の行動に固執して学習による行動変容が起こりにくく，あるいは応答の逆転が適切にできないことによる欲求不満が反応的攻撃のリスクを高め，社会的逸脱のうち衝動的特性の高さと相まって反社会的行動の反復に至ると考えられる。サイコパス特性は双生児研究などを通じて遺伝的な性質が確認されている一方，環境要因の影響も明らかになっており，養育者を巻き込んだ早期介入の有効性が指摘されている。

●**サイコパスの治療**　サイコパスの犯罪者は治療に対する反応性が低く，意欲に欠け治療に抵抗して破壊的・否定的な行動をとる。PCL-R得点は治療中断の強力な予測因子である。さらに，非特異的な治療（アンガーマネジメントやソーシャルスキルトレーニングなど）はサイコパスの受刑者，特に対人／感情面の得点が高い者の再犯を増加させるが，これは，サイコパスの犯罪者が有する操作性や潜在的な被害者に接近する能力を高めるためとされる。他方，サイコパスに対するリラプス・プリベンション技法による認知行動療法は，非サイコパスに比べ効果は限定されるものの再犯率を低下させるとの研究や，精神保健の専門家が長期間，集中的に接触するプログラムには高い問題性の改善効果が見られるとのメタ分析もある。サイコパスの治療において重要な点は，対人・情緒的な絆によるのではなく，治療上の課題や目標に基づく機能的な治療同盟を構築することである。

●**特異な犯罪と他の脳の機能障害**　特異な犯罪を行う者はサイコパスばかりではない。連続殺人犯の症例報告をレビューし，約3割の者に自閉スペクトラム症（ASD）の疑いがあり，ASDまたは頭部外傷の疑いのある者の過半数に小児期の家族の死亡や虐待などの外傷的な心理社会的ストレス要因が認められたと報告する研究もある（Alley et al., 2014）。特異な犯罪の背景には加害者の神経生物学的な特徴が存在する可能性があり，環境要因との相互作用や反社会的行動などの学習については，さらなるメカニズムの解明と，予防および治療に係る研究の蓄積が期待される。

［谷　真如］

📖 **さらに詳しく知るための文献**

[1] ウォン，S. C. P. & ヘア，R. D.　西村由貴訳　2008　サイコパシー治療プログラムのためのガイドライン　金子書房．

依存・嗜癖に関する認知行動理論

☞ 脳の報酬系 p.36, リラプス・プリベンション p.558, 犯罪と嗜癖の行動経済学的理解 p.586

　依存 (dependence)・嗜癖 (addiction) に関する問題の中心は「本人の意思ではどうにもならない (依存物質の摂取や嗜癖行動をやめられない)」点であり，「(精神的) 疾患・問題行動」ととらえる必要がある。

　しかし，依存物質の摂取が犯罪の対象となる場合 (覚せい剤など) では，「疾患・問題行動」と考えた治療的介入や支援よりも，犯罪行為と考えた「処罰・処分」を求める姿勢は今なお根強い。だが，「処罰・処分」のみでは，問題は解決しない。そこで，本項ではまず依存・嗜癖を認知行動理論について概説し，依存に関連した累犯者に対する介入・支援プログラムについて概観することとする。

●認知行動理論から見た依存・嗜癖　まず，依存・嗜癖を学習理論の観点から見ていく。代表的な学習理論であるオペラント条件づけでは「先行事象」においてとられた「行動」によって生じた「結果」によって，その行動頻度が変化すると考える。これを依存・嗜癖にあてはめると，例えば，生活において何らかの不満や苦痛が存在し，そのときに物質 (麻薬・覚せい剤，アルコールなど) の摂取や行動 (買い物，ギャンブルなど) の結果，快感情の獲得・不快や苦痛の除去される，という経験が繰り返されることで，依存・嗜癖が形成され，進行していく。

　依存に関する理論の一つに「自己治療仮説 (self-medication theory)」がある (Khantzian & Albanese, 2008)。この仮説では，物質依存の本質的理由を「その行動を繰り返すことによる，心理的苦痛の除去」としている。これは，行動分析的に言えば，「負の強化」による学習に該当する。

　例えば，青年期における低い自尊心や抑うつが後の物質依存の予測因子となっていることや，ほかの精神疾患も有している物質的依存患者の多くは物質依存発症前にほかの精神疾患を発症しているものが大半である。これらの研究から，心理的苦痛の除去を目的として依存対象となる物質摂取が始まり，それが習慣化していくことで依存・嗜癖が形成されると考えられている。

　次に，依存・嗜癖の認知理論的理解について述べる。依存・嗜癖では，「本気になったらいつでも (嗜癖行動や依存物質の摂取を) やめられる」や「自分は病気ではない」といった認知の歪みが認められることがある。これらのほかにも，鎮痛薬の依存では，「鎮痛薬を摂取し続けていないと痛みが生じる」と考え，適切な量・回数を超えて使用するケースもある。

　また，依存・嗜癖の状態にある人は，孤立していることが多い。これは依存・嗜癖が続くことで生じる周囲とやめられない当事者との間の対立から，お互い相手との関わりを避けようとすることで生じる。その結果，当事者は「周りは自分

表1　薬物事犯者に対するプログラム（J-MAT）の例

セッション	主なトピック	セッション	主なトピック
1	はじめに　グループのルール	7	リラプスの予測と防止
2	スケジュールの重要性	8	生活と金銭の管理
3	薬物使用の引き金，思考ストップ法	9	リラプスの言い訳，感情的引金
4	回復のロードマップ，アルコールについて	10	ストレスマネジメント，アンガーマネジメント
5	リラプス漂流の回避	11	新しい友達を作る，抑うつのコーピング
6	仕事と回復，セックスと薬物	12	自助グループの紹介，レクリエーション

［原田（2012）より引用］

を理解してくれない」と考えるようになり，「人は裏切るが，これ（依存物質や嗜癖対象）は裏切らない」と考え，さらに依存・嗜癖が進行するという悪循環に陥るのである。

　認知行動理論では環境と人間の相互関係も重視される。依存・嗜癖の環境的要因の一つに，「イネイブラー（enabler）」がある。イネイブラーとは「依存・嗜癖の当事者がその状態であり続けることを可能にする人」を指す。例えば，ギャンブルのために借金を重ねているギャンブル依存者の借金を家族などが肩代わりすることは，一見すると本人の更生を手助けしているように見える。しかし，これは「借金がなくなったから，（自分が得た金を）もっとギャンブルに使える！」となり，事態の解決につながらない。よって，依存・嗜癖への介入・支援にあたっては周囲に対する働きかけも必要となる。

●認知行動モデルに基づいた累犯者介入　薬物事犯者の再犯率は高く，およそ半数が出所後5年以内に再入所となっている（犯罪対策閣僚会議，2016）。薬物事犯者は犯罪者であると同時に「薬物依存者」でもある。冒頭で述べたとおり，薬物依存は当事者への「処罰・処分」のみでは解決しない。そのため，諸外国の取組みを踏まえ，日本においても，認知行動療法に基づいた介入が実施されている（野村ほか，2014）。また，犯罪ではないが，飲酒が犯罪に関わっているケースが存在することから，飲酒の問題を抱えている犯罪者への介入が行われている（藤田ほか，2017）。

　これらの介入の多くは米国で開発されたMatrixプログラムに準拠したプログラムで実施され，グループワーク形式で行われている（表1）。これらの介入の結果，薬物摂取や飲酒につながる情動的問題や対処法略に関する改善が報告されており，再犯防止への有効な対策として期待されている。　　　　［岸　太一］

さらに詳しく知るための文献
［1］坂野雄二監修　60のケースから学ぶ認知行動療法　北大路出版．
［2］蒲生裕司・宮岡 等編　2015　特別企画　依存と嗜癖—やめられない心理　こころの科学　182，11-95．

否認，治療抵抗と認知行動療法

☞ サイコパスによる犯罪とその行動論的理解 p.534, 集団認知行動療法（グループワーク）の活用 p.568

　否認（denial）とは，「特定の事実を認めない心理的働き」を意味する。健康に関わる領域で広く用いられる心理学用語であるが，司法・犯罪，深刻な嗜癖を扱う領域では特に，「特定の欲求や衝動，それに関連した感情や思考が自らの中にあり，それが問題となる行動に影響していることを自ら認めない態度」を指す。精神分析学において防衛機制の一つと理解されている。ただし，果たしてどれだけ無意識過程であるか，単に意識的に「認めようとしない」結果なのかを短期間の関わりから正確に弁別するのは困難である。

●「否認は普遍的である」とした上での支援者の態度　司法・犯罪，深刻な嗜癖の領域における要支援者が，自分が過去にとった望ましくない行動と関連する欲求が，治療を開始した後にも残っていると自覚したり，それをありのままに表現することには苦痛を伴う。他人に表明することは，しばしば現実的な不利益を招く可能性があるため控えがちになるのも避けがたい。したがって，否認は当然の反応傾向であると認識できる。

　要支援者が見せる明らかな否認にも一定の共感を示し，「おさまらない欲求や衝動があり，実際にスリップ（わずかな再発）があったとしても，緊急性がなければ，警察等への通報，あるいは家族などにも安易に知らせることはない」などと，はっきりと説明することには意義がある。集団での支援であれば，ほかのメンバーに対してそのような説明，扱いがなされているのを見聞することで，防衛的態度が一変することも期待できる。

●認知行動療法介入における否認　一般に，司法・犯罪，深刻な嗜癖の領域におけるケースの理解と予後予測，介入とその効果の評価において，否認の強さ，その扱いの判断は重要な指標となる。認知行動療法による介入では無意識の洞察が介入のねらいとなることはないが，普段の行動の様子から判断して強固な否認があれば，治療の展開を困難にする。生活の中での渇望の程度，先行した引き金，さまざまな対処が実行／不実行とその成果，妨害となった要因などを具体的にとらえ，より確率の高い工夫の組み合わせを考案していく作業が認知行動療法である。要支援者の強すぎる否認はそれらの正確な把握を困難にする。

●否認への対応として望まれること　支援者側が要支援者側の否認を十分な根拠を把握し，その根拠へ両者による「共同注視」がなされ，暖かさのある雰囲気のなかで要支援者が自覚できるようになるのが理想である。否認のレベルを超えて，乖離反応，つまり，「たしかにしてはいけないことをしたようだが記憶がない」「気がついたらそうなっていた」といった反応のレベルとなると，支援はさ

らに困難になり，再発のリスクも高まりかねない。

　この領域では，周囲からの圧力を受けて「不本意ながら」来談する要支援者の割合も高い。それでも本人の行動選択として通っているうちは，どこかに「衝動をコントロールした生活ができたらどんなによいか」を想定する気持ちがあると見なすべきである。抵抗は改善への希望と矛盾するものではない，要支援者の中の矛盾は当然であるという理解のもと，支援をすすめることが望まれる。

　否認に対し，支援者がとるべき対応の基本は，ふるまい，つまり行動の丁寧な観察とその記録である。振る舞いのレベルと，評定尺度の結果に不一致があれば，それも，話題として取り上げていく。「もう馬券（勝ち馬投票券）を購入するつもりはない」と口にしながら，馬券購入のための口座の廃止が先延ばしになっているギャンブラーの場合であれば，本人に「口座を廃するせつなさ」を話題にしてもよい。逆に要支援者がそれを口にしないとすれば，要支援者側の不安とそれによる否認である可能性もあるとして振り返る必要がある。いずれにしても，ささいな行動選択をやわらかくとらえていく支援者側のスキルが重要となる。

●**治療抵抗について**　治療抵抗（resistance）とは，否認を含む，「治療の進展に抗うあらゆる意図的および無意識的反応」を意味する，より上位の説明概念である。ここで説明概念としたが，意図が明白な拒否，例えば治療セッションを理由なくキャンセルする，支援者の質問や評定尺度への回答をことごとく拒否するなどの場合を除けば，ある反応，態度が治療抵抗であるか症状であるかの判断は，支援者の主観，つまり解釈に頼ることになる。

　認知行動療法では，具体的な課題が示されホームワークとして求められることも多いが，そこに治療への抵抗が現れることも多い。「ホームワークができなかった，取り組めなかった理由について話し合ってみませんか」という提案から，困難さの理由を共有，整理し，対策を考案することもできる。時には要支援者からは「こんなやり方が役に立つとはおもえない」といった感想が得られることもある。そこでも，そのような率直な表明は治療の場において歓迎されること，できればその判断の根拠は今後のヒントになるので遠慮は無用であることを伝え，要支援者側の理解不足や解消されていない疑問，あるいは残る困難にたいしてどのような工夫ができるか，どのような条件がそろえば実行しやすくなるか，話し合っていく。

　治療抵抗への扱いについては，動機づけ面接の手法も参考になる。認知行動療法では，否認や抵抗すら，認知と行動に関する具体的なやりとりが機能的に分析され，介入計画に組み込まれることになる。　　　　　　　　　　　　　　　［神村栄一］

📖 **さらに詳しく知るための文献**
[1] DiClemente, C. C. 2018 *Addiction and Change: How Addictions Develop and Addicted People Recover*（2nd ed.），Guilford Press.

怒りとアンガーマネジメント

☞ 反抗挑発症（反抗挑戦性障害）p.166，司法・犯罪分野のリスクアセスメント p.232，セルフコントロール法 p.266，子どもの怒り・攻撃への支援 p.412，いじめ防止・対策 p.424，非行 p.426

　怒り（anger）とは，基本的感情の一つであり，高覚醒を伴う不快感情に分類される。各感情理論によってさまざまな定義があるものの，一般的には，欲求充足が阻止されたときに，その阻害要因に対して生じるものとされている。生理学的には，交感神経系が活動し，血圧上昇や心拍亢進，発汗，筋緊張といった覚醒が生じる。強い怒りを日常的・継続的に経験することで，心臓血管系の疾患の発生率が上がることが知られていることや，他者への攻撃行動が誘発されることで対人的社会的機能が低下することから，多くの場合，怒りを自ら適切に制御することが必要とされる。

●**アンガーマネジメントの概要**　怒りの適切な自己制御につながる方略は，アンガーマネジメントと呼ばれる。伝統的な手法として，心理教育，セルフモニタリング，ライフスタイル介入（例：余暇，運動），リラクセーション（例：呼吸法，漸進的筋弛緩法，自律訓練法），コミュニケーション訓練（例：主張性訓練，社会的スキル訓練），認知的介入（例：問題解決スキル訓練，認知再構成法，筆記療法），再発予防などがある（Battagliese et al., 2015）。

　心理教育では，怒りと攻撃行動に関する一般的知識の習得を目指して，講義を受けたり，自分自身の生活体験を振り返って理解を深めたりする。セルフモニタリングでは，怒りを感じたり攻撃行動をとったりした具体的場面を題材として，そのときの詳しい状況，そのときに経験した身体反応，感情，思考，そのときにとった行動などを記録することで，怒りや攻撃の問題が生じるプロセスやパターンを探る。ライフスタイル介入では，余暇や運動の計画を立てて実行することで，日常的なストレスレベルの低下を目指す。リラクセーションは，日常的なストレスレベルの低下を狙うとともに，ストレス負荷時の対処方略としても用いられる。コミュニケーション訓練と認知的介入では，怒りを感じる出来事に適切に対処するための認知行動的スキルを獲得し，日常生活で実行することで，怒りの問題の適切なコントロールを目指す。再発予防では，1年以内にささいな，または大きな再発が予想されること，そしてそれを失敗ではなく獲得したスキルを定着させるためのチャンスであるととらえることを強調して，再発までの日々の暮らし方と再発時の対処について計画を立てる。

●**アンガーマネジメント方略**　アンガーマネジメントにおいては，その瞬間の怒り感情の強さを意味する状態怒りと，日常的な怒りやすさを意味する特性怒りの二つを異なるターゲットとして位置づける。状態怒りに対しては，漸進的筋弛緩法をはじめとするリラクセーションが有効であり，即時的・緊急的支援方略とし

て，実験研究や臨床対応において広く用いられている。特性怒りに対しては，コミュニケーション訓練や認知的介入が有効であり，長期的・継続的支援方略として広がりを見せている。近年では，マインドフルネス瞑想など，新たなアンガーマネジメント方略が注目されている（Fix & Fix, 2013；Wright et al., 2009）。

いずれの支援方略を用いる場合でも，治療への動機づけを向上・維持させることを目的とした関わりが不可欠となる。怒りという不快体験の原因は自己よりも他者に帰属されやすいため，多くの場合，怒りを主な問題とする個人は，怒りの自己制御への意欲が低い（Deffenbacher, 2011）。

●アンガーマネジメントの対象　強い怒り感情による生活機能の低下は，多くの状態像に共通して見られる。DSM-5 の診断分類において「怒り（易怒性，いらだたしさ等を含む）」が診断基準で明記されているのは，双極Ⅰ型障害，双極Ⅱ型障害，重篤気分調節症，うつ病（DSM-5）（子どもや青年の場合），持続性抑うつ障害（子どもや青年の場合），月経前不快気分障害，反応性愛着障害，心的外傷後ストレス障害，急性ストレス障害，反抗挑発症，間欠爆発症，素行症，反社会性パーソナリティ障害，カフェイン離脱，大麻離脱，精神刺激薬中毒，タバコ離脱，ギャンブル障害，妄想性パーソナリティ障害，境界性パーソナリティ障害など，多岐にわたる。アンガーマネジメントを実施するにあたっては，これらの疾患群を含む包括的な事前アセスメントを実施する。アセスメントの結果，頭部外傷やアルコールの問題，薬物使用によるせん妄，重度の知的能力障害，読み書きの著しい困難，劣悪な生活環境などが認められた場合は，アンガーマネジメントよりも，生物的治療やソーシャルワーク，環境調整などが優先される。

怒りに関連する症状が診断基準に明記されている疾患がない場合でも，アンガーマネジメントが重要となることがある。自閉スペクトラム症や注意欠如・多動症を抱える人は，強い怒りとそれに関連する生活上の問題を多く示すことが知られている。運転中の怒り（driving anger）は，危険運転や事故につながる代表的なリスク要因の一つである。子育てにおける強く持続的な怒り感情は，子育て中の大人の生活の質を下げる要因となるだけでなく，乳幼児や児童に対する虐待のリスク要因となる。

［高橋　史］

📖 さらに詳しく知るための文献

［1］DiGiuseppe, R. & Tafrate, R. C. 2007 *Understanding Anger Disorders*, Oxford University Press.
［2］Deffenbacher, J. L. 2011 Cognitive-behavioral conceptualization and treatment of anger. *Cognitive and Behavioral Practice*, 18, 212-221.

物質使用障害

☞ 刑事事件における薬物依存離脱指導 p.576

　物質使用障害とは，一般的に，アルコールや，ヘロイン，覚せい剤，コカイン，大麻，危険ドラッグ，ベンゾジアゼピン受容体作動薬などの精神作用物質を治療以外の目的から使用し，生活機能に支障が出ているにもかかわらず，使用が続いている状態を示す。その症状は，渇望，使用量の増大，耐性と離脱，社会生活の障害，危険を伴う使用状況などから構成されるが，定型的な症例で最も重要な中核症状は渇望である。

　治療の中心は，個別および集団での心理療法や，12ステッププログラムに代表されるセルフヘルプグループ（アルコール依存症のAlcoholics Anonymous：AA，薬物依存症のNarcotics Anonymous：NAなど），家族支援など包括的な心理社会的治療である。というのも，アルコールやヘロインの使用障害では，有効性が報告されている薬物療法は存在するが，薬物療法単独による介入では効果は乏しく，覚せい剤やコカインなどの中枢神経興奮薬の使用障害には有効性が確立された薬物療法はないからである。

●**物質使用障害に対する認知行動療法（CBT）**　物質使用障害に対する心理療法は，G. A. マーラット（Marlatt）らによって提示された認知行動的原理に基づくリラプス・プリベンション・アプローチに立脚して行われることが多い。すなわち，再使用に陥りやすいトリガーやハイリスクな状況を同定し，そうした刺激を避けたり，適応的に対処するためのスキルを修得したりする，というアプローチである。

　アルコール使用障害に対するCBTは，セルフヘルプグループや動機づけ面接と同程度に有効だが，重複障害の併存が認められるアルコール依存症患者ではCBTが最も有効であると報告されている（Cooney et al., 1991）。一方，薬物依存に関しては，コカイン使用障害に対して，CBTとセルフヘルプグループを比較した研究があり，1年後のアルコールの摂取量はセルフヘルプグループ群の方が多い，あるいは，プログラム参加中の断薬日数ではセルフヘルプグループが優れているが治療終了後の再発の少なさではCBTが優れているなどの報告がある（MaKay et al., 1997）。コカイン以外の薬物に関しては，覚せい剤使用障害に対するCBTは，治療共同体による入所治療に比べ治療終了1年後の転帰がわずかに優れているが，大麻使用障害に対しては，動機づけ面接に及ばないという報告がある（Hawkins et al., 1989；Stephans et al., 1994）。

　このように，いくつかの物質の使用障害ではCBTの有効性が証明されているが，CBTを構成するさまざまなコンポーネント（セルフモニタリング，危険な

状況の同定，渇望に対する対処法，問題解決訓練など）のうち，いずれが有効に作用しているのかについては，いまだ明らかにされていない。事実，物質使用障害に対するCBTは，対人間および個人内における不快感への対処スキルの不足を物質依存の原因とする作業仮説に基づいているにもかかわらず，改善した患者において新しい対処スキルの使用頻度が必ずしも増えているわけではないという指摘がある（Litt et al., 2003）。

　海外における近年の趨勢としては，CBTは多くの物質使用障害治療プログラムで採用されているが，CBT単独ではなく，むしろ多くの場合，ほかの治療法と組み合わせた，統合的治療プログラムとして提供されている。その代表が，米国西海岸を中心に広く行われている，統合的外来覚せい剤依存治療プログラムであるMatrix Modelである（Obert et al., 2000）。

　Matrix Modelは，16週に及ぶ週3回の認知行動療法志向的なグループセッションのほかに，動機づけ面接や個別面接による変化への動機づけや再発分析，薬物使用モニタリング，家族セッションから構成されている。その治療論はワークブックとマニュアルに依拠した普及性の高さがあり，多くのドラッグコートから係属中の治療プログラムとして採用されている。

　日本では，Matrix Modelを日本の実情に合うように改変したせりがや覚せい剤依存再発防止プログラム（serigaya methamphetamine relapse prevention program：SMARPP，松本・今村，2015）が普及しており，全国の精神科医療機関，精神保健福祉センター，矯正施設，保護観察所，民間リハビリ施設などで活用されており，2016（平成28）年度診療報酬改定において「依存症集団療法」として診療報酬算定項目として追加された。薬物依存症の治療においては，地域における治療継続率が予後に大きく関連していることから，このプログラムでは，再使用の有無そのものよりも治療継続性を重視している。加えて，渇望や失敗を正直に話せる安全な場をつくること，報酬を積極的に用いること，ほかの地域資源へのつながりを支援することなどを特徴としている。SMARPPの効果としては，従来の治療に比べて治療脱落率が低く，ほかの社会資源へのアクセスが高まること，また，覚せい剤使用障害患者のプログラム終了1年後の改善率が67％，1年間の完全断薬率が40％となった結果が報告されている（谷渕ほか，2016）。

〔今村扶美・松本俊彦〕

さらに詳しく知るための文献

[1] 松本俊彦 2018 薬物依存症 筑摩書房.
[2] 松本俊彦・今村扶美 2015 SMARPP-24 物質使用障害治療プログラム 金剛出版.
[3] 松本俊彦 2012 薬物依存とアディクション精神医学 金剛出版.

性犯罪と性嗜好異常

☞ 触法行為の生物学的理解と薬物療法 p.554, 刑事施設における性犯罪再犯防止指導 p.574, 保護観察における認知行動療法 p.580

　性犯罪とは，相手の同意なく行われる性行為（性加害行動）のうち，法律によって禁止され，有罪とされる行為が性犯罪であるとされている（朝比奈, 2007）。このような性犯罪は，被害者に対してPTSD症状などの多大な損害を及ぼす可能性が高いこと，また，性犯罪をした者の中には同種の性加害行動を反復する傾向にある者がいることが課題とされている。そのため，性犯罪に対しては，多くの国で再犯防止を目的として認知行動療法に基づく治療的な取組みが行われている。なお，性犯罪に至る者の中には，精神医学的問題としての性嗜好異常を有する者がおり，逸脱した性衝動の頻度と強度があまりにも高い場合には薬理学的治療が併用されることがある。

●**性犯罪の種類**　代表的な性犯罪として，暴力や脅迫などをもって無理やり性行為やわいせつな行為を行う強制性交等罪と強制わいせつ罪，判断能力を失った状態（失わせた状態）で性行為やわいせつな行為を行う準強制性交等罪と準強制わいせつ罪，親などの監護する立場にある者が18歳未満の者と性行為やわいせつな行為を行う監護者性交等罪と監護者わいせつ罪があげられる。強制性交等罪は，2017年7月の法改正以前は強姦罪として，姦淫（男性器の女性器への挿入）することが成立要件とされ，加害者は男性，被害者は女性に限られていたが，法改正後は，暴行または脅迫を用いた性交，肛門性交または口腔性交が要件となったため男性も性暴力の被害者となりえるようになった。また，法改正以前の強姦罪と強制わいせつ罪は，被害者の告訴を要件とする親告罪であったが，法改正後は，親告罪の規定が削除されている。なお，強制わいせつ罪は，被害者の性的羞恥心を害する行為として，電車内の痴漢行為や路上での抱きつき行為などが該当するが，それらの行為は状況に応じて迷惑行為として各都道府県の迷惑防止条例違反が適用されることもある。その他の，性犯罪としては，公然わいせつ罪，わいせつ物頒布等の罪，買春防止法違反，青少年保護育成条例違反，児童買春罪，児童ポルノ製造罪，のぞき行為による軽犯罪法違反（場合によっては建造物等侵入罪），盗撮による迷惑防止条例違反，ストーカー規正法違反，下着盗などの性的な目的で行われた窃盗罪などがあげられる。

●**性嗜好異常の種類**　性嗜好異常は，DSM-5においてパラフィリア障害群に該当し，異常な行動の嗜好性として求愛障害（窃視障害，露出障害，および窃触障害）と苦痛性愛障害（性的マゾヒズム障害および性的サディズム障害），そして異常な性的対象の嗜好性として小児性愛障害，フェティシズム障害，および異性装障害に分類されている。このような性嗜好異常が動機となる犯罪行為として，

窃視障害を動機とするのぞき行為，露出障害を動機とする公然わいせつ行為，窃触障害を動機とする痴漢行為，小児性愛障害を動機とする18歳未満の者への性行為やわいせつな行為，そしてフェティシズム障害を動機とする下着盗をあげることができる．

●**性加害行動の心理学的理解とリスクアセスメント**　性加害行動の生起メカニズムは，逸脱した性的空想がマスターベーションと組み合わされることによって生じるとされてきた．その後，逸脱した性的空想が必ずしも性犯罪行動を引き起こすわけではないとする指摘を受け，条件づけと社会的学習を統合した観点からの理解がなされるようになった．理解の拡大にあたっては，認知の歪み，共感性の欠如，低い自尊心，社会性の不足，情動の問題などが生起要因として検討されるようになった．なお，これらの心理学的理解は，性犯罪の再犯の予測を目的としたリスクアセスメントツールの開発過程において，リスクの変化の可能性の有無という観点から，対象者の過去や既遂事案の特徴に関わるもので変容不可能な「静的（static）リスク」とそれ以外の変容可能な「動的（dynamic）リスク」の二つに分類されている．リスクアセスメントツールの開発は，保険統計式ツールとしての開発がなされ，対象者のさまざまな要因を数式に組み込み，その数式の再犯予測性について統計的分析に基づく検討が行われている．

●**性的問題行動への認知行動療法**　初期の治療技法として，逸脱した性的興味を減少させるために，吐き気をもよおす薬物や電気ショック，悪臭や不快なイメージなどを逸脱した刺激に随伴させるという嫌悪療法が用いられてきた．この時期においては，単純に性的興味の変容効果の検証に焦点があてられてきた．その後，治療を受けた性犯罪者の再犯率の減少効果に焦点があてられるようになり，ハイリスク状況の回避を主な手続きとするリラプス・プリベンションを軸とした取組みが中心となった（野村ほか，2011）．その後，リラプス・プリベンションは，治療への動機づけを高める手続きの記述が不十分であること，また，否定的，もしくは回避的な目標設定を導きやすいといった問題点が指摘され（Ward et al., 2007），個人の社会適応や満足感の向上を意図したグッド・ライブズ・モデルが提唱されることとなった．このような経過は，性加害行動の消去を主たるターゲットとした取組みから適応行動の拡大を強調する取組みへの移行であるととらえることができ，二つのモデルを有機的に結びつけるために認知行動療法における機能分析の観点の果たす役割が増していると考えられる．　　　　［野村和孝］

📖**さらに詳しく知るための文献**
［1］田口真二ほか　2010　性犯罪の行動科学　北大路書房.
［2］マーシャル，W. L. ほか　小林万洋ほか訳　2010　性犯罪者の治療と処遇　川島書店.

窃盗，万引き，クレプトマニア

☞ 行動療法と行動理論 p.8, 系統的脱感作法の基礎研究 p.56, アディクション（依存症）p.122, 非行 p.426, 触法行為の生物学的理解と薬物療法 p.554

　窃盗とは，他人の物を盗む犯罪行為であり，万引き，ひったくり，乗り物盗，住宅侵入盗などが代表的である。日本において，2015年における窃盗犯による被害額が767億円に上ること，また刑法犯の7割以上を窃盗犯が占めていること（法務省法務総合研究所，2016）などの理由から，窃盗防止対策は喫緊の課題であるとされている。対策にあたっては，窃盗犯には常習化している者がおり，その中には精神疾患としての「クレプトマニア（窃盗症）」を有する者もいるとされ，司法的処遇にとどまらず，治療的な取り組みの必要性が指摘されている。

●**窃盗の種類と特徴**　万引きはゲートウェイ犯罪ともいわれ，本格的犯罪の入り口となりやすく，万引き犯は犯罪をエスカレートさせていく傾向があると指摘されている（大久保，2016）。ひったくりは，夜間の時間帯に大規模な繁華街周辺に集中し，主に深夜営業の飲食店などで働く女性が帰宅途上で被害に遭うことが多い一方で，昼間の時間帯には住宅や小規模商店の多い地区で発生密度が高くなる傾向があるとされる（宮脇，2016）。乗り物盗は，自動車盗，オートバイ盗，自転車盗の三つに分類され，いずれも減少傾向にあることが報告されている（花山，2016）。また，住宅侵入盗は，住人が不在時に行われる空き巣，住人が在宅中の夜の寝静まったすきに侵入する忍込み，そして日中の昼寝や食事中などに侵入する居空きに分類されている（萩野谷，2016）。

●**習癖性窃盗とクレプトマニア**　窃盗防止対策は，日本の司法・犯罪分野における重要な課題の一つに位置づけられている（橋本，2015）。特に，頻回に窃盗を繰り返す習癖性窃盗が問題とされているが，その中にはクレプトマニアを有する者が一定数いるとされている（竹村，2013）。クレプトマニアは，19世紀に，無自覚的であり，かつ窃盗の衝動に抵抗できずに盗んでしまう者を金銭目的の習癖性窃盗と区別することを目的に用いられるようになった（Abelson, 1989）。クレプトマニアは，DSM-5において秩序破壊的・衝動制御・素行症群に分類され，「個人用に用いるためでもなく，またはその金銭的価値のためでもなく，物を盗もうとする衝動に抵抗できなくなることが繰り返される」ことが診断基準の一つとなっており，DSM-5においても金銭目的の習癖性窃盗と明確に区別されている。

●**クレプトマニアの特徴**　DSM-5において，クレプトマニアの有病率は，万引きで逮捕された人の4〜24％に見られ，また，性比は男性が1であるのに対して女性は3とされており，その発症には，行動の依存に関連する神経伝達物質の経路が影響しているとも考えられている。このようなクレプトマニアの理解は，1990年代初めに，強迫症の一つとして位置づけられてきたものの，窃盗行

動の直前に衝動や渇望を報告する点で強迫症とは異なる病態であるといった指摘がなされ，依存症（物質関連障害および嗜癖性障害），気分障害（抑うつ障害と双極性障害），および注意欠如・多動症（ADHD）といった既存の病態理解に基づく症状理解が試みられてきた（Grant, 2006）。

しかしながら，クレプトマニアは窃盗行動に随伴する心理的緊張の緩和にも特徴があるとされており（Durst et al., 2001），窃盗行動に従事することによってもたらされる緊張の緩和やストレス発散などといった結果によって維持されていると考えられることから，衝動や渇望といった衝動制御といった観点に加え，緊張の緩和やストレス発散による行動の維持といった強化随伴性の観点からの検討も行われている。

●**クレプトマニアへの認知行動療法** クレプトマニアへの認知行動療法は，レスポンデント条件づけに基づく介入が行われてきた。レスポンデント条件づけに基づく介入としては，嫌悪療法，潜在的感作，および系統的脱感作法が用いられ，窃盗対象によって引き起こされる衝動が生起しても窃盗行動につながらないように再学習することが有効であるとされている（Grant, 2006）。例えば，クレプトマニア患者が主観的な窃盗の衝動と客観的な窃盗行動についてセルフモニタリングを行い，窃盗の衝動が生じた際に苦しくなるまで息を止めるといった嫌悪療法を行ったところ症状が改善したとする報告がある（Keutzer, 1972）。また，窃盗行動の機能の同定と窃盗行動に代わる代替行動の分化強化に加え，不快な結果を想像させる潜在的感作を取り入れた介入を行ったところ症状が改善したとする報告がある（Kohn & Antonuccio, 2002）。しかしながら，嫌悪療法などの不快な刺激を手続きとする方法は，倫理的配慮の側面から劣位となるため，不快な刺激を用いる必要のない系統的脱感作法の実施が優先される。

●**窃盗への認知行動療法** これまでの認知行動療法は，クレプトマニアにおける窃盗の衝動をターゲットとした介入が中心に行われ，窃盗行動そのものの消去に焦点があてられてきた。しかしながら，クレプトマニアに限定することなく，習癖性窃盗を含む窃盗を問題行動とする者の介入にあたっては，窃盗が果たしている行動の機能に着目したアセスメントを前提に，就労支援も含めたQOLの向上をもターゲットとした介入を実施することが今後の課題であると考えられる。

[野村和孝]

さらに詳しく知るための文献

[1] 大石雅之 2016 窃盗癖，買い物依存 日本臨床 73. 1580-1584.
[2] Grant, J. E. 2006 Understanding and treating kleptomania: New models and new treatments. *The Israel Journal of Psychiatry and Related Sciences*, 43, 81-87.

ギャンブル障害

☞ 依存・嗜癖に関する認知行動理論 p.536, リラプス・プリベンション p.558, セルフヘルプグループ p.562, 渇望と言い訳のモニターと対処 p.566, 集団認知行動療法（グループワーク）の活用 p.568

　ギャンブル障害（gambling disorder）は，DSM-5において「本人，家族，または職務の遂行を破壊する，持続的で反復的な不適応賭博行動を基本的特徴とする」とされる精神疾患である。具体的な診断基準としては，「苦痛の気分のときに，賭博をすることが多い」「賭博で金をすった後，別の日にそれを取り戻しに帰ってくることが多い」「賭博へののめり込みを隠すために，嘘をつく」などが含まれる。DSM-Ⅳまでは，病的賭博（pathological gambling）と呼ばれ，「他のどこにも分類されない衝動制御の障害」として分類されていたが，DSM-5においては，「物質関連障害および嗜癖性障害群」に分類された（APA 2013a）。これは，ギャンブル行動が乱用薬物によって活性されるのと類似の報酬系を活性させ，物質使用障害と同等の行動上の症状を生じさせることを反映しているとされる。

●合法ギャンブルと違法ギャンブル　日本においては，ギャンブルは「賭博及び富くじに関する罪」として禁じられているが，例外として「競馬」「競輪」「競艇」「オートレース」「宝くじ」「スポーツ振興くじ」はそれぞれ合法とする法律が定められている。また，「パチンコ」および「パチスロ」は，法律上はギャンブルに含まれない（「風俗営業等の規制及び業務の適正化等に関する法律」によって，「風俗営業」とされている）ものの，日本における代表的なギャンブルとして位置づけられている。全国至るところに遊技場（パチンコ店）が存在する（おおよそ1万1,000軒）というきわめて高いアクセス性を背景として，日本におけるギャンブル障害を呈する者の大部分はパチンコまたはパチスロの問題を主訴とするとされている（森山，2008）。ギャンブル障害の支援に際しては，当該個人において問題となっているギャンブルが合法であるかどうかによって，支援目標が異なる場合があることに留意が必要であるといえる。具体的には，合法的に営まれるギャンブルの場合，ギャンブル行動そのものが一義的に問題行動であるとはいえない。したがって，当該のギャンブルへの従事を完全に「やめる」だけではなく，自身のコントロール下において継続するという支援目標の設定も選択肢になりうると考えられる。一方で，違法ギャンブルの場合は，当該のギャンブルに従事することそのものが問題行動であるといえることから，支援に際しては，ギャンブル行動を完全にやめることが支援目標になると考えられる。

●IR推進法　2016年に「特定複合観光施設区域の整備の推進に関する法律」（いわゆる「IR推進法」）が成立したことに伴い，商業施設や大型会議場などが一体となった「統合型リゾート施設」の整備の一環として，これまでは法律に

よって設置が禁じられてきたギャンブル施設である「カジノ」の設置が日本においても実質的に解禁となった。これに伴うギャンブル障害を呈する者の増加を懸念する指摘を背景として，2018年には「ギャンブル等依存症対策基本法」が成立するに至っている。この法律は，ギャンブル障害の発症と進行，再発を防ぎ，個人およびその家族が日常生活を円滑に送ることができるように支援することが基本理念の一つとされている。したがって，日本におけるカジノ設置を見すえて，この基本理念の達成に寄与することが可能となる心理的支援の拡充が今後の課題となると考えられる。

●ギャンブル障害に対する認知行動療法的支援　ギャンブル障害に対する心理的支援として，従来はセルフヘルプグループである「ギャンブラーズ・アノニマス（gamblers anonymous）」が中核とされてきたが，単独では必ずしも十分な改善効果が認められないことが報告されている（Stewart & Brown, 1988）。一方で，認知行動療法は，ギャンブル行動の低減に一定の効果を有することがメタ分析によって確認されており（Gooding & Tarrier, 2009），ギャンブル障害に対する代表的な心理的支援とされるに至っている。認知行動療法においては，機能分析の枠組みに基づき，個人にとって望ましい結果が得られるためにギャンブル行動が維持すると理解されることから，ギャンブル行動と機能的に等価な（同様の望ましい結果が得られる）代替行動の獲得が特に重要であると指摘されている（田中ほか，2018）。しかしながら，実際には，多様な状態像に対応することを意図して，個人にとってギャンブル行動の再発に至りやすいリスク状況の回避（リラプス・プリベンション）を原則として，さまざまな技法を複合的に取り入れた集団プログラムの適用によって支援が行われる場合が多い（Dowling et al., 2007）。したがって，集団のプログラムである場合においても，個人のギャンブル行動の維持における正の強化（例えば，快感といった報酬の獲得）と負の強化（例えば，不安といった嫌悪刺激の回避）という「機能」のアセスメントを軸としながら，個人にとって効果が期待されるプログラム内容を適切に適用することが重要であると考えられる。このようなギャンブル行動の機能分析に基づくアセスメントは，個人が問題とするギャンブルの種類を問わずに状態像の理解が可能であるという点において有用であると考えられる。　　　　　　　　　　　　　［田中佑樹・嶋田洋徳］

 さらに詳しく知るための文献
［1］Raylu, N., & Oei, T. P. S. 2010 *A Cognitive Behavioural Therapy Program for Problem Gambling*, Routledge.（原田隆之監訳 2015 ギャンブル依存のための認知行動療法ワークブック　金剛出版）
［2］Whelan, J. P. et al. 2007 *Problem and Pathological Gambling*, Hogrefe & Huber.（福居顯二・土田英人監訳 2015 エビデンス・ベイスト心理療法シリーズ6 ギャンブル依存　金剛出版）
［3］蒲生裕司 2017 よくわかるギャンブル障害　星和書店．

ネット嗜癖とゲーム障害

☞ ギャンブル障害 p.548, プロセスおよび関係の嗜癖行動 p.552

　インターネット（以下，ネットとする）の過剰使用は，日本ばかりでなく，世界各国において大きな健康・社会問題になっている。各国の有病率は調査方法や地域によって差がみられるが，0.7％から特に高い地域では27.5％にのぼっている（Mihara & Higuchi, 2017）。このような世界的なネット嗜癖問題の高まりに応じ，世界保健機関（WHO）は2018年6月，『国際疾病分類第11版』（International Statistical Classification of Diseases and Related Health Problems：ICD-11）の改定に伴い，ゲーム嗜癖に焦点をあてた診断基準が作成されつつある。ネット上のさまざまなサービスがある中で，ゲームに焦点をあてた診断基準になった理由としては，依存性があるとする十分なエビデンスの蓄積されたサービスが，現在までのところゲームのみであったという理由からである。そこで，ここから先は，ICD-11以前の研究や，ゲーム以外のネット上のサービスに依存している人も含めた状態を表す際には「ネット嗜癖」，ICD-11の基準に該当する状態をさす場合には「ゲーム障害」として議論を進めていくこととする。

●ゲーム障害の状態像　ICD-11に収載されるゲーム障害における「依存行動」とは，以下のようなことである。①ゲームのコントロールができない。使用時間のルールを決めても守れなかったり，試験前などに使用時間をへらそうと思ってもコントロールできない状態を指す。②ほかの生活上の関心事や日常の活動よりゲームを選ぶほど，ゲームを優先する。ゲームを使用し始めの頃は，日常生活の中で暇さえあればゲームをしていたのが，学校に行かずに，友達と遊ぶ約束を守らずに，ゲームすることが最優先になる。③問題が起きているがゲームを続ける，またはより多くゲームをする。普通であれば，1時間もゲームすれば満足しそうなものだが，依存になると，3時間ゲームしても，8時間ゲームしても十分な満足が得られない状態になり，渇望するようにゲームをし続けるようになる。そして，頭ではさまざまな問題が起きていることがわかっていても，ゲームがやめられない状態になる。ゲーム障害になると起こる問題としては，睡眠障害や，低栄養，骨密度や肺活量の低下といった体の問題や，遅刻，欠席，留年といった学業・就労上の問題，家族の金を盗んだり，家庭内暴力などの家族の問題と多岐にわたる。

●ネット嗜癖の治療　ネット嗜癖の治療に関しては，その方法や有効性に関する研究の蓄積も未だ世界的に乏しい状況にある。しかし，先に述べたように，ネットの過剰使用は，各国において大きな健康・社会問題になっており，既存の依存症治療の方法論などを参考にしながら各国においてさまざまな取組みがなされは

じめている。治療に関するメタ分析結果によると，解析の対象とした研究は全般的に研究対象者数も少なく方法論も稚拙なものが多かったものの，認知行動療法や家族療法などの心理社会的治療の有効性は認められたという（Winkler et al., 2013）。ネット嗜癖患者の特徴として，最も多い年齢層が思春期であるということと，年齢幅が広いことがあげられる。また，諸外国の研究では，ネット嗜癖は，ほかの精神疾患との合併が多く認められるとの報告がみられる。例えば，韓国のハらは，ネット嗜癖者の75％が合併精神障害を有しており，注意欠如・多動性障害（ADHD）と気分障害の割合が特に高かったと報告している（Ha et al., 2006）。ネット嗜癖の治療の上では，対象者の年齢や発達段階に合わせること，合併精神障害への配慮も重要である。また，ほかの嗜癖と同様に，患者の中には「やめたい，でもやめたくない」という，嗜癖対象であるネット使用行動への渇望が強く，治療には葛藤が伴うこと，治療への動機づけのレベルもさまざまであることも十分配慮する必要がある。

●ネット嗜癖に対する認知行動療法　ネット嗜癖の認知行動療法では，「1日の生活を振り返る」「ネット使用のよい点・悪い点を考える」「過剰なネット使用の引き金になったことを考える」「欲求への対処法」「ネット以外の楽しい活動を増やす」といったテーマで行っている。患者によって，ネット使用に求めていることは，達成感を得たいからなのか，現実逃避なのか，人との交流を求めているのか，攻撃性を発散したいからなのか，さまざまである。それによって，使用しているサービスや，ロールプレイゲームなのかシューティングゲームなのかといった使用しているゲームの種類，グループでやっていたのか1人でやっていたのかなどゲームのプレイスタイル，スマートフォンかパソコンかといった使用している機器などが違う。目的は，自らがネット使用に求めていたことを客観的に振り返り，このままの状態で使い続けると将来的にどのような生活になるかを考え，ほかのコーピングスキルを増やし，自らの生活にあった適切なネット使用方法を具体的に考えていくことである。治療目標は，「断ネット」ではなく「節ネット」である。現代の生活で，ネットをまったく使用しない生活はありえないからである。しかし，ネットのサービスのうち，最も依存していたサービスをコントロールして使用できるようにすることは，依存の性質上，大変難しいようである。実際的には，例えばSNSは利用をつづけるがゲームは今後一切使用しないようにすることが，回復の上で必要になるSNSは利用を続けるがことがほとんどである。

［三原聡子・樋口　進］

📖さらに詳しく知るための文献
［1］樋口　進　2017　心と体を蝕む「ネット依存」から子どもたちをどう守るのか　ミネルヴァ書房.
［2］樋口　進　2014　ネット依存症から子どもを救う本　法研.

プロセスおよび関係の嗜癖行動

☞ アディクション（依存症）p.122, 依存・嗜癖に関する認知行動理論 p.536, 物質使用障害 p.542

　嗜癖行動とは，ある習慣が度を超えた水準に達しており，自身でコントロールをすることが難しくなっている行動を指す。ここでは，DSM-5には含まれていないものの，その重篤化した習慣によってさまざまな問題を引き起こす可能性の高い，すなわち臨床家がカウンセリングの中で直面した場合にその対応が迫られる可能性の高い，二つの嗜癖行動——性行為，買い物——を取り扱うこととする。これらの行動への執着は，酒や違法薬物などへの物質依存に対して，ギャンブルやゲームと同様にプロセス依存と呼ばれることもある。以下に，性行為と買い物に関する認知行動的特徴を記載していくが，その他の嗜癖行動と同様に，臨床像から考えられる治療は，リラプス・プリベンションモデルを準用して実施することが有効である可能性は高い。また，性行為・買い物と併存する精神疾患は多様であることがわかっている（Starcevic & Khazaal, 2017）。したがって，治療の際には，嗜癖行動に加えて，関連する症状のアセスメントも必須である。そして，ケース・フォーミュレーションの過程で，当該の嗜癖行動がクライエントの生活の悪循環の維持に影響し，優先的に取り組むことが必要，かつ可能であると判断された場合に，当該の行動の減少に向けた治療が選択される。

●**過度の性行為を有する方の認知行動的特徴**　他の嗜癖行動と同様，一番の特徴は（性）衝動の生起に伴う，行動のコントロールの困難さであり，彼らは目の前の性的な満足感を優先し，その後の損失を低く見積もってしまう（Karila et al., 2014）。過度の性行為は，性行為後の罪悪感や人間関係の破綻だけでなく，性犯罪を引き起こすこともある。行動的な特徴として，性行為の可能な新しいパートナーの探索（男／女あさり），性行為の実現不可能な相手に対する固執，強迫的なマスターベーション，性行為の可能な相手と頻繁に会う，過度な性行為を減らす，あるいはやめようとすることの失敗，リスクの高い性行為，性的なサービスの利用，性行為の隠蔽，がある。また，これらの行動的特徴の多くは，インターネットを用いて行われる。認知的・情緒的な特徴として，性行為に関する空想や幻想，性に対する強迫的な思考，不快な情動を取り除きたい衝動，過度な性行為に関する罪悪感などがある。

●**過度の買い物を有する方の認知行動的特徴**　性行為と同様，一番の特徴は，（大抵は自身にとって不要な物を買いたいという）衝動のコントロールができないことである（Müeller et al., 2015）。過度の，そして不要な買い物によってもたらされる無意味さや弊害，振り返ったときの後悔や罪悪感はもちろん生じている。買い物によって得られるものは解放感や満足感であり，主に失われるものは

お金である．人々の中には，買い物そのものを恥ずかしいものであるととらえ，それを隠すこともある．過度の買い物によって山積みになった商品は無使用であり，かつ捨てられないことから，この問題を有する方々の6割に病的なため込みの症状があることを示した研究もある（Mueller et al., 2007）．事実，ため込み症の約8割が過剰な収集を行うことを特徴とする．

●**過度の性行為や買い物に対する治療的アプローチ**　中心的な症状が衝動のコントロールの難しさであり，かつその行動がもたらす快楽・満足感・解放感が大きく，強迫的な思考も関連していることを考慮すると，適切な行動に置き換えるといった代替行動の獲得を安易に狙うことは治療の失敗を招く可能性が高い．過度の性行為や買い物に対する治療を行ううえでは，それが引き起こされるメカニズムの心理社会的理解が不可欠である．例えば，衝動を引き起こすきっかけには，性行為であれば，性的興奮・性行為につながる情報収集をはじめとして，退屈な時間，パートナーとの満足のいかない性行為などがある（Wéry et al., 2016）．また，買い物であれば，商品の広告，TVやインターネットのコマーシャル，ダイレクトメール，クレジットカードの勧誘のお知らせ，といった社会的要因がある（Mueller et al., 2015）．そして，性行為に関連する行動には，インターネット上のさまざまな動画・画像・出会い系サイトを眺める，性行為の可能な相手に連絡をする，マスターベーションが可能な場所を探す，といった要素が含まれ，買うという行動には，多くの陳列された物を眺める，気になる物を見つける，それを選ぶ，注文する，といった要素が含まれる．このような，トリガーの特定と，性や買い物に関連する行動の一つひとつを分解し，そしてそれらを取り除く，もしくはそれらに伴って生じているメリットを減らそうと働きかけることが重要であると言える．例えば，買い物を例にすると，現在ではオンラインショッピングが普及していることからも，スマートフォンの使用できる容量制限をかけたり，家庭でのWi-fi環境を取り除いたりすることは，本来であれば解放感や満足感が得られるはずの買うという行為に要する時間を増やすことでそれらのメリットを得づらくすることになる．このような小さな工夫ではあるが，衝動を引き起こす環境の整備をとことん行っていくこと（刺激統制）が，嗜癖行動の治療の最初のステップであるとともに，重要な要素であると言える．　　　　　　　　　　　　　［横光健吾］

📖 **さらに詳しく知るための文献**

[1] Garcia, F. D. & Thibaut, F. 2010 Sexual addictions. *The American Journal of Drug and Alcohol Abuse*, 36, 254-260.

[2] Hague, B. et al. 2016 Treatments for compulsive buying: A systematic review of the quality effectiveness and progression of the outcome evidence. *Journal of Behavioral Addictions*, 5, 379-394.

触法行為の生物学的理解と薬物療法

☞ 触法精神障害者を取り巻く諸問題 p.530,医療機関における触法者に対する支援 p.582

　犯罪の原因を身体的要因に求める試みは,19世紀のC.ロンブローゾ(Lombroso)以来,数多く行われてきたが,近年の脳画像検査や神経生理学の進歩によってさまざまな知見が積み重ねられてきている。また,薬剤の開発も触法行為に対する有効な治療の選択肢を広げている。

●**生物学的背景**　神経解剖学的には,前頭前皮質,前部帯状回,扁桃体,線条体などが衝動性・攻撃性に関連するとされる。特に前頭前皮質のうち,眼窩前頭皮質は社会的意思決定,道徳的行動や共感能力などに関与するとされ,頭部外傷や脳血管障害などの脳器質病変によりこの部位が損傷されることによって衝動的行動や暴力行為が発現しうる。殺人者では対照群と比べて前頭前皮質の機能不全が存在することも,ポジトロン断層法(PET)を用いた研究から示されている。

　攻撃性にはさまざまなホルモンや神経伝達物質が関わっているが,特に性ステロイドホルモン(テストステロン)やセロトニンの関与が知られている。

　性犯罪者を特徴づける確定的な神経解剖学的ないし神経生理学的知見は存在しないが,テストステロン値が性暴力につながる性格特性と相関する可能性を示唆する研究が存在する(Aromaki et al., 2002;Giotakos et al., 2004)。ただし,テストステロンと性的攻撃性との直接的な関連は示されていない。

　窃盗症や放火症では,セロトニン・レベルの低下が中脳辺縁系の抑制作用を妨げ,ドパミンとオピオイドの報酬がそれらの行動を強化すると考えられる。

●**薬物療法**　カルバマゼピンやバルプロ酸などの抗てんかん薬は,躁状態やてんかんに伴う性格行動障害(不機嫌,易怒)に効果があるところから,衝動的・攻撃的行動に対して用いられることがある。鎮静効果の強い抗精神病薬(オランザピン,クエチアピンなど)が衝動制御を期待して用いられることもある。

　男性の性犯罪者に対する薬物療法では,ホルモン製剤と抗うつ薬が用いられる。ホルモン療法では,抗男性ホルモン剤とゴナドトロピン放出ホルモン(GnRH)拮抗剤が用いられる。抗男性ホルモン剤(酢酸サイプロテロン(CA),メドロキシプロゲステロン酢酸エステル(MPA))は精巣での男性ホルモンの産生・分泌を抑制する。抗男性ホルモン剤の使用により性犯罪者の性的活動性が低下し,再犯率が減少することが明らかにされている(Maletzky et al., 2006)が,副作用として,体重増加,血糖値上昇,抑うつ,女性化乳房などを生じることに注意が必要である。GnRH拮抗剤(リュープロレリン)は,下垂体の黄体化ホルモン(LH)の分泌を抑制することによって精巣でのテストステロンの産生を選択的に抑制する。副作用として骨密度低下および骨粗しょう症を生じることがあるので,骨密度の定期的測

定が必要である．また，長期使用ではLHの分泌を抑制するが，使用開始後2～4週間はむしろLH分泌が促進され，テストステロン産生が活発化し，性欲の亢進をもたらすことがある（燃え上がり現象）．抗うつ薬は副作用として性欲低下を惹起しうることから性犯罪者の治療に用いられる．今日の抗うつ薬の主流である選択的セロトニン再取り込み阻害薬（SSRI）は，血中セロトニン・レベルを上げることにより性欲を低下させる．副作用として口渇，嘔気，体重増加などがあるほか，使用開始後や増量後の賦活症候群による性的攻撃性の増大にも注意を払う必要がある．

　性嗜好障害に対する薬物治療のガイドライン（Thibaut et al., 2010）によれば，まず精神療法（認知行動療法が推奨される）が試みられ（level 1），充分な効果が得られなければSSRIを開始する（level 2）．それでも効果が得られない場合や倒錯的な性的空想を有する場合は，SSRIに加えて低用量の抗男性ホルモン（例：CA 50～100 mg/日）の使用を開始する（level 3）．中等度～高度の性暴力リスクを伴う場合やlevel 3の治療で効果がない場合は抗男性ホルモンを増量（例：CA 200～300 mg/日あるいは200～400 mg筋注/毎週ないし隔週）する（level 4）．性的サディズムの空想や暴力行動を伴う場合やlevel 4の治療で効果がない場合は持続性GnRH拮抗剤（例：リュープロレリン 3 mg/月）を開始する（level 5）．最重度の性嗜好異常あるいはlevel 5でも無効の場合，GnRH拮抗剤に抗男性ホルモンを併用する．SSRIを追加してもよい（level 6）．このような指針を用いることで，倫理的にも配慮された有効な治療が行われる．

●**触法者に対する薬物療法の適応と倫理**　臨床実践や研究報告では，暴力犯や性犯罪者などに対する薬物療法は一定の効果が示されている．再犯予防のための有効な選択肢であるとは言えるだろう．しかし，一面では生理的な適応行動でもありうる攻撃性や性行動を，薬剤を用いて人為的にコントロールすることの倫理的可否は吟味されなければならない．薬物療法により得られる他者・社会の安全や本人の健康が，治療による侵襲性や負担を上回る場合にのみ行われるべきである．とくに矯正施設などにおいて制度的な強制力をもって行われる場合には，より慎重な対応が求められる．投薬は再犯防止という治療的目的でなされるものであり，犯した罪に対する刑罰として行われてはならない．

　本邦では触法行為に対する薬物治療は一般的とは言えないが，海外諸国では身体的暴力や性暴力に対して認知行動療法に基づくプログラムに加え，薬物治療もひろく行われている．それらは対立するものではなく，治療効果の優劣を競うものでもない．むしろ，相互に効果を促進し合う補完的な関係にあると言える．　　　〔小畠秀吾〕

📖 **さらに詳しく知るための文献**

[1] Thibaut, F. et al. 2010 The world federation of societies of biological psychiatry (WFSBP) guidelines for the biological treatment of paragraphilias. *World Journal of Biological Psychiatry*, 11, 604-655.

リスクアセスメント

☞ 司法・犯罪分野のリスクアセスメント p.232

　司法犯罪領域におけるリスクアセスメントは，D. A. アンドリュースとJ. ボンタらによって，4世代に分けて論じられている（Bonta, 1996；Andrews et al., 2006）。第一世代は，言わば「専門家による非構造的な判断」であり，現代では「構造化された臨床判断」として引き継がれている。第二世代は，「実証研究に基づいているが理論的背景には乏しく，主として静的リスク（＝介入や時間経過により変化しない要因）により構成されている」ことを特徴としている。第三世代は，「実証研究に基づき，より理論的背景が確かで，静的リスクに加えて動的リスク（＝介入や時間経過により変化し得る要因，犯因性ニーズとも呼ばれる）により構成されている」ことを特徴としている。LSI-R（Andrews & Bonta, 1995）が代表例であり，保険統計式ツールと称される多くのリスクアセスメント・ツールがこれに該当する。

　続く第四世代は，「インテークからケース終結までの介入について総合的にガイドするケース・マネジメント計画」たることを特徴としている。第四世代は，加害者処遇における効果的な処遇の条件として「対象者のリスクレベルに応じた密度の処遇を（リスク原則），対象者の犯因性ニーズを処遇目標とし（ニーズ原則），対象者の認知機能や学習スタイルなどに応じた方法で（反応性原則）行うこと」をあげるRNR原則（Andrews & Bonta, 2006）と，「対象者のリスクのみならず，強みに注目した介入を行うこと」をあげる長所基盤モデルの重要性が広く認識されたことを受けて発展したものといえる。つまり，単に対象者の再犯リスクの高低予測を示すことではなく，これに加えて処遇ニーズ，強みとなる要因，反応性の特徴などを査定して介入計画を立て，介入を実践しながら適宜再査定を行い，計画を修正しながら終結まで包括的にマネジメントすることへとアセスメントの主目的が移行した結果といえる。代表例として，OIA（カナダ矯正局版，Motiuk, 1997），LS/CMI（LSI-R改訂版，Andrews et al., 2004），COMPAS（米カリフォルニア州版，Skeem & Louden, 2007）などがあげられる。

●**リスクアセスメント・ツールの性質**　司法・犯罪領域において上記第三世代までに盛んに開発されたリスクアセスメント・ツールの多くは，対象者の再犯・再非行の有無または再犯・再非行までの期間を従属変数として作成され，一定期間における再犯の可能性（＝発生確率）を予測するものであった。しかし，実際にリスクアセスメントの想定すべきリスクには，①再犯の可能性と②再犯までの期間（切迫度）に加えて，再犯したときの③結果の重大性，④加害件数，の少なくとも4種がある（Brooks, 1974）。つまり，①再犯の可能性が高く，②再犯までの期間が短い上，③その内容が重大であり，④再犯件数が多いほど，社会にとってのリ

スクは高い。しかしながら，この4種は，それぞれ軸が異なっているといえ，例えば，再犯の可能性は低いものの再犯した場合の被害が相当に深刻であると査定される人物と，再犯の可能性は相当に高いものの再犯した場合の被害は比較的軽微であると査定される人物のどちらを「リスクが高い」と判断すべきかは，一律に決められるものではない。このように司法・犯罪領域におけるリスクアセスメントは，ツールの作成過程をどれだけ実証的／統計的に厳密にしたとしても，最終的には価値にまつわる判断を含まざるを得ないものなのである。

現行の各種保険統計式ツールは，開発手続き上，再犯の可能性予測および切迫度予測に比重が偏っており，再犯結果の重大性を十分に加味したものではない。また，犯罪・非行の事実が公になり，加害者が司法手続きに乗るか否かは，犯罪・非行の種類や加害者／被害者の関係性，加害者の特性などに左右されるものである。つまり現行ツールは，「ツールを開発した条件下において再犯と定義された事象」（多くは，逮捕または有罪判決）の発生確率を予測する上では，臨床判断よりも正確である（Burgess, 1928）かもしれないが，暗数を含み，結果の重大性を加味した各人の実際の「再犯リスク」について臨床判断よりも正確に判断しているとまで結論することは適当ではない。

●リスクアセスメント・ツールの適用　第四世代のリスクアセスメントが包括的なケースマネジメントを目的としている一方で，第三世代の各種保険統計式ツールは，例えば，刑務所人口が世界最大であるアメリカ（WPB, 2018）において，再犯リスクが低い人を社会内処遇対象とするために特定する目的で，あるいは，再犯リスクが高い性犯罪者を刑期終了後も民事拘禁し続けるために特定する目的で，いずれも司法的判断の材料として活用されている実情がある。保険統計式ツールによる判断は，臨床的判断より合理的であるとされてはいるものの，常に一定数の擬陰性および擬陽性を含む予測に過ぎない。実際には再犯しないが，ツールによって再犯リスクが高いと判断された人が，社会の安全の名のもとに拘禁され続けるということを社会がどの程度許容するのか，十分な議論が尽くされているとはいえない現段階での司法判断への適用には，抑制的であるべきであろう。

一方で，リスクアセスメント・システムの開発は，犯罪・非行要因の研究，処遇・介入方法の開発と連動して進められており，相互に新たな視点をもたらす機能をもっている。したがって，活用上問題が生じるおそれがあるからといってアセスメント・システムの開発自体をためらうことは相当でなく，その限界を認識した上で目的に沿った使用を促進することは，加害者処遇の改良にも貢献するものと期待される。

[朝比奈牧子]

📖 さらに詳しく知るための文献

[1] 森　丈弓　2017　犯罪心理学──再犯防止とリスクアセスメントの科学　ナカニシヤ出版．

リラプス・プリベンション

☞ 刑事施設における性犯罪再犯防止指導 p.574, 刑事施設における薬物依存離脱指導 p.576

　リラプス・プリベンション（relapse prevention：RP）を直訳すると「再発防止」となるが，ここでは依存症，アディクションの再発（リラプス）を防止するための認知行動療法的治療アプローチを指す。A. G. マーラットと K. ウィッキーウィッツ（Marlatt & Witkiewitz, 2005 訳 2011：1）によれば，「リラプスの問題に対処し，それが生起するのを防止し，それに対処するテクニックを生み出すこと」が，RP の中心的な目的である。

　依存症の治療において最も困難なことは，一旦はやめた行動をその後長期間にわたって維持すること，すなわち再発防止である。そのため，さまざまな認知的，行動的コーピング方略を用いて，一度成し遂げた行動変容を生涯にわたって維持するための治療アプローチが RP である。

●**RP の理論的背景**　従前は，アディクション患者が治療困難でありリラプスを繰り返すのは，単に「意志の弱さ」に問題があるという「モラルモデル」によるとらえ方が主流であった。さらに，生物学的には大脳辺縁系の報酬系と呼ばれるドパミン経路が関連する「脳の病気」であるとする「疾病モデル」からの理解もなされていた。これらは必ずしも間違いではないが，アディクションのプロセスやリスク要因に関する研究が進むにつれて，アディクションは「学習された行動」であり，そこには多様な認知的，行動的リスク要因が関与していることが解明されてきた。これが，アディクションの「認知行動モデル」による理解であり，これが RP の理論的背景となっている。したがって，治療ではそうしたリスク要因を新たな学習によって克服することが重要となる。

●**RP の中核的治療要素**　RP の治療において最も重要なことは，まずリラプスが生じるプロセスを理解し，そのプロセスに介入することである。通常，飲酒，薬物摂取などの標的行動に対する引き金（trigger）が引かれることで，そのプロセスは始まる。次に，標的行動に対する思考や感情が惹起され，次第に渇望へと発展し，ついにはリラプスが生じる。このような一連のプロセスを遮断するために何より重要なことは，引き金を同定し，それに対するコーピングを学習することである。これが RP による治療の中核的な介入となる。例えば，飲酒行動であれば，食事中，仕事の後，冠婚葬祭，行事，スポーツ観戦，孤独感，高揚感など，さまざまなものが引き金となる。これらに対し，回避できるものは回避し（刺激統制），それができない場合は，引き金に対処するコーピングを学習する。必要に応じて，モデリング，ロールプレイ，行動リハーサルなどを実施することで，効果的な学習をはかる。

●**その他の治療要素**　リラプスのリスク要因にはさまざまなものが考えられる。例えば，上述のようなコーピングスキル欠如もそうであるし，ほかには標的行動に対するポジティブな期待，動機づけの欠如，ソーシャルサポートの欠如，併存疾患などがあげられる。したがって，RPの治療においては，これらのリスク要因に対処すべく，多様な治療的介入を組み込むことが必要となる。例えば，期待の修正のための認知再構成法，動機づけを高めるための動機づけ面接，ソーシャルサポートを構築するための対人スキル訓練や家族教育，併存疾患に対する薬物療法などである。さらに，近年ではマインドフルネス認知療法を取り入れたり，ITを活用した介入を開発したりするなどの革新もなされている。RPとは，こうした多面的な治療要素を組み合わせた包括的治療モデルである。

　またRPにおいては，ラプス（lapse）とリラプスの区別も重要となる。ラプスとは，1回の失敗（スリップ）のことをいい，リラプスとはそこから発展し，もとの依存状態にまで完全に戻ってしまうことをいう。依存症，アディクションの治療において，もちろんラプスを完全に防ぐことが理想であるが，現実にラプスは頻繁に生じるもので，これは必ずしも治療の失敗ではない。RPにおいて重要なことは，ラプスがリラプスに発展しないように防止することである。したがって，ラプスが生じた際には，何が引き金となったのか，治療において何が不十分だったのかなどをクライエントとの協働作業において分析することで，ラプスを新たな学習の機会としてとらえなおすことが求められる。

●**RPの活用**　当初，RPはアルコール依存症に対する治療モデルとして開発されたが，その後薬物，タバコなどの物質依存症，さらにはギャンブル障害，摂食障害，性的アディクションなど行動的アディクションへの治療にも活用が広がっている。日本においては，まず刑務所内での再犯防止指導として，性犯罪者や覚せい剤依存症者への治療プログラムとして活用が始まり，その後医療機関やセルフヘルプグループなどでも用いられるようになっている。しかし，治療ニーズの大きさに比べて，専門家や治療機関の数が不十分であることが問題である。

●**RPのエビデンス**　RPの効果に関しては，数多くの臨床研究によるエビデンスが積み重ねられてきている。J. E. アービンほか（Irvin et al., 1999）によるメタ分析では，アルコール，タバコ，コカイン依存などに対して，RP12使用を抑制したり，心理社会的適応を向上させたりする有意な効果が見出されている。

［原田隆之］

📖 **さらに詳しく知るための文献**

［1］　マーラット，G. A. & ドノバン，D. M.　原田隆之訳　2015　リラプス・プリベンション　日本評論社.
［2］　原田隆之　2014　認知行動療法・禁煙ワークブック　金剛出版.

グッド・ライブズ・モデル (GLM)

☞ 弁証法的行動療法(DBT) p.294, リラプス・プリベンション p.558

　グッド・ライブズ・モデル（good lives model：GLM）は，T. ワードと C. A. ステュアート（Ward & Stewart, 2003）によって提唱され，ワードの研究チーム（Ward & Gannon, 2006 ; Ward & Marshall, 2004 など）がさらに展開させた，長所基盤型もしくは修復的なアプローチの改善更生理論である。約 30 年間改善更生理論の主流として存在してきた Risk-Need-Responsivity Model（RNR）（Andrews & Bonta, 2010）が動的再犯危険因子を特定し，管理し是正することが中心となるのに対し，GLM では再犯危険性を低減させると同時に個々の犯罪者の利益や長所を生かした能力開発を目指す。両理論は相反するものではなく，GLM は特に処遇対象者の更生への取組意欲を改善するという点において RNR に基づいた手法をより効果的にさせるという補完的な存在である。

　犯罪者を含むすべての人間はある種の精神状態，人間特性，経験を積極的に確保しようとするという前提にたち，これらを「基本財」（primary goods）として，(1) 生活（健康的な生活および機能），(2) 知識，(3) 遊びにおける卓越性，(4) 仕事における卓越性（達成感など），(5) 行為主体性としての卓越性（自律，自己決定など），(6) 心の平穏（精神的混乱やストレスがない状態），(7) 関係性（親密な友人・恋愛・家族など），(8) コミュニティ，(9) 精神性（広義において人生における意味や目的を見つけること），(10) 幸福，(11) 創造性の 11 種類を提示する（Ward & Gannon, 2006）。人間は誰でもある程度は基本財のすべてを求めるが，どの財を重視し優先させるかは個人特有の価値観や生活における優先順位によって異なる。そして，すべての人間はよい人生の計画（good lives plan：GLP）に従うと想定している。犯罪は，直接的または間接的に基本財の追求に関係し，個人の GLP の欠陥に起因すると考えられ，このような欠陥は，基本財そのものではなく，「道具的財（副次財）」（secondary goods），つまり基本財を達成するための活動および手段に関係すると考えられる。GLP の欠陥とは，(1) 基本財を手に入れるために不適切あるいは悪影響が生じるような手段を使用する，(2) GLP において視野の欠如によって重要な基本財が見落とされる，(3) 基本財と道具的財との間に矛盾が生じたり一貫性が欠如したりする，(4) 基本財を満たすための内的および外的の応力の欠如，の四つが特定されており，これらは同時に発生することもありそれぞれが排他的な関係ではない。

● **GLM の実務への適用**　GLM に基づいた処遇の目的は，処遇対象者が害を及ぼさない方法で基本財を手に入れ，GLP の欠陥を克服し，再犯の危険性を減らし管理するための支援を行うことである。実務においては，まずは犯罪者にとっ

てGLPになりうるものを，さまざまな基本財に優先順位を与えることで策定する。具体的には，処遇対象者が強いこだわりをもつものや大切に思う日々との活動と経験について，徐々に掘り下げた質問を投げかけ，犯罪関連行動に現れる価値観を見極め，目標を特定する。次に，社会的に許容される方法で基本財を満たすために今後どういう道具的財を用いるべきか処遇対象者とともに考え，GLPに組み入れる。

● **CBTとの関係**　GLMは改善更生に関する枠組みであり，認知行動療法（cognitive behavioral therapy：CBT）などの科学的実証に基づく介入を適用する際の土台となるものを，犯罪者の更生に関わる実務者に提供することを目的としている。つまり，GLMやRNRは処遇における目標や目的を示す改善更生理論であり，CBTはその目標や目的に対処する方法である。犯罪について理解し，犯罪を支える信念を再構築することに焦点をあてた構成要素について考えると，GLMでは，GLPに関連した考え，感情，態度などがどのように犯罪に関係したかということについて処遇対象者に理解させることを目的としてCBTを用いる。（例えば，常軌を逸した性的興奮の修正を目的とする具体的な態度に関する技術のみでなく，健康的で適応性のある手段を利用して基本財を獲得するための技術や知識を身につけるためにCBTを用いるなど。）またRNRに基づくプログラムにおいて一般的なモジュール（感情統制，社会的・親密的な関係を築くスキル，問題解決スキル，性に関する調整，自己の犯罪の理解，自己統制）はGLMに基づくプログラムにも含まれうるが，GLMに基づく処遇を行う場合，処遇対象者個人の人生における優先事項や包括的な財を中心に据えた形でCBTを用いる必要がある（Willis et al., 2012）。

　また，よく構造化されたCBTである弁別法的行動療法（dialectical behavior therapy：DBT）は，もともと境界性人格障害をもつ人を治療するために設計されたものであるが，DBTとGLMとの共通性と，そのGLMへの適用可能性が指摘されている（Schaffer et al., 2010）。

● **あらゆる分野におけるGLM**　GLMは性犯罪者の処遇に最も広く用いられてきたが，性犯罪と関わりのない暴力犯罪者，若年犯罪者，人格障害をもつ犯罪者，物質依存の犯罪者，健康上の問題を抱えた人，ドメスティック・バイオレンスの加害者，精神障害をもつ犯罪者などの処遇にも用いられている。［山本麻奈］

さらに詳しく知るための文献
[1] ローズ，D. R. & ワード，T.　津富 宏・山本麻奈監訳　2014　性犯罪からの離脱—「良き人生モデル」がひらく可能性　日本評論社.
[2] イエイツ，P. M. & プレスコット，D. S.　藤岡淳子監訳　2013　グッドライフ・モデル—性犯罪からの立ち直りとより良い人生のためのワークブック　誠信書房.

セルフヘルプグループ

☞ アディクション（依存症）p.122, 司法・犯罪分野 p.138, 当事者研究 p.522, 成人犯罪・少年非行と関連諸機関 p.528, 司法・犯罪分野の関連法規 p.700

　薬物や物質，障害など，何かしらの共通の問題や目的をもった集団による，専門家に依存せずに相互に援助したり特定の目的を達成したりすることを目指した自発的なグループのことを指す。日本語では「自助グループ」とも訳される。専門家から独立して同じ経験を有する者同士で主体的に活動するという特徴を有するなどの背景によって，「治療グループ」と区別するために「セルフヘルプグループ」が用いられることもある。ただし，実際には病院や行政機関などと連携をしながらグループの運営や活動を行っているグループも少なくない。「セルフヘルプ」が指す意味には，個人による自助，独立，すなわち「自立（自律）」と，相互援助，共同，すなわち「仲間同士の共同による自助」の二つの意味が含まれているとされている（久保・石川，1998）。また，セルフヘルプグループの中には，参加者が匿名を前提として集まる「アノニマスグループ」として活動しているものも少なくない。

　セルフヘルプグループによる治療効果は，参加者が匿名である場合が多いなどの理由によって直接的に測定することが困難であることが多いものの（窪田，2002），例えば飲酒問題を抱える者を対象とした場合においては飲酒関連症状を改善させるなどの効果が報告されており（Timko et al., 1999），ひきこもり者の親を対象とした場合においては心理的ストレス反応を低減させるなどの効果が報告されている（植田ほか，2004）。

●セルフヘルプグループの種類　セルフヘルプグループは，1935年にアメリカにおいて設立されたアルコール依存症者のグループ「AA」（alcoholic anonymous）に始まるとされる。その後，1950年代後半から1960年代の市民権運動や公民権運動などが盛んな時代に多くのセルフヘルプグループが設立されている。代表的なセルフヘルプグループとして，AAに加えて薬物依存症者のグループ「NA」（Narcotic Anonymous），ギャンブル依存症者のグループ「GA」（Gamblers Anonymous），摂食障害者のグループ「OA」（overeaters anonymous），窃盗症者のグループ「KA」（kleptomaniacs anonymous）などがある。また，問題を抱える当事者本人のグループだけでなく，家族や身近な者のセルフヘルプグループも数多く設立されている。例えば，代表的なものとして，アルコール依存症の問題に関する「Al-Anon」（アラノン），薬物依存症の問題に関する「Nar-Anon」（ナラノン），ギャンブルの問題に関する「Gam-Anon」（ギャマノン）などをあげることができる。

　また，日本においては，1970年代以降に多くのセルフヘルプグループが設立

されており，現在では依存症者のグループ「ダルク」（DARC），アルコール依存症者のグループ「断酒会」，摂食障害者のグループ「NABA」（nippon anorexia bulimia association），吃音者のグループ「言友会」，薬物依存症者の家族のグループ「薬家連」（全国薬物依存症者家族会連合会），ひきこもり者の家族のグループ「KHJ全国ひきこもり家族会連合会」，不登校の子どもをもつ親のグループなど，日本独自のセルフヘルプグループも数多く活動している。

●**活動内容と機能**　具体的な活動としては，話した内容に関する秘密厳守のもと，他者の話に意見をしたり質問をしたりせずに受容的に聞くということを指す「言いっぱなし，聞きっぱなし」という手法を用いた自分たちの体験に関する話し合いをしたり，情報や知識の共有や，社会への啓蒙や行政への働きかけ，などを中心に行っている。一般的には，これらの活動を目的として定期的な集まりを自主的に運営する。結果的に心理的側面における治療効果が生じることもあるが，本来は治療そのものを目的としているというよりも，日頃抱えている問題や近況に関する自分自身の体験を共有しあうことが中心である。

　また，多くのセルフヘルプグループにおいては，「12のステップ」と呼ばれる回復のためのグループアプローチが基本的に用いられている。12のステップとは，例えばアルコールの問題においては，まず初めに自分がアルコールに対して無力であり，自分の力だけでは解決できないという事実を認めるとともに，「自分よりも大きな力」が自分を回復させてくれると信じることから始まる。そして，このことを基盤にして，その後のさまざまな具体的な問題解決のためのステップに進むとされている。

　セルフヘルプグループの機能には，同じ経験をしている仲間を見つけることによって孤立感を減少させたり安心感を得られたりすることができること，グループのなかで自分の振る舞いの手本となる人と出会ったり自分の将来の予測ができるようになることなどがあげられる。さらに，自らの問題や目的に関して，援助されるだけでなく援助する役割も担うという「相互援助」の働きが強調されることが多い。このような現象は，援助をする者がむしろ何らかの心理的効果を得ることができる，すなわち「援助をする人が最もよく援助を受ける」と表現される「ヘルパーセラピー原則」から説明が可能であるとされる。これは，セルフヘルプグループの当事者同士が援助する側とされる側に分かれるわけではないという，セルフヘルプグループの特徴とも関連すると考えられる。　　　　　　　　　　［野中俊介］

　📖 **さらに詳しく知るための文献**
[1] 久保紘章・石川到覚　1998　セルフヘルプ・グループの理論と展開―わが国の実践をふまえて　中央法規出版．
[2] カッツ, A. H.　久保紘章訳　1997　セルフヘルプ・グループ　岩崎学術出版社．

環境調整・刺激性制御

☞ オペラント条件づけの基礎研究 p.50, アディクション（依存症）p.122, オペラント法 p.252, リスクアセスメント p.556, リラプス・プリベンション p.558

　依存や嗜癖行動などの不適応行動は，物質使用障害などの薬理作用が関連するものであっても，行動の維持には社会的，非薬物的な報酬が関与するオペラント行動であるとみなされる。そのため，これらの不適応行動は，関連する環境随伴性の操作によって直接的に変容されうるとされる（Stanger et al., 2010）。

　依存や嗜癖行動などの不適応行動は，特定の刺激や環境下において生起確率が高まること，すなわち刺激性制御が生じることが知られている。例えば，「不快な情動からの回避」という負の強化によって違法薬物の使用が維持している者にとっては，「会社で上司からひどく叱責される」といった不快な情動が生じる出来事が起きた後に，特に物質使用をしやすくなるであろう。それらの刺激性制御の前提に基づき，依存や嗜癖行動を対象とした認知行動療法においては，機能分析によってクライエントの不適応行動に関連する刺激を同定し，クライエントがそれらの刺激に触れる頻度や時間自体をコントロールする手続き（環境調整，刺激統制法）を取り入れることが検討される。

●**刺激のコントロールの手続き**　刺激自体をコントロールするための治療的手続きとして，初めに，クライエントの生活環境に存在する，不適応行動の生起頻度を増やす弁別刺激や確立操作となる状況（トリガー）の同定が行われる。例えば，物質使用の弁別刺激として，バー，パーティー，薬物が売られている地域，物質使用の道具などがあげられる（Donohue et al., 2009）。また，確立操作になりうる状況刺激には，収入が入った状況，職がない状況，退屈な状況，重要な他者の死など，快または不快な情動を生じさせる状況がある。これらの不適応行動を増やす刺激と同様に，クライエントの生活内に，不適応行動を減らす効果のある環境刺激（職場，家庭など）や活動（ジョギング，仕事など）があるかについても，同時に検討が行われる（Donohue et al., 2009）。これは，依存や嗜癖行動の治療のゴールが，不適応行動による報酬の影響を弱め，不適応行動とは同時に生じえない健康的な代替行動によって得られる報酬の頻度，強度を増加させることに置かれるからである（Stanger et al., 2010）。同定された，不適応行動を増加，または減少させる刺激や状況は，それぞれリストにまとめ，クライエントと共有される。その後，それぞれのリストにある刺激に曝露される時間，タイミングなどについてセルフモニタリングをし，不適応行動を増加させる刺激に曝される時間をできうる限り少なくし，不適応行動を減少させる刺激とともに過ごす時間を可能な限り多くするような生活スケジュールを立案し，実行する。その際，代替行動が持続的に生起するよう，不適応行動を減少させる刺激は，当該のクラ

イエントにとって強化事態をもたらすものとなるよう留意する必要がある。

●**弁別刺激，確立操作としての対人関係**　クライエントの不適応行動の生起頻度を左右する刺激には，物や場所などの刺激だけでなく，対人関係も含まれる。例えば，薬物の売人や，過去に一緒に物質使用をしていた友人と接触することは，物質使用の弁別刺激となりうる。これらの人物との関係においては，物質使用などの不適応行動をとるよう誘われたり，挑発をされたりするなど，不適応行動の生起確率を高めるような働きかけを受けることがある。そのため，これらの対人関係については，関係を断つことも考慮に入れてマネジメントの方法を検討する。その際には，どのように関係を断てばよいか，また関係性を継続する場合には，誘いや挑発に対してどのように対応すればよいか，といったソーシャルスキルトレーニングの要素も含めて支援が行われる。反対に，不適応行動とは関連のない対人関係を築くことのできる場を設定することも，同時に検討される。

●**家族などの重要な他者に対する介入**　対人関係の中でも，家族やパートナーは，一般にクライエントに対する刺激としての強度が強いことが多く，クライエントの不適応行動の発現に特に影響を及ぼしやすい。そのため，依存や嗜癖行動の治療においては，家族行動療法，行動的カップルセラピー，コミュニティ強化アプローチなど，家族やパートナーなどの重要な他者をも対象に含めた認知行動療法がしばしば行われる。これらの治療においては，クライエントと家族やパートナーとの関係性が，どのようにクライエントの不適応行動の発現と関連しているかについて検討される。例えば，夫婦間の不和が強いことで不適応行動の頻度が増加する場合には，夫婦機能の改善のための治療（機能分析，随伴性マネジメントなど）が行われる。

　家族を含めた治療の中では，イネイブリングの問題も扱われうる。イネイブリングとは，不適応行動をやめさせるための行動のつもりが，かえってクライエントの不適応行動の維持につながる，周囲からの働きかけのことを指す（吉田ほか，2014）。イネイブリングには，世話焼き（職場に欠勤の電話を代わりにする），実行しない脅し（「薬を使ったら一生口をきかない」と伝える），小言，説教，懇願（「お願いだからもう薬はやめて」と言う）が含まれる（吉田ほか，2014）。イネイブリングへの介入として，家族などに対して，心理教育，ソーシャルスキルトレーニング，イネイブリングの代替行動の計画と実行などが行われる。　［橋本　塁］

📖 **さらに詳しく知るための文献**

[1] 鈴木伸一・神村栄一　2013　レベルアップしたい実践家のための事例で学ぶ認知行動療法テクニックガイド　北大路書房．

[2] 吉田精次・境　泉洋　2014　CRAFT 薬物・アルコール依存症からの脱出—あなたの家族を治療につなげるために　金剛出版．

渇望と言い訳のモニターと対処

☞ 依存・嗜癖に関する認知行動理論 p.536, リラプス・プリベンション p.558

　渇望（craving）とは，「それさえあればほかには何も要らない」とまでに強く特定の物質や行為の実行を求める心理状態のことである。他者には了解困難な嗜癖行動の背後にあって，その欲求や衝動の強さを表現する用語である。

　生活の質を著しく低下させてきた渇望であっても，「自分にもそれをコントロールできる日がくる」と思えるよう動機づけ，渇望とそれに関連した引き金に向き合い，有効なコントロールの確立のための試行錯誤を続けること，これらをすすめやすくする支援のネットワークとつながり続けることが認知行動療法をはじめとした心理社会的治療の目指すところである。その意味で，渇望がコントロールされている程度は，介入の効果を評価する重要な指標となる。

●**渇望のコントロール**　渇望が最高に高まった状態が持続するのは，嗜癖の対象や重症度にもよるが一般に数分から数十分である。ただし，さまざまな内的あるいは外的な引き金によって急激に高まるため，その予測は困難でコントロールも難しくなる。深刻な嗜癖を経験した者には，「もはや渇望を感じることはない」といった完全な克服の感覚を目指すよりは，「以前よりはずいぶんコントロールできるようになったが警戒の継続が必要」という態度が望まれる。

　嗜癖の障害においては，「渇望の自己モニター（自覚）が十分機能しないことが中核症状の一つ」と理解できる。渇望のコントロールに関わるさまざまなテクニックやツールも，すべてはその安定した自己モニターが前提となる。認知行動療法には例えば，渇望の高まりを身体の感覚として知覚するスキルの向上に取り組む改善策もある。「頭の奥が熱くなる」「胸が熱いもので満たされる」「尿をこらえている感覚にも近い両足がそわそわした感じ」などである。とらえやすくなった渇望の観察（ウオッチ）を，数十秒，数分と続け，渇望を「真上に投げたボールが放物線を描いて落下してくるのを地上で待ち構える」かのようにやり過ごすのを繰り返す，などである。ほかにも，比較的空腹時に大好物のお菓子やチップスなどを「ひと口」だけゆっくり食べてみる。普段だったら続けて口にするところであるが，最初の「ひと口」でゆっくり味わい，それに続く，「ふた口め」を制限する。「もっと食べたい」という，比較的扱いやすい渇望をあえて喚起し，その渇望を満たす行為（続けて食べる）を，その渇望を観察しながら（気をそらすことをせず）控えてみる。これで，渇望をやり過ごす術のきっかけを身につけることもできる。

●**言い訳とは**　渇望が求める行為の抑止を阻害する，つまり，渇望が求める行為の自発を許すきっかけとなる言語的反応の総称が，言い訳（excuse）である。似たような意味をもち，主に司法・犯罪，および嗜癖の治療の領域で用いられる用語に，合理化（rationalization），正当化（justification），あるいは「中和の技術」（techniques of neutralization）などがある。例えば，DV など暴力支配傾向の強い要支援者では，①被害者側の責任を大きく見積もる：例「相手（被害者）がこんなことを言う（する）から」，②罪を最小化する：例「些細な言い合いからもみ合いになっただけ」，③自らを被害者的にすえる：例「かっとなりやすいのは親ゆずり，いわば遺伝であり，自分だって好きでこういう気質で生まれてきたかったわけではない」などがある。子どもに対し虐待を繰り返す親はしばしば，「しつけのためである」「本人の将来のため」というセリフを口にする。このほか，本人がより上位の価値への忠誠（例えば，「世の中に広がっている堕落をただすため」）を示すため，というのもある。

　クレプトマニアのある要支援者は，「理屈に合わないことはわかっているが」としながら，「このスーパーは売り上げも大きくこれくらい（の損失）で経営にはまったく影響しない。しかも，賞味期限切れで相当量の廃棄処分を出しているらしい」といった考えを浮かべていたと語った。ギャンブルや買い物依存の問題をもつ要支援者の面接でも，多様な言い訳をうかがうことができる。多いのは「ストレスがたまった」「ほかにストレスを解消する適当な趣味がない」「ほかの支出は切り詰めているのだから」「やめようと言われるとますますイライラして仕事（勉強）が手につかない」などである。ほかにも，「仕事で顧客の多くとギャンブルの話をすることが多いが，その知識を得ておくための，いわば必要経費にあたる」「（ほかのギャンブルよりも）還元率が高いから問題にはならない」「ギャンブルで最もおろかなのは大負けしたところでやめることである」「自分の今日のツキを知るためにやる」「貯金が苦手で定額の給与で収入を得ている自分が豪遊するにはギャンブルしかない」などがある。

●**言い訳への介入**　嗜癖の問題に対する認知行動療法では，このような，言い訳的認知，内的言語表現が再発につながることを理解することが大切である。要支援者が過去に渇望の中で想起したことをできるだけありありと思い出してもらう。再発防止に焦点化したセッションでは，将来の，「再発しかねないあやうい状況」で自分が浮かべそうな言い訳についての対処をリハーサルできるとよい。

　例えば，「ほかに趣味がない」を言い訳とすることが多い要支援者であれば，以下のような想起が抑止になる。「『ギャンブルのせいでほかの趣味が広がらなかった』が正しい。負けたら遣えるお金もなくなるので新しい趣味を広げようにも広げられなくなる。勝ったら，そのお金を元手に『ツキがあるうちに過去の負けを取り返そう』と考え繰り返し大きな額を失うだろう。負けても勝っても趣味はひろがらなかった」。このように，言い訳でよくあるパターンをとらえることで，具体的に対立する言語内容を身につける再発抑止が可能となる。　［神村栄一］

□　さらに詳しく知るための文献
［1］DiClemente, C. C. 2018 *Addiction and Change: How Addictions Develop and Addicted People Recover*（2nd ed.）, Guilford Press.

集団認知行動療法（グループワーク）の活用

☞ 集団認知行動療法 p.306，矯正教育と更生保護におけるSST p.570，刑事施設における性犯罪再犯防止指導 p.574，刑事施設における薬物依存離脱指導 p.576

　司法・犯罪分野におけるグループワークは，これまで少年院における非行少年に対する生活指導等において代表的に活用されてきた。一方で，刑事施設においては，「刑事施設及び受刑者の処遇等に関する法律」に従って，特別改善指導である「性犯罪再犯防止指導」や「薬物依存離脱指導」として認知行動療法が採用されるに至っている。これらの取組みにおいてもグループワークが活用されており，日本において「集団認知行動療法」として体系化される第一歩になったと考えられる。集団認知行動療法においては，毎回のセッションにおけるアジェンダの達成のためにリーダー（支援者）による参加者間の相互作用の促進が重視される。この点は，リーダーのファシリテートによる参加者同士の自発的な相互作用そのものを症状の改善における主たる作用機序とするほかの集団精神療法と対比的に位置づけられる。

●**集団認知行動療法の構造化**　一般的に，個別に実施される心理療法と比較して一度に多くの患者に対して治療を提供できることが集団精神療法の大きな利点の一つであると考えられている。これに加えて，自身と同じ疾患や問題を有する他者に出会うことによって，当該の疾患や問題を克服する希望をもたらしたり，効果的なアドバイスが得られたりすることや，グループを社会の縮図として浮かび上がる参加者の対人関係様式の修正がロールプレイなどを通して可能であることなどが利点として指摘されている（Yalom, 1995）。一方で，G. M. バーリンゲームほか（Burlingame et al., 2004）は，これらの一般的な利点を踏まえた上で，形式的変化理論を加えた「構造化された」集団精神療法の治療プロセスに関するモデルを提唱した（図1）。

　このモデルに基づくと，集団認知行動療法の治療的アウトカムに影響を及ぼす要因は，2元論的に理解が可能であることが指摘されている（Bieling et al., 2009 訳2018）。具体的には，まず第1の軸として，認知行動療法の理論や技法（形式的変化理論）があげられ，この点は個別で実施される認知行動療法と共通しているといえる。一方で，第2の軸としては，集団凝集性といった集団精神療法に特有のグループ・プロセス（小集団プロセス）があげられる。集団認知行動療法においては，グループ・プロセスは認知行動療法の技法の適用による変化を引き出すための重要な構成要素と位置づけられている。これらに加えて，参加者側の特徴（例えば，治療に対する動機づけ）やグループの構造的要因（例えば，セッションの長さや回数）と，これらの構成要素を結びつけて技法の適用のあり方やグループ・プロセスの方向づけを決定するリーダーによるリーダシップ

があげられている。このバーリンゲームらのモデル（図1）における2軸を活用して治療効果の最大化を目指すためには，参加者個々人のアセスメントが不可欠である。

●**グループ形式** 集団認知行動療法の形式としては，参加者を固定してプログラムを進める「クローズド形式」，プログラムのいずれの時点においても新たな参加者の受け入れが可能である「オープン形式」が代表的であるとされてきた。クローズド

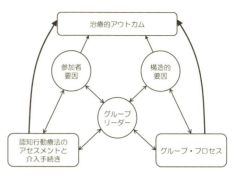

図1　集団認知行動療法の治療構造
[Burlingame et al., 2004 を一部改変]

形式においては，段階的な介入が可能であり，集団凝集性も徐々に高まっていくことが期待される一方で，参加の柔軟性において難点を有する。また，オープン形式は，参加の柔軟性が高いものの，参加者の入れ替わりが頻回に生じるために集団凝集性は高まりにくいという特徴を有する。一方で，いつでも新たに参加可能でありながら，参加者は各自の進度でプログラムを順に進める「ロリング形式」による実践も行われている（Ware & Bright, 2008）。ロリング形式においては，参加の柔軟性を担保しながら，参加者各自に対して段階的な介入が可能であるといえる。また，参加回数の多い参加者にモデルを担ってもらうといった工夫によって，集団凝集性を促すことができることに加えて，参加者が自身の問題を他の参加者の発言内容と相対化することが可能になり，結果的に支援の個別化にも寄与しうると理解が可能である。しかしながら，ロリング形式の運用に際しては，リーダーには相応の技術が求められると考えられる。

●**集団認知行動療法の実践領域**　日本における集団認知行動療法の実践領域としては，司法・犯罪分野に加えて，休職者を対象としたリワークなどが代表的である（田上ほか，2012）。また，学校教育においてクラスワイドで実施されるソーシャルスキルトレーニングなども集団認知行動療法の枠組みを用いた実践が必要とされる。いずれの実践領域においても，グループを構造化する点において共通していると考えられる。すなわち，参加者個々人のアセスメントを踏まえたうえで，認知行動療法の理論や技法とグループ・プロセスをリーダーが組み合わせて運用することが求められる。　　　　　　　　　　　　　　　　　　[田中佑樹・嶋田洋徳]

📖 **さらに詳しく知るための文献**

[1] 嶋田洋徳　2017　性犯罪の治療理論②　認知行動療法　門本　泉・嶋田洋徳編著　性犯罪者への治療的・教育的アプローチ　金剛出版．

矯正教育と更生保護におけるSST

☞ 認知行動療法 p.2, 認知療法と認知理論 p.12, ソーシャルスキルトレーニング（SST）p.278, 問題解決療法（PST）p.280, 成人犯罪・少年非行と関連諸機関 p.528

　矯正教育と更生保護の分野ではソーシャルスキルトレーニング（social skills training：SST）に対する関心が深まり，実践は多様な広がりを見せている。SSTとは認知行動療法の理論に基づき，当事者の対人状況に関する認知と対人行動の改善を目指して用いられる支援法である。犯罪や非行に関わる当事者はコミュニケーション能力の向上に支援を必要とする人が多いので，SSTが適切に用いられると効果が期待できる。SST実施の中核的な原則は当事者の人格を尊重すること，本人の希望を取り入れ，実際に役立つ練習課題を選ぶこと，練習を本人と協働で進めること，個々人の能力を勘案し，個別化した支援をすることである。グループSST，個人SST，またはその組合せによる構造が選択され，実施されている。

●刑務所　刑務所では「刑事収容施設及び被収容者等の処遇に関する法律」に基づき，刑務作業に加えて，すべての受刑者に対する改善指導が取り入れられている。改善指導は一般改善指導と特別改善指導から構成されているが，SSTは特別改善指導の一つである「就労支援指導」の一環として導入されている。就労支援指導のグループSSTでは，「職安職員に相談する」「就職希望先に面接予約の電話をかける」「新しい職場で雑談の仲間に入る」「ストレスのかかる質問に対処する」「上司の指示を確認する」「仕事のミスを謝る」などが典型的な練習課題である。今では，仮釈放予定者に対しても釈放前指導においてSSTを実施し，「出所後に親族等に対して謝罪する」などの行動リハーサルを行い，受講生から，新しい対処方法を学んだ，今後もSSTに参加したい，などという積極的な評価をもらっている。高齢者や障害者などの特別調整対象者に対して一般改善指導の「社会復帰支援指導」の中でSSTを行う刑務所もあり，「人に相談する」や「金銭管理」などの生活スキルも合わせて教える刑務所もある。ほとんどの刑務所でのSSTは外部指導者の協力を得て行われているが，所内の教育担当の職員ばかりでなく，その他の部署の職員もSSTに対して関心を強めるようになっている。

●少年院　1994年に東京矯正管区が少年院教官にSSTの研修を実施したことをきっかけに，法務省では翌年から，全国の少年院教官を対象にSSTの研修を始めた。今では，グループSSTばかりでなく，教官が個々の少年に対しても必要に応じて面接のなかで，個人SST（ひとりSST）を用いるようになっている。典型的なグループSSTの練習課題としては「出院時に迎えにきてくれた家族に感謝し更生の決意を伝える」「保護司面接で質問に答えたり，質問したりする」「駅で偶然出会った昔の友人の誘いを断る」「ゲームセンターで不良に絡まれたと

き，センター店員に助けを求める」などがある．社会奉仕活動のように，実際に社会との接点があるような教育プログラムでは，事前にSSTによる行動リハーサルを行い，ホームワークとしてスキルの実行を試みている．課題によっては認知レパトリーを広げる問題解決法や認知再構成法なども使われている．

●**更生保護施設** 更生保護施設は刑務所や少年院を出た人，執行猶予中の人などのうち，引受人のいない人を対象に生活の再建を助け，再犯を防止する目的で更生保護法人が運営する施設であり，現在，全国に103を数える．1995年に東京の更生保護施設「更新会」は全国に先駆けて入所者のためのSSTを導入，それ以来，外部専門家や早稲田大学の学生ボランティアも交えて，月2回，休むことなく続けている．全国更生保護法人連盟が中心となって全国の更生保護施設職員のためにSST研修を行ってきたので，現在では更生保護施設の約3分の1強がグループSSTを実施しており，面接に個人SSTを用いているところはもっと多いと思われる．「養護施設にあずけている子どもに電話して，温かい気持ちを伝える」「迷惑をかけた家族に謝り，関係を修復する」「職場で年齢の違う人達との会話に加わる」「勤務先でえらそうに自分に注意する先輩に対する怒りをコントロールする」など必要な課題に向き合う入所者のために，適切な行動のとり方を当事者と一緒に練習していくSSTは職員にとって，不可欠な支援ツールである．課題によっては，問題解決法や認知再構成法なども使われている．

●**保護司のSST** 日本更生保護協会は保護観察対象者の地域生活支援のために，保護司がSSTを学べるよう，2013年より，全国8管区でそれぞれ30名を対象に3年間にわたり，SST普及協会の定める10時間のSST初級研修を実施した．さらにそれ以降も，各地の保護司によるSST自主研修会に助成金をだし，多くの保護司が面接にSSTを使えるように支援している．毎年開催されているSST普及協会の全国経験交流会では近年保護司によるSSTの実践例が複数発表され，SSTを熱心に実践している保護司が確実に増えている様子がわかる．

●**今後の課題** SSTのように実際的で現実的な支援方法を実施するにあたっては，矯正と保護がもっと連携し，犯罪や非行をした人に対して，立ち直りと再犯防止の総合的なプログラムの中のどこで，どのようなSSTが行われるべきか，教育資料を開示し，教材を互いに検討し合い，意見を交わし，自分達の指導スキルをあげていくために助け合う必要性が切実である．将来的には，この分野での家族支援が進み，家族SSTが普及していくことが期待される． [前田ケイ]

さらに詳しく知るための文献

[1] 西園昌久編 2009 SSTの技法と理論 8章．金剛出版，p.99-118.
[2] 前田ケイ 2011 生きる力をつける支援のために：保護司面接のためのSSTマニュアル（DVD付）日本更生保護協会．

少年院における生活指導と認知行動療法

☞ ソーシャルスキルトレーニング（SST）p.278, 認知再構成法 p.286, 怒りとアンガーマネジメント p.540, リスクアセスメント p.556, リラプス・プリベンション p.558

　少年院における矯正教育は，生活指導，職業指導，教科指導，体育指導および特別活動指導により構成され，在院者個々の特性に応じて計画的，体系的に行われている。これらの指導分野のうち，生活指導において，認知行動療法（CBT）の手法を取り入れたプログラムが実施されるなど，少年院におけるさまざまな処遇場面において，CBTに基づく介入が広く浸透してきており，その効果が期待されている。

●**生活指導におけるCBT**　生活指導については，基本的生活訓練，問題行動指導，治療的指導，被害者心情理解指導，保護関係調整指導および進路指導の六つに分類されている。非行の背景にある要因にはさまざまな問題などが混在しており，改善に向けた働きかけは在院者個々の事情によって異なる。そのため，これらの指導を有機的に組み合わせながら，在院者の特性，問題性などに応じて，グループワーク，面接指導，作文指導などの方法により，あらゆる方向性から包括的に教育を行っている。また，特別の事情を有していることにより，改善更生や社会適応に支障があると認められる者に対しては特定生活指導を行っている。特定生活指導は，被害者の視点を取り入れた教育，薬物非行防止指導，性非行防止指導，暴力防止指導，家族関係指導，交友関係指導の6種類があり，グループワークや個別指導により，在院者個々の特性や問題性などに応じて実施している。各指導は中核プログラム（全受講者を対象とした統一的な指導内容）と周辺プログラム（個々の必要性に応じて選択可能な指導内容），また，指導終了後に個別に行うフォローアップ指導により構成されている。周辺プログラムにおいては，アサーション，ソーシャルスキルトレーニング，アンガーマネジメントなどのCBTの技法が取り入れられ，再非行防止に向けた処遇が行われている。また，特定生活指導のうち，薬物非行防止指導と性非行防止指導については重点指導施設が指定され，グループワークを基本とした集中的なプログラムを実施している。薬物非行防止指導の中核プログラムは，CBTに基づく再発防止モデルであるリラプス・プリベンションをベースとしており，薬物の再使用につながりやすい危機的状況や自己の心身の状態などの理解，また，これらに対する対処スキルの習得などを目標とした指導を行っている。性非行防止指導における中核プログラムではマインドフルネスをベースとして，メタ認知能力，自己統制力などの向上を目指したプログラムを行っており，CBTなどの技法に通じた専門家などの協力を得ながら実施している。

●**少年院におけるCBTの有用性**　高い精度のアセスメントに基づいた効果的な矯正教育を行うことは，再非行防止をはかるために重要な課題である。法務省矯正局は，再非行の可能性と教育上の必要性を定量的に把握するため，法務省式

ケースアセスメントツール (Ministry of Justice Case Assessment Tool：MJCA) を開発し，2013年から運用を開始している。MJCAの評定は，教育などによって変化しない静的領域 (生育環境，学校適応，問題行動歴，非行・保護歴，本件態様)，教育などによって変化しうる動的領域 (保護者との関係，社会適応力，自己統制力，逸脱親和性) により構成されている。MJCAの評定結果は，少年院においては処遇内容や教育方針の策定に活用されているが，特に動的領域については，具体的な介入方法や習得させるべき対処スキルなどの検討が必要となる。この点について，CBTは問題性に焦点をあてた介入を可能とする技法が多く提供されており，例えば，保護者との関係の改善についてはアサーション，社会適応力の向上はソーシャルスキルトレーニング，自己統制力の向上はアンガーマネジメントやストレスマネジメント，逸脱親和性の低減に対しては認知再構成法など，CBTにおける技法を取り入れることにより，対象者の問題性や特性などに応じた，効果的な処遇の実施につなげられることが期待される。

少年院は寮ごとの集団生活を基本としており，個別担任制を中心に複数の職員が交替制により，昼夜を問わず24時間処遇に携わり，在院者に対して基本的な生活習慣やマナーなど，きめ細やかな働きかけを行っている。このような生活環境においてCBTを取り入れることにより，日常生活の具体的な場面に即した，実践的な対処スキルの習得を可能とすることができる。犯罪者に対するCBTプログラムにおいて，最も効果が期待される治療要素として，「個人に対する関心 (CBTのグループセッションを補完するための個別化された一対一の治療要素)」が報告されている (Lipsey et al., 2007)。少年院において個別指導は重要な処遇として位置づけられており，プログラムに関する個別的なフォローアップが行いやすい環境にあることから，CBTの効果を高めることが期待される。また，更生的風土に基づいた，在院者間の相互作用を生かした処遇が従来から行われているため，モデリングによる行動変容に結びつけやすいなどのメリットがある。

少年院出院後，再入院せずに社会適応をしている者の中には，少年院で習得した対人スキルを活用している例が見られるなど (法務省法務総合研究所, 2018)，再非行防止をはかるためには内的な動機づけとともに，具体的な対処スキルを習得させることが必要不可欠である。少年院におけるCBTは，施設収容を前提とした処遇環境において，その有用性が多く認められ，矯正教育の効果をより一層高めるものとして大きく期待されている。

[富澤智史]

さらに詳しく知るための文献
[1] 亀田公子 2017 少年院における性非行防止指導 刑政 128, 55-65.
[2] 森 丈弓ほか 2014 法務省式ケースアセスメントツール (MJCA) の基礎的研究I 犯罪心理学研究 52, 54-55.

刑事施設における
性犯罪再犯防止指導

☞ 認知行動療法 p.2, 性犯罪と性嗜好異常 p.544, リスクアセスメント p.556, リラプス・プリベンション p.558, グッド・ライブズ・モデル (GLM) p.560, 集団認知行動療法 (グループワーク) の活用 p.569

　刑事施設においては，2006（平成18）年の「刑事収容施設及び被収容者等の処遇に関する法律」の施行に伴い，特別改善指導（法務省，2006）の一つとして，性犯罪再犯防止指導（以下，「同指導」という）を実施することとなった。同指導は，欧米諸国において，再犯抑止効果が実証されている性犯罪者処遇プログラムを参考に導入された。

●**対象者のアセスメント**　対象者のアセスメントは，スクリーニングと性犯罪者調査の二段階に分けられる。スクリーニングは，刑が確定した全受刑者に対して行われ，罪名，性的動機の有無のほか，常習性や問題性の大きさなどを踏まえ，精密な調査が必要と認められる者を選定する。ここで調査対象となった者は調査センター（後述）に移送され，RNR原則（risk-need-responsivity principle）に沿った性犯罪者調査（以下，「同調査」という）が行われる。同調査に基づいて，受講プログラムや受講時期などの処遇計画が策定される。

●**実施体制**　同調査および同指導の本科（後述）は，高度に専門的な知識・技術をもつ職員の配置や，指導環境の整備を必要とするため，人的・物的資源や機能を特定の施設に集約している。同調査は，調査センターに指定された8か所の刑事施設において，調査専門官が実施する。同指導の本科は，指導実施施設に指定された21か所の刑事施設において，調査専門官，教育専門官，刑務官，処遇カウンセラーなどが実施する。なお，本科を指導する際は，異なる職種で，かつ異性の組合せになることが多いため，それぞれの特徴を生かしながら，多職種で協働することが求められる。

●**指導の概要**　同指導は，次の①から④の順に行われる。①「オリエンテーション」は，プログラムの全体像の情報提供などを目的として実施する。②「準備プログラム」は，本科の開講前に行うものであり，グッド・ライブズ・モデルを取り入れ，動機づけを高めることを目的に，グループで実施する。③「本科」は，次項で述べる。④「メンテナンス」は，出所前に円滑な社会復帰をはかるためのものであり，本科の復習を中心に実施する。

●**本科の構成**　本科は，リラプス・プリベンションを取り入れた認知行動療法を基礎とし，性犯罪を行わないために何が必要かを考えさせ，必要なスキルを身につけさせることを目的としており，標準で8名の受講者と2名の指導職員によるグループ形式で行われる。本科では，心理教育とグループワークに加えて，個別課題（作文やワークブックのホームワークなど）があり，必要に応じて個別面接を実施する。

　本科の主なプログラムは，同調査で判明した再犯リスクや問題性に応じて区分

されている。再犯リスクなどが高い者は「高密度」（約9か月）を，中程度の者は「中密度」（約7か月）を，低い者は「低密度」（約4か月）を受講する。セッションはいずれも，1単元につき標準100分で行い，原則として低密度は週に1単元，低密度以外は週に2単元を実施する。また，密度にかかわらず，知的能力に制約がある者は「調整プログラム」（約11か月）を，刑期が短いなどのために受講期間を確保できない者は「集中プログラム」（約4か月）を受講する。

●**本科の内容** 本科は，第1科から第5科までの構成となっている。受講科目は密度ごとに異なり，高密度は全科を，中密度は第1科を必修とし，他科を選択して行っている。低密度は，凝縮版の第1科を行う。

第1科「自己統制」は，全5科の中心となる科目であり，次の3段階を基本としている。①事件につながった要因を幅広く検討し，特定する。②事件につながった要因の再発を防ぐための自己統制計画を作成する。③自己統制計画を行うために必要なスキルを身につける。

第2科「認知の歪みと変容方法」は，認知の歪みやその変容に焦点をあてる。

第3科「対人関係と親密性」は，健全な人間関係や親密性の理解に焦点をあてる。

第4科「感情統制」は，感情の適切なコントロールに焦点をあてる。

第5科「共感と被害者理解」は，共感性や被害者に与えた影響に焦点をあてる。

●**指導職員の構え** 同指導は，認知行動療法に基づいており，指導職員が受講者と協同的な関係を築くことが重要となる。しかし，動機づけが必ずしも高くない者がいる中で，羞恥心が喚起されやすい性や性犯罪について話し合う関係を構築することは容易ではない。指導職員には，受容的な態度で関わりつつ，受講者の反応を見きわめて治療的・教育的に協同的な関係を築くことが望ましい。その上で，再犯防止に資するよう，受講者の自己理解を深めさせるための介入を臨機応変に行うことが求められる。

●**効果検証** 同指導の効果検証の結果は，2012（平成24）年に公表されている（法務省，2012）。同指導の受講群と非受講群について，罪名別や密度別などで再犯率を比較しており，統計上の有意差が見られた項目は限られていたものの，全体として，同指導の受講群は非受講群に比べて，再犯しにくい傾向が認められ，一定の再犯抑止効果が示された。法務省では，今後も効果検証を行う予定であり，その結果を踏まえ，同指導の充実化をはかることとしている。　　［寺田　孝］

📖 **さらに詳しく知るための文献**

[1] 門本　泉・嶋田洋徳編著 2017 性犯罪者への治療的・教育的アプローチ 金剛出版．

[2] マーシャル，W. L. ほか編著　小林万洋・門本　泉監訳 2010 性犯罪者の治療と処遇 日本評論社．

[3] 法務省法務総合研究所 2015 平成二十七年版 犯罪白書 第6編　性犯罪者の実態と再犯防止 日経印刷．

刑事施設における
薬物依存離脱指導

☞ 司法・犯罪分野のリスクアセスメント p.232,　物質使用障害 p.542,　リラプス・プリベンション p.558

　薬物依存離脱指導（rehabilitation：R1）は，2006（平成 18）年に「刑事収容施設及び被収容者等の処遇に関する法律」の第 103 条により，刑務所や拘置所などの刑事施設で改善指導としての実施が義務づけられた。

　薬物依存離脱指導のプログラムは，リラプス・プリベンション（再発防止法）のモデルに沿って米国で開発された Matrix プログラム（Rawson et al., 1995）のテキストを参考に作成された認知行動療法に基づいたプログラムである（古根，2012）。2016（平成 28）年 12 月には，刑の一部執行猶予制度の施行により薬物事犯者を取り巻く情勢の変化に加え，多数の対象者に対応できるようにするために従来のプログラムが改訂された。

●**薬物依存離脱指導の基本理念**　本プログラムでは，薬物依存は治ることのない慢性の病気という考え方（疾病モデル）と，薬物依存は学習された行動ととらえる考え方（認知行動モデル）の二つを土台としてとらえ，「薬物依存は一生付き合うものではあるが，自分自身の生活をコントロールする方法を身につけることで薬物依存から回復できるもの」という考え方を強調し，自身の認知や行動を変えることによって薬物を使わない生活を組み立てていくとともに，出所後も継続的に断薬に向けた治療や援助を受ける取組の必要性を認識できるようにすることも指導上の目標としている。

●**薬物依存離脱指導の理論的背景**　再犯防止に向けた認知行動療法の基本となる考え方は，行動が生起し，維持されるプロセスを三項随伴性と呼ばれる「行動の学習パターン」で理解することが基本となる（嶋田・野村，2012）。これは，ある特定の状況下（先行刺激）で，あることを行ったとき（行動），本人にとっての望ましい結果（結果）が得られた場合には，その行動の生起確率が増加し，逆に望ましい結果が得られない場合には，その行動の生起確率が減少すると考えられるオペラント条件づけに基づいている。そのため，薬物使用行動の変容を促進する際には，先行刺激の操作（刺激統制：きっかけとなる外的，内的な刺激を遠ざけるなど），行動の操作（適応的な行動の獲得，不適応的な行動の変容など），結果の操作（本人にとって望ましい結果を随伴させないなど）を基本方針とする（野村ほか，2016）。認知行動療法の治療原理（嶋田・野村，2008）に従うと，薬物使用行動を防止するために，薬物使用行動にまつわる刺激，行動，結果の随伴関係を整理することを通して，環境調整を行い，さらには，薬物使用行動に代わるコーピングを実行し，薬物使用行動を防ぐためのメタ認知の体制化を行うことを目指すことになる。

●**本プログラムの概要**　本プログラムでは，その前半で薬物の害悪について理解

を深め,自己の薬物使用行動パターンに気づけるよう構成されている。具体的には,薬物を使用することのメリットとデメリットについて考えることで断薬へのコミットメントを高め,薬物使用につながる「外的引き金」と「内的引き金」を具体化し,自分の薬物使用のパターンの流れについて理解を深めていく。そして,再使用防止のためには「リラプス(薬物を使用していた行動・生活パターンに戻ってしまうこと)」の兆候に気づき,対処する必要性があることを理解するよう促す。プログラム後半においては,再使用防止のための具体的なコーピングスキルの獲得を促し,最後に回復に向けた具体的な計画を立てるよう構成されている。つまり,リラプスを起こさないために,日々の生活の中に予防的な行動を取り入れることが有効であること,自分の生活を自分でコントロールすることの重要性を理解し,自分の時間や生活を自分で管理できるようにするために自分で自分の生活を組み立てていくという主体的な姿勢を養う。そして,社会で断薬を継続するための支援を行っている専門機関や民間セルフヘルプ団体などについて情報提供と助言を行った上で,生活全体のサイクルにおける,薬物使用を防ぐための体系的な「再使用防止計画書」の作成と実施について検討し,自分にとってのリラプスの兆候や引き金となる事象,それらへの対処方法について具体的にまとめる。

●**標準プログラムの種類** 本プログラムには,必修プログラム(対象者全員に実施するワークブックやDVDなどの教材による課題学習),専門プログラム(「薬物依存回復プログラム」全12回をグループワークにより実施する),選択プログラム(対象者の状況に応じ,必修・専門と組み合わせてダルクミーティングや医師などの講義などを実施する)の3種類がある。この三つのプログラムは,刑期の長短,再使用リスクや依存・常習性の高低によって組合せを選択する。加えて,意欲・動機づけの高低,知的能力の制約の有無,グループワークの可否などを考慮し,個別の状況に応じてプログラムを実施する。

●**薬物依存離脱指導の実施方法** 対象者は,薬物依存がある受刑者で,矯正職員(刑務官,教育専門官,調査専門官),処遇カウンセラー(認知行動療法などの技法に通じた臨床心理士など),民間セルフヘルプ団体などの民間協力者が指導にあたる。また,本プログラム実施にあたり,出所後も断薬に向けた取組みを継続できるよう,更生保護官署や民間セルフヘルプ団体などとの連携をはかるとともに,本プログラム終了後,本指導に係る処遇情報を保護観察所に引き継ぎ,刑事施設と保護観察所との連続性・一貫性を担保して,地域における社会復帰支援へとつなげている。

[安部尚子]

📖 **さらに詳しく知るための文献**

[1] 松本俊彦ほか 2011 薬物・アルコール依存症からの回復支援ワークブック 金剛出版.

刑事施設における暴力防止指導

☞ 成人犯罪・少年非行と関連諸機関 p.528, 司法・犯罪分野の実践上の特徴 p.532, 保護観察における認知行動療法 p.580

　刑事施設における対人暴力の問題性を有する者に対して，認知行動療法の方法を用いた「暴力防止プログラム」が，2014（平成26）年度から，一般改善指導の枠組みで，行われている。対象は，暴力事犯者および DV や児童虐待に係る事件を起こした者が含まれる。さらに，保護観察所でも，2008（平成20）年度から，専門的処遇プログラムの一つとして「暴力防止プログラム」が行われており，刑事施設におけるプログラムの実施結果などの情報が地方更生保護委員会および保護観察所に引き継がれ，仮釈放者に対する処遇などに活用されるなど，施設内と社会内とで一貫性をもった指導がなされている。なお，組織暴力団構成員として行う暴力は，「暴力団離脱指導」というプログラムで別に扱われる。

●プログラムの基本的な目標・方針
- RNR 原則（risk-need-responsibility principle）に基づいている。すなわち各自の暴力行動をとる背景を暴力を用いずに人間関係を営んでいく知識やスキルの不足を「変化させられるリスク」として明確化し，その向上をはかることで，柔軟で適応的な行動をとれるように導くことを目指す。
- 指示や答えを一方的に与えるものではなく，認知行動療法の手法を用い，自分自身をみつめ，自ら行っている暴力という行動選択のからくりやその否定的な影響や結末を検討して，より健全な選択を選択することを考える力をつけさせる。
- 自分を変える態度を支持する。自分の暴力の事実や責任を否認しがちであるが，これに対して動機づけ面接の手法を用い，取り上げて，これを継続することでの相手や自分のダメージや，行動変容することで得られる目標を明確にする。
- グループワーク（15人程度を上限）をできるだけ用いるが，人数が集まらないなど無理な場合は個人指導でも行っている。指導者-受講者間，受講者間の交流を用いることで，暴力の否認を減らし，よいコミュニケーションを体験的に示す。
- 安全の保障を重視した運営をする。指導者は，受講者の一人ひとりを尊重し，違いを認める態度で接することで，プログラムセッションを安心できる場とする。

●プログラムの主な内容
- 暴力とは何なのか，被害者にどのような影響があるのか，暴力の責任が加害者にあることを示す。特に児童虐待や DV の場合は，身体的な暴力のみでなく，相手を支配する態度や行動により，子どもや配偶者にダメージを与える行動全般が含まれることや，暴力のサイクル，世代間連鎖などの問題を生じることを伝える。

- 思考のつぶやき，感情，身体反応，行動の相互作用に焦点をあてて，自分の暴力の生じた過程を「暴力ステップ」として検討させる。
  第1ステップ（出来事）＝暴力のきっかけや危険な状況
  第2ステップ（こころとからだ）＝自分の内側で起きる思考，感情，身体反応，
  第3ステップ（行動）＝暴力行動
  第4ステップ（結果）＝暴力によって生じた結果
- 暴力に関連する「認知の歪み」を見出す。具体的には，暴力を肯定する考え方（例，相手を従わせるには暴力を使っていい），白黒思考（例：勝つか負けるかしかない），べき思考（例：後輩は先輩に従うべきだ），読心術（例：あいつは俺に悪意があるに違いない）などが含まれる。児童虐待やDVなどの親密な関係における暴力の場合は，子どもや女性は，親や夫の言うことを聞くべきだという親子関係や男女関係に関する社会文化的に存在する偏見に基づく認知が取り上げられる。
- 暴力につながる思考を修正する。暴力に結びつきやすい思考を見つけるモニター（M），自分の思考に疑問をもち，代わりの思考を見つけるチャレンジ（C），新しい思考に取り換え，自分のものにするチェンジ（C）の三つを行うMCC法を教えて，自分の暴力の場合にあてはめて，検討させる。
- 対人スキルの訓練として，適切な自己主張（アサーション）を行うスキルや問題解決法について教える。
- 自分の感情を整える対処法として，言い聞かせ法，カウントアップ法，MCC法，リラクセーション（筋弛緩法，呼吸法など），タイムアウト法などを教えて，いざという時に使えるように練習させる。
- 再発防止計画を立てる。暴力を生じる場面や生じかけたときのサインなどを検討させ，その際にどのように対処するのかという計画を立てさせる。
- 暴力に関連する問題として，アルコールや薬物への依存，生育家庭での暴力や虐待の被害体験などを取り上げる。

●**プログラム運営** 上記の内容を17の単元で行うように構成されている。1単元は原則100分を想定しているが，時間配分は柔軟にしてよいとされている。
●**プログラム** 暴力を繰り返す事例特に児童虐待・DVの事例は，否認が強く介入できないままでいる場合が多く本プログラムは社会的に大きな意義をもつ。児童虐待やDVなどの親しい関係性の暴力のタイプと，どういう相手でも怒りが爆発するタイプでは異なる心理があり，タイプに合わせた教育が行われている。

[森田展彰]

◨**さらに詳しく知るための文献**
[1] 法務省法務総合研究所 2016 犯罪白書（平成28年版）―再犯の現状と対策のいま 法務省．

保護観察における認知行動療法

☞ 成人犯罪・少年非行と関連諸機関 p.528, リスクアセスメント p.556, 刑事施設における薬物依存離脱指導」p.576

　日本の保護観察を始めとする司法領域の認知行動療法の最大の特徴は，クライエントとなる犯罪者に，任意での実施ではなく受講を義務づけることである（谷，2008）。この点に伴い，受講者の動機づけが低い場合があることも特徴の一つである。法律により義務づけての実施を可能にする根拠は，当該犯罪者に妥当性が検証された基準に照らして再犯（再び犯罪に至ること）のリスクがあることにほかならず，限られた人的資源ゆえ選択と集中の必要性もあり，受講対象者の選定に際しては再犯リスクなどの査定がなされ，介入の有効性は受講後の再犯の有無により評価される。また，少数の認知行動療法の専門家のみに依存するのではなく，広く職業公務員が実施できるようにすると同時に行政機関が実施するがゆえの公平性（全国どこであっても同一水準の内容が提供される）を担保するため，ワーク単位に至るまでの相当な構造化がなされた「処遇プログラム」として実施される。ただし，多くのプログラムは，オプションのワークや依存の重症度によるコース分けなど，個々の犯罪者のニーズに応じ柔軟に実施できる余地を備えている。社会内処遇では現在，法務大臣告示に基づき，保護観察所の保護観察官により，性犯罪者処遇プログラム，薬物再乱用防止プログラム，暴力防止プログラム，飲酒運転防止プログラムの四つの認知行動療法に基づいた「特定の犯罪傾向を改善するための体系化された手順による処遇」のプログラムが実施されている。

●**保護観察における認知行動療法の特徴**　これら社会内の認知行動療法プログラムは，上記に加えさらにいくつかの共通する特徴を有する。第1は，実施回数・期間の制約である。クライエントとなる刑務所出所者などはまず就労などにより収入を得て生活を立て直す必要があり，受講義務を伴う平日日中のプログラムを長期間・高頻度で行うことができない。そのため，保護観察所の実施するプログラムの多くは，おおむね3か月以内に計5回を受講して終了する。なお，薬物再乱用防止プログラムに限り，刑の一部の執行猶予制度の施行に伴い，長期間の追加プログラムも整備されている。第2は，個々の犯罪者の都合に合わせた日時で受講できるよう，保護観察官との一対一の個別的介入が中心となっていることである。ただし，薬物再乱用防止プログラムでは，近年，受講者数が飛躍的に増加し，グループワークの介入が中心となりつつある。第3は，実施回数が少ない一方，特定の構成要素に偏らず，リラプス・プリベンション，認知再構成法やアンガーマネジメント，心理教育などの構成要素を広く取り扱う多面的（multimodal）な内容となっている点である。実施の合計時間などは施設内処遇

に比べ低密度であるが、その分をセッション間のホームワークにより補う。社会内の生活では予期せぬさまざまな出来事が起こり、習得したスキルなどを実践する機会が豊富にあるのは社会内で実施することの利点である。第4は、特に薬物やアルコールへの依存のある犯罪者の処遇における、バトンの中継地点としての役割である。刑務所出所者は、施設内で認知行動療法に基づくプログラムを受けている場合も多く、その実施状況や処遇上の留意点などの情報は保護観察所へと引き継がれる。保護観察所は、限られた実施回数・期間で介入の完結を目指すのではなく、地域の中で継続的に認知行動療法などの援助を実施している機関・団体がある場合、プログラムの終了後にそうした社会資源につながるよう促す。近年、より円滑な地域移行をはかるため、薬物依存のある犯罪者が、社会内でほかの機関・団体などが提供する一定の基準を満たした専門的援助を受けた場合に、プログラムの受講を一部免除するよう法改正も行われている（更生保護法第65条の3第4項）。

●**保護観察における認知行動療法の効果** 国際的なエビデンス蓄積のプロジェクトであるキャンベル共同計画での犯罪者に対する認知行動療法の効果に関するメタ分析では、統合された処遇効果研究の半数以上が社会内で実施されたものである（Lipsey et al., 2007）。同研究は、実施場所が施設内か社会内かに有意な差はなく、週あたりのセッション数・時間および合計時間、再犯リスクの評定、ドロップアウトの少なさなどが高い再犯抑止効果につながっていることを示した。また、治療の構成要素としては認知再構成法とアンガーマネジメント、グループセッションに加えての個別的介入が有意な要因であった。C. T. ローウェンカンプほか（Lowenkamp et al., 2006）は、社会内（中間処遇施設（halfway house）や執行猶予中の保護観察など）で行われた処遇効果研究のメタ分析を行い、認知行動療法による介入であることはもとより、受講者の3分の2以上を高リスク者で構成し、追加的な介入やより長期の中間処遇施設滞在を付加することが、低い再犯率につながることを明らかにしている。日本においては、保護観察所での性犯罪者処遇プログラムの受講が、性犯罪および種類を問わない全犯罪の4年経過時点での推定再犯率を有意に低下させることが実証されている（法務省法務総合研究所, 2015）。保護観察所では近年、新たな再犯リスクなどのアセスメントツール（CFP：case formulation for probation）が試行されており、同ツールの予測妥当性の確認およびこれを活用した準実験デザインによる処遇プログラムの効果検証が待たれる。　　　　　　　　　　　　　　　　　　　　　　［谷 真如］

📖 **さらに詳しく知るための文献**
[1] 今福章二・小長井賀與編 2016 保護観察とは何か 法律文化社.

医療機関における触法者に対する支援

☞ 刑事施設における薬物依存離脱指導 p.576

　精神科医療における触法者には，精神症状による言動により傷害，放火，殺人などの触法に至る場合と違法薬物の使用や窃盗などの触法行為とわかっていても触法に至る場合がある。重大な他害行為をした当時に精神障害のために心神喪失・心神耗弱にあたる状態であったと認定される場合には「心神喪失等の状態で重大な他害行為を行った者の医療及び観察等に関する法律（医療観察法）」の対象となり，多くの医療機関や地域の支援機関が支援に携わり，病状の改善と再犯の防止をはかり，社会復帰を促進することを目的に支援が進む。また，違法薬物使用，性依存による犯罪，窃盗などの触法者の中には，「やめたくてもやめられない」依存状態にある者も多い。長く司法での対応が主とされてきたが，弱化だけで再犯を防ぐことは難しく，触法をきっかけに「病気」として依存症治療の支援につながることが望ましい。ここでは触法者に対する依存症治療の支援について示す。

　触法者本人だけでなく家族が不利益をこうむり，本人の同意なく精神科医療につなげたいと考える場合が多いが，基本的には本人が依存症治療を求める場合に精神科医療の支援対象となる。併せて，家族への支援も重視されている。しかしながら，依存症治療は専門性が高いとの考えや，触法者への支援となる点などから精神科医療においても敬遠されやすく，治療意欲が高いとしても「依存症は診ていません」と平然と医療機関が治療を断る現状があり，依存症治療を実施している精神科医療機関を選ぶ必要がある。

●治療への導入　初診予約の段階で本人の治療動機を確認し，来院となる。一般的な精神科治療と同様に主治医の診察となるが，依存症治療では通報しないことを保障し，治療につながれたことを歓迎する姿勢が必要である。抑止力として通報を意識させるようでは治療関係を結ぶことは難しい。重篤な自傷他害が明らかな場合には通報の必要性もあるが，最も問題となることの多い覚せい剤の場合，「覚せい剤反応が陽性の場合，通報しても守秘義務違反にはあたらない」との判例（最高裁第一小法廷決定：平成17年（あ）第202号）があり，司法機関に通報するかどうかは医師の裁量に委ねられているのが現状である。大麻および，ヘロイン，コカイン，LSD，MDMAなどの麻薬中毒については麻薬および向精神病薬取締法により都道府県知事への医師の届出義務が課せられている。窃盗症においても，治療から脱落した場合の再犯率はきわめて高く（竹村ほか，2018），治療継続が非常に重要である。

　治療薬はなく完治はないため，問題となる依存物質，嗜癖行動の必要ない生活（回復）を目指す。気分障害，摂食障害などの合併精神障害がある場合には並行

して薬物療法を進めながら、心理教育、セルフヘルプグループへの参加などを中心に支援を行う。外来治療が基本であるが入院治療が必要となる場合には、任意入院を基本とする。患者は、「やめたい、でもやりたい」との両価性が強く治療動機は非常に移ろいやすいため、患者と随時話し合いながらの目標設定が必要である。

●**プログラム概要と効果**　近年、認知行動療法を基にしたワークブックなどが経験の少ない治療者でも患者に関わるツールとなりえたことは画期的であった。特に認知行動療法による薬物依存症治療プログラム（serigaya methamphetamine relapse prevention program：SMARPP）の開発をきっかけに、現在では、SMARPPや現場に合わせて改訂された同種の治療プログラムが全国の精神科医療機関に広がりつつある（松本・今村, 2015）。近年では、診療報酬が認められたことも後押しとなり、精神科救急においても簡便なワークブックを用いての依存症治療への導入が試行されている。

プログラムでは、「薬物を使いたいから使った」「毎日ごはん食べるでしょ？　薬物を使うのはそれと同じくらい自然なこと」という感覚をもつ患者たちが、ワークブックを用いて頻回に使っていた人、場所、時間、状況などの薬物使用の引き金に気づくことから始める。そして「薬物を使えば嫌なことを忘れられる」「こんなに辛い状況なのだから使うしかない」などの誤った認知を特定し、修正していく。ストレスへの自己対処としての薬物使用が多く、具体的で実現可能であり適切な対処法を知り、根気強く練習していくことが必要である。

従来の外来治療法では初診から3か月後の治療継続率が3～4割であったのに対し、プログラムの併用により、初診半年後の治療継続率が9割超との介入効果が認められた（小林ほか, 2007）。また、再使用リスクの高い重度の患者であっても、9か月以上の長期間プログラムに継続参加できている者は断薬率も高まることが認められ、いかにドロップアウトを防ぎ、薬物を再使用しながらも治療の場につながり続けるかが重要となる（成瀬, 2017）。

●**治療継続のための重要点**　再発は症状ととらえ、患者が正直に話せる信頼関係作りが不可欠であり、「自己評価が低く自分に自信がもてない」「本音を言えない」「孤独でさみしい」などの患者に共通した特徴を理解し、触法者への先入観や忌避感情から判断しないことが重要である。認知行動療法をもとにしたワークブックの活用は、治療者と患者が一緒に学ぶ姿勢をとることにより対立を防ぎ、何を学んでいるのか明確となる。熱心に支援しても再使用や死と隣り合わせで、治療者の燃え尽きも生じやすい。患者も治療者も傷つかず、楽しく笑顔で継続できる治療ツールとして、さらなる発展が期待される。

〔山神智子〕

📖 さらに詳しく知るための文献
[1] 成瀬暢世　2017　誰にでもできる薬物依存症の診かた　中外医学社.

嗜癖行動についての生物学的理解

☞ 脳の報酬系 p.36, モノアミン神経系 p.38, オペラント条件づけの基礎研究 p.50, 物質使用障害 p.542, 犯罪と嗜癖の行動経済学的理解 p.586

厚生労働省発表の資料によれば，2016（平成28）年の全薬物事犯検挙人員数は1万3,481人であり，漸減傾向にあるものの依然としてかなりの数にのぼっている。また法務省発表の犯罪白書によれば2015（平成27）年のゲーム機などを使用した賭博事犯の検挙人員数は472人で過去5年間の最高値を記録し，押収賭け金額は1億3,893万円であった。薬物使用や違法賭博の背景には物質使用障害やギャンブル障害などの嗜癖行動の問題がある。嗜癖行動の特徴は「やめたくてもやめられない」ところにあり，適切な予防と介入を行わなければ逸脱行為の発生は避けられない。嗜癖行動を理解するためには生物・心理・社会の三様からのアプローチが必要である。本項では嗜癖行動の生物学的背景を解説する。

●**嗜癖行動の生物学的メカニズム** 1960年代に行われた薬物の自己投与という実験によって，ヒトに乱用される薬物の多くが実験動物においてもオペラント条件づけの一次強化子になることが示され，薬物のこのような効果が強化効果と命名された。ほぼ同時期に行われた脳内自己刺激の実験によって，電気刺激によって強化効果を感じる部位，すなわち脳の報酬系の存在が示された。嗜癖行動の生物学的理解を促したのはこれらの動物実験である。報酬系の実体は中脳から大脳辺縁系に至るモノアミン神経系とりわけドパミン神経系である。ヒトに乱用される薬物は程度の差はあっても脳の報酬系を賦活する。また，ギャンブル障害に関しては，金銭によって脳の報酬系が賦活されることがわかっている。さらに，薬物やギャンブルを経験したときの環境刺激はレスポンデント条件づけによって渇望を誘発する条件刺激となる。以上の嗜癖行動の本質は，動物が環境刺激の中から生存に必要な対象を見つけ，そちらに向かって接近し，そのものに関連した記憶を形成する正常な適応行動と変わらない。このことが嗜癖行動の治療が困難であることの一因と考えられる。

嗜癖行動は進行しながら多くの神経回路を巻き込んで行く。その過程を物質使用障害に即して考えると，(1)大量摂取・急性中毒期，(2)離脱・不快情動期，(3)とらわれ・

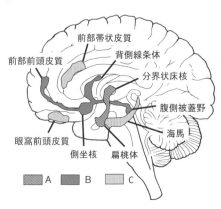

図1 嗜癖行動に関わる主な脳部位

報酬予測期の3期に大別できる。大量摂取・急性中毒期には脳の報酬系が賦活され，同時に背側線条体が活動して，摂取行動の習慣記憶が形成される（図1A）。ここで重要な役割を果たすのはドパミンである。薬物効果が消退したり，ギャンブルによる一時の高揚感が去った後になったりすると，ヒトは後悔や気分の落ち込みを感ずる。これが離脱・不快情動期である。この時期には扁桃体を中心とした部位が活動し，不快情動を避けるための再摂取が動機づけられる（図1B）。ここではコルチコトロピン放出因子，ノルアドレナリンなどストレスに関連した脳内物質の関与が大きい。これらの両時期を反復経験すると，ヒトは薬物やギャンブルの効果に過剰な期待を抱き，意思決定が偏り，日常生活の多くの活動を薬物の入手やギャンブル機会の獲得に費やすようになる。これがとらわれ・報酬予測期である。この時期には扁桃体・海馬など報酬記憶に関連した部位と眼窩前頭皮質，前部帯状皮質など認知と情動をつなぐ部位とが連動し，報酬獲得の随伴性やその帰結などの表象が形づくられる（図1C）。ここではグルタミン酸が重要な役割を果たしていると考えられる（Koob & Volkow, 2010）。このようなシステムの働きによって，嗜癖が進行すると患者の気分は不快優位に傾き，報酬系の反応は鈍化し，日常生活に喜びを見つけることが難しくなる。

●**脆弱性からレジリエンスへ** 薬物やギャンブルを経験したすべての人が嗜癖に陥るわけではないことから，嗜癖行動には何らかの脆弱性もしくは危険因子が存在すると考えられている。衝動性はその因子の一つであり，行動経済学的理解が進んでいる。生物学的にはドパミンD2受容体遺伝子の影響などが研究されている（Jentsch & Pennington, 2014）。また，ある種の生育歴や日常生活の中のストレスも危険因子となる。しかしながら，このような脆弱性も認知行動療法を主体とする心理的介入によって克服することができるのであり，行動の是正に伴って脳の抑制系の活動が正常化することが知られている（Zilverstand, 2016）。近年，危険因子を克服する心理的な抵抗力としてレジリエンスの概念が注目されている。レジリエンスの定義にはまだ流動的なところもあるが，精神疾患に対する防衛因子の一つと考えられている。レジリエンスを高める教育訓練法も開発されており，アルコール問題などの嗜癖行動への介入に応用されている。今後，予防的介入への応用などの展開が期待される。

［廣中直行］

📖 さらに詳しく知るための文献

[1] 廣中直行 2013 依存症のすべて 講談社.
[2] Kuhar, M. 2011 *The Addicted Brain: Why We Abuse Drugs, Alcohol, and Nicotine*, Pearson FT Press.（船田雅彦監訳 2014 溺れる脳―人はなぜ依存症になるのか 東京化学同人）
[3] 松本俊彦 2018 薬物依存症 ちくま新書.

犯罪と嗜癖の行動経済学的理解

☞ アディクション（依存症）p.122, 依存・嗜癖に関する認知行動理論 p.536, 触法行為の生物学的理解と薬物療法 p.554

　犯罪や嗜癖といった一見するとメリットの少ない行動が発現するのはなぜなのか。これを説明する視点の一つに経済学がある。L. ロビンス（Robbins, 1935）は経済学を「選択の純粋論理学（pure logic of choice）」と定義し、経済学は「選択」についての学問であると考えた。もともと、経済学では人間は合理的に選択を行う存在（合理的経済人）と考えており、その選択は自己の利益を合理的に計算した上で行うと考えていた。G. S. ベッカー（Becker, 1968）は、この経済学的な合理性を犯罪にも適用し、犯罪は合理的な選択行動であると考えた。M. R. ゴットフレッドソンと T. ハーシ（Gottfredson & Hirschi, 1990）は、行動の長期的な結果を考慮せずに短期的な満足を追求する個人の傾向の有無をセルフコントロールという概念で説明し、人が罪を犯すかどうかはセルフコントロールの有無によって決まると考えた。犯罪は長期的な損失を招くにもかかわらず、犯罪者はそのような行動を自ら選択しているということは、犯罪は合理的な選択行動であるというベッカーの考えに反することとなる。短期的な利益の代わりに、長期的な損失をもたらすという点では嗜癖も同様である。このような不合理な選択するのは何故か。この点について行動経済学がより理解を深める説明をしてくれる。合理性を前提とする伝統的な経済学と異なり、行動経済学は人間の非合理的な行動に注目し、そこに一定の法則性を見出そうとする。

●遅延報酬割引　ある行動と別な行動の選択は、日常の生活で頻回に行われる。例えば、締め切り直前の原稿を書くことと、原稿を放っておいてネットで動画を観ることのどちらの行動を選択するかというような場合である。締め切りを守ることで、別な原稿に取りかかることができるし、次回も原稿を依頼してもらえる可能性が高まるなど、長期的な利益を得られるのだ。しかし、原稿を書かずに動画を観ることを選択することは往々にしてある。なぜ、長期的な利益を捨てて、目先の利益に飛びつくのか。このような、短期、長期という、利益がもたらされる時間が異なる選択の理解に遅延報酬割引という現象が役に立つ。例えば「報酬として10万円を今日受け取るか、1年後に受け取るか」という選択の場合、ほとんどの人は今日受け取ることを選ぶ。しかし「1年後ならば10万円だが、今日ならば1万円」なら、多くの人は1年後の10万円を選択する。このことから、同じ10万円でも、1年後の10万円は今日の10万円よりも実際の価値が低いと見積もられてしまう。このように遅延された報酬の価値は低下することが知られており、この現象を遅延報酬割引という。

●双曲割引　この価値の割り引かれ方は、指数割引ではなく双曲割引の方がうま

く説明できるとされている。指数割引では時間あたり一定の割合で価値が割り引かれる。一方，双曲割引は時間軸に対する割引価値が双曲線的に変化する。双曲割引されるということは，裏を返せば，時間的接近に従い急激にその価値が高まることでもある。遅延報酬割引率が高い程，急激さの度合いが高いことになる。

●**嗜癖における遅延報酬割引**　アルコール乱用者，コカイン依存症患者，オピオイド依存症患者，ギャンブル障害の患者でも遅延報酬割引率が高いことが知られている。M. R. ディクソンほか（Dixon et al., 2003）はギャンブル障害の診断に該当する被験者と該当しない被験者の遅延報酬割引の程度を比較した。すべての被験者は遅延されて支払われる 1,000 ドルと即時に支払われる 1,000 ドル以下の金額との仮想的な選択を行った。遅延は 1 週間後から 10 年後の期間で設定された。すべての被験者は 1,000 ドルの報酬が遅延されるほど，より少ない金額でも即時の報酬を選択した。さらに，ギャンブル障害の診断に該当する被験者の方が該当しない被験者よりも低い金額でも即時の報酬を選択した。

●**選好逆転**　短期間でもたらされる少ない報酬を長時間後の大きな報酬よりも選択することは，セルフコントロールに対して，衝動性の亢進といわれる。これは遅延報酬割引により，長時間後の大きな報酬の価値が目先の小さな報酬よりも価値が低くなったからであると説明することができる。これを選好逆転という。ある時点を基準とし，そこから遅延される大きな報酬（R）の方がそれよりも早く得られる小さな報酬（r）よりも価値が高い場合，時間が経過してrが目前に迫ってくると，価値が割り引かれたRよりもrの価値が高くなってしまう。この現象は例えばギャンブル障害の患者が「もう二度とギャンブルはしない」と言いつつも再びギャンブルに手を出してしまう現象を上手く説明できる。

●**選好逆転という視点での犯罪と嗜癖**　「自分だけは人の金に手をつけるなんてあり得ないと思っていたが，ギャンブルをやるための金を得るためには盗むこと以外は考えられなくなった」と語る場面に遭遇することがある。罪を犯さないことや嗜癖を行わないことで将来得られるものの価値は，行うことよりも高いはずなである。しかし，犯罪や嗜癖という行動選択の背景に高い遅延報酬割引率が存在するために，ある状況下で選好逆転が生じている可能性がある。ここに述べたことはあくまでも仮説だが，行動経済学という視点は犯罪や嗜癖の理解に多くの視点をもたらしてくれる。

[蒲生裕司]

さらに詳しく知るための文献

[1] Vuchinich, R. E. & Heather, N. 2003 *Choice, Behavioural Economics and Addiction*, Pergamon.
[2] エインズリー，G. 山形浩生訳 2006 誘惑される意志 NTT 出版.

レスポンデント学習の理解に基づく問題行動の変容

　犯罪加害行動や嗜癖行動は，誘発刺激となる加害対象や，違法薬物などの嗜癖の対象（使用するための道具，場所，時間帯などを含む）と快の体験が対呈示されたことによって，結果的にレスポンデント学習が成立してしまっていると理解することができる。その結果，当該の刺激は，再び犯罪加害行動や嗜癖行動を引き起こす機能が強固になるとともに，次第にその範囲が拡大していく。

　そのために，司法・犯罪分野の認知行動療法の実践では，歴史的に，犯罪加害行動や嗜癖行動によって生じたレスポンデント反応に対して，再条件づけを目的として，嫌悪療法やキュー・エクスポージャーなどの介入技法の実践が行われてきた（Marshall et al., 2006 ; Martin et al., 2010）。

　例えば，性加害行動の場合には，逸脱した性的興味を減少させるために，条件刺激の呈示とともに，吐き気をもよおす薬物，電気ショック，悪臭，そして不快なイメージなどを随伴させる手続きや，加害対象となった者を想起する着衣（下着やスカーフなど）に一定時間曝す手続きなどが実施されてきた。このようなレスポンデント学習の枠組みに基づく介入技法は，犯罪加害行動や嗜癖行動の減少効果が一貫しないことに加えて，刺激からの回避を主たる手続きとして用いるリラプス・プリベンションや，接近目標に応じた適応行動の獲得を強調したモデルであるグッド・ライブズ・モデル（Ward et al., 2007）などのオペラント学習の枠組みに基づく介入技法に一定の有効性が示されたこともあり，相対的に用いられることが少なくなってきている。

　一方で，支援対象者の中には，レスポンデント学習によって刺激となる対象への反応性が著しく高い者や，徐々に条件刺激が拡大している者などが確実にいることから，それを「認知の歪み」などとして対応するだけではなく，必要に応じてキュー・エクスポージャーなどのレスポンデント学習に基づく手続きを併用していく必要があると考えられる。このようなレスポンデント学習に基づく手続きの効果のエビデンスに関しては，アルコール依存が再発するまでの時間が長くなるという報告（Mellentin et al., 2017），認知療法と比較してギャンブル行動の頻度の低減に対して効果を有するという報告（Echeburua et al., 1996）など，次第に有効性を支持する知見も蓄積されている。その一方で，キュー・エクスポージャーを組み入れたギャンブル障害の認知行動療法のプログラムはドロップアウト率が高い水準にあるとする知見（Jimenez-Murcia et al., 2012）や，薬物依存を対象としたキュー・エクスポージャーの効果検討では，ドロップアウト率の高さだけではなく，問題の再発率そのものも高い値になってしまったとする知見が報告されている（Marissen et al., 2007）。

　このような状況を踏まえると，レスポンデント学習に基づく介入技法は，その手続きの精緻化はもちろんのこと，適正処遇交互作用の観点をもってドロップアウト等の指標に影響している個人差を念頭に置きながら，有効な介入技法の実施方法についてさらに検討していくことが望まれる。

〔野村和孝・嶋田洋徳〕

第11章
産業・労働分野の認知行動療法

［編集担当：松永美希・土屋政雄］

　日本における産業・労働分野での認知行動療法の活用は，主に職場のメンタルヘルス対策におけるセルフケアや相談対応，クリニックや病院での心理面接やリワーク，職業リハビリテーションにおける就労支援，専門職自体へのサポートなどの領域などでみられている。また，認知行動療法の考え方は，健康に働く人たちへのセルフケアとしてのストレスマネジメント（stress management）にとどまらず，人材開発トレーニングなどへの応用も可能である。このように，産業・労働分野においては臨床群だけでなく，健康に働く多くの就業者を含めた幅広い対象を想定した認知行動療法の応用が想定される。本章では産業・労働分野で認知行動療法を活用して活躍するために求められる理論や制度などの背景知識，および個別トピックについての解説を行う。

　産業・労働分野においては，現時点では認知行動療法に関する方法が社会からの要請やエビデンスの点で最も重要な心理療法であるといえる。職場メンタルヘルスにおける近年の大きな動きとして，労働安全衛生法改正による，2015年12月からのストレスチェック制度開始がある。これに関し，厚生労働省より公開されたストレスチェック制度実施マニュアルの中で，セルフケアの具体例として認知行動療法に基づく方法が紹介されている。また，公認心理師に産業・労働分野において求められる役割，知識および技術として，労働者に対する相談援助や研修，パフォーマンス向上などがある。働く者を対象としたこれまでのメタアナリシスやシステマティックレビューによるエビデンスでは，ストレス症状低減やパフォーマンス向上に対して最も効果的な心理療法は認知行動療法に基づくものである（土屋ほか，2017）。

　認知行動療法の発展の歴史に伴い，第一世代，第二世代，第三世代の行動療法という分類がされることもあるが，産業・労働分野における認知行動療法の応用もこれに準じて導入されてきている。セルフケアの内容や相談対応の方法，リワークのプログラムなどにおいてもマインドフルネスやアクセプタンス＆コミットメント・セラピーの活用事例が徐々に増加してきている。これらは健康な者においても適用しやすい側面があり，パフォーマンス向上にも有望なため，従来の認知行動療法と併せて学んでおくとよいだろう。

［土屋政雄・松永美希］

職場のストレスモデル

☞ ストレスチェック制度 p.592, EAP（従業員支援プログラム）p.616, 対人援助職のストレス p.618

　労働者のストレス反応に影響する職場のストレッサーには，どのような職場であっても比較的共通して観測されうる要因（過大な業務量や威圧的な上司の存在など）と，担当業務の内容や労働者のアイデンティティと関連する要因（業務における裁量の大きさやキャリアパスの不透明さなど）がある。また，同じストレッサーがどの労働者にも同等のストレス反応を引き起こすとは限らない。

●**仕事の要求度-コントロールモデル**　労働者側の要因と職場側の要因がどのように作用し合ってストレス反応へとつながるのか，これまでに多くのモデルが提唱されている。R. A. カラセック（Karasek, 1979）による「仕事の要求度-コントロールモデル」は，職場で感じる精神的緊張の強さや疾病への罹患リスクが，仕事の要求度（仕事の量的な負担感や職場内の人間関係）と仕事のコントロール（業務における裁量権および自由度）の関係によって決まるとするモデルである。その後，社会的支援という要素が加わり（Johnson & Hall, 1988），仕事の要求度と職場の社会的支援の影響の間で労働者が自身の仕事をどの程度コントロールできるかが心理的健康を左右するという形に発展した。このモデルに基づくと，職場で過大な負担を強いられている，サポートを受けられずに孤立している，自身の判断や能力だけでは仕事を進められないなどの悪条件が重なった場合に最も健康を害しやすくなると推測できる。

●**努力-報酬不均衡モデル**　仕事の遂行にあたって，労働者は自身の時間や労力，責任や義務といった一定のコストを負担している。その成果として労働者が手にする給与や待遇および上司や同僚からの信頼や尊敬などの報酬と負担したコストの不均衡がストレス反応を高めると考えるのが，J. シーグリスト（Siegrist, 1996）による「努力-報酬不均衡モデル」である。このモデルにおける努力とは労働者が負担するコストであり，量・質ともに仕事をこなすにあたって必要となる種々の対処のことを指している。なお，これには業務指示などの形で外的に課されたものへの対処だけではなく，自身が立てた目標や期待といった労働者自身から発生したものへの対処も含まれる。したがって，このモデルでは，労働者が外的あるいは内的に払った努力に比して，得られる報酬が大幅に少ないと知覚された場合，強い精神的緊張や仕事への過度な没頭が生じ，健康を害しやすくなると考えられる。

●**NIOSH 職業性ストレスモデル**　上記の二つのモデルはなるべく少数の要因から労働者のストレス反応を説明しようとするものだが，実際の産業保健の現場ではほかに考慮すべき要因が多数存在する場合も少なくない。米国国立労働安全

衛生研究所（NIOSH）は，これまで労働者のストレス反応に影響するとされてきた要因を職場のストレッサー（役割や責任の曖昧さ，過度な業務量，交代制勤務など），個人的要因（性別，年齢，パーソナリティなど），緩衝要因（上司，同僚，家族，友人からの支援），仕事外の要因（家庭などのプライベートにおける問題）に大別し，職場のストレッサーが労働者のストレス反応や疾病発症リスクの上昇を引き起こすプロセスを，個人的要因，緩衝要因，仕事外の要因が調整するという「NIOSH 職業性ストレスモデル」を提唱した（Hurrell & McLaney, 1988）。このモデルは労働者の健康に影響しうる要因を網羅的に取り扱っており，過去の労働者のストレスに関する研究成果のすべてを取り込む形でまとめ上げられたものであると言える。

●**仕事の要求度-資源モデル**　ここまで見てきたモデルは，いずれも職場における諸要因が相互に関係し合いながら労働者のストレス反応に影響することを説明するものだが，これに加えて，生き生きと仕事に取り組むよう労働者を動機づけるプロセスが発生する可能性を表しているのが「仕事の要求度-資源モデル」である（Bakker & Demerouti, 2007）。このモデルでは，仕事の要求度（業務における心理的プレッシャーや負担感，役割葛藤，劣悪な労働環境など）が過度になるとその対処に大きな労力を払うことになってバーンアウトや不健康につながると考えられており，この過程を健康障害プロセスと呼ぶ。その一方で，仕事の資源（給与の高さ，上司や同僚からの支援，適切なフィードバックなど）が十分にある状況はワーク・エンゲージメントを高めて組織へのコミットメントや高いパフォーマンスを生み出すとされており，この過程を動機づけプロセスと呼ぶ。これら二つのプロセスは職場の中に並行して存在するものであり，両者のバランスが労働者の健康とパフォーマンスに影響することになる。

　本項では，これまでに提唱されている職場のストレスモデルの中から，代表的な四つのモデルを紹介した。各モデルには，労働者が職場や日々の業務を通じてストレス反応を呈するに至るプロセスが表現されている。どのモデルに準拠するにせよ，職場環境改善によるストレッサー対策を進めると同時に，労働者の認知的評価プロセスの変容を支援する認知行動療法の理論に基づくセルフケア教育など，多角的な取り組みの実行が求められる。

［荒木　剛］

📖 **さらに詳しく知るための文献**
[1] 島津明人編著　2017　産業保健心理学　ナカニシヤ出版.
[2] バッカー，A. B. & ライター，M. P.　島津明人総監訳　2014　ワーク・エンゲイジメント――基本理論と研究のためのハンドブック　星和書店.

ストレスチェック制度

☞ 産業・労働分野 p.142, 復職支援 p.602, EAP（従業員支援プログラム）p.616, 産業・労働分野の関連法規 p.702

　ストレスチェック制度とは，「労働者のストレスの程度を把握し，労働者自身のストレスへの気付きを促すとともに，職場改善につなげ，働きやすい職場づくりを進めることによって，労働者がメンタルヘルス不調となることを未然に防止すること（一次予防）を主な目的としたもの」（厚生労働省，2016b：4）である。2014年6月25日に「労働安全衛生法の一部を改正する法律」が公布され，心理的な負担の程度を把握するための検査（ストレスチェック）およびその結果に基づく面接指導の実施等を内容として創設された。

　労働者のメンタルヘルスケアは，メンタルヘルス不調となることを未然に防止する一次予防，メンタルヘルス不調を早期に発見し，適切な対応を行う二次予防，メンタルヘルス不調となった労働者の職場復帰を支援する三次予防に分類され，ストレスチェック制度は，これらのうち一次予防に焦点を当てたものである。

　本項においては，ストレスチェック制度に関する指針（厚生労働省，2018）および実施マニュアル（厚生労働省，2016）の内容を抜粋し，解説する。

●**ストレスチェック制度の概要**　ストレスチェック制度は，常時50人以上の労働者を使用する事業場に実施義務がある。実施責任主体である事業者は，ストレスチェック制度の取り組みを基本方針の表明，ストレスチェックおよび面接指導，集団ごとの集計・分析といった手順で進めていく。なお，ストレスチェックの企画と結果の評価に関与する実施者は，医師，保健師または厚生労働大臣が定める研修を修了した歯科医師，看護師，精神保健福祉士もしくは公認心理師である。

●**ストレスチェックおよび面接指導**　ストレスチェックの調査票は，次の3領域，①仕事のストレス要因，②心身のストレス反応，③周囲のサポートを含むことが必要であり，「職業性ストレス簡易調査票」（57項目）の利用が推奨されている。

　高ストレス者の選定方法としては，①心身の自覚症状があり対応の必要な労働者が含まれている可能性の高い者，②自覚症状としてはまだそれほど顕著な症状は現れていないけれどもメンタルヘルス不調のリスクがある者のいずれかの要件を満たす者とされ，具体的な基準は実施者の意見および衛生委員会等での審議を踏まえて事業者が決定する。受検した労働者にストレスチェック結果を通知する際には，個人のストレスチェック結果として，個人のストレスプロフィール，ストレスの程度（高ストレスに該当するかどうかを示した評価結果），面接指導の

対象者か否かの判定結果を必ず通知しなければならない。加えて，セルフケアのためのアドバイス，事業者への面接指導の申出方法も通知することが望ましい。セルフケアとしては，食事，睡眠，運動に加え，行動の工夫，考え方の工夫，リラクセーションなど認知行動療法に基づくストレス解消法もあげられる。

　また，ストレスチェックの結果，高ストレス者として選定されており，面接指導を受ける必要があると実施者が認めた者に対して，労働者からの申出に応じて医師による面接指導を実施しなければならない。

　面接指導では，ストレスチェックの3領域に加えて，当該労働者の勤務の状況，心理的な負担の状況，その他心身の状況を確認し，保健指導と必要に応じて専門機関の受診指導を行う。

●**集団ごとの集計・分析**　実施者は，ストレスチェック結果を一定規模の集団ごとに集計・分析し，必要に応じて，その結果と当該集団の実情を考慮した適切な措置を講じるよう努めなければならない。

　ストレスチェックに基づいた効果的な職場環境等の改善には，①職場環境等の改善のための体制づくり，②職場環境等の評価，③職場環境等の改善計画の立案，④対策の実施，⑤効果評価と計画の見直しといったステップが想定されている。なお，職場環境改善を進めていくにあたっては，厚生労働省の提供するポータルサイトに掲載されているツールや，他社の取り組み事例の活用も有効である（厚生労働省，2018）。

●**ストレスチェック制度のこれから**　ストレスチェック制度は，「メンタルヘルス不調の未然防止だけでなく，従業員のストレス状況の改善及び働きやすい職場の実現を通じて生産性の向上にもつながるものである」（厚労省，2018b：2）と考えられている。昨今では生産性への注目も高まっており，従業員による「健康上の理由による長期欠勤等の機会損失」を指すアブセンティーイズム（absenteeism）に加えて，「健康上の理由による個人の生産性低下」を指すプレゼンティーイズム（presenteeism）といった側面も課題視されている（経済産業省，2016）。

　したがって，ストレスチェック制度とその取り組みは，メンタルヘルスケアのみならず，より生産性の向上にもつながるよう，事業経営の一つとして位置づけ，活用していくことが期待される。

［戸澤杏奈］

📖 **さらに詳しく知るための文献**
［1］厚生労働省 2018 こころの耳 働く人のメンタルヘルス・ポータルサイト．
［2］厚生労働省 2015 ストレスチェック等の職場におけるメンタルヘルス対策・過重労働対策等．

リラクセーションを中心としたストレスマネジメント

☞ ストレスの生理学的理解 p.32, 心身医学的技法 p.258, 職場のストレスモデル p.590

　労働者が心身の健康問題に対処するためには，早期に心身の両面について健康教育等を受け，予防対策に取り組むことが重要である。そのため，厚生労働省（2015d）が推進する「事業場における労働者の健康保持増進のための指針」においては，事業場の心理相談担当者が担う役割としてリラクセーションの指導が明記されている。リラクセーションとは，ストレッサーにより交感神経が緊張した状態から副交感神経を優位にさせ，再び心身をバランスのとれた状態にすることである。リラクセーションの一般的な効果としては，①ストレス反応の軽減や解消，②痛みや不眠など多くの身体的・精神的症状の軽減，③免疫機能を高め自然治癒力の向上，④ストレス疾患の予防だけでなく健康の維持増進，⑤肯定的な病気の受け止め方や人生に対する考え方，対処法の改善，があげられる（荒川・小板橋，2001）。労働者のストレスマネジメント教育においては，認知行動的アプローチとリラクセーションの技法を組み合わせたプログラムの実施効果が高いことが明らかになっている（Richardson & Rothstein, 2008）。そこで本項では，代表的なリラクセーションの技法である，「自律訓練法」「漸進的筋弛緩法」「呼吸法」を紹介する。

●自律訓練法　自律訓練法（autogenic trainingu：AT）とは，決められた言語公式を頭の中で繰り返すことで，自己暗示と受動的注意集中を高め，心身を緊張状態から弛緩状態へ誘導することを目的とした技法である。1932年にドイツの精神医学者J. H. シュルツ（Schultz）が「自律訓練法」を出版し成立したが，その研究はドイツの大脳生理学者O. フォークト（Vogt）の睡眠研究に端を発すとされる。フォークトは，催眠と睡眠の関係を研究する中で，催眠状態に入った後で被検者の疲労回復，心身の緊張の緩みが認められることに気づき，シュルツが，催眠状態に入った被検者の共通点を分析して，自律訓練法の標準練習法と上級練習法とを編み出した。現在臨床場面で用いられる自律訓練法は，標準練習がほとんどであり，その構成は，背景公式と六つの公式からなる。自律訓練法は，練習を重ねると，覚醒水準が適度に低下したリラックス状態（変性意識状態）をつくることになり，心身の機能に安定をもたらすことができると言われる。その一方で訓練に時間を要す，めまいや脱力感などを起こす危険性があるため，必ず消去動作を行う必要があるといった点に注意が必要である。また，坂野（2011b）は日本で行われた効果研究に基づいて実施したメタ分析の結果から，自律訓練法が必ずしも十分な有効性をもつわけではなく，効果が見られなかったために公表されなかった研究の数が定かでないことを指摘している。

●漸進的筋弛緩法　漸進的筋弛緩法（progressive muscle relaxation：PMR）と

は，全身の骨格筋をターゲットに，緊張‐弛緩という身体動作を通して得られる筋感覚に基づいて，系統的かつ段階的にリラクセーションを行う方法である。1929年にアメリカの生理学者E. ジェイコブソン（Jacobson）によって始められた。彼は当時経済発展の著しかったアメリカで，緊張の高まりから心臓循環系の疾患に罹患する人が増えると考え，全身の筋肉を1日1〜2時間かけて段階的に緩めていく方法を提唱した。これは練習時間を要したため，後にJ. ウォルピ（Wolpe）によって簡略化され，リラクセーションの技法として広まった。前述の荒川らによれば，現在知られている筋弛緩法の種類として，①漸進的筋弛緩法（16筋群による緊張‐弛緩法），②簡略化された漸進的筋弛緩法，③弛緩のみの受動的方法，④緊張も弛緩もせず実施せず，ただおのおのの筋肉部位をイメージするだけの方法，⑤呼吸のみで筋弛緩を行う方法，⑥その他（局所的リラクセーション，自己リラクセーション）の六つがあげられる。徳田（2007）によれば，筋弛緩法による気分変化は二極化する傾向にあり，怒り，緊張，抑うつにおいてはよい方向へ変化するが，怒り，疲労，混乱に与える影響は個人差が大きいとされる。

●**呼吸法** 呼吸法（breathing）は，広義においては腹式呼吸法（腹筋を動かし横隔膜の運動によって行われる深い呼吸）を指し，これを意識的に行うことで，副交感神経を亢進させ，身体の力を抜いて情緒的な安定をはかる方法である。具体的な方法には下腹部に意識を集中する丹田呼吸法や，気功，ヨーガなどにおける呼吸法があげられる。すべての呼吸法は，腹部を使うという点で共通しており，日常的なストレス反応の緩和だけではなく身体的な苦痛の緩和にも効果を有するとされる。呼吸法はリラクセーションの中では最も簡単に習得でき，一般的にどのような対象者にも適用できるとされる。一方でどの呼吸法が効果的なのか，対象者の特性ごとの効果が明確になっていないなどの課題が残る。また実施時には対象者が呼気を十分に行わないことによる過換気を起こしたり，めまいや気分不快が生じることがあるため，注意を払う必要がある。

●**リラクセーションの限界** リラクセーションは訓練によってその技法を身につけることができ，心身のバランスを取り戻すことに有効的な方法であると考えられる。その一方で，対象者によってはコントロールを失う感覚を得る，よけいなことを考えてしまうといった状態に陥ることが知られている。また，PTSD（post traumatic stress disorder）の罹患者，いじめや虐待の経験者は，緊張の弛緩とともに不快な体験が想起されて身体症状の憎悪に繋がることが知られている。実施者は事前に対象者の生活歴を十分に把握し，身体的・精神的状態をアセスメントすることが大切である。

［原田ゆきの］

□さらに詳しく知るための文献
［1］荒川唱子・小板橋喜久代 2001 看護にいかすリラクセーション技法 医学書院.

認知再構成法を中心としたストレスマネジメント

☞ 認知行動療法 p.2, 認知再構成法 p.286, リラクセーションを中心としたストレスマネジメント p.594, インターネットを用いたストレスマネジメント p.600

　厚生労働省が策定した「労働者の心の健康の保持増進のための指針」(メンタルヘルス指針，2006 (平成18) 年3月策定，2015 (平成27) 年11月30日改正) によると，職場におけるメンタルヘルス対策を推進する際，「セルフケア」「ラインによるケア」「事業場内産業保健スタッフ等によるケア」「事業場外資源によるケア」の「四つのケア」が継続的かつ計画的に行われることが重要である，とされている。この四つのケアのうち「セルフケア (従業員個人によるストレスマネジメント)」の方法の一つとして，認知再構成法を中心としたストレスマネジメントがある。認知再構成法とは，「精神的に動揺したときに瞬間的に浮かんでくる自動思考 (automatic thought) と呼ばれる考えやイメージに注目し，現実と対比しながら，その歪みを明らかにして問題に対処し，うつや不安などの気分を軽減したり，非適応的な行動を修正したりする，認知行動療法の基本的な手技」(大野，2008) で「コラム法」と呼ばれることもある。職場における個人向けのストレスマネジメントに関するメタ分析によると (Ganster & Murphy, 2000; Richardson & Rothstein, 2008; van der Klink et al., 2001)，認知行動療法を用いたトレーニング，または認知行動療法とリラクセーションとを組み合わせたプログラムが最も効果的であるとされている。また，厚生労働省の研究班が行った「労働者のメンタルヘルス不調の第一次予防の浸透手法に関する調査研究」(主任研究者　川上憲人) では，科学的根拠のあるセルフケアプログラムとして，認知再構成法を中心としたストレスマネジメントプログラムが紹介されている。

●プログラムの提供形式　認知再構成法を中心としたストレスマネジメントの提供形式には，集合型研修，個別教育，インターネットを使用したe-ラーニングなど，さまざまな形式があるが，本項では集合型研修の実施方法について紹介する。上記厚生労働省の研究班が行った調査研究によると，集合型研修を行う場合は，心理的ストレス反応の低減効果が認められた研究の多くで，グループワークなどの参加型学習を取り入れていることが明らかになっており，参加型学習を取り入れることで参加者同士の意見交換が促進され，行動や認知を修正するためのフィードバックが促進されやすいことや，同じ問題を共有する参加者の行動を観察したり，取り入れたりする機会が得られやすくなる，などのメリットがあげられている。

●プログラムの構成例　プログラムの実施時間は1回あたり2時間程度が望ましい。(プログラムの構成例)
　①ストレスとは何かを学ぶ
　②ストレスを感じるとどのようなストレス反応が生じるかを知る

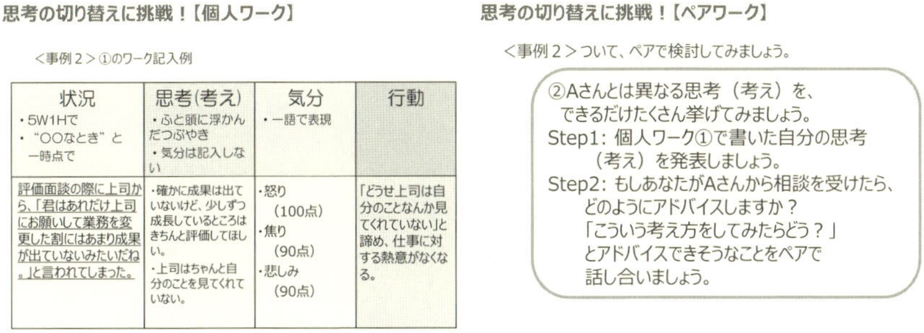

思考の切り替えに挑戦！【個人ワーク】

〈事例2〉①のワーク記入例

状況	思考（考え）	気分	行動
・5W1Hで ・"〇〇なとき"と一時点で	・ふと頭に浮かんだつぶやき ・気分は記入しない	・一語で表現	
評価面談の際に上司に「君はあれだけ上司にお願いして業務を変更した割にはあまり成果が出ていないみたいだね」と言われてしまった。	・確かに成果は出ていないけど、少しずつ成長しているところはきちんと評価してほしい。 ・上司はちゃんと自分のことを見てくれていない。	・怒り（100点） ・焦り（90点） ・悲しみ（90点）	「どうせ上司は自分のことなんか見てくれていない」と諦め、仕事に対する熱意がなくなる

思考の切り替えに挑戦！【ペアワーク】

〈事例2〉について、ペアで検討してみましょう。

②Aさんとは異なる思考（考え）を、できるだけたくさん挙げてみましょう。
Step1: 個人ワーク①で書いた自分の思考（考え）を発表しましょう。
Step2: もしあなたがAさんから相談を受けたら、どのようにアドバイスしますか？
「こういう考え方をしてみたらどう？」とアドバイスできそうなことをペアで話し合いましょう。

図1　プログラムで使用するスライドイメージ

③ストレスを感じたときに使えるリラクセーションを練習する
④認知再構成法を用いてストレスを感じやすい考え方のくせの修正方法を学ぶ
⑤ストレスを感じたときに相談できる窓口を知る

　上記プログラム構成では，④のパートがプログラムのメインとなり，グループワークを行いながら学びを深める時間となる。④のパートでは，できる限り参加者がイメージしやすいように，実際に参加者の職場でよくある悩み事を抱えた事例を提示し，もし参加者自身が事例の状況と同じ状況に置かれたと仮定すると，自分だったらどのような思考が浮かび，どのような気分になり，どのような行動を取ると思うか，を図1のようなコラム表に沿って検討し，その内容をグループ内で共有する。その後，グループ内でさまざまな思考方法を検討し，最後に自分にとって一番楽になれそうな思考を選び，そう考えたときの気分と行動をコラム表に記載し，グループワーク前に浮かんでいた思考と，グループワーク後に選んだ思考とでその後の気分や行動が変化することを参加者に学んでもらう。筆者が実際に本プログラムを実施した後には，参加者から「業務中も思考の切り替えをしてストレスをコントロールしたいと思った」などの感想が寄せられることが多く，本プログラムがストレス耐性向上などに一定の効果があることを実感している。

●**認知再構成法を用いた iCBT**　職域における認知行動療法の提供方法には，集合型研修や個別教育のほかに，インターネットにより認知行動療法を提供する方法（internet cognitive behavioral therapy：iCBT）も近年有益な方法として研究が進んでいる。iCBTにより認知再構成法を中心としたプログラムを実施し，受講者の抑うつ症状や心理的ストレス反応が低減したという研究結果（今村，2017）もあり，今後の活用が期待される。　　　　　　　　　　　［金丸由佳里］

📖 さらに詳しく知るための文献
［1］島津明人ほか　2014　職場のストレスマネジメント　誠信書房．

マインドフルネス，アクセプタンス＆コミットメント・セラピーを用いたストレスマネジメント

☞ アクセプタンス＆コミットメント・セラピーの基礎理論 p.20，マインドフルネス認知療法の基礎理論 p.22，マインドフルネスの基礎研究 p.76，職場のストレスモデル p.590

　精神疾患を発症し欠勤状態（アブセンティーズム）にある労働者に対しては，従来からの薬物療法やリワークなどの三次予防の取組みがなされてきた。その一方で，近年は出勤しているものの能率が上がらない状態であるプレゼンティーズムは精神疾患をはじめとする疾病休業より大きな損失に結び付くことが示唆されている。企業で就労している労働者への一次予防としての対策は，職場の環境改善や個人向けのストレスマネジメント教育の実施が費用対効果の点からも有用であると示されている（吉村ほか，2013）。そのような潮流の中，マインドフルネス・ストレス低減法（mindfulness based stress reduction：MBSR）やアクセプタンス＆コミットメント・セラピー（acceptance and commitment therapy：ACT）がストレスマネジメントの方法の一つとして適用が検討されている。主には抑うつや不安などの心理的ディストレスの低減についての効果が認められており，引き続き生産性などへの効果の検討が行われている（土屋ほか，2017）。

● **MBSRを用いたストレスマネジメント**　8週間のプログラムであるMBSRは能動的な注意のコントロールの習得を目的に，体の部分に順番に注意を向けるボディスキャン，ヨーガ，静座瞑想などのプログラム化された取り組みと併せて，歩行時や歯磨きなどの日常の活動でも自身の体験に意識を向けるように教示される。MBSRは慢性疼痛のストレス対処のためのプログラムとして開発され，うつ病エピソードの再発予防のためマインドフルネス認知療法が開発されるなど発展的に適用の対象が広げられてきた。その中で疾患治療の文脈だけでなく，労働者のストレスマネジメントを目的とした一次予防の観点でMBSRをはじめとしたマインドフルネス・トレーニングが用いられるようになった。M. ヴィルジリ（Virgili, 2015）は2000年以降に刊行された論文を用いて，労働者へのMBSR実施による心理的ディストレス低減の効果についてメタ分析による検討を行っている。この研究によると，MBSRの適用が労働者の心理的ディストレスを低下させ，効果の維持も期待される結論を得ている。また，標準より短い4週間のプログラムでも効果を得られることが示唆されている。労働者へのMBSRは，職務中の内的体験に注意を積極的に向けていく以外は，一般的なMBSRと大きく変わりない。そのため，まずJ. カバットジン（Kabat-Zinn, 1990 訳2007）など一般的なMBSRに関する書籍を参照いただいた上で，職場で実施する際の工夫がより詳細に説明されたM. チャスカルソン（Chaskalson, 2011）を参照されたい。

● **ACTによるストレスマネジメント**　ACTは個人が価値を置く行動を活性化することを第一義的な目的に置く。そのプロセスの中には，価値の明確化や行動

へのコミットメントの要素が含まれる。価値に沿った行動を効果的に追及することを助けるためにマインドフルネスの訓練もプログラムに含まれるが，MBSRなどのマインドフルネスの実践が中心のプログラムに比べると，マインドフルネスの実践は簡潔である。ACT に基づくストレスマネジメントのプログラムはいくつかあるが，P. E. フラックスマンらは1回3時間のセッションを最初の2回を1週間おきに行ったのち，3か月後のフォローアップを行うものを提案している（Flaxman et al., 2015）。プログラムは主に三つのパートに分かれており，①レーズンエクササイズや身体感覚へのマインドフルネスなどの練習，②価値を明確化するためのカードソーティングや明確化された価値に沿って行動計画，③マインドフルネスと価値に沿った行動活性化の組合せを強調し，行動活性化の中でマインドフルネスのスキルを用いられるように支援する。詳しくは，フラックスマンら（2015）を参照されたい。MBSR などと同様に，ACT も当初は慢性疼痛をはじめとした精神疾患の治療のための心理療法の一つとして発展してきたが，こちらも2000年以降には労働者のストレスマネジメントの効果の検討を目的とした研究が刊行されるようになった。ACT を労働者へ適用した文献のメタ分析は筆者の知る限りでは発表されていないものの，対人援助職，公務員などの主にサービス業に従事する職種に実施され，一定の効果を上げている（Flaxman et al., 2015）。

● **MBSR と ACT の共通点**　MBSR も ACT もトレーニングを通じて対象者の思考反すうなど内的体験への気づきの向上を狙い，より有効な行動をとることができるように支援する点は共通している。業務中のことであれば，懸案事項について考え込みほかの業務に支障をきたす，同僚に頼むことが面倒で仕事を抱える，などが問題となるかもしれない。さらには業務外の生活（家族とのやりとり，趣味の文脈など）も扱うことが可能である。そのため，業務内での心理的な問題点が明らかでない場合でも取り組みやすいという利点がある。また MBSR も ACT も体験的なプログラムであることが共通している。それぞれのトレーニングの実践の概要や効果，実施中に直面しやすい困難なポイントを理解するためには，①以下に紹介している文献などを参照し自身で練習，②マインドフルネスや ACT に関連するワークショップへの参加など，体験しながら方法を学び，まずは自身の日常のストレスマネジメントに活かされることをお勧めする。　　　　　　　　　　［藤原慎太郎］

さらに詳しく知るための文献

[1] Chaskalson, M. 2011 *The Mindfulness Workplace*, Wiley.
[2] Flaxman, P. E. et al. 2013 *The Mindfulness and Effective Employee*, New Harbinger Publications.（武藤 崇ほか監訳 2015 マインドフルにいきいき働くためのトレーニングマニュアル 星和書店）

インターネットを用いた
ストレスマネジメント

☞ リラクセーションを中心としたストレスマネジメント p.594

　1990年代頃から，パソコンやインターネットが世界的に普及し始めると，教育分野においてもこれら情報機器や通信環境を活用した学習方法（以降，e-ラーニング）が導入されるようになった。e-ラーニングにはCD-ROMや衛星通信などで配信される講座を受講するものも含められるが，一般的にはインターネットやイントラネットといったネットワークを活用して，オンラインで学習するスタイルが知られている。ウェブ・ブラウザを使用することも多いためWBT（Web-Based Training）と呼ばれることもある。日本では2000年にIT基本法が成立し，2001年1月6日に省庁横断的な組織として「IT戦略本部」が設置され，国をあげたIT化が推進された。その際，情報技術を用いた遠隔教育（e-ラーニング）の活用が政策の一つとして掲げられ，普及の後押しとなっている。

●**企業におけるe-ラーニングの導入**　企業におけるe-ラーニングの導入は，人材育成の動向と密に関係している。従来，日本企業は長期雇用を前提として，自社でOJTを中心とした企業内人材教育を行ってきたが，1990年代以降の景気低迷期に教育訓練費用のコスト削減の名目でe-ラーニングの導入が促進された。近年はコスト削減よりも，教育訓練の効率化や効果発現を重視する企業が増えており，e-ラーニングと集合研修を組み合わせたブレンデッド・ラーニングを求める声も高まっている。また，企業の教育訓練の方針として，当初は選抜教育（次世代リーダーの育成，社内スキルの体系化，管理職の意識改革等）で利用が進められていたが，近年，従業員の底上げ志向が高まっており，e-ラーニングを用いた一斉教育の導入が進められる傾向にある（経済産業省，2007）。

●**健康教育へのインターネットの活用**　治療および健康教育分野におけるインターネットの活用は2000年代に入ってから増加の一途をたどっている。特に，コンピュータやウェブを用いて認知行動療法（CBT）を提供するサービスはCCBT（Computerized CBT）またはiCBT（internet-based CBT）と呼ばれており，効果評価研究が複数報告されている。2009年10月に改定された英国NICEのうつ病に関するガイドラインでは，CCBTを中程度より軽いうつ病患者の治療の一つのオプションとして推奨しており，欧州においては治療と並行したガイド付きのインターネット認知行動療法（iCBT）が保険適用化さている。また，健康教育分野においても，メタアナリシスの結果から，コンピュータを用いた健康教育は参加者の健康行動に関する知識・態度・意識を改善し，健康行動（栄養摂取・喫煙・薬物使用）および健康の維持管理に効果があることが報告されている（Portnoy，2008）。例えば，肥満解消のための減量プログラム，認知症

の介護者に対する教育プログラムなどがあり，学習によって医療へのコンプライアンスやメンタルヘルス，QOL等が向上するなど，その有効性が示されている。なお，職域においては従業員個人のセルフケア教育の一環として，睡眠教育やアサーション訓練，ストレス対処に関わるスキル訓練などの実施が報告されており，e-ラーニングを用いた介入が従業員個人のストレスや健康問題に一定の効果（自己効力感の向上，対処行動の獲得，職務満足感の向上など）を示すことが示唆されている。なお，職域で実施されるストレスマネジメント研修では，ストレス軽減に加えてパフォーマンスを高めることへの期待も強くみられる。アメリカ航空宇宙局（NASA）では，最良のパフォーマンスを発揮することを目的として，フライトコントローラーや宇宙飛行士を対象に6セッションからなるコンピュータベースの認知行動療法（stress management and resilience training for optimal performance：SMART-OP）を導入している。SMART-OPはレジリエンスを高め，ストレスとうまく付き合うためのスキルを学ぶことができるプログラムであり，継続的な研究と実践が行われている（Raphael, 2018）。

●**運用時の問題点**　一般的にe-ラーニングを活用した研修のメリットとして，「時間・場所が自由である」「繰り返し学習ができる」「自分のレベルにあったプログラムを受けることができる」などがあげられる。受講者にとっては各自の好みや力量に合わせて自分のペースで学習することができ，提供者にとっては学習の進捗管理や情報の収集，調整，普及，説明が促進でき，プログラムの変更が可能であるなど柔軟性が高い。ただし，デメリットとして「受講継続のモチベーションの維持が困難である」「講師やほかの受講生とのインタラクティブ性が少ないため，研修を淡泊に感じる」「集合研修に比べて理解度が下がる」などがあげられている（経済産業省，2007）。e-ラーニングは孤独感に陥りやすく，学習を続けるモチベーションを維持することが難しいとされる。学習が遅れていれば励ましたり，疑問への回答や心理的な支援を行うなど，受講者が目標に沿って学習できるような案内役が必要になる（馬ノ段・島津，2009）。

●**倫理面への配慮**　インターネットの普及により，さまざまな情報に瞬時にアクセスできる環境が整ってきたが，一方で誤った情報の拡大や効果が曖昧な情報サイトの増加等，課題も見受けられる。医療・保健・福祉などのヘルスケア分野においては，メディア・リテラシーを高めることも重要とされており，サイトの運営主体者が配慮すべき注意点についてはe-ヘルス倫理コードが公開されている（日本インターネット医療協議会HP）。　　　　　　　　　　　　　　［馬ノ段梨乃］

📖 **さらに詳しく知るための文献**
[1]　アンダーソン, G.　長江信和訳　2016　インターネット認知行動療法ガイドブック　創元社．

復職支援

☞ うつ病 p.116, 双極性障害 p.118, 認知症 p.512

　職場復帰支援（以下，復職支援）とは，傷病などにより長期休業していた労働者の復職のための支援を会社側が行う支援活動である（厚生労働省, 2018c）。厚生労働省は，精神障害に限らず「ストレスや強い悩み，不安など，労働者の心身の健康，社会生活および生活の質に影響を与える可能性のある精神的および行動上の問題を幅広く含むもの」をメンタルヘルス不調と定義して（厚生労働省, 2006），メンタルヘルス不調を生じた労働者の復職支援を推進している。

●**長期休業と医学的原因**　労働者の長期休業は多様な原因で生じる。労働者の多くは30代以降であり，さまざまな身体疾患の好発年齢である。頻回または長期の欠勤を引き起こす common disease として，片頭痛などの機能性身体症候群，抑うつ障害，不安症などの精神障害があげられるが（Leonardi, 2003；Burton et al., 2009；Bhui et al., 2012；Vo et al., 2018；Khairmode et al., 2018；Steiner et al., 2018）。これらの障害は互いに併存しやすく，複雑な病像を示すことがある（Loder et al., 2014）。睡眠不足や慢性ストレスは，精神障害，機能性身体症候群，いずれの症状も増悪させる。

　現代の医療は複雑に専門分化しており，非専門医では過少診断が生じやすい。頭痛を専門としない医師は片頭痛を見逃しやすく，不安症を専門としない医師は不安症を見逃しやすい。主治医や産業医と協力しつつ，産業精神保健スタッフがケースフォーミュレーションを行うことは適切な支援につながる。機能性身体症候群のうち，片頭痛を診断するには，国際頭痛学会の国際頭痛分類（international classification of headache disorders, 3rd edition：ICHD-3）を用いる。抑うつ障害や不安症の診断には，米国精神医学会の診断基準である DSM-5 が用いられることが多い。

●**身体疾患の除外**　労働者にパフォーマンス低下が認められ，何らかの認知機能障害が疑われるとき，神経心理学的アセスメントが行われる。神経心理学的アセスメントを行うときは精神機能の階層構造を考慮しなければならない（Devinsky, 1992）。意識（consciousness）が障害されると意欲（motivation）や注意（attention）は障害され，意識や意欲や注意が障害されると記憶 momory は障害される（Devinsky, 1992；日本高次脳機能障害学会教育・研修委員会, 2014）。例えば，眠気によって覚醒水準が軽度に低下した人は，意欲・注意・記憶が障害される。睡眠時無呼吸症候群などの治療可能な身体疾患は重篤な眠気を引き起こしうる。

　意識障害を伴わない後天性の認知機能障害は認知症と呼ばれるが，認知症は多

様な身体疾患を原因として生じることに注意が必要である（小田，2018）。30代から50代の若年者では，アルツハイマー病などの変性疾患の有病率は低く，慢性甲状腺炎，神経梅毒，アルコール依存症など，治療可能な身体疾患を背景とした認知症が多い（Rossor et al., 2010；日本神経学会，2017；松下ほか，2010）。

●**復職の実際**　復職に際して「リワーク」が行われることが多い。リワークとは，return to workを略した和製英語であり，精神障害を原因として休職している労働者に対し，職場復帰に向けたリハビリテーションを実施する機関で行われているプログラムである。リワークの代表的な実施主体は医療機関や地域障害者職業センターであるが（日本うつ病リワーク協会，2018），従業員支援プログラム（EAP）サービスを利用した職場リワークが行われることもある。

a）**復職を検討する前提**　精神科医を含む地域の一般医家は，患者である労働者が復職を希望したとき，その求めに応じて「復職可能」の診断書を発行するが，産業精神保健領域では「診断書どおりに復職させても再休職が多い」と考えられることが多い（日本うつ病リワーク協会，2018）。睡眠時無呼吸症候群などの身体疾患，片頭痛などの機能性身体症候群の諸症状がコントロールされ，抑うつ症状などの精神症状が寛解し，健康な睡眠習慣が確立していることは復職を検討する前提となる。リワークを始めるか否かの判断を支援するための尺度として，復職準備性評価シートが開発されている（酒井ほか，2012）。

b）**リワークプログラム**　リワークでは，職場に通勤することを想定して，定刻に施設に通って治療プログラムを受けるというトレーニングが行われる。典型的なプログラムには，仕事に近い内容のオフィスワークや軽作業，復職後の抑うつ症状の再燃や再発を予防するための疾病教育や認知行動療法が含まれる。平均的な訓練期間は3から7か月である（日本うつ病リワーク協会，2018）。

c）**復職困難例への対応**　復職困難例は，適切な診断が行われていないか，適切な治療が行われていないか，真の困難例であるか，いずれかである。身体疾患が見逃されていないか，片頭痛や不安症ではないか，またはそれらが併存していないか，精神障害や機能性身体症候群の症状を寛解させるのに十分な治療が行われているのか，といったことを産業精神保健スタッフは意識すべきである。診断が過不足なく，ケースフォーミュレーションが適切であれば，治療に関するエビデンスを参照することができる。精神障害や機能性身体症候群を対象として，多くの認知行動療法プログラムが開発されており，長期休業から復職しようとする労働者の支援策となりうる。

［鈴木　太］

📖 **さらに詳しく知るための文献**

[1] 厚生労働省 2011 心の健康問題により休業した労働者の職場復帰支援の手引き（改訂）労働者保健福祉機構．

職リハリワーク

☞ ソーシャルスキルトレーニング（SST）p.278, 問題解決療法（PSTI）p.280, アクセプタンス＆コミットメント・セラピー（ACT）p.296, アサーショントレーニング p.462, EAP（従業員支援プログラム）p.616

　リワーク（Re-Work）とは，「Return-to-Work」からできた和製英語であり，その英語が表すように，メンタルヘルス不調でうつ症状などを呈して休職した人が，「職場に戻ること」を支援する方法の通称とされる（前田・横山，2017）。高橋ほか（2015）が示しているように，リワークは大きく三つに分類される。①医療機関で行う「医療リワーク」，②障害者職業センター・就労移行支援事業所で行う「職（キャリア支援）リワーク」，③企業内や民間従業員支援プログラム（employee assistant program：EAP）機関などで行われる「職場リワーク」である。

●**医療リワーク**　総合病院における精神科や単科精神科病院，精神科や心療内科などの診療科を看板として掲げるクリニック内で実施されているリワークプログラムを「医療リワーク」と呼ぶ。精神科医の診断を受け，プログラムへの参加が必要であると認められた場合に参加が可能となる。精神科医，看護師，精神保健福祉士，作業療法士，心理職等の専門職が連携しながら支援を行っていることが多い。薬物療法などの医学的治療を基盤して，うつ病などの知識を深めるための心理教育や，生活習慣・睡眠リズムを整えるため，医学的な視点からも助言を得ながら，リハビリテーションが行われるのが特徴的である。

●**職（キャリア支援）リワーク**　地域障害者職業センターは，公共職業安定所（ハローワーク）と連携しながら，障害のある休職者を対象とした職業リハビリテーションや，事業主に対する障害者雇用の相談・援助を行う機関である。休職者本人だけでなく，事業主側にも助言・援助が行われる点が特徴的である。休職者本人には主にキャリア相談を，事業者側には障害や病状に合わせた業務内容や労働条件，職場環境の調整などの指導を行う。よって，職リワークは，「どう働くか」を重視した支援といえる。

●**職場リワーク**　厚生労働省中央労働災害防止協会（2015）は，事業主に対して休職者が復職する際の標準的な流れを定めた「職場復帰支援の手引き」に沿って，休職している労働者ごとに「職場復帰支援プラン」の作成を求めている。事業主側は，メンタルヘルス不調の労働者がいた場合，産業医などの産業保健スタッフと相談しながら本人と面談を行い，医療機関で主治医の診断を得て休職を開始する。

　休職中，外部の医療機関やEAP機関のリワークプログラムを利用するケースも多い。プログラムは，疾患の治療が落ち着き回復期に開始される。図1は，リワークの1週間のプログラム（例）である。初めに，Bグループ（週2～3

	月	火	水	木	金
10:00〜	Aグループ：朝の集い・体操				
10:30〜	生活習慣チェック	キャリアセミナー	ワークエクササイズ	PST/ACT	ワークエクササイズ
11:30〜	SST/AT	ワークエクササイズ	グループミーティング	ワークエクササイズ	ボディワーク
12:30〜	Aグループ：終わりの集い				
13:00〜	Bグループ：昼の集い				
13:30〜	生活習慣チェック	ワークエクササイズ	ワークエクササイズ	ワークエクササイズ	ワークエクササイズ
14:30〜	リラクセーション	ティータイム		グループミーティング	リラクセーション
15:30〜	Bグループ：終わりの集い				

図1 リワークの1週間のプログラム（例）

日通所）のように，生活習慣を整え，少しずつ他者とのコミュニケーションを取り，外出に慣れることが目的となる。その後，Aグループ（週4日〜5日通所）のように，復職に向けて体力づくりを行い，就労に合わせたリズムで生活することや作業能力の向上（ワークエクササイズ）が目的となる。また，再発予防のために，自身の特性や性格，認知行動パターンなどへの自己理解を深めるものやコミュニケーションスキルを高めるソーシャルスキルトレーニング（SST）やアサーティブネス・トレーニング（AT），体力づくりを目的としたボディワークなどが用意されている。今日では「キャリアデザイン」だけでなく，「ライフデザイン」の再構築が重要視されるため，従来からされている，今後の自分の働き方を考えるキャリアセミナーに加えて，個々の価値観を再検討するために問題解決療法（PST）やアクセプタンス＆コミットメント・セラピー（ACT）が用いられることもある。

　復職時期は，労働者の復職の意思，主治医や産業医などの意見，リワーク担当者や家族からの情報などをもとに決定し，管理監督者による就業上の配慮，人事労務管理上の対応，試し出勤制度の利用などについて検討し，プランを作成する。復職後，管理監督者による観察と支援や，産業保健スタッフによるフォローアップを実施し，適宜，プランの評価や見直しを行う。

　上記の三つのリワークは，独立したものではなく，連携・協働しながら休職者の復職を支援することが望ましいとされる。　　　　　　　　　　　　　　　［本岡寛子］

さらに詳しく知るための文献

[1] 森下高治ほか 2016 働く人たちのメンタルヘルス対策と実務 ナカニシヤ出版．
[2] うつ病リワーク研究会 2009 うつ病リワークプログラムのはじめ方 弘文堂．

リワークにおける集団認知行動療法

☞ 産業・労働分野 p.142, 集団認知行動療法 p.306, 集団認知行動療法（グループワーク）の活用 p.568, 復職支援 p.602, 職リハリワーク p.604

　リワークプログラムは本邦において，気分障害圏を中心とした精神疾患による休職者の増加，復職後の再発の多さによる企業の生産性への複雑な影響を社会背景とし，従来の診察のみでは把握しきれなかった復職準備性の確認と再発予防を目的に，集団で行うことをその重要な治療要素としている。一方で集団認知行動療法（cognitive behavior group therapy：CBGT）とは，「グループ形式で認知的・行動的な介入技法を用い，参加者のコーピングスキルを高め，問題を解決し，症状の改善を図るアプローチである」（坂野，2011c）。リワークにおけるCBGTは復職後の再休職予防のプログラムとして2003年頃より実施され，徐々に実施施設が増加した。2008年度に厚生科学研究で行った調査研究の結果，2010年には「標準化リワークプログラム」（林・五十嵐，2012）の一つのカテゴリーに心理療法が位置付けられ，プログラムを形成する一つの重要な要素となっている（五十嵐，2018）。

● **CBGTの構成内容**　CBGTの構成内容や運営方法は各施設により異なるが，職場に最適応するためのリハビリテーションの要素を含むことが復職後の出勤状態に好影響を与えるとされている。提供内容の統制ははかれていないが，本邦で行われた気分障害圏を対象としたリワークにおけるCBGTの効果研究では，主に抑うつ症状，非機能的思考，自己効力感，心理社会機能，社会的問題解決能力が有意に改善したことが報告されている。一方，CBGTでは職場復帰の困難感の有意な改善は認められていない。CBGT介入後の職場復帰の困難感の低さと認知行動的要因の変化量の関連を検討した研究では，自動思考の下位因子である「将来否定」と「自己非難」の低減，ストレス対処方略の下位因子である「肯定的解釈と気そらし」の増加，「社会的スキル」の増加がCBGT介入後の職場復帰の困難感の低さと関連することが示され，休職者は職場復帰の時期が近づくと認知行動的要因に変化が生じ，職場復帰の困難感が強まる可能性が示唆されている（田上，2012）。また田島は適応障害を含むうつ病等休職者を対象とした復職支援にCBGTを導入してその内容の効果を検討し，問題解決技法の比重増加と対象者が職場で経験したストレス要因への復職後の対処方略の検討，それを扱うタイミングの検討が必要であったとの考察がある（田島，2015）。リワークプログラムを受けても職場復帰を果たさない参加者が少なからずいる現状を踏まえると，CBGT介入において対象者が自身の認知や行動の悪循環に気づき，自ら問題を解決できる力を養えるような内容を検討することは今後の重要な課題である。

● **グループの準備**　基本的には各セッションの目標や進め方，時間配分等を設定した構造化という枠組みを用いて行われている。うつ病のCBGT文献レビュー（松永ほか，2007）によれば，セッションの回数は5-20回，頻度は週1回，1

セッション90-120分，スタッフ2-3名に対し参加者8-10名という構造での実施が妥当とされている。提供する時期は，生活リズムが整い，症状がある程度回復した後で，内容は心理教育や認知再構成法・問題解決技法・コミュニケーションスキルトレーニング等の構成要素をもつものが標準である。しかし，提供する時期や内容に関しては復職後のフォロー，不安や自尊感情に焦点を当てたグループ等，目的に応じてさまざまなCBGTを行うことが可能であり，グループの開放度も対象や目的に応じてクローズドからオープンまで種々に設定することが可能である。いずれにせよ，スタッフの技量と対象者層等各施設の状況を鑑みた上でグループの目的を明確に定め，それを達成できる構造と内容を関係するスタッフと吟味して実施することがグループの安定化につながる。また，参加者個々と自身の問題点や改善するポイントを話し合っておくことが変化への気づきをもたらし参加意欲を向上させる。

表1 Yalomの集団療法の療法的因子［ヤーロム，I.D.／中久喜雅文・川室 優監訳 2012 グループサイコセラピー 西村書店］

① 希望をもたらすこと
② 普遍性
③ 情報の伝達
④ 愛他主義
⑤ 初期家族関係の修正的繰り返し
⑥ 社会適応技術の発達
⑦ 模倣行動
⑧ 対人学習
⑨ グループの凝集性
⑩ カタルシス
⑪ 実存的因子

●グループの運営　グループの運営においては疾病理解を含めた認知・行動に関する知識・方法の獲得という認知行動療法の効果と集団療法の効果（表1）が相乗的に働く工夫が必要である。リワークにおけるCBGTでは主に気分障害や不安障害といった疾患の同質性や復職という共通の目標があるため普遍性が生じやすく，グループの焦点が明確で凝集性が高い状態で集団力動を利用できる。個人療法と同様にスタッフは，認知行動療法の基本である「協働的経験主義」に基づいたやりとりを参加者全員でできるようにモデルを示し，同様のストレス状況下で起こる反応（認知-感情-身体反応-行動）が個々で違うこと，そこから自身の認知-行動の特性に気づくことができるよう介入する。集団の中では日ごろの対人関係が色濃く出る（対人学習-社会の縮図）。そのため，会社での対人関係（there and then）がセッション場面（here and now）で再現される。集団の場は参加者の日頃の認知-行動を知るアセスメントの場であり，再発予防に向けて今までと違う行動を試してみることのできる場であることを，スタッフが参加者と共有して参加者同士がお互いに支持的に積極的に取り組むことを促すことで，集団療法のより大きな効果をもたらすことができる。

［岡本利子］

📖 さらに詳しく知るための文献
［1］集団認知行動療法研究会監修 2011 さあ！やってみよう 集団認知行動療法 医学映像教育センター．
［2］ヤーロム，I.D. 中久喜雅文・川室 優監訳 2012 グループサイコセラピー 西村書店．

職場復帰困難

☞ 産業・労働分野 p.142, うつ病の認知療法・認知行動療法 p.328, 職場のストレスモデル p.590, 復職支援 p.602, リワークにおける集団認知行動療法 p.606

職場復帰困難とは，何らかの疾患によって就業継続できなくなり，休務に入った後に，職場復帰を意識して感じる困難さを示す。

職場復帰の困難感をやわらげるためには，休務に至った理由の振り返りと，職場復帰後に想定されるストレス場面において，休務前よりもうまく対処できそうという感覚をもてる準備をすることが再発予防に向けた重要なポイントとなる。しかしながら職場の環境面については，休務前の同僚との人間関係や職場復帰後の職場の上司のフォローの程度などにより，同じ会社内であっても，支援体制が大きく異なることがある。また，加藤（2013）が，個別の対応には限界があるので，労働環境の改善も肝要と指摘しているように，休務者が準備していても想定外のストレス場面に直面することは避けられないことも多い。したがって，休務中にセルフケアの観点で準備できる側面と，職場復帰の困難さをもちながら，職場復帰後に少しずつ自信を取り戻して職場適応していく側面を認識しながら，準備できることは休務中に準備し，想定外のことが起こることも想定内というくらいの柔軟な心構えも必要な準備といえる。

●**職場復帰の困難感尺度** 丹下・横山（2007）が産業医療スタッフを対象に実施した調査によると，約9割の事業所にうつ病患者がおり，ほかのメンタルヘルスに関する疾患と比較しても最も多いことがわかっている。うつ病による休務者の職場復帰の困難感については，休務者から収集した項目より作成された職場復帰の困難感尺度があり（田上ほか，2012a），これによると，うつ病休職者の職場復帰の困難感は，フルタイム勤務，残業などに耐えられる体力についての「職場で必要な体力面の困難」，職場復帰後の周囲からの評価や自分の主張など対人関係の相互作用についての「職場復帰後の対人面の困難」，仕事をするために必要な集中力や判断力についての「職務に必要な認知機能面の困難」の三つの困難感から理解できることが示されている。

また，これらの尺度の回答パターンを見ると，四つのタイプに分類され（図1），うつ病休務者の職場復帰の困難感は，「全般困難型」「職場復帰後の対人関係困難型」「体力，認知機能困難型」「困難少型」に分類されることが示されている。さらにうつ症状の重症度（軽症以下／中等症以上）と四つの困難感タイプに占める人数の偏りをみると，全般困難型は，有意に中等症以上のうつ症状の人が多く，うつ症状とのつながりが強い可能性が示された一方で，職場復帰後の対人関係困難型は，うつ症状が軽症以下のときに人数の偏りが多い傾向が示されている。これは，うつ症状が改善して，職場復帰のことを具体的に考えることによっ

て，困難を感じやすくなっている結果とも考えられる。このことは「職場復帰後の対人関係困難型」の休務者への時期を考慮した支援を考える上で示唆となる結果であり，困難感の個人差の把握に役立てることができる。

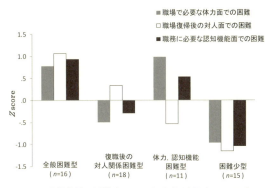

図1　職場復帰の困難感の4タイプ［田上ほか，2012a］

●**休職中の支援と職場復帰の困難感低減**　職場復帰に向けた休務中の治療において，うつ病への治療効果が示されている集団認知行動療法のプログラム参加前後の変化をみると，うつ症状の改善や社会機能の回復が確認されていても，職場復帰の困難感は変化しにくいことが指摘されている（田上ほか，2012b）。認知行動療法のプログラムにおいてもホームワーク等を通して自分の課題を考える機会が多いが，認知行動療法を理解するためにも，休務中の生活の中でも変化を感じやすいものや，休務中の生活の中でも行動実験できるようなものから基本的な考え方を学んでいく。したがって，例えば職場復帰後の対人関係の困難感につながるような休務中の対人関係であっても連続性を感じられず，困難感低減までの効果がみられていない可能性も考えられる。このように，休務者個人の職場復帰を考慮した認知行動療法プログラムを工夫していくことは，重要な視点である一方で，職場復帰に関しては，職場復帰の困難感のうち，「職場復帰後の対人関係の困難型」にうつ症状の軽症の人に多かったように，職場復帰が近づくにつれ現実感を帯びてくる職場復帰と，休務中に離れていた職場に戻ってみないとどうなるかわからないといったように職場復帰の困難さが変化しにくい，もしくは強くなってしまうような緊張感が生じる可能性があるということも職場復帰の困難感の特徴の一つともいえる。また「職務に必要な認知機能面の困難」については，主観と客観の認知機能の状態には乖離があるという指摘にもあるように（Srisurapanont et al., 2017），客観的な指標による測定でも状況を確認していくことも，職場復帰に向けた準備の一つとなると考えられる。

［田上明日香］

📖 **さらに詳しく知るための文献**

[1] 加藤　敏　2013　職場結合性うつ病　金原出版．
[2] 堀　輝ほか　2013　うつ病勤労者の職場復帰成功者と職場復帰失敗者の差異の検討　精神科治療学　28，1063-1066．

新規参入者に対する
ストレスマネジメント

☞ リラクセーションを中心としたストレスマネジメント p.594, 認知再構成を中心としたストレスマネジメント p.596

　組織に初めて参入する際には，組織参入前後で職業イメージのギャップを経験することも多い。このような現象をリアリティ・ショックという。また環境の変化といったストレッサーの経験に対して，これまでのストレス・コーピングやソーシャル・サポートが十分に機能せず，ストレス反応を表出しやすい時期でもある。

●**新規参入者のストレス**　新規参入者のストレスを検討した研究は，看護師を対象とした研究が多く報告されている。藤原ほか（2001）では，新人看護師を対象とした職務ストレッサー尺度を作成して，「自分の看護能力について」「患者や家族へのサポート」「看護援助のジレンマ」「他の看護師との関係」「上司との関係」「医師との関係」といった因子を抽出している。このように，新規参入者は，自身の能力や仕事内容に加えて，上司や同僚との関係といった人間関係に関するストレッサーが強く体験される。また，小林ほか（2015）によると，新人看護師ではリアリティ・ショックの緩和やそれによる離職予防に向けて，セルフケアの重要性や正しいストレスマネイジメントを伝える研修や，ストレス調査を実施・フィードバックを通して自身のストレス状態に気づきを促すような取組みがなされている。

　以上のように，新規参入者に対するストレスマネイジメントでは，新人期に体験しやすいストレッサーやリアリティ・ショック，またそれらによるストレス反応への気づきを促すような心理教育と，ストレス対処の具体的な方法を提供することが適切であると考える。

●**新任教師を対象とした取組み例**　筆者らは新任教師を対象に，リアリティ・ショックに焦点をあてたストレスマネジメントの研修を実施している（松永ほか，2014）。その内容を表1に示す。

　まず，「（a）ストレスとは」で，一般的なストレス理論を紹介し，ストレッサーやストレス反応との関係を説明するとともに，ストレスとうまくつき合うことが仕事上のパフォーマンスを保つ上でも重要であることを説明した。次に，「（b）新任特有のストレス」では，新任期は就職前の期待・イメージと就職後の現実とのギャップからストレスを感じやすいことと，そのことをリアリティ・ショックと言うことを説明した。またリアリティ・ショックを感じやすい出来事についても紹介した。そして，「（c）リアリティ・ショックへの対応」では，周りの人々に援助要請を行うことと，状況を客観的・多面的にとらえて柔軟に対処することが，リアリティ・ショックを乗り越えるうえで重要であることを強調し，それぞれについて簡単に解説した。「（d）職場で困った状況の振り返り」で

は，認知再構成法をもとにしたグループワークにつなげるために，最近，職場で「困った状況」について，各自で振り返り，思考記録表に記入してもらった。

認知再構成法をもとにしたグループワークでは，5～6名のグループを構成し，思考記録表に記入された「困った状況」をグループ内で発表してもらい，その中からグループ内で話し合うものを一つ決めてもらった。そして，十分にその状況やその状況で浮かんだ思考（自動思考）を共有した後に，より適切な思考や対処（「新しい考えや取組み」）について，グループメンバー全員でブレインストーミングを行ってもらった。このように，グループで新しい考え方や対処行動を話し合うことで，それぞれ自分の職場に戻り困った際にも柔軟に状況をとらえ，適切に対処できるようになることを目指した。

研修の参加者からは，「リアリティ・ショックを体験しているのは自分だけではないことを知って気持ちが楽になった」「ストレスとうまくつき合うことが仕事をこなすうえでも重要であることに気づいた」「周囲に相談・質問することを申し訳なく感じていたが，1年目なんだからどんどん聞いていこうと思った」など，肯定的な評価が得られている。

●**新規参入者に対するストレスマネイジメントのコツ**　以上のように，新規参入者を対象としたストレスマネイジメントでは，新人期のストレス状態は自然なことであるということを強調し，ストレス反応への気づきを促すとともに，ストレッサーへの具体的な対処を体験的に学習できるように工夫が必要である。ストレッサーへの具体的な対処としては，リラクセーション法の指導も有用であろう。また新人期は，人間関係が十分に形成されていない段階であるがゆえに，周囲への援助要請が適切に行われず，自分の能力不足にのみ帰属してストレス反応を増大させたり，人間関係がより希薄になるというような悪循環も見受けられる。周囲にサポートを求めることや自分の能力に関する非機能的思考に気づき，それらに代わるような柔軟な思考を身につけられるように，認知再構成法を取り入れることは有用であると思われる。

[松永美希]

表1　リアリティ・ショックに焦点をあてたストレスマネイジメントの内容例

講義（50分）	(a) ストレスとは
	(b) 新任特有のストレス
	(c) リアリティ・ショックへの対応
	(d) 職場で困った状況を振り返る（思考記録表）
認知再構成をもとにしたグループワーク（60分）	(e) グループワークの進め方の説明
	(f) 思考記録表に沿った認知再構成法
	(g) グループ内で意見交換
	(h) 各グループの発表
まとめ・質疑応答（10分）	

［松永ほか，2014を改変］

さらに詳しく知りための文献

[1] 島津明人ほか　2014　職場のストレスマネジメント　誠信書房.

キャリア支援における認知行動療法

☞ 認知行動療法 p.2, 産業・労働分野 p.142, 産業・労働分野のアセスメント p.234, 職場のストレスモデル p.590

　労働人口の減少，既存の概念ではなかった職業の進出など，人々がキャリア不安を主訴にカウンセリングに来る機会は増えている。キャリア不安とメンタルヘルスは密接に関連しており，メンタルヘルス不調の兆しがないか慎重に見きわめながら，時代や経済の変化に合わせて臨機応変な対応をしていくのがキャリア支援のカウンセリングである。

　キャリアカウンセリングでは単に個人と仕事のマッチングだけではなく，キャリア不安を抱える人の精神的ケアや問題解決の具体的サポートを含む点を重視している。また他テーマのカウンセリングと比較して包括的・総合的であることが特徴である（宮城，2002）。そのためキャリア支援をするカウンセラーは，各種心理療法に精通し，豊富な臨床実績を積むことが必要になる。

　また高齢化社会の到来により，現役世代とされる30〜40代のみならず50〜60代もしくはそれ以降の年代に応じた新しい価値観の獲得や認知の修正が必要であり，ライフステージに応じて時間軸を意識した支援を構築していくこともキャリアカウンセリングの特徴と言えるだろう。

●**キャリアカウンセリングとメンタリング，コーチング**　キャリアカウンセリングと同時にメンタリングやコーチングが注目を浴びているが，これらは三つの活動は働く人のキャリア発達やウェルビーイングを目指す点では共通しているが，達成するための具体的な活動目標が異なる（渡辺，2005）。詳述するとメンタリングは，「働く人が自分の属する組織に適応し，その目指す方向に向かえるように援助する」のに対して，カウンセリングは「働く人自身が自己洞察を深め，より建設的な方向で自分の問題を解決し，新たな行動をとれるようになる態度や能力を身につけることを目指す点」が違いである。

●**キャリアカウンセリングの各種理論**　キャリアカウンセリングに最も関係のある理論や技法は①特性因子論的カウンセリング，②来談者中心的カウンセリング，③行動的カウンセリングの三つがあげられる（宮城，2002）。またこれら三つに加え，2000年以降社会構成主義に基づく理論の一つとしてM. L. サビカス（Savickas）のキャリア構成理論も加えられるようになった（阪本ほか，2017）。社会構成主義は，心理学にとどまらず個人を能動的で環境に積極的に働きかける存在としてとらえる点が特徴である。

●**キャリア支援における認知行動療法の実際**　キャリアカウンセリングにおける認知行動療法の貢献は顕著である（脇本，2015）。代表的な理論としてJ. D. クランボルツとA. S. レビン（Krumboltz & Levin, 2004）がキャリア開発と職業選択

について社会心理学的側面から社会的学習理論を展開し，認知的アプローチと行動的アプローチをベースにしたキャリア意思決定プロセスを，遺伝的要因と環境的要因に学習経験と目標課題遂行アプローチを加えて提唱した Planned Happenstance Theory がある。キャリア支援における認知行動療法の実際については，以下①〜⑤のポイントがあげられる（渡辺・ハー，2001；Herr, 1995）。

①個人が自己，他者，生活上の出来事についてもっている不正確な認知のしかたを修正するのを援助する。
②クライエントが自分の心理的ムードや不安，抑うつ状態，あるいは思考と直結する感情などの背景にある認知的傾向を把握するように援助する。
③クライエントが自分の能力や価値，仕事上のチャンスや実績などについての非論理的信念や自己の思考を分析するように促す。
④キャリア計画，学校から仕事への移行，あるいは仕事への適応などについての悩みを認知的に再構成できたり，リフレーミング（再枠組み）するのを援助する。
⑤過剰般化や認知的歪曲をするクライエントに自己の傾性に気づかせることによって，職業選択などに関係する問題や障壁を評価させる。

●**キャリア支援における認知行動療法の留意点と今後の展望**　認知行動療法はクライエントが論理的に物事を考えることが不得手な場合や感情的な場合，不満をもつことがある，という指摘もある（大里・関口，2010）。そのため近年問題解決型のアプローチが注目され，なかでも学習，実践がしやすい二つのアプローチが提唱されている（阪本ほか，2017）。

一つは Planned Happenstance Theory，もう一つは解決志向アプローチ（SFA）（Berg&Miller, 1994）である。

Planned Happenstance Theory では明確な技法は示されていないが，偶然の出来事を活かす柔軟性や前向きさをもつ上で重要な概念であり，他方 SFA は具体的な質問技法が明示されている分，Planned Happenstance Theory の補完的な枠割を果たすのではないかと考えられている。

これらを通してキャリア支援のカウンセリングでは，カウンセラーが具体的な質問でクライエントの内的動機づけや価値観について自己理解を深めていけるように関わり，なおかつクライエントが偶然の機会を活かせるように，柔軟な姿勢で支援をしていくことが重要であることがわかる。　　　　　　　　　[朝山寛子]

□さらに詳しく知るための文献
[1] 宮城まり子　2002　キャリアカウンセリング　駿河台出版社.
[2] 渡辺三枝子・E. L. ハー　2001　キャリアカウンセリング入門　ナカニシヤ出版.
[3] 木村 周　2016　キャリアコンサルティング理論と実際（4訂版）社団法人雇用問題研究会.

精神障害者の就労支援における認知行動療法

☞ 産業・労働分野 p.142, 問題解決療法 (PST) p.280, うつ不安の疾患横断的な認知行動療法 p.364, 発達障害者の就労支援 p.506, 復職支援 p.602, 合理的配慮 p.706

　精神障害者の就労支援とは，精神障害を抱えながら働き続けるために，障害当事者およびその周囲に対して行われる支援を包括した言葉と言える。支援の対象や内容は幅広いが，支援全体を通じて認知行動療法が果たせる役割は大きい。

●**精神障害者への就労支援が求められる社会的背景**　2006年12月の第61会国連総会において，あらゆる障害者の尊厳と権利を保障するための障害者権利条約が採択された。そして日本では障害者基本法や障害者差別解消法の成立に伴い，2014年1月に批准した。2018年4月には，障害者との共生社会の推進のもとに精神障害者の雇用義務化となり，障害者雇用促進法における法定雇用率が上昇したことで，精神障害者の雇用機会が広がった。こうした政策的な動きと並行して，精神障害者の求職者数の増加や，産業分野において精神疾患による健康問題が増加してきたことで，精神障害者の就労支援の必要性が高まった。

●**精神障害者の就労支援の実際と課題**　精神障害者の就労支援には，症状のコントロールを含めた職業準備性を高める支援から，具体的な就職に向けた求職活動，そして職場定着にむけた支援がある。また，精神障害を発症して休職した労働者への職場復帰支援も含まれる。就労の形態も多様であり，就労継続支援事業（A型・B型）を利用した福祉的就労から一般企業での障害者雇用，そして一般企業での正規雇用や非正規雇用となる。さらに支援対象者の疾患についても，例えば生活障害の大きい統合失調症など（severe mental illness）から，抑うつや不安といった一般的な精神疾患（common mental illness）まで幅広い。また，その背景に発達障害の傾向がある者も少なからず存在するため，実際には広く精神障害および発達障害により社会適応に困難を抱える者が対象となる。そのため，精神障害者の就労支援を考える際，労働・産業分野での実践として位置づけられるが，医療・保健分野や福祉分野を中心に，教育分野や司法分野とも分野横断的に関連するテーマであることを理解しておく必要がある。

●**精神障害者の就労支援における課題**　精神障害者の求職者数や就職者数が増加する一方，その定着率の低さが課題である。精神障害者の就職1年後の定着率に関する調査では，精神障害を開示して働く者で45.1％，障害非開示である場合は27.7％であった（障害者職業総合センター，2017）。また，障害当事者とともに働く上司や同僚などの周囲の従業員への支援も課題である。精神障害者の雇用経験がある企業の方が，ない企業に比べて「社員からの理解」を課題と感じていた（障害者総合支援センター，2015）。障害当事者と一緒に働く同僚に理解がなければ定着が難しくなるため，精神障害者雇用が広がると同時に，周囲への同僚支

援を進めることが求められる。さらに，精神障害者が安定して働き続けるために，医療機関や労働支援機関と企業との連携が重要となる。しかし，医療機関を中心に専門機関と企業との連携は不十分であり，機関間連携も大きな課題である。

●**精神障害者就労支援におけるCBTの有効性と役割**　CBTは精神障害者の就労支援に適した技法と考えられる。第1に，精神障害者の症状コントロールや職場適応に向けた介入効果である。以前より統合失調症などの重症度の高い精神障害者への就労支援において，CBTが勤務日数の増加や業務のパフォーマンスの向上に有効であることが示されてきた（Lysaker et al., 2005）。近年では，職場におけるうつや不安に対して，CBTに基づいたストレスマネジメントなどの効果も示されており（Joyce et al., 2016），CBTは広く精神障害者の職場適応に向けた技法として有効と言える。第2に，障害当事者への意思決定支援において，CBTの一つに分類される問題解決療法（problem solving therapy：PST）が有効である。例えば「福祉的就労か一般就労のどちらにするか」や「精神障害者福祉手帳を取得するかどうか」「病気について周囲にどこまで説明するか」など，就労支援の過程においては，障害当事者の人生に関わる大きな意思決定が求められる場面もある。こうした状況で，問題を明確化することや，その解決に向けた方法のメリットとデメリットの整理など，PSTに含まれる技法は障害当事者の現実的かつ納得できる意思決定への支援において有効であり，重要なスキルの一つであると言える。最後に，多機関連携を含めた周囲への支援にもCBTは有効である。精神障害者の就労支援では，医療機関から労働支援機関，そして企業など複数の機関が関わることが多い。そのため，障害当事者の症状や適切な対応などの共有が望ましいが，目に見えない精神障害ではその共有に難しさがある。しかしCBTでは，これら抽象的で主観的要素が強い精神症状や心理的問題を，具体的かつ客観的に伝えることが可能であり，精神科領域における円滑な多機関連携の有効性が示唆されている（谷口，2010）。またCBTのわかりやすさは，障害当事者と一緒に働く上司や同僚への説明などでも効果的であるといえる。精神障害やメンタルヘルス不調を抱えて働く労働者が増えている現在今後より一層求められるであろう職場内での環境調整や同僚支援において，CBTは中核的なスキルとして位置づけられていくと考えられる。

［谷口敏淳］

□ **さらに詳しく知るための文献**

[1] 相澤欽一　2007　精神障害者雇用支援ハンドブック　金剛出版．
[2] 谷口敏淳　2015　精神科を受診する発達障害のある成人への心理的支援　佐々木和義ほか編　認知行動療法を生かした発達障害児・者への支援　ジアース教育出版，p.197-215．

EAP（従業員支援プログラム）

☞ 産業・労働分野 p.142, 産業・労働分野のアセスメント p.234

　EAP（employee assistance program）とは，従業員支援プログラムと訳され，企業・団体で働く従業員や，その家族が抱えるさまざまな問題の解決を支援するためのサービスを指す。当初はアルコールによる身体症状を発見した管理者が従業員を専門家へ紹介していたが，さらなる早期発見のため，従業員の作業能力の変化が監督されるようになった。その後，アルコールの問題に有効であったことから他の多種類の問題も取り扱われるようになり，また自己紹介によって従業員が早期に援助を求められるようになった（Lewis & Lewis, 1986 訳1997）。国際EAP協会のEAPA Standards and Professional Guidelines（2010）によると次の2点を援助するとされ，日本EAP協会によって次の通り訳されている。1）職場組織が生産性に関連する問題を提議する，2）社員であるクライエントが健康，結婚，家族，家計，アルコール，ドラッグ，法律，情緒，ストレス等の仕事上のパフォーマンスに影響を与えうる個人的問題を見つけ，解決する。市川（2001）によると，EAPの目的は社員のパフォーマンスを向上または維持することとされる。

●**内部EAPと外部EAP**　島ほか（2002）によると，EAPの形態は，サービスを事業所内で行う「内部EAP」と，事業所内で行う「外部EAP」として次のように整理されている。内部EAPでは，事業所内部に専門家が雇用され，従業員や上司，人事担当者からの相談を受けて，また産業保健スタッフからの依頼を受けて，当該従業員に対するアセスメントや助言を行い，必要に応じて短期カウンセリングまたは外部の医療機関や相談機関の紹介を行う。併せて管理職を中心とする従業員に対して教育や啓発も行われる。相談内容に応じて適切にフィードバックできる，アクセスが容易であるという長所はあるが，人材の確保や一定規模以上の事業所でないと専門家を雇用できないであろうという問題がある。外部EAPでは，事業所外のEAPサービス機関に業務が委託され，提携している医療機関や相談機関のネットワークにより，従業員に対する支援が行われる。EAPサービス機関では，従業員，産業保健スタッフ，管理職，人事担当者からの相談を受けて，アセスメント，助言，短期カウンセリングが行われる。また，家族や企業組織もサービスの対象となっている点が特徴である（長見，2001）。日本においては厚生労働省による「事業場における労働者の心の健康づくりのための指針」の中で，「事業場外資源」として位置づけられる。

●**コアテクノロジー**　上述の国際EAP協会（2010）においてはEAPの提供者にとって必要な構成要素が定められ，日本EAP協会によって下記のように訳さ

れている。
1. 組織のリーダー（管理職，組合員，人事）等への問題を抱える社員の管理，職場環境の向上，社員のパフォーマンスの向上に関するコンサルテーション，トレーニング，援助。および社員とその家族へのEAPサービスに関する啓蒙活動。
2. 個人的な問題によって社員のパフォーマンスが落ちないように，社員への秘密厳守で迅速な問題発見／アセスメント・サービスの提供。
3. パフォーマンスに影響を与えている個人的な問題を持つ社員へ建設的コンフロンテーション，動機づけ，短期介入的アプローチを通して，個人的な問題とパフォーマンス問題の関係に気付かせること。
4. 社員を医学的診断，治療，援助のための内部または外部機関にリファーし，ケースをモニターし，フォローアップを行うこと。
5. 治療等のサービスのプロバイダーとの効果的な関係を確立，維持するための組織へのコンサルテーション，およびプロバイダー契約の管理および運営。
6. 組織にコンサルテーションを行って，アルコール問題，物質乱用，精神的，心理的障害などの医学的，行動的問題に対する治療を医療保険の中に含み，社員が利用するように働きかけること。
7. 組織や個人のパフォーマンスへのEAPの効果を確認すること。
8. EAPサービスの効果評価。

●**外部EAPにより提供されるサービス**　外部EAPでは，下記のようなサービスが提供されている（長見，2001）。
・相談：EAPサービス機関やネットワーク機関のカウンセリングルームで行われる。問題についてのアセスメントを行い，短期カウンセリングで問題解決がはかられるとされた場合には，解決志向のカウンセリングにより問題解決を目指す。そのため木村（2006）が示すように，認知行動療法的な手法が用いられている。短期カウンセリングでは解決が難しいとされた場合や他の専門機関が適切とされた場合には，最も適切な機関が紹介される。
・コンサルテーション：管理職に対して，職場管理やメンタルヘルス不調となった部下への対応の仕方などについてコンサルテーションを行う。また企業組織に対して，ストレス対策，職場環境改善，予防的教育などを行う。
・教育：ストレスマネジメント，リラクセーション，コミュニケーションの研修や，管理職向けのメンタルヘルス管理，アクティブリスニング，ハラスメントの研修が行われる。　　　　　　　　　　　　　　　　　　［山田庸子］

📖 **さらに詳しく知るための文献**
[1] 森　晃爾ほか　2011　企業のメンタルヘルスを強化するために（EAP）の活用と実践　労働調査会.

対人援助職のストレス

☞ ストレス免疫訓練（SIT）p.270, 感情マネジメント訓練 p.272, 集団認知行動療法 p.306, 開発的アプローチ p.444, 教育分野における予防 p.448, 職場のストレスモデル p.590, 認知再構成（法）を中心としたストレスマネジメント p.596

　対人援助職（human service）が専門職として認識され始めたのは1970年代で，病人の看護や困窮者の世話など，それまで生活共同体において無償で行われていた活動が，社会の近代化や生活様式の都市化に伴い維持できなくなったことが一因であるとされている（Eriksen, 1981　訳1982）。対人援助職の具体的な領域や仕事内容について研究者間に明確な合意はないが，概して，援助者と被援助者の間に生じる人的交流がサービスの一部であることや，「被援助者」や「ニーズ」を中心に据えて活動する専門家であることが特徴である（Zins, 2001）。教育，社会福祉，医療・看護，心理臨床，ヘルスプロモーション，家族支援，キャリア開発などの領域で，多様な職種の者が働いている。医療，福祉分野におけるメンタルヘルス不調を理由とした退職者の割合は高く（厚生労働省, 2017），対人援助職者のストレス対策は社会的な課題である。

　対人援助職のストレスマネジメントでは，調査研究を行いその構造を明らかにすることと，主に集団を対象としたプログラムの実施が行われている。本項では研究・実践数の多い教師と看護師を取り上げたが，今後は，看護師以外の医療従事者，保育士・幼稚園教諭，介護士など知見が不十分である職種での研究や実践を行うことと，不調を生じさせないような環境整備も含めた，ポジティブメンタルヘルスを実現する職場づくりなどが課題になると思われる。

●**バーンアウト**　H. J. フロイデンバーガー（Freudenberger, 1974）は，精力的に活動する援助者が，被援助者以上に疲れ，抑うつ的，無感動となり，仕事への意欲を失う事例を数多く観察し，このような仕事の諸条件から生じる身体的，情緒的な消耗状態をバーンアウト（burnout：燃え尽き）と呼んだ。その後マスラックとジャクソン（Maslach & Jackson, 1981）が，「情緒的消耗感：仕事によって伸び切った，疲れ果てたという感情」「脱人格化：被援助者に対する，無情なあるいは人間性を欠くような対応」「個人的達成感の低下：職務に関する有能感や達成感の低下」の三つの症状によって説明され，「長期にわたり人に援助する過程で心的エネルギーが絶えず過度に要求された結果，極度の心身の疲労と感情の枯渇を主とする症候群であり，自己卑下，仕事嫌悪，関心や思いやりの喪失などを伴う症状」と定義した。対人援助職に生じやすい現象であるとされる。

●**教師のストレス**　教師は仕事の質と量の問題が職業ストレスにつながる割合が高いと言われ，実際日本では精神疾患を理由に1ヵ月以上休職した者の割合も高い数値で推移している。教師のストレス研究では，職業特性と個人的特性が検討されている。例えば佐藤（1994）は教師の職業特性として，「再帰性：実施した

ことの責任や評価が教師自身に戻ってくる」「不確実性：対象となる児童生徒が変わると，教師の関りが必ずしも有効に機能しない」「無境界性：教師の役割，責任の範囲が曖昧であり，無制限に拡大しやすい」をあげた。個人的特性の例としては，「生徒を理解できない教師は力量不足だ」「人前で失敗することを見られるべきではない」といった教師ビリーフの存在があげられ，こうした認知をターゲットとした認知療法の有効性が提案されている（三沢・大塚，2007）。近年では新任教師の3年以内の離職率が高い水準で推移しており，入職前の職業イメージと入職後に経験する現実のギャップから生じるリアリティ・ショック（reality shock）への対応として，ストレスマネジメントの実施や，新任教師が助けを求める力（被援助性）を高める支援が提案されている（松永ほか，2017）。

●**看護師のストレス**　医療職者は，生化学的要因（消毒薬など），生物学的要因（感染症対策など），心理社会的要因（ストレスなど），物理的要因（電離放射線など），人間工学的要因（腰痛など），その他受傷といった健康と安全を脅かす要因に晒されている。看護師のストレスには心理社会的要因も多く，暴力，ハラスメント，交代勤務，職場での対人関係や患者との関係，新人看護師のリアリティ・ショックといったストレッサーがある。加えて，人手不足，感情労働であること，裁量権が少ないこともストレス要因である。日本で実施された看護師のストレスマネジメント研究では調査研究が多く，介入研究の充実が今後の課題となっている（柴・吉川，2011）。調査研究では教師のストレスと同様，職業特性と個人特性について検討されている。個人特性としてはコーピングや認知（例えば不合理な信念；小粥・岡安，2010）がバーンアウトやメンタルヘルスに関連していることを示されていることから，看護師のストレスマネジメントでは各種の認知行動療法の技法が援用できると考えられる。介入研究の例としては，がん看護に関わる看護師に，ストレスや認知，コーピング，リラクセーション，がん看護特有のストレスなどを含む5セッションの効果を検討した研究（平井ほか，2005）や，精神科の看護師に心理教育と問題解決技法などを組み合わせたプログラムを4セッション実施した研究（香月ほか，2013）などがあり，いずれにも心理教育をはじめとする認知行動療法の要素が盛り込まれている。　　［原田ゆきの・中村菜々子］

さらに詳しく知るための文献

[1] 久保真人　2004　バーンアウトの心理学―燃え尽き症候群とは（セレクション社会心理学）サイエンス社.
[2] 島津明人　2015　職場のポジティブメンタルヘルス―現場で活かせる最新理論　誠信書房.
[3] 相沢好治監修，和田耕治編集　2013　医療機関における産業保健活動ハンドブック　産業医学振興財団.

専門職における
PTSDの二次受傷

☞ 心的外傷後ストレス障害（PTSD）p.112, PTSDに対する多様なアプローチ p.318, PTSDのトラウマに特化した認知行動療法 p.342, 対人援助職のストレス p.618

　カウンセラーをはじめとする専門職がクライエントの精神的健康の回復や維持を行っていくうえでは、自身の精神的な健康状態を良好に保っていることが必要である。この一方でカウンセリングを進めていくにあたって、精神的な負荷を感じることは少なくない。トラウマ体験をもつクライエントとのセラピーに従事する臨床家は、自身はそのような体験をしたことがないにもかかわらず、クライエントと同じような外傷性のストレス反応を示すことがある（大澤, 2002）。この状態は「二次受傷（secondary trauma）」または「二次的外傷性ストレス（secondary traumatic stress）」として定義づけられている。類似概念として「代理受傷（vicarious traumatization）」、「代理的心的外傷ストレス（vicarious traumatic stress）」があげられるだろう。生死に関わる状況や災害後の凄惨な中で活動を行うという意味で、カウンセラーと同じく警察官や医療従事者、自衛官などもこの二次受傷を呈するリスクがある専門職として考えられる。スウェーデンの救急職員を対象とした調査では、61.6％が外傷体験を報告し、そのうちの15.2％にPTSD症状がみられたと報告されている（真木・小西, 2005）。この報告を鑑みると専門職として業務を進めていく中で、自らが外傷体験を抱え、場合によってはPTSDのような状態に陥ることが決してまれではないことが理解できる。援助者自身も精神的な負荷を負いながら、支援を進めているということは一見すると見落としがちであるが、重要なトピックであると言えるだろう。

●二次受傷・二次的外傷性ストレス　PTSD研究が盛んになるにつれ、臨床現場においてトラウマを体験したクライエントを治療する臨床家も増加。その結果、1980年代後半にはこの臨床家たちがクライエントと同様のストレス反応を示すことが報告され始めた（Figley, 1989）。二次受傷は代理受傷、共感性疲弊、外傷的逆転移と呼ばれている現象の総称として取り扱われ、「外傷体験を負った人の話に耳を傾けることで生じる被害者と同様の外傷性ストレス反応」と位置づけられる（小林, 2009）。その症状としては再体験、回避、覚醒亢進、燃え尽き、世界観の変容などがあげられている。また、二次受傷を経験している援助者は、自分自身や他者が下した判断に信頼がおけなくなり、援助者としてどれだけのことができるのかという疑問に苛まれる可能性がある（真木・小西, 2005）。二次受傷は誰にでも起こりうるにもかかわらず、この現象に対する認知度は低く、研究が十分に進んでいるとは言えない一面がある（池埜, 2000；大澤, 2012）。それゆえに専門家の中でも定義に合意が得られず、理解がより困難となっている可能性がある。二次受傷をもたらす要因を大澤（2005）は次のように整理している。

1) 支援者要因:「クライエントの外傷体験の種類」「トラウマケースに対する曝露」「臨床訓練」および「臨床歴」などが二次受傷の程度を左右する。外傷ケース(中でも性暴力や虐待ケース)を多く担当し,トラウマ物語への曝露が多く,外傷に関する治療技術や知識が乏しい専門家には二次外傷症状が生じやすい。
2) 個人要因:「支援者自身の過去にトラウマ体験」があり,「既存のストレスレベルが高く」「若い」「女性」の臨床家により多くの症状がみられた。
3) 職場要因:「情緒的および技術的なサポート」を職場から得られていると感じている臨床家はそうでない人より二次受傷になり難く,逆に,外傷臨床に関する理解や共通認識がない同僚が多い場合は二次受傷に対する脆弱性を高める。

●臨床的苦痛と個人的成長　福島(2016)はこのような"ケアの代償"として経験される臨床的な苦痛を個人的な成長の関連性について検討を進めている。臨床的苦痛と個人的成長には有意な正の相関があり,苦痛は成長を促進する効果が示されている。この結果より心理臨床家が,不可避的にクライエントとの関わりからもがき,困難に直面する体験をしても,それをおのおので振り返り成長への機会へと昇華しようとしていることを示唆している。自身の苦痛の感覚にもがくことをきっかけに,他者の苦しみに対してより共感的になり,周囲との関係性に積極的にコミットするようになるのである。この臨床的苦痛が二次受傷となるか否かを分けるポイントについて,複数の先行研究でスーパービジョンの活用が重要視されている(池埜,2000;大澤,2012;小林,2009;福島,2016)。トラウマ体験を抱えるクライエントに対してカウンセリングを行う際には,治療者側も一人で抱え込みすぎることなく,安全な場で自分の思いを振り返り,苦痛を個人的な成長につなげていくのが望ましいだろう。自身の欲求や感覚に対する認識を深め,周囲との絆を回復し,バランスを取り戻すことや,負担を軽減して,情報や資源を有効に活用できるような体制づくりも重要である(真木・小西,2005)。カウンセラーのメンタルヘルスに影響を及ぼす事象・現象を正面から論じたものは案外に少ない(小林,2009)ため,二次受傷への認知行動療法のエビデンスは今後の研究課題と言えるだろう。一方で,山内・岩切(2017)はPTSD症状に関してはトラウマに焦点化した認知行動療法が有効であると報告している。同様の方策で専門職のおけるPTSDの二次受傷が軽減するかを確認していくことが必要になるだろう。

[鈴木潤也]

□さらに詳しく知るための文献
[1] 最上多美子　2008　二次的外傷性ストレスとセラピストとしての成長　心理臨床学研究　26,432-443.
[2] 大澤智子　2005　二次受傷に関する実証的研究　心的トラウマ研究　1, 79-85.
[3] 重村淳　2012　惨事ストレスと二次的外傷性ストレス　こころの科学　165, 90-94.

リーダーシップ・生産性向上にむけたコーチング

☞ 認知行動療法 p.2, 行動論的コーチング p.436, キャリア支援における認知行動療法 p.612, エビデンスに基づく心理療法 p.630

　これまで数多くのリーダーシップ理論が提唱されているが（Bass & Bass, 2008 ; Yukl, 2012），研究の多くは単独のリーダーだけに焦点を当ててきたという指摘がなされている（石川，2013）。リーダーシップ（leadership）とは，集団において，あるメンバーがほかのメンバーや集団全体の活動にさまざまな影響を及ぼすことを言う。目標達成に向けた影響過程であり，必ずしも1人のリーダーからフォロワーへの一方向的な側面だけでなく，集団構成員間の相互作用過程を指す。たとえば職場の経営者や管理職等，地位のある者がリーダーである必要はなく，ときにはメンバーがリーダーに影響を及ぼすことさえある（石川，2013）。すなわちリーダーシップは，全メンバーが発揮し得るものである。

●リーダーシップとマネジメントの違い　リーダーシップの文脈においてマネジメント（management）は混同されやすい概念である。マネジメントは，人員管理の役割を担っている人が持つべき機能とされ，目標達成に向けた計画を立案すること，たとえば部署間調整，上位組織と下位組織をつなぐ翻訳，労務管理，人材育成などを行う行為である。設定した目標を達成するためには，当然適切なマネジメントを実践する必要がある。一方，リーダーシップは目標達成に向けて他のメンバーへ影響を及ぼすこと，たとえば組織のビジョンを明確に示し伝えたり，自発性を促すよう奮起させたり，学び成長するための手助けをしたりといった行為であり，リーダーの地位になくても，誰もが発揮できる機能である。

●リーダーシップの発揮　従来のリーダーシップ理論や現代の日本の組織構造上，やはり現場の管理職がリーダーシップを発揮することは必須とされる。職場の経営者や管理職が部下に目標達成を促す場面においては，自社・自組織の今後の方向性を立案，提示する必要があり，その際にはリーダーシップが求められる。しかし既述の通り，リーダーシップは必ずしもリーダーだけが体現すべきものではない。マネージャーとしてリーダーの役割を担っている者もいれば，マネージャーではないがリーダーたる者も存在する。より仕事を進めやすくするためには，集団を構成する全員が，身につけるべきことだとも言えるだろう。またリーダーシップの発揮方法についても，いわゆる従来型のトップダウンでメンバーを導く変革型リーダーシップ，エンパワメント（empowerment）やコーチング（coaching）といったアプローチからメンバーをフォローするサーバント（servant）リーダーシップ，状況に合わせて形を変える状況対応型リーダーシップ等，多様化が進んでいる。また，変革型リーダーシップを向上させるトレーニングにおいて，アクセプタンス&コミットメントセラピーを加えることで，より有

益な効果が得られたという研究もあり（Flaxman et al., 2013 訳 2015）。

●**コーチングと生産性向上**　コーチングとはコーチ（coach）が対話を通じて，クライエントの自発性の促進と自己実現や目標達成の支援を行うもので，1960年代にスポーツ業界から始まった指導法であったが，産業分野においては経営者などにコーチングが用いられてきた。近年ではコーチングは生産性向上と人材開発を目的として組織の構成員全体に広がっている。このような組織として行われるコーチングについては「チームが目標を達成し，能力を発揮できるようにするためにリーダーが行う日々の業務」であり，「傾聴の基本的スキル，感情を認めて開示すること，フィードバックを与えること，そして目標を共有することが求められる」（ウエスト，2014：98-104）とされている。また，上記のような組織のチームリーダーが行う内部コーチングだけでなく外部コーチが活用されることもある。

●**コーチングとカウンセリング**　EAPカウンセリング（EAP counseling）においても，心身の健康度が高いクライエントからの相談で，例えば「売り上げ目標を達成したい」「資格試験に合格するには」というような相談も寄せられており，カウンセリングはコーチングの要素を含む場合がある。このように心理療法やカウンセリングをコーチングと結びつけることについては実践家の中で同意が得られているとしている（バヒローワ，2011）。さらに，心理学的背景を持つカウンセラーが行うコーチングでどのようなアプローチがとられるかについて，英国でコーチング心理学者に対して行われた調査では認知，行動的アプローチと解決志向アプローチが最もよく使われるコーチング方法であるという調査結果がある（Whybrow & Palmer, 2006）。本国におけるコーチング心理学は海外の研究や事例を紹介するものが中心であるが，今後エビデンスに基づく心理療法の一つとしての発展が期待される分野であろう。

●**健康経営と生産性向上**　また，企業が行う従業員等の健康管理のための投資は活力向上や生産性向上をもたらすとして，経済産業省は平成26年度から健康経営銘柄の選定を行なっている。平成28年度には「健康経営優良法人認定制度」を創設し，個人の健康保持・増進を企業が積極的に支援することがひいては業績向上や企業価値向上に繋がるとされ，認定の要件としてワークエンゲイジメントに関する取り組みが加えられている。コーチングによるワークエンゲイジメント向上の効果を示していくことができれば，このような国の施策も今後企業におけるコーチングの活用に寄与するものと考えられる。

［江川由季・吉田未来］

さらに詳しく知るための文献

[1] 阪田ほか 2017 社会心理学におけるリーダーシップ研究のパースペクティブ ナカニシヤ出版.
[2] 伊藤 守ほか 2015 コーチング・リーダーシップ.

ポジティブメンタルヘルスと健康経営

　本コラムでは，産業分野において近年関心が高まっている健康にまつわるトピックをあげ，認知行動療法の知見がどう役立てられるかについて考察する。認知行動療法は，元々病気の者を対象に発展してきたが，産業分野では健康な者に応用する場面も多いことが特徴である。

●**ポジティブメンタルヘルス**　これまで企業が行う職場のメンタルヘルス対策として，個人のメンタルヘルスのネガティブな側面への対応が中心となってきた。一方，精神的不調への対応やその予防だけでなく，個人や組織の活性化を視野に入れた対策を行う，ポジティブメンタルヘルスの考え方が近年注目されている（島津，2018）。

　ポジティブメンタルヘルスの対策において，従業員の行動変容を行うために，環境面である組織の活性化を行うことは必須である。これに加えて，さまざまな組織的対策の効果をより増強するために，従業員の知識やスキルなどの個人資源を向上させることも効率のよい対策とするために有用である（小林，2017）。認知行動療法の方法が役立つのは，この個人資源をより充実させる効果的な方法となりうる点にある。ストレスに対する回復力であるレジリエンスを向上させるのに認知再構成法の考え方は役に立つが，健康な労働者においてはその前提となるストレス状況がそもそも思いつかない者も多い。そこで，日々の生活をより充実させる目的で，価値を明確にし，行動を阻害する思考や感情など（例：時間がなくてできない）があっても，価値にそった行動を増やす方略であるアクセプタンス＆コミットメント・セラピー（ACT）の考え方は比較的受け入れられやすい（フラックスマンほか，2015）。

●**健康経営**　企業の経営の観点からも心身の健康が注目されている。企業が従業員の健康の維持・増進に取り組むことは，コストではなく将来に向けた投資ととらえられるようになり，NPO法人健康経営研究会の登録商標である「健康経営」というキーワードが浸透している。経済産業省によれば，健康経営とは「従業員の健康保持・増進の取組みが，将来的に収益性などを高める投資であるとの考えのもと，健康管理を経営的視点から考え，戦略的に実践すること」（経済産業省，2016：3）とされる。従業員の健康増進・活力向上がなされることにより，組織の活性化や生産性の向上が実現され，業績や企業価値向上につながるのである。

　健康経営を推進する対策には，社内の物理的環境の整備や労働時間などの制度面の改善がある一方，従業員個人の生活習慣の改善や健康についての情報提供も含まれる。この従業員個人へのアプローチにおいて，認知行動療法や行動医学の知見は産業保健スタッフのスキル向上などに大いに役立てられる。加えて，従来の健康行動変容アプローチでは，動機づけや自己効力感といった変数に働きかけることが多く，一定の成功を収めてきたが，行動変容の維持などについてより効果的な方法も求められている。ここでも，長期的な健康行動の改善をサポートするのに動機づけ面接法も有用な方法である一方，心理的柔軟性のモデルをもとに価値に沿った行動をとるようにしていくACTの適用も期待されている（Zhang et al., 2018）。

［土屋政雄］

第 12 章

認知行動療法の研究法

[編集担当：佐藤 寛・奥村泰之]

　認知行動療法（cognitive behavioral therapy：CBT）の歴史的発展において「研究」が果たした役割はきわめて重要である。CBT が歴史に登場する初期の段階から，その有効性に関する効果研究は活発に行われ続けてきた。これまでにうつ病，パニック症，強迫症，統合失調症，自閉スペクトラム症，注意・欠如多動症を含むさまざまな問題に関する効果研究が行われ，CBT の有効性を示すエビデンス（実証的根拠）が明らかにされてきた。
　研究を通じて有効性に関するエビデンスを蓄積することで，CBT は社会における信頼を高めてきた。例えば，国内外の多くの専門家向け治療ガイドラインにおいて，CBT はうつ病などの問題に対する有効な心理療法として推奨されている。またイギリスにおける心理療法アクセス改善（improving access to psychological therapies：IAPT）や，日本の診療報酬制度における認知療法・認知行動療法の保険点数化など，国家の医療政策にまでその成果は反映されている。こうした歴史的経緯もあり，現代の CBT においても研究によってエビデンスを蓄積することは非常に重視されている。一例をあげると，アメリカ行動療法認知療法学会（association for behavioral and cognitive therapies：ABCT）は，この学会がエビデンスベイストな視点に立脚することを学会の綱領において明記している。研究を通じてエビデンスを示すことを重視する考え方は，CBT の根幹をなす基本的な理念の一つであると言える。
　しかしながら，良質なエビデンスは良質な研究によってもたらされることを忘れてはならない。研究の質の良し悪しは，「その研究がどのような研究法を用いて行われたか」という点で決まる。研究法とは研究を行う際の「作法」であり，基本的な研究法について知ることで質の高い研究を行うことが可能になる。近年では多くの標準的ガイドラインにおいて，良質な研究を行うための具体的な「作法」がまとめられている。これらのガイドラインについて知識を得ておくことは，CBT の研究者にとってきわめて有用である。
　本章では，CBT の研究を行う上で役に立つ研究法に関連するトピックが整理されている。多くの項目が最新の標準的ガイドラインに基づいて執筆されており，本章を通読することで世界標準の研究法を学ぶことができるはずである。　　　　　　　　[佐藤 寛]

エビデンスに基づく医療

☞ 診療ガイドライン p.632, リサーチクエスチョン（研究疑問）の定式化 p.634, リサーチクエスチョン（研究疑問）の優先づけ p.636

　エビデンスに基づく医療（evidence-based medicine：EBM）は，その特徴として，①臨床判断の根拠（エビデンス）にヒエラルキーの概念を導入し，なるべく強い根拠を医療者自身が判断できるような方法を提案していること，②臨床を取り巻くさまざまな状況下において，根拠を実際の治療に活かすための方法を模索・提案していること，があげられる。そしてさらに，①患者さん一人ひとりの価値観，②個別の臨床状況，③エビデンス，④医療者のexpertise（専門的技術），の四要素を拠り所として医療の臨床判断を行うための方法論と定義される。

　昨今の高度情報化によって，誰でも用意に必要な情報を検索することができるようになった反面，情報過多になっている。そのためよりよい情報を素早く選択する技術が必要であるし，またその情報を患者にうまく利用してもらうにも工夫が必要である。EBMは，そのやり方を誰にでも（努力次第で）できるように，系統的な提案をしている。

　また一般的にEBMでは日本語医学雑誌や日本語・英語成書を，最初に調べるべき情報源とはしていない。認知行動療法に限らず医学領域の重要な研究結果の多くは，まず原著英語医学雑誌に発表されるのが現状である。そのため日本語の文献ばかりを探しても，①翻訳者が選んだものしか自分の目に入る可能性がないので，今すぐ自分の患者に適応できる情報を入手できるわけではない，②仮に自分の患者に適応可能な情報が紹介されていたところで，翻訳者の好みのものを見ているにすぎず重要なほかの知識を網羅していない可能性がある，③翻訳というタイムラグがあるため真に最新の知識を得ることはできない，という問題が残る。そのため，最新・最善の情報を望むならば英語医学雑誌に掲載された臨床研究の論文を読む必要がある。

　EBMでは情報の確からしさを判断するために，妥当性という概念を用いる。情報の妥当性に影響する因子として，次の二つがある。

●ランダム誤差，または偶然誤差（random error, chance）　どのような研究であろうとも治療効果を正確に示すことは決してできない。それは偶然の作用が必ず実験結果を左右するからであり，これをランダム誤差，または偶然作用という。

　ランダム誤差は症例数を増やすことで減少させることができる。

●バイアス，または系統誤差（bias, systematic error）　バイアスもランダム誤差と同様に研究結果を修飾するが，ランダム誤差と異なる点として，①症例数を増やしても，バイアスは減少しない，②ランダム誤差がどちらの方向に研究を修飾するかわからない（例えば治療にとって好ましく修飾するとは限らない）の

に対し，一定の方向をもった偏りを生じさせる．治療効果の研究においてバイアスが存在すれば，本来ある作用が過大または過少に評価されてしまう．

ランダム誤差が偶然の作用によるものであるのに対して，バイアスは研究デザイン・実施の問題による．例えば認知行動療法の臨床試験で，開始時に治療群と対照群の間にほかの精神科的合併症の違いがあったとすると，結果は認知行動療法の効果だけでなく，合併症の影響を受けてしまうことは十分に考えられる（これを罹病性バイアス susceptibility bias と呼ぶ）．ほかにも治療群と対照群で重要なベースライン特性の違いがあったり，両群間で結果の測定方法が違ったりするなど，研究のあらゆる所でバイアスは発生しうる．この場合，真の結果を歪めて誤った結論を導いてしまう．

●**エビデンスの強さ**　エビデンスには，「あるかないか」ではなく，「どのぐらい強いか」というようなヒエラルキーがある．なるべく強いエビデンスを利用しなければいけないが，臨床試験の研究デザインによってバイアスの混入を許容してしまう度合いが異なる．そのため，一般的には下記の順（あとのものほど強い）とされている．

一例症例報告（case report），対照群のない症例シリーズ（case series），症例対照研究（retrospective case-control study），前向きコホート研究（prospective cohort study），無作為割り付け対照試験（randomized controlled trial：RCT），RCTのシステマティックレビュー（systematic review）

特にシステマティックレビューの中で，結果を統合するためにメタアナリシス（meta-analysis）と呼ばれる特定の統計学的手法を用いた場合，異質性の問題は生じるがランダム誤差を減少させて真実に近づける可能性がある．システマティックレビュー・メタアナリシスの代表的なものとして，非営利団体であるコクランの制作するコクランレビューがあげられる．

●**ガイドラインにおけるEBM**　EBMの基本的理念を用いて，ガイドラインなど実臨床のための推奨を作成するためにGRADEという系統的なシステムが開発されている．これはエビデンスの妥当性だけでなく，主作用・副作用のバランスやその文化の価値観・患者の嗜好・費用等を勘案して推奨を作成するものである．

［渡辺範雄］

さらに詳しく知るための文献
[1] Straus, S. E. et al. 2018 *Evidence-Based Medicine: How to Practice and Teach EBM*. (5th ed.), Elsevier.

エビデンスに基づく教育

☞ エビデンスに基づく医療 p.626, エビデンスに基づく心理療法 p.630, ランダム化比較試験 p.638

　エビデンスに基づく医療やエビデンスに基づく心理療法の考え方が広がる中, 教育においてもエビデンスを重視した実践が求められるようになってきている。「エビデンスに基づく」とは, 意思決定をするにあたって, 最新かつ最良のエビデンスを活用することを意味する（惣脇, 2012）が, ここでいう「エビデンス」自体のとらえ方については国によってもさまざまである。例えば, 米国ではランダム化比較実験によって得られるものを最良のエビデンスとするエビデンスレベルという考え方を重視しているが, 英国ではエビデンスはより幅広くとらえられており, 非実験的なデザインを含む量的研究や質的研究も重視されている。近年では, 英国のようにエビデンスという用語をより幅広い意味で用いることが多く, 「エビデンス情報に照らした（evidence-informed）」という言葉が使用されている（Burnes & Schuller, 2007）。エビデンスという言葉自体の定義に議論の余地は残しているものの, 科学的な研究成果を政策や実践に活かしていくことは世界的な動向であり, エビデンスを国際的に評価し, ウェブ上で積極的に公開しようとする取組みとして, WWC情報センターやキャンベル共同計画などが進められてきている。

●**米国におけるエビデンスに基づく教育の推進**　2001年に誕生したブッシュ政権は, 政策課題の中でも教育を最重要課題であるととらえ, 教育改革に取り組んだ。その中で,「落ちこぼれをつくらないための初等中等教育法（no child left behind act, NCLB法）」が制定された。NCLB法は, 米国の教育水準の向上を目指し, 科学的根拠のある研究によって有効性が裏づけられた施策や指導法を重視している（U.S. Department of Education, 2002）。NCLB法の中では, 科学的根拠のある研究は「教育活動やプログラムに関して信頼できる妥当な知識を得るための, 厳格で系統的かつ客観的な手続きの適用を含む研究」と定義され, その研究には, 観察や実験に基づく系統的・実証的方法を用いている, 仮説検証を行い結論を正当化できる厳密なデータ分析を含んでいる, 実験デザインや準実験デザインを用いて評価されている, 実験研究が十分詳細に記述されており再現可能なほど明確である, などの条件が含まれている。2002年には,「2002年教育科学改革法」によって教育省の下に教育科学研究所（Institute of Education Sciences：IES）が設立され, 教育実践と政策の基盤となる厳密なエビデンスを提供することをミッションとしている。また, IESは教育に関するエビデンスを普及させるために, WWC情報センター, ERIC教育データベース, エビデンスに基づく教育実践を見きわめるためのガイドライン（U.S. Department of Education, 2003）

などを通して一般市民や教育関係者に対する情報提供に努めている。

●エビデンスの仲介機関としての WWC 情報センターとキャンベル共同計画
　2002 年に米国 IES によって設立された WWC 情報センターは，エビデンスに基づく意思決定をするために必要な情報を教育者に提供することを目的とし，教育におけるさまざまなプログラム，教材，実践や施策に関する研究のレビューを行っている。2018 年 9 月現在，WWC 情報センターのホームページでは，「読み書き」「数学」「科学」「行動」「障害のある児童・青年」など 12 のトピックの情報が公開されており，それぞれのトピックの中での個々の研究についての評価結果が掲載されている。また，レビューされたそれぞれの介入については，「介入レポート」が公表されており，例えば「行動」トピックの中には「機能的行動アセスメントに基づく介入」が問題行動および学校参加について「おそらく正の効果がある」と記載されている。そのほかにも，「ソーシャルスキルトレーニング」「The Incredible Years」「応用行動分析のロバース・モデル」などの認知・行動療法に基づくアプローチも評価されている。さらに WWC 情報センターは，教育者が学校や教室内で遭遇する困難さに対応できるような「実践ガイド」も公表しており，科学的な根拠のある研究によって有効性が裏付けられた指導法の普及についても積極的に行っている。

　キャンベル共同計画は，「より良い世界のためにより良いエビデンスを」をヴィジョンとする非営利的な国際的研究ネットワークであり，1999 年に設立された。ノルウェーのオスロに事務局があり，インドにも事務所がある。キャンベル共同計画は，社会・行動科学分野（刑事司法，教育，栄養学，社会福祉など）における介入効果のシステマティックレビューを行い，その結果をホームページ上で公表している。教育分野における認知・行動療法に基づくアプローチとしては，「児童の妨害行動と攻撃行動に対する教師の学級経営実践の効果」や「小・中学生の不登校に対する心理社会的介入の効果」などのレビューが報告されている。

●日本におけるエビデンスに基づく教育の現状と課題　日本の教育研究においては，量的研究が少なく，ランダム化比較実験もほとんど行われていない。そのことも影響してか，エビデンスに基づいた教育政策と実践については欧米と比較してかなり遅れていると思われる。日本においてエビデンスに基づく教育を実践していくためには，科学的な根拠のある研究を行うための基礎となる学力調査の開発や調査統計の充実，縦断調査などの調査研究を進めることなどが必要である（惣脇, 2012）。エビデンスを「つくる」「つたえる」「つかう」（津谷ほか, 2000）に合わせた研究・政策・実践の協働がより一層求められる。　　　　　［野田 航］

📖 さらに詳しく知るための文献
[1]　国立教育政策研究所編　2012　教育研究とエビデンス　明石書店.

エビデンスに基づく心理療法

☞ エビデンスに基づく医療 p.626，エビデンスに基づく教育 p.628，ランダム化比較試験 p.638，シングルケースデザイン p.644，尺度研究 p.646，診断精度研究 p.648，メタアナリシス p.652

　認知行動療法の展開について理解する上で，エビデンスに基づく心理療法の歴史を知ることは重要である。神経症への心理療法には自然回復を上回る効果がないとするH. J. アイゼンク（Eysenck, 1952）の著名な批判以降，心理療法の効果を明らかにするための実証的な研究が積み重ねられてきた。初期の代表的な研究である M. L. スミスと G. V. グラスのメタ分析では，心理療法の全般的な有効性が示されている（Smith & Glass, 1977）。また，D. A. シャピロとD. シャピロ（Shapiro）はより厳密なメタ分析において，心理療法が全体として良好な効果をもたらすことを報告している（Shapiro & Shapiro, 1982）。

●実証的に確認された治療法（EVT）と実証的に支持された治療法（EST）　アメリカ心理学会（American Psychological Association：APA）の第12部会（臨床心理学部会）は，エビデンスに基づく心理療法の普及を目的とした特別委員会を組織した（Task Force on Promotion and Dissemination of Psychological Procedures, 1995）。この特別委員会によってエビデンスに基づく心理療法の基準が作成され，最も厳しい基準をクリアしたものは「十分に確立された治療法（well established treatment）」，これに準ずる基準をクリアしたものは「おそらく効果がある治療法（probably efficacious treatment）」と呼ばれ，上記いずれかの基準を満たした心理療法は「実証的に確認された治療法（empirically validated treatment：EVT）」と呼称された（後に改められて「実証的に支持された治療法（empirically supported treatment：EST）」と呼ばれるようになった）。

　APAの特別委員会の報告書にはEVT/ESTとされる心理療法がリストアップされた。例えば，初期のリストでは「十分に確立された治療法」として，うつ病に対するA. T. ベック（Beck）の認知療法，強迫症に対する曝露反応妨害法，子どもの反抗的行動に対するペアレントトレーニングなど18の心理療法が認められていた。

　エビデンスに基づく心理療法をリストアップするという動きは，APAの第53部会（臨床児童青年心理学部会）においてもみられている。この部会では児童青年期のさまざまな精神疾患に対してエビデンスの示された心理療法のリストが作成されている（Southam-Gerow & Prinstein, 2014）。たとえば，児童青年期の注意欠如・多動性に対する行動的介入，児童青年期の不安症に対する認知行動療法などが「十分に確立された治療法」として認められている。一方で，この部会では厳密な効果研究が行われたにもかかわらず，有効性が確認されなかった心理療法を「効果が疑われる治療法（treatments of questionable efficacy）」としてリス

トアップしているという特徴もある。たとえば、児童青年期の注意欠如・多動症に対する社会的スキル訓練や、児童青年期の自閉スペクトラム症に対するファシリテイテッドコミュニケーションは、「効果が疑われる治療法」に分類されている。

●**エビデンスに基づく心理学的実践（EBPP）**　EVT/ESTはエビデンスに基づく心理療法の普及という当初の目的に大きな貢献をもたらした。EVT/ESTにおいて主眼が置かれていたのは、「どの精神疾患にどの心理療法が効くか」という点であったと言える。しかしながら、EVT/ESTは「実証的に効果が示された心理療法を用いるべき」という考え方が強調されすぎているのではないか、という問題点も指摘されるようになった。このような議論を背景としてAPAは2005年に声明を発表し、「エビデンスに基づく心理学的実践（evidence-based practice in psychology：EBPP）」として新たな定義を提唱した。すなわち、「エビデンスに基づく心理学的実践とは、患者の特徴、文化、意向という文脈の中で、利用可能な最善の研究成果を臨床技能と統合すること」と定義づけられた（APA Presidential Task Force on Evidence-Based Practice, 2006）。EVT/ESTとEBPPを比較すると、EVT/ESTでは研究成果に基づいた実践に焦点があてられているのに対し、EBPPでは研究成果、臨床技能、患者（もしくはクライエント）個人の背景を包括的に視野に入れた実践観が採用されていることがわかる。また、EVT/ESTにおけるエビデンスとは、ランダム化比較試験に代表される頑健な効果研究の成果のことを指していた。一方で、EBPPにおけるエビデンスとは、介入法、アセスメント、臨床的問題などに関する幅広い科学的知見を含むものであり、臨床観察や質的研究からランダム化比較試験に至るまで多様な研究デザインによる成果が含まれる。

　EBPPの視点に立つと、頑健な効果研究によってエビデンスの示された治療法は有力な選択肢の一つとみなされるが、実際の臨床意思決定においては良質なアセスメントに基づいたケースフォーミュレーションや、支援対象者の背景に関するさまざまな情報を的確に選びとる能力が治療者に求められることになる。認知行動療法は多くの精神疾患へのエビデンスが確立されているが、認知行動療法の実践家にはこうした高い専門性が必要とされている。　　　　　　　　　［佐藤　寛］

📖 **さらに詳しく知るための文献**
[1]　丹野義彦　2001　エビデンス臨床心理学―認知行動理論の最前線　日本評論社.
[2]　三田村 仰・武藤 崇　2012　我が国における「エビデンスに基づく心理学的実践」の普及に向けて―アクセプタンス＆コミットメント・セラピー（ACT）のセラピストをどのように養成していくべきか　心理臨床科学　2, 57-68.
[3]　松見淳子　2016　エビデンスに基づく応用心理学的実践と科学者-実践家モデル：教育・研究・実践の連携　応用心理学研究　41, 249-255.

診療ガイドライン

☞ エビデンスに基づく医療 p.626, エビデンスに基づく心理療法 p.630, リサーチクエスチョン（研究疑問）の定式化 p.634, アウトカムの重要性 p.658

　診療ガイドラインとは，介入やアセスメントなどの医療行為について，蓄積されたエビデンスを評価し，その有益性や有害性を考慮して医療におけるすべての参画者の意思決定を支援するために，最適と考えられる推奨を提示する文書である。医療におけるすべての参画者には，セラピストなどの医療従事者だけではなく，クライエントも含まれる。診療ガイドラインは，蓄積されたエビデンスを総合的に評価し，用いる点でエビデンスに基づいた心理療法の根幹をなしていると言える。

　診療ガイドラインでは，介入やアセスメントに関するエビデンスをシステマティックレビューによって集約し，心理的援助における指針を示す。診療ガイドラインによって，セラピストは目の前のクライエントに対する意思決定を最良のエビデンスを用いて実践することができる。このことはクライエントにおいても有効な心理的介入法やその根拠となる事実について透明化をはかることができる。また，診療ガイドラインは政策的意思決定においても重要な役割を果たしている（Layard & Clark, 2017）。

●**国内外における診療ガイドライン**　英国立医療技術評価機構（National Institute for Health and Clinical Excellence: NICE）は，うつ病や不安症，双極性障害，認知症などさまざまな疾患に対する診療ガイドラインを作成している。例えば，うつ病における NICE ガイドラインでは，クライエントの症状や介入への反応に基づいて，四つのステップで適切な介入を提案している。その中で，うつ症状が中程度の場合には認知行動療法が有効な介入であることが示されている。一方でうつ症状が比較的軽度の場合には心理教育などの方法も有効とされている。NICE ガイドラインではこのように，クライエントが呈する症状の様相に応じて，最も効果的な介入を考えることができる。一方で，本邦における診療ガイドラインとしては，公益財団法人医療機能評価機構が Minds 診療ガイドラインを作成している（福井・山口，2014）。Minds ガイドラインでは，統合失調症や双極性障害，認知症などに関する診療ガイドラインが公開されている。双極性障害に関する Minds 診療ガイドラインでは，薬物療法や心理社会的治療法の有効性に関するエビデンスがまとめられている。その中で，認知行動療法は双極性障害の再発予防に有効であるとされている。

●**診療ガイドラインの作成**　診療ガイドラインを作成する際には，透明性の高い方法論によってエビデンスの集約や評価を行う必要がある。Grading of Recommendations Assessment, Development and Evaluation（GRADE）ワー

キンググループが作成している GRADE システムは診療ガイドラインの作成方法として広く用いられており、今後診療ガイドライン作成の中心的な役割を果たすと考えられる（相原，2015）。GRADE システムでは，PICO，PECO に基づいた臨床疑問の定式化を行い，(1) アウトカムの重要性の評価，(2) エビデンスの集積，(3) エビデンスの確実性の評価，(4) 推奨の決定，の四つのステップによって診療ガイドラインを作成していく。(1) アウトカムの重要性の評価では，アウトカムを三つ（重大，重要，重要でない）に分類する。アウトカムの重要性の評価は，あくまでクライエントにとっての重要性という観点に立たなくてはならない。クライエントにとって重要なアウトカムを設定することが，より持続的な介入につながるからである（Dunlop et al., 2017）。(2) エビデンスの集約では，システマティックレビューによってエビデンスを統合する。(3) エビデンスの確実性の評価では，アウトカムごとにエビデンスの確実性を評価していく。このように，GRADE システムの特徴として，エビデンスの確実性をアウトカムごとに評価していくことがあげられる。(4) 推奨の決定の段階では，診療ガイドラインの作成メンバーによって，エビデンスの確実性やアウトカムの相対的な重要度をもとに，介入法の推奨を決定していく。また，この際にはクライエントの価値観なども考慮し，包括的な評価を行っていく。推奨の度合いは強い推奨から強い非推奨までの 4 段階となっており，推奨の強さと方向を決定する必要がある。

●診療ガイドラインの活用と批判的吟味　診療ガイドラインは PICO や PECO に基づく定式化に従って系統的に作成されている。そこで，診療ガイドラインを参照する際も，まずは臨床疑問を定式化し，参照すべきガイドラインを定めていく。また，当該の診療ガイドラインが信頼できるものであるかを判断する必要がある。米国医学研究所 Institute of Medicine（2011）は信頼できる診療ガイドラインが満たすべき要件として，透明性の確保，利益相反の管理，診療ガイドラインとシステマティックレビューの連係，推奨に向けたエビデンスの基盤づくりならびに推奨の強さの評価，推奨の表記，外部レビュー，更新の八つをあげている。参照した診療ガイドラインが信頼に足るものかどうかは，当該の診療ガイドラインが何らかの作成指針にしたがっているかどうか，上記の要件を満たしているかどうかを確認すべきである。

［杣取恵太・国里愛彦］

さらに詳しく知るための文献

[1] Guyatt, G. H. et al. 2011 GRADE guidelines: 2. Framing the question and deciding on important outcomes. *Journal of Clinical Epidemiology*, 64, 395-400.

リサーチクエスチョン（研究疑問）の定式化

☞ リサーチクエスチョン（研究疑問）の優先づけ p.636

　研究疑問（research question）とは研究者がその研究で答えを得ようとする疑問のことである（Hulley et al., 2001 訳 2004）。研究を行うときには必須の問いであるが，論文を読み解く際にも意識する必要がある。また，良質な研究疑問を形成するためには，研究者だけでなく臨床家や政策立案者，資金提供者や患者／クライエントなどさまざまな立場の者が理解し，議論できることが求められるため，研究者は研究疑問をわかりやすく説明できる必要がある。研究疑問に対して，臨床疑問（clinical question）という用語もあり，目の前の患者／クライエントについての診療／面接上の疑問のことを指す（森實ほか，2004）。ただし，治療者側，患者／クライエント側それぞれからの視点が臨床疑問となりうる。臨床疑問を調査・研究によって答える際には研究疑問が必要となる。認知行動療法に関わる臨床疑問・研究疑問には，病因・危険因子，診断／アセスメント，治療／介入／予防，予後，その他（医療経済など）の分野にわたる疑問が想定される。

●**研究の骨組み「PECO/PICO」**　研究疑問を定式化する際に必要な要素がPECO/PICOである。これらの語は，patient（P：患者），exposure（E：ばく露）／intervention（I：介入），control（C：対照），outcome（O：アウトカム）の頭文字をとった用語である。研究疑問の例として，例えば，「うつ病患者が認知・行動療法を受けることで，抑うつ症状が寛解するか？」というものがある。それぞれPはうつ病患者，Iは認知・行動療法，Cは文中にはないが，認知・行動療法と比較される通常治療，または介入をうけない待機，Oは抑うつ症状が寛解水準に達したか否か，に該当する。PECO/PICOは臨床研究だけに用いられるものではなく，幅広い研究の文脈において適用可能である。Pは誰を対象とするかということなので，病気でない健康な者も該当する。EやIは何をすると，またはどのような条件であると，といった研究で主な関心となる要因であり，Iはランダム化比較実験などの介入研究，Eはコホート研究や横断研究などの観察研究で主に使われる。Cは何と比べて，という意味であり，EやIの影響が実際にどの程度あるのかを確認するために必要である。EやIだけの変化だと，自然経過による改善やプラセボ効果などとの区別がつかないからである。Oはどうなるかについての測定であり，測定可能であること，測定が再現可能で妥当であること，本当に必要とされているものであることなどが該当する。近年では，time（T：時間）の情報を加えたPECOT/PICOTも用いられる。研究計画を立案する際にPECO/PICOを用いた研究疑問を作成することは基本であるが，

論文を読む際も、まず PECO/PICO の情報を抽出する習慣をつけると、内容をつかみやすくなる。

●どのように役立つか「FINER」 研究疑問が作成できたら、その研究疑問に答えることで、人類の知識向上にどのように役立つのか検討する必要がある。どのように役立つのかのポイントについては、「12-6 研究疑問の優先づけ」において近年の発展を詳しく述べ、ここでは基本的な点を解説する。よい研究疑問には、備えるべき基準があり、これらを覚えやすくしたものに FINER という言い表し方がある（Hulley et al., 2001 訳 2004）。FINER とは、feasible（F：実施可能性），interesting（I：真の興味），novel（N：新規性），ethical（E：倫理性），relevant（R：必要性）の頭文字をとった用語である。

F の実施可能性は、対象者数が適切である、研究を実行できる専門性を有している、かかる時間や費用が適切である、複雑すぎないといった特徴で示される。具体的には、サンプルサイズの見積もりを行う、対象者の獲得や測定方法および介入方法などの研究経験の豊かな者、またはデータの処理や解析に専門性のある統計学者らを研究チームのメンバーに加える、測定項目の数を増やしすぎない、といった取組みで保証される。I は研究者自身がその研究疑問に真の興味を有するといった特徴で示される。真の興味が動機であれば、研究の遂行にさまざまな困難が生じても、進めていきやすい。N の新規性は、過去の知見を確認もしくは否定する、または発展させる、新しい知見を加えるといった特徴で示される。具体的には、文献を十分に検索し、その領域に詳しい専門家に相談したり、研究費をもらい実施されている研究のデータベースを調べたりすることで確認できる。または、以前の研究の再現性の検討、ある集団で得られた結果がほかの集団でも成り立つかどうかを調べる研究、新しい測定法などの導入で結果がより明確になるかどうかの検討といった研究デザインでも該当する。E は文字どおり倫理性があるかどうかという特徴で示される。近年では、研究を開始するのに倫理審査委員会の許諾を得ることは必須なことが多いため、倫理性は研究疑問に対し必ず備えなければならない条件といえる。R の必要性は、科学の進歩に貢献する、臨床現場や政策、将来の研究の発展に貢献するといった特徴で示される。

［土屋政雄］

□ さらに詳しく知るための文献
［1］Hulley, S. B. et al. 2014 医学的研究のデザイン（第4版）―研究の質を高める疫学的アプローチ メディカル・サイエンス・インターナショナル．
［2］福原俊一 2015 リサーチ・クエスチョンの作り方 第3版（臨床家のための臨床研究デザイン塾テキスト）健康医療評価研究機構．

リサーチクエスチョン（研究疑問）の優先づけ

☞ リサーチクエスチョン（研究疑問）の定式化 p.634

　研究疑問を決定する際，その研究疑問への回答が得られた結果どのように役立つのかについて検討した上で，どういった研究疑問を採用して研究を進めるのか決めるプロセスが研究疑問の優先づけである。特にこれまでの生物医学研究においては，研究結果のユーザーとなる可能性がある者，すなわち，患者，介護者，臨床家等のニーズが無視されていたり，すでに明らかな事や行われている研究が見落とされたりする例が多くみられている。

●**研究の無駄を減らし，価値を高める**　世界五大医学雑誌の一つである The Lancet 誌において，2009 年から研究のむだ（research waste）を減らすための議論が始まった。2014 年には一連の特集論文が掲載され，研究疑問，研究計画・実施と分析，規制と管理，入手可能性，報告のそれぞれの段階にて研究をむだなものにしてしまう事象とその対策について啓発が行われた。特に研究疑問については，優先づけの低さ，重要なアウトカムの欠落，50％以上の研究でシステマティックレビューを未参照，といった問題が指摘されている。研究法についての教科書などでの従来の解説では，研究計画・実施と分析の部分以外はあまり深く触れられてこなかった部分と考えられる。したがって，研究疑問は個々の研究者の裁量に依存し，他部門と連携せずに同じ問題を異なった観点からそれぞれ独立して研究する状況（サイロ効果）が生まれていた。また，再現可能性よりもオリジナリティが重視されすぎ，社会からのニーズと乖離することが多くみられていた。これは研究者を取り巻く構造的な問題が大きいため，研究疑問の優先づけの段階で研究を無駄なものにしない対策をとる主要な責任は資金提供者と監査者にあるが，上記特集論文にて推奨されている事項を研究者や臨床家が知ることは有用と考えられるため，以下に概略を紹介する（Chalmers, Bracken & Djulbegovic et al., 2014）。

（1）基礎研究について，再現性や医療への橋渡しの成功要因，応用とのバランスなどを検証するような，研究自体についての研究がもっと行われるべき

（2）資金提供者は，支援する研究の決定プロセスの情報を公開し，研究結果の利用者となりうる者を研究の優先順位づけに参加させる取り組みの効果についての研究に資金提供すべき

（3）資金提供者と監査者は，一次研究（患者や健康な者を対象に実施する研究）はシステマティックレビューで既知の知見を明らかにした上で申請するように要求すべき。また，ニーズの高いテーマの既存エビデンスを統合する研究への資金を増やすべき

（4）資金提供者と監査者は，進行中の研究についての情報を増やして研究者が

活用できるようにし，研究開始時のプロトコル出版を強く要求し，むだを減らすために共同研究を促すべき

研究者がこれらの推奨から取りうる行動としては，研究疑問の特定時に必ず関連するシステマティックレビューを参照する，研究開始時にプロトコルの出版を目指す，研究自体についての研究である科学計量的研究（scientometric research）を行う，などが考えられる。

●**研究疑問の優先順位づけの手法「james lind alliance：JLA」** ジェームス・リンド・アライアンス（james lind alliance：JLA）とは，患者，介護者，臨床家が共同し，優先順位づけパートナーシップ（priority setting partnership：PSP）の方式で，治療効果についてわかっていないことを整理して研究疑問を特定し，優先順位づけを行うための非営利の構想である。JLAの名称は，臨床試験のパイオニアであるJ.リンド（Lind）にちなんで命名された。

PSPの具体的なプロセスは，JLA Guidebook（http://www.jla.nihr.ac.uk/jla-guidebook/）に詳しく記述されている。手法は現在も開発と改善が進行中なので，新しい情報を適宜参照する必要がある。ここでは，PSPの概要のみを説明する。PSPの目的は，患者，介護者，臨床家が共同して特定の健康問題について不明な点や答えがまだない点を特定することである。まず，不確かさを上位10件に合意に基づいて優先づけし，研究疑問につなげる。次にPSPの方法と結果を公表し，資金提供者に向けて結果を示していく。

●**認知行動療法に関する研究での優先順位づけの事例** メンタルヘルスに関する分野での研究疑問の優先順位づけのPSPは，例えば自閉症，双極性障害，うつ病，子どものメンタルヘルス，統合失調症，摂食障害，認知症などがすでに実施され，JLAのウェブサイト上（http://www.jla.nihr.ac.uk/priority-setting-partnerships/）で公開されている。身体疾患に関する研究疑問においても，発症後の日常生活の質に関係する心理的な対応への関心は高く，脳卒中，耳鳴り，股関節変形性関節症，および膝関節変形性関節症，などで認知行動療法に関する研究疑問が上位10件ではないがより詳細なリスト中に登場することもある。具体的に，認知行動療法に関する疑問が比較的多くみられる，メンタルヘルスケアにおけるデジタル技術の研究（Hollis, et al., 2018）から研究疑問例を示す。①「デジタル技術による心理療法（例：認知行動療法）は対面で行われるのと同等の効果を持つか？」②「対人的相互作用において生じる心理療法の共通要素（例：共感，ジェスチャー，非言語的手がかり）はデジタル技術による介入でも維持されるか」。　　　　　　　　　　　［土屋政雄］

□ さらに詳しく知るための文献

[1] Chalmers, I. et al. 2013 Tackling treatment uncertainties together: the evolution of the James Lind Initiative, 2003-2013. *Journal of the Royal Society of Medicine*, 106, 482-491.

ランダム化比較試験

☞ クラスターランダム化比較試験 p.640, アウトカムの重要性 p.658, 臨床試験登録 p.662, バイアスの種類と対処法 p.666, バイアスへのリスク p.668, 報告ガイドライン p.670, 臨床試験の粉飾 p.672

ランダム化比較実験（randomized controlled trial：RCT）は，対象とする集団を無作為に介入や治療を行う群（実験群または介入群）と別の介入や治療を行うか，何も行わない群（対照群または比較群）など複数の群に割り付け，両群に生じた結果を比較することで介入や治療の効果を明らかにする試験方法である。対象とする集団を複数群に無作為に割り付ける（ランダム割り付け）ことで，選択バイアスを取り除くことができる，すなわち実験群と対照群のアウトカムに関連する背景因子を均等にできるということである。例えば産後にうつ病を発症した母親を対象に薬物治療と認知行動療法を併用する介入群と薬物治療のみを行う対照群とで介入後の抑うつ症状に違いがあるかを明らかにしたいとする。この場合，母親の社会経済的地位，年齢，婚姻状況，サポートの有無などの背景要因がアウトカムである抑うつ症状に関係すると考えられる。これらの背景要因に両群で差があると，介入後の抑うつ症状の変化が介入の効果によるものなのか，背景因子の差によるものなのかが判断できず，因果関係を正しく推論できない。また，選択バイアスによっては統計的に調整できるが，未測定の要因については調整きていないため，測定可能な要因だけではなく未測定の要因も調整する方法としてランダム割り付けがある。ランダム割り付けの方法には，完全無作為化法，置換ブロック法，層別無作為化法などさまざまな種類がある（丹後，2018）。

●**ランダム化比較実験の種類** ランダム化比較実験には，非劣性試験，優越性試験，同等性試験の3種類がある。まず非劣勢試験は，ある介入または治療が比較対照と比較して劣っていないということを示したい時に用いられる。この場合，有効性の指標における両群の差が臨床的に意味のある差（δ）を超えないことを示すことで，介入または治療は比較対照と少なくとも同等であることを明らかにする（図1）。つまり，既存の薬剤（比較対照）と比べて治療効果は劣らないものの，新薬の方が利用可能性が高い，費用が安い，侵襲性が低い，有害事象が少ない，実施が容易であるなど，有効性の指標以外の利点を期待し実施する（Piaggio et al., 2012）。非劣性試験における有効性の指標の差の検定

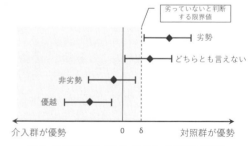

図1 非劣性試験［奥村（2014）を参考に作成］

は，片側検定を用いる。次に優越性試験は，多くのランダム化比較実験で用いられており，ある介入または治療と比較対照の有効性の指標に差があること，またはある介入または治療が比較対照と比較して優れていることを示したい時に用いられる（図2）。前者の場合には両側検定を用い，後者の場合には片側検定を用いる。しかし実際の研究では両側検定を用いたものが多い。最後に同等性試験は，ある介入または治療が比較対照と同等であることを示したい時に用いられる。この場合，有効性の指標における両群の差の絶対値が臨床的に意味のある差（δ）よりも小さいこと示すことで，介入または治療は比較対照と同等の効果をもつことを明らかにする（図3）。同等性試験における有効性の指標の差の検定は，両側検定を用いる。

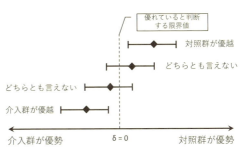

図2　優越性試験［奥村（2014）を参考に作成］

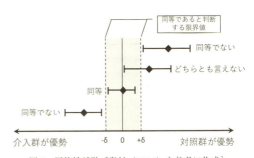

図3　同等性試験［奥村（2014）を参考に作成］

●**認知行動療法のランダム化比較実験**　国外において認知行動療法の有効性に関するランダム化比較実験が実施され，メタ分析でもその有効性が示されている（例えば，Hofmann et al., 2008）。また，認知行動療法に関する技法の発展や科学技術の進歩とともに，さまざまな形式での認知行動療法に関する有効性が検討されている。例えば，対面式の認知行動療法とインターネットによる認知行動療法に関するランダム化比較実験では（Wagner et al., 2014），非劣性試験を用いてインターネットによる認知行動療法が対面式と比較して劣っていないことを示すことで，インターネットで認知行動療法を提供するメリット（例えば，アクセスに制限のある患者に対しても実施することができる，認知行動療法実施者の負担を軽減できるなど）を強調することができる。　　　　　　　　　　［土井理美］

📖 **さらに詳しく知るための文献**
[1] 奥村泰之　2014　非薬物治療の介入研究の必須事項　行動療法研究，40，155-165.
[2] 丹後俊郎　2018（新版）無作為化比較試験 デザインと統計解析　朝倉書店.

クラスターランダム化比較試験

☞ ランダム化比較試験 p.638, バイアスの種類と対処法 p.666, 報告ガイドライン p.670

　クラスターランダム化比較試験（cluster randomized controlled trial：CRT）は，無作為割付の単位を個人ではなく集団とする無作為化比較試験であり，クラスターランダム化試験（cluster randomized trial），集団ランダム化試験（group randomized trial），集団ランダム化比較試験（group randomized controlled trial）とも呼ばれる（Puffer et al., 2005）。CRT で無作為割付の対象になる単位は，ある空間，時間，関係などを枠組みとする「人の集合」であり，学校，診療所，病院，職域，コミュニティなどが割付単位としてよく用いられる。例えば，J. コンロッド（Conrod）ほかは，対象地域で研究に参加した高校 18 校を無作為に二つの介入群（認知行動的介入プログラムあるいは標準的な薬物依存防止の心理教育プログラム）のいずれかに割付けて比較する CRT によって，青年期の問題飲酒の予防を目的とした認知行動的介入プログラムの有効性を検討している（Conrod et al., 2013）。

　CRT のデザインには，クラスター単位でマッチングや層別割付けするデザイン，クラスタークロスオーバーデザイン（cluster crossover design），stepped wedge デザインなどの亜型が存在する。クラスタークロスオーバーデザインでは，すべてのクラスターに比較されるすべての介入が提供されるが，介入の実施順序を無作為化する。stepped wedge デザインでは，各クラスターが順に一定の時期をずらして対照群の介入から実験群の介入への切り替え，対照群の介入から実験群の介入に切り替える時期をクラスターごとに無作為化する。

● **CRT の実施理由**　CRT の実施にあたっては，無作為化の単位を個人ではなく集団とすることの正当性を説明する必要がある。例えば，特定の自治体が実施した精神的健康の心理教育プログラムの効果を検討する場合は，自治体で精神的健康の心理教育プログラムを実施した場合としなかった場合の比較が目的となる。この場合，個人にその心理教育プログラムを実施しても目的としている自治体による精神的健康の心理教育プログラムの効果は調べることができないので，個人単位にではなく，自治体がカバーする地域やグループを一つの単位として，心理教育プログラムを実施するかどうかを無作為に割付けることが適切である。また，中学校での自殺予防教育の効果を調べたい場合も，中学生個々人に自殺予防教育をすることが目的ではなく，学級単位で自殺予防教育を行った場合の効果を調べたいのであるから，クラスを単位とした割り付けを行うのが適切である。

　また CRT は，個人を単位とした無作為割付によって群間の均一性が保証されないような状況で有効である。例えば，同一の施設内で個人を単位として実験群

と統制群に無作為割付を行う際に，施設内での参加者の接触が想定される場合（同一の学校内の生徒に2群への無作為割付を行う試験で，実験群の生徒と統制群の生徒が試験実施中に自然に交流するなど），実験群に実施した介入の内容が統制群にも伝わってしまうといった混入（contaminate）によるバイアスを制御することが困難となる。CRTでは，集団を単位として無作為割付を行うため，こうした混入によるバイアスを軽減することが可能となる。

● **CRTの実施計画における留意点**　CRTで得られるデータは，個々人が特定の集団の下に所属するような入れ子構造のデータとなる。入れ子構造のデータから個々人のデータに基づいて集団間のアウトカムを比較する場合には，例数設計と統計解析において集団内でアウトカムが相関する程度を考慮する必要がある。一般に，特定の集団に所属する個人間の傾向は，別の集団に所属する個人よりも類似する傾向がある。集団内での個人間のアウトカムの類似度は，級内相関（intera-class correlation：ICC）などで評価し報告する必要がある。そして，CRTで群間比較を行う際に，クラスター内の相関が存在している場合は，標本の独立性の前提が満たされないため，独立性を前提とした通常の統計解析（例えば，t検定や分散分析など）を適用することで解析結果にバイアスが生じることがある。クラスター内の相関が存在している場合には，データの階層性が考慮される統計手法（例えば，階層線形モデル，一般化階層線形モデル，一般化推定方程式など）を適用する必要がある。CRTの例数設計においても，級内相関を考慮した計算方法を用いる必要がある（Rutterford et al., 2015）。例えば，クラスターランダム化実験において，個々人のアウトカムに基づいて群間でアウトカムを比較する場合，級内相関に基づくデザイン効果（design effect，あるいはinflation factor）が加味されることで全体の必要例数は増加する。

2012年には，上記のCRTを実施する正当性の説明やクラスター内相関の扱い方に関する説明など，CRTの報告ガイドライン（Campbell et al., 2012）が整備されている。これは，無作為化比較試験の報告ガイドラインであるCONSORT（consolidated standards of reporting. trials）声明をCRTに拡張したものであり，CRTの報告の質を評価するための22項目が定められている。

［竹林由武］

📖 さらに詳しく知るための文献
[1] 丹後俊郎・上坂浩之　2006　臨床試験ハンドブック―デザインと統計解析　朝倉書店．
[2] 丹後俊郎　2003　無作為化比較試験―デザインと統計解析　朝倉書店．
[3] 佐藤俊哉　2007　ランダム化臨床試験をする前に［第4回］ランダム化の方法．栄養学雑誌 65, 255-260．

コホート研究

☞ 有害事象 p.660,バイアスの種類と対処法 p.666,バイアスへのリスク p.668,報告ガイドライン p.670

　コホート研究とは,規定した対象集団（コホート）を一定期間追跡する研究の総称であり,縦断研究とも言う。コホート研究では,調査時点における原因と考えられる要因に曝露した集団（曝露群）と曝露していない集団（非曝露群）を追跡し前向きに観察することで,両群の有害事象の発生を比較し,曝露要因と有害事象の発生との関連を明らかにする。例えば,ある疾患に対する薬物を使用した集団と使用してない集団で死亡率に差があるか,喫煙習慣がある集団とない集団で肺ガンの発症率に差があるかなどの関係性を検証することができる。また同様の方法で,ある疾患に対する薬物を使用した集団と使用してない集団で合併症発生率が低下するかなど,治療の有用性を評価することもできる。これらのコホート研究は,現在から追跡を開始していることから前向き研究と呼ばれる。一方,過去のある時点におけるデータベースなどにもとに現在にわたって観察するコホート研究は後ろ向き研究と呼ばれる。前向き研究の場合は特に曝露の測定誤差が少ない一方で,時間や費用面でのコストがかかるというデメリットがある。またコホート研究を行う際には慎重な研究デザインの設計と解析が必要である。コホート研究を実施する上で考慮すべき点として,どのような対象集団を選択するか,どの程度のサンプル数を想定するか,どのようにサンプルを抽出するか,いかにして多くの調査対象者を追跡するかなどがある（日本疫学会,2016）。

●結果を解釈する上での注意点　コホート研究の結果を解釈する上で大きく以下の4点に注意する必要がある。第1に曝露群と非曝露群を設定する際に生じる選択バイアス（selection bias）,すなわち研究対象者の特性における母集団の特性からの偏りである。選択バイアスを考慮するためには研究対象者を母集団からランダムに抽出する必要があるものの,例えば教育歴や研究への興味などの違いによって研究参加に同意するかどうかが異なる可能性もある。第2にデータの収集時に生じる情報バイアス（information bias）,すなわち測定した曝露や有害事象と真実の値との偏りである。上述したように前向き研究の場合は曝露の測定誤差は少ないと考えられるが,有害事象に関する測定方法の妥当性と信頼性に問題がないかを確認する必要がある。第3に有害事象に影響するほかの要因と曝露要因関係するために曝露要因と有害事象との関連性が正しく推定されない交絡（confounding）がある。先ほどの服薬と合併症発生率の例で言うと,対象者の年齢,既往歴,年収などが交絡要因として考えられるかもしれない。これらの交絡要因は時間軸で考えると曝露の前に起きていることに注意する,すなわち媒介要因とは区別する必要がある。第四に追跡期間中の脱落者（追跡不能者）であ

る。特に曝露群と非曝露群とで脱落者の割合が異なる場合には解釈に注意を要する。

● **有害事象の発生頻度に関する評価指標**

コホート研究における有害事象の発生頻度を評価するための指標として，累積発生割合（cumulative incidence）と発生率（incidence rate）を紹介する。

図1には，妊娠高血圧症候群と産後2年間のうつ病発症との関連を明らかにすべく，妊娠期に妊娠高血圧症候群と診断された曝露群と妊娠期に問題のない非曝露群から構成される10名のコホートメンバーを示している。この場合，研究対象とした疾患（この例では産後のうつ病）を有していない，調査開始時以降に

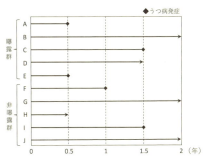

図1　コホート研究のイメージ

要因	有害事象有り	有害事象無し	全体
曝露群	A	B	A+B
非曝露群	C	D	C+D

相対リスク：$\dfrac{A/(A+B)}{C/(C+D)}$　　寄与リスク：$\dfrac{A}{A+B} - \dfrac{C}{C+D}$

図2　リスクの評価指標

研究対象とする疾患を発生する可能性がある（この例ではある期間内に妊娠・出産をした女性）ことがコホートメンバーとなる条件であり，これらの条件を満たしている人の集まりをリスク集団（population at risk）と呼ぶ。累積発生割合は，特定期間内に有害事象が発生した人の割合，すなわち『特定期間内の有害事象発生数／開始時のリスク集団サイズ』である。図1の累積発生割合は，曝露群では3／5（件／人）となり，非曝露群では2／5（件／人）となる。一方発生率は有害事象発生数を各症例の観察期間の合計で割った率，すなわち『特定期間無いの有害事象発生数／各症例の観察期間の合計』である。図1でいうと，曝露群では観察期間の合計が0.5＋2＋1.5＋1.5＋0.5＝6人年であり発生率は2／6（件／人年）となり，非曝露群では観察期間の合計が1＋2＋0.5＋1.5＋2＝7人年であり発生率は2／7（件／人年）となる。

● **リスクを比較する指標**　リスクを評価する場合は，曝露群と非曝露群とのリスクの比を表す相対リスク（relative risk）と，曝露群と非曝露群とのリスクの差を表す寄与リスク（attributable risk）を用いる。相対リスクは『曝露群のリスク／非曝露群のリスク』で表され，寄与リスクは『曝露群のリスク－非曝露群のリスク』で表される（図2）。

［土井理美］

📖 **さらに詳しく知るための文献**

[1] 日本疫学会　2016　はじめて学ぶやさしい疫学―疫学への招待（改訂第2版）南江堂.
[2] 竹林由武　2014　観察研究の必須事項．行動療法研究　40，167-175.

シングルケースデザイン

☞ エビデンスに基づく教育 p.628,
エビデンスに基づく心理療法 p.630

　シングルケースデザイン (single-case design) とは，ある介入（独立変数）が特定の対象者の特定の行動（従属変数）に及ぼす効果を検証する実験デザインである。一事例実験デザイン，単一事例法，単一事例研究法とも呼ばれる。群の平均値の差を評価するのとは異なり，特定の個人・個体（あるいは集団）の特定の行動に対する介入の効果を評価する。対象者が少数でも独立変数と従属変数の因果関係を検討でき，さらにある介入が個々の対象者にとって本当に効果的なのかについて検証可能な点が特徴である。シングルケースデザインでは，対象者の行動の頻度，強度，持続時間などを従属変数として，これを繰り返し測定する。そして，独立変数を基本的には複数回操作し，これとともに従属変数が変化するかどうかを検討する。シングルケースデザインには，反転法，多層ベースライン法，基準変更デザイン，操作交代デザインなど，さまざまなバリエーションが存在する。研究目的，対象者，標的行動などに応じて適切なデザインを選択することが重要である。

●**反転法**　反転法はベースライン条件の測定後に，介入を導入し，従属変数の変化が見られた後で，再びベースライン条件に戻す実験デザインである（図1）。ベースライン条件をA，介入条件をBとして，ABA法とも呼ばれる。1回目，2回目のベースライン条件において従属変数のレベルが同程度であり，介入条件のときにのみ従属変数が望ましい方向へ変化したならば，介入は効果的であったと結論できる。反転法には，条件の反転を何度も行うABAB法やABABAB法があり，条件を何度も反転するたびに従属変数が変化すれば，その介入の内的妥当性は高いと判断できる。また，ABAB法のように，最後の条件を介入（B）条件で終えることは，支援や治療上，望ましいことである。しかし，研究デザインとして，反転法が適さない場合もある。例えば，ベースライン条件において危険な行動が見られる場合，介入後に再度ベースライン条件に戻すことは倫理的に望ましくない。また，介入としてスキル訓練を行う場合，介入後に再びベースラインに戻しても，スキルは維持されることが予想される。このような場合には，次の多層ベースライン法が有効である。

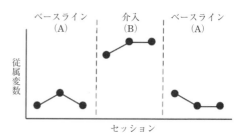

図1　反転法（ABA法）のグラフ例

●多層ベースライン法　多層ベースライン法とは，介入開始時期を対象者や行動，あるいは場面ごとにずらし，ベースラインの長さを変えて介入を繰り返し導入する方法である（図2）。多層ベースライン法では，複数の対象者の同じ行動へ介入を適用する被験者間多層ベースライン法，同じ対象者の複数の行動へ介入を適用する行動間多層ベースライン法，同じ対象者の同じ行動に対して複数の場面で介入を適用する場面間多層ベースライン法などがある。介入開始時期をずらすことで，介入を開始していない対象者・行動・場面

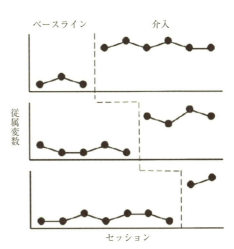

図2　多層ベースライン法のグラフ例

の従属変数は変化しないのに対して，介入を開始した対象者・行動・場面の従属変数は変化することを確認し，従属変数の変化が介入によるものであることを実証する。また，多層ベースライン法の応用として，ベースライン条件では従属変数を間欠的に測定する多層プローブ法がある。これは，ベースライン条件を何度も繰り返し測定することが望ましくない場合（例えば，ベースライン測定のためだけに，できないとわかっている未習得スキルの遂行を何度も求めるなど）に適した方法である。

●シングルケースデザインの統計　シングルケースデザインにおいては通常，視覚的分析（visual analysis）によって介入効果の評価が行われることが多いが，統計的な分析を行うための手法も存在する。近年比較的よく使用されるのが，ベースライン期のトレンドを統制した上で，ベースライン期と介入期のデータの有意差検定を行うことが出来るTau-U（Parker et al., 2011）である。しかし，Tau-Uに対しては，いくつかの問題点も指摘されており，これらの問題点を考慮した上で改良されたBaseline Corrected Tau（Tarlow, 2017）も提案されている。

［庭山和貴］

📖 さらに詳しく知るための文献

［1］アルバート，P. A. & トルートマン，A. C.　佐久間徹ほか訳　2004　はじめての応用行動分析（第2版）二瓶社．
［2］バーロー，D. H. & ハーセン，M.　高木俊一郎・佐久間徹監訳　1988　一事例の実験デザイン　ケーススタディの基本と応用　二瓶社．

尺度研究

☞ 尺度の分類とその機能，尺度として認めるために必要な特性，使うべき場面と実際の使用法 p.176，エビデンスに基づく心理療法 p.630

　尺度研究とは，測定対象となる構成概念をデータ化する尺度の開発を実施する研究である。尺度研究では，構成概念の操作的定義や，開発された尺度の信頼性（例：再検査信頼性）と妥当性（例：構成概念妥当性）の検討が報告される。尺度の回答方式には，回答者自身で記入する自己報告式，教師が子どもの様子を評定するような他者評定式，そして専門家が面接を実施して評定するものなどがある。この尺度研究の位置づけは非常に重要である。なぜなら，介入の効果を測定する尺度の信頼性と妥当性が担保されなければ，どのような対象に，どの介入が，どの程度有効であるのかを正確に検証することができず，誤った結論を下してしまう危険がある。介入の効果検証を目的とする効果研究は，尺度の不整備による被害を受けやすい代表例であるが，効果研究に限らず，研究の仮説検証は構成概念を正確に測定できていることが基本的に前提となる。すなわち，測定対象となる構成概念を正確に測定できるツールを開発する尺度研究は，研究と実践の発展において欠かすことができない研究手法といえる。

●**認知行動療法と尺度研究**　認知行動療法は介入効果を測定可能な形で評価することを重視しており，その姿勢が認知行動療法の発展と普及を支えてきた。その姿勢に大きな影響を与えていたのが，1950年代に逆制止による介入を実施したJ. ウォルピ（Wolpe），そして1970年代に認知療法を開発したA. T. ベック（Beck）である。彼らは，当時心理療法の主流であった精神分析が重視しなかった介入効果の実証的な検討を積極的に行った。特にベックは「認知」を説明概念ではなく，操作的定義と客観的な測定による具体的かつ操作可能な概念として扱った点でその貢献が大きい。「認知」という目に見えない構成概念の客観的な測定を支えたのが，信頼性と妥当性の担保された尺度である。その開発によって，介入ターゲットの設定と介入効果の評価が可能になった。つまり，尺度によって「認知」が測定可能となることで，より具体的な介入ターゲットとして「認知」を設定することも可能となり，その操作が症状の改善などに対して有効であったかの実証的な検証ができるようになった。また，尺度による客観的な測定は，介入効果をクライエントと共有することを簡便にすることで，クライエントと治療者が協働で介入に臨む姿勢をサポートする。さらに，介入効果の評価だけでなく臨床技術の向上に向けた基礎研究を活性化させ，認知行動療法のさらなる発展を後押しした。歴史的に振り返ると，認知行動療法のこれまでの発展と普及において，尺度研究が果たした役割は非常に大きいことがわかる。

●**COSMIN，ISPOR，日本認知・行動療法学会の取組み**　近年，尺度研究の

質を担保するための指針が出されており，その指針に従った尺度研究が増加している。ここでは，COSMIN（consensus-based standards for the selection of health measurement instruments）チェックリスト（Terwee et al., 2012）とISPOR（international society for pharmacoeconomics and outcomes research）による尺度翻訳ガイドライン（Wild et al., 2005）を紹介する。

COSMINは，専門家集団の合意に基づいた，健康関連尺度の選定指針である。つまり，専門家の話し合いによって基準が設定され，その基準に従って尺度を評価するチェックリストである。尺度の信頼性や妥当性などについて，「サンプルサイズは適切であったか？」「クロンバックのαは計算されているか？」などの項目が設定されており，その回答に基づいて評価される形式になっている。ISPORは，尺度の翻訳手続きの一貫性をはかるため，その手続きとその報告に関する基本原則を提案している。事前準備や順翻訳，逆翻訳など手続きとして10のプロセスが提案されている。事前準備の手続きでは，「プロジェクト責任者が原著者に翻訳の許可を必ず得る」など，それぞれのプロセスで注意すべき点が具体的に示されている。COSMIN，ISPORといったガイドラインは，自らの研究の質を向上させるため，さらに既存尺度の再評価にも用いることが可能である。日本認知・行動療法学会では，その学会誌における研究報告に関するガイドラインを作成している。その中で，尺度研究においてはCOSMINとISPORのガイドラインに従うことが推奨されている。COSMINとISPORを用いた尺度研究の例として，土井ほか（2017）と武部ほか（2017）をあげておく。これらの論文では，サンプルサイズや信頼性と妥当性の検討，翻訳手続きについて，それぞれのガイドラインに従って報告されており，実際の記載例として参考になる。

丹野（2001）は，尺度研究を含んだ新しいアセスメントツールの開発は，症状の発生と維持に関する心理的メカニズムの解明や新しい臨床技術の開発などにも劣らない価値があるとしている。認知行動療法の発展を振り返っても，尺度研究が研究領域の発展を推し進めることは歴史的に認められる。また，臨床家としても，自らの臨床を振り返る材料として尺度による介入効果の検証を行う姿勢が重要であるように思われる。質の高い尺度研究の開発は，より有効な臨床技術の開発と発展を促す基盤を形成すること，そして，クライエントの問題解決に貢献する実践を支えることにつながる。

[武部匡也]

📖 さらに詳しく知るための文献
[1] 稲田尚子 2015 尺度翻訳に関する基本指針 行動療法研究 41，117-125．
[2] 土屋政雄 2015 尺度研究の必須事項 行動療法研究 41，107-116．

診断精度研究

☞ メタアナリシス p.652，報告ガイドライン p.670

　診断精度研究とは，「新たに関心のある検査（インデックス検査）が，現在のゴールドスタンダードとして用いられている対象疾患の有無を識別可能な検査（参照基準）と比較して，どの程度よいものであるか」を検討する研究のことを指している。医療従事者にとっては，クライエントの抱える問題（精神疾患，健康状態など）の有無を特定し，適切な治療計画を立てる，もしくは何らかのアクション（治療の開始，中断，修正）につながる情報を収集するために，さまざまな検査（ここでいう検査には，病歴や症状に関する臨床面接，身体所見を含めた臨床診断や画像診断，質問票，実験的な検査などが含まれる）が必要である。そのため，参照基準と比較して，より正確で，よりコストの安い，より侵襲性のない，より実施が容易な新たな検査の開発をするために，診断精度研究が行われるのである。

●**診断精度研究を行う**　新たな検査の開発を行うにあたって，まず診断経路におけるインデックス検査の位置づけを明確にすることが重要である。インデックス検査が，既存の検査にとって代わる新しい検査として開発されるのか（replacement test），既存の検査の前（triage test），あるいは後（add-on test）に使用する検査として開発されるのか，によって診断精度研究の目的は変わってくる。例えば，既存の検査Aがあり，それを実施するには検査時間が長く，クライエントの負担が大きいことから，もっと安くて検査時間が短く，かつ検査Aと同程度以上の精度で測定できる検査Bを開発する場合は，replacement testになるであろう。また，triage test は，侵襲的で，使用が煩雑で，高コストの検査を減らすために開発され（例えば，プライマリケアにおける簡単なスクリーニング検査の開発など），add-on test は，既存の診断経路の感度を高めるために開発される（Bossuyt et al., 2006）。

●**診断精度研究で用いられる指標の概要**　インデックス検査の良し悪しは，感度，特異度，精度，陽性的中率，陰性的中率などの指標を用いて評価される（Glas et al., 2003）。それぞれの指標は表1で示されているとおりインデックス検査と参照基準の検査結果を用いて算出される。感度とは，参照基準で対象疾患有とみなされた者においてインデックス検査で陽性とみなされた者の割合のことである（TP／(TP＋FN)）＝ 90／(90＋10) ＝ 0.9)。特異度とは，感度とは逆に，参照基準で対象疾患無とみなされた者においてインデックス検査で陰性とみなされた者の割合のことである（TN／(FP＋TN)）＝ 60／(40＋60) ＝ 0.6)。精度とは，感度と特異度を合わせた割合であり，対象疾患の有無を正確に特定す

る割合のことである（(TP + TN) / (TP + FP + TN + FN) = (90 + 60) / (90 + 10 + 40 + 60) = 0.75）。また，陽性的中率とは，インデックス検査で陽性とみなされた者において参照基準で対象疾患有とみなされた者の割合のことであり（TP

表1　インデックス検査と参照基準

インデックス検査	参照基準	
	対象疾患有	対象疾患無
陽性	TP (90)	FP (40)
陰性	FN (10)	TN (60)

Note. TP = true positive（真陽性），FP = false positive（偽陽性），FN = false negative（偽陰性），TN = True negative（真陰性）

/ (TP + FP) = 90 / (90 + 40) = 0.69）。陰性的中率とは，インデックス検査で陰性とみなされた者において参照基準で対象疾患無とみなされた者の割合のことである（TN / (FN + TN) = 60 / (10 + 60) = 0.86）。

●**診断精度研究のメタアナリシス**　ある指標の診断精度に関する一つの研究結果がよい（例えば，感度と特異度の値がよい）からといって，その指標の診断精度が十分であると結論づけることはできない。特定の心理療法の効果（例えば，抑うつ症状に対する認知行動療法）に関するたった一つの無作為化比較試験の結果をもって，認知行動療法は抑うつ症状の減少に有効であると結論づけることはなく，過去のいくつかの研究をメタアナリシスという手法を用いて統合するのと同様に，診断精度研究においてもメタアナリシスを用いて，当該指標の診断精度が十分であるかを総合的に判断し，意思決定がなされることが重要である。例えば，うつ病のスクリーニングツールである patient health questionnaire-9（PHQ-9）は，日本語版が開発され，その感度と特定度はそれぞれ .84, .95 と高い値を示している（Muramatsu et al., 2007）。一方，PHQ-9 に関する 27 の研究を統合したメタアナリシス（Manea et al., 2015）では，プールされた感度は .55（95％信頼区間 = .39 – .73），特異度は .96（95％信頼区間 = .94 – .98）であることが報告されている。したがって，PHQ-9 の使用にあたっては，うつ病を有すると判断するには十分な指標ではない可能性があり，日本の結果だけでなくメタアナリシスを含めた結果を把握したうえで，臨床・研究において PHQ-9 を使用することが適切であると言える。

［横光健吾］

📖 **さらに詳しく知るための文献**

[1] Cohen, J. F. et al. 2016 STARD 2015 guidelines for reporting diagnostic accuracy studies: Explanation and elaboration. *BMJ Open*, 6, e012799.
[2] Matthew, D. F. et al. 2018 Preferred reporting items for a systematic review and meta-analysis of diagnostic test accuracy studies: The PRSIMA-DTA statement. *JAMA*, 319, 388-396.

横断研究

☞ コホート研究 p.642，報告ガイドライン p.670

　横断研究（cross-sectional study）はすべての変数を1時点（あるいはきわめて短期間）で測定する研究デザインの一つである。同じ観察研究の中でもコホート研究はフォローアップ期間を設定してアウトカム（従属変数）を多時点で測定するのに対し，横断研究はアウトカム（従属変数）および予測因子（独立変数）をすべて同時に測定する。例えば健康診断で肥満者と非肥満者を比較して，高血圧者の数や割合に差があるかどうかを調べるというのが横断研究である。

●**横断研究の特徴**　横断研究は変数を1時点に測定するため，予測因子とアウトカムが研究者の仮説によって定められるという特徴がある。例えば完璧主義者と非完璧主義者でうつ病の有病率を比較するという研究を立てた場合，完璧主義な性格とうつ病はいずれも予測因子またはアウトカムとなりうる。まさに「鶏が先か卵が先か」の関係である。このような特徴から，横断研究では「完璧主義者はうつ病になりやすい」といった因果関係を証明することはできない。

　こうした特徴をもつ横断研究が選択される理由としては，①有病率（存在率）を示すことができる点，②脱落率が低い点，の2点があげられる。因果関係を証明できるコホート研究では健常からの発生率を推定するのに対し，横断研究は予測因子の存在と同時点でのアウトカムの有病率（存在率）を推定することができる。近年，エビデンス・ベイスド・メディスン（EBM）の台頭によりコホート研究と比べて横断研究が軽視される傾向にあるが，この有病率は臨床的に重要なデータである。特に認知行動療法の分野では有病率は存在率とも言われ，行動や症状の生起頻度となる場合も多い。例えば，多動（予測因子）のある児童が自己否定的認知（アウトカム）をもちやすいという仮説を立てたとする。横断研究では，予測因子とアウトカムの因果関係を証明するのではなく，これらが同時に存在しやすいかどうかに着目する。つまり「多動のある児童は自己否定的認知をもちやすい」と証明されれば，臨床場面で多動児に出会ったとき，自己否定的認知をもっているかもしれないとの仮説をもとにアセスメントを進めていくことができる。こうした点で有病率（存在率）を示すことは臨床的意義がある。さらに横断研究は1時点で測定を行うため，コホート研究と比べると脱落が少ないという利点がある。これによりリクルートにかかる負担を最小限に抑えることができ，経済的・時間的コストを削減することができる。

●**横断研究の弱点と対応**　横断研究で特有の弱点としては，コホート研究と比較して因果推論に弱いという点がある。したがって因果関係を証明したい場合には，まずコホート研究を計画すべきである。ただ先述したとおり，有病率（存在

率）を算出することに意味のあるケースもある．また，例えば「男女間でうつ病の有病率を比較する」研究における性別のように，一方がほかの要因から影響を受けない変数である場合には，横断研究でも因果関係まで言及可能なこともある．

　そのほかにコホート研究と共通した観察研究全体の弱点が3点あげられる．第1に予測因子以外にアウトカムに影響を与える要因が交絡因子として存在している可能性がある．これは「飲酒（予測因子）ががん発生率（アウトカム）に影響を及ぼす」という結果が得られても，飲酒と相関が高い喫煙（交絡因子）が背後でがん発生率に影響している可能性がある，という例で考えるとよい．このような交絡因子に対する対応として，研究実施前に飲酒群と非飲酒群における喫煙者の割合を揃えておく方法（マッチング）や，研究実施後の解析で喫煙の有無を調整変数として統計的に処理する方法などがとられる．交絡因子として設定する変数は先行研究を参考にする．また第2に偶然誤差や系統誤差（バイアス）が結果を歪めてしまう可能性がある．特に行動や症状の出現をアウトカムとする場合，評価方法によってはバイアスが生じやすく，他者評価や2者評価で行うなどの工夫が求められる．第3にアウトカムが稀にしか生起しない疾患や症状である研究は，非常に大きいサンプルが必要になるため，観察研究は不向きである．

● **STROBE 声明**　観察研究の報告に関するガイドラインとして，STROBE 声明（strengthening the reporting of observation studies in epidemiology statement）がある（Vandenbroucke et al., 2014）．STROBE 声明は，観察研究において何が計画され，実際に何が行われ，最終的に何が発見されたのかについて，明確な報告がなされることを目的として作成されたものである．横断研究，コホート研究のいずれであっても，観察研究を論文として報告する際には準拠されるべき項目がリスト化されている．STROBE 声明の中では，信頼性および妥当性が担保された評価指標を用いること，交絡因子を測定して研究デザインに活かすことなどが重要視されており，研究目的・背景・論拠・例数設計などとともに正確に報告する必要性が強調されている（竹林，2014）．横断研究を計画し，論文執筆する際には，STROBE 声明の内容を確認しておくことが望まれる．

[市倉加奈子]

📖 さらに詳しく知るための文献
［1］ハリー，S. B. ほか　木原雅子・木原正博訳　2014　医学的研究のデザイン―研究の質を高める疫学的アプローチ（第4版）メディカル・サイエンス・インターナショナル．
［2］福原俊一　2014　臨床研究の道標―7つのステップで学ぶ研究デザイン　認定NPO法人健康医療評価研究機構．

メタアナリシス

☞ エビデンスに基づく医療 p.626, エビデンスに基づく心理療法 p.630, リサーチクエスチョン（研究疑問）の定式化 p.634, クラスターランダム化比較試験 p.640, バイアスへのリスク p.668, 報告ガイドライン p.670

　メタアナリシス（meta-analysis）とは，過去に行われた複数の研究結果を統合するための統計手法である（Sack et al., 1987）。ある心理療法の効果を調べたい時に，ランダム化比較実験を用いてその心理療法の効果を検討した場合であっても，一つの研究の成果のみを参照することは，その妥当性が疑問視されることも多い。そのため，複数の研究成果をまとめた効果を，メタアナリシスを用いて算出することによって，妥当性が高い結果を得ることができる。メタアナリシスを行うにあたっての論文を収集する時に，恣意的な基準で論文を収集すると，そのメタアナリシスの結果の妥当性は乏しくなる。そこで，メタアナリシスを行うにあたって，当該分野の研究についてシステマティックレビュー（systematic review）を行うことが必要となる。システマティックレビューとは，研究疑問の定式化に従って，質の高い研究を系統的に選択・解析することで，該当分野の現状を展望する研究手法である。コクラン共同計画（cochrane collaboration）では，ランダム化比較実験を世界中から網羅的に収集し，メタアナリシスとシステマティックレビューに基づいて評価することを試みている（津谷，2000）。特に，公表されている研究の中でも，仮説に対して否定的な結果が得られた研究成果は公表されにくいという出版バイアス（publication bias）の問題があるため，コクラン共同計画ではできる限り多くのランダム化比較実験を網羅できるようなデータベースを構築している。そして，メタアナリシスの結果をコクランデータベース"システマティックレビュー"に無償で公表している（コクランジャパンの HP）。

●**報告ガイドライン**　PRISMA 声明（The Preferred Reporting Items for Systematic Reviews and Meta-analyses Statement：PRISMA）では，全 27 項目のチェックリストによって，システマティックレビューへの記載が推奨される事項を確認することができる（Moher et al., 2009）。現状において，システマティックレビューの研究の質を定量化でき，なおかつ信頼性や妥当性が検証されているツール（A Measurement Tool to Assess Systematic Reviews：AMSTAR）があり，システマティックレビューの研究の質を Low，Medium，High の三段階で評価することができる（Shea et al., 2007）。

●**メタアナリシスとシステマティックレビューの記載事項**　PRISMA 声明に沿って，システマティックレビューやメタアナリシスに記載が求められている記載事項について述べる。まず，タイトルでは，そのシステマティックレビューに，メタアナリシスを含むかどうかが理解できる内容であることが求められる。

抄録では，そのシステマティックレビューの背景，目的，方法，適格基準，結果，考察などといった情報が簡潔に記載され，抄録のみで研究の内容が容易に理解できることが求められる。初めに (introduction) のセクションには，そのシステマティックレビューの理論的根拠が書かれており，先行研究の情報や研究疑問の定式化を踏まえ，どのような目的でこのシステマティックレビューが行われているかを記載することが求められる。方法 (methods) のセクションでは，研究計画書の有無，適格基準（研究疑問の定式化や追跡期間の長さ，検討した年数，言語，出版状況），情報源（データベースや最終検索日），データベースの電子検索式，研究の選択過程（スクリーニング，適格性，システマティックレビューへの組み入れ，メタアナリシスへの組み入れ），バイアスへのリスク，統計解析の手法を記載することが求められており，研究全般に関するバイアスのリスクを報告することも推奨されている。そして，出版バイアスについても報告することが推奨されている。結果 (results) のセクションでは，選択された研究，研究の特性，バイアスへのリスクの記載が求められる。また，個々の研究の結果について，各群に関する要約データ（サンプルサイズや記述統計量など）や効果量とその信頼区間が記載されたフォレストプロットの記載が推奨される。フォレストプロットを見ることによって，各研究がどれくらいの効果を出しているかを視覚的にも理解することができる。さらに，各研究の要約データや効果量を，データのばらつきの度合いを考慮した上で重みづけを行い，統計的に統合するメタアナリシスを行うことで，当該分野の研究の現状における効果を明らかにすることができる。また，出版バイアスについては，ファンネルプロット法を用いて検討されることが多い。ファンネルプロット法は，各研究の効果サイズとサンプルサイズを基に，各研究をプロットし，各研究の結果に大きなばらつきがあるかを検討する方法である。最後に，考察 (discussion) のセクションでは，研究結果の要約と結論，そして限界点について記載が求められる。

　メタアナリシスを読むことによって，研究疑問の定式化に基づいて，どのような対象者に，どのような方法を用いることで，どのような方法と比べて，アウトカム指標にどの程度の効果が期待できるのかを理解することができる。したがって，臨床現場で心理療法を提供する場合において，メタアナリシスの成果を参照することで，心理療法を提供する対象者にどの程度の恩恵を与えられる可能性があるのかを科学的に把握できる。　　　　　　　　　　　　　　　　［青木俊太郎］

📖 さらに詳しく知るための文献

[1] 野口善令 2012 はじめてのメタアナリシス（臨床家のための臨床研究デザイン塾テキスト）特定NPO法人 健康医療評価研究機構.

医療経済評価と
診療報酬改定

☞ 診療ガイドライン p.632, ランダム化比較試験 p.638, クラスターランダム化比較試験 p.640, メタアナリシス p.652, 症例レジストリ（臨床データベース）p.656, アウトカムの重要性 p.658, 有害事象 p.660

　医療技術評価とは，「医療技術の利用に関する医学的・社会的・経済的・倫理的な問題についての情報を，システマティックに，透明性をもって，偏見なく，着実にまとめていく学際的なプロセスである。その目的は，患者中心の安全で効率的な医療政策をつくるために情報を提供し，最良の価値を達成しようとするものである」と定義されている（Sacchini, 2009）。ここで，評価対象となる医療技術とは，医薬品，医療材料，認知行動療法などの手技が含まれる。ある医療技術が，公的医療保険による給付対象となるか否かは，有効性と安全性が確認されているか否かが論点となる。加えて，ある医療技術の費用対効果に関するエビデンスを，価格の調整に用いることも検討されている。なお，これまでの議論では，「費用対効果に関するエビデンスを，公的医療保険による給付対象となるか否かの判断には用いない」と整理されている。

●**診療報酬改定のプロセス**　認知行動療法などの医療技術が公的医療保険による給付対象となるまでの概要は，①研究者が臨床研究のデータを蓄積し，②関係学会が医療技術評価提案書を提出し，③中央社会保険医療協議会（中医協）の診療報酬調査専門組織である医療技術評価分科会が，保険適応の是非について議論した上，中医協に報告し，④中医協が保険導入と点数設定について議論した上，診療報酬の改定案を厚生労働大臣に答申し，⑤厚生労働大臣が診療報酬改定に係る告示・通知を発出する，というものである。社会保障審議会医療保険部会が策定した「質の高い精神医療を推進する」という方針のもと，2010（平成22）年度から2018（平成30）年度の診療報酬改定の間に，認知行動療法関係では7項目の改定があった（表1）。

●**日本不安症学会による提案書**　これまでの医療技術評価提案書を確認する限り，不安障害への認知療法・認知行動療法に関する改定については，比較的，透

表1　認知行動療法関係の診療報酬改定

改定年度	項　目
平成22年度	医師によるうつ病への認知療法・認知行動療法の評価（420点）
平成24年度	精神保健指定医によるうつ病への認知療法・認知行動療法の評価（500点）
平成28年度	看護師によるうつ病への認知療法・認知行動療法の評価（350点）
平成28年度	精神保健指定医あるいはそれ以外の医師による不安障害への認知療法・認知行動療法の評価（500点あるいは420点）
平成28年度	医師・看護師等による薬物依存症への集団認知行動療法の評価（340点）
平成30年度	医師による認知療法・認知行動療法の評価（480点）
平成30年度	神経性過食症の対象疾患への追加

表2　日本不安症学会による医療技術評価提案書（抜粋）

項　目	記　述
再評価すべき具体的な内容 （根拠，有効性を以下の欄 に必ず記載する）	国外でのエビデンスレベルはⅠのメタアナリシスで有効性が示されており，国内での強迫性障害，社交不安障害，パニック障害，PTSDに対する個人認知療法・認知行動療法に関する1つ以上のランダム化比較試験が実施され，その有効性が証明された。国外では，認知行動療法は，抗うつ薬による薬物療法よりも費用-効果分析で優れていることが示されている。
安全性	副作用・合併症・事故などのリスクについて特にあげられていない。しかし，未熟者による実施は，患者に不必要な精神的な負担を与える恐れがあり，習熟した専門家による指導下で，行われるべきである。

明性の高いプロセスによって，医療技術評価がなされていると思われる。日本不安症学会は，三つの国内ランダム化比較試験の結果をもとに（Asukai, 2010; Nakatani, 2005; Yoshinaga, 2016），有効性と安全性を主張している（表2；厚生労働省，2015）。精神神経用剤の治験では1群あたりの標本サイズが100症例を超えることが標準的である一方で，これらの認知行動療法の試験では1群あたりの標本サイズが数10例に過ぎない。すなわち，効果推定値が多少不精確なエビデンスであっても，公的医療保険で給付される医療技術となりうるのである。効果推定値の精確性が担保されていない中で，有効性が確立されたと判断されることは，科学的には望ましいとは言えない。しかし，この事実は，認知行動療法に精通した臨床家が，比較的小規模であっても，ランダム化比較試験を実施して，国内発のエビデンスを生み出していく強いモチベーションになるであろう。

●リアルワールド・データ　これまで述べたように医療技術評価では，ランダム化比較試験によるエビデンスが重視される。一方で，伝統的なランダム化比較試験は，①実臨床と乖離した患者層や臨床家に制限される，②患者の利益と乖離した代理アウトカムを評価しがちである，③有害事象を検出することが難しい，などの点に限界があると指摘されている。これらの問題を解決するためには，実臨床における介入効果を評価できる，症例レジストリを構築することが有力な方法である。こうしたリアルワールド・データは，費用対効果を評価するための基盤となることも期待できる。

［奥村泰之］

📖 さらに詳しく知るための文献

[1] 中央社会保険医療協議会（中央社会保険医療協議会診療報酬調査専門組織［医療技術評価分科会］）https://www.mhlw.go.jp/stf/shingi/shingi-chuo_128167.html

症例レジストリ
（臨床データベース）

☞ 医療経済評価と診療報酬改定 p.654，臨床試験登録 p.662

　症例レジストリとは，ある特定の疾患診断を受ける，あるいは特定の治療手技を受ける集団について，医療の質の向上や安全性・有効性のエビデンスを提供するために体系的に情報を収集する登録システムを指す．日本では，各専門学会を中心にさまざまな分野で整備が行われ，外科手術，血液疾患，腎臓病，心不全，救急医療など多岐に渡っている．例えば外科領域では，National Clinical Database という名称で外科学会や各専門学会の専門医制度と連携し，全国規模のレジストリが運用されている．

　症例レジストリの構築される目的はさまざまである．特定の集団の予後を把握するため，また診療実態の把握，医療の質や政策評価，などがあるが，製品市販後の実臨床における安全性把握のための使用成績調査に用いられることもある．目的は，しばしばこれらを合わせたものになるが，レジストリが構築・運用される以前から明確に定義される必要がある．

●症例レジストリのデータ項目　データ項目の設計は，後述のデータの質を担保することに大きく寄与する．データ項目設計の基本方針として下記があげられる．

① データ定義の明確化：収集されるべきデータの内容の明確な定義と，その解釈を十分に行う．また入力の際にありえない範囲の値（数字のはずが文字，ありえない年齢の数字など）が入力できないようなシステムにする．

② 収集項目は必要最低限に：収集データが増加すれば，データ収集・入力者にかかる負荷が増大するため，ヒューマンエラーにより入力データの正確性の低下を招きうる．

③ データの価値と収集にかかるコスト・エフォートのバランスを考える：一般的な診療録の確認以上の検証が必要なデータはコスト・エフォートが大きいため，データの価値がそれに見合うか検討する必要がある．また一定の正確性を期待できないデータは，利活用の価値が低くコスト・エフォートのむだ遣いになるかもしれない．

④ 入力の根拠となる資料を想定する：データ項目を設定する際には，データ入力時に参照すべき資料を具体的に想定しながら行うべきである．

⑤ 患者のプライバシーを尊重する：レジストリの目的を超え，必須ではない患者のプライバシーに関連するデータ項目は収集すべきでない．

⑥ すでに検証された項目・方法を採用する：国際的な診断基準や，妥当性・信頼性が先行研究で示された重症度評価尺度などを用いる．これにより，観察者間のばらつきを減少させることができ，また世界中のほかの類似デー

ベースによって得られた収集データと比較することができる。

●**症例レジストリのデータの質**　データの質の管理は，レジストリの維持・運営において最重要次項である。これには三つの側面がある。
① 正確性：入力されたデータが，どの程度実際の現象をとらえているかを指す。そのためには，入力の根拠となった資料の記載内容がレジストリ内の該当データ項目の定義を満たすこと，その検証された記載内容がレジストリに正確に登録されているか，の2側面が重要である。またこれを徹底するためには，データ入力者に対する教育やフィードバック，データ項目の再検討，定義の明確化，必要に応じて定義に関する解説の追加などを行う必要がある。正確性を確認するためには，監査を行ってデータ検証を行う。大規模なレジストリでは全参加施設の全データを検証することは不可能であるため，無作為抽出を行って一部の施設・一部の登録患者のデータを抽出することでこれを行う。
② 代表性：代表性は，登録する症例の選択に偏りがなく，該当例が漏れなく登録されることによって担保される。これを担保するためには，全数登録（悉皆登録）という対象集団全ての症例の情報収集を行うか，または対象集団の一部のみを抽出する場合には恣意的・系統的な抽出を担保するために，ランダム抽出を行う。代表性についても，後に監査を通じたデータ検証によって確認されるべきである。
③ 完全性：完全性は，各症例のデータ項目に欠損がないことを意味する。特に，一定の条件をもった患者におけるデータ欠損など，系統的なものがあると分析結果のバイアスにつながる。例えば，身体疾患の患者のレジストリにおいて，精神疾患を併存した患者では通院アドヒアランスがよくなく中・長期のアウトカムが欠損するなどした場合に問題となる。またデータ登録システムの問題から，一部のデータが欠損することもありえるため，これを予防するために登録時にデータ入力が抜けていると先に進めないシステムをつくることが対策としてありえる。

このように，症例レジストリには多くの検討すべき事柄があり，精神科領域でも今後の発展が望まれる。　　　　　　　　　　　　　　　　　　　［渡辺範雄］

📖 **さらに詳しく知るための文献**
[1] 隅丸 拓ほか 2016 医療機器の市販後成績調査と症例レジストリの連携に向けたガイドライン案，日本内科学会雑誌 105. 2183-2193.
[2] Zaletel, M. & Kralj, M. *Methodological Guidelines and Recommendations for Efficient and Rational Governance of Patient Registries* National Institute of Pubkic Health. https://ec.europa.eu/health/sites/health/files/ehealth/docs/patient_registries_guidelines_en.pdf.

アウトカムの重要性

☞ エビデンスに基づく医療 p.626, エビデンスに基づく心理療法 p.630, 診療ガイドライン p.632, リサーチクエスチョン（研究疑問）の定式化 p.634

　アウトカムの重要性とは，エビデンスに基づく心理療法において，医療従事者だけでなく，クライエントの価値観に沿ったアウトカムを重視する態度である。現代の医療においては，クライエント中心主義的な価値観が主流となってきている。クライエント中心主義とは，クライエントの意思決定やニーズ，価値観を重要視する医療と定義されている（Baker, 2001）。M. J. バリー（Barry）ほかは，クライエントの価値観は医療の場におけるすべての意思決定に反映されるべきものであり，クライエントとセラピストが協働してつくり上げるものだとしている（Barry et al., 2012）。

　従来のエビデンスに基づく心理療法では，どのような疾患に，どのような介入法が有効なのかに焦点があてられてきた。エビデンスに基づく心理療法において，心理的介入法の効果に関するエビデンスの蓄積や蓄積されたエビデンスを参照した意思決定は欠かすことができない。エビデンスを参照するためには，我々は臨床疑問を patient intervention comparison outcome（PICO）や patient exposure comparison outcome（PECO）によって定式化する必要がある。すなわち，どのような対象集団に，どのような介入法がどのようなアウトカムに対して有効なのかを明示的に定める必要がある。このような考え方は，エビデンスの蓄積に有効なシステマティックレビューや診療ガイドラインによるエビデンスの活用において重視されている。

　しかし，研究者や医療従事者が重要視するアウトカムは，必ずしもクライエントが重要視するアウトカムではないことが明らかになっている（Dunlop et al., 2017；Zimmermann et al., 2012）。このことから，クライエント中心主義的な観点が導入され始め，アウトカムを設定する際にはクライエントにとっての重要性を考慮する必要性が高まっている。

　クライエント中心主義的な観点の中で，重要なアウトカムとは，クライエントの好みや価値観に適合するアウトカムである。したがって，エビデンスを蓄積する上でも，クライエントの好みや価値観を考慮してアウトカムを設定しなくてはならない。クライエントの好みや価値観そのものについてもエビデンスを蓄積していく必要がある。

●GRADEシステムにおけるアウトカムの重要性　grading of recommendations, assessment, development and evaluation（GRADE）システムは国内外で広く用いられている診療ガイドライン作成の指針を示したものである。GRADEシステムでは，治療上重要なアウトカムを三つに分類し，その重要性を診療ガイドラインにおける推奨度を定める際の一助としている（相原, 2015）。アウトカム

の重要性を評価する際には，アウトカムがクライエントにとってどの程度重要なアウトカムであるかを1～9の9段階で評価する。例えば，生死に関わるようなアウトカムを重要視するならば，うつ病における希死念慮は9ポイント，というように評価をしていく。その後，1～3は重要でないアウトカム，4～6は重要なアウトカム，7～9は重大なアウトカムに分類する。重大なアウトカムについてはその後のシステマティックレビューにおいてエビデンスを集約し，推奨する介入の候補となる。一方，重要なアウトカムについてはエビデンスの集約は行うが，介入としてはあまり推奨できない。また，重要でないアウトカムについては，エビデンスの集約も行わない。GRADEシステムでは，このようにアウトカムの重要性を中心にエビデンスをまとめていく。すなわち，クライエントの好みや価値観を重要視するクライエント中心主義の考え方が反映されていると言える。

●**アウトカムにおける選好** クライエントが好むアウトカムはさまざまであり，必ずしも症状の低減とは限らない。T. M. ジマーマン（Zimmermann）ほかはうつ病に対する介入について，どのようなアウトカムが好まれるのかを調査した。その結果，活力の減衰や疲れやすさが，抑うつ症状と比較して好まれるアウトカムであることが示さている（Zimmermann et al., 2012）。すなわち，クライエントはうつ病によって阻害されている日常生活を取り戻すことにより高い価値を抱いていることが明らかになった。介入研究では，主たるアウトカムとして，抑うつ気分などの症状に焦点があてられることが多いが，ジマーマンほかの研究では，症状よりも，うつ病に伴って生じる苦痛の方がクライエントにとって重要なアウトカムであることが示されたといえる（Zimmermann et al., 2011）。また，B. W. ダンロップほかの研究では，アウトカムに対する選好と治療の継続性の関連について検討が行われている（Dunlop et al., 2017）。ダンロップほかの研究では認知行動療法と薬物療法について，参加者の選好する介入法を用いた方が継続的に治療に臨むことが明らかになった（Dunlop et al., 2017）。ダンロップほかの研究ではいずれの治療法も同程度に治療効果を上げていたが，クライエントの選好に配慮した治療法がより持続的な介入に寄与することを示している（Dunlop et al., 2017）。このようにアウトカムを設定する際には，クライエントの選好に十分配慮することが重要である。　　　　　　　　　　［杣取恵太・国里愛彦］

さらに詳しく知るための文献

[1] Guyatt, G. H. et al. 2011 GRADE guidelines: 2. Framing the question and deciding on important outcomes. *Journal of Clinical Epidemiology*, 64, 395-400.

[2] Guyatt, G. et al. eds. 2002 *Users' Guides to The Medical Literature: a Manual for Evidence-Based Clinical Practice*（3rd ed.），McGraw-Hill Education.（相原守夫ほか訳 2018 医学文献ユーザーズガイド—根拠に基づく診療のマニュアル 中外医学社）

有害事象

☞ エビデンスに基づく医療 p.626, エビデンスに基づく心理療法 p.630, 診療ガイドライン p.632, クラスターランダム化比較試験 p.640, アウトカムの重要性 p.658, 報告ガイドライン p.670

　有害事象（adverse event）とは，治療を行う中で患者に生じた好ましくないあらゆる医療上の出来事のことである。認知行動療法を含む何らかの介入を行った場合に，症状の改善や生活の質の向上のような患者にとって好ましい結果だけでなく，好ましくない変化や症状の悪化などが生じることがある。有害事象は，このような患者にとって好ましくない治療による変化であるが，必ずしも治療と因果関係にあるものに限定しない。一方，副作用（adverse drug reaction）は，医薬品などの治療によって生じた好ましくない医療上の出来事であり，治療と好ましくない出来事との間の因果関係が否定できないものである。つまり，副作用は治療と好ましくない出来事との間に因果関係が認められるものであり，有害事象はそのような副作用以外に因果関係が不明なものも含む。

　エビデンスの質の評価と推奨を行うための基準である GRADE システムでは，治療の推奨を作成するにあたり，特定のアウトカムに関するエビデンスの質，患者の価値観と治療の好み，コストや利用可能な資源，望ましい効果と望ましくない効果のバランスを考慮する。治療に関する意思決定においては，治療の望ましい効果の検討だけでは不十分であり，望ましくない効果も考慮する必要がある。しかし，臨床試験において，治療の効果に比べて有害事象の報告は多くないという指摘がされている（Ioannidis et al., 2004）。そのため，研究報告ガイドラインの中でも，有害事象の報告が求められるようになってきている。

●**研究報告ガイドラインと有害事象**　臨床試験の報告に関する統合された基準である CONSORT 声明には，心理療法を含む非薬物療法に関する拡張版がある。非薬物療法版の CONSORT 声明では，すべての群における重要な有害事象と意図しない効果について，その定義と測定方法を定めた上で報告し，介入による利益と有害事象とのバランスを考慮した考察を述べるように求めている（Boutron et al., 2017）。また，CONSORT 声明では，臨床試験における有害事象の報告が乏しいことを踏まえて，有害事象の報告に関する拡張版も用意している（Ioannidis et al., 2004）。その拡張版においては，定義された有害事象のリストの報告，有害事象に関連した情報を収集する方法の報告，有害事象についての解析プランと有害事象に関連した結果の報告などのチェックリストが用意されている。

　このように，報告ガイドラインでは有害事象の報告が求められるようになってきているが，心理療法の臨床試験における有害事象の報告は多くない。例えば，1995 年から 2013 年にかけて，英国の National Institute of Health Research の助成を受けて実施された心理療法について，その研究報告とプロトコルにおけ

る有害事象の記載について調査が行われている（Duggan et al., 2014）。この調査では，調査時点で完了していた試験において有害事象を報告した試験はなく，未完了の試験のプロトコルでは薬物療法の試験と比べて，有害事象について触れていないものが多いと報告されている。このような状況は，心理療法の有害事象についての知見が少ないことが理由と考えられる。これまで心理療法の有害事象についての概念的整理や質問紙の作成などの試みがなされてきているが，コンセンサスの得られた有害事象の定義やリストは未だにない。そのため，現状では，個々の心理療法や対象者から先行研究などをもとに想定される有害事象を設定する必要がある。

●**心理療法における有害事象**　認知行動療法をはじめとした心理療法は，薬物療法より有害事象が少ないと考えられてきたが，臨床試験の評価項目に有害事象も含められるようになり，徐々に心理療法の有害事象についての知見が蓄積されてきている。例えば，緊急事態ストレスデブリーフィングは，その有害事象が指摘されてきている（Lilienfeld, 2007）。緊急事態ストレスデブリーフィングとは，災害などのストレスフルな出来事が生じたときに，1セッション3～4時間程度のグループ介入を行うものであり，体験した感情や症状について話し合ったり，体験の再構成やストレス反応への心理教育をする。複数のランダム化比較試験において，緊急事態ストレスデブリーフィングは，長期的には不安やPTSD症状を高めることが示されてきている（Lilienfeld, 2007）。

　心理療法の有害事象を検討する場合，特定の心理療法における有害事象のリスクを明らかすることも重要であるが，特にどういう患者に有害事象が生じやすいのか明らかにすることも実践上重要になる。例えば，英国で心理的治療を受けている患者を対象にした有害事象の経験率を調べる大規模調査が行われている（Crawford et al., 2016）。この結果によると，20名に1名（5.2％）が有害事象を経験しており，65歳以上は有害事象の経験が少なく，性的マイノリティや民族的少数者は有害事象の経験が多いことが示された。このような研究により，心理療法の実施前に有害事象の経験率を患者に事前に伝えることができるだけでなく，有害事象のリスクの高い患者には対処法を検討することもできる。エビデンスに基づく実践を行う上では，心理療法の効果だけでなく，有害事象についても明らかにすることが重要である。

［国里愛彦］

📖 さらに詳しく知るための文献

［1］古川壽亮　2000　エビデンス精神医療　医学書院.
［2］Guyatt, G. & Rennie, D. 2001 *User's Guide to the Medical Literature*, American Medical Association.（古川壽亮・山崎 力監訳　2003　臨床のためのEBM入門　医学書院）

臨床試験登録

☞ データシェアリング p.664，報告ガイドライン p.670

　臨床研究とは医療における疾病の予防方法，診断方法および治療方法の改善，疾病原因および病態の理解ならびに患者の生活の質の向上を目的として実施される介入を伴うまたは疫学研究を含まない医学系研究であって，人を対象とするものをいう。臨床試験登録とは，臨床試験の情報を事前に第三者機関に登録し，公開することを指し，主な役割は①得られた結果によって選択的に行われる後づけ解析や出版バイアスの防止，②実施意義のない研究の重複などによって生じる不利益から参加者を守る倫理的義務，③試験情報を公開することによる参加者登録の促進，である（西内・木内，2009；柴田，2014）。なお，臨床試験の登録日（情報公開日）が1症例目の組み入れ開始日より後の場合には「事前」登録の基準を満たしていることにはならない。

●**臨床試験登録に関する世界的動向**　臨床試験登録の必要性は1970年代から討議され始め，2004年9月に医学雑誌編集者国際委員会（International Committee of Medical Journal Editors：ICMJE）が，被験者のエントリー開始前に公的な臨床試験公表データベースに登録されていない研究はICMJE加盟誌への掲載を認めないという声明を出したことで広く意識されるようになった。また，同年10月にカナダのオタワでコクラン・コロキウムの一環として開催されたClinical Trial Registration 会議の内容をもとに，2005年4月には「人を対象とした健康関連介入試験のプロトコール情報と結果の国際的登録に関する原則」がBritish Medical Journal に公表された（オタワ声明）。これらを機に各国で臨床試験登録の義務化や，臨床試験登録システムの構築が進む中で，国際的に中立的な立場である世界保健機関（WHO）が国際臨床試験登録プラットフォーム（ICTRP）を立ち上げ，それらの推進・調整を行っている。近年では，臨床試験報告に関する統合基準であるCONSORT声明においても，2010年の改訂で「臨床試験の登録番号と試験登録名」が報告すべき項目に追加されている。

●**日本における臨床試験登録**　2008年10月に国立大学付属病院長会議，財団法人日本医薬情報センター，社団法人日本医師会の3機関が構成するジャパン・プライマリ・レジストリーズ・ネットワーク（JPRN）がWHOによって臨床試験登録機関として認められ，各機関が運営するUMIN臨床試験登録システム（UMIN-CTR），JapicCTI，臨床試験登録システム（JMACCT-CTR）上のいずれか一つに登録すればよい。これらに登録された臨床試験の情報は国立保健医療科学院ポータルサイト上で横断的に検索が可能である。厚生労働省による現行の「臨床研究に関する倫理指針」では，介入（アウトカムを変化しうるすべての行

12. 認知行動療法の研究法

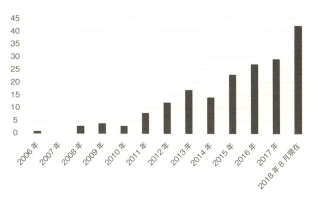

図1 UMIN-CTRにおける認知行動療法の臨床試験登録件数（2018年8月現在）
UMIN-CTRで"認知療法""行動療法""認知行動療法"で検索した件数を登録年ごとに表示

動）を伴う臨床研究であって侵襲性を有するものを実施する際には事前の臨床試験登録が義務化されているが，知的財産等の問題により臨床研究の実施に著しく支障が生じるものとして倫理員会が承認し，研究機関長が許可したものについては例外とされている。すべての介入研究に登録義務を課するか，探索試験を除くかなどといった点は今後の課題である。2018年4月に公布された臨床研究法においても環境整備が行われている最中であるため，今後の動向に注意が必要である。

●**認知行動療法における臨床試験登録**　UMIN-CTRでは現在3万件を超える臨床試験が登録されているが，その中で認知行動療法に関する臨床試験登録件数は183件（2018年8月現在）である。2006年に「頭頸肩部慢性筋痛に対する認知行動療法の無作為化臨床比較試験」が登録されて以降，登録件数は年々増加し，2018年には8月の時点で前年までを大きく上回る42件の臨床試験が登録されている（図1）。これは認知行動療法における臨床試験登録の必要性が広く認識されるようになったという現状を強く反映している。対象別に見ると，うつ病やうつ様症状が最も多く約20％を占めている。次いで，強迫症／強迫性障害，社交不安症，パニック症，疼痛，自閉スペクトラム症などが順に続いている。

［横山仁史］

📖 さらに詳しく知るための文献
[1] De Angelis, C., et al. 2004 Clinical Trial Registration: A Statement From the International Committee of Medical Journal Editors. *JAMA*, 292, 1363-1364.
[2] 木内貴弘ほか 2015 大学病院医療情報ネットワーク（UMIN）と臨床試験登録：歴史，現状，展望と課題．保健医療科学 64, 312-317.

データシェアリング

☞ 臨床試験登録 p.662, 報告ガイドライン p.670, 再現可能性 p.674

　データシェアリングとは，研究で生成された生データ（raw data）を公開・共有することを指す．この主な目的は，①研究の透明性・再現性の担保，②イノベーション創出のための科学的議論と研究の促進，③データ取得や解析にかかるコスト削減による研究活動の効率化，である．データシェアリングは大きく3種に分類され，研究者間の合意に基づきデータ管理計画に記載された研究者間で共有する制限共有データ，データベースの規約等に従い利用目的や方法を明らかにしたうえでアクセスを承認された研究者が利用できる制限公開データ，誰でも利用が可能な非制限公開データがある．

●**データシェアリングに関する世界的動向**　データシェアリングに関する議論や制度の整備は2018年現在も盛んに行われており，国際的に進行中の主要な課題の一つである．具体的な取り組みとしては2003年にアメリカのNIHが研究資金の応募時にデータ共有計画などを義務化したことに端を発する．世界で大々的に注目されるに至ったのは，2013年3月のG8サミットにおける科学字術大臣会合の議論によって科学研究データオープン化の合意（オープンデータ憲章）がなされた頃からである．これを契機にデータの共有や交換に対する障壁を減らし，世界中のデータ駆動型イノベーションの加速を促進することを目的とした社会基盤構造やコミュニティ活動の開発を目指す国際組織としてResearch Data Alliance（研究データ同盟：RDA）が発足した．これらの動きに反応した国際科学会議（ICSU）は2008年に世界科学データシステム（ICSU-WDS）を創設し，科学の卓越性を効果的に社会に還元できる世界を目指す体制を整えている．また，国際科学雑誌の編集者委員会や資金提供を行う企業なども多く賛同しており，例えば医学雑誌編集者国際委員会（International Committee of Medical Journal Editors：ICMJE）は臨床試験登録の構成要素の一つにデータシェアリング計画を含めることを論文著者に要求している．2016年には第7回RDA総会がアジア初となる日本で開催され，その前日には国内の研究者向けにデータシェアリングシンポジウムが行われるなど，日本での関心も高まってきている．

●**データシェアリングの現状**　データシェアリングが推奨され理解される一方で，実際にデータをシェアする際の負担やシェアしたデータの不適切な使用に対する懸念も少なくない．データシェアリングにあたっては研究参加者の個人情報を厳守する必要があることは言うまでもないが，研究者の正当な権利も守られる必要がある．そこで，論文や著書などの出版物だけではなく，信頼できるデータの生成や提供自体を研究者の知的生産力の指標として評価するデータサイテー

ションの仕組みが整えられつつある。2014年にThe Future Of Research Communication and e-Scholarship（FORCE11）によって発表されたデータ引用原則の共同声明はこの認識に基づくものである。クラリベイト・アナリティクス社が提供するWeb of Scienceではデータサイテーションインデックス（DCI）が公開されており，このDCIに基づき社会科学および人文学におけるデータ研究が大きな役割を果たしていることが報告されている（Robinson-García et al., 2015）。なお，FORCE11により公開されたfindable（見つけられる），accessible（アクセスできる），interoperable（相互運用できる），reusable（再利用できる）の4箇条は頭文字をとってFAIR原則と呼ばれ，データシェアリングの原則として広まっている。データがどれだけ共有されているか，という点のほか，共有されたデータがどれだけ活用されているか，もまたデータシェアリングの重要な課題である。Navarらの報告によると，臨床試験データを共有する三つのプラットフォームに登録された3,255件の試験データのうち，データへのアクセスが申請されたことがあるものは約15％の505件にとどまり，申請して得たデータを用いて発表された研究はわずか1件である（Navar et al., 2016）。データの公開・共有が進む一方で，それを活用するための情報提供およびシステムの整備が急がれる。

●**認知行動療法におけるデータシェアリング**　社会科学に関するデータを世界各国から収集し，提供する世界最大級のデータアーカイブであるICPSR上で利用可能なデータセット数は7万5千件（うち7千件超は一部制限付き）を超える（2016年6月公表情報）。2018年8月現在，このICPSR上で257件の認知行動療法に関する研究がデータを公開・共有している。データの公開日別にみると2010年以降にデータ共有を行った研究は66件，2000年から2009年までが190件，それ以前が1件である。早期のデータシェアリング件数が多いのは，データベースの構築とともにそれ以前に実施された研究データが多く登録されたことも影響している。また，ICPSRにあるデータを引用した認知行動療法研究は14件であり，原著論文はこのうち1件である。この1件においても，実際には論文の背景や考察部分での引用であり，データシェアリングのさらなる活用が期待される。

［横山仁史］

さらに詳しく知るための文献

[1] Taichman, D. et al. 2017 Data sharing statements for clinical trials: A requirement of the international committee of medical journal editors. *JAMA*, 317, 2491-2492.
[2] 池内有為 2015 研究データ共有の現在―異分野データの統合とデータ引用，日本のプレゼンス．情報管理 58, 673-682.

バイアスの種類と対処法

☞ ランダム化比較試験 p.638, コホート研究 p.642, 横断研究 p.650

　研究において，求めたい真の値とは，研究によって収集された測定値に誤差を加えた値を意味している。つまり，誤差とは測定された値と真の値との間のずれのことを意味する。真の値に近づくためには，誤差を少しでも減らすことが重要であり，この点が研究の質を高めることに寄与する。測定の誤差には，偶然誤差（random error）と系統誤差（systematic error）の2種類がある。偶然誤差とは，偶然的な要素によって生じる誤差のことである。偶然誤差は，たまたま生じてしまう誤差であるために，研究対象の標本数であるサンプルサイズを増やすことによって，誤差を減らすことができる。ただし，サンプルサイズが多ければよいというわけではなく，研究実施前に，適切なサンプルサイズを把握し，実施しようとしている研究にあったサンプルサイズを試算する必要がある（竹林，2014）。

　一方，系統誤差とは偶発的な要素以外によって生じる誤差のことであり，偶然ではなく，事前に予測できる可能性が高い要因によって生じる誤差のことを指す。この系統誤差を生じさせる要因のことをバイアス（bias）という（Sackett, 1979）。バイアスには，大きく分けて，選択バイアス（selection bias），情報バイアス（information bias），交絡（confounding）の三つがある。

●**選択バイアス**　選択バイアスとは，調査対象者の選択方法によって生じるバイアスのことを指し，本来対象としたい母集団と実際の調査対象者との間に隔たりができることによって生じるバイアスを指す。例えば，自己選択バイアスは，研究で対象となる事象が，調査対象者の研究参加に影響を与えるというバイアスである。具体的には，調査対象者を募集する際に，健康に自信がある人が集まる傾向があるため，母集団の罹患率よりも対象集団の罹患率は低くなる傾向がある。健康労働者効果は，労働者において健康ではない人は早期退職しやすく，休職している可能性が高いことによって生じるバイアスである。さらに，研究への参加の有無の影響も選択バイアスの中に含まれる。例えば，主題となる研究に関連が強い人は研究参加を避ける傾向にあること（無回答者バイアス）や研究から脱落する人と脱落しなかった人との間には原因と結果の関係性に何らかの違いがあること（脱落バイアス）などがあげられる。

●**情報バイアス**　情報バイアスとは，研究に参加した対象者から必要な情報を得る際に生じるバイアスのことを指す。例えば，面接（質問）者バイアスは，調査や面接の実施者の先入観で回答を処理することによって，同一の対象者の回答でも実施者や実施日によって異なる回答が得られること，面接者にとって望ましい

回答を得るように誘導してしまうことによって生じるバイアスを指す。また，想起バイアスは，後ろ向き研究を行う際に過去に起こったことについて質問した場合，人によって，思い出した内容の正確さや完全さが異なることにより生じるバイアスである。思案バイアスは，調査対象者が質問内容について思いを巡らした結果，大げさあるいは都合のよいように回答するという傾向を指す。

●バイアスへの対処策　選択バイアスと情報バイアスは，統計解析などで調査実施後に対処できないため，研究デザインを設計する時点で，バイアスに対処できるように考慮する必要がある。例えば，選択バイアスに対しては，特定の対象集団ではなく，より広範な人口集団から調査対象者を抽出する方法を用いることや脱落を最小限にするような配慮をすることなどがあげられる。また，ランダム化比較実験を行うことも選択バイアスへの対処策として有効であるが，その場合でもバイアスへのリスクを考慮しなければならない。情報バイアスの中でも，面接者バイアスに対応するために，面接者に研究内容や調査対象者を知らせないという方法（盲検化）をとることや想起バイアスに対応するために，前向きコホート研究を行うことなどがあげられる。研究デザインを設計する段階ですべてのバイアスに対処することは不可能であるため，このようなバイアスが生じうることを考慮したうえで研究を行うことが必要であり，その研究で生じた可能性が考えられるバイアスについては論文内で言及する必要がある。論文を読む場合には，その研究成果にバイアスがあるかどうかを限界点のセクションを見ながら確認し，その研究成果がどの程度利用可能であるのかについて吟味する必要がある。

●交絡　交絡とは，原因と結果を表す要因以外の第3の要因の影響により真の因果関係が歪められることを指す（佐藤，1994）。例えば，飲酒（原因）と心疾患（結果）の関連性を検討するときに，飲酒と喫煙との間の関連性にも目を向ける必要がある。つまり，お酒を飲む人には煙草を吸う人が多いという関係があり，喫煙は心疾患の原因としても知られている。そのため，飲酒と心疾患の関連は，喫煙と心疾患の関連を反映した見かけ上の相関である可能性がある。したがって，飲酒と心疾患が本当に関連するかどうかを検討するためには，喫煙についても考慮する必要がある。一方，選択バイアスや情報バイアスとは異なり，交絡は統計解析によって対処することができるため，交絡変数を測定する研究デザインを設計することが必要である。

［青木俊太郎］

📖 さらに詳しく知るための文献
［1］若井健志・大野良之　1999　バイアスの種類とその対策（1），日本循環器病予防学会誌 34, 42-45.
［2］馬場園明ほか　1995　集団を対象とした観察研究におけるバイアス，健康科学 17, 35-42.

バイアスへのリスク

☞ ランダム化比較試験 p.638，バイアスの種類と対処法 p.666，報告ガイドライン p.670

　測定には誤差が伴い，誤差は偶然誤差と系統誤差に大別される。後者はバイアス（bias）と呼ばれ，真の結果から一定の方向に観察結果を歪める。バイアスは，事前に予測できる可能性が高い要因によって生じ，代表的なバイアスの種類が明らかにされている。バイアスへのリスク（risk of bias），つまり，研究デザインの特定の側面にバイアスが生じている可能性を評価することは，個々の研究の質を評価する際の基準となる。個々の研究のバイアスへのリスクの評価は，無作為化比較試験に限らず，観察研究，診断精度研究などほかの研究デザインにおいても，複数の研究の知見を統合的に評価するシステマティックレビューおよびメタ分析を行う際に活用されている。無作為化比較試験のバイアスへのリスクを評価する代表的なツールとしては，コクラン共同計画（Cochrane Collaboration）のバイアスへのリスクのアセスメントツールがある（Higgins et al., 2011）。このアセスメントツールは，非無作為化研究や診断精度研究のバイアスへのリスク評価に適用させた拡張版の開発も行われている（Sterne et al., 2016, Whiting et al., 2011）。

　コクラン共同計画の無作為化比較試験におけるバイアスへのリスクのアセスメントツールは，選択バイアス（selection bias），実行バイアス（performance bias），検出バイアス（detection bias），脱落バイアス（attrition bias），報告バイアス（reporting bias），その他のバイアスを評価する七つの項目からなる。その他のバイアス以外の項目はすべての無作為化比較試験のデザインに適用され，その他のバイアスには，特定の研究デザインの性質に由来するバイアスが含まれる。

●選択バイアス　選択バイアスは，比較集団間のベースライン特性の系統的な差である。ベースライン特性に群間で差が認められることは，割付の無作為化が適切に機能していないことを示唆する。選択バイアスの評価について，割付シーケンスの生成方法と割付の隠蔽化の方法が焦点となる。例えば，割付シーケンスの生成法が患者の好みや介入の利用可能性に基づいて行われている場合，バイアスのリスクが高いと判断される。一方，コンピュータによって乱数生成が行われている場合や，適切な統計手法に基づいたランダム化の手法（例えば最小化法）が用いられている場合，バイアスのリスクが低いと判断される。

　割付シーケンスの隠蔽化に関しては，割付シーケンスを割付の実施者が確認，操作可能な状況である場合（例えば，封印されていない封筒を利用した場合，公開された割付予定乱数を使用した場合），バイアスのリスクは高いと判断される。

一方，割付シーケンスを割付の実施者が確認，操作不能な状況である場合（例えば，中央登録方式の使用や不透明の封印された連続番号の封筒を利用した場合），バイアスのリスクは低いと判断される。詳細の記載がなく，無作為に割付けたことのみが記載されている場合，バイアスのリスクは不明と判断される。

●**実行バイアス，検出バイアス**　実行バイアスは，提供された介入が比較集団間で異なる場合に生じる系統的な差異を指す。対象者が研究に組み入れられた後に，研究参加者および研究の運営スタッフ（主に介入の実施者）が，研究参加者にどちらの介入が提供されたのかを知ることが観察結果に影響を与える。例えば，治療者と患者の盲検化を試みたが失敗している場合にはバイアスのリスクが高いと判断される。一方，介入の治療者と研究参加者の盲検化が確実である場合はバイアスのリスクは低いと判断される。

　検出バイアスは，アウトカムの測定方法によって生じる比較集団間での系統的な差異を指す。アウトカムの評定者について，研究参加者がどの介入を提供されたかを盲検化をすることで，検出バイアスが最小化される。盲検化が行われておらず，盲検化が結果に影響を与えていると考えられる場合にはバイアスのリスクが高いと判断される。一方，評価者の盲検化を確実に行なっている場合には，バイアスのリスクが低いと判断される。

●**脱落バイアス，報告バイアス**　脱落バイアスは，参加者が研究の測定期間中に脱落することで生じる比較集団間での系統的な差異を指す。欠測の理由が，真のアウトカムの値と関連する場合や不適切な単一代入法を利用する場合，バイアスのリスクが高いと判断される。一方，アウトカム測定に欠測がない場合や単一代入法以外の適切な代入方法（例えば多重代入法）を使用している場合には，バイアスのリスクは低いと判断される。

　報告バイアスは，出版された研究結果と未刊行の研究結果との間で生じる系統的な差異を指す。未刊行の研究よりも出版された研究に置いて，統計的に有意差な群間差のある解析結果が報告されやすい。この種の出版バイアスは選択的報告バイアスと呼ばれる。一つ以上の主要評価項目が事前に設定されていない場合，バイアスへのリスクが高いと判断される。一方，研究計画書が入手可能であり，すべての評価項目が事前設定と一致している場合，バイアスへのリスクは低いと判断される。　　　　　　　　　　　　　　　　　　　　　　［竹林由武］

📖 **さらに詳しく知るための文献**

[1] Higgins, J. P. et al. 2011 The Cochrane Collaboration's tool for assessing risk of bias in randomised trials. *BMJ*, 343, d5928.
[2] 国里愛彦 2015 系統的展望とメタアナリシスの必須事項．行動療法研究 41, 3-12.

報告ガイドライン

☞ エビデンスに基づく医療 p.626, エビデンスに基づく心理療法 p.630, ランダム化比較試験 p.638, コホート研究 p.642, 尺度研究 p.646, 横断研究 p.650, メタアナリシス p.652

　報告ガイドライン（reporting guideline）とは，論文執筆に記載されるべき最小限の情報が規定された指南書である。学術論文は当然ながら小説やエッセイのような情緒的な文章ではない。また単に個人の意見や感想を述べるレポートとも異なる。研究成果が正確かつ簡潔に読み手に伝わり，社会へ還元されることが学術論文の意義である。報告ガイドラインは，科学的に正確な情報が提供されることを目的としており，当初何が計画され，実際に何が行われ，最終的に何が発見されたかについて，報告されるべき項目が列挙されている。こうしたガイドラインが作成されるようになった背景には，研究者が都合のよい結果のみに焦点をあてた報告をしたり，否定的な結果にもかかわらず肯定的な結果であるような誤解を与える報告をするなど，不誠実な態度がとられてきた歴史がある（奥村ほか，2014）。またいくら誠実に研究を行っていたとしても，科学的に重要な情報が欠落していたり，曖昧に記載されていると，エビデンスとしては評価されず，結果的に対象者が恩恵を得られないことになってしまう。したがって報告ガイドラインについて自らの手で学び，ガイドラインに準拠した形で学術論文を世に出していく努力が求められる。

●**報告ガイドラインの必要性**　報告ガイドラインの意義は先述したとおり，不誠実な態度で研究結果が発信されることを防ぎ，またその成果が広く社会に還元されるためである。特にこれから紹介する報告ガイドラインは疫学研究の分野で研究報告の質を高めるために発展してきたものであり，心理学や医学の研究においても汎用性が高いという利点がある。

　また報告ガイドラインは研究報告つまり論文執筆のときのみに使用されるものではない。主に参照されたい場面には，研究実施前の研究計画期間と，研究実施後の論文執筆期間がある。まず前者の研究計画の際には，どのような変数を測定するのか，どのような介入を行うのか，どのような評価指標を用いるのかなど，さまざまなことを検討しなくてはならない。研究報告の際に必要とされる事項というのは，科学的に重要な情報であり，そのまま研究計画時に十分に検討されるべき事項と一致する。つまり報告ガイドラインを読み込み，論文執筆時のゴールをイメージできている研究者は，研究計画を立てる上でもスムーズである。一方で論文執筆期間にも当然この報告ガイドラインが役に立つ。研究計画から論文執筆まで時間が空いてしまうことも多いため，実際の研究は計画していたとおりに進まなかったり，中間解析の結果に基づいて修正されたりといったことが生じる。このような場合にも，報告ガイドラインを参照しながら論文執筆を行うこと

で，当初計画されていたことと，実際の研究方法や成果を正しく伝えることができる。このように報告ガイドラインに準拠した誠実かつ正確な報告は，バイアスを最小限におさえることにもつながる。

●**報告ガイドラインの種類** 公表されている報告ガイドラインの種類は数え切れないほどであるが，その中でも主に医学や疫学の領域で推奨されることが多く，ゴールドスタンダードとも言えるガイドラインを紹介する。これらの報告ガイドラインでは，研究法（研究デザイン）ごとに分かれて作成されている。具体的には，CONSORT 声明（無作為化比較試験），STROBE 声明（観察研究），PRISMA 声明（システマティックレビュー），STARD 声明（診断精度研究），CARE 声明（事例研究）などがある。これらのガイドラインは，それぞれチェックリストの形で記載すべき項目が一覧となっているため，ユーザーは論文執筆の際，効率的に用いることができる。上記の中で観察研究のガイドラインである STROBE 声明は，横断研究，コホート研究，ケース・コントロール研究といった研究手法に分けて説明が付記されている。またシステマティックレビューのガイドラインである PRISMA 声明は，ネットワーク・メタアナリシスや事例研究の統合など，発展した研究手法にも対応するものが作成されている。このように報告ガイドラインは，研究手法の発展や変遷とともに出版や改訂が繰り返されていくため，研究者は常に動向をチェックする姿勢が望まれる。また認知行動療法を含む臨床心理学や医学の領域では，疫学とは異なる工夫が必要な場合もある。そのため上記以外にも，アメリカ心理学会が作成している論文作成マニュアルほか，広く社会科学分野のガイドラインなどにも目を向ける必要がある。

●**認知行動療法と報告ガイドライン** 日本では報告ガイドラインへの準拠が義務化されていない場合もあるが，海外の一流誌では，これらのガイドラインの参照を義務づけていることも多い。認知行動療法の成果や，その背景となるモデルについて広く知ってもらうためには，研究や臨床に携わる者が報告ガイドラインについて知り，正確な報告をするという真摯な態度が求められる。　　［市倉加奈子］

📖 **さらに詳しく知るための文献**

[1] Moher, D. et al. 2012 CONSORT 2010 explanation and elaboration: updated guidelines for reporting parallel group randomised trials. *Int J Surg*. doi: 10.1016/j.ijsu.2011.10.001

[2] Vandenbroucke, J. P. et al. 2014 Strengthening the reporting observational studies in epidemiology (STROBE): explanation and elaboration. *Int J Surg*. doi: 10.1016/j.ijsu.2014.07.014

[3] Liberati, A. et al. 2009 The PRISMA statement for reporting systematic reviews and meta-analyses of studies that evaluate health care interventions: explanation and elaboration. *J Clin Epidemiol*. doi: 10.1016/j.jclinepi.2009.06.006

臨床試験の粉飾

☞ ランダム化比較試験 p.638, クラスターランダム化比較試験 p.640, 臨床試験登録 p.662, 認知行動療法の研究を行う上での倫理 p.684

ランダム化比較試験のエビデンスの質は，最高峰と考えられている。しかし，研究者の期待に添わない否定的な研究成果が得られた試験の50％は，肯定的な研究成果が得られたかのように，アブストラクトの結論部を「盛って」報告している（奥村，2017）。

「研究成果の解釈をゆがめ，読者を欺く執筆術」は粉飾と呼ばれる（Boutron et al., 2010；奥村，2017）。ここで，粉飾とは，①主要評価項目に関して統計的有意性が得られなかった場合に，実験的治療法の有益性を強調する報告戦略，あるいは，②主要評価項目から読者の注意をそらす報告戦略と定義されている（Boutron et al., 2010）。

粉飾は，研究不正とされないものの，ヘルシンキ宣言第36条に抵触し得る疑わしい研究活動に分類される。現状では，疑わしい研究活動を行った研究者に対する罰則規定などはなく，野放しとなっている。

●**SCAP法の臨床試験**　SCAP法と呼ばれる統合失調症における抗精神病薬の減薬プログラムは，通常診療と比べて，介入終了12週目の精神症状と生活の質が劣っていないかを検討した臨床試験がある（Yamanouchi et al., 2015）。非劣性試験の結果，精神症状と生活の質の二つの主要評価項目について，減薬プログラムと通常診療の間に，統計学的に有意な群間差がみられなかった。この結果から，著者らは「症状の悪化が認められないため，減薬プログラムは安全である」と結論づけている。なお，本研究は，中央社会保険医療協議会の資料として紹介されるほど，精神科医療に影響を与えている臨床試験である。

●**粉飾の疑義**　しかし，SCAP法の臨床試験について，粉飾の疑義が呈されている（Okumura, 2017）。研究計画段階の資料と論文を比較すると，研究疑問と例数設計に変遷がみられたのである。具体的には，①事前には，減薬プログラムにより生活の質が改善するか（優越性）を示すことが研究疑問であったが，事後には，生活の質が悪化しないか（非劣性）を示すことに変化していた，②事前には，精神症状が減薬プログラムにより悪化しないか（非劣性）を示すための必要症例数は400例と推計されていたが，事後には，優越性を示すために必要な症例数が142例になっていた。すなわち，研究者にとって都合のよい結果が得られるよう，事前に定められた研究疑問と例数設計が改変されていたのである。

●**定番の粉飾法**　先の事例では，優越性試験を非劣性試験に事後的に変えてしまう，荒業を使っていた。この水準の粉飾は，滅多にみられるものではない。より頻出する粉飾法としては，①統計的有意性が得られた他の結果（サブグループ／

副次的評価項目／群内の差）に焦点化する，②主要評価項目が有意ではない結果から，両群ともに同等の有効性を有すると解釈する，③主要評価項目が有意ではない結果にもかかわらず，治療の有益性を強調する，といった方法がある（Boutron et al., 2010）。

●**粉飾の発生部位**　一般的に，臨床試験の結果と整合性のない主張は，論文のアブストラクトでなされる。ところが，論文では一切の粉飾なく誠実に報告している臨床試験であっても，プレスリリース資料で粉飾している事例もある。学問の世界では有効性が認められなかったと主張している臨床試験を，マスメディアに対しては有効性があると喧伝するのである。プレスリリース資料では，通常，利害関係のない専門家による査読や批判がなされない。その結果，研究者の倫理を疑わざるを得ない主張がなされることも少なくない。つまり，マスメディアが「臨床試験で有効性が確認された治療」と報道していても，安易に信用してはならないのである。

●**粉飾された臨床試験の判別法**　粉飾された臨床試験が蔓延しているため，私たちが臨床試験の研究成果を読むときには，①主要評価項目の結果と結論に整合性があるか否か，②臨床試験登録を検索して，事前に定められた研究疑問や例数設計に変遷がみられるか否かを確認すべきである（奥村，2017）。わずかな注意さえあれば，誇大広告と化した臨床試験を簡単に判別できるようになる。

●**粉飾問題を解決するロールプレイヤー**　結論が粉飾された臨床試験の主張には科学的妥当性がない。臨床試験の粉飾によって，国民に害が生じ得ることは軽視されるべきでない。臨床試験に関わるすべての関係者は，粉飾された臨床試験が蔓延している事実を認識し，問題解決の一役を担うことが望まれる。問題解決のロールプレイヤーとしては，臨床試験の研究代表者や共同研究者，学術誌の編集委員会や査読者，臨床試験の読者，資金提供者やメディア関係者などがあげられる。すべての関係者が粉飾問題を解決する重要性を強く認識し，誰もが臨床試験の結論が粉飾されているか否かを容易に判別できるよう臨床試験教育をより一層充実することが重要となるだろう。臨床試験の実施に伴う，多くの人の善意と時間と資金を無駄にしないために，粉飾問題の解決に向けた総合的な取組みが求められる。

[奥村泰之]

📖 **さらに詳しく知るための文献**
[1]　奥村泰之　2017「ちょっと盛られた」臨床試験の気付き方—臨床試験にかかわるすべての関係者へ．週刊医学界新聞　3246. http://www.igaku-shoin.co.jp/paperDetail.do?id = PA03246_03
[2]　奥村泰之　2014　アクセプトされる失敗した臨床試験の粉飾法—無駄のない研究推進のためのピアレビュー研究　*Monthly IHEP* 231, 23-28.

再現可能性

☞ エビデンスに基づく心理療法 p.630，臨床試験登録 p.662，データシェアリング p.664，バイアスへのリスク p.668，報告ガイドライン p.670，臨床試験の粉飾 p.672

　再現性（reproducibility）とは，研究や実践において，ある現象が成立する条件を整えれば，その現象が繰り返し生じることである。科学的な知見の多くは，再現性を前提としており，同じ対象に対して，同じ実験操作を行えば，同じ結果が得られることが求められる。再現性が担保されていれば，安定して必要な現象を引き起こすことができるので，科学的な知見の応用が可能になる。エビデンスに基づく心理療法では，個人差はあるにしても，特定の対象者に特定の介入技法を適用すれば，症状や問題の低減などが再現されることが期待される。再現性を担保することは科学教育における基本でありながらも，心理学を含む多くの研究領域において再現性の危機が指摘され，再現性の定義や再現性を高めるための取り組みの提案と議論がなされてきている。

●**再現性の危機**　2010年代になって，複数の研究領域において，再現性の危機が危惧されるようになってきた。例えば，認知行動療法の基盤となる心理学においても再現性の危機が指摘されており，心理学界を大きく揺るがす問題に発展してきている（池田・平石，2016）。例えば，100件の心理学研究を対象にした大規模追試プロジェクトでは，もとの研究では97％の研究で統計的有意性が確認されていたにもかかわらず，追試研究では36％の研究のみでしか統計的有意性が確認できなかったという結果が得られた（Open Science Collaboration, 2015）。また，医学を含む複数の研究領域の研究者1,500名に対する調査では，70％の研究者が他の研究者の実験の再現に失敗したと報告している（Baker, 2016）。多くの研究領域において，再現性の危機が生じており，対策が求められている。

●**再現性の定義**　再現性の危機に対処するには，再現性についての定義を行う必要がある。再現性の定義としては，J.クラアーバウト（Clarerbout）によるReproducibility（既存データに同じ解析をして同じ結果が得られること）とReplicability（新規に取得したデータに同じ解析をして同じ結果が得られること）が有名であった（Goodman et al., 2016）。クラアーバウトの定義は明確だが，再現性の有無を判断する基準が不明瞭なこと，その用語の使用に混乱が生じているといった問題があった。そこで，S. N. グッドマンほか（Goodman et al., 2016）は，再現性を方法の再現性（methods reproducibility），結果の再現性（results reproducibility），推論の再現性（inferential reproducibility）の三つに分けて定義した。

　方法の再現性は，クラアーバウトのReproducibilityに対応しており，同じデー

タと方法を使えば，同じ結果が得られることを指す。結果の再現性は，クラアーバウトのReplicabilityに対応しており，同じ方法で新しい研究を行ったときに同じ結果が得られることを指す。ヒトを対象とした研究の場合，ランダム誤差が含まれる。そのため，どのくらい類似した結果だと再現性があると判断するのかという基準が必要になるが，その明確な基準を決めるのは難しい。そのため，メタアナリシスなどによるエビデンスの蓄積によって結果が再現できているかどうかを最終的に判断する。推論の再現性は，追試やデータの再分析から質的に同じ結論を導けることを指す。結果からどういう結論を導くかは研究者によって異なるので，その推論の再現性がここでは問題となる。結果から得られる結論が異なる理由としては，研究知見に対する事前信念の違いと多重性の扱いの違いが考えられる。ベイズ統計学の観点では，新たな実験結果によって事前信念（その知見が正しいかどうかの確率）が更新されることで事後信念が計算されると考える。事前の信念がどちらかに偏るかによって，結果から得られる事後信念は異なってしまう。次に，統計的有意性を得ることができる解析を探索するP-hacking（望まない結果を生むデータや条件の除外，事後的な共変量の使用，選択的な報告など）や統計的に有意になった結果を基に研究の仮説を設定するHARKingなどは，検定の多重性からすると問題のある研究実践になる。問題のある研究実践は，バイアスのリスクを高め，臨床試験の粉飾にもつながり，結論を歪める可能性がある。推論の再現性においては，事前信念と多重性の扱いの共通認識を高める必要がある。

●**再現性を高める方法**　再現性を高める方法としては，研究開始前の事前登録もしくは事前審査付き報告，研究報告ガイドライン，オープンサイエンスの活用がある。まず，再現性を低めるようなP-hackingやHARKingができないように，データ収集前に，研究の目的，方法，解析プランを事前に登録する事前登録（臨床試験の場合は，臨床試験登録）やそれに審査を受ける事前審査付き登録を行う（Nosek & Ebersole, 2018）。次に，方法の再現性を高めるために，報告ガイドラインに従って質の高い研究報告を行う（奥村ほか，2014）。最後に，研究に用いたデータ，材料，解析コードなどを，研究者の管理するリポジトリで公開するデータシェアリングも含めたオープンサイエンスを活用する（Toelch & Ostwald, 2018）。再現性を高めるための取組みは，まだ議論がなされている段階のものもあるが，研究を進める上で必須の知識となってきている。　［国里愛彦］

📖 さらに詳しく知るための文献
[1]　池田功毅・平石 界　2016　心理学における再現可能性危機—問題の構造と解決策．心理学評論　59, 3-14.
[2]　奥村泰之ほか　2014　行動療法研究における研究報告に関するガイドライン　研究報告の質向上に向けて．行動療法研究　40, 151-154.

認知行動療法の研究と人工知能

　人工知能（artificial intelligence：AI）は言語理解，推論，問題解決といった知的行動をコンピューターに行わせる技術であり，さまざまな研究分野における最先端技術として急速な拡がりを見せている。これは心理療法の研究分野においても例外ではない。

　初期の人工知能としてよく知られているものに，心理療法とも関係の深い"ELIZA"と呼ばれる自然言語処理プログラムがある。

　"ELIZA"は1960年代に開発されたプログラムで，人間の言語の意味はほぼ理解できないが，ユーザーが書き込んだ文章中の特定の単語に注目してそれらしい文章を生成して応答することができる。"ELIZA"が行っているのは素朴なパターン照合であるが，来談者中心療法に基づくスクリプトが採用されており，時としてまるで人間のセラピストのような応答をすることがあったという。

　認知行動療法（CBT）の研究分野においても，人工知能を応用した研究は近年大幅に増えつつある。CBTと人工知能に関わる代表的な研究分野は，機械学習（machine learning）を用いた臨床経過の予測である。J. K. コナー（Coner）ほかはアルコール依存に対するCBTの効果研究に機械学習を応用し，従来型のデータ解析（判別分析）では介入後の禁酒を42％の正確性でしか予測できなかったのに対し，機械学習では73～77％の正確性で予測可能であることを報告している（Conner et al., 2007）。

　同様の研究はほかの精神疾患でも実施されており，うつ病へのCBTの治療反応を予測した研究では78％（Costafreda et al., 2009），パニック症へのCBTの治療反応を予測した研究では79～82％（Hahn et al., 2015），社交不安症へのインターネットCBTの長期的な治療反応を予測した研究では92％（Månsson et al., 2015）の正確性で臨床経過を予測できることが示されている。これらの研究成果からわかるように，機械学習の応用によって介入前に入手可能なデータからCBTによる臨床経過をある程度の水準で予測できる時代が訪れつつある。

　CBTと人工知能に関するもう一つの研究分野が，自然言語処理（natural language processing）を応用したチャットボットによるCBTの効果研究である（Fitzpatrick et al., 2017）。この効果研究で用いられた"Woebot"と呼ばれるチャットボットは，自然言語処理とCBTの技術を用いて対象者とのテキスト会話を行うものである。"Woebot"は対象者からのテキストメッセージを自然言語処理によって読みとった上で，CBTに基づくテキストメッセージや動画などを対象者に自動的に送信する。"Woebot"によるCBTを受けた対象者は介入によって抑うつ症状が有意に低減したが，この効果は電子書籍による情報提供のみを受けた対象者には認められなかった。また，宗ほか（2016）も自然言語処理を応用したチャットボットによるCBTの効果研究を実施している。この研究では抑うつ症状の改善は認められなかったが，自然言語処理を用いたCBTは一般的なインターネットCBTよりも脱落率が低いことが報告された。

　自然言語処理を用いたCBTの実践はまだ端緒が開かれたばかりであるが，データが蓄積されればされるほど精度が増強される自然言語処理の特徴を考えれば，将来的に大きな貢献をもたらすことが期待される。

［佐藤　寛］

第 13 章

認知行動療法における倫理と関連法規

［編集担当：田中恒彦・大月　友］

　本章では，認知行動療法に関連する法律や制度，そして，認知行動療法の実践や研究を行う上での倫理について，その基本的な考え方を概説していく。
　実は，これまでの認知行動療法関連のテキストには，本章で取り上げられる事項はあまり書かれていないことが多かった。特に，関連法規に関して触れている書籍はほとんどなかったと言えよう。本書でこのような関連法規を積極的に取り上げることになった背景には，2017 年 9 月に日本において公認心理師法が施行されたこと，あるいは，2010 年 4 月の診療報酬改定やそれ以降の改定において認知行動療法が保険点数化されたことなど，認知行動療法をめぐる社会的状況の大きな変化があげられる。こうした状況において，認知行動療法の果たす社会的役割はますます大きくなっている。特に，心理技術職が国家資格化され，国民の心の健康の保持増進に寄与するという目的が法律上示されたことは（公認心理師法第 1 条），これまで以上に大きな社会的責任を負うことになる。こうした社会的背景を受け，本書においても，保健医療分野，福祉分野，教育分野，司法・犯罪分野，産業・労働分野において，認知行動療法を含めた心理実践を行う上で関連する法規について，各分野で認知行動療法を実践している専門家に紹介していただくことにした。これまでは，認知行動療法を実践するにあたって，各分野で実際の業務に携わりながら，そこで初めて関連法規を学ぶことが多かったことを考えると，体系的にその概要がまとめられた本章の意義は大きいと言えよう。
　また，認知行動療法の発展や普及に伴い，それを実践する上での専門家として倫理，あるいは，研究する上での研究者としての倫理なども，ますます重要になってきている。今後も認知行動療法の果たす社会的役割はますます大きくなることを考えると，その実践と研究を推進するにあたって，関連法規や倫理をしっかりと理解することが必要になってくる。なお，本章で取り上げている情報は，時代により変化するものである。そのため，各自で最新の情報にアップデートすることを推奨する。　［田中恒彦・大月　友］

認知行動療法を実践する際の倫理

☞ 認知行動療法 p.2, 認知行動療法におけるセラピスト–クライエント関係 p.6, 認知行動療法を実践する際の倫理 p.698

　日本認知・行動療法学会は九つの倫理綱領を公開し，学会員の倫理的な姿勢を定めている。1. 社会的責任の自覚 2. 人権の尊重 3. 社会的規範の遵守 4. 説明と同意（インフォームド・コンセント）5. 守秘義務 6. 公開公表に伴う責任 7. 説明責任（アカウンタビリティ）8. 倫理の遵守 9. 倫理綱領の違反疑義への対応である。学会員はこの綱領に基づいて，「人を対象とする医学系研究に関する倫理指針」（文部科学省・厚生労働省，2017 年）に則った研究と実践をすることが期待されている。現在のところこの指針は，医学系研究だけでなく人を対象とする倫理的な研究を実施するための重要な指針となっている。この指針は 8 つの基本方針から構成されている（表 1）。

表 1　人を対象とする医学系研究における基本方針［文部科学省・厚生労働省「人を対象とする医学系研究に関する倫理指針」（平成 26 年 12 月 22 日（平成 29 年 2 月 28 日一部改正））より抜粋］

① 社会的及び学術的な意義を有する研究の実施
② 研究分野の特性に応じた科学的合理性の確保
③ 研究対象者への負担ならびに予測されるリスク及び利益の総合評価
④ 独立かつ公正な立場に立った倫理審査委員会による審査
⑤ 事前の十分な説明及び自由意志による同意
⑥ 社会的に弱い立場にあるものへの特別な配慮
⑦ 個人情報等の保護
⑧ 研究の質及び透明性の確保

●クライエントとの意思決定の共有　アメリカ心理学会（American Psychological Association：APA）（2006）によると心理学におけるエビデンスに基づく実践（evidence-based practice in psychology：EBPP）とは「患者の特徴，文化，及び志向性という枠組みの中で得られる最新最善の研究エビデンスと臨床上の判断を統合させたもの」と定義している。三田村・武藤（2012）はこの定義が三つの要素から構成されているとまとめている。1. 最も信頼のおける質の高い情報に基づいて，2. ケース・フォーミュレーションを実施し，クライエントとの関係の構築から介入，評価まで科学者‒セラピストとしての能力を駆使して，3. クライエントの文脈（特徴や文化，考え方など）を尊重して，どのような実践が最適かを判断することである。

　このような高度な判断をするためにセラピストに求められることの一つは，現時点においてのベスト・エビデンスは何かを知っておくことである。その一つの

リソースは実証的に支持された心理学的介入法（empirically supported treatments：ESTs）のリストである（https://www.div12.org/psychological-treatments/）。

セラピストに求められるスキルにはケース・フォーミュレーションを実施するスキル，クライエントとの協働関係を構築するスキル，アセスメントを実施するスキル，介入のためのスキル，そして介入の有効性を科学的に判定しそれを公表するスキルが求められる。さらに，セラピスト自身の持っているスキルを適切に判断したうえで，必要に応じてクライエントを他の専門家に紹介できることが求められる。

時にはクライエントから「○○セラピーを希望する」というリクエストがあるかもしれない。リクエストの機能はなんだろうか？　クライエントは「○○セラピーが最適である」という情報を無条件に受け入れているかもしれないし，自身の状態の特定の部分にだけ注目して（たとえば気分の落ち込みにだけ注目して自分はうつ病だと）判断しているかもしれない。セラピストは，クライエントのリクエストの機能をクライエントと共に検討したうえで，クライエントの文脈を尊重して，判断を下さなければならない。

このような知識やスキルの獲得には継続的な学習と訓練が必要である。ベスト・エビデンスを知るためには，英語で情報を得ることができたり英語で行われるトレーニングに参加したりできる，十分な語学力が必要である。多くのセラピストが十分な語学力を持っているわけではないので，学会や研究会などの研究者・実践家のコミュニティーに積極的に参加して，ベスト・エビデンスに接触する機会を得ることが重要である。

●**クライエントをリファーする**　クライエントの状態がセラピストの技量を超えていると判断されたり，他のセラピーの方がクライエントにとってベターであると判断されたりする場合には，セラピストはクライエントを他のセラピストやセラピーに紹介する。それは倫理的な行動であると言える。しかしながらセラピストはたびたびそうすることを躊躇する。それはなぜなのだろうか。

時には「自分が能力のないセラピストだとクライエントや同僚から思われる」「プライドが傷つく」などのセラピストの思考が関与しているかもしれない。これらの思考から回避したり，思考を修正しようと懸命になっていたりするセラピストの状態は，クライエントと類似しているだろう。セラピストが自身のそのような思考に適切に対応することは，クライエントに治療的モデルを提供することになる。そのためセラピストは自身のセルフケアに努力しなければならない。

●**治療的同盟関係**　クライエントとセラピストとの治療的な同盟関係（therapeutic alliance）は治療結果に大きなインパクトを持っている（Krupnick et al., 2006；Raue, Goldfried & Barkham, 1997）。より良い治療的同盟関係は，

クライエントの人権を尊重し，安全な環境でセラピーを実施し，クライエントの考えや主体性を尊重することから始まる。その上で，介入について十分に説明することが必要である。インフォームド・コンセントを得ることは，より良い治療的同盟関係を作っていく際の基本となる。また，科学的な研究の目的は，研究参加者への直接的な利益だけでなく，将来の社会的な利益に広く貢献することであるので，研究参加者は負担やリスクを自発的に引き受け，研究に参加する。インフォームド・コンセントはそのような研究参加者を守り，人権を尊重するための手続きであり，研究参加者の意思決定のプロセスである。研究者はそれに必要な十分で正確な情報を提供するべきである（有江，2017）。臨床活動では，より良い治療的同盟関係を作ろうとしていくセラピストの行動は結果的に倫理的な行動へとつながっていく。

認知行動療法においても，実践を行う上で治癒的同盟関係は重視される。たとえば，アクセプタンス＆コミットメント・セラピー（acceptance & commitment therapy：ACT）ではクライエントとの治療同盟を強めていくために，いくつかのメタファーが用いられる（Hayes et al., 2012）。よく知られているメタファーの一つは「山登りのメタファー」と呼ばれているものである（Harris, 2012）。山はクライエントが抱えている悩みや心理的困難のアナロジーで，その山に登る登山者はクライエント自身である。ACTでは，悩みや心理的困難を，言葉を持つ人間すべてが持つ当たり前の出来事とみなしている。そのため，実践者自身もまた登山者の一人である。クライエントが登ろうとしている山とセラピストが登ろうとしている山は細部では異なっているかもしれないが，セラピストもクライエントも登山者の仲間である。セラピストもクライエントと同じように，悩みや心理的困難に出会い，時には打ちひしがれて登山をあきらめようとしたこともあるだろう。そのような体験を共有することで，登山者の仲間としてお互いを関係付けていく。ACTのセラピストが積極的な自己開示を行うのは，そうすることがクライエントの利益となるという臨床的な判断に基づいていなければならないし，ACTが悩みや心理的困難が言語的な関係反応から生れているという理論的基盤を理解している必要がある。

●**倫理的行動とは**　日本で最も早くから倫理綱領を制定していたのは日本行動分析学会である。日本行動分析学会は1982年に他の心理学系の学会では類を見ない詳細な倫理綱領を公開している。その後，この倫理綱領は日本行動分析学会倫理委員会の精力的な研究に基づいて改訂作業が行われ，作業の成果は2004年に倫理問題特集号として公開された。この特集号では，行動分析学の立場から「倫理的な行動」を分析した論文が掲載されている。この特集号の中で坂上（2004）は，研究参加者による対抗制御の行使のための随伴性の設計が倫理的行動を促進するために必要であると述べている。実験参加者やクライエントが研究者（セラ

ピスト)の非倫理的な対応によって嫌悪的な刺激にさらされ，それを回避，逃避することができない状況に置かれているとき，研究者の非倫理的な行動を止めるように働きかける行動の一つとして，実験参加者やクライエントは研究者の所属機関や集団に働きかけることができる。そして，研究者の所属機関や集団は研究者の非倫理的な行動をやめるように働きかける。このような実験参加者やクライエントの行動は対抗制御の1つである。坂上 (2004) はこの対抗制御を行使するための環境設定として，1. 審査機関が設立され，実験参加者が倫理的問題を相談する機関があること，2. インフォームド・コンセントを得ること，3. インターネットによる倫理的問題の公開をあげている。これらの環境設定は，対抗制御行動を出現しやすくする弁別刺激として機能することが期待される。

対抗制御を行使するための随伴性の設計は，非倫理的な行動を抑制するように働くだろうが，倫理的行動を促進する環境設定の可能性について研究を進めていくことが期待されている。倫理的な行動はルールによる統制を強く受け，価値と密接に関連している。S. C. ヘイズとG. J. ヘイズは道徳的行動 (moral behavior) を「社会的にも個人的にも善なるものについての言語的ルールによって支配され，かつそのルールと一致した行動」と定義している (Hayes & Hayes, 1994 訳 1998：34)。近年，言語的ルールの基礎的な研究と応用研究(関係フレーム理論やアクセプタンス＆コミットメント・セラピー) が進んできているので，研究者の価値に基づく言語的ルールが形成され，道徳的行動を発達させる心理教育プログラムの開発が期待される。

[谷 晋二]

さらに詳しく知るための文献

[1] Harris, R. 2009 *ACT Made Simple: An Easy-to-Read Primer on Acceptance and Comittment therapy*, New Harbinger.(武藤 崇監訳 2012 よくわかるACT―明日からつかえるACT入門　星和書店)
[2] Hayes, S. et al. 2012 *Acceptance and Commitment Therapy: The Process and Practice of Mindful Change*, The Guilford Press.(武藤 崇ほか監訳 2014 アクセプタンス＆コミットメント・セラピー (ACT) ―マインドフルな変化のためのプロセスと実践 (第2版) 星和書店)

認知行動療法の専門資格

☞ 認知行動療法を教育する際の倫理 p.688

　2000年代以降，日本における認知行動療法（CBT）に関する関心の高まりに合わせて，施術者の質の保証が求められている。特に2010年度の診療報酬改定よりCBTが診療報酬として認められるようになったことを受け，CBTの質の保証が喫緊の課題となっている。CBTを施術できる専門家であることを保証するという意味でも，専門資格や認定制度の整備は重要な課題である。

●**海外における認知行動療法の専門資格の認定**　欧米を中心とした海外ではCBT施術者についての認証制度が整えられている。これらの国では，まず公的資格として定められた心理療法における専門資格を取得することが求められ，そのうえでさらに専門的なCBTのトレーニングを受けることが認められることとなる。例えば，心理療法へのアクセスを改善させるための政策（improving access to psychological therapies：IAPT）にてCBTを提供する認知行動療法士は英国行動認知療法協会が認定した大学院などにて必要なカリキュラムを収めたことを証明した上で，認定されたスーパーバイザー（SVor）による一定数のケーススーパーヴィジョン（SV）を受け，基準に達したことが証明されなければならない。国際的なCBTセラピストの認証機関であるAcademy of Cognitive Therapyにおいても，必要な知識が習得されているかや，研修の受講経験，CBTによる臨床経験についての報告とともにSVorによる評価が義務づけられている。いずれの場合も，知識だけではなく実践の評価を通して資格認定が行われている。Academy of Cognitive TherapyによるCBT施術者としての認定は日本人でも基準を満たしていれば認められる。

●**日本における認知行動療法の専門資格の認定**　一方，日本におけるCBTの専門資格については民間団体が独自に認定しているものの，公的資格としては存在していない。これには，日本においてこれまで精神療法・心理療法（あるいは心理学的支援）を専門として提供する公的資格が医師以外に存在しなかったことが影響を与えていると考えられる。しかし，法律など公的保証があるわけではないものの，関連学会が認定する専門資格と，厚生労働省の施策により進められている認証制度が存在する。日本における専門資格の認証としてこの二つを紹介する。

●**日本認知・行動療法学会認定資格**　学会が認定する資格としては，日本認知・行動療法学会が1999年より会員を対象に行動療法士という資格の認定を行っている。行動療法士には"認定行動療法士"と"専門行動療法士"の2種類があり，それぞれに認定基準が設定されている。認定行動療法士は行動療法に関する正確な知識をもち，臨床的に応用できると判断された者が認定される。一方，専門行動療法士は行動療法に対する専門的知識だけではなく，SVも含め，専門家に説

表1　認定行動療法士と専門行動療法士の資格申請条件

行動療法士の資格認定規定
認定行動療法士 1. 日本認知・行動療法学会の会員歴が1年以上あること． 2. 学会が主催する行動療法に関する研修を，延べ6時間以上受けていること． 3. 学会で行動療法に関する研究発表を1回以上行っているか，1編以上公表している 専門行動療法士 1. 日本認知・行動療法学会の会員歴が5年以上，あるいは認定行動療法士資格取得後2年以上あること． 2. 学会が主催する行動療法に関する研修を，延べ30時間以上受けていること． 3. 学会で研究発表を1回以上行っていること． 4. 行動療法に関する研究論文を1編以上公表していること．

明を行うことができることが認定の基準となる（表1）．認定行動療法士の審査は書類と事例レポートによる審査で行われているのに対し，専門行動療法士については書類審査のほかに事例レポートに基づいた面接審査が行われ，その結果をうけて認証が行われる．行動療法士は基本的に更新制になっており，資格保持者は継続して研鑽を行うことが求められる（ただし専門行動療法士については一定回数更新すると永年資格となる）．なお，認知・行動療法学会では，2019年現在，学会を超えたCBT実践者の資格として認知行動療法師を創設を準備している．

●**厚生労働省委託による認知行動療法研修事業**　CBTの専門資格とは異なるものの，公的な認定制度として厚生労働省による認知行動療法研修事業がある．この事業は気分障害に対するCBTの保険適用をうけ，質の高い施術者の養成を目的に行われており，研修を修了した者は名簿に登録され，各都道府県・指定都市を通じて関係機関などで活用される制度となっている．この事業では公募要領の中に研修内容が規定されており，2日間の講義・ワークショップを受講することと，マニュアルに基づいたCBTを施行し，熟達したSVorによるセッションごとの指導を受けることが求められている．実際の研修は以下の手順で実施されている．対象者は一定期間の精神医療業務に従事した医師，医療従事者で，実際にCBTを実施できる環境にあることが求められる．2日間のCBT研修に参加し，臨床研究にて効果が確認されたCBTマニュアルに基づいた内容の研修を受ける．その後16回のCBTをSVorの指導のもとに最後まで完了し，その後のブラッシュアップセミナーに参加することで修了となる．医療保健領域では，この研修を修了した者はCBTに熟達した者として認められている．　　　　［田中恒彦］

📖 **さらに詳しく知るための文献**

[1] 日本認知・行動療法学会 2019 行動療法士について http://jabt.umin.ne.jp/j/qualification/4-2member.html

認知行動療法の研究を行う際の倫理

☞ 臨床試験の粉飾 p.672, 報告ガイドライン p.690

　認知行動療法に関する研究は，非常に多岐にわたっている。例えば，認知行動療法の実践に関わる研究は，人を対象とした研究が多いものの，基礎理論の基盤となる研究には動物を対象としたものも含まれる（☞「第1章」「第2章」参照）。また，人を対象とした場合であっても，特定の疾患や障害，問題を抱えた方々を対象として研究が実施される場合もあれば，そのような傾向はあるが臨床的な問題のレベルは高くない一般の方々を対象としたアナログ研究，あるいは，学校や地域などのコミュニティ内の一般の方々を対象とした研究まである。さらに，研究の目的に応じて，認知行動療法の研究法もさまざまである（☞「第12章」参照）。このように，認知行動療法の研究は多岐にわたって実践されるが，研究活動を実施する科学者が置かれている文脈には共通するものも多い。研究活動には計画から実施，公表にいたるまでさまざまな行動が含まれるが，それらの行動も当然のことながら個人と環境との相互作用という文脈的要因から影響されうるものである。これらの行動は社会的文脈の中で生起，維持するものであり，新たな知見を得ることの喜びから社会的賞賛，さらには，研究業績の増加，研究費の獲得，研究ポスト（職）の獲得やその維持，その他の金銭の獲得，社会的重圧，時間や労力といったコストの増減など，さまざまな結果事象が影響を与えうる。研究者が置かれているその時々の状況によっては，これらの要因が及ぼす影響力が強まり，不正行為や不適切な研究活動へとつながる可能性がある。そのため，認知行動療法の研究を実践する者は，常に自らの研究活動に影響を与える文脈について自覚し，公正で責任ある研究活動を実施することが重要となろう。本項では，科学者として認知行動療法に関する研究活動を実施する上で重要な倫理について，その基本的な考え方を概説する。

●**責任ある研究活動（responsible conduct of research：RCR）**　科学や科学研究は，社会のためにあるものであり，それは単なる個人の趣味ではない。そのため，研究活動は社会からの信頼と負託を前提としている。科学者は，学問の自由のもと，いかなる利害からも独立して，自らの専門的な判断で真理を探究しながら，社会の負託に応える責務を有している。こうした科学者にとって，研究活動とは先人達の積み上げた知見を踏まえた上で，新たな知見を創造し，知の体系を構築していく行為である。「巨人の肩の上に立つ」（Standing on the shoulders of giants）という名言に示されるように，科学の進展は過去の科学者達の研究の蓄積の上に成り立っている。では，もし，蓄積された知見が科学者の手によって不正に歪められたものであったら，どうなるであろうか。それは，科

学の発展を妨げるとともに，科学への信頼を根底から揺るがすことになろう。それゆえ，科学者は責任ある研究活動を遂行する責任がある。こうした基本的な認識のもと，日本学術会議は科学者が社会の信頼と負託を得て，主体的かつ自律的に科学研究を進め，科学の健全な発達を促すための「科学者の行動規範」に関する声明を示している（日本学術会議，2013）。この声明では，科学者の責務，公正な研究，社会の中の科学，法令の遵守などに整理された16の行動規範が記されている。表1は，科学者の責務の中に示されている，科学者の基本的責任と科学者の姿勢を抜粋したものである。科学者は，こうした基本姿勢をもちながら，公正な研究を遂行することを常に徹底させる必要がある。

表1　科学者の基本的責任・姿勢

＜科学者の基本的責任＞ 　科学者は，自らが生み出す専門知識や技術の質を担保する責任を有し，さらに自らの専門知識，技術，経験を活かして，人類の健康と福祉，社会の安全と安寧，そして地球環境の持続性に貢献するという責任を有する。 ＜科学者の姿勢＞ 　科学者は，常に正直，誠実に判断，行動し，自らの専門知識・能力・技芸の維持向上に努め，科学研究によって生み出される知の正確さや正当性を科学的に示す最善の努力を払う。

［日本学術会議「科学者の行動規範」（平成25年1月25日改定）より抜粋］

●**研究活動における不正行為**　責任ある研究活動に反し，科学者の行動規範から逸脱する行為の代表例が，研究活動における不正行為といえよう。研究活動における不正行為は，科学研究の本質に反するもので，科学そのものに対する背信行為といえ，科学者にとって決して許されるものではない。文部科学大臣決定による「研究活動における不正行為への対応等に関するガイドライン」（文部科学省，2014）では，捏造，改ざん，盗用を特定不正行為として定め（表2），研究活動の不正行為に関する基本的考え方，不正行為の事前防止のための取組み，研究活動における特定不正行為への対応，特定不正行為および管理責任に対する措置，文部科学省による調査と支援を明文化している。また，このガイドラインでは，二重投稿や不適切なオーサーシップなども研究者倫理に反する行為としてあげられている。このほかにも，利益相反に関する適切な情報開示をしないこと，研究対象者の保護に関する不備，研究データの不適切な管理，不適切な実験デザインや分析の実施など，研究活動における不適切な行為としてあげることができる（表3）。

●**利益相反（conflict of interest：COI）**　研究活動における不正行為の防止には，科学者自身の自己規律と責任，科学コミュニティの自律が基本とされるが，不正行為が生じえる文脈的要因についても注意が必要である。その一つの例が，利益相反である。利益相反とは，企業や団体などの外部との経済的な利益関

表2　特定不正行為

＜捏造＞
　存在しないデータ，研究結果等を作成すること．
＜改ざん＞
　研究資料・機器・過程を変更する操作を行い，データ，研究活動によって得られた結果等を真正でないものに加工すること．
＜盗用＞
　他の研究者のアイディア，分析・解析方法，データ，研究結果，論文又は用語を当該研究者の了解又は適切な表示なく流用すること．

［「研究活動における不正行為への対応等に関するガイドライン」（平成26年8月26日文部科学大臣決定）より抜粋］

係（役員就任や株式保有，あるいは多額の報酬など）によって，科学研究において必要とされる公正かつ適正な判断が損なわれる，あるいは，損なわれるのではないかと第三者から懸念が表明されかねない事態を指す．認知行動療法に関する研究においても，研究者が自分の属する機関以外の企業や団体との連携活動において実施される場合も少なくない．その際，真理探究を目的とする科学研究と，営利追求を目的とした活動を行う企業・団体とは，その目的や役割の違いから，科学者が企業・団体との関係で発生する利益と，科学研究における責任とが衝突する状況が生じえる．しかし，このような状況は，活発に研究活動が行われ，産学官連携活動が盛んになれば必然的に不可避的に発生するものである．さまざまな研究事業を有機的に連携させ，できるだけ早く研究成果を社会に還元しようとした場合，利益相反そのものを排除することは適切とは言えない．つまり，利益相反をいかに適切に管理し科学研究の信頼性を確保するかが重要となる．そのためには，利益相反に関する透明性の確保を基本として，研究成果の論文発表や学会発表時に開示するなど，科学的な客観性を保証するように管理を行うべきとされている．

●**人を対象とする研究に関する倫理**　認知行動療法に関する研究には，治療をテーマにしたものも多く，「人を対象とする医学系研究に関する倫理指針」（文部科学省・厚生労働省，2017）が適用されることも少なくない．この指針は，科学者が研究対象者の尊厳や人権を守るとともに，適正に研究を行うことができるよう，日本国憲法，個人情報保護に関する諸法令，世界医師会によるヘルシンキ宣言などに示された倫理規範も踏まえて，文部科学省と厚生労働省において制定されたものである．ヘルシンキ宣言は，ナチスの人体実験に対する反省から生まれたニュルンベルク綱領を受けて1964年に開催された世界医師会で採択された倫理規範である．ニュルンベルク綱領では，人を対象とした医学研究を実施する上で，研究参加に対する対象者の自発的な同意を重視しており，この精神はヘルシンキ宣言や「人を対象とする医学系研究に関する倫理指針」（文部科学省・厚

表3　疑わしい研究行為（QRP：questionable research practice）

① 不誠実な研究データの記録保持，説明責任の放棄
② 研究記録の不適切な管理
③ 論文著者の記載における問題（ギフトオーサーシップなど）
④ 発表の根拠となるデータへのアクセスを拒否する
⑤ 研究成果を強調するための不適切な測定方法，統計処理
⑥ 部下や学生からのデータの搾取，不適切な指導
⑦ 研究成果の不適切なプレスリリース

[Responsible Science: Ensuring the Integrity of the Research Process, Volume I. National Academy Press.（1992）より抜粋]

生労働省，2017）にも反映される重要なポイントとなっている。「人を対象とする医学系研究に関する倫理指針」（文部科学省・厚生労働省，2017）は，人を対象とする医学系研究の実施において，全ての関係者が遵守すべき事項について定められている。表3は，この指針で示されている基本方針である。これらの事項を遵守した研究の実施が科学者には求められる。

●**研究を行う際の資質向上の責務**　認知行動療法の研究を行う際の倫理として，個々の科学者が責任ある研究活動を遂行することが重要となる。そのためには，本項で概説してきた内容について熟知する必要がある。また，認知行動療法のさらなる発展のためにも，研究の質や研究報告の質の向上に向けた自己研鑽が重要となる。認知行動療法の研究法に関しては本書第12章が参考になる。また，研究報告の質向上については，行動療法研究（現在の認知行動療法研究）で掲載されている各種ガイドラインが参考になる。非薬物療法の介入研究（奥村，2014）や観察研究（竹林，2014），尺度研究（土屋，2015），尺度翻訳研究（稲田，2015），系統的展望とメタアナリシス（国里，2015），症例研究（谷，2015）について示されている。なお，本項で紹介した各種資料や情報は，今後も更新され続けることが予想される。そのため，可能な限り最新の情報を入手して，各自でアップデートすることをお勧めする。　　　　　　　　　　　　　　　　［大月　友］

📖 さらに詳しく知るための文献

[1] 日本学術振興会「科学の健全な発展のために」編集委員会　2015　科学の健全な発展のために誠実な科学者の心得　丸善出版.

認知行動療法を教育する際の倫理

☞ 認知行動療法を実践する際の倫理 p.678, 認知行動療法の専門資格 p.682

　認知行動療法は，エビデンスに基づいた心理療法であることが特徴の一つであるが，そのエビデンスの根拠となっている無作為化対照試験は，厳格な適格および除外基準によって対象者を選定し，十分なトレーニングを受けた者が手続きを定めた上で治療を行った結果である。そのため，さまざまな背景をもつ多様な患者に対する対応が求められる実際の臨床現場では，治療者の力量によって認知行動療法の効果にばらつきが生じることが課題とされてきた。このような認知行動療法の質保障や均てん化に向けた取組みとして，教育が担う役割は大きく，これまでに客観的な評価に基づいた教育が行われてきたことが，認知行動療法の発展に大きく寄与してきた。そのため，認知行動療法の教育や指導に携わる者は，一連の取組みから得られた知見を参照しながら，精神疾患の知識や適切な介入を行うためのスキルといった認知行動療法の実践家が身につけるべきコンピテンス（能力や技能）や，それらを習得するための効果的な教育内容や方法を把握し，教育指導に活かすことが求められる。

●**認知行動療法の実践家に求められるコンピテンスと評価方法**　効果的な臨床実践のために認知行動療法の実践家に求められるコンピテンスを定め，それらを評価するツールを活用することは，認知行動療法の質保障につながることになる。例えば，治療者自身が現在，どのようなコンピテンスをもち，次にどのようなコンピテンスを身につける必要があるかを見定めることができる。また，コンピテンスの評価ツールは，適格性認定や教育の効果の評価，研究試験の治療者を選定するなど，治療者が適正な能力の基準に達しているかどうかを証明するために活用することもできる。

　認知療法評価尺度（cognitive therapy rating scale：CTRS）は，認知療法の治療者を教育するために開発された代表的な技能評価尺度であり（Young & Beck, 1980），認知行動療法の教育に必要な事柄として参考にできる。CTRS の具体的な項目は，「基本的な治療スキル」として，①アジェンダの設定，②フィードバック，③理解力，④対人能力，⑤共同作業，⑥ペース調整および時間の有効活用の6項目，「概念化・方略・技術」として，⑦誘導による発見，⑧重要な認知または行動への動機づけ，⑨変化に向けた方略，⑩認知行動的技法の実施，⑪ホームワークの5項目，合計11項目が提示されている。米国認知療法アカデミーでは，CTRS の各項目を0～6の7段階で評価し，40点以上を十分な治療スキルがあるという判断基準として設定している。また，CTRS は「基本的な面接の手続き」「対人的影響」「特定の認知行動療法の技法」の三つカテゴリーから

構成される13項目版や，適切な非言語的行動や感情表現の促進といった項目を追加した認知療法尺度改訂版（Cognitive Therapy Scale-Revised；Blackburn et al., 2001b）も開発されている。

また，英国では，エビデンスに基づいた精神療法を行う実践家を養成する国家政策プロジェクト（improving access to psychological therapies：IAPT）の一環として，質の高い認知行動療法を提供するために必要なコンピテンスのリストが作成されている（Department of health, 2007）。このコンピテンスリストは，五つのコンピテンスに大きく分類されており，①包括的なセラピーのコンピテンスとして，認知行動療法を含めたすべての心理療法に共通して必要となるコンピテンス（例えば，クライエントとメンタルヘルスに関する知識，クライエントとの治療同盟の構築や包括的なアセスメントなど）があげられている。さらに，認知行動療法に関連した四つのコンピテンスが提示されており，②基本的な認知行動療法のコンピテンス（アジェンダの設定，セラピーの目標に関する合意など），③具体的な行動療法・認知療法のコンピテンス（エクスポージャーやソクラテス式質問法など，認知行動療法の中心的・専門的な技法に関するコンピテンス），④問題特異的コンピテンス（パニック症やうつ病など特定の疾患に対して効果が示された認知行動療法の介入パッケージに関するコンピテンス），⑤メタコンピテンス（クライエントの反応に応じて介入を調整する能力など，個々のクライエントのニーズに柔軟に対応した介入を行う上で必要とされる高次のコンピテンス）がある。このコンピテンスリストは，認知行動療法の実践に必要な基礎的なコンピテンスから高度なコンピテンスまでを幅広く，網羅されている点が特徴であり，認知行動療法の教育において活用することができる。

●コンピテンスを高めるために必要な教育内容　従来の心理学の訓練では，どのような教育内容が何時間実施されるべきかというように，カリキュラムの構成に重きが置かれていた。一方で，近年のコンピテンスに基づいた教育では，学習者が教育を受けた結果として，どのような技能や知識を身につけているかというような学習成果の観点から教育内容の検討が進められている。英国では，後者の観点から，認知行動療法を主軸とした系統的な教育が行われており，特にうつ病や不安症に対する認知行動療法の実践家の養成における教育内容の構成要素をガイドラインで定めている（BABCP, 2008）。具体的には，①認知行動療法の基礎（治療関係の役割，認知行動療法の適用と限界，認知行動療法の理論とその発展などの18項目），②うつ病に対する認知行動療法（うつ病の症候学，診断分類，病理，うつ病の認知行動モデルの理論と発展など21項目），③不安症に対する認知行動療法（不安症の認知行動療法を構成する基本技法，不安症治療における個別性への対応と最適化など14項目）の三つのモジュールがある。さらに，このようなガイドラインに基づいたトレーニングを提供する機関を英国認知行動療法学会

(British Association for Behavioural & Cognitive Psychotherapies：BABCP）が認証することで，教育水準を保ち，認知行動療法の実践家の質の保証につなげている（BABCP, 2008）。

　このように，どのような教育内容を充実させることが，治療者のコンピテンスを高め，結果的に治療の質保障につながるのか明確にすることは，教育制度を整備する上で有益であると同時に，教育指導者にも大きな利点をもたらす。例えば，あるコンピテンスが習得されるためには，どのような方法論が効果的であるのかを検討したり，教育指導方法を最適化させる上で有用である。また，教育指導者が，明確な基準に則って，教育指導のあり方を検証することは，効果的な教育指導の実現のみならず，偏った指導教育やその評価を是正することにもつながる。

●**認知行動療法の教育指導におけるスーパービジョンの役割**　心理療法の実践では，一連の面接プロセスをさまざまな角度から系統的に振り返ることで，臨床に対する姿勢や行動の変容につながる気づきがもたらされる。この反省的実践はコンピテンスの中核的要素とされ，スーパービジョンなどの他者との関係の中でフィードバックを得る活動を通して生じることが多い。スーパービジョンとは，「同じ専門職の上位に当たるメンバー（スーパーバイザー）から下位あるいは同等のメンバー（スーパーバイジー）に提供される介入行為」と定義される。スーパービジョンは，①個人スーパービジョン，②グループスーパービジョン，③ケースカンファレンスの3つの方法があるが，その中心となるのが個人スーパービジョンであり，スーパーバイザーとスーパーバイジーが定期的に面接の設定を決めて継続して訓練を受けるのが一般的である。心理療法の教育や訓練には，このスーパービジョンが最も重要であり，米国や英国では，一定の時間数のスーパービジョンを受けることが心理職の資格取得の必須事項となっているように，認知行動療法の教育においてもスーパーバイザーの役割はきわめて大きい。

　スーパービジョンの目的は大きく三つに分類できるが，一つ目は，患者の安全を守ることにある。つまり，スーパーバイザーは，学習途上の治療者の治療によってクライエントを危険に曝さないように留意する必要があり，認知行動療法以外の一般的な精神医学的および社会的要素（例えば，自殺や虐待，不適切な薬物療法，治療者の反治療的態度）への配慮が求められる。二つ目は，介入の信用性を担保することであり，一定以上の質で認知行動療法が提供されるようにスーパーバイザーにはゲートキーパーの役割がある。そして，三つ目は，これらが保証された上で，治療者のコンピテンスを向上させることがある。そのため，スーパーバイザーは，技法のみならず，治療関係が重要であることを強調した上で，①認知行動的技法についての解説，②スーパービジョン中のロールプレイ，③参考文献の提示，④スーパーバイジー自身も自分の問題に対して認知行動的技法を活用することを推奨するといったさまざまな方法をとおして，教育指導を行う。

●認知行動療法のスーパービジョンを実施する上での留意点　心理職にとって，経験豊かなスーパーバイザーとの対話を通して学ぶことは意義が大きいが，スーパービジョンの構造上，倫理的問題が生じることもあるため，教育指導者はさまざまな点に配慮する必要がある。特に教育指導上，留意すべき点は，コンピテンスの習得には一定の時間とプロセスが必要であるということである。つまり，スーパーバイザーはスーパーバイジーが実際の治療を経験し，振り返り，理論や概念として理解し，それをもとに次の方法を考え，実践で試しながら学ぶといったプロセスを経て，コンピテンスを習得するように支援する必要がある。これは認知行動療法において患者に自己の体験を通して新たなスキルを身につけてもらう協働主義的経験主義と類似した構造となる。そのために，教育指導者は，①安全な環境づくり（スーパーバイジー自身が認められ，尊重され，安全と感じられるようにする），②構造化（時間や枠組みを守ること），③コミットメント（スーパーバイザーが関心をもってスーパービジョンに臨んでいる）といった学習が促進されるような雰囲気をつくることに配慮する必要がある。また，スーパーバイザーは，①ロールモデル（スーパーバイザーがスキルや知識，尊敬の得られる態度のロールモデルとなる），②内省的な教育（スーパーバイジーの内省を通した学習を促進させる），③明確なフィードバック（スーパーバイジーの発達段階に応じた建設的かつ定期的なフィードバックを行う）といった点に留意することが，効果的なスーパービジョンを実現するために求められる。

　このほかにも，スーパービジョンでは，スーパーバイジーの基本的な価値観念（相手に対する敬意，責任性，倫理原則の尊重）や倫理的・法的考慮（非倫理的行為，治療者としての非適格性，管理面の振る舞い）を評価することも必要である。つまり，対人援助職の専門家を養成するためには，1人の人間として適切な資質や心構えをもてるように教育指導していくことも求められている。このように教育指導者は，教育指導上，きわめて重要な複数の役割を担い，多様な観点から客観的な評価に基づいて教育指導を行いながら，専門家を育成するという重責を担う。そのため，教育指導者としての力量を向上させるための取組みが必要不可欠であり，スーパービジョンのスーパービジョンを実施するなどの試みが認知行動療法の質保障のためには重要である。　　　　　　　　　　　　［伊藤大輔］

📖 さらに詳しく知るための文献
[1] 大野　裕・精神療法編集部　2017　認知行動療法のこれから―取り組むべき課題　金剛出版．
[2] 柳井優子ほか　2018　認知行動療法の実践で必要とされるコンピテンスの概念構成の検討―英国の Improving Access to Psychological Therapies 制度における実践家養成モデルに基づく検討．認知行動療法研究　44，101-113．
[3] 小関俊祐ほか　2018　認知行動療法トレーニングにおける基本構成要素の検討―英国のガイドラインに基づく検討．認知行動療法研究　44，15-28．

社会・同僚に対する認知行動療法家の倫理的責任

☞ 認知行動療法 p.2, 認知行動療法におけるセラピスト-クライエント関係 p.6

●**職業倫理**　認知行動療法の普及に伴い，職業倫理に対する社会的関心が高まりつつある。職業倫理とは，ある職能集団（例えば，一般社団法人日本認知・行動療法学会）が設定する行動規範を指す。金沢（2017）によると，職業倫理は，①「しなければならないこと」と「してはならないこと」を示すだけでなく，②専門家が問題解決に従事し，実践を行うための指針となり，③専門職の違いを超えて共通した原則を含む。職業倫理を遵守することにより，専門職の発展と普及が保証されるといえる。

　職業倫理の根幹は，古代ギリシャで紀元前4世紀頃に書かれた「ヒポクラテスの誓い」と呼ばれる文書に由来する。医師（専門家）は患者の利益のために自分の能力と判断力に従った生き方の根本原則を使い，患者に危害や不正を加えず，患者の秘密を厳守し，常に専門的技術を保ち自己練磨する必要性が説かれている（村本，1998）。この「誓い」は，世界医師会により「ヘルシンキ宣言」（1964年）から「リスボン宣言」（1981年）へと受け継がれ，現代の倫理的行動規範の設定に多大の影響を及ぼしている。日本でも多くの学協会と職能集団が倫理綱領を設け，専門職の倫理的責任を全うすることを誓っている。

●**多職種連携（協働）と倫理的責任**　認知行動療法は，精神医学，心身医学，心理臨床，教育，福祉，健康管理，リハビリテーションなど多職種の専門家が実践している。多職種連携チームで認知行動療法を中心としたサービスを提供する際には，クライエントに対する目標のためにそれぞれの専門性を発揮することが重要である。例えば，共通の手順書やプロトコールの作成などにより，多職種連携チームとしての専門性と責任を明確にすることが推奨される。多職種連携の職場では，多様な価値観を尊重し，コミュニケーションを円滑に行い，専門家としての技量を高めていく。同僚に対する認知行動療法家の倫理的責任は，クライエントの福祉にも関わるため，倫理的感受性と判断力を高めるために体験学習を活用した職業倫理の教育実践が行われている（金沢，2017）。

　今後，日本の医療界では，厚生労働省（2010b）による「チーム医療の推進に関する検討会」報告書，教育界では文部科学省（2015）による「チーム学校」の指針が職種連携体制を現実的に強化していくものと考えられる。

●**認知行動療法と職業倫理**　一般社団法人日本認知・行動療法学会は，9条から成る倫理綱領を設けている。簡単にテーマを述べると，①社会的責任の自覚，②人権の尊重，③社会的規範の順守，④対象者および協力者に対する説明と同意（インフォームド・コンセント），⑤守秘義務，⑥公開公表に伴う責任，⑦説明責

任(アカウンタビリティ),⑧自己研鑽,および⑨倫理綱領の違反疑義への対応に関するものである。

　倫理綱領の本来の目的は,責任をもって役割を果たせるように専門家の指針となることである。認知行動療法は,研究と実践の連携により発展を続けている。したがって,認知行動療法家は最新のアプローチを学びつづける姿勢が肝要である。エビデンスに基づく実践を行うことで説明責任(アカウンタビリティ)を果たすことができる。具体的には,解決が必要な問題の明確化,アセスメントと介入におけるデータの求め方と分析,フォローアップの実施などに精通することが必要である。クライエントの権利を尊重するために,守秘義務を守り,認知行動療法の技法と手続きについて具体的な心理教育を行い,正確な情報を提供しなければならない。実践現場では,鋭敏な行動観察と即時の的確な判断が求められる場合が多いゆえ,倫理的規範に準じた専門活動の修練は極めて重要である。

　認知行動療法は教育的な介入でもあるため,クライエントとの協働作業が求められる。例えば,エクスポージャー,リラクセーション,気分や行動の自己記録,問題の機能的アセスメント,あるいは反応妨害などは,セラピストの指導のもと,クライエントが主体的に参加することが必要である。不安や恐怖の対象となる刺激を現物あるいはイメージで提示するエクスポージャーの手続きでは,事前に十分な心理教育を提供する。クライエントと認知行動療法家双方の自己決定権を尊重し,情報を共有し,合意に達することが,インフォームド・コンセントである。幼児子どもの場合には,保護者や関係者の協力と理解が家庭や学校園での介入プログラムの実行に影響する。総じて,専門家の倫理的責任は,クライエントと協働関係を築き,実証的なアセスメントに基づく介入を行い,結果を出し,クライエントの具体的な問題を解決するための意思決定に関わってくる(Bailey & Burch, 2015)。実践で意思決定が必要な状況は頻繁にあることに注目したい。

●**社会における認知行動療法家の倫理的責任**　職業倫理の実践は,クライエントの問題の解決に貢献し,クライエントの人権や人格を守ることにつながり,さらに社会における認知行動療法の専門性を高めることにもなる。クライエントの問題に対する認知行動療法を支持する客観的な根拠はあるか,クライエントの価値観や言語,宗教などを尊重しているか,など多様性の社会で専門家に課せられる倫理的判断は多岐にわたる。認知行動療法家は,安心,安全で質の高いサービスを提供するため,研究,教育,実践,普及,および啓発活動全般に対して倫理的責任が伴うことを自覚し,自己練磨に励む。

[松見淳子]

□**さらに詳しく知るための文献**
[1] Koocher, G. P. & Keith-Spiegel, P. 2016 *Ethics in Psychology and The Mental Health Professions: Standards and Cases*(4th ed.), Oxford University Press.

保健医療分野の関連法規

☞ 保健医療分野の認知行動療法 p.326，認知行動療法と診療報酬 p.704

　対人支援において認知行動療法が用いられる主要な領域の一つは保健医療分野である。本項では保健医療分野の関連法規として，医療法，医師法，歯科医師法，保健師助産師看護師法，薬剤師法，精神保健福祉士法，精神保健及び精神障害者福祉に関する法律，地域保健法，医薬品・医療機器等の品質・有効性及び安全性の確保等に関する法律を取り上げ，保健医療分野で認知行動療法を実践する際の関連法規を概説する。

　病院，診療所などを中心とした保健医療分野では医療法に基づきさまざまな医療が提供されている。医療法の目的は「医療を受ける者の利益の保護及び良質かつ適切な医療を効率的に提供する体制の確保を図り，もつて国民の健康の保持に寄与する」ことであり，提供される医療が「単に治療のみならず，疾病の予防のための措置及びリハビリテーションを含む良質かつ適切なもの」である必要が記されている。認知行動療法もこの総則に沿った提供が必要となる。さらに医療法は，医療の担い手が，医療を提供するにあたり，適切な説明を行い，医療を受ける者の理解を得るよう努めなければならないと規定している。協同的実証主義を重視する認知行動療法では，治療あるいは支援全体の見通しや各セッションで取り組む内容（アジェンダ）について協同的に話し合うことが求められるため，こうしたインフォームド・コンセントの理念とは親和性が高いといえる。また，医療法は医療機関が虚偽あるいは誇大な広告を行うこと規制するとともに，医療事故を防ぐための安全確保のための規定を設けている。そのため，保険医療分野で働く者は安全管理の指針に基づいた研修への参加や委員会活動を求められることになる。

●医師法および歯科医師法に基づく医行為と多職種による相対的医行為　医師法および歯科医師法は資格をもたないものが医行為および歯科医療行為を行うことを禁じており，違反した場合は3年以下の懲役もしくは100万円以下の罰金に処される。そのため医師または歯科医師以外の職種が認知行動療法を行う際には，相対的医行為として，「医師の指示に基づく」条件の上で提供されることになる。保健師，助産師，看護師，准看護師であれば保健師助産師看護師法に基づき，公認心理師であれば公認心理師法に基づいて医師の指示を受けて相対的医行為を行うことになる。一方，精神保健福祉士は精神保健福祉士法に基づき，医師の指示ではなく指導を受けて相対的医行為を行うこととなる。薬剤師は薬剤師法に基づき，調剤した薬剤の適正な使用のための情報の提供および指導として認知行動療法を活用する可能性が考えられるが，いずれにせよ主治の医師または歯科医師との綿密な連携が義務づけられることとなる。また，医師法第24条には診

療録の遅滞ない記載と5年間の保管の義務が記載されており，認知行動療法の記録についてもこれに沿った管理が求められる．

●**精神保健及び精神障害者福祉に関する法律**　精神保健及び精神障害者福祉に関する法律は，精神保健福祉法とも略され，精神障害者の医療および保護を行うこと，社会復帰の促進およびその自立と社会経済活動への参加の促進のために必要な援助を行うこと，精神障害の予防と国民の精神的健康の保持および増進に努めて精神障害者の福祉の増進および国民の精神保健の向上をはかることを主目的としている．

精神保健福祉法の一つの主要な柱は，入院形態と行動制限に関する規定である．入院形態には患者本人の同意に基づく任意入院，家族などのいずれかの同意者によってなされる医療保護入院，自傷他害の恐れがある場合に都道府県知事の命令によってなされる措置入院，患者本人や家族の同意がなくとも急速を有する際に指定病院でのみなされる応急入院などがある．行動制限には通信・面会の制限，隔離，身体拘束，任意入院患者の開放処遇の制限があるが，精神保健福祉法は先述の入院も含めて，患者のもつ人権を制限する規定を数多く含んでいる．そのため，インフォームド・コンセントの理念と必要な手続きに基づいてなされる必要がある．保健医療分野の場合には患者のもつ現実検討能力や同意能力の低下といった事態が想定されるため，手続きの厳格化や既定の整備などがなされている．これにより，患者の人権を保護するという側面と自傷他害を防ぎ適切な治療を提供するという側面の両立を目指している．精神保健福祉法はその他にも，精神保健福祉センターの設置と精神保健や精神障害者の社会復帰と相談支援という業務や，精神障害者保健福祉手帳の発行について規定している．また，地方精神保健福祉審議会や精神医療審査会を設置し，精神保健福祉に関する調査や上記入院形態の適切さを審議することも定めている．また，精神保健福祉センターの設置は，地域保健法に基づく保健所及び保健センターによる地域住民の健康の保持および増進業務と併せて，地域精神科医療と生活支援の充実を担っている．精神保健福祉法は精神病者監護法（1900年），精神病院法（1919年），精神衛生法（1950年），精神保健法（1987年）として変化して現在に至っており，精神疾患患者の人権尊重と地域支援の拡充を目標としてきた．支援者はその理念を念頭に置いて精神医療に携わることが求められる．

最後に，近年ではアプリなどのインターフェイスで提供される認知行動療法が医薬品，医療機器等の品質，有効性及び安全性の確保等に関する法律（旧薬事法）に基づいた医療機器として提供される例も見られるようになっている．こうした認知行動療法に基づくプログラムは同法の規定するさまざまな規制を踏まえた臨床試験を経ている必要がある．　　　　　　　　　　　　　　　　　［浅野憲一］

📖 **さらに詳しく知るための文献**
[1]　元永拓郎　2018　関係行政論　遠見書房．
[2]　精神保健福祉研究会　2016　四訂精神保健福祉法詳解　中央法規出版．

福祉分野の関連法規

☞ 高齢期の問題 p.132, 福祉分野での親支援 p.492, 介護者のサポート p.498, 発達障害者の就労支援 p.506, 高齢者の支援 p.510, 認知症 p.512, 地域生活支援 p.518

　福祉分野に関連する法律は多数存在しており，概括的な法律体系を知っておくことは対象者への適切な援助や介入に役立つ。また，支援を必要とする人を取り巻く環境には，社会福祉士・精神保健福祉士・介護福祉士・保育士そして公認心理師などの国家資格である職種，ケアマネジャーや社会福祉主事等の任用資格，民生委員・児童委員などの民間の支援員組織がある。これら専門職種が関連する法律を全て網羅的に知っておくことが求められているのではなく，心理的援助を行う際に法律問題の存在に気づくこと，専門家として状況判断や介入方針を適切に行うための資源として法律を理解しておくことが求められている。ここでは，福祉を支える法について乳児～児童期・成人期・老年期に分類し，その基盤となる法を一部紹介する。

●乳児～児童期　児童福祉施策の基盤となるのは児童福祉法である。2016年の法改正で，その理念規定には「児童の権利に関する条約の精神にのっとり」が明記され，第1条に「適切に養育されること，その生活を保障されること，愛され，保護されること，その心身の健やかな成長及び発達並びにその自立が図られることとその他の福祉を等しく保証されること」が児童の権利であると規定されている。そして，妊娠期から子育て期までの切れ目のない支援を行う子育て支援関連3法，ひとり親支援（子ども貧困対策推進法）などは，子どもを養育する側を支える法律である。社会的弱者である児童を守るためのさまざまな法律は，子どもが犠牲になった悲惨な事件が起こることがきっかけとなり，新たに法整備がなされてきたという事実もある。しかし，児童福祉法の対象年齢を18歳から20歳未満へ引き上げは2016年改正では見送りとなった一方，「民法改正」により成人は18歳に引き下げられることとなった。10代後半の子どもへの支援が停滞することが懸念される。子どもの福祉がいっそう充実し，子どもの保護を優先する法整備や新たな法律の制定が期待される。私たち心の専門家は，これら法律の改正や変化に常に関心をもつ必要があり，多方面からの支援法に気づくことが重要である。

●成人期　日本には世界に誇る国民皆保険・皆年金制度がある。これを基本にして各種保険制度が整備され，最終的なセイフティネットとしての生活保護法（1951年施行）が制定されている。2015年には生活困窮者自立支援法が施行され，生活保護に至る可能性のある人を対象に，都道府県や市町村に相談窓口が設置されている。その前年には子どもの貧困対策に関する大綱が定められ，保護者の就労に対する支援等が盛り込まれた。さらに，ホームレスの自立の支援等に関する特別措置法は2027年まで延長となるなど，社会的弱者が地域社会を構成する一員とし

て日常生活を営み，社会や経済，文化その他あらゆる分野の活動に参加する機会が与えられるよう取り組まれている。一方，「障害」に関連する法規に着目すると，その法律は多岐にわたっている。対象者が自立した日常生活または社会生活を営むことができるよう，数多くの法律が改正されてきた。障害者総合支援法（2016年改正）では，①対象者の拡大（難病，重度の知的・精神障害など），②障害程度区分から支援区分への変化，③障害福祉サービスの内容充実，と変革された。発達障害者支援法には，権利擁護として定められている差別解消に加えて，いじめの防止，虐待の防止等も明記されている（同法第12条）。心理的支援を行ううえで，私たちはこれらの法律の理念や考え方を十分に理解しておく必要がある。

●老年期　65歳以上の高齢者は総人口に占める割合は27.7％（2017年9月推計）と，過去最高となった（総務省，2017）。この超高齢社会において，高齢者の心の健康を支える法整備はさらなる充実が求められている。その軸となっているのが介護保険法（1997年成立）であり，数回の改正を経て，地域包括ケアシステムの実現を目指している。これは「おおむね30分以内に駆け付けられる圏域で，個々人のニーズに応じた医療・介護等のさまざまなサービスが適切に提供できるような地域での体制」と定義されている（地域包括ケア研究会，2008）。今後，医療と介護，そして福祉，住まいと労働等の各分野の法整備がさらに展開されていくだろう。私たち心の専門家が出会うクライエントには，判断能力や意思決定能力が不十分な高齢者も含まれる。そして，高齢者を介護する人々への支援ニーズもますます増えている。2015年策定の新オレンジプラン（認知症施策推進総合戦略）では，「認知症初期集中支援チーム」が市町村に設置されること，地域ケア会議での情報共有や家族向けの認知症介護教室の普及等が示されている（厚生労働省，2015e）。心の専門家として高齢者や介護する人の心に寄り添いながら，積極的に関与していくことが必要である。その際，高齢者虐待の防止，高齢者の養護者に対する支援等に関する法律（高齢者虐待防止法：2006年施行）の理解，高齢者の経済的被害の実際と関連法規，終末期医療のあり方等，高齢者の生活を守るために必要なさまざまな法律に気づくこと，そして必要に応じて法律の専門家に相談し，連携をとるスキルが求められる。　　　　　　　　　［佐田久真貴］

◻さらに詳しく知るための文献
［1］　金子和夫監修，津川律子・元永拓郎編　2018　心の専門家が出会う法律（新版）　誠信書房．
［2］　第二東京弁護士会子どもの権利に関する委員会　2017　子どもをめぐる問題の基本と実務　青林書院．
［3］　島井哲志ほか　2016　保健医療・福祉領域で働く心理職のための法律と倫理　ナカニシヤ出版．

教育分野の関連法規

☞ 教育分野における認知行動療法の適用 p.394，特別支援教育分野における多職種連携 p.474

　日本国憲法においては，教育に関して，「すべて国民は，法律の定めるところにより，その能力に応じて，ひとしく教育を受ける権利を有する」（第26条）と定められている。教育基本法は，この日本国憲法の理念を受けて，1947年に制定された（2006年に改正された）。教育基本法においては，「教育は，人格の完成を目指し，平和で民主的な国家及び社会の形成者として必要な資質を備えた心身ともに健康な国民の育成を期して行われなければならない」（第1条）とされる。このような日本国憲法および教育基本法の理念に基づいて，教育に関するさまざまな法律が存在する。具体的には，学校教育法，教育職員免許法，社会教育法，義務教育諸学校における教育の政治的中立の確保に関する臨時措置法，国立大学法人法，就学前の子どもに関する教育・保育等の総合的な提供の促進に関する法律，などがあげられる。

●**学校教育法**　学校教育法は，日本国憲法および教育基本法の理念を受けて，いわゆる六・三・三・四制の学校制度を定めた法律である。ここでの学校とは，「幼稚園，小学校，中学校，義務教育学校，高等学校，中等教育学校，特別支援学校，大学及び高等専門学校」（第1条）を指す。本法律では，学校の設置者（第2条），学校の設置基準（第3条），校長・教員の資格（第8条），義務教育（第16条）など，第1条で定められた学校種すべてに共通する原則や，学校種ごとの特徴（目的，目標，修業年限など）が定められている。本法律は，2006年の教育基本法の法改正に伴い，2007年に改正され，学校に副校長，主幹教諭，指導教諭を置く等の改正がなされた。また，2017年3月には学校教育法施行規則が改正され，スクールカウンセラー，スクールソーシャルワーカーが法制化されている。

●**教育職員免許法**　教育職員免許法は，教育職員の免許に関する基準を定めた法律である。ここで記載されている教育職員とは，学校の主幹教諭，指導教諭，教諭，助教諭，養護教諭，養護助教諭，栄養教諭，主幹保育教諭，指導保育教諭，保育教諭，助保育教諭および講師を指す（第2条）。本法律では，教育職員となるために必要な免許（普通免許状，特別免許状，臨時免許状など）やその基準が記載されている。なお，本法律は，2006年の教育基本法の法改正に伴い改正され，教員の資質の向上を目的とした「教員免許更新制」が2009年から導入されるなどの改正がなされた。教員免許更新制では，普通免許もしくは特別免許状の有効期間は免許取得10年後の年度末までとされ，有効期間の満了までに講習（免許更新講習：第9条）を受講すれば免許状が更新されることとなっている。

●**社会教育法**　社会教育法は，教育基本法の精神に則り，社会教育に関する国及

び地方公共団体の任務を明らかにすることを目的としている（第1条）。社会教育とは、「学校の教育課程として行なわれる教育活動を除き、主として青少年及び成人に対して行われる組織的な教育活動（体育およびレクリエーションの活動を含む）」（第2条）を指す。本法律では、これら社会活動における、国・地方公共団体の任務（第3条）、社会教育主事等の設置及び職務（第9条）、社会教育関係団体（第10条等）、社会教育委員（第15条等）、公民館の役割（第20条等）、学外施設の利用（第43条等）、通信教育（第49条等）について規定されている。

●**義務教育諸学校における教育の政治的中立の確保に関する臨時措置法**　義務教育諸学校における教育の政治的中立の確保に関する臨時措置法は、「教育基本法の精神に基づき、義務教育諸学校における教育を党派的勢力の不当な影響又は支配から守り、もって義務教育の政治的な中立を確保するとともに、これに従事する教育職員の自主性を擁護することを目的」（第1条）とし、特定の政党を支持させる等の教育の教唆およびせん動の禁止（第3条）等が規定されている。

●**国立大学法人法**　国立大学法人法は、「大学の教育研究に対する国民の要請にこたえるとともに、日本の高等教育及び学術研究の水準の向上と均衡ある発展を図るため、国立大学を設定して教育研究を行う国立大学法人の組織及び運営並びに大学共同利用機関を設置して大学の共同利用に供する大学共同利用機関法人の組織及び運営」（第1条）について定められている。本法律は、2003年に施行され、本法律の施行後、各大学および各大学共同利用機関が自律的な運営を確保することを目標として、99の国立大学（短大含む）と15の大学共同利用機関が、国立大学法人89法人、大学共同利用機関法人4法人に再編された。

●**就学前の子どもに関する教育・保育等の総合的な提供の促進に関する法律（認定こども園法）**　就学前の子どもに関する教育・保育等の総合的な提供の促進に関する法律は、「幼児期の教育及び保育が生涯にわたる人格形成の基礎を培う重要なものであること並びに我が国における急速な少子化の進行並びに家庭及び地域を取り巻く環境の変化に伴い小学校就学前の子どもの教育及び保育に対する需要が多様なものとなっていることに鑑み、地域における創意工夫を生かしつつ、小学校就学前の子どもに対する教育及び保育並びに保護者に対する子育て支援の総合的な提供を推進するための措置を講じ、もって地域において子どもが健やかに育成される環境の整備に資すること」（第1条）が目的とされる。本法律は「認定こども園法」とも称され、満3歳以上の子どもに対する教育ならびに保育を一体的に行う幼保連携型認定こども園の設置基準等について規定している。

［佐藤友哉］

📖 **さらに詳しく知るための文献**

[1]　姉崎洋一ほか　2018　解説教育六法（平成30年版）三省堂．

司法・犯罪分野の関連法規

☞ 成人犯罪・少年非行と関連諸機関 p.528, 触法精神障害者を取り巻く諸問題 p.530, 司法・犯罪分野の実践上の特徴 p.532

　司法・犯罪領域においては，主に，犯罪や非行を犯した者が，事件を起こすに至った要因に関するアセスメント，その要因の改善・更生に向けたカウンセリングや処遇プログラムの実施において，心理学の知見が活用されている。ここでは，司法・犯罪分野の関連法規として，刑事司法手続に関連する諸機関における，心理学的な介入の根拠に関する法律などを概観する。

●**刑事収容施設及び被収容者等の処遇に関する法律**　平成 17 年法律第 50 号（平成 26 年改正）。刑事収容施設の適正な管理運営と被収容者等の処遇に関して定めた法律である。被収容者の権利や刑事施設の規律秩序の維持に関する規定のほか，受刑者の処遇は，その者の資質及び環境に応じ，その自覚に訴え，改善更生の意欲の喚起及び社会生活に適応する能力の育成を図ることを旨として行うとの処遇の原則（30 条）や，矯正処遇は，必要に応じ，医学，心理学，教育学，社会学その他の専門的知識及び技術を活用して行うものとする（84 条 5 項）ことなどが規定されている（太田，2012）。

　関連した法務省令として「刑事施設及び被収容者の処遇に関する規則」（平成 18 年法務省令第 57 号）が発出されており，法律に規定された事項の運用などについて定められている。

●**少年院法**　2014（平成 26）年成立，2015（平成 27）年 6 月施行。旧少年院法が制定されてから，約 66 年ぶりに大幅改正された。少年院の種類を第 1 種から第 4 種に整理したほか，在院者の処遇にあたっては，医学，心理学，教育学，社会学その他の専門的知識及び技術を活用すること等の在院者の処遇の原則（15 条 2 項）を規定するとともに，在院者の改善更生及び円滑な社会復帰支援において重要な役割を果たす保護者に対して，協力を求めるほか，矯正教育の実効を上げるため，保護者に対する指導や助言等を行える旨を規定した（第 17 条）。また，出院後に自立した生活を営む上での困難を有する在院者に対し，住居，医療，就労・修学などの社会復帰支援を行うことに関する規定についても明記した（44 条）（内藤，2014）。

　関連する法務省令として少年院法施行規則（平成 27 年第 30 号）が発出されている。

●**少年鑑別所法**　2014（平成 26）年成立，2015（平成 27）年 6 月施行。同法の施行に伴い，少年鑑別所の本来業務として，被収容者の鑑別，観護処遇，そして地域の非行・犯罪の防止に関する援助（地域援助）が明文化された。特に少年鑑別所法 131 条は，少年鑑別所の職員が「地域援助」と称する，地域における非行・

犯罪予防に関する面接，相談，心理検査，ケース会議参加，講演・研修その他の活動を広く展開するための根拠条文となっている．
　関連する法務省令として，少年鑑別所法施行規則が発出されている

●**更生保護法**　2007（平成19）年6月に成立．仮釈放等，保護観察，生活環境の調整，更生緊急保護，恩赦等，更生保護の制度別に整理されている．実務上は，遵守事項の整理・充実が図られるとともに，「保護観察対象者の改善更生に資する生活又は行動の指針」を定める生活行動指針が創設されたこと（56条1項），専門的処遇プログラムが「特定の犯罪的傾向を改善するための専門的処遇」として，指導監督の一方法であることが示されたこと（57条1項3号）などが重要な点である．専門的処遇プログラムとしては，認知行動療法を理論的基盤として開発された，体系化された手順による処遇が行われており，性犯罪者処遇プログラム，薬物再乱用防止プログラム，暴力防止プログラム及び飲酒運転防止プログラムの4種がある．処遇プログラムの受講が特別遵守事項（保護観察対象者が保護観察期間中に守るべきことを明文化したもの）として設定されると，プログラム受講が保護観察対象者の義務となる（小新井，2007）．

●**刑の一部執行猶予制度**　2013（平成25）年6月に成立した刑法等の一部を改正する法律（平成25年法律第49号）及び薬物使用等の罪を犯した者に対する刑の一部の執行猶予に関する法律（平成25年法律第50号）により，刑の一部執行猶予制度が新設された（刑法27条の2）．刑の一部執行猶予制度の導入により，裁判所は，前に禁錮以上の刑に処せられたことがない者や禁錮以上の刑の執行終了日から5年以内に禁錮以上の刑に処せられたことがない者等に対し，3年以下の懲役または禁錮を言い渡す場合に，犯罪の軽重及び犯人の境遇その他の情状を考慮し，その刑の一部について執行を猶予することができ，裁判所の裁量により，執行猶予の期間中，保護観察に付すことができる．また，薬物使用等の罪を犯した者は，累犯者であっても刑の一部執行猶予の言渡しが可能であり，その執行猶予の期間中は必ず保護観察に付される制度となっている（法務省法務総合研究所，2017）．

●**家庭裁判所関係**　各家庭裁判所において裁判官を受け，家事事件及び少年事件の調査を担当する家庭裁判所調査官については，裁判所法61条の2に設置根拠が，同条の2第2項に，所掌する業務が家事事件，家事調停，人事訴訟事件の裁判及び少年保護事件についての審判のための調査などであることが記定されている．また，少年審判については，少年審判規則に詳細な手続きなどが記定されている．

［只野智弘］

📖 さらに詳しく知るための文献
［1］藤本哲也　2015　刑事政策概論　青林書院．
［2］太田達也　2018　仮釈放の理論　慶應義塾大学出版会．

産業・労働分野の関連法規

☞ ストレスチェック制度 p.592

　産業・労働分野のメンタルヘルス対策は，主に労働安全衛生管理の一環として実施されてきた。労働安全衛生対策の基本事項は，労働条件（労働契約や賃金，労働時間，休息等）の最低基準を定めた労働基準法（1947）に定められていたが，労働者の自殺や労働災害の増加等を背景に労働安全・衛生に関わる取組みをさらに充実させる必要性が高まり，1972年に労働基準法から独立する形で労働安全衛生法が制定された（北村，2018）。労働安全衛生法は「労働災害防止のための危害防止基準の確立と責任体制の明確化，及び計画的な対策の推進による労働者の安全と健康の確保，快適な職場環境の形成の促進」を目的としており，法令に基づき各種指針が公表されている。なお，2014年6月には「労働安全衛生法の一部を改正する法律」が公布され，2015年12月から従業員数50人以上の事業場において「心理的な負担の程度を把握するための検査（いわゆる，ストレスチェック）」の実施が義務づけられた。

●**心の健康の保持増進に関わる指針**　1988年に労働安全衛生法第70条の2第1項に基づく指針として「事業場における労働者の健康保持増進のための指針」が示された。同指針では，心身両面における健康の保持増進（THP）を目的として「健康測定の実施およびその結果に基づく運動指導，栄養指導，保健指導，メンタルヘルスケアの実施」が事業者の努力義務とされた。しかし，その後も「仕事や職業生活で強い不安，悩み，ストレスを感じる労働者」の割合は増加をし続けたため，2000年にメンタルヘルスケアの具体的実施方法として「心の健康づくり計画の策定」と「4つのケア（①セルフケア，②ラインケア，③事業場内産業保健スタッフによるケア，④事業場外資源によるケア）」を示した「事業場における労働者の心の健康づくりのための指針」が示されることとなった。さらに，翌2001年には「職場における自殺の予防と対応マニュアル」が公表され，自殺対策においても教育・研修が進められてきたが，明らかな成果は見られず，2006年3月に前指針（2000年）に替えて「労働者の心の健康の保持増進のための指針（2015年改正）」が新たに公表された（中央災害防止協会，2010）。

●**自殺対策における企業の役割**　2006年に制定された「自殺対策基本法（2016年改正）」では，自殺を個人的な問題ではなく，社会的要因を含めた問題であるとし，国・地方公共団体・医療機関・事業主・学校・その他関連機関が連携して対策を進めていくことの必要性が示された。事業主は「自殺対策への協力」と「労働者の心の健康の保持を図るために必要な措置」が求められる。

●**過重労働対策**　1996年以降，精神障害や精神障害による自殺の業務起因性が

認められる事例がいくつか発生したことから，1999年に「心理的負荷による精神障害等に係る業務上外の判断指針（2011年改訂）」が公表され，精神障害に係る労災認定基準が緩和されることとなった（北村，2018）。しかし，その後も長時間労働や過重労働等を背景とした使用者の安全配慮義務を問われる事例が後を絶たず，2014年11月に過労死等防止対策推進法が施行された。なお，安全配慮義務とは，雇用契約に付随して使用者が労働者に負う義務であり，「労働者がその生命，身体等の安全を確保しつつ労働することができるよう，必要な配慮をする」こととして労働契約法（2007）第5条に定められている。

●ハラスメント対策　1997年の男女雇用機会均等法の改正により，募集・採用，配置・昇進等に関わる女性差別が禁止され，セクハラ防止のための事業主の配慮義務が追加された。また，同法は2007年に女性に限らず男女双方の性差別を禁止する規定へと改められ，2017年にはマタハラ（パタハラ）に関する条文が新設された。なお，パワハラについては2012年3月に厚生労働省の「職場のいじめ・嫌がらせ問題に関する円卓会議」にてその定義が公表されたが，行為そのものを規制する法律はなく，刑法や民法等での対応となっている。

●キャリア支援・障害者雇用　少子高齢化やニートなどが社会問題化される中で，労働力の確保や雇用促進の観点から，2015年に勤労青少年福祉法等の一部を改正する法律が施行された。これにより，勤労青少年福祉法（1970）は若者雇用促進法（2015）へと名称が変更され，就職準備段階から就職活動時，就職後のキャリア形成までの各段階において，環境の整備を含めた総合的かつ体系的な若者雇用対策を行う法的枠組みが整備されることとなった。一方，障害者雇用においても，雇用促進（雇用義務等）や職業リハビリテーション（就労支援等）に関わる事項が整備されてきたが，当初（1960）は身体障害者雇用促進法と称して，対象を身体障害者に限定していた。その後，1987年の法改正により障害者雇用促進法へと名称が変更され，雇用率の算定に知的障害者が加えられた。さらに，2018年にはその他の精神疾患が加えられるなど対象が拡大し，雇用が進められている（算定率は2018年4月1日以降，民間で2.2％，国・地方公共団体，特殊法人等で2.5％，都道府県教育委員会で2.4％とされ，今後も引き上げられる見通し）。

[馬ノ段梨乃]

□ さらに詳しく知るための文献
[1] 金子和夫監修，津川律子・元永拓郎編　2016　心の専門家が出会う法律（新版）―臨床実践のために　誠信書房．
[2] 元永拓郎編・黒川達雄法律監修　2018　関係行政論　野島一彦・繁桝算男監修　公認心理師の基礎と実践㉓　遠見書房．
[3] 働く人のメンタルヘルス・ポータルサイト　こころの耳　http://kokoro.mhlw.go.jp/

認知行動療法と診療報酬

☞ パニック症（パニック障害），広場恐怖症 p.104, 強迫症（強迫性障害，OCD）p.106, 社交不安症（社交不安障害，SAD）p.110, 医療経済評価と診療報酬改定 p.654

　行動療法の諸技法は，心身医学療法の一部としてや Social Skills Training などとして診療報酬として算定され，実施されてきた。2010（平成 22）年度診療報酬改定において，うつ病に対する治療として「認知療法・認知行動療法」が新設された。厚生労働省が認知行動療法に注目した元々の理由は自殺・うつ病対策であり，そのために質の担保というものが重視された。そこで，診療報酬の新設に伴い，実施のためのマニュアルの整備，国の事業として認知行動療法の研修，さらには，その研修を受講した者にスーパーバイザーによる継続的な指導を行うことで，日本における認知行動療法の質の向上をはかったのだ。当初は診療報酬の要件が医師による実施のみに限定されていたが，現在では看護師にも認められ，その対象疾患もうつ病などの気分障害だけでなく，強迫性障害，社交不安障害，パニック障害，心的外傷後ストレス障害，神経性過食症にまで拡張した。このことは，自殺・うつ病対策という位置づけであった認知行動療法が，現在では薬物療法に変わりうる治療法として変化したことを意味する。

●自殺・うつ病等対策プロジェクトチーム　日本の自殺者数は，2009 年の時点で，1998 年以来 12 年連続で 3 万人を超えるという，深刻な事態となっていた。そこで，厚生労働省は，2010 年 1 月に「自殺・うつ病等対策プロジェクトチーム」を立ち上げ，厚生労働分野における重点的な対策を講ずることなった。そのとりまとめ（厚生労働省，2010c）の中に，認知行動療法の新たな研修を実施などを通じて，その普及をはかることが明記された。これにより，2010 年度診療報酬改定において認知行動療法が保険点数化されることとなり，日本の施策として認知行動療法研修事業が開始されることとなったのである。

● 2010（平成 22）年度診療報酬改定　この改定では，うつ病に対する精神専門療法の評価として，入院中以外の患者に対して，認知療法・認知行動療法に習熟した医師が一連の計画を作成し，患者に説明を行った上でその計画に沿って 30 分以上認知療法・認知行動療法を行った場合に，1 日につき 420 点を請求できるとされた。その実施にあたっては，厚生労働科学研究班作成の「うつ病の認知療法・認知行動療法マニュアル」（平成 21 年度厚生労働省こころの健康科学研究事業「精神療法の実施方法と有効性に関する研究」）を踏まえて行うこととされ，認知行動療法研修事業もこのマニュアルに基づいて実施されることになった。この研修の修了要件には 2 日間のワークショップだけでなく，16 セッションのスーパービジョンが義務づけられた。これは，治療の質の担保にはスーパービジョンが欠かせないということを公に示した画期的な研修であった。

● 2012（平成 24）年度診療報酬改定　2010 年度診療報酬改定における認知行

動療法実施の問題点として，認知療法・認知行動療法に習熟した医師が行う治療としての点数の低さ，精神科を標榜していない保健医療機関でも算定可能であることが指摘された。そこで，精神科救急医療体制の確保に協力などを行っている精神保健指定医が実施した場合の評価を新設し，その場合は500点を請求できることとした。しかし，精神科救急医療体制への協力と認知行動療法の実施とは関係ないのではないかという疑問が残る評価の新設となった。

●**2016（平成28）年度診療報酬改定**　2014（平成26）年度診療報酬改定では，薬物依存集団治療として認知行動療法に基づいたプログラムが新設された以外は，認知行動療法に関する診療報酬上の目立った改定は行われなかった。しかし，2016（平成28）年度診療報酬改定では，入院中以外の患者に対して，うつ病だけでなく，強迫性障害，社交不安障害，パニック障害，心的外傷後ストレス障害についても定められたマニュアルに従って実施されれば，保険点数が請求できるようになった。それまでは認知行動療法の実施は医師に限定されていたが，地域の精神科救急医療体制を確保するために必要な協力などを行っている精神保健指定医と看護師が共同して行う場合に限り350点を請求できることになった。ただし，その対象はうつ病に限ること，さらに，専任の看護師が同席の上，初回または治療終了を予定する回の面接は専任の医師が実施すること，初回から治療を終了するまでの間の治療は，初回時に同席した看護師が実施し，その看護師による面接後に，専任の医師が患者と5分以上面接すること，看護師が面接を実施する場合は，患者の同意を得た上で当該面接の内容を録音し，専任の医師はその内容を，指示または指導の参考とすることなどの条件が付けられた。

●**2018（平成30）年度診療報酬改定**　この改定では，従来の精神科救急医療体制への協力という条件が削られ，医師が認知行動療法を実施した場合は480点，医師および看護師が共同して認知行動療法を実施した場合に350点を請求できることとなった。また，新たに神経性過食症の患者に対して，定められたマニュアルに従って実施された場合に保険点数が請求できるようになった。

●**認知行動療法の診療報酬における問題**　もともとは自殺・うつ病対策という位置づけで診療報酬化された認知行動療法が，現在では適応疾患の拡大や，実施可能な職種の拡大などでその役割を大きく変えている。今後，公認心理師も実施者として認められ，ますます認知行動療法が医療現場で実施されることが期待される。しかし，その一方で，医療費の財源確保などの課題も出てくるであろう。一定の保険点数を維持しながら，いかにより多くの患者に認知行動療法を行うかというのは難しい問題である。また，当初より質の担保が重視されていたため，今後の研修事業の一層の充実も必要となってくるであろう。　　　　　　　　［蒲生裕司］

📖 **さらに詳しく知るための文献**
[1] 厚生労働省　心の健康ホームページ https://www.mhlw.go.jp/stf/seisakunitsuite/bunya/hukushi_kaigo/shougaishahukushi/kokoro/index.html

合理的配慮

☞ 特別支援教育分野における多職種連携 p.474, 発達障害者の就労支援 p.506, 精神障害者の就労支援における認知行動療法 p.614

　「合理的配慮」という概念が広く知られるようになった背景には「障害者の権利に関する条約」(障害者権利条約)の制定がある(2006年12月の国連総会で採択,日本は2007年9月に署名,2014年1月20日に締結)。その第2条(定義)では,「障害に基づく差別」が「障害に基づくあらゆる区別,排除又は制限であって,政治的,経済的,社会的,文化的,市民的その他のあらゆる分野において,他の者との平等を基礎として全ての人権及び基本的自由を認識し,享有し,又は行使することを害し,又は妨げる目的又は効果を有するものをいう。障害に基づく差別には,あらゆる形態の差別(合理的配慮の否定を含む。)を含む。」(外務省,2018)と定義され,合理的配慮の否定は差別の一形態であると記されている。ここで「合理的配慮」とは「障害者が他の者との平等を基礎として全ての人権及び基本的自由を享有し,又は行使することを確保するための必要かつ適当な変更及び調整であって,特定の場合において必要とされるものであり,かつ,均衡を失した又は過度の負担を課さないものをいう」(外務省,2018)と定義される。

●**合理的配慮と関連法規**　日本では,障害者権利条約締結に先立ち,国内法令の整備が進められた。2011年8月に改正された「障害者基本法」の第2条(定義)において,「障害者」とは「身体障害,知的障害,精神障害(発達障害を含む)その他の心身の機能の障害(以下「障害」と総称する)がある者であって,障害及び社会的障壁により継続的に日常生活又は社会生活に相当な制限を受ける状態にあるものをいう」とされ,「社会的障壁」とは「障害がある者にとって日常生活又は社会生活を営む上で障壁となるような社会における事物,制度,慣行,観念その他一切のものをいう」とされた。そして,同法第4条(差別の禁止)においては「何人も,障害者に対して,障害を理由として,差別することその他の権利利益を侵害する行為をしてはならない」とされ,「社会的障壁の除去は,それを必要としている障害者が現に存し,かつ,その実施に伴う負担が過重でないときは,それを怠ることによって前項の規定に違反することとならないよう,その実施について必要かつ合理的な配慮がされなければならない」と規定された。2013年6月には,障害者基本法の差別の禁止の基本原則を具体化するため,「障害を理由とする差別の解消の推進に関する法律」(障害者差別解消法)が成立し,その第5条(社会的障壁の除去の実施についての必要かつ合理的な配慮に関する環境の整備)において「行政機関等及び事業者は,社会的障壁の除去の実施についての必要かつ合理的な配慮を的確に行うため,自ら設置する施設の構造の改善及び設備の整備,関係職員に対する研修その他の必要な環境の整備に努めなけ

ればならない」と明記された。また，障害者の自立や社会参加にとって極めて重要な雇用の分野においては特有の内容を定める必要があることから，同年には「障害者の雇用の促進等に関する法律」（障害者雇用促進法）が改正され，障害者に対する差別の禁止および合理的配慮の提供義務が規定された。

●**各分野における合理的配慮**　文部科学省（2012）は「共生社会の形成に向けたインクルーシブ教育システム構築のための特別支援教育の推進（報告）」において「障害のある子どもに対する支援については，法令に基づき又は財政措置により，国は全国規模で，都道府県は各都道府県内で，市町村は各市町村内で，教育環境の整備をそれぞれ行う。これらは，『合理的配慮』の基礎となる環境整備であり，それを『基礎的環境整備』と呼ぶこととする」と説明している。合理的配慮の内容は基礎的環境の整備の状況によって異なることから，ある子どもにとって必要な合理的配慮について検討することは，すべての子どもの教育環境を整備するユニバーサルデザインの推進につながるものと理解できる。また，厚生労働省（2018d）は雇用の分野における合理的配慮として次のような具体例をあげている。募集・採用の配慮としては，問題用紙を点訳・音訳すること，試験などで拡大読書器を利用できるようにすること，試験の回答時間を延長すること，回答方法を工夫することなどである。また，施設の整備，援助を行う者の配置などとしては，車いすを利用する方に合わせて机や作業台の高さを調整すること，文字だけでなく口頭での説明を行うこと，口頭だけでなくわかりやすい文書・絵図を用いて説明すること，筆談ができるようにすること，手話通訳者・要約筆記者を配置・派遣すること，雇用主との間で調整する相談員を置くこと，通勤時のラッシュを避けるため勤務時間を変更することなどである。

●**合理的配慮と認知行動療法**　合理的配慮は，障害がある当事者の権利であるが，必要な配慮は個別の状況で異なるため，本人の意思表明が必要となる（本人の意思表明が困難である場合は支援者がその役割を担うことが可能である）。行政機関等や事業者は当事者から何らかの配慮を必要としているとの意思が表明された場合，負担が過重でない範囲で対応すること（事業者においては対応に努めること）が求められる。過重な負担がある場合でも，配慮を求めた者にその理由を説明し，別の対応を提案することも含めて対話を重ねる必要がある。それぞれの状況に応じた個別具体的な合理的配慮を実現していくにあたっては，障害があるとされる状況を個人と環境との相互作用から分析し，その両面からアプローチしていく認知行動療法の視点が有用であると考えられる。　　　　　［金山元春］

📖 さらに詳しく知るための文献
［1］佐々木和義監修，小関俊祐ほか編　2016　認知行動療法を生かした発達障害児・者への支援　ジアース教育新社.

研究倫理と臨床実践における倫理の関係

　今日における認知行動療法（CBT）の普及は，エビデンスに基づく実践が重要視されてきたことに大きな影響を受けている。CBTはさまざまな疾患においてランダム化比較試験を代表とした臨床研究によって効果が検証されてきた。臨床研究の成果はクライエントやセラピストが介入法を決める上での意思決定に影響を与えるだけでなく，政策決定にも大きな影響を与えるようになってきている。イギリスにおいて医療政策として実施されたIAPTはまさにCBTのエビデンスの蓄積が国の医療政策に反映された代表的な事例である。ヒポクラテスにかえるまでもなく，クライエントに最大限の利益を生み出すために有効な支援法が提供されることが必要であることは論を待たない。では，「有効な支援法を提供する」ためには何が必要であろうか。

　有効な支援法を提供するためにセラピストが押さえておくべき情報は，そのクライエントの問題に対してどのような介入に効果があるかである。実践者はクライエントの主訴をしっかりと確認し，臨床疑問を設定した上でエビデンスを確認することでクライエントに有益な情報を提供することができる。しかし，ここで問題となるのが得られた情報が本当に正しいものかどうかということである。論文の情報がねつ造や改竄されたものであれば，当然のごとく実践において同様の成果が得られることはない。また，本来は期待された結果が得られなかった臨床試験にもかかわらず，研究成果の解釈を歪めることでさも肯定的な成果が得られたかのように"粉飾"されて報告されることもある（奥村，2017）。実践者がこういった情報を見抜くためには，結果のみに注目するのではなく論文そのものを批判的に吟味することが必要となる。研究の参加者に偏りはないか，ランダム化や盲検化の手続きがなされているか，脱落率が高くないか，解析方法に誤りはないかなどを検討し情報の質を評価することが重要であろう。当然臨床研究を行う研究者は，被験者への倫理的配慮だけでなく，情報を受け取る側に対しても倫理的責任があることを考え，論文執筆を行われなければならない。

　有効な支援を提供する上でもう一つ重要なことは，セラピストがその支援法を使いこなすことができるか，すなわち公共性（同じ事実が，1人ではなくほかの事例にも認められること）と反復性（1回だけでなく，何度でも認められること）が確認されるかどうかである。臨床研究においては，セラピストは介入方法に習熟していることが条件として定められており，手続きの信頼性・妥当性を確認するための評価が行われていることも多い。しかし，実臨床においてエビデンスが高いと示されたマニュアルどおりに介入を行ったとして，手続きの妥当性が担保されていたかについての保証はない。実践における倫理的配慮として，セラピストが提供できる信頼性が高いサービスについての情報を提供する必要がある。実臨床においては，セラピストは多様な問題を抱えるクライエントに対して介入を行うことになり，1人で対応しようとするとさまざまな介入マニュアルへの習熟が求められることになる。セラピストがマニュアルに習熟するためにはスーパービジョンも含めた一定のトレーニングを行うことが必要となるが，数多く出されているマニュアルすべてに対応することは現実的とは言いがたい。

　エビデンスに基づいた実践を行うには研究者・実践家のたゆまぬ努力が必要となってくる。

［田中恒彦・大月　友］

和文引用文献

*各文献の最後に明記してある数字は引用している項目の最初のページを表す

■あ

相川 充　2000　人づきあいの技術　サイエンス社．……278
相原守夫　2015　診療ガイドラインのためのGRADEシステム（第3版）　中外医学社．……632, 658
朝倉 聡ほか　2002　Liebowitz Social Anxiety Scale（LSAS）日本語版の信頼性および妥当性の検討　精神医学，44, 1077-1084．……202
浅野弘毅　2008　「精神科デイケア」論争　精神保健福祉，39, 336-337．……378
朝比奈牧子　2007　性犯罪　藤岡淳子編著　犯罪・非行の心理学　有斐閣ブックス，p.19．……544
飛鳥井 望　2015　PTSDのためのPE療法　精神神経学雑誌，117, 457-464．……342
アスペ・エルデの会　2014　平成25年度障害者総合福祉推進事業マニュアル（楽しい子育てのためのペアレント・プログラムマニュアル）　https://www.mhlw.go.jp/file/06-Seisakujouhou-12200000-Shakaiengokyokushougaihokenfukushibu/0000068264.pdf（2018年8月20日参照）……492
足達淑子　2014　ライフスタイル療法I　医歯薬出版．……326
足達淑子　2016　行動科学理論と栄養教育　丸山千寿子ほか編　栄養教育論（改訂第4版）　南江堂，pp.38-43．……228
阿部又一郎ほか　2012　Hypomania Check List改訂第1版（HCL-32R1）の紹介と日本語版作成の試み　精神科，20, 554-566．……194
アメリカ心理学会第12部会「成人期のADHDへの心理療法」https://www.div12.org/treatment/cognitive-behavioral-therapy-for-adult-adhd/（2019年3月17日参照）……502
荒川唱子・小板橋喜久代　2001　看護にいかすリラクセーション技法　医学書院．……594
有江文栄　2018　研究倫理の基礎から学ぼう　日本糖尿病教育・看護学会誌，22, 72-76．……678
アルバート，P. A. & トルートマン，A. C.　佐久間徹他訳　2004　はじめての応用行動分析（日本語版第2版）　二瓶社．……50
アンドリュース，G. ほか　古川壽亮ほか　2003　不安障害の認知行動療法（1）パニック障害と広場恐怖　星和書店，P.193．……332

■い

飯倉康郎　2018　行動療法アップデート　最新精神医学，23, 281-289．……114
飯倉康郎編著　2005　強迫性障害の行動療法　金剛出版．……114
五十嵐友里　2014　緩和ケアとターミナルケアに活かす認知行動療法　認知療法研究，7, 131-133．……382
五十嵐良雄　2018　リワークプログラムの現状と課題．日本労働研究雑誌，695（6月号）．……606
生きがい創造プロジェクト　2013　2012年度「高齢者の介護予防のための生きがい創造プログラム実施事業」に関する委託事業報告書　http://dwc-gensha.jp/HP_kusaka/img/02_program/2012_report.pdf（2018年6月22日参照）……510
池田浩之　2016　高機能自閉症スペクトラム障害者の心理的特性を踏まえた就労支援プログラムに関する研究　兵庫教育大学連合大学院博士論文．……506
池田浩之ほか　2012　精神障害者の就労支援における認知行動療法の効果の検討　行動療法研究，38, 47-57．……506
池埜 聡　2000　臨床ソーシャルワークにおける代理性心的外傷ストレス　関西学院大学社会学部紀要，86, 129-144．……620
井合真海子ほか　2017　本邦におけるDBTに基づいたグループセラピーの実践　日本認知・行動療法学会第43回大会抄録集．……24
石垣琢磨　2013　統合失調症の認知行動療法（CBTp）　精神系誌，115, 372-378．……520
石川 淳　2013　研究開発チームにおけるシェアド・リーダーシップ―チーム・リーダーシップ，シェアド・リーダーシップ，チーム業績の関係，組織科学　46　67-82．……622
石川信一・坂野雄二　2005　児童における不安症状と行動的特徴の関連　カウンセリング研究，38,

1-11. ……460
石川信一ほか　2008　児童の不安障害に対する短期集団認知行動療法　精神科治療学，23，1481-1490．……406
石川信一ほか　2010　社会的スキル訓練による児童の抑うつ症状への長期的効果　教育心理学研究，58，372-384．……406
石川信一ほか　2012　自閉症スペクトラム障害に併存する社交不安障害に対する認知行動療法　児童青年精神医学とその近接領域，53，11-24．……446
石川信一ほか　2016　日本における子どもの認知行動療法の学術活動の動向に関する実証的検討　認知療法研究，9，34-43．……442
石川利江ほか　1992　社会的不安尺度 FNE・SADS の日本語版標準化の試み　行動療法研究，8，10-17．……202
石川義弘　1991　非行の臨床　金剛出版．……426
石川信一　2013　子どもの不安と抑うつに対する認知行動療法　金子書房．……156
石隈利紀　1994　論理療法　高野ほか編　学校教育相談カウンセリング事典　教育出版，p.251．……290
石原孝二　2013　当事者研究の研究　医学書院．……522
井澗知美　2015　CBCL・TRF　辻井正次ほか編　発達障害児者支援とアセスメントのガイドライン　金子書房，pp. 129-135．……230
市川佳居　2001　内部 EAP について　産業精神保健，9，6-12．……616
伊藤絵美・向谷地生良　2007　認知行動療法，べてる式。　医学書院．……522
伊藤拓ほか　2013　英国，米国の学生相談機関による集団形式のプログラムの展望　明治学院大学心理学紀要，23，123-136．……402
伊藤玲ほか　2011　自閉性障害児に対する PECS を用いたコミュニケーション指導　特殊教育学研究，49，293-303．……464
稲田俊也編　2013　MADRS を使いこなす（改訂第3版）じほう．……196
稲田俊也編　2014　HAMD を使いこなす　星和書店．……196
稲田俊也ほか　2012　ヤング躁病評価尺度日本語版の開発　稲田俊也編　YMRS を使いこなす　じほう，pp. 11-46．……194
稲田尚子　2015　尺度翻訳に関する基本方針　行動療法研究，41，117-125．……684
稲田尚子・神尾陽子　2008　自閉症スペクトラム障害の早期診断への M-CHAT の活用　小児科臨床，61，2435-2439．……222
井上和臣　2006　認知療法への招待　金芳堂．……284, 286
井上新平ほか監修　2006　精神障害をもつ人のための退院準備プログラム　リーダー用マニュアルおよびワークブック　丸善出版．……378
井上菜穂ほか　2014　障害児のきょうだいの心理的プログラムの効果　米子医学雑誌，65，101-109．……472
井上雅彦　2011　強度行動障害の評価尺度と支援手法に関する研究　厚生労働科学研究費補助金（障害保健福祉総合研究事業）平成 22 年度報告書．……164
井上雅彦　2012　自閉症スペクトラム（ASD）へのペアレントトレーニング（PT）発達障害医学の進歩，24，30-36．……276
井上雅彦　2015　行動論的アプローチは ASD 治療の到達点として何を目指すのか　精神療法，41，498-504．……144
井上雅彦　2017　発達障害に対するペアレント・トレーニングの実際と課題　発達障害研究，39，87-90．……470
井上雅彦ほか　2008　子育てが楽しくなる 5 つの魔法　アスペエルデの会．……470
井原成男ほか　1982　心因性緘黙児に対する行動療法：現実的脱感作法と象徴的モデリングの併用（〈特集〉ストラテジーと効果）行動療法研究，8，36-44．……274
茨木俊夫　1986　自験例による登校拒否症状の経年比較と複合事例に対する治療パラダイム　行動療法研究，11，11-15．……170, 420
今井正司　2013　注意訓練とメタ認知療法　臨床心理学，13，212-216．……300
今井正司・今井千鶴子　2011　メタ認知療法　心身医学，51，1098-1104．……28
今井正司・熊野宏昭　2011　注意訓練がうつ病の認知行動療法に対する認知療法の増強効果に及ぼす影

響　Depression Frontier, 9, 66-71. ……300
今井正司ほか　2017　注意の心理学　Clinical Neuroscience, 35, 934-937. ……28
今西満子ほか　2014　学級経営・生徒指導に活かすティーチャー・トレーニングの試み　奈良教育大学教育実践開発研究センター研究紀要, 23, 219-225. ……468
今村幸太郎　2017　労働者に対するインターネット認知行動療法のうつ病予防効果　科学研究費助成事業研究成果報告書. ……596
岩崎　香ほか　2006　精神科デイケアにおけるプログラムの現状と課題　順天堂大学スポーツ健康科学研究, 10, 9-20. ……378
岩永　誠　1987　不安反応の指標間 synchrony に関する研究展望と問題点　行動療法研究, 13, 29-43. ……58
岩満優美ほか　2009　緩和ケアチームが求める心理士の役割に関する研究　Palliative Care Research, 42, 228-234. ……44
岩本邦宏ほか　2012　その他の代表的な躁病エピソードに関する評価尺度や面接基準　稲田俊也編　YMRS を使いこなす　じほう, pp. 47-66. ……194

■う

ウエスト, M・A. 　高橋美穂訳　チームをリードする　下山晴彦監修　チームワークの心理学　東京大学出版会　pp. 98-104. ……622
植健太ほか　2004　ひきこもりセルフヘルプグループにおける親のストレス反応低減効果の検討　ストレスマネジメント研究, 2, 55-60. ……562
上野一彦ほか　2005　LDI-R-LD 判断のための調査票　日本文化科学. ……224
上野一彦ほか　2008　PVT-R 絵画語い発達検査　日本文化科学社. ……224
内山喜久雄　1997　EQ その潜在力の伸ばし方　講談社. ……230
内山喜久雄ほか　1972　登校拒否の行動療法的アプローチ（2）教育相談研究, 12, 1-11. ……420
内山喜久雄ほか　2015　EQS マニュアル　実務教育出版. ……230
内山喜久雄編著　1986　講座サイコセラピー第 4 巻セルフコントロール　日本文化科学社. ……264
宇野　彰ほか　2006　小学生の読み書きスクリーニング検査（STRAW）　インテルナ出版. ……224
宇野　彰ほか　2015　標準読み書きスクリーニング検査（STRAW-R）　インテルナ出版. ……224
馬ノ段梨乃・島津明人　2009　e-ラーニングによる健康教育　健康開発科学, 13, 13-18. ……600
梅永雄二　1994　職業準備訓練における SST の効果　職業リハビリテーション, 7, 46-51. ……504
浦河べてるの家　2005　べてるの家の「当事者研究」　医学書院. ……522

■え

ADHD の診断・治療指針に関する研究会・齋藤万比古編　2016　注意欠如・多動症—ADHD—の診断・治療ガイドライン（第 4 版）じほう. ……146
遠座奈々子・中島定彦　2018　不安障害に対するエクスポージャー法と系統的脱感作法, Japanese Journal of Psychonomic Science, 36, 243-252. ……256

■お

大石幸二　2016　行動コンサルテーションに関するわが国の研究動向　特殊教育学研究, 54, 47-56. ……396
大久保智生　2016　万引き　日本犯罪心理学会編　犯罪心理学事典　丸善出版, pp. 188-189. ……546
大里大助・関口倫紀　2010　若者向けキャリア・カウンセリングの特徴と課題　経営行動科学, 23, 123-141. ……612
大澤香織　2011　児童・青年期のトラウマに対する認知行動療法の展望　甲南大學紀要文学編, 162, 101-109. ……488
大澤智子　2012　二次受傷—臨床家の二次的外傷性ストレスとその影響　大阪大学教育学年報, 7, 143-154. ……620
大島一郎　1971　重症心身障害の基本的問題　公衆衛生, 35, 648-655. ……516
大島郁葉　2017　児童思春期の高機能自閉スペクトラム症者および家族に対する認知行動療法を用いた心理教育プログラム「ASD に気づいてケアするプログラム（Aware and Care for my AS Traits; ACAT）」の開発と効果についての検証, 平成 27 年度文部科学省科学技術者人材育成補助事業ダイバー

シティ研究環境実現イニシアティブ（連携型）女性研究者活動紹介．……354
太田達也　2012　刑事施設における受刑者処遇の課題と展望　法律のひろば，8月号，54-64．……700
大瀧玲子　2011　発達障害児・者のきょうだいに関する研究の概観　東京大学大学院教育学研究科紀要，51，235-243．……496
大対香奈子ほか　2007　学校適応アセスメントのための三水準モデル構築の試み　教育心理学研究，55，135-151．……442
大塚明子ほか　2002　心療内科および神経科プライマリーケア施設における認知行動療法適用の実際　行動療法研究，28，15-24．……386
大坪天平　2010　診断面接法　精神疾患簡易構造化面接法（M.I.N.I.,M.I.N.I. KID など）　臨床精神医学，39（別冊），43-48．……182
大坪天平ほか　2005　日本語版 Hamilton Anxiety Rating Scale-Interview Guide（HARS-IG）の信頼性・妥当性検討　臨床精神薬理，8，1579-1593．……206
大野　裕　2008　精神科医のための認知行動療法入門　認知再構成法，精神神経学雑誌，110，495-496．……596
大橋正洋　2002　一般用語になりつつある高次脳機能障害　失語症研究，22，194-199．……134
大矢幸弘　2018　アレルギー疾患の心身医学　心身医学，58，376-383……160
岡　琢哉ほか　2018　小学校通常級におけるメンタルヘルス予防プログラムの有用性に関する研究　第10回日本不安症学会学術大会抄録集，98．……406
小粥宏美・岡安孝弘　2010　看護師のバーンアウトに及ぼす仕事ストレッサーと不合理な信念の影響　健康心理学研究，23，13-20．……618
小笠原　恵ほか　2013　行動問題を示す自閉症児へのトークン・エコノミー法を用いた課題従事に対する支援　特殊教育学研究，51，41-49．……466
岡島　義　2017　不眠症の認知行動療法は何を改善しているのか？　ストレスマネジメント研究，13，4-10．……216
岡島　義・井上雄一　2012　認知行動療法の今後の展開　井上雄一・岡島　義編著　不眠の科学　朝倉書店，pp. 94-101．……126
岡島　義・福田一彦監訳　2015　睡眠障害に対する認知行動療法　風間書房．……366
岡島純子ほか　2014　通常学級に在籍する自閉性スペクトラム障害児に対する社会的スキル訓練　行動療法研究，40，201-211．……98, 460
岡島純子ほか　2017　自閉スペクトラム症を有する中学生のソーシャル・スキルと学校不適応感およびストレス反応　脳と発達，49，120-125．……460
岡嶋美代　2016　皮膚むしり症の病理と治療　森山成彬編　外来精神科診療シリーズ　不安障害，ストレス関連障害，身体表現性障害，嗜癖症，パーソナリティ障害　中山書店，pp. 79-83．……356
岡安孝弘・高山　巖　2000　中学校におけるいじめ被害者および加害者の心理的ストレス　教育心理学研究，48，410-421．……168
岡安孝弘・高山　巖　2004　中学校におけるいじめ防止プログラムの実践　カウンセリング研究，37，155-167．……424
小川　成ほか　2005　日本語版 Mobility Inventory（MI）の信頼性と妥当性　第4回日本認知療法学会プログラム・抄録集，126．……204
小川　浩・佐々木和義　1996　重度の高次脳機能障害をもつ脳外傷者への作業指導　職業リハビリテーション，9，15-21．……504
奥田健次　2001a　わが国における強度行動障害処遇の現状と課題　特殊教育学研究，39，31-37．……164
奥田健次　2001b　強度行動障害をもつ重度知的障害を伴う自閉症成人におけるトイレット・トレーニング　特殊教育学研究，39，23-31．……164
奥田健次　2005　不登校を示した高機能広汎性発達障害児への登校支援のための行動コンサルテーションの効果　行動分析学研究，20，2-12．……466
奥田健次　2010　強度行動障害を示す人のための応用行動分析学による支援　自閉症スペクトラム研究，8，33-38．……164
奥田健次・川上英輔　2003　強度行動障害処遇スタッフにおける利用者への評価と態度の変容　発達心理臨床研究，9，47-55．……164
奥田健次ほか　2005　激しい攻撃行動を示す強度行動障害者に対する支援（1）　日本行動分析学会第23

回年次大会発表論文集，102．……164
　奥村泰之　2014　非薬物療法の介入研究の必須事項　行動療法研究，40，155-165．……638, 684
　奥村泰之　2017　粉飾された臨床試験の判別法　臨床評価，5，25-34．……672, 708
　奥村泰之ほか　2014　研究報告の質向上に向けて　行動療法研究，40，151-154．……670
　小田陽介　2018　科学的認知症診療　5Lessons　シーニュ．……602
　小野昌彦　1997　「不登校」の研究動向　特殊教育学研究，35，45-55．……170, 420
　小野昌彦　2006　不登校ゼロの達成　明治図書．……170
　小野昌彦　2010　不登校への行動論的包括支援アプローチの構築　風間書房．……170, 420
　小野昌彦　2014　学校教育法施行令を遵守した不登校認定導入による市単位の中学生不登校発現予防の効果　スクール・コンプライアンス研究，2，71-80．……170, 420
　小野昌彦　2015　第5章　教育：通常学級②　PBSによる小学生の対教師暴力行動の変容　日本行動分析学会編　ケースで学ぶ行動分析による問題解決　金剛出版，pp.70-77．……450
　小野昌彦　2017a　包括的支援アプローチを適用した中学生長期不登校の再登校行動の形成と維持　特殊教育学研究，55，37-46．……170, 420
　小野昌彦　2017b　校長に対する助言による長期未支援中学生不登校の再登校支援　特殊教育学研究，54，307-315．……170, 420
　小野昌彦　2017c　不登校・情緒障害　柘植雅義＆「インクルーシブ教育の未来研究会」編　特別支援教育の到達点と可能性　金剛出版，pp.122-125．……170

■か

　外務省HP　2018　障害者の権利に関する条約（略称：障害者権利条約）　http://www.mofa.go.jp/mofaj/gaiko/jinken/index_shogaisha.html　（2018年7月17日参照）……706
　鹿島晴雄・加藤元一郎　1995　Wisconsin card sorting test（Keio Version）（KWCST）　脳と精神の科学，6，209-216．……242
　香月富士日ほか　2013　精神科看護師に対するストレスマネジメント・エンパワーメントプログラムの効果に関する研究　精神保健看護学会誌，22，1-10．……618
　片上泰久　2007　自己記入式パニック障害重症度評価スケール　心身医学，47，331-338．……204
　香月富士日・角田真小代　2010　精神科看護師に対するストレスマネジメント　日本精神保健看護学会誌，19，55-64．……618
　加藤　敏　2013　職場結合性うつ病　金原出版．……608
　加藤隆弘　2017　脳科学と精神分析の架橋，臨床心理学，17，350-351．……322
　加藤哲文・大石幸二　2004　特別支援教育を支える行動コンサルテーション　学苑社．……440, 474
　加藤美朗・嶋﨑まゆみ　2015　特別支援学校に在籍する遺伝性疾患の子どもたち　兵庫教育大学大学校教育学研究，28，95-100．……150
　金井嘉宏ほか　2004　Social Phobia ScaleとSocial Interaction Anxiety Scale日本語版の開発　心身医学，44，841-850．……202
　金澤潤一郎ほか　2014　成人期のADHD患者の補償方略および気分状態と機能障害との関連　ストレスマネジメント研究，11，20-30．……502
　金沢吉展　2017　臨床心理学の倫理を学ぶ　東京大学出版会．……692
　金生由紀子　2006　さまざまな困ったくせ　こころの科学，130，73-78．……418
　神村栄一　1993　友人関係に悩み不眠・不登校になった高校生に対する認知行動療法的介入　上里一郎編　行動療法ケース研究9　登校拒否Ⅱ　岩崎学術出版社，pp.114-129．……420
　神村栄一　論理情動行動療法　内山喜久雄・坂野雄二編　認知行動療法の技法と臨床　日本評論社　pp.27-35．……290
　神村栄一　2011　学校でフル活用する認知行動療法（第10回）実況中継（2）教室で行ういじめ予防のためのSST授業　月刊学校教育相談，25，62-65．……274
　神村栄一　2014　学校でフル活用する認知行動療法　遠見書房，P.23．……398
　川上あずさ　2009　障害のある児のきょうだいに関する研究の動向と支援のあり方　小児保健研究，68，583-589．……496
　川上憲人　2012　労働者のメンタルヘルス不調の第一次予防の浸透手法に関する調査研究．厚生労働省厚生労働科学研究費補助金労働安全衛生総合研究事業　平成21-23年度総合研究報告書，24-26．……596
　河村茂雄　2010　日本の学級集団と学級経営　図書文化社．……442

河村茂雄編著　2012　教育相談の理論と実際　図書文化社．……444
上林靖子監修　2009　こうすればうまくいく発達障害のペアレント・トレーニング実践マニュアル　中央法規出版．……276

■き

菊池安希子ほか　2007　統合失調症患者の再他害行為防止のための心理学的介入　臨床精神医学，36，107-1114．……530
北村尚人　2018　産業・労働分野に関する法律・制度　野島一彦・繁枡算男監修　公認心理士の基礎と実践23　関係行政論　遠見書房．……702
木村栄宏　2006　経営戦略としてのEAP（従業員支援プログラム）　国際情報研究，3，47-57．……616
金　吉晴　2003　心的トラウマと精神医学　IRYO，57，231-236．……112

■く

工藤陽介・小笠原哲史　2016　平成27年度STARTプログラム実践報告　明星大学発達支援研究センター紀要MISSION，1，71-80．……482
国里愛彦　2015　系統的展望とメタアナリシスの必須事項　行動療法研究，41，3-12．……652，684
久野能弘　1993　行動療法　ミネルヴァ書房．……6
久保紘章・石川到覚　1998　セルフヘルプ・グループの理論と展開　中央法規出版．……562
窪田暁子　2002　依存グループと専門家，精神療法　28　22-29．……562
窪田　彰　2015　多機能垂直統合型精神科診療所による地域ケア　精神神経学雑誌，177，525-529．……378
熊谷晋一郎　2017　みんなの当事者研究（臨床心理学増刊第9号）　金剛出版．……522
熊野宏昭　2012　新世代の認知行動療法　日本評論社．……386
熊野宏昭ほか編　2016　認知行動療法を使いこなす，臨床心理学，16．……2
クラーク，D. M. & エーラーズ，A.　丹野義彦監訳　2008　対人恐怖とPTSDへの認知行動療法　星和書店．……288
栗田　広ほか　2003　自閉症スペクトル指数日本版（AQ-J）の信頼性と妥当性　臨床精神医学，32，1235-1240．……222
黒田美保　2016a　ASDの診断・評価アセスメント・ツール—ADI-R/ADOS　臨床心理学，91，23-28．……222
黒田美保　2016b　発達障害の包括的アセスメント　臨床心理学，91，7-11．……222
クローン，D. A. & ホーナー，R. H.　野呂文行ほか訳　2003　スクールワイドPBS　二瓶社．……440

■け

KHJ全国ひきこもり家族会連合会　2018　ひきこもりの実態に関するアンケート調査報告書．https://www.khj-h.com/wp/wp-content/uploads/2018/05/Sakai_binder_2017.pdf（2019年3月31日参照）……592
経済産業省　2016　企業の「健康経営」ガイドブック—連携・協働による健康づくりのススメ（改訂第1版）．https://www.meti.go.jp/policy/mono_info_service/healthcare/kenkokeiei-guidebook2804.pdf（2019年6月12日参照）……592
経済産業省商務情報政策局情報処理振興課編　2007　eラーニング白書（2007/2008年版）　東京電機大学出版局．……600
経済産業省商務情報政策局ヘルスケア産業課　2016　企業の「健康経営」ガイドブック—連携・協働による健康づくりのススメ（改訂第1版）．https://www.meti.go.jp/policy/mono_info_service/healthcare/kenkokeiei-guidebook2804.pdf（2019年6月13日参照）……624
経済産業省ヘルスケア産業課　2018　健康経営の推進について．https://www.meti.go.jp/policy/mono_info_service/healthcare/downloadfiles/kenkokeieiyuryohojin2019_daikibo_ninteikijyun.pdf（2019年3月22日参照）……622
警察庁　2017　警察白書（平成29年版）　日経印刷．……528

■こ

小新井友厚　2007　更生保護法の概要　法律のひろば，8月号，20-27．……700

小池春妙・伊藤義美　2012　メンタルヘルス・リテラシーに関する情報提供が精神科受診意図に与える影響　カウンセリング研究，45，155-164．……438
コウイー，H. & シャープ，S.　高橋通子訳　1997　学校でのピア・カウンセリング　川島書店．……472
厚生労働省　こころの耳―働く人のメンタルヘルス・サポートサイト　http://kokoro.mhlw.go.jp/（2019年6月12日参照）……592
厚生労働省　ストレスチェック等の職場におけるメンタルヘルス対策・過重労働対策等　https://www.mhlw.go.jp/bunya/roudoukijun/anzeneisei12/index.html　（2019年6月12日参照）……592
厚生労働省　労働者の心の健康の保持増進のための指針について　2006　https://www.mhlw.go.jp/houdou/2006/03/h0331-1.html　（2018年12月3日参照）……602
厚生労働省　2010a　ひきこもりの評価・支援に関するガイドライン．……172
厚生労働省　2010b　チーム医療の推進について（「チーム医療の推進に関する検討会」報告書）　報告書．……692
厚生労働省　2010c　誰もが安心して生きられる，温かい社会づくりを目指して―厚生労働省における自殺・うつ病等への対策　https://www.mhlw.go.jp/bunya/shougaihoken/jisatsu/dl/torimatome_1.pdf（2018年10月1日参照）……704
厚生労働省　2012　児童福祉法に基づく指定通所支援の事業等の人員，設備及び運営に関する基準　https://www.mhlw.go.jp/web/t_doc?dataId=82ab2618&dataType=0&pageNo=1　（2018年12月2日参照）……468
厚生労働省　2015a　労働者の心の健康の保持増進のための指針　https://www.mhlw.go.jp/hourei/doc/kouji/K151130K0020.pdf（2019年6月12日参照）……234
厚生労働省HP　2015　「認知症施策推進総合戦略―認知症高齢者等にやさしい地域づくりに向けて（新オレンジプラン）」について　https://www.mhlw.go.jp/stf/seisakunitsuite/bunya/0000064084.html（2018年9月17日参照）……498
厚生労働省　2015b　放課後等デイサービスガイドライン，https://www.mhlw.go.jp/file/05-Shingikai-12201000-Shakaiengokyokushougaihokenfukushibu-Kikakuka/0000082829.pdf（2019年3月22日参照）……494
厚生労働省　2015c　児童養護施設入所児童等調査結果（平成25年2月1日現在）https://www.mhlw.go.jp/file/04-Houdouhappyou-11905000-Koyoukintoujidoukateikyoku-Kateifukushika/0000071184.pdf（2019年3月31日参照）……524
厚生労働省　2015d　事業場における労働者の健康保持増進のための指針　https://www.mhlw.go.jp/bunya/roudoukijun/anzeneisei12/pdf/10.pdf（2018年8月30日参照）．……594
厚生労働省　2015e　認知症施策推進総合戦略（新オレンジプラン）　厚生労働省．……696
厚生労働省HP　2016　平成28年　国民生活基礎調査の概況　http://www.mhlw.go.jp/toukei/saikin/hw/k-tyosa/k-tyosa16/index.html　（2019年3月21日参照）……380
厚生労働省　2016a　平成28年度全国厚生労働関係部局長会議　社会・援護局（障害保健福祉部）資料，https://www.mhlw.go.jp/topics/2017/01/dl/tp0117-k02-03-05p.pdf（2019年3月22日参照）……494
厚生労働省　2016b　労働安全衛生法に基づくストレスチェック制度実施マニュアル（改訂）https://www.mhlw.go.jp/bunya/roudoukijun/anzeneisei12/pdf/150507-1.pdf（2019年6月12日参照）……592
厚生労働省　2017　平成28年労働安全衛生調査（実態調査）．……618
厚生労働省　2018a　平成29年度の児童相談所での児童虐待相談対応件数，https://www.mhlw.go.jp/content/11901000/000348313.pdf（2019年3月25日参照）……488
厚生労働省　2018b　心理的な負担の程度を把握するための検査及び面接指導の実施並びに面接指導結果に基づき事業者が講ずべき措置に関する指針　https://www.mhlw.go.jp/content/11300000/000346613.pdf（2019年6月12日参照）……592
厚生労働省　2018c　職場の安全サイト　職場復帰支援　http://anzeninfo.mhlw.go.jp/yougo/yougo84_1.html（2018年12月3日参照）……602
厚生労働省　2018d　障害者の雇用の促進等に関する法律の一部を改正する法律の概要　http://www.mhlw.go.jp/file/06-Seisakujouhou-11600000-Shokugyouanteikyoku/0000121387.pdf（2018年7月17日参照）……706
厚生労働省・日本年金機構　2016　障害年金の診断書（精神の障害用）記載要領．……184
厚生労働省雇用均等・児童家庭局総務課　2013　子ども虐待対応の手引き（平成25年8月改正版）

https://www.mhlw.go.jp/seisakunitsuite/bunya/kodomo/kodomo_kosodate/dv/dl/120502_11.pdf （2018年8月20日参照）……492

厚生労働省児童虐待防止対策に関する関係閣僚会議　2018　児童虐待防止対策の強化に向けた緊急総合対策　https://www.mhlw.go.jp/content/11901000/000336226.pdf（2018年8月20日参照）……492

厚生労働省社会・援護局障害保健福祉部・国立障害者リハビリテーションセンター　2008　高次脳機能障害者支援の手引き（改訂第2版）　国立障害者リハビリテーションセンター　http://www.rehab.go.jp/application/files/3915/1668/9968/3_1_01_.pdf（2019年6月6日参照）……134

厚生労働省中央労働災害防止協会　2015　メンタルヘルス対策における職場復帰支援　https://www.mhlw.go.jp/new-info/kobetu/roudou/gyousei/anzen/dl/101004-1.pdf（2019年6月12日参照）……604

高知市高齢者支援課　2016　高知市の介護予防の取り組み―いきいき百歳体操（平成28年度地域づくりによる介護予防推進支援事業，第1回都道府県介護予防担当者・アドバイザー合同会議資料）　http://www.mhlw.go.jp/file/05-Shingikai-12301000-Roukenkyoku-Soumuka/0000126551.pdf（2018年6月22日参照）……510

行動障害児（者）研究会　1989　強度行動障害児（者）の行動改善及び処遇のあり方に関する研究　財団法人キリン記念財団．……164

小海宏之　2015　神経心理学的アセスメント・ハンドブック　金剛出版．……242

コーエン，J. A. ほか編　亀岡智美ほか監訳　2015　子どものためのトラウマフォーカスト認知行動療法　岩崎学術出版社．……318

古賀靖之　1983　強迫神経症に対する行動療法的アプローチ　日本行動療法学会大会発表論文集，9，21-22．……274

國分康孝監修　1999　ソーシャルスキル教育で子どもが変わる：小学校　図書文化社．……442

コクランジャパン HP　http://square.umin.ac.jp/cochranejp/（2019年3月15日参照）……652

国立成育医療研究センター小児慢性特定疾病情報室　2016　小児慢性特定疾患治療研究事業における登録データの精度向上に関する研究 ―平成25年度の小児慢性特定疾患治療研究事業の疾病登録状況〔確定版〕― 平成28年度厚生労働行政推進調査事業費補助金（難治性疾患等政策研究事業（難治性疾患政策研究事業））「小児慢性特定疾病対策の推進に寄与する実践的基盤提供にむけた研究」分担研究報告書　pp.17-67．……162

国立特別支援教育総合研究所　2016　特別支援学級に在籍する自閉症のある児童生徒の自立活動の指導に関する研究　研究成果報告書　http://www.nise.go.jp/cms/resources/content/12406/saika8.pdf（2019年4月25日参照）．……460

小嶋雅代・古川壽亮　2003　BDI-II ベック抑うつ質問票　日本文化科学社．……196

小杉正太郎編　2002　ストレス心理学　川島書店．……68

小関俊祐ほか　2009　学級アセスメントに基づく集団社会的スキル訓練の効果　行動療法研究，35，245-255．……98

小関俊祐ほか　2016　特別支援学級児童に対する個別SSTと交流学級児童に対する集団SSTの組み合わせが学級適応促進に及ぼす効果　ストレスマネジメント研究，12，87-96．……474

小関俊祐ほか監修　2016　認知行動療法を生かした発達障害児・者への支援　ジアース教育新社．……506

ゴッフマン，A. 石黒毅訳　2001　スティグマの社会学　せりか書房，pp.16-17．……348

後藤吉道ほか　2000　児童に対する集団社会的スキル訓練（原著）　行動療法研究，26，15-24．……274

小林桜児ほか　2007　覚せい剤依存者に対する外来再発予防プログラムの開発　日本アルコール・薬物医学会誌，42，507-521．……582

小林悟子ほか　2015　新人看護師のメンタルヘルス支援に関する文献検討　国立看護大学校研究紀要，14，20-29．……610

小林清香　2018　総合病院におけるコンサルテーション・リエゾン　鈴木伸一ほか編著　公認心理師養成のための保険・医療系実習ガイドブック　北大路書房，pp. 260-262．……382

小林重雄　1969　学習理論に基づく心理療法の考察　山形大学紀要（教育科学），4，85-105．……420

小林重雄　1980　登校拒否症について　行動療法研究，5，44-49．……170，420

小林重雄　1984　第5章　行動療法による治療 I　行動療法による臨床の展開　祐宗省三ほか編　新版行動療法入門　川島書店，pp.150-157．……5

小林重雄　1985　主張反応法の適用による中学生女生徒の登校拒否の治療　上里一郎編　行動療法ケー

ス研究2　登校拒否　岩崎学術出版社，pp. 17-30.　……420
小林重雄　1988　登校拒否の行動論的アプローチ—再登校行動のシェーピング法　日本心理学会第52回大会発表論文集，シンポジウム6-4, 39.　……620
小林重雄　1997　「シングルケース」スタディの方法論　看護研究, 30, 37-46.　……170, 420
小林重雄監修　2015　自閉症スペクトラムなどの発達に問題のある人の自立支援のためのチェックリストCLISP-dd（トップダウン編），文教資料協会.　……420
小林重雄ほか　1989　登校拒否治療への積極的アプローチ　安田生命社会事業団研究助成論文集, 24, 61-68.　……170, 420
小林　東　2009　心理臨床家のメンタルヘルスに関する一考察　上越教育大学心理教育相談研究, 8, 91-96.　……620
小林由佳　2017　職場のポジティブメンタルヘルス—個人と組織のwell-beingを高めるアプローチ　情報の科学と技術, 67, 123-127.　……624
小堀　修　2013　不安の認知理論と嘔吐恐怖の認知療法　貝谷久宣監修・野呂浩史編　嘔吐恐怖症　金剛出版, pp. 148-172.　……336
小松智賀ほか　2013　嘔吐恐怖尺度の開発と嘔吐恐怖に対するエクスポージャー　貝谷久宣監修・野呂浩史編　嘔吐恐怖症　金剛出版, pp. 130-145.　……336

■さ

齋藤万比古編　2010　子どもの心の診療シリーズ4　子どもの不安障害と抑うつ　中山書店.　……410
斎藤トシコ　2017　栄養教育のためのアセスメント　丸山千寿子ほか編　栄養教育論（改訂第4版）南江堂, pp.103-117.　……228
境　泉洋・大野裕史　2015　CRAFT特集にあたって　行動療法研究, 41, 161-163.　……520
境　泉洋・野中俊介　2013　CRAFT　ひきこもりの家族支援ワークブック　金剛出版.　……172
酒井佳永ほか　2012　復職準備性評価シート（Psychiatric Rework Readiness Scale）の評価者間信頼性，内的整合性，予測妥当性の検討　精神科治療学, 27, 655-667.　……602
坂上貴之　2004　倫理的行動と対抗制御　行動分析学研究, 19, 5-17.　……678
坂上貴之・井上雅彦　2018　行動分析学—行動の科学的理解をめざして　有斐閣.　……50
榊原雅人ほか　2014　リラクセーション評価尺度短縮版の開発　心理学研究, 85, 284-293.　……72
坂野雄二　1981　恐怖反応の除去におよぼす参加モデリングと観察者の言語化の効果　行動療法研究, 6, 36-44.　……274
坂野雄二　1995　認知行動療法　日本評論社.　……6, 68
坂野雄二　2011a　認知行動療法の基礎　金剛出版.　……386
坂野雄二　2011b　自律訓練法とEBM　日本自律訓練学会第34回大会プログラム・発表抄録集 25.　……594
坂野雄二　2011c　1章：集団認知行動療法とは　集団認知行動療法研究会監修　さあ！やってみよう集団認知行動療法　医学映像教育センター, pp.8-19.　……606
阪本修平ほか　2017　教育現場でのキャリア支援における問題解決型アプローチへの着目　岐阜大学教育学部研究報告　人文科学, 66, 155-162.　……612
佐藤正二　2004　集団介入の利点，欠点，工夫点　坂野雄二監修　学校，職場，地域におけるストレスマネジメント実践マニュアル　北大路書房, pp. 29-38.　……442
佐藤正二ほか　1998　引っ込み思案児の社会的スキル訓練　行動療法研究, 24, 71-83.　……98
佐藤俊哉　1994　疫学研究における交絡と効果の修飾　統計数理, 42, 83-101.　……666
佐藤秀紀・中嶋和夫　1995　精神薄弱者更正施設における直接処遇職員のバーンアウトとその要因　社会福祉学, 36, 53-71.　……451
佐藤　寛ほか　2008　一般中学生におけるうつ病の有病率　精神医学, 50, 439-448.　……158
佐藤　寛ほか　2009　児童の抑うつ症状に対する学級規模の認知行動療法プログラムの有効性　教育心理学研究, 57, 111-123.　……158, 404, 438, 444
佐藤　学　1994　教師文化の構造　稲垣忠彦・久冨善之編　日本の教師文化　東京大学出版会, pp. 21-41.　……618
佐藤容子ほか　1986　精神遅滞児の社会的スキル訓練　行動療法研究, 12, 9-24.　……274
皿田洋子　2004　生活技能訓練の技法の現場での応用　行動療法研究, 30, 1-9.　……274

■し

塩入俊樹　2013　操作的診断基準（精神疾患の）　加藤忠史編著　脳科学事典　https://bsd.neuroinf.jp/wiki/操作的診断基準（精神疾患の）（2019年6月11日参照）……184

柴麻由子・吉川洋子　2011　看護師のストレスマネジメントに関する文献検討　島根県立短期大学部出雲キャンパス研究紀要, 5, 259-273.　……618

柴田大朗　2014　臨床試験の検索システムについて　癌の臨床, 60, 679-687.　……662

島津明人　2018　職場のポジティブメンタルヘルスと行動医学　心身医学, 58, 261-266.　……624

嶋田洋徳・野村和孝　2008　行動療法の進歩　診療内科, 12, 476-485.　……576

嶋田洋徳・野村和孝　2012　再犯防止に向けた認知行動療法の考え方　更生保護, 63, 20-23.　……576

嶋田洋徳・野村和孝　2018　性犯罪へのCBT　臨床心理学, 18, 73-76.　……532

嶋根卓也ほか　2015　DAST-20日本語版の信頼性・妥当性の検討　日本アルコール・薬物医学会雑誌, 50, 310-324.　……190

清水栄司　2013　嘔吐の生理的メカニズムと治療への介入　貝谷久宣監修・野呂浩史編　嘔吐恐怖症　金剛出版, pp. 42-55.　……336

下仲淳子ほか　1998　日本版NEO-PI-Rの作成とその因子的妥当性の検討　性格心理学研究, 6, 138-147.　……218

下山晴彦　2010　臨床心理学を学ぶ1（これからの臨床心理学）　東京大学出版会.　……44

障害者職業総合センター　2010　精神障害者の雇用促進のための就業状況等に関する調査研究　http://www.nivr.jeed.or.jp/download/houkoku/houkoku95.pdf（2019年6月11日参照）　……506

障害者総合支援センター　2015　障害者雇用に係る事業主支援の標準的な実施方法に関する研究　http://www.nivr.jeed.or.jp/download/shiryou/shiryou87.pdf（2018年8月31日参照）　……614

障害者総合支援センター　2017　障害者の就労状況等に関する調査研究　http://www.nivr.jeed.or.jp/download/houkoku/houkoku137.pdf（2018年8月31日参照）　……614

障害者福祉・支援制度研究会編　2018　Q&A障害者福祉・支援の手引　新日本法規.　……494

■す

末木新　2013　自殺予防の基礎知識　デザインエッグ.　……388

菅沼憲治　2010　REBTカウンセリング－「感情の問題解決」を指向して　ぎょうせい.　……290

杉浦義典・丹野義彦　2000　強迫症状の自己記入式質問票　精神科診断学, 11, 175-189.　……206

杉山雅彦　1989　自閉児の治療教育に関するHIROCo法の適用　心身障害学研究, 13, 131-139.　……98

杉山雅彦　2006　SSTによるいじめへの対応　佐藤正二・佐藤洋子編　学校におけるSST実践ガイド　金剛出版, pp.118-128.　……168

杉山雅彦　2016　学校での不良行為，暴力行為への介入　最新精神医学, 21, 441-449.　……426

巣黒慎太郎　2016　働きながら療養する糖尿病患者に対する認知行動療法的アプローチ　糖尿病ケア, 13, 76-80.　……368

巣黒慎太郎　2019　生活習慣病へのアプローチ，下山晴彦ほか編　公認心理師技法ガイド　文光堂.（印刷中）……368

鈴木伸一　2008　医療心理学の新展開　北大路書房.　……326

鈴木伸一　2016　からだの病気のこころのケア　北大路書房.　……326

鈴木伸一ほか　2011　うつ病の集団認知行動療法　実践マニュアル　日本評論社.　……306

鈴木伸一ほか　2015　慢性疾患患者のQOLの改善に活かす認知行動療法の実践　認知療法研究, 8, 199-209.　……376

鈴木宏幸・藤原佳典　2010　Montreal Cognitive Assessment（MoCA）の日本語版作成とその有効性について　老年精神医学雑誌, 21, 198-202.　……186

ステケティー, G. & フロスト, R.O.　五十嵐透子訳　2013　ホーディングへの適切な理解と対応　認知行動療法的アプローチ：セラピストガイド　金子書房.　……370

ストーモント, M.A.ほか　市川千秋ほか訳　2016　いじめ，学級崩壊を激減させるポジティブ生徒指導（PBS）ガイドブック　明石書店.　……440

ストラットン, W.　佐藤正二ほか監訳　2013　認知行動療法を活用した子どもの教室マネジメント　金剛出版.　……442

鷲見　学　2007　精神保健医療福祉施策の動向と精神科デイケアについて　精神科臨床サービス, 7, 322-328. ……378

■せ

政策基礎研究所　2018　保護者支援プログラムの充実に関する調査研究報告書（平成29年度子ども・子育て支援推進調査研究事業）https://www.doctoral.co.jp/image/kodomokosodate/houkokusho_01.pdf（2018年8月20日参照）……492

関　陽一・清水栄司　2016　パニック障害（パニック症）の認知行動療法マニュアル　不安症研究, 7（Special_issue）, 94-154. ……104, 334

全国重症心身障害児（者）を守る会　HP　重度心身障害児とは　http://www.normanet.ne.jp/~ww100092/（2018年7月16日参照）……516

■そ

宗未来ほか　2016　人工知能で，人のこころは癒せるか？　RIETIディスカッション・ペーパー　経済産業研究所 RIETI　……676

総務省　HP　行政手続のオンライン利用の推進　http://www.e-gov.go.jp/doc/facilitate/index.html（2018年10月1日参照）……694

総務省　2017　統計からみた我が国の高齢者（65歳以上）　報道資料. ……696

惣脇　宏　2012　英国におけるエビデンスに基づく教育政策の展開, 国立教育政策研究所編　教育研究とエビデンス　明石書店, pp. 25-49. ……628

添田晴雄　2013　「体罰」総論—比較研究のために　比較教育学研究, 47, 13-25. ……428

曽我祥子　1983　日本版STAIC 標準化の研究　心理学研究, 54, 215-221. ……206

園田順一　1971　学校恐怖症に関する臨床心理学的研究　鹿児島大学医学雑誌, 23, 581-619. ……420

■た

泰地紗也佳ほか　2017　拡大・代替コミュニケーションシステム（AAC）を活用した学校・家庭・地域との連携, 鳴門教育大学授業実践研究, 16, 19-23. ……516

高石　昇・東　豊　1985　不登校を示す中学生の社会性訓練による治療　上里一郎編　行動療法ケース研究2　登校拒否　岩崎学術出版社, pp. 45-61. ……420

髙垣耕企ほか　2014　行動活性化療法　精神科, 25, 393-397. ……26

高瀬夏代・井上雅彦　2007　障害児・者のきょうだい研究の動向と今後の研究の方向性　発達心理臨床研究, 13, 65-78. ……496

高橋清久　2011　睡眠障害とは何か　宮崎総一郎ほか編著　睡眠学 II　北大路書房, pp.1-9 ……126

高橋高人ほか　2018　中学生に対する認知行動的抑うつ予防プログラムの効果　教育心理学研究, 66, 81-94. ……448

高橋　望ほか　2015　リワークプログラムにおける心理職の役割　臨床心理学, 15, 357-362. ……604

高橋　史・小関俊祐　2011　日本の子どもを対象とした学級単位の社会的スキル訓練の効果　行動療法研究, 37, 183-194. ……278

高橋　史ほか　2010　中学生に対する問題解決訓練の攻撃行動変容効果　行動療法研究, 36, 69-81. ……412

田上明日香ほか　2012　うつ病休職者に対する心理職による集団認知行動療法の効果　行動療法研究, 38, 193-202. ……568, 606

髙柳伸哉　2016　ADHDのスクリーニングと診断・評価　臨床心理学, 16, 33-37. ……222

高山智史・髙橋　史　2017　認知行動理論によるスポーツメンタルトレーニング技法の展望　スポーツ心理学研究, 44, 93-103. ……436

竹田伸也　2013　認知症ケアに活かす行動療法　こころの科学, 171, 2-7. ……186

竹林由武　2014　観察研究の必須事項　行動療法研究, 40, 167-175. ……650, 666, 684

武部匡也ほか　2017　子供用怒り感情尺度の作成と信頼性・妥当性の検討　行動療法研究, 43, 169-181. ……646

竹村道夫　2013　窃盗癖の臨床的特徴と治療　精神科治療学, 28, 339-343. ……546

竹村道夫ほか　2018　窃盗症　中央法規出版. ……582

田島美幸　2015　うつ病等求職者に対する低強度認知行動療法を中心とした心理療法の効果　博士論文.

……606

舘　暲　2000　バーチャルリアリティの基礎刊行にあたって　舘暲監修・編　バーチャルリアリティの基礎1：人工現実感の基礎　培風館，pp.i-iv.　……310

田中輝明　2015　BSDS　山内俊雄・鹿島晴雄編　精神・心理機能評価ハンドブック　中山書店，pp. 373-375.　……194

田中利枝ほか　2016　児童のストレス反応に及ぼす社会的問題解決訓練の効果　行動療法研究，42, 85-97.　……412

田中佑樹ほか　2018　ギャンブル障害に対する認知行動療法の研究と実践に関する今後の展望　Journal of Health Psychology Research, 30, 203-209.　……548

谷　晋二　2012　はじめはみんな話せない　金剛出版．　……254

谷　晋二　2015　症例研究の必須事項　行動療法研究，41, 13-18.　……684

谷　真如　2008　犯罪者処遇と認知行動療法　内山喜久雄・坂野雄二編　認知行動療法の技法と臨床　日本評論社，pp. 280-289.　……580

谷口敏淳ほか　2010　臨床心理士による就労支援の利点と課題　精神障害とリハビリテーション，14, 181-186.　……614

谷渕由布子ほか　2016　薬物依存症患者に対するSMARPPの効果—終了1年後の転帰に影響する要因の検討　日本アルコール・薬物医学会雑誌，51, 38-54.　……542

田上明日香ほか　2012a　うつ病休職者の職場復帰の困難感と社会機能およびうつ症状との関連　行動療法研究，38, 11-22.　……234, 608

田上明日香ほか　2012b　うつ病休職者に対する心理職による集団認知行動療法の効果　行動療法研究，38, 193-202.　……608

田村典久・田中秀樹　2015　重度の睡眠障害をもつ地域高齢者に対する快眠教室が，不眠，日中の眠気，QOLの改善に与える効果　こころの健康，30, 28-39.　……126

田山　淳・宗像正徳　2007　各科臨床における鬱病診断　Progress in Medicine, 27, 2033-2035.　……380

丹下智香子・横山和仁　2007　事業所におけるメンタルヘルス事例の実態とケアの実施状況　産業衛生学雑誌，49, 59-66.　……608

丹後俊郎　2018　無作為化比較試験（新版）　朝倉書店．　……638

丹野義彦　2001　臨床心理アセスメント学の成立に向けて　下山晴彦・丹野義彦編著　講座臨床心理学2 臨床心理学研究　東京大学出版会，pp. 127-142.　……646

■ち

地域包括ケア研究会　2008　地域包括ケア研究会報告書．　……696

中央教育審議会　2011　今後の学校におけるキャリア教育・職業教育の在り方について（答申）　http://www.mext.go.jp/b_menu/shingi/chukyo/chukyo0/toushin/1301877.htm　（2019年3月26日参照）　……434

中央教育審議会　HP　2012　共生社会の形成に向けたインクルーシブ教育システム構築のための特別支援教育の推進（報告）　http://www.mext.go.jp/b_menu/shingi/chukyo/chukyo3/044/attach/1321669.htm　（2018年12月2日参照）　……468

中央災害防止協会　2010　職場における自殺の予防と対応　中央災害防止協会．　……702

■つ

津谷喜一郎　2000　コクラン共同計画とシステマティック・レビュ　公衆衛生研究，49, 313-319.　……652

津谷喜一郎ほか編　2000　EBMのための情報戦略—エビデンスをつくる，つたえる，つかう　中外医学社．　……628

土屋政雄　2015　尺度研究の必須事項　行動療法研究，41, 107-116.　……684

土屋政雄ほか　2017　ストレス症状低減と生産性向上のためのセルフケア—マインドフルネスとアクセプタンスに基づく教育．労働安全衛生研究　10　19-23.　……589, 598

都筑澄夫編著　2015　間接法による吃音訓練　三輪書店．　……154

■て

手塚洋介ほか　2007　認知的評価がネガティブ感情体験と心臓血管反応の持続に及ぼす影響　心理学研究, 78, 42-50. ……68

手塚洋介ほか　2008　ネガティブ感情体験および心臓血管反応の喚起に及ぼす認知的評価の影響　同志社心理学研究, 55, 252-262. ……68

電子政府の総合窓口（e-Gov）HP　http://elaws.e-gov.go.jp/search/elawsSearch/elaws_search/lsg0100/（2019年3月22日参照）……702

■と

土井理美ほか　2014　Personal Values Questionnaire Ⅱの内的整合性と妥当性の検証　行動療法研究, 40, 45-55. ……240

土井理美ほか　2017　日本語版 Valuing Questionnaire（VQ）の信頼性と妥当性の検証　行動療法研究, 43, 83-94. ……240, 646

土井由利子ほか　2007　子供の睡眠習慣質問票日本語版 the Japanese version of Children's Sleep Habits Questionnaire（CSHQ-J）の作成　睡眠医療, 2, 83-88. ……216

道城裕貴　2012　通常学級において学級全体を対象に行った行動コンサルテーションの効果　行動療法研究, 38, 117-129. ……474

特異的発達障害の臨床診断と治療指針作成に関する研究チーム編（編集代表　稲垣真澄）　2010　特異的発達障害 診断・治療のための実践ガイドライン　診断と治療社. ……224

徳田完二　2007　筋弛緩法による気分変化　立命館人間科学研究, 13, 1-7. ……594

特別支援教育ハンドブック編集委員会　2005　特別支援教育ハンドブック　第一法規. ……148

富岡光直　2017　リラクセーション法　心身医学, 57, 1025-1031. ……258

■な

内閣府政策統括官共生社会政策担当　2010　若者の意識に関する調査（ひきこもりに関する実態調査）報告書. https://www8.cao.go.jp/youth/kenkyu/hikikomori/pdf_index.html（2019年3月31日参照）……508

内閣府政策統括官共生社会政策担当　2016　若者の生活に関する調査報告書　https://www8.cao.go.jp/youth/kenkyu/hikikomori/h27/pdf-index.html（2019年3月31日参照）……172, 508

内藤晋太郎・橋口英俊　2014　少年院法・少年鑑別所法等の概要　法律のひろば, 8月号, 11-20. ……700

中井義勝　2003　Eating Attitudes Test（EAT）の妥当性について　精神医学, 45, 161-165. ……214

中尾智博　2017　DSM-5の強迫関連症群の概要と臨床的意義　精神科治療学, 32, 317-322. ……108

中尾睦宏　2011　医学の立場からみたバイオフィードバック　バイオフィードバック研究, 38, 83-88. ……258

中川敦夫　2012　臨床研究の歴史，意義，研究の定式化（2012年度版）．ICR 臨床研究入門　https://www.icrweb.jp/（2019年6月13日参照）……634

中川泰彬・大坊郁夫　2013　日本版 GHQ 精神健康調査票手引　増補版　日本文化科学社. ……184

永作稔　2012　進路指導の評価と活用　新井邦二郎編　教職シリーズ7　進路指導　培風館, pp. 63-74. ……434

中谷素之・獅子見照　2003　Rescorla-Wagner モデル　今田寛監修・中島定彦編　学習心理学における古典的条件づけの理論　培風館, pp.31-54. ……62

中嶋照夫ほか　1993　Yale-Brown Obsessive-Compulsive Scale 日本語版（JY-BOCS）とその信頼性・妥当性の検討　臨床評価, 21, 491-498. ……106

中島美鈴ほか　2017　集団認知行動療法の治療者評価尺度の作成　研究論文集　53, 79-84. ……238

中島道子ほか　2015　1セッション SST プログラムの実践とその効果　学生相談研究, 35, 230-242. ……482

中島八十一　2006　診断基準　高次脳機能障害支援コーディネート研究会監修　高次脳機能障害支援コーディネートマニュアル　中央法規出版, pp. 27-39. ……376

中島八十一・寺島彰　2006　高次脳機能障害ハンドブック　医学書院. ……134

永田貴子ほか　2016　医療観察法指定入院医療機関退院後の予後調査　精神医学，58，633-643．……530
中田洋二郎　2017　発達障害における親の「障害受容」　立正大学心理学研究年報，8，15-30．……486
中谷陽二　2011　触法精神障害者医療はいかにあるべきか　精神神経学雑誌，113，458-467．……530
中谷江利子ほか　2015　強迫性障害（強迫症）の認知行動療法マニュアル，厚生労働省障害者対策総合研究事業「認知行動療法等の精神療法の科学的エビデンスに基づいた標準治療の開発及び普及に関する研究」jpsad.jp（2019年3月28日参照）……338
中根允文・Williams, J. B. W.　2004　HAM-D構造化面接SIGH-D　星和書店．……196
長見まき子　2001　日本における外部EAPの現状と課題　産業精神保健，9，13-18．……616
成瀬暢也　2017　誰にでもできる薬物依存症の診かた　中外医学社．……582

■ に

西内啓・木内貴弘　2009　臨床試験登録の必要性，現状とその展望　臨床薬理，40，111-117．……662
西尾雅明　2008　日本におけるACTの実施状況　精神医学，50，1157-1164．……520
西牧謙吾　2006　国立特殊教育総合研究所　プロジェクト研究報告書「個別の教育支援計画」の策定に関する実際的研究（特殊研C-61）　http://www.nise.go.jp/kenshuka/josa/kankobutsu/pub_c/c-61.html（2019年6月14日参照）……468
西山久子・山本力　2002　実践的ピアサポートおよび仲間支援活動の背景と動向　岡山大学教育実践総合センター紀要，2，81-93．……472
日本LD学会　2016　発達障害事典　丸善出版．……148
日本LD学会　2017　LD・ADHD等関連用語集 第4版　日本文化科学社．……148
日本EAP協会　http://eapaj.umin.ac.jp/（2019年6月12日参照）……616
日本インターネット医療協議会　HP　http://www.jima.or.jp/new_information.html（2019年3月22日参照）……600
日本うつ病学会　2016　うつ病診療ガイドライン　http://www.secretariat.ne.jp/jsmd/mood_disorder/img/160731.pdf（2019年3月28日参照）……116
日本うつ病リワーク協会　2018　リワークプログラムについて．http://www.utsu-rework.org/rework/index.html（2018年12月3日参照）……602
日本疫学会　2016　はじめて学ぶやさしい疫学（改訂第2版）　南江堂．……642
日本学術会議　2013　声明「科学者の行動規範（改訂版）（平成25年1月25日）」日本学術会議．……684
日本学生支援機構　2007　大学における学生相談体制の充実方策について　https://www.jasso.go.jp/gakusei/archive/__icsFiles/afieldfile/2015/12/09/jyujitsuhousaku_2.pdf（2019年3月28日参照）……402
日本学生支援機構　2017　大学等における学生支援の取組状況に関する調査（平成27年度）　集計報告（単純集計）　https://www.jasso.go.jp/about/statistics/torikumi_chosa/__icsFiles/afieldfile/2017/02/14/h27torikumi_chosa.pdf（2019年3月28日参照）……402
日本学生支援機構　2018　平成29年度（2017年度）大学，短期大学及び高等専門学校における障害のある学生の修学支援に関する実態調査結果報告書　https://www.jasso.go.jp/gakusei/tokubetsu_shien/chosa_kenkyu/chosa/__icsFiles/afieldfile/2019/03/15/report2018.pdf（2019年5月1日参照）……482
日本学生相談学会　2013　学生相談機関ガイドライン　https://www.gakuseisodan.com/wp-content/uploads/public/Guideline-20130325.pdf（2019年3月28日参照）……402
日本感覚統合学会　2011　JPAN感覚処理・行為機能検査 実施マニュアル（Japanese Playful Assessment for Neuropsychological Abilities：JPAN）パシフィックサプライ．……224
日本感覚統合研究会　1989　MAP標準委員会編訳　日本版ミラー幼児発達スクリーニング検査検査マニュアル．……224
日本高次脳機能障害学会 教育・研修委員会編　2014　注意と意欲の神経機構　新興医学出版社．……602
日本行動医学会編　2015　行動医学テキスト　中外医学社，pp. 248．……130
日本行動分析学会　2014　「体罰」に反対する声明　http://www.j-aba.jp/data/seimei.pdf（2014年4月17日参照）……428
日本行動分析学会編　山本淳一ほか責任編集　2015　ケースで学ぶ行動分析学による問題解決　金剛出

版．……254
日本コミュニティ心理学会編　2007　コミュニティ心理学ハンドブック　東京大学出版会．……518
日本消化器病学会編　2014　機能性消化管疾患診療ガイドライン2014―過敏性腸症候群(IBS)　南江堂．……360
日本神経学会監修　2017　認知症疾患診療ガイドライン　医学書院．……602
日本心身医学会教育研修委員会編　1991　心身医学の新しい治療指針　心身医学, 31, 537-573．……128, 258, 416
日本精神神経学会　2014a　日本語版用語監修　髙橋三郎・大野裕監訳　DSM-5® 精神疾患の診断・統計マニュアル　医学書院, pp. 305-322．……128
日本精神神経学会　2014b　DSM-5 精神疾患の分類と診断の手引　医学書院．……148
日本認知・行動療法学会　HP　認知行動療法とは？　http://jabt.umin.ne.jp/index3.html.（2018年9月1日参照）……2
日本認知・行動療法学会　HP　2018　行動療法士について　http://jabt.umin.ne.jp/j/qualification/4-2member.html（2018年9月14日参照）……682
日本年金機構　2016　国民年金・厚生年金保険　精神の障害に係る等級判定ガイドライン．……184
日本年金機構　2017　国民年金・厚生年金保険　障害認定基準（平成29年12月1日改正）．……184
日本老年医学会　2014　フレイルに関する日本老年医学会からのステートメント　https://www.jpn-geriat-soc.or.jp/info/topics/pdf/20140513_01_01.pdf（2018年6月22日参照）……510

■ね

根建金男・金築　優　2004　ストレス免疫訓練（SIT），内山喜久雄・坂野雄二編　エビデンス・ベースト・カウンセリング　至文堂, pp.122-132．……270
根建金男ほか　2001　セルフコントロール法　小林重雄監修・編著　総説臨床心理学　コレール社, pp.176-180．……264

■の

野口啓示　2002　児童虐待への取り組み　行動療法研究, 29, 107-118．……490
野崎和子　1997　非音声コミュニケーション行動の日常での般化のために　小林重雄監修　応用行動分析学入門　学苑社, pp.175-185．……514
野中俊介・境　泉洋　2015　Community Reinforcement and Family Training の効果　行動療法研究, 41, 179-191．……172
野中舞子　2015　チックへの行動療法と今後への展望　行動療法研究, 41, 55-65．……356
野村和孝ほか　2011　性加害行為に対する認知行動療法の心理社会的要因が再犯防止効果に及ぼす影響　行動療法研究, 37, 143-155．……544
野村和孝ほか　2014　累犯刑務所における薬物依存離脱指導が覚せい剤使用者の再使用リスクに及ぼす影響　犯罪心理学研究, 52, 1-15．……536
野呂浩史ほか　2009　嘔吐恐怖症を併発したパニック障害患者の検討　日本心療内科学雑誌, 13, 10-15．……336
野呂浩史ほか　2011　約半年間で著明な改善を認めた嘔吐恐怖症の男児例　精神医学, 53, 875-879．……336

■は

萩野谷俊平　2016　住宅進入盗　日本犯罪心理学会編　犯罪心理学事典　丸善出版, pp. 194-195．……546
橋本洋子　2015　再犯・再入状況と窃盗の女子高齢者の実情　法律のひろば, 68, 22-28．……546
花山愛子　2016　乗物盗　日本犯罪心理学会編　犯罪心理学事典　丸善出版, pp. 192-193．……546
パヒローワ, T. ほか編著　堀　正監訳・監修　2011　第18章：カウンセリングとコーチングの境界を明確化するさいのコーチング心理学の役割，コーチング心理学ハンドブック　金子書房, p.416．……622
浜谷直人　2009　発達障害児・気になる子の巡回相談　ミネルヴァ書房．……396
早坂浩志　2010　学生に向けた活動2　日本学生相談学会50周年記念誌編集委員会編　学生相談ハンドブック　学苑社, pp. 185-201．……402

林 俊秀・五十嵐良雄　2012　リワークプログラムの標準化　臨床精神医学，41，1509-1519.　……606
林 直樹　2018　保健医療分野に関係する法律・制度（2）精神科医療　元永拓郎編著　関係行政論　遠見書房，pp. 77-86.　……694
林田枝里子ほか　2011　口腔外科手術時の State-Trait Anxiety Inventory による不安度予測に関する検討　福岡大学医学紀要，38，177-182.　……206
原井宏明　2012　方法としての動機づけ面接　岩崎学術出版.　……262, 314
原田誠一　2011　適応障害．精神科・わたしの診療手順　臨床精神医学，40（増刊），223-225.　……114
原田誠一　2014　適応障害の初期面接　臨床精神医学，43，475-479.　……114
原田隆之　2012　覚醒剤受刑者に対する「日本版 Matrix プログラム（J-MAT）」のランダム化比較試験　日本アルコール・薬物医学会雑誌，47，298-307.　……536
原田隆之　2014　認知行動療法・禁煙ワークブック　金剛出版.　……372
春原則子・金子真人　2002　標準抽象語理解力検査（SCTAW）宇野 彰監修，インテルナ出版.　……224
犯罪対策閣僚会議　2016　薬物依存者・高齢犯罪者等の再犯防止緊急対策　https://www.kantei.go.jp/jp/singi/hanzai/kettei/160712yakubutu/honbun.pdf（2019年5月30日参照）　……536
半田 健・野呂文行　2015　小学校における自閉症・情緒障害特別支援学級担任を対象としたソーシャルスキル指導に関する調査　LD研究，24，120-132.　……460

■ひ

ヒューブナー，D. D. & マシューズ，B. B. 上田勢子訳　2009　だいじょうぶ—自分でできる怒りの消火法ワークブック（イラスト版子どもの認知行動療法 2）明石書店.　……398
平井 啓ほか　2005　看護師に対する構造化された心理学的サポートグループによる介入プログラムの開発に関する予備的研究　心理医学，45，360-366.　……618
平木典子　2004　アサーション・トレーニング—さわやかな自己表現のために　日本・精神技術研究所.　……398
平澤紀子　2015　体罰をなくすために，ポジティブな行動支援から　行動分析学研究，29，119-126.　……428
平澤紀子・藤原義博　2001　統合保育場面の発達障害児の問題行動に対する専門機関の支援　特殊教育学研究，39，5-19.　……396
平澤紀子　2003　積極的行動支援（Positive Behavioral Support）の最近の動向—日常場面の効果的な支援の観点から．特殊教育学研究，41，37-43.　……254

■ふ

福井次矢・山口直人監修　2014　森實敏夫ほか編　Minds—診療ガイドライン作成の手引き 2014　医学書院.　……632
福島 円　2016　心理臨床家のインパクトケースにおける個人的成長　カウンセリング研究，49，129-138.　……620
福嶋好重　2017　精神科リエゾンチームの始め方，秋山 剛・宇佐美しおり編著　精神科リエゾンチームガイドブック　医歯薬出版株式会社　pp. 22-27.　……382
福田一彦・小林重雄　1973　自己評価式抑うつ性尺度の研究　精神神経学雑誌，75，673-679.　……196
福原俊一ほか　2006　日本語版 the Epworth Sleepiness Scale（JESS）日本呼吸器学会誌，44，896-898.　……216
福丸由佳　2011　里親に向けた心理教育的介入プログラム CARE（Child-Adult Relationship Enhancement）の実践　白梅学園大学・短期大学紀要，47，1-13.　……490
藤井千代　2018　措置入院者の退院後支援　精神科治療学，33，1253-1257.　……530
藤田一照　2016　仏教から見たマインドフルネス　貝谷久宣ほか編著　マインドフルネス　日本評論社　pp.65-77.　……76
藤田（道重）さおりほか　2017　官民協働刑務所におけるアルコールの問題を有する受刑者を対象とした教育プログラムの取り組みについて　日本嗜癖行動学会誌，33，58-68.　……536
藤田英美ほか　2013　統合失調症における疾病管理とリカバリー（Illness Management and Recovery；

IMR)の有効性　精神医学，55，21-28．……378
藤野　博　2009　AACと音声言語表出の促進　特殊教育学研究，47，173-182．……516
藤原千恵子ほか　2001　新人看護婦の職務ストレスに関する研究　日本看護研究学会雑誌，24，77-88．……610
藤原義博　1997　2章　応用行動分析学の基礎知識，小林重雄監修　山本淳一・加藤哲文編　応用行動分析学入門　学苑社，pp.26-39．……16
フリードバーグ，R. D. ほか　長江信和ほか訳　2006　子どものための認知療法練習帳　創元社．……398
古俣俊之　2012　府中刑務所における薬物依存離脱指導—実践の工夫を中心に　刑政，123，12-23．……576

■ほ

法務省　2006　改善指導の標準プログラムについて（依命通達）http://www.moj.go.jp/content/001174898.pdf（2019年3月20日参照）……574
法務省　2012　刑事施設における性犯罪者処遇プログラム受講者の再犯等に関する分析　研究報告書　http://www.moj.go.jp/content/000105286.pdf（2019年3月20日参照）……574
法務省矯正局　2012　刑事施設における性犯罪者処遇プログラム受講者の再犯等に関する分析研究報告書　法務省矯正局．……532
法務省法務総合研究所　2015　平成27年版犯罪白書第6編第3章第2節2(4)　http://hakusyo1.moj.go.jp/jp/62/nfm/n62_2_6_3_2_2.html（2019年3月23日参照）……580
法務省法務総合研究所　2016　平成28年版犯罪白書—再犯の現状と対策のいま　日経印刷．……546
法務省法務総合研究所　2017　平成29年版犯罪白書　昭和情報プロセス．……528，530，700
法務省法務総合研究所　2018　青少年の立ち直り（デシスタンス）に関する研究　研究部報告，58，169．……572
堀口寿広　2000　発達障害医療に従事する職員のメンタルヘルス向上のための研究　安田生命社会事業団研究助成論文集，36，220-223．……451
堀野　緑ほか　2000　子どものパーソナリティと社会性の発達　北大路書房．……472
本田秀夫　2015　自閉スペクトラムにおける「こだわり」　こころの科学，183，38-43．……486
本田真大　2015　特別支援教育における教師とスクールカウンセラーとの協働　指導と評価，61，36-38．……444
本田真大ほか　2009　不適応状態にある中学生に対する学級単位の集団社会的スキル訓練の効果　教育心理学研究，57，336-348．……444

■ま

マイケル，A. W. 著　下山晴彦監修　高橋美穂訳　2014　第4章：チームをリードする．チームワークの心理学　東京大学出版会，pp. 98-104．……622
前田英樹・横山太範　2017　リワークとグループワーク　精神療法，43，32-41．……604
前田基成　1985　神経性頻尿を主因とする登校拒否の脱感作療法　上里一郎編　行動療法ケース研究2　登校拒否　岩崎学術出版社，pp. 77-96．……420
真木佐知子・小西聖子　2005　援助者のストレス（二次的外傷性ストレス）とリスク管理　看護技術，51，970-973．……620
松尾直博　2002　学校における暴力・いじめ防止プログラムの動向—学校・学級単位での取り組み，教育心理学研究，50，487-499．……424
松尾理沙ほか　2012　発達障害児の親を対象としたPTの実態と実施者の抱える課題に関する調査　小児の精神と神経，52，53-59．……470
松岡紘史・坂野雄二　2007　痛みの認知面の評価　心身医学，47，95-102．……358
松﨑敦子・山本淳一　2015　保育士の発達支援技術向上のための研修プログラムの開発と評価　特殊教育学研究，52，359-368．……452
松沢哲郎　1992　意識の進化　生体の科学，43，7-11．……322
松下幸生ほか　2010　アルコール依存症に併存する認知症　精神神経学雑誌，112，774-779．……602
松永美希　2007　うつ病に対する集団認知行動療法の展望．精神科治療学，22，1081-1091．……606
松永美希ほか　2014　新任教師のリアリティ・ショック　産業ストレス研究，21，237-242．……610

松永美希ほか　2017　新任教師のリアリティ・ショック要因尺度の作成　心理学研究，88，337-347．　……618
松本俊彦　2012　薬物依存とアディクション精神医学　金剛出版．……122
松本俊彦・今村扶美　2015　SMARPP-24　物質使用障害治療プログラム　金剛出版．……542, 582
「慢性の痛み診療・教育の基盤となるシステム構築に関する研究」研究班監修・慢性疼痛治療ガイドライン作成ワーキンググループ編　2018　慢性疼痛治療ガイドライン　真興交易．……358

■み

三沢元彦・犬塚文雄　2007　教師のバーンアウト傾向軽減プログラムの開発研究　横浜国立大学教育相談・支援総合センター研究論集，7，165-185．　……618
三島和夫編著　2014　睡眠薬の適正使用・休薬ガイドライン　じほう．……366
三田村仰　2008　行動療法におけるアサーション・トレーニング研究の歴史と課題．人文論究，58，95-107．……256, 462
三田村仰　2017　はじめてまなぶ行動療法　金剛出版．……114
三田村仰・松見淳子　2009　発達障害児の保護者向け機能的アサーション・トレーニング　行動療法研究，35，257-269．……462
三田村仰・松見淳子　2010　アサーション（自他を尊重する自己表現）とは何か？　構造構成主義研究，4，158-182．……462
三田村仰・武藤崇　2012　我が国における「エビデンスに基づく心理学的実践」の普及に向けて　心理臨床科学，2，57-68．……678
宮裕昭　2015　わが国における要介護高齢者の不適応行動に対する応用行動分析学的介入の現状　立命館文学，641，207-219．……512
宮城まり子　2002　キャリアカウンセリング　駿河台出版社．……612
宮田広善　2001　子育てを支える療育　ぶどう社．……486
宮脇かおり　2016　ひったくり　日本犯罪心理学会編　犯罪心理学事典　丸善出版，pp. 190-191．……546

■む

武藤崇　2012　ディメンショナルな「ケース・フォーミュレーション」アプローチとしてのアクセプタンス＆コミットメント・セラピー（ACT）　Depression Frontier, 10, 59-64．……178
武藤崇　2014　アクセプタンス＆コミットメント・セラピー（ACT）　精神療法，40，60-63．……296
武藤崇ほか監訳　2015　マインドフルにいきいき働くためのトレーニングマニュアル　星和書店．……624
宗澤岳史ほか　2009　日本語版不眠重症度質問票の開発　精神科治療学，24，219-225．……216
村井俊哉　2009　社会的行動障害の症候学　高次脳機能研究，29，18-25．……376
村松公美子監訳・著　2014　心身医療のための認知行動療法ハンドブック　新興医学出版社．……128, 362
村松公美子　2016　新潟青陵大学大学院学術委員会主催10周年特別講演（2015）報告：Barky, A. J. 身体症状症と心気症の診断および治療法．新潟青陵大学大学院臨床心理学研究 9, 43-55．……362
村本詔司　1998　心理臨床と倫理　朱鷺書房．……692
村本浄行・園山繁樹　2010　知的障害者入所更生施設において多飲行動を示す自閉症者に対するPECSを用いた支援の効果　特殊教育学研究，48，111-122．……164

■め

免田賢ほか　1995　精神遅滞児の親訓練プログラムの開発とその効果に関する研究　行動療法研究，21，25-38．……98

■も

望月昭　1996　応用行動分析　小出進編集代表　発達障害指導事典　学研，pp. 54-55．……514
望月昭ほか　1998　聾精神遅延者における要求言語行動の実現　特殊教育学研究，26，1-11．……514
本岡寛子　2012　うつ病に対する問題解決療法　臨床精神薬理，15，1905-1913．……280
本岡寛子ほか　2009　「心配」の自己評定式質問紙　カウンセリング研究，42，247-255．……206
森浩平・田中敦士　2012　特別支援教育に携わる教員におけるメンタルヘルス影響要因の検討　Asian

Journal of Human Services, 5, 111-124. ……451
森 ゆみ・森 貴俊　2018　EMDRが奏効した嘔吐恐怖症の女児例　EMDR研究, 10, 65-74. ……336
森實敏夫ほか　2004　EBM実践のための医学文献評価選定マニュアル　ライフサイエンス出版. ……634
森田洋司・清永賢二　1986　いじめ　金子書房. ……168
森山成彬　2008　病的賭博者100人の臨床的実態　精神医学, 50, 895-904. ……548
文部科学省　2010　生徒指導提要　http://www.mext.go.jp/a_menu/shotou/seitoshidou/1404008.htm（2018年6月11日参照）……444
文部科学省　2012　通常の学級に在籍する発達障害の可能性のある特別な教育的支援を必要とする児童生徒に関する調査結果について　http://www.mext.go.jp/a_menu/shotou/tokubetu/material/__icsFiles/afieldfile/2012/12/10/1328729_01.pdf（2018年11月27日参照）……146
文部科学省 HP　2012　共生社会の形成に向けたインクルーシブ教育システム構築のための特別支援教育の推進（報告）http://www.mext.go.jp/b_menu/shingi/chukyo/chukyo3/044/houkoku/1321667.htm（2018年7月17日参照）……706
文部科学省 HP　2013　体罰の禁止及び児童生徒理解に基づく指導の徹底について（通知）http://www.mext.go.jp/a_menu/shotou/seitoshidou/1331907.htm（2018年8月9日参照）……428
文部科学省　2013　特別支援学校高等部学習指導要領　http://www.mext.go.jp/a_menu/shotou/new-cs/youryou/tokushi/1284540.htm（2019年5月29日参照）……474
文部科学省　2014　研究活動における不正行為への対応等に関するガイドライン（平成26年8月26日文部科学大臣決定）　文部科学省. ……684
文部科学省　2018　高等学校学習指導要領解説　保健体育編・体育編　http://www.mext.go.jp/component/a_menu/education/micro_detail/__icsFiles/afieldfile/2018/07/13/1407073_07.pdf（2018年7月5日）……400
文部科学省・厚生労働省　2015　人を対象とする医学系研究に関する倫理指針ガイダンス, 2015　https://www.mhlw.go.jp/file/06-Seisakujouhou-10600000-Daijinkanboukouseikagakuka/0000166072.pdf（2018年8月22日参照）……678
文部科学省・厚生労働省　2017　人を対象とする医学系研究に関する倫理指針（平成26年12月22日, 平成29年2月28日一部改正）　文部科学省・厚生労働省. ……684
文部科学省初等中等教育局児童生徒課　2018　平成28年度「児童生徒の問題行動・不登校等生徒指導上の諸課題に関する調査」（確定値）について　http://www.mext.go.jp/b_menu/houdou/30/02/__icsFiles/afieldfile/2018/02/23/1401595_002_1.pdf（2018年8月1日参照）……400
文部科学省中央教育審議会　2015　チームとしての学校の在り方と今後の改善方策について（答申）（中教審第185号）……692
文部省　1983　中学校・高等学校の進路指導の手引（高等学校ホームルーム担任編）　日本進路指導協会. ……434

■や

谷口幸一・佐藤眞一編著　2007　エイジング心理学　北大路書房. ……510
屋敷千晴ほか　2016　精神障害者の就労移行支援における短期的認知再構成の効果の検討　日本認知療法学会第16回大会発表論文集. ……506
山上敏子　1990　行動療法　岩崎学術出版. ……6
山上敏子　2007　方法としての行動療法　金剛出版. ……6, 382
山上敏子監修　1998　お母さんの学習室　二瓶社. ……276
山崎修道　2013　回復・社会復帰におけるCBTp　精神神經學雜誌, 115, 379-384. ……520
山下裕史朗　2005　ニューヨーク州立大バッファロー校におけるADHDの子どもと家族に対する包括的治療　日本小児科学会雑誌, 109, 1301-1307. ……476
山下裕史朗・向笠章子編著　2010　夏休みで変わるADHDをもつこどものための支援プログラム　遠見書房. ……476
山田幸恵・中谷敬明　2011　介護者におけるピアカウンセリングのストレス軽減効果　日本行動療法学会大会発表論文集, 37, 210-211. ……498
山田重行・今別府志帆　2010　漸進的筋弛緩法の習得過程のおけるリラックス反応の経時的変化　千葉大学看護学部紀要, 30, 11-17. ……72

山根希代子・今本　繁　2015　広汎性発達障害児へのPECSを中心とした早期療育の5〜6歳時点での効果　小児の精神と神経, 55, 153-163. ……464
山本淳一・澁谷尚樹　2009　エビデンスにもとづいた発達障害支援　行動分析学研究, 23, 46-70. ……452
山本政人　2014　「心の理論」は必要か　学習院大学文学部研究年報, 61, 119-140. ……242
ヤーロム, I. D.　中久喜雅文・川室優監訳　2012　グループサイコセラピー　西村書店, pp. 1-24. ……606

■ゆ

遊佐安一郎　2007　ドクター・ユサの訪問記 65　こころの臨床 a・la・carte 26, 124-129. ……24

■よ

横浜市　2018　横浜市子ども・若者実態調査／市民生活実態調査. https://www.city.yokohama.lg.jp/kurashi/kosodate-kyoiku/ikusei/kyogikai/kyougikai.files/0003_20180801.pdf（2019年3月31日参照）……508
横山和仁　2015　POMS2日本語版　金子書房. ……196
吉田精次・境　泉洋　2014　CRAFT　薬物・アルコール依存症からの脱出　金剛出版. ……564
吉武清實　2010　学生に向けた活動 1. 日本学生相談学会50周年記念誌編集委員会編　学生相談ハンドブック　学苑社, pp. 168-172. ……402
吉永尚紀・清水栄司　2016　社交不安障害（社交不安症）の認知行動療法マニュアル（治療者用）　厚生労働省　http://www.mhlw.go.jp/file/06-Seisakujouhou-12200000-Shakaiengokyokushougaihokenfukushibu/0000113841.pdf（2019年6月7日参照）……340
吉野俊彦　2015　反応抑制手続きとしての弱化　行動分析学研究, 29, 108-118. ……428
吉村健佑ほか　2013　日本における職場でのメンタルヘルスの第一次予防対策に関する費用便益分析　産業衛生学雑誌, 55, 11-24. ……598

■る

ルドゥー, E. J.　松本元ほか訳　2003　エモーショナルブレイン　東京大学出版会. ……42

■れ

レイヤード, R. & クラーク, D. M.　丹野義彦監訳　2017　心理療法がひらく未来　ちとせプレス. ……632

■ろ

労働政策研究・研修機構　2012　職場におけるメンタルヘルス対策に関する調査　https://www.jil.go.jp/institute/research/2012/documents/0100.pdf（2019年6月5日参照）……142

■わ

若林明雄ほか　2004　自閉症スペクトラム指数（AQ）日本語版の標準化　心理学研究, 75, 78-84. ……222
脇本　忍　2015　Planned Happenstance Theoryの展開と実践　聖泉論叢, 23, 37-52. ……612
渡部匡隆　2002　知的障害の理解と援助　小林重雄監修　発達臨床心理学　コレール社, pp. 39-43. ……514
渡辺綾子ほか　2018　地域の両親学級における妊婦に対する単発の睡眠教育が，睡眠，抑うつに与える効果　Journal of Health Psychology Research, 31, 61-68. ……126
渡邊正樹　2009　保健行動アセスメント　畑　栄一・土井由利子編　行動科学（改訂第2版）　南江堂, pp. 51-56. ……228
渡辺三枝子・E. L. ハー　2001　キャリアカウンセリング入門　ナカニシヤ出版. ……612
渡辺三枝子編　2005　オーガニゼーショナル・カウンセリング序説　ナカニシヤ出版. ……612

欧文引用文献

＊各文献の最後に明記してある数字は引用している項目の最初のページを表す

■A

Abela, J. R. Z. and Hankin, B. L. eds. 2008 *Handbook of Depression in Children and Adolescents*, Guilford Press. ……404

Abelson, E. S. 1989 *When Ladies Go A-Thieving*, Oxford University Press. ……546

Abramowitz, J. S. et al. 2011 *Exposure Therapy for Anxiety Principles and Practice*, Guilford Press. ……332

Abramson, L. Y. et al. 1978 Learned helplessness in human. *Journal of Abnormal Psychology*, 87, 49-74. ……80

Academy for Eating Disorders 2016 *AED Medical Care Standards Guide*（3rd ed.）, AED（古内一浩, 西園マーハ文監訳 2016 AED 医学的ケアのためのガイド（第3版）日本摂食障害学会）. ……124

Addis, M. and Martell, C. 2004 *Overcoming Depression One Step at a Time*, New Harbinger Publications.（大野 裕監修 岡本泰昌監訳 2012 うつを克服するための行動活性化練習帳 創元社）. ……260

Aertgeerts, B. et al. 2004 The value of the CAGE in screening for alcohol abuse and alcohol dependence in general clinical populations. *Journal of Clinical Epidemiology*, 30-39. ……190

Afifi, T. O. et al. 2012 Physical punishment and mental disorders. *Pediatrics*, 130, 1-9. ……428

Agency for Healthcare Research and Quality 2008 Treating Tobacco Use and Dependence: 2008 Update. https://www.ncbi.nlm.nih.gov/books/NBK63952/（2018年8月28日参照）……372

Agras, W. S. 2001 The development of behavioral medicine. In W. T. O'Donohue et al. eds. *A History of the Behavioral Therapies*, Context Press（松岡紘史訳 2013 行動医学の発展 オドノヒュー, W. T. ほか編 松岡紘史ほか訳 認知行動療法という革命 日本評論社）. ……46

Akechi, T. et al. 2008 Problem-solving therapy for psychological distress in Japanese cancer patients. *Japanese Journal of Clinical Oncology*, 38, 867-870. ……280

Alberto, P. A. and Troutman, A. C. 1999 *Applied Behavior Analysis for Teachers*（5th ed.）, Prentice-Hall（佐久間徹ほか訳 2004 はじめての応用行動分析（日本語版第2版）二瓶社）. ……456

Alleley, C. S. et al. 2014 Neurodevelopmental and psychosocial risk factors in serial killers and mass murderers. *Aggression and violent behavior*, 19, 288-301. ……534

Allen, K. B. et al. 2015 Synchrony-desynchrony in the tripartite model of fear. *Behaviour Research and Therapy*, 71, 54-64. ……58

Practice Parameter for the Assessment and Treatment of Children and Adolescents With Posttraumatic Stress Disorder. *Journal of the American Academy of Child and Adolescent Psychiatry*, 49, 414-430. ……342

American Academy of Sleep Medicine. 2014 *International Classification of Sleep Disorders*（3rd ed.）, American Academy of Sleep Medicine. ……216

American Psychiatric Association 2013 *Desk reference to the diagnostic criteria from DSM-5*（高橋三郎ほか監訳 2014 DSM-5- 精神疾患の分類と診断の手引 医学書院）. ……114

American Psychiatric Association. 2013 *Desk reference to the diagnostic criteria from DSM-5*, American Psychiatric Publication（高橋三郎, 大野 裕監訳 2014 DSM-5 精神疾患の分類と診断の手引 医学書院）. ……136

American Psychiatric Association（APA）2013b *Desk Reference to the Diagnostic Criteria from DSM-5*, American Psychiatric Publishing（高橋三郎・大野 裕監訳 2014 DSM-5 精神疾患の分類と診断の手引 医学書院）. ……106, 136, 410, 418, 512

American Psychiatric Association（APA）2013a *Diagnostic and Statistical Manual of Mental Disorders*（5th ed.）, American Psychiatric Publishing（高橋三郎・大野 裕監訳 2014 DSM-5 精神疾患の診断・統計マニュアル 医学書院）. ……88, 102, 118, 122, 146, 216, 236, 354, 548

American Psychological Association 2017 Clinical Practice Guideline for the Treatment of PTSD. https://www.apa.org/ptsd-guideline/ptsd.pdf（2018年8月18日参照）……342

American Psychological Association Presidential Task Force on Evidence-Based Practice 2006 Evidence-based practice in psychology. American Psychologist, 61, 271-285. ……678
Amir, N. et al. 1998 Relationship between trauma narratives and trauma pathology. *Journal of Traumatic Stress*, 11, 385-392. ……96
Andersson, G. 2014 *The Internet and CBT*, CRC Press（長江信和訳 2016 ICBTインターネット認知行動療法ガイドブック 創元社）. ……308
Andrews, D. A. and Bonta, J. 1995 *The Level of Service Inventory-Revised*, Multi-Health Systems. ……232, 556
Andrews, D. A. and Bonta, J. 2003 *The psychology of criminal conduct*（3rd ed.）, Anderson. ……138
Andrews, D. A. and Bonta, J. 2006 *The psychology of criminal conduct*（4th ed.）, LexisNexis. ……556
Andrews, D. A. and Bonta, J. 2010 *The Psychology of Criminal Conduct*（5th ed.）, Anderson Publishing. ……532, 560
Andrews, D. A. et al. 2004 *The Level of Service Inventory/Case Management Inventory*（LC/CMI）, Multi-Health Systems. ……232, 556
Andrews, D. A. et al. 2006 The recent past and near future of risk and/or need assessment. *Crime and Delinquency*, 52, 7-27. ……556
Andrews, G. et al. 2002 *The Treatment of Anxiety Disorders*（2nd ed.）, Cambridge University Press（古川壽亮ほか訳 2003 不安障害の認知行動療法（1）パニック障害と広場恐怖 星和書店）. ……332
Antony, M. M. et al. 2006 Responses to symptom induction exercises in panic disorder. *Behaviour Research and Therapy*, 44, 85-98. ……332
APA Work Group on Alzheimer's Disease and other Dementias 2007 American Psychiatric Association practice guideline for the treatment of patients with Alzheimer's disease and other dementias. Second edition. *The American Journal of Psychiatry*, 164, 5-56. ……132
Applewhite, A. 2016 *This Chair Rocks*, Networked Books. ……132
Aromaki, A. S. et al. 2002 Testosterone, sexual and autisocial personality in nrapists and child molesters. *Psychiatry research*, 110, 239-247. ……526
Association for Contextual Behavioral Science 2018 ACT randomized controlled trials since 1986. Retrieved from https://contextualscience.org/ACT_Randomized_Controlled_Trials（2018年8月31日参照）……296
Asukai, N. et al. 2010 Efficacy of exposure therapy for Japanese patients with posttraumatic stress disorder due to mixed traumatic events. *Journal of Traumatic Stress*, 23, 744-750. ……325, 654
Avery, S. N. et al. 2016 The human BNST. *Neuropsychopharmacology Reviews*, 41, 126-141. ……42
Ayllon, T. and Azrin, N. H. 1964 Reinforcement and instructions with mental patients. *Journal of the Experimental Analysis of Behavior*, 7, 327-331. ……252
Azrin, N. H. and Nunn, R. G. 1973 Habit-reversal. *Behaviour Research and Therapy*, 11, 619-628. ……152, 356, 418

■ B

Bach, P. A. and Moran, D. J. 2008 *ACT in Practice: Case Conceptualization in Acceptance and Commitment Therapy*, New Harbinger Publications.（武藤崇ほか訳 2009 ACTを実践する 星和書店.）……2
Baer, D. M. 1960 Escape and avoidance response of pre-school children to two schedules of reinforcement withdrawal. *Journal of the Experimental Analysis of Behavior*, 3, 155-159. ……252
Baer, D. M. et al. 1968 Some current dimensions of applied behavior analysis. *Journal of Applied Behavior Analysis*, 1, 91-97. ……16, 254
Baer, R. A. 2003 Mindfulness training as a clinical intervention. *Clinical Psychology: Science and Practice*, 10, 125-143. ……76
Baeyens, F. et al. 1995 Pavlovian associations are forever. *Journal of Psychophysiology*, 9, 127-141. ……52
Bailey, J. and Burch, M. 2011 *Ethics for Behavior Analysis*（2nd expanded ed.）, Routledge（日本行動分析学会行動倫理研究会訳 2015 行動分析家の倫理 二瓶社）. ……692
Baker, A. 2001 Crossing the quality chasm. BMJ, 323, 1192. ……658

Baker, A. et al. 2010 Does habituation matter? Emotional processing theory and exposure therapy for acrophobia. *Behaviour Research and Therapy*, 48, 1139-1143. ……90

Baker, M. 2016 1,500 scientists lift the lid on reproducibility. *Nature*, 533, 452-454. ……674

Bakker, A. B. and Demerouti, E. 2007 The job demands-resources model. *Journal of Managerial Psychology*, 22, 309-328. ……590

Bakker, A. B. and Demerouti, E. 2017 Job demands-resources theory. *Journal of Occupational Health Psychology*, 22, 273-285. ……234

Baldi, E. and Bucherelli, C. 2005 The inverted "U-shaped" dose-effect relationships in learning and memory, *Nonlinearity in Biology, Toxicology, Medicine*, 3, 9-21. ……60

Bandelow, B. et al. 2014 The diagnosis of and treatment recommendations for anxiety disorders. *Deutsches Arzteblatt International*, 111, 473-480. ……110

Bandura, A. 1971 *Social learning theory*, General Learning Press（原野広太郎・福島脩美訳　1974　人間行動の形成と自己制御　金子書房）. ……66

Bandura, A. 1977 Self-efficacy. *Psychological Review,* 84, 191-215. ……286

Bandura, A. 1977 *Social Learning Theory*, Prentice Hall（原野広太郎監訳　1979　社会的学習理論　金子書房）. ……66, 274, 278

Barber, J. P. et al. 2003 Development of the cognitive therapy adherence and competence scale. *Psychotherapy Research*, 13, 205-221. ……244

Barber, J. P. et al. 2007 Assessing intervention competence and its relation to therapy outcome, *Proffesional Psychology*, 38, 493-500. ……244

Bar-Haim, Y. et al. 2007 Threat-related attentional bias in anxious and nonanxious individuals. *Psychological Bulletin*, 133, 1-24. ……64

Barlow, D. H. 2010 Negative effects from psychological treatments. *American Psychologist*, 65, 13-20. ……246

Barlow, D. H. 1988 *Anxiety and Its Disorders*, Guilford Publications. ……364

Barlow, D. H. at al. 1989 Behavioral treatment of panic disorder. *Behavior Therapy*, 20, 261-282. ……262

Barlow, D. H. et al. 2000 Cognitive-behavioral therapy, imipramine, or their combination for panic disorder: A randomized controlled trial. *Journalof the American Medical Association*, 19, 2529-2536. ……104

Barlow, D. H. et al. 2011 *Unified Protocol for Transdiagnostic Treatment of Emotional Disorders*, Oxford University Press. ……364

Barlow, J. et al. 2014　Group-based parent training programmes for improving parental psychosocial health. *Cochrane Database Systimatic Review*, 5, CD002020. ……276

Barlow, D. H. 1988 *Anxiety and Its Disorders*, Guilford. ……90

Barlow, D. H. 2002 *Anxiety and Its Disorders* (2nd ed.), Guilford. ……90

Baron-Cohen S. et al. 1985 Does the autistic child have a theory of mind? *Cognition*, 21, 37-46. ……242

Baron-Cohen, S. et al. 2001 The autism-spectrum quotient (AQ). *Journal of Autism and Developmental Disorders*, 31, 5-17. ……222

Barrett, P. M.　2004　FRIENDS for life! for children, *Participant Workbook and Leaders Manual*, Australian Academic Press. ……156

Barrett, P. M.　2005　FRIENDS for life! for youth. *Participant Workbook and Leaders Manual*, Australian Academic Press. ……156

Barrett, P. M. et al. 1999 *FRIENDS Program for Children*, Australian Academic Press. ……406, 448

Barry, M. J. and Edgman-Levitan, S. 2012 Shared decision making. *New England Journal of Medicine*, 366, 780-781. ……658

Barsky, A. J. and Alen, D. K. 2004 Cognitive Behavior Therapy for Hypochondriasis: a Randomized controlled trial, *Journal of the American Medical Association*, 291, 1464-1470. ……362

Basco, M. R. and Rush, A. J. 1996 *Cognitive-Behavioral Therapy for Bipolar Disorder*, Guilford Press. ……352

Bass, B. M. and Bass, R. 2008 *The Bass Handbook of Leadership* (4th ed.), Free Press. ……622

Bate, K. S. et al. 2011 The efficacy of habit reversal therapy for tics, habit disorders, and stuttering. *Clinical Psychology Review*, 31, 865-871. ……418
Battagliese, G. et al. 2015 Cognitive-behavioral therapy for externalizing disorders. *Behaviour Research and Therapy*, 75, 60-71. ……540
Bearss, K. et al. 2015 Parent training in autism spectrum disorder. *Clinical Child and Family Psychology Review*, 18, 170-182. ……470
Beck, A. T. 1963 Thinking and depression. *Archives of General Psychiatry*, 9, 324-333. ……84
Beck, A. T. 1967 *Depression*, Harper & Row. ……12
Beck, A. T. 1976 *Cognitive Therapy and the Emotional Disorders*, International Universities Press（大野 裕訳 1990 認知療法 岩崎学術出版社）. ……12, 84
Beck, A. T. 1987 Cognitive models of depression. *Journal of Cognitive Psychotherapy*, 1, 5-37. ……30
Beck, A. T. 2005 The current state of cognitive therapy. *Archives of General Psychiatry*, 62, 953-959. ……12
Beck, A. T. and Haigh, E. A. P. 2014 Advances in cognitive theory and therapy. *Annual Review of Clinical Psychology*, 10, 1-24. https://www.beckinstitute.org/wp-content/uploads/2015/10/Generic-Cog-Model-article.pdf（2019年6月7日参照）……348
Beck, A. T. et al. 1979 *Cognitive Therapy of Depression*, Gulford Press（坂野雄二監訳 1992 うつ病の認知療法 岩崎学術出版社）. ……12, 26, 84, 116, 284, 286, 326, 328, 404
Beck, A. T., et al. 1985 *Anxiety disorders and phobias*, Basic Books. ……12
Beck, J. 2011 *Cognitive Behavioral Therapy*（2nd ed.）, Guilford Press. ……328
Becker, G. S. 1968 Crime and Punishment, *The Journal of Political Economy*, 76, 169-217. ……586
Behar, E. et al. 2009 Current theoretical models of generalized anxiety disorder（GAD）: Conceptual review and treatment implications. *Journal of Anxiety Disorders*, 23, 1011-1023. ……96
Bellack A. S. and Hersen M. eds. 1985 *Dictionary of Behavior Therapy Techniques*, Pergamon Press（山上敏子監訳 1987 行動療法事典 岩崎学術出版社）. ……264
Belsky, J. & Pluess, M. 2009 Beyond diathesis stress: Differential susceptibility to environmental influences. *Psychological Bulletin*, 135, 885-908. ……30
Beltman, H. W. et al. 2010 Cognitive-behavioral therapy for depression in people with a somatic disease. *British Journal of Psychiatry*, 197, 11-19. ……384
Benbow, A. A. and Anderson, P. L. 2019 A meta-analytic examination of attrition in virtual reality exposure therapy for anxiety disorders. *Journal of Anxiety Disorders*, 61, 18-26. ……310
Bennett-Levy, J. 2003 Mechanisms of change in cognitive therapy. *Behavioural and Cognitive Psychotherapy*, 31, 261-277. ……288
Bennett-Levy, J. & Lee, N. K. 2014 Self-practice and self-reflection in cognitive behaviour therapy training. *Behavioural and Cognitive Psychotherapy*, 42, 48-64. ……12
Berg E. A. 1948 A simple objective test for measuring flexibility in thinking, *Journal of General Psychology*, 39, 15-22. ……242
Berg, I. K. and Miller, S. D. 1994 *Working with the problem drinker*, W. W. Norton. ……612
Bergin, A. E. et al. 1963 The effects of psychotherapy: negative results revisited. *Journal of Counseling Psychology*, 10, 244-250. ……246
Bernard, M. E. et al., 2010 Albert Ellis: Unsung hero of positive psychology. *The Journal of Positive Psychology*, 5, 302-310. ……290
Bhui K. S. et al., 2012 A synthesis of the evidence for managing stress at work. *Journal of Environmental and Public Health*. Article ID 515874, 21, http://dx.doi.org/10.1155/2012/515874（2018年12月3日参照）……602
Bieling, P. J. et al.（2006）2009 *Cognitive-behavioral therapy in groups*, Guilford Press（嶋田洋徳ほか監訳 2018 集団認知行動療法の理論と実践 金子書房）. ……306, 568
Black, P. H. and Garbutt, L. D. 2002. Stress, inflammation and cardiovascular disease. *Journal of Psychosomatic Research*, 52, 1-23. ……32
Blackburn, I.-M. et al. 2001a *Cognitive Therapy Scale—Revised（CTS-R）*. Newcastle Cognitive and Behavioural Therapies Centre. ……12
Blackburn, I.-M. et al. 2001b The revised cognitive therapy scale（CTS-R）. *Behavioural and Cognitive*

Psychotherapy, 29, 431-446（清水栄司・小堀 修訳 2012 認知療法尺度 臨床精神医学 41, 969-979）．……244, 324, 688

Blair, J. et al. 2005 *The Psychopath: Emotion and the Brain*, Blackwell Publishing（福井裕輝訳 2009 サイコパス―冷淡な脳 星和書店）．……534

Blatt, S. J. et al. 1996 Interpersonal factors in brief treatment of depression. *Journal of Consulting and Clinical Psychology*, 64, 162-171. ……12

Bleidorn, W. et al. 2014 The behavioural genetics of personality development in adulthood-classic, contemporary, and future trends. *European Journal of Personality*, 28, 244-255. ……218

Bloch, M. H. et al. 2014 Meta-analysis: Hoarding symptoms associated with poor treatment outcome in obsessive-compulsive disorder. *Molecular Psychiatry*, 19, 1025-1030. ……108

Bloodstein, O. 1960 The development of stuttering: II. Developmental phases. *Journal of Speech and Hearing Disorder*, 25, 366-376. ……154

Bloom, S. E. et al. 2011 Classroom application of a trial-based functional analysis. *Journal of Applied Behavior Analysis*, 44, 19-31. ……226

Boelen, P. A. et al. 2007 Treatment of complicated grief: a comparison between cognitive-behavioral therapy and supportive counseling. *Journal of Consulting and Clinical Psychology*, 75, 277-284. ……344

Bögels, S. and Restifo, K. 2014 *Mindful Parenting,* Springer. ……480

Bondy, A. and Frost, L. 1995 Educational approaches in preschool. In E. Schopler and G. Mesibov eds. *Learning and Cognition in Autism*, Plenum Press, pp. 311-333. ……464

Bonta, J. 1996 Risk-needs assessment and treatment, In A. T. Harland ed. *Choosing Correctional Opinions That Work*, Sage Publications, pp. 18-32. ……556

Bonta, J. and Andrews, D. A. 2017 *The Psychology of Criminal Conduct*（6th ed.）, Routledge.（原田隆之訳 2018 犯罪行動の心理学 北大路書房）．……232

Bora, E. et al. 2012 Gray matter abnormalities in major depressive disorder. *Journal of Affective Disorders*, 138, 9-18. ……40

Borkovec, T. D. 1994 The nature, functions, and origins of worry, In G. Davey and F. Tallis *Worrying: Perspectives on Theory Assessment and Treatment*, Wiley & Sons, pp.5-33. ……92

Bossuyt, P. M. et al. 2006 Comparative accuracy: Assessing new tests against existing diagnostic pathways. *BMJ*, 332, 1089-1092. ……648

Bouton, M. E. 1988 Context and ambiguity in the extinction of emotional learning. *Behaviour Research and Therapy*, 26, 137-149. ……48

Bouton, M. E. 1994 Context, ambiguity, and classical conditioning. *Current Directions in Psychological Science*, 3, 49-53. ……62

Bouton, M. E. and Peck, C. A. 1992 Spontaneous recovery in cross-modal transfer (counterconditioning), Animal Learning & Behavior, 20, 313-321. ……256

Bouton, M. E. et al. 2001 A modern learning theory perspective on the etiology of panic disorder. *Psycological Review*, 108, 4-32 ……86

Boutron, I. et al. 2010 Reporting and interpretation of randomized controlled trials with statistically nonsignificant results for primary outcomes. *Journal of the American Medical Association*, 303, 2058-2064. ……672

Boutron, I. et al. 2017 CONSORT statement for randomized trials of nonpharmacologic treatments: A 2017 update and a CONSORT extension for nonpharmacologic trial abstracts. *Annals of Internal Medicine*, 167, 40-47. ……660

Bowen, S. et al. 2013 *Mindfulness-Based Relapse Prevention for Addictive Behaviors,* Guilford Press. ……372

Breslau, N. et al. 1996 Sleep disturbance and psychiatric disorder. *Biological Psychiatry*, 39, 411-418. ……176

British Association for Behavioural & Cognitive Psychotherapies 2008 *Improving Access to Psychological Therapies Implementation Plan*, CSIP. ……688

British Association for Behavioural and Cognitive Psychotherapies 2018 BABCP Accreditation: from https://www.babcp.com/Accreditation/Accreditation.aspx#1（2018年9月14日参照）……682

Bromet, E. J. et al. 2005 Long-term diagnostic stability and outcome in recent first-episode cohort studies of schizophrenia, *Schizophrenia Bulletin*, 31, 639-649. ······348

Brookman-Frazee, L. et al. 2006 Parenting interventions for children with autism spectrum and disruptive behavior disorders. *Clinical Child and Family Psychology Review*, 9, 181-200. ······700

Brooks, A.D. 1974 *Law, Psychiatry and the Mental Health Sistem,* Little, Brown and Company. ······556

Brown, T. A. et al. 1992 Psychometric properties of the penn state worry questionnaire in a clinical anxiety disorders sample. *Behaviour Research and Therapy,* 30, 33-37. ······206

Brown, T. A. et al. 1998 Structural relationships among dimensions of the DSM-IV anxiety and mood disorders and dimensions of negative affect, positive affect, and autonomic arousal, *Journal of Abnormal Psychology*, 107, 179-192. ······364

Bruce, T. O. et al. 2005 Diagnosis and management of trichotillomania in children and adolescents. *Paediatr Drugs*, 7, 365-376. ······418

Brunwasser, S. M. et al. 2009 A meta-analytic review of the penn resiliency program's effect on depressive symptoms. *Journal of Consulting and Clinical Psychology*, 77, 1042-1054. ······448

Bruss, G. S. et al. 1994 Hamilton anxiety rating scale interview guide. *Psychiatry Research,* 53, 191-202. ······206

Bryant, R. A. et al. 2014 Treating prolonged grief disorder. *JAMA Psychiatry*, 71, 1332-1339. ······344

Buchanan-Pascall, S. et al. 2018 Systematic review and meta-analysis of parent group interventions for primary school children aged 4-12 years with externalizing and/or internalizing problems. *Child Psychiatry & Human Development*, 49, 244-267. ······276

Burgess, E. W. 1928 Factors determining success or failure on parole, In A. A. Bruce et al. eds. *The Working of the Indeterminate-Sentence Law and Parole System in Illinois*, State Board of Parole, pp. 205-249. ······556

Burgio, L. D. and Sinnott, J. 1990 Behavioral treatments and pharmacotherapy. *The Gelontologist*, 30, 811-816. ······512

Burlingame, G. M. et al. 2004 Small group treatment: Evidence for effectiveness and mechanisms of change. In M. J. Lambert ed. *Bergin & Garfield's Handbook of Psychotherapy and Behavior Change* (5th ed.), Wiley, pp. 647-696. ······568

Burlingame, G. M. et al. 2006 *CORE Battery-Revised*, AGPA. ······238

Burns, T. and Schuller, T. 2007 The evidence agenda. In OECD ed. *Evidence in Education*, OECD, pp.15-32. ······628

Burton W. N. et al., 2009 The impact of migraine and the effect of migraine treatment on workplace productivity in the United States and suggestions for future research. *Mayo Clinic Proceedings,* 84, 436-445. ······602

Butler, A. C. et al. 2006 The empirical status of cognitive behavioural therapy. *Clinical Psychology Review*, 26, 17-31. ······12

■C

Cachia, R. L. et al. 2016 Mindfulness in individuals with autism spectrum disorder. *Review Journal of Autism and Developmental Disorders*, 3, 165-178. ······480

Cahill, S. P. et al. 2006 Dissemination of exposure therapy in the treatment of posttraumatic stress disorder. *Journal of Traumatic Stress*, 19, 597-610. ······96

Campbell, M. K. et al. 2012 Consort 2010 statement: extension to cluster randomised trials. *BMJ*, 345, e5661. ······640

Carl, E. T. et al. 2019 Virtual reality exposure therapy for anxiety and related disorders. *Journal of Anxiety Disorders,* 61, 27-36. ······310

Carole, W. M. 1992 Career development theories and models. In H. L. Lea and Z. B. Leibowitz eds. *Adult Career Development* (2nd ed.), The National Career Development Association, pp. 17-18. ······434

Carr, E. G. et al. 2002 Positive Behavior support: Evolution of an applied science. *Journal of Positive Behavior Interventions*, 4, 4-17. ······458

Carryer, J. R. and Greenberg, L. S. 2010 Optimal levels of emotional arousal in experiential therapy

of depression. *Journal of Consulting and Clinical Psychology*, 78, 190-199. ……60
CAST 2011 Universal design for learning guidelines version 2.9, Author, http://www.udlresource.com/uploads/1/2/1/2/12126894/udl_guidelines_version_2.0_final_3.pdf（2019 年 6 月 10 日参照）（バーンズ亀山静子・金子晴美訳　2011　学びのユニバーサルデザイン・ガイドライン ver. 2.0 2011/05/01 翻訳版）．……400
Cautela, J. R. and Kearney, A. J. 1986 *The Covert Conditioning Handbook*, Springer. ……268
Chalmers, I. et al. 2014 How to increase value and reduce waste when research priorities are set, *Lancet*, 383, 156-165. ……636
Chambless, D. L. et al. 1985 The mobility inventory for agoraphobia. *Behaviour Research and Therapy*, 23, 35-44. ……204
Charlesworth, G. et al. 2015 Cognitive behavior therapy for anxiety in people with dementia. *Behaviour Modification*, 39, 390-412. ……374
Charlop-Christy, M. H. et al. 2002 Using the picture exchange communication system（PECS）with children with autism. *Journal of Applied Behavior Analysis*, 35, 213-231. ……464
Chaskalson, M. 2011 *The Mindfulness Workplace*, Wiley. ……598
Chawla, N. et al. 2010 The mindfulness-based relapse prevention adherence and competence scale. *Psychotherapy Research*, 20, 388-397. ……244
Chiesa, A. et al. 2011 Does mindfulness training improve cognitive abilities? A systematic review of neuropsychological findings. *Clinical Psychology Review*, 31, 449-464. ……22
Chorpita, B. F. et al. 1997 Assessment of worry in children and adolescents. *Behaviour Research and Therapy*, 35, 569-581. ……206
Choy, Y. et al. 2007 Treatment of specific phobia in adults. *Clinical Psychology Review*, 27, 266-286. ……102, 200
Cisler, J. M. et al. 2009 Mechanisms of attentional biases towards threat in anxiety disorders: An integrative review. *Clinical Psychology Review*, 30, 203-216. ……42
Clark, D. A. and Beck, A. T. 2010 Cognitive theory and therapy of anxiety and depression. *Trends in Cognitive Science*, 14, 418-424. ……42
Clark, D. M. 1986 A cognitive approach to panic. *Behaviour Research and Therapy*, 24, 461-470. ……12
Clark, D. M. and Ehlers, A. 2004 Posttraumatic stress disorder. In R. L. Leahy ed. *Contemporary Cognitive Therapy*, Guilford Press, pp. 43-71. ……12
Clark, D. M. and Fairburn, C. G. 1997 *Science and Practice of Cognitive Behaviour Therapy*, Oxford University Press（伊豫雅臣監訳　2003　認知行動療法の科学と実践　星和書店）．……86
Clark, D. M. and Wells, A. 1995 A cognitive model of social phobia. In R. Heimberg et al. eds. *Social phobia*, Guilford Press, pp. 69-93. ……12, 88, 340
Clark, D. M. et al. 1997 Misinterpretation of body sensations in panic disorder. *Journal of Consulting and Clinical Psychology*, 65, 203-213. ……104, 334
Clarke, G. et al. 1990 Leader's manual for adolescent groups-Adolescent coping with depression course. www.kpchr.org/research/public/acwd/acwd.html（2019 年 6 月 11 日参照）……448
Clarke, G. N. et al. 1999 Cognitive-behavioral treatment of adolescent depression. *Journal of the American Academy of Child and Adolescent Psychiatry*, 38, 272-279. ……158
Clarke, S. et al. 2018 Trends in JPBI Publications, 1999-2016. *Journal of Positive Behavior Interventions*, 20, 6-14. ……458
Colom, F. and Vieta, E. 2006 *Psychoeducation Manual for Bipolar Disorder*, Cambridge University Press（秋山　剛・尾崎紀夫監訳　2011　双極性障害の心理教育マニュアル　医学書院）．……352
Combs, M. L. and Slaby, D. A. 1977 Social skills training with children, In B. B. Lahey and A. E. Kazdin eds. *Advances in Clinical Child Psychology*, 1, Plenum Press, pp.161-201. ……278
Conejo-Cerón, S. et al. 2017 Effectiveness of psychological and educational interventions to prevent depression in primary care: A systematic review and meta-analysis. *The Annals of Family Medicine*, 15, 262-271. ……438
Congdon, E. et al. 2008 Analysis of DRD4 and DAT polymorphisms and behavioral inhibition in healthy adults. *American Journal of Medical Genetics*, 79, 379-387. ……36

Connor, J. P. 2007 The application of machine learning techniques as an adjunct to clinical decision making in alcohol dependence treatment. *Substance Use & Misuse*, 42, 2193-2206. ……676

Conrod, P. J. et al. 2013 Effectiveness of a selective, personality-targeted prevention program for adolescent alcohol use and misuse: A cluster randomized controlled trial. *JAMA psychiatry*, 70, 334-342. ……640

Cook, C. R. and Blacher, J. 2007 Evidence-based psychosocial treatments for tic disorders. *Clinical Psychology: Science and Practice*, 14, 252-267. ……152

Cooney, N. L. et al. 1991 Matching alcoholics to coping skills or interactional therapies. *Journal of Consulting and Clinical Psychology*, 59, 598-601. ……542

Cooper, J. O. et al. 2007 *Applied Behavior Analysis* (2nd ed.), Pearson （中野良顯訳 2013 応用行動分析学（第2版） 明石書店）. ……16, 180, 452

Cooper, M. et al. 2000 *Bulimia Nervosa*, Kingslley Publishers. ……346

Cooper, Z. et al. 2003 *Cognitive-Behavioral Treatment of Obersity*, Guilford Press（小牧 元監訳 2006 肥満の認知行動療法 金剛出版）. ……368

Coppen, A. 1967 The biochemistry of the affective disorders. *British Journal of Psychiatry*, 113, 1237-1264. ……38

Costafreda, S. 2009 Neural correlates of sad faces predict clinical remission to cognitive behavioural therapy in depression. *Neuro Report*, 20, 637-641. ……676

Costello, E. J. et al. 2006 10-year research update review. *Journal of the American Academy of Child and Adolescent Psychiatry*, 45, 8-25. ……158

Coyne, L. W. and Murrell, A. R. 2009 *The Joy of Parenting: An Acceptance & Commitment Therapy Guide to Effective Parenting in the Early Years*, New Harbinger Publications （谷 晋二監訳 2014 やさしいみんなのペアレント・トレーニング入門 -ACT の育児支援ガイド 金剛出版）. ……494

Craske, M. G. and Barlow, D. H 2007 *Mastery of Your Anxiety and Panic (Therapist Guide)* (4th ed.), Oxford University Press. ……86

Craske, M. G. et al. 2011 A cognitive-behavioral treatment for irritable bowel syndrome using interoceptive exposure to visceral sensations. *Behaviour Research Therapy*, 49, 413-421. ……360

Craske, M. G. et al. 2012 Role of inhibition in exposure therapy. *Journal of Experimental Psychopathology*, 3, 322-345. ……62

Craske, M. G. et al. 2014 Maximizing exposure therapy. *Behaviour Research and Therapy*, 58, 10-23. ……62, 262

Craske, M. G. et al. 2018 State-of-the-art and future directions for extinction as a translational model for fear and anxiety. *Philosophical Transactions of the Royal Society. Series B, Biological Sciences*, 373. ……62

Crawford, M. J. et al. 2016 Patient experience of negative effects of psychological treatment: Results of a national survey. *The British Journal of Psychiatry*, 208, 260-265. ……660

Crick, N. R. and Dodge, K. A. 1994 A review and reformulation of social information-processing mechanisms in children's social adjustment. *Psychological Bulletin*, 115, 74-101. ……412

Critchfield, T. et al. 1998 Self-report methods, In K. A. Lattal and M. Perone eds. *Handbook of Research Methods in Human Operant Behavior*, Springer, pp.435-470. ……180

Cummings, E. M. et al. 2000 *Developmental Psychopathology and Family Process*, Guilford Press （菅原ますみ監訳 2006 発達精神病理学―子どもの精神病理の発達と家族関係 ミネルヴァ書房）. ……236

Cutshall, C. and Watson, D. 2004 The phobic stimuli response scales. *Behaviour Research and Therapy*, 42, 1193-1201. ……200

■D

Dadds, M. R. et al. 1987 Marital discord and treatment outcome in behavioral treatment of child conduct disorders. *Journal of Consulting and Clinical Psychology*, 55, 396-403. ……470

Damasio, H. et al. 1994 The return of Phineas Gage. *Science*, 264, 1102-1105. ……34

Davey, G. C. L. 2007 Psychopathology and treatment of specific phobias. *Psychiatry*, 6, 247-253. ……102

Davey, G. C. L. 2006 Cognitive mechanisms in fear acquisition and maintenance. In M. G. Craske et al. eds. *Fear and Learning*, American Psychological Association, pp.99-116. ……52

Dawson, G. et al. 2010 Randomized controlled trial of an intervention for toddlers with autism. *Pediatrics*, 125, 17-23. ……452

Deacon, B. J. et al. 2013 Therapist perceptions and delivery of interoceptive exposure for panic disorder. *Journal of Anxiety Disorder*, 27, 259-264. ……332

Dedmon, R. 1990 Tourette syndrome in children. *Health & Social Work*, 15, 107-115. ……356

Deffenbacher, J. et al. 1986 High general anger. *Behaviour Research and Therapy*, 24, 481-489. ……272

Deffenbacher, J. et al. 2000 Characteristics and treatment of high-anger driver. *Journal of Counseling Psychology*, 47, 5-17. ……272

Deffenbacher, J. L. 2011 Cognitive-behavioral conceptualization and treatment of anger. *Cognitive and Behavioral Practice*, 18, 212-221. ……540

Department of health 2007 *Improving Access to Psychological Therapies*. ……688

Devinsky, O. 1992 *Behavioral Neurology*, Mosby.（田川皓一・田辺敬貴訳 1999 神経心理学と行動神経学の100章 西村書店）. ……602

DiGiuseppe, R. A. 2010 Rational emotive behavior therapy. In N. Kazantis et al. eds. *Cognitive and Behavioral Theories in Clinical Practice*, Guilford Press, pp.115-147（小堀 修ほか訳 臨床実践を導く認知行動療法の10の理論 星和書店 pp.133-178）. ……290

Dimeff, L. A. and Koerner, K. eds. 2007 *Dialectical Behavior Therapy in Clinical Practice*, Guilford Press（遊佐安一郎訳 2014 弁証法的行動療法（DBT）の上手な使い方 星和書店）. ……24

Disner, S. G. et al. 2011 Neural mechanisms of the cognitive model of depression. *Nature Reviews Neuroscience*, 12, 467-477. ……40

Dixon, M. R. et al. 2003 Delay discounting of pathological gamblers. *Journal of Applied Behavior Analysis*, 36, 449-458. ……586

Doering, B. and Exner, C. 2011 Combining neuropsychological and cognitive-behavioral approaches for treating psychological sequelae of acquired brain injury. *Current Opinion in Psychiatry*, 24, 156-161. ……376

Dohr, K. B. et al. 1989 Cognitive biases and depression. *Journal of Abnormal Psychology*, 98, 263-267. ……84

Donabedian, A. et al. 1966 Evalation the quality of medical care, *The Milbank Memorial Fund Quarterly*, 44, 166-203. ……244

Donohue, B. et al. 2009 Family behavior therapy for substance abuse and other associated problems: A review of its intervention components and applicability. *Behavior Modification*, 33, 495-519. ……564

Dougher, M. J. and Hackbert, L. 1994 A behavior-analytic account of depression and a case report using acceptance-based procedures, *Behavior Analyst*, 17, 321-334. ……298

Dowling, N. et al. 2007 A comparison of individual and group cognitive-behavioural treatment for female pathological gambling. *Behaviour Research and Therapy*, 45, 2192-2202. ……548

du Sert, O. P. et al. 2018 Virtual reality therapy for refractory auditory verbal hallucinations in schizophrenia. *Schizophrenia Research*, 197, 176-181. ……310

Dugas, M. J. and Robichaud, M. 2007 *Cognitive-Behavioral Treatment of Generalized Anxiety Disorder*, Routledge. ……92

Duggan, C. et al. 2014 The recording of adverse events from psychological treatments in clinical trials. *Trials*, 15, 335. ……660

Dunlap, G. and Lee, J. K. 2018 Issues and trends in the Journal of Positive Behavior Interventions. *Journal of Positive Behavior Interventions*, 20, 27-30. ……458

Dunlap, G. et al. 2008 Positive behavior support and applied behavior analysis. *Behavior Modification*, 32, 682-698. ……458

Dunlap, G. et al. 2009 Overview and history of positive behavior support. In W. Sailor et al. eds. *Handbook of Positive Behavior Support*, Springer Science + Business Media, pp.3-16. ……458

Dunlap, G. et al. 2013 A comment on the term "Positive Behavior Support". *Journal of Positive Behavior Interventions*, 16, 133-136. ……458

Dunlop, B. W. et al. 2017 Effects of patient preferences on outcomes in the Predictors of Remission in Depression to Individual and Combined Treatments (PReDICT) study. *American Journal of Psychiatry*, 174, 546-556. ……632, 658

Durand, V. M. and Crimmins, D. B. 1992 *The Motivation Assessment Scale (MAS) Administration Guide*, Monaco and Associates. ……456

Durst, R. et al. 2001 Kleptomania. *CNS Drugs*, 15, 185-195. ……546

D'Zurilla, T. J. 1986 *Problem-Solving Therapy*, Wiley. ……280

D'Zurilla, T. J. and Goldfried, M. R. 1971 Problem solving and behavior modification. *Journal of Abnormal Psychology*, 78, 107-126. ……280

D'Zurilla, T. J. and Nezu, A. M. 1999 *Problem-Solving Therapy* (2nd ed.), Springer. ……280

D'Zurilla, T. J. and Goldfried, M. R. 1971 Problem solving and behavior modification. *Journal of Abnormal Psychology*, 78, 107-126. ……18

Dykens, E. 1995 Measuring behavioral phenotypes. *American Journal of Medical Genetics*, 99, 522-32. ……150

Dymond, S. et al. 2010 Evaluating the evidence based for relational frame theory. *The Behavior Analyst*, 33, 97-117. ……78

■E

Ebstain, R. P. et al. 1996 Dopamine D4 receptor (D4DR) exon III polymorphism associated with the human personality trait of novelty seeking. *Nature Genetics*, 12, 78-80. ……36

Echeburua, E. et al. 1996 Comparative effectiveness of three therapeutic modalities in the psychological treatment of pathological gambling. *Behavioural and Cognitive Psychotherapy*, 24, 51-72. ……588

Edinger, J. D. et al. 2007 Dose-response effects of cognitive-behavioral insomnia therapy. *Sleep*, 30, 203-212. ……366

Ehlers, A. and Breuer, P. 1992 Increased cardiac awareness in panic disorder. *Journal of Abnormal Psychology*, 101, 371-382. ……86

Ehlers, A. et al. 1988 Anxiety induced by false heart rate feedback in patients with panic disorder. *Behaviour Research and Therapy*, 26, 1-11. ……86

Ehlers, E. B. and Clark, D. M. 2000 A cognitive model of posttraumatic stress disorder. *Behavior Research and Therapy*, 38, 319-415. ……96

Ehlers, E. B. et al. 2005 Cognitive therapy for post-traumatic stress disorder. *Behavior Research and Therapy*, 43, 413-431. ……96

Ellis, A. 1957 Rational psychotherapy and individual psychology. *Journal of Individual Psychology*, 13, 38-44. ……290

Ellis, A. 1969 A cognitive approach to behavior therapy. *International Journal of Psychiatry*, 8, 896-900. ……290

Ellis, A. 1999 *How to Make Yourself Happy and Remarkably Less Disturbable,* Impact Publishers (齊藤勇訳 2018 現実は厳しい でも幸せにはなれる 文響社). ……290

Ellis, B. J. et al. 2011 Differential susceptibility to the environment. *Development and Psychopathology*, 23, 7-28. ……30

Emmelkamp, P. M. G. 2012 Attention bias modification: The Emperor's new suit? *BMC Medicine*, 10, 63. ……100

Employee Assistance Professionals Association 2010 Employee Assistance Professional Association 2010 EAPA Standards and Professional Guidelines for Employee Assistance Programs. ……616

Engel, G. L. 1977 The need for a new medical model: A challenge for Biomedicine. *Science*, 196, 129-136. ……44

Enright, S. J. 1997 Cognitive behaviour therapy, *British Medical Journal*, 314, 1811. ……284

Epstein, D. R. et al. 2012 Dismantling multicomponent behavioral treatment for insomnia in older adults. *Sleep*, 35, 797-805. ……366

Erchul, W. P. and Martens, B. K. 2002 *School consultation*, Kluwer Academic/Plenum Publishers. ……396

Eriksen, K. 1981 *Human Services Today* (2nd ed.), Reston Publishing. (豊原廉二郎訳　1982　ヒューマン・サービス　誠信書房)．……618
Perin, C. T. 1943 The effect of delayed reinforcement upon the differentiation of bar responses in white rats. *Journal of Experimental Psychology*, 32, 95-109. ……50
Etkin, A. et. Al. 2015 The neural bases of emotion regulation. *Nature Reviews Neuroscience*, 16, 693-700. ……34
Evans, D. L. et al. 2005 Mood disorders in the medically ill. *Biological Psychiatry*, 58, 175-189. ……380
Evans, S. et al. 2014 Evidence-based psychosocial treatments for children and adolescents with attention-deficit/hyperactivity disorder. *Journal of Clinical Child & Adolescent Psychology*, 43, 527-551. ……146
Eysenck, H. J. 1952 The effects of psychotherapy: An evaluation. *Journal of Consulting Psychology*, 16, 319-324. ……246

■F

Fairburn, C. G. 2008 *Cognitive Behavior Therapy and Eating Disorders*, Guilford Press. ……124, 346
Fairburn, C. G. et al. 1993 Cognitive-behavioral therapy for binge eating and bulimia nervosa. In C. G. Fairburn and G. T. Wilson eds. *Binge Eating*, Guilford Press, pp. 361-404. ……346
Fairburn, C. G. et al. 2003 Cognitive behaviour therapy for eating disorders. *Behaviour Research and Therapy*, 41, 509-528. ……12, 364
Fairburn, C. G. et al. 2015 A transdiagnostic comparison of enhanced cognitive behavior therapy (CBT-E) and interpersonal psychotherapy in the treatment of eating disorders. *Behaviour Research and Therapy*, 70, 64-71. ……346
Faraone, S. V. et al. 2004 Attention-deficit/hyperactivity disorder in adults: A survey of current practice in psychiatry and primary care. *Archives of Internal Medicine*, 164, 1221-1226. ……502
Farnfield, S. and Holmes, P. 2014 *The Routledge Handbook of Attachment*, Routledge. ……236
Fayyad, J. et al. 2007 Cross-national prevalence and correlates of adult attention-deficit hyperactivity disorder. *British Journal of Psychiatry*, 190, 402-409. ……502
Feldman, M. D. and Christensen, J. F. eds. 2014 *Behavioral Medicine*, McGraw Hill Education. ……130
Ferreira, N. B. 2011 *Investigating the Role of Psychological Flexibility and the Use of an Acceptance and Commitment Therapy Based Intervention in Irritable Bowel Syndrome* (Doctoral dissertation), The University of Edinburgh. http://hdl.handle.net/1842/6312 (2019年6月7日参照) ……360
Ferrer-García, M. et al. 2017 A randomised controlled comparison of Second-Level treatment approaches for Treatment-Resistant adults with bulimia nervosa and binge eating disorder. *European Eating Disorders Review*, 25, 479-490. ……310
Ferster, C. B. 1973 A functional analysis of depression. *American Psychologist*, 28, 857-870. ……26, 82, 260
Ferster, C. B. and DeMyer, M. K. 1962 A method for the experimental analysis of the behavior of autistic children. *American Journal of Orthopsychiatry*, 32, 89-98. ……252
Figley, C. R. 1989 *Helping Traumatized Families*, Jossey-Bass. ……620
Finch, A. J. et al. 2012 *Specialty Competence in Clinical Child and Adolescent Psychology*, Oxford. ……394
First, M. B. et al. 2017 SCID-5-PD + DSM-5 (髙橋三郎監訳　2017　SCID-5-PD：DSM-5 パーソナリティ障害のための構造化面接　医学書院.) ……218
Fischer, S. et al. 2017 Cortisol as a predictor of psychological therapy response in depressive disorders. *British Journal of Psychiatry*, 47, 60-68. ……32
Fisher, M. and Meyer, L. H. 2002 Development and social competence after two years for students enrolled in inclusive and self-contained educational programs. *Research and Practice for Persons with Severe Disabilities*, 27, 165-174. ……460
Fix, R. L. and Fix, S. T. 2013 The effects of mindfulness-based treatments for aggression: A critical review. *Aggression and Violent Behavior*, 18, 219-227. ……540
Flaxman, P. E. et al. 2013 *The mindfulness and effective employee*, New Harbinger Publications (武

藤 崇ほか監訳 2015 マインドフルにいきいき働くためのトレーニングマニュアル 星和書店）．……598, 622

Flint J. and Yule, W. 1994 Behavioural phenotypes. In M. R. Rutter et al. eds. *Child and Adolescent Psychiatry* (3rd ed.), Blackwell Scientific, pp. 666-687. ……150

Foa, E. B. et al. 1980 Effects of imaginal exposure to feared disasters in obsessive-compulsive checkers. Behaviour Research and Theraphy , 18, 449-455 ……94

Foa, E. B. and Kozak, M. J. 1986 Emotional processing of fear. *Psychological Bulletin*, 99, 20-35. ……60, 96

Foa, E. B. et al. 1991 Treatment of posttraumatic stress disorder in rape victims. *Journal of Consulting and Clinical Psychology*, 59, 715-723. ……96

Foa, E. B. et al. 1998 The validation of a new obsessive compulsive disorder scale. *Psychological Assessment*, 10, 206-214. ……208

Foa, E. B. et al. 2002 The obsessive-compulsive inventory. *Psychological Assessment*, 14, 485-496. ……208

Foa, E. B. et al. 2005 Randomized, placebo-controlled trial of exposure and ritual prevention, clomipramine, and their combination in the treatment of obsessive-compulsive disorder, *American Journal of Psychiatry*, 162, 151-161. ……94

Foa, E. B. et al. 2007 Prolonged exposure therapy for PTSD, Oxford University Press（金 吉晴・小西 聖子監訳 2012 PTSDの持続エクスポージャー療法 星和書店）．……112

Foa, E. B. et al. 2006 Emotional processing theory. In O. R. Barbara ed. *Pathological Anxiety*, Guilford Press, pp.3-24. ……60

Forbes, D. et al. 2010 Practitioner, perceptions of skills for psychological recovery. *Australian and New Zealand Journal of Psychiatry*, 44, 1105-1111. ……140

Ford, A. C. et al. 2014 Effect of antidepressants and psychological therapies, including hypnotherapy, in irritable bowel syndrome: Systematic review and meta-analysis. *American Journal of Gastroenterology*, 109, 1350-1365. ……360

Fowler, D. et al. 1995 *Cognitive behaviour therapy for psychosis*, Wiley（石垣琢麿・丹野義彦監訳 2011 統合失調症を理解し支援するための認知行動療法 金剛出版）．……120

Frank, E. 2005 *Treating Bipolar Disorder*, Guilford Press（阿部又一郎監訳 2016 双極性障害の対人関係社会リズム療法 星和書店）．……316

Frank, E. et al. 2005 Two-year outcomes for interpersonal and social rhythm therapy in individual with bisorder I disorder. *Archives of General Psychiatry*, 62, 996-1004. ……316

Freeman, A. et al. 1990 *Clinical Applications of Cognitive Therapy*, Prenam Press（高橋祥友訳 1993 認知療法臨床ハンドブック 金剛出版）．……244

Freudenberger, H. J. 1974 Staff burnout. *Journal of Social Issues*, 30, 159-165. ……618

Fried, L. P. et al. 2001 Frailty in older adults. *Journal of Gerontology*, 56, 146-156. ……510

Fujino, J. et al. 2015 Anterior cingulate volume predicts response to cognitive behavioral therapy in major depressive disorder. *Journal of Affective Disorders*, 174, 397-399. ……40

Furlong, M. et al. 2012 Behavioural and cognitive-behavioural group-based parenting programmes for early-onset conduct problems in children aged 3 to 12 years. *Cochrane Database Systimatic Review*, 2, CD008225. ……276

■ G

Gallagher, M. M. et al. 2016 A systematic review of recommended modifications of CBT for people with cognitive impairments following brain injury. *Neuropsychological Rehabilitation*, 22, 1-21. ……376

Gallagher-Thompson, D. et al. 2012 International perspectives on nonpharmacological best practices for dementia family caregivers. *Clinical Gerontologist*, 35, 316-355. ……498

Galsworthy-Francis, L. and Allan, S. 2014 Cognitive behavioural therapy for anorexia nervosa. *Clinical Psychology Review*, 34, 54-72. ……346

Ganster, D. C. and Murphy, L. R. 2000 Workplace interventions to prevent stress-related illness. In C. L. Cooper and E. A. Locke eds. *Industrial and Organizational Psychology*, Cambridge University

Press, pp. 34-51. ……596
Garety, P. A. et al. 2001 A cognitive model of the positive symptoms of psychosis. *Psychological Medicine*, 31, 189-195. ……12
Gargaroa, B. et al. 2011 Autism and ADHD. *Neuroscience & Biobehavioral Reviews*, 35, 1081-1088. ……478
Garnett, M. and Attwood, T. 2013 *CBT to Help Young People with Asperger's Syndrome (Autism Spectrum Disorder) to Understand and Express Affection*, Jessica Kingsley Publishers（下山晴彦監訳 2017 自閉スペクトラム症の子どものための認知行動療法ワークブック 金剛出版）. ……354
Gaus, V. 2007 *Cognitive-Behavioral Therapy for Adult Asperger Syndrome*, Guilford Press. ……354
Gawande, A. 2007 *Better*, Metropblitan Books（原井宏明訳 2013 医師は最善を尽くしているか みすず書房. p.212-227）. ……248
Gershenson, R. et al. 2010 Promoting Positive Interactions in the Classroom. *Education and Treatment of Children*, 33, 261-287. ……468
Giesen-Bloo, J. et al. 2006 Outpatient psychotherapy for borderline personality disorders. *Archives of General Psychiatry*, 63, 649-658. ……292
Gilbert, P. 2000 The relationship of shame, social *Anxiety and Depression*, 7, 174-189. ……304
Gilbert, P. 2009 *The Compassionate Mind*, New Harbinger Publications. ……348
Gilbert, P. 2014 The origins and nature of compassion focused therapy. *The British Journal of Clinical Psychology*, 53, 6-41. ……304
Gilmartin, M. R. 2014 Prefrontal cortical regulation of fear learning. *Trends in Neurosciences*, 37, 455-464. ……34
Giotakos, O. et al. 2004 Sex hormones and biogenic amine turnover of sex offenders in relation to their temperament and character dimensions. *Psychiatry research*, 127, 185-193. ……526
Glas, A. S. et al. 2003 The diagnostic odds ratio: A single indicator of test performance. *Journal of Clinical Epidemiology*, 56, 1129-1135. ……648
Goessl, V. et al. 2017 The effect of heart rate variability biofeedback training on stress and anxiety. *Psychological Medicine*, 47, 2578-2586. ……74
Goldberg, S. B. et al. 2018 Mindfulness-based interventions for psychiatric disorders. *Clinical Psychology Review*, 59, 52-60. ……76
Goldstein, A. J. and Chambless, D. L. 1978 A reanalysis of agoraphobia. *Behavior Therapy*, 9, 47-59. ……86
Goldstein, A. P. et al. 1984 *School Biolence*, Prentice-Hall（内村喜久雄監訳 1988 スクール・バイオレンス 日本文化科学社）. ……426
Goldstein, S. R. 1967 Mirror image as a reinforcer in Siamese fighting fish. *Science*, 7, 331-332. ……50
Gooding, P. and Tarrier, N. 2009 A systematic review and meta-analysis of cognitive-behavioural interventions to reduce problem gambling. *Behaviour Research and Therapy*, 47, 592-607. ……548
Goodman, S. N. et al. 2016 What does research reproducibility mean? *Science Translational Medicine*, 8. ……674
Goodman, W. K. et al. 1989 The Yale-Brown Obsessive Compulsive Scale. I. Development, use, and reliability. *Archives of General Psychiatry*, 46, 1006-1011. ……208
Gordon, R. S. J. 1983 An operational classification of disease prevention. *Public Health Reports*, 98, 107-109. ……414
Gottfredson, M. R. and Hirschi, T. 1990 *A general theory of crime*, Stanford University Press. ……586
Grande, I. et al. 2015 Bipolar disorder. *Lancet*, 387, 1561-1572. ……194
Grant, J. E. 2006 Understanding and treating kleptomania. *The Israel Journal of Psychiatry and Related Sciences*, 43, 81-87. ……546
Grant, P. M. and Beck, A. T. 2009 Defeatist beliefs as a mediator of cognitive impairment, negative symptoms, and functioning in schizophrenia. *Schizophrenia Bulletin*, 35, 798-806. ……348
Greenberg, L. S. 2002 *Emotion-Focused Therapy*, American Psychological Association. ……320
Greenberg, L. S. et al. 1987 *Emotion in Psychotherapy*, Guilford Press. ……320
Greer, J. A. et al. 2010 Tailoring cognitive-behavioral therapy to treat anxiety comorbid with advanced

cancer. *Journal of Cognitive Psychotherapy*, 24, 294-313. ……384
Griffiths, D. et al. eds. 2014 *Genetic Syndromes and Applied Behaviour Analysis*, Kingsley. ……150
Grisham, J. R. et al. 2006 Age of onset of compulsive hoarding. *Journal of Anxiety Disorders*, 20, 675-686 ……370
Gu, J. et al. 2015 How do mindfulness-based cognitive therapy and mindfulness-based stress reduction improve mental health and wellbeing? A systematic review and meta-analysis of mediation studies. *Clinical Psychology Review*, 37, 1-12. ……22, 76
Guzick, A. G. et al. 2018 CBT-Plus: A meta-analysis of cognitive behavioral therapy augmentation strategies for obsessive-compulsive disorder. *Journal of Obsessive-Compulsive and Related Disorders*, 19, 6-14. ……94
Gyani, A. et al. 2014 The gap between science and practice. *Behaviour Therapy*, 45, 199-211. ……178

■H

Ha, J. H. et al. 2006 Psychiatric comorbidity assessed in Korean Children and adolescents who screen positive for Internet addiction. *Journal of Clinical Psychiatry*, 67, 821-826. ……550
Haddock, G. et al. 2001 An investigation into the psychometric properties of the Cognitive Therapy Scale For Psychoses (CTS-Psy), *Behavioural and Cognitive Psychotherapy*, 29, 221-233. ……244
Hadley, S. W. and Strupp, H. H. 1976 Contemporary views of negative effects in psychotherapy-integrated account. *Archives General Psychiatry*, 33, 1291-1301. ……246
Hahn, T. 2015 Predicting treatment response to cognitive behavioral therapy in panic disorder with agoraphobia by integrating local neural information. *JAMA Psychiatry*, 72, 68-74. ……676
Hamiel, D. and Rolnick, A. 2017 Biofeedback and cognitive-behavioral interventions. In M. S. Schwartz and F. Andrasik, *Biofeedback: A Practitioner's Guide* (4th ed.), Guilfoed Press, pp.176-185. ……74
Hamilton, M. A. X. 1959 The assessment of anxiety states by rating. *British Journal of Medical Psychology*, 32, 50-55. ……206
Hanley, G. P. 2009 Open-Ended Functional Assessment Interview. ……226
Hanrahan, F. et al. 2013 A meta-analysis of cognitive therapy for worry in generalized anxiety disorder. *Clinical Psychology Review*, 33, 120-132. ……92
Hanson, R. K. and Thornton, D. 2000 Improving risk assessment for sex offenders. *Law and Human Behavior*, 24, 119-136. ……232
Hare, R. D. 1991 *The Hare Psychopathy Checklist-Revised*, Multi-Health Systems. ……232
Hare, R. D. 2003 *The Psychopathy Checklist-Revised*, Multi-Health Systems（西村由貴構成 2008 HARE PCL-R 第2版日本語版　金子書房）. ……534
Hare, R. D. 2004 *HARE PCL-R^{TM}* (2nd ed)（西村由貴訳　2008　HARE PCL-RTM 第2版 日本語版 金子書房）. ……218
Harris, J. 2010 Advance in understanding behavioral phenotype in neurogenetic syndromes. *American Journal of Medical Genetics*, 154C, 389-399. ……150
Harris, G. T. et al. 2016 *Violence Risk Appraisal Guide-Revised*, Queen's University Library. ……232
Harris, R. 2009 *ACT made simple*, New Harbinger（武藤 崇監訳　2012　よくわかる ACT　星和書店）. ……678
Harris, B. 1979 Whatever happened to little albert? *American Psychologist*, 34, 151-160. ……52
Hartley, C. A. and Phelps, E. A. 2010 Changing fear: The neurocircuitry of emotion regulation. *Neuropsychopharmacology Reviews*, 35, 136-146. ……42
Harvey, A. G. 2002 A cognitive model of insomnia. *Behaviour research and therapy*, 40, 869-893. ……12
Haslam, M. T. 1974 The relationship between the effect of lactate infusion on anxiety states, and their amelioration by carbon dioxide inhalation. *British Journal of Psychiatry*, 125, 88-90. ……86
Haug, T. et al. 1987 A three-systems analysis of fear of flying. *Behaviour Research and Therapy*, 25, 187-194. ……268
Hawkins, J. et al. 1989 Skills training for drug abusers: Generalization, maintenance and effects on drug use. *Journal of Consulting and Clinical Psychology*, 57, 559-563. ……542
Hayes, S. and Smith, S. 2005 *Get Out of Your Mind & Into Your Life*, New Harbinger Publications（武

藤 崇ほか訳 2010 ACT（アクセプタンス＆コミットメント・セラピー）をはじめる 星和書店). ……282
Hayes, S. C. and Hayes, G. J. 1994 Stages of moral development as stages of rule-governance. In L. J. Hayes et al. eds. *Ethical Issues in Developmental Disabilities*, Context Press, pp. 45-65（園山繁樹訳 1998 ルール支配の段階としての道徳性発達段階 望月 昭・富安ステファニー監訳 発達障害に関する10の倫理的課題 二瓶社). ……678
Hayes, S. C. et al. 2001 *Relational Frame Theory*, Kluwer Academic/ Plenum Publishers. ……20
Hayes, S. C. et al.（1999）2012 *Acceptance and Commitment Therapy*, Guilford Press（武藤 崇ほか監訳 2014 アクセプタンス＆コミットメント・セラピー 第2版 星和書店). ……20, 26, 78, 260, 296, 364
Hayes, S. C. et al. 2012 Contextual behavioral science. *Journal of Contextual Behavioral Science*, 1, 1-16. ……20
Hayes, S.C. et al. 2012 *Acceptance and commitment therapy*（2nd ed.), The Guilford Press（武藤 崇ほか監訳 2014 アクセプタンス＆コミットメント・セラピー（ACT）第2版 星和書店). ……296
Haynes, P. L. et al. 2016 Social rhythm therapies for mood disorders. *Current Psychiatry Reports*, 18, 75. ……316
Haynes, S. N. 1978 Self-monitoring, In S. N. Haynes eds. *Principles of Behavioral Assessment*, Gardner Press, pp. 292-311. ……180
Heard, K. and Watson, T. S. 1999 Reducing wandering by persons with dementia using differential reinforcement. *Journal of Applied Behavior Analysis*, 32, 381-384. ……512
Heeren, A. et al. 2015 Attention bias modification for social anxiety. *Clinical Psychology Review*, 40, 76-90. ……100
Heimberg, R. G. et al. 1999 Psychometric properties of the Liebowitz social anxiety scale. *Psychological Medicine*, 29, 199-212. ……202
Henderson, S. et al. 2007 *The Movement Assessment Battery for Children*（2nd ed.), The Psychological Corporation. ……224
Herr, E. L. 1995 *Counseling employment-bound youth*, ERIC on Counseling and Students Services. ……612
Herrnstein, R. J. and Hineline, P. N. 1966 Negative reinforcement as shock-frequency reduction. *Journal of the Experimental Analysis of Behavior*, 9, 421-430. ……54
Heyne, D. et al. 2011 School refusal and anxiety in adolescence. *Journal of Anxiety Disorders*, 25, 870-878. ……230
Hicks, D. J. 1971 Girls' attitudes toward modeled behaviors and the content of imitative private play. *Child Development*, 42, 139-147. ……66
Higa-McMillan, C. K. et al. 2012 Anxiety disorders. In E. J. Mash and R. A. Barkley eds. *Child Psychopathology*（3rd ed.) Guilford Press, pp. 345-428. ……156
Higa-McMillan, C. K. et al. 2016 Evidence base update. *Journal of Clinical Child and Adolescent Psychology*, 45, 91-113. ……156
Higgins, J. P. et al. 2011 The Cochrane Collaboration's tool for assessing risk of bias in randomised trials. *British Medical Journal*, 343. ……668
Hirai, K. et al. 2012 Problem-solving therapy for psychological distress in Japanese early-stage breast cancer patients. *Japanese Journal of Clinical Oncology*, 42, 1168-1174. ……18
Hodapp, R. M., and Dykens, E. M. 2001 Strengthening behavioral research on genetic mental retardation syndromes. *American Journal on Mental Retardation*, 106, 4-15. ……150
Hodgson, R. and Rachman, S. 1974 II. Desynchrony in measures of fear. *Behaviour Research and Therapy*, 12, 319-326. ……58
Hofmann, S. G. and Smits, J. A. 2008 Cognitive-behavioral therapy for adult anxiety disorders. *Journal of Clinical Psychiatry*, 69, 621-632. ……638
Hofmann, S. G. et al. 2016 A complex network perspective on clinical science, *Perspectives on Psychological Science*, 11, 597-605. ……364
Hollander, E. and Wong, C. M. 1995 Obsessive-compulsive spectrum disorders, *Journal of Clinical Psychiatry*, 56, 3-6. ……108
Hollis, C. et al. 2018 Identifying research priorities for digital technology in mental health care, *The*

Lancet Psychiatry, 5, 845-854. ……636
Holmes, E. A. et al. 2007 Imagery rescripting in cognitive behaviour therapy. Journal of Behavior Therapy and Experimental Psychiatry, 38, 297-305. ……282
Holmes, E. A. and Mathews, A. 2010 Mental imagery in emotion and emotional disorders. Clinical Psychology Review, 30, 349-362. ……282
Holt, K. S. 1958 Home care of severely retarded children. Pediatrics, 29, 591-605. ……496
Holtmann, M. et al. 2007 Attention deficit hyperactivity disorder symptoms in pervasive developmental disorders. Psychopathology, 40, 172-177. ……478
Homme, L. E. 1965 Perspectives in psychology. Psychological Record, 15, 501-511. ……268
Horner, R. H. et al. 1990 Toward a technology of "nonaversive" behavioral support. Journal of The Association for Persons with Severe Handicaps, 15, 125-132. ……458
Hotta, M, et al. 2015 Epidemiology of anorexia nervosa in Japanese adolescents. Biopsychosocial Medicine, 9, 7. ……124
Houck, P. R. et al. 2002 Reliability of the self-report version of the panic disorder severity scale. Depression and Anxiety, 15, 183-185. ……204
Hourston, S. and Atchley, R. 2017 Autism and mind-body therapies. The Journal of Alternative and Complementary Medicine, 23, 331-339. ……480
Howlin, P. et al. 2007 The effectiveness of Picture Exchange Communication System (PECS) training for teachers of children with autism. Journal of Child Psychology and Psychiatry, 48, 473-481. ……464
Hudson, J. L. et al. 2009 Cognitive-behavioral treatment versus an active control for children and adolescents with anxiety disorders. Journal of the American Academy of Child and Adolescent Psychiatry, 48, 533-544. ……156
Huguet, A. et al. 2016 A systematic review of cognitive behavioral therapy and behavioral activation apps for depression. PLoS One, 11, e0154248. ……308
Huisman, P. and Kangas, M. 2018 Evidence-based practices in cognitive behaviour therapy (CBT) case formulation. Behaviour Change, 35, 1-21. ……178
Hull, C. L. 1943 Principles of Behavior: An Introduction to Behavior Theory, Appleton-Century-Crofts (能見義博・岡本栄一訳 1965 行動の原理（改訂版）誠心書房). ……70
Hulley, S. B. et al. 2001 Designing Clinical Research, Lippincott Williams & Wilkins（木原雅子・木原正博訳 2004 医学的研究のデザイン―研究の質を高める疫学的アプローチ（第2版）メディカル・サイエンス・インターナショナル). ……634
Hunt, G. M. and Azrin, N. H. 1973 A community-reinforcement approach to alcoholism. Behaviour Research and Therapy, 11, 91-104. ……312
Hurrell, J. J. and McLaney, M. A. 1988 Exposure to job stress. Scandinavian Journal of Work, Environment, and Health, 14, 27-28. ……590
Hwang, Y. S. and Kearney, P. 2013 A systematic review of mindfulness intervention for individuals with developmental disabilities. Research in Developmental Disabilities, 34, 314-326. ……480

I

Ingram, R. E. et al. 2011 Why Vulnerability? In Vulnerability to depression, Guilford Press, pp. 23-42. ……30
Insel, T. et al. 2010 Research domain criteria (RDoC): Toward a new classification framework for research on mental disorders. American Journal of Psychiatry, 167, 748-751. ……364
Institute for Criminal Policy Research 2018 World Prison Brief. http://www.prisonstudies.org/ (2018年8月26日参照) ……556
Institute of Medicine 2011 Clinical Practice Guidelines We Can Trust, National Academy Press. ……632
Inter-Agency Standing Committee 2007 IASC Guidelines on Mental Health and Psychosocial Support in Emergency Settings, IASC. ……140
Ioannidis, J. P. A. et al. 2004 Better reporting of harms in randomized trials. Annals of Internal Medicine, 141, 781-788. ……660

Irvin, J. E. et al. 1999 Efficacy of relapse prevention. *Journal of Consulting and Clinical Psychology*, 67, 563-570. ……558

Ishikawa, S. et al. 2012 Cognitive behavioural therapy for Japanese children and adolescents with anxiety disorders. *Behavioural and Cognitive Psychotherapy*, 40, 271-285. ……156

Ishikawa, S. et al. 2009 Anxiety disorder symptoms in Japanese children and adolescents. *Journal of Anxiety Disorders*, 23, 104-111. ……406

Ishizuka, Y. and Yamamoto, J. 2016 Contingent imitation increases verbal interaction in children with autism spectrum disorders. *Autism*, 20, 1011-1020. ……452

Ivarsson, T. and Valderhaug, R. 2006 Symptom pattern in children and adolescents with obsessive-compulsive disorder (OCD). *Behaviour Research and Therapy*, 44, 1105-1116. ……410

Iwata, B. A. et al. 1994 Toward a functional analysis of self-injury. *Journal of Applied Behavior Analysis*, 27, 197-209. ……226

Iwata, B. A. et al. 2013 Reliability and validity of the functional analysis screening tool. *Journal of Applied Behavior Analysis*, 46, 271-284. ……226

■ J

Jacobson, N. S. et al. 1996 A component analysis of cognitive-behavioral treatment for depression. *Journal of Consulting and Clinical Psychology*, 64, 295-304. ……26

James, A. C. et al. 2013 Cognitive behavioural therapy for anxiety disorders in children and adolescents. *Cochrane Database of Systematic Reviews*, 6: CD004690. ……156

Jentsch, J. D. and Pennington, Z. T. 2014 Reward, interrupted, *Neuropharmacology*, 76, 479-486. ……584

Jimenez-Murcia, S. et al. 2012 Does exposure and response prevention improve the results of group cognitive-behavioural therapy for male slot machine pathological gamblers? *British Journal of Clinical Psychology*, 51, 54-71. ……588

John, B. et al. 1981 The diagnostic interview for borderline patients. *American Journal of Psychiatry*, 138, 896-903. ……218

Johnson, A. M. et al. 1941 School phobia. *American Journal of Orthopsychiatry*, 11, 702-711. ……170, 420

Johnson, J. V. and Hall, E. M. 1988 Job strain, workplace social support, and cardiovascular disease. *American Journal of Public Health*, 78, 1336-1342. ……590

Johnston, J. M., et al. 2006 Positive behavior support and applied behavior analysis. *The behavior analyst*, 29, 51-74. ……458

Joiner, Jr. T. E. et al. 2009 *The Interpersonal Theory of Suicide*, American Psychological Assosiation（北村俊則監訳　2011　自殺の対人関係理論　日本評論社）. ……388

Jones, M. C. 1924 The elimination of children's fear. *Journal of Experimental Psychology*, 7, 382-390. ……56

Jones, M. C. 1924 A laboratory study of fear, *The Pedagogical Seminary*, 31, 308-315. ……256

Jordan, K. 2004 *Handbook of Couple & Family Assesment*, Nova Science Publishers, Incorporated. ……236

Jorm, A. F. 2000 Mental health literacy: Public knowledge and beliefs about mental disorders. *British Journal of Psychiatry*, 177, 396-401. ……438

Joyce, S. et al. 2016 Workplace interventions for common mental disorders. *Psychological Medicine*, 46, 683-697. ……614

■ K

Kabat-Zinn, J. 1990 *Full Catastrophe Living: Using the Wisdom of Your Body and Mind to Face Stress, Pain, and Illness*, Delacorte Press（春木 豊訳　2007　マインドフルネスストレス低減法　北大路書房）. ……22

Kabat-Zinn, J. 1994 *Wherever You Go, There You Are: Mindfulness Meditation in Everyday Life*, Hyperion. ……76

Kahng, S. and Iwata, B. A. 1999 Correspondence between outcomes of brief and extended functional

analyses. *Journal of Applied Behavior Analysis*, 32, 149-159. ……226
Kameoka, S. et al. 2015 Feasibility of trauma-focused cognitive behavioral therapy for traumatized children in Japan. *International Journal of Mental Health Systems*, 9, 26. ……342
Kaminski, J. W. and Claussen, A. H. 2017 Evidence base update for psychosocial treatments for disruptive behaviors in children. *Journal of Clinical Child and Adolescent Psychology*, 46, 477-499. ……166, 412
Kanter, J. W. et al. 2009 *Behavioral Activation: Distinctive Features*, Routledge.（大野 裕監修　岡本泰昌監訳　2015　行動活性化　明石書店）．……82, 260, 330
Kanter, J. W. et al. 2011 Toward a comprehensive functional analysis of depressive behavior. *International Journal of Behavioral Consultation and Therapy*, 7, 5-14. ……82
Karasek, R. A. 1979 Job demands, job decision latitude, and mental strain. *Administrative Science Quarterly*, 24, 285-307. ……590
Karila, L. et al. 2014 Sexual addiction or hypersexual disorder: Different terms for the same problem? A review of the literature. *Current Pharmaceutical Design*, 20, 4012-4020. ……552
Karmen, A. 2016 *Crime Victims*（9th ed.）Cengage Lerning, pp.39-65. ……526
Kasari, C. et al. 2012 Making the connection: Randomized controlled trial of social skills at school for children with autism spectrum disorders. *Journal of Child Psychology and Psychiatry*, 53, 431-439. ……444
Kazantzis, N. et al. eds. 2010 *Cognitive Behavioral Theories in Clinical Practice*, Guilford Press（小堀 修ほか訳　2012　臨床実践を導く認知行動療法の10の理論　星和書店）．……320
Kazdin, A. E. and Wilcoxon, L. A. 1976 Systematic desensitization and nonspecific treatment effects. *Psychological Bulletin*, 83, 729-758. ……56
Kearney, C. A. 2002 Identifying the function of school refusal behavior. *Journal of Psychopathology and Behavioral Assessment*, 24, 235-245. ……230
Kearney, C. A. 2003 *School Refusal Behavior in Youth*, American Psychological Association. ……230
Kearns, N. P. et al. 1982 A comparison of depression rating scales. *The British Journal of Psychiatry*, 141, 45-49. ……196
Keller, M. B. et al. 2000 A comparison of nefazodone, the cognitive behavioral-analysis system of psychotherapy, and their combination for the treatment of chronic depression. *The New England Journal of Medicine*, 342, 1462-1470. ……316
Kelly, G. A. 1955 *The Psychology of Personal Constructs: A Theory of Personality*, Vol. 1-2, Norton（辻 平治郎訳　2016　パーソナル・コンストラクトの心理学第1巻，第2巻　2018　北大路書房）．……320
Kendall, P. C. and Hedtke, K. 2006 *Cognitive-Behavioral Therapy for Anxious Children*（3rd ed.）, Workbook Publishing. ……156
Kendall, P. C. et al. 2006 *Cognitive-Behavioral Treatment of Anxious Children*, Workbook Publishing. ……406
Kendall, P. C. et al. 2008 Cognitive-behavioral therapy for anxiety disordered youth. *Journal of Consulting and Clinical Psychology*, 76, 282-297. ……446
Kennedy, C. H. et al. 2001 Experimental analysis of gene-brain-behavior relations. *Journal of Applied Behavior Analysis*, 34, 539-549. ……150
Kerns, R. D. et al. 1985 The West Haven-Yale Multidimensional Pain Inventory（WHYMPI）. *Pain*, 23, 345-356. ……212
Keutzer, C. S. 1972 Kleptomania. *British Journal of Medical Psychology*, 45, 159-163. ……546
Khairmode, D. K. et al., 2018 Migraine is not just a headache. *International Journal of Pharmaceutical Sciences and Research*, 9, 28-42. ……602
Khntzian, E. J. and Albansese, M. J. 2008 *Understanding Addiction as Self-Medication*, Rowman & Littlefield Publishers. ……536
King, N. J. et al. 1998 Cognitive-behavioral treatment of school-refusing children. *Journal of the American Academy of Child and Adolescent Psychiatry*, 37, 395-403. ……156
Kingdon, D. G. and Turkington, D. 1994 *Cognitive-Behavioral Therapy of Schizophrenia*, Guilford Press（原田誠一訳　2002　統合失調症の認知行動療法　日本評論社）．……120
Kircanski, K. et al. 2012 Challenges to the traditional exposure paradigm. *Journal of Behavior*

Therapy and Experimental Psychiatry, 43, 745-751 ……90
Klorman, R. et al. 1974 Psychometric description of some specific-fear questionnaires. *Behavior Therapy*, 5, 401-409. ……90
Knight, B. G. 1996 Psychotherary with Older Adults（2nd ed.）, Sage publications（長田久雄監訳 2002 高齢者のための心理療法入門 中央法規出版）. ……374
Knight, B. J. and Durbin, K. 2015 Aging and the effects of emotion on cognition. *PsyCh Journal*, 4, 11-19. ……132
Knight, B. J. et al. 2006 Improving the mental health of older adults. In J. E. Birren and K. W. Schaie *Handbook of the Psychology of Aging*, Academic Press, pp. 407-424（藤田綾子・山本浩市監訳 2007 高齢者の精神的健康の改善 エイジング心理学ハンドブック 北大路書房）. ……132
Knight, J. R. et al. 1999 A new brief screen for adolescent substance abuse. *Archives of Pediatrics & Adolescent Medicine*, 153, 591-596. ……190
Kobori, O. et al. 2012 A qualitative study of the investigation of reassurance seeking in obsessive-compulsive disorder. *Journal of Obsessive-Compulsive and Related Disorders*, 1, 25-32. ……12
Kazantzis, N. E. et al. 2010 *Cognitive and Behavioral Theories in Clinical Practice,* Guilford Press. ……12
Koegel, L. K. E. et al. 1996 *Positive Behavioral Support,* Paul H Brookes Publishing ……254
Kohlenberg, R. J. and Tsai, M. 1987 Functional analytic psychotherapy. In N. S. Jacobson ed. *Psychotherapists in Clinical Practice,* Guilford Press, pp.388-443 ……298
Kohlenberg, R. J. and Tsai, M. 1991 *Functional Analytic Psychotherapy,* Plenum Press（大河内浩人監訳 2007 機能分析心理療法 金剛出版）. ……298
Kohlenberg, R. J. et al. 2002 Enhancing cognitive therapy for depression with functional analytic psychotherapy. *Cognitive and Behavioral Practice*, 9, 213-229. ……298
Kohn, C. S. and Antonuccio, D. O. 2002 Treatment of kleptomania using cognitive and behavioral strategies. *Clinical Case Studies*, 1, 25-38. ……546
Kolko, D. J. and Swenson, C. C. 2002 *Assessing and Treating Physically Abused Children and Their Families,* Sage Publications. ……490
Kolts, R. L. et al. 2016 *CFT Made Simple*, New Harbinger Publications. ……304
Koob, G. F. and Volkow, N. D. 2010 Neurocircuitry of addiction, *Neuropsychopharmacology*, 35, 217-238. ……584
Koran, L. M. et al. 2008 The prevalence of body dysmorphic disorder in the United States adult population. *CNS Spectrums*. 13, 316-322. ……370
Koyama, A. et al. 2010 Lifetime prevalence, psychiatric comorbidity and demographic correlates of "hikikomori" in a community population in Japan. *Psychiatry Research*, 176, 69-74. ……172
Kratochwill, T. R. and Bergan, J. R. 1990 *Behavioral Consultation in Applied Settings*, Springer Science & Business Media. ……500
Kristensen, J. B. et al. 2017 Parsimonious data, *PloS One*, 12, e0184562. ……218
Krogel, J. et al. 2013 The group questionnaire. *Psychotherapy Research*, 23, 344-354. ……238
Krumboltz, J. D. and Levin, A. S. 2004 *Luck is No Accident*, Impact Publishers. ……612
Krupnick, J. L. et al. 1996 The role of the therapeutic alliance in psychotherapy and pharmacotherapy outcome. *Journal of Consulting and Clinical Psychology*, 64, 532-539. ……678
Kurita, H. et al. 2005 Autism-spectrum quotient-Japanese version and its short forms for screening normally intelligent persons with pervasive developmental disorders. *Psychiatry and Clinical Neurosciences*, 59, 490-496. ……222
Kuroda, M. et al. 2013 Cognitive-behavioral intervention for emotion regulation in adults with high-functioning autism spectrum disorders. *Trials*, 14, 231. ……354
Kuyken, W. et al. 2016 Efficacy of mindfulness-based cognitive therapy in prevention of depressive relapse: An individual patient data meta-analysis from randomized trials. *JAMA Psychiatry*, 73, 565-574. ……22

■L
Lacy, B. E. et al. 2016 Bowel disorders. *Gastroenterology*, 150, 1393-1407. ……360

Ladwig, I. et al. 2014 What are the risks and side effects to psychotherapy?- development of an inventory for the assessment of negative effects of psychotherapy (INEP). *Verhaltenstherapie*, 24, 252-263. ……246

Laidlaw, K. and Chellingsworth, M. 2016 *A Clinician's Guide to CBT with Older People*, University of East Anglia. Online book. http://www.optimalagingcenter.com/wp-content/uploads/2018/08/KL_IAPT_High_intensity_CBT_OLDER-PEOPLE_workbook.pdf （2019 年 6 月 6 日参照）……132

Laidlaw, K. et al. 2003 *Cognitive Behaviour Therapy with Older People*, John Wiley & Sons. ……374

Laidlaw, K. et al. 2008 A randomised controlled trial of cognitive behaviour therapy vs treatment as usual in the treatment of mild to moderate late life depression. *International Journal of Geriatric Psychiatry*, 23, 843-850. ……374

Laird, K. T. et al. 2015 Short-term and long-term efficacy of psychological therapies for irritable bowel syndrome. *Clinical Gastroenterology and Hepatology*, 14, 937-947. ……360

Lam, D. H. et al. 1999 *Cognitive Therapy for Bipolar Disorder*, Wiley. ……352

Lambert, J. M. et al. 2012 Trial-based functional analysis and functional communication training in an early childhood setting. *Journal of Applied Behavior Analysis*, 45, 579-584. ……226

Lamson, R. J. 1994 Virtual therapy of anxiety disorders. *CyberEdge Journal*, 4, 5-8. ……310

Lang, P. J. 1971 The application of psychophysiological methods to the study of psychotherapy and behavior modification. In A. E. Bergin and S. L. Garfield eds. *Handbook of Psychotherapy and Behavior Change*, Wiley. ……58, 268

Lang, P. J. and Lazovik, A. D. 1963 Experimental desensitization of phobia. *The Journal of Abnormal and Social Psychology*, 66, 519-525. ……200

Lang, P. J. 1977 Imagery in therapy. *Behavior Therapy*, 8, 862-886. ……60

Lazarus, A. A. 1989 *Practice of Multimodal Therapy: Systematic, Comprehensive, and Effective Psychotherapy*, Johns Hopkins University （高石 昇監訳 1999 マルチモード・アプローチ 二瓶社）. ……320

Lazarus, R. S. and Folkman, S. 1984 *Stress, Appraisal, and Coping*, Springer （本明 寛ほか監訳 1991 ストレスの心理学 実務教育出版）. ……68, 430, 498

Leckman, J. F. et al. 1998 Course of tic severity in Tourette syndrome: The first two decades. *Pediatrics*, 102, 14-19. ……356

LeDoux, J. E. 2000 Emotion circuits in the brain. *Annual Reviews of Neuroscience*, 23, 155-184. ……42

LeDoux, J. 2003 *Synaptic Self*, Penguin Books. ……34

Lee, C. S. C. et al. 2017 The effectiveness of mindfulness-based intervention in attention on individuals with ADHD. *Hong Kong Journal of Occupational Therapy*, 30, 33-41. ……480

Lejuez, C. W. et al. 2001 A brief behavioral activation treatment for depression. *Behavior Modification*, 25, 255-286. ……330

Lennox, D. B. and Miltenberger, R. G. 1989 Conducting a functional assessment of problem behavior in applied settings. *Journal of the Association for Persons with Severe Handicaps*, 14, 304-311. ……456

Leonardi, M. 2003 Migraine and disability. *Journal of Headache and Pain*, 4, s12-s17. ……602

Levine, S. B. et al. 2003 *Handbook of Clinical Sexuality for Mental Health Professionals*, Routledge. ……236

Lewinsohn, P. M. 1975 The behavioral study and treatment of depression. In M. Hersen et al. eds. *Progress in Behavior Modification: Vol. 1*, Academic Press, pp. 19-64. ……404

Lewinsohn, P. M. et al. 1980 Changing reinforcing events. *Psychotherapy Theory Research & Practice*, 17, 322-334. ……26

Lewinsohn, P. M. et al. 1997 Lifetime comorbidity among anxiety disorders and between anxiety disorders and other mental disorders in adolescents. *Journal of Anxiety Disorders*, 11, 377-394. ……364

Lewinsohn, P. M. et al. 1978 *Control Your Depression*, Prentice-Hall （大原健士郎監修 1995 うつのセルフ・コントロール 創元社）. ……240

Lewis, J. D. and Lewis, M. D. 1986 Counseling Programs for Employees in the Workplace, Brooks/

Cole（中沢次郎訳　1997　EAP-アメリカの産業カウンセリング　日本文化科学社）．……616

Liberman, R. P. 1995 *Social and Independent Living Skills: The Community Re-Entry Program*, Psychiatric Rehabilitation Consultants（安西信雄・池淵恵美総監修　井上新平監訳　1998　地域生活への再参加プログラム　丸善出版）．……378

Lilienfeld, S. O. 2007 Psychological treatments that cause harm. *Perspectives on Psychological Science*, 2, 53-70. ……660

Linden, M. 2012 How to define, find and classify side effects in psychotherapy. *Clinical Psychology and Psychotherapy*, 20, 286-296. ……246

Linehan, M. M. 1993a *Cognitive-Behavioral Treatment of Borderline Personality Disorder*, Guilford Press（大野　裕監訳　2007　境界性パーソナリティ障害の弁証法的行動療法　誠信書房）．……24, 136, 294

Linehan, M. M. 1993b *Skills Training Manual for Treating of Borderline Personality Disorder*, Guilford Press（小野和哉監訳　2007　弁証法的行動療法実践マニュアル　金剛出版）．……136

Linehan, M. M. 2015 *DBT Skills Training Manual* (2nd ed.), Guilford Press. ……294

Lipsey, M. W. et al. 2007 Effects of cognitive-behavioral programs for criminal offenders. *Campbell Systematic Reviews*, 6, 1-27. ……572, 580

Litow, L. and Pumriy, D. K. 1975 A brief review of classroom group. *Journal of Applied Behavior Analysis*, 8, 341-347 ……440

Litt, M. D. et al. 2003 Coping skills and treatment outcomes in cognitive-behavioral and interactional group therapy for alcoholism. *Journal of Consulting and Clinical Psychology*, 71, 118-128. ……542

Lobato, D. J. 1990 *Brothers, Sisters, and Special Needs*, Paul H. Brookes. ……472

Loder E. W. et al. 2014 *Common Pitfalls in the Evaluation and Management of Headache*, Cambridge University Press（金城光代・金城紀与史監訳　2016　メキメキ上達する頭痛のみかた　メディカル・サイエンス・インターナショナル）．……602

Loeber, R. et al. 1993 Developmental pathways in disruptive child behavior. *Development and Psychopathology*, 5, 103-133. ……166

Lovaas, O. I. 1987 Behavioral treatment and normal educational and intellectual functioning in young autistic children. *Journal of Consulting and Clinical Psychology*, 55, 3-9. ……452

Lovaas, O. I. 2002 *Teaching Individuals with Developmental Delays*, Pro Ed. ……452

Lovaas, O. I. et al. 1966 Acquisition of imitative speech by schizophrenic children. *Science*, 11, 705-707. ……98

Lowenkamp, C. T. et al. 2006 The risk principle in action. *Crime & Delinquency*, 52, 77-93. ……580

Lundgren, T. et al.　2012　The Bull's-eye values survey: A psychometric evaluation. *Cognitive and Behavioral Practice*, 19, 518-526. ……240

Lysaker, P. H. et al. 2005 Enhanced cognitive-behavioral therapy for vocational rehabilitation in schizophrenia. *The Journal of Rehabilitation Research and Development*, 42, 673. ……614

■M

Machalicek, W. et al. 2008 A review of school-based instructional interventions for students with autism spectrum disorders. *Research in Autism Spectrum Disorders*, 2, 395-416. ……460

Mackintosh, N. J. 1975 A theory of attention. *Psychological Review*, 82, 276-298. ……48

MacPhillamy, D. J. and Lewinsohn, P. M.　1982　The pleasant events schedule. *Journal of Consulting and Clinical Psychology*, 50, 363-380. ……240

Maglione, M. A. 2017 Efficacy of mindfulness meditation for smoking cessation. *Addictive Behaviors*, 69, 27-34. ……372

Mahoney, M. J. eds. 1995 *Cognitive and Constructive Psychotherapies*, Springer（根建金男ほか監訳　2008　認知行動療法と構成主義心理療法　金剛出版）．……320

Maia, T. V. et al. 2008 The neural bases of obsessive-compulsive disorder in children and adults. *Development and Psychopathology*, 20, 1251-1283. ……410

Maier, W. et al. 1988　The Hamilton anxiety scale. *Journal of Affective Disorders*, 14, 61-68. ……206

MaKay, J. R. et al. 1997 Group counseling versus individualized relapse prevention aftercare following intensive outpatient treatment for cocaine dependence. *Journal of Consulting and Clinical*

Psychology, 65, 778-788. ……542
Maletzky, B. M. et al. 2006 The Oregon depo-provera program. *Sexual Abuse*, 18, 303-316. ……526
Manea, L. et al. 2015 A diagnostic meta-analysis of the Patient Health Questionnaire-9 (PHQ-9) algorithm scoring method as a screen for depression. *General Hospital Psychiatry*, 37, 67-75. ……648
Manos, R. C. et al. 2009 Integrating functional analytic psychotherapy and behavioral activation for the treatment of relationship distress, *Clinical Case Studies*, 8, 122-138. ……298
March, J. S. and Friesen, K. M. 1998 *OCD in Children and Adolescents*, Guilford Press. ……410
Marissen, M. A. E. et al. 2007 Cue exposure therapy for the treatment of opiate addiction. *Psycho therapy and Psychosomatics*, 76, 97-105. ……588
Marks, I. 1978 Behavioral psychotherapy of adult neurosis. In S. L. Garfield and A. E. Bergin eds. *Handbook of Psychotherapy and Behavior Change*, Wiley, pp. 493-547. ……262
Marks, I. M. 1969 *Fears and Phobias*, Academic Press. ……262
Marlatt, G. A. and Donovan, D. M. 2005 *Relapse Prevention* (2nd ed.), Guilford Press（原田隆之訳 2011 リラプス・プリベンション　日本評論社）. ……368
Marlatt, G. A. and George, W. H. 1984 Relapse prevention. *British Journal of Addiction,* 79, 261-273. ……122
Marlatt, G. A. and Witkiewitz, K. 2005 Relapse prevention for alchol and drug problems, In A. G. Marlatt and D. M. Donovan eds. *Relapse Prevention*, Guilford Press, pp. 1-44（原田隆之訳　2011 アルコールと薬物問題のリラプス・プリベンション，リラプス・プリベンション　日本評論社）. ……558
Marshall, W. L. et al. 2006 *Treating Sexual Offenders*, Routledge. ……588
Martell, C. R. et al. 2001 *Depression in Context*, W. W. Norton（熊野宏昭・鈴木伸一監訳　2011　うつ病の行動活性化療法　日本評論社）. ……26, 82, 116, 260, 330
Martell, C. R. et al. 2010 *Behavioral Activation for Depression*, Guilford Press.（坂井　誠・大野　裕監訳　2013　セラピストのための行動活性化ガイドブック　創元社）. ……260, 330
Martin, T. et al. 2010 Progress in cue exposure therapy for the treatment of addictive disorders. *The Open Addiction Journal*, 3, 92-101. ……588
Maslach, C. and Jackson, S. E. 1981 The measurement of experienced burnout. *Journal of Occupational Behaviour*, 2, 99-113. ……498, 618
Mattick, R. P. and Clark, J. C. 1998 Development and validation of measures of social phobia scrutiny fear and social interaction anxiety. *Behaviour Research and Therapy*, 36, 455-470. ……202
Mayo-Wilson, E. et al. 2014 Psychological and pharmacological interventions for social anxiety disorder in adults. *The Lancet Psychiatry*, 1, 368-376. ……110
Mazur, J. E. 2006 *Learning and Behavior* (6th ed.) Pearson Education.（磯　博行ほか訳　2008　メイザーの学習と行動　（日本語版第3版）　二瓶社.）……54
McCart, M. R. and Sheidow, A. J. 2016 Evidence-based psychosocial treatments for adolescents with disruptive behavior. *Journal of Clinical Child & Adolescent Psychology*, 45, 529-563. ……166, 412
McCullough, Jr., J. P. 2000 *Treatment for Chronic Depression*, Guilford Press（古川壽亮ほか監訳　2005　慢性うつ病の精神療法　医学書院）. ……316
McEachin, J. et al. 1993 Long-term outcome for children with autism who received early intensive behavioral treatment. *American Journal on Mental Retardation*, 4, 359-372. ……452
McEwen, B. S. 1998. Stress, adaptation, and disease. *Annals of New York Academy of Science*, 840, 33-44. ……32
McHale, S. M. et al. 1986 Sibling relationships of children with autistic, mentally retarded, and nonhandicapped brothers and sisters. *Journal of Autism and Developmental Disorders*, 23, 665-674. ……472
McKillop, J. M. 2010 Multidimensional Profile Analysis[Computer software and manual]. http://www.scarthmckillop.ca/resource.html（2019年6月11日参照）……212
McMillan, D. and Lee, R. 2010 A systematic review of behavioral experiments vs. exposure alone in the treatment of anxiety disorders. *Clinical Psychology Review*, 30, 467-478. ……288
McMurran, M. 2009 Motivational interviewing with offenders. *Legal and Criminological Psychology*

14, 83-100. ……314
McNaughton, N. and Corr, P. J. 2016 Mechanisms of comorbidity, continuity, and discontinuity in anxiety-related disorders, *Development and Psychopathology*, 28, 1053-1069. ……364
Meehl, P. E. 1962 Schizotaxia, schizotypy, schizophrenia. *American Psychologist*, 17, 827-838. ……30
Meichenbaum, D. 1977 *Cognitive-Behavioral Modification*, Plenum Press（根建金男監訳 1992 認知行動療法　同朋舎出版）. ……270
Meichenbaum, D. 1985 *Stress Inoculation Training*, Pergamon Press（上里一郎監訳　1989　ストレス免疫訓練－認知的行動療法の手引き　岩崎学術出版社）. ……270
Meichenbaum, D. and Fitzpatrick, D. 1993 A constructivist narrative perspective on stress and coping. In L. Goldberger and S. Breznitz eds. *Handbook of Stress*, Free Press. ……270
Mellentin, A. I. et al. 2017 Cue exposure therapy for the treatment of alcohol use disorders. *Clinical Psychological Review*, 57, 195-207. ……588
Menzies, R. G. et al. 2008 An experimental clinical trial of a cognitive-behavior therapy package for chronic stuttering. *Journal of Speech, Language, and Hearing Research*, 51, 1451-1464. ……154
Messina, I. et al. 2013 Neural correlates of psychotherapy in anxiety and depression. PLoS One 8, e74657. ……42
Meuret, A. E. et al. 2015 High cortisol awakening response and cortisol levels moderate exposure-based psychotherapy success. *Psychoneuroendocrinology*, 51, 331-340. ……32
Meyer, V. 1966 Modification of expectations in case with obsessioned rituals. *Behaviour Research and Therapy*, 4 273-280. ……94
Meyer, D. J. and Vadasy, P. F. 1994 *Sibshops*, Paul H Brookes Publishing. ……496
Meyer, V. 1966 Modification of expectations in cases with obsessional rituals. *Behavior Research and Therapy*, 4, 273-280. ……106
Meyer, D. J. and Vadasy, P. F. 2008 *Shibshops*, Brookes. ……472
Meyer, T. J. et al. 1990 Development and validation of the Penn State Worry Questionnaire, *Behaviour Research and Therapy*, 28, 487-495. ……206
Mihara, S. and Higuchi, S. 2017 Cross-sectional and longitudinal epidemiological studies of internet gaming disorder: A systematic review of the literature. *Psychiatry and Clinical Neurosciences*, 71, 425-444. ……550
Mikail, S. F. et al. 1993 A comparative analysis of measures used in the assessment of chronic pain patients. *Psychol Assess*, 5, 117-120. ……212
Miklowitz, D. J. 2002 *The Bipolar Disorder Survival Guide*, Guilford Press. ……118
Miller, N. E. 1948 Studies of fear as an acquirable drive. *Journal of Experimental Psychology*, 38, 89-101. ……54
Miller, N. E. and Brucker, B. S. 1979 A learned visceral response apparently independent of skeletal ones in patients paralyzed by spinal lesions. In N. Birbaumer and H. D. Kimmel eds. *Biofeedback and Self-Regulation*, Erlbaum. ……74
Miller, N. E. and DiCara, L. 1967 Instrumental learning of heart rate changes in curarized rats. *Journal of Comparative and Physiological Psychology*, 63, 12-19. ……74
Miller, R. R. 2014 Editorial explaining the change in name of this journal to Journal of Experimental Psychology. *Journal of Experimental Psychology: Animal Learning and Cognition*, 40, 1. ……322
Miller, W. R. 1983 Motivational interviewing with problem drinkers. *Behavioural Psychotherapy*, 11, 147-172. ……314
Miller, W. R. and Rollnick, S. 2012 *Motivational Interviewing (Applications of Motivational Interviewing)* (3rd ed.), Guilford Press. ……314
Milne, D. L. 2009 *Evidence-Based Clinical Supervision*, John Wiley & Sons. ……12
Miltenberger, R. G. 2001 *Behavior Modification: Principles and Procedures* (2nd ed.), Wadsworth（園山繁樹ほか訳　2006　行動変容法入門　二瓶社）. ……180, 282, 456, 466
Mogg, K. and Bradley, B. P. 1998 A cognitive-motivational analysis of anxiety. *Behaviour Research and Therapy*, 36, 809-848. ……64
Moher, D. et al. 2009 Preferred reporting items for systematic reviews and meta-analyses, *PLOS Medicine*, 6, e1000097. ……652

Mölbert, S. C. et al. 2017 Assessing body image in anorexia nervosa using biometric self-avatars in virtual reality. *Psychological Medicine*, 48, 642-653. ……310

Morimoto, H. et al. 2015 Self-help therapy for sleep problems in hospital nurses in Japan. *Sleep and Biological Rhythms*, 14, 177-185. ……126

Morin, C. M. 1993 *Insomnia: Psychological Assessment and Management*, Guilford Press. ……366

Morris, J. C. et al. 2001 Mild cognitive impairment represents early-stage Alzheimer disease. *Archives of Neurology*, 58, 397-405. ……186

Motiuk, L. L. 1997 Classification for correctional programming. *Forum on Corrections Research*, 9, 18-22. ……556

Mowrer, O. H. 1947 On the dual nature of learning. *Harvard Educational Review*, 17, 102-148. ……52, 54

Moyers, T. B. et al. 2005 Assessing competence in the use of motivational interviewing. *Journal of Substance Abuse Treatment*, 28, 9-26. ……244

Mrazek, P. J. and Haggerty, R. J. eds. 1994 *Reducing Risks for Mental Disorders*, The National Academies Press. ……438

Müeller, A. et al. 2007 Hoarding in a compulsive buying sample. *Behaviour Research and Therapy*, 45, 2754-2763. ……552

Müeller, A. et al. 2015 Compulsive buying. *The American Journal of Addictions*, 24, 132-137. ……552

Mueller, M. M. and Nkosi, A. 2009 *Behavior Analytic Consultation to Schools*, Stimulus Publications. ……396

Mueser, K. T. and Gingerich, S. 2002 *Illness Management and Recovery Implementation Resource Kit*, Center for Mental Health Services: Substance Abuse and Mental Health Services Administration（池淵恵美ほか監訳　2009　アメリカ連邦政府EBP実施・普及キットツールシリーズ5　IMR・疾病管理とリカバリー　地域精神保健福祉機構）. ……378

Mulligan, C. A. and Christner, R. W. 2002 Selective mutism: Cognitive-behavioral assessment and intervention. In R. B. Mennuti et al. *Cognitive Behavioral Interventions in Educational Settings* (2nd ed.), Routledge, pp. 187-213. ……156

Muramatsu, K. et al. 2007 The patient health questionnaire, Japanese version: Validity according to the mini-international neuropsychiatric interview-plus. *Psychological Reports*, 101, 952-960. ……648

Mynors-Wallis, L. 2005 *Problem-Solving Treatment for Anxiety and Depression*, Oxford University Press（明智龍男ほか訳　2009　不安と抑うつに対する問題解決療法　金剛出版）. ……18

■N

Nakagawa, A. et al. 2017 Effectiveness of Supplementary Cognitive-Behavioral Therapy for Pharmacotherapy-Resistant Depression. *Journal of Clinical Psychiatry*, 78, 1126-1135. ……325, 328

Nakai, A. et al. 2011 Evaluation of the Japanese version of the Developmental Coordination Disorder Questionnaire as a screening tool for clumsiness of Japanese children. *Research in Developmental Disabilities*, 32, 1615-1622. ……224

Nakatani, E. et al. 2005 A randomized controlled trial of Japanese patients with obsessive-compulsive disorder. *Psychotherapy and Psychosomatics*, 74, 269-276. ……94, 325, 654

National Institute for Health and Care Excellence 2017 *Eating Disorders*. NICE guideline. ……124

National Institute for Health and Care Excellence 2018 *Post-Traumatic Stress Disorder*. https://www.nice.org.uk/guidance/ng116（閲覧日：2019年6月22日）. ……318

National Institute for Health and Care Excellence guidelines 2013 *Social Anxiety Disorder, National Institute for Health and Care Excellence*. ……110

National Institute for Health and Clinical Excellence 2009a *Depression in Adults: Recognition and Management*. https://www.nice.org.uk/guidance/CG90（2019年7月12日参照）……22

National Institute for Health and Clinical Excellence 2009b *Depression*, British Psychological Society and Gaskell. ……306

Navar, A. M. et al. 2016 Use of open access platforms for clinical trial data. *Journal of the American*

Medical Association, 315, 1283-1284. ……664
Negt, P. et al. 2016 The treatment of chronic depression with cognitive behavior analysis system of psychotherapy. Brain and Behavior, 6, e00486. ……316
Neidert, P. L. et al. 2013 Latency of response during the functional analysis of elopement. Journal of Applied Behavior Analysis, 46, 312-316. ……226
Newby, J. M. et al. 2015 Systematic review and meta-analysis of transdiagnostic psychological treatments for anxiety and depressive disorders in adulthood. Clinical Psychology Review, 40, 91-110. ……364
Newman, C. F. et al. 2002 Bipolar disorder, American Psychological Association. ……352
Nezu, A. M. et al. 2004 Cognitive-Behavioral Case Formulation and Treatment Design, Springer. ……394
Nock, M. K. et al. 2008 Cross-national prevalence and risk factors for suicidal ideation, plans, and attempts. The British Journal of Psychiatry, 192, 98-105. ……414
Nosek, B. A. and Ebersole, C. R. 2018 The preregistration revolution. Proceedings of the National Academy of Sciences, 115, 2600-2606. ……674

■ O

O'Connell, M. E. et al. eds. 2009 Preventing Mental, Emotional, and Behavioral Disorders Among Young People, The National Academies Press. ……438
O'Connor, M. et al. 2017 Citation analysis of relational frame theory: 2009-2016. Journal of Contextual Behavioral Science, 6, 152-158. ……78
O'Donnell, M. L. et al. 2018 A Systematic review of psychological and pharmacological treatments for adjustment disorder in adults, Journal of Traumatic Stress, 31, 321-331. ……114
O'Donohue, W. et al. 2001 A History of the Behavioral Therapies, New Harbinger (坂野雄二・岡島 義監訳 2013 認知行動療法という革命 日本評論社). ……320
O'Neill, R. E. et al. 1997 Functional Assessment and Program Development for Problem Behavior, Brooks/Cole. ……226
Obert, J. L. et al. 2000 The matrix model of outpatient stimulant abuse treatment. Journal of Psychoactive Drugs, 32, 157-164. ……542
Odom, S. L. and Watts, E. 1991 Reducing teacher prompts in peer-mediated interventions for young children with autism. The Journal of Special Education, 25, 26-43. ……472
Okajima, I. and Inoue, Y. 2018 Efficacy of cognitive behavioral therapy for comorbid insomnia. Sleep and Biological Rhythms, 16, 21-35. ……366
Okajima, I. et al. 2013 Development and validation of the Japanese version of the Athens Insomnia Scale. Psychiatry and Clinical Neurosciences, 67, 420-425. ……216
Okumura, Y. 2017 Use of a spin strategy can result in unreliable research findings. International Journal of Neuropsychopharmacology, 20, 546-547. ……672
Ollendick, T. H. and Ishikawa, S. 2013 Interpersonal and social factors in childhood anxiety disorders. In C. A. Essau and T. H. Ollendick eds., Treatment of Childhood and Adolescent Anxiety Disorders, Wiley-Blackwell, pp. 117-139. ……156
Ollendick, T. H. et al. 2009 One-session treatment of specific phobias in youth. Journal of Consulting and Clinical Psychology, 77, 504-516. ……156
Onslow, M. et al. 2003 The Lidcombe Program of Early Stuttering Intervention, Pro-Ed. ……154
Oono, I. P. et al. 2013 Parent-mediated early intervention for young children with autism spectrum disorders. Cochrane Database of Systematic Reviews, 30, CD009774. ……470
Open Science Collaboration 2015 Estimating the reproducibility of psychological science. Science, 349. ……674
Öst, L. G. et al. 1984 Individual response patterns and the effects of different behavioral methods in the treatment of social phobia. Behaviour Research and Therapy, 19, 1-16. ……58
Öst, L. G. 1989 One-session treatment for specific phobias. Behaviour Research and Therapy, 27, 1-7. ……90
Öst, L. G. et al. 1991 Applied tension, exposure in vivo, and tension only in the treatment of blood

injury phobia. *Behaviour Research and Therapy*, 29, 561-574. ······90
Öst, L. G. et al. 1997 One-session group therapy of spider phobia. *Behaviour Research and Therapy*, 35, 721-732. ······90
Öst, L. G. et al. 2015 Cognitive behavioral treatments of obsessive-compulsive disorder. A systematic review and meta-analysis of studies published 1993-2014. *Clinical Psychology Review*, 40, 156-169. ······94
Österman, K. et al. 2014 Twenty-eight years after the complete ban on the physical punishment of children in Finland. *Aggressive Behavior*, 40, 568-581. ······428
Ougrin, D. 2011 Efficacy of exposure versus cognitive therapy in anxiety disorders. *BMC Psychiatry* 11, 200. ······288

■P

Page, H. A. and Hall, J. F. 1953 Experimental extinction as a function of the prevention of a response. *Journal of Comparative and Physiological Psychology*, 46, 33-34. ······54
Pahnke, J. et al. 2014 Outcomes of an acceptance and commitment therapy-based skills training group for students with high-functioning autism spectrum disorder. *Autism*, 18, 953-964. ······480
Parker, G. et al. 2013 Development of a measure quantifying adverse psychotherapeutic ingredients. *Psychiatry Research*, 206, 293-301. ······246
Parker, R. I. et al. 2011 Combining nonoverlap and trend for single-case research. *Behavior Therapy*, 42, 284-299. ······644
Parry, G. D. et al. 2016 Iatrogenic harm from psychological therapies-time to move on. *The British Journal of Psychiatry*, 208, 210-212. ······246
Pascual-Leone, A. and Greenberg, L. S. 2007 Emotional processing in experiential therapy. *Journal of Consulting and Clinical Psychology*, 75, 875-887 ······60
Pavlov, I. P. 1927 *Conditioned Reflexes* (G. V. Anrep, Trans.), Oxford University Press. ······48, 250
Pearce, J. M. and Dickinson, A. 1975 Pavlovian countercondition, *Journal of Experimental Psychology: Animal Behavior Processes*, 1, 170-177. ······256
Pearce, S. and Wardle, J. eds. 1989 *The Practice of Behavioral Medicine*, The British Psychological Society & Oxford University Press(山上敏子監訳　1995　行動医学の臨床：予防からリハビリテーションまで　二弊社). ······130
Pearlin, L. et al. 1990 Caregiving and the stress process. *The Gerontologist*, 30, 583-594. ······498
Pearsons, J. 2008 *The Case Formulation Approach to Cognitive*, Guilford Press. ······394
Peckham, A. D. et al. 2010 A meta-analysis of the magnitude of biased attention in depression. *Depression and Anxiety*, 27, 1135-1142. ······64
Pelham, W. E. et al. 2010 Summer treatment programs for attention deficit/hyperactivity disorder. In A. E. Kazdin and J. R. Weisz eds. *Evidence-Based Psychotherapies for Children and Adolescents*, Gilford Press, pp. 277-292. ······476
Perlis, M. L. et al. 2011 *Behavioral Treatments for Sleep Disorder*, Academic Press（岡島 義・福田一彦監訳　2015　睡眠障害に対する認知行動療法　風間書房）. ······126
Piacentini, J. et al. 2010 Behavior therapy for children with Tourette disorder. *The Journal of American Mediacal Association*, 303, 1929-1937. ······152
Piaggio, G. et al. 2012 Reporting of noninferiority and equivalence randomized trials: Extension of the CONSORT 2010 statement, *Journal of the American Medical Association*, 308, 2594-2604. ······638
Pittenger, C. and Duman, R. S. 2008 Stress, depression, and neuroplasticity. *Neuropsychopharmacology*, 33, 88-109. ······34
Pompoli, A. et al. 2018 Dismantling cognitive-behaviour therapy for panic disorder. *Psychological Medicine*, 48, 1945-1953. ······332
Portnoy, D. B. et al. 2008 Computer-delivered intervention for health promotion and behavioral risk reduction. *Preventive Medicine*, 47, 3-16. ······600
Pot-Kolder, R. M. C. A. et al. 2018 Virtual-reality-based cognitive behavioural therapy versus waiting list control for paranoid ideation and social avoidance in patients with psychotic disorders. *The Lancet Psychiatry*, 5, 217-226. ······310

Power, M. J. and Dalgleish, T. 1999 Two routes to emotion. *Behavioural and Cognitive Psychotherapy*, 27, 129-141. ……60
Premack, D. 1962 Reversibility of the reinforcement relation. *Science*, 136, 255-257. ……50
Premack, D. 1963 Rate differential reinforcement in monkey manipulation. *Journal of the Experimental Analysis of Behavior*, 6, 81-89. ……50
Premack, D. G, and Woodruff, G. 1978 Dose the chimpangee have a theory of mind ? *Behavioral and Brain Science*, 1, 515-526. ……242
Prevatt, R. and Yelland, S. 2015 An empirical evaluation of ADHD coaching in college students. *Journal of Attention Disorders*, 19, 666-677. ……482
Puelo, C. M. and Kendall, P. C. 2010 Anxiety disorders in typically developing youth. *Journal of Autism and Developmental Disorders*, 41, 275-286. ……446
Puffer, S. et al. 2005 Cluster randomized controlled trials. *Journal of Evaluation in Clinical Practice*, 11, 479-483. ……640
Purdon, C. 1999 Thought suppression and psychopathology. *Behaviour Research and Therapy*, 37, 1029-1054. ……12

■Q

Qaseem, A. et al. 2016 Management of chronic insomnia disorder in adults. *Annual of Internal Medicine*, 165, 125-133. ……366

■R

Rachman, S. 1977 The conditioning theory of fear-acquisition. *Behavior Research and Therapy*, 15, 375-387. ……102
Rachman, S. 1980 Emotional processing. *Behaviour Research and Therapy*, 18, 51-60. ……60
Rachman, S. and Hodgson, R. 1974 I. Synchrony and desynchrony in fear and avoidance. *Behaviour Research and Therapy*, 12, 311-318. ……58
Rachman, S. et al. 2000 Post-event processing in social anxiety. *Behaviour Research and Therapy*, 38, 611-617. ……12
Radomsky, A. S. et al. 2006 Repeated checking really does cause memory distrust. *Behaviour Research and Therapy*, 44, 305-316. ……12
Ramnerö, J. and Törneke, N. 2008 *The ABCs of Human Behavior: Behavioral Principles for the Practicing Clinician*（松見淳子ほか訳　2009　臨床行動分析の ABC　日本評論社）. ……2
Rao, P. A. et al. 2008 Social skills interventions for children with asperger's syndrome or high-functioning autism. *Journal of Autism and Developmental Disorders*, 38, 353-361. ……460
Rapee, R. et al. 2006 *Cool Kids: Child & Adolescent Anxiety Program Therapist Manual*, Centre for Emotional Health. ……156
Rapee, R. M. and Heimberg, R. G. 1997 A cognitive-behavioral model of anxiety in social phobia. *Behaviour Research and Therapy*, 35, 741-756. ……88, 340
Rapee, R. M. et al. 2005 Prevention and early intervention of anxiety disorders in inhibited preschool children. *Journal of Consulting and Clinical Psychology*, 73, 488-497. ……156
Raphael, R. 2018 Self-Guided Multimedia Stress Management and Resilience Training. https://humanresearchroadmap.nasa.gov/Tasks/task.aspx?i=1172（2019 年 3 月 22 日参照）……600
Raue, P. J. et al. 1997 The therapeutic alliance in psychodynamic-interpersonal and cognitive-behavioral therapy. *Journal of Consulting and Clinical Psychology*, 65, 582. ……678
Rawson, R. A. et al. 1995 An intensive outpatient approach for cocaine abuse treatment. *Journal of Substance Abuse Treatment*, 12, 117-127. ……576
Reaven, J. et al. 2012 Group cognitive behavior therapy for children with high-functioning autism spectrum disorders and anxiety. *Journal of Child Psychology and Psychiatry*, 53, 410-419. ……478
Reid, D. H. and Parsons, M. B. 2000 Organizational behavior management in human service settings. In J. Austin and J. Carr *Handbook of Applied Behavior Analysis*, New Harbinger Publications, pp. 275-294. ……500
Reid, D. H. et al. 2011 Staff training and management. In W. W. Fisher et al. *Handbook of Applied*

Behavior Analysis, Guilford Press, pp. 281-294. ……500
Reiser, R. P. and Thompson, L. W. 2005 *Bipolar Disorder*, Hogrefe(岡本泰昌監訳 2011 双極性障害(エビデンス・ベイスト心理療法シリーズ) 金剛出版). ……118, 352
Rescorla, R. A 1968 Probability of shock in the presence and absence of CS in fear conditioning. *Journal of Comparative and Physiological Psychology*, 66, 1-5. ……250
Rescorla, R. A. and Wagner, A. R. 1972 A theory of Pavlovian conditioning. *Classical conditioning II: Current research and theory*, 2, 64-99. ……48
Resick, P. A. et al. 2002 A comparison of cognitive-processing therapy with prolonged exposure and a waiting condition for the treatment of chronic posttraumatic stress disorder in female rape victims. *Journal of Consulting and Clinical Psychology*, 70, 867-879. ……96
Resick, P. A. et al. 2017 *Cognitive Processing Therapy for PTSD, A Comprehensive Manual*, Guilford Press. ……318
Revusky, S. 2009 Chemical aversion treatment of alcoholism, In S. Reilly and T. R. Schachtman eds. *Conditioned Taste Aversion: Behavioral and Neural Processes,* Oxford University Press, pp. 445-472. ……256
Richardson, K. M. and Rothstein, H. R. 2008 Effects of occupational stress management intervention programs: A meta-analysis. *Journal of Occupational Health Psychology*, 13, 69-93. ……594, 596
Riemann, D. et al. 2017 European guideline for the diagnosis and treatment of insomnia. *Journal of Sleep Research*, 26, 675-700. ……366
Rips, L. J. and Conrad, F. G. 1989 Folk psychology of mental activities. *Psychological Review,* 96, 187-207. ……322
Robbins, L. 1935 *An Essay on the Nature and Significance of Economic Science* (2nd ed.), Macmillan. ……586
Robinson-García, N. et al. 2015 Analyzing data citation practices using the data citation index. *Journal of the Association for Information Science and Technology*, 67, 2964-2975. ……664
Roeyers, H. 1996 The influence of nonhandicapped peers on the social interactions of children with a pervasive developmental disorder. *Journal of Autism and Developmental Disorders*, 26, 303-320. ……472
Rosario-Campos, M. C. et al. 2006 The Dimensional Yale-Brown Obsessive-Compulsive Scale (DY-BOCS). *Molecular Psychiatry*, 11, 495-504. ……208
Rose, D. H. and Meyer, A. 2002 *Teaching Every Student in the Digital Age: Universal Design for Learning*, Association for Supervision and Curriculum Development. ……400
Rosengren, D. B. 2009 *Building Motivational Interviewing Skills*, Guilford Press (原井宏明監訳 2013 動機づけ面接を身につける 星和書店). ……240
Rossor, M. N. et al. 2010 The diagnosis of young-onset dementia. *Lancet Neurology,* 9, 793-806. ……602
Roth, A. D. and Pilling, S. 2008 Using an evidence-based methodology to identify the competences required to deliver effective cognitive and behavioural therapy for depression and anxiety disorders. *Behavioural and Cognitive Psychotherapy*, 36, 129-147. ……12
Rothbaum, B. O. et al. 2005 Prolonged exposure versus eye movement desensitization and reprocessing (EMDR) for PTSD rape victims. *Journal of Traumatic Stress*, 18, 607-616. ……96
Rozental, A. et al. 2016 Negative effects of psychological treatments. *PLoS ONE*, 11. ……246
Ruiz, F. J. 2010 A review of acceptance and commitment therapy (ACT) empirical evidence. *International Journal of Psychology and Psychological Therapy*, 10, 125-162. ……78
Rupp, C. et al. 2017 Emotional processing theory put to test. *Clinical Psychology and Psychotherapy*, 24, 697-711. ……60
Rutterford, C. et al. 2015 Methods for sample size determination in cluster randomized trials. *International Journal of Epidemiology*, 44, 1051-1067. ……640

■S

Sacchini, D. et al. 2009 Health technology assessment (HTA). *Medicine, Health Care and Philosophy*, 12, 453-457. ……654

Sackett, D. L. 1979 Bias in analytic research. *Journal of Chronic Diseases*, 32, 51-63. ……666
Sacks, H. S. et al. 1987 Meta-analyses of randomized controlled trials. *The New England Journal of Medicine*, 316, 450-455. ……652
Safren, S. A. et al. 2004 Psychosocial treatments for adults with attention-deficit/hyperactivity disorder. *Psychiatric Clinics of North America*, 27, 349-360. ……502
Safren, S. et al. 2010 Cognitive behavioral therapy vs relaxation with educational support for medication-treated adults with ADHD and persistent symptoms: A randomized controlled trial. *Journal of the American Medical Association*, 304, 875-880. ……478
Safren, S. A. et al. 2014 A randomized controlled trial of cognitive behavioral therapy for adherence and depression (CBT-AD) in patients with uncontrolled type 2 diabetes, *Diabetes Care*, 37, 625-633. ……368
Salkovskis, P. M. 1991 The importance of behaviour in the maintenance of anxiety and panic. *Behavioural Psychotherapy*, 19, 6-19. ……288
Salkovskis, P. M. 1999 Understanding and treating obsessive—compulsive disorder. *Behaviour Research and Therapy*, 37, S29-S52. ……12
Salkovskis, P. M. et al. 1999 An experimental investigation of the role of safety-seeking behaviours in the maintenance of panic disorder with agoraphobia. *Behaviour Research and Therapy*, 37, 559-574. ……86, 104, 334
Sallows, G. and Graupner, T. 2005 Intensive behavioral treatment for children with autism. *American Journal on Mental Retardation*, 110, 417-438. ……452
Sanderson, W. C. et al. 1989 The influence of an illusion of control on panic attacks induced via inhalation of 5.5% carbon dioxide-enriched air. *Archives of General Psychiatry*, 46, 157-162. ……86
Sato, S. et al. 2012 Effects of psychosocial program for preparing long-term hospitalized patients with schizophrenia for discharge from hospital. *Psychiatry and Clinical Neurosciences*, 66, 474-481. ……378
Scaini, S. et al. 2016 A comprehensive meta-analysis of cognitive-behavioral interventions for social anxiety disorder in children and adolescents. *Journal of Anxiety Disorders*, 42, 105-112. ……10
Schaefer, C. E. and Briesmeister, J. M. eds. 1989 *Handbook of Parent Training*, John Wiley & Sons （山上敏子・大熊紘子監訳　1996　共同治療者としての親訓練ハンドブック（上・下）　二瓶社）. ……276
Schaffer, M. et al. 2010 Cognitive-behavioral therapy in the treatment and management of sex offenders. *Journal of Cognitive Psychotherapy*, 24, 92-103. ……560
Schertz, H. H. and Odom, S. L. 2011 A review of parent education programs for parents of children with autism spectrum disorders. *Focus on Autism and Other Developmental Disabilities*, 26, 96-104. ……470
Schienle, A. et al. 2003 Disgust processing in phobia of blood-injection-injury. *Journal of Psychopsysiology*, 17, 87-93. ……90
Schreibman, L. et al. 2015 Naturalistic developmental-behavioral interventions. *Journal of Autism and Developmental Disorders*, 45, 2411-2428. ……452
Scott, J. et al. 2007 A meta-analysis of relapse rates with adjunctive psychological therapies compared to usual psychiatric treatment for bipolar disorders. *International Journal of Neuropsychopharmacology*, 10, 123-129. ……352
Scott, D. et al. 1997 A performance improvement program for an international level track and field athlete. *Journal of Applied Behavior Analysis*, 30, 573-575. ……436
Segal, Z. V. et al. 2002a *Mindfulness-Based Cognitive Therapy for Depression: A New Approach to Preventing Relapse*. Guilford Press（越川房子監訳　2007　マインドフルネス認知療法 - うつを予防する新しいアプローチ　北大路書房）. ……22, 302
Segal, Z. V. et al. 2002b The Mindfulness-based cognitive therapy adherence scale. *Clinical Psychology and Psychotherapy*, 9, 131-138. ……244
Segal, Z. V. et al. 2006 Cognitive reactivity to sad mood provocation and the prediction of depressive relapse. *Archives of General Psychiatry*, 63, 749-755. ……84
Segal, Z. V. et al. 2013 *Mindfulness-Based Cognitive Therapy for Depression* (2nd ed.), Guilford Press. ……22, 302

Seligman, M. E. P. 1970 On the generality of the laws of learning. *Psychological Review*, 77, 406-418. ……250

Seligman, M. E. P. and Maier, S. F. 1967 Failure to escape traumatic shock. *Journal of Experimental Psychology*, 74, 1-9. ……80

Seligman, M. E. P. 1971 Phobias and preparedness. *Behavior Therapy*, 2, 307-320. ……52

Selwood, A. et. al. 2007 Systematic review of the effect of psychological interventions on family caregivers of people with dementia. *Journal of Affect Disorders*, 101, 75-89. ……132

Shapiro, F. 2012 *EMDR Therapy Training Manual*, EMDR Institute. ……318

Shea, B. J. et al. 2007 Development of AMSTAR. *BMC Medical Research Methodology*, 7, 10. ……652

Shea, S. C. 2002 *The Practical Art of Suicide Assessment*, John Wiley & Sons（松本俊彦監訳　2012　自殺リスクの理解と対応　金剛出版）. ……388

Shear, K. et al. 2005 Treatment of complicated grief. *Journal of the American Medical Association*, 293, 2601-2608. ……140, 344

Shear, M. K. et al. 2001 Reliability and validity of the Panic Disorder Severity Scale. *Journal of Psychiatric Research*, 35, 293-296. ……204

Shear, M. K. et al. 2014 Treatment of complicated grief in elderly persons. *JAMA Psychiatry*, 71, 1287-1295. ……344

Shear, M. K. et al. 2001 Reliability and validity of a structured interview guide for the Hamilton Anxiety Rating Scale (SIGH-A). *Depression and Anxiety*, 13, 166-178. ……206

Sheline, Y. et al. 1996 Hippocampal atrophy in recurrent major depression. *Proceedings of the National Academy of Sciences*, 93, 3908-3913. ……40

Shin, L. M. and Liberzon, I. 2010 The neurocircuitry of fear, stress, and anxiety disorders. *Neuropsychopharmacology Reviews*, 35, 169-191. ……42

Shultz, J. M. and Forbes, D. 2014 Psychological first aid. *Disaster Health*, 2, 3-12. ……140

Sidman, M. et al. 1989 Functional classes and equivalence relations. *Journal of Experimental Analysis of Behavior*, 52, 261-274. ……20

Siegrist, J. 1996 Adverse health effects of high-effort/low-reward conditions. *Journal of Occupational Health Psychology*, 1, 27-41. ……234, 590

Sigafoos, J. and Saggers, E. 1995 A discrete-trial approach to the functional analysis of aggressive behavior in two boys with autism. *Australia & New Zealand Journal of Developmental Disabilities*, 20, 287-297. ……226

Sims, A. C. P. 2003 *Symptoms in the Mind* (3rd ed.), Elsevier（飛鳥井望ほか訳　2009　シムズ記述精神病理学　西村書店）. ……182

Singer, G. H. et al. 1999 A multi-site evaluation of parent to parent programs for parents of children with disabilities. *Journal of Early Intervention*, 22, 217-229. ……472

Sisemore, T. A. 2012 *The Clinician's Guide to Exposure Therapies for Anxiety Spectrum Disorders*, New Harbinger Publications（坂井　誠ほか訳　2015　セラピストのためのエクスポージャー療法ガイドブック　創元社）. ……282

Sisson, R. W. and Azrin, N. H. 1986 Family-member involvement to initiate and promote treatment of problem drinkers. *Journal of Behavior Therapy and Experimental Psychiatry*, 17, 15-21. ……312

Skeem, J. L. and Louden, J. E. 2007 Assessment of evidence on the quality of the correctional offender management profiling for alternative sanctions (COMPAS), *Prepared for the California Department of Corrections and Rehabilitation (CDCR) by the Center for Public Policy Research*, University of California, Davis. ……556

Skinner, B. F. 1938 *The Behavior of Organisms*, Appleton-Century-Crofts. ……16, 48

Slee, P. T. 1997 The P.E.A.C.E. Pack, A programme for reducing bullying in our schools, Flinders University. https://www.researchgate.net/publication/309240564_The_PEACE_Pack_A_program_for_reducing_bullying_in_our_schools（公開アドレスなど）（2019年6月11日参照）……424

Smith, T. 2010 Early and intensive behavioral Intervention in autism. In J. R. Weisz and A. E. Kazdin eds. *Evidence-Based Psychotherapies for Children and Adolescents* (2nd ed.), Guilford Press, pp. 312-325. ……452

Smith, T. et al. 2000 Randomized trial of intensive early intervention for children with pervasive

developmental disorder. *American Journal of Mental Retardation*, 105, 269-285. ……452
Snaith, R. P. et al. 1982 The clinical anxiety scale. *British Journal of Psychiatry*, 141, 518-523. ……206
Sobell, L. C. et al. 1979 Reliability of alcohol abusers' self-reports of drinking behavior. *Behavior Research and Therapy*, 17, 157-160. ……190
Society of Clinical Child & Adolescent Psychology, Americam Psychological Association, Division53. Effective Child Therapy. https://effectivechildtherapy.org/ （2018 年 11 月 30 日参照）……146
Sofronoff, K. et al. 2005 A randomized controlled trial of a CBT intervention for anxiety in children with Asperger syndrome. *Journal of Child Psychology and Psychiatry*, 46, 1152-1160. ……446
Solomon, R. L. et al. 1953 Traumatic avoidance learning: The outcomes of several extinction procedures with dogs. *Journal of Abnormal and Social Psychology*, 48, 291-302. ……54
Spears, C. A. 2017 Mechanisms underlying mindfulness-based addiction treatment versus cognitive behavior therapy and usual care for smoking cessation. *Journal of Consulting and Clinical Psychology*, 85, 1029-1040. ……372
Spector, A. et al. 2015 Cognitive-behavioural therapy for anxiety in dementia. *British Journal of Psychiatry*, 206, 509-516. ……374, 512
Spek, A. A. et al. 2013 Mindfulness-based therapy in adults with an autism spectrum disorde. *Research in Developmental Disabilities*, 34, 246-253. ……480
Sperry, L. 2014 *Family Assessment*, Routledge. ……236
Spielberger, C. D. et al. 1983 *Manual for the State-Trait Anxiety Inventory*, Consulting Psychologists Press. ……206
Spitzer, R. L. et al. 1997 *User's Guide for the Structured Clinical Interview for DSM-IV Axis I Disorders SCID-I: Cinician Version*, American Psychiatric Publishing. ……208
Srisurapanont, M. et al. 2017 Discrepancy between objective and subjective cognition in adults with major depressive disorder. *Scientific Reports*, 7, 3901. ……608
Stallard, P. et al. 2014 The Cognitive Behaviour Therapy Scale for Children and Young People (CBTSCYP). *Behavioral and Cognitive Psychotherapy*, 42, 269-282. ……244
Stanger, C. and Budney, A. J. 2010 Contingency management approaches for adolescent substance use disorders. *Child and Adolescent Psychiatric Clinics of North America*, 19, 547-562. ……564
Stanley, B. et al. 2009 Cognitive-behavioral therapy for suicide prevention (CBT-SP). *Journal of American Academy of Child & Adolescent Psychiatry*, 48, 1005-1013. ……414
Stanley, M. A. et al. 2009 Cognitive behavior therapy for generalized anxiety disorder among older adults in primary care. *Journal of the American Medical Association*, 301, 1460-1467. ……374
Starcevic, V. and Khazaal, Y. 2017 Relationships between behavioural addictions and psychiatric disorders. *Frontiers in Psychiatry*, 8. ……552
Stark, K. D. et al. 2010 Cognitive-behavioral therapy for depression. *Evidence Based Psychotherapies for Children and Adolescents* (2nd ed.), Guilford Press, pp.93-109. ……158
Stefl, M. E. and Prosperi, D. C. 1985 Barriers to mental health service utilization. *Community Mental Health Journal*, 21, 167-178. ……308
Steiner, T. J. et al. 2018 Migraine is first cause of disability in under 50s. *Journal of Headache and Pain*, 19, 17. ……602
Steketee, G. 1990 Obsessive-compulsive disorder. In A. Bellack et al. eds. *International Handbook of Behavior Modification and Therapy* (2nd ed.), Plenum, pp. 307-332. ……106
Stephans, R. S. et al. 1994 Treating adult marijuana dependence: A test of the relapse prevention model. *Journal of Consulting and Clinical Psychology*, 62, 92-99. ……542
Sterne, J. A. et al. 2016 ROBINS-I: A tool for assessing risk of bias in non-randomised studies of interventions. *BMJ*, 355. ……668
Stewart, R. M. and Brown, R. I. 1988 An outcome study of gamblers anonymous. *British Journal of Psychiatry*, 152, 284-288. ……548
Stice, E. et al. 2010 Efficacy trial of a brief cognitive-behavioral depression prevention program for high-risk adolescents. *Journal of Consulting and Clinical Psychology*, 78, 856-867. ……448
Stott, R. et al. 2013 Internet-delivered cognitive therapy for social anxiety disorder. *Behavioural and*

Cognitive Psychotherapy, 41, 383-397. ……12
Stroebe, M. and Schut, H. 1999 The dual process model of coping with bereavement. *Death Studies*, 23, 197-224. ……344
Strupp, H. H. and Hadley, S. W. 1977 A tripartite model of mental health and therapeutic outcomes. With special reference to negative effects in psychotherapy. *The American Psychologist*, 32, 187-196. ……246
Sugai, G. and Horner, R. H. 2009 Responsiveness-to-intervention and school-wide positive behavior supports: Integration of multi-tiered approaches. *Exceptionality*, 17, 223-237. ……132
Sugawara, M. et al. 1999 Psychiatric disorders among Japanese children. *Journal of the American Academy of Child & Adolescent Psychiatry*, 38, 444-452. ……166
Suinn, R. 2001 The terrible twos - anger and anxiety. *American Psychologist*, 56, 27-36. ……272
Suinn, R. and Richardson, F. 1971 Anxiety management training. *Behavior Therapy*, 2, 498-512. ……272
Sullivan, M. J. 1995 The Pain Catastrophizing Scale. *Psychological Assessment*, 7, 524-532. ……358
Swales, M. A. and Heard, H. L. 2009 *Dialectical Behaviour Therapy*, Routledge. ……136
Swann, A. C. et al. 2002 Two models of impulsivity. *Biological Psychiatry*, 51, 988-994. ……36

■T

Tachi, T. et al. 2007 Usefulness of the Eating Disorder Inventory-2 Japanese version in patients with eating disorders. *Tokai Journal of Experimental and Clinical Medicine*, 32, 78-82. ……214
TADS Team 2004 Fluoxetine, cognitive-behavioral therapy, and their combination for adolescents with depression. *Journal of the American Medical Association*, 292, 807-820. ……158
Tamura, N. and Tanaka, H. 2016 Effects of sleep education program with self-help treatment on sleeping patterns and daytime sleepiness in Japanese adolescents. *Chronobiological International*, 33, 1073-1085. ……126
Tamura, N. and Tanaka, H. 2017 Effects of a sleep management with self-help treatment for the Japanese elderly with chronic insomnia. *Journal of Behavioral Medicine*, 40, 659-668. ……126
Tan, G. et al. 2016 *Evidence-Based Practice in Biofeedback and Neurofeedback* (3rd ed.), Association for Applied Psychophysiology and Biofeeback. ……74
Tanaka, S. C. et al. 2004 Prediction of immediate and future rewards differentially recruits cortico-basal ganglia loops. *Nature Neuroscience*, 7, 887-893 ……36
Tanaka, H. and Tamura, N. 2016 Sleep education with self-help treatment and sleep health promotion for mental and physical wellness in Japan. *Sleep and Biological Rhythms*, 14, S89-S99. ……126
Tarlow, K. R. 2017 An improved rank correlation effect size statistic for single-case designs. *Behavior Modification*, 41, 427-467. ……644
Tarrier, N. et al. 2008 Cognitive-behavioral interventions to reduce suicide behavio. *Behavior Modification*, 32, 77-108. ……414
Tatrow, K. and Montgomer, G. H. 2006 Cognitive behavioral therapy techniques for distress and pain in breast cancer patients. *Journal of Behavioral Medicine*, 29, 17-27. ……384
Taub, E. and School, P. J. 1978 Some methodological considerations in thermal biofeedback training. *Behavior Research Methods & Instrumentation*, 10, 617-622. ……74
Tayama, J. et al. 2017 Item response theory-based validation of a short form of the Eating Behavior Scale for Japanese adults, *Medicine (Baltimore)*, 96. ……380
Teasdale, J. D. 1985 Psychological treatments for depression. *Behaviour Research and Therapy*, 23, 157-165. ……84
Teasdale, J. D. 1988 Cognitive vulnerability to persistent depression. *Cognition and Emotion*, 2, 247-274. ……76, 84
Teasdale, J. D. 1999 Emotional processing, three modes of mind and the prevention of relapse of depression. *Behaviour Research and Therapy*, 37, S37-S77. ……60
Teasdale, J. D. and Barnard, P. J. 1993 *Affect, cognition, and change*, Psychology Press. ……84
Teasdale, J. D. et al. 2002 Metacognitive awareness and prevention of relapse in depression: Empirical evidence. *Journal of Consulting and Clinical Psychology*, 70, 275-287. ……22

Teasdale, J. D. et al. 2000 Prevention of relapse/recurrence in major depression by mindfulness-based cognitive therapy. *Journal of Consulting and Clinical Psychology*, 68, 615-623. ……76

Telerant, R. et al. 2014 Older patients. In M. D. Feldman and J. F. Christensen eds. *Behavioral Medicine*（4th ed.）, McGraw-Hill Medical, pp.133-141. ……228

Temel, J. et al. 2010 Early palliative care for patients with metastatic non-small-cell-lung cancer. *The New England Journal of Medicine*, 363, 733-742. ……384

Terwee, C. B. et al. 2012 Rating the methodological quality in systematic reviews of studies on measurement properties: A scoring system for the COSMIN checklist, *Quality of Life Research*, 21, 651-657. ……646

Thibaut, T. et al. 2010 The world Federation of societies of of Biological Psychiatry（WFSBP）Guidelines for the biological treatment of paraphilias. *The World Journal of Biological Psychiatry*, 11, 604-605. ……526

Thoits, P. A. 1986 Social support as coping assistance. *Journal of Consulting and Clinical Psychology*, 54, 416-423. ……472

Thompson, A. et al. 2018 Enhancing extinction learning. *Behaviour research and therapy*, 108, 29-39. ……250

Thoresen, C. E. and Mahoney, M. J. 1974 *Behavioral Self-Control*, Rinehart & Winston（上里一郎監訳　1978　セルフコントロール　福村出版）. ……264

Thorndike, E. L. 1898 Animal intelligence. In J. M. Cattell and J. M. Baldwin eds. *Psychological Review: Series of Monograph Supplements*, 2（Whole No.8）, Macmillan. ……50

Timko, C. et al. 1999 Long-term treatment careers and outcomes of previously untreated alcoholics. *Journal of Studies on Alcohol*, 60, 437-447. ……562

Tkachuk, G. et al. 2003 Behavioral assessment in sport psychology. *The Sport Psychologist*, 17, 104-117. ……436

Toelch, U. and Ostwald, D. 2018 Digital open science-Teaching digital tools for reproducible and transparent research, *PLOS Biology*, 16. ……674

Tolin, D. F. et al. 2007 An open trial of cognitive behavioral therapy for compulsive hoarding. *Behaviour Research and Therapy*, 45, 1461-1470. ……108

Tolman, E. C. 1932 *Purposive Behavior in Animals and Men*, Century/Random（富田達彦訳　1977　新行動主義心理学　清水弘文堂）. ……70

Toner, B. B. et al. 1999 *Cognitive-Behavioral Treatment of Irritable Bowel Syndrome*, Guilford Press（野村忍監訳　2011　過敏性腸症候群の認知行動療法　星和書店）. ……360

Topper, M. et al. 2014 Development and assessment of brief versions of the Penn State Worry Questionnaire and the Ruminative Response Scale. *British Journal of Clinical Psychology*, 53, 402-421. ……206

Treede, R. D. et al. 2015 A classification of chronic pain for ICD-11. *Pain*, 156, 1003-1037. ……358

Tunnicliffe, P. and Oliver, C. 2011 Phenotype-environment interactions in genetic syndromes associated with severe or profound intellectual disability. *Research in Developmental Disabilities*, 32, 404-418. ……150

Turk, D. C. and Melzack, R. eds. 2011 *Handbook of Pain Assessment*（3rd ed）, Guilford Press. ……212

Turkat, I. D. 1985 *Behavioral Case Formulation*, Springer. ……178

■U

U. S. Department of Education 2002 *No Child Left Behind: A Desktop Reference*. ……628

U. S. Department of Education 2003 *Identifying and Implementing Educational Practices Supported by Rigorous Evidence*. ……628

Urao, Y. et al. 2016 Effectiveness of a cognitive behavioural therapy-based anxiety prevention programme for childre, 10.　https://www.ncbi.nlm.nih.gov/pmc/articles/PMC4754865/（2019年6月11日参照）……406

■V

van den Hout, M. A. and Kindt, M. 2003 Repeated checking causes memory distrust. *Behaviour*

Research and Therapy, 41, 301-316. ……12

van der Hulst, M. et al. 2005 A systematic review of sociodemographic, physical, and psychological predictors of multidisciplinary rehabilitation-or, back school treatment outcome in patients with chronic low back pain. *Spine*, 30, 813-825. ……212

van der Klink, J. J. et al. 2001 The benefits of interventions for work-related stress. *American Journal of Public Health*, 91, 270-276. ……596

van der Lee, J. H. et al. 2007 Definitions and measurement of chronic health conditions in childhood. *Journal of the American Medical Association*, 297, 2741-2751. ……162

van der Put, C. E. et al. 2018 Identifying effective components of child maltreatment interventions: A meta-analysis. *Clinical Child and Family Psychology Review*, 21, 171-202. ……492

van Steensel, F. J. A. et al. 2017 Predictors of treatment effectiveness for youth with ASD and comorbid anxiety disorders. *Journal of Autism and Developmental Disorders*, 47, 636-645. ……446

VandenBos, G. R. ed. 2007 *APA Dictionary of Psychology*, American Psychological Association. ……448

Vandenbroucke, J. P. et al. 2014 Strengthening the Reporting of Observational Studies in Epidemiology (STROBE). *International Journal of Surgery*, doi: 10.1016/j.ijsu.2014.07.014 ……650

Veale, D. et al. 2013 Autobiographical memories of vomiting in people with a specific phobia of vomiting (emetophobia). *Journal of Behavior Therapy and Experimental Psychiatry*, 44, 12-20. ……102

Verdejo-García A. et al. 2007 Cognitive impulsivity in cocaine and heroin polysubstance abusers. *Addictive Behavior*, 32, 950-966 ……36

Verdellen, C. et al. 2011 European clinical guidelines for Tourette syndrome and other tic disorders. Part III. *European Child and Adolescent Psychiatry*, 20, 197-207. ……152

Virgili, M. 2015 Mindfulness-based interventions reduce psychological distress in working adults: A meta-analysis of intervention studies. *Mindfulness*, 6, 326-337. ……598

Vismara, L. et al. 2016 Telehealth parent training in the Early Start Denver Model. *Focus on Autism and Other Developmental Disabilities*, 33, 67-79. ……452

Vo, P. et al. 2018 Patients' perspective on the burden of migraine in Europe. *Journal of Headache and Pain*, 19, 82. ……602

Vollink, T. et al. 2016 *Cyberbullying: From theory to intervention*, Routledge. ……424

Vollmer, T. R. et al. 1993 The role of attention in the treatment of attention-maintained self-injurious behavior: Noncontingent reinforcement and differential reinforcement of other behavior. *Journal of Applied Behavior Analysis*, 26, 9-21. ……164

■W

Wagner, B. et al. 2006 Internet-based cognitive-behavioral therapy for complicated grief. *Death Studies*, 30, 429-453. ……344

Wagner, B. et al. 2014 Internet-based versus face-to-face cognitive behavioral intervention for depression: A randomized controlled non-inferiority trial, *Journal of Affective Disorders*, 152, 113-121. ……638

Wagner, C. C. and Ingersoll, K. S. 2018 Development and initial validation of the assessment of motivational interviewing groups-observer scales (AMIGOS), *International Journal of Group Psychotherapy*, 68, 69-79. ……238

Wallace, S. T. and Alden, L. E. 1995 Social anxiety and standard setting following social success or failure.*Cognitive Therapy and Research*, 19, 613-631. ……88

Ward, T. and Gannon, T. A. 2006 Rehabilitation, etiology, and self-regulation. *Aggression and Violent Behavior*, 11, 77-94. ……560

Ward, T. and Marshall, W. L. 2004 Good lives, etiology and the rehabilitation of sex offenders. *Journal of Sexual Aggression*, 10, 153-169. ……560

Ward, T. and Stewart, C. A. 2003 The treatment of sex offenders. *Professional Psychology,* 34, 353-360. ……560

Ward, T. et al. 2007 The good lives model of offender rehabilitation. *Aggression and Violent Behavior,*

12, 87-107. ……138, 544, 588
Ware, J. and Bright, D. A. 2008 Evolution of a treatment programme for sex offenders: Changes to the NSW custody-based intensive treatment (CUBIT). *Psychiatry, Psychology and Law*, 15, 340-349. ……568
Warwick, H. M. and Salkovskis, P. M. 1990 Hypochondriasis. *Behaviour Research and Therapy*, 28, 105-117. ……12
Watson, D. and Friend, R. 1969 Measurement of social-evaluative anxiety. *Journal of Consulting and Clinical Psychology*, 33, 448-457. ……202
Watson, J. B. and Rayner, R. 1920 Conditioned emotional reaction. *Journal of Experimental Psychology*, 3, 1-14. ……52
Watts, B. V. et al. 2013 Meta-analysis of the efficacy of treatments. *Journal of Clinical Psychiatry*, 74, e541-e550. ……318
Weems, C. F. and Silverman, W. K. 2012 Anxiety disorders, In T. P. Beauchaine and S. P. Hinshaw eds. *Child and Adolescent Psychopathology* (2nd ed.), John Wiley & Sons, pp. 513-541. ……156
Weersing, V. R. et al. 2016 Evidence-base update of psychosocial treatments for child and adolescent depression. *Journal of Clinical Child & Adolescent Psychology*, 46, 11-43. ……404
Weisz, J. et al. 2009 Cognitive-behavioral therapy versus usual clinical care for youth depression. *Journal of Consulting and Clinical Psychology*, 77, 383-396. ……158
Wells, A. 1995 Meta-cognition and worry. *Behavioural and Cognitive Psychotherapy*, 23, 301-320. ……92
Wells, A. 2009 *Metacognitive Therapy for Anxiety and Depression*, Guilford Press (熊野宏昭ほか監訳 2012 メタ認知療法 日本評論社). ……28, 300
Wells, et al. 1995 Social phobia: The role of in-situation safety behaviors in maintaining anxiety and negative beliefs. *Behavior Therapy*, 26, 153-161. ……88
Werner-Seidler, A. et al. 2017 School-based depression and anxiety prevention programs for young people: A systematic review and meta-analysis. *Clinical Psychology Review*, 51, 30-47. ……406
Wéry, A. et al. 2016 Characteristics of self-identified sexual addicts in a behavioral addiction outpatient clinic. *Journal of Behavioral Addictions*, 5, 623-630. ……552
White, R. C. and Preston, J. D. 2009 *Bipolar 101*, New Harbinger (佐々木 淳監訳 2016 双極性障害のための認知行動療法ポケットガイド 金剛出版). ……118
White, S. W. et al. 2011 College students on the autism spectrum: Prevalence and associated problems. *Autism*, 15, 683-701. ……482
Whiting, P. F. et al. 2011 QUADAS-2: A revised tool for the quality assessment of diagnostic accuracy studies. *Annals of Internal Medicine*, 155, 529-536. ……668
WHO: World Health Organization 2001 *AUDIT: The Alcohol Use Disorders Identification Test, Guidelines for Use in Primary Care* (2nd ed.). http://www.who.int/substance_abuse/publications/audit/en/ (2019年6月11日参照) ……190
WHO: World Health Organization 2010 Measuring Health and Disability: Manual for WHO Disability Assessment Schedule: Whodas 2.0, WHO (田崎美弥子ほか訳 2015 健康および障害の評価 WHO障害評価面接基準マニュアル WHODAS2.0. 一般社団法人日本レジリエンス医学研究所). ……184
Whybrow, A. and Palmer, S. 2006 Taking stock, *International Coaching Psychology Review*, 1, 56-70. ……622
Wild, D. et al. 2005 Principle of good practice for the translation and cultural adaptation process for patient-reported outcomes (PRO) measures. *Value in Health*, 8, 94-104. ……646
Wilhelm, S. et al. 2012 Randomized trial of behavior therapy for adults with Tourette syndrome. *Archives of General Psychiatry*, 69, 795-803. ……152
Williams, A. C. et al. 2012 Psychological therapies for the management of chronic pain (excluding headache) in adults. *Cochrane Database of Systematic Reviews*, 11, CD007407. ……358
Williams, J. M. G. et al. 1988 *Cognitive Psychology and Emotional Disorders*, Wiley. ……64
Williams, J. M. G. et al. 1997 *Cognitive Psychology and Emotional Disorders* (2nd ed.), Wiley. ……64
Williams, R. B. and Gentry, W. D. eds. 1977 *Behavioral Approaches to Medical Treatment*, Ballinger (日野原重明・篠田知璋監訳 1981 新しい治療法としての行動医学 医学書院). ……130

Willis, G. M. et al. 2012 How to integrate the good lives model into treatment programs for sexual offending: An introduction and overview. *Sexual Abuse*, 25, 123-142. ……560

Wilson, B. N. et al. 2009 Psychometric Properties of the Revised Developmental Coordination Disorder Questionnaire, 29, 182-202. ……224

Wilson, G. T. 1996a Manual-based treatments. *Behavior Research and Therapy*, 34, 295-315. ……178

Wilson, L. K. and Gallois, C. 1998 *Assertion and Its Social Context*, Pergamon Press. ……462

Winkler, A. et al. 2013 Treatment of internet addiction. *Clinical Psychology Review*, 33, 317-329. ……550

Wittouck, C. et al. 2011 The prevention and treatment of complicated grief. *Clinical Psychology Review*, 31, 69-78. ……344

Wolpe, J. 1958 *Psychotherapy by Reciprocal Inhibition*, Stanford University Press（金久卓也監訳 1977 逆制止による心理療法　誠信書房）. ……56, 256, 462

Wolpe, J. 1982 *The Practice of Behavior Therapy*, Pergamon Press（内山喜久雄監訳　2005　神経症の行動療法　黎明書房）. ……52, 180

Wolpe, J. and Lang, P. 1964 A fear survey schedule for use in behaviour therapy. *Behaviour Research and Therapy*, 2, 27-30. ……90

Wood, J. J. et al. 2009 Cognitive behavioural therapy for anxiety in children with autism spectrum disorders. *Journal of Child Psychology and Psychiatry*, 50, 224-234. ……446

World Health Organization（WHO）1992 *The ICD-10 Classification of Mental and Behavioural Disorders*（融道男ほか監訳　1993　ICD-10 精神および行動の障害　医学書院）. ……114

World Health Organization（WHO）1998 *Health Promotion Glossary*. https://www.who.int/healthpromotion/about/HPR%20Glossary%201998.pdf　(2019年5月20日参照) ……438

World Health Organization（WHO）2002 *National Cancer Control Programmes: Policies and Managerial Guidelines*（2nd ed.）, World Health Organization. ……384

World Health Organization（WHO）2013 Mental health action plan 2013-2020. https://www.who.int/mental_health/publications/action_plan/en/ (2018年8月31日参照) ……414

Wright, J. H. et al. 2006 *Learning Cognitive Behavioral Therapy an Illustrated Guide*, American Psychiatric Publishing（大野裕監修　2007　認知療法トレーニングブック　医学書院）. ……238

Wright, N. P. et al. 2009 *Treating Psychosis*, New Harbinger Publications. ……348

Wright, S. et al. 2009 Mindfulness and the treatment of anger problems. *Aggression and Violent Behavior*, 14, 396-401. ……540

■Y

Yairi, E. H. and Seery C. H. 2014 *Stuttering*（2nd ed.）, Pearson. ……154

Yalom, I. 1995 *The Theory and Practice of Group Psychotherapy*（4th ed.）, Basic Books. ……568

Yalom, I. and Leszcz, M. 2005 *The Theory and Practice of Group Psychotherapy*（5th ed.）, Basic Books.（中久喜雅文・川村優共監訳　2012　ヤーロム　グループサイコセラピー：理論と実践　西村書店）. ……238

Yamamoto, J. and Matsuzaki, A. 2016 Effectiveness of a nursery school teacher training program in providing interventions and supports for children with developmental disorders. In Japanese Society of Developmental Psychology ed. *Frontiers in Developmental Psychology Research*, Hitsuji Shobo, pp. 189-207. ……452

Yamanouchi, Y. et al. 2015 Evaluation of the individual safe correction of antipsychotic agent polypharmacy in Japanese patients with chronic schizophrenia: Validation of safe corrections for antipsychotic polypharmacy and the high-dose method. *International Journal of Neuropsychopharmacology*, 18, 1-8. ……672

Yoshida, Y. and Uchiyama, T. 2004 The clinical necessity for assessing Attention Dificit/Hyperactivity Disorder（AD/HD）symptoms in children with high-functioning Pervasive Developmental Disorder（PDD）. *European Child and Adolescent Psychiatry*, 13, 307-314. ……478

Yoshinaga, N. et al. 2016 Cognitive behavioral therapy for patients with social anxiety disorder who remain symptomatic following antidepressant treatment. *Psychotherapy and Psychosomatics*, 85, 208-217. ……325, 654

Young, J. E. and Beck, A. T. 1980 *Cognitive Therapy Scale*, Rating Manual. Unpublished (Manuscript, University of Pensylvania). ……238, 688

Young, J. E. et al. 2003 *Schema Therapy,* Guilford Press（伊藤絵美監訳　2008　スキーマ療法　金剛出版）. ……292

Young, K. D. et al. 2017 Randomized clinical trial of real-time fMRI amygdala neurofeedback for major depressive disorder. *American Journal of Psychiatry*, 174, 748-755. ……74

Young, K. S. et al. 2018 The impact of mindfulness-based interventions on brain activity. *Neuroscience and Biobehavioral Reviews*, 84, 424-433. ……76

Yudko, E. et al. 2007 A comprehensive review of the psychometric properties of the Drug Abuse Screening Test. *Journal of Substance Abuse Treatment*, 32, 189-198. ……190

Yukl, G. 2012 *Leadership in Organizations*, Prentice-Hall. ……622

■Z

Zernicke, K. A. et al. 2013 Mindfulness-based stress reduction for the treatment of irritable bowel syndrome symptoms. *International Journal of Behavioral Medicine*, 20, 385-396. ……360

Zhang, C. Q. et al. 2018 Acceptance and commitment therapy for health behavior change. *Front Psychol*, 8, 2350. ……624

Zhao, Y. J. et al. 2014 Brain grey matter abnormalities in medication-free patients with major depressive disorder. *Psychological Medicine*, 44, 2927-2937. ……40

Zilverstand, A. et al. 2016 Cognitive interventions for addiction medicine, *Progress in Brain Research*, 224, 285-304. ……584

Zimmerman, M. et al. 2005 Is it time to replace the Hamilton Depression Rating Scale as the Primary Outcome Measure in treatment studies of depression? *Journal of Clinical Psychopharmacology*, 25, 105-110. ……196

Zimmermann, T. M. et al. 2013 Patient preferences for outcomes of depression treatment in Germany. *Journal of Affective Disorders*, 148, 210-219. ……658

Zins, C. D. 2001 Defining human services. *The Journal of Sociology & Social Welfare*, 28, 1-21. ……618

Zylowska, L. et al. 2008 Mindfulness meditation training in adults and adolescents with ADHD. *Journal of Attention Disorders*, 11, 737-746. ……480

事項索引

＊「見出し語五十音索引」は xxi 頁参照。

■英字

AARR（恣意的に適用可能な関係反応）
  arbitrarily applicable relational response 21
ABA（応用行動分析） applied behavior
  analysis 186, 254, 354, 458, 478, 505, 513
ABC ナラティブ記録法　ABC narrative
  recording 226
ABC 連続記録法　ABC continuous recording
  226
ABCDE モデル　ABCDE model 290
ABC アプローチ　antecedents of behaviors and
  their consequences approach 513
ABC 分析　abc assessment 254
ABC モデル　ABC model 290
ACT（アクセプタンス＆コミットメント・セラ
  ピー） acceptance and commitment therapy
  20, 78, 111, 139, 179, 201, 240, 282, 299,
  480, 495, 499, 598, 605, 624
ACT（包括的地域生活支援） assertive
  community treatment 520
ADAS　Alzheimer's disease assessment scale
  187
ADHD（注意欠如・多動症／注意欠如・多動性障
  害） attention deficit hyperactivity disorder
  39, 146, 223, 276, 460, 470, 474, 476, 480,
  482, 502, 551
ADI-R　autism diagnosis interview – revised
  144, 222
ADOS　autism diagnostic observation schedule
  144, 222, 455
ASRM　altman self-rating mania scale 195
AMSTAR　a measurement tool to assess
  systematic Reviews 652
AN（神経性やせ症） anorexia nervosa 124,
  214
APS（弱い精神病症状） attenuated psychotic
  symptoms 350
ARMS　at-risk mental state 350
ASD（自閉スペクトラム症／自閉症スペクトラ
ム障害） autism spectrum disorder 144,
  222, 276, 354, 446, 460, 470, 480, 474, 483,
  486
ASPD（反社会性パーソナリティ障害）
  antisocial personality disorder 534
AT（自律訓練法） autogenic training 72, 258,
  420, 594
AUDIT　alcohol use disorder identification test
  190

BASIC I.D.　behavior, affect, sensory, images,
  cognition, interpersonal relationships, drug/
  biology 320
BDD（醜形恐怖症） body dysmorphic disorder
  108, 371
BDI（ベック抑うつ質問票） beck depression
  inventory 198, 238
BED（過食性障害） binge-eating disorder
  124, 214, 346
Behave-AD　behavioral pathology in
  Alzheimer's disease 187
BeRaMaS（ベック・ラッフェルソン躁病尺度）
  Bech-Rafaelsen mania scal 194
BN（神経性過食症） bulimia nervosa 124,
  214, 346, 704
BPD（境界性パーソナリティ障害） borderline
  personality disorder 24, 136, 294
BPRS（簡易精神症状評価尺度） brief
  psychiatric rating scale 192
BPT（行動論に基づいたペアレント・トレーニ
  ング） behavioral parent training 470
BSDS　bipolar spectrum diagnostic scale 194
Bull's eye 240

CAGE　cut down, annoyed, guilty, eye-opener
  190
CAPS　clinical administered PTSD scale 211
CAS（認知注意症候群） cognitive attention
  syndrome 28, 300
CBCL　child behavior checklist 230

CBS（文脈的行動科学） contextual behavioral science 20, 297
CBT（認知行動療法） cognitive and behavioral therapy 2, 108, 125, 302, 338, 340, 374, 386, 397, 479, 522
CBT-I（不眠症の認知行動療法） cognitive behavioral therapy for insomnia 126
CCBT Computerized CBT 600
CDR Clinical Dementia Rating 187
CFT（コンパッション・フォーカスト・セラピー） compassion focused therapy 304
CGT（複雑性悲嘆療法） complicated grief therapy 141, 210, 344, 499, 527
CIBIC plus clinician's interview-based impression of change plus 188
COI（利益相反） conflict of interest 685
COMBO（地域精神保健福祉機構） Community Mental Health & Welfare Bounding Organization 521
concordance 58
CONSORT（臨床試験報告に関する統合基準） Consolidated Standards of Reporting Trials 641, 660, 662, 670
CONSORT 声明 Consolidated Standards of Reporting Trials statement 660, 662, 670
COSMIN consensus-based standards for the selection of health measurement instruments 647
CPT（認知処理療法） cognitive processing therapy 97, 318, 527
CRAFFT car, relax, alone, forget, friend, truble 191
CRAFT（コミュニティ強化と家族訓練） community reinforcement and family training 172, 313, 521
CRB（臨床関連行動） clinically relevant behavior 298
認知処理療法（CRT） cognitive processing therapy 97, 318, 527
CTS（認知療法尺度） cognitive therapy scale 239, 244
CTS-R（認知療法尺度改訂版） cognitive therapy scale revised 244, 324
DAST drug abuse screening test 191

DBD（破壊的行動障害） disruptive behavior disorder: 166, 470
DCD（発達性協調運動症） developmental coordination disorder 224
DCDQ-R（発達性協調運動障害評価尺度） developmental coordination disorder questionnaire 225
DDT（個別試行支援法） discrete trial teaching 452
desynchrony 58
discordance 58
DLPFC（背外側前頭前野／背外側前頭前皮質） dorsolateral prefrontal cortex 34, 41, 43
DM（ディタッチト・マインドフルネス） detached mindfulness 28, 300
DRO（他行動分化強化） differential reinforcement of other behavior 151, 256, 429, 457, 513
DSM diagnostic and statistical manual of mental disorders 182
DSM-5 Diagnostic and Statistical Manual of Mental Disorders, Fifth Edition 106, 148, 211, 218, 602
DAT dopamine transporter 38
DY-BOCS dimensional yale-brown obsessive compulsive scale 209

EAP（従業員支援プログラム） employee assistant program 604, 616
EAP カウンセリング EAP counseling 623
ED（摂食障害） eating disorder 124, 214, 346, 562
EIBI（早期集中行動介入） early intensive behavioral intervention 145, 471
EMDR（眼球運動による脱感作と再処理法） eye movement desensitization and reprocessing 96, 141, 318, 336, 527
ERP（曝露反応妨害法） exposure and response prevention 55, 94, 107, 262, 289, 338, 411, 479
ESDM（アーリースタートデンバーモデル） early start dumber model 478
ETQ experiences of therapy questionnaire 247
e ラーニング e-learning 600

FAIR 原則　FAIR data principles　665
FAP（機能分析心理療法）　functional analytic psychotherapy　298
FAP に高められた治療法　FAP-enhanced therapy　299
FAST（機能アセスメントスクリーニング検査）　functional assessment screening test　226
FBA（機能的行動アセスメント）　functional behavior assessment　178, 224, 501, 629
FCT（機能的コミュニケーション訓練）　Functional Communication Training　145, 151
FINER　feasible, interesting, novel, ethical, relevant　635
FNE（否定的評価懸念尺度）　fear of negative evaluation scale　176, 203

GHQ 精神健康調査票　general health questionnaire　184
GLM（グッド・ライブズ・モデル）　good lives model　139, 545 560, 574
GLP（良い人生の計画）　good lives plan　560
GRADE システム　grading of recommendations assessment, development and evaluation system　632, 658, 660

HAMD（ハミルトンうつ病評価尺度）　hamilton depression rating scale　194, 196, 248
HAM-D 構造化面接（SIGH-D）　structured interview guide for the hamilton depression rating scale　197
HARKing　675
HDS-R（改定長谷川式簡易知能評価スケール）　Haseegawa's dementia scale-revised　186
HPA（視床下部-下垂体-副腎皮質）　hypothalamus-pituitary-adrenal　32
HRT（ハビット・リバーサル・トレーニング／習慣逆転法）　habit reversal training　153, 312, 419
HRV（心拍変動）バイオフィードバック　heart rate variability biofeedback　75
HCL-32　hypomania checklist-32　194

IAPT　improving access to psychological therapies　682, 389, 708

iCBT　internet-based CBT　597, 600
ICD　International Classification of Diseases　182
ICF（国際生活機能分類）　International Classification of Functioning, Disability and Health　184, 504, 517
INEP　inventory for the assessment of negative effects of psychotherapy　247
IPT（対人関係療法）　Interpersonal Psychotherapy　124, 317, 344, 346
ISPOR　International Society for Pharmacoeconomics and Outcomes Research　647
ISS　internal state scale　195
ITT 分析　intent-to-treat analysis　157

JLA（ジェームス・リンド・アライアンス）　James Lind Alliance　637
JMAP（日本版ミラー幼児発達スクリーニング検査）　Japanese version of Miller Assessment for Preschoolers　225
JPAN（日本版感覚処理・行為機能検査）　Japanese Playful Assessment for Neuropsychological Abilities　225
JPRN（ジャパン・プライマリ・レジストリーズ・ネットワーク）　Japan Primary Registries Network　662

KWCST（慶応版 WCST）　WCST Keio version 242

LDI-R（LD 判断のための調査票）　learning disabilities inventory-revised　224
Little DCDQ（発達性協調運動障害評価尺度幼児用）　little developmental coordination disorder questionnaire　225
LSAS　liebowitz social anxiety scale　202
LSI-R　level of service inventory-revised　233

M-ABC2　Movement Assessment Battery for Children　225
MADRS（モンゴメリ・アスペルグうつ病評価スケール）　Montgomery-Åsberg depression rating scale　194, 197
Matrix Model　543

Matrix プログラム　Matrix program　537, 576
MBCT（マインドフルネス認知療法）
　mindfulness based cognitive therapy　22, 302, 480, 559
MBSR（マインドフルネスストレス低減法）
　mindfulness based stress reduction　302, 480, 598
MCI（軽度認知障害）　Mild Cognitive Impairment　133, 186
MCT（メタ認知療法）　metacognitive therapy　28, 93, 300
MDQ　mood disorder questionnaire　194
MIA　mobility inventory for agoraphobia　205
M.I.N.I　mini-international neuropsychiatric interview　183
MMSE　mini-mental state examination　186
MoCA　montreal cognitive assessment　187
mPFC（内側前頭前野）　medial prefrontal cortex　34, 40, 42
MPI　multidimensional pain inventory　213

NDBI（日常場面発達行動支援法）　naturalistic developmental behavioral interventions　145, 452, 454
NDD（神経発達症）　neurodevelopmental disorders　478
NEQ　negative effects questionnaire　247
NET　noradrenaline transporter　38
NIOSH 職業性ストレスモデル　NIOSH model of job stress　591
NRS　numerical rating scale　212

OCD（強迫症, 強迫性障害）　obsessive-compulsive disorder　94, 106, 108, 156, 338, 704
OCI　obsessive-compulsive inventory　209
OCI-R　209
OCRD（強迫関連障害）　obsessive-compulsive and related disorders　108
OCSD（強迫スペクトラム障害）　obsessive-compulsive spectrum disorder　108

PANSS（陽性・陰性症状評価尺度）　positive and negative syndrome scale　192
PAS　panic and agoraphobia scale　205

PBS（ポジティブ行動支援／積極的行動支援）　positive behavioral support　132, 165, 255, 458, 484
PCL-5　211
PE（持続エクスポージャー〔法〕）　prolonged exposure　96, 113, 141, 282, 342, 527
PECO　633, 634, 658
PICO　633, 634, 658
PECS®（絵カード交換式コミュニケーションシステム）　Picture Exchange Communication System®　145, 165, 464
PFA（心理的応急処置）　psychological first aid　140
P-hacking　675
POMS（気分プロフィール検査）　profile of mood states　199
PRIME-MD　primary care evaluation of mental disorders　183
PRISMA 声明　the Preferred Reporting Items for Systematic Reviews and Meta-analyses Statement　652, 671
PSWQ　penn state worry questionnaire　207
PT（ペアレントトレーニング）　parent training　99, 146, 165, 470, 476, 490, 492, 494
PST（問題解決療法）　problem solving therapy　157, 388, 405, 413, 605, 615
PTSD（心的外傷後ストレス障害）　post traumatic stress disorder　96, 141, 156, 264, 311, 488, 526, 595, 620, 661, 704
PVQ　personal values questionnaire　241
PVT-R（絵画語い発達検査）　picture vocabulary test-revised　225

QOL（生活の質）　quality of life　132, 384, 386, 517

RCR（責任ある研究活動）　responsible conduct of research　684
REBT（論理情動行動療法／人生哲学感情心理療法）　rational emotive behavior therapy　290
RFT（関係フレーム理論）　relational frame theory　21, 78, 297
RNR 原則　risk-need-responsivity principle　138, 232, 532, 556, 574

事項索引

SAD（社交不安症／社交不安障害） social anxiety disorder　88, 110, 156, 200, 202, 203, 288, 311, 340, 406, 450, 704
SADS　social avoidance and distress scale　203
SAM（交感神経-副腎髄質系） sympatho-adrenomedullary axis　32
SCID　structured clinical interview for DSM　183, 194, 208, 218
SCTAW（標準抽象語理解力検査） standardized comprehension test of abstract word　225
SC（スクールカウンセラー） school counselor　394, 398, 475
SDS（うつ性自己評価尺度） zung self-rating depression scale　198
SERT　serotonin transporter　38
SIAS　social interaction anxiety scale　202
SIB　severe Impairment Battery　187
SIGH-D（HAM-D 構造化面接） structured interview guide for the hamilton depression rating scale　196
SLD（限局性学習症／限局性学習障害） Specific Learning Disorder　224, 460, 480, 474
SMARPP　543, 583
S-O-R 理論　S-O-R theory　70
SPS　social phobia scale　202
SRAS-R　school refusal assessment scale revised　230
SRMI　self-report manic inventory　195
S-R 理論　S-R theory　70
SST（ソーシャルスキルトレーニング） social skills training　99, 111, 142, 145, 157, 159, 230, 275, 278, 299, 399, 402, 405, 425, 443, 449, 460, 476, 482, 505, 507, 522, 569, 570, 605, 629
SSW（スクールソーシャルワーカー） school social worker　394, 475, 698
STAI　state-trait anxiety inventory　206
STAI/NSI　skills training in affect and interpersonal regulation/narrative story telling　319
Static-99　232
STRAW（小学生の読み書きスクリーニング検査） screening test of reading and writing for japanese primary school children　224

STRAW-R（標準読み書きスクリーニング検査） standardized test for assessing the reading and writing ability of japanese children and adolescents　224
SUD　subjective unit of disturbance　56, 180
SWPBS　school wide positive behavioral support　145, 429, 440, 459, 461
synchrony　58

TBLFA　trial based latency functional analysis　227
TCIT　teacher-child interaction training　469
TEACCH プログラム　treatment and education of autistic and communication handicapped children　164
TF-CBT（トラウマフォーカスト認知行動療法） trauma focused cognitive behavioral therapy　141, 318, 342, 527
TLFB　timeline followback method　191
TRF　teacher's report form　230

UE-ATR　unwanted to adverse treatment reaction checklist　247
URAWSS　understanding reading and writing skills of schoolchildren　225

Value Card Sorting　240
VAS　visual analogue scale　180, 212
VQ　valuing questionnaire　241
VR（バーチャルリアリティ） virtual reality　310

WHO　World Health Organization　182, 184, 190, 223, 550, 662
WHODAS　who disability assessment schedule　184
WHOQOL　who quality of life　185
WWC 情報センター　What Works Clearinghouse　628

Y-BOCS（エール・ブラウン強迫症状重症度尺度） Yale-Brown obsessive-compulsive scale　107, 208, 339

■あ行

愛着　attachment　237, 488
曖昧さへの不耐性　intolerance of uncertainty　92
アウトカム　outcome　633, 641, 650, 658, 669
アウトリーチ　out-reach services　379, 520
アカウンタビリティ　accountability　678, 693
アクセプタンス　acceptance　78
アクセプタンス＆コミットメント・セラピー（ACT）　acceptance & commitment therapy　20, 78, 111, 139, 179, 201, 240, 282, 299, 480, 495, 499, 598, 605, 624
アクチグラフ検査　Actigraphy　216
アサーショントレーニング（アサーティブネストレーニング）　assertion training　133, 359, 398, 432, 444, 605
アスペルガー障害　asperger disorder　447
アセスメント　assessment　59, 328, 574
遊び　play　452, 454, 486, 489
暖かい認知心理学　warm cognitive psychology　64
アディクション（依存症）　addiction　120, 190, 558
アトピー　atopy　160
アドヒアランス　adherence　130, 162, 244, 368
アドレナリン　adrenaline　32, 38
アノニマスグループ　anonymous group　562
アプガースコア　apgar score　177, 248
アブセンティーイズム（アブセンティーズム）　absenteeism　593, 598
アメリカ国立衛生研究所（NIH）　National Institutes of Health　664
誤った警報モデル　false alarm model　104
アーリースタートデンバーモデル（ESDM）　Early Start Denver Model　478
アルコール依存症　alcohol dependence　190, 312, 314, 542, 559, 562, 603
アルツハイマー病　Alzheimer's disease　186, 512, 603
アルバート坊やの実験　The Little Albert Experiment　52
アレルギー　allergy　160
安全確保行動（安全行動）　safety behavior　13, 86, 89, 104, 288, 334, 336, 340

安全基地　secure base　237
安全行動（安全確保行動）　safety behaviors　13, 86, 89, 104, 288, 334, 336, 340
安全配慮義務　obligation of security　703
アンダーエンゲージメント　under engagement　264

言い訳　excuse　566
医学雑誌編集者国際委員会（ICMJE）　International Committee of Medical Journal Editors　662, 664
医学的処置に伴う苦痛　procedure-related pain　390
怒りのマネジメントプログラム　anger management program　425
生きがい創造　finding and pursuing life goals　511
育児支援　parenting support　487
移行　transition　435
維持　maintenance　99, 278, 397, 471
医師-患者関係　doctor-patient relationship　130
意識　consciousness　602
意識化訓練　awareness training　356
意思決定　decision making　18, 232, 483, 615, 628, 632, 658, 678
意思決定支援　decision support　327, 615
医師法　Medical Practitioners' Act　694
いじめ　bullying　168, 399, 424, 450
いじめ防止プログラム　bullying prevention program　424
維持要因　factors contributing to the maintenance　168
依存　dependence　36, 122, 190, 312, 372, 441, 536, 550, 558, 564, 582
依存症集団療法　group therapy for substance abuse　543
1次評価　primary appraisal　68
一次予防　primary prevention　592, 598
一事例実験デザイン　single case design　178, 255
一方向的家族療法　unidirectional family therapy　313
逸脱（ラプス）　lapses　369, 545, 559
遺伝性疾患　genetic disease　150
遺伝素因　genetic predisposition　381

事項索引

イネイブラー　enabler　537
イネイブリング　enabling　565
意味　meaning　60
イメージエクスポージャー法（法）　image exposure　56, 103, 113, 264, 282
イメージ技法　image technique　282
イメージ曝露（想像曝露）　image exposure　94, 342
医薬品・医療機器等の有効性及び安全性の確保等に関する法律　Act on Securing Quality, Efficacy and Safety of Products Including Pharmaceuticals and Medical Devices　694
イラショナルビリーフ　irrational belief　290
医療観察法　medical treatment and supervision act　530, 582
医療技術評価　health technology assessment　654
医療法　Medical Care Act　694
インクルーシブ　inclusive　472
インクルーシブ教育システム　inclusive education system　707
インクルージョン　inclusion　494
飲酒運転防止プログラム　driving under influence program　580
陰性的中率　negative predictive value　648
インターネット介在CBT　internet-based (internet-delivered) CBT　308
インターネット・ゲーム障害　internet gaming disorder　36
インターネット認知行動療法　internet cognitive behavioral therapy　596
インフォームド・コンセント　informed consent　44, 680, 692
インプロージョン　implosion　262

ウィスコンシンカード分類テスト　Wisconsin Card Sorting Test　242
ウェアラブルコンピューター　wearable computer　309
後ろ向き研究　retrospective study　642
疑わしい研究活動　questionable research practice　672
映し返し　reflection　294
うつ性自己評価尺度（SDS）　Zung self-rating depression scale　198
うつ病に対する短期行動活性化療法　brief behavioral activation treatment for depression　330
運転中の怒り　driving anger　540
運動再生過程　motor (motoric) processes　67
運動症　motor disorder　224

エイジズム　ageism/agism　132, 374
栄養アセスメント　nutritional assessment　228
絵カード交換式コミュニケーションシステム（PECS®）　Picture Exchange Communication System®　145, 165, 464
エクスポージャー療法（曝露法）　exposure therapy　62, 96, 310, 479
エビデンス　evidence　628, 632, 658
エビデンスに基づく心理療法　evidence based clinical trial　405, 412, 630, 658
エピネフリン　epinephrine　→アドレナリン
エラー修正　error correction　464
エール・ブラウン強迫症状重症度尺度（Y-BOCS）　Yale-Brown obsessive-compulsive scale　107, 208, 339
エンゲージメント　engagement　348
援助付き雇用　supported employment　505
援助要請行動　help-seeking behavior　610
援助要請スキル　help-seeking skills　483
エンパワメント（エンパワーメント）　empowerment　349, 473, 622

横断研究　cross-sectional study　650, 671
嘔吐恐怖症　emetophobia　336
応用行動分析（ABA）　applied behavior analysis　2, 16, 151, 164, 186, 254, 397, 453, 458, 476, 478, 494, 505, 629
大島分類　Ohshima classification method　516
オーガナイゼーショントレーニング　organization training　146
汚言症　coprolalia　356
オタワ声明　Ottawa Statement　662
落ちこぼれをつくらないための初等中等教育法　No Child Left Behind Act　628
オーバーエンゲージメント　over engagement　264

オープン形式　open format　569
オープンサイエンス　open science　675
オープンデータ憲章　G8 Open Data Charter　664
オペラント行動　operant behavior　16, 252
オペラント条件づけ　operant conditioning　3, 8, 17, 50, 55, 74, 78, 90, 98, 252, 312, 342, 389, 429, 576
親から親へ　parent to parent　473

■か行

快活動目録　pleasant event schedule　82, 240
解決志向アプローチ　solution-focused approach　613, 623
解決法分析　solution analysis　294
介護　care　498
外向性　extroversion　219
介護スタッフ　care workers　499
介護保険法　Long-Term Care Insurance Act　697
外在化　externalization　389, 522
外在化問題行動　externalizing（behavior）problems　277
改ざん　falsification　685
概日リズム　circadian rhythm　317, 353
解釈バイアス　interpretation bias　64
外傷性脳損傷　traumatic brain injury　376
外傷体験　trauma experience　620
階層型社会進化理論　evolutionary social ranking theory　349
回想法　reminiscence therapy　133
改定長谷川式簡易知能評価スケール（HDS-R）　Haseegawa's dementia scale-revised　186
ガイドあり　guided　309
ガイドなし　unguided　309
海馬　hippocampus　34, 40, 585
開発的アプローチ　developmental approach　444
開発・予防アプローチ　developmental and preventive approach　394
回避反応　avoidance response　54
科学計量的研究　scientometric research　637
科学者-実践家モデル　scientist-practitioner models　518

科学者の行動規範　Code of Conduct for Scientists　685
過覚醒　hyperarousal　112
核家族　nuclear family　236
学業不振　underachievement　170
核磁気共鳴画像法　magnetic resonance imaging　40
学習　learning　6, 8
学習性無力感　learned helplessness　80, 83
学習性無力感理論　learned helplessness theory　80
学生相談　student counseling　402
獲得システム　drive system　304
確立操作　establishing operation　510, 564
臥床時間　time in bed　216
過剰修正法　over correction　456
過少診断　underdiagnosis　602
過食性障害／むちゃ食い障害　binge eating disorder　346
過食性障害（BED）　binge-eating disorder　124, 214
家族CBT　family cognitive behavioral therapy　446
家族介護者　family caregivers　498
家族教育　family education　558
家族行動療法　family behavior therapy　565
家族システム　family system　236
過大視　magnification　359
課題分析　task analysis　436, 495, 505
価値（観）　value　240, 296, 598
学校規模のポジティブな支援（SWPBS）　school-wide positive behavior support　145, 429, 459
学校教育法　School Education Act　698
学校恐怖症　school phobia　170
学校ストレス　school stress　430
活動記録表　activity monitoring　330
活動スケジュール　activity scheduling　331
合併症　complications　201
合併精神障害　comorbidity　551, 582
渇望　craving　542
渇望サーフィン　urge surfing　373
家庭裁判所　family court　139, 528
家庭裁判所調査官　family court investigating officer　701

事項索引

過敏性腸症候群　irritable bowel syndrome　360
カフェイン使用障害　caffeine use disorder　372
カバーラント・コントロール　covarant control　268
過労死等防止対策推進法　Act on Promotion of Measures for Karoshi, etc. Prevention　703
がん　cancer　280, 327
簡易行動療法　Brief Behavior Therapy for Insomnia　367
簡易精神症状評価尺度（BPRS）　brief psychiatric rating scale　192
眼窩前頭皮質　orbital prefrontal cortex　34, 585
眼球運動による脱感作と再処理法（EMDR）　eye movement desensitization and reprocessing　96, 141, 318, 336, 527
環境調整法　Environmental Modification　155
関係フレームづけ　relational framing　78
関係フレーム理論（RFT）　relational frame theory　21, 78, 297
間欠強化　intermittent reinforcement　11, 165
間欠強化スケジュール　intermittent reinforcement schedule　466
間欠爆発症　intermittent explosive disorder　166, 412
観察学習　observational learning　66, 274
観察研究　observational study　650, 671
観察者としての自己　the observing self　283
観察法　observation method　229
感情コンピテンス　emotional competence　321
感情焦点化療法　emotion focused therapy　321
感情調節不全　emotion dysregulation　24
感情ラベリング　affect labeling　43
間接的FBA　indirect FBA　224
感度　sensitivity, true positive rate　648
緩和ケア　palliative care　384

記憶障害　memory disorder　134
記憶の書き換え　imagery rescripting　283
記憶バイアス　memory bias　64
危機介入　crisis Intervention　518
聞き返し　reflective listening　315
儀式妨害　ritual prevention　94
記述精神病理学　descriptive psychiatry　182
記述的FBA　descriptive FBA　224
基準関連妥当性　criterion related validity　177
基準率　base rate　177
気づき　awareness　23
帰属スタイル　attributional style　81
基礎研究　fundamental research　72
吃音　stuttering　154, 418
吃音緩和法　stuttering modification therapy　155
拮抗条件づけ　counterconditioning　256, 272
拮抗制止法　reciprocal inhibition　256
機能　function　462
機能アセスメントスクリーニング検査（FAST）　Functional Assessment Screening Test　224
技能欠如　skill deficit　500
機能査定面接　Functional Assessment Interview　224
機能的アサーション　functional assertiveness　462
機能的アセスメント　functional assessment　397, 458
機能的行動アセスメント（FBA）　functional behavior assessment　178, 224, 501, 629
機能的コミュニケーション訓練（FCT）　functional communication training　145, 151
機能的文脈主義　functional contextualism　20, 27, 260, 297
機能に基づいた介入　function-based intervention　153
機能分析　functional analysis　4, 137, 145, 173, 255, 387, 456, 461, 484, 505, 564, 549
機能分析心理療法（FAP）　functional analytic psychotherapy　298
気分プロフィール検査（POMS）　Profile of Mood States　199
気分変調症　dysthymic disorder　404
技法的折衷主義　technical eclecticism　320
基本財　primary goods　560
義務教育諸学校における教育の政治的中立の確保に関する臨時措置法　Act on Temporary

Measures concerning Assurance of Political Neutrality of Education of Compulsory Education Schools　699
客観的指標　objective measurement　73
逆制止　reciprocal inhibition　56, 420
児童虐待　child abuse　488, 492, 578
逆行連鎖　backward chaining　464
キャリア・カウンセリング　career counseling　143, 612
キャリア教育　career education　434
キャリアデザイン　Career design　605
キャリア発達　career development　434
キャリア未決定／キャリア逡巡傾向　career indecision / career indecisiveness　435
ギャンブル　gambling　548, 567
ギャンブル依存症　gambling addiction　562
ギャンブル障害　gambling disorder　36, 548
キャンベル共同計画　Campbell Collaboration　581, 628
急性期ケア　acute care　518
級内相関　intra-class correlation　641
休務　sick leave　608
脅威　threat　68
教育　education　688
教育科学研究所　Institute of Education Sciences　628
教育職員免許法　Act for Enforcement of the Education Personnel Certification Act　698
教育相談　educational counseling　398, 444
脅威システム　threat system　304
強化　reinforcement　11, 17, 252, 389, 398, 456, 510, 513
境界性パーソナリティ障害（BPD）　borderline personality disorder　24, 136, 294
強化子（好子）　reinforcer　17, 252, 456, 464
強化子アセスメント　reinforcer assessment　464, 466
強化随伴性　contingency of reinforcement　27
強化スケジュール　reinforcement schedule　11, 466
競合反応訓練　competing response training　356
教師ビリーフ　teacher's brief　619
矯正教育　correctional education　570, 572
兄弟　sibling　496

協同　collaboration　7
協働型行動コンサルテーション　conjoint behavioral consultation　440
協同的実証主義　collaborative empiricism　7, 14, 388, 694
協働問題解決　collaborative problem solving　167
強迫観念　obsession　106, 208, 338, 410
強迫関連障害（OCRD）　obsessive-compulsive and related disorders　108
強迫行為　compulsion　94, 106
強迫症　obsessive compulsive disorder　288, 357, 479, 546
強迫症／強迫性障害（OCD）　obsessive-compulsive disorder　94, 106, 108, 156, 338, 704
強迫スペクトラム障害（OCSD）　obsessive-compulsive spectrum disorder　108, 297
恐怖回路　fear circuit　42
恐怖構造　fear structure　60, 96
恐怖症　phobia　53, 57, 90, 94, 102, 104, 108, 176, 200, 336, 370
恐怖条件づけ　fear conditioning　35, 42, 52, 102
恐怖反応　fear response　9, 35, 42, 52, 57, 58, 79, 102, 168, 256
共変性バイアス　covariance bias　52
緊急事態ストレスデブリーフィング　critical incident stress debriefing　661
筋弛緩法　muscle relaxation　56, 72, 127, 257, 258, 273, 367, 540, 594

偶然誤差　random error　626, 666
グッド・ライブズ・モデル（GLM）　good lives model　139, 545, 560, 574
クライエント　client　6, 9, 14, 26, 44, 86, 123, 178, 180, 200, 240, 260, 270, 288, 293, 298, 304, 310, 316, 332, 440, 564, 613, 620, 632, 658, 678, 692
クラスター内相関　intra-cluster correlation　641
クラスターランダム化試験（CRT）　cluster randomized trial　640
クラスワイド　class-wide　423, 443, 444
クラッター　clutter　370

事項索引

グループミーティング　group meeting　522
クレプトマニア（窃盗癖）　kleptomania　546, 567
クローズド形式　closed format　532, 569

ケアマネジメント　care management　518
慶応版 WCST（KWCST）　WCST Keio version　242
計画的無視　planned ignoring　99
経済的虐待　economic abuse　488
警察　police　450, 528
刑事施設　penal institution　529, 568, 578
刑事施設及び被収容者の処遇に関する規則　Ordinance for Penal Institutions and Treatment of Inmates　700
刑事施設収容法　Penal Detention Facilities Act　530
刑事収容施設及び被収容者等の処遇に関する法律　Act on Penal Detention Facilities and Treatment of Inmates and Detainees　530, 700
系統誤差　systematic error　626, 651, 666
系統的教授法　systematic instruction　505
系統的脱感作（法）　systematic desensitization　10, 94, 200, 256, 262, 272, 282, 398, 408, 420
軽度認知障害（MCI）　mild cognitive impairment　133, 186, 375
刑の一部執行猶予制度　Suspension of Execution of Sentence in Part　701
刑務所　prison　529, 531, 570
ケース・コントロール研究　case-control study　671
ケース・フォーミュレーション　case formulation　120, 178, 201, 351, 602, 678
結果の再現性　results reproducibility　674
ゲーミフィケーション　gamification　309
原因帰属　causal attribution　81, 287
嫌悪刺激　aversive stimulus　165, 534
嫌悪統制　aversive control　168, 427
嫌悪療法　aversion therapy　545, 547
幻覚　hallucination　240
研究活動における不正行為　misconduct in research　685
研究活動における不正行為への対応等に関するガイドライン　Guidelines for Responding to Misconduct in Research　685
研究疑問　research question　634, 636
研究データ同盟（RDA）　Research Data Alliance　664
研究の事前登録　preregistration　675
研究のむだ　research waste　636
研究不正　scientific misconduct　672
限局性学習症／限局性学習障害（SLD）　specific learning disorder　224, 460, 480, 474
限局性恐怖症　specific phobia　156, 200, 336, 406
健康経営　health and productivity management　623, 624
健康信念モデル　health belief model　229
健康増進（ヘルス・プロモーション）　health promotion　327, 400, 438
検察庁　prosecutor's Office　528
現実エクスポージャー法　in-vivo exposure　113
現実曝露（実生活内曝露）　in vivo exposure　94, 343
研修　training　329
検出バイアス　detection bias　668
原理主導型　principle-driven　24

効果のある可能性のある治療法　possibly efficacious treatments　405
交感神経-副腎髄質系（SAM）　sympatho-adrenomedullary axis　32
公共性　communalism　708
攻撃行動　aggressive behavior　168, 497, 540
好子（強化子）　reinforcer　17, 252, 456, 464
高次脳機能　higher brain dysfunction　134, 242, 376
向社会的行動　prosocial behavior　425, 426, 443
公準　postulate　71
高ストレス者　workers labeled as having high stress　592
構成概念　construct　170, 176
構成主義　constructivism　270
更生保護法　Offenders Rehabilitation Act　701
構造化　structuralization　306, 487
構造化された教育法　structured teaching　99
抗男性ホルモン剤　anti-androgen　554

行動アセスメント　behavioral assessment　9, 118, 170, 176
行動医学　behavioral medicine　46, 75, 130, 624
行動援護　activity support　164
行動科学　behavioral science　2, 46, 130, 228
行動活性化　behavior Activation　26, 82, 117, 159, 240, 260, 330, 405
行動観察　behavior observation　176, 178, 396
行動経済学　behavioral economics　586
行動契約　behavior contract　461
行動コンサルテーション　behavioral consultation　394, 397, 440, 474, 500
行動実験　behavioral experiment　110, 169, 288, 332, 335, 340, 351, 371, 389, 417, 512
行動指標　behavioral measure　180
行動嗜癖　behavioral addiction　36
行動主義　behaviorism　52, 70
行動的カップルセラピー　behavioral couples therapy　565
行動的クラスマネジメント　behavioral class management　146
行動的仲間介入　behavioral peer intervention　146
行動的な睡眠管理法　behavioral sleep management　375
行動の次元　behavioral dimension　180
行動表現型　behavioral phenotype　150
行動分析（学）　behavior analysis　26, 114, 260, 297, 387, 411
行動変容　behavioral change　268, 274, 624
行動マネジメント・スキル　behavioral management skills　276
行動リハーサル　behavioral rehearsal　278, 558
行動療法　behavior therapy　2, 8, 52, 75
行動理論　behavior theory　8, 322, 536
行動理論に基づいたペアレント・トレーニング（BPT）　behavioral parent training　470
公認心理師　Licensed Psychologist　138, 438, 475, 589
高年齢化したひきこもり　Aging *hikikomori*　508
交絡　confounding　666
交絡因子　confounder　651

合理化　rationalization　566
合理的配慮　reasonable accommodation　148, 402, 442, 468, 482, 706
効力感（有用性）　efficacy　473, 642
効力期待　efficacy expectation　287
高齢者虐待の防止，高齢者の養護者に対する支援等に関する法律　Act on the Prevention of Elder Abuse, Support for Caregivers of Elderly Persons and Other Related Matters　697
高齢者虐待防止法　Elderly Abuse Prevention Law　697
誤学習　incorrect learning　6, 8, 274, 278
呼吸法　breathing　72, 595
国際行動医学会　International Society of Behavioral Medicine　130
国際頭痛学会　International Headache Society　602
国際頭痛分類　International Classification of Headache Disorders　602
国際生活機能分類（ICF）　International Classification of Functioning, Disability and Health　184, 517
国際臨床試験登録プラットフォーム（ICTRP）　International Clinical Trials Registry Platform　662
コクラン共同計画　Cochrane Collaboration　652, 668
コクランレビュー　Cochrane Review　157, 627
国立大学法人法　National University Corporation Act　699
心地よいリズムの呼吸（SRB）　soothing rhythm breathing　305
心の哲学　philosophy of mind　322
心の理論　the theory of mind　242
個人情報　personal information　678
誤信念課題　false-belief task　242
個性の伸長　growth of individuality　444
コーチ　coach　623
コーチング　coaching　482, 612, 622
固定時間スケジュール　fixed-time schedule　164
子どもの身体疾患　children with physical illness　162
子ども貧困対策推進法　Act to Accelerate

Policies for Disadvantaged Kids　696
子ども・若者育成支援推進法　Act for Measures to Support the Development of Child and Youth　508
ゴナドトロピン放出ホルモン拮抗性　gonadotropin releasing hormone antagonistic　554
コーピング　coping　68, 142, 430
コーピングスキル　coping skill（s）　123, 352, 551
個別試行支援法（DDT）　Discrete Trial Teaching　452
個別就労支援プログラム（IPS）　individual placement and support　521
個別の教育支援計画　individualized education support plan　468
個別の支援計画　individualized support plan　170, 395, 422, 468
個別の指導計画　individualized teaching plan　468
コホート研究　cohort study　642, 650, 671
コホート信念　cohort belief　374
コミュニケーション　communication　148, 495
コミュニケーションスキル　communication skills　173
コミュニティ強化アプローチ（CRA）　community reinforcement approach　312, 565
コミュニティ強化と家族訓練（CRAFT）　community reinforcement and family training　172, 312
コミュニティ心理学　community psychology　518
コラム法　column method　329, 596
孤立　isolation　443
コルチコトロピン放出因子　corticotropin releasing factor　585
コンサルタント　consultant　440
コンサルティ　consultee　440
コンサルテーション　consultation　427
コンストラクト　construct　320
コンパッション　compassion　23, 349
コンパッション・フォーカスト・セラピー（CFT）　compassion focused therapy　304
コンピエンス　competence　30, 244, 688
コンピテンシー　competency　12, 348

コンピューター化 CBT　computerized CBT　308
根本的受容　radical acceptance　137

■さ行

災害ストレス　disaster stress　430
再学習　relearning　6, 170, 278
再帰属法　reattribution　287
再現性　reproducibility　674
再現性の危機　reproducibility crisis　674
サイコパス　psychopath　534
サイコパス・チェックリスト　psychopathy checklist　233
サイコロジカル・リカバリー・スキル（SPR）　skills for psychological recovery　141
再発（リラプス）　relapse　539, 558
再発防止（リラプス・プリベンション）　relapse prevention　117, 120, 123, 138, 271, 351, 369, 373, 534, 545, 549, 567, 574, 576, 580, 608
再評価　reappraisal　43
再訪問　revisiting　344
サイン学習　sign learning　71
里親　foster parent　490
里親ケアによる多元的療法　multidimensional Treatment Foster Care　412
サーバント　servant　622
サービスギャップ　service gap　308
サポーティング・ペアレント　supporting parent　473
サマートリートメントプログラム　Summer Treatment Program　476
サマライズ　summarize　315
サリーとアン課題　Sally-Anne test　242
産業労働分野　industrial and labor fields　142
三項随伴性　three-term contingency　10, 469, 576
三次予防　tertiary prevention　592
散布図法　scatterplot　226
3 要因システムモデル　three components system model　58

自意識　self-conscious　340
恣意的に適用可能な関係反応（AARR）

arbitrarily applicable relational response　21
シェイピング（法）　shaping　11, 98, 253, 255, 312, 420, 437, 464
ジェームス・リンド・アライアンス（JLA）　James Lind Alliance　637
歯科医師法　Dental Practitioners Act　694
視覚支援　visual prompt　149, 494
事業場外資源　external resources　616
刺激　stimulus　8, 16, 20, 36, 42, 48, 50, 53, 56, 60, 70, 564
刺激機能の変換　transformation of stimulus functions　21, 78
刺激等価性　stimulus equivalence　20
刺激般化　stimulus generalization　298
自己イメージ　self-image　340
思考ストップ法　thought stopping technique　123
試行ベースFA　trial based FA　227
思考抑制　thought suppression　14, 97, 300
自己強化　self-reinforcement　67, 266
自己教示　self-instruction　267, 437
自己教示訓練　self-instructional training　267, 271
自己肯定感　self-esteem　149
自己効力感（セルフエフィカシー）　self-efficacy　67, 266, 275, 489, 624
自己注目　self-focused attention　88, 300, 340
自己治療仮説　self-medication theory　536
自己投与　self-administration　584
仕事の要求度−コントロールモデル　job demand-control model　590
仕事の要求度−資源モデル　job demands-resources model　234, 591
自己病名　personal illness name　522
自殺　suicide　24, 118, 388, 702, 704
自殺関連行動　suicidal behavior　24, 414
自殺企図　suicide attempt　414
自殺対策基本法　Basic Act on Suicide Prevention　702
自殺念慮　suicidal ideation　414
自殺類似行動　para suicide behavior　136
支持的カウンセリング　supportive counseling　96
自助　self help　472, 562
視床下部　hypothalamus　32, 34

視床下部−下垂体−副腎皮質（HPA）　hypothalamus-pituitary-adrenal　32, 35, 40
自傷行為　self-injury behavior　388, 414
自助グループ（セルフヘルプグループ）　self-help group　496, 562, 549
指数割引　index discounting　586
システマティックレビュー　systematic review　589, 632, 652, 658, 671
自然で無意識な発話への遡及的アプローチ　retrospective approach to spontaneous speech　155
持続エクスポージャー法（PE）　prolonged exposure therapy　96, 113, 141, 210, 264, 282, 342, 344, 527
失行　apraxia　134, 376
実験的機能分析　experimental functional analysis　437
実験デザイン　experimental design　181, 628
失語　aphasia　134, 242, 376
実行機能　executive function(s)　34, 482
実行機能障害　executive function disorders　355, 478
実行バイアス　performance bias　668
実証に基づく心理社会的介入　evidence-based psychosocial intervention　395
実生活内曝露（現実曝露）　in vivo exposure　94, 342
実測法　measurement method　229
質調整生存年（QALY）　guality adjusted life years　185
失認　agnosia　134, 376
質保障　quality control　688
質問紙法　questionnaire method　229
児童　children　158
自動思考　automatic thought(s)　13, 26, 84, 284, 286, 355, 389, 596
自動思考記録表　automatic thought record　288
児童福祉施設　child welfare institution　490
児童福祉法　Child Welfare Act　494, 516, 696
児童養護施設　orphanage　490, 524
シブショップ　Sibshop（sibling workshop）　496
自閉症　autism　144, 242, 452
自閉スペクトラム症／自閉スペクトラム障

事項索引

害（ASD）autism spectrum disorder　144, 222, 276, 354, 446, 460, 470, 474, 480, 483, 486
嗜癖　→ アディクション
社会機能　social function　234, 349, 488, 609
社会教育法　Social Education Act　698
社会構成主義　social constructivism　612
社会的学習　social learning　274
社会的学習理論　social learning theory　9, 66, 99, 268, 274, 476
社会的強化　social reinforcement　168, 427
社会的行動障害　impairment in social behavior　134, 376
社会的障壁　social barriers　706
社会的情報処理モデル　social information-processing　413
社会的適応　social maladjustment　316
社会的認知理論　social cognitive theory　67
社会的問題解決　social problem solving　18, 280, 316, 424
社会的問題解決訓練　social problem solving skills training　425
社会内処遇　community correction　139, 533, 580
社交不安症／社会不安障害（SAD）social anxiety disorder　88, 110, 156, 200, 202, 203, 288, 311, 340, 406, 450, 704
社会復帰調整官　rehabilitation coordinator　531
社会リズム　social rhythm　317
弱化子　aversive stimulus/condition, punisher　17, 252
遮断　deprivation　51
弱化（罰）punishment　11, 17, 168, 252, 428, 456, 510
ジャパン・プライマリ・レジストリーズ・ネットワーク（JPRN）Japan Primary Registries Network　662
集学的治療　multidisciplinary treatment　358
就学前の子どもに関する教育・保育等の総合的な提供の促進に関する法律　Act on Advancement of Comprehensive Service Related to Education, Child Care, etc. of Preschool Children　699
習慣逆転法（HRT）habit reversal training　153, 312, 419
週間変動　weekly variation　421
従業員支援プログラム（EAP）Employee Assistant Program　604, 616
醜形恐怖症（BDD）body dysmorphic disorder　108, 371
周産期死亡率　perinatal mortality　248
重症度　severity　182
集団機能　group function　306
集団凝集性　group cohesiveness　238, 568
集団随伴性　group contingency/group-oriented contingency　441, 461
集団スキル訓練　skills group training　25, 295
集団精神療法　group psychotherapy　238, 568
集団認知行動療法　cognitive behavioral group therapy　110, 142, 234, 568, 606, 609
集団療法　group therapy　312, 607
重篤気分調節症　disruptive mood dysregulation disorder　166, 404
重度重複障害　severe multiple disabled child　517
12のステップ　twelve-step　563
十分に確立された治療法　well-established treatment　146, 157, 405, 412, 630
習癖　habit　418, 546
自由連想課題　free association task　301
就労支援　employment support　435, 506, 614
主観的指標　subjective measurement　73
主張訓練　assertion training　256
主張性　assertiveness　299
主張反応　assertive response　56, 256
出版バイアス　publication bias　652, 662, 669
守秘義務　confidentiality　692
馴化　habituation　61, 62, 113, 250, 332
準実験デザイン　quasi-experimental design　628
準備態仮説（preparedness 仮説）preparedness hypothesis　53
障害者雇用促進法　Act on Employment Promotion etc. of Persons with Disabilities　703
障害者差別解消法（障害を理由とする差別の解消の推進に関する法律）Act for Eliminating Discrimination against Persons with Disabilities　402, 482

障害者総合支援法　Services and Supports for Person with Disabilities Act　697
障害者の権利に関する条約　convention on the rights of persons with disabilities　706
障害受容　acceptance of disability　487
障害年金　disability pension　185
消去　extinction　17, 48, 62, 87, 90, 99, 250, 252, 398, 429, 456, 513
状況分析　situational analysis　316
状況への再評価法（SAR）　situational attention refocus　301
条件刺激　conditioned stimulus　48, 62, 102, 250, 256
条件性強化子　conditioned reinforcer　466
条件性制止法　conditioned inhibition therapy　152
常識心理学　folk psychology　322
症状ディメンション　symptom dimension　209
状態怒り　state anger　540
状態不安　state anxiety　206
情動処理　emotional processing　60
情動処理理論　emotional processing theory　60, 90
情動制御不全　emotional dysregulation　136
情動知能　emotional intelligence quotient（EQ）　231
衝動的行動　impulsive behaviour　554
情動の喚起　emotional activation　60
小児期発症流暢症　childhood-onset fluency disorder　154
小児性愛障害　pedophilia disorder　544
承認戦略　validation strategies　24, 294
少年院　Juvenile Training School　529, 570, 572
少年院法　Juvenile Training School Act　700
少年院法施行規則　Ordinance for Juvenile Training School Act　700
少年鑑別所　Juvenile Classification Home　529
少年鑑別所法　Juvenile Classification Home Act　700
少年鑑別所法施行規則　Ordinance for Juvenile Classification Home Act　701
少年刑務所　Juvenile Jail　529
少年サポートセンター　Juvenile Support Center　528
情報処理過程　information processing　64, 88
情報処理理論　information processing theory　3
情報通信技術（ICT）　information and communication technology　308
情報バイアス　information bias　666
症例の概念化　case conceptualization　328
症例レジストリ　patient registry　654
職員の研修・マネジメント　staff training and management　500
処遇プログラム　treatment program　138, 532, 580, 700
処遇レベル質問紙　Level of Service Inventory-Revised　233
職業性ストレス簡易調査票　The Brief Job Stress Questionnaire　234, 592
職業性ストレス　occupational stress　498, 590
職業リハビリテーション　vocational rehabilitation　504, 589
職業倫理　professional ethics　692
食事の制限理論　dietary restraint theory　346
職場　workplace　602
職場環境　work environment　234
職場適応　job adjustment　608
職場のメンタルヘルス　mental health in the workplace　142, 624
職場復帰（リワーク）　return to work　569, 589, 603, 604, 608
職場復帰の困難感尺度　difficulties in returning to work inventory　608
触法精神障害者　mentally disordered offender　530
ジョブコーチ　job coach　505
自律訓練法（AT）　autogenic training　72, 258, 420, 594
自律神経系　autonomic nervous system　32
自立生活運動　Independent Living Movement　518
事例研究　case study　671
新オレンジプラン　New Orange Plan　498, 697
神経症性　neuroticism　219
神経心理学的検査　Neuropsychological Assessment　242

神経性過食症（BN） bulimia nervosa 124, 214, 346, 704
神経性やせ症（AN） anorexia nervosa 124, 214
神経梅毒 neurosyphilis 603
神経発達症（NDD） neurodevelopmental disorders 478
人工知能 artificial intelligence 309, 676
新行動主義 neo-behaviorism 70
心疾患 heart disease 46, 327, 667
心身医学的技法 psychosomatic therapeutic technique 258
心身症 psychosomatic diseases 128, 360
心身相関 mind body correlation 228
心神喪失等の状態で重大な他害行為を行った者の医療及び観察等に関する法律 Act on Medical Care and Treatment for Persons Who Have Caused Serious Incidents on the Grounds of Insanity or Diminished Capacity 530
心身二元論 mind-body dualism 322
論理情動行動療法／人生哲学感情心理療法（REBT） rational emotive behavior therapy 290
身体感覚の破局的な誤解 catastrophic misinterpretation of bodily sensations 104
身体疾患 physical disorder 381, 602
身体症状症 somatic symptom disorder 129, 358
身体的虐待 physical abuse 488
身体的苦痛症 bodily distress disorder 358
身体表現性障害 somatoform disorder 128, 212
診断横断的アプローチ transdiagnostic approach 297
診断精度 diagnostic accuracy 648
診断精度研究 diagnostic accuracy study 648, 668, 671
診断体系 diagnostic system 182
心的外傷（トラウマ） psychological trauma 96, 112, 488
心的外傷後ストレス障害（PDSD） posttraumatic stress disorder 96, 141, 156, 264, 311, 488, 526, 595, 620, 661, 704
進展段階 developmental phases 154
侵入症状 re-experiencing 112

心配 worry 92, 207
心拍変動（HRV）バイオフィードバック heart rate variability biofeedback 75
信頼性 reliability 177, 232, 248, 646, 708
心理学的ストレスモデル psychological stress model 68, 142, 430
心理教育 psychoeducation 117, 119, 120, 124, 141, 157, 158, 291, 352, 355, 378, 388, 401, 403, 411, 462, 482, 499, 512, 574, 580, 693
心理査定 psychological assessment 228
心理的応急処置（PFA） psychological first aid 140
心理的虐待 psychological abuse 488
心理的柔軟性 psychological flexibility 79, 296, 364
診療報酬 medical fee 654, 704

遂行機能障害 executive dysfunction 134, 354, 376
遂行欠如 performance deficit 500
随伴性 contingency 27, 250, 254
随伴性マネジメント（随伴性制御） contingency management 157, 312
睡眠 sleep 119, 602
睡眠衛生指導 sleep hygiene 366
睡眠健康支援 sleep management 126
睡眠効率 sleep efficiency 217
睡眠時間 total sleep time 217
睡眠時無呼吸症候群 sleep apnea syndrome 602
睡眠障害 sleep disorder 126, 216
睡眠障害国際分類 International Classification of Sleep Disorders 126, 182, 216
睡眠スケジュール法 sleep scheduling 127, 366
睡眠制限法（睡眠制限療法） sleep restriction 127, 366
睡眠日誌 sleep diary 127, 216, 366
睡眠の質 sleep quality 126, 216, 367
睡眠ポリグラフ検査 Polysomnography 216
推論の誤り logical error 84
推論の再現性 inferential reproducibility 674
スキーマ schema 84, 284, 286, 328
スキーマモード schema mode 293

スキーマ療法　schema therapy　292
スキーマ理論　schema theory　346
スキルトレーニング　skill training　137
スクリーニング　screening　201, 574
スクールカウンセラー（SC）　school counselor　394, 398, 475
スクールソーシャルワーカー（SSW）　school social worker　394, 475
スクールワイド　school-wide　423
スクールワイドPBS（SWPBS）　schoolwide positive behavior support　145, 429, 440, 459, 461
スタックポイント　stuck point　318
スティグマ　stigma　348
ストレス　stress　162, 602
ストレスイベント　stress event　380
ストレスコーピング（ストレス対処）　stress coping　270, 610
ストレスチェック　stress check　592, 702
ストレスチェック制度　stress check program　143, 234, 592
ストレス反応　stress response　68, 142, 430, 610
ストレスマネジメント　stress management　143, 162, 280, 401, 416, 430, 470, 499, 589, 596, 598, 601, 610, 615
ストレス免疫訓練（SIT）　stress inoculation training　96, 270
ストレッサー　stressor　30, 68, 430, 610
ストレンジ・シチュエーション法　strange situation procedure　237
スーパービジョン　supervision　15, 329, 392, 690, 704
スピリット　spirit　315
スマートスピーカー　smart speaker　309
スモールステップ　small step　278, 369, 464
3システムズ・セラピー　3 systems therapy　268
スリップ　slip　122, 538

生活困窮者自立支援制度　Self-support System for Needy　509
生活困窮者自立支援法　Services and Supports for Poverty Person　520, 696
生活習慣病　life style-related disease　174, 368, 380
生活の質（QOL）　quality of life　132, 384, 386, 517
生活保護法　Public Assistance Act　696
生活リズム　life rhythm　119, 126
性機能不全　sexual dysfunction　237
制止学習　inhibitory learning　90, 332
制止学習アプローチ　inhibitory learning approach　62
性嗜好異常　paraphilia　544
脆弱性　vulnerability　30
精神医療　psychiatric medicine　248, 326, 530
精神科リエゾンチーム　psychiatric liaison team　382
精神作用物質使用による精神及び行動の障害　mental and behavioural disorders due to psychoactive substance use　190
精神疾患　mental disorder　381
成人のADHD　attention-deficit/hyperactivity disorder　502
成人犯罪・少年非行　Adult crime and juvenile delinquency　528
精神病　psychosis　350
精神保健及び精神障害者福祉に関する法律（精神保健福祉法）　Act on Mental Health and Welfare for the Mentally Disabled　530, 694
精神保健福祉士法　Psychiatric Social Workers Act　694
精神保健福祉法　Mental Health and Welfare Act　530
精神療法　psychotherapy　110, 116, 120
生態学的アセスメント　ecological assessment　398
精緻化　elaboration　65
性的虐待　sexual abuse　488
性的指向性　sexual orientation　236
性的暴行　sexual assault　96
静的リスク　static risk　138, 545, 556
精度　accuracy　648
正当化　justification　567
青年　adolescents　158
正の強化　positive reinforcement　26, 428, 453, 466, 549
正の強化子　positive reinforcer　50
性犯罪者処遇プログラム　sex offender

事項索引

treatment program　138, 574, 580
生物学的脆弱性　biological vulnerability　352
生物社会的理論　biosocial theory　24, 136
生物-心理-社会モデル　biopsychosocial model　44
性暴力被害　sexual assault victimization　526
世界科学データシステム（ICSU-WDS）　International Council for Science-World Data System　664
責任ある研究活動（RCR）　responsible conduct of research　684
積極的な観察　active observing　294
接近性　contiguity　250
摂食障害（ED）　eating disorder　124, 214, 346, 562
窃盗　theft　546
窃盗症（クレプトマニア）　kleptomania　546, 562
説明責任　accountability　45, 692
是認　affirmation　314
セルフアドボカシー　self-advocacy　483
セルフエフィカシー（自己効力感）　self-efficacy　67, 266, 275, 489, 624
セルフヘルプグループ　Self help group　496, 503, 542, 562
セルフケア　self-care　589, 601
セルフコントロール　self-control　75, 254, 272, 420, 586
セルフコントロール感　sense of self control　73, 381, 391
セルフコントロール法　self-control methods/self-control therapy　266
セルフコンパッション　self compassion　23
セルフスティグマ　self stigma　348
セルフヘルプグループ（自助グループ）　Self-help Group　496, 549, 562
セルフモニタリング　self monitoring　153, 162, 229, 336, 389
セロトニン　serotonine　38, 554
セロトニントランスポーター　serotonin transporter　38
前意識段階　pre-attentive stage　64
遷延性悲嘆障害　prolonged grief disorder　344
前駆症状　prodromal symptoms　352
前駆衝動　premonitory urge　152

全校規模ポジティブ行動支援（SWPBS）　school-wide PBS　145, 429, 440, 459, 461
選好逆転　preference reversal　587
先行刺激　antecedent stimulus　9, 252, 299
先行子操作　antecedent control　151
線条体　striatum　37
染色体異常症　chromosome disorder　150
全人的医療　holistic medical care　130, 228
全人的苦痛　total pain　384
選択性緘黙　selective mutism　156, 406
選択的セロトニン再取り組み阻害薬　selective serotonine re-uptake inhibitor　110, 410, 555
選択バイアス　selection bias　666, 668
前頭前皮質　prefrontal cortex　534, 554
前頭前野　prefrontal area　34
セントラルエイト　central eight　232
全般性不安症　generalized anxiety disorder　92, 156, 206, 406
専門行動療法士　Advanced Behavior Therapy Specialist　682

素因ストレスモデル　diathesis-stress model　353
早期介入　early intervention　165, 167, 350, 489, 535
早期集中行動介入（EIBI）　Early Intensive Behavioral Intervention　145, 471
早期発見　early detection　132, 370, 486, 510
早期不適応的スキーマ　early maladaptive schema　292
双極性障害　bipolar disorder　118, 194, 317, 352
双曲割引　hyperbolic discounting　586
統合的随伴性 FA　Synthesized-Contingency Functional Analysis　227
相互作用　interaction　6, 426
相互作用的認知サブシステムズ　interacting cognitive subsystems　85
相互内包　mutual entailment　21
操作主義　operationalism　70
操作的診断基準　operational diagnostic criteria　182
想像エクスポージャー　imaginal exposure　93
想像曝露（イメージ曝露）　image exposure　94, 343, 345

躁病エピソード　manic episode　118, 194
側坐核　nucleus accumbens　36, 41
即時強化　immediate reinforcement　50
素行症　conduct disorder　166, 412
ソシオメトリー　sociometry　443
ソーシャルサポート　social support　415, 472, 496, 527, 559
ソーシャルスキル　social skill　432, 444, 460
ソーシャルスキルトレーニング（SST）　social skill training　99, 111, 142, 145, 157, 159, 230, 254, 275, 278, 299, 399, 402, 405, 425, 443, 449, 460, 476, 482, 505, 507, 522, 570, 569, 605, 629
措置入院　administrative involuntary admission　530
損得分析　advantages–disadvantages analysis　287

■た行

第3世代認知行動療法　third wave cognitive behavior therapy　301
第一世代　first generation　98, 556, 589
第一夜効果　first night effect　216
退院支援　supports for discharge from long-term care wards　378
対応法則　matching law　331
体験的エクササイズ　experiential exercise　462
体験を通した学習　learning by doing　401
対抗制御　counterregulatory　680
第三世代　third generation　76, 296, 302, 407, 556, 589
対象モード　objective mode　28
対処行動　coping behavior　114
対人援助職　human service　618
対人関係・社会リズム療法　interpersonal and social rhythm therapy　317
対人関係療法（IPT）　interpersonal psychotherapy　158, 317, 344, 346, 371
対人スキル訓練　interpersonal skills training　559
耐性　tolerance　36
代替行動　alternative behavior　123, 165
代替行動分化強化（DRA）　differential reinforcement of alternative behavior　255, 357, 429, 457
第二世代　second generation　270, 556, 589
大脳辺縁系　limbic system　34, 558
タイプA行動パターン　type A behavior pattern　46
タイムアウト　time-out　456, 476, 513
タイムアウト法　time-out procedures　429, 579
代理強化　vicarious reinforcement　66
代理経験　vicarious experience　274
代理受傷　vicarious traumatization　620
対立行動分化強化（DRI）　differential reinforcement of incompatible behavior　255, 429, 457
多機能型デイケア　multifunctional day-care center in community setting　379
他行動分化強化（DRO）　differential reinforcement of other behaviors　151, 356, 429, 457, 513
他者評価尺度　other-rating scale　196, 206
多職種チーム　multidisciplinary team　530
多職種協働　multidisciplinary collaboration　574, 692
多職種連携　interprofessional collaboration　44, 384, 474, 692
多層ベースラインデザイン　multiple baseline design　181
多層ベースライン法　multiple-baseline design　480, 644
闘うか逃げるか反応　fight or flight response　104
脱施設化　deinstitutionalization　518, 520
脱中心化　decentering　23, 76, 302
脱フュージョン　cognitive defusion　78, 296
脱抑制型対人交流障害　disinhibited social engagement disorder　237
脱落　dropout　650, 666
脱落バイアス　attrition bias　668
多頭飼育　animal hoarding　370
多動性　hyperactivity　146, 277, 478
妥当性　validity　232, 646, 708
タバコ使用障害　tobacco Use disorder　372
ためこみ症　hoarding disorder　108, 370
多理論統合モデル　Transtheoretical model

事項索引

368
単一遺伝病　single-gene disorder　150
段階的エクスポージャー　graduated exposure　10, 324, 355, 489
短期 FA　brief FA　227
短期関係療法　brief relational therapy　321
男女雇用機会均等法　Act on Securing, Etc. of Equal Opportunity and Treatment between Men and Women in Employment　703

地域生活支援　community support　518
地域精神保健福祉機構（COMBO）　Community Mental Health & Welfare Bounding Organization　521
地域保健法　Community Health Act　380, 694
遅延強化　delayed reinforcement　50
遅延報酬割引　delayed reward discounting　586
チック　tics　152, 356, 418
チック症　tic disorder　152, 410, 418
秩序破壊的・衝動制御・素行症群　disruptive, impulse-control, and conduct disorders　412, 546
知的機能　Intellectual function　148, 514
知的障害　intellectual disability　221, 458, 470, 514
チーム学校　team gakkou　398
チャイルドモード　child mode　293
注意　attention　602
注意過程　attentional processes　67
注意欠如・多動症／多動性障害（ADHD）　attention deficit hyperactivity disorder　39, 146, 223, 276, 460, 470, 474, 476, 480, 482, 502, 551
注意シフト　shifting attention　335
注意障害　attentional disorders / attention deficit　134
注意バイアス　attentional bias　43, 64
中核症状　core behaviors　154
中核信念　core belief　116, 348, 351, 354, 478, 512
中核的感情欲求　core emotional need　292
中途覚醒時間　wake after sleep onset　216
中途退学　dropout　401
中和の技術　techniques of neutralization　567

長期欠席　long-term absence　401
長期不登校　prolonged school non-attendance　171, 421
長期未支援　prolonged school non-attendance and non-support　170, 421
超重症児（者）　extreme severe physical and mental handicap　516
長所基盤モデル　strength-based model　556
超診断学的理論　trandiagnostic theory　346
挑戦　challenge　68
調和技法　consonant treatment　59
直接的な承認　direct validation　294
治療エビデンス　Evidence-based treatment　476
治療結果　treatment outcome　58
治療者-患者関係　therapist client relationship　228
治療的再養育法　limited reparenting　283, 293
治療同盟（治療の同盟関係）　therapeutic alliance　535, 679
鎮静システム　soothing system　305

通級指導　special support service in resource room　474
爪かみ　onychophagia　418

定型発達　typical development　479
デイサービス　day service　494
ディスマントリング研究　dismantling study　57
ディタッチト・マインドフルネス（DM）　detached mindfulness　28, 300
定着支援　support to job retention　506
ティーチャートレーニング　teacher training　167, 469
デイリーレポートカード　daily report card　477
敵意帰属バイアス　hostile attribution bias　413
適応機能　adaptive function　148, 452
適応的行動　adaptive behavior　114
デジタル技術　digital technology　637
テストステロン　testosterone　554
データサイテーションインデックス（DCI）　Data Citation Index　665

徹底的行動主義　radical behaviorism　20, 70, 137, 297
手放し　letting go　23

トイレットトレーニング　toilet training　164, 312
動因低減説　drive reduction theory　71
動機づけ過程　incentive and/or motivational process　67, 274
動機づけ操作　motivating operations　252
動機づけ面接　motivational interviewing　542, 624
道具的条件づけ　instrumental conditioning　10, 50
登校維持　maintaining school attending　170
統合的アプローチ　integrated approach　155
疼痛障害　pain disorder　212
動的リスク　dynamic risk　545, 556
同等性試験　equivalence trial　638
道徳的行動　moral behavior　681
糖尿病　diabetes mellitus　368
盗用　plagiarism　685
トゥレット症　tourette's disorder　152, 418
トゥレット症候群　Tourette Syndrome　356
特異的発達障害診断・治療のための実践ガイドライン　practice guidelines for diagnosis and treatment of specific developmental disorders　224
特異度　specificity, true negative rate　648
特殊教育　special education　474
特性怒り　trait anger　540
特性不安　trait anxiety　206
特定の恐怖症　specific phobia　102, 311
特別支援学校　special support education school　148, 698
特別支援教育　special needs education　460, 474, 707
特別支援コーディネーター　special needs coordinator　475
トークン　token　11, 253, 255, 466
トークンエコノミー　token economy　11, 253, 312, 419, 461, 466, 476
トークンエコノミーシステム　token economy system　476
ドパミン　dopamine　36, 38, 584

ドパミントランスポーター　dopamine transporter　38
トポグラフィ　topography　463
トラウマ（心的外傷）　trauma　96, 342, 488
トラウマ記憶　traumatic memory　113, 319, 341, 343
トラウマナラティブ　trauma narrative　319, 432
トラウマフォーカスト認知行動療法（TF-CBT）　trauma focused cognitive behavioral therapy　141, 318, 342, 527
虎のイメージ課題　tiger task　301
トランスアクショナル・モデル　transactional model　68
トランスセオレティカルモデル　trans theoretical model　73, 229
トリガー　trigger　122, 564
努力-報酬不均衡モデル　effort-reward imbalance model　235, 590

■な行

内向性　introversion　219
内在化問題行動　internalizing (behavior) problems　277
内潜条件づけ　covert conditioning　268
内潜的強化　covert reinforcement　268
内側前頭前野（mPFC）　medial prefrontal cortex　34, 40, 42
内部感覚条件付け　internal sense conditioning　87, 104
内容的妥当性　content validity　177
仲間関係　peer relation　472
仲間媒介法　peer-mediated intervention　472
流れに漂う葉っぱ　floating leaves on a moving stream　283
ナラティブ　narrative　489
2過程理論　two-process theory　54
二次受傷　secondary trauma　620
二次的行動　secondary behaviors　154
2次評価　secondary appraisal　68
二者間　dyads　236
二重過程モデル　dual process model　344
二次予防　secondary prevention　592

ニーズ原則　need principle　233, 556
日常環境発達行動支援法（NDBI）　naturalistic developmental behavioral Interventions　145, 452
日中の耐えがたい眠気　excessive daytime sleepiness　216
日中変動　diurnal variation　420
日本行動医学会　Japanese society of behavioral medicine　130
入眠潜時　sleep onset latency　216
ニュルンベルク綱領　Nuremberg code　686
ニューロフィードバック　neurofeedback　75
2要因理論　two-factor theory　54
認知革命　cognitive revolution　2, 322
認知機能障害　cognitive impairment　135, 186, 374, 602
認知行動分析システム精神療法　cognitive-behavioral analysis system of psychotherapy　316
認知行動変容法　cognitive behavioral modification　268
認知行動モデル　cognitive behavioral mode　88, 92, 116, 346, 359, 414, 502, 537
認知行動療法（CBT）　cognitive and behavioral therapy　2, 46, 108, 125, 174, 302, 338, 340, 374, 386, 397, 450, 478, 522, 603, 676
認定行動療法士　behavior therapy specialist　683
認知再構成　cognitive reconstruction　328
認知再構成法　cognitive reconstruction　105, 141, 162, 286, 334, 366, 408, 447, 596, 611
認知症　dementia　132, 186, 374, 602
認知症施策推進総合戦略　The formulation of the Japanese national dementia strategy　498, 697　→新オレンジプラン
認知症初期集中支援チーム　initial-phase intensive support Team（IPIST）　697
認知心理学　cognitive psychology　64
認知注意症候群（CAS）　cognitive attention syndrome　28, 300
認知の回避　cognitive avoidance　92
認知の脆弱性　cognitive vulnerability　31
認知的評価　cognitive appraisal　68, 270, 430
認知の三徴候　cognitive triad　284
認知の歪み　cognitive distortion　286, 303, 596

認知モデル　cognitive model　3, 284, 286, 340
認知や気分の否定的な変化　negative beliefs and feelings　112
認知（機能）リハビリテーション　cognitive rehabilitation　121, 376
認知療法　cognitive therapy　2, 26, 84, 299, 337, 499
認知療法尺度（CTS）　cognitive therapy scale　244
認知療法尺度改訂版（CTS-R）　cognitive therapy scale revised　244

ネガティブな問題解決志向　negative problem orientation　92
ネグレクト（放棄，放任）　neglect　488
捏造　fabrication　685
ネットいじめ　cyberbullying　425

脳機能画像　brain functional imaging　40
脳血管障害　cerebro-vascular disease　134, 376
脳構造画像　brain structural imaging　40
能動的攻撃　proactive aggression　413
脳内自己刺激　Intracranial self-stimulation　584
ノーマライゼーション　normalization　120, 348, 351
ノルアドレナリン　noradrenaline　38, 585
ノルアドレナリントランスポーター　noradrenaline transporter　38
ノルエピネフリン　norepinephrine　→ノルアドレナリン

■は行

バイアス　bias　666, 668, 671
バイオフィードバック　biofeedback　74, 258
媒介信念　intermediate belief　284
背外側前頭前野／背外側前頭前皮質（DLPFC）　dorsolateral prefrontal cortex　34, 41, 43
媒介変数　mediating variable　70
配偶者暴力　domestic violence/intimate partner violence　488
敗北主義的信念　defeasist belief　348
破壊的行動障害（DBD）　disruptive behavior

disorder 166, 470
破局 catastrophizing 86, 104, 358
破局的解釈 catastrophic interpretation 13, 86
破局的認知 catastrophic cognition 332
破禁自棄効果 abstinence violation effect 303
曝露反応妨害法（ERP） exposure and relapse prevention 55, 94, 107, 262, 289, 338, 411, 479
曝露法（エクスポージャー法） exposure therapy 62, 96, 310, 479
バースト burst 437
パーソナリティ障害 personality disorder 136, 292
パーソナル・コンストラクト療法 personal construct therapy 320
バーチャルリアリティ（VR） virtual reality 310
バックアップ強化子 backup reinforcer 253, 466
発生率 incidence 650
発達障害者支援法 Act on Support for Persons with Developmental Disabilities 697
発達性協調運動症（DCD） developmental coordination disorder 224
発達性協調運動障害評価尺度（DCDQ-R） developmental coordination disorder questionnaire 225
発達促進 facilitation of development 453
抜毛（症） trichotillomania 108, 418
パニック症 panic disorder 86, 204, 289, 311, 336, 704
パニック障害重症度尺度 panic disorder severity scale（PDSS） 204
パニック発作 panic attack 104
ハビット・リバーサル habit reversal 356
ハビット・リバーサル・トレーニング／習慣逆転法（HRT） habit reversal training 153, 312, 419
パフォーマンス performance 589
パフォーマンス指標 performance indicator 177
パフォーマンス・フィードバック performance feedback 501
パブロフ型条件づけ Pavlovian conditioning 52

ハミルトンうつ病評価尺度（HAMD） hamilton depression rating scale 196
場面緘黙症（選択性緘黙） selective mutism 154, 156
バレニクリン varenicline 372
バーンアウト burnout 498, 618
犯因性ニーズ criminogenic need 556
般化 generalization 99, 276, 278, 397, 439, 471, 472, 482, 505
半構造化面接 semi-structured interview 176, 183, 211, 218, 222
犯罪 crime 586
犯罪被害 crime victimization 526
反社会性パーソナリティ障害（ASPD） antisocial personality disorder 534
反社会的行動 antisocial behavior 166, 443
反すう（反芻） post-event processing/rumination 14, 65, 97, 359
反転デザイン reversal design 181
反転法 reversal design 644
反応 response 60
反応-強化子依存性 response-reinforcer dependency 50
反応-強化子随伴性 response-reinforcer contingency 50
反応コスト法 response-cost procedures 429
反応性愛着障害 reactive attachment disorder 237, 541
反応性原則（応答性原則） responsivity principle 233, 556
反応的攻撃 reactive aggression 413
反応に随伴する正の強化 response-contingent positive reinforcement 330
反応妨害（法） response prevention 94, 107
反復性 replication 708

ピアカウンセリング peer counseling 472
ピアサポート peer support 378, 472
ピアサポートプログラム peer support program 425
ピアチューター peer tutor 472
ピアヘルピング peer helping 472
被害者支援 victim support 526
比較認知科学 comparative cognitive science

322
悲観主義者　pessimist　81
引き金→トリガー
ひきこもり　hikikomori　172, 508, 563
ひきこもりの評価・支援のガイドライン
　Guidelines for assessment and support of hikikomori　172
非機能的思考　dysfunctional thought　435, 611
非機能的な信念　dysfunctional belief　12
非機能的な認知や信念　dysfunctional cognition and belief　502
非機能的認知　dysfunctional cognition　284
非機能的ペアレントモード　dysfunctional parent mode　293
被虐待児・者　abused child/a victim of abuse　488
非行　delinquency　166, 426, 572
非社会的な行動　nonsocial behavior　443
非承認的な環境　invalidating environment　24
非随伴性　contingency　80
非随伴性強化　noncontingent reinforcement　165, 429, 513
悲嘆　grief　344
悲嘆反応　grief reaction　210
非調和技法　unconsonant treatment　59
否定的自動思考　negative automatic thoughts　512
否定的な自己スキーマ　negative self-schema　30
ビデオフィードバック　video-feedback　110, 340
人を対象とする医学系研究に関する倫理指針　Ethical guidelines for medical and health research involving human subjects　678, 686
否認　denial　138
皮膚むしり症　skin picking　108, 356
ヒポクラテスの誓い　The Hippocratic Oath　692
肥満　obesity　368
評価条件づけ　evaluative conditioning　53
評価法　evaluation method　130
病気不安症　illness anxiety disorder　128, 362
費用対効果　cost-effectiveness　654
病的ギャンブリング　pathological gambling　36
標的行動　target behavior　466

開かれた質問　open ended question　315
ビリーフ　belief　290
非劣性試験　noninferiority trial　638, 672
広場恐怖　agoraphobia　104, 204, 336

不安　anxiety　42, 448
不安階層表　anxiety hierarchy　56, 262, 272
不安症　anxiety disorder　42, 326, 479, 602
不安障害　anxiety disorder　96, 310, 446
不安症の脳科学　brain science of anxiety disorders　42
フィードバック　feedback　462
普及　dissemination　329
腹外側前頭前皮質　ventrolateral prefrontal cortex　34, 41
復元　renewal　62
復元効果　renewal effect　49
複合内包　combinational entailment　21
複雑性悲嘆　complicated grief　141, 210, 344, 527
複雑性悲嘆治療（CGT）　complicated grief treatment　344
複雑性悲嘆療法（CGT）　complicated grief therapy　141, 527
副作用　side effect　246, 660
復職支援　reinstatement support　602
腹側被蓋野　ventral tegmental area　36
腹痛　abdominal pain　360
服薬アドヒアランス　adherence　119, 267
服薬コンプライアンス　compliance　353, 378
不注意　inattention　146
物質依存　substance use disorder　36, 536, 543
物質使用障害　substance use disorders　122, 190, 542, 584
不定愁訴　unidentified complaint　161
不適応的行動　maladaptive behavior　114
不適応的コーピングモード　maladaptive coping mode　293
負の強化　negative reinforcement　92, 549
不眠症の認知行動療法（CBT-I）　cognitive behavioral therapy for insomnia　126, 366
プライマリケア　primary care　386
フラッシュバック　flashback　112
フラッディング（法）　flooding　55, 262, 420
プランドハップンスタンスセオリー　planned

happenstance theory 613
フリーオペラント法 free-operant method 98, 487
プリシード・プロシードモデル preced e proceed model 229
preparedness 仮説（準備態仮説） preparedness hypotheses 53
フレイル frail 510
ブレイン・マシン・インターフェース brain-machine interface 75
プレゼンティーズム（プレゼンティーイズム／プレゼンティイズム） presenteeism 234, 593, 598
プレマックの原理 Premack's principle 51, 268
ブレーンストーミング brain storming 18, 281
ブレンデッド・ラーニング blended learning 600
プロスペクト理論 prospect theory 323
プロセシング processing 210, 343
プロンプト prompt 511
プロンプト＆フェイディング（プロンプトフェイディング） prompt and fading/prompt fading 44, 255, 453, 464
分界条床核 bed nucleus of stria terminalis 42
分化強化 differential reinforcement 253, 278, 456, 513
粉飾 spin 672, 708
文脈 context 26, 49, 62, 174, 296, 522, 684
文脈的行動科学（CBS） contextual behavioral science 20, 297
分離不安症 separation anxiety 156, 406

ペアレントトレーニング（親訓練，PT） parent traning 99, 146, 165, 412, 470, 476, 490, 492, 494
ペアレントプログラム parent program 493
ペアレント・メンター parent mentor 471, 473
ベイゲル躁病尺度 beigel mania scale（BeiMS） 194
米国精神医学会 American Psychiatric Association 144, 602
ベック抑うつ質問票（BDI） Beck depression inventory 198

ベック・ラッフェルソン躁病尺度（BeRaMaS） Bech-Rafaelsen mania scale 194
べてるの家 Bethel House 522
ヘルシーアダルトモード healthy adult mode 293
ヘルシンキ宣言 Declaration of Helsinki 686, 692
ヘルス・プロモーション→健康増進
ヘルパーセラピー原則 helper-therapy principle 563
辺縁系（大脳辺縁系） limbic system 34, 558
弁証法的戦略 dialectical strategies 24, 294
片頭痛 migraine 602
扁桃体 amygdala 34, 36, 40, 42, 534, 585
弁別訓練 Discriminative training 357, 464
弁別刺激 discriminative stimulus 252, 299, 456, 564

ポイントシステム point system 477
防衛機制 defense 538
包括的アセスメント comprehensive assessment 384
包括的支援アプローチ comprehensive support 170, 422
包括的地域生活支援（ACT） assertive community treatment 520
報告バイアス reporting bias 668
報酬系 reward system 558
方法の再現性 methods reproducibility 674
法務省式ケースアセスメントツール Ministry of Justice Case Assessment Tool 233, 572
訪問支援 outreach 520
暴力 violence 168, 172, 426, 488, 492, 534, 544, 554, 578
暴力行為 violent behaviour 169, 253, 399, 426, 535, 554
暴力防止プログラム violence prevention program 138, 532, 578, 580, 701
飽和技法 station therapy 262
保健行動アセスメント health behavior assessment 228
保健師助産師看護師法 Act on Public Health Nurses, Midwives, and Nurses 694
保険数理的アセスメント actuarial assessment 232

保護因子　protective factor　30, 448
保護観察　parole and probation　580
保護観察所　probation office　529
保持過程　retention processes　67
ポジティブ行動支援／積極的行動支援（PBS）
　positive behavioral support　132, 165, 255, 458, 484
ポジティブ心理学　positive psychology　81, 291, 511
ポジティブメンタルヘルス　positive mental health　618, 624
母子同席面接　conjoint Child-mother Therapy　337
補償方略　compensatory strategy　502
ホームレスの自立の支援等に関する特別措置法　Act on Special Measures concerning Assistance in Self-Support of Homeless　696
ホームワーク　homework　574

■ま行

マインドフルネス　mindfulness　4, 75, 76, 111, 137, 296, 301, 302, 499, 598
マインドフルネス・イーティング・アウェアネス・トレーニング　mindfulness-based eating awareness training　303
マインドフルネス嗜癖再発予防法　mindfulness-based relapse prevention　303, 373
マインドフルネス・ストレス低減法　mindfulness-based stress reduction　76, 302
マインドフルネス・ストレス低減法（MBSR）　mindfulness based stress reduction　480, 598
マインドフルネス・トレーニング　mindfulness training　301, 356, 480, 598
マインドフルネス認知行動療法　mindfulness-based cognitive behavioral therapy　480
マインドフルネス認知療法（MBCT）　mindfulness based cognitive therapy　76, 85, 302, 480, 559
マインドフルネス療法　mindfulness-based therapy for insomnia　366
マウラーの2要因理論　Mowrer's two-factor theory　52, 54

前向き研究　prospective study　642
巻き込み　family accommodation　411
マッチング　matching　651
マニュアル　manual　328
マネジメント　management　622
マルチシステミックセラピー　multisystemic therapy　412
マルチモード療法　multimode therapy　320
慢性うつ病　chronic depression　316
慢性甲状腺炎　chronic thyroiditis　603
慢性疾患　chronic illness　46, 162
慢性疼痛　chronic pain　212, 358
万引き　shoplifting　546
未学習　unlearning　6, 8, 274, 278
ミクロ実践とマクロ実践の連結　interconnected of micro-practice and macro-practice　518
民事拘禁　civil commitment　557
無気力（無力）　helplessness　170, 359
無作為割付　randomized allocation　640
無条件刺激　unconditioned stimulus　48, 62, 102, 250, 256
無条件反応　unconditioned response　48, 102, 250
無力（無気力）　helplessness　170, 359

メタアナリシス　meta-analysis　589, 627, 649, 652, 671, 675
メタ心配　meta-worry　93
メタ認知　metacognition　28, 93, 300
メタ認知的ガイダンス　metacognitive guidance　301
メタ認知的気づき　metacognitive awareness　23
メタ認知的信念　metacognitive belief　28, 300
メタ認知モード　metacognitive mode　28
メタ認知療法（MCT）　metacognitive therapy　28, 93, 300
メタファー　metaphor　282, 297
メタボリックシンドローム　metabolic syndrome　368, 381
メディア・リテラシー　media literacy　601
面接法　interview method　229
メンタリング　mentoring　612

メンタルケア　mental care　327
メンタルヘルスリテラシー　mental health literacy　438
メンタル・リハーサル　mental rehearsal　282

妄想　delusion　120
目的的行動主義　purposive behaviorism　70
目標志向行動　goal-oriented behavior　353
目標設定　goal setting　4, 18, 260, 359, 437
モデリング（法）　modeliing　66, 90, 157, 255, 271, 274, 462, 487, 501, 558
モデル　model　340
戻す　getting buck　23
モニタリング　monitoring　355
模倣　imitation　66, 452
模倣学習　imitative learning　66, 274
モンゴメリ・アスベルグうつ病評価尺度（MADRS）　Montgomery-Åsberg depression rating scale　194, 197
問題解決　problem-solving　18
問題解決技法　problem solving techniques　18, 162, 280, 385, 389, 390
問題解決訓練　problem solving training　142, 158, 449, 507
問題解決スキル　problem-solving skills　435
問題解決戦略　problem solving strategies　24, 294
問題解決法　problem-solving method　570
問題解決療法（PST）　problem solving therapy　157, 162, 390, 405, 413, 605, 615
問題指向的アプローチ　problem-oriented approach　351
問題のある研究実践　questionable research practices　675

■や行

薬剤師法　Pharmacists Act　694
薬物依存症者　drug dependence　562
薬物再乱用防止プログラム　drug addiction relapse prevention program　580, 701
薬物療法　pharmacotherapy　44, 95, 110, 147, 164, 372, 554, 660
ヤング躁病評価尺度（YMRS）　young mania rating scale　194

優越性試験　superiority trial　638
有害事象　adverse event　246, 642
遊戯療法　play therapy　167
優先順位づけパートナーシップ（PSP）　priority setting partnership　637
誘導イメージ法　visualization technique　273
誘発刺激　eliciting stimulus　16, 299
有病率（存在率）　prevalence　650
有用性（効力感）　efficacy　472, 642
ユニバーサルデザイン　universal design　440, 442, 707
ユニバーサルデザイン教育　universal design education　400
指しゃぶり　finger sucking　418

よい人生の計画（GLP）　good lives plan　560
養育態度　parenting style　236
陽性・陰性症状評価尺度（PANSS）　positive and negative syndrome scale　192
陽性的中率　positive predictive value　648
予期不安　anticipatory anxiety　104, 204, 263, 407
抑うつエピソード　depressive episode　118, 194, 352
抑うつ障害　depressive disorder　118, 158, 387, 602
抑うつ処理活性仮説　differential activation hypothesis　76, 85
抑うつの認知モデル　cognitive model of depression　84
予測因子　predictor　650
予測かつ影響　prediction and influence　20
予測妥当性　predictive validity　248
予防　prevention　438
予防教育　prevention education　403
弱い精神病症状（APS）　attenuated psychotic symptoms　350
4項随伴性　four-term contingency　3

■ら行

ライフスタイル医学　lifestyle medicine　131
ライフチャート　life chart　194
ライフデザイン　life design　605
ラショナルビリーフ　rational belief　290

楽観主義者　optimist　81
ラプス（逸脱）　lapse(s)　369, 559　→ スリップ

リアクター　reactor　59
リアリティオリエンテーション　reality orientation　133
リアリティ・ショック　reality shock　610, 618
利益相反（COI）　conflict of interest　685
リカバリー　recovery　348, 379
リスクアセスメント　risk assessment　138, 232, 556
リスクアセスメントツール　risk assessment tool　545
リスク原則　risk principle　556
リスク要因　risk factor　232, 448
リーダーシップ　leadership　622
リッカート法　Likert scale method　230
リッカム・プログラム　lidcombe program　155
リハーサル　rehearsal　273
リハビリテーション　rehabilitation　604
リマインダー　reminder　342
流暢性形成法　fluency shaping therapy　155
療育　habilitation　397
リラクセーション（法）　relaxation　72, 75, 141, 143, 153, 157, 256, 258, 269, 402, 407, 416, 499, 594, 596, 611
リラクセーション技法　relaxation skill　92, 271, 272, 431
リラプス（再発）　relapse　122, 539, 540, 542, 558
リラプス・プリベンション（再発防止）　relapse prevention　117, 120, 123, 138, 271, 351, 369, 373, 534, 567, 545, 549, 574, 576, 580, 608
リラプス・プリベンション・アプローチ　relapse prevention approach　542
リラプス・プリベンションモデル　relapse prevention model　552
リワーク（職場復帰）　return to work　569, 589, 603, 604, 608
リワークプログラム　re-work program　142, 606
臨床関連行動（CRB）　clinically relevant behavior　298
臨床疑問　clinical question　633, 634, 658, 708

臨床研究　clinical study　8, 662, 708
臨床研究法　Clinical Trials Act　663
臨床試験登録　Clinical trial registration　662, 673
臨床試験報告に関する統合基準（CONSORT）　Consolidated Standards of Reporting Trials　641, 660, 662, 670
倫理　ethics　678, 684, 691, 692
倫理的行動規範　ethical codes of conduct　692
倫理的責任　ethical responsibility　692, 708

レジリエンス　resilience　30, 448, 624
レスコーラ・ワグナーモデル　Rescola-Wagner model　48, 62
レスパイトケア　respite care　494, 499
レスポンスコスト　response cost　11, 268, 356, 456, 467
レスポンデント行動　respondent behavior　16, 48, 250
レスポンデント条件づけ　respondent conditioning　2, 8, 16, 48, 54, 56, 62, 74, 78, 90, 250, 252, 256, 342, 547
レスポンデント法　respondent methods　250
レパートリー・グリッド　Repertory Grid　321
連携　cooperation／collaboration　417
連鎖分析　chain analysis　24, 295, 415
連続強化スケジュール　continuous reinforcement schedule　466

労働安全衛生法　Industrial Safety and Health Act　589, 702
労働基準法　Labor Standards Act　702
労働契約法　Labor Contracts Act　703
労働者　employee　598, 602
ロリング形式　rolling format　532, 569
ロールプレイ　role play　201, 278, 462, 501, 558
論理療法　rational therapy　290

■わ行

若者雇用促進法　Act on Promotion of Employment of Youth　703

人名索引

■あ

アイゼンク，H. J.　Eysenck, H. J.　8, 219, 246, 630
アントニー，M. M.　Antony, M. M.　333
アンドリュース，D. A.　232, 556
アンドリュース，G.　Andrews, G.　332

ウェルズ，A.　Wells, A.　28, 88, 93, 110, 300, 340
ウォルピ，J.　Wolpe, J.　8, 56, 94, 180, 200, 257, 320, 462, 595, 646

エリス，A.　Ellis, A.　64, 290, 320
エンゲル，E. L.　Engel G. L.　44

■か

カナー，L.　Kanner, L.　144

クラーク，D. M.　Clark, D. M.　86, 88, 97, 110, 334, 340
クランボルツ，J. D.　Krumboltz, J. D.　612

コーレンバーグ，R. J.　Kohlenberg, R. J.　298

■さ

サイ，M.　Tsai, M.　298
サビカス，M. L.　Savickas, M. L.　612

ジェイコブソン，E.　Jacobson, E.　56, 72, 259, 595
ジェイコブソン，N. S.　Jacobson, N. S.　26, 82
シュライブマン，L.　Shreibman, L.　453
シュルツ，J. H.　Shultz, J. H.　72

スキナー，B. F.　Skinner, B. F.　3, 8, 16, 20, 26, 70, 250, 252, 312, 464

ソーンダイク，E. L.　Thorndike, E. L.　50, 252, 323

■た

ディーコン，B. J.　Deacon, B. J.　333
ティーズデール，J. D.　Teasdale, J. D.　22, 85, 116

ドーソン，G.　Dawson, G.　453

■は

ハー，E. L.　Herr, E. L.　613
ハイムバーグ，R.　Heimberg, R　88, 110
ハインライン，P. N.　Hineline, P. N.　55
バーギン，A. E.　Bergin, A. E.　246
ハーンシュタイン，R. J.　Herrnstein, R. J.　55
バンデューラ，A.　Bandura, A.　8, 66, 266, 274, 278

フォア，E. B.　Foa, E. B.　60, 94, 96, 113, 210, 264, 343, 527
フランク，E.　Frank, E.　317
プレマック，D.　Premack, D.　51, 243

ペイジ，H. A.　Page, H. A.　55
ベック，A. T.　Beck, A. T.　3, 7, 9, 12, 30, 64, 84, 116, 198, 244, 284, 286, 326, 328, 330, 349, 630, 646

ホール，J. F.　Hall, J. F.　55

■ま

マーラット，G. A.　Marlatt, G. A.　369, 542, 558
マウラー，O. H.　Mowrer, O. H.　52, 54, 71, 102
マカロウ，J. P., Jr.　McCullough, J. P., Jr.　316
マーテル，C. R.　Martel, C. R.　76, 117, 260, 330
マホーニィ，M. J.　Mahoney, M. J.　266

ミラー，N. E.　Miller, N. E.　54, 66, 71, 74
ミラー，W. R.　Miller, W. R.　240, 245, 314

■ ら

ラペー, R. M.　Rapee, R. M.　88

ルドゥー, J. E.　LeDoux J. E.　42

ロヴァース, O. I.　Lovaas, O. I.　145, 452

認知行動療法事典

令和元年 8 月 30 日　発　行

編　者　一般社団法人
　　　　日本認知・行動療法学会

発行者　池　田　和　博

発行所　丸善出版株式会社
〒101-0051　東京都千代田区神田神保町二丁目17番
編集：電話(03)3512-3264／FAX(03)3512-3272
営業：電話(03)3512-3256／FAX(03)3512-3270
https://www.maruzen-publishing.co.jp

© Japanese Association of Behavioral and Cognitive Therapies, 2019

組版印刷・株式会社 日本制作センター／製本・株式会社 松岳社

ISBN 978-4-621-30382-5　C3511　　　　Printed in Japan

JCOPY 〈(一社)出版者著作権管理機構 委託出版物〉
本書の無断複写は著作権法上での例外を除き禁じられています。複写される場合は，そのつど事前に，(一社)出版者著作権管理機構（電話03-5244-5088，FAX03-5244-5089，e-mail:info@jcopy.or.jp)の許諾を得てください。